永州年鉴

（2019）

中共永州市委　永州市人民政府　主办

永州年鉴编纂委员会　编

方志出版社
Publishing House of Local Records

图书在版编目（CIP）数据

永州年鉴．2019/永州年鉴编纂委员会编．—北京：方志出版社，2019.10
ISBN 978-7-5144-3946-5

Ⅰ．①永…　Ⅱ．①永…　Ⅲ．①永州—2019—年鉴
Ⅳ．①Z526.43

中国版本图书馆 CIP 数据核字（2019）第 245317 号

永州年鉴（2019）

编　　者：永州年鉴编纂委员会
责任编辑：刘　珊

出 版 者：方志出版社
地址　北京市朝阳区潘家园东里 9 号（国家方志馆 4 层）
邮编　100021
网址　http：//www.fzph.org
发　　行：方志出版社图书经销中心
电话（010）67110500
经　　销：各地新华书店
印　　刷：衡阳顺地印务有限公司

开　　本：889×1194　　1/16
印　　张：36.75
字　　数：1134 千
版　　次：2019 年 10 月第 1 版　　2019 年 10 月第 1 次印刷
印　　数：0001～2000 册

ISBN 978-7-5144-3946-5　　**定价：**300.00 元

编 辑 说 明

一、《永州年鉴（2019）》编纂坚持以马克思列宁主义、毛泽东思想、邓小平理论、“三个代表”重要思想、科学发展观、习近平新时代中国特色社会主义思想为指导，坚持辩证唯物主义和历史唯物主义的立场、观点和方法。

二、《永州年鉴（2019）》主要记载2018年1月1日至12月31日永州市自然、政治、经济、文化、社会、生态文明等方面的基本面貌和发展情况，为各级领导、决策者和管理者提供准确的情况，为社会各界了解、研究永州提供基本信息，并为编修地方志书积累资料。

三、《永州年鉴（2019）》按分类编辑法，分为特载、专记、专文、大事记、永州概貌、“六大战役”、政治建设、经济建设、文化建设、社会建设、生态文明建设、县区概况、附录十三个部类，下设类目、分目、条目三个层次，以字体、字号、色彩等版式设计区别不同层次。条目为记述的基本单位，其标题用色彩加【】表示。

四、《永州年鉴（2019）》的稿件和图片由各单位撰稿人提供，供稿单位负责人审核，最后由编委会定稿。统计资料由统计部门提供，气象、水文资料分别由气象、水文部门提供。有些地方性、部门性数据由于统计口径不同等原因，与统计部门公布的数据不尽一致，请读者在查阅和引用时注意。

五、《永州年鉴（2019）》所录市直各部门、各单位和中央、省驻永州市各单位以及各县区（管理区、经开区）领导干部名单，原则上以2018年12月31日在职者为准。

六、为方便读者查阅，《永州年鉴（2019）》配备双重检索系统：书前刊有详细的中英文目录，书后配有主题分析索引。

永州年鉴编纂委员会

主　　任	严　华	市委书记、市人大常委会主任
副 主 任	何录春	市委副书记、市人民政府市长
	张贺文	市委副书记、市委政法委书记
	唐能武	市委常委、市委秘书长
委　　员（排名不分先后）		
	邓扬中	市委副秘书长
	蒋千红	市人大常委会秘书长
	陈宇荣	市人民政府党组成员、市人民政府秘书长
	王小波	市政协秘书长
	艾艳君	市财政局局长
	李俊江	市委党史研究室（市地方志编纂室）主任

《永州年鉴》编辑部

主　　编	李俊江			
副 主 编	郑经纬	高　波	高爱国	冯祥定
编　　辑	文非子	蒋文婧		
摄　　影	蒋文婧			
翻　　译	唐嘉婕			

永州市行政区划略图

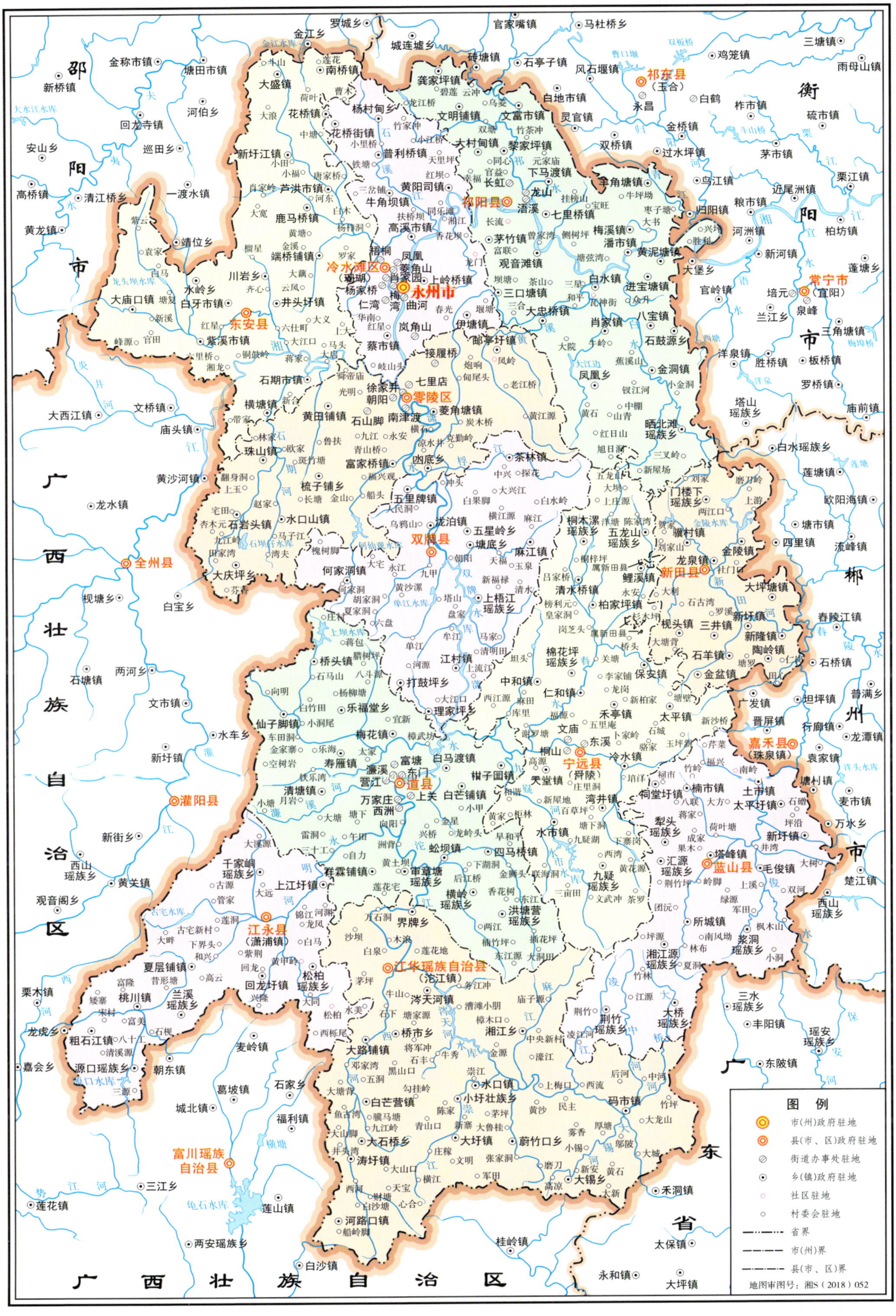

永州市
冷水滩区
零陵区
祁阳县
祁东县
（玉合）
东安县
双牌县
道县
宁远县
（舜陵）
新田县
嘉禾县
（珠泉镇）
蓝山县
江永县
（潇浦镇）
江华瑶族自治县
（沱江镇）
常宁市
（宜阳）
全州县
灌阳县
富川瑶族自治县
邵阳市
衡阳市
郴州市
广西壮族自治区
广东省
图例
市(州)政府驻地
县(市、区)政府驻地
街道办事处驻地
乡(镇)政府驻地
社区驻地
村委会驻地
省界
市(州)界
县(市、区)界
地图审图号：湘S（2018）052

永州市文化地图

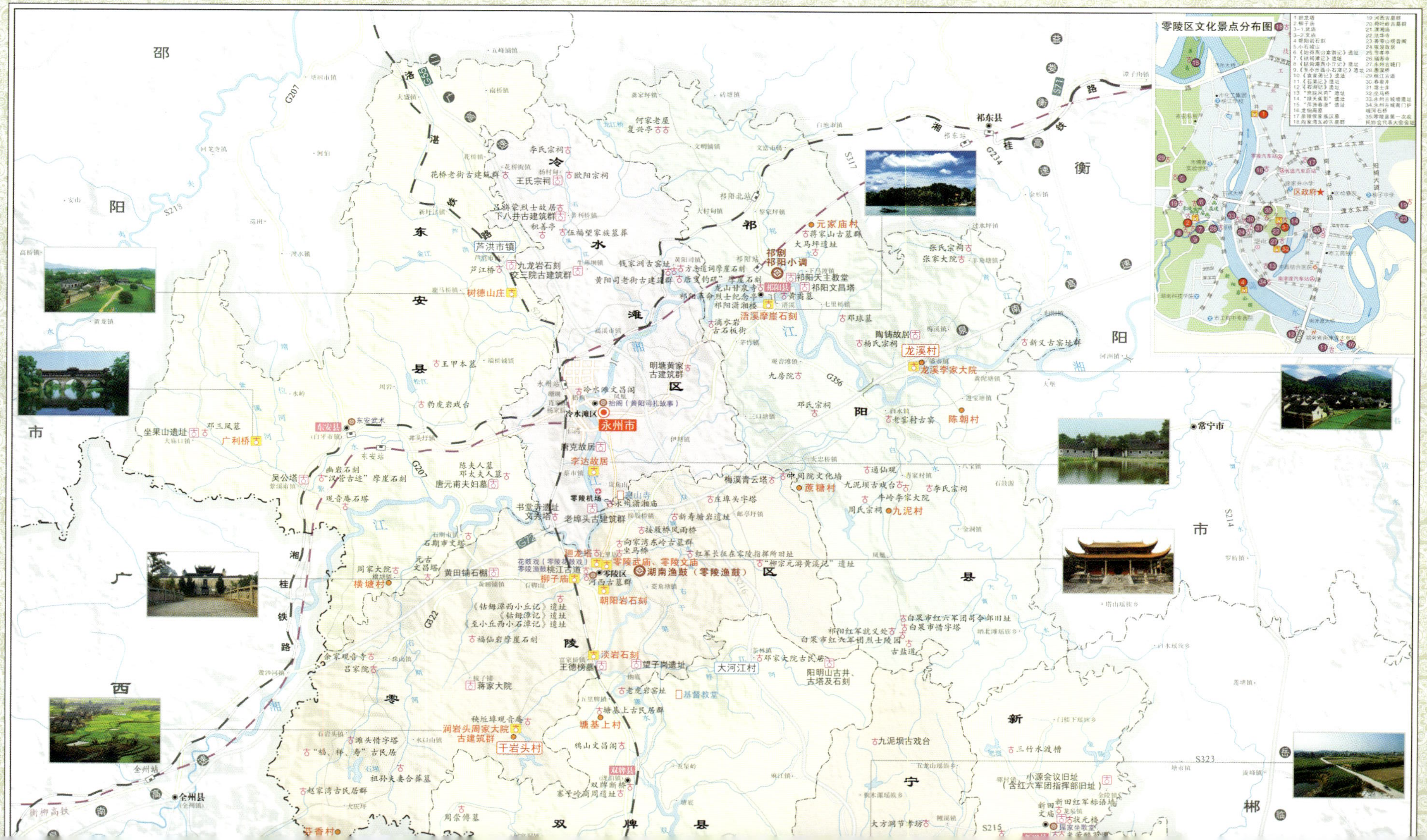
零陵区文化景点分布图
永州市
冷水滩区
零陵区
祁阳县
东安县
双牌县
邵阳市
衡阳市
郴州市
广西
常宁市
祁东县
全州县
元家庙村
龙溪村
龙溪李家大院
陈朝村
九泥村
蔗塘村
浯溪摩崖石刻
祁剧
祁阳小调
树德山庄
广利桥
芦洪市镇
李达故居
柳子庙
朝阳岩石刻
湖南渔鼓（零陵渔鼓）
零陵武庙、零陵文庙
澹岩石刻
横塘村
干岩头村
涧岩头周家大院古建筑群
塘基上村
大河江村
明塘黄家古建筑群
湘桂铁路
G207
G322
G234
S317
G356
S214
S323
S218
S215

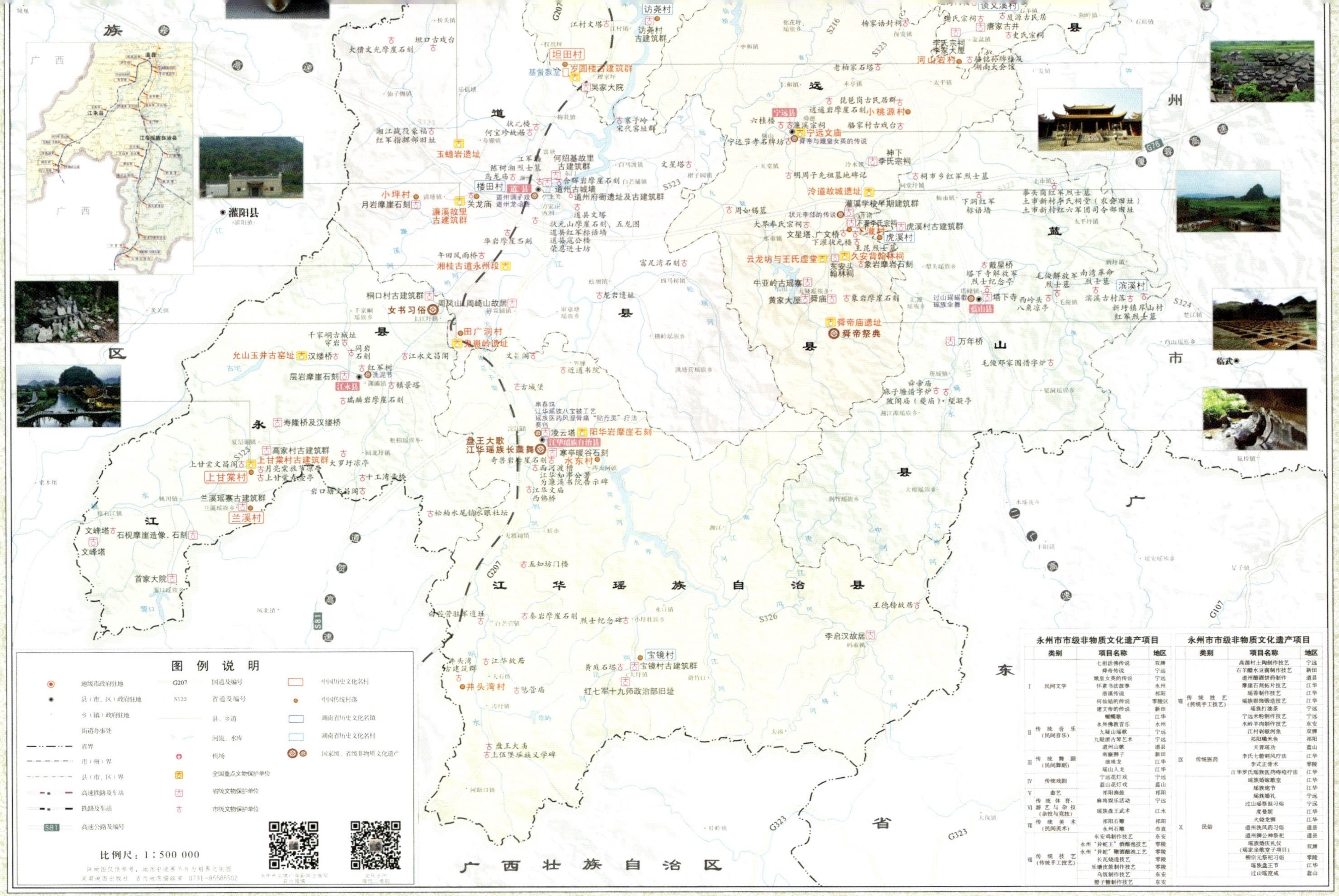

永州市市级非物质文化遗产项目

	类别	项目名称	地区
Ⅰ	民间文学	七祖活佛传说	双牌
		舜帝传说	宁远
		娥皇女英的传说	宁远
		怀素书法故事	永州
		浯溪传说	祁阳
		何仙姑的传说	零陵区
		建文帝的传说	新田
Ⅱ	传统音乐（民间音乐）	蝴蝶歌	江华
		永州佛教音乐	永州
		九疑山瑶歌	宁远
		九疑派古琴艺术	宁远
		道州山歌	道县
Ⅲ	传统舞蹈（民间舞蹈）	南岭狮子	新田
		擂珠龙	江华
		瑶山人龙	江华
Ⅳ	传统戏剧	宁远花灯戏	宁远
		蓝山花灯戏	蓝山
Ⅴ	曲艺	祁阳渔鼓	祁阳
Ⅵ	传统体育、游艺与杂技（杂技与竞技）	麻将娱乐活动	宁远
		瑶族盘王武术	江永
Ⅶ	传统美术（民间美术）	祁阳石雕	祁阳
		永州石雕	市直
Ⅷ	传统技艺（传统手工技艺）	东安鸡制作技艺	东安
		永州“异蛇王”酒酿泡技艺	零陵
		永州“异蛇”鞭酒酿泡工艺	零陵
		长瓦烧造技艺	零陵
		乐塘皮鼓制作技艺	零陵
		乌饭制作技艺	东安
		橙子糖制作技艺	东安

永州市市级非物质文化遗产项目

	类别	项目名称	地区
Ⅷ	传统技艺（传统手工技艺）	高源村土陶制作技艺	宁远
		石羊醋水豆腐制作技艺	新田
		道州酿酒饼药制作	道县
		摩崖石刻拓片技艺	江华
		瑶香制作技艺	江华
		瑶族银饰锻造技艺	江华
		瑶族打油茶	宁远
		宁远米粉制作技艺	宁远
		水岭羊肉制作技艺	东安
		江村剁椒河鱼	双牌
		祁阳糟米鱼	祁阳
Ⅸ	传统医药	天音瑶功	蓝山
		李氏七箭刺风疗法	江华
		李式正骨术	零陵
		江华罗氏瑶族医药痔疮疗法	江华
Ⅹ	民俗	瑶族婚嫁歌堂	江华
		瑶族炮节	江华
		瑶族婚礼	宁远
		过山瑶祭祖习俗	宁远
		度曼妮	江华
		火烧龙狮	江华
		道州洗风药习俗	道县
		道州狮公神祭祀	道县
		瑶族婚庆礼仪（瑶家坐歌堂子项目）	双牌
		柳宗元祭祀习俗	零陵
		瑶族盘王节	江华
		过山瑶度戒	蓝山

永州市人民政府　湖南省国土资源厅监制　永州市文体广电新闻出版局　湖南地图出版社编制　审图号：湘S(2017)113号　二〇一七年九月印刷

改革开放40周年

工业篇

1998年上市的老款猎豹车型

2018年5月上市的猎豹mattu

20世纪80年代，长丰猎豹前身中国人民解放军第7319工厂汽修车间

2008年，长丰集团的总装车间

2004年，原冷水滩造纸厂通过改制，成功并入泰格林纸集团。图为市委书记曾庆炎（前排左一），市委副书记、市长刘爱才（前排右一），到泰格林纸15万吨包装纸工程基地现场办公

改制后的泰格林纸湘江纸业公司生产线

2007年2月23日，潇湘纸业

2011年，湖南省首家光伏应用发电站在东安县建成发电

20世纪70年代与现今跃进厂房的对比图

零陵卷烟厂1996年与2016年的产区全景对比图

改革开放40周年

城建篇

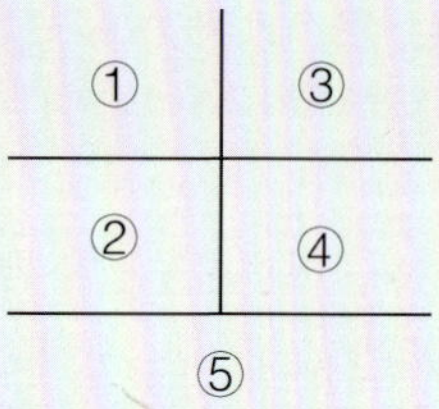

①1994年10月28日市委新址动工兴建

②2008年7月30日建成后的市委大院

③滨江公园今昔（1996年2月12日—2010年7月29日）

（蒋新国　摄）

④零陵北路街口变迁（1993年11月28日—2018年3月4日）

（蒋新国　摄）

⑤中心城区冷水滩全景（1996年5月1日—2015年9月14日）

改革开放40周年

交通篇

2001年4月，永州零陵机场首航典礼

2007年8月7日，永州市第一座引资修建的大桥——南津渡大桥

2003年12月26日，永连公路竣工典礼

（蒋新国 摄）

2009年11月，邵永高速花桥互通

1995年，零陵大道通车，是永州市境内第一条等级公路

2009年11月，邵永高速通车典礼

冷水滩市潇湘大桥竣工通车典礼

潇湘大桥是市境内冷水滩城区连接河东河西的一座中型桥，建于1991年，桥长584.56米，在跨度155米，桥面净宽19米

改革开放40周年

政法篇

2017年5月4日，中共中央组织部副部长齐玉（左二）深入零陵区香零山村调研党建和网格化工作

2017年6月28日，中共湖南省委常委、省委政法委书记黄关春（右二）在永州市综治中心调研，现场查看综治中心指挥平台

2017年3月15日，中共湖南省委常委、省委组织部部长王少峰（左二）在七里店社区调研网格化工作

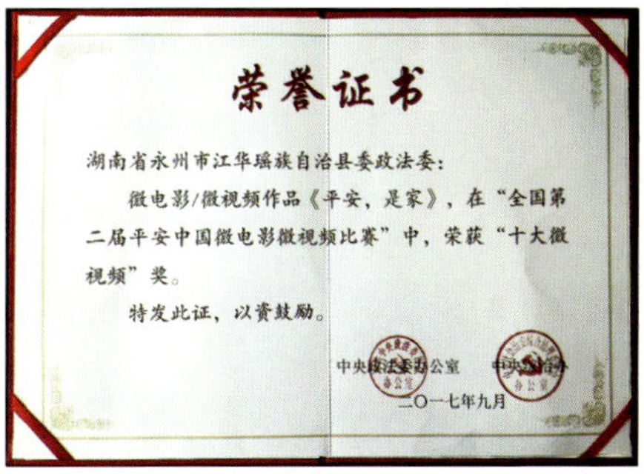

2017年6月30日，全国雪亮工程建设推进会连线永州市，中共永州市委书记、市人大常委会主任李晖介绍全市网格化建设工作经验，时任中央综治委副主任、中央政法委副秘书长、中央综治办主任陈训秋对永州市网格化工作表示肯定，称国家相关部委联合制定的网格化建设国家标准已吸纳"永州元素"

网格管理员深入居民家中采集信息

改革开放40周年

文化事业篇

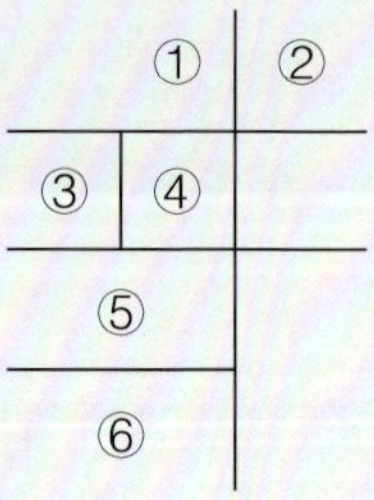

①江永女书生态博物馆

②江永女书传人

③24小时自助图书馆从无到有，2018年中心城区有7座

④国家级非物质文化遗产达到7项，位居全省前列。图为国家级非遗（瑶族长鼓舞）传人赵明华正在表演

⑤2006年4月，首届中国阳明山"和"文化旅游节暨杜鹃花会在双牌县阳明山胜利开幕

⑥2009年9月9日，阳明山万亩红杜鹃

柳子街成为中国首批30个历史文化街区之一，是湖南省唯一获此殊荣的街区

全国重点文物保护单位由9处增至27处，位列全省第三位。成功申报8个全国历史文化名村，24个中国传统村落。国家级非遗增至7项，位居在全省前列。图为宁远文庙

古刹文昌阁见证白石山江岸沧桑巨变

零陵武庙（2009年9月27日—2017年4月23日）

20世纪90年代零陵电影院

2018年4月，在零陵电影院旧址上建成的东山景区

改革开放40周年

卫生事业篇

1907年，零陵私立普爱医院全景

1951—1952年，湖南省零陵专区人民医院

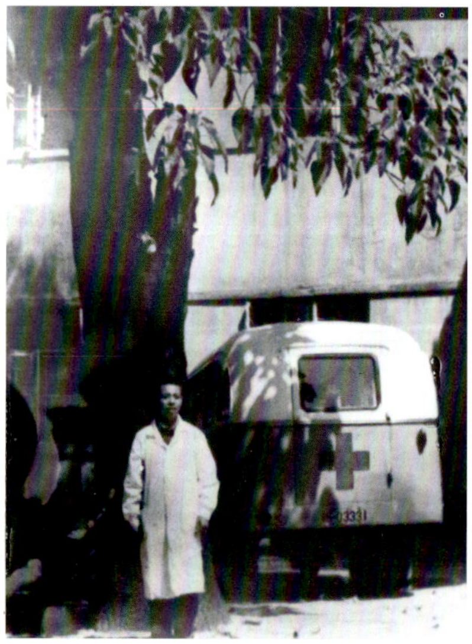

1972年零陵专区医院急救车

2005年11月5日，永州市人民医院配置6辆先进的急救车

2008年10月16日，永州市人民医院二院

2019年6月6日，永州市人民医院二院拆迁后建成的中邦商场

2005年5月26日，永州市中心医院北院奠基开工

2003年9月22日，永州市人民医院老院门诊楼

2017年7月，永州市人民医院老院门诊楼改建为永州市中心医院南院门诊楼

2011年5月26日，永州市中心医院北院竣工使用

2012年7月1日，永州市中心医院北院住院楼

永州年鉴

YONG ZHOU NIAN JIAN

永州名片

湘江之源

现代人类发源地

稻作农业之源

陶作之源

道德文明之源

世界唯一女性文字发源地

国家级承接产业转移示范区

国家历史文化名城

国家卫生城市

国家森林城市

全国森林旅游示范市

2014年全国幸福城市二十强

2018年质量魅力城市全国十强

目　录

永 州 概 貌
A General Survey of Yongzhou

六大战役
Six Major Battles

政治建设
Political Construction

经 济 建 设
Economic Construction

文化建设 Culture Advancement Construction

社 会 建 设
Social Construction

生态文明建设
Ecological Civilization Construction

县区概况
Counties and Districts

附 录
Appendix

特载

Special Issue

市委常委会向市委五届五次全体会议的工作报告

中共永州市委书记、市人大常委会主任　李　晖

(2018年7月31日)

今年以来，市委常委会在以习近平同志为核心的党中央和省委、省政府的坚强领导下，坚持以学习、宣传、贯彻习近平新时代中国特色社会主义思想和党的十九大精神为主线，坚决执行党中央、国务院和省委、省政府的系列决策部署，紧紧团结和依靠全市人民，按照高质量发展的总体要求，统筹推进"五位一体"总体布局，协调推进"四个全面"战略布局，大力实施"创新引领、开放崛起"战略，着力抓重点、补短板、强弱项，加快建设"开放兴市、产业强市"，奋力打好"三大攻坚战"，保持了经济社会平稳健康发展。我们重点抓好五个方面的工作。

一、坚持强实体兴产业，经济发展质量与效益不断提升

市委坚持把发展经济的着力点放在实体经济上，持之以恒推项目，坚定不移抓产业，加快建设产业强市，大力振兴实体经济，实现经济持续平稳健康发展。

1. 经济运行稳中向好。加强对经济工作的集中统一领导，先后召开全市经济工作会、一季度经济形势分析会、半年工业经济运行分析会，全面做好经济领域重大工作的总体布局、统筹协调和督促落实。上半年，全市地方生产总值增长8.0%（预计数，下同），与去年同期持平；规模工业增加值增长6.8%，完成固定资产投资694亿元，同比增长12.2%左右，工业投资、民间投资持续回升；实现财政总收入105亿元、增长8%，其中税收收入完成53.53亿元、增长21.8%，增速高于当期财政总收入10.7个百分点；完成社会消费品零售总额362.92亿元、增长11.3%；5月末，全市金融机构存款余额2329.60亿元、增长8.0%，贷款余额1282.17亿元、增长15.1%；城镇、农村居民持续增收，人均可支配收入增速与全市经济发展保持基本同步。

2. 项目建设来势喜人。认真贯彻落实省委、省政府"产业项目建设年"活动安排部署，以打好"六大战役"、实施"5个10"工程为载体，在全市大力营造抓项目兴产业的浓厚氛围。1月8日—9日，6月26日—27日，市委主要领导2次率党政代表团赴兄弟市州，学习产业项目建设方面的先进经验和成功做法。制定出台《2018年全市"六大战役"重点项目建设实施方案》和《2018年推进"产业项目建设年"活动总体方案》，推进战略项目化、项目目标化、目标数据化、数据精准化。3月2日，全市31个重大产业项目集中开工，总投资163亿元，掀起产业项目建设年活动热潮。上半年，全市433个重点项目完成投资421.2亿元，占年度计划的51.6%；192个产业项目完成投资203.88亿元，占年度计划的61.7%；其中，列入全省"5个100"工程的6个重大产业项目完成投资26.41亿元，占年度计划的52.3%，排全省前列。

3. 三次产业齐头并进。牢牢把握转方式调结构的主攻方向，以供给侧结构性改革推动三次产业协调发展、全面提升。围绕打造全色优质农副产品供应基地目标，大力推进"一县一特"，培育特色品牌。上半年，全市落实优质稻490万亩，蔬菜播种面积150.84万亩，建设果蔬茶生产示范基地33个，休闲农业企业发展到649个，潇湘八品市级农业公用品牌加速形成。召开全市"园区升级战役"暨推进新型工业化工作会议，全面部署全市"推新"工作；研究制定支持实体经济发展的"1+X"惠企政策，明确设立3.6亿元的产业发展资金和4亿元的助保贷平台，破解企业发展难题。以永州经开区为主战场，着力打造"一谷、两中心、四基地"，目前起步良好，有望在较短时间内建成富有特色优势的千亿级高新科技产业集群。全力打好"旅游升温战役"，加快创建国家全域旅游示范市，"零陵古城"

开街运营，成功举办阳明山“和”文化旅游节、湖南夏季乡村旅游节、中国旅游永州主题日活动等系列活动。1—5月，全市共接待国内外游客2218.86万人次，同比增长11.98%；实现旅游综合收入180.27亿元，同比增长11.57%。

二、坚持抓统筹促协同，城乡融合内涵与品质不断提升

市委从全局出发，在加快一体化发展过程中，推动城乡基础设施、公共服务、生态保护共同发展，打开了以城带乡、以乡促城、城乡互动的新局面。

1. 城镇提质加速推进。以“城镇提质”和“五创五化”为抓手，全面提升城镇品质活力和服务功能。努力克服项目融资困难，实施“城镇提质”战役重点项目建设58个，截至6月底，开工项目37个，完成投资36.95亿元。永州大道综合管廊、潇湘城市群道路提质改造工程、万商红商贸新城等项目进展顺利。加快城市总体规划、专项规划编制修改，推进村庄规划编制“全覆盖”，《永州市城市总体规划（2001—2020）》获省政府批复，明确将永州定位湘粤桂省际区域性中心城市；完成2569个行政村规划编制，占任务量的87.08%。巩固深化国家卫生城市、国家森林城市创建成果，持续推进国家园林城市创建，102个“创国园”项目，已完成28个。

2. 乡村振兴深入实施。认真贯彻落实“中央一号”文件和中央、省委农村工作会议精神，推动全市农业全面升级、农村全面进步、农民全面发展。先后3次召开座谈会、调度会、推进会，谋划、部署、推进乡村振兴工作；3月29日，召开全市农村工作会议，全面部署实施乡村振兴战略。随后制定出台乡村振兴“1+5”（1为实施乡村振兴总文件，5即兴产业、富民众、美生态、强治理、育乡风5个配套文件）系列政策文件。按照“以点带面，串点成线，点线面结合”的原则，启动实施乡村振兴“十百千万”试点工程，着力打造一批乡村振兴示范区。目前，已完成10个片、23个乡镇、171个村、9337户的选点布局，完成投入5.08亿元，启动项目建设92个。

3. 基础设施日趋完善。坚持基础设施先行，不断夯实交通、水电、信息等基础设施建设，为高质量发展提供坚实基础。今年以来，市委主要领导多次带队赴省进京汇报、衔接“两高”建设工作，永清广高铁、永道高速建设来势看好。6月11日，李克强总理来衡阳考察时表示同意将永清广高铁纳入《粤港澳大湾区城市群发展规划》和国家《铁路网“十三五”规划》调增计划。持续推进支线航空发展，3月26日，开通重庆—永州—三亚、贵阳—永州—福州两条航线，提前完成航线工作任务。完成农网改造投资4.4亿元，覆盖244个行政村。湘桂铁路扩能工程、零陵机场迁建、农村公路建设加速推进。涔天河水库扩建工程全部机组并网发电，毛俊水库各项施工进展顺利。所有行政村4G信号实现全覆盖，90%以上行政村实现宽带光纤化。

4. 生态优势持续巩固。把解决突出生态环境问题作为民生优先领域，让良好生态成为最普惠的民生福祉。召开创建生态文明建设示范市、“环境整治”战役、污染防治攻坚战工作会，全面打响蓝天、碧水、净土三大保卫战。认真贯彻习近平总书记关于长江经济带发展战略思想，制定《关于坚持生态优先绿色发展，深入实施长江经济带发展战略，大力推动永州高质量发展的意见》，并提交本次全会审议通过。全面落实“水十条”，推进“土十条”，认真抓好中央环保督察组交办信访件办理和生态环境部饮水水源地督查，中央环保督察组交办我市的182件信访件全部办结，中心城区规划区内粘土砖厂基本关闭到位，冷水滩桥头市场、滨江广场游乐场等一批历史遗留问题有效解决。全市水功能区水质达标率为100%，县级以上集中式饮用水水源地长期保持在Ⅰ、Ⅱ类水质以上；全市水质达标率为100%，出境断面水质稳定达到Ⅱ类标准。5月份我市中心城区平均优良天数29天，空气优良率100%，较上年同期增加6.7%，空气质量综合指数3.16，较上年提升8.7%，排名全省第三。

三、坚持补短板强弱项，民生改善成果与实效不断提升

市委以打好脱贫攻坚战役为统揽，聚焦短板、突出重点，持续抓好民生工程、办好民生实事，坚决守住安全稳定底线，让广大群众体验到更多实实在在的获得感幸福感。

1. 脱贫攻坚精准发力。深入学习贯彻习近平扶贫开发思想，突出问题导向，下足绣花功夫，高质量推进脱贫攻坚。组织开展“大排查、大走访、大

调研”活动和“地毯式全覆盖”核查，对已脱贫对象开展“回头看、回头查、回头帮”，对扶贫领域腐败和作风问题进行“大诊断、大整改”，全市脱贫攻坚10个方面突出问题和扶贫领域作风建设方面32个问题有效整改。启动新一轮驻村帮扶工作，选派205名优秀干部，动员11名省市人大代表和政协委员，进驻100个贫困村开展为期三年的新一轮驻村帮扶。精准落实“五个一批”，1—5月建成村级光伏电站50个，开设农村电商网点97家；开工易地扶贫搬迁项目40个，建设住房套数2646套、面积26.4万平方米；贫困学生义务教育完成率100%，建档立卡贫困人口参保69.5万人、参保率100%，扶贫“特惠保”实现“应保尽保”，全省扶贫特惠保现场会在我市召开。积极探索“四扶四建”扶贫模式，激发贫困群众内生动力，被中央、省主流媒体宣传推介。

2. 社会事业全面进步。明确将学位建设作为2018年民生实事第一号工程来抓，实施城区学位建设三年攻坚行动，集中突破大班额、大校额及学位缺口问题。上半年，开工学校64所，消除超大班额班级883个。努力提升教育教学质量，全市高考上线人数创历史最大增幅，二本以上上线人数达到9800人左右。加快创建国家公共文化服务体系示范区，新建中心城区24小时自助图书馆7个，补充更新5049家农家书屋图书，开展“送戏曲进万村”活动319场次，全民阅读指数连续三年排名全省前三。推进基层医疗机构标准化建设，建成乡镇卫生院4所、社区卫生服务中心4所、村卫生室266所，以市中心医院为龙头的“四个中心”项目加快建设。社会保障巩固提升，城乡低保、救助补贴进一步提标。

3. 发展大局和谐稳定。坚持把维护社会大局稳定放在首位，进一步加强和创新社会治理，全力营造安全、稳定的发展环境。深入开展扫黑除恶专项斗争，保持严打高压态势，有重大影响的刑事案件全部侦破，集打斗争“冬春攻势”综合排名、打击绝对数全省第一。畅通群众诉求表达渠道，定期同步接访，推行带案下访，及时就地化解矛盾纠纷，十九届三中全会和全国“两会”特护期进京非访登记人数同比下降94.44%，是近5年来最好成绩。用心用情抓好中央巡视组信访件交办工作，成立高规格信访件交办处置领导小组，10余次召开会议交办、调度交办件办理工作。截至目前，中央第八巡视组交办的9批次154件信访件，已办结123件，办结率80%；省委第六巡视组移交的已到办理期限的399件信访件，办结346件，办结率86.7%。严格落实企业安全生产主体责任，抓好重大安全隐患“一单四制”工作，1—6月，全市发生生产经营性事故14起、死亡19人，同比减少15起、18人，分别下降51.72%和48.65%。

四、坚持增活力添动能，改革开放空间与格局不断提升

市委坚决贯彻落实创新引领、开放崛起战略，立足改革开放40周年新起点，以奋斗的姿态狠抓改革攻坚，以宽广的视野构筑开放格局，推动改革再出发、开放再扩大、发展再跨越。

1. 全面改革纵深发展。把全面深化改革作为推动发展的“关键一招”，以自我革命精神坚决破除体制机制障碍，激发活力，释放红利。召开市委深改组2018年第一次会议，对全年改革工作进行安排部署。按照“对标上级、结合实际，突出要点、攻克难点，问题导向、民生取向”的原则，制定出台《中共永州市委全面深化改革领导小组2018年工作要点》《2018年永州市全面深化改革目标任务分解落实表》，全面推进全市6大类25大项131小项改革任务。今年以来，国家监察体制改革试点任务全面完成，市县两级监委1月前全部成立；大力开展简政放权工作，在2017年政府权力清单基础上，再次取消市本级行政权力50项，下放61项，市本级行政权力精简力度排全省第二，保留的行政许可事项在全省14个市州中最少；机构编制信息化建设取得重要突破，迈入“数据跑路”时代；全省个体工商户免于工商登记在我市试点，市本级“最多跑一次”改革试点全面实施。

2. 开放格局不断拓展。按照习近平总书记关于“推动形成全面开放新格局”的要求，加快“引进来”和“走出去”步伐，发展更高层次的开放型经济。4月4日，邀请近200名在外地发展的永州籍嘉宾、企业家举行清明恳谈会，成功签约6个项目，总投资额达111.2亿元。5月18日，率队参加全国知名民营企业携手湖南助推中部崛起大会，成功签约7个项目，投资额31.2亿元。7月5日至6日，市委主要领导率招商小分队赴广东广州、东莞、深圳等地招商引资，成功签约广东新南方集团、广州

巨米科技公司，投资总额达21.5亿元。持续优化开放环境，大力推行“四皮”招商和“四心”留商，建立以委托第三方民调和移动终端“在线测评”为主要形式的“精准测评”机制，全省优化发展环境现场推进会在我市召开。通过一系列招商引资工作，上半年，全市实际利用外资7.07亿美元，同比增长11.7%；内联引资160亿元，同比增长15%；签订正式合同的500强企业项目7个，总投资30.4亿元。

3. 创新创业活力迸发。高度重视创新创业工作，在政策扶持、平台搭建、政策服务等方面不断加大力度，大众创业、万众创新呈现蓬勃发展态势。推进重大科技创新项目建设，新组建省级工程技术研究中心1家，3家省众创空间和科技孵化器有望被省厅立项，省级科技孵化器将实现零的突破。完善知识产权系统社会信用体系，严厉打击知识产权违法行为，鼓励创新成果转移转化，有效发明专利拥有量为604件，每万人口有效发明专利拥有量为1.07万件。先后开展“联系服务返乡青年新春活动月”“青春兴永，何必远方”深圳推介会和永州青年创新创业论坛等一系列活动，集聚创业资源，营造“双创”氛围。1—6月，全市新增创业主体1.5万个，发放创业担保贷款1.39亿元，扶持1395人自主创业，带动就业和再就业5580人。

五、坚持强基础严执纪，党建工作活力与水平不断提升

市委深刻认识和全面落实新时代党的建设总要求，以党的政治建设为统领，全面推进党的思想建设、组织建设、作风建设、纪律建设，全市党建工作全面过硬，建设质量有效提高。

1. 基层基础更加夯实。牢固树立大抓基层的鲜明导向，全面提高基层组织建设质量，强化基层党组织战斗堡垒作用。深入开展“基层党建全面提升年”活动，扎实推进基层党组织“五化”建设，9个省级开发区（园区）党群活动服务中心投入使用，2052个农村综合服务中心加快建设，今年10月可实现全市2950个行政村综合服务平台全覆盖。严格落实省委要求的各项保障，全市村均运转经费提高至13万元/年，村党组织书记报酬待遇达到当地人均可支配收入的2倍标准。积极推进“党建+互联网”建设，永州“潇湘红云·智慧党建”平台正式上线。统筹抓好各个领域党建工作，制定出台农村、社区、机关、中小学校、国有企业、医院、“两新”组织等7个党组织工作运行规则，选派“两新”组织党建指导员700余名，“两新”组织党的组织和工作实现全覆盖。

2. 队伍建设更加有力。坚持党管人才、党管干部，真正重才、科学用才、大力聚才、精心育才，打造忠诚干净担当的高素质干部队伍。探索建立“季度点评+民主测评+年终考评”的常态考核机制和“执行不力”反向测评机制，完善以“共性指标、重点指标、职能指标、约束性指标”为基础的全方位考核指标体系，进一步调动干部干事创业积极性。加强干部学习培训，组织1.5万余名党员干部参加干部教育网络学院学习，举办“永州大讲堂”4期，有效提升全市干部理论武装水平。设立5000万元人才发展专项资金，筹建市招才局和人才教育培训中心，先后引进一大批科技创新人才团队。注重培养使用优秀人才，制定出台《2018—2022年优秀年轻干部培养选拔工作规划》，印发《永州市选调生培养管理实施细则（试行）》，调任80余名硕士研究生进入党政机关担任领导职务，在全市形成了鲜明的重才用才导向。

3. 正风肃纪更加强力。以接受省委巡视为契机，将之作为从严治党、正风肃纪的重要抓手，切实振奋精神状态，转变工作作风，提升工作效能。按照“省委巡视组统筹，省市县三级联动，县区交叉”的原则，3月20日开始，对全市11个县区开展专项巡察，共巡察县区部门71个，乡镇129个、村（社区）321个，扶贫项目279个，发现问题833个。纵深推进中央八项规定突出问题专项治理、扶贫领域“1+4”专项治理，扎实开展作风建设“春雷”行动，查处作风建设典型问题1044个，追责1943人，公开通报典型案件50期166起、202人。持续保持反腐败斗争高压态势，1—5月，全市纪检监察机关处置问题线索1907件、立案842件，给予党纪政务处分502人，重点查办了祁阳县原县委常委、县委政法委书记唐恒杰案、蓝山县人大常委会主任谭平玉案等一批大要案件。

在总结工作的同时，市委常委会结合省委巡视组反馈的意见，深入分析了工作中存在的问题和不足。一是深学笃用习近平新时代中国特色社会主义思想和党的十九大精神还需进一步加强。二是一些领导干部面对新形势、新问题，思路不够开阔，举措不够创新，行动不够有力。三是抓实体经济、产

业发展成效还不够明显，主要经济指标增速有所下滑，压缩了平衡发展速度与质量的空间。四是脱贫攻坚存在不少短板，民生改善与群众期望还有一定差距。五是营商环境不优、群众办事不便的状况仍未根本转变。六是党的干部队伍建设还存在薄弱环节，少数干部还存在作风不实、违法违纪等问题。解决好这些问题，需要市委常委会发挥好“头雁效应”，上下联动，持续用力。

当前和今后一段时期，是全面完成今年工作任务，加快建设创新开放新高地、品质活力新永州，实现转型升级、跨越发展、赶超崛起的关键时期。我们肩负的任务依然很重，面临压力依然很大，需要解决的问题也还不少。必须想尽一切办法，采取一切措施，创造一切条件，重点围绕七个突出全力抓好贯彻落实，全力推动实现经济社会高质量发展。

一是突出聚焦聚力，坚决打好三大攻坚战。把打好打赢三大攻坚战作为重大政治任务来抓，围绕重点领域用力发力，聚力关键环节攻坚闯关，努力跨越实现高质量发展的重大关口。坚决打好防范和化解重大风险攻坚战，把防范化解政府性债务作为重中之重，全面整改省委地方政府债务专项督查指出的各项问题，严格执行“停、缓、调、撤”四字方针，严格控制增量，有效化解存量；统筹做好涉众型金融风险、自然灾害风险、信访维稳风险、安全生产风险防范化解工作。坚决打好精准脱贫攻坚战，全力解决脱贫攻坚领域存在的10大类问题，实施深度贫困地区脱贫攻坚支持计划，深化推进“四扶四建”模式，着力构建“一村一品、一县一业”产业扶贫新格局，确保完成年度脱贫攻坚任务。坚决打好污染防治攻坚战，扎实推进污染防治攻坚战三年行动计划，全面完成省政府污染防治攻坚战夏季攻势各项任务，扎实开展养殖污染、砖瓦建材行业、扬尘治理等专项整治行动，深化巩固中央环保督察组、审计署、生态环境部交办问题。

二是突出攻坚克难，全力加快项目建设。突出项目建设第一抓手，扎实推进产业项目建设年活动，用铺天盖地的项目数量、顶天立地的项目质量，支撑实体经济高质量发展。重点抓好列入省“五个100”工程和市“五个10”工程重大产业项目建设，力促在谈项目早落地，落地项目早开工，开工项目早投产。围绕加快项目建设，精准定位、精细服务、精确投入，及时解决好立项、审批、建设、融资等困难和问题。将园区作为项目建设主阵地、主战场，以经开区为示范引领，推动规划布局升级、基础设施升级、管理服务升级，进一步增强园区承载能力、发展活力。

三是突出强化举措，大力推进乡村振兴。坚持农业农村优先发展，深入实施乡村振兴战略，推进农业农村现代化，打造充满活力、富裕和谐的美丽乡村。以“多规合一”为引领，强化各类规划的统筹管理和系统衔接，抓紧编制乡村振兴规划和专项规划或方案，做到乡村振兴事事有规可循、层层有人负责。加快美丽乡村建设，推进农村人居环境整治三年行动，以农村垃圾污水治理和村容村貌提升为主攻方向，加快补齐农村人居环境短板。强化办点示范，以实施“十百千万”乡村振兴试点工程为突破口，依托田园综合体建设，推进产业深度融合，打造一批有特色、可复制的示范区，带动美丽乡村成片成带发展。

四是突出标本兼治，全面优化发展环境。把优化发展环境作为一项“永不竣工的工程”，在治标上重拳发力，在治本上久久为功，推动全市发展环境大优化、大提升。严肃查处“吃拿卡要报”等破坏经济发展环境的案件，严厉打击“三强三堵”等违法犯罪行为，努力营造风清气正的发展环境。大力推行“情感上暖心、措施上用心、机制上顺心、政商关系上公心”的“四心”服务，按照马上办、网上办、就近办、一次办的标准，全面提升政务服务质量和效率，用优质的服务亲商留商。营造良好的法治环境和信用环境，加大知识产权保护力度，加强事中事后监管，有效保障各类市场主体的合法权益。

五是突出创新引领，深化扩大改革开放。大力实施创新引领开放崛起战略，培育经济发展新动能，形成长远竞争新优势，力争在新一轮改革开放中赢得先机。牵住“最多跑一次”这个改革牛鼻子，注重改革的关联性和耦合性，统筹推进供给侧结构性改革、农业农村改革、投融资体制机制改革等重点领域改革，不断释放改革动力、红利。坚持创新驱动发展，加大基础研究和创新投入，更加重视科技创新和管理革新，突出抓好10个重大科技创新项目实施，力争在关键核心技术领域取得突破，促进我市产业迈向中高端水平。主动融入国家“一带一路”、长江经济带和省内“一带一部”战略，深入实施对外开放五大行动，构建全方位对外开放新格局。

六是突出保障民生，同心共筑美好生活。坚持以人民为中心的发展思想，以保障和改善民生为重点，多谋民生之利，多解民生之忧，不断满足人民群众对美好生活的需要。优先发展教育，全力抓好民生实事一号工程，办好学前教育，推进城乡义务教育一体化，努力让每一个孩子都能享有公平而有质量的教育。大力促进就业，继续实施就业优先战略和更加积极的就业政策，鼓励各类市场主体吸纳就业，大规模开展职业技能培训，推动实现更高质量更加充分的就业。兜好民生底线，持续推进社会保险提标扩面，积极完善社会救助体系，关注关爱弱势群体，保障困难群众基本生活，全面建成覆盖城乡、惠及全民的社会保障体系。

七是突出从严从实，纵深推进党的建设。坚持党要管党、全面从严治党，全面推进党的各项建设，把党建设得更加坚强有力。强化政治引领，扎实开展“不忘初心、牢记使命”主题教育，让党员重燃初心、铸强党性。实施支部建设整体提升工程，全面开展党支部“五化”建设，促进基层党的组织体系更加健全，基层组织领导班子功能明显增强，党员干部队伍整体素质显著提高。持之以恒正风肃纪，深入推进反腐败斗争，巩固拓展巡视巡察成果，扎实开展专项整治，运用法治思维和法治方式惩治腐败，营造风清气正的政治生态。

各位委员、候补委员，同志们，市委常委会取得的每一点成绩，都离不开各位委员、候补委员和全市广大干部群众的支持与努力。在此，我代表五届市委，向大家表示衷心的感谢！进入新时代，开启新征程，我们将紧紧围绕在习近平同志为核心的党中央周围，在省委的坚强领导下，开拓进取、真抓实干、不懈奋斗，为实现市委既定工作目标，推动实现高质量发展，加快创新开放新高地、品质活力新永州建设而努力奋斗！

专记

Special Recordation

永州市举行庆祝改革开放四十周年新闻发布会

2018 年 10 月 31 日，永州市庆祝改革开放 40 周年新闻发布会

永州市举行庆祝改革开放 40 周年首场新闻发布会

10 月 16 日上午，永州市举行庆祝改革开放 40 周年首场新闻发布会，市发改委介绍改革开放 40 年来全市经济社会发展总体成就。

举办“庆祝改革开放 40 年”系列新闻发布会，目的是为全面贯彻落实中共十九大精神，全方位展示永州市改革开放 40 年来，特别是中共十八大以来，永州人民在市委、市政府的正确领导下，全市广大干部群众不懈奋斗，各项事业取得的巨大成就。同时也充分展示永州人民昂首阔步迈进新时代的新气象新作为，为大力实施“开放兴市、产业强市”战略、努力建设“创新开放新高地、品质活力新永州”提供有力舆论支持。

改革开放 40 年来，全市综合实力显著增强，全市经济总量大幅提升，2017 年全市地区生产总值是 1978 年的 180 倍。人民生活水平和幸福指数不断提高，2017 年城镇、农村居民人均可支配收入分别比 1990 年增长 20 倍、23 倍。生态文明建设取得实效，永州市先后成功创建为国家卫生城市、国家森林城市、国家历史文化名城、国家级出口食品农产品质量安全示范市。经济结构明显优化，三次产业占比从 1978 年的 56.8∶23.5∶19.7，调整为 2017 年的 19.3∶34.9∶45.8。创新驱动深入推进，2017 年全市科技进步对经济社会发展的贡献率 47.73%。基础设施全面提升，全市公路通车里程 2.3 万千米，2013 年 12 月，永州市正式步入高铁时代，永州机场先后开通至北京、深圳、重庆等多条航线。涔天河水库扩建枢纽工程下闸蓄水、灌区工程进展顺利，全国重大水利项目毛俊水库开工建设。改革开放深化扩大，供给侧结构性改革蹄疾步稳，“三去一降一补”落实落细，推进综合“一窗式”审批服务模式改革，永州成为全省唯一一个市级“互联网+政务服务”改革试点城市。

发布会上，市发改委相关负责人分别就固定资产投资、产业项目建设、全面深化改革、铁路建设等情况回答记者的提问。

全市开放型经济蓬勃发展
永州市举行庆祝改革开放40周年第二场新闻发布会

10月18日上午，永州市举行庆祝改革开放40周年第二场新闻发布会，市商务和粮食局介绍40年来永州商务和开放型经济工作发展情况。

改革开放四十年来，全市开放型经济蓬勃发展，永州对外贸易规模日益扩大，逐步形成农产品加工、轻纺制鞋、电子信息、微电机产业、化工产品等为主导的多元化外贸产业；对外市场开拓卓有成效，出口国家和地区覆盖全球五大洲，本地企业积极参与东盟和西亚、非洲“一带一路”地区投资建设；招商引资成绩喜人，七大主导产业不断发展壮大，“大项目—产业链—产业集群”发展格局基本形成；开放平台不断健全、交通平台全面铺开、园区平台逐步完善、通关平台持续优化；电商蓬勃发展，农村电商、农产品质量防伪溯源体系全面推进，推行“电商+产业扶贫”模式，带动“永品出湘”“永品出境”；开放环境充分优化，全力推进“五集中”审批服务和“三清单”管理，全面实施“1+X”多证合一、一照一码模式和“最多跑一次”改革，优化政务和服务环境；开放政策日臻完善，先后出台大力发展开放型经济等“一揽子”开放崛起政策文件，扩大开放的路径更清晰、目标更明确、措施更扎实。

从改革开放之初到2017年，永州对外贸易从出口商品收购额2825万元到进出口总额突破90亿元；加工贸易进出口额从零到总量升至全省第四位；社会消费品零售总额从3.8亿元增长到653亿元；实际利用外资突破10亿美元，总量跃居全省第六位；内联引资267.86亿元；电子商务交易额、网络零售额分别达300亿元、80亿元。

发布会上，市商粮局有关负责人就外贸主导产业培育、招商引资工作开展以及加工贸易发展等问题答记者问。

全市教育事业蓬勃发展
永州市举行庆祝改革开放40周年第三场新闻发布会

10月19日上午，永州市举行庆祝改革开放40周年第三场新闻发布会，市教育局介绍40年来全市教育事业发展情况。

改革开放四十年来，永州市各级各类教育发展水平和教育管理水平大幅提升，逐步建立覆盖全市的督学责任区，成立教育督导委员会，教育督导工作持续加强；平稳实施全市初中学业水平考试和普通高中招生制度改革，进一步保障学生入学公平；出台《永州市中小学教职工编制动态管理暂行办法》《永州市加强教育人才队伍建设实施办法》；推进校园安全管理制度化、常态化、科学化和技术化，乡镇中心学校以上均配备专职保安和安保器械，校园监控全覆盖，实现人防、物防、技防三结合，织密校园安全网。学位建设、教育扶贫、教育质量实现新跨越，补齐学校建设标准不高、教育品牌不强、师资水平不优、校园文化氛围不浓的短板。

近年来，市委市政府高度重视义务教育大班额问题，将学位建设列为民生一号工程推进，多次专题研究调度，推进学校项目建设，强化教育工作督查考核。2017年，永州市开始实施城区学位建设三年攻坚行动，采取新建一批、扩建一批、盘活一批、提质一批等方式，建设学位23.57万个，全面消除大班额，当年建设学位5.12万个。2018年秋季，全市新增学位11.6万个，消除超大班额3345个，超额完成省委省政府下达的年度任务。

城市让生活更美好
永州市举行庆祝改革开放40周年第四场新闻发布会

10月20日，永州市举行庆祝改革开放40周年第四场“城市让生活更美好”专场新闻发布会。市住建局就改革开放40年来全市住房城乡建设工作所取得的成就进行介绍。

近年来，市委市政府高度重视城市建设发展问题，科学规划引领城市空间布局，从无到有，从粗放到精细，从总体规划到体系规划，形成较为科学完善的城乡规划体系，“T”字型潇湘城市群雏形已现，“一主两副三卫、二廊三片四轴”城镇战略发展空间、北部半小时经济圈和南部1小时经济圈基本成形。

改革开放走过波澜壮阔的40年。40年间，全市坚持推进新型城镇化、实施“城镇提质”战役，从经济社会发展的战略高度，推进城市建设。全市城镇建成区面积从1978年的30平方千米增加到265平方千米，城镇人口从22.5万人增加到261万人，常住人口城镇化率从8.5%提高到48.5%；中心城市绿化覆盖率38.5%，绿地率35.5%，增加10倍以上；新建自来水厂85个，日供水能力115万吨；新建燃气供应站79座，铺设燃气管道430千米；高速公路通车里程488千米，全市新建城市道路465条、1900千米。中心城市聚集和辐射功能日臻完善，城市建设成果丰硕，中心城区道路体系基本形成，城市规划更加合理，先后获得中国幸福城市20强、国家卫生城市、国家森林城市、国家历史文化名城等国家级荣誉，城区环境更优雅、城市更美丽，市民幸福感、获得感增强。

发布会上，市住建局有关负责人就未来中心城区城市空间发展设想、“城镇提质”战役项目建设重点、规范农村建房工作举措、工程建设项目审批改革等问题答记者问。

发布会上，市教育局有关负责人就大班额化解、缓解边远地区师资短缺以及教育扶贫等问题答记者问。

让民生更有保障
永州市举行庆祝改革开放40周年第五场新闻发布会

10月23日下午，永州市举行庆祝改革开放40周年人力资源和社会保障专场发布会，市人社局介绍改革开放40年来永州市人力资源和社会保障总体成就。

改革开放40年来，民生保障和服务水平不断提升，人民群众幸福感、获得感逐渐增强。特别是党的十八大以来，在以习近平为核心的党中央领导下，市委、市政府把保障和改善民生作为一切工作的出发点和落脚点，全市人力资源和社会保障事业改革发展取得显著成效。全市各级人社部门通过“搭平台、优服务、勤指导、促公平”，实施就业优先战略，全面落实中央、省市出台的系列积极就业创业政策，做好高校毕业生、就业困难人员、返乡农民工等重点群体就业创业工作，实现城乡统筹就业，全市就业创业实现量质齐升。不断深化社会保障制度改革，覆盖全民、城乡统筹、权责清晰、保障适度、可持续的多层次社会保障体系基本建成，持续扩大社保覆盖范围，稳步提高各项社会保障待遇水平。

发布会上，市人社局相关负责人分别就降低养老保险费率政策落实、就业扶贫优惠政策、医疗保障扶贫工作等情况回答记者的提问。

路桥成网　通达四方
永州市举行庆祝改革开放40周年第六场新闻发布会

10月24日上午，永州市举行庆祝改革开放40周年第六场新闻发布会，市交通运输局新闻发言人全面介绍改革开放40年来全市交通运输行业的发展成就。

改革开放40年来，永州市交通运输发生翻天覆地的变化。市委、市政府全面实施“交通三年大建设”和“交通提速战役”，永州交通成为人民群众感受最深、变化最大、获得感最强、满意度最高的民生行业之一。2018年，全市公路营运总里程22992千米，全市公路运营总里程增长388%，国道增长204%，省道增长195%，农村公路（县、乡、村道）增长439%。永州高速公路长492千米，排全省第六位；国省干线公路长3061千米，占全省总里程8.1%；农村公路19852千米，排全省第一位；乡镇通沥青或水泥路率、行政村通达率、通畅率均达到100%；零陵机场相继开通北京、上海、昆明、海口、重庆、西安等10条航线。2013年12月，湘桂高铁建成通车，永州步入高铁时代，经停永州高铁车次达到21对，永州对外出行大幅“提速”。

发布会上，市交通运输局相关负责人就如何构建区域性综合交通枢纽城市、“交通提速战役”实施近两年来取得的成效、农村公路建设情况等问题回答记者的提问。

不断提高人民群众健康水平
永州市举行庆祝改革开放40周年第七场新闻发布会

10月26日下午，永州市举行庆祝改革开放40周年医药卫生体制专场新闻发布会，市卫计委介绍改革开放40年来全市医药卫生体制改革发展总体成效。

改革开放40年来，永州市贯彻落实国家、湖南省关于医疗卫生事业改革发展的一系列方针政策，医疗卫生人才队伍建设取得明显成效。人才总量大幅提升，截至2017年年末，全市公立医疗卫生机构卫生专业技术人员约2.2万名，较1980年增加1.6万余名，增幅超过300%。人才素质大幅提升，从学历结构看，全市卫计系统有本科以上学历8500余人，占比超过40%；从职称结构看，中级以上职称7000余人，占比超过30%。机构设置进一步优化，全市每个乡镇均设置一所政府举办的卫生院，每个街道都设置1个社区卫生服务中心。全市基层医疗卫生机构标准化建设项目完成投资4.3亿元，完成50个乡镇卫生院、7个社区卫生服务中心和1428个村卫生室的标准化建设。服务能力进一步提升，全市基层医疗机构建立远程会诊、心电图和影像等远程诊断系统，创建全国群众满意乡镇卫生院、社区卫生服务中心72家。人才培养工作进一步加强，累计培养乡村医生本土化学员1060人。

发布会上，市卫计委有关负责人分别就全市医疗卫生人才队伍建设取得的成效及下步工作思路、医药卫生体制改革的具体做法以及基层医疗卫生服务体系建设取得的成效等情况回答记者提问。

潇湘沃野展新姿
永州市举行庆祝改革开放40周年第八场新闻发布会

10月29日上午，永州市举行庆祝改革开放40周年第八场新闻发布会，市农业委、市扶贫办介绍改革开放40年来全市农业农村、脱贫攻坚工作的发展成就。

改革开放40年来，全市上下深入贯彻落实党中央、国务院关于“三农”发展的各项决策部署，以保障农产品有效供给、提高农民生活水平、促进农业可持续发展为目标，真抓实干，攻坚克难，农业农村在保持较快的发展速度中实现农业增效、农民增收、质量提升，农业大市跨步向农业强市迈进。2017年，全市农林牧渔业总产值606亿元，是1978年的91倍，年均增长12.3%。全市农产品加工企业发展到4490家，休闲农庄发展到604家，实现销售收入579亿元，比2016年增长12.8%，实现从小到大、从弱到强、从量到质的转变。

特别是党的十八大以来，全市上下深入贯彻习近平总书记关于扶贫工作的重要论述，把精准扶贫、精准脱贫作为基本方略，把脱贫攻坚作为重大政治任务、头等大事和第一民生工程，举全市之力奋力推进。经过不懈努力，全市脱贫攻坚取得决定性进展，稳步向历史性解决绝对贫困和全面建成小康社会迈进。2014年以来，全市建档立卡贫困人口从694120人减少到197645人，累计减贫496475人，减贫率71.5%，贫困发生率从2014年的13.5%下降至2017年底的3.3%；贫困村脱贫出列475个，脱贫退出率61.4%；宁远、双牌、江永3个省级贫困县脱贫摘帽，全市贫困县由5个减少至2个，第一次实现贫困县总量的减少，在解决区域性整体贫困方面迈出坚实步伐。

发布会上，市农业委、市扶贫办相关负责人分别就永州市农业产业化取得的成就、永州市如何推进乡村振兴战略及进展如何、永州市采取哪些有力举措来确保脱贫攻坚各项决策部署落实落地等情况回答记者的提问。

全市工业经济和信息化蓬勃发展
永州市举行庆祝改革开放40周年第九场新闻发布会

10月31日上午，永州市举行庆祝改革开放40周年第九场新闻发布会，市经信委介绍改革开放40年来全市工业经济和信息化蓬勃发展。

改革开放40年来，永州市坚定贯彻新发展理念，工业经济实现由弱到强、由较单一到较完整、由分散型到集中型、由低端到中高端发展的新跨越，为全市经济社会高质量发展提供工业经济的强大支撑。2017年，全市完成工业总产值1535.9亿元，占地区生产总值1728.46亿元的88.8%。全市完成工业增加值504.76亿元，是1978年的264.4倍，年均增长13.1%，成为拉动经济发展的主要引擎；完成规模工业总产值1395.24亿元，完成规模工业增加值412.31亿元，同比增长7.9%，排名全省第三位，比1978年的4.76亿元增长85.62倍，规模工业增加值增速曾在2014年6月以后创造连续18个月排全省第一的历史纪录。

党的十八大以来，永州市始终坚持把加速推进新型工业化作为富民强市的第一推动力，着力推进传统产业结构调整和新兴产业培育，努力推进工业化和信息化“两化融合”发展。全面提升城乡信息宽带网络覆盖水平，完善信息基础设施建设，截至2018年6月，永州市光缆总长度10.03万千米，互联网宽带接入用户86.8万户，通信基站5758个，全市每平方公里有基站0.26个。行政村的光纤通达率100%，4G网络城区及乡镇覆盖100%，行政村4G覆盖率96.3%，以上指标均在全省居第一方阵。工业与信息化加快融合，逐步完善永州大数据产业链的布局，智慧永州建设大力推进。

打击犯罪　守护平安
永州市举行庆祝改革开放40周年第十场新闻发布会

11月1日上午，永州市举行庆祝改革开放40周年第十场新闻发布会，副市长、市公安局局长刘新良介绍改革开放40年来全市公安工作的主要成就。

改革开放以来，永州公安实施改革强警和公安大数据两大战略，全市公安工作和队伍建设全面开花。刑事案件破案率、网上追逃、扫黑除恶、缉毒执法、监所协助破案、查处酒驾醉驾、打击假币、打击食药环犯罪、反邪教专案侦查等主要业务指标连续3年排名全省第一位，绩效评估连续5年被省公安厅评为优秀单位，党廉考核连续8年被省公安厅评为先进单位。市公安局被省人社厅、省公安厅评为2012—2017年“全省优秀公安局”，被省综治委评为全省十大平安创建示范单位。在2017年、2018年全省公安局长会议上，市公安局连续两年获得大满贯奖项，是全省唯一获此殊荣的市州公安局。

特别是2015年以来，永州市刑事案件破案率年年位居全省第一位。全市有重大影响的刑事案件全部侦破，先后成功破获2015年特大生产销售假冒“双菱”牌螺纹钢案、部督香港英皇珠宝店钻石项链被盗案和涉及20个省市、涉案金额6.6亿元的特大网络传销案；成功破获唐某特大运输假币案；成功破获部督“2015.7.3”宁远特大制造毒品案，系新中国成立以来永州市破获的缴毒数量最多、抓获人员最多、判处重刑最多的毒品案件；成功侦办“2018.1.8”黑社会性质犯罪组织案，破获寻衅滋事、聚众斗殴、敲诈勒索等17类刑事案件61起。

发布会上，市公安局相关负责人就港澳台居民如何申领居住证、在公安部部署深化公安交管“放管服”改革工作中的落实情况、近年来在执法规范化建设上做哪些工作和取得哪些成效等问题回答记者的提问。

文化软实力全面提升
永州市举行庆祝改革开放40周年第十一场新闻发布会

11月2日上午，永州市举行庆祝改革开放40周年第十一场新闻发布会，市文体广新局、市旅游局介绍改革开放40年来全市文体广新、旅游工作的发展成就。

改革开放以来，特别是中共十八大以来，永州市文化事业展现崭新风貌，旅游产业发生翻天覆地的变化。永州市以创建国家全域旅游示范市为抓手，旅游产业保持持续快速增长的良好态势。

2018年，永州市获得创建国家公共文化服务体系示范区资格。以市县大型公共文体设施为骨干，乡镇和村（社区）文化馆、体育馆、健身路径、综合文化站、农家书屋等基层文化设施为基础的公共文化体育服务设施网络日益健全。艺术创作成果大涌现。2017年，文化产业增加值地区生产总值占比4%，是2005年的16倍，全市文化产业增加值连续10年超过地区生产总值增速。全市旅游产业规模不断扩大，游客接待量由1988—1995年（零陵地区）累计接待国内外游客607.89万人次，增长至2017年全市接待国内外游客4983.75万人次。全市成功创建等级景区28家，零陵柳子小镇被列为全省第三批湖湘风情文化旅游小镇创建单位，金洞猛江河国家湿地公园被评为“全国森林康养基地试点单位”，全市被评为“国家森林旅游示范市”。

发布会上，市文体广新局、市旅游局相关负责人分别就全市如何抓国家级公共文化服务体系示范区创建工作等情况回答记者的提问。

专文

Special Articles

筑梦四十载　奋进新时代

——改革开放40周年永州经济社会改革发展成就综述

1978年，党的十一届三中全会召开，拉开中国改革开放的序幕，永州迎来经济社会发展新纪元，步入加快发展新征程。特别是中共十八大以来，在以习近平为核心的党中央领导下，市委、市政府团结带领全市人民真抓实干、攻坚克难，谱写改革创新、加快发展的辉煌篇章。

综合实力显著增强

经济总量大幅提升。2017年全市地区生产总值1728.4亿元，是1978年的180倍，年均增长10.1%。经济总量在1994年突破百亿元大关，2012年跨过千亿元台阶。人均地区生产总值31585元，比1978年增长140倍。

财政收入快速增长。2017年全市财政总收入169.2亿元，比1978年增长203倍，年均增长14.6%。全市有7个县区财政总收入超过10亿元。

投资消费持续增强。40年来累计完成固定资产投资1.18万亿元，特别是近5年，累计完成额7438.81亿元，年均增长19.8%。社会消费品零售总额达653亿元，比1978年增长210倍，汽车、住房、旅游、住宿餐饮等消费比重大幅提升，推动消费结构升级。

经济结构明显优化

三次产业占比从1978年的56.8∶23.5∶19.7，调整为2017年的19.3∶34.9∶45.8，一产占比下降37.5个百分点，二产占比提高11.4个百分点，三产占比提高26.1个百分点，产业结构更加合理、更趋优化。

工业经济不断壮大。2017年，全市工业实现增加值504.8亿元，是1978年的266倍，年均增长13.1%；高新技术产业增加值完成256.8亿元、占地区生产总值比重达到14.9%。初步形成先进装备制造、电子信息、新材料新能源等7大主导产业。全市规模工业企业962家，年产值过亿元企业495家，过10亿元企业7家，长丰猎豹汽车成为首家超50亿元的企业。

农业经济由大变强。2017年，全市农林牧渔业总产值606亿元，是1978年的91倍，年均增长12.3%。粮食总产量318.5万吨，保持稳定增长。全市创建农业标准化示范基地351个，农产品加工企业发展到4490家，年销售收入突破500亿元。

第三产业全面提升。2017年，全市第三产业增加值792.2亿元，是1978年的419倍，年均增长12.9%，对地区生产总值增长的贡献率62.5%。旅游业实现从“景点旅游”向“全域旅游”转变，2017年全市接待国内外游客4983.7万人次、实现旅游总收入406.7亿元，分别比2001年增长27倍、87倍。

基础设施全面提升

持续加大对基础设施领域投资，切实加强“四网”建设。

交通网，打造立体交通格局。全市公路通车里程2.3万千米，是1978年的5倍，新增高速公路492千米。洛湛铁路2009年建成通车，结束零陵、双牌、道县、江永、江华等县区不通铁路的历史。2013年12月湘桂高铁建成通车，全市正式步入高铁时代，经停永州高铁车次达到21对。永州机场先后开通至北京、深圳、昆明、上海、海口、厦门、重庆航线，年旅客吞吐量突破10万人次。

能源网，供给能力不断增强。电力总装机1910万千瓦，2083个行政村完成农网改造，神华国华火电开工建设，全市能源供应体系得到全面提升。

水利网，保障能力稳步提高。涔天河水库扩建枢纽工程下闸蓄水、灌区工程进展顺利，全国重大水利项目毛俊水库开工建设，兴建2281处农村安全饮水工程，解决410万农村人口饮水安全问题，实现100%的乡镇和80%的行政村通自来水。

信息网，服务能力大幅提升。移动电话用户357

万户、每百人 65.2 部，互联网宽带用户 79 万户、普及率 46.8%。互联网经济、线上消费突飞猛进。

创新驱动深入推进

科技实力不断增强。2017 年，全市科技进步对经济社会发展的贡献率 47.73%，每万人有效发明专利 1.07 件。“院士工作站”实现零的突破，拥有国家级企业技术中心 1 家、省级重点实验室 2 家，省级、市级工程技术研究中心 29 家。

创新创业成果丰硕。永州市农业科技园区晋升为国家级农业科技园区，全市拥有省级以上园区 11 个。

“135 工程”新建标准厂房 386 万平方米，引进“双创”企业 343 家，新增省级创新创业基地 4 个，2017 年新增市场主体 4.2 万个以上。

生态优势日益彰显

生态文明建设取得实效。严守生态保护红线，推进增绿、洁地、净水、治气四大工程，有效解决一批历史治污难题。全市有国家级农产品主产区 2 个、国家重点生态功能区 7 个，江华获评首批国家生态文明建设示范县。永州市成功为创建国家卫生城市、国家森林城市、国家历史文化名城、国家级出口食品农产品质量安全示范市。

节能降耗效果明显。2017 年全市万元地区生产总值能耗下降 5.58%，单位规模工业增加值能耗下降 6.8%。全面完成省定目标任务。

改革开放深化扩大

供给侧结构性改革蹄疾步稳。“三去一降一补”落实落细，淘汰钢铁、水泥、冶炼等落后产能；房地产去化周期大幅缩短，银行不良贷款率、规模以上工业企业资产负债率和政府债务风险不断降低；在全省率先公布市级企业投资项目负面清单目录，行政权力精简力度排全省前列，取消、降低和放开 77 项涉企收费，卫生、教育等短板领域投资增长较快。

重点领域改革纵深推进。全面完成市县两级党政机关公车改革。全面推进“先照后证”商事登记制度改革，企业登记升级为“40 证合一”。“三集中、三到位”改革进一步深化，全面实行在线并联审批和“五集中”审批服务，做到一次办、马上办、在线办，项目审批时限缩短 70%以上。实施项目建设六联推进机制改革，进一步明确前期手续办理、征地拆迁、资金使用等 6 个方面的“全链条”工作机制，项目建设推进全面提速。推进综合“一窗式”审批服务模式改革，永州市成为全省唯一一个市级“互联网+政务服务”改革试点城市。推进“信用永州”建设，实现与省级信用平台的互联互通，初步构建以信用承诺、联合奖惩、信息公示为核心机制的信用监管体系。农业水价、居民阶梯水价、发电侧和销售侧电价市场化等领域价格改革有序推进。医疗、文化、教育、国企国资、农村综合改革、社会治理机构改革等迈出实质步伐，财税、投融资等要素市场改革继续深化。

对外经济快速发展。2017 年实际引进外资 10.82 亿美元、外贸进出口额 13.57 亿美元，分别比 1995 年增长 45 倍、24 倍。2011 年 10 月获批国家级湘南承接产业转移示范区以来，承接产业转移项目 1800 余个，投资 5000 万元以上的项目 756 个，新增就业人数累计超过 100 万人。

民生福祉大为改善

人民生活发生巨大变化。城乡居民收入大幅提升，2017 年，城镇、农村居民人均可支配收入分别为 26190 元、12738 元，分别比 1990 年增长 20 倍、23 倍。脱贫攻坚取得重大进展，易地扶贫搬迁 10.16 万人。省定、市定民生实事按时超额完成任务。

各项社会事业协调发展。教育、医疗、卫生体系逐步完善，城乡居民健康水平持续提高。物价水平总体稳定，其他各项社会事业发展繁荣，社会大局稳定和谐、人民群众获得感不断增强。

三农新发展　脱贫跨新阶

——改革开放40周年永州农业农村发展成就综述

农业是稳民心、安天下的产业，解决“三农”问题一直以来都是各级党和政府工作的重中之重。改革开放40年来，在市委、市政府的坚强领导下，全市上下深入贯彻落实党中央国务院关于“三农”发展的各项决策部署，以保障农产品有效供给、提高农民生活水平、促进农业可持续发展为目标，真抓实干，攻坚克难，农业农村在保持较快的发展速度中实现农业增效、农民增收、质量提升，农业大市跨步向农业强市迈进。

农业实现转型升级　综合生产能力连跨新台阶

农业结构趋优见新。全市初步形成粮油、生猪、果蔬、竹木、烤烟、茶叶、药材等七大主导产业，“一县一特”发展势头良好，建设万亩以上基地18个、万字号养殖场38个，是全省农产品重要生产、加工、出口原料示范基地，外销出口出境蔬菜占全省的近80%以上。粮食总产由1978年的169.26万吨增加到2017年的总产340万吨，集中建设冷水滩、零陵、祁阳、道县等粮食生产大县，优质稻发展到495万亩，玉米、大豆、马铃薯等特色旱杂粮加快发展。实施品种改良、品质改进、品牌创建提升行动，加快老桔园、低产茶园改良改造，高效经济作物总产量由1978年的56.4万吨发展到2017年的698.23万吨，增长11.4倍。水果产量111.98万吨，比1978年增长222倍；蔬菜产量516.84万吨，比1978年增长21倍。主要经济作物面积扩大、产量增加、品质提升、效益向好，占种植业的比重由1978年的5.91%提高到2017年的15.66%。完成养殖业适养区、限养区和禁养区“三区”划定，生猪出栏稳定在800万头以上；牛羊等草食动物稳步发展，全市生猪规模化养殖比重达55%，高出全省平均水平10个百分点；草食牧业规模化养殖比重达50%，高出全省平均水平3个百分点；禽类规模化养殖比重达65%。调整种植模式，推广稻鱼（虾、蛙、鳖）等综合生产模式，2017年底稻田综合种养面积达到73.73万亩。

农业链条延伸加粗。截至2017年年末，全市农产品加工企业发展到4490家，其中省级以上龙头企业46家，全市农产品加工业实现销售收入576亿元，粮食、生猪、竹木成为百亿产业，70%以上的农业企业与农户建立订单，90%以上的农业企业自建生产基地，连接基地面积600万亩，带动农户106万户；全市休闲农业经营主体达604家，完成经营收入6.6亿元，受益农户2.39万户，创建省级以上星级农庄52家、省级休闲农业示范园2个；推动“互联网+”现代农业发展，全市实现农产品网上交易额7.5亿元；实施“千园”现代农业发展工程，推动农业园区升级，全市累计创建县级以上农业园区201个，省级现代农业综合产业园11个，省级现代农业特色产业示范园52个。

农业竞争力提升增强。制定发布和实施省农业技术规程和地方标准74项，推进农业标准化“委市共建”，创建2个国家级和4个省级农产品质量安全县，11个省级农业标准化示范县，建设农业标准化示范基地面积达到70万亩，创建国家级菜果茶标准园36个、生猪和水产品标准化养殖场443个。截至2017年年末，全市农产品加工企业获得“中国驰名商标”6个（金浩、银光、天龙、果秀、柳宗元、湘妹）、“中国名牌产品”2个（银光、天龙）、地理标志农产品23个，“湖南省著名商标”57个、“湖南名牌产品”15个。“三品一标”农产品认证有效总数达370个。江永香柚、新田大豆列入全省十大农业区域公共品牌。所有县区和乡镇全部建立农产品质量安全监管机构，启动农产品质量安全追溯体系、信用体系建设，加强农产品产地准出和市场准入监管，主要农产品监测总体合格率在98%以上，居全省前列。

新农村建设加速推进　农村面貌全面改观

全市启动建设的重点整治示范村2000多个，完成村庄规划编制400余个。截至2018年年末，全市配备农村保洁员9000余人，90%以上的村实现清扫保洁，92%的乡镇配置了垃圾转运设施，农村卫生厕所普及率71.82%。全市初步形成“户分类，村收集，镇转运，县处理”的处理模式。全市兴建2281处农村安全饮水工程，解决410万农村人口饮水安全问题，实现100%的乡镇和80%的行政村通自来水；电力总装机达1910万千瓦，2088个行政村完成农网改造；建设户用沼气池11.75万处，安装太阳能9.54万台。

农民收入渠道拓宽　生活水平大幅提升

2017年，农村居民人均可支配收入12738元，比1990年增长23倍。高于同期城镇居民增速。农民收入较快增长，主要得益于四个方面：一是国家出台一系列强农惠农富农政策，大力实施精准脱贫，农民增收政策环境好、得到实惠多。二是农业供给侧结构性改革初见成效，农业质量和效益逐步提升，农村一二三产业加快融合。据测算，全市农产品加工业吸纳进厂就业和参与产业化经营的农民共130余万人，年平均收入比普通农户高出1000元以上。三是宏观经济基本稳定，农民就业和务工量稳质提升，加上各地上调最低工资标准和人工价格指数上涨等因素，农民工薪酬稳定增长。四是农村改革纵深推进，农村集体土地、集体产权和农民宅基地、房屋等“沉睡资产”得到一定程度激活，促进农民财产性收入的增加。

脱贫攻坚全面发力　农村贫困状况实现根本改观

农村贫困人口大幅减少。通过五年的精准扶贫、精准脱贫，全市贫困人口大幅减少，2014年以来，全市建档立卡贫困人口从694120人减少到197645人，累计减贫496475人，减贫率达71.5%，贫困发生率从2014年的13.5%下降至2017年年底的3.3%；贫困村脱贫出列475个，脱贫退出率61.4%；宁远、双牌、江永3个省级贫困县脱贫摘帽，全市贫困县由5个减少至2个，第一次实现贫困县总量的减少，在解决区域性整体贫困方面迈出坚实步伐。

贫困人口民生福祉大幅提升。产业扶贫方面，按照“四跟四走”模式发展特色种养、农村电商、乡村旅游等产业，带动53万贫困人口参与。就业扶贫方面，巩固已转移就业贫困劳动力20余万人，新增贫困劳动力转移就业3.6万余人。实施“雨露计划”，五年资助7908名“两后生”接受学历职业教育。700余家园区小微企业在贫困村建设“扶贫车间”，吸纳1.2万余名贫困劳动力在“家门口”就业。生态扶贫方面，在贫困地区发展经济林基地9万亩，安排近千名贫困人口为生态护林员，人均工资达到1万元。住房保障方面，易地扶贫搬迁安置建档立卡贫困人口2.1万户81708人，农村危房改造开工83179户、竣工81228户。教育扶贫方面，全市义务教育年巩固率99.86%，贫困学生义务教育完成率100%，助学资助实现应助尽助。健康扶贫方面，贫困人口医保参合率、家庭医生签约服务率均达到100%，4类9种大病救治率、住院医疗费用总报销比例分别达到98.98%、95%，“因病致贫、因病返贫”得到有效遏制。兜底保障政策落实到位，农村低保标准提高到3240元/年，在全省率先实现低保、扶贫“两线合一”。

贫困地区发展短板加快补齐。水电路讯日趋完善。解决580个贫困村、34.68万贫困人口安全饮水问题。优先实施贫困村农网改造升级工程，贫困村供电能力和质量全面提高。全市所有贫困村全部实现通硬化路面、通客班车。贫困村基本实现4G信号全覆盖。公共服务日趋健全。贫困村公共体育健身设施、农村广播、数字电视实现全覆盖；科技人员服务贫困村覆盖率92%。集体经济日趋壮大。建成并网村级光伏扶贫电站625个、集中式光伏扶贫电站5个，为贫困村集体经济发展提供新的支撑；513个贫困村集体经济年收入均超过4万元。

农村改革深入推进　农村发展活力增强

以激活市场、激活主体、激活要素为目标，推进一系列农业农村改革，农村发展活力显著增强。探索推进农村土地“三权分置”，整市推进农村土地承包经营权确权登记颁证，确权面积491.59万亩，确权农户112.05万户。引导农村土地有序流转，全市耕地流转面积265.91万亩，占承包地面积的55.07%。培育新型经营主体，着力建立现代农业新型经营体系。通过实施两个“百千万”工程，累计认定家庭农场4179家，领证的新型职业农民4420人，发展农民合作社5214个，入社成员25.12万人，占全市农民总数的8.6%，带动农民26.9万人。启动农村产权制度改革，组建村级集体经济组织，开展农村集体经济组织成员资格认定，赋予农民更多的财产权利。在新田县开展农村承包土地经营权抵押货款试点，2017 年抵押贷款余额达到 2 亿元。开展以土地经营权入股农民合作社、农业产业化龙头企业试点。

工业经济高质量发展步伐铿锵

——改革开放40周年永州工业经济和信息化发展综述

工业是国民经济的主导力量，工业经济为经济社会快速发展的重要支柱。改革开放 40 周年以来，在市委、市政府的正确领导下，全市坚定贯彻新发展理念，以产业为依托，以项目为抓手，以园区为载体，大力实施“兴工强市”、“产业强市”战略，始终坚持把加速推进新型工业化作为富民强市的第一推动力，推进传统产业结构调整和新兴产业培育，推进工业化和信息化“两化融合”发展，不断提升工业经济发展质量和效益，工业经济实现由弱到强、由较单一到较完整、由分散型到集中型、由低端到中高端发展的新跨越，为全市经济社会快速发展提供了工业经济的强大支撑。

工业经济实力不断增强

2017 年，全市完成工业总产值 1535.9 亿元，占地区生产总值 1728.46 亿元的 88.8%。全市完成工业增加值 504.76 亿元，是 1978 年的 264.4 倍，年均增长 13.1%，高于 GDP 平均增速 3 个百分点，成为拉动经济发展的主要引擎；完成规模工业总产值 1395.24 亿元，完成规模工业增加值 412.31 亿元、同比增长 7.9%，排名全省第三位，比 1978 年的 4.76 亿元增长 85.62 倍，规模工业增加值增速曾在 2014 年 6 月以后创造连续 18 个月排全省第一的历史纪录；近年来，全市新增入统规模企业一直在全省名列前茅，2017 年，全市新入统规模工业企业达 126 家，稳居全省第一位，2018 年 1 至 9 月新入统企业达到 79 家，排全省第一位。近五年来，全市规模以上工业企业由 2013 年的 666 家发展到 2017 年的 962 家，产值过亿元工业企业达到 495 余家，过 10 亿元工业企业达到 7 家（长丰猎豹、零陵烟厂、江华坤昊、祁阳凯盛、承阳针织、东骏纺织、宁远福嘉有色），上市企业发展到 4 家（南岭民爆、奔腾彩印、科力尔电机、恒康大药房）。永州工业发展态势在全省成为一个新亮点。

产业转型升级成效显著

全市紧紧围绕构建现代产业新体系，努力打造现代工业城市这一目标，精心编制产业发展规划，指导产业发展。优势产业加速集聚。初步形成以农产品精深加工、矿产品精深加工、轻纺制鞋、先进装备制造、电子信息、新材料新能源、生物医药等为主导的七大支柱产业体系。2017 年底，规模以上农产品精深加工产业产值达到 380 亿元，轻纺制鞋、先进装备制造、电子信息等产业建成百亿产业。彻底颠覆 1978 年产业单一、弱小、零散的历史。产业结构日趋优化。新旧动能加快转换，新兴产业占比逐年增大。电子信息产业从无到有，汽车制造等先进装备制造产业从弱到强，生物医药和新能源新材料产业从小到大。近三年来，电子信息、先进装备制造、生物医药和新能源新材料等 4 个战略性新兴产业发展迅速，三年累计总产值分别达到 423 亿元、391 亿元、161 亿元和 219 亿元，产值占规模工业总产值的占比逐年提高。落后产能逐步退出。全市淘汰 75 万吨“地条钢”落后产能，湘江纸业、零陵化工厂顺利实现关停并转，100 多家富锰渣小高炉企业被“两断三清”，340 家粘土砖企业关停，一大批高能耗高污染的落后产能（如小造纸、小水泥、平板玻璃等）退出历史舞台。工业经济效益稳步提高。2017 年底，全市完成工业实缴税金 24.1 亿元，全市规模工业企业主营业务收入 1395.24 亿元、同比增长 20.7%；盈亏相抵后实现利润 47.15 亿元、同比增长 12.9%。

产业园区建设来势喜人

自1988年永州市设立第一家工业园区——凤凰园经济开发区以来，历届地（市）委、行署（市政府）高度重视园区发展，不断完善园区发展理念，产业结构调整，按照“产城融合”“两化融合”“生态新城”的要求，奋力推进工业产业园区发展。经过30年的发展，全市有工业园区12个，省级及以上工业园区或集中区11个，其中，过百亿园区发展到9个，祁阳经开区工业总产值率先突破220亿，并获评为“国家新型工业化产业示范基地”，永州经开区有望跻身国家级开发区行列，江华经开区升级为省级高新技术开发区。2017年，园区规划面积274.4平方公里，建成标准厂房面积1321万平方米；园区规模工业企业937户，完成规模工业增加值380亿元，占全市规模工业增加值的92%，产业园区主体地位日益凸显。各园区围绕“园区景区化”理念，推进“产城融合”，不断加大基础设施投入，园区的水、电、路、讯、排污管网、集中供热供气等基础设施不断健全，配套功能不断完善，仅2017年，全市园区完成基础设施投入108亿元，比2016年增长近3倍，园区面貌焕然一新。各工业园区因地制宜，突出地方特色，基本形成2~3个主导性产业，打造一批如永州大数据产业园、贵德光电产业园这样的全产业链“园中园”。随着10月26日，投资50亿元的新南方植物提取项目和投资40亿元保利军民融合项目签约落地永州经开区，一个以永州经开区为龙头引领其他工业园区和产业聚集发展、创新发展、加速发展的态势更加彰显。

工业项目建设强力推进

工业项目建设强劲来势拉动工业经济快速增长。坚持项目为王，实施“五个10”工程，抢抓承接产业转移的历史机遇，构造优良的营商环境，加大招商引资力度，工业项目建设来势强劲。工业投资大幅增长。自2008年以来的近10年，永州市工业投资4318.91亿元，占同期全部投资的41.8%，比上一个10年提升23.5个百分点，其中，2017年全市完成工业固定资产投资703.47亿元，是1978年的2340倍，年均增长21.4%。近10年，工业技术改造投资年均增长12%，其中，2017年全市完成工业技改投资339.24亿元，占全市工业投资比重的48.2%，成为带动工业投资增长的主要力量。改革开放40年来，工业技改项目建设和工业招商项目成果丰硕。全市开工一大批重点项目，竣工一大批项目，为全市工业经济的发展提供有力支撑。农产品精深加工、轻纺制鞋等传统产业，通过实施技术改造，迸发出新的活力。近年来产值年均增长20%以上。零陵卷烟、长丰猎豹汽车等一批企业技术改造项目的竣工投产，催生企业成为年产能超50亿元、100亿元的大企业。一大批世界500强和央企落户永州，2012至2017年，全市引进500强企业34家，项目47个。华为大数据、特种机器人、韬讯无人机、三一重能、新南方植物提取项目、保利军民融合项目等一批高新产业项目相继落户，贵德科技、裕宁电子、九恒集团、时代阳光、恒伟药业、康都制药、希尔药业、千山药机、五矿稀土、远大住工等一大批新兴产业项目陆续建成投产，成为拉动工业经济增长的新动能。

信息化发展实现新跨越

近年来，全市推进“电信普遍服务”和光纤入户工程，全面提升城乡信息宽带网络覆盖水平，完善信息基础设施建设，通信基础设施建设飞速发展，截至2018年6月，永州市光缆总长度10.03万千米，互联网宽带接入用户86.8万户，通信基站5758个，全市每平方千米有基站0.26个。行政村的光纤通达率100%，4G网络城区及乡镇覆盖率100%，行政村4G覆盖率96.3%，以上指标均在全省居第一方阵。工业与信息化加快融合。支持工业企业在研发设计、生产制造、经营管理、市场营销等核心业务环节运用信息化智能化手段，实现业务模式和管理模式创新，一批智能车间、智能工厂相继建成，引领工业制造业升级提效。大数据产业发展迅速。自2015年华为云计算中心入驻永州市以来，永州经开区先后引进深圳奔凯、必爱旅行网、北京安天、一点资讯、易尤特、芒果瑞公司等15家重点大数据关联业态企业，围绕数据采集、数据存储、数据安全、数据分析和数据应用，逐步完善永州大数据产业链的布局。智慧永州建设大力推进。全市有28个部门和单位的29个信息化项目部署在永州华为云上。永州正致力打造全省大数据的云计算中心。

实施开放崛起战略　书写开放图强篇章

——改革开放40周年永州商务和开放型经济工作成就综述

改革开放40年来，永州市围绕党中央国务院、省委省政府重大决策部署，以敢为天下先的精神，推动全市开放型经济蓬勃发展。从改革开放之初到2017年，全市对外贸易从出口商品收购额2825万元到进出口总额突破90亿元大关；加工贸易进出口额从零到4.44亿美元，总量升至全省第四位；对外承包工程和劳务合作总额从基本为零提高到2.21亿美元；社会消费品零售总额从3.8亿元增长到653亿元；2017年实际利用外资突破10亿美元，总量跃居全省第六位；内联引资267.86亿元；电子商务交易额、网络零售额分别达300亿元、80亿元。

对外贸易从小到大

1978年，永州全市出口商品收购额2825万元，2017年完成外贸进出口额91.76亿元，近5年年均增幅24%，是1978年业绩的327倍，全市外贸进出口额占地区生产总值的比重5.3%。全市形成外贸流通公司、生产企业、外资企业三路外贸大军，逐步形成农产品加工、轻纺制鞋、电子信息、微电机产业、化工产品等为主导的外贸产业，外贸产业结构逐步多元化；2017年全市出口产品种类2931种。加工贸易进出口总额从零增长到4.44亿美元，总量位居全省第四位。

市场开拓从近到远

改革开放初期，与永州市有贸易往来的国家和地区仅有通过间接服务的少数几个国家和地区。到2017年，永州市出口的国家和地区已经覆盖五大洲的大部分国家和地区，美国、欧盟是永州主要贸易伙伴，对美国和欧盟的贸易总额超过全市贸易总额的40%，与墨西哥、南非、新加坡进行经贸往来；在东盟和西亚、非洲等“一带一路”地区新增投资3000万元以上企业5家。永州华富公司在伊朗投资1.1亿美元的矿产项目；恒远发电携手中国电科驻湘单位，建设投资7亿元的越南光伏电站工程，成为央企与永州本土优秀企业共同参与“一带一路”建设的典范；在老挝首都万象成立永州市商务和粮食局驻东盟商务代表处。

招商引资从无到有

近年来，永州市通过良好的投资环境和优质服务，促动在永州落地的企业引入相关联的配套项目及产业链项目，七大主导产业不断壮大，“大项目—产业链—产业集群”的发展格局基本形成。“十一五”期间全市实际利用外资13.8亿美元，为前十个五年计划总和的2.65倍；内联引资650亿元，为前十个五年计划总和的1.8倍。“十二五”期间全市实际利用外资31.5亿美元，年递增率14.63%；内联引资786亿元，年递增率14.77%。从1989年引进第一家外资企业开始，到2017年全市登记在册的外资企业达424家，累计引进外资突破70亿美元。其中2017年实际利用外资10.82亿美元，内联引资267亿元，在全省的占比分别达到7.47%和5.25%，超过全市GDP占全省的比重。

开放平台不断健全

交通平台全面铺开。改革开放以来，全市基本构建水陆空三位一体的现代化立体交通体系，为永州开放崛起插上腾飞的翅膀。园区平台逐步完善。全市建成省级工业园和工业集中区11个，国家级农业科技园1个；永州经开区、祁阳工业园、江华经开区、宁远工业园、冷水滩高科园等9个园区建成百亿园区，其中祁阳工业园迈入200亿园区。江华经开区被评为省级新型工业化产业示范基地。全市建成园区外贸综合服务中心4个。通关平台持续优化。湖南农副产品集中验放场（叠加永州公路口岸）封关运行，湘南进出口食品（农副产品）检测中心主体竣工。香港直通车依托湖南农副产品集中验放场暨永州公路口岸平台实现试运营，2015年长沙海关驻永州办事处运行，2017年长沙海关驻永州办事处江华工作站开关运行。2018 年永州市外贸转型升级基地（水果蔬菜）被评为国家级外贸转型升级基地，首个“两仓”顺利通过海关验收。成功创建为全国第四个、长江以南首个国家级出口食品农产品质量安全示范市。

电子商务蓬勃发展

阿里村淘、京东农村电商、农产品质量防伪溯源体系在 11 个县区全面整体推进；江永、祁阳、新田、江华瑶族自治县先后被评为国家级电子商务进农村综合示范县；一批知名电商特产馆、本土龙头电商平台先后上线运营，带动“永品出湘”“永品出境”。截至 2018 年 9 月，全市有省电子商务认定企业 117 家，建成电商聚集区 9 个，县级电子商务运营中心 19 个，电商服务站点数 1900 余个（贫困村电商服务站点 624 个），电商网店总数 6800 余个（贫困户电商网店 1800 余个），全市农村电商网络体系基本形成。推动“电商+产业扶贫”，带动贫困片区名优特农产品上行，截至 2017 年年末，有 3.7 万余名贫困群众通过电商实现就业，带动 4.6 万余名贫困群众通过电商实现脱贫。

开放环境充分优化

近年来，永州推进重点项目集中领导、集中窗口、集中进驻、集中会审、集中督办“五集中”审批服务，全面推行权力清单、监管清单、负面清单“三单”管理，全面实施“1+X”多证合一、“一照一码”模式和“最多跑一次”改革。通过设立园区外贸服务中心、招商引资代办中心等途径，对产业项目建设实行全方位、全过程的“母亲式”服务，为企业提供了开放的政务环境和服务环境。2017 年 6 月底，远大住工进驻冷水滩高科园，从生产线建设到投产、签下第一单，仅用了 2 个月时间；年产能 10 亿元的贵德光电产业园，从签约、开工到投产仅用 150 天，创造“江华速度”。

开放政策日臻完善

围绕国家“一带一路”倡议，永州先后推出建设湘南承接产业转移示范区、大力发展开放型经济、促进加工贸易创新发展等“一揽子”开放崛起政策文件。《中共永州市委关于贯彻落实湖南省委创新引领开放崛起战略的实施意见》《中共永州市委关于深入学习贯彻党的十九大精神大力实施开放兴市产业强市战略的意见》《中共永州市委　永州市人民政府关于实施开放崛起战略建设开放强市的实施意见》《中共永州市委办公室　永州市人民政府办公室关于印发〈永州市加快推进开放崛起专项行动方案〉的通知》等政策措施相继出台。为进一步提升招商引资成效，出台《永州市人民政府关于印发进一步扩大开放鼓励投资的若干措施的通知》《永州市人民政府关于印发〈永州市鼓励中心城区投资建设五星级酒店优惠政策〉的通知》等招商优惠政策。全市构建“1+3+5”立体式开放崛起政策体系，扩大开放的路径更清晰，目标更明确，措施更扎实。

城市让生活更美好

——改革开放 40 周年永州城镇发展综述

众志成城求突破　十大成就铸辉煌

城市规模扩张，城市化水平大幅提升。40 年来，永州市城镇建成区面积从 1978 年的 30 平方公里增加到 265 平方公里，扩大 8 倍多；城镇人口从 22.5 万人增加到 261 万人，增长 11 倍多，常住人口城镇化率从 8.5%提高到 48.5%，与全国、全省的差距逐步缩小。特别是中心城市蓬勃发展，1978 年，零陵县辖东风镇、冷水滩镇，城区总人口不到 10 万人，城区面积不到 10 平方千米。1995 年地改市后，城市规模迅速扩张，建成区面积扩大到 66.5 平方公里，扩大 10 倍；城区人口增长到 63.5 万人，城市化率从 10.5%提高到 70.5%。

创建品牌提升品质，城市发展跻身全国、全省先进队列。40年来，永州城市建设累计投入资金过1000亿元，各项建设始终坚持高起点，后发赶超成绩斐然。从1995年县级零陵区跻身国家卫生城市、全国环境整治优秀城市开始，城市建设累计获得中国幸福城市20强、国家卫生城市、国家森林城市、国家历史文化名城等国家级荣誉66项。各县城纷纷变大、变美、变新、变畅，江华获得国家园林县城、全国文明县城称号，宁远获得国家卫生县城称号。全市城镇建设获得各类省级荣誉265项。

规划水平明显提升，龙头引领科学发展。城市规划从无到有，从粗放到精细，从总体规划到体系规划，从单一规划到多规合一，形成较为科学完善的城乡规划体系，引领城市建设发挥最高效益。1978年以前，零陵地区没有城市建设规划。1982至1984年，县级永州市、冷水滩市先后制定第一部城市总体规划。1991年地委、行署组织编制《永、冷二市联城规划纲要》。1996年，市委、市政府制定第一部中心城市总体规划。现在执行的是2001至2020年永州市城市总体规划。规划明确城市发展目标为国家历史文化名城，湘、粤、桂省际区域性中心城市和现代化生态旅游宜居城市。到2020年，中心城区建设用地规模100平方千米，人口规模100万人。

40年来，特别是近几年，科学规划引领城市空间布局，中心城市与祁阳、东安、双牌的联系不断加深，"T"字型潇湘城市群雏形已现，"一主两副三卫、二廊三片四轴"城镇战略发展空间，以及北部半小时经济圈和南部1小时经济圈基本成形。

城市交通联网成环，道路框架基本形成。城市外围交通迅速发展，湘桂高铁建成通车，高速公路通车里程488千米，位居全省第三位。永州机场开通10条航线，市民出省跨境极为方便。市内交通快速联网，形成循环。40年来，全市新建城市道路465条1900千米，人均道路面积18平方米。其中，中心城区新建永州大道、育才路、潇湘大道等主次干道229条756千米，相比1978年，人均道路面积由0.5平方米增加到21平方米。复兴大桥、萍州大桥和城南大桥横跨潇湘两岸，城市路网框架基本拉开。

市政公用设施从无到有，发展水平日新月异。40年来，全市城镇新建荷叶岭水厂、曲河水厂、南津渡水厂等自来水厂85个，日供水能力115万吨；新建燃气供应站79座，铺设燃气管道430千米；城镇居民用水普及率、燃气普及率分别达到97%和93.5%，均增长110倍以上。新增路灯20万盏；新建公园、市民广场和小游园165个，二类以上公共厕所389个，农贸市场115个，均增长20倍。垃圾和污水处理设施从无到有，新建向家亭、下河线污水处理厂和截污干管系统，新建垃圾中转站、坦塘垃圾处理场，垃圾和污水日处理能力增长50倍。

公共服务设施配套完善，市民生活更加方便。新改扩建38所城区学校，新增市妇幼保健院、市中心医院等医疗服务机构45个。新增城市公交客运车辆1100台，公交客运线路76条，新建45个停车场，BRT快速公交、共享自行车等公共服务设施相继投入使用。城区学位、床位、车位问题明显缓解。

历史文化名城、名镇保护加强，城市文化特色日益彰显。40年来，历史文化元素融入城市建设，历史文脉传承保护得到加强。2016年12月，国务院批复永州市为国家历史文化名城。按照"修旧如旧"的原则完成东山景区、零陵古城、柳子景区和萍岛保护开发等文化旅游项目，柳子街成功申报为全国首批历史文化街区，永州八记和潇湘古镇等重要古迹保护相继铺开。新批祁阳浯溪公园、宁远文庙等国家重点文物保护单位12个，城市历史文化保护和旅游开发相结合，永州历史文化名片效应大放异彩。

城市人居环境显著改善，山水洲文城特色日益凸显。永州城市最大的特色、最大资源优势是自然山水环境优美。40年来，从决策层到广大建设者，坚持不懈，加强潇水、湘江等水体的保护，治理黑臭水体，先后关闭零陵造纸厂、湘江纸业，新增城镇污水处理设施56处，碧水蓝天保护力度空前。创建国家园林城市，市人大首次就城市管理立法，并出台《公园管理条例》，新建潇水、湘江两岸风光带15千米，市委、市政府带头拆墙建绿，创建省级园林式单位28个。中心城市绿化覆盖率38.5%，绿地率35.5%，人均公共绿地面积11.5平方米，相比1978年，均增长10倍以上。

建筑业发展壮大，建设品质大幅提升。40年来，全市等级建筑企业从无到有，到2017年底，建筑企业增长到289家，建筑业总产值突破239亿元（占全市地区生产总值比重为5.7个百分点），年均增长15%。建设工程质量管理创新，涌现一大批优质工程，获得省建筑工程"芙蓉奖"15个，省优质工程360个。

房地产业异军突起，市民居住条件显著改善。

房地产开发企业从无到有，到2017年底达546家。中心城区房地产开发年均投入100亿元，苏通国际、碧桂园、中央新城、金龙绿城等100多个高品质小区拔地而起，人均居住面积35.5平方米，比1978年增加25平方米。

高屋建瓴大决策　扩容提质树丰碑

改革开放40年，永州城市发展高潮迭起，经历两大重要历史阶段，即：1978至1995年，大决策、大转移的初步发展阶段；1996至2018年，大改革、大发展的扩容提质阶段。

1982年1月，报经国务院批准，设立县级永州市。1984年6月，国务院批准撤销零陵县，恢复冷水滩市。1990年3月，中共零陵地委工作会议，首次把城市建设纳入国民经济发展的总体战略，提出“稳农、兴工、扩城、活商”的发展战略。同年12月，省委、省政府批准设立省级凤凰园经济技术开发区，中心城市建设步伐加快。1995年11月，国务院批准撤销零陵地区，设立地级永州市，中心城市建设迈入新的发展阶段。

2012年1月，永州市人大四届一次会议作出创建国家历史文化名城、国家卫生城市、国家园林城市、国家森林城市、国家知名旅游目的地城市等“六城同创”重大战略部署。

2013年，市委、市政府把建设“品质活力永州”作为奋斗目标，提出“一江两岸、东扩西跨、南北联城、中部崛起”的城市发展新思路。2016年，市委、市政府立足“创新、协调、绿色、开放、共享”五大发展理念，明确建设“创新开放新高地，品质活力新永州”的宏伟目标，“城镇提质”战役纳入“六大战役”之一，城市发展再掀高潮。

纵横捭阖大改革　破茧成蝶谱新篇

40年来，历届党委、政府以改革为动力，大笔如椽绘潇湘，古老的永州，不断迸发出强劲的综合竞争力。

改革城市融资机制。为突破城市建设资金短板，实施土地融资。自1997年至2002年，采取以土地抵扣工程款的办法，大量吸引民间资本，加快市政基础设施建设。2002年，市委、市政府开展土地市场清理整顿，成立城市土地储备中心，土地收益逐步成为城镇建设重要来源。1998年成立市城市建设投资开发公司（全省第二家），2013年组建市城投集团、市经投集团，做大做强城建投融资公司，为城建融资220亿元。

改革城市建设机制。2000年以前，采取工程建设指挥部的运作模式。2002年以后，全面推行项目业主公司化，实行五统一管理的运作模式。2008年至2014年，全面推行代建承揽制，建成市政公用基础设施项目21个。2015年试行PPP项目运作机制，城市提质改造三年行动计划，以人为本，以环境为本，完成总投资近300亿元，人居环境大大改善。实施“产业项目建设年”，河东城市综合体、永州大市场、碧桂园、万商红、华侨城等产业项目启动，各大片区和工业园区产业发展，支撑城市经济总量扩张和结构调整，城市品质日新月异。

路桥成网　通达四方　出行更便捷

——改革开放40周年永州交通运输行业发展综述

交通基础设施建设突飞猛进、成效显著

1978年，全市公路营运总里程4707千米，其中：国道376千米，省道649千米，农村公路（县、乡、村道）3682千米。到2018年，全市公路营运总里程22992千米，其中：国道1143千米，省道1918千米，农村公路（县、乡、村道）19852千米。全市公路运营总里程增长388%，国道增长204%，省道增长195%，农村公路（县、乡、村道）增长439%。截至2018年9月，永州市高速公路共4条长492千米，占全省高速公路总里程的7.7%，排全省第六位，国道（新标准）7条，省道22条，国省干

线公路共长3061千米，占全省国省干线公路总里程的8.1%，其中国省干线公路二级及以上公路占比53.73%，排全省第七位；农村公路19852千米，占全省农村公路总里程的10%，里程排名全省第一位；乡镇通沥青或水泥路率、行政村通达率、通畅率均达到100%；三级以上汽车客运站19个；内河航道总里程545千米，其中等级航道147千米，有渡口90处、码头泊位262个；有铁路461公里（不含洛湛铁路新增二线），开通高铁列车21对；有一个军民两用机场（零陵机场），相继开通北京、上海、昆明、海口、重庆、厦门、深圳等多条航线。

日趋完善的铁路网。改革开放初期，1978年，永州市铁路网里程仅104千米，至2009年洛湛线贯穿全市南北，拉开全市铁路发展新时代的序幕，结束零陵、双牌、道县、江永、江华等县区不通铁路的历史。截至2018年9月，有铁路354千米（不含对湘桂铁路提质改造后的衡柳客运专线永州段101公里），增加约250千米。2013年12月，湘桂高铁建成通车，全市步入高铁时代，到2018年经停永州高铁车次达到21对，成为永州这个交通后起市州的亮丽名片。自“交通三年大建设”和“交通提速战役”打响以来，永州地区铁路扩能改造的4个项目全部开工建设，呼南高铁邵永客专、兴永郴赣铁路、永贺铁路均已列入国家《中长期铁路网规划》，永清广高铁受到李克强的关注和交通部及相关部委和相关省市的重视，有望纳入《粤港澳大湾区发展规划》和国家《铁路网“十三五”规划调增计划》。

四通八达的公路网。1978年全市无高速公路，无二级及以上公路。2018年，全市高速公路里程492千米，二级及以上公路1776千米。高速公路、二级及以上公路完成从无到有，从有到多的跨越式发展。零陵至道县高速、永郴高速已列入全省中长期规划，衡永（冷水滩）高速、冷水滩至零陵高速正在全力开展前期工作。近三年来，全市完成新建改建干线公路210千米，完成农村通畅公路1747千米、升级改造农村公路3500千米，完成危桥改造400座、渡改桥60座，建成一、二级客运站5个，农村招呼站780个。永州市申报的43个、长1065千米干线公路项目全部进入省“十三五”规划，全省唯一一个旅游公路发展试点市州花落永州。

倍道而进的航空水运。近三年新开通上海经永州至昆明、重庆经永州至三亚、贵阳经永州至福州、厦门经永州至贵阳航线4条，2018年10月28日冬春换季后将再新增永州—西安、永州—珠海、永州—泉州3条航线，开通航线将增至10条，旅客吞吐量也将随之有较大提升。内河水运方面，湘江永州至衡阳千吨级航道改扩建工程在协调中加快推进，省交通运输厅同意将湘江永州千吨级航道改扩建工程分两期进行，第一期工程有望年内开工建设。

客货运输量日新月异、倍增猛长

旅客运输增量提质。1978年全市营运客车106辆，公路水路客运量741万人，公路水路旅客周转量22387万人公里。到2018年，全市营运客车3356辆，公路水路客运量8914万人，公路水路旅客周转量52.57亿人千米。较改革开放初期，全市营运客车增长30倍，公路水路客运量增长11倍，公路水路旅客周转量增长22倍。随着改革开放进程加快，经济社会发展和客运市场的放开程度越来越高，客运量快速增加，到2018年，全市公路道路运输经营业户32726户，从业人员12万人，拥有客运企业43家，客运线路1110条，等级客运站场61个，平均日发班次8000个，旅客出行质量明显提高，人民群众的幸福感、获得感不断增强。

货运效率不断提升。1978年全市营运货车206辆，公路水路货运量155万吨，公路水路货物周转量9787万吨千米。到2018年，全市营运货车22392辆，公路水路货运量6702万吨，公路水路货运周转量173亿吨千米。较改革开放初期，全市营运货车增长107倍，公路水路货运量增长42倍，货物周转量增长176倍，货物运输得到快速发展，到2018年，全市公路货运企业58家，其中：危货企业11家，危货车辆445台，普通营运货车20606辆，货运效率不断提升。

城市交通更加便捷。随着城镇化的快速发展，永州市城市交通获得前所未有的发展。特别是近年来，网约车、出租汽车等新业态发展迅猛，公交车运营更加方便、快捷、舒适。近三年来，投入资金近3亿元，更新公交车辆530台，中心城区绿色公交率100%；更新出租车450台，新改建候车亭300多个，中心城区全年完成城市客运量1.57亿人次。中心城区有公交线路40余条，公交车辆700余台；出租汽车企业4家，出租汽车700台，极大地方便群众出行。

交通行业管理优质高效、规范有序

行业综合管理更趋规范。近三年来，永州市致力于不断强化科技治超、联动治超和机制建设，车辆超限率低于省政府考核控制指标，累计查处非法超限超载车辆12219台次，卸载货物7.4万吨，纠正非法改拼装车辆4127台次，货运车辆交通事故明显减少，公路好路率显著提升，道路运输市场渐趋规范，治超综合效益显著；开展“隐患清零”专项治理行动，累计整改安全隐患8600个，2018年“两客一危”车辆超速和疲劳驾驶较三年前分别下降85%和93%；始终把交通安全作为基本底线，树牢红线意识，坚持标本兼治、综合治理，突出重特大事故防范和遏制，推进平安交通建设，2018年交通运输安全生产责任事故件数、死亡人数、直接经济损失较三年前分别下降68%、75%、78%。

交通运输服务品质不断提升。坚持以人民为中心的发展思想，创新交通为民服务举措，为交通运输服务品质提升创造良好条件。开展中心城区公共交通秩序专项整治，加大对黑的、摩的等非法营运行为打击力度，近三年累计查处非法营运摩的、黑的3000多台，城市客运整体形象明显好转；组建成立永州公交总公司，完成“一城一交、公车公营”公交体制改革，进一步理顺机制、解决顽疾、优化服务，抓好公交车车容车身整治，规范公交车营运秩序，服务水平大幅提升，城市公交良好形象更加彰显。推进机动车驾培训改革，截至2018年9月，全市100%的驾驶培训机构实行计时培训、先学后付、按学时计费的培训服务模式；传统出租汽车行业进一步转型升级，网约车逐步规范发展。

交通扶贫向纵深发展。精准扶贫，交通先行。永州市交通运输响应国家脱贫攻坚战略，坚决按照市委、市政府精准扶贫安排部署，以贫困县为主战场，加大贫困地区交通项目投入，延伸贫困地区交通网络，加强交通运输配套力度，贫困地区交通条件得到极大改善。过去那种“晴天一身灰、雨天两腿泥”的状况发生了根本性的转变。同时，实施“交通+特色产业”扶贫工程，支持贫困地区建设旅游路、资源路、产业路，有力推动贫困地区特色优势产业的发展壮大。仅2017年，全市农村公路投资16.94亿元，特别倾斜新田、江华、宁远、双牌、江永5个国扶省扶县，筹集资金10多亿元用于农村公路建设，占农村基础设施建设一半以上，投入力度空前。全市贫困县公路总里程9070千米，其中高速公路144千米，国省干线公路1329千米，乡镇、行政村实现100%通畅，直接或间接带动全市69.4万贫困人口脱贫。

勇立改革开放潮头　服务稳定发展大局

——改革开放40周年永州公安工作成就综述

打击犯罪　坚决维护全市平安和谐治安秩序

在全市先后组织开展百日会战、禁毒会战、严打盗骗抢、飓风行动、社会治安环境整治战役、集打斗争、扫黑除恶等系列专项行动，对严重违法犯罪活动下重手、出重拳、用重典，始终保持严打犯罪的高压态势。永州市每年刑事破案率都在50%以上，刑事案件破案率年年位居全省第一。全市有重大影响的刑事案件全部侦破，先后成功破获2015年特大生产销售假冒“双菱”牌螺纹钢案、部督香港英皇珠宝店钻石项链被盗案和涉及20个省市、涉案金额达6.6亿元的特大网络传销案；成功破获唐某特大运输假币案，收缴假币2300万元，占2016年全省收缴假币总数的96%；成功破获部督“2015.7.3”宁远特大制造毒品案，缴获K粉535公斤、制毒原材料3860公斤，系建国以来全市破获的缴毒数量最多、抓获人员最多、判处重刑最多的毒品案件；成功侦办“2018.1.8”黑社会性质犯罪组织案，采取刑事强制措施133人，破获寻衅滋事、聚众斗殴、敲诈勒索等17类刑事案件61起。

平安建设　坚决维护全市长治久安良好局面

强化“社会治安社会治”理念，经过不断探索和实践，逐步形成“共建平安永州，共享永州平安”

平安共建机制，建立起多方参与、风险共担、群防群治的立体化社会治安防控体系，有效维护全市长治久安。特别是2015年以来，永州公安坚持以网格化管理为依托，将治安防控工作、社区警务与网格化管理有机融合，全市建成社区警务室315个，实行“1+X”机制，整合各方面的资源力量，做实做强社区警务工作，实现小事不出“格”，一般事不出“网”，把矛盾纠纷化解在萌芽、消除在基层。将“雪亮工程”纳入农村网格化管理平台建设，全市高清探头达到2.4万个。全市建成1个省际、6个市际、16个县际公安检查站和37个电子卡口，构建“四门落锁”综合防线。在全省率先建成14家寄递安检服务中心，全面落实寄递安检“三个100%”制度。全面落实旅馆业、网吧、长途客运、散装汽油购买等重点领域实名制，实现实名管理无盲区。在全市村、社区发展义警11298名，打造永州版“朝阳群众”“西城大妈”。组织开展以出租车、公交车司机为主要参与对象的“蓝背心”平安建设工程，形成警民联动、齐抓共管的治安防范新模式。对全市居民小区和乡镇开展治安星级评比活动，定期公布评比结果、发布平安指数。组织开展“以案说防”进校园、进工厂、进企业、进社区（村）等系列送防上门宣传活动，充分调动市民参与群防群治的热情，提升群众防范意识和防护技能。建立“一呼百应”机制，在街面广泛选点布建“警民联防点”，充分挖掘社会民力资源，发动全民积极参与治安防控工作。全市已基本形成“既有天网，又有地网；既有人防心防，又有物防技防；既管控现实社会，又管控虚拟社会；既有点上的星光闪烁，又有面上的全面开花”的立体化社会治安防控体系。

以人民为中心　坚决维护社会公平正义

全面推行法制员派驻制度，城镇派出所派驻专职法制员，农村派出所派驻兼职法制员。全面推行现场执法音视频记录工作规定，加强视频监督、执法记录仪和同步录音录像跟踪检查，确保处警记录、犯罪嫌疑人讯问同步录音录像符合证据要求，全市公安机关没有出现重大执法过错、没有发生因执法不当引发的安全事故。2015年10月，在市、县区公安局设立预审机构，加强案件审查、核实完善证据、审讯深挖犯罪，严把案件出口关，案件办理质量显著提高。2017年5月，在全省第一个建成执法监管中心，对执法办案157个风险点进行实时预警、全程预警、全程监督，把预警风险点的排除作为刚性门槛，有效解决重破案轻办案问题。2017年底，在全省第一个建立新型智能统一受立案工作机制，群众自助报警、自助查询案件受理情况、办理进程，像到ATM机自助存取款一样方便快捷，有效解决群众报警难、监督难问题。研发行政拘留人员跟踪管理、电子指纹笔录、执法办案区看守安全自动报警等系统，全面服务执法活动。执法信息化建设走在全国前列。

与时俱进　不断提高警务实战效能

2017年1月，与华为公司战略合作，升起全省公安机关第一朵警务“云”，建成全省第一个公安大数据实战平台，归集数据110亿余条，实现亿级数据秒级处理，成为全市公安机关客服中心、战法工厂，一线民警在前方能快捷呼唤后方“炮火”，后方能快速输送打防管控资源。全面实施改革强警战略。市县两级公安机关全部建成大数据实战平台和指挥情报、侦查实战、治安防控、新闻舆情、执法监管等五大中心，全市建成派出所综合警务指挥室188个。各中心和综合警务指挥室通过协同工作平台实现省、市、县所“四级一体”、五大中心互联互通实体化运行，构建数据全面整合、系统高度融合、平台全警共享、模块深度应用的智慧警务体系。在全市建设5000路人脸识别系统点位，建成目前全国最大的人脸识别应用基地，实现对目标人员一键定格、一秒识别、一览无遗、一网打尽，街面可防性刑事案件朝发夕破、夕发朝破成为可能。坚持以人民满意为目标的服务理念，深入推进“放管服”改革，全力提升公安机关服务发展、服务群众的能力和水平。推行“互联网+公安政务服务”，大力推进户籍制度、出入境管理、车驾管等各项改革，精减公安行政审批和收费项目，努力让公安改革成果更多惠及永州百姓。2018年9月，推出“放管服”改革便民利民二十条重大举措，大力推广“宽进、快办、严管、便民、公开”审批服务模式，做到合法合规事项“马上办”、积极推行“网上办”、个人事项“就近办”、复杂事项“一次办”，赢得广大群众广泛赞誉。

从严治警　不断提升队伍凝聚力、向心力和战斗力

改革开放40年来，永州公安队伍不断发展壮

大，队伍人员结构、民警思想状况发生巨大变化。市、县区公安局党委坚定不移贯彻政治建警、从严治警、从优待警方针，努力打造一支对党忠诚、服务人民、执法公正、纪律严明的铁军劲旅，永远做党和人民的忠诚卫士。始终将政治建警置于首要位置，全市公安民警始终保持绝对忠诚。2015 年以来，全面贯彻落实“五好干部”标准，坚持“吃苦的吃香、实干的实惠、有为的有位”选人用人导向，创新战时思想政治工作，推行“火线入党、火线记功、火线提拔”战时激励机制，将维稳安保、打击犯罪、服务群众第一线作为锻炼锤炼、考察考验干部的主战场，一切看干劲，一切看成绩，一切看口碑，做到“提上来的服众，没提上来的服气”，引导广大民警自觉将梦想追求融入到火热的公安事业中，让无梦者有梦，有梦者圆梦。坚持从优待警，始终带着责任、带着感情、带着温度关心关爱民警，把暖警惠警工程做到民警心坎上。做强永州民警基金分会，做实优抚救助工作，举行入党入警、提拔任职、退休人员荣誉离岗等仪式，召开女警大会，实行战时表彰，增强民警职业荣誉感、自豪感和归属感。落实身体健康检查、心理健康测试制度，建立民警健康档案，建立完善民警保险体系。全面推进“五小工程”建设，为基层民警提供舒适的工作、生活环境。实施夫妻团圆、家属就业、子女入学入园计划，切实解决民警后顾之忧。积极培育先进典型，弘扬主旋律、传播正能量，先后涌现出“剑胆琴心”王恩琴、“劳模之光”龚秋光、“中国好人”杜宏槐、“全国特级优秀人民警察”周巧云、“时代楷模”黄超富等一批英雄模范和先进人物。坚持从严治警，把全面从严治党要求贯穿从严治警全过程。坚持铁规管人、铁面无私、铁石心肠，从严查处公安队伍和公安执法中的痼疾顽症，对违法违纪行为零容忍、处立决，全市公安民警知敬畏、存戒惧、守底线。

持之以恒　砥砺前行

——改革开放 40 周年永州人力资源和社会保障事业改革发展成就综述

改革开放四十年来，经济社会发展活力竞相迸发，民生保障和服务水平不断提升，人民群众幸福感、获得感逐渐增强。特别是中共十八大以来，在以习近平为核心的党中央领导下，市委、市政府坚持贯彻以人民为中心的发展思想，把保障和改善民生作为一切工作的出发点和落脚点，推进各项工作，全市人力资源和社会保障事业改革发展取得显著成效。

就业创业总量不断扩张

城乡就业更加充分。1978 年，全市新增固定职工每年在 2 万人左右，农村劳动力外出务工几乎为零，到 1998 年指标入统以来，全市累计新增城镇就业 95.59 万人，农村劳动力转移就业稳定在 152 万人左右，全市城镇登记失业率控制在 4% 以下的较低水平，城乡就业总量保持平稳增长。

创业活力明显增强。1978 年底，全市除国有企业、城镇集体企业外，全市仅有个体劳动者 500 人左右。2015 年以来，随着“大众创业　万众创新”的深入推进，创新创业环境不断优化，全民创业热潮初步形成，全市累计被认定为省级创业带动就业示范典型 67 家、省级创业孵化基地 7 家；累计新增市场主体 12.37 万个，带动城乡就业约 24.4 万人次。

用工服务更加优化。从改革开放初期的指令性计划用工，到如今的市场调节用工，用工制度更加灵活，用工服务更加精细。十八大以来，全市人社部门共组织企业开展现场招聘会 1300 多场次，1.2 万多家企业入场招聘，达成就业意向 27 万人次。同时，全市人力资源数据库实现市、县、乡、村“四级”与企业联动，实现就业信息互通共享。

就业扶贫成效显著。以摸清底数为基础，构建多种就业帮扶模式。建立省内外“劳务协作对接”机制，对接企业 200 余家；创建评定市级就业扶贫基地 27 家，成功入选省级就业扶贫基地 5 家、国家级就业扶贫基地4家；建有各类“就业扶贫车间”700余个，吸纳3.2万余名留守劳动力在家门口就业。同时，抓好就业扶贫政策的落实，2016年以来，按要求发放各类补贴5.5万余人次，补贴总金额7000余万元；全市新增贫困劳动力转移就业3.48万人，完成贫困家庭“两后生”技能培训3932人。

人才聚集效应持续放大

人才政策体系不断完善。在2017年出台人才工作“1+4”文件的基础上，2018年市委又出台《永州市潇湘人才行动计划》等4个文件，构建永州“1+8”人才政策体系，提出一系列“真金白银”的政策，为各层次人才引进培育提供政策支持。2017年，永州市在全省率先召开人才工作会议，率先确定“12月12日”为全市人才日。

主动引才力度不断加大。2017年来，全市引进各类高层次急需紧缺人才近900名。特别是在2018年7月的沪洽周上，永州市将招商引资和招才引智有机融合，首次举办永州招商引资招才引智推介会，同时参加省里组织的招才引智对接会，现场签约9个人才团队项目，聘任“永州招才大使”12名，协议引进院士、教授、博士等高层次人才85名，人才项目总价值12亿元。

人才效用发挥更加充分。抓好“30名科技创新人才”引进工作，引进科技创新人才49名，其中2人入选“湖湘人才聚集工程”。同时，依托永州经开区、永州农科园、萍州工业园“三大创新创业主平台”，吸纳入驻各类企业和创新创业团队300多家。

人才选用导向更加鲜明。2016年以来，先后提拔8名2012年引进的北京大学、清华大学等高校博士、硕士毕业生为县处级领导干部，从事业单位引进的硕士研究生中调任80余名进入市、县机关担任科级领导职务，在全市形成鲜明的人才选用导向，“有为者有位，吃苦的吃香”成为常态。

人事管理制度日趋规范

公务员队伍建设不断加强。自2002年9月，《湖南省国家公务员录用办法》颁布后，实施“凡进必考”政策，省、市、县、乡机关公务员实行“四级”统一招考。2005年以来，永州市累计录用公务员5898人，公开遴选市级以上机关工作人员610人，有效改善公务员队伍结构。截至2017年年末，全市公务员总数25679人。

事业单位人事管理不断规范。2003年以来，永州市事业单位实行公开招聘制度，累计招聘事业单位人员4.1万人。截至2018年10月，全市事业单位编制人员11.86万人，全市事业单位完成岗位设置4218家，完成率90%以上；全市副高及以上职称总人数9280人，中级职称总人数39328人，享受国务院政府特殊津贴人员18人、省政府特殊津贴4人、湘西特聘专家支持计划人选6人。

军转安置任务顺利完成。贯彻落实中央、省决策部署，2001年以来，全市累计接受安置军转干部3668名，实现军转干部、接收单位、党委政府“三满意”。

社会保障制度更加健全

社保制度改革取得突破。全面推进机关事业单位养老保险制度改革，实现机关事业单位和企业的养老保险并轨；建立统一的城乡居民养老保险制度，整合城乡居民基本医疗保险制度，推进医疗保险支付方式改革，医保在深化医药卫生体制改革中的基础性作用进一步增强；降低养老、失业、工伤保险费率，切实为企业减负。

社保覆盖范围持续扩大。加快实施全民参保计划，开展扩面征缴工作。截至2018年9月，基本养老、失业、工伤、生育保险参保人数分别达到360万人、31万人、33.3万人、26.2万人。基本医疗保险覆盖人数达到563万人，全民医保基本实现。

社会保障水平稳步提高。2018年，全市企业退休人员月均基本养老金从2004年的507元增加到2269元；城乡居民基本养老保险基础养老金最低标准从每人每月55元提高到103元；职工医疗保险和居民医疗保险基金最高支付限额分别为当地职工年平均工资和当地居民年均可支配收入的6倍，政策范围内住院费用基金支付比例分别达到80%和70%左右；城乡居民基本医疗保险补助标准从2008年的80元提高到490元；大病保险覆盖城乡居民超过530万人；全市失业保险金月均水平由1999年的140元增加到1024元；因工死亡职工一次性工亡补助金标准由2004年的5.11万元提高到72.79万元；生育保险待遇水平由2004年的3000元提高到目录范围全额报账。

社保基金规模不断扩大。2017年，全市各项社会保险基金总收入113.7亿元，为2007年的6.5倍；基金总支出102.1亿元，为2007年的7.3倍；基金收支总额突破200亿元大关，基本上实现应收尽收和及时足额保障待遇发放的目标。截至2018年9月，全市五项基金累计结余65.53亿元，抗风险能力得到增强。

经办服务水平进一步提升。截至2018年9月，全市社保卡持卡人数500.3万人，占全市常住人口的91.3%，居全省前列，102项社保卡应用目录全部开通，永州被人社部评为“全国第二批社会保障卡综合应用示范基地”。异地就医联网结算工作稳步推进，自2017年1月系统运行以来，全市跨省异地就医联网结算5910人次，住院总费用1.28亿元，基金支出6876万元，有效地缓解人民群众“跑腿、垫资”问题。

劳动关系保持和谐稳定

劳动关系协调机制逐步健全。建立健全劳动关系三方协调机制，劳动合同签订率和履行质量不断提高。自2013年工作启动以来，全市累计注册登记的劳动用工备案户数3262家，备案人数15.28万人。

劳动争议调解仲裁机制不断完善。加大劳动争议调解力度，推进仲裁机构实体化建设，大力推行“阳光仲裁”。2009年8月至2018年9月，全市市县（区）两级劳动人事争议仲裁机构受理案件5230件，涉及劳动者5389人，涉及金额9500余万元，结案5133件，结案率98.1%。

劳动保障监察执法力度不断加强。健全农民工工资支付保障长效机制，落实农民工劳动用工、实名制管理、工资保证金等制度，严厉打击拒不支付劳动报酬违法犯罪行为。2008年至2018年9月，全市劳动保障监察机构主动监察用人单位1.89万户，涉及劳动者78.35万人，受理投诉举报案件5051件，结案5006件，结案率99%，追回被拖欠劳动者工资等待遇近3亿元。

加快推进健康永州建设　奋力将医改推向纵深

——改革开放40周年永州医药卫生体制改革发展总体成效综述

改革开放40年来，在历届市委、市政府的坚强领导下，在各级各部门的支持配合下，全市卫生计生系统凝心聚力，开拓创新，攻坚克难，全市卫生健康事业发生翻天覆地的变化。

着力加强医疗卫生服务体系建设，努力方便群众就近看病就医。加强医疗卫生机构标准化建设。县级及以上公立医院基本上实现改扩建，中心城区“四大医疗卫生中心”建设稳步推进。2017年启动实施“基层医疗卫生机构标准化建设三年行动计划”，建好“百姓家门口的医院”，基本形成城区15分钟、乡村30分钟就医圈。实施人才强卫战略。争取市委出台《永州市加强医疗卫生人才队伍建设实施办法》，纳入《永州市潇湘人才行动计划》四大计划之一，是全市有史以来出台的第一个有关医疗卫生人才队伍建设的纲领性文件，着力在引进高端、紧缺人才上加大力度，在强化现有人才教育、培训上加大力度，在培养和保障基层人才待遇上加大力度。全市医疗机构数由1978年的649个增加到2017年的5805个，床位数由5386张增加到37285张，医师数由2491人增加到12477人，护士数由1263人增加到12033人。2017年，全市门（急）诊2068.94万人次，住院109.37万人次，较1978年分别增长14.43倍和29.32倍。

着力织牢织密医疗保障网，努力减轻群众就医负担。从2005年起确定新田县开展新农合制度试点，到2007年实现全市全覆盖。新农合参合率由65.5%稳定在98%以上，筹资标准由30元/人提高到2016年的540元/人，政策范围内住院费用补偿比例由19.75%提高到65.87%，最高支付限额由6万元提高至15万元。2011年，首创的新农合“10+100”的支付方式改革模式，在全国产生良好反响，获原卫生部推介。在基本医保普惠的基础上，2013年率先在全省启动实施农村居民大病保险工作，大病患者合规医疗费用报销比例平均提高12个百分点左右，个人最高补偿达32.17万元。2014年率先在全省开展市级定点医院住院费用核查和即时结报工作，减少参合群众“跑腿、垫资”。2017年1月1日起，城乡职工、城乡居民、新农合实现“三保合一、管办分离”。基本医保、大病保险、医疗救助、疾病应急救助和商业健康保险紧密衔接，构成多元化多层次全民医保体系。推行“以按病种付费为主”的复合式医保支付方式，全市推行按病种付费的病种数已达100种。实施健康扶贫工程，农村建档立卡贫困人口医疗费用综合报账比例达90%以上。2016年（2017年全国的医改监测报表还没出来），全市基层医疗卫生机构门诊量占门诊总量的67.1%，分别高出全国、全省12个和8.2个百分点；县级公立医院、城市公立医院、乡镇卫生院的人均住院费用分别为3837.5元、6641.5元、828.66元，均为全省最低。2018年起，按照“总额预付、目标管理”的原则，强化医保基金收支预决算管理，重点向基层医疗卫生机构倾斜，有效地保障了基层人民群众基本医疗需求。

着力改善医疗服务，增强群众看病就医获得感。实施改善医疗服务行动计划，推动医疗服务高质量发展，通过优化服务流程、运用信息化手段、推行日间手术等措施减少排队次数、缩短缴费和候诊时间，提升群众看病就医获得感。全面推进医联体建设，促进医疗资源上下贯通，形成省（部）、市、县（区）、乡、村医疗机构五级联动的局面，实现影像、心电、病理、消毒、检验等互联互通，所有患者在医联体内均可进行网络会诊和双向转诊。针对群众反映突出的问题，以“三必须三不准”为抓手，着力加强医德医风建设。2017年7月以来，采取随机暗访、交叉检查等多种形式共组织9次大规模的医德医风督查活动，查处“违规大检查”55人次、“违规大处方”38人次，约谈医院院长15人次，建议免去一名县级公立医院院长，对229名责任人员进行通报罚款处理。经过一年来的整治，医疗机构从业人员服务态度有了很大的改观，医疗技术水平有了进一步提高，市内公立医院综合满意度经第三方调查由75.6%上升到95%。

着力推进体制机制改革，推动公立医院回归公益性。推进“医德医风、医疗、医保、医药”“四医联动”的永州模式医改。2010年起在政府办基层医疗卫生机构实施基本药物制度并实行零差率销售。2013年1月1日起，祁阳作为国家第一批县级公立医院综合改革试点县启动取消药品加成同步调整医疗服务价格为标志的综合改革，2015年4月1日起，其余8县启动县级公立医院综合改革，2016年10月1日起，8家城市公立医院启动城市公立医院综合改革，至此，实现公立医院综合改革全面覆盖，破除长期以来的“以药补医”机制。2017年10月1日，在全市公立医院全面实施药品采购“两票制”，进一步规范药品流通领域各方行为。推进公立医疗机构优先配备使用基本药物，2017年全市公立医院配备使用基本药物占医院使用药品总金额比例43.96%。推动建立现代医院管理制度，不断完善公立医院治理机制和内部科学管理体制，进一步加强党的领导。逐步健全绩效考核制度，做到多劳多得、优绩优酬。严禁将医务人员的收入与药品、耗材、检查等业务收入挂钩，科学控制医疗费用不合理增长，全市公立医院的医疗费用增幅从2010年的20%左右快速下降到2018年1至9月的6.94%。维护公益性、调动积极性、保障可持续的公立医院运行新机制逐步建立，公益性得到进一步强化。

着力做实做细民生项目实事，提高群众健康水平。推进基本公共卫生服务均等化，全面实施国家基本公共卫生服务项目，服务经费财政补助标准由2009年的15元/人提高到2017年的50元/人，服务项目由9大类21项增加到14大类46项，城乡居民健康状况持续得到改善，人均期望寿命值上升到75.4岁，65岁以上老人健康管理人数51.3万人，高血压患者规范管理人数21.7万人，糖尿病患者管理人数5.4万人，严重精神病患者管理人数2.6万人。开展家庭医生团队签约服务，增加基层药品种类，推行长处方、延伸处方等，基层医疗卫生机构诊疗量和县域内就诊率进一步提升。强化重点疾病综合防控，先后成功消除丝虫病、碘缺乏病和疟疾，连续25年保持无脊灰状态，连续6年保持无甲类传染病流行，结核病患病率由1978年的994.75/10万人下降到2017年的79.3/10万人，麻疹、流脑、破伤风、伤寒、痢疾等过去常见的传染病得到有效控制。全面落实妇幼保健措施，孕产妇死亡率由1979年的754/10万人下降至2017年的15.19/10万人，5岁以下儿童死亡率由117.39‰下降至4.85‰。

栉风沐雨铸辉煌　教育强市奏华章

——改革开放40周年永州教育事业发展成就综述

教育事业关系民族兴旺、人民福祉和国家未来。近40年来，永州乘着改革开放的春风，坚持教育优先发展，经过一届又一届党委政府的高度重视和关心支持，经过一批又一批教育工作者的艰苦奋斗和不懈努力，全市教育事业蓬勃发展，教育发展水平由曾经排名全省靠后的位置跃居到全省第一方阵，永州奏响教育强市升级版的辉煌乐章。

教育发展水平大幅提升

永州市学前教育从1983年的63所幼儿园、295个学前班、1万余名在园在班幼儿发展到现在的1667所幼儿园，22.4万余名在园幼儿。近年来，永州市实施学前教育三年行动计划，现已实施两期，正在进行第三期。其中城区基本普及学前三年教育，农村普及学前一年教育，学前三年毛入园率83.38%，列全省第四位位，全市公办幼儿园和普惠性幼儿园占到总数的74.5%。

改革开放后，全市先后实现普及小学教育和普及九年义务教育。1995年，东安县成为全市第一个实现“普九”的县区，1998年全市全面实现“普九”，树起永州市教育发展史上一座宏伟的历史丰碑。新世纪以来，全市义务教育全面巩固“普九”成果，突出抓好教育均衡，全市小学、初中辍学率控制在0.5%和1%以内，入学率均99%以上。

改革开放后，永州市普通高中教育不断改革发展，在学制上，经历由两年改为三年的改革；在提升办学水平上，经历整合资源、优化布局，促进内涵发展的改革。通过改革，永州市扩大普通高中规模效益，集中优质师资，全市高中教育办学实现规范化、内涵化发展，全市普通高中在校学生数由八十年代初的2万多人，发展到现在的9万多人，高中学校由原来的50所整合成32所，省、市示范性高中增加到22所，占比68.8%。

永州市职业教育在改革开放后形成产、学、研结合的办学经验，2002年全国高职院校产、学、研结合现场会在永州召开。2018年，永州市成立职教集团，建立政府推动、行业企业参与、院校牵头、优势互补、资源共享的职业教育集团化办学模式。全市有中职学校36所，在校学生6.4万人，与普通高中齐头并进发展。

永州市原来只有1所特殊教育学校，每年在校学生不足200人。近年来，永州市大力实施《永州市特殊教育提升计划》，有效解决办学条件和随班就读支撑能力不足等问题，初步构建以随班就读为主体，特殊教育学校为骨干、送教上门为补充，义务教育和高中教育相互衔接的普特融合特殊教育体系。现在特殊教育学校发展到7所，就读的适龄残障儿童有近1000人，随班就读的残障儿童2000多人。

改革开放以来，永州高等教育抓住国家高校结构调整和高校扩招契机，办学层次得到提升，办学规模不断扩大，零陵师专升格为本科层次，改写永州无本科大学的历史；先后建成永州职业技术学院、潇湘技师学院两所高职院校，改变永州市无高职院校历史。全市三所高校每年为全国各地培养输送人才1.1万人以上。正在建设中的永州师范高等专科学校明年春季可正式招生，校额7000人，专门培养幼师和小学全科教师，为全省幼教和小学教育添砖加瓦。

永州市民办教育发展较早，1980年，农林生物学家、教育家、科学家乐天宇回到家乡，自费创办新中国第一所民办大学——九嶷山学院，拉开全市民办教育快速发展的序幕。近年来，永州市先后出台多个文件鼓励民间资本投资办学，民办教育发展环境进一步优化。全市各级各类民办学校达到1499所，在校在园学生24.8万人，另有各类文化教育培训机构685个。

教育管理水平大幅提升

全面推进教育督导。近年来，永州市逐步建立覆盖全市的督学责任区，成立教育督导委员会，教育督导工作持续加强。2012年，永州市教育督导工作获得全国教育督导战线先进，2017年东安县、新田县被评为“全国中小学校责任督学挂牌督导创新县”。

着力推进教育均衡。平稳实施全市初中学业水平考试和普通高中招生制度改革，进一步保障学生入学公平。统筹推进义务教育城乡一体化改革发展，东安县的“协作型”教育集团在全省推介；蓝山县“9+3”职教办学模式、永州工贸学校校企合作办学经验受到教育部和省教育厅的充分肯定。

创新推进队伍管理。出台《永州市中小学教职工编制动态管理暂行办法》《永州市加强教育人才队伍建设实施办法》，坚持“总量控制、动态调整”和“教师跟着学生走、编制跟着教师走”的原则，实施教师“县管校聘”，落实城乡义务教育学校校长和教师交流轮岗、中小学教师资格考试和定期注册制度，有效激活教师管理体制。

科学推进安全管理。推进校园安全管理制度化、常态化、科学化和技术化，乡镇中心学校以上均配备专职保安和安保器械，校园监控全覆盖，实现人防、物防、技防三结合，织密了校园安全网。2018年，全省通报学生溺水情况，永州市降幅全省最大，受到通报表扬。全市实现校车通达所有乡镇，宁远县、东安县校车管理模式在全省推广。全市立项建设省级平安校园先进县区10个，4个县通过第一轮验收，创建省级安全文明校园29所，市级安全文明校园200余所。

实现三大跨越

学位建设实现新跨越。市委、市政府高度重视义务教育大班额问题，将学位建设列为民生一号工程推进，采取新建一批、扩建一批、盘活一批、提质一批等方式，建设学位23.57万个。同时，永州市严控入学年龄，规范招生行为，均衡教育资源，广泛听取意见，电脑抽签分流学生，公开新建学校安全检测结果，做到公平保障入学、公平实施分流。2018年秋季，全市新增学位11.6万个，消除超大班额3345个，超额完成省委、省政府下达永州市2018年消除大班额任务。2018年，全省消除义务教育大班额工作推进会在永州市召开，副省长吴桂英充分肯定永州市学位建设经验；省委副书记乌兰作出专题批示，要求在全省总结推广永州经验；省教育厅评价永州市消除大班额工作“任务最重、站位最高、举措最全、考核最严、效果最佳、前景最好”。

教育扶贫实现新跨越。率先在全省建好家庭贫困学生资助平台，录入近19万贫困学生信息，实现精准识贫与动态管理。建立从幼儿园到大学全覆盖的学生资助体系，近5年，全市贫困家庭学生获资助116.27万人次，资助总额15.04亿元；办理生源地信用助学贷款6.95万余人，贷款总额5.2亿元，贷款人数和贷款额度连续五年位列全省第一。农村义务教育学生营养改善计划覆盖到所有贫困县，每年受益学生超过17万人。在全省率先制作教育惠民及减负政策明白卡，建立惠民信息查询平台，使各项教育扶贫惠民及减负政策家喻户晓。大刀阔斧整治和规范教辅材料征订及乱收费行为，全市教辅材料征订总量减少三分之二，每学期总额减少1.02亿元。2017年，全省教育脱贫攻坚现场推进会在江华召开，教育扶贫做法和成效得到省委省政府主要领导的肯定，在全省教育扶贫考核中永州市位列第一位。近期还开通永州教育扶贫深度贫困学生社会资助网，贫困学生与社会爱心人士、爱心企业家实行网上网下对接，成为全省教育首创。

教育质量实现新跨越。永州市坚持立德树人，突出抓好素质教育，学生综合素质全面提升。近年来，全市61所中小学校成为全国青少年校园足球特色学校，在全国、全省举办的体育、文化、艺术、科学等各类学生竞赛中，永州市获奖680余人次。近3年，全市中职学生专业技能竞赛获得国家级和省级奖励235个，专业技能抽查合格率99%，优秀率85%，毕业生就业率97%。全市高考二本以上上线人数逐年攀升，从2009年的5900多人增加到2018年的9800多人，实现连续九年高位增长。2018年高考，永州市一本上线人数由2017年2700余人增长到4200余人，增长53%，全省理科裸分700分以上前5名，永州市占3名。

补齐四大短板

补齐学校建设标准不高的短板。改革开放之初，永州市办学基础薄弱，办学标准整体不高。近40年来，永州市各级、各届党委政府不遗余力加大投入，不断改善办学条件。特别是近年来，永州市坚持教育优先战略，大手笔投入，建成义务教育合格学校773所，完小以上学校全部建成合格学校，农村合格学校建设投入排全省第一位。全市乡镇中心小学以上学校和农村教学点全部实现卫星或互联网接入，乡镇中心小学以上学校“班班通”设备率84.63%。

补齐教育品牌不强的短板。近40年来，永州市先后建成省示范性普通高中11所、市示范性普通高中11所；建设省级卓越中职学校3所，省级示范性中职学校9所；培养和评选24所名校；永州四中跻身全省高中名校序列。创建省级课改样板校2所，市级样板校63所，冷水滩区马坪学校被誉为全省课改的一面旗帜，在全省第三届基础教育研究成果评选中获特等奖。

补齐师资水平不优的短板。改革开放以来，永州市突出教师人才培养，通过高校和中等师范学校统招、委培等途径，分配和招录大批合格教师充实到学校，代课教师、民办教师逐步退出历史舞台。全市中小学、幼儿园专任教师学历合格率均超过99.2%。近年来，全市在全省率先实施“四名”工程建设，评选产生市级骨干教师644人，学科带头人222名，名师53名，名校长30名。培育盘晓红等一批在全省乃至全国知名的优秀教师，东安县大盛中心小学教师吴才有家庭被评为“首批全国文明家庭”，受到习近平的亲切接见。近5年，全市培训教师4万余人次，培训人数连续3年列全省第一。

补齐校园文化氛围不浓的短板。近年来，永州市坚持环境育人、文化育人理念，推进校园文化建设，各级各类学校广泛开展优秀传统文化进校园进课堂、生态文明教育、文明校园创建等专题活动，创新开展“红色文化”、戏剧、演讲与口才进校园行动。近期还举行演讲与口才和戏剧师资培训班，为全市中心完小以上学校培养至少一名专业教师。开展综合实践活动，着力培养学生良好行为习惯，全面提升学生素质。

向文化强市的宏伟目标阔步前进

——改革开放40周年永州文体广新发展成就综述

坚持文化惠民　公共文化服务水平大提升

永州市已于2018年获得创建国家公共文化服务体系示范区资格。基础设施逐步完善。市县大型公共文体设施，乡镇和村（社区）文化馆、体育馆、健身路径、综合文化站、农家书屋等公共文化体育服务设施网络日益健全。全市有博物馆8家，体育馆12座，村级“农家书屋”5173家，公共图书馆12家，24小时自助图书馆16座，实体书店116家，文化馆（站）227个，艺术表演团体46家，修建农民体育健身工程1993个。市体育广场、蘋州文化广场、蘋州书院竣工投运，市文化艺术中心主体工程竣工。文化惠民政策落地。全市公共文体设施全部向社会免费或低收费开放。每年开展“演艺惠民送戏下乡”活动900多场，送电影下乡60708场。“十九大光辉照潇湘·新时代文艺村村演”活动走进千家万户。“欢乐潇湘·和美永州”年演出1500场，参与群众演员达3万人，服务群众300万人次。文化活动广泛开展，实现“一季一主题、月月有活动”“一月一场大演出、一周多场小活动”。全国第四届草书展系列活动、祭舜大典、冷水滩南方农耕文化节、零陵庙会、阳明山“和”文化节、江华盘王节、周敦颐诞辰1000周年纪念活动、大美永州“大穿越”、道县龙舟赛、东安武术周、祁阳姜芋文化节、江永女书节、蓝山梨花节、新田汽车拉力赛、回龙圩柑橘节、金洞森林音乐节等大型文体品牌活动进一步提升永州的知名度和影响力。五个县、乡镇被评为中国民间文化艺术之乡和省民间文化艺术之乡。全市有国家级协会会员150人，省级协会会员1100人，文化管理干部和专业技术人员1600人。市本级单项文化协会26个，群众文艺团队900支，有国家级社会体育指导员10人，一级社会体育指导员600人，二级社会体育指导员2500人。有市级单项体育协会22个，县区单项体育协会157个，在册会员30万名。

突出以人民为中心　艺术创作成果大涌现

坚持以人民为中心的创作导向，永州文艺创作繁荣发展。荣获国家级奖项5个、省“五个一工程奖”6个，湖南艺术节金奖12个、银奖23个、铜奖40个、优秀作品奖104个，保护非物质文化遗产贡献奖1个，田汉表演奖10个。电影《故园秋色》获得中国政府电影最高奖华表奖、电影剧本《湘江北去》《毛泽东与齐白石》获得全国“五个一工程奖”。长篇小说《村庄秘史》《度戒》进入全国第七届、第九届茅盾文学奖入围篇目名单。唐濛濛和欧亮同时荣获湖南美术和书法作品最高奖“齐白石艺术奖”。新创大型现代祁剧《向阳书记》获2018湖南第六届艺术节田汉新剧目、导演、音乐、表演等五大奖项。

致力传承创新　文化遗产保护大进步

2016年，国务院公布永州为国家级历史文化名城。随后，道县、宁远成为省级历史文化名城。零陵区柳子街成为中国首批30个历史文化街区之一。全市有全国重点文物保护单位27处，省级文保单位56处（列全省第二位），市级文保单位222处。有8个全国历史文化名村、22个全省历史文化名村名镇。累计争取中央和省级文保资金4亿元，市里设立文物保护专项经费。非遗保护有成效。拥有国家级非遗7项，国家级非遗代表性传承人4人，省级非遗16项，位居全省前列。设立非遗专项资金，市级非遗传承人每人每年补助3000元。女书书法作品被作为国礼赠送给联合国教科文组织总干事。

推动转型升级　文化产业大发展

形成文化旅游业、文艺演出业、休闲娱乐业和文化创意业等多门类并存的文化产业发展格局。有文化生产和服务单位6000家，是2013年的5倍，其中规模以上文化企业127家。2017年文化产业增加值GDP占比4%，达69.08亿元，是2005的16倍，全市文化产业增加值连续10年超过地区生产总值增速。奔腾彩印、九恒条码、异蛇科技等一批骨干企业，成为推动文化创意产业发展的领军力量和带动产业链条发展的原动力。城市多厅数字影院21家，年经营收入1.3亿元。报纸出版总印数15.5万份，年新闻出版业销售收入4.5亿元。

做到铁腕治理　文化市场监管大加强

坚持“一手抓管理，一手抓繁荣”，全市现有文化经营单位1064家。网吧、娱乐场所、扫黄打非、广电行业等系列专项整治行动取得明显效果。网吧整治有力有度，市场监管连续四年被评为省先进单位。

力争更快更高更强　体育事业大迈步

获得全国群众体育先进单位荣誉称号。竞技体育蓬勃发展，获2个奥运冠军，2个奥运亚军，28个世界冠军，24个亚洲冠军，95个全国冠军。创建国家级高水平体育后备人才基地两个、全省“四强”工程4个、省体育传统项目学校7个、国家级青少年体育俱乐部5个、全国户外营地1个。举办了世界水球联赛、中美篮球对抗赛、全国超级卡车大赛等国际级体育赛事。群众体育方兴未艾。全市农村体育设施覆盖率60%以上，中心城区社区健身设施覆盖率达80%以上，城镇社区基本形成15分钟健身圈。全市每年举行群体活动200余次，参与群众100余万人次。

始终强化基础　新闻出版广电事业大变样

全民阅读指数连续三年排名全省前三位，“书香永州”成为永州重要品牌。农家书屋管理工作获全国、全省通报表扬。“扫黄打非”走在全省前列。建成172个乡镇广播平台、村村建有广播室，安装广播喇叭（音柱）29973只，实现农村广播全覆盖。全市有广播电台5座，中、短波广播发射台和转播台21座，广播综合人口覆盖率92%；电视台10个，电视综合人口覆盖率98%，有线电视用户45.45万户。全市完成“户户通”信息录入144930户，用户信息录入率100%，解决偏远山区农民收看电视收听广播难的问题。

（以上文章收录时略有删改）

大事记

Chronological Event

1月

1日 政协永州市五届二次会议闭幕。市委书记、市人大常委会主任李晖，市委副书记、市人民政府代市长赵应云，市政协主席蒋善生，市政协副主席张建亮、彭爱华、吕斌、田洁、杨军元、文绍涛、宋可福、潘衡湘，市政协秘书长王小波出席大会。

同日 永州市五届人大二次会议闭幕。市委书记、市人大常委会主任李晖，市委副书记、市人民政府市长赵应云发表讲话。大会主席团常务主席李晖、赵应云、杨海河、周小驹、袁火林、魏湘江、周益志、李农妹、胡先荣、蒋千红出席大会。

2日 市委书记、市人大常委会主任李晖主持召开市五届人大常委会第十次会议。市人大常委会副主任杨海河、周小驹、袁火林、魏湘江、周益志、李农妹、胡先荣出席会议。市委常委、市纪委书记、市监察委员会主任杨永，市委常委、常务副市长张贺文，市中级人民法院院长罗重海，市政协副主席潘衡湘列席会议。

3日 全市县区及市直行业系统党委（党组）书记履行基层党建、党风廉政建设、意识形态责任述职评议会举行。市委书记、市人大常委会主任李晖出席会议并讲话。市委副书记、市人民政府市长赵应云主持会议。

4日 市监察委员会挂牌成立。市委书记、市人大常委会主任李晖，市委副书记、市人民政府市长赵应云，市政协主席蒋善生，市委常委、市纪委书记、市监察委员会主任杨永出席会议。

5日 中国国民党革命委员会永州市第三次代表大会召开。市委书记、市人大常委会主任李晖出席并讲话。

同日 市委副书记、市人民政府市长赵应云主持召开市长办公会。

8日—12日 市党政代表团外出考察学习暨全市重大产业项目现场观摩会举行。其间，市党政代表团先后赴邵阳、常德、益阳、娄底四市学习考察，深入11个县区产业项目现场进行观摩，并举行点评座谈会。

12日 长丰猎豹汽车有限公司CS9EV新能源汽车下线。市委书记、市人大常委会主任李晖，市委副书记、市人民政府市长赵应云出席下线仪式。

13日—14日 中央全面建立河长制工作中期评估核查组到永州市检查指导河长制工作。市委书记、市人大常委会主任李晖汇报情况。市委常委、常务副市长张贺文出席汇报会。

16日 纪念陶铸同志诞辰110周年座谈会在祁阳县举行。陶铸的女儿、中国市长协会原副会长、秘书长陶斯亮，全国政协常委、文史委副主任龙新民，湖南省人大常委会原副主任唐之享等参加座谈会。

17日 全省就业扶贫工作经验交流现场会在永州市召开。省委组织部副部长、省人社厅厅长贺安杰出席并讲话，市委书记、市人大常委会主任李晖在会上致辞。

18日 市委书记、市人大常委会主任李晖专题调研城区学位建设。

同日 市委副书记、市人民政府市长赵应云主持召开会议，研究公安、司法、消防、信访等工作。

19日 2018年全省文化科技卫生“三下乡”集中示范活动在永州市举行。省委常委、省委宣传部部长蔡振红出席活动并讲话。市委书记、市人大常委会主任李晖致辞。

同日 市委书记、市人大常委会主任李晖赴江华瑶族自治县考核落实党风廉政建设责任制和“六大战役”重点项目推进情况。市委常委、市委秘书长唐能武，市委常委、江华县委书记罗建华出席会议。

20日 市委书记、市人大常委会主任李晖主持召开2018年第一次市委常委会（扩大）会议。

同日 市委召开年轻干部、挂职干部座谈会。市委书记、市人大常委会主任李晖出席会议并讲话。

21日 市委副书记、市人民政府市长赵应云主持召开市长办公会议。市委常委、常务副市长张贺文，副市长欧阳元初、谢景林参加会议。

22日—30日 省十三届人大一次会议召开。市委书记、市人大常委会主任李晖，市委副书记、市人民政府市长赵应云，市委常委、市委组织部部长吴志雄参加会议并参加相关工作审议。其间，省委副书记、省人民政府省长许达哲到永州代表团，与代表们一起审议省政府工作报告。省委常委、省委组织部部长王少峰，省人大常委会副主任王柯敏，副省长吴桂英看望永州代表团全体人员或参加审议。

31日 全市传达贯彻全省“两会”精神大会召开。市委书记、市人大常委会主任李晖出席会议并讲话，市委副书记、市人民政府市长赵应云主持会议。传达湖南省十三届人大一次会议、湖南省政协十二届一次会议精神。

同日 市委副书记、市人民政府市长赵应云会见碧桂园集团副总裁兼湖南区域总裁黎晓林和湖南华大基因科技有限公司总经理曹泽民一行。

2月

1日 中国共产党永州市第五届纪律检查委员会第三次全体会议召开。

2日 市委副书记、市人民政府市长赵应云主持召开市中心医院调研工作专题会议。市委常委、常务副市长张贺文出席会议，副市长谢景林、市政府秘书长陈宇荣出席会议并参加调研。

6日 市政府召开2018年第一次全体会议，传达2018年省政府第一次全会精神，安排全市政府系统“执行力提升年”活动，部署当前重点工作。市委副书记、市人民政府市长赵应云出席会议并讲话，市委常委、常务副市长张贺文主持会议。

8日 市委副书记、市人民政府市长赵应云主持召开专题会议，研究部署2018年中心城区“城镇提质战役”重点项目建设工作。副市长欧阳元初参加会议。

9日 永州市召开2018年城区学位建设推进大会，传达贯彻全省教育工作会议精神，动员全市上下把学位建设作为2018年民生实事的第一号工程。市委书记、市人大常委会主任李晖讲话，市委副书记、市人民政府市长赵应云主持会议。

11日 永州华侨城卡乐文化旅游科技产业园项目签约仪式在深圳华侨城集团总部举行。市委书记、市人大常委会主任李晖，市委常委、常务副市长张贺文，副市长李旦梅，华侨城集团党委常委、康佳集团董事长刘凤喜，华侨城集团监事会主席、深圳华侨城文化旅游科技股份有限公司董事长陈跃华，深圳华侨城文化旅游科技股份有限公司总经理李坚以及永州市委办、市政府办，市商务和粮食局、市经投集团相关负责人参加签约仪式。

13日 市委书记、市人大常委会主任李晖主持召开2018年第二次市委常委会议，传达学习中央、省委相关会议和文件精神，研究部署“产业项目建设年”活动、通村公路建设等重点工作。

14日 市委书记、市人大常委会主任李晖带队检查春运、安全生产、市场供应、食品安全工作，并走访慰问企业家和优秀人才代表。

15日 市委书记、市人大常委会主任李晖率领市委常委、市委秘书长唐能武和市委办、市委组织部、市扶贫办等部门，深入到祁阳开展春节走访慰问活动，调研脱贫攻坚、乡村振兴战略，走访督查春运、安全生产、森林防火等工作。

22日 戊戌狗年新春上班第一天，永州市在市委办公楼前举行升国旗仪式，祝福祖国繁荣昌盛，祝愿永州更加美好。市委副书记、市人民政府市长赵应云主持升旗仪式。

同日 市委组织2018年度第一次理论学习中心组集中学习，邀请农业部农村经济研究中心主任宋洪远作《学习贯彻中央一号文件精神　实施乡村振兴战略》专题辅导报告。市委书记、市人大常委会主任李晖主持报告会并讲话，市委副书记、市人民政府市长赵应云以及全体在家的市级领导参加集中学习。

26日 市委书记、市人大常委会主任李晖会见华为公司中国区副总裁李伟一行，双方就华为永州大数据产业园建设及下一步合作进行深入洽谈。市委常委、常务副市长张贺文出席。

同日 市委副书记、市人民政府市长赵应云主持召开市政府第十九次常务会议，研究当前政府主要工作。

28日 市委书记、市人大常委会主任李晖主持召开2018年第四次市委常委会议，听取市人大常委会党组、市政府党组、市政协党组、市中级人民法院党组和市检察院党组工作情况汇报。

3月

2日 在永州粤创科技生产线项目开工现场，市委书记、市人大常委会主任李晖宣布项目开工。当日，全市31个重点项目集中开工，总投资163亿元，吹响永州经济向高质量发展的进军号。

5日 市委召开会议，传达学习中共十九届三中全会精神。市委书记、市人大常委会主任李晖主持会议并讲话。

同日 永州市在体育馆启动2018年学雷锋志愿服务活动。市委书记、市人大常委会主任、市文明委主任李晖在启动仪式上讲话，市委常委、市委宣传部部长、市文明委副主任刘尤碧主持。

6日—7日 市委书记、市人大常委会主任李晖主持召开市五届人大常委会第十一次会议第一次全体会议。市人大常委会副主任杨海河、周小驹、袁火林、魏湘江、李农妹出席。市委常委、常务副市长张贺文，市委常委、副市长周荣峰，副市长、市公安局局长刘新良，市中级人民法院院长罗重海列席会议。

12日 市委书记、市人大常委会主任李晖进社区、看企业，调研基层党建工作。

13日 市委书记、市人大常委会主任李晖主持召开“园区升级战役”工作座谈会。市领导石艳萍、唐能武、张贺文、魏湘江、贺辉、杨军元等出席。

同日 永州市人民政府与浙江吉利控股集团签订精准扶贫“千人计划”合作协议，政企合作共同致力于教育培训与就业扶贫。市委书记、市人大常委会主任李晖出席签约仪式并讲话，市委常委、常务副市长张贺文主持，吉利控股集团公司以及市直有关部门负责人参加。

15日 市委副书记、市人民政府市长赵应云带领市委常委、副市长周荣峰，就永（永州）清（清远）广（州）高铁、永州农村公路建设、衡（衡阳）道（道县）高速公路建设到交通运输部向交通运输部部长李小鹏汇报。

同日 市委副书记、市人民政府市长赵应云带队到国家能源集团，就永州电厂项目建设有关问题进行汇报衔接。国家能源集团副总经理、党组成员王树民等会见赵应云一行。

同日 市委书记、市人大常委会主任李晖调研乡村振兴战略工作。

20日 市委书记、市人大常委会主任李晖主持召开2018年第五次市委常委会议，传达学习中央、省领导讲话精神，研究审议“六大战役”重点项目和“产业项目建设年”实施方案，听取有关工作汇报。

24日 市委书记、市人大常委会主任李晖，市委副书记、市人民政府市长赵应云在冷水滩会见由会长黄有龙率队的香港永州联谊会部分客商，并举行“迎老乡、回故乡、建家乡”项目合作洽谈会。

27日 市委书记、市人大常委会主任李晖调研卫生计生工作。市委副书记、市人民政府市长赵应云，唐能武、谢景林、田洁等市领导参加调研或出席座谈会。

28日 市委副书记、市人民政府市长赵应云深入冷水滩区牛角坝镇麦子园村调研指导脱贫攻坚工作。

29日 市委农村工作会议在永州会堂召开。会议主要任务是贯彻落实中共十九大精神，全国“两会”精神，中央、省委农村工作会议和市委经济工作会议精神，总结2017年全市农业农村工作，安排部署2018年农业农村工作，部署实施乡村振兴战略在永州落地落实。市委书记、市人大常委会主任李晖出席会议并讲话，市委副书记、市人民政府市长赵应云作工作报告。市领导蒋善生、石艳萍、杨永、吴志雄、王守海、罗建华、周荣峰等出席会议。

30日 市委书记、市人大常委会主任李晖在冷水滩会见湖南建工集团党委书记、董事长叶新平一行，双方就进一步深化合作、更好地服务永州经济社会发展进行对接洽谈。

同日 市委书记、市人大常委会主任李晖主持召开2018年第六次市委常委会，传达学习中央、省委有关会议精神，研究部署深化改革、提升办公效率、推进项目建设等工作。

4月

2日 2018互联网岳麓峰会在长沙梅溪湖国际文化艺术中心开幕。市委书记、市人大常委会主任李晖，市委常委、常务副市长张贺文，市委常委、市委宣传部部长刘尤碧及相关单位负责人参加开幕式并会见部分知名互联网企业家。

4日 全市开放兴市工作会议在冷水滩召开。会议以中共十九大精神为指引，贯彻省、市委经济工作会议和市“两会”精神，回顾总结2017年全市开放工作，安排部署2018年工作。市委书记、市人大常委会主任李晖出席并讲话，市委副书记、市人民政府市长赵应云主持会议。

8日 “互联网+”社会扶贫工作座谈会在永州市召开。国务院扶贫办信息中心副主任、中国社会扶贫网首席执行官刘翔，湖南省扶贫办副主任黎仁寅，市委书记、市人大常委会主任李晖，副市长贺辉出席座谈会。

11日 永州市防汛抗旱暨第一次河长会议在道县召开。会议贯彻落实湖南省防汛抗旱工作电视电话会议和省总河长令精神，全面总结2017年工作，安排部署2018年全市防汛抗旱和推行河长制工作。市委书记、市人大常委会主任李晖出席并讲话，市委副书记、市人民政府市长赵应云主持会议，会议宣读《关于全市2017年度河长制工作考核结果的通报》。

12日 全市“园区升级战役”暨推进新型工业化工作会议

在冷水滩召开。会议总结部署“园区升级战役”和新型工业化工作，动员全市上下以昂扬的精神状态，奋力谱写新时代永州高质量工业化发展新篇章。市委书记、市人大常委会主任李晖出席会议并讲话。

13日 全市党委办公室工作会议召开。市委书记、市人大常委会主任李晖作书面讲话，市委常委、市委秘书长唐能武作工作报告。会议传达学习全省党委秘书长会议精神，总结回顾2017年工作，表彰2017年度全市党委办公室工作先进单位和先进个人，部署2018年工作。

17日 市委书记、市人大常委会主任李晖主持召开市委网络安全和信息化领导小组第一次会议。市委副书记、市人民政府市长赵应云出席会议并讲话。

20日 永州召开全市发展改革、财政、审计、统计工作会议，贯彻落实全省发展改革、财政、审计、统计工作会议精神，客观总结永州2017年工作，对当前和今后一个时期全市发展改革、财政、审计、统计工作和全市易地扶贫搬迁、农网改造升级工作进行安排部署。市委副书记、市人民政府市长赵应云出席会议并讲话，市委常委、常务副市长张贺文主持会议。

22日 永州市召开开展违反中央“八项规定”精神突出问题专项治理动员大会。市委书记、市人大常委会主任李晖出席并讲话，市委副书记、市人民政府市长赵应云主持。

23日 湖南金融服务实体经济市州行·2018年度永州市政银企合作洽谈会在冷水滩举行。永州市委书记、市人大常委会主任李晖在会上致辞，人民银行长沙中心支行党委书记、行长马天禄，省政府金融办副主任张新青出席并讲话。

25日 市委书记、市人大常委会主任李晖主持召开市扶贫开发领导小组暨脱贫攻坚战役指挥部2018年第一次会议。

27日 永州市举行庆“五一”表彰大会暨“弘扬劳模工匠精神、加快建设产业强市”先进事迹报告会。

28日 市委书记、市人大常委会主任李晖主持召开2018年第十一次市委常委会（扩大）会议。市委副书记、市人民政府市长赵应云以及全体在家的市委常委出席会议。

同日 永州市开展违反中央“八项规定”精神突出问题专项治理暨中央、省委巡视组信访交办件办理情况督办会在冷水滩召开。市委书记、市人大常委会主任李晖出席并讲话，市委副书记、市人民政府市长赵应云主持。

5月

2日 市委书记、市人大常委会主任李晖深入永州经济技术开发区调研项目建设。

同日 市委书记、市人大常委会主任李晖调研平台公司政府债务清理工作。市领导唐能武、张贺文、周荣峰、欧阳元初、伍军等参加调研。

3日 市委书记、市人大常委会主任李晖到市扶贫办，就全市扶贫工作开展专题调研。副市长贺辉参加调研。

4日 全市扶贫工作暨作风建设年推进会议在冷水滩召开。省委巡视组组长张泽军出席会议，市委副书记、市人民政府市长赵应云和省扶贫办党组成员、副主任张智勇讲话。全体在家的市级领导出席会议。

7日 市委书记、市人大常委会主任李晖全市集中突破城区学位建设工作。市委副书记、市人民政府市长赵应云主持会议。

9日 市委副书记、市人民政府市长赵应云主持召开市政府第二十二次常务会议，研究污染防治攻坚战、创建国家生态文明建设示范市、推进“并联审批”机制等工作。会议原则通过《永州市推动项目建设联动机制改革实施方案（试行）》和《永州市推动“并联审批”工作机制改革实施方案（试行）》。

10日 永州市创建国家生态文明建设示范市、“环境整治”战役暨污染防治攻坚战动员大会召开。市委书记、市人大常委会主任李晖出席并讲话，市委副书记、市人民政府市长赵应云作动员报告，市政协主席蒋善生主持会议。

17日 全市质量工作暨创建全国质量强市示范城市动员大会在冷水滩召开。市委副书记、市人民政府市长赵应云，省质量技术监督局党组成员、副局长周笑春出席会议并讲话。

28日 全市政府系统廉政工作会议在冷水滩召开，会议传达贯彻国务院、省政府廉政工作会议精神，总结2017年以来全市政府系统党风廉政建设工作和反腐败工作，部署2018年工作。市委副书记、市人民政府市长赵应云出席会议并讲话。

30日 市委副书记、市人民政府市长赵应云赴江华瑶族自治县，调研全省“对接北上广、优化大环境”现场推进会筹备工作情况，并召开座谈会。

31日 全市易地扶贫搬迁工作推进会在新田县召开。会议学习省易地扶贫搬迁有关问题整改政策文件，听取前段各县区问题整改情况汇报，对全市易地扶贫搬迁工作进行再部署、再推进、再落实。市委副书记、市人民政府市长赵应云出席会议并讲话，市委常委、常务副市长张贺文主持会议。

6月

4日 市委书记、市人大常委会主任李晖赴江华调研全省“对接北上广、优化大环境”现场推进会筹备工作。

5日 市委副书记、市人民政府市长赵应云赴冷水滩区、零陵区、永州经济技术开发区调研防汛工作，并对中央环保督察问题和饮用水水源地问题整改工作进行暗访，还在市防汛会商指挥中心主持召开全市防汛抗灾调度会议，安排部署下一步工作。

6日 市委副书记、市人民政府市长赵应云主持召开市政府第二十三次常务会议，研究讨论环保整治等工作。

11日 中建五局党委副书记、总经理田卫国带队到永州考察对接洽谈有关项目。市委副书记、市人民政府市长赵应云出席洽谈会并讲话。

13日 市委副书记、市人民政府市长赵应云深入江永调研文化旅游产业发展。

14日 全省优化发展环境现场推进会在江华瑶族自治县召开。省委副书记、省人民政府省长许达哲讲话。省政协主席李微微出席。省委常委、常务副省长陈向群主持会议，省领导傅奎、黄兰香、胡衡华、谢建辉、刘莲玉、叶红专、陈飞、彭国甫、张健、易鹏飞出席。

21日 市委副书记、市人民政府市长赵应云现场调研市政务服务中心及市联动处置指挥中心，并召集相关部门负责人专题研究“互联网+政务服务”改革试点工作。市委常委、常务副市长张贺文陪同调研。

22日 永州市召开深入学习宣传和贯彻实施《中华人民共和国宪法》座谈会。会议强调，要进一步提高政治站位、强化“四个意识”、坚定“四个自信”、投身“四个伟大”、做到“三个坚决”，增强宪法意识和宪法观念，以良好的状态不断开创新时代法治永州的新局面。市委书记、市人大常委会主任李晖，市委副书记、市人民政府市长赵应云出席并讲话。

23日 永州市乡村振兴“十百千万”示范片建设规划编制和试点工作现场推进会在祁阳县召开。

26日—27日 市委书记、市人大常委会主任李晖，市委副书记、市人民政府市长赵应云率永州市党政代表团，深入长沙、衡阳、郴州三市的政务服务中心、企业和农村，考察学习三市在深入贯彻习近平新时代中国特色社会主义思想，优化发展环境“最多跑一次”审批事项改革、产业项目建设以及乡村振兴等方面的好思路、好经验、好做法。

28日—29日 省委书记、省人大常委会主任杜家毫深入双牌县、宁远县、蓝山县，调研推进三大攻坚战和承接产业转移情况，领办群众反映强烈的突出问题信访件。省委常委、省委秘书长谢建辉参加调研。市委书记、市人大常委会主任李晖，市委副书记、市人民政府市长赵应云陪同调研。

7月

4日 市委书记、市人大常委会主任李晖主持召开市委常委会2018年第十八次会议，传达学习省委书记、省人大常委会主任杜家毫到永州考察调研时讲话精神、全省基层党建重点任务推进视频会议精神，研究全市贯彻落实意见。市委副书记、市人民政府市长赵应云以及全体在家的市委常委出席会议。

5日—6日 市委书记、市人大常委会主任李晖率招商小分队赴广东广州、东莞、深圳等地开展招商引资考察活动，并成功签约广东新南方集团、广州巨米科技公司到永州经济技术开发区投资兴业，投资总额21.5亿元。

10日 市委书记、市人大常委会主任李晖主持召开市委书记专题会议，听取市委第四轮常规巡察及市县联动、县区交叉专项巡察情况汇报。

11日 市委副书记、市人民政府市长赵应云主持召开解决制约科技创新发展主要问题座谈会，商讨研究永州科技创新相关工作，副市长谢景林出席座谈会。

17日 永州市召开落实省委第六巡视组巡视反馈意见整改工作动员大会。

18日 市委书记、市人大常委会主任李晖带队赴祁阳县开展上半年重点工作综合督查。督查分两组同时进行，重点查看中央环保督察问题整改现场点、安全生产隐患点，并随机抽查易地扶贫搬迁安置点。

18日 市委副书记、市人民政府市长赵应云主持召开全市集中突破城区学位建设工作半年调度会。会议总结全市上半年城区学位建设情况，安排部署下半年工作，确保完成全年目标任务。

23日 永州市工业暨现代服务业重点招商·招才引智专题推介会在上海市举行，是永州市参加“2018湖南——长三角经贸合作洽谈周”的主体活动。市委副书记、市人民政府市长赵应云出席推介会并讲话。省商务厅党组成员、省口岸办主任杨中万，上海市政府合作交流办公室副主任姚新分别致辞。

24日 永州市召开“旅游升温战役”暨全域旅游现场推进会，回顾总结全市“旅游升温战役”开展情况，安排部署下一阶段工作。市委书记、市人大常委会主任李晖出席并讲话，市委常委、常务副市长张贺文主持会议，市委常委、市委宣传部部长刘尤碧作工作报告。

28日 2018年永州市上半年经济形势分析暨全市“六大战役”重点项目建设现场推进会拉开大幕。市委书记、市人大常委会主任李晖，市委副书记、市人民政府市长赵应云带队走进祁阳县、冷水滩区、永州经济技术开发区，通过现场观摩，探讨交流，总结上半年经济运行情况，分析新形势、新问题，研究解决经济发展中的突出问题，安排部署下阶段工作，确保完成全年目标任务。

31日 中国共产党永州市第五届委员会第五次全体会议在永州会堂召开。会议传达贯彻省委十一届五次、六次全会精神，总结上半年经济运行情况，安排部署下半年经济工作及全面推进生态环境保护工作，审议通过《中共永州市委关于深入实施长江经济带发展战略　大力推动永州高质量发展的决议》。

8月

1日 永州市召开重点项目征地拆迁百日攻坚行动动员大会，进一步统一思想、明确任务、强化措施、落实责任，坚决打赢重点项目征地拆迁工作“攻坚战”，为全市重点项目建设创造良好条件。市委书记、市人大常委会主任李晖，市委副书记、市人民政府市长赵应云出席并讲话。

3日 市委副书记、市人民政府市长赵应云出席全市建议提案办理工作调度会。

6日 市委副书记、市人民政府市长赵应云主持召开恒大集团、中建五局、绿地集团、万达集团、铜锣湾集团5个社会投资类城建重点项目调度会。

8日 市委副书记、市人民政府市长、市总河长赵应云率队深入零陵、双牌开展2018年第三季度湘江潇水巡河工作。

14日 市委副书记、市人民政府市长赵应云出席调度推进全市“互联网+政务服务”工作专题会议。市委常委、常务副市长张贺文主持会议，市政府秘书长陈宇荣及各相关单位负责人参加会议。

同日 市委副书记、市人民政府市长赵应云主持召开市政府第二十六次常务会议，传达省环保督察工作情况反馈会议精神，审议创建国家生态文明建设示范市、落实乡村振兴战略等文件。

15日 永州市集中开工冷水滩区12个城区学位建设项目，将新增学位2.2万个。市委书记、市人大常委会主任李晖出席并宣布项目开工，市委副书记、市人民政府市长赵应云出席并讲话。

16日 永州市祁阳县肖家镇大江水库右干渠出现塌方，造成200多户居民、666.67公顷稻田受到影响。事故发生后，市领导第一时间赶往现场指挥处置。

17日 市委书记、市人大常委会主任李晖主持召开巡视整改工作调度会议。

19日—20日 市委书记、市人大常委会主任李晖深入冷水滩区、零陵区的11个较为边远的乡镇，调研中央巡视组、省委巡视组反馈意见整改推进情况和乡村振兴工作。

23日 永州市重点项目和产业项目建设“五个十”工程调度会在冷水滩召开。市委书记、市人大常委会主任李晖出席并讲话，石艳萍、张贺文、吴志雄、罗建华、贺辉等在家市领导出席会议。

25日 市委书记、市人大常委会主任李晖主持召开中央巡视组反馈意见整改情况调度会。市委常委、市委统战部部长石艳萍出席会议。

29日 市五届人大常委会召开第十四次会议。市委书记、市人大常委会主任李晖出席会议。

9月

3日 市委副书记、市人民政府市长赵应云主持召开全市“互联网+政务服务”工作专题调度会，就政务服务信息整合、平台建设、领导到窗口坐班等工作进行专题调度。

6 日　“新湖南”永州 11 县区频道集中上线仪式在冷水滩举行。市委书记李晖，湖南日报社党组书记、社长孔和平，市领导唐能武、贺辉为 11 个上线单位授牌，并见证湖南日报社与零陵、江永、蓝山三县区签订县区融媒体中心建设框架合作协议。

7 日　市委书记、市人大常委会主任李晖主持召开市委常委会 2018 年第二十五次会议，传达学习全省组织工作会议精神、全省扶贫领域作风问题专项治理工作罗霄山片区座谈会精神，研究贯彻落实意见。

11 日　永州市城乡规划委员会召开 2018 年第四次全体会议（扩大会议），研究审议城际空间站、铜锣湾潇湘体旅综合体、潇湘新城、文旅综合体 4 个项目概念性规划方案。市委书记、市人大常委会主任李晖出席并讲话，市委副书记、市长赵应云主持会议。

12 日　市委副书记、市人民政府市长赵应云主持召开专题会议，研究永州东部生活垃圾焚烧发电厂项目建设情况和永州市静脉产业园规划建设实施意见情况。

13 日　永州召开全市网络安全和信息化工作会议。市委副书记、市委政法委书记何录春主持会议。

同日　永州市召开落实中央省委巡视反馈扶贫领域问题整改、脱贫攻坚暨扶贫领域作风问题专项治理工作推进会，再调度、再部署，动员全市上下扎实做好巡视整改“后半篇文章”，解决扶贫领域腐败和作风问题，为夺取脱贫攻坚战役年度胜利奋力冲刺。市委书记、市人大常委会主任李晖出席并讲话。会议以视频会议形式召开，在家的市级领导在主会场参会。

17 日　市委书记、市人大常委会主任李晖专题调研永州广播电视台，贯彻全国宣传思想工作会议精神，落实意识形态工作责任制和巡视整改任务的要求，协调解决永州广电事业发展难题。市委常委、市委秘书长唐能武，市委常委、市委宣传部部长贺辉参加调研。

21 日　由市委、市人民政府主办，主题为“庆祝农民丰收、弘扬乡土文化、振兴美丽乡村”的首届永州“中国农民丰收节”在双牌县麻江镇廖家村举行。市委书记、市人大常委会主任李晖敲响丰收锣并宣布首届永州“中国农民丰收节”活动开幕。市委副书记、市人民政府市长赵应云致辞。市委副书记、市委政法委书记何录春主持开幕式。

25 日　市委副书记、市人民政府市长赵应云主持召开城市管理工作专题会议。副市长欧阳元初出席会议。

26 日　永州市人民政府与省商务厅在永州大会堂签订战略合作框架协议，共同推动永州形成全面开放新格局。市委副书记、市人民政府市长赵应云，省商务厅党组书记、厅长徐湘平代表双方签约。

27 日　永州市绩效评估委员会 2018 年第一次会议召开，通报省委、省政府办公厅关于 2018 年上半年市州重点工作绩效评估指标任务进展情况以及全市各县区、市直单位绩效评估工作开展情况，研究分析部署全市下段绩效评估工作。

28 日　市委副书记、市人民政府市长赵应云主持召开市政府第二十八次常务会议，学习贯彻省里《关于落实食品安全党政同责的意见》，审议《关于落实食品安全党政同责的实施意见》，听取永州大道综合管廊项目审计情况汇报等工作。

29 日　湖南省第六环境保护督察组督察永州市意见反馈会召开。湖南省第六环保督察组组长刘尧臣通报督察意见，永州市委书记、市人大常委会主任李晖作表态发言，市委副书记、市人民政府市长赵应云主持会议，省第六环保督察组副组长吴启旺等出席。

30 日　永州与中建五局见面会在市政府举行，就中建五局在永建设的永州大道综合管廊项目建设情况进行协商，市委副书记、市人民政府市长赵应云，中建五局党委书记、董事长田卫国出席并讲话，副市长欧阳元初及市经投集团、市城投集团等相关单位负责人出席会议。

10 月

8 日　永州市召开涔天河水库扩建工程及灌区建设专题研究会议，解决项目建设中存在的问题，压实责任，加快推进涔天河项目建设速度。市委副书记、市人民政府市长赵应云出席并讲话，市委常委、江华县委书记罗建华主持会议。

10 日　永州市人民政府与湖南师范大学战略合作框架协议签约仪式在永州举行。湖南师范大学校长蒋洪新，永州市委副书记、市人民政府市长赵应云出席并讲话，市委副书记、市委政法委书记何录春主持签约仪式，湖南师范大学副校长王善平，副市长谢景林出席。

10日 湖南省“信访法治化建设”暨“四大攻坚”现场推进会在永州召开。会议贯彻落实习近平重要指示精神和中央信访工作联席会议第一次全体会议精神，总结和交流经验，分析当前信访形势，研究部署下段工作。省委常委、省委政法委书记黄关春出席会议并讲话，省政府副省长、省公安厅厅长许显辉主持会议，永州市委书记、市人大常委会主任李晖致辞。

14日 市委书记、市人大常委会主任李晖主持召开全市县区委书记座谈会，专题部署防范统计造假，加强全市统计法治工作。

17日 永州市召开脱贫攻坚暨省常态化联点督查反馈问题整改工作座谈会。团省委党组成员、副书记钟娜，省戒毒管理局党委副书记、政委郑永祁，省公安厅副厅级干部徐发科，省扶贫办党组成员、副主任张智勇，市委副书记、市人民政府市长赵应云，市委副书记、市委政法委书记何录春出席，会议由副市长谢景林主持。

16日—17日 市委书记、市人大常委会主任李晖率队赴广州市考察学习，重点考察城市规划建设、高新技术产业，借鉴广州在创新开放、推动高质量发展方面的先进经验。市领导张贺文、周荣峰、严兴德、李旦梅参加。广州市委常委、黄埔区委书记周亚伟，广州市副市长马文田分别陪同考察。

20日 永州市召开扫黑除恶专项斗争督导整改动员大会。市委副书记、市委政法委书记何录春，市委常委、市纪委书记、监委主任杨永，市委常委、市委组

2018年10月10日，全省”信访法治化建设“暨”四大攻坚“现场推进会在永州召开

织部部长吴志雄，副市长、市公安局局长刘新良，市委副厅级干部伍军，市人民检察院代理检察长杨鸿出席会议。

23日 永州市特种材料与结构技术研发和应用院士工作站在永州经济技术开发区揭牌。十九届中央候补委员、中国工程院院士欧阳晓平，永州市委书记、市人大常委会主任李晖在座谈会上讲话并为工作站揭牌。

26日 永州市举行重大产业项目集中开工暨永州天然植物提取物高技术产业基地项目开工仪式。市委书记、市人大常委会主任李晖出席并宣布项目开工，广东新南方集团有限公司总裁朱拉伊，市政协主席蒋善生，市委常委、市委统战部部长石艳萍出席，市委常委、常务副市长张贺文主持开工仪式。

29日 全市“互联网+政务服务”工作推进会召开，统筹安排推进全市“互联网+政务服务”工作。市委副书记、市人民政府市长赵应云出席并传达学习全省“互联网+政务服务”推进会议精神，市委常委、市纪委书记、市监委主任杨永主持会议。

11月

2日 “永州之野”市级农业公用品牌发布推介会在长沙国际会展中心举行。发布推介会以“湘江源头、绿色味道”为品牌口号，推介永州市农业公用品牌“永州之野”优质农产品100多个。市委副书记、市人民政府市长赵应云，中交第三公路工程局公司党委书记、董事长黄腊泉，市委副书记、市委政法委书记何录春，中交第三公路工程局公司副总经理、总会计师潘文学等领导和媒体记者等300余人参加发布推介会。发布会由市政协副主席宋可福主持。

6日 全市城区学位建设及消除大班额工作调度会暨中小学（幼儿园）安全保卫工作会议在冷水滩区召开。市委副书记、市委政法委书记何录春主持会议。

9日　永州市宣传思想工作暨意识形态工作会议召开。市委书记、市人大常委会主任李晖出席并讲话。市委副书记、市委政法委书记何录春主持会议，市委常委、市委宣传部部长贺辉作工作报告。

12日　永州市政府与大连万达集团合作洽谈会在市政府会客厅举行，双方就永州“万达广场”项目规划建设事宜进行磋商。市委副书记、市人民政府市长赵应云，万达集团发展中心华南区总经理沈景琰出席并讲话，副市长欧阳元初及市国土局、市商粮局、市住建局、市城投集团等相关部门负责人出席会议。

18日　永州市在首都北京举办招才引智暨招商引资推介会。市委书记、市人大常委会主任李晖担任引才大使，推介宣传永州，引进高素质人才、人才团队和项目产业，助推永州经济社会持续快速发展。

23日　市委书记、市人大常委会主任李晖在江华瑶族自治县就全市承接产业转移建设情况接受中央广播电台、中新社、《湖南日报》等18家中央、省市主流媒体采访。

28日　全市脱贫攻坚考核部署暨产业扶贫、“大棚房”专项清理整治推进、非洲猪瘟防控会议召开，集中安排部署有关工作。

同日　市委副书记、市人民政府市长赵应云主持召开全市县区长座谈会。会议听取2018年重点工作情况，研究部署2019年工作。

12月

6日　市委副书记、市人民政府市长赵应云会见华夏航空股份有限公司副总裁张竞开一行，双方就项目落地、航空及相关产业深度合作等事宜进行交流和沟通。市委常委、副市长周荣峰及市旅游外事侨务局、市经投集团、市航线办等相关部门负责人参加会见。

7日　市委副书记、市人民政府市长赵应云率市政府代表团赴邵阳市交流对接邵永高铁建设工作，邵阳市委副书记、市人民政府市长刘事青主持对接协商会。市委常委、常务副市长张贺文，市委常委、副市长周荣峰，邵阳市人大常委会副主任蒋耀华、政协副主席周晓红等出席会议。双方一致表示，要进一步凝聚共识，联合发力，争取邵永高铁早日开工建设，造福两地人民。

10日　永州2.33万公顷红壤富硒有机茶产业化项目签约仪式举行，中交集团第三公路工程局有限公司、湖南自然韵农旅文化有限公司与冷水滩区、零陵区签约。永州市委副书记、市人民政府市长赵应云出席并讲话，市委副书记、市委政法委书记何录春，市委副厅级干部伍军出席，副市长谢景林主持。

11日　市委副书记、市人民政府市长赵应云会见香港铜锣湾集团董事局主席陈智一行，就永州国际体育森林公园等项目进一步交流。

同日　市委副书记、市人民政府市长赵应云会见保利集团湖南嘉宇投资控股有限公司董事长彭建平一行，商谈建设军民融合产业园相关事项。

同日　全市油茶产业专题座谈协调会召开，听取全市油茶产业发展情况汇报，深入探讨促进全市油茶产业发展新路子。市委书记、市人大常委会主任李晖出席并讲话，副市长谢景林主持会议。

19日　市委副书记、市人民政府市长赵应云率队深入九嶷大道北延伸段及水汲江大道等工地实地调研调度项目工程建设进展情况。

20日　市委副书记、市人民政府市长赵应云会见航空工业集团产业拓展部高级专务、副部长马学文一行，就双方合作意向开展交流。市委常委、常务副市长张贺文参加会见。

同日　市委副书记、市人民政府市长赵应云主持召开会议，专题听取研究2019年全市在交通、水生态环境治理、产业发展、教育和文化旅游等领域重点项目申报，对全市重点项目进行归纳汇总。副市长严兴德、谢景林、李旦梅出席。

29日　永州华侨城卡乐文化旅游项目开工奠基仪式在冷水滩区举行。市委书记、市人大常委会主任李晖宣布项目开工，市委副书记、市人民政府市长赵应云致辞，市委副书记、市委政法委书记何录春主持开工奠基仪式，市领导唐能武、贺辉、欧阳元初、李旦梅、伍军及深圳华侨城文化旅游科技股份有限公司陈跃华出席。

同日　永州市召开深化机构改革动员大会，学习贯彻中央、省委机构改革精神要求，全面动员和部署安排全市机构改革工作。市委书记、市人大常委会主任李晖作动员讲话。市委副书记、市人民政府市长赵应云主持大会。

同日　市委副书记、市人民政府市长赵应云深入冷水滩中心城区调研永州大道综合管廊项目施工建设、后续配套工程等工作情况。

永州概貌

A General Survey of Yongzhou

建置沿革

8万年至12万年前，人类就在永州渔猎采集、繁衍生息。1万年前，永州先民就群居农耕、种稻制陶。三四千年前西瓯越和雒越部落聚居永州，同时，中原民族（包括苍梧族和舜部落）大量南迁，为永州带来中原文化，越文化与中原文化交融发展，永州日渐融入华夏文化圈。春秋战国时期，楚人南下，永州被纳入楚国势力范畴。楚悼王后期（前389—前381），永州被列入楚国政区，隶属于苍梧郡之洮阳县或郴县。

秦王政二十四年（前223年），秦国灭楚，大将屠睢率50万大军进军岭南，驻军永州。秦始皇二十六年（前221年），秦始皇统一全国，建立中央集权制国家，推行郡县制，永州首设行政区——九疑县，被纳入秦帝国的版图。秦朝，永州初属苍梧郡，后属长沙郡。秦二世三年（前207年），秦朝灭亡。汉高祖三年（前202年），刘邦击败项羽，建立汉朝。刘邦实行郡县与分封并行的混合性地方行政制度。大约秦始皇二十八年（前219年），改苍梧郡为长沙郡（后为长沙国），永州大部属荆州刺史部长沙郡（长沙国），零陵楼小部属交趾刺史部苍梧郡。西汉初，析九疑县置道县、南平县、泠道县和营道县。汉文帝末年，道县并入南平县，属桂阳郡，九疑县被划分为泠道和营道二县。西汉元朔五年（前124年），汉武帝析泠道县和洮阳县，分别封长沙国刘发之子刘买和刘贤于春陵侯国和泉陵侯国。西汉元鼎六年（前111年），汉武帝平定南越，设置零陵郡，治零陵县（今广西全州西南），辖零陵、营道、始安、营浦、泠道、洮阳、钟武七县和春陵、泉陵、都梁、夫夷四侯国，其中营道、营浦、泠道三县和春陵、泉陵二侯国的治所在永州境内。同时，在交趾刺史部设苍梧郡，分营浦县置冯乘县和谢沐县。西汉初元四年（前45年），汉元帝并春陵侯国入泠道县。西汉末年，王莽专权。西汉居摄元年（6年），改零陵郡为九疑郡，改泠道县为泠陵县，改泉陵县为溥闰县，改洮阳县为洮治县，将营道县降为九疑亭。西汉复汉三年（25年），刘秀恢复西汉旧制，恢复零陵郡和泠道县、营道县，同时，改泉陵侯国为泉陵县，并将零陵郡治从零陵县迁移到泉陵县（今永州市零陵区），永州首设郡（府、州）级行政机构。两汉时期，零陵郡的辖区面积9万多平方千米。

三国两晋及南北朝时期，改朝换代不断，大部分时间南北对峙，社会异常动荡不安。三国时期（220年—265年），魏、蜀、吴三国鼎立，永州地属荆州。赤壁之战后，零陵郡归蜀所有。东汉建安二十四年（219年），孙权大将吕蒙袭取荆州，东吴占据零陵郡的绝大部分。东吴黄武五年（226年），东吴孙权将冯乘、谢沐二县从苍梧郡改属新置的临贺郡。东吴元兴二年（265年），东吴孙皓析零陵郡南部置营阳郡，以营浦（今道县）为郡治，辖营浦、营道、春陵、泠道四县。东吴永安七年至西晋太康元年（264年—280年），孙皓复析泠道县置春陵县，析泉陵县置永昌、祁阳二县。西晋泰始二年（266年），孙皓析长沙郡西南部、零陵郡北部置昭陵郡。三国东吴时，零陵郡领泉陵、零陵、洮是、观阳、祁阳、永昌六县。西晋太康元年（280年），晋武帝平定东吴，统一天下。同年，废营阳郡入零陵郡。不久，冯乘、谢沐二县自荆州改属广州。西晋太熙元年（290年），晋惠帝析泉陵县建应阳县。西晋永嘉元年（307年），晋怀帝从荆州、广州两州分置湘州，零陵郡属湘州，辖零陵、泉陵、永昌、祁阳、应阳、营浦、洮阳、观阳、泠道、春陵、营道十一县，其中零陵、洮阳、观阳三县不在永州境内，冯乘、谢沐二县属临贺郡，南平县属桂阳郡。西晋建兴四年（316年），西晋灭亡后，晋怀帝依靠原西晋南逃的贵族建立东晋，定都建业，偏安江左。零陵郡属湘州。西晋永和年间（345年—356年），析零陵郡复置营阳郡，零陵郡领泉陵、祁阳、零陵、洮阳、永昌、观阳、应阳七县，营阳郡领营浦、营道、春陵、泠道四县，谢沐、冯乘仍属广州临贺郡。东晋义熙十二年（416年），晋安帝裁湘州，零陵、营阳二郡复属荆州。南平县初隶荆州，后改隶江州，仍属桂阳郡。

东晋元熙二年（420年），东晋大将刘裕废东晋恭帝，建立宋朝，历史进入南北朝时期。422年，刘宋复置湘州。464年，孝武帝将零陵郡改为零陵国，临贺县改为临庆国。零陵国仍领原零陵郡七县，营阳郡仍领原所辖四县，零陵国、营阳郡属湘州，冯乘、谢沐二县改属临庆国，南平县仍属桂阳郡。479年，禁军首领萧道成政变成功，建国号齐。齐萧在永州的行政建置，除冯乘、谢沐二县所属之临庆国复改为临贺郡外，其他一如刘宋，不曾改变。502年，萧衍取代齐朝称帝，国号梁。515年，萧梁改营阳郡为永阳郡，治营道县，辖营道、春陵、泠道三县。557年，陈霸先取代萧梁，建号陈。在政区建置方面，南陈除将南平县改属西衡州外，其他一切如旧。南北朝后期，州、郡、县三级行政区划制度已经十分混乱，居中的郡一级形同虚设。

581年，杨坚废周而立，建立隋朝，不久即罢天下诸郡五百有余，开始实施以州直领县的两级行政区划制度。589年，隋灭陈，结束南北分裂局面，随之将州县二级制度推行到南方各地，州县并省甚多。同年，隋文帝撤零陵郡，设永州总管府，废永阳郡，设永阳县，同时，并永昌、祁阳、应阳三县入零陵，并营浦、谢沐二县入永阳县，并泠道、春陵二县入营道县，并南平县入临武县。607年隋炀帝恢复郡县制，改永州总管府为零陵郡，零陵郡领零陵、湘源、永阳、营道、冯乘五县，其中湘源县不在永州境内。隋末群雄继起，萧铣割据南方，618年称帝，国号梁，至621年兵败降唐，其间永州辖于萧铣。

618年，李渊建立唐朝。唐初依然是州（郡）、县二级制，后来名称由郡改州、由州改郡，多有反复。621年，唐高祖平定萧铣，置永州和营州。627年，唐太宗为了对州（府）进行有效控制，主要依山川形势把全国分为十道，733年，唐玄宗又分天下为十五道，至此，唐代的地方行政体系演变为道—府—县三级制。永州先后隶属江南道和江南西道。永州领零陵、湘源、祁阳、灌阳四县（624年省灌阳县，627年省祁阳县）。营州领营道、江华（析冯乘县置）、永阳、唐兴四县。622年营州改为南营州。634年改南营州为道州，改永阳县为营道县，并于旧营道县置唐兴县。644年废道州，并入永州，675年复为道州。742年改永州为零陵郡，改道州为江华郡。758年，复改江华郡为道州，领弘道（隋永阳县。621年于县置营州，改为营道县。742年改营道为弘道）、延唐（隋营道县。621年移营道县于州城，于旧营道置唐兴县。693年改名武盛。705年复为唐兴。742年，改为延唐）、江华（621年析贺州冯乘县置江华瑶族自治县，643年改属永州，675年还道州，684年改为云溪县，705年复为江华）、永明（唐初移永阳之名于州西南55千米置，634年省入营道。691年，析营道复置，742年改永阳县为永明县）、大历（767年湖南观察使韦贯之奏请析延唐县，于道州东南110千米、春陵侯帮城北7.5千米置，因以大历为名）五县。南平县在隋朝被废，671年恢复，742年改为蓝山县，属桂阳郡。唐朝后期，地方军事日益重要，永州先后归属于衡州防御使、湖南观察使、钦化军节度使、武安军节度使等。907年，朱全忠建立后梁，唐朝灭亡，五代十国开始。907年，后梁封马殷为楚王。927年，后唐又封马殷为楚国王，马殷建立起以湖南为中心的地方性王朝。936年，马楚析零陵县置东安场，改延唐县为延嘉县，其余沿袭唐时旧置不变。

960年，赵匡胤建立宋朝。宋初废止镇领州之制，道制仍然沿袭下来，但很快道制即为路制所取代，路成为最高一级地方行政建置。永州、道州辖于荆湖南路。永州治零陵县，辖零陵、祁阳、东安（982年改东安场为东安县）三县。道州（江华郡），治营道县（962年改弘道县为营道县），辖营道、江华、宁远（963年改延喜县为宁远县，并大历县入之）、永明四县。南宋，永州的建置没有变化。

1271年，蒙古忽必烈定国号大元，建立元朝；1276年灭宋，统一全国。元朝在永州设永州路和道州路，隶属湖广行省岭北湖南道（肃政廉访司）。1276年，置永州安抚司和道州安抚司，1277年，分别改为永州路总管府和道州路总管府。永州路总管府治零陵县，置录事司，领零陵、东安、祁阳三县。道州路总管府治营道县，置录事司，领营道、宁远、江华、永明四县。蓝山县属桂阳路总管府。

1368年，朱元璋称帝，建立明朝，改永州路为永州府，改道州路为道州府。1376年，改湖广行中书省为湖广承布政使司，同时降道州府为道州，以州治营道县省入，隶属永州府。1639年，析宁远县、新田县堡置新田县。至此，永州府管辖零陵、祁阳、东安、道州四州县，道州又兼领宁远、江华、永明、新田四县，永州行政建置格局大体被确定下来。此外，明朝在永州地方还设有永州卫、宁远卫、宁溪守御千户所、桃川守御千户所、枇杷守御千户所、东安守镇百户所、锦田守镇前千户所、宁远守御千户所、江华守镇右千户所等卫、所，隶属湖广都指挥司。1644年，清廷迁都北京，随后发兵征服南方，统一全国。清初，内地行政建置沿袭明制，即由省管辖府、州、县。1664年，清朝湖广右布政使（1667年改称湖南省）移驻长沙，永州府隶属湖南省衡永郴桂道，辖零陵、祁阳、东安、宁远、江华、永明、新田七县和道州。蓝山县属桂阳州。

1911年10月，武昌起义成功，中华民国军政湖南都督府成立。民国1年至民国2年（1912年—1913年），国民政府废府存道，永州各县先后属衡永郴桂道和衡阳道。民国11年（1922年）废道，永州各县直属于湖南省。民国3年（1914年），湖南省就清代设立的长宝、岳常澧、衡永郴桂、辰沅永靖四道的区域，改置武陵、湘江、衡阳、辰沅（后裁撤）四道，永州各县属衡阳道。民国17年（1928年），国民党政府析零陵、宁远、祁阳、桂阳、新田、常宁等六县的部分地方，增置阳明县，设县署于石鼓园。民国20年（1931年），改阳明县为阳明特别区，不久撤销。民国25年（1936年），湖南省推行行政督察区，零陵、祁阳、东安、道县（民国2年道州改州为县）、宁远、永明、江华、新田八县，于民国26年（1937年）12月、民国29年（1940年）4月，先后改属第九行政督察区和第七督察区，行政督察专员公署驻零陵（今永州市零陵区）。蓝山县属第三行政督察区。

1949年8月，成立湖南人民军政委员会和临时省政府，废止湖南省第七督察区，设立永州专区。10月，南下途中组建的永州专区专员公署进驻零陵县城（即今永州市零陵区）。永州专区辖原省第七督察区所辖八县，蓝山则属郴县专署。1950年8月，永州专区改称零陵专区。1952年2月，划祁阳东北部的6个区设立祁东县，仍属零陵专区。11月，衡阳、零陵、郴州3个专区合并，成立湘南行政区。1954年6月，撤销湘南行政区，改设衡阳、郴县（后改郴州）2个专区。原零陵专区的祁阳、祁东、零陵、东安、道县、宁远、永明（今江永）、江华八县属衡阳专区，新田县和蓝山县划归郴县专区。1955年8月，国务院批准成立江华瑶族自治县。1956年3月，永明县更名江永县。1959年3月，蓝山县与嘉禾县合并为蓝嘉县，县人民委员会驻原蓝山县城；新田县并入桂阳县。1960年2月，中共湖南省委批准成立县级冷水滩市，由零陵县领导。1961年7月，恢复蓝山、新田二县建制。同月，国务院批准成立冷水滩市，由衡阳专署领导。1962年10月，经国务院批准，设立零陵专区，专员公署设零陵县芝城镇（今永州市零陵区），辖零陵、东安、道县、宁远、江永、江华、蓝山、新田八县，原零陵地区的祁阳、祁东划归衡阳专区。同月，冷水滩市改为区级镇，仍归零陵县管辖。1964年5月，湖南省委批准划零陵县、道县的12个公社和9个国营林场，设置潇水林区管理局，局机关驻双牌。1969年12月，国务院批准撤销潇水林区管理局，以原潇水林区为行政区域设立双牌县。1979年3月，零陵县东风镇（原芝城镇）改名永州镇，8月，改由零陵地区直接领导。1982年1月，国务院批准，设立县级永州市。1983年2月，祁阳县重新划归零陵地区管辖。1984年6月，国务院批准撤销零陵县，恢复冷水滩市。同月，国务院批准，江华瑶族自治县驻地由水口镇迁至沱江镇。1995年11月21日，国务院批复，同意撤销零陵地区和县级永州市、冷水滩市，设立地级永州市；原县级永州市改名芝山区，原冷水滩市改名冷水滩区；地级永州市辖祁阳、东安、双牌、道县、宁远、江永、江华、蓝山、新田九县和芝山、冷水滩二区。1997年7月—8月，永州市委、永州市人民政府先后迁驻冷水滩区。2005年6月8日，芝山区更名为零陵区。至此，永州市辖8个县2个区和1个自治县，即冷水滩区、零陵区、祁阳县、东安县、双牌县、道县、江永县、江华瑶族自治县、宁远县、新田县、蓝山县，面积2.22万平方千米。

地理位置

永州市地处北纬24°39′~26°51′、东经111°06′~112°21′之间，南北最长距离245千米，东西最长距离144千米；面积2.22万平方千米。位于湖南省南部，湘江上游，南岭山脉北麓；东与湖南衡阳市的常宁市和郴州市的嘉禾县、桂阳县、临武县相连，南与广东清远市的连州市、连山县、连南县和广西贺州市的八步区、钟山县、富川县交界，西与广西桂林市的全州县、灌阳县、恭城县和湖南邵阳市的邵阳县、新宁县接壤，北与湖南衡阳市的祁东县毗邻。

地形·地貌

【概况】　永州位于由西向东倾降的第二阶梯与第三阶梯的交接地带，是南岭山地向洞庭湖平原过渡的初始阶段。永州地势大体是西部和西南高，东北及中部低，以三大山系为脊线，呈环带状、阶梯式向两大盆地中心倾降。在历次构造运动、岩浆侵入以及地表水长期风化剥蚀的作用下，永州形成以山丘地为主，丘陵、岗地、平地俱全的复杂多样的地貌类型。永州境内奇峰秀岭逶迤蜿蜒，河川溪涧纵横交错，山冈盆地相间分布。越城岭—四明山系雄踞西北，萌渚岭—九嶷山系矗立东南，都庞岭—阳明山系横插中部，将永州分隔成南北两大相对独立的部分。在三大山系及支脉的围夹下，形成南北两个半封闭型的山间盆地，呈现向东北倾斜的山字形地貌轮廓。位于北部的零祁盆地，周围由北面的四明山、西北的越城岭、南面的紫金山、东南面的阳明山环绕，东北向衡阳盆地敞口，面积57.03万公顷，占境内盆地总面积的45.5%；盆地内地势低平开阔，耕地连片延伸。南部道江盆地，东面向郴州、永兴盆地开口，西南成狭长谷地向江永、江华南部延伸，形成呈东西方向串通湖广的交通走廊；盆地外周由北面的阳明山、西北的紫金山、西面的都庞岭、南面的萌渚岭—九嶷山系围隔而成，面积68.28万公顷，占境内盆地总面积的54.5%；盆地内丘岗起伏，阡陌纵横。位于西北、西、西南和南部的三大山系巍峨蜿蜒，许多山峰高达千米以上，都庞岭的顶峰韭菜岭海拔2009.3米，是全市最高点。东北及中部，丘岗星罗棋布，谷盆相嵌其间，海拔一般在300米以下，湘江河谷祁阳唐家岭的九洲，海拔63米，是全市最低点。全市相对高差1946.3米，比降2.7%~20%，切割深300米~700米，最深800米~1000米。

气候·水文

【气候】 2018年，永州平均气温18.9℃，较常年偏高0.6℃，偏高程度1.2σ，较2017年低0.3℃，为有气象记录以来第十位。全市平均年降水量1503.7毫米，较常年偏多4%，较2017年多153毫米；雨季普遍开始于3月上旬，结束于7月上中旬。全市平均年日照时数1542小时，较常年偏多5%，较2017年多144小时。年初、年末低温雨雪冰冻，春季异常偏暖、局地强对流，夏季高温偏早偏强，秋冬连阴雨明显；冬春夏出现阶段性干旱，8月台风暴雨造成洪涝；但总体旱涝程度较轻，灾害损失较小。各县区年降水量1170毫米（冷水滩）~1759毫米（零陵），与常年比，零陵、双牌、道县、江华偏多1成~2成，冷水滩偏少1成，其余县区接近常年。

雨季普遍开始于3月上旬，结束于7月上中旬。雨季内虽然出现强降水过程，但总体雨量偏少。1月—7月平均总降水较常年同期偏少2成，北部县区偏少3成，冬春夏出现阶段性干旱；8月中旬受16号台风“贝碧嘉”倒槽影响，部分县区降水强度较大，造成洪涝灾害。但总体旱涝程度较轻，灾害损失较小。

全年雨日平均为162天，各县区在152天（新田）~181天（蓝山）之间，接近常年；出现暴雨为41站次，零陵、双牌、新田均出现暴雨6天；出现大暴雨3站次，日最大降水量在零陵8月16日203.6毫米。

平均年日照时数为1542小时，较常年偏多5%，较2017年多144小时。各县区年日照时数1406小时（道县）~1693小时（江华），北部县区偏多1成，南部县区接近常年。

【水文】 2018年，永州地区降水量在916毫米~2404.6毫米之间，年平均降水量1638毫米，比2017年偏多175.5毫米，与历年均值相比偏多约62毫米，属平水年份。降水时空分布极不均匀。在空间分布上，山区多于丘陵，南边多于北边，形成九嶷山区（住龙门站2404.6毫米）、都庞岭山区（古宅站2107.2毫米）、阳明山区（白沙源站2134.6毫米）3个暴雨中心，年降水量最大的是住龙门站2404.6毫米。年降水低值区主要集中在北边，年雨量在916毫米~1149毫米之间，分布在芦洪江和祁水流域，祁水流域的日升堂站916毫米，为全区最少。在时间分布上，全年降水主要集中在3月—8月，特别是8月降水最多，平均降水量270.7毫米，占全年平均降水的16.5%。3月—8月平均降水1049.6毫米，占全年降水的64.1%。其中，8月月降水量最大的站是白水流域的白沙源站，降水量681.5毫米；8月月降水量最小的站为宜水流域的豪福站，降水量96.5毫米。全区最大1小时降水量出现在8月15日的白沙源站，降水量107毫米。全区最大2小时降水量出现在8月15日的白沙源站，降水量143毫米。降水在年内分配上亦不太均匀，年初汛前1、2月和汛后12月降水偏小，全区2月降水最小，月平均降水量32.4毫米。

2018 年永州各站年降水量一览表

表 1

站　名	月降水量（毫米）												
	1 月	2 月	3 月	4 月	5 月	6 月	7 月	8 月	9 月	10 月	11 月	12 月	全　年
码市	174	36	147	245.5	187.5	155.5	89.5	242	161	139	100.5	76	1753.5
大路铺	158	39	182.5	92	144	66	201	152.5	68	128	93	39.7	1363.7
江　永	108.1	17.5	208	163	151.5	74.5	292.5	133	108	97	123	40.7	1516.8
道县（二）	90.1	16	247	135	329	148	72.5	156	97.5	102.5	147.5	67.1	1608.2
豪　福	48	16	181	109.5	125	167	111.5	96.5	71.5	85.5	94	44.9	1150.4
九嶷（二）	99.5	34	127	150	168	157.5	143	418.5	253.5	106	131.5	42.9	1831.4
双　牌	30.3	16.5	176	73	294	112.5	76	233.5	118.5	101.5	166	44.4	1442.2
老埠头	31	22	165.5	76	163	105	80	221.5	108	161	197	108.8	1438.8
冷水滩	20.8	23	127	52.5	207	113.5	60	230.5	55	124.5	141.5	60.3	1215.6
祁阳（二）	25.7	25.5	119	75	205.5	79	63	274.5	30	101.5	124	66.7	1189.4
金洞（三）	52.1	28	145	69	231	95.5	116.5	242	146.5	166	239	115.5	1646.1
蓝　山	127.9	33.5	139	131	190.5	247.5	160.5	315.5	171.5	111	138	67.7	1833.6
新田	44	30	189.5	78.5	180.5	270	111.5	139	90	82	112	41	1368

洪水主要由降水形成，水位变化与降水基本相应。由于降水时空分布特点，既有局部暴雨，又有普遍大雨。加之水库蓄水发电调节，全区的水位变化并不完全同步。5 月上旬，流域内普降大暴雨，湘江、潇水流域发生较大洪水过程，年最高水位双牌、老埠头、冷水滩、祁阳（二）、下马渡均出现在 5 月上旬；受局部暴雨影响，豪福站年最高水位出现在 6 月上旬，新田站出现在 6 月中旬，大路铺、江永站出现在 7 月上旬，九嶷（二）、金洞（三）、蓝山站出现在 8 月中旬，码市站出现在 9 月中旬；受水库蓄水发电调节，涔天河站年最高水位出现在 10 月下旬，道县站出现在 11 月下旬。年最低水位大路铺、道县（二）、蓝山、码市站均出现在 1 月，豪福、老埠头、冷水滩站均出现在 2 月，江永、双牌、祁阳（二）站均出现在 3 月，新田站出现在 7 月，下马渡站出现在 9 月，涔天河、九嶷（二）、金洞（三）站出现在 11 月。

洪峰过程情况。5 月上旬，全区出现较大的洪水过程，双牌水文站于 5 月 10 日出现全年最高水位 129.05 米，老埠头站于 5 月 8 日出现全年最高水位 101.5 米，冷水滩水文站于 5 月 8 日出现全年最高水位 92.8 米，祁阳（二）站于 5 月 8 日出现全年最高水位 80.12 米，双牌、老埠头、冷水滩、祁阳（二）站全年未超警戒水位。

永州地区流域径流主要是由降水形成，径流变化与水位变化相应。但受水库蓄水发电调节影响，降水较 2017 年偏多约 175.5 毫米，但径流量与 2017 年相比偏小。以冷水滩站为例，该站 2017 年径流量 194.8×10^{8} 立方米，而 2018 年的径流量为 153.4×10^{8} 立方米，比 2017 年偏小约 21.3%。降水相对集中在 3 月—8 月，故径流也相对集中在 3 月—8 月，期间的径流约占全年径流总量的 55.1%。

2018年永州市径流量分配表

表2

站　名	月平均径流量占年总数（%）											
	1月	2月	3月	4月	5月	6月	7月	8月	9月	10月	11月	12月
涔天河	5.1	3.8	9.1	10.8	12.8	12.6	4.5	7.3	13.6	9.0	3.0	8.4
大路铺	11.7	2.9	8.2	8.8	14.8	5.8	9.7	5.7	9.1	8.7	8.2	6.4
江永（合成）	3.3	1.9	10.1	8.0	16.4	7.5	12.6	7.5	7.2	6.4	12.0	7.0
道县（二）	5.2	2.8	8.9	8.8	14.9	10.0	8.3	9.2	11.2	7.2	7.3	6.3
豪福	1.1	0.9	5.5	4.5	10.2	13.2	10.0	10.3	14.1	9.3	13.1	7.7
九嶷（二）	5.2	2.0	5.9	5.1	9.9	6.0	3.6	22.8	20.2	6.2	8.3	4.7
双牌	4.4	2.8	8.9	7.4	15.8	10.3	5.9	9.5	10.6	7.4	8.8	8.3
冷水滩	4.1	3.7	10.2	6.7	16.8	8.9	6.8	8.9	8.4	6.7	11.4	7.3
平均	5.0	2.6	8.3	7.5	14.0	9.3	7.7	10.2	11.8	7.6	9.0	7.0
下马渡	3.8	2.7	3.8	2.1	8.2	15.3	8.0	9.9	6.2	8.6	16.4	15.0
金洞（三）	5.3	4.8	10.3	7.0	10.3	8.3	3.1	12.0	12.4	8.5	10.9	7.2
蓝山	5.3	2.6	5.7	7.2	9.9	10.1	7.5	14.2	12.3	8.3	9.5	7.3
码市	7.6	2.3	8.5	11.7	14.6	8.5	5.6	5.7	13.9	8.7	7.1	5.8

径流量的年内分配基本上反映流域内降水的年内分配。

年径流模数、年径流深度、年径流系数总的趋势是山区大于丘陵。年径流模数最大的是金洞站45.5×10^{-3}立方米/秒·平方千米，最小的是下马渡站7.74×10^{-3}立方米/秒·平方千米。年径流深度最大的是金洞站1435.2毫米，最小的是下马渡站243.8毫米。年径流系数（降水量采用面平均雨量计算）全区平均为0.42，最大的是金洞（三）站0.78，最小的是下马渡站0.21。

输沙量的变化情况与径流量的变化基本相似。道县（二）站和冷水滩站的年输沙总量分别是20.7×10^4吨、13.8×10^4吨，冷水滩站比2017年偏少149×10^4吨。与历年均值相比，道县（二）站输沙量比原道县站历年均值46.5×10^4吨偏小，冷水滩站比历年均值104.3×10^4吨偏少。

2018年永州市输沙量分配表

表3

站　名	月平均输沙量占全年（%）											
	1月	2月	3月	4月	5月	6月	7月	8月	9月	10月	11月	12月
道县（二）	0.0	0.0	6.9	2.0	62.1	0.1	6.1	17.4	3.0	0.9	1.0	0.5
冷水滩	2.7	0	7.5	15.9	24.9	3.7	14.8	15.9	7.8	3	2.3	1.5

道县（二）站实测最大含沙量0.417千克/立方米，出现在5月8日，冷水滩站实测最大含沙量0.231千克/立方米，出现在5月8日。年输沙模数道县（二）站36.7吨/平方千米，冷水滩站6.39吨/平方千米。

（桂勇军）

自然资源

【土地资源】 永州市土地总面积2.22万平方千米，占湖南省总面积的10.55%。农用地面积1.9万平方千米，占全市土地总面积的85.03%。中山、中低山、低山总面积1.1万平方千米，占全市总面积的49.5%；丘陵3242平方千米，岗地3979平方千米，平地3191平方千米，水面880平方千米，分别占全市总面积的14.5%、17.81%、14.29%和3.94%。全市有耕地35.89万公顷，园地7.25万公顷，林地142.36万公顷，草地8.2万公顷，城镇村及工矿用地10.48万公顷，交通运输用地2.53万公顷，水域及水利设施用地9.62万公顷，其他土地6.27万公顷。全市耕地按灌区划分，双牌水库灌区（冷水滩区、零陵区、祁阳县、双牌县）耕地13.41万公顷，占37.36%；涔天河水库灌区（江华瑶族自治县、江永县、道县、宁远县）耕地13.97万公顷，占38.92%；其他灌区（东安县、蓝山县、新田县）耕地8.51万公顷，占23.72%。全市耕地按坡度划分，2度以下耕地15.03万公顷，占41.88%；2度~6度耕地14.31万公顷，占39.88%；6度~15度耕地5.57万公顷，占15.53%；15度~25度耕地0.75万公顷，占2.08%；25度以上的耕地0.22万公顷，占0.62%，主要分布在双牌县和江华瑶族自治县。全市未利用地14.94万公顷，其中，河流水面3.18万公顷，其他草地8.19万公顷，裸地3.57万公顷。

【矿产资源】 永州市矿产资源较为丰富，全国168个矿种在永州市发现75种，其中54种探获储量，30种纳入矿产资源储量表。锰、稀土、铷、锂、铯、溶剂灰岩、水泥黏土矿保有储量居全省第一位，其中锰资源储量2亿吨以上，占全省储量的25.7%。稀土、锂、铷、铯保有资源储量均占全省储量的100%；熔剂灰岩保有资源储量占全省储量的21%；锡、铋、钨、铁、铅、锌、钼、铜等矿保有资源储量居全省前列，其中，钨锡380矿石万吨，铋1.9矿石万吨，铁1.85矿石亿吨，铅锌321.5矿石万吨，钼1.1万吨，铜3.2万吨等。花岗岩、大理石、建筑用砂等资源丰富，后备资源充足。

【水资源】 永州境内河流分属长江流域洞庭湖和珠江两大水系，有大小河流733条，境内长江流域洞庭湖水系控制流域面积2.16万平方千米，占全市总面积的96.8%，其中湘江流域面积2.15万平方千米，占湘江流域面积的22.7%。全市河流众多，水系复杂，其中流域面积50平方千米以上的河流189条。河流坡降陡，水流急，水量充沛而又半汛半枯，年内洪枯变化大。多年年均降雨量1502.6毫米，降水总量334.4亿立方米，地表径流193.7亿立方米。河流总长1万多千米，河床谷深流急，水能资源蕴藏总量238万千瓦，位居湖南省第三位，其中可开发量101万千瓦，待开发利用的60余万千瓦。

【植物资源】 永州市属中亚热带常绿阔叶林区，系湖南省植物资源富集地区。全境有维管束植物232科、1003属、2712种，占全省的68%，占全国的10%，有乔木树种127科、429属、1542种。其中，有栽培价值的58科、253种，有实用推广价值的180种。属国家一级保护的有银杉、水杉、珙桐、香杉、种萼木（伯乐树）、苏铁6种；属国家二级保护的有楠木、银杏、冷杉、中华珈、长柄双花木、香树、红豆树、白豆松等13种；属国家三级保护的有杜仲、鹅掌楸、福建柏、华南栲、青钱柳、檫木、黄杉等27种；属省级保护的有斑竹、方竹、罗汉竹、绒毛皂荚、山羊角树、黄连、党参、天麻等29种。

【动物资源】 永州市查明的野生动物有千余种，其中列为国家保护的有31种：属国家一级保护的有华南虎、黄腹角雉；属国家二级保护的有猕猴、穿山甲、金钱豹、麝、红腹角雉、毛冠鹿、水鹿、大鲵（娃娃鱼）、红石猴、灰腹角雉10种；属国家三级保护的有獐、青羊、苏州羚、白鹇、金鸡等19种。已知水产动物有186种，其中鱼类有153种。主要经济鱼类有草鱼、青鱼、鲢鱼、鳙鱼、鲤鱼等20余种。稀有珍贵鱼类有中华鲟、竹鱼等；水产两栖动物有大鲵（娃娃鱼）等16种。水产爬行动物主要有鳖、团鱼、乌龟等。珍贵水产兽类有华东水獭（俗名水貂）。

【名优特产】 经过漫长的物竞天择和人工选育，永州市形成以杉、松、竹、柑橘、香柚、油茶、油桐、茶叶、烤烟等为主的名优特产。如江华杉条材质优良；宁远九嶷木，俗称“香杉”，闻名全国；九嶷斑竹，富有传奇色彩，载誉中外；双牌阳明山南竹，节稀皮厚，粗大如桶，为竹制品的上乘原料。全市还出产香柚、香芋、香菇、红瓜子、红衣葱、道州灰鹅、江华苦茶、蓝山黑湖酒、永州薄荷、双牌竹根鼠、湘南黄牛、零陵麻鸭等农副土特产品。江华“涛白”烤烟是供给熊猫牌香烟的烟叶。特别是江永香柚、永州异蛇、江华珍珠椒、江华瑶家腐乳、盘王腊肉、新田三味辣椒、道州红瓜子以及香菇、木耳、竹笋等土特产品，品质优良，畅销国内外。

旅游资源

【概况】 永州市有旅游资源7类、56种类型、313处景观，其中，自然旅游资源4类、21种类型、150处景观，人文旅游资源3类、35种类型、163处景观。其中有国家AAAA级旅游景区九嶷山、阳明山、浯溪碑林、柳宗元文化旅游区、舜皇山，有国家AAA级旅游景区江永上甘棠、江永女书园、江永千家峒、舜帝庙考古遗址公园、宁远文庙、李家大院等景区（点）。

【自然生态】 2018年，永州市有国有林场30个、国家级石漠公园2个；有国家级森林公园10个、省级森林公园5个，数量均居全省第一位；有国家级湿地公园1家，国家级湿地公园试点7家，省级湿地公园试点3家，数量居全省第一位；湿地保护面积34348.07公顷，湿地保护率74.6%。年末，全市有自然保护区6个，其中国家级4个、省级2个。完成人工造林面积13.5万公顷，全市林地面积155.26万公顷，森林蓄积量6548.39万立方米，森林覆盖率65.33%。实现水功能区水质达标率100%，省级重要饮用水水源地全部为Ⅰ类、Ⅱ类水。

主要景点介绍：

九嶷山　九嶷山位于宁远县城南30千米，素以丰富的文物古迹、独特的自然风光、奇异的溶洞和别具一格的民俗风情著称于世，系湖南省六大风景名胜区、十大旅游区之一，景区内有国家森林公园。九嶷山是中华民族始祖舜帝的葬所。《史记》载“舜南巡狩，崩于苍梧之野，葬于江南九疑”，九嶷山因此成为炎黄子孙向往的圣地。“九嶷山上白云飞，帝子乘风下翠微。”一代伟人毛泽东对九嶷山的礼赞，更使九嶷山名扬天下。

柳子庙　柳子庙是国家重点文物保护单位，位于零陵区潇水西岸的柳子街，始建于唐元和九年（814年），是为纪念唐代进步政治家、思想家和著名文学家、永州司马柳宗元而建，庙为歇山顶式砖木结构，内有柳宗元塑像和生平事迹陈列室，并留有古代学者为柳宗元所撰文章及摹刻的石刻。其中，颂扬柳宗元事迹的《荔枝碑》石刻为韩愈所作、苏东坡所书，被世人称为“三绝碑”。

舜皇山　舜皇山位于东安县西北部与广西全州、湖南新宁交界处，是山岳型自然风景区。舜皇山古称金凤山，因舜帝南巡狩驻跸于此而得名。舜皇山既是科考、野营、教学的重要场所，又是旅游观光、避暑度假的理想胜地。主要景观有杨江源鹅卵石风光带、女英溪古林世界、娥皇溪瀑布群、鸡冠石山华南五针松群落、城墙石、飞来石、金龟朝舜、乌龟背石、盘古庙、舜皇岩等。

浯溪碑林　浯溪碑林是国家重点文物保护单位，位于祁阳县城西南，是中国江南现存最大的露天碑林。小巧玲珑，宛如画屏，505方摩崖，石刻总面积631.7平方米，分布在三座石峰，遍崖密布，琳琅满目。最高的悬崖30米，字径2.3米；最低的溪畔崖脚，字径1厘米。诗词、赋、记、联语、绘画、榜书、题名形式多样，隶、楷、行、草书体齐全，有《大宋中兴颂》《大明中兴颂》，还有“符录”和“仙迹”，素有“诗山”“画山”“文字山”的美誉，堪称书法石刻宝库，文学艺术殿堂。

阳明山　阳明山国家森林公园位于双牌县东北隅，属南岭支脉，它犹如一道天然屏障亘于湘南与湘中之间，西临潇水，南临桂林，北望南岳，总面积114.2平方千米，最高峰海拔1624.4米，年平均气温14.2℃，冬暖夏凉，气候宜人，素享“北有庐山，南有阳明”之美誉。公园内山高谷幽，石怪峰奇，林茂竹修，古林参天，更兼以云山雾海，流泉飞瀑。有人文景观36处，还有古代传说十八真人曾在阳明山修身炼丹，七祖秀峰亦在此修行成佛，素有“名山千古仰，活佛万家朝”的气象。每届农历七月至十月，朝佛览胜，络绎不绝。

【人文胜迹】 永州境内有新石器时代原始人居住的石棚和人类最早培植水稻的玉蟾岩遗址，有华夏人文始祖舜帝的陵庙和湖南四大历史文化名城之一的零陵古城，有柳宗元笔下的“永州八记”遗址和古潇湘八景之首“潇湘夜雨”所在地蘋岛，有全国最大的露天摩崖石刻浯溪碑林，有瑶族祖居地千家峒和世界上唯一的女性文字奇观江永“女书”，有神秘的道县鬼崽岭古代石群像，还有宁远文庙和上甘棠古村等明清建筑。永州还是一代草圣怀素，理学鼻祖周敦颐，清代著名书法家何绍基，中共主要创始人和早期重要领导人之一李达，无产阶级革命家陶铸和江华的诞生地。据不完全统计，全市保存较为完好的历史文化古迹有2700多处，其中，全国重点文物保护单位26处，省级文物保护单位56处，市级文物保护单位212处，县级文物保护单位244处，“国保”文物数量名列全省第二位。

【习俗风情】　永州地方特色文化丰富多彩，有国家级非物质文化遗产保护目录7个，省级非物质文化遗产保护目录18个，市级非物质文化遗产保护目录42个。诸如对山歌、唱小调、耍刀舞、伞舞、舞龙、舞狮等，还有东安武术、祁剧等。江永县千家峒瑶族自治乡是中国瑶族的发祥地，江华瑶族自治县是全国瑶族人口最多的自治县。长期以来，瑶族同胞保持着独特的传统文化习俗，信仰盘王，穿戴民族服饰，住吊脚楼，过盘王节、敬鸟节和倒稿节，吹芦笙，跳长鼓舞，保存有入赘“招郎”和“拿篮子”等特色婚姻形式，洋溢着浓郁的乡土气息和民族风情。

人口·民族·宗教

【人口】　2018年年末，永州市常住人口545.21万人。其中，城镇人口270.91万人，城镇化率49.69%，比2017年末提高1.4个百分点。全年出生人口6.1万人，出生率11.19‰；死亡人口4.06万人，死亡率7.45‰；人口自然增长率3.74‰。

【民族】　永州市是一个多民族杂居地区，民族特色鲜明，全市除汉族以外，有瑶族、壮族、回族、苗族、土家族、维吾尔族等48个少数民族（瑶族、壮族为世居少数民族），少数民族人口74万多人，少数民族人口占全市总人口的11.6%，在全省排第四位，是湖南省民族工作重点市州之一；有1个瑶族自治县（江华）、1个比照自治县待遇县（江永）、21个民族乡。21个民族乡分别是：江华瑶族自治县小圩壮族乡，江永县松柏瑶族乡、千家峒瑶族乡、源口瑶族乡、兰溪瑶族乡，蓝山县汇源瑶族乡、紫良瑶族乡、浆洞瑶族乡、犁头瑶族乡、大桥瑶族乡、荆竹瑶族乡，道县审章塘瑶族乡、洪塘营瑶族乡、横岭瑶族乡，宁远县九嶷山瑶族乡、荒塘瑶族乡、棉花坪瑶族乡、桐木漯瑶族乡，新田县门楼下瑶族乡，双牌县上梧江瑶族乡，金洞管理区晒北滩瑶族乡。此外，在汉族乡镇还分布有79个散居民族村。自治县和比照县及民族乡（统称民族地区）的国土面积7061.18平方千米，占全市总面积的31%；总人口93万人，占全市总人口的18%。全市有国家级、省级授牌的少数民族特色村寨8个，全国民族团结进步示范单位1个，全省民族团结进步示范单位4个，1个省级民族文化传承示范基地——江华瑶族自治县沱江一小，1个省级民族文化联系点——江永县兰溪瑶族乡黄家村。

【宗教】　永州宗教文化底蕴厚重，历史悠久。有佛教、道教、伊斯兰教、天主教、基督教五大宗教，有爱国宗教团体11个（市级3个，即市佛教协会、市基督教“两会”、市道教协会，正在筹备市天主教爱国会）。有登记颁证的宗教活动场所141处（省级重点场所5处、市级重点场所13处）。双牌万寿寺、祁阳甘泉寺、零陵芝山寺、基督教永州堂和市基督教“两会”获评国家级和谐寺观教堂和先进集体。

市树市花

【市树】　2015年3月4日，永州市四届人大常委会第二十八次会议上，表决通过《永州市人大常委会关于将香樟和杜鹃确定为我市市树和市花的决定》，确定香樟为市树。香樟树：别名樟树、樟木、瑶人柴、栳樟、臭樟、乌樟，系樟科、樟属常绿大乔木。香樟树体高大，高可达30米，树龄可达成百上千年，树形优美，枝繁叶茂，是永州乡土树种和园林绿化骨干树种，在全市运用广泛，中心城区70%主次干道的行道树使用香樟，登记在册的318棵古树名木中有177棵是香樟树，香樟树在中心城区古树名木中所占的比例55.7%。

【市花】　2015年3月4日，永州市四届人大常委会第二十八次会议上，表决通过《永州市人大常委会关于将香樟和杜鹃确定为我市市树和市花的决定》，确定杜鹃为市花。杜鹃：又名映山红、山石榴，为常绿或平常绿灌木。杜鹃花，能够唤起人们对美好生活的无限憧憬，也象征着国家的繁荣富强和人民的幸福生活。杜鹃花在永州城乡栽培种养比较普遍，在城市公园、小游园和街道绿地的绿化造景中运用较多。阳明山6666.67公顷高山杜鹃被誉为“天下第一杜鹃红”，永州市每年与台湾在双牌县阳明山举办“和”文化节暨杜鹃花会。

国民经济与社会发展

【概况】 2018年，永州实现地区生产总值1805.65亿元，比2017年增长7.8%。其中，第一产业增加值295.7亿元，增长3.4%；第二产业增加值608.3亿元，增长7.2%；第三产业增加值901.65亿元，增长10%。按常住人口计算，全市人均地区生产总值33035元、同比增长7.9%。三次产业结构比重由2017年的17.4∶34.6∶48调整为16.4∶33.7∶49.9，第三产业比重提高1.9个百分点。第一、二、三次产业对全市经济增长的贡献率分别为7.8%、33.2%、59%，分别拉动全市地区生产总值增长0.6、2.6、4.6个百分点。非公有制经济增加值1031.34亿元，增长8.5%，占地区生产总值的57.1%。

【农业】 2018年，永州市完成农林牧渔业总产值552.93亿元，比2017年增长3.6%；实现增加值309.39亿元，比2017年增长3.7%。其中，农业实现增加值164.03亿元，增长3.1%；林业增加值45.76亿元，增长8%；牧业增加值61.16亿元，增长0.7%；渔业增加值24.74亿元，增长5%。粮食种植产量305.86万吨，增长1%；蔬菜产量578.27万吨，增长5%；油料产量16.22万吨，增长2.6%；烤烟产量4.03万吨，下降8.6%。出栏生猪723.66万头，下降0.3%；出栏牛27.15万头，增长3.4%；出栏羊95.61万只，增长2.1%。猪、牛、羊肉产量58.89万吨，增长1.9%；禽蛋产量5.69万吨，增长2.7%；水产品

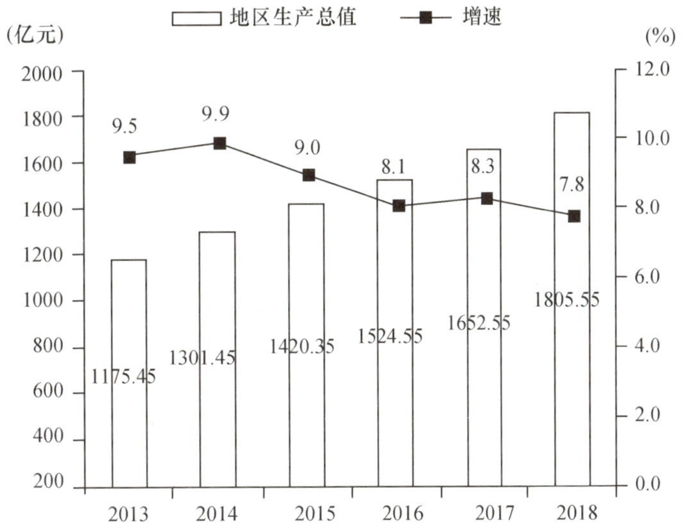

图1　2013—2018年永州市地区生产总值及增长情况图

产量20.27万吨，增长3.9%。

全年新增农田有效灌溉面积0.11千公顷，新增节水灌溉面积2.17千公顷；开工各类水利工程3.25万处，投入资金30亿元，完成水利工程土石方0.3亿立方米。

【工业和建筑业】 2018年，永州市工业增加值499.92亿元，比2017年增长7.6%。其中，规模以上工业增加值增长7.7%。在规模以上工业中，非公有制企业增加值增长8.8%，占规模以上工业的85%。高加工度工业和高技术产业增加值分别增长6.3%和25.9%。省级及以上产业园区工业增加值增长8%。按经济类型分，国有企业增长5.5%，集体企业下降9.8%，股份制企业增长8%，外商及港澳台商投资企业增长7.2%。

规模以上工业统计的产品中，大米137.9万吨，增长24.5%；饲料65.6万吨，下降2.2%；水泥1242.5万吨，增长12.2%；生铁27.1万吨，增长122.1%；十种有色金属3.7万吨，下降41.3%；汽车2.2万辆，下降68.1%，发电量87.36亿千瓦时，增长24%。规模工业企业主营业务收入1479.25亿元，增长8.8%；实现利润60.23亿元，增长29%，其中亏损企业亏损额2.21亿元，下降22.8%，亏损面3.2%，比2017年提高0.2个百分点；工业产品销售率100.5%，比2017年提高2.2个百分点；出口交货值52.1亿元，增长18.4%。年末规模以上工业企业资产负债率41.1%。

建筑业增加值109.08亿元，比2017年增长4.8%。具有资质等级的总承包和专业承包建筑企业实现利润总额11.22亿元，增长36.3%。房屋建筑施工面积2200.92万平方米，增长3.4%。房屋建筑竣工面积1559.25万平方米，增长0.6%。

【固定资产投资】 2018年，永州市固定资产投资比2017年增长9.5%。其中，民间投资增长21.3%。分经济类型看，国有投资增长1.1%，非国有投资增长17.3%。分投资方向看，民生投资增长10.5%，生态投资增长4.6%，基础设施投资增长7.2%，高新技术产业投资增长71.5%，工业技改投资增长39.6%。

2018年永州市规模以上工业主要产品产量及其增长速度一览表

表4

产品名称	计量单位	产量	比2017年增长（%）
大米	万吨	137.9	24.5
饲料	万吨	65.6	-2.2
精制食用植物油	万吨	6.1	0
卷烟	亿支	130	-2.3
硫酸（折100%）	万吨	0.8	-81.8
水泥	万吨	1242.5	12.2
平板玻璃	万重量箱	18.3	-17.9
生铁	万吨	27.1	122.1
十种有色金属	万吨	3.7	-41.3
建筑工程用机械	万台	0.41	24.9
汽车	万辆	2.2	-68.1
运动型多用乘用车（SUV）	万辆	2.2	-68.1
发电设备	万千瓦	12.7	-20.1
变压器	万千伏安	161.4	89.4
发电量	亿千瓦时	87.36	24
其中：火电	亿千瓦时	4.97	8.96
水电	亿千瓦时	71.19	19.05

施工项目个数比2017年增长40.2%。其中，新开工项目增长12.3%。投产项目个数增长55.5%。

房地产开发投资比2017年增长18.8%。商品房销售面积713.12万平方米，增长10.4%。其中，住宅销售面积619.01万平方米，增长13.4%。商品房销售额315.02亿元，增长28.8%。其中，住宅销售额263.97亿元，增长38.5%。年末商品房待售面积81.89万平方米，下降7.2%。

2018年永州市固定资产投资增长速度一览表

表5

指标名称	比2017年增长（%）	指标名称	比2017年增长（%）
固定资产投资	9.5	住宿和餐饮业	-45.1
#第一产业	47.3	金融业	-63.4
第二产业	18.4	房地产业	8.5
#采矿业	-8.3	租赁和商务服务业	24.1
制造业	36.1	科学研究和技术服务业	300.6
电力、热力、燃气及水的生产和供应业	-13	水利、环境和公共设施管理业	21.3
建筑业	-61.8	居民服务、修理和其他服务业	56.8
第三产业	3.6	教育	23.2
#交通运输一、仓储和邮政业	-17.7	卫生、社会工作	80
信息传输、软件和信息技术服务业	-37.1	文化、体育和娱乐业	1.3
批发和零售业	6.6	公共管理、社会保障和社会组织	-71.3

【国内贸易和物价】 2018年，永州市社会消费品零售总额719.55亿元，比2017年增长10.2%。分经营地看，城镇消费品零售总额597.8亿元，增长10.6%；乡村消费品零售总额121.75亿元，增长8.3%。

2018年永州市社会消费品零售额及其增长速度一览表

表6

指标名称	零售额（亿元）	比2017年增长（%）
社会消费品零售总额	719.55	10.2
按销售单位所在地分		
#城镇	597.8	10.6
乡村	121.75	8.3
限额以上法人批发零售企业商品售额	217.9	16.9
#粮油、食品类	30.99	23.7
饮料、烟酒类	6.96	20
服装、鞋帽、针纺织品类	6.21	24.3
化妆品类	0.93	-5.3
金银珠宝类	1.34	25.9
日用品类	4.93	12.4
五金、电科类	0.76	26.9
体育、娱乐用品类	0.68	21.6
书报杂志类	0.08	24.4
电子出版物及音像制品类	0.37	42.9
家用电器和音像器材类	16.61	17.2
中西药品类	7.22	33.7
文化办公用品类	1.72	33
家具类	3.66	36.2
通信器材类	0.88	76.6
石油及制品类	55.11	12
建筑及装潢材料类	2.23	35.7
机电产品及设备类	5.5	13.3
汽车类	67	13

限额以上法人批发和零售业商品零售额217.9亿元，比2017年增长16.9%。分商品类别看，粮油、食品类零售额增长23.7%，服装、鞋帽、针纺织品类增长24.3%，家用电器和音像器材类增长17.2%，家具类增长36.2%，石油及制品类增长12%，建筑及装潢材料类增长35.7%，汽车类增长13%。

居民消费价格比2017年上涨1.5%。商品零售价格上涨1.4%。工业生产者出厂价格上涨3.2%，工业生产者购进价格上涨3.5%。

【对外经济】 2018年，永州市进出口总额139.75亿元，比2017年增长41.4%。其中，出口124.45亿元，增长44.2%；进口5.3亿元，下降2.7%。分贸易方式看，一般贸易出口97.99亿元，增长62.1%；加工贸易出口

26.42亿元，增长2.4%。出口商品中，鞋类14.34亿元，下降0.6%；服装及衣着附件出口7.96亿元，增长22.8%；钢材出口3.79亿元，增长218.2%；箱包及类似容器3.25亿元，增长130.6%；灯具、照明装置及零件出口2.62亿元，增长25.1%。分产销国别（地区）看，出口美国21.48亿元，下降1.7%；出口东盟21亿元，增长36.3%；出口欧盟（28国）18.25亿元，增长22.8%。

2018年永州市进出口总额及其增长速度一览表

表7

指标	绝对数（亿元）	比2017年增长（%）
进出口总额	139.75	41.4
出口额	124.45	44.2
按贸易方式分		
其中：一般贸易	97.99	61.1
加工贸易	26.42	2.4
按重点商品分		
其中：机电产品	34.31	41.6
高新技术产品	6.94	112.1
农产品	17.55	67
进口额	5.3	-2.7
按贸易方式分		
其中：一般贸易	1.56	32.3
加工贸易	3.73	-11.3
按重点商品分		
其中：机电产品	1.23	228.8
高新技术产品	1.06	466.3
农产品	0.08	12.9

新批外商投资项目15个，实际使用外商直接投资12.12亿美元，比2017年增长12.1%。其中，第一产业1.58亿美元，增长2.3%；第二产业7.31亿美元，下降12.1%；第三产业3.24亿美元，增长237%。新批境内省外项目197个，实际到位境内省外资金314.84亿元，增长17.5%。其中，第一产业51.55亿元，增长3.1%；第二产业149.85亿元，增长23.1%；第三产业113.44亿元，增长18.31%。引进2亿元以上境内省外项目119个，增长25.3%；实际到位资金166.67亿元，增长20.5%。

【交通、邮电和旅游】 2018年，永州客货运输换算周转量187.24亿吨千米，比2017年增长2.4%。货物周转量182.69亿吨千米，增长3.9%。其中，公路周转量180.8亿吨千米，增长3.9%；水运周转量1.89亿吨千米，增长0.1%。旅客周转量43.99亿人千米，下降11.9%。其中，公路周转量43.62亿人千米，下降12%；水运周转量0.37亿人千米，下降1.1%。

年末全市公路通车里程2.3万千米。其中，高速公路通车里程492千米。民用汽车保有量42.35万辆，比2017年增长17.5%；私人汽车保有量39.88万辆，增长14.8%；轿车保有量19.62万辆，增长19.6%。

邮政业务总量（2010年不变价）7.26亿元，比2017年增长19.7%；电信业务总量（2015年不变价）136.99 亿元，增长 172.6%。固定电话用户 21.68 万户，下降 20.7%；移动电话用户 397.13 万户，增长 11.2%。互联网宽带用户 101.44 万户，增长 28.4%。

全市国内游客 5682.96 万人次，比 2017 年增长 14.1%；入境游客 6.01 万人次，增长 41%。旅游总收入 484.64 亿元，增长 19.2%。其中，国内旅游收入 483.56 亿元，增长 19.1%；国际旅游收入 0.16 亿美元，增长 51.6%。

【财政、金融和保险】 2018 年，永州市一般公共预算收入 183.29 亿元，比 2017 年增长 8.3%，其中地方收入 118.1 亿元，增长 8%。地方收入中，税收收入 79.95 亿元，增长 12.3%；非税收入 38.15 亿元，下降 0.1%。上划中央“两税” 35.42 亿元，增长 10.4%；上划中央所得税 17.64 亿元，增长 8.5%。一般公共预算支出 460.81 亿元，增长 6.7%。其中，社会保障和就业支出 75.18 亿元，增长 7.2%；城乡社区事务支出 17.8 亿元，增长 12.4%；科学技术支出 5.22 亿元，增长 24%；住房保障支出 21.2 亿元，下降 8.9%。

年末，全市金融机构本外币各项存款余额 2268.30 亿元，比 2017 年年末增长 0.9%。其中，住户存款余额 1572.26 亿元，增长 10.3%；非金融企业存款余额 348.71 亿元，下降 16.3%。本外币各项贷款余额 1353.53 亿元，增长 14%。其中，住户贷款余额 737.81 亿元，增长 15.2%；非金融企业及机关团体贷款余额 615.68 亿元，增长 12.5%。

保险公司原保险保费收入 57.69 亿元，比 2017 年增长 4.5%。其中，寿险保费收入 38.33 亿元，增长 4%；健康险保费收入 4.7 亿元，增长 87.3%；人身意外伤害险保费收入 0.81 亿元，下降 6.9%；财产险保费收入 19.36 亿元，增长 5.6%。原保险赔付支出 20.26 亿元，增长 13.6%。

【教育和科学技术】 2018 年年末，永州市中等职业教育毕业生 1.63 万人，普通高中毕业生 2.78 万人，初中学校毕业生 6.94 万人，普通小学毕业生 8.76 万人。在园幼儿 21.75 万人。各类民办学校 1987 所，在校学生 31.7 万人。发放中职国家助学金 0.19 亿元，资助中职学生 1.85 万人次；落实中职免学费资金 1.32 亿元，资助中职学生 11.04 万人次。发放普通高中国家助学金 0.4 亿元。

年末，全市省级工程技术研究中心 5 个，省级重点实验室 1 个。签订技术合同 6044 项，技术合同成交金额 281.7 亿元。登记科技成果 18 项。专利申请量 3605 件，比 2017 年增长 28.3%。其中，发明专利申请量 1224 件，增长 18.6%。专利授权量 1615 件，增长 29.6%。高新技术产业增加值 356.59 亿元，增长 21.3%。

【文化、卫生和体育】 2018 年年末，永州市有艺术表演团体 660 个，群众艺术馆、文化馆 12 个，公共图书馆 12 个，博物馆、纪念馆 6 个。广播电台 2 座，电视台 10 座。有线电视用户 5.7 万户。广播综合人口覆盖率 100%；电视综合人口覆盖率 99.15%。国家级非物质文化遗产保护目录 7 个，省级非物质文化遗产保护目录 18 个。出版期刊 1 种、报纸 2 种，期刊、报纸出版总印数分别为 0.5 万册、5.58 万份。

年末，全市有卫生机构 5658 个。其中，医院 145 个，妇幼保健院（所、站）12 个，专科疾病防治院（所、站）2 个，社区卫生服务中心（站）39 个，诊所、卫生所、医务室 666 个，村卫生室 4508 个。卫生技术人员 3.22 万人，比 2017 年增长 8.3%。其中，执业医师和执业助理医师 1.37 万人，增长 9.5%；注册护士 1.29 万人，增长 7.3%。医院拥有床位 2.86 万张，增长 9.9%；乡镇卫生院拥有床位 0.97 万张，增长 9.2%。

全市经常参加体育锻炼人数 305 万人，开展全民健身项目 43 项次。新建农民体育健身工程的行政村 200 个。全年获得 7 个世界冠军、22 个亚洲冠军和 84 个全国冠军。全市有体育馆 8 座，运动场 436 个，游泳池 22 个，各种训练房 184 个。

【人民生活和社会保障】 2018 年，永州市全体居民人均可支配收入 20163 元，比 2017 年增长 9.8%。城镇居民人均可支配收入 28470 元，增长 8.7%。农村居民人均可支配收入 13924 元，增长 9.3%。城乡居民收入比由 2017 年的 2.06∶1 缩小为 2.04∶1。

全年全市居民人均消费支出 15406 元，比 2017 年增长 9.5%。城镇居民人均消费支出 19445 元，增长 10.8%；农村居民人均生活消费支出 12519 元，增长 8.4%。城镇居民家庭恩格尔系数 30.8%，农村居民家庭恩格尔系数 32.3%。

新增城镇就业人员 6.63 万人。参加城镇职工基本养老保险人数

57.75万人，比2017年年末增长6.2%。其中，参保职工36.92万人，参保离退休人员20.83万人。参加失业保险职工人数31.19万人；参加工伤保险职工人数34.1万人。领取失业保险金职工人数0.33万人。获得政府最低生活保障的城镇居民4.63万人，发放最低生活保障经费2亿元；获得政府最低生活保障的农村居民10.77万人，发放最低生活保障经费2.18亿元。年末各类收养性社会福利单位床位4088张，收养各类人员1347人。城镇建立各种社区服务设施346个，综合性社区服务中心2796个。销售社会福利彩票5.3亿元，筹集福彩公益金1.59亿元。完成19件重点民生实事任务。其中，完成农村危房改造1.35万户，城镇棚户区改造2.36万套，黑臭水体整治14个。

【环境和安全生产】 2018年，永州市达到或优于Ⅲ类标准的水质断面比重100%。初步核算，全年全市规模工业综合能源消费量192.42万吨标准煤，比2017年增长10.3%。其中，六大高耗能行业综合能源消费量164.05万吨标准煤，增长15.3%。

全市全年发生各类生产经营性安全事故38起，生产经营性安全事故死亡人数45人。亿元地区生产总值事故死亡人数0.02人。全年发生道路交通事故（不含简易程序处理的事故）175起；道路交通死亡率1.03人/万辆。

重点工程（项目）

【永州市重大产业项目现场观摩会】 2018年1月10日，永州市重大产业项目现场观摩会在宁远县启动。中共永州市委书记、市人大常委会主任李晖，市委副书记、市人民政府市长赵应云，市领导蒋善生、石艳萍、唐能武、杨永、吴志雄、刘尤碧、周荣峰、刘新良、严兴德、欧阳元初、谢景林、李旦梅出席观摩会。市直有关单位主要负责人，各县区委书记、县区长及管理区、永州经济技术开发区党委书记、主任，县区工业园区党工委书记或主任参加会议。观摩会期间，与会人员先后走进宁远、新田、蓝山、江华、回龙圩、江永等县区（管理区）的项目建设现场，找差距、比进步、促提升，表达聚焦产业项目建设主战场、大力实施开放兴市产业强市战略的坚强决心和信心。

【猎豹CS9EV新能源汽车下线】 2018年1月12日上午，猎豹CS9EV新能源汽车在湖南长丰猎豹汽车有限公司总装车间下线。9时38分，长丰集团党委副书记、总经理刘康林宣布下线仪式开始。长丰集团党委书记、董事长、猎豹汽车股份有限公司CEO李建新致辞。中共永州市委书记、市人大常委会主任李晖宣布，湖南长丰猎豹汽车有限公司猎豹CS9 EV新能源汽车下线。

【永州华侨城项目】 2018年2月11日下午，永州华侨城卡乐文化旅游科技产业园项目签约仪式在深圳华侨城集团总部举行。中共永州市委书记、市人大常委会主任李晖，市委常委、市人民政府常务副市长张贺文，副市长李旦梅，华侨城集团党委常委、康佳集团董事长刘凤喜参加签约仪式。永州华侨城卡乐文化旅游科技产业园项目是以现代科技为实施手段，以永州文化传承和创新为主题内容，以“恐龙”虚拟现实、影视互动等游乐项目体验为代表的崭新文化创业园。

4月26日下午，中共永州市委书记、市人大常委会主任李晖在冷水滩会见深圳华侨城文旅科技股份有限公司总经理李坚一行，就永州华侨城卡乐文旅项目规划设计方案进行交流。市委、市政

2018年12月29日，永州华侨城卡乐文化旅游项目培土奠基

府高度重视该项目的推进工作，该项目的立项、规划设计、征地拆迁、“三通一平”等前期工作全面铺开。市直各职能部门均明确专职领导负责对接推进。

12月29日，永州华侨城卡乐文化旅游项目开工奠基仪式在冷水滩举行。中共永州市委书记、市人大常委会主任李晖宣布项目开工，市委副书记、市人民政府市长赵应云致辞，市委副书记、市委政法委书记何录春主持开工奠基仪式，唐能武、贺辉、欧阳元初、李旦梅、伍军等市领导和深圳华侨城文化旅游科技股份有限公司领导陈跃华出席。

永州华侨城卡乐文化旅游项目位于滨江新城玫瑰湾片区，建设内容包括卡乐城堡、娱水区、恐龙谷、室内高科技互动项目及配套设施等。项目规划以“文化+旅游+城镇化”战略为主线，以恐龙为主题、生态为基底、文化为核心、科技为手段，打造国内一流、拥有完全自主知识产权，集都市娱乐、休闲度假、文化体验于一体的综合游乐项目。

【永州31个重点产业项目集中开工】 2018年3月2日，在永州粤创液晶显示面板OPEN CELL生产线项目现场，中共永州市委书记、市人大常委会主任李晖宣布项目开工。永州粤创显示技术有限公司总公司粤创控股集团是一家以世界市场为目标，集研究、开发、生产、销售于一体的现代化高新技术企业，分别在以色列、台湾、香港、上海等地设立区域产业机构。永州粤创液晶显示面板OPEN CELL生产线项目地处冷水滩高科技工业园智能装备产业园内，是该公司新开工建设、国际最先进的新一代信息技术项目，填补国内和省内空白。是日，全市31个重点产业项目集中开工，总投资约163亿元。开工的31个重点产业项目，普遍具有科技含量高、投资规模大、市场前景好、带动效应强、符合现代产业发展趋势的特点。

【永州湘江治理4个项目获2.49亿元亚行贷款】 2018年5月，永州市中心城区4个项目纳入湘江流域存量垃圾综合治理示范工程，获批亚行技术援助贷款2.49亿元。湘江流域存量垃圾综合治理工程涉及湘江流域永州、衡阳、郴州、娄底4市23个项目。其中，永州市中心城区治理项目4个，分别为永州市冷水滩区上岭桥存量垃圾填埋场治理项目、永州市零陵区诸葛庙存量垃圾填埋场治理项目、永州市城乡生活垃圾收运一体化项目、永州市餐厨垃圾综合治理项目。项目针对湘江流域存量垃圾造成的环境污染、生态破坏等问题，采用存量垃圾综合处理工艺进行治理。

【冷水滩3个产业项目集中签约】 2018年6月13日，冷水滩区3个重点产业项目集中签约，总投资17.3亿元。永州智能硅谷产业园、智能电子烟生产加工等3个产业项目涉及新能源新材料、高端智能装备制造、电子信息等产业。其中，永州智能硅谷产业园项目的签约落地开创冷水滩异地商会回乡“抱团发展”的新模式，签约入驻的12家企业统一规划、统一建设、统一管理，平台共享、市场共建。

【零陵古城开街】 2018年6月18日，零陵古城开街盛典暨端午系列文化旅游活动在零陵古城迎宾广场启动。市人大常委会副主任杨海河，市政协副主席张建亮，伟光汇通文化旅游投资有限公司董事长、伟光汇通总裁陆学伟及其他商家代表、媒体代表和现场数万群众参加活动。“零陵古城”项目总投资70亿元，于2016年9月投入建设。该项目A地块全部建成，累计完成投资34.4亿元，建成面积5万多平方米，入驻商铺215家，与129家商铺签订合同，入驻率100%。

【湘桂古道永州段修缮工程（一期）开工】 2018年7月6日，全国重点文物保护单位湘桂古道永州段修缮工程（一期）开工仪式在道县海龙庙举行。永州市文物管理处、道县人民政府等单位代表，建设单位、施工单位、监理单位及道县、江永县、江华瑶族自治县文化文物部门、道县梅花镇及石下渡村派代表参加开工仪式。湘桂古道永州段地跨道县、江华瑶族自治县和江永县，是由30处文物点组成的线性文化遗产，是历史上沟通内地与岭南诸道中最重要的一条商旅通道，连接海上丝绸之路，2013年被公布为第七批全国重点文物保护单位。湘桂古道永州段修缮工程（一期）包括道县海龙庙、江永县灵山庵、旌表凉亭、江华县乐仙亭—会仙桥、惠风亭、玉泉亭6处文物点的保护修缮，该项目争取国家重点文物保护专项补助资金557万元。永州市文物管理处为该工程（一期）业主单位。

【永州市“六大战役”重点项目建设现场推进会启幕】 2018年

7月28日，永州市上半年经济形势分析暨全市“六大战役”重点项目建设现场推进会开幕。28日—30日，中共永州市委书记、市人大常委会主任李晖，市委副书记、市人民政府市长赵应云带队先后到祁阳县、冷水滩区、永州经济技术开发区、东安县、零陵区、双牌县、道县、江永县等地，查看各县区重点项目建设现场，总结推广相关建设经验。市领导蒋善生、石艳萍、唐能武、杨永、张贺文、吴志雄、罗建华、周荣峰，市直有关单位主要负责人，各县区（管理区、经开区）党政主要负责人、工业园区书记（主任）、发改委主任等参加现场观摩。现场推进会分两个阶段进行，28日—30日为现场观摩阶段，31日为集中开会阶段。

【“中国青蒿谷”项目落户永州】 2018年7月，永州市与广东新南方集团有限公司签约，“中国青蒿谷”项目落户永州，项目一期投资20亿元。广东新南方集团有限公司是一家以中医药健康产业为主导的现代化产业集团，在非洲开展复方青蒿素快速灭疟项目。该公司在永州建设天然植物提取物高新技术产业基地，研发生产抗疟药复方青蒿素系列产品，打造“中国青蒿谷”。永州是全国青蒿原料主要产地，冷水滩区种植青蒿面积2333.33公顷，种植基地被列为省现代农业特色产业园省级示范园，年收购青蒿干叶3000多吨，收购额4000万元。

【重点项目征地拆迁百日攻坚动员大会】 2018年8月1日，永州市重点项目征地拆迁百日攻坚动员大会在冷水滩召开。中共永州市委书记、市人大常委会主任李晖出席会议，市委副书记、市人民政府市长赵应云作动员报告，市领导欧阳元初、杨军元、伍军出席。

会议强调，做好重点项目征地拆迁工作是回应群众关切、办好民生实事的重要举措，是落实巡视要求、确保完成目标的重要抓手，是推进诚信建设、优化发展环境的重要平台，是体现攻坚克难、检验干部作风的重要标尺。要坚持依法拆迁、高效拆迁、和谐拆迁、廉洁拆迁，坚持公开透明原则，倒排工期，统筹协调推进，及时发现问题、解决问题，确保征地拆迁攻坚按时间节点推进。要加强领导、夯实责任，密切配合、形成合力，广泛宣传、营造氛围，严格考核、倒逼落实。

会议要求，要以攻城拔寨的决心抓好百日攻坚行动、以清晰明确的目标统领百日攻坚行动、以务实管用的机制推动百日攻坚行动、以精准有力的措施落实百日攻坚行动、以较真碰硬的狠劲倒逼百日攻坚行动。要按照市委、市政府的统一部署，开创征地拆迁工作新局面，夺取百日攻坚行动全面胜利。

【永州集中开工12个城区学位建设项目】 2018年8月15日上午，永州市集中开工冷水滩区12个城区学位建设项目，新增学位2.2万个。中共永州市委书记、市人大常委会主任李晖出席并宣布项目开工，市委副书记、市人民政府市长赵应云讲话，市领导何录春、唐能武、谢景林、彭爱华出席。开工仪式上，施工单位代表、监理单位代表发布相关工作承诺。

【宁远麻将影视小镇项目签约】 2018年8月16日，宁远县人民政府与湖南弘愿文旅产业投资有限公司签订《麻将影视小镇投资合同书》。该项目投资超30亿元，重点打造集影视商业街、麻将小镇、民宿客栈等于一体的湘南特色小镇。该项目由华谊兄弟（长沙）电影文化城有限公司投资，项目位于“麻将故里”下灌村。项目规划用地133.33公顷，其中建设用地66.67公顷，非建设用地666.66公顷，建设包括影视商业街、麻将小镇、民宿客栈以及禅意养生住宅产业等具有湖南省新地标效益的综合文化旅游产业项目。

【永州市秋季新增学位11.6万个】 截至2018年8月，永州市有2018年学位建设项目学校113所，开工学校92所，完成投资24亿元。秋季开学新增交付使用学位11.6万个，其中城区学位建设2018年6.2万个、2017年1.1万个，校内扩班和农村学位建设4.3万个。年初计划消除超大班额班级3446个、减少超大班额人数37340人的目标基本完成，超额完成中共湖南省委、省人民政府下达的2018年消除2260个超大班额班级的任务。2017年年末，永州市有义务教育16577个班，56人以上大班额班级数5903个，占比35.61%，66人以上的超大班额班级数3092个，占比18.62%，大班额和超大班额情况排全省第一位。

【深圳弘乐公司落户江华】 2018年9月27日，深圳弘乐公司董事长王永鸿与江华瑶族自治县县委常委、常务副县长艾克海交换签约文本，深圳弘乐公司落户江华。深圳弘乐电子科技有限公司成立于2015年，是一家集研发、生产、销售一体的综合性公司。拥有专业生产手机钢化膜生产线6条，年生产钢化膜8600万片，拥有就业岗位230人，年产值9000万元，产品主要销售东南亚、中东等地区。项目总投资超过3亿元，其中固定资产投资约2亿元。项目分为两期建设，一期建设用地约4公顷，投资1.2亿元，可年产手机钢化膜1亿片、手机盖板5000万个、手机壳5000万个；新增就业岗位450人。二期建设用地约2.67公顷，投资8000万元，可年产手机盖板5000万个、手机壳5000万个；新增就业250人。

2018年10月26日，永州市举行重大产业项目集中签约活动，年产5000吨新南方天然植物提取物高技术产业基地和保利军民融合产业基地两大项目落户永州

【长江以南第一家焊剂国检中心在永州通过验收】 2018年10月25日，国家市场监督管理总局验收工作组李尚禹一行到永州对国家焊剂产品质量监督检验中心（湖南）能力建设进行验收，该中心通过验收。国家焊剂产品质量监督检验中心（湖南）是永州市首家国家级检验中心，是中国长江以南第一家国家级焊剂产品检验中心。湖南省市场监督管理局党组成员、副局长杨亲鹏，永州市人民政府副市长严兴德出席验收工作会。3月26日，国家焊剂产品质量检验中心获得国家认证委的资质认证，成为永州市首家国家级检验中心。中心验收投入使用后主要承担全国焊剂产品的监督检验、仲裁检验和委托检验。

【永州市重大产业项目集中签约】 2018年10月26日，永州市举行重大产业项目集中签约活动，年产5000吨新南方天然植物提取物高技术产业基地和保利军民融合产业基地两大项目落户永州。湖南省人民政府副省长吴桂英出席签约仪式并讲话，中共永州市委书记、市人大常委会主任李晖致辞，广东新南方集团有限公司总裁朱拉伊，市委副书记、市人民政府市长赵应云，市政协主席蒋善生，市委常委、市委统战部部长石艳萍出席，市委常委、常务副市长张贺文主持签约仪式，市领导周荣峰、魏湘江、谢景林、文绍涛等参加。是日，永州市集中开工重大产业项目26个，总投资151.15亿元。

新南方集团以中医药产业为投资重点，核心投资项目包括青蒿药业、邓老凉茶、养和医药等，此次签约的年产5000吨新南方天然植物提取物高技术产业基地，第一期投资50亿元。永州（保利）军民融合产业基地项目总投资40亿元，建设军民融合产业制造基地、军民融合公共技术平台、国防技术产品研发中心。

【湘桂永州扩能工程完成前期准备工作】 2018年11月，中铁二十五局集团湘桂永州扩能工程前期准备工作完成。中铁二十五局承建的湘桂永州扩能工程位于冷水滩区和东安县境内，线路长约28.7千米，其中新建线路长21.5千米。主要工程包括：新建湘桂第三线贯通正线范围内的路基、桥涵、隧道及轨道等工程和新建永州北站、新建永州北货场、新建永州北机务折返段和永州站改造的路基、桥涵及轨道等工程及其附属工程，总投资8.96亿元，工期36个月。项目驻地、先期开工点的临建基本完成，搅拌站、试验室一次性验收通过，开始投产。

【江华四大项目同时开工】 2018年11月21日—23日，江华2018年瑶族盘王节期间，江华昌明文化印刷、江华农业生物资源化利用、江华运弘达电机有限公司、江华旅游游乐园四大项目同时开工，总投资7.2亿元。

江华运弘达电机有限公司项

目由东莞运弘达电机有限公司投资兴建，总投资1.9亿元，占地2公顷，项目建成后可实现营业收入2亿元，税收400万元，安排就业600人。该项目主要从事直流电的研发、生产、销售等，产品广泛用于家庭电器、玩具、汽车、保健医疗器械等领域。

江华游乐园项目地处沱江镇四联村，由福建建喜成旅游文化投资有限公司投资建设，总投资3000万元，占地2.67公顷，主要建设、开发和经营旋转木马、太空漫步等11个游乐项目。

江华昌明文化印刷项目投资2.05亿元，总建筑面积约4.9万平方米，该项目主要生产高档礼品盒、储物盒、文具套装、高科技3D拼图以及塑胶制品等。项目建成后，可实现用工约500人，年产值将达5亿元，其中出口额4000万美元，税收1000万元。

江华农业生物资源化利用项目地处大路铺镇邓家湾村，该项目总投资3亿元。一期投资1.8亿元，占地6.67公顷，项目建成后，达到年处理50万头生猪养殖废弃物能力，可实现江华县域内农业生物资源化、无害化和减量化利用。年产生物有机固肥5万吨，年可发电1500万度或提纯生物天然气430万立方米，年碳减排10万吨。二期主要建设办公楼、实验室、示范基地等，占地面积3.33公顷，计划投资1.2亿元。

开放协作

【中国茶文化国际交流协会到永州考察有机茶产业】 2018年1月28日—29日，中国茶文化国际交流协会执行会长、香港新闻工作者联会会长张国良率领中国茶文化国际交流协会永州黑茶考察团一行对永州市富硒有机茶产业和农旅小镇项目进行实地考察。考察团一行先后到湖南自然韵黑茶生物科技有限公司黑茶基地和加工总部及永州国家农业科技园区考察，并举行座谈会。

【会见洽谈】 2018年1月31日，中共永州市委副书记、市人民政府市长赵应云在冷水滩会见碧桂园集团副总裁兼湖南区域总裁黎晓林和湖南华大基因科技有限公司总经理曹泽民一行，就两公司到永州投资兴业等事项进行洽谈。市委常委、常务副市长张贺文，副市长欧阳元初参加洽谈。

2月26日，中共永州市委书记、市人大常委会主任李晖会见华为公司中国区副总裁李伟一行，双方就华为永州大数据产业园建设及下一步合作进行洽谈。市委常委、常务副市长张贺文出席。华为公司相关人员介绍永州基地2017年工作情况及2018年工作计划。

3月30日，中共永州市委书记、市人大常委会主任李晖在冷水滩会见湖南建工集团党委书记、董事长叶新平一行，双方就进一步深化合作、更好服务永州经济社会发展进行对接洽谈。市领导张贺文、欧阳元初等参加会见。

4月23日，湖南金融服务实体经济市州行·2018年度永州市政银企合作洽谈会在冷水滩举行。中共永州市委书记、市人大常委会主任李晖出席洽谈会并致辞。中国人民银行长沙中心支行党委书记、行长马天禄，省政府金融办副主任张新青出席并讲话。市委常委、市人民政府常务副市长张贺文代表市政府与部分省级金融机构签订战略合作框架协议。市委常委、副市长周荣峰主持洽谈会。该次政银企合作洽谈会达成签约意向项目272个，拟贷金额583.59亿元。重点突出全市产业发展和“六大战役”，签约产业项目129个，拟贷金融42.82亿元；签约“六大战役”项目244个，拟贷金融499.05亿元，占所有签约项目金额的85.08%。

4月25日，中共永州市委副书记、市人民政府市长赵应云在冷水滩会见广发银行长沙分行行长陈健松一行，就银行金融机构与地方经济相互促进、共同发展进行友好洽谈。市委常委、副市长周荣峰参加会见。

5月29日，永州市人民政府与恒大地产集团长沙置业有限公司签订开发建设战略合作框架协议，就恒大集团进驻永州达成初步共识。市委副书记、市人民政府市长赵应云、副市长欧阳元初，恒大地产集团长沙置业有限公司总经理贺喜阳参加签约仪式。经双方多次友好协商，恒大地产集团拟在滨江新城片区，投资开发建设集标志性精装修住宅、五星级酒店、教育及游乐于一体的高档综合型、产业型房地产项目，计划投资总额约65亿元。

6月15日，中共永州市委书记、市人大常委会主任李晖在冷水滩会见中国二冶集团有限公司董事长、总经理、党委副书记朱广侠一行，副市长欧阳元初参加会见。中国二冶集团在永州市投资开工建设及拟投资建设正在洽谈的项目有：零陵区棚改项目及床位建设项目、祁阳县原种场片区开发项目、新田县一级公路建设项目等。

11月12日，中共永州市委副书记、市人民政府市长赵应云分别会见王府井中南置业有限公司总经理左宁一行和万达集团发展中心华南区总经理沈景炎一行，对永州投资项目进行初步洽谈，会议由副市长欧阳元初主持，市国土局、市商粮局、市住建局、市城投集团等相关单位负责人参加会见。

11月28日，中共永州市委书记、市人大常委会主任李晖会见古巴生物医药集团研发总裁罗兰多·皮尔兹博士一行，交流探讨生物医药合作项目。市委副书记、市人民政府市长赵应云参加会见。11月26日—27日，古巴生物医药集团研发总裁罗兰多·皮尔兹博士、古巴基因工程与生物技术中心主任杰拉尔多·吉伦博士、集团驻华首席代表里卡多博士等一行到永州考察。先后到市疾控中心、市畜牧水产局技术中心、市食药监局药检所、长沙海关驻永州办事处、市中心医院等地实地考察了解传染病防治及疫苗研究、医药检测能力、特殊生物进关通关以及肺癌防治与药物研发试验情况，双方就项目签署第二轮谅解备忘录和项目后续发展进行具体洽谈，商定相关条款修改完善意见，进一步明确双方合作主体和方式，介绍古巴方面优先引入永州的产品等其他事项。

12月6日，中共永州市委副书记、市人民政府市长赵应云会见华夏航空股份有限公司副总裁张竞开一行，双方就项目落地、航空及相关产业深度合作等事宜进行交流和沟通。市委常委、副市长周荣峰及市旅游外事侨务局、市经投集团、市航线办等相关部门负责人参加会见。赵应云对张竞开一行的到来表示欢迎。他表示，这次战略合作主要要在三个领域达成合作：通过客运实现客流量的大幅增长；通过货运落地一些高端物流项目，打造高端物流平台；拓展山水人文旅游产业及相关合作，希望实现合作共赢。赵应云强调，要从最容易入手、最容易落地、最容易见效的合作项目开始，结合实际，深入研究，立马开展。在打造物流平台上要突出三个特色：即突出航空货运特色、突出永州本土农产品特色和突出平台理念特色。具体实施将由市经投集团牵头，相关部门具体落实落地，要拿出具体方案，确定时间节点，确保合作效益最大化。张竞开说，华夏航空将以航空为依托，充分发挥先导作用，将一些新型战略布局在永州落地，准备在春节前成立华夏航空永州分公司，并合理规划航空网络布局；将在零陵古城举办品牌栏目“空乘直播”，将销售与旅游结合起来；货运方面，将成立物流园，引领农业发展，针对永州是农业大市的市情，利用“互联网+”的大数据分析指导农民科学合理种植；进一步改善涉农农副产品流通状况，实现“冷链仓储+智能物流”等。他希望双方达成更广泛更深入的合作。

12月11日，中共永州市委副书记、市人民政府市长赵应云会见保利集团湖南嘉宇投资控股有限公司董事长彭建平一行，商谈建设军民融合产业园相关事项，市委常委、常务副市长张贺文，副市长欧阳元初参加会见。赵应云代表市委、市政府对彭建平一行的到来表示欢迎，并介绍永州经济建设总体情况。保利集团是一家大型中央企业，形成以国际贸易、军民品贸易、房地产开发、轻工领域研发和工程服务、工艺原材料及产品经营服务、文化艺术经营、民爆器材产销及相关服务、金融业务为主业的“五业并举、多元发展”格局，业务遍布全球100多个国家及国内100余个城市。

同日，中共永州市委副书记、市人民政府市长赵应云会见香港铜锣湾集团董事局主席陈智一行，就永州国际体育森林公园等项目进行深入交流。副市长欧阳元初、李旦梅参加会见。赵应云对香港铜锣湾集团的前期工作表示肯定。香港铜锣湾集团已成立22年，是中国MALL行业的创始人和中国商业地产行业的重要奠基者，主营“铜锣湾广场”城市综合体、ShoppingMall、特色街区商业、文旅综合体，其中“铜锣湾广场”是中国商业地产的龙头品牌。

12月20日，中共永州市委副书记、市人民政府市长赵应云在冷水滩会见中航集团航空工业产业拓展部高级专务、副部长马学文一行。市委常委、常务副市长张贺文参加会见。赵应云首先对马学文一行的到来表示欢迎，并介绍永州的历史文化和经济社会发展情况及投资环境。他说，中航集团主业突出，业态多元，与永州的契合点很多，双方能够对接的空间与合作的领域很大，希望客人们能在永州多走走、多看看，增进了解，扩大共识，为下一步的合作打下坚实的基础，并能在产业和项目对接上尽快找到意向清晰的切入点，再由点到线、由线到面，全面开展合作。他表示，永州有强烈的合作意愿，并积极创造中航产业和项目落地的条件和优势，永州热切期待、热情欢迎中航集团到永州投资兴业，合作共赢。马学文表示，中航集团是世界500强企业，此次到访永州是受集团委派，先期到永州了解相关情况，了解产业和企业，寻找与有关联的合作领域。双方合作的契合点多，合作前景广阔。集团非常愿意为永州经济社会发展做贡献。主客双方的参加会见人员就一些具体产业和项目进行沟通和商谈。

【“千人计划”】 2018年3月13日，永州市人民政府与吉利控股集团举行合作推进精准扶贫“千人计划”签约仪式。中共永州市委书记、市人大常委会主任李晖出席签约仪式。市委常委、常务副市长张贺文代表永州市人民政府与吉利控股集团精准扶贫领导小组常务副组长、吉利控股集团副总裁杨学良签署合作协议。根据省委、省人民政府的统一安排，浙江吉利控股集团拟以所属湖南吉利汽车职业技术学院为基地，采取“教育扶贫+就业扶贫”的模式，定点在永州市开展精准扶贫工作，力争用三到五年的时间，每年帮助全市1000户建档立卡家庭的学生完成学业，实现脱贫致富。

【签订或达成战略合作协议】 2018年3月16日，交通银行永州分行与永州市工商行政管理局举行合作签约仪式，双方签署战略合作协议，并与50家企业代表签订授信意向协议书，拟授信金额20.1亿元。协议的主要内容是依托工商全程电子化登记平台，实现将工商登记的咨询、服务窗口延伸到交通银行网点，由交行

2018年3月16日，永州市工商行政管理局与交通银行永州分行举行战略合作签约仪式

工作人员代企业注册窗口提交材料、领取营业执照，并实现企业免费开户，共同落实一件事“最多跑一次”；永州交行将工商企业信用信息和交行的信用产品对接，推出免抵押、纯信用的税融通、优贷通、政府采购速贷通等融资产品，最高可给予企业500万元的信用额度，支持随借随还。

6月15日下午，永州市人民政府与中国石化湖南石油分公司签订战略合作框架协议。中共永州市委副书记、市人民政府市长赵应云，市委常委、常务副市长张贺文，中国石化湖南石油分公司总经理黄河参加签约仪式。

9月26日上午，永州市人民政府与湖南省商务厅在永州大礼堂签订战略合作框架协议。中共永州市委书记、市人大常委会主任李晖出席。市委副书记、市人民政府市长赵应云，省商务厅党组书记、厅长徐湘平代表双方签约。根据战略合作框架协议，省商务厅将从打造承接产业转移新高地、对接粤港澳大湾区、构筑对接东盟桥头堡、推进流通产业新发展、建立通关一体化协作机制、“永品出境”、商务基础设施建设七个方面给予永州积极支持，永州市将从认真抓好商务业务工作、深入实施开放崛起战略、打造承接产业转移新高地、参与“一带一路”建设、全面对接东盟、发展流通产业、加强商务基础工作建设七个方面配合抓好落实。省商务厅与市人民政府联合成立合作机制领导小组，建立定期会晤制度和专题会商制度，加强工作互动、资源共享、优势互补，深化全面合作，形成发展合力，共同推进“创新引领、开放崛起”战略深入实施，共同推动全面开放新格局加快形成。市领导石艳萍、唐能武、杨永、张贺文、周荣峰、严兴德及市商粮局主要负责人参加。

10月10日，永州市人民政府与湖南师范大学签订战略合作框架协议，湖南师范大学校长蒋洪新，中共永州市委副书记、市人民政府市长赵应云出席签约仪式并讲话，市委副书记、市委政法委书记何录春主持签约仪式，湖南师范大学副校长王善平，副市长谢景林出席签约仪式。根据

战略合作框架协议要求，永州市人民政府与湖南师范大学双方本着“合作务实、优势互补、双向推动、协同发展”的原则，多渠道、多形式建立各种合作平台，探索市校合作新模式，实现双方互利共赢，共同发展。双方将在全面推进教育合作、共建决策咨询服务机制、深度开展产学研合作三个方面展开深度合作。

【李晖率队到广东招商引资】 2018年7月5日—6日，中共永州市委书记、市人大常委会主任李晖率招商小分队到广东省广州市、东莞市、深圳市等地开展招商引资考察活动，签约广东新南方集团、广州巨米科技公司到永州经济技术开发区投资兴业，投资总额21.5亿元。市领导石艳萍、张贺文、魏湘江、吕斌分别参加相关活动。此次公司在永州经开区一期投资20亿元，建设湖南永州天然植物提取物高新技术产业基地，努力打造“中国青蒿谷”。在广州巨米智能设备公司，李晖详细了解公司的自助售货机、智能饮料机、智能自助设备等零售终端产品的性能介绍。在深圳，李晖对润民（中国）控股公司进行考察。

【永州在沪举行工业暨现代服务业重点招商招才引智专题推介会】 2018年7月23日，永州市工业暨现代服务业重点招商·招才引智专题推介会在上海市举行。该项专题推介会是永州市参加“2018湖南——长三角经贸合作洽谈周”的主体活动。中共永州市委副书记、市人民政府市长赵应云出席推介会并讲话。湖南省商务厅党组成员、省口岸办主任杨中万，上海市人民政府合作交流办公室副主任姚新分别致辞。市领导石艳萍、吴志雄、李旦梅、吕斌出席推介会。在专题推介会上，副市长李旦梅重点推介长丰猎豹汽车配套产业链、零陵工业园新材料新能源产业园、祁阳科创产业园等10个项目，规划总投资250亿元。会上发布项目145个，总投资1420亿元。全市签约招商引资项目32个，总投资额184.5亿元。所签项目投资额均过亿元，其中超5亿元以上的12个，7个项目总投资额均达到10亿元以上，并引进步步高置业有限公司、特变电工南方新能源科技有限公司两个中国500强企业。市人民政府与好样传媒股份有限公司、绿地地产集团长沙置业有限公司、中国建筑第五工程局有限公司、湖南铜锣湾广场投资有限公司、中交第三公路工程局有限公司和湖南自然韵农旅文化有限公司、香港永州联谊会等单位签订战略合作框架协议。

市委常委、市委组织部部长吴志雄作招才引智项目推介。现场签约招才引智项目7个，分别为生化工程技术研发、一次性电子软管内窥镜项目研发、人才战略合作框架协议、纳米氧化镁水质处理复合材料研发、华维智能农业水利装备产业园项目、AMOLED显示屏研发、祁阳科创产业综合体等。发布《永州市2018年招才引智项目名录》，目录中发布43个人才引进与合作项目。市政府向曾宏祥等12位知名人士、专家学者颁发“永州市招才大使”聘书。

2018年7月23日，永州市工业暨现代服务业务重点招商·招才引智专题推介会在上海举行

【赵应云考察上海电气】 2018年7月23日，中共永州市委副书记、市人民政府市长赵应云到上海电气自动化设计研究所有限公司考察，与该公司党委书记邬雁忠等就有关合作事宜进行洽谈。市委常委、市委统战部部长石艳萍，市委常委、市委组织部部长吴志雄，副市长李旦梅，市政协副主席吕斌参加考察。赵应云向邬雁忠介绍永州市的区位优势和

产业发展情况。

【赵应云率团考察上海八号桥创意园项目】 2018年7月24日上午，中共永州市委副书记、市人民政府市长赵应云率团考察上海八号桥创意园项目，好样传媒董事长丁乐谦、首席执行官周晓等陪同考察。市委常委、市委统战部部长石艳萍，市委常委、市委组织部部长吴志雄，副市长李旦梅，市政协副主席、市工商联主席吕斌，市政府秘书长陈宇荣以及市直相关单位负责人陪同考察。

友好往来

【永州市党政代表团到邵阳常德益阳娄底考察产业项目建设】 2018年1月8日—9日，中共永州市委书记、市人大常委会主任李晖，市委副书记、市人民政府市长赵应云率永州党政代表团赴邵阳、常德、益阳、娄底四市学习考察。

在四市党政主要负责人的分别陪同下，永州市党政代表团先后考察邵阳的湘窖酒业有限公司、智能制造（工业4.0）产业小镇项目、纺织机械有限公司、市六馆一中心，常德的德国风情街、常德河街、武陵阁步行城、老西门棚改项目及武陵区完美社区服务中心、湘雅常德医院、穿紫河水系综合治理项目，益阳的紫薇村、奥士康、艾华集团、中南电商园，娄底的湘中国际物流园、三迅新能源动力电池产业项目、汽车板深加工生产项目、市文化体育中心。

市领导蒋善生、石艳萍、唐能武、杨永、吴志雄、刘尤碧、周荣峰、严兴德、欧阳元初、谢景林、李旦梅参加学习考察。参加学习考察的还有市直有关部门主要负责人，各县区、管理区、经开区的党委书记。

【永州党政代表团外出考察学习暨全市重大产业项目现场观摩点评座谈会】 2018年1月12日，永州市党政代表团外出考察学习暨全市重大产业项目现场观摩点评座谈会在冷水滩区召开。中共永州市委书记、市人大常委会主任李晖出席会议并讲话，市委副书记、市人民政府市长赵应云主持会议。市领导蒋善生、石艳萍、唐能武、杨永、张贺文、吴志雄、周荣峰等出席会议。

会议强调，要重点学习开放的思维、创新的方法、执行的速度、赶超的志气。要实事求是地分析全市产业发展的现状，客观认识差距，如总量偏少、结构不优、龙头不强、配套不佳、创新不足等问题。

会议要求，要用现代园区的理念来抓产业发展，用现代产业的理念重点抓工业，把园区和工业作为2018年工作的重中之重，明确全市工业园区的总体规划、产业布局、核心、走廊和支撑点，要明确分级布局，市里要集中力量抓好市本级。

会上，市发改委通报2017年重点产业项目建设情况，江华、宁远、道县作典型发言，永州经开区、双牌、江永作表态发言。“六大战役”指挥部指挥长就2018年“怎么干”分别发言。

【安徽亳州党政代表团到永州考察】 2018年3月31日至4月1日，中共亳州市委书记汪一光、市人民政府副市长侯化率亳州市党政代表团到永州考察学习文化旅游产业发展和城市建设工作。永州市委书记、市人大常委会主任李晖，市委常委、市委秘书长唐能武分别陪同考察。在永州期间，亳州市党政代表团先后现场考察白石山公园、源味街、滨江公园、零陵古城、柳子庙、萍洲书院、东山公园等项目。

【永州市党政代表团到长沙衡阳郴州考察学习】 2018年6月26日—27日，中共永州市委书记、市人大常委会主任李晖，市委副书记、市人民政府市长赵应云率永州市党政代表团，到长沙、衡阳、郴州三市的政务服务中心、企业和农村，考察学习三市在深入贯彻习近平新时代中国特色社会主义思想，优化发展环境“最多跑一次”审批事项改革、产业项目建设以及乡村振兴等方面的好思路、好经验、好做法。长沙市委副书记徐宏源，衡阳市委书记郑建新，郴州市委书记易鹏飞、市委副书记陈雪楚等陪同考察。永州市领导石艳萍、唐能武、杨永、张贺文、罗建华、周荣峰等参加考察学习。永州市党政代表团重点探究“最多跑一次”审批事项改革及优化发展环境的具体做法、经验，并对三市优化发展环境“最多跑一次”审批事项改革所取得的成果表示认可。

【李晖到广州考察流动党建】 2018年7月5日，中共永州市委书记、市人大常委会主任李晖到广州市考察流动党建工作。市委常委、市委组织部部长吴志雄参加考察。李晖与广州市委常委、市委组织部部长王世彤交流座谈流入地和流出地党员联络、对接和管理等工作。在蓝山驻花都区流动党总支部驻地，李晖看望慰问务工流动党员。李晖感谢花都区和狮岭镇各级党委对永州的支持，尤其是对在穗务工、创业人员在组织上给予的关心和帮助。李晖还到广州圣泉微皮具公司、广州碧奴丝皮具公司调研流动党建工作。

【上海市政协到永州调研政协信息化建设】 2018 年 10 月 16 日，上海市政协副主席李逸平一行到永州市调研政协信息化工作，市政协主席蒋善生主持召开座谈会，湖南省政协副秘书长罗双全，上海市政协副秘书长、办公厅主任袁鹰，永州市政协副主席文绍涛、秘书长王小波出席。李逸平一行参观考察智慧永州指挥中心，座谈会上，李逸平观看《云涌潇湘——2017 年永州市政协信息化工作纪实》宣传片，听取市政协信息化建设以及冷水滩区政协信息化建设工作情况，了解永州市信息化工作和政协云微建议办理情况。

【李晖率队到广州考察学习】 2018 年 10 月 16 日—17 日，中共永州市委书记、市人大常委主任李晖率队到广州市考察学习，重点考察城市规划建设、高新技术产业，吸取广州在创新开放、推动高质量发展方面的先进经验。市领导张贺文、周荣峰、严兴德、李旦梅参加。广州市委常委、黄埔区委书记周亚伟，广州市人民政府副市长马文田分别陪同考察。考察组先后到广州市城市规划展览中心、国机智能科技有限公司、乐金显示（中国）有限公司 8.5 代液晶面板项目及 8.5 代 OLED 项目规划进行考察。考察组还到中膳国际团餐产业联盟、科德健康管理（广州）有限公司考察，希望双方能进一步加强沟通协调，确保项目尽快落户永州，实现互惠互利、合作共赢。

【清远市党政代表团到永州考察调研】 2018 年 11 月 15 日，中共清远市委书记郭锋，市委副书记、市人民政府市长黄喜忠率清远市党政代表团到永州市考察调研。永州市委书记、市人大常委会主任李晖，市委副书记、市委政法委书记何录春陪同考察。双方就“永清广”高铁项目推进情况相互交流进展，提出要共同努力，加强沟通合作，推动永州、清远两市友谊“永远”。清远党政代表团一行先后到长丰猎豹汽车总装车间、华为（永州）云计算数据中心、永州经开区科创中心、永州复烤厂、零陵古城和零陵区香零山村等地考察，了解永州市产业发展、高新技术、全域旅游和乡村振兴等工作情况。永州市领导蒋善生、唐能武、周荣锋、贺辉，清远市领导曾贤林、崔建军、何国森、陈焕雄、彭裕殿、肖文、陈新，清远市各县区委书记、市直有关部门主要负责人参加考察调研。

2018 年 10 月 16 日，上海市政协副主席李逸平（右四）一行调研永州联动处置指挥中心工作

考 察 调 研

【张剑飞到永州开展节前走访慰问】 2018 年 2 月 7 日，中共湖南省委常委、省国资委党委书记张剑飞到永州走访慰问老复员军人、困难户和困难党员，市委书记、市人大常委会主任李晖陪同走访。张剑飞先后走访慰问冷水滩区、零陵区多户困难家庭，了解困难户的身体状况、社保医保、子女就学就业、家庭收入和年货购买情况。

【陈飞到永州调研工业交通等工作】 2018 年 2 月 26 日—28 日，湖南省人民政府副省长陈飞到永州市宁远、江华、零陵、东安、永州经济技术开发区调研工业经济、交通运输、科技和安全生产等工作，并于28日下午主持召开调研座谈会。中共永州市委书记、市人大常委会主任李晖作全市工作情况汇报，市直相关部门主要负责人作工作补充发言。

座谈会前，陈飞先后调研宁远的硕宁电子、亿龙自动化、华荣鞋业、汽车总站、工业园展示中心、裕宁电子，江华的沱涔公路、海螺水泥包装、九恒集团、明意湖智能科技、邦特尔智能终端电子、绿宝石智慧储能、贵德光电科技、展承创意项目，衡道高速（零陵区富家桥镇）项目，神华国华东安火电项目，永州经济技术开发区的长丰猎豹公司、华为数据中心、中信重工永州基地等。

省人民政府副秘书长易佳良，省经信委党组书记、副主任曹慧泉，省交通运输厅厅长周海滨，省经信委副主任殷林波陪同调研。市领导李晖、赵应云、罗建华、周荣峰、谢景林分别参加部分调研活动。

【黄关春到永州调研政法基层建设等工作】 2018年3月13日—14日，中共湖南省委常委、省委政法委书记黄关春到永州市祁阳、东安、江华、蓝山、新田调研政法基层建设、扫黑除恶、两会安保维稳等工作。省委政法委常务副书记田福德、省公安厅副厅长李介德陪同调研。市委书记、市人大常委会主任李晖，市委常委、江华瑶族自治县委书记罗建华，副市长、市公安局局长刘新良分别参加部分调研活动。黄关春先后到祁阳县公安局涉案财物管理中心和执法办案中心，东安高铁站、东安县公安局治安防控实战中心、东安云数据指挥中心，江华公安局便民服务中心、江华涔天河水库、九恒集团和贵德集团，蓝山县毛俊村，新田综治中心、新田县法学会理论研究基地和中山社区等地调研指导，对该市政法基层建设和推进警务体制改革等工作给予肯定。

【乌兰到永州调研乡村振兴等工作】 2018年3月15日—19日，中共湖南省委副书记乌兰到永州市道县、江永县、江华瑶族自治县、宁远县、蓝山县调研乡村振兴、脱贫攻坚、基层党建等工作。乌兰先后走访道县两河口村，江永向光村，江华会合社区、洪山村，蓝山大源村等贫困村，了解贫困户生产生活状况及发展意愿；考察道县楼田村蔬菜基地、下蒋村脐橙基地，江永季丰柑橘基地、凉伞树夏橙基地，江华五洞村生猪基地、洪山村柑桔园，宁远舜天恒禾牧场、中联天地油茶基地，蓝山南平农业园，以及江华会合社区雨衣厂、镇忠营村服装车间、大路铺镇君贤皮具厂等小微企业扶贫点；察看宁远下灌村、蓝山毛俊村等农村党员活动中心以及永州市工贸学校的永州市农村党员、青年农民实用技术培训中心建设情况；调研道县晶石电子、龙威盛科技，江永电商街、特色农副产品，江华贵德集团、同丰粮油、绿宝石科技、明意湖科技、九恒集团，宁远裕宁电子、华荣鞋业，蓝山湘威运动用品等园区企业。省委副秘书长秦国文、省扶贫办主任王志群、省农委副主任陈冬贵、省扶贫办副主任张智勇陪同调研。中共永州市委书记、市人大常委会主任李晖，市委常委、江华瑶族自治县县委书记罗建华分别参加部分调研活动。

【隋忠诚到永州调研脱贫攻坚等工作】 2018年3月24日—25日，湖南省人民政府副省长隋忠诚到永州市蓝山县、新田县调研脱贫攻坚、农业农村等工作。省人民政府副秘书长欧阳煌，省农委主任袁延文，省扶贫办副主任张智勇陪同调研。中共永州市委书记、市人大常委会主任李晖，市委副书记、市人民政府市长赵应云，副市长贺辉分别参加部分调研活动。隋忠诚先后到蓝山县土市镇下陈村烤烟种植基地、百叠岭生态茶、毛俊水库、南平农业产业园、花果庄园，新田县的东升农场、吉星吉艺家居、远鸿食用菌产业园、新圩镇祖亭下村烤烟种植基地等地调研考察。

【吴桂英到永州调研教育工作】 2018年4月3日下午，湖南省人民政府副省长吴桂英到永州市主持召开消除义务教育大班额工作基层代表座谈会，调研永州教育工作。省政府副秘书长彭翔，省教育厅党组书记、厅长、省委教育工委书记蒋昌忠，中共永州市委书记、市人大常委会主任李晖等出席。永州市教育系统基层代表、教育行政部门代表、学校和老师代表、人大代表和政协委员代表以及政府部门代表等15人先后发言，就消除义务教育大班额工作发表看法，提出拓宽建设渠道、加大民办教育支持力度、提高教师待遇等建议，并介绍全市中小学办学规模、校园环境、留守儿童状况、师资力量、教师待遇等情况。

【周农到永州市调研立法和内务司法工作】 2018年4月18日，湖南省人大常委会副主任、省总工会主席周农率调研组到永州市调研立法和内务司法工作，并召开专题座谈会。省人大常委会委员、省人大法制委主任委员王刚，省人大内务司法委员会副主任委员黄泽良，市人大常委会副主任胡先荣，秘书长蒋千红参加座谈会。周农首先听取市人大常委会立法、内务司法工作汇报，并对永州过去工作所取得的成绩给予肯定。

【陈文浩到永州调研经济社会发展状况】 2018年4月20日，湖南省人民政府副省长陈文浩到永州市调研经济社会发展状况并主持召开农村人居环境情况调研座谈会。中共永州市委书记、市人大常委会主任李晖作工作情况汇报。省住建厅厅长鹿山、副厅长姚英杰，市委副书记、市人民政府市长赵应云，副市长欧阳元初参加调研。陈文浩到永州大道地下综合管廊项目施工调研，了解项目进展情况。永州大道地下综合管廊全长16.45千米，收容给水、高压电、燃气、一般电力、通讯5大类管线，是湖南省PPP省级示范项目。

【许达哲到永州调研】 2018年4月18日—19日，中共湖南省委副书记、省人民政府省长许达哲到永州市零陵区、蓝山县调研。省人民政府秘书长王群参加调研。在零陵区“零陵古城”综合旅游项目，许达哲实地查看项目建设进展，了解政府、企业出资占股比例、如何实现债务平衡等情况。在蓝山县考察湘江源国家森林公园生态建设及水资源保护等情况，并到蓝山县南平田园综合体等项目进行考察。

【欧青平到江华调研脱贫工作】
2018年4月23日—24日，国务院扶贫办副主任欧青平一行到江华瑶族自治县专题调研基层精准扶贫工作。中共永州市委副书记、市人民政府市长赵应云，省扶贫办副主任贺丽君，市委常委、江华县委书记罗建华陪同调研。23日下午，调研组一行到省级经济开发区江华经开区，调研佛尔盛智能风机、九恒集团、盛华达锂电池、贵德集团等“新三板”企业。调研组还到中国社会扶贫网江华管理中心调研，并与河路口镇社区、牛路社区、大干社区基层网点的工作人员进行连线，了解运用“互联网+”开展扶贫的工作程序。24日上午，调研组一行到涔天河镇调研涔天河水库扩建工程和会合社区雨衣厂、桥市乡镇忠营五月天服装厂、大鱼塘制香产业园、大路铺镇君贤皮具厂、白芒营镇红山村万亩柑橘园等小微企业，听取服装厂结合乡村扶贫的办厂模式，了解当地贫困户就业情况。

【张大方到永州调研乡村环境综合治理】 2018年5月15日—17日，省政协副主席张大方率省政协“乡村环境综合治理”课题调研组到永州调研。调研组先后到东安、江永、双牌3县实地调研，并于5月17日在冷水滩区召开调研座谈会。座谈会由市政协主席蒋善生主持，市人民政府副市长严兴德向调研组作永州市乡村环境综合治理有关情况汇报，市政协副主席宋可福、秘书长王小波参加座谈。调研组还听取相关县区和市直部门关于乡村环境综合治理和深度贫困村脱贫攻坚情况汇报，并就生态环境保护规划、垃圾处理、粪污治理、建立生态补偿机制等问题提出建议。

【许显辉到永州调研基层警务建设和脱贫攻坚工作】 2018年5月23日，省人民政府副省长、省公安厅厅长许显辉到永州调研基层警务建设、社区戒毒服务和脱贫攻坚工作。省人民政府副秘书长张银桥、省新闻出版广电局局长张严、省扶贫办副主任张智勇陪同调研。中共永州市委副书记、市人民政府市长赵应云，副市长、市公安局局长刘新良分别陪同部分调研。

许显辉一行首先到新田县城西派出所看望基层干警，在户籍办理和接警处警窗口了解群众满意度，在综合警务指挥室观看永州市公安局在全省率先开发应用的智慧警务云平台实战操作，并到派出所值班宿舍、民警食堂实地调研基层民警生活保障情况。随后，他到该县朝阳社区禁毒服务中心（戒毒康复中心工作站），查看吸毒检测、心理治疗等软硬件建设，了解戒毒成果巩固情况。在大冲村微型消防站，许显辉现场观看永州基层民警自主研发的“农寨灭火宝”演示，对永州因地制宜创新服务群众项目表示赞赏。他还到该村调研脱贫攻坚工作，看望该村建档立卡贫困户蒋艳军和蒋春发，与驻村扶贫工作队、村干部群众进行座谈交流，探讨脱贫攻坚之路。

【蔡振红到永州调研脱贫攻坚、防汛及宣传工作】 2018年6月5日—7日，中共湖南省委常委、省委宣传部部长蔡振红到永州调研脱贫攻坚、防汛及宣传工作。5日下午，蔡振红乘船到江华瑶族自治县水口镇如意社区贫困户钟高文、胡言兵家中了解情况，并看望省委宣传部驻江华扶贫队。在联点督查会上，蔡振红肯定江华瑶族自治县的扶贫工作成绩，交办查找的问题。调研期间，蔡振红听取永州市防汛情况汇报。蔡振红还到永州市宣传思想文化单位和文化企业调研，与干部职工座谈交流，勉励工作人员抓住机遇，做好新时代宣传思想文化工作。

【周农到永州开展《湖南省湘江保护条例修正案（草案）》立法调研】 2018年6月11日，湖南省人大常委会副主任周农率省人大调研组一行到永州开展《湖南省湘江保护条例修正案（草案）》立法调研。省水利厅巡视员甘明辉，省人大法制委员会副主任委员、省人大常委会法制工作委员会副主任吴秋菊陪同调研，中共永州市委常委、市人民政府副市长周荣峰出席座谈会。调研组一行先后到祁阳三家村、湘江干流老埠头段实地调研。在座谈会上，周农听取市水利局、市交通局就永州市贯彻落实《湖南省湘江保护条例》的情况汇报，会议围绕如何合理开发、有效保护水资源，如何建立生态补偿机制、综合执法机制、水质监测管理机制、航道管理机制、财政投入机制等问题听取参会人员的意见和建议。周农对永州市保护治理湘江源取得的成绩给予肯定。

【胡旭晟到永州开展专题调研】 2018年6月15日，湖南省政协副主席胡旭晟率调研组到永州市，围绕“关于实施动力变革促进湖南高质量发展”主题开展专题调研。市政协主席蒋善生，中共永州市委常委、常务副市长张贺文，市政协副主席杨军元，市政协秘书长王小波参加座谈会。胡旭晟对永州实施动力变革促进高质量发展表示认可。张贺文在座谈会上就全市实施动力变革促进高质量发展工作作情况汇报。

【杜家毫到永州调研】 2018年6月28日—29日，中共湖南省委书记杜家毫到永州市双牌县、宁远县、蓝山县，调研推进三大攻坚战和承接产业转移情况，领办群众反映强烈的突出问题信访件。省委常委、省委秘书长谢建辉，省直有关部门负责人王晓科、胡伟林、邓立佳、王志群等，永州市委书记、市人大常委会主任李晖，市委副书记、市人民政府市长赵应云，市委常委、市委秘书长唐能武陪同调研。杜家毫到蓝山县野狗岭南麓湘江源头实地考察生态环境保护情况。在双牌水库大坝，杜家毫了解当前水库水位、电站装机容量和防汛抗旱准备工作等情况。随后，杜家毫到双牌县五里牌镇、宁远县新塘村、蓝山县大源村和舜水田园综合体，考察森林养鸡、休闲观光农业等扶贫富民产业发展情况，并向易地搬迁贫困户了解当前存在的困难和问题。在德永（双牌）玩具、裕宁电子、海粤达科技、湘江源皮革皮具城、星月玩具等园区和企业，杜家毫了解当地近年来承接沿海产业转移的情况。调研期间，杜家毫还主持召开会议，听取解决群众反映强烈的突出问题情况汇报，并领办相关信访件。

【张大方到永州调研】 2018年7月19日，湖南省政协副主席张大方率调研组到永州市调研政协工作，并召开调研座谈会，市政协主席蒋善生主持，省政协常委、副秘书长罗双全，市政协副主席文绍涛，市政协秘书长王小波参加。座谈会传达政协系统党建工作会议精神，通报省政协云管理

2018年6月28日—29日，中共湖南省委书记、省人大常委会主任杜家毫到永州市调研三大攻坚战和承接产业转移情况。图为在双牌水库大坝了解当前水库水位、电站装机容量和防汛抗旱准备工作

中心赴永州调研政协云工作情况。会议指出，永州市云政协工作始终走在全省的前列，在下一步的工作中要进一步凝聚共识，高位推动，将政协云的创新应用工作落实到位；要结合实际情况，打造品牌，开发具有永州特色的政协履职栏目；要扩展应用范围，不断完善永州云政协平台的整体功能；要通过对管理规范化、考评制度化、功能实用化，促进政协云应用的常态化、均衡化、一体化，推动永州政协工作不断创新发展。张大方在听取情况汇报后，对永州市政协各项工作所取得的成绩给予肯定。

【隋忠诚到永州调研脱贫攻坚和农业农村工作】 2018年8月5日—6日，湖南省人民政府副省长隋忠诚到永州市东安县调研脱贫攻坚、农业农村等工作。省政府副秘书长欧阳煌、省财政厅副厅长李丙力、省农委副主任陈冬贵、省扶贫办副主任张智勇陪同调研。隋忠诚一行先后到东安井头圩镇霞栖农业产业园、白牙市镇易地扶贫搬迁安置区、芦洪市镇赵家井美丽乡村示范点等地调研。在霞栖农业产业园菌类厂房，隋忠诚了解双孢菇种植规模、产业效益等。在白牙市工业园旁的易地扶贫搬迁安置区，隋忠诚视察建设情况，同项目负责人交谈，了解工程进度和存在的问题。随后，隋忠诚还考察调研赵家井美丽乡村示范区、神华国华永州电厂项目等。

【张剑飞到湘器公司调研】 2018年10月10日，中共湖南省委常委、省国资委党委书记张剑飞到湖南神斧集团湘南爆破器材有限责任公司，专题调研湘器公司消防系列产品研发开发工作，观看消防产品现场演示，并主持召开消防系列产品专题调研座谈会。中共永州市委书记、市人大常委会主任李晖参加专题调研座谈会，市委副书记、市人民政府市长赵应云观看消防产品现场演示，省国资委副主任张美诚，省交通运输厅巡视员邝邹飞，市委常委、市委秘书长唐能武参加调研。张剑飞对湘器公司的消防系列产品研究开发工作给予肯定。

【张健到永州调研】 2018年10月16日—17日，湖南省政协副主席、省工商联主席张健率省工商联“民营企业在乡村振兴战略中的地位和作用研究”调研组到永州市开展调研。中共永州市委常委、市委统战部部长石艳萍，市政协副主席吕斌陪同调研或参加座谈会。在湖南百金惠农业科技有限公司，张健了解该基地的技术方案和生产经营情况，询问基地的营养稻米种植加工及销售情况，对于公司的绿色种植工艺和严格管理表示赞赏。他希望公司能将好的技术予以推广，在乡村振兴中发挥更大作用。随后，张健实地考察湖南德辉现代农业开发有限公司的智慧大棚，了解企业在乡村振兴战略中发挥的作用。他希望德辉公司继续坚持绿色发展理念，带动当地村民脱贫致富。座谈会上，市工商联作民营企业参与乡村振兴战略情况汇报，与会的百金惠农业科技、德辉农业、异蛇科技等7家企业负责人分别结合各自公司的实际情况发言，并就发展中遇到的共性问题开展交流讨论。张健对企业负责人提到的实际困难和问题，提出相关的措施和建议。

17日上午，永州市特色农业商会“万企帮万村”助力“乡村振兴”名优特农产品上线仪式在冷水滩区举行，永州市8家名优特农产品参加签约仪式，张健、石艳萍、吕斌等出席活动。

【陈向群到永州督办中央环保督察反馈问题整改】 2018年11月3日，中共湖南省委常委、省人民政府常务副省长陈向群到永州市督办中央环保督察反馈问题整改工作。

永州经济技术开发区天山冶炼厂整体拆除未完成是中央环保督察组的交办问题。陈向群现场询问“两断三清”、整改进度、废弃物处置、职工安置等情况，强调要严格落实责任，统筹周边厂棚拆迁、厂区污染土地治理、改制员工安置等工作，确保全面彻底整改，防止循环举报、循环整改等现象。在永州市下河线污水处理厂，陈向群了解污水处理工艺、地下管网建设、扩能提标改造项目进展等情况，强调要认真研究工业污水和生活污水处理措施，切实提升污水收集、处理能力和出水水质标准。

【贺安杰到永州调研政协工作和提案工作】 2018年11月7日—8日，湖南省政协副主席贺安杰率省政协调研组到永州市调研政协工作和提案工作。市政协主席蒋善生，市人大常委会副主任袁火林，市政协副主席张建亮、彭爱华、吕斌、宋可福、潘衡湘，秘书长王小波参加省政协提案工作调研座谈会以及在永州的省政协委员和永州市政协班子成员座谈会。贺安杰一行先后到祁阳茅

2018年11月26日，中共湖南省委副书记乌兰到永州市祁阳县调研企业项目建设

竹镇三家村、铜锣湾杨梅湖新城、祁阳展示馆、零陵古城、柳子街和萍洲岛，考察祁阳新农村建设和城市建设情况以及零陵文化建设情况。贺安杰肯定永州政协工作所取得的成效。

【乌兰到永州调研乡村产业发展工作】 2018年11月26—27日，中共湖南省委副书记乌兰到永州市祁阳县、双牌县、东安县调研企业项目建设、产业扶贫、人居环境整治、乡村振兴等工作开展情况。省委副秘书长秦国文，省农业农村厅副厅长陈冬贵，省林业局副局长彭顺喜，中共永州市委书记、市人大常委会主任李晖，市委副书记、市委政法委书记何录春参加调研。

【李微微到永州考察智慧城市和政协履职成果】 2019年12月17日下午，湖南省政协主席李微微，省政协副主席戴道晋、张大方、赖明勇、贺安杰、张健、张灼华，省政协秘书长卿渐伟，与各市州政协代表一行到永州市考察智慧城市和政协履职成果。中共永州市委副书记、市人民政府市长赵应云，市政协主席蒋善生陪同考察。李微微一行先后到智慧永州指挥中心、翠竹园社区委员工作室、市政协经济界别委员工作室以及长丰集团总装车间实地参观了解“政协云”建设、社区政协和市政协经济界别委员工作室工作、工业经济发展等情况。在智慧永州指挥中心，李微微就政协委员最关注的工作板块、微建议办理以及政协云建设等问题与两名市政协委员进行连线互动。

市直机关、企事业单位和中央、省驻永州单位领导名单

中共永州市委员会

书　　记　李　晖
副书记、市长　赵应云
副 书 记　何录春
常　　委　石艳萍　唐能武　杨　永　张贺文　吴志雄　罗建华　周荣峰　贺　辉　冯紫英
秘 书 长　唐能武
副厅级干部　伍　军
副秘书长　邓扬中　蒋跃鹰　蔡建军　胡　浩

永州市人大常委会

主　　任　李　晖
党组书记、常务副主任　高建华
副主任、党组副书记　杨海河
副主任、党组成员　周小驹
副 主 任　袁火林
副主任、党组成员　魏湘江　周益志　李农妹　胡先荣
秘书长、党组成员　蒋千红
专职委员　刘志强　李章发
副秘书长　赵七秀

永州市人民政府

市　　长　赵应云
常务副市长　张贺文
副市长（挂职）　周荣峰
副 市 长　刘新良　严兴德　欧阳元初　谢景林　李旦梅　刘卫华
正厅级干部　严志辉
秘 书 长　陈宇荣
副秘书长　齐爱社　郑亚平　李黎武　邓海波　唐海涌　汤荣石　张疑斌

政协永州市委员会

党组书记 主席	蒋善生	
党组副书记 副主席	张建亮	
副主席	彭爱华	吕斌
	田洁	
党组成员 副主席	杨军元	文绍涛
	宋可福	
副主席	潘衡湘	
党组成员 秘书长	王小波	
副秘书长	左秋玲	

永州军分区

司令员	熊壮
政委	冯紫英
副司令员	陆鸿
战备建设处 处长	张玉龙
动员处处长	唐柳军
政治工作处 主任	严兴荣
保障处处长	蒋崇文
战备建设处 副团职参谋	唐天江

中共永州市
纪律检查委员会、监委会

市纪委书记 市监委主任	杨永	
市纪委常务 副书记 市监委 副主任	蒋俊林	
市纪委 副书记 市监委 副主任	黄薇	盘晓波
市纪委常委 市监委委员	唐元	曾瑶平
市纪委常委	邓群力	
市纪委常委 市监委委员	何红喜	
市监委委员	卢锦江	屈芳玲
市纪委 原副书记 市监察局 原局长	张国峰	
正处级 纪检监察员	陶爱民	段春平
正处级 纪检监察员 机关党委 专职副书记	何文艺	
办公室主任	何胜瑞	
组织部部长	杨建科	
宣传部部长	宾柱元	
调研法规室 主任	张治国	
党风政风 监督室主任	唐基归	
案件监督 管理室主任	申莉芬	
第一纪检 监察室主任	刘繁荣	
第二纪检 监察室主任	王勤	
第三纪检 监察室主任	陈铸里	
第四纪检 监察室主任	郑文欣	
第五纪检 监察室主任	陈亚名	
第六纪检 监察室主任	涂晓震	
第七纪检 监察室主任	赵勇坚	
第八纪检 监察室主任	黄奕松	
第九纪检 监察室主任	邓春雷	
信息技术 保障室主任	肖品向	
案件审理室 主任	刘颖	
纪检监察 干部监督室 主任	何小红	
副处级 纪检监察员	王柏青	欧阳红工
副处级 纪检监察员 案件监督 管理室 副主任	欧吉荣	
市纪委 市监委驻 市委办 纪检监察组 组长 市委办室 务会成员	张超	
市纪委 市监委驻市 人大机关 纪检监察组 组长	彭新蓉	
市纪委 市监委驻市 政府办 纪检监察组 组长 市政府办 党组成员	王晨辉	
市纪委 市监委驻 市政协机关 纪检监察组 组长	丁爱平	
市纪委 市监委驻 市委组织部 纪检监察组 组长 市委组织部 部务会成员	罗成	
市纪委 市监委驻 市委宣传部 纪检监察组 组长 市委宣传部 部务会成员	郑景学	
市纪委 市监委驻 市委统战部 纪检监察组 组长 市委统战部 部务会成员	李建华	
市纪委 市监委驻 市委政法委 纪检监察组 组长 市委政法委 委员	唐筱勇	
市纪委 市监委驻 市发改委 纪检监察组 组长 市发改委 党组成员	陈君才	

市纪委市监委驻市经信委纪检监察组组长、市经信委党组成员	于东铭
市纪委市监委驻市教育局纪检监察组组长、市教育局党组成员	涂万林
市纪委市监委驻市财政局纪检监察组组长、市财政局党组成员	秦晓晖
市纪委市监委驻市国土资源局纪检监察组组长、市国土资源局党组成员	黄湘永
市纪委市监委驻市住建局纪检监察组组长、市住建局党组成员	刘江平
市纪委市监委驻市农业委纪检监察组组长、市农业委党组成员	胡剑平
市纪委市监委驻市商粮局纪检监察组组长、市商粮局党组成员	何志荣
市纪委市监委驻市卫计委纪检监察组组长、市卫计委党组成员	蒋正生
市纪委市监委驻市城市管理行政执法局纪检监察组组长、市城市管理行政执法局党组成员	张建民
市纪委市监委驻市食品药品监督管理局纪检监察组组长、市食品药品监督管理局党组成员	欧阳冬子
市纪委市监委驻市人社局纪检监察组组长、市人社局党组成员	刘雪林
市纪委市监委驻市公安局纪检监察组组长、市公安局党委委员	王亚春
市纪委市监委驻市检察院纪检监察组组长、市检察院党组成员	何　勇
市纪委市监委驻市中级法院纪检监察组组长、市中级法院党组成员	盘树峰
市纪委市监委驻市司法局纪检监察组组长、市司法局党组成员	唐云春
市纪委市监委驻市委办纪检监察组副组长	袁　芳
市纪委市监委驻市政府办纪检监察组副组长	郑　薇
市纪委市监委驻市商务和粮食局纪检监察组副组长	李忠翠
市委巡察办主任	杨复权
市委巡察办副主任	蒋荣伍　黄建军
市委巡察组组长	李爱斌　刘玉林　唐小明　周进荣　祝　平
市委巡察第一组副组长	肖白果
市委巡察第二组副组长	唐文波
市委巡察第三组副组长	李立志
市委巡察第四组副组长	谢和平
市委巡察第五组副组长	朱文华

永州市中级人民法院

党组书记、院长	罗重海
党组副书记、副院长	柏国春
副院长	高和平
党组成员、副院长	郭红艳
党组成员、政治部主任	张胜广
审委会专职委员	朱海平　顾能辉
执行局局长	田光耀
法警支队支队长	贺晓春
审委会委员、司法技术室主任	宾登军

审委会委员　祝　群　柏国平　艾久华　郑和生　张晓龙　王臣波

永州市人民检察院

党组书记 代检察长　杨　鸿

党组副书记 副检察长　张少文　胡黎明（挂职）

副检察长　潘衡湘

党组成员 副检察长　赵秋生　罗厚清

党组成员 检委会专职委员　卿飞舟

党组成员 政治部主任　冯湘琳

市纪委监委驻市检察院纪检监察组组长 市检察院党组成员　何　勇

副处级检察员　王党生　王明安

副处级检察员 检委会委员　蒋长春

副处级干部　刘兴华

民主党派·工商联

中国国民党革命委员会永州市委员会

主　委　魏秋云

专职副主委 秘书长　唐　翔

副主委　郑银芳　伍重武　刘旭红

中国民主同盟永州市委员会

主　委　袁火林

专职调研员　朱衡宁

副主委（兼）　姚如男　熊华清　邓国文

中国民主促进会永州市委员会

专职副主委　桂金玉

副主委　万　萍　陈丽萍　陈　彦

市委委员　刘章胜　唐红星

中国农工民主党永州市委员会

主　委　田　洁

专职副主委　熊忠东

副主委（兼）　欧阳德群　周云玲　唐　彧

委　员　李智媛

市工商联

主席 市总商会会长　吕　斌

党组书记 副主席　贺一夫

党组成员 市工商联（总商会）秘书长　吴文旭

党组成员 副主席　王中平

副主席 市总商会副会长　蒋宁南

副处级干部 原党组成员 副主席　蒋文辉

副调研员　饶　叶

市委工作机构及有关单位

市委办公室

主　任　唐能武

督查室主任　胡　浩

副主任　姜宁燕

市纪委监委派驻市委办纪检监察组组长　张　超

副主任　潘朝晖

市委原副秘书长 市委政研室原主任　蒋三秋

保密室（市国家保密局）主任（局长）　周俊卫

机要局局长　蒋黔南

原文秘室主任　蒋金银

调研员　梁　军

副调研员　廖才燮　阳进姣

市纪委监委派驻市委办纪检监察组副组长　袁　芳

市委组织部

部　长　吴志雄

副部长（排第一）　肖余胜

副部长 市委非公有制经济组织和社会组织工委书记　裴春雷

副部长（兼）　刘玲军　秦远林

部务委员　艾建华

市纪委市监委驻市委组织部纪检组组长　罗　成

工会主席　邓可旺

原公务员管理室主任　李永霞

市委基层党建办主任　周玉生

市委非公有制经济组织和社会组织工委专职副书记　段发生

市委宣传部

部　长　贺　辉

常务副部长　蒋三立

副部长（正处）　王再兴　左亚军

市纪委监委派驻市委宣传部纪检组长 部务会成员　郑景学

部务会成员 市社科联主席　陈水恩

部务会成员 市文明办主任 邓春成

部务会成员 市委外宣办主任 市政府新闻办主任 张穆宸

副调研员 周秋平

市委统战部

部长 石艳萍

常务副部长 市“两新”工委副书记（兼） 贺一夫

副部长 何春明 吕文桂 邓晓明

市纪委驻市委统战部纪检组组长 部务会成员 李建华

副调研员 陈四春

市委政法委

书记 何录春

常务副书记 唐国玉

副书记 市委维稳办主任 唐群英

副书记 市综治办主任 王俊斌

副书记 夏红兵

市纪委派驻市委政法委纪检监察组组长 委员 唐筱勇

委员 市综治办副主任 唐戴莉

委员 政治部主任 吴东涛

市公安局原副局长 黄尚锋

副调研员 邓鸿赞 濮梁洪

市委政策研究室

主任 黄赞校

市委改革办专职副主任 匡俊杰

副主任 蒋洪波

市委改革办专职副主任 唐建平

副主任 邝华军

市直属机关工作委员会

书记 郑文飞

副书记 陈新兰 伍绍东 刘安平

纪工委书记 刘逊日

工委委员 周志成 唐述雷

调研员 李忠富

市机构编制委员会办公室

主任 段联群

副主任 何长生 邓家旭

室务会成员 市事业单位登记管理局局长 蒋欧林

市委党校

校长 何录春

常务副校长 许洋名

副校长 伍春波 黄燕 刘丁旺

教育长 李跃军

副校长 齐小玉

办公室主任 蒋碧芳

人事处处长 机关党委副书记 曾晓兰

教务处处长 唐晓波

科研处处长 范仰棋

财务处处长 谢知生

后勤处处长 姜宏伟

马基教研室主任 陈小军

党史党建教研室主任 刘少兵

经济学教研室 蒋秧生

公共管理教研室主任 宋菊香

学员管理处处长 陈善文

信息技术及远程教育室主任 唐定彪

市委老干局

局长 市委离退休干部工委书记 秦远林

副局长 刘惠兰

副局长 市委离退休干部工委专职副书记 高红卫

调研员 蒋兴华

市老干部活动中心主任（享受副处级待遇） 郝志伟

市委台湾工作办公室、市政府台湾事务办公室

主任 周生来

副主任 黄昌勇

市信访局

党组书记 局长 市调纠办主任 刘建能

党组成员 副局长 高文 阳辉文 杨宇 宋友林

党组成员 副局长（挂职） 欧春涛

市人大常委会各专门委员会及常委会工作机构

办公室

主任 蒋千红

副主任 蒋煦 赵国平

民侨外委

主任委员 周龙江

副主任委员 邓洪

内司委

主任委员 雷燕平

副主任委员 严兴朝

财经委

主任委员 龚跃林

副主任委员 赵玉芳

教科文卫委

主任委员 钟敦北

副主任委员 沈京生

农业委

主任委员　严　俊

副主任委员　唐　龙

原副主任委员　秦建莉

城环委

主任委员　吴庚辛

副主任委员　周新华

法制委

主任委员
法工委主任　杨胜贮

副主任委员
法工委副主任　乔晋楠

联工委

主　任　封立辉

副主任　张月惠

研究室

主　任　贺永景

副主任　朱振华

市政协办公室及专门委员会

办公室

主　任　王小波

人口资源环境委员会

原主任　张小惠

民族宗教法制群团三胞联谊委员会

原主任　谭姗娥

经济科技委员会

原主任　唐先强

调研员　陈　凯

原副处级纪检员　李　宁

副调研员　李　瑛

提案委员会

主　任　吴金燕

副主任　陈肆清

经济科技委员会

主　任　胡新军

副主任　陈　丽

人口资源环境委员会

主　任　李爱华

副主任　徐华慧

文教卫体委员会

主　任　王明兴

副主任　李　勇

民族宗教法制群团三胞联谊委员会

副主任　李华丽

学习宣传文史委员会

主　任　欧阳国川

副主任　王　勇

研究室

主　任　刘翼平

副主任　万汝青

市政府工作部门

市人民政府办公室

主任、党组书记　陈宇荣

办党组副书记　齐爱社

办党组成员　郑亚平　李黎武　邓海波　唐海涌　汤荣石　张疑斌

副主任、办党组成员　乐家茂

市纪委监委驻市政府办纪检组长　王晨辉

调研员　唐永华　李鼎荣

副调研员　邹　娴

市发展和改革委员会

党组书记、主任　唐富荣

党组副书记、副主任　张荣华

党组成员、副主任　周乾兴　何挺松　李武生　胡　明

市纪委市监委派驻市发改委纪检组长、党组成员　陈君才

党组成员、总经济师　陈刚平

党组成员、副主任　梁志军

市前期办主任　易恢贤

市价检局局长　邓利民

市重点办主任　卿惠玲

市能源局局长　杨思九

市经济和信息化委员会

党组书记、主任　高守凯

党组成员、副主任　李润志　陈曙光

党组成员、纪检组长　于东铭

党组成员、总经济师　冯伟林

党组成员、副主任　唐卫红　唐荣立　蒋　诚

电力执法支队队长　贺永林

技改办主任　李　莹

正处级干部　左小衡

调研员　周海波　柏芝青

市教育局

党组书记、局长　张建坤

党组成员、副局长　何　宁

副局长　李谋韬

党组成员、副局长、机关党委书记　刘安球

党组成员、市纪委市监委驻市教育局纪检监察组组长　涂万林

党组成员、副局长　陈泽利

党组成员、市教育工会主席　任　福

党组成员、主任督学　杨兰荣

市科技局

党组书记、局长　欧阳树生

党组成员 副局长 张　超　尹明宇
蒋五定　李晓宁
原纪检组长 党组成员 李谋智
副调研员 廖翠娥
原党组书记 廖　毅

市民族宗教委员会

党组书记 主任 蒋季红
党组成员 副主任 赵　飞　吴天明
党组成员 杨　跃
党组成员 副主任 廖小红
调研员 刘志刚

市公安局

党委书记 局长 刘新良
党委委员 副局长 龙　刚　沈林松
党委委员 郑　勇
党委委员 副局长 秦建彪　周礼功
党委委员 政治部主任 张　珞
党委委员 副局长 雷顺华　段周权
调研员 何永清
市纪委驻市公安局纪检组组长 市公安局党委委员 王亚春
工会主席 周备战
市公安干校原政委 王丽波
警令部主任 毛先奇
警务保障部主任 王国宣
监管支队原政委 陈健民
法制支队支队长 罗功军
刑侦支队支队长 夏卫武
刑侦支队政委 黄辉庆
国保支队支队长 刘健武
国保支队政委 唐波明
治安支队支队长 王亚珉
治安支队政委 陈毅强
禁毒支队支队长 蒋汉中
禁毒支队政委 蒋秀亮
经侦支队支队长 冯徐生
经侦支队政委 王舜奇
巡警特警支队支队长 朱峻波
巡警特警支队政委 文会华
人口与出入境管理支队支队长 何军湘
人口与出入境管理支队政委 贺永健
网技支队支队长 蔡明光
网技支队政委 谢子立
监管支队支队长 蒋纯铁
监管支队政委 周刚玉
副督察长 警务督察支队支队长 屈建华
交警支队支队长 杨运吉
交警支队政委 蒋云华
大数据实战中心主任 金洞公安分局原局长 沈　林
经侦支队副支队长兼非国家工作人员职务犯罪侦查大队大队长 金洞公安分局原政委 蒋　琼
副调研员 肖祥智
副处级侦察员 欧阳小芬
副处级侦察员 科信支队支队长 唐兴宇
副调研员 朱玉强
副调研员 市公安局驻长沙维稳科科长 陈勇君
副调研员 邹智君
市公安干校校长 唐伍星
市公安干校政委 文声禄
市公安干校副校长 王惠军　孔小良
朱建成
市公安干校原警务技能室主任 罗瑞平
市公安干校副调研员 蒋　莉

市民政局

党组书记 局长 社会组织综合党委书记 吴剑林
党组副书记 副局长 李爱玲
原党组成员 副局长 陈宇永
党组成员 副局长 陈　炜　谢江南
副局长 熊华清
调研员 王庆华
原调研员 吴林峰
副调研员 曾宪元

市司法局

党组书记 局长 雷廷玉
副局长 廖信安
党组成员 副局长 赵常斌　李　伟
党组成员 政治部主任 蒋小波
党组成员 派驻纪检组长 唐云春

原党组成员 副局长 杨长耀
副调研员 蒋和平

市财政局

党组书记 局长 艾艳君
党组副书记 副局长 唐建华
党组成员 总会计师 彭剑
副局长 刘亚屏
党组成员 副局长 谢交发
党组成员 纪检组长 秦晓晖
党组成员 副局长（兼机关党委书记） 李四君
调研员 郭齐民
市人民政府派驻潇天河工程建设投资有限责任公司监事会主席 陈春明
市人民政府派驻潇天河工程建设投资有限责任公司原监事会主席 陈蓓蕾
市农业综合开发办公室主任 秦小国
市非税收入征收管理局局长 杨迪
市国库集中支付中心主任 马玮
市投资会计核算中心主任 刘林秀
市县域经济与产业发展融资中心主任 陈晓旺
市财政投资评审中心主任 刘世荣
市财税职工中等专业学校五级职员（主持工作） 盘全政
市农业综合开发办公室副主任 张智 邓美光 鲁强
市潇湘融资担保有限公司董事长 凡易龙
市潇湘融资担保有限公司总经理 刘小兵

市人力资源和社会保障局

党组书记 局长 刘玲军
党组副书记 副局长 文俊学
党组成员 副局长 何晓红 蒋新山 蒋红霞 邹越
党组成员 纪检组长 刘雪林
党组成员 副局长 匡雄峰
党组成员 工会主席 杨敏
公务员局局长 唐巍松
副调研员 程国梁
市就业服务局局长 何昌盛
市军转干部培训中心主任 艾平华
市劳动保障监察支队支队长 胡伟
市社会劳动保险管理处主任 罗基松
市机关事业单位社会保险管理处主任 廖继华
市医疗保险基金管理处主任 岑旋
市工伤保险处处长 张剑华
市劳动人事争议仲裁院院长 万萍

市国土资源局

党组书记 局长 蒋良铁
党组副书记 副局长 杨建林
党组成员 副局长 唐涨国 黄虎雄 李文乾
党组成员 总经济师 唐纯
党组成员 纪检组长 陆享国
党组成员 市不动产登记中心主任 温小新
党组成员 市纪委监委驻市国土资源局纪检组长 黄湘永
党组成员 市国土资源执法监察支队支队长 杨青松
副调研员 彭志君
副处级干部 市土地储备中心主任 局办公室主任（兼） 何春
副调研员 道县国土资源局党组书记 局长 蒋建俊
副调研员 李之强

市住建局

党组书记 局长 彭晓东
党组副书记 副局长 贺德林
党组成员 副局长 左全裕
市纪委驻市住建局纪检组组长 党组成员 刘江平
党组成员 桂爱广
副局长 李喜云
党组成员 副局长 刘太平
党组成员 工会主席 石先波
总工程师 潘良荣
副调研员 李向阳 王衡

副处级干部　唐端阳

市交通运输局

党组书记
局长　秦功智

党组成员
副局长　欧阳佳赐　裴路成　李序军　唐卫国　聂朝飞

党组成员
工会主席　陈小平

原调研员　吴荣益

副调研员　刘夏松

原工会主席　唐耀轩

市农业委

党组书记
主任　周善生

党组成员
副主任　杨延生　于恒　田焕福　张卫阳　龚文生

副主任　夏炜

党组成员
副主任　王琼

驻市农委
纪检组长　胡剑平

党组成员
总农艺师　胡秀良

党组成员
副主任　刘新峰

工会主席　曾小玲

正处级干部　曹文德

调研员　颜小毛　徐剑星

市水利局

党组书记
局长　廖荣良

党组副书记
副局长　黄保平

党组成员
副局长　曹小阳　李启华

党组成员
总工程师　蒋燕翔

党组成员
副局长　欧阳平清

调研员　王桂芳

原调研员　石琪

副调研员　单剑平

防办主任　李国旗

市林业局

党组书记
局长　宋振平

党组副书记
副局长　肖济民

党组成员
副局长　王利民　蔡昌德

党组成员
总工程师　何晓东

原党组成员
副局长　刘新民

调研员　首才雄　花向群

副调研员　柏劲松

市森林
公安局局长　李建华

市森林
公安局政委　王应华

都庞岭
国家级自然
保护区
管理局局长　李湘林

市商务和粮食局

局长
党组书记　邓群

党组副书记
副局长　李燕军

党组成员
副局长　陈军杰　李烨　徐明华　王硕球　刘大平　单春兰

党组成员
工会主席　蒋健民

党组成员
副局长　邓建华

党组成员　谢科平

原市商改办
党组书记
主任　文善林

原调研员　邓显双　李乾亮

副调研员　杨增久　邓广平

市投资促进
事务局局长　吴小芳

市口岸办
主任　唐亚辉

原党组成员
副局长　曾全国

市文化广电新闻出版局

党组书记
局长　蒋井泉

党组成员
副局长　张科春　唐泽国　赵荣学　赵月辉　盘炳顺

副局长　孙耀梅

副调研员　黄大伟　赵红萍

市卫计委

党组书记　肖东民

主任　欧阳德群

党组副书记
副主任　唐海德

副主任　田洁

党组成员
副主任　蒋玲萍　王群路

副主任　蒋陆阳

党组成员
副主任　万松青

党组成员
总会计师　郭秋玲

党组成员
副主任　任水平　严行斌

党组成员
市纪委驻委
纪检组组长　蒋正生

党组成员
副主任　刘建雄

副调研员　陈荣斌　杨小兰

市审计局

局长　王衡平

副局长　雷玖夏　王平波　曾庆廉

总审计师　蒋跃军

市经济责任
审计工作
领导小组
办公室
专职副主任　唐亚平

市环保局

局长
党组书记　谭立宏

副局长
党组成员　李亚峰　王宁军

总工程师
党组成员　林朝阳

副局长
党组成员　唐远军

原党组成员
副局长　饶刚林

调研员　王跃明　周治水

副调研员　蒋宏国

副处级干部　刘勇

市环境监测站站长　刘旭红

市统计局

党组书记　翟昆华
党组成员 副局长　唐陶国
副局长　伍重武
党组成员 副局长　刘汉武
党组成员 总统计师　肖飞鹰
正处级干部　李海云
调研员　唐军吉
副调研员　陈明辉
市城市社会经济调查队队长　梁　芳

市旅游外事侨务局

党组书记 局长　顾晓姣
党组副书记 副局长　李长文
党组成员 副局长　陈月全　唐修峰　刘　璇
调研员　邓承荣　颜贵平
副调研员　易　川

市城管执法局

党组书记 局长　唐慧云
党组副书记 副局长　罗顺山
党组成员 副局长　张亚林　刘新军　张造明
驻市城市管理和综合执法局纪检组长 党组成员　张建民

市安全生产监督管理局

党组书记 局长　段灵利
党组成员 副局长　黄冬满　韩俊民　罗水文
党组成员 总工程师　刘　勇
党组成员 副局长　谢云祁
调研员　骆龙润
副调研员　周　鹤　唐云辉
市安全生产应急救援中心主任（副处级）　何芳甫
市安全生产执法监察支队支队长（副处级）　蔡建雄

市食品药品监督管理局

局长 党组书记　周长光
纪检组长 党组成员　欧阳冬子
副局长 党组成员　曹晓春　卿宁萍　俞建林
副局长　赵　颖
副局长 党组成员　陈三明
副调研员　周腾龙

市人民防空办公室

党组书记 主任　蒋明清
党组副书记 副主任　周劲文
党组成员 副主任　李顺利　刘德顺　廖建湘
原党组副书记 副主任　廖焕新
调研员　吴国政
副调研员　李湘琼

市工商行政管理局

党组书记 局长　张国政
派驻纪检组组长　欧阳冬子
副局长　韩顺华
党组成员 副局长　王卫红　谢来旺　吴跃归
党组成员 工会主席　潘俐华
副调研员　杨立芳

市质量监督局

党组书记 局长　周平平
党组成员 副局长　文　革　蒋　之　刘勇民
副局长　唐　彧
党组成员 总工程师　杨　敏
副调研员　周德贵

市人民政府法制办

党组书记 主任　兰卫平
副主任　张权辉
党组成员 副主任　林晓峰　潘海山
副调研员　谢开军

市政府金融工作办公室

党组书记 主任　曾宪孝
党组成员 副主任　文中林　黎拥军
党组成员　高　耀
党组成员 副主任　卢基平

市政府直属特设机构

市国有资产监督管理委员会

党委书记 主任　刘　雄
党委副书记 副主任　曾令富
党委委员 副主任　罗有生　陈海燕
调研员　田庭安
副调研员　曾艳玲
市政府派驻城投集团监事会主席　易春阳
市政府派驻经投集团监事会主席　刘伟军

正处级事业单位

市党史与地方志征集编纂办公室

主任　李俊江
副主任　高　波　高爱国　郑经纬

市档案局

局长　蒋刚生

副局长　贺旺喜　高慧
调研员　廖满婷　阳寰宇

市委市政府接待处

副处长　周贤志　刘波
副调研员　陈健昶
副处级干部　李薇

市委讲师团

主任　周勇
副主任　李国仲
调研员　吴秋香

永州日报社

党组书记 社长　刘波
党组副书记 总编辑　欧显庭
党组成员 副总编辑　吕晓勇　万跃飞　曾锐
党组成员 纪检组长　章莉
党组成员 副社长　雷述明
党组成员 副总编辑　欧春涛
五级职员　蒋剑翔
六级职员　蒋亚斌
工会主席 六级职员　李军平

市广播电视台

党委书记 台长 总编辑　杨健
党委委员 副台长　杨向东　刘楚平　唐新华
党委委员 副总编辑　罗光国　唐群星
党委委员　欧朝阳
总工程师　钟伟
工会主席 原副调研员　柏高见
原副调研员　夏国忠　罗剑君

湖南省九嶷山舜帝陵基金会办公室

主任　郑运生
副主任　李卓勇

市移民局

党组书记 局长　周智亮
党组成员 副局长　何长华　秦雄飞
调研员　伍少平　黄伟
副调研员　卢兆盛

市扶贫办

党组书记 主任　段贵建
党组成员 副主任　唐慧稳　蒋博生　杨继川　周涛　章乐　廖小红
副调研员　雷运福　唐明川

市公路局

党委书记 局长　杨小明
党委副书记 副局长　朱云飞
党委委员 副局长　陈跃峰
党委委员 纪委书记　刘文杰
副局长　付康成
党委委员 工会主席　蒋华清

市供销社

党组书记 理事会主任　唐肃忠
党组副书记 监事会主任　梁仁初
党组成员 理事会副主任　贾玉权　吴仁海
党组成员 总经济师　杨顺成
党组成员 理事会副主任　伍四清
原党组成员 纪检组长　肖八妹
原调研员　雷治贵
调研员　黄洪德
道县原县委常委 纪委书记　唐小青

市畜牧水产局

党组书记 局长　蒋南林
党组成员 副局长　高宏华　尹秋元　唐慧稳　成卫平
党组成员 纪检组长　李红林
调研员　王敦勋

市房产局

党组书记 局长　高武
党组成员 纪检组长　周进春
党组成员 副局长　龙国庆　卢志华　唐军芳
原市房改办主任（副处）　唐国强
市国有土地房屋征收与补偿管理办公室主任（副处）　章乐
五级职员　唐国雄

市公共资源交易中心

党组书记 主任　李恺
党组成员 副主任　刘骥　义盛章　奉金菊

市政务服务中心

党组书记 主任　骆方方
党组成员 副主任　顾健　蒋昌辉
调研员　蒋如明
副调研员　尹岩松

湖南省双牌水库灌区管理局

局长 党委书记　夏剑平
党委副书记 副局长　柏牧
副局长　邓孟秋　刘格林　郑黎明
总工程师　周文彬
调研员　张彩鈺
五级职员　卿建民

涔天河水利水电管理局

党委书记　黎世民
党委副书记 局长　卢文庆
党委委员 副局长　邓金国　石林辉

原党委副书记 原局长　刘亮凯
党委委员 五级职员　张明亮
党委委员 原副调研员　李　忠

市农业科学研究所

党委书记 所长　孙小成
党委委员 副所长　欧阳国春　王文华　雷干农
党委委员 工会主席　桂爱军
党委委员 纪委书记　周　涛
党委委员 总农艺师　蒋小军
五级职员　罗怀贵
原副调研员　王安国

福田茶场

党委委员 书记　雷安术
场长　姚如男
党委委员 副场长　卢作斌
党委委员 工会主席　李江南
党委委员 纪委书记　朱振军
党委委员 副场长　贾仕超
五级职员　唐动发　孙建国　莫国平

市柑桔示范场

场长 党委书记　周建志
副场长　廖家艳　尹向东　徐湘树
纪委书记　刘　程
副场长　易俊良
五级职员　柏小明

市工业企业改制服务办公室

党组成员 副主任　谭家斌　叶海涛　张红一　杜后成
原党组书记 主任　张治荣

市商业企业改制服务办公室

党组书记 主任　张　宏
副主任　周良发　邓湘祁
原副主任　蒋易郓

群团组织

市总工会

主席　胡先荣
党组书记 常务副主席　吴红燕
党组成员 副主席　徐　波　程万衡　唐　羽
党组成员 女职委主任　蒋艳萍
党组成员 经审委主任　眭亚山
常委 调研员　刘慧星

共青团永州市委

党组书记 书记　龙　亮
党组成员 副书记　李　玲　胡湲晖　冯志多
党组成员 副书记（挂职）　刘晓慧
副书记（兼职）　工智伟

市妇女联合会

党组书记 主席　黄玉芳
党组成员 副主席　黄秋莲　刘贤华　周爱萍
党组成员 副主席（挂职）　刘燕屏

市科学技术协会

党组书记 主席　翟方奇
党组成员 副主席　黄世轩　曹筱虹
调研员　胡海元
副调研员　肖健林

市文学艺术界联合会

党组书记 主席　蒋蒲英
党组成员 副主席　熊爱华　李　科
调研员　陈　文

市归侨侨眷联合会

党组书记 副主席　柏继平
主席（兼）　杨增和
党组成员 副主席　刘　刚

市社会科学联合会

主席　陈水恩

市残疾人联合会

党组书记 理事长　李社光
党组成员 副理事长　万平波　唐荣华
原党组副书记 原副理事长　范桑洪
调研员　匡富春
副调研员　刘玉珍

中国国际贸易促进委员会永州市支会

党组书记 会长　胡　羲
党组成员 副会长　李少君

市红十字会

专职副会长　伍友华

市关心下一代协会

主任　吴志雄
常务副主任　谢朝月
副主任　钱荣棠　李续荣　盘玉花　何新义　秦远林
副主任兼秘书长　高红卫

市计划生育协会

会长　李农妹
常务副会长　蒋玲萍
专职副会长　李双元

市慈善总会办公室

主任　孙文波

副处级单位

市城市园林局
局　　长　彭善新
市文化市场综合执法局
局　　长　李灵钧
副局长　文　晖
市全民健身服务中心
主　　任　欧阳洪波
市农业机械化管理局
局　　长　蒋华权
副局长　伍海斌
市农业综合开发办
主　　任　秦小国
副主任　张　智　邓美光
　　　　鲁　强
市建工事务办公室
主　　任　雷海斌
市建设工程质量安全监督站
站　　长
书　　记　邓新茂
市规划设计院
院　　长　王宇斌
市住房公积金管理中心
主　　任
（正处级）　赵国平
市烤烟办
主　　任　吴　谨
副主任　何　健　杨平安
市无线电管理处
主　　任　蒋爱新
市重点建设工程领导小组办公室
主　　任　卿惠玲
市农村经营服务站
站　　长　唐光文
市教育考试院
院　　长　罗光明
市教育科学研究院
院　　长　徐正祥
市政府驻北京联络处
主　　任　蒋建平
副主任　高　文（兼）
　　　　杨瑞雪
市政府驻长沙办事处
主　　任　胡继军
副主任　邹晓帆
市政府驻深圳办事处
主　　任　裴兴宇
副主任
（正处）　唐启君
市疾病预防控制中心
主　　任　陈伯中
市卫生计生综合监督执法局
局　　长　康　灿
市文物处
处　　长　贺义辉
市军队干部休养所
所　　长　蒋卫东
市道路运输管理处
处　　长　陶金凤
副处长　陈明生　肖光武
市地方海事局
总支书记
局　　长　吕格林
市地震局
局　　长　张　泉
市食品药品检验所
所　　长　吴军民
市交通建设质量安全监督管理处
总党支部
书　　记　张建晖
处　　长
市爱国卫生运动委员会办公室
主　　任　李　攀
市优化经济办公室
主　　任　柏雄文
永州国家农业高科技园区
党工委书记
（正处级）　伍玉生
管委会主任　艾可想
涔天河工程建设投资有限责任公司
党委书记
董事长　李祥红
党委副书记
总经理　王振华
党委委员
副总经理　金锦云　王四清
　　　　姜尚荣
监事会主席　陈春明
纪委书记　李新华
总工程师　王显峰
副总经理　黄克峰
市城市建设投资发展有限责任公司
党委书记
董事长　李世旺
党委副书记
董事
总经理　蒋志刚
党委副书记
副总经理　郭晓斌
监事会主席　易春阳
党委委员
副总经理　黄小明
党委委员
总会计师　程国顺
董事
副总经理　吴东红
党委委员
副总经理　龚玉明
董事
副总经理　张秋平
董事
总经济师　吕　博
董事
总工程师　李亚明
党委委员
纪委书记　袁　立
工会主席　唐斌轩
永州市保障性安居工程投资建设开发有限公司经理　杨智荣
永州市矿业投资开发有限责任公司经理　刘丹明
市经济建设投资发展集团有限责任公司
董事长
党委书记　胡勇刚
董事
总经理
市机场建设投资开发有限公司经理　鲁耀纯

监事会主席　刘伟军
党委副书记 副总经理　廖洪涛
董事 副总经理　陈慧
董事 市交通建设投资有限公司经理　陈于军
董事 副总经理　邓宪君
董事 总会计师　周志强
纪委书记　蒋海民
董事 副总经理　雷宏鸣
总经济师 市滨江新城投资建设有限公司经理　张新建
副总经理　胡红波
总工程师　曹志远
副总经理　姜斌
副处级干部　吴林辉
市顺达住房投资建设有限公司经理　何维龙

市城市公共交通运输有限责任公司

党委书记 董事长　唐晓波
党委副书记 总经理 副董事长　蒋竣
党委副书记 董事 副总经理　胡云超
董事 副总经理　唐爱军　蒋松顺
纪委书记　尹芝友
总会计师　林军
监事会主席　唐美凤

中央、省驻永州单位

市国家安全局

局长　罗国飞

国家税务总局永州市税务局

党委书记 局长　毛东庆
党委副书记 副局长（正处级）　曾立春
党委委员 副局长　唐双祁　朱建河　刘小贤　何多珍　欧鸿鲲　李靖　刘小明　文方明
党委委员 纪检组长　陈立志
党委委员 总经济师　程灿烂
党委委员 总会计师　桂来上

市烟草专卖局

党组书记 局长 经理　幸勤
党组成员 副局长　刘正日
党组成员 副经理　廖爱国
党组成员 纪检组长　杨深根
党组成员 副经理　许清孝
副调研员　聂新柏

市气象局

局长 党组书记　鲁金舟
副局长 党组成员　黄海涛　宋定满
纪检组长 党组成员　欧阳水章

市水文资源勘测局

党委副书记 副局长　孙亚飞
副处级干部　唐顺亚

长沙海关驻永州办事处

副关长　王丽红　韩龙跃

市邮政管理局

党组书记 局长　唐卫国

国家统计局永州调查队

党组书记 队长　庄作勇
党组成员 副队长　蒋英明　谢春丽
党组成员 纪检组长　陶小岗
副调研员　何夏琴

永州监狱

党委书记 监狱长　雷建华
党委副书记 政委　邱平石
党委委员 总经理　马明志
党委委员 副总经理　欧亚拉
党委委员 纪委书记　罗宏国
党委委员 副监狱长　王宽武
党委委员 政治处主任　颜开
副总经理　袁海波　许东波
调研员　朱平刚　李怀义
副调研员　李来成　吕录

东安监狱

监狱长　袁敏乐
政委　王光明
总经理　张伟
副监狱长　李鹏飞
副总经理　杨爱科
副监狱长　陈建祥
政治处主任　郭代卓
纪委书记　谭晓晖
副监狱长　彭志明
副总经理　段诚富
调研员　伍先军
副调研员　赵修建　宁建彪

国网湖南省电力公司永州供电分公司

总经理　刘文春
党委书记　田国元
副总经理　何永立　张建　邓汉钧　王毅
总工程师　于彩葵

湖南省邮政公司永州分公司

党委书记 总经理　穆振民
纪委书记 副总经理　文庆夯
副总经理 工会主席　蒋飞跃
副总经理　刘毅

中国电信永州分公司

党委书记 总经理 王中

党委成员 副总经理 王晖 蒋钟祁 刘东波

总经理助理 李共三

中国移动永州分公司

总经理 朱振辉

副总经理 邓涛

总经理助理 周健

中国联通永州分公司

党委书记 总经理 刘鲲

党委委员 副总经理 蒋毅 向勇平 王海荣

中国人民银行永州市中心支行

党委书记 行长 袁曙光

党委委员 副行长 杨金日 唐大立

党委委员 工会主任 雷树清

党委委员 纪委书记 李名义

副调研员 赵东旺

永州银保监分局

党委书记 局长 邓建华

党委委员 纪委书记 李文静

党委委员 副局长 李树屏 赖泽仁

永州市银行业协会

会长 马炳瑜

理事 孟德军 徐彦杰 张重九 陈永红 龚飞龙 欧阳挺 熊庭哲 廖奇旺 李枫 刘红善 谭远 吕绍双 王惠珍

理事 秘书长 王思岳

中国工商银行永州分行

行长 党委书记 杜凌翼

副行长 金永华 沈毅 黄晟 龙志毅

纪委书记 谢利平

高级经理 段湘江 陈开钢 阳革新

中国建设银行永州市分行

党委书记 行长 龚飞龙

党委委员 纪委书记 江新波

党委委员 副行长 罗全华 刘剑 陈艳珠 刘方方

中国银行永州分行

行长 陈永红

副行长 伍明 蒋萱林 刘新平

党委委员 宁闯

中国农业银行永州分行

党委书记 行长 尚前

党委副书记 副行长 彭亚杰

党委委员 副行长 蒋星友 罗雄伟

党委委员 纪委书记 黄智斌

调研员 雷治新

副调研员 潘美才

中国农业发展银行永州分行

党委书记 行长 付昌国

党委委员 副行长 阳志清 刘夷夫 谢小波 刘定波

湖南省农村信用社永州办事处

党组书记 主任 欧阳挺

党组成员 副主任 李中平 黄跃辉

正处级 督导员 蒋跃民

副处级 督导员 樊春湘

交通银行永州分行

党委书记 行长 马炳瑜

党委委员 行长助理 唐姝 田一鸣 赵剑

华融湘江银行永州分行

党委书记 行长 廖奇旺

党委委员 纪委书记 副行长 余强庚

党委委员 副行长 工会主席 王东平

党委委员 副行长 风险总监 黎明东

总行派驻 授信审批官 赵维俊

中国邮政储蓄银行永州市分行

党委书记 行长 熊庭哲

纪委书记 副行长 王松林

工会主席 副行长 潘清山

副行长 何艳 谭荣清

长沙银行永州分行

党委书记 行长 李枫

党委副书记 副行长 孙志中

党委 纪检委员 副行长 伍林

风险总监 任真

潇湘农村商业银行

董事长 吕绍双

行长 周少清

监事长 罗怀科

纪委书记 刘振武

副行长 贺清江 周小平 钱步云

中国人保

总经理 姚惠明

副总经理 邓胜辉 黄建鹏 胡国雁

平安财险

总经理 赵凯

副总经理 陈四美

天安财险

总经理 刘勇

华安财险

总经理 吴川国

中华联合

总经理 罗仁坤

太平洋财险

总经理 李小英

副总经理 唐晓雪 文璇

中国大地

总经理 罗文奇

安邦财险

总经理 曹晓斌

阳光财险

总经理 邓勇军

副总经理 于杰

国寿财险

总经理 王斌

副总经理 蒋永胜

渤海财险

总经理 杨焯宇

太平财险

总经理 陈松辉

中国人寿永州分公司

党委书记
总经理 田东侠

党委委员
副总经理 眭文平 胡群拥 林泽涛 尹翔

方正证券清桥路营业部

总经理 蒋力刚

资深经理 陈立新

高级经理 唐朝明

东安营业部
总经理 刘忠良

中国石化湖南永州石油分公司

经理 潘晓卿

党委书记 丁海华

副经理 周芳金 卢运仰 何四贵

中国石油湖南永州销售分公司

总经理
党委副书记 朱立军

党委书记 谭萧

湖南盐业股份有限公司永州市分公司

党委书记
总经理 陈章勇

纪委书记
副总经理 唐健

副总经理 蒋毅峰

湖南省新华书店有限责任公司永州市分公司

党委书记
总经理 龙量海

党委副书记
副总经理 陆湘喜

纪委书记
副总经理 陈有林

党委委员
财务总监 肖东亮

党委委员
副总经理 马琳

湖南省双牌水力发电有限公司

党委书记
执行董事
总经理 王俊

党委副书记
纪委书记 李建红

副总经理 肖建新

副总经理
总工程师 徐兴国

副总经理
副总工程师 刘德文

湖南省南津渡水力发电有限公司

党委书记
执行董事
总经理 罗广林

副书记
纪委书记 陈志湘

副总经理 周庚芝 王庚生

副总经理
工会主席 周小林

湖南中烟工业有限责任公司零陵卷烟厂

党委书记
厂长 陈国联

党委委员
副厂长 朱凌冰 吕芳德

党委副书记
工会主席 石瑞林

党委委员
纪委书记 刘兴明

副厂长 邓银正

调研员 吕爱华

副调研员 吕定华

湖南时代阳光药业股份有限公司

董事长
董事 朱光葵

总经理
董事 董琳莉

副总经理
执行董事 唐纯玉

副总经理
董事
党支部书记 蔡义高

行政总监
工会主席 李逸韵

质量总监 李震

生产总监 黄忠志

湖南兵器跃进机电有限公司

执行董事
总经理
党委副书记 黄永杰

党委书记
副总经理 黄建群

纪委书记
工会主席 何海军

党委委员
副总经理 李胜鹏

集团公司
委派
财务总监 彭晓群

党委委员
副总经理 唐杰

党委委员
总经理助理
重点办主任 朱懂星

党委委员
电机分公司
经理 义江

总经理助理 张真 任记忠 赵星海

湖南兵器建华精密仪器有限公司

执行董事
总经理
党委副书记 蒋粤军

党委书记
副总经理 伍聚宝

财务总监 彭晓群

党委委员
副总经理 张宏生 武波涌 刘治旺

党委委员
纪委书记
工会主席 唐忠德

党委委员 肖平

湖南神斧集团湘南爆破器材有限责任公司

党委书记、执行董事、总经理　奉朝晖
常务副总经理　屈文勇
副总经理　孙建仪　王　爱　蒋恩星
纪委书记、工会主席　龚小丙
财务总监、财务审计部部长　卿清光

湖南省南岭化工集团有限责任公司

党委书记、执行董事、总经理　熊煜华
党委副书记、纪委书记　陈友民
副总经理　邓建国　周桂中
工会主席　唐跃华
高级经理　刘玉芳

湖南烟叶复烤有限公司永州复烤厂

党委书记、厂长　盘勇卫
党委副书记　雷雅麟
副厂长　刘华友
纪委书记　李志强
副厂长　夏利文

湖南省地勘局409队

队长　廖凤初
党委书记、工会主席　蒋佑民
副队长　胡太平　左明武
纪委书记　王书华
副队长　申志刚
总工程师　曾志方

湖南省煤田地质局第三勘探队

队长　张晓燕
党委书记　何立宏
副队长、总工　邹建勇
副队长　王粒共

神华国华永州发电有限责任公司

书记、执行董事　温长宏
副总经理　杨远忠
纪委书记　刘凯翔
总经理助理　刘　钧　刘　丰

永州火车站

站长　卢锦华
总支书记　廖智红
总支副书记　何　剑
工会主席　杨少华
运输副站长　黄晓非
安全副站长　陈满国

湖南机场股份有限公司永州零陵机场分公司

党委书记　贾阳发
总经理　杨　智
党委副书记　焦祖文

大中专院校和部分高中

湖南科技学院

党委书记、校长　曾宝成
党委副书记、工会主席　唐艳明
党委委员、副校长　宋宏福
党委委员、纪委书记　彭立威
党委委员、副校长　郑山明　李常健　吴小林　程智开
党委委员、组织部长　何福林
党委委员、宣传部长　杨　涛

永州职业技术学院

党委书记　黄小明
党委副书记、院长　翟惠根
党委副书记　李国春
副院长、附属医院院长　杨　铭
党委委员、副院长　韩立路　窦铁生
党委委员、纪委书记　蒋衡湘
工会主席　李　晶
党委委员、组织人事部部长　熊礼杭
党委委员、宣传统战部部长　裴有为
原院长助理　唐陶富　罗敏杰
原副院级干部　刘晓兰
党委办公室主任　何　春
纪委副书记　黄义君
监察室主任　黄立新
工会副主席　彭　军
女工委主任　程丽华
学生工作部部长　邓如涛
武装保卫部部长　蔡　民
团委书记　张宜剑
教务处处长　卢　璐
总务后勤处处长　袁延生
计划财务处处长　陈　艳
招生处处长　邓国文
就业指导处处长　钟学云
科技产业处处长　刘章胜
审计处处长　汤文忠
教学督导、高职研究室主任　张　伟
原监察室主任　蒋　宁
原教务处处长　吴群力
原科技产业处处长　阳　晓
原教学督导、高职研究室主任　孙　雁

湖南潇湘技师学院　湖南九嶷职业技术学院

党委书记　黄　冰

党委副书记 院长 唐海君
党委副书记 何增明
党委委员 副院长 冯友明
党委委员 纪委书记 易清国
党委委员 副院长 罗湘明
党委委员 工会主席 罗顺莲
党委委员 副院长 陈　强
党委委员 组织宣传统战部部长 谢春江
党政办主任 李桐森
教务处处长 周利民
监察室主任 唐文玉
招生就业处处长 唐　锴
学工处处长 谢万君
保卫处处长 朱　荣
后勤处处长 周灵军
团委书记 胡沁婷

湖南广播电视大学永州分校

党委书记 李长于
校长 崔　莹
副校长 王　霈
纪委书记 左令华
副校长 李飞燕
党委委员 顾　明

湖南省祁阳师范学校

校长 党委副书记 汪华明
党委书记 邓海云
副校长 陈宗华
党委委员 副校长 贺红山　赵文玲
党委委员 纪委书记 李　胜

湖南省道县师范学校

党委书记 校长 何云峰
党委委员 副校长 胡达仁
党委委员 纪委书记 刘孝文
党委委员 副校长 唐广勇
党委委员 工会主席 何仙玉

湖南省永州市工业贸易中等专业学校

校长 党委副书记 尹存成
党委书记 欧阳英
党委副书记 副校长 杨乐生
党委委员 副校长 胡林祥　李世能　熊首元
党委委员 纪委书记 李　君

永州市第一中学

校长 周　黎
党委书记 张　丰

永州市第四中学

校长 蒋亚军
党委书记 石明一

医院、车站、机场

永州市中心医院

院长 党委副书记 刘　彬
党委书记 赵承保
党委委员 纪委书记 刘联伟
党委委员 副院长 段顺元
副院长 唐朝晖
党委委员 总会计师 唐祯祥
党委委员 工会主席 张润周
党委委员 副院长 江拥军　李毓琴

永州市中医医院

院长 党委副书记 王文革
党委书记 刘亚玲
副院长 党委宣传委员 熊忠太
副院长 党委组织委员 工会主席 陈　政
党委纪检委员 李征北

永州市妇幼保健院

院长 周云玲
党总支书记（副院长） 何德良
副院长 陈　轩　蒋国英　阳少辉
工会主席 朱　蓉

永州市第一人民医院

院长 党总支书记 杨　铭
副院长 陈晓育　裴德新　高文胜
工会主席 罗文正
纪检组长 邓阳春
院长助理 周　振
总会计师 汤怀宇

驻永州军事单位

武警永州市支队

支队长 黄炜铭
政治委员 刘小龙

市公安消防支队

政治委员 张　健
支队长 吴朝亮
副支队长 严江海　胡志刚
副政治委员 黄孝阳
司令部参谋长 何昆哲
政治部主任 贺　颖
后勤处处长 甘　剑
防火监督处处长 李少波

六大战役

Six Major Battles

脱贫攻坚战役

【概况】 2018年，永州市减贫135094人，贫困村出列267个，江华瑶族自治县脱贫摘帽，全市贫困发生率下降至1.3%。全市脱贫攻坚多项工作走在全省前列，全省扶贫小额信贷培训现场会、全省“互联网+社会扶贫”座谈会等系列会议在永州市召开，市扶贫办获得2018年“全省扶贫宣传工作先进单位”、全市“优秀后盾帮扶单位”称号，江永县获得2018年全国脱贫攻坚“组织创新奖”，在全省脱贫攻坚年度考核中，永州市在一类市州中的综合评价等次为“较好”，县区考核中，双牌、江华、祁阳、永州经济技术开发区4个县（开发区）考核等次为“好”，9个县区（管理区、开发区）为“较好”。双牌县位列已摘帽县区第二名，祁阳县位列非贫困县第五名，永州经济技术开发区位列管理区（开发区）第二名。永州市受邀到国家行政学院、全国“10·17”扶贫日论坛、江西石城“互联网+”全国现场推进会、省行政学院就社会扶贫工作交流推介“互联网+”社会扶贫“永州经验”，葛小梅等5人获得省2018年“最美扶贫人物”称号，并受邀参加中央电视台《2018点赞中国》现场录制，段贵建等30人获得全省“脱贫攻坚先进个人”称号。

【社会扶贫】 2018年，永州市动员社会各界力量投身参与全市脱贫攻坚战役，推进“万企帮万村”精准扶贫行动、中国社会扶贫网建设、“10·17”扶贫日系列活动、“我想有个家”危房改造公益募捐活动，全市募捐包括“我想有个家”危房改造众筹资金在内的社会扶贫资金4063万元，第二届“青年圆梦计划”募捐活动募集资金375.76万元。全市社会扶贫网爱心人士累计注册40.83万人，贫困户累计注册人20.94万人，累计帮扶受益34.65万人次。发挥非公企业“主力军”作用，组织引导181家非公企业投入8.14亿元，开展项目帮扶260个，与246个贫困村结对，带动5.46万贫困人口增收。

【产业扶贫】 2018年，永州市深化“四跟四走”（资金跟着穷人走，穷人跟着能人走，能人跟着产业项目走，产业项目跟着市场走）产业扶贫模式，因地制宜发展特色产业，建立中药材、蔬菜、水果、粮油、休闲农业、旅游等14个县区特色产业园。推进“百企帮百村”行动，全市143家龙头企业带动489个贫困村建立扶贫产业基地。抢抓机遇发展光伏产业，建成并网江华42.9兆瓦、祁阳60兆瓦、宁远16.5兆瓦等5个集中式光伏发电站、625个村级光伏电站。推进农村电商扶贫产业，扶持贫困户开设网店827家，全市贫困村电商服务站点517个，110个贫困户农产品入驻电商平台。

【就业扶贫】 2018年，永州市按照“政府搭台、企业主导、村组设点、就近就业”的思路，推进“万企帮万村”，引导制衣、制伞、电子、纺织等劳动密集型小微企业在群众家门口开设“扶贫车间”，全市开设“扶贫车间”700余家，吸纳3.2万余名留守劳动力“家门口”就业，其中贫困劳动力1.2万余人，人均年增收2万元以上。续聘建档立卡贫困户生态护林员868人，其中新聘344人，每年人均护林工资1万元。完成150371名贫困劳动力就业信息的采集、核实和录入，建立以蓝思科技为代表的省内外劳务协作对接企业200余家，累计转移就业贫困劳动力16.6万余人次，新增贫困劳动力转移就业8780人。

【行业扶贫】 2018年，永州市实施易地扶贫搬迁建设集中安置项目61个（含2017年提前实施的30个），建设住房6539套、52.8万平方米，投资12.36亿元；完成危房改造开工15735户，竣工14146户，完成移民避险解困1702人。全面落实教育扶贫政策，贫困学生义务教育完成率100%，贫困学生教育补贴应补尽补，教育资助应助尽助。推进健康扶贫政策，全面建成健康扶贫“一站式”结算平台，建档立卡贫困人口参保率100%；建档立卡贫困人口住院12.5万人次，基金支付34305万元，贫困人口待遇享受100%；全市贫困人口住院享受“一站式”结算51460人次，综合报销金额16682.21万元，全市建档立卡贫困人口家庭医生签约服务率100%。全面落实兜底保障政策，实行“应纳尽纳”，全市农村低保标准提高到3240元/年，农村低保月人均救助192元、农村低保兜底保障对象月人均救助272元。

【扶贫与扶志】 2018年，永州市全面推进扶贫与扶志、扶智相结合，推行以“扶志气建讲堂、扶技能建中心、扶产业建基地、扶队伍建堡垒”为主要内容的“四扶四建”创建活动，通过思想发动、产业带动、培训推动、道德促动，全方位多层次激发农村贫困群体内生动力，补齐贫困群众“精神短板”，得到中央电视台等8家媒体的推介报道，在国务院扶贫办举办的全国扶贫日“扶贫扶志”论坛上，祁阳县介绍“四扶四建”做法。

【扶贫特惠保】 2018年，永州市推进“扶贫特惠保”，在全省扶贫特惠保设计的3个险种范围内，增加2个险种，创新推行“1+5”扶贫特惠保，实现基本保险险种加特色保险险种全方位保障。创新资金筹措模式，推行“政府+统保”“政府+个人”“政府+社会”模式，全市贫困人口参保率100%，实现贫困人口全覆盖，理赔14277人次，理赔金额2819.82万元，赔付率70.52%，赔付率居全省前列。

【抓党建促脱贫】 2018年，永州市强化党建引领促脱贫攻坚，全面推进贫困村支部“五化”建设，以村（居）“两委”换届为契机，调整配强贫困村党组织书记602人、村主任655人，贫困村“能人治村”比重占63%。实施农村党员和青年农民培训工程，在永州工贸学校建设农业部管理干部学院实践教研基地、永州市农村党员和青年农民培训中心，采取“农民点单”“财政买单”的方式，对农村党员和青年农民大规模免费培训，举办“党建+产业扶贫”培训班42期，培训学员2.1万余人，带动周边群众17万余人脱贫致富，实现产业增收8亿余元。

（市扶贫办）

城镇提质战役

【概况】 2018年，永州市围绕城镇提质战役的部署，坚持“创新、协调、绿色、开放、共享”五大发展理念，改革创新，统筹谋划，锐意进取，一系列工作取得突破，一大批项目加快推进，城乡建设转向“升特色品质、重生态环保、保民生刚需、促产业升级”的高品质、高质量发展。

【城乡规划编制与管理】 2018年，永州市按照“多规合一”的原则，紧密衔接国土、水利等总体规划，完成中心城市总体规划局部修改，获省人民政府批准实施，城市空间布局更加优化。围绕民生问题，修改完善中心城区加油加气、学区学位、绿地系统等专项规划；统筹资源配置，完成18大片区控规成果汇编，出台潇湘城市群规划初步成果和近期建设规划。突出城乡融合发展，完成各县（管理区）总体规划、815个村庄规划，全市2309个村庄实现规划全覆盖。彰显历史文化特色，完成历史文化名城名镇名村、传统村落、历史文化街区规划79个。同时，突出依法审批，完成《永州市城市规划管理技术规定》编制，完善市规委会议事规则。全年组织市规委会等审查会议41次，审查和研究项目485个，核发“一书三证”（“建设项目选址意见书”“建设用地规划许可证”“建设工程规划许可证”“乡村建设规划许可证”）379份，促进重点项目快速落地。

【“城镇提质”项目建设】 2018年，永州市在控制地方过度举债和PPP项目受控等形势下，为弥补政府投资不足，转换思路，合理安排项目，保证城市建设投资力度不减、数额不降。其中市本级计划建设重点项目60个，年度计划完成投资92.08亿元；县区计划建设重点项目64个，年度计划完成投资133.71亿元。截至2018年年末，全市重点项目完成投资230.75亿元，其中市本级重点项目完成投资93.62亿元，县区重点项目完成投资137.13亿元。永州大道、翠竹大道（二广高速永州东连接线）、九嶷大道全线通车；潇湘大道、城南大桥、水汲江路、陶源路、迎宾路如期推进；中心城区33条道路提质改造完成扫尾。市幼儿师范高等专科学校主体工程完工。市政务中心、文化艺术中心、人防疏散基地主体工程竣工。曲河水厂10万吨/日扩容提质项目投入运营。下河线污水处理厂5万吨/日污水处理提标工程基本完成。冷水滩、零陵公交首末站建成完工。城市产业项目加快落地，“零陵古城”、河西城市综合体、中邦世纪广场、永州大市场、湘南万商红商贸新城等项目开业营运，红星美凯龙项目基本完工，永州华侨城卡乐文化旅游项目开工建设。恒大集团、万达集团等知名企业与片区开发产业建设合作取得突破进展。县城提质扩容步伐加快，祁阳、东安、宁远、江华等县城建成一批重大项目，城市面貌发生明显变化。江华瑶族自治县获得“国家园林县城”称号，新田县、东安县获得“省级园林县城”称号。宁远、江永、道县晋升湖南省历史文化名城。

【行业管理依法从严】 2018年，永州市坚持“从严执法、阳光执法”，建立移动规划执法信息系统，实现跟踪管理可视化、监管台账信息化，中心城区158个房建项目900万平方米全面纳入批后管理，强化全过程、全方位执法。全年对2个项目下发限期拆除决定书，依法查处违法设计、违反规划许可和施工许可、违法招标和违法分包等行政处罚案件29个，处罚建设单位等五方责任主体15家，收缴罚款590万元；问责招投标评委9个，建设领域执法形成压倒性态势，责任主体守法意识普遍增强。同时，狠抓“蓝天保卫战”，开展联合执法和扬尘治理专项整治，督促工地落实“六个不开工”（未硬化建筑工地出入口路面不得开工，未设置洗车平台、配置洗车设施不得开工，建设、施工、运输单位未落实建筑渣土倾倒场点的不得开工，未使用核准运输单位及车辆的不得开工，未签订建筑渣土规范处置承诺书并交纳保证金的不得开工，现场管理人员不到位的不得开工）和“七个100%”，着力保护“永州蓝”。

【村镇建设】 2017年，永州市结合乡村振兴，在全省率先成立乡镇规划委员会，出台并实施《关于规范全市农村村民建房管理的指导意见》，完成《永州市乡村房屋建设管理条例》起草，从法规层面规范农村建房。加强农村人居环境整治，建设17个乡镇污水处理设施，治理农村黑臭水体9处，市住房和城乡规划建设局获得全省改善农村人居环境先进单位称号。国字号品牌创建取得突破，获批中国传统村落61个，总数居全省第一位；芦洪市镇、龙家大院、楼田村、虎溪村1镇3村入选国家历史文化名镇名村，占全省三分之一。加强村镇建设管理工作，为全省提供可复制推广的经验，被湖南卫视、人民网等媒体宣传推介。

【工程建设质量】 2018年，永州市引进一批高水平的规划设计团队，编制规划突出前瞻性、长远性、科学性，并充分发挥规委会集体决策作用，审查项目严格把关，提升项目规划设计水平。引进中建五局、中铁十七局、北京建工、湖南建工、光大国际、万达集团、北控水务等一批高水平的企业投资建设，突出标准化、规范化、智能化建设，推动建设品质的提升。创先争优、提升品质，狠抓建筑项目首层示范、市政项目首段示范，创建“样板工程”，获得国家级质量安全奖4项，实现零的突破；获得省建筑工程芙蓉奖2个，省优质工程8个。同时，加强工程预算监管，严格落实审图制度和竣工验收制度，规范项目招投标，严格落实勘察、设计、施工、建设、监理五方责任，加强工程质量事前、事中和事后监管，严把建设工程质量关口。

【民生实事工程】 2018年，永州市加大保障性住房建设力度，省里下达全市城市棚户区改造开工任务为52个项目（调整后为48个）23550套，总改造房屋面积约345.5万平方米，总投资约146.3亿元，要求完成各类棚户区改造基本建成任务23797套。截至2018年年末，开工建设23550套，总开工率100%。完成各类棚户区改造基本建成任务27206套，完成各类棚户区改造基本建成任务。持续推进农村危房改造，向省里争取农村危房改造指标10600户、补助资金3.12亿元。截至2018年年末，开工15718户，开工率148.3%；竣工13798户，竣工率130.1%。房地产市场平稳运行，全市批准商品房预售面积567.94万平方米，增长73.38%。其中，住宅444.99万平方米，增长66.77%；非住宅122.95万平方米，增长102.45%。房地产完成投资101.26亿元，增加12.06亿元，增长13.5%。中心城区规划批准房地产面积近460万平方米，对稳定2019年房地产市场将起到关键作用。房地产品质得到提升，建设一批高档小区，如金龙绿城、碧桂园等房地产项目，满足市民需求。

【项目建设要素保障】 2018年，省自然资源厅安排永州市土地利用计划591公顷，其中市本级187公顷。全市获部、省批准新增建设用地项目138个，有效保障湘桂铁路改造、毛俊水库、湘江东岸生态治理、学位建设等重大项目、重点工程和民生实事项目的用地需求。选址核查城乡建设用地增减挂钩项目906公顷，获省自然资源厅批复563公顷。强化资金保障，按照中央、省有关要求，制定债务化解方案，推进防范化解地方政府债务风险工作，确保资金链不断裂，不发生系统性风险。加大土地出让力度，土地出让收入大幅增长，全市挂牌出让土地成交223宗、面积523.2公顷，成交金额106.6亿元，较2017年增加90宗、面积65.07公顷，成交金额55.3亿元。中心城区成交23宗、面积63.33公顷，成交金额12.7亿元，比2017年实际投入市场的土地减少4宗，面积减少16.93公顷，成交金额增加0.3亿元，土地出让效益得到提高。开展征地拆迁百日攻坚行动，创新征地拆迁方式方法，完善征地拆迁工作机制，研究出台《关于进一步完善中心城区土地和房屋征收工作机制的意见》《征地拆迁联动机制实施方案》等多个文件，实行重心下移、权力下放、责任下调、力量下派、工作下沉，开展重点项目征地拆迁百日攻坚行动，调动各级各部门工作积极性，征地拆迁实现市县联动、整体推进。全市征收土地0.16万公顷，征收房屋1.7万户、面积211万平方米。中心城区市园林局片区、河东马路街片区、岚角山片区华侨城项目征地拆迁进展较快，零陵区、新田县、东安县、江华瑶族自治县等地征地拆迁成效较好。

【深化行政审批服务改革】2018年，永州市在建设工程审批方面深化“放管服”改革，将区级投资的学区学位建设等项目规划审批、质安监、施工许可等权限，委托下放相关县区，方便企业和群众就近办事，加快审批。施工图审查全面实施政府购买服务，为企业减负提效，市住房和城乡规划建设局在全省设计工作会上作典型发言。搭建“无纸化办公平台、一站式工作平台和移动办公平台”，率先对接市级互联网+政务平台，全年累计办结行政审批事项1.5万件，网上办结率95%以上。改革后，服务事项由54项缩减到24项，报建环节由18个减少到8个，报建资料由150多项精简到50项以内，办结时限由257天缩减到60天，服务对象满意度大幅提升，改革经验被《湖南决策参考》、“湖南住建”公众号广泛推介。

（张程源）

旅游升温战役

【概况】 2018年7月24日，永州市“旅游升温战役”暨全域旅游现场推进会在零陵召开。中共永州市委书记、市人大常委会主任李晖出席会议并讲话。她要求，要谋时谋势，以“滚石上山”的决心推进全域旅游；要聚焦聚力，以“精细绣花”的功夫推进全域旅游；要担当担责，以“万众一心”的态势推进全域旅游。

市委常委、市委宣传部部长刘尤碧作工作报告，总结2017年以来全市旅游产业发展情况，全面安排部署下半年旅游升温战役和创建国家全域旅游示范市相关工作，进一步推动全市旅游产业转型升级、高质量发展。市人大常委会副主任李农妹宣读《关于兑现2017年度旅游品牌创建奖励政策的通报》，对全市28个创建国家AAA级旅游景区和五星级、四星级乡村旅游点的景区景点予以表彰。会议由市委常委、常务副市长张贺文主持，市领导刘尤碧、罗建华、李农妹、彭爱华出席会议。市旅游升温战役指挥部成员单位、各县区、部分旅游企业、旅游院校相关负责人共200余人参加会议。

交通提速战役

【概况】 2018年，永州市交通提速战役重点项目计划实施36个，其中新开工项目19个，续建项目17个，年度计划投资54.73亿元，全年实际完成投资61.92亿元，占年度投资任务的113.1%。永清广高铁、呼南高铁邵永段等铁路重大前期项目取得进展，湘桂铁路永州地区扩能工程全面动工，累计完成投资1.46亿元。衡道高速公路项目前期工作顺利推进，累计完成投资0.51亿元。零陵机场迁建、零陵机场

二广高速公路

跑道改造项目累计完成投资0.05亿元。制约湘江千吨级航道改造项目难题基本破解，累计完成投资0.51亿元。以潇湘城市群五条连接道路提质改造工程为重点的干线公路项目进展有序，祁（祁阳）冷（冷水滩）一级公路祁阳段市政化加宽段的土石方施工完成100%，路面完成95%。冷（冷水滩）东（东安）一级公路东安段的路基完成100%，路面完成60%；永州经济技术开发区段路基土石方完成85%。省道217线冷水滩城区段路基土石方完成100%，路面完成40%。省道356线江华沱江至涔天河一级公路、东安芦洪市至小江口公路二期、国道207线零陵朝阳大道项目完工通车，省道355线江华分水岭一至白芒营公路、祁阳黎家坪经冷水滩黄阳司至马坪公路等项目基本建成，全市干线公路重点项目累计完成投资38.13亿元。农村公路特别是自然村通水泥（沥青）路建设力度空前，全年完成自然村通水泥（沥青）路2063千米，完成窄路加宽及其他农村公路改造1660千米，完成安保设施建设1376千米，完成农村公路危桥改造60座，完成投资16.6亿元。全年新增开永州至西安、珠海、泉州3条航线，累计开通北京、西安、珠海、泉州、上海、昆明、重庆、海口、福州、贵阳等航线10条，年旅客吞吐量累计超23万人次。中心城区首期快速公交工程及公交调度中心项目完成投资4.38亿元，BRT快速公交首期工程投入试运营，2个首末站投入使用，中心城区公交车辆全部置换新能源车辆。

园区升级战役

【概况】 2018年，永州市实施“园区升级战役”，抓住园区景区化、管理智能化、招商专业化、产业聚集化、服务精细化、创建品牌化“六化”工作重点，始终坚持项目为王，实行精准招商，做好企业服务，推动工业园区全面升级，园区经济保持稳定增长的良好态势，工业经济指标增幅名列全省第一方阵。

经济指标持续上升。园区规模工业总产值完成1550.85亿元，增长11.1%；实现园区规模工业增加值432.14亿元，增长8%；新入统规模工业企业144家；园区规模工业企业实缴税金20.77亿元，增长14.09%。全市工业固定资产投资增长21.4%，工业技改投资39.6%，新增高新技术企业61家。新增入园5000万元以上工业项目123个，新增竣工投产项目78个，超额完成全市目标任务。

推进“6+2”（园区污水处理厂、自来水厂、变电站、有规划发展沙盘和产品展示的客户接待平台、创业孵化中心、企业服务一站式窗口和劳动力服务中心，以及集中供热和供气）等设施建设。工业园区完成基础设施投入111亿元，基本建成1家综合性文体休闲中心、1家大中型生活超市、1家商务酒店、1家商业银行营业网点、1家综合性医院、1所综合性学校（小学、中学或职高），新增1条公交线路，水、电、路、讯等配套设施与城区互连互通，绿化、亮化、美化，实现产城融合。

推进“项目建设年”活动。新增入园5000万元以上工业项目123个，新增竣工投产5000万元以上工业项目78个。“园区升级战役”重点项目开工128个，总投入524.92亿元，实际完成年度投资200.2亿元，超额完成年度投资193.73亿元的目标任务。招商签约159个工业项目。推进产业联盟和“园中园”建设，永州经济技术开发区引进世界500强保利集团牵头的军民融合产业基地、中国500强蓝思科技牵头的高端视窗触控屏产业基地，中国500强怡亚通投资的（永州）供应链整合基地以及新南方天然植物高技术产业基地、古巴生物医药等一批重大项目。中国500强新奥能源落户双牌工业集中区。

开展园区“春风行动”招工活动，做好园区企业用工服务，搭建企业和劳动者双向交流平台，推行简政放权和“六联”机制，持续做好企业精准帮扶，基本实现一站式服务和全程代办，园区发展环境持续优化。市财政安排园区产业引导资金1.3亿元，永州经济技术开发区设立1亿元的产业发展专项资金，零陵工业园区、新田工业集中区搭建“助保贷”小微企业信贷平台，江华瑶族自治县设立扶持企业挂牌上市专项引导基金，多渠道筹措资金，解决企业融资难题。6月，全省优化发展环境现场推进会在江华瑶族自治县召开。

【园区景区化建设】 2018年，永州市推进产城融合，着力打造景区化园区。完善工业园区规划。按照“中心城市三个工业园区（永州经济技术开发区、冷水滩高科园、零陵工业园）、一县一产业园区”的原则，各工业园区完善规划修编，聘请专业队伍制定园区五年发展规划，明确园区发展方向、主导产业和具体目标，合理确定园区产业发展、公共服务、居住和生态用地比例。科学划定产业集聚区、人口集聚区、综合服务区、生态保护区等功能分区。完善园区配套设施。根据需要建成10套~20套专家公寓楼，改善企业高级管理人员、高技术人才生活居住条件。农业园区完善农产品加工、储藏、检测和物流装备，推广钢架大棚、喷灌滴灌微灌和水肥一体化系统等农业设施。制定农业园区规划。各县区农业园区总体规划到乡镇、到产业、到园区。园区规划要突出主导产业，生产、种植基地相对集中，基础配套设施联通畅达。

【园区智能化管理】 2018年，永州市按照《永州市人民政府提升执行力十项改革（暂行）》的要求，制定《推动“放管服”深化改革实施意见》和《关于进一步加强完善园区机构编制管理理顺园区体制机制的意见》，不断完善永州农科园“园镇合一”管理体制，持续深化简政放权、放管结合、优化服务，把该下放产业园区的权力全部下放到产业园区。确因法律法规规定不能委托授权的通过其在园区的派出机构行使职权，实行并联审批制度和“一站式”服务，营造体制最顺、审批最少、流程最优、效率最高、服务最好的政务环境，努力实现“园区事项园区办结”。落实“最多跑1次”的举措，制定首问负责制、一次性告知制、限时办结制和责任追究制“四项制度”，健全投诉举报等办事大厅服务管理制度，统一印制办事指南和流程，方便企业查阅，不断提升园区服务效能。运用物联网、云计算等高新技术，引进国内知名物流企业，建设园区信息化物流平台，推动园区物流向智慧化转型升级。建立园区视频安防监控系统和多媒体控制、播放演示系统，提升园区智能化管理水平。

【推进专业化招商】 2018年，永州市各园区通过抽调专人、聘请社会各界名人能人和招商中介组织，组建专业化招商队伍，走精英团队专业化招商之路。创新股权招商、基金跟投招商、资源换项目招商、引进国外技术招商等招商模式，围绕园区主导产业和龙头企业，紧盯战略投资者，全面收集企业相关信息，加强项目包装策划，引进一批大项目、产业链项目。创新园区建设模式，主动与央企、行业龙头企业共建产业联盟和园中园。强化农业招商小分队建设，实行“一对一”服务。坚持项目为王，对接省里“百千万投资促进计划”和“产业项目建设年”活动，实施“五个10”产业项目建设工程，注重引强引大，引进世界500强、中国500强、民营500强企业在产业园区设立区域总部、营运中心、采购中心、研发中心和结算中心，利用其技术溢出和带动效应，培育发展战略性新兴产业。实行领导联系项目制度，开展市县两级党政领导“三走遍”活动（市县两级党政主要领导要走遍同级园区所有企业，走遍所有“涉债”项目，走遍所有纳税、规模、就业综合排名前20强企业），协调解决项目建设过程中的困难和问题。建立园区项目动态调度平台和项目建设台账，逐月跟踪调度全市138个工业项目、7个农业项目建设进度，确保全年投资过5000万元的工业项目竣工投产达60个以上，创建现代农业特色产业园省级示范园项目18个以上。做好品牌企业开展境外专利申请、商标注册、产品认证和品牌国际合作，促进外贸增长方式由粗放型向集约型转变。支持电子商务企业进驻园区，培育一批跨境电商企业，建立国际营销网络和出口产品服务体系，鼓励企业通过电子商务等新型贸易方式开拓海外市场。

【园区产业聚集化发展】 2018年，永州市严格按照湖南省产业园区主导产业指导目录，因地制宜确定优先发展的主导产业，做大做强先进装备制造、农产品精深加工、矿产品精深加工、电子信息、轻纺制鞋、新能源新材料、生物医药七大支柱产业，避免园区之间同质化竞争和恶性竞争，实现产业园区错位发展。农业园区重点围绕柑橘、油茶和“一县一特”产业，着力打造一批具有永州特色和竞争优势的产业集群。对接省里“20个工业新兴优势产业链行动计划”，整合现有产业资源，加快推进农产品加工、矿产冶炼等传统工业和粮食、生猪等传统农业转型升级。建立互联网展销平台，构建产加销、贸工农一体化产业网络，集聚产地加工业、物流配送业、科技服务业和休闲康养产业，延伸农业产业链条。突出永州特色和优势，做大做强产业链，抓好永州经济技术开发区汽车制造及配套产业园、大数据产业园、军民融合产业园等特色园区建设。围绕先进装备制造、电子信息、新材料新能源、节能环保、生物医药等新兴产业，重点培育10家主营业务收入过10亿元的龙头企业，建设中国最大植物产品生产基地和全球最大植物提取物市场，发挥轻纺制鞋主导产业优势，打造“中南鞋都”。立足南方红壤丘陵地带区域特点、资源优势和生态环境条件，突出“一县一特”“一园一品”优势特色，培育主打产品面积或产值占比60%以上的农业园区。加强工业品牌培育，引导企业建立品牌培育管理体系，建设具有一定竞争力的重要先进制造业中心、高技术产业基地和中部地区现代服务业中心，新创2家省级高新技术产业开发区，新增1家~2家国家级产业园区或国家新型工业化示范基地。按照国家现代农业产业园的创建标准和打造现代农林产业示范带的构想，支持永州农科园做大做强，统筹推进园区基础设施、公共服务、市政设施、生态环保一体化和重大产业项目建设，做强柑橘、油茶两个主导产业和果秀食品、和广生物等龙头企业，加快创建国家现代农业产业园、产业融合发展示范区。新确定14个现代农业产业园省级示范园在产业规模、三产融合、品牌创建和示范带动等方面提质升级，推进现代农业产业园向产加一体、产游一体或三产融合型发展，推动农业全环节升级、全链条增值。鼓励和支持企业与国家、省级卫视合作，宣传推介永州名品名牌，提升产品知名度。按照“操作有规范、过程有纪录、产品有标识、市场有监管、质量可追溯”的农业标准化要求，全面推行农产品产地准出制度、质量可追溯制度，建成农业标准化生产示范基地。主要农产品有注册商标，实现“三品一标”全覆盖。打造“永州八品”市级农业公共品牌，各县区创建一个以上农业公共品牌，每个农业园区至少申请使用一个农业公共品牌。

【园区精细化服务】 2018年，永州市与国家、省级科学院所建立合作关系，利用高校院所人才资源密集、科研能力强的优势，开发新产品，攻关技术难题，为园区企业提供强有力的人才、技术支撑，实现科技成果转化与园区、企业无缝对接。建立以科技孵化器为核心的创业平台。各工业园区成立省级创业孵化基地1家，坚持大众创业与招商引资相结合、与促进现代服务业发展相结合、与科技成果转化相结合、与人才引进相结合，为入孵企业提供研发、中试生产的共享设施和优质服务，降低企业创业风险和成本，提高创业成功率和企业成活率。建立以科技金融融合为特征的融资平台。建立集中小企业集合服务、融资担保、小额贷款为一体的服务平台，通过专业化运作，形成覆盖企业各个发展阶段的“科技金融”服务链。开展政银、政企、银企洽谈会和项目推介会等活动，构建政府、银行、投资机构、中小企业间的互动平台，促进科技与金融对接活动常态化。争取国家政策性银行、国际金融组织和国外政府优惠贷款支持，优先推荐产业园区高新技术企业上市融资。

【永州市“园区升级战役”暨推进新型工业化工作会议】 2018年4月12日上午，永州市“园区升级战役”暨推进新型工业化工作会议在冷水滩召开。会议总结部署“园区升级战役”和新型工业化工作，动员全市上下以昂扬的精神状态，奋力谱写新时代永州高质量工业化发展新篇章。中共永州市委书记、市人大常委会主任李晖出席会议并讲话。

会议确定2018年“园区升级战役”和新型工业化工作的目标任务为：全市完成规模工业增加值445亿元，同比增长8%；完成工业固定资产投资773.9亿元，同比增长10%；完成工业技改投资366亿元，同比增长8%。全市工业园区规模工业总产值达到1708亿元，增长21%，工业园区规模工业企业实缴税金增长20%以上。全市重点新配套提质升级省级现代农业产业园14个；新创建现代农业特色产业园省级示范园18个以上，新认定现代农业产业园市级示范园34个，每个县区新创（扩）建一个200公顷以上农业标准化示范基地、新引进一个投资额5000万元以上的农业项目。

会上，各县区、管理区相关负责人递交推进新型工业化责任状。江华瑶族自治县、道县、宁远工业园、科力尔电机有限公司作典型发言。

（吴卫红　李昌）

环境整治战役

【概况】 2018年，永州市以构建和谐共生的生态环境、便捷高效的政务环境、安全稳定的社会环境为目标，合力攻坚，生态、政务、社会三大块工作突出。

生态环境强规工程稳步实施。《永州市创建国家生态文明建设示范市规划》通过专家论证，提交市人大常委会审议，江华瑶族自治县于2016年率先颁布实施，于2017年成为全市首批国家生态文明建设示范县。东安县、江永县的规划颁布实施，零陵区正在报区人大常委会审议，其他县区按程序稳步推进。增绿工程成效明显。1月—11月，全市完成人工造林2万公顷，森林覆盖率65.16%，湿地保护率74.4%。“六个绿色”的创建基础工作完成，村庄绿化覆盖率62.8%。在冷水滩区、零陵区、祁阳县、东安县、双牌县、道县、宁远县、蓝山县8个县区开展退耕还林还湿试点，全市完成试点面积266.69公顷。成功创建冷水滩湘江、新田新田河、回龙圩高尚湖3个省级湿地试点公园，江华涔天河国家湿地公园正在准备验收；金洞林场已经纳入国家林业和草原局第一批森林小镇建设范围。洁地工程全面推进。全市建成农村生活垃圾收集点13539个，乡镇垃圾中转设施107个，90%以上的村建立清扫保洁制度。改造卫生厕所24.72万户，累计拆除空心房1.57万余间97.8万平方米；新增完成882个村环境卫生集中整治，新增农村路灯10.86万盏；秸秆综合利用率83%以上。净水工程进展较好。全市所有河流实施河长制全覆盖，实现市县乡村四级河长责任体系。市本级和所有县区集中式污水处理厂提标改造工程顺利推进；乡镇污水处理厂建设开工19处、在建19处，农村生活污水治理完工250个、在建385个。新建完成安全饮水工程200处。水源地水质100%达标。中心城区饮用水水源保护区范围内，生活污水和工业污水直排现象已基本消除；县城黑臭水体排查基本完成，市中心城区17处黑臭水体治理动工13处，12处完工。辖区规模畜禽养殖场粪污处理设施装备配套率88.46%，病死畜禽无害化处理体系建设2个，省下达的146家畜禽规模养殖场环境污染治理任务全部完成。治气工程不断加强。市、县区规划区内违规建设砖厂100%得到整治，关闭全市“散乱污”企业；重点行业企业脱硫脱硝或升级改造基本完成；全市50个VOC_S治理项目全部完成；淘汰燃煤锅炉38台计108.51蒸吨；淘汰注册登记的公共交通高排放车365辆，市中心城区公交车全部更换新能源车辆。新田、宁远、冷水滩、零陵、祁阳、东安等县区城区相继禁止燃放烟花爆竹。1月—11月全市中心城区环境空气质量优良率85.5%，PM2.5月均浓度46微克/立方米，PM10月均浓度67微克/立方米。

【审批方式改革】 2018年，永州市推进投资项目“并联审批”和项目建设“联动机制”改革，市本级具有行政审批职能的29个单位有25个单位设立行政审批科，全部进驻政务中心集中办理行政审批事项。工商注册登记时限缩短至2个工作日；项目审批、核准、备案时限由法定的20个工作日缩短至5个工作日；工程项目报建时限由法定的257天缩短至60个工作日。实施“互联网+政务服务”改革，梳理出市本级“马上办”事项214项、“网上办”事项574项、“就近办”事项130项和“一次办”事项611项。简政放权改革走在全省前列。全市39个部门保留行政权力2406项（其中行政许可事项90项），行政权力事项精简力度排全省第二位。再次向县区放权61项，向永州经济技术开发区放权4项，指导县区拟向乡镇和园区分别放权7项、42项，基本实现“园区事情园区办、群众事情就近办”。在全省率先实施“先照后证”“多证合一”“一照一码”改革，将“五证合一”升级为“五十证合一”，整合27个部门50个涉企证照项目，证件合并数量排全省第三位。企业发展环境持续优化。调整更新非税收入征管系统收费项目和标准，从源头上杜绝乱收费。对企业建设环节涉及的行政事业性收费和政府性基金实行“一站式”打捆征收的措施。建立市级领导与非公有制企业等人士交朋友制度，开辟商政直接建言的“直通车”平台。大幅提高优化经济发展环境工作在全市年终绩效考核中所占的分值。通过第三方机构电话调查和手机“在线测评”对优化经济发展环境工作进行“精准测评”，市级媒体全程跟踪报道，89个被测评单位的负责人现场观看测评过程和结果。市“环境整治”战役指挥部办公室会同市党外知识分子联谊会就优化全市经济发展环境问题，深入市、县区工业园区、相关异地商会、重点国有（营）企业、有关基层单位、政务中心窗口，以及部分办事群众中进行深入细致的调研，并发放问卷调查800余份，形成《关于我市经济发展环境情况的调研报告》。

【社会环境和谐稳定】 截至2018年11月底，永州公安机关刑拘涉毒、涉枪、盗抢骗、电信网络诈骗等犯罪嫌疑人4871人；

侦办黑社会性质组织案4起，打掉恶势力团伙58个；破获“三强三堵”刑事案件236起、涉黄涉赌刑事案件179起，办理食药环刑事案件62起。各县区命案全破，八类严重暴力犯罪基本全破。全市违法犯罪打击力度为历史之最、效果为历史最好。检察机关强力推进环境类案件“快捕快诉”机制，侦查监督部门受理的各类刑事犯罪案件审结率96.81%。法院系统强力推进环境类案件“快审快判”机制，全市审理环境资源类型的案件20件、结案率60%，各类刑事案件结案率基本达80%以上。农村综合服务平台建设基本实现农村全覆盖。教育、医疗、食药、安监、质监等领域全面落实监管责任，全市没有发生较大及以上安全生产责任事故，持续保持社会大局和谐稳定。

【“环境整治”战役重点项目建设】 2018年，永州市有“环境整治”战役重点项目72个，总投资金额69.8亿元，年内计划投资金额39.34亿元，截至11月底，完成投资48.85亿元，占年度计划投资的124.18%，超计划进度32.51个百分点，超年度计划投资24.18个百分点。其中，12个市本级项目完成投资17.58亿元，占年度计划投资的166.75%，超年度计划66.75个百分点；60个县区项目累计完成投资金额31.28亿元，占年度计划投资的108.61%。

政治建设

Political Construction

中共永州市委员会

综　　述

【概况】　2018年，中共永州市委坚持以习近平新时代中国特色社会主义思想为指引，贯彻“创新引领、开放崛起”战略，推进开放兴市产业强市，打好“三大攻坚战”，拓展“六大战役”“四个提升”，全年目标任务较好完成，呈现出发展“稳中有进”、改革“既进又稳”、稳定“进中保稳”的生动格局。主要指标增速稳居全省第一方阵。全市地区生产总值增长8.2%，比全省高0.4个百分点；规模工业增加值增长7.2%，固定资产投资增长10.7%，社会消费品零售总额增长10.3%；财政总收入增长8.3%，非税收入占比下降2.6个百分点；城乡居民人均可支配收入分别增长8.5%、9.3%。

【脱贫攻坚精准发力】　2018年，永州市紧扣“两不愁三保障”目标，推进“互联网+社会扶贫”，创新推行“四扶四建”智志双扶模式。全年脱贫13.5万人、贫困村出列267个，江华国扶县摘帽，贫困发生率下降至1.3%，区域性整体贫困基本解决。易地扶贫搬迁“十三五”计划全面完成。教育扶贫政策全面落实。“四跟四走”产业扶贫、“万企帮万村”行动成效明显，774个贫困村村村有主导产业，开设扶贫车间700余家，吸纳1.2万余名贫困劳动力在“家门口”就业。防范风险有序有力。健全债务风险应急处置机制和政府债务管理制度，稳步推进平台公司市场化转型，市本级债务风险级次退出二级预警。严厉打击非法违规金融活动，非法集资人数和涉案金额大幅下降。维护社会大局稳定，侦破黑恶案件数、打击“保护伞”数等均居全省前列，禁毒工作跻身全国先进，社会治安综合治理考评排全省第一位，公众安全感测评排全省第二位。全市生产经营性安全事故起数、死亡人数，连续11年“双下降”，获评全省安全生产先进单位。污染防治持续发力。坚决落实好习近平“守护好一江碧水”的要求，结合中央、省环保督察和国家审计署交办问题整改，配合中央环保督察“回头看”工作，出台《关于深入实施长江经济带发展战略的决议》，开展国家生态文明建设示范市创建活动，打好蓝天、碧水、净土三大保卫战，解决一批环保历史遗留问题和老大难问题。中心城区空气质量优良率84.3%，县级以上集中式饮用水水源地水质全部达到Ⅱ类以上标准，境内江河湖库水质按水环境区划要求达标率97%。

【产业发展蹄疾步稳】　2018年，永州市推进“产业项目建设年”活动，先后出台支持实体经济发展“1+X”文件、民营活市“十条意见”等惠企政策，开展“实体经济三走访”活动，“5个10”工程超额完成年度任务。新型工业加速推进。新入统规模工业企业144家，新入园投资5000万元以上工业项目128个，百亿园区增至9个，园区规模工业增加值增长7.5%；实缴税金逆势上扬，增长11%。78家企业被认定为湖南省高新技术企业，27家企业被认定为湖南省小巨人企业，工业品牌培育试点企业14家。永州经济技术开发区获批军民融合示范基地，江华经开区获评省级高新技术开发区，祁阳县获评全省首个国家新型工业化农副产品深加工（绿色食品）产业示范基地。现代农业稳步发展。新增高标准农田3333.33公顷，大宗农产品稳面提质。新创建国家级农产品质量安全县1个、市级农业标准化示范基地（场）65个。新增“三品一标”66个，“江永香米”获评国家农产品地理标志产品。成功发布全省第一个市级全品类农业公用品牌“永州之野”。全域旅游快速升温。新增国家AAA级旅游景区11个，华侨城卡乐文化旅游项目如期开工，零陵古城、云冰山景区运营，杨梅湖智慧文旅生态新城等项目进展顺利。成功举办第十二届阳明山“和”文化旅游节、公祭舜帝大典等节庆活动。全年游客接待量和旅游总收入分别增长12%、13.5%。商贸物流发展迅速。永州大市场、万商红商贸新城、红星美凯龙零陵商城、道县湘粤桂综合物流产业园营业。全市限额以上商贸流通企业596家。建成县级电子商务运营中心19个，电商交易总额突破400亿元；江华获批国家级电子商务进农村示范县。

【城乡一体化全面提速】　2018年，永州市坚持城镇提质、乡村振兴双向发力，统筹推进城乡规划、基础设施、公共服务一体化发展。基础建设成效明显。呼南高铁邵永客专、兴永郴赣铁路、永贺铁路列入国家《中长期铁路网规划》，永清广高铁纳入《粤港澳大湾区城市群发展规划》，永州地区铁路扩能改造4个项目全部开工，永州站经停高铁20对；零道高速、永郴高速列入全省中长期规划，衡永高速进入招标程序，完成各类农村公路建设5099千米；零陵机场迁建进展顺利，航线增至10条；湘江永州至衡阳千吨级航道改扩建工程稳步推进，涔天河水库枢纽工程基本扫尾，灌区工程和毛俊水库建设超额完成年度投资计划。全市行政村宽带通达率、4G覆盖率分别达到99%、96.3%。城镇提质步伐加快。永州城市总体规划（局部修改）通过省人民政府审批。中心城区实施重点城建项目40个，完成投资91亿元。潇湘城市群道路提质改造全速推进，BRT启动运营。宁远、道县获批湖南省历史文化名城，祁阳县域经济实力挺进全省前20强。乡村振兴稳步实施。在全省率先成立乡镇规划委员会，村庄规划编制覆盖率100%。“十百千万”工程扎实推进，“城乡供水一体化”开始破题。全市新扩建66.67公顷以上的特色产业基地34个，创建县级以上农业园区24个。新解决17.71万名贫困人口饮水安全问题。农村生活污水处理率、卫生厕所普及率、生活垃圾集中处理率、保洁制度覆盖率分别达68%、75.8%、95%、99%。

【改革开放纵深推进】 2018年，永州市贯彻落实中央、省委部署的重大改革有力有效，供给侧结构性改革稳步推进，防范“地条钢”死灰复燃专项整治通过国家抽查。“放管服”改革不断深化，“互联网+政务服务”一体化平台上线运行，市本级行政权力精简力度排全省第二位。蓝山县政务公开标准化改革获得“2018年度中国十大社会治理创新奖”。全省优化发展环境现场推进会在江华县召开。国家监察体制改革试点任务全面完成，农村集体产权制度、国资监管、行政执法体制等改革迈出新步伐。对接粤港澳大湾区建设，开展对外开放五大专项行动，创新推行“四皮”招商和“四心”留商，推动“永品出境”“永企出海”“服务输出”。全年进出口总额增长25%，实际利用外资、内联引资分别增长12%、13.5%。引进500强企业项目32个，排全省第二位。成功创建国家级外贸转型升级基地，获评全省发展开放型经济优秀市。永州驻东盟商务代表处在老挝首都万象成立。

【人民生活更加殷实】 2018年，永州市全面践行以人民为中心的发展思想，财政民生支出比重达72%，重点民生实事全面完成。始终坚持教育优先发展，开展城区学位建设攻坚行动，全年新增学位18.38万个，超额完成省定任务，起始年级全部按标准班额办学。高考上线人数创历史最大增幅。加快推进覆盖城乡的社会保障体系建设，新增城镇就业6.63万人、农村劳动力转移就业4.28万人、创业主体4.15万个。农村低保、城乡居民养老金、医疗保险补助继续提标。成功获得第四批国家公共文化服务体系示范区创建资格，全民阅读指数连续三年排全省前三名，零陵区“红色文化进校园”得到中央党史和文献研究院充分肯定。中心城区“四个中心”卫生项目进展顺利，基层医疗卫生机构标准化建设加快推进，公共医疗卫生服务能力和水平持续提升。

【党的建设不断加强】 2018年，永州市牢固树立“围绕发展抓党建，抓好党建促发展”理念，坚持以党的政治建设为统领，全面推进党的各项建设。集中轮训处级干部1577人、科级干部1.2万余人。做好巡视“后半篇文章”，部署推进5个专项整治行动，中央、省委巡视组交办信访件全部办结，巡视反馈问题基本整改到位。全面提升基层党建工作水平，分领域制定7类基层党组织工作运行规则，新建改建农村综合服务平台2934个，调整不称职村党组织书记87人，能人治村比例达67%。始终以“永远在路上”的坚定信念反腐倡廉、从严治党，全市立案2243件，给予党纪政纪处分2220人，涉嫌犯罪移送检察机关43人。

【涔天河扩建工程获2017年度全国“十大最具影响力水利工程”称号】 2018年1月2日，中国水利报社主办的十大水利工程评选活动结果揭晓，涔天河水库扩建工程被评为2017年度全国“十大最具影响力水利工程”，成为全国唯一“三连冠”工程。水库扩建工程及包含的枢纽和灌区两个项目，均被国务院确定为172项节水供水重大工程。

涔天河水库扩建工程的枢纽位于湘江干流潇水流域上游的江华瑶族自治县境内，最大坝高114米，坝长328米，正常蓄水位313米，总库容15.1亿立方米，电站装机容量20万千瓦。灌区设计灌溉面积7.43万公顷。两个项目概算总投资100亿元。枢组工程于2012年8月前期工程开工，2013年11月主体工程开工，2016年12月30日水库下闸蓄水，成为国务院确定的172项重大水利工程当中率先实现下闸蓄水的项目。水库移民6666户28431人，全部搬迁安置。2017年7月1日首台机组顺利发电启动，9月23日首台机组并网发电，年底4台机组全部安装完成，具备发电条件。灌区项目于2016年11月2日主体工程开工，2017年9月16日首座隧洞贯通，2017年12月23日第二座隧洞贯通。

名词解释：

1. 创新引领、开放崛起：指湖南省第十一次党代会提出的经济社会发展战略。

2. 三大攻坚战：指中共十九大提出，要打好“防范化解重大风险、精准脱贫、污染防治”三大攻坚战。

3. 六大战役：指脱贫攻坚战役、城镇提质战役、旅游升温战役、交通提速战役、环境整治战役、园区升级战役。

4. “四个提升”：指提升民生微实事建设速度、提升全面深化改革力度、提升党建工作水平、提升精准执行能力。

5. “两不愁三保障”：“两不愁”指不愁吃、不愁穿。“三保障”指基本医疗、义务教育、住房安全有保障。

6. “四扶四建”智志双扶模式：指扶志气，建讲堂；扶技能，建中心；扶产业，建基地；扶队伍，建堡垒。

7. “四跟四走”：指资金跟着穷人走，穷人跟着能人走，能人跟着项目走，项目跟着市场走。

8. “实体经济三走访”：指市、县两级党政主要领导要走访园区企业，走访“涉债”项目，走访所有纳税、规模、就业综合排名前20强企业，帮助解决存在的突出问题。

9. “5个10”工程：指市委五届四次全会决议明确提出，要抓好10个重大产业建设项目、10个重大科技创新项目、10个重大产品创新项目，引进10个500强企业、10个重点科技创新人才。

10. “三品一标”：指无公害农产品、绿色食品、有机农产品和农产品地理标志。

11. “十百千万”工程：指2018年市委农村工作会议部署的战略。“十”指“十片连线”，全市每个县区以一个乡镇为重点打造十个片；“百”指“百村先行”，在十个片内选择100个以上村率先推进乡村振兴；“千”指“千里画廊”，全市十个片沿水、沿路、靠景连起来，从南到北，打造千里画廊；“万”指实现“万家美丽”，在十个片内改造一万户以上农房，实现万家美丽。

12. 对外开放五大专项行动：指融入新丝路、拓展大合作；走进500强、链接大产业；依托大永商、推进大招商；构筑大通关、提升大平台；对接北上广、优化大环境。

13. “四皮”招商和“四心”留商：“四皮”指硬着头皮、厚着脸皮、磨破嘴皮、踏破脚皮；“四心”指情感上暖心、措施上用心、机制上顺心、政商关系上公心。

14. “四个中心”卫生项目：指医疗急救服务中心、妇幼医疗保健中心、康养中心、血液健康宣教中心。

15. 五个专项整治行动：指推进中共十九大精神学懂弄通做实专项整治、净化政治生态专项整治、优化经济发展环境专项整治、转变干部作风专项整治、基层党建突出问题专项整治。

16. 六大强农行动：指2018年湖南省委1号文件提出，要推进品牌强农、特色强农、质量强农、产业融合强农、科技强农、开放强农六大行动。

17. 商贸流通“千百工程”：指2018年至2020年，湖南每年培育新增限额以上商贸流通样本企业1000家左右；到2020年，培育壮大100家重点零售企业、100家重点批发企业、100家重点餐饮企业、100家重点酒店、100家重点电商企业，新建改造100个商贸流通综合体。

18. “一谷、两中心、四基地”：“一谷”指潇湘科技谷，沿亲水河两厢打造创新区。“两中心”指潇湘科技创新中心，建设永州市科技孵化器（国家级）；中古生物技术中心，由古巴政府与永州市政府合作建设，将引进8个古巴生物技术科学家团队，从事抗肿瘤药物、糖尿病药物及抗体药物等生物药物研发。“四基地”指新能源汽车产业基地、保利军民融合产业基地、植物提取高技术产业基地、光电子产业基地。

19. 三保资金：指“保工资、保运转、保基本民生”资金。

20. 城市双修：指生态修复和城市修补工作。

21. “一拆二改三种四清洁”：指拆危房空心房；改水、改厕；种树、种花、种果；清洁家园、清洁水源、清洁田园、清洁能源。

22. 审批服务“四办”“证照

分离”“多证合一”：四办指马上办、网上办、就近办、一次办；证照分离指工商部门颁发的营业执照和各相关行业主管部门颁发的经营许可证审批分离办理的改革；多证合一指证照整合改革，目前我市推行的“1+X”，“1”指营业执照，“X”指在43项行政许可合一的基础上，成熟一项合并一项。

23. 四名工程：指强化名师、名校、名校长、名课建设。

24. “八个一”：指每个县区建设一个特色文化小镇、培育一个艺术团体、创建一条特色文化街区、规划建设一个文化创意产业园区、建设一个博物馆、建设一个美术馆、设立一个24小时城区自助读书馆、打造一个公共文化舞台。

25. 支部“五化”建设：指支部设置标准化、组织生活正常化、管理服务精细化、工作制度体系化、阵地建设规范化。

26. 八种执政本领：指要增强学习本领、政治领导本领、改革创新本领、科学发展本领、依法执政本领、群众工作本领、狠抓落实本领、驾驭风险本领。

重要决策

【创建全国质量强市示范城市】2018年，永州市质量工作暨创建全国质量强市示范城市动员大会召开，成立由市长任组长的创建工作领导小组，制定创建工作实施方案，出台创建全国质量强市示范城市任务落实责任书和联席会议制度，构建完整的“质量强市”战略体系。结合“质量月”，开展创建全国质量强市示范城市名企名品展示会等系列活动。组织质量在线访谈、有奖问答、质量提升现场观摩暨工作经验交流会及“新时代质量提升”永州大讲堂等系列质量素质提升活动，全面扩宽质量的社会关注度和参与度，质量意识深入人心。是年，永州市被评为全国“2018年质量魅力城市”，是全省唯一获评城市。

【创建国家生态文明建设示范市】2018年5月10日，永州市创建国家生态文明建设示范市、“环境整治”战役暨污染防治攻坚战动员大会在冷水滩召开。中共永州市委书记、市人大常委会主任李晖出席并讲话，市委副书记、市人民政府市长赵应云作动员报告，市政协主席蒋善生主持会议。市领导袁火林、胡先荣、严兴德、贺辉、张建亮、彭爱华出席会议。

会议指出，创建国家生态文明建设示范市，打好“环境整治”和污染防治攻坚战，是贯彻习近平新时代中国特色社会主义思想的切实行动，是顺应全市人民新期待、满足人民群众对美好生活向往的现实需要，是建设“创新开放新高地、品质活力新永州”的要求。

会议强调，要集中精力打好污染防治攻坚战，继续抓好中央环保督查交办问题整改，推进国家生态文明建设示范市创建工作，打好蓝天、碧水、净土保卫战；要强化工作统筹、强化资金保障、强化基础工作、强化督查考核，继续下大力气抓好政务环境和社会环境建设，推动“三大环境”建设齐头并进、纵深发展。

各县区、管理区、经开区，市直相关单位向市政府递交污染防治目标责任书。江华瑶族自治县、道县在会上分别就生态文明建设和环境整治战役作典型发言。

年内，编制完成《永州市创建国家生态文明建设示范市规划》并顺利通过专家评审。制定《永州市创建国家生态文明建设示范市三年行动方案（2018—2020年）》，市人大常委会审议通过后实施。方案明确总体目标和年度任务，细化实施方案和工作步骤，并制定《永州市生态文明建设目标评价考核办法》。开展和推进自然保护区监督检查专项行动，排查出4个国家级自然保护区58个问题，其中43个达到整改要求，15个涉及核心区、缓冲区原住民、水电开发等历史遗留问题，各地按照整改方案正在持续整改当中。

【创建全国文明城市】2018年8月21日，永州市文明委第二十四次全体成员会议召开，学习贯彻中共十九大精神，传达学习全国精神文明建设表彰大会、中央和省文明委全会精神，研究部署精神文明建设工作。中共永州市委书记、市人大常委会主任、市文明委主任李晖出席并讲话。

会议要求，要坚决贯彻中央省委决策部署，推动新时代精神文明建设有新气象新作为，突出抓好习近平新时代中国特色社会主义思想和中共十九大精神的学习宣传贯彻、突出抓好社会主义核心价值体系建设、突出抓好全国文明城市创建工作、突出抓好群众性精神文明创建活动、突出抓好文化惠民工程。要强化党的领导，确保精神文明建设始终沿着正确方向前进。

会议审议通过《永州市创建全国文明城市提名城市三年工作

规划》和2018年全市精神文明建设工作要点，审议通过2017年度市级各类文明创建单位和精神文明建设工作先进县区名单，并为获得第五届全国文明单位、文明校园、文明村镇荣誉称号的7个单位授牌。

【创建全国禁毒示范城市】2018年，为推动永州市禁毒工作全面、协调、持续发展，根据国家禁毒委关于全国禁毒工作示范城市创建标准和要求，经中共永州市委、市人民政府研究，决定在全市开展创建全国禁毒示范城市工作。创建目标：力争通过一年努力，形成全覆盖毒品预防体系、全网络戒毒管控体系、全链条缉毒打击体系、全环节缉毒监管体系、全方位毒情监测体系，突出毒品问题得到切实解决，禁毒保障机制全面健全。在一年的创建期中，全市要坚决做到“五个不发生”，即不发生制造毒品案件或者制造制毒物品案件、不发生大规模非法种植毒品原植物案件、不发生影响较为恶劣的吸毒人员肇事肇祸案事件、不发生脱管失控吸毒人员引起的重大违法犯罪案件、不发生在校中小学生吸毒案事件。同时，实现“四升四降”，即群众禁毒知晓率上升、社区戒毒社区康复执行率上升、戒断三年以上未复吸人员增幅上升、群众对禁毒工作满意率上升和新滋生吸毒人员增幅下降、未成年人员占涉毒人员数量比例下降、外地抓获本地籍贩毒人员下降、吸毒人员引发的刑事和治安案件下降。创建措施：全面完善禁毒保障机制；全面深化毒品预防教育；全面强化缉毒打击整治；全面加强吸毒人员动态管控；全面做实涉毒管理管控及毒情监测。5月，制定下发《永州市创建全国禁毒示范城市实施方案》，成立专门领导小组，安排专门工作人员，部署启动创建全国禁毒示范城市工作。5月—10月，明确责任，合理安排，有序推进，采取项目化手段，组织指导各县区开展创建工作。各县区按照创建责任同步调、同落实，制定工作方案，强化工作措施，推进禁毒示范县区创建工作。市禁毒委对照全国禁毒示范城市创建标准组织开展对各县区和有关单位的考核验收，并做好迎接国家禁毒委检查验收工作。

【创建全国社会信用体系建设示范城市】 2018年，永州市为贯彻落实中央、国务院和省市委、省市政府关于加快推进社会信用体系建设的决策部署，争创全国社会信用体系建设示范城市，全力打造“诚信永州”，决定开展争创全国社会信用体系建设示范城市。3月21日，召开全市诚信建设推进会暨创建全国社会信用体系建设示范城市动员会，对全市诚信建设和创建全国社会信用体系建设示范城市作出安排部署。会上，举行永州市金融机构支持小微企业发展授信仪式，对诚信度高的中小企业由金融机构实行免担保、免抵押贷款，降低企业融资成本，会上授信近3000万元。在全省率先设立市级社会信用体系建设专门机构——永州市社会信用体系建设管理办公室，编办核定批复4个编制。制定出台《永州市创建全国社会信用体系建设示范城市实施方案》《永州市建立完善守信联合激励和失信联合惩戒制度加快推进社会诚信建设实施方案（试行）》《永州市创建全国社会信用体系建设示范城市宣传工作实施方案》《关于在全市开展市场主体信用承诺工作的通知》《永州市信用信息共享交换平台管理办法（暂行）》《2018年永州市社会信用体系建设工作要点》等规范性文件，为全面推进社会信用体系建设提供制度依据和工作保障。建立完善信用信息共享交换平台，实现与工商平台、市政务服务大厅互联互通，截至2018年年末，“信用永州”归集行政许可和行政处罚数据30多万条，发布红名单信息2692条，黑名单信息3437条，工商异常名录6436条。全国城市信用状况监测排名第138名，较2017年上升58位，较2018年初上升26位。出台《关于在全市开展市场主体信用承诺工作的通知》《关于切实做好信用修复工作的通知》，鼓励和引导修复失信行为。对祁阳县85家小微企业累积发放免抵押、免担保信用贷款3.06亿元，帮扶22家企业走出经营困境，助推30家重点税源企业增加税收6500万元，同比增长29.5%；向江华瑶族自治县26家企业发放“两免”信用贷款2000多万元。江华瑶族自治县的信用典型经验被《金融时报》刊出。向全市100余家A、B级纳税企业推介“云税贷”产品。加大对失信被执行人的惩戒力度，全市法院司法拘留843人，移送公安机关协助查找控制被执行人71人，公安机关抓获犯罪嫌疑人52人，移送起诉39案40人，判刑38案39人。先后开展政府重大招商项目合同履约集中清理、“新官不理旧账”问题专项清理、政府合同清理专项行动，收到良好效果。

【创建国家公共文化服务体系示范区】 2018年4月，永州市成功入选第四批国家公共文化服务体系示范区创建城市。市委、市政府明确“领先中部，积极示范”目标，做到创建工作“九纳入”，即纳入市委常委会议专题研究、纳入市委中心组学习、纳入政府工作报告、纳入国民经济和社会发展规划、纳入城市建设规划、纳入财政预算、纳入全市十大民生工程、纳入目标管理和绩效评估、纳入市纪委监委对干部队伍形式主义官僚主义专项监督检查体系。市委书记为市创建领导小组组长，市长为第一副组长，市委常委、市委宣传部部长和分管副市长担任工作组的主要负责人，加强组织领导和统筹协调。县（区）乡（镇）村均成立相应的领导和工作机制，形成市县乡村四级抓创建的工作格局。市政府制定出台《创建国家公共文化服务体系示范区工作实施方案》《创建国家公共文化服务体系示范区建设规划（2018—2020）》《加快构建现代公共文化服务体系的实施意见》等10多个规范文件。市人大常委会将《永州市公共文化服务保障条例》纳入立法计划。

年内，全市181个乡镇（街道）综合文化站全部建成，平均面积达到300平米。全市3301个行政村（社区）建有合格村（社区）综合文化服务中心3020个，建成率91.5%。全市规划和新建、改扩建、提质改造、闲置资源调剂、腾退归建、整合功能共建、社会参与建设公共文化设施项目36个，总投资102亿元。市级投资5.5亿元新建文化艺术中心，集中布局建设群艺馆、美术馆、非遗馆、艺术档案馆、大小剧院、艺术创作中心等“四馆二院一中心”，主体工程全部完工。市图书馆新馆、博物馆新馆列入建设规划，选址确定在市文化艺术中心对面。建成县区文化体育中心5个，在建文化体育中心6个。新建成24小时自助图书馆24个。4个县区图书馆和1个文化馆正在新建扩建。直播卫星广播电视公共服务、农村数字电影放映已实现全覆盖。推进特色项目“八个一工程”建设，建成开放特色文旅小镇10个，打造零陵古城等大型文旅特色项目5个，特色文旅文化创意产业园5个，特色文化街区6个，大型公共文化舞台15个，建成各类博物馆、纪念馆、陈列馆、科技馆、民俗馆21个。

举办大型文化活动260余场，全省公祭舜帝大典、纪念周敦颐诞辰1000周年系列活动、第四届全国草书展成为全国活动品牌。获得湖南省田汉戏剧新剧目奖等湖南最高艺术奖项的现代祁剧《向阳书记》等4部作品进京演出、全省巡演。对接中国国家话剧院上演精彩话剧《向上走向下走》，编排推出女书大型史诗剧《八角花开》、瑶族歌舞剧《盘王之女》、零陵花鼓戏《潇水长歌》等地方精品戏剧。持续开展的“十九大光辉照潇湘”进村演、“送文艺进千村、新思想入万户”活动等送戏下乡演出达717场次，送电影下乡6万多场，《中国文化报》给予重点报道。主办华南五省区国标舞大赛、庆祝改革开放40周年全国广场舞展演、文化志愿边疆行长白山文艺演出、全国健步行穿越大湘南、“辉煌70年”群众健康跑等100多场重大文旅体融合活动。

推进数字化建设，市图书馆建成3个、市群艺馆建成2个、博物馆建成1个共6个地方特色资源数据库，涉及地方志、地方文化、特色文化、文物、非遗、瑶族文化等六个方面。市县图书馆及其分馆安装电子借阅机150台，可提供数字资源服务25TB。3个县区建成、8个县区在建文化馆数字系统应用平台。建成文化信息资源共享工程县级区支中心11个和乡村网点4027个。90%乡镇和村的基层文化站点数字文化设施配备到位，实现无线网络全覆盖。

【实施“开放兴市”战略】 2018年4月4日，永州市开放兴市工作会议在冷水滩召开。会议回顾总结2017年全市开放工作，安排部署2018年工作。中共永州市委书记、市人大常委会主任李晖出席并讲话，市委副书记、市人民政府市长赵应云主持会议。魏湘江、李旦梅、吕斌、杨军元等市领导出席。

会议明确2018年全市开放工作的基本思路是，以习近平新时代中国特色社会主义思想为指引，围绕“创新开放新高地、品质活力新永州”，坚持供给侧结构性改革为主线，以“产业项目建设年”活动为载体，践行“五大发展理念”，实施“五大行动”，突出抓好“五大重点”，不断构建永州开放发展新优势，助推“开放兴市、产业强市”建设。主要目标是社会消费品零售总额增长11.5%左右，外贸进出口总额增长15%以上（总额突破100亿元），实际利用外资11.5亿美元以上，内联引资300亿元以上，引进10家500强企业，电商交易总额突破400亿元，力争翻番。

会议指出，推进开放兴市是坚定落实中共十九大精神和省委决策部署的重要举措，是建设“创新开放新高地、品质活力新永州”的战略首选，是振兴实体经济、建设现代化经济体系的重要抓手。必须围绕全年工作思路和目标，准确把握对外开放呈现新特点，坚定对外开放的优势、信心，缩小对外开放的差距。

会议要求，全市上下要重整行装，以奋斗的姿态推进开放兴市。抢抓招商引资新风口，牵住项目建设“牛鼻子”，培育产业园区主载体，推动本土企业走出去，推进永品出境、永商出海、贸易创新发展，构筑对外大通道，畅通口岸，提高通关能力。要加强领导，以坚实的保障推进开放兴市。

重要会议

【市委网络安全和信息化领导小组第一次会议】 2018年4月17日下午，中共永州市委书记、市人大常委会主任李晖主持召开市委网络安全和信息化领导小组第一次会议，市委副书记、市人民政府市长赵应云出席会议并讲话。

会议传达中央、省委网信领导小组相关会议精神，研究全市网络安全和信息化工作，审议《中共永州市委网络安全和信息化领导小组工作规则（讨论稿）》《中共永州市委网络安全和信息化领导小组办公室工作细则（讨论稿）》。

会议指出，网络安全和信息化工作关乎国家安全，关乎社会和谐，关乎民生福祉，关乎发展大局。

会议要求，各级各相关部门要认识网信工作的极端重要性，要提升安全保障，筑牢“网络长城”；要以人民为中心，通过“互联网+政务”“互联网+教育”“互联网+医疗”“互联网+文化”等工程，加出更多民生福祉，当好人民利益守护者；要以信息流带动技术流、资金流、人才流、物资流，促进资源配置优化。

会议强调，要发挥网络的积极作用，及时管控、引导、处理、化解敏感事件；要坚持查处打击，对网络上破坏社会治安稳定、扰乱社会大局的人和事加大打击力度；要走好网上群众路线，提升网上信访回复办理率、网民满意率，努力实现100%；要把“面对面”“见一见”“点对点”结合起来，搭起网络连心桥，让互联网成为政府和群众交流的平台。

【市委第五届委员会第五次全会】 2018年7月31日，中国共产党永州市第五届委员会第五次全体会议在永州会堂召开。会议传达贯彻省委十一届五次、六次全会精神，总结上半年经济运行情况，安排部署下半年经济工作及全面推进生态环境保护工作，审议通过《中共永州市委关于深入实施长江经济带发展战略　大力推动永州高质量发展的决议》。

中共永州市委书记、市人大常委会主任李晖代表市委常委会向全会报告上半年工作情况，并讲话。市委副书记、市人民政府市长赵应云就《中共永州市委关于深入实施长江经济带发展战略　大力推动永州高质量发展的决议（讨论稿）》向全会作起草说明，并就上半年经济形势暨“六大战役”重点项目建设工作讲话。

会议认为，全市经济发展延续总体平稳、稳中向好势头，高质量发展态势进一步显现。上半年，全市完成地区生产总值827.51亿元，增长8.2%；固定资产投资增长12.1%，规模以上工业增加值同比增长7%；财政总收入105.1亿元，增长8%；实现社会消费品零售总额362.31亿元，增长11.1%；城乡居民人均可支配收入分别为13338元、6543元，分别增长8.5%、9%；全市“六大战役”433个重点项目完成投资421.2亿元，占年度计划的51.6%，实现“双过半”目标。

会议要求，要坚决打好污染防治攻坚战，持续擦亮永州高质量发展底色。聚焦“水、气、土”三大领域，实施三年行动计划，确保到2020年，全市生态环境质量总体改善，环境风险得到有效控制。要坚定不移走生态优先绿色发展之路，奋力开创永州高质量发展新局面。以推动长江经济带发展为契机，以加强生态环境保护为依托，协同推动经济高质量发展和生态环境高水平保护、协同打好污染防治攻坚战和生态文明建设持久战。要全面加强和改进党的领导，切实为推动高质量发展提供坚强保证。

会上，各县区（管理区、经开区）递交中央环保督察“回头看”及突出环境问题整改等8个方面的问题落实责任书。

【中共永州市委人才工作座谈会】 2018年12月12日，中共永州市委召开人才工作座谈会，传达中央、省委关于人才工作有关精神，回顾总结全市人才工作的成绩和经验，研究部署新时代永州人才工作。市委书记、市委人才工作领导小组组长李晖出席并讲话。市委副书记、市人民政府市长赵应云主持座谈会。市委副书记、市委政法委书记何录春宣读表彰决定。石艳萍、张贺文等市领导出席。

会议指出，要把握“重大人才工程”抓手，抓好工程谋划实施、统筹抓好各类人才建设、研究制定配套制度体系，使各类人才用当其时、才尽其用；要把握“以用为本”导向，注重产业人才引进、人才平台建设、基层发展需要；要把握“人才生态”要素，提高服务质量、优化创业环境，营造良好的氛围；要把握“党管人才”原则，压实责任、强化措施、形成合力，建立健全人才投入稳定增长机制，构建多元化人才投入体系，共同推进人才事业发展。

会上，永州市对2018年度新建的6家省级以上科技研发平台予以经费支持，零陵、东安、宁远、江华、永州经济技术开发区被表彰为人才工作先进单位，陈小明等11人获得“永州市优秀科技特派员”称号；人才工作先进单位代表周亮、优秀科技特派员代表陈江涛、引进人才代表吕青山分别作典型发言。

【全市深化机构改革动员大会】 2018年12月29日，永州市深化机构改革动员大会在冷水滩区召开。中共永州市委书记、市人大常委会主任李晖强调，全市各级各部门要提高政治站位，把思想和行动统一到党中央决策部署和省委、市委要求上来，齐心协力把全市机构改革各项工作做扎实、做深入、做到位，当好机构改革的引领者、践行者和推动者，高质量高标准完成全市各项机构改革任务。市委副书记、市人民政府市长赵应云主持会议。市委副书记、市委政法委书记何录春就《永州市机构改革方案》作解读说明。蒋善生、石艳萍、唐能武、杨永、吴志雄、罗建华、周荣峰、贺辉、冯紫英等在家市级领导，市直单位、各县区（经开区、管理区）主要负责人出席会议。市人社局、市国土资源局代表涉改市直单位，冷水滩区、祁阳县代表县区分别作表态发言。

会议指出，要深入学习贯彻中共中央总书记习近平关于深化党和国家机构改革的重要论述，始终坚持和加强党的全面领导，全面落实中央、省委决策部署要求，坚决贯彻以人民为中心的发展思想，切实把握优化、协同、高效原则，着力强化上下联动、全市统筹，坚定扛起机构改革政治责任。全市上下要自觉把此次深化机构改革作为牢固树立“四个意识”、坚定“四个自信”、做到“两个维护”的政治要求和具体行动，抓好方案的组织实施，确保改革不走样、不跑偏。

会议要求，要精准把握方法步骤，周密部署、加快推进党政机构改革，同步实施、协同推进事业单位改革。要切实加强组织领导，压实主体责任、严明纪律规矩、加强宣传教育、做到统筹兼顾，确保各项业务工作无缝衔接、平稳运行，坚决完成机构改革各项任务。

组　　织

【概况】 2018年，中共永州市委组织部设内设机构14个和直属事业单位1个：办公室、研究室（法规科）、干部一科（公选办）、干部二科、干部三科、市委考核工作管理办公室、公务员管理科、干部信息科、干部教育科、干部

2018年5月23日，永州市“红色引擎”启动暨市派“两新”组织党建指导员授证仪式

监督科（举报中心）、人才工作科、市委基层党建工作领导小组办公室（组织指导科）、党代表联络办公室（党员管理科）、市委非公有制经济组织和社会组织工作委员会办公室、市党员教育中心（市委党员远程教育办公室）。核定编制51人（不含市级领导单列编制，其中行政编制44名，事业编制7人），另有后勤服务编制3人（实际占用1人）。截至2018年12月，有部长1人，副部长2人，部务委员1人，纪检组长1人，工会主席1人；正科级领导职数17人（含公选办主任、基层办副主任、组织指导科科长），副科级领导职数15人。市委组织部在职干部职工47人（不含纪检组、巡察办有关人员）。

年内，全市各级组织部门紧扣从严治党主题，自觉提升政治站位、履行政治责任，政治生态持续优化，选人用人更加规范、基层基础更加牢固、人才队伍更加壮大、自身建设更加过硬。组织开展责任、廉政、保密“三项教育”，开展心得体会征文活动，征集心得体会文章200余篇，评选出优秀征文15篇，教育引导组工干部提高政治站位、铸牢政治忠诚、履行政治责任、坚守政治本色。在全市组织系统大兴读书学习之风，推进书香机关建设，开办“组工讲坛”，组织机关“读书会”，推动领导干部上讲台，举办组工干部专业化能力提升培训班2期，培训组织人事干部300余人；大兴调查研究之风，聚智聚力开展重点课题调研，4个调研课题在中共中央组织部、中共省委组织部获奖。

【政治建设】 2018年，永州市按照“分级分类、示范带动、整体推进”的原则，完成1577名处级干部、1.2万名科级干部集中轮训，进一步夯实树牢“四个意识”、坚定“四个自信”、坚决做到“两个维护”的思想根基。坚持把政治过硬作为选人用人的首要标准，开展市管领导班子政治建设考察试点，在机构改革、干部日常调整中突出政治把关，坚决把伪忠诚、假忠诚的人挡在门外。坚持以高度的政治自觉做好省委巡视反馈意见的整改落实，建立问题、任务、措施、责任“四项清单”，牵头制定出台《中共永州市委关于全面加强政治生态建设的意见》，围绕6个方面突出问题开展政治生态专项整治，从上至下召开“抓好巡视整改、净化政治生态”专题民主生活会和组织生活会，推动党内政治生活严起来。全年对领导干部提醒谈话38人次、函询8人次、诫勉50人次。

【干部选拔任用】 2018年，永州市针对干部选拔任用工作中的一些模糊规定，先后制定出台《市委管理干部选拔任用工作实施办法》等系列文件，不断规范干部选用程序，调配干部12批次，调整市管干部179人。制定出台《永州市2018—2022年培养选拔年轻干部和女干部、少数民族干部、党外干部工作规划》，统筹做好各领域各梯次干部的调整和储备。创新和规范选调生、公务员选拔管理，出台《选调生培养管理实施细则（试行）》，选拔选调生52人，录用公务员1161人。围绕落实防范和化解重大风险、精准脱贫、污染防治“三大攻坚战”，乡村振兴战略和市委“开放兴市、产业强市”“六大战役”等重大决策部署，在北京大学、浙江大学、上海交通大学等高校举办“执行力+”专题培训班52期，培训干部3676人次；开办“永州大讲堂”，邀请知名专家学者到永州授课，培训干部1万多人次。开展选人用人专项检查，对11个县区和45个市直单位选人用人情况进行重点抽查，下发整改通知书42份。严格实行“双控预审”，审核63批次2194名干部的拟任（免）职预审情况。做好领导干部个人有关事项报告核查，随机抽查161名市管领导干部个人有关事项报告，按照有关法规要求，责令作出书面检查处理57人，给予诫勉21人。加强干部日常监管，对各级领导干部提醒谈话38人次，函询8人次，诫勉50人次；受理办理“12380”系统举报46件。着眼事业为上完善干部考核评价体系，建立执行力常态考核机制和“执行不力”反向测评机制，表彰执行力优秀干部45名。

【基层党组织建设】 2018年，永州市持续开展党支部“五化”建设，制定出台7个类别基层党组织工作运行规则和党组织“五化”建设参考标准，编制“七本手册”，规范基层党建基础工作，创建“五化”党支部建设示范点1281个。市、县、乡三级举办培训班235期，集中培训村“两委”班子成员22679人，全面提升各支部抓“五化”建设水平。统筹推进农村、城市、国有企业、机关、事业单位、非公有制经济组织和社会组织等领域基层党建工作，建立社区党委63个、总支45个、党支部13个、网格党支部753个，楼栋党小组1625个，69项公共服务事项下放社区，4万余名在职党员进社区、进网格。撤销、合并“空壳”“两新”组织党支部245个，非公企业党组织覆盖率89.3%、社会组织党组织覆盖率90.9%。着力打造“永州红”系列党建品牌，“潇湘红云·智慧党建”平台建成并上线运行。激活“红色引擎”，向“两新”组织选派党建指导员902人。打造“红色家园”，建设红色特业小区示范点39个。创建“红色商圈”，在中邦世纪广场建成全市首个商圈党总支（党员驿站）。建设“红色阵地”，新建（改扩建）农村综合服务平台2936个。集中开展党员发展专项整治行动和党员档案专项审查，开展领导干部“走基层、宿农家、察民情、解难题”，党员“亮身份、践承诺、当先锋”，向黄超富、王淑珍学习等系列活动。提升基层保障水平，村（社区）运转经费、村（社区）干部待遇大幅提升。实施村党组织带头人整体优化提升行动，调整不合格、不胜任、不尽职的村党组织书记87名，选派专职村（社区）党组织书记188人。紧扣市委重大决策和全市发展大局来谋划和推进组织工作。持续用力抓党建促脱贫攻坚、乡村振兴，选派2229支工作队、6451名机关干部驻村帮扶，选派908名“第一书记”到软弱涣散村任职，对接省内高校向市内贫困县选派5个科技专家服务团、37名科技人才服务脱贫攻坚，组织发动192家“两新”组织与贫困村开展定点帮扶，实施“农民大学生培养计划”，打出抓党建促脱贫攻坚“组合拳”，有效推动贫困群众稳定脱贫。

【人才队伍建设】 2018年，永州市着力推进招才引智与招商引资、人才项目与产业项目、人才链条与产业链条深度融合，在上海举办“沪洽周—永州招才引智专题推介会”，签约人才团队和项目9个，引进院士3人、教授36人、博士46人、硕士研究生22人；在北京举办永州招才引智暨招商引资推介会，发布招才岗位1600余个，聘任12名高层次人才为招才大使，签约人才项目32个，人才对发展的支撑引领作用进一步显现。开展人才工作座谈会、挂牌人才公寓、奖励科研平台等一系列活动，推动全市上下形成识才、爱才、敬才、用才之风。在《永州日报》、永州电视台、永州新闻网、新媒体等开辟《爱国奋斗、建功立业》人才专栏，广泛宣传人才工作、典型事迹和人才政策，通过市县联动，部门协作，同步在机关单位、城市主要街道、公交车等电子显示屏滚动播放人才宣传标语，实现宣传全覆盖、全方位。

【体制机制改革】 2018年，永州市针对干部队伍干事动力不足、活力不强的问题，在全省率先制定出台《关于进一步激励广大干部新时代新担当新作为的实施办法》，在全市营造支持改革者、鼓励创新者、宽容失误者、保护干事者的浓厚氛围。着眼优化人才政策供给，持续深化人才发展体制机制改革，出台《永州市潇湘人才行动计划》，制定加强教育、卫生、重点产业人才队伍建设实施办法，配套一揽子服务细则，在全省率先建立人才编制管理专户，率先开展“人才主题日”、人才春晚系列活动，构建起全链条服务人才发展的政策体系和优质环境。围绕提升农村脱贫攻坚、乡村振兴的内生动力，探索新型职业农民培育新路径，举办“党建+新型职业农民培育”培训班24期，培训农村党员和青年农民1万余人，工作经验在全国新型职业农民培育发展高峰论坛上被推介，农业农村部将“培训中心”命名为“全国新型职业

2018年11月18日，永州招才引智暨招商引资推介会

农民培育示范基地”。开展干部管理大数据应用试点，完成10个子系统软件功能研发和信息总库的数据采集，为精准科学选人用人提供技术支撑。

【永州招才引智暨招商引资推介会】 2018年11月18日，永州市在北京举办招才引智暨招商引资推介会，中共永州市委书记、市人大常委会主任李晖担任引才大使，推介宣传永州，引进高素质人才、人才团队和项目产业。市领导吴志雄、罗建华参加。推介会吸引各界专家、企业家200余人参加，现场签约招才引智和招商引资项目32个，签订一批人才开发战略合作协议，多个互联网产业高科技招商引资项目落户永州。永州市聘请周辉、田智辉、周晓敏、奉向东等10名国内知名专家教授担任“招才大使”。

是日，永州市在北京大学举行引进人才专场招聘会，拿出涵盖市县的1500余个岗位，引进急需专业人才。许多高校毕业生与组织、人社部门交流互动，签订意向协议。李晖与北京大学党委常委、副校长陈宝剑就招才引智工作进行座谈交流，并分别与学生代表、招才大使进行座谈。

【永州“潇湘红云·智慧党建”平台上线】 2018年6月25日，永州“潇湘红云·智慧党建”平台上线仪式在冷水滩举行。中共永州市委书记、市人大常委会主任李晖宣布“潇湘红云·智慧党建”平台上线开通，并与市委常委、市委组织部部长吴志雄和平台首席体验官代表共同在启动装置按下手印，启动“潇湘红云·智慧党建”平台上线。智慧党建平台通过运用互联网技术与理念主动适应新时代、新趋势、新变化，将传统基层党建优势与互联网融合，加强党建工作的过程管理与痕迹化管理，突出对党组织的服务、对党员学习教育的服务、对驻村帮扶工作队的服务和对老百姓的服务。智慧党建平台发挥互联网应用的特性与党员作为普通互联网用户的行为规律，通过“党建指挥台”和“党建一张图”，对党建基础数据进行梳理，提供党员管理、各级党组织管理、组织活动管理、党费交纳、发展党员、组织关系转接等党务工作的全生命周期痕迹化党务业务办理，实现对基层党组织和党员的可视化、智能化、精准化和动态化管理。平台还利用互联网提升党员学习主动性、自发性，对群众的志愿服务地图定位匹配身边党员，提供驻村帮扶工作地图查询等功能。

2018年6月25日，“潇湘红云·智慧党建”上线

【永州市首家非公企业自建党群中心开放】 2018年7月2日，江华瑶族自治县双龙党群服务中心揭牌开放，该中心是全市首家非公企业自行建设的党群活动中心。在“两新”组织设立党群服务中心，是江华结合“两新”组织发展实际，通过建立“五联五化”工作机制，推进“两新”党建工作的重要举措，该做法2018年被中共中央组织部在《党建研究》上进行推介。

是日，全体党员重温入党誓词，非公综合党委书记以“不忘初心、牢记使命”为主题上党课，全体党员观看党教片。同时，还举行“圆梦行动”爱心助学，为阳华社区特困残疾家庭捐款2万元，对江华二中2名贫困学子资助所有学费和生活费，请理发师为社区60余名居民免费理发，并邀请江华民族中医医院开展义诊活动。

【永州市出台潇湘人才行动计划】 2018年7月11日，永州市召开潇湘人才行动计划新闻发布会，中共永州市委组织部、市人社局负责人分别在会上发布《永州市潇湘人才行动计划》的出台背景、主要内容和保障措施，提出全市未来5年人才工作目标任务为：人才总量35万人，吸引大学专科及以上高校毕业生10万人，培育高层次急需紧缺人才1万人以上，引进国内外一流专家或创新创业人才团队100个以上，打造五大高技能人才培训基地和5家技能大师工作室。《永州市潇湘人才行动计划》重点实施六大工程，即急需紧缺和高层次人才集聚工程、青年人才创业工程、“永州工匠”铸造工程、乡村人才振兴工程、创新创业人才团队圆梦工程、科技创新平台建设工程。同时还出台《永州市加强教育人才队伍建设实施办法》《永州市加强医疗卫生人才队伍建设实施办法》《永州市重点产业人才引进培育实施办法》3个文件，分别针对教育系统、医疗卫生系统、重点产业的人才引进、培育、使用、服务、考核管理等方面提出具体政策和操作措施。

（张佳杰）

宣　　传

【概况】　中共永州市委宣传部是市委主管意识形态方面工作和精神文明建设的综合职能部门，内设办公室、理论科、宣传教育科、新闻科、干部科、文化产业办、文明办、外宣办、志愿者服务工作科9个科室。其中，市文明办、市外宣办为副处级。市社科联与部机关合署办公，其性质为正处级参公管理事业单位。新成立市融媒体中心。

2018年，中共永州市委宣传部落实全国全省宣传部长会议精神、全国全省宣传思想工作会议精神和省委常委会议精神，紧扣宣传思想工作主题主线，扎实履职，抓重点、攻难点、创亮点，突出抓好“八个一”工作，即提高一个站位、强化一个建设、守住一个底线、瞄准一个方向、营造一个环境、深化一个引领、补齐一个短板、打造一支铁军，全市宣传思想文化工作形成新气候新气象。

【贯彻中央、省市委决策部署】　2018年，中共永州市委宣传部传达学习中央、省市委决策部署“不过夜”、贯彻落实“不打折”。市委宣传部部务会、全市宣传文化系统会议第一时间传达学习全国、全省会议精神，讨论贯彻落实意见建议。市委常委会第一时间专题传达学习全国、全省宣传思想工作会议精神，研究贯彻落实意见。市委理论学习中心组第一时间专题传达学习全国宣传思想工作会议精神特别是习近平重要讲话精神。10月29日，市委常委会议明确在本轮机构改革中宣传思想工作队伍只能加强、不能削弱，工作经费只能增加、不能减少，设立外宣、文化产业发展、社科普及等专项经费，开辟宣传文化系统人才引进绿色通道。11月9日，召开全市宣传思想暨意识形态工作专题会议、宣传部长座谈会；12月25日，召开全市宣传部长务虚会议。

【思想理论建设】　2018年，永州市坚持把学习宣传贯彻习近平新时代中国特色社会主义思想和中共十九大精神作为首要政治任务、首位政治责任，坚持不懈用党的创新理论成果武装党员、教育人民。突出抓好“关键少数”“绝大多数”“重点群体”的理论学习和普及。市委理论学习中心组举行集中学习14次。开展中心组学习专项督查。实现县处级以上领导干部学习全覆盖。组织市直机关5000余名副科级以上党员干部参加学习习近平新时代中国特色社会主义思想和中共十九大精神、新党章集中测试。以考促学、以督促学带动学习贯彻持续升温。创新学习载体，策划“八个一”主题活动（即创办　个

2018年6月7日，中共湖南省委常委、省委宣传部部长蔡振红（右一）一行在永州市融媒体中心调研

“媒好学习时光”网络学习栏目、举办一次知识竞赛、举办一场说唱大赛、开展一次主题征文活动、组织一系列百姓微宣讲、举办一次主题书法巡展、开设一份微心得专报、确定一批市级研究课题），推进习近平新时代中国特色社会主义思想在永州“天天见”“天天新”“天天深”。召开市级社科课题推进会。开展“抓重点、强弱项、补短板”和“贯彻落实中共十九大精神　加快文化强市”大调研活动。东安县理论宣讲经验被中共中央宣传部推介。

【意识形态领域管控】　2018年，永州强力推动意识形态工作责任制落细落实落地。中共永州市委切实担当主体责任，市委宣传部切实履行分管责任。市委常委会先后研究意识形态工作8次，市委主要负责人始终靠前指挥，专题调研宣传思想工作3次，过问相关工作8次，调度4次，部署意识形态领域巡视整改工作。市委将落实意识形态工作责任制列为半年重点工作督查内容，列为干部任免考察、巡察工作重要内容。推行县区委书记意识形态工作述职评议，各县区乡镇（街道）党委书记履行意识形态工作责任述职评议实现全覆盖。强化巡视整改。加强对中央、省委巡视组反馈的关于意识形态领域存在的突出问题整改。省委巡视组反馈的由中共永州市委宣传部牵头负责的4个方面26个问题基本整改到位，取得阶段性整改成效。强化意识形态工作巡察，坚持问题导向，对14个市直单位落实意识形态工作责任制情况开展专项检查。

【主流思想舆论引导】　2018年，中共永州市委宣传部围绕中央、省市委重大决策部署，采取全媒体覆盖的形式，开展主题宣传、形势宣传、政策宣传、成就宣传、典型宣传，实现内宣外宣齐头并进、网上网下竞相发声，形成多次传播效应，有效提升党委政府正面形象。健全和完善“日调度、周策划、旬统筹、月总结”的新闻管理和策划制度。组织“三大攻坚战”“六大战役”等系列重大宣传，组织湖南省公祭舜帝大典、亚洲机器人锦标赛中国选拔赛等系列主题外宣活动，举办20余场次庆祝改革开放40周年新闻发布会，集中推出“永轩”系列评论文章。在中央主要媒体、《湖南日报》上稿数实现新突破，在湖南卫视上发稿总时长居全省第一位。完善突发敏感事件舆情预警机制、信息报送机制、新闻发布机制，正确引导和处置多起敏感事件舆论。整合报、网、台资源，率先组建市级融媒体中心，构建以“今日永州”客户端为龙头，市直、县区媒体为骨干的传播矩阵，4个试点县级融媒体中心挂牌运行。

【网络舆论生态环境】　2018年，中共永州市委宣传部坚持守好网络舆论阵地，打好网上宣传主动仗，维护网络安全，网上舆论生态进一步净化，网信事业健康有序发展。在全省率先统一组建市、县两级网信办。加强网上正面主题宣传策划，开展政务类网络平台摸底清查，清理僵尸账号71个。走好网上群众路线，红网《问政湖南》和永州新闻网《问政永州》回复量均排全省前列。持续开展“网上色情低俗内容整治”“清朗”等专项行动专项整治行动，严厉打击网络违法违规行为。先后约谈自媒体10人次，关闭自媒体账号1个，通过新媒体矩阵辟谣68起，联合公安机关查处网络造谣案件21起、治安拘留21人，依法依规关闭个别利用网络恶意炒作并发表有害政治言论的微博账号，有效净化网络环境。永州市在全省网信工作会议上作典型发言。

【社会主义核心价值观践行】　2018年，永州市出台《关于加强和改进高校思想政治工作的意见》《关于进一步加强公益广告内容管理的意见》等文件。召开市文明委全会、创建全国文明城市推进会，12月11日，市委常委会议专题研究创建全国文明城市工作，高位推动全国文明城市创建。以移风易俗和乡风文明建设为重点，深化推广“十星级文明户”评选表彰。推进新时代文明实践中心试点工作，省级试点县宁远县、市级试点县冷水滩区相继启动试点。未成年人思想道德建设“向日葵”工程被《人民日报》、中央党史和文献研究院重点推介，12月25日召开全市社会主义核心价值观建设暨“向日葵工程”现场推进会，对首批市级社会主义核心价值观建设示范点进行授牌。成功承办2018年全省“三下乡”活动启动仪式，举办陶铸110周年诞辰纪念活动。总结挖掘推介时代楷模黄超富等全国先进典型。全市评选表彰道德模范、美德少年23人，推评“中国好人”6人、“湖南好人”20人。

【文化强市建设】　2018年，永

州市创建国家公共文化服务体系示范区动员大会召开，全面启动创建工作。全民阅读指数连续3年名列全省前三位，完成5049家“农家书屋”图书补充更新，11个24小时自助图书馆开馆。文化扶贫工作被《湖南日报》《中国文化报》专题推介。成功举办公祭舜帝大典、盘王节大典、2018中国户外健身休闲大会（宁远站）、首届农耕文化节、“大美永州”大穿越系列等大型文体活动。召开全市文艺创作工作座谈会等会议，收集90条重点创作题材，集中力量打磨《向阳书记》等文艺作品。在第六届湖南艺术节上获得24个奖项，其中，大型现代祁剧《向阳书记》获田汉新创剧目奖，入选全国优秀现实题材舞台艺术作品展演。完成第三届“永州市文艺奖”评选表彰。电影剧本《周恩来回延安》确定由文化部下属国企投拍；电影剧本《南方诗篇》申报为国家重点电影作品扶持项目。在永州相继拍摄制作《黄甲岭之恋》《铁血川军之九条命》《蓝山行动》等一批正能量电影。设立1000万元的文化产业发展基金，支持文创企业做大做强。

【“宣传铁军”建设】 2018年，永州市始终旗帜鲜明坚持党管宣传、党管意识形态。实施宣传干部能力提升工程，在浙江大学、中国传媒大学举办全市宣传干部培训班、媒体融合高级研修班、网信干部媒介素养研修班。建立健全绩效评估机制，在县区党委宣传部、市直宣传文化系统和部机关分别开展目标管理考核和创先争优绩效评估。主动加强与编制部门的协调对接，就机构改革交换意见建议。组织永州新闻奖、永州优秀社科成果奖、“永州十佳新闻工作者”等评选表彰。全市有国家直属文艺家协会会员105人，市级文艺家协会会员3300余人。

（颜学飞）

附：

永州市2018届
文明单位、文明标兵单位、
文明村镇、文明窗口单位、
文明餐饮示范店、
文明集市、文明社区（小区）、
文明风景旅游区、文明校园、
文明标兵校园、
文明家庭公示公告

一、文明单位（73个）

永州市委网信办、永州市卫生计生综合监督执法局、永州市农科所、永州市城乡建设中等职业技术学校、永州市教育科学研究院、湖南省九嶷山舜帝陵基金会办公室、永州市文联、冷水滩区政府办、冷水滩区公路建设养护中心、冷水滩区高科技工业园建设投资有限责任公司、冷水滩区委组织部、冷水滩区委政法委、零陵区城管执法局、零陵区人大办、零陵区委办、零陵区机关事务管理局、零陵区石山脚街道办事处（机关）、零陵区旅游建设投资有限责任公司、祁阳县应急管理局、祁阳县司法局、祁阳县公路建设养护中心、祁阳县农村商业银行、祁阳县城管执法局、祁阳县黎家坪镇国土所、祁阳县交通运输局、祁阳县扶贫办、国网湖南省电力公司永州市东安县供电分公司、东安县政府办、东安县文旅广体局、东安县委统战部、东安县委组织部、东安县公安局交通警察大队、双牌县编委办、双牌县政府办、双牌县日月湖国家湿地公园管理局、双牌县统计局、双牌县卫生健康局、道县县委政法委、道县司法局、道县公路建设养护中心、道县林业局、道县发改委、道县大坪铺农场、道县濂溪街道办事处（机关）、宁远县农业农村局、宁远县公路建设养护中心、宁远县全民健身服务中心、宁远县公安局交通警察大队、宁远县房产局、宁远县教育局、江永县人大办、江永县交通运输局、江永县水务局、江永县总工会、江永县委统战部、江永县工商业联合会、江华瑶族自治县城管执法局、江华瑶族自治县档案局、江华瑶族自治县住建局、蓝山县审计局、蓝山县教育局、蓝山县政府办、蓝山县人社局、新田县委办、新田县政协（机关）、金洞管理区党委宣传部、金洞管理区石鼓源乡人民政府（机关）、回龙圩管理区人社会局、回龙圩管理区民政局、回龙圩管理区国土资源局、回龙圩管理区司法局、永州市公安局交通警察支队凤凰园大队、永州经开区纪委

二、文明标兵单位（35个）

永州市委组织部、永州市直属机关工委、永州市史志办、永州市工信局、永州市残联、永州市自然资源和规划局、湖南省福田茶场、冷水滩区纪委、冷水滩区水利局、冷水滩区岚角山街道办事处（机关）、国家统计局冷水滩调查队、零陵区司法局、零陵区统计局、祁阳县政协（机关）、祁阳县教育局、东安县自然资源局、东安县气象局、东安县司法局、双牌县人民检察院、双牌县委组织部、江永县审计局、江华瑶族自治县纪委监委、江华瑶族自治县人社局、宁远县中医院、宁远县司法局、宁远县东溪街道办事处（机关）、新田县纪委（监察委）、新田县委宣传部、新田县委统战部、新田县政府办、蓝山县委宣传部、蓝山县疾病预防控制中心、蓝山县塔峰镇人民政府（机关）、金洞管理区教育局、永州经开区党政办

三、文明村镇（77个）

冷水滩区花桥街镇秀井头村、冷水滩区花桥街镇敏村、冷水滩区杨村甸乡、冷水滩区杨村甸乡回龙村、冷水滩区杨村甸乡胡家桥村、冷水滩区上岭桥镇仁山村、冷水滩区上岭桥镇东村、冷水滩区牛角坝镇麦子园村、

冷水滩区牛角坝镇石溪坪村、冷水滩区蔡市镇邓家铺村、冷水滩区普利桥镇小水村、冷水滩区普利桥镇岐山村、零陵区凼底乡、零陵区石山脚街道华源村、祁阳县浯溪街道办事处、祁阳县龙山街道办事处、祁阳县白水镇、祁阳县茅竹镇三家村、祁阳县文明铺镇新塘角村、祁阳县大村甸镇五塘冲村、祁阳县观音滩镇新龙湾村、祁阳县七里桥镇丁庙湾村、祁阳县潘市镇龙溪村、祁阳县下马渡镇枫石铺村、东安县鹿马桥镇、东安县紫溪市镇、东安县芦洪市镇赵家井村、东安县鹿马桥镇马坪村、东安县紫溪市镇荷叶塘村、双牌县江村镇、双牌县麻江镇廖家村、双牌县五里牌镇、道县上关街道龙江桥村、道县梅花镇斯屋村、道县梅花镇蒋莫村、道县营江街道午田村、道县营江街道岗下村、道县四马桥镇、道县四马桥镇华山村、道县四马桥镇四马桥居委会、道县横岭瑶族乡横岭村、道县蚣坝镇、道县蚣坝镇光家岭村、道县蚣坝镇金鸡洞村、道县寿雁镇、道县寿雁镇十里桥一村、道县桥头镇石排楼村、道县白马渡镇报国村、道县清塘镇石枧村、道县清塘镇月岩村、道县柑子园镇新屋场村、道县柑子园镇五福村、道县营江街道芒头寨村、道县祥霖铺镇、道县白芒铺镇徂徥村、江华瑶族自治县涛圩镇、江华瑶族自治县界牌乡、江华瑶族自治县白芒营镇、江华瑶族自治县大石桥乡、江华瑶族自治县大锡乡、宁远县舜陵街道办事处、宁远县桐山街道办事处、宁远县九嶷山乡、新田县陶岭镇、新田县陶岭镇周家村、新田县门楼下瑶族乡、新田县龙泉镇黄沙溪村、新田县龙泉镇东升村、新田县龙泉镇潭田村、新田县枧头镇云溪欧家村、新田县枧头镇龙家大院村、新田县新圩镇梧村、蓝山县所城镇长铺村、蓝山县所城镇高良头村、金洞管理区石鼓源乡西岭坳村、金洞管理区凤凰乡花莛村、经开区仁湾街道横冲村

四、文明窗口单位（5个）

祁阳县公安局出入境管理处、国网湖南省电力公司永州市东安县供电分公司、双牌县城乡居民社会养老保险管理局、双牌县会计管理中心、江华瑶族自治县公安局交警大队车管所

五、文明餐饮示范店（3个）

祁阳百姓赛尔大酒店、祁阳县故乡缘餐饮示范店、道县佳成大酒店

六、文明集市（1个）

祁阳县西区农贸市场

七、文明社区（小区）（10个）

祁阳县浯园社区、祁阳县新兴路社区、祁阳县平安街社区、祁阳县六合岭社区、道县富塘街道五里牌社区、道县万家庄街道上洞社区、道县上关街道湘源社区、道县东门街道东洲社区、双牌县林峰社区、蓝山县塔峰镇三蓝社区

八、文明风景旅游区（2个）

祁阳县浯溪碑林风景名胜区、双牌县茶林镇桐子坳景区

九、文明校园（26个）

冷水滩区杨家桥小学、零陵区中山路小学、祁阳县七中、祁阳县教师进修学校、祁阳县浯溪二中、东安县耀祥中学、东安县白牙市镇一小、道县一小、道县第五小学、道县一中、道县三小、道县寿雁镇中心小学、道县绍基学校、江永县粗石江镇中心小学、江永县实验小学、江永县第三小学、江华瑶族自治县一中、江华瑶族自治县码市中学、江华瑶族自治县大石桥乡中心小学、江华瑶族自治县涛圩镇中心小学、宁远县实验中学、宁远县九嶷山完全小学、宁远县第三中学、宁远县柏万城完小、蓝山职业中等专业学校、蓝山县毛俊学校

十、文明标兵校园（1个）

东安一中

十一、市文明家庭（24个）

陈泽建、李翠姣、欧阳智华、童玲、熊广兴、曾建生、谭宝联、肖刚、李彤、曾祥明、张凤娥、杨少艳、杨峦凤、周镜忠、胡英耀、龚培梁、冯正桂、陈快元、盘德桂、黄长英、陈于生、彭丽惠、刘六云、周文玉

统一战线

【概况】 2018年，中共永州委统战部围绕市委、市政府的决策部署，提高站位抓推进、紧扣中心助发展，发挥优势重实效、锐意创新求突破，各项工作成效明显，彰显统一战线的法宝地位和作用。《“四措并举”让党外知识分子才华和能量充分释放》获得全省统战工作实践创新成果奖，统战信息工作获全省三等奖，成功创建省级“同心美丽乡村”2

2018年5月3日，中共永州市委统战部开展纪念中共中央“五一口号”发布70周年系列活动，赴市烈士纪念园缅怀革命先烈

个、省级“同心园区”1个。

【党管统战责任】 2018年，永州市先后召开市委常委会专题研究部署统战工作5次，明确每个市级“同心美丽乡村”创建点引导资金10万元，每个市级宗教团体办公经费10万元，出台落实中央、省关于支持民营经济发展的政策举措等。召开市委统一战线工作领导小组全体会议、全市宗教工作领导小组（扩大）会议，就党外干部队伍建设、中央宗教工作督查迎检等方面专题研究，解决一批制约统战工作发展的瓶颈问题。市委中心组先后组织学习习近平民营企业座谈会、新修订的《宗教事务条例》等会议和文件精神。举行以“凝心聚力促进发展，服务大局彰显作为”为主题的全市统战工作推进会，并开展统战工作特色亮点现场观摩活动。将党管统战工作纳入对各级党委（党组）主要负责人执行力考核内容。将“四个纳入”与党外人士联谊交友制度，组织、统战“六个共同”机制等细化纳入市委对各县区委绩效考核体系。在全市党务工作会议上，市委对24个2017年度统战工作先进集体进行表彰奖励。市委统战工作领导小组牵头对宗教领域以及各县区贯彻落实统一战线决策部署情况进行督查，形成督查报告和问题整改清单向各县区委进行反馈，得到全面整改和落实。

【思想政治引领】 2018年，永州市统一战线推进“同心筑梦听党话·携手前行跟党走”“双百”（组成100名宣讲员、开展100场以上宣讲）宣讲活动，开展各类宣讲活动120多场，覆盖统一战线成员6200人次。首次大规模举办全市统战干部业务能力提升培训班，对260余名乡镇统战委员、市委统战工作领导小组成员单位联络员集中进行为期3天的统战理论政策培训。各县区举办统战干部培训班9个，培训统战干部450余人次。依托市、县两级党校举办党外干部主体班7个，宗教理论等各类专题班30个，培训党外干部1500人次。将统战政策理论纳入党校教学体系，在市、县两级统战部长开展“进党校、上讲堂”活动。依托北京大学、浙江大学等高等院校，市、县两级选送74名党外干部和党外代表人士参与全市“执行力+”等培训班。举办学习新修订的《宗教事务条例》专题培训班13个，宗教界代表270余人参训。召开纪念中共中央“五一口号”发布70周年座谈会，并组织各民主党派市委领导班子、无党派代表人士赴市烈士纪念园接受革命传统教育。支持引导各民主党派市委以及市党外知联会开展演讲、征文比赛和专题报告会等活动。推进“不忘合作初心，继续携手前进”专题教育，赴重庆开展“暑期谈心”活动。以“不忘创业初心，接力改革伟业”为主题，开展非公有制经济人士理想信念教育。倡导全市宗教界开展“五进五好”活动，10月1日，组织全市宗教界集中开展“庆国庆·升国旗”活动。

2018年8月29日，永州市统一战线助力教育扶贫捐赠仪式现场

【服务中心大局】 2018年，中共永州市委统战部持续深入实施“凝心聚力‘新时代’行动”，引导各民主党派、工商联和无党派人士开展调查研究、建言献策，完成调研成果12个，提出意见建议120多条，提交议案提案80余件，反映各类社情民意150多条。打造“服务新永州·百人智囊团”，开展“汇智聚力 建设品质活力新永州”等活动，联络优秀永州籍知名人士、专家学者、行业领军人物等人才为全市经济社会发展献计出力。制定《永州市统一战线参与脱贫攻坚战役行动方案（2018—2020年）》，动员引导民主党派、工商联、无党

派人士等统一战线和社会力量参与脱贫攻坚。举办“春风行动”系列专场招聘会181场，全年累计产业帮扶投入3.6亿元，就业帮扶投入5643.78万元，公益帮扶投入336.76万元，受益贫困人口3万余人；举行永州市统一战线助力教育扶贫捐赠仪式，现场捐款900余万元，全市统一战线累计捐赠1151.42万元；邀请知名海外华侨华人为市委理论学习中心组作专题报告、赴县区进行巡回公益励志演讲，受益6500余人。成立永州特色农业商会，由169家市级以上龙头企业对接有条件的乡村，打造“永州之野”市级农业公用品牌。制定《永州市统一战线深化同心美丽乡村创建助力乡村振兴战略实施行动方案（2018—2020年）》，成功创建省级“同心美丽乡村”示范点2个、市级“同心美丽乡村”示范点13个、县级“同心美丽乡村”示范点47个。以“迎老乡、回故乡、建家乡”为依托进行大招商、招大商，第九届清明恳谈会现场签约重点项目6个，总投资额111.2亿元，并推动香港铜锣湾集团45亿元的项目落户宁远，各县区签约项目26个，总投资额165.7亿元。发挥园区产业资源优势作用，推动永州首个台湾工业园落户宁远，持续扩大江华海联产业园、蓝山湖南华侨产业园产业集聚效应，累计签订投资项目22个，总投资额73亿元和5000万美元。引导香港永州联谊会回永州建设，投资30亿元的宁远下灌村麻将小镇项目签约，智能垃圾分类回收“小黄狗”项目先期在中心城区投入使用，同时，在建设香格里拉五星级酒店及城市综合体、推进学位建设、打造高新农业产业园等方面达成协议。

【多党合作事业推进】 2018年11月，永州市交通提速战役情况通报会召开；12月，市党风廉政建设和反腐败及法院、检察工作情况通报会召开，进一步拓展党外代表人士的知情权。开展党外干部队伍能力建设大调研，对全市党委（党组）履行主体责任，党外干部履职以及党外后备干部建设等情况进行深入了解，摸清全市党外干部队伍建设的短板和问题。协助制定《永州市2018—2022年培养选拔年轻干部和女干部、少数民族干部、党外干部工作规划》。支持各民主党派市委开展民主监督工作，多次组织各民主党派和无党派人士针对扶贫领域进行民主监督，开展“打好环境整治战役　服务经济社会发展”民主监督等活动。

【非公有制经济服务】 2018年，永州市先后召开全市非公经济人士理想信念教育推进会、“弘扬企业家精神　服务非公企业发展”座谈会。11月，全市民营企业座谈会召开，全体市委常委以及相关市领导参加，45个市直部门参会，13位民营企业家代表提出意见建议46条，中共永州市委书记、市人大常委会主任李晖对这些意见建议进行现场交办。开展“访民企、办实事、强信心”调研活动，推动出台《永州市国家公职人员践行“亲”“清”新型政商关系行为规范》《关于建立非公有制经济发展联席会议制度的实施方案》，帮助非公企业解决融资、用地、法律维权、人才等方面的重点问题30个。

【民族宗教工作】 2018年，永州市出台《来永少数民族流动人口服务管理工作实施方案》。深化以“六进六重”为主题的民族团结进步创建活动，江华县涛圩镇获评全国民族团结进步创建示范单位，江永县、宁远县九疑山瑶族乡牛亚岭村获得全省民族团结进步创建示范单位称号，江华瑶族自治县规划展示馆获得“全省民族团结进步教育基地”称号。加快推进少数民族特色村镇建设，江华瑶族自治县湘江乡桐冲口村、江永县源口瑶族乡清溪村、道县洪塘营瑶族乡大洞田村被评为湖南省第四届最美少数民族特色村镇。加强在永州的少数民族服务管理，进一步完善流出地与流入地对接协作机制，各族干部群众民族团结意识进一步增强。深入贯彻落实中央、省委巡视反馈问题整改以及中央、省委关于宗教工作重大决策部署，开展基督教私设聚会点整治专项行动。开展露天宗教造像排查整治，做到全面摸排，有序推进整改。推动落实《建立完善县乡村三级宗教工作网络和落实乡村两级宗教工作责任制》，宗教工作基层基础进一步夯实。

【党外知识分子和新的社会阶层人士统战工作】 2018年，永州市开展“智汇潇湘，共创辉煌”主题活动，引导广大党外知识分子深入调研，提出针对性强的意见建议230余条。围绕旅游升温、创新驱动、依法治市等主题策划“新阶层新力量”等系列活动，听取他们对经济社会发展的意见建议。推动新的社会阶层人士实践基地建设，选择零陵区柳子街社区作为示范点进行规划推进。

打造各类“创客中心”12个，为新的社会阶层人士联络联谊、发挥作用提供平台载体。支持引导新的社会阶层人士代表李雨儿等，为江永女书等创作歌曲，推动少数民族文化走向更为广阔的舞台。

【港澳台海外统战工作】 2018年，永州市相继举办“永台青少年‘品读永州’文化之旅活动”“东安籍台胞故乡行活动”“和美阳明月正圆中秋联谊活动”等联络联谊活动。4月下旬，成功举办第十二届湖南·阳明山“和”文化旅游节暨侨商侨智永州行活动，美国、丹麦等11个国家和地区的120多名侨商侨领参加。美洲湖南永州同乡会筹集6.5万美元，组织湖南科技学院30名英语骨干教师赴美国硅谷开展交流培训。8月中上旬，香港永州联谊会先后组织500名会员赴广东汕尾、30名香港青年大学生到永州开展联谊活动，为宣传推介永州、促进香港和永州青年之间的交流互动发挥重要作用。

（杨婷）

政策研究

【概况】 2018年，中共永州市委政策研究室（市委改革办）贯彻习近平新时代中国特色社会主义思想和中共十九大精神，践行“六个一”工作要求，以打造“一流政研队伍”为目标，以服务“创新开放新高地、品质活力新永州”建设为己任，做好参谋服务，做强核心智库。《永州通讯》编辑发行12期。其中《以奋斗者姿态推动改革再出发》《聚焦聚力“五个一”深化改革添动力》等一系列文章，先后在《学习与研究》《湖南工作》《湖南日报》等党报、党刊上刊发。推出《信息摘报》和《决策参考》100余期。及时编辑汇总《习近平总书记系列讲话汇编》《杜家毫书记文稿汇编》《党的十九大精神汇编》等资料，呈送有关领导，得到高度肯定。商事制度改革、农村综合改革、社会治理机制改革等多项改革走在全省前列。“网格化服务管理规范”国家标准吸纳“永州元素”；市本级简政放权力度排全省前列，成为全省唯一“互联网+政务服务”市级改革试点。在民调排名中，综合成绩排市直单位第一名。

【以文辅政】 2018年，中共永州市委政策研究室起草各类文稿800余篇，其中市委主要领导在中央第十三巡视组脱贫攻坚综合调研座谈会、省委深改组、全省网信工作等会议上的发言材料，全面、深刻地展现永州锐意创新、阔步前行的拼搏形象；在市委经济工作会议和市委五届四次、五次全会等全市性重大会议材料的起草中，领会中央、省委决策部署，贯彻市委工作意图，紧盯永州发展需要，提出系列可行性举措，得到市委主要领导认可和社会各界认同。

【调查研究】 2018年，中共永州市委政策研究室坚持围绕大局、着眼长远，通过广泛深入调研，加强对政策的掌握、形势的研判。全年归集整理调研成果110余篇，建立问题清单258项，列出改进措施400余条。《省委送阅件》先后2次宣传推介永州市大调研工作经验，《对永州市实施乡村振兴战略的调查思考》等9篇调研报告被列入全省优秀调研文稿评选范围（入选数量为全省最多），其中获奖文稿4篇、数量居全省前列。倡导下基层、走出去、察实情、谋良策，开展产业项目建设年、全域旅游、乡村振兴调研活动10余次，形成调研文章6篇，其中《以大调研提升“绣花”真功夫》被列入国务院办公厅采稿计划。

【服务中心工作】 2018年，中共永州市委政策研究室将配合做好中央和省委巡视作为重大政治任务，高质量完成巡视整改和信访交办件办理情况汇报材料。省环保督察组进驻永州以及中央环保督察组开展“回头看”期间，市委明确由市委政策研究室牵头负责文件资料组的工作。室主任先后6次主持专题调度会，对资料准备和文稿起草进行调度把关。比如，为准备市委主要领导到华南督察局的汇报材料，在素材少、时间紧、要求高的情况下，材料班子加班到凌晨4点多；为准确及时完成中央环保督察“2号督办单”和中央及省委、省政府领导批示件办理情况的汇报材料，文件资料组分别鏖战一整夜等等。将综治民调作为政研人参与平安永州建设的重要抓手，由室主任牵头，逐一对照目标体系狠抓落实，推动平安单位和平安家庭创建。

【全面小康建设】 2018年，永州市有6个县区获全省表彰通报。宁远县、江华县2个县获全省“全面小康推进工作优秀县”奖；祁阳县、蓝山县、道县、东安县4个县获全省“全面小康推进工作先进县”奖。双牌县、新田县全面小康实现程度进入三类县前十名，零陵区全面小康提升幅度考评得分进入二类县前十名。

（蒋冠宇）

机构编制

【概况】 2018年，永州市机构编制部门下发实施《永州市机构改革方案》，新组建的18个党政机构挂牌运转，47个涉改单位领导班子正、副职在全省率先一步配备到位，机构改革稳步推进。市总工会等群团机构改革基本到位，县区群团机构改革一体推进。盐业体制改革如期完成，监察体制改革深化拓展，市县融媒体中心整合组建，文化市场综合执法力量优化下沉，各类专项改革按图施工。省政府明确永州、蓝山为"深化'放管服'改革工作成效明显市州、县区"，并分别奖励100万元、50万元，"放管服"改革成效凸显。"互联网+""党建+帮您办""母亲式"等政务服务举措密集推出，全市营商环境持续优化。始终围绕教育、扶贫、宣传等经济社会发展和民生重点领域调剂机构编制资源，编制管理理念由单纯管住向优化盘活转变，服务理念由坐等上门向重心下移转变，工作理念由求稳守成向敢为人先转变，机构编制保障效能进一步彰显。

【党政机构改革】 2018年，永州市开展"大起底、大调研"，先后组织机构改革专项督导调研、县区党委政府主要负责人访谈、机构编制专项清查等多项活动，全面厘清市、县、乡三级机构设置、职能配置、班子运行和干部队伍现状，为实施党政机构改革搞好数据储备、问题储备和方案储备。机构设置、职能划转、编制调整、职数配置、班子配备、人员转隶均严格对标落实中央和省委改革要求，对各类机构一体优化、整体加强，机构职能体系系统整合、调整重塑。加强对县区机构改革的指导，统一规范组织实施，回应县区提出的合理诉求，及时解决各类疑惑难题，妥善应对历史遗留问题，全面优化机构编制管理，全市机构改革同频共振。改革后，市直设置党政机构47个，其中，市委机构13个（纪检监察机关1个，工作机关12个），市政府工作部门34个；市人大专门委员会和常委会办事机构、工作机构总量控制为11个，比改革前增加1个社会建设委员会，市政协专门委员会和办事机构总量控制为9个，比改革前增加1个农业和农村委员会；保留的涉改副处级及以上事业单位39个。

【"放管服"改革】 2018年，永州市推进简政放权，市本级取消行政权力50项，下放59项，调整24项。推行行政审批归口管理，全市具有行政审批职能的部门均设立行政审批科（股），集中行使行政许可权。全面推开"权力清单"制度，县区政府和乡镇权力清单、公共服务事项清单、行政审批中介服务事项清单、取消和保留的证明材料清单、下放的行政权力清单、主动上门服务事项清单实现"六单"统一。出台《永州市行政许可事前事中事后监管办法》，运用监督检查的尺子，督导各部门"减环节、减材料、减时限、减费用"。依法取消中介服务事项14项，规范57项，并对保留的中介服务事项实行清单管理。在2017年取消41项证明材料的基础上，再次清理取消180项证明材料，重拳整治证明材料过多过滥和"奇葩证明"等问题。按"四办"要求，清理市直马上办事项118项、网上办事项518项、就近办事项116项、一次办事项418项，完成市、县两级43948项政务服务事项梳理及审核发布任务。建立全程代办、联席交办、一窗通办等服务制度，不断深化"母亲式"服务内涵，6月14日，全省优化发展环境现场推进会在江华瑶族自治县召开，省委书记、省长对永州"四皮"招商、"四心"留商、"母亲式"服务等做法给予充分肯定。指导蓝山县在"四办"服务的基础上，开展"帮您办"服务试点，建立服务事项清单，完善考核评价等制度体系，融合政务服务和智慧党建平台，开发网上大厅、手机APP等系统支撑平台，服务推出后，群众在线提出需求，党员争相"抢单"服务，群众办事"一次不用跑"。结合网格化建设，推动181项涉农公共服务事项下放到村委会（社区居委会），依托覆盖城乡的网格化信息系统，将政务服务延伸至村（社区），让基层有人有物有权，保障群众办事不出村。撤销市房产交易所、市房产档案馆，将人员编制同步划转，调整理顺市房产局与市不动产登记中心关于房产交易备案、档案管理服务职责，彻底疏解群众办事"两头跑"的难题。

【机构编制管理】 2018年，永州市加强机构编制管理基础建设，集中力量推进实名制数据库清理完善，调整修正市直单位领导职数、人员编制、内设机构等信息536批次，补录在编人员2071人，修改完善个人信息24395条。在此基础上，全面推开实名制业务全流程网上办理，推动机构编制管理迈向“无纸化”“数据跑路”时代。化解机构编制历史遗留问题。理顺金洞管理区、市总工会等部门的混编混岗问题，规范县区工商联等部门机构设置和领导职数，化解全市29个国有林场改革、零陵人武部4名人武干部长期上访、仁湾街道130名人员长期超编等遗留问题。从实抓好巡视整改。站在讲政治的高度，对中央、省委巡视组反馈的部分单位超编、编制管理不规范、混编混岗等涉及机构编制问题，全面改、深入改，改彻底、改到位。提升机构编制保障效能。出台《永州市中小学教职工编制动态管理暂行办法》，统筹使用、动态管理全市中小学教职工编制，优化盘活、均衡配置城乡教育资源。在紧控严管形势下，下达4400名中小学教师用编计划用于全市引进、招聘和接收免费师范生，保障“一号民生工程”落成；为永州职业技术学院等市属学校调增事业编制1076人，助力“名师名校”战略落实。从市级编制库调剂2000名事业编制设立市级人才编制专户，支撑人才战略落地。

（郭怀玉）

机关党建

【概况】 2018年，永州市直工委辖机关（事业单位）党委55个，党总支部50个，党支部681个，党员14323人。设有市直纪工委和办公室、组织部、宣传部、群团工作部等内设机构。有财政全额拨款在职人员18人，其中处级干部8人，科级干部7人，工人1人；退休干部17人，其中处级干部15人。年内，市直机关各级党组织以政治建设为统领，以“不忘初心　牢记使命”主题教育开展为契机，以基层党组织“五化”（支部设置标准化、组织生活正常化、管理服务精细化、工作制度体系化、阵地建设规范化）建设为抓手，坚持和加强党的全面领导，着力推进机关党的政治建设、思想建设、组织建设、作风建设、纪律建设，把制度建设贯穿其中，深入推进反腐败斗争，做到恶补短板、精准发力、创新融合、打造品牌，完成“基层党建全面提升年”各项任务，工作成效明显。市直工委被中共永州市委表彰为“先进市直行业系统基层党组织”“社会治安管理综合治理先进单位”“全市落实党风廉政建责任制先进单位”“全市落实意识形态责任制先进单位”“全市党办系统统筹联动工作先进单位”“脱贫攻坚战役先进帮扶后盾单位”等。

【政治建设】 2018年，永州市学习贯彻《中共中央政治局关于加强和维护党中央集中统一领导的若干规定》文件，结合纪念建党97周年开展学习党章活动。落实党的组织生活“五项”（“三会一课”制度；党员积分制管理制度；“党费日”制度；“党员服务日”制度；“党员固定活动日”制度）基本制度，进行党内政治生活检查考核，强化问题整改，增强党内政治生活的政治性、时代性、原则性、战斗性。结合巡视整改的要求，部署开展“抓好巡视整改、净化政治生态”专题民主生活会和组织生活会。开展好民主评议党员工作。坚持把意识形态工作责任制落实到机关党的建设各项工作中，强化责任意识、阵地意识，反对和抵制各种错误观点、错误言论。加强和规范机关舆论阵地建设，结合“开

2018年1月23日，永州市直工委组织召开市直机关基层党组织书记述职评议大会
摄影　黄型科

2018年3月27日，永州大讲堂第一期讲座在市委礼堂开讲，邀请中央党校中共党史教研部主任、教授、博士生导师罗平汉作《群众路线与调查研究》的专题报告
摄影 黄型科

展改革开放40周年庆祝活动”，开展系列主题活动。

【理论武装】 2018年，永州市制定下发《市直机关2018年理论学习安排意见》，突出抓好对习近平系列重要讲话精神、中共十九大精神和习近平新时代中国特色社会主义思想的学习。组织开展“贯彻十九大精神 助力新时代机关党建征文”活动，收到高质量征文107篇。3月，分三批对市直机关近成4000多名在职副科以上党员干部进行理论学习集中闭卷测试。牵头主办“永州大讲堂”，成功举办8期，每期大讲堂做到主题突出，紧贴永州实际开展，充分打造永州特色。5月30日，在“全市干部教育培训工作推进会”上，市直工委书记郑文飞以《高质开办永州大讲堂 精心打造干教新载体》为题，作典型发言。加强调查研究，撰写《提升永州机关基层党组织组织力的调查与思考》《关于市直机关党员干部思想状况的调研报告》等理论文章，其中《关于市直机关党员干部思想状况的调研报告》被省里评为一等奖。

【主题教育】 2018年，永州市通过召开推进会、市级领导讲党课、“灯下黑”专项整治等工作，推进市直机关“两学一做”学习教育深入开展。在市直单位组织开展“支部主题党日”和“党员服务示范岗”创建活动，引导市直机关广大党员戴党徽、亮身份、树形象。6月25日—27日，组织开展“不忘初心 牢记使命”演讲比赛，有67家单位的69名选手参加。27日上午在广播电视台举行的决赛与“七一”表彰一并进行，市委常委、市委组织部部长吴志雄到会指导并致辞；7月4日下午，报告团到市委党校为主体班学员进行宣讲，做到用身边的事教育身边的人，

【机关党建宣传】 2018年，永州市用好永州机关党建网、“永州机关党建”公众微信号和市直单位各类自有媒体，做大做强正面宣传，传播正能量，唱响主旋律，弘扬社会主义核心价值观。向市内主流媒体和《中直党建》等党建杂志刊物投稿22篇，集中编写4期市直机关各级党组织助力“脱贫攻坚”战役简报，对各级机关党组织开展扶贫攻坚工作的好经验好做法进行深度宣传。结合中共十九大学习和“不忘初心 牢记党恩”活动，从不同视角进行挖掘，编辑多期文稿进行宣传。

【组织建设】 2018年，永州市严把新任机关党组织正副书记考察、选举和审批关，选优配强机关党组织领导班子，指导近16个机关（企事业）党委、8个党总支、10个党支部领导班子进行换届改选，配备领导班子成员86人；有52个党组织领导班子成员缺额及时进行补选，补选领导班子成员34人。市直机关有38个机关党委按要求配备专职党务干部，纳入行政编制，解决正科级以上待遇。高标准开展机关基层党支部“五化”创建工作，自2016年起，用三年时间，要求所管辖的800多个党支部都要达到基本的创建标准。截至2018年年末，市直机关有608个党支部创建“五化”党支部，其中有215个党支部被评为“五化”建设“优秀”党支部，393个党支部被评为“合格”党支部，29个党支部被评为“五化”建设示范点，基本实现市直机关在职人员党支部“五化”建设达标全覆盖的目标。6月25日，市委书记、市人大常委会主任李晖调研机关党建工作，对市中心医院党支部“五化”建设和永州四中全面推行的

党建“五个一工程”给予高度评价。7月27日，全市基层党建工作重点任务现场推进会上，郑文飞代表市直工委作《扎实推进党支部“五化”建设 实现机关党建提质升级》的典型发言。部署开展党支部“五化”建设示范点的评选工作，评选出示范点29个。7月31日，在市中心医院组织召开“2018年市直机关党建工作重点任务现场推进会”，会上，对市委办机关第一党支部等29个“五化”建设示范单位进行授牌，并观看市中心医院党支部“五化”建设专题片，现场参观学习4个示范点的工作。继续实施“三级联述联评联考”，年初，对市直机关95个工委直辖的基层党组织书记进行书面评议，对随机抽取的6名基层党组织书记和8名市直机关党组（党委）书记进行现场述职评议。

【党务工作队伍建设】 2018年6月15日，永州市做好党员发展工作，举办市直机关第三期党员发展对象培训班，有132名党员发展对象参加集中培训。4月20日和4月27日，分两批举办市直机关基层党组织书记学习贯彻中共十九大精神培训班，对市直机关692名党组织书记进行集中培训，市委常委、市委秘书长、市直工委第一书记唐能武出席并作动员讲话。5月29日，在市委党校举办一期为期三天由60名的市直机关专职党务干部参加的业务培训班；9月，组织近70名党务干部到瑞金干部教育学院举办一期机关党建业务培训班。各级机关党组织都集中进行相应的培训。继续对机关党员进行执行力考核和积分制管理。对2017年度市直机关表现突出的47个先进基层党组织、413名优秀共产党员和48名优秀党务工作者进行通报表彰。加强党内关怀，开展老党员、困难党员定期走访慰问，春节前夕，走访老党员11名，困难党员98名，发放慰问金10.9万元。6月28日，对市直机关10名新中国成立前的老党员和5名因公牺牲党员烈士家属进行走访慰问。

【廉政建设】 2018年，永州市继续深入开展机关廉政文化建设，充分运用和发挥正反两方面典型的教育警示作用，真正让党员干部受警醒、明底线、知敬畏，筑牢“不想腐”的思想防线。按照市纪委的工作部署，市直属机关工委负责市直机关作风建设，配合开展节假日机关作风检查，4月，下发《2018年市直机关作风建设工作要点》；制定下发《关于组织党员到永州市廉政文化主题公园“清风园”开展廉政主题党日活动的通知》，将机关作风建设与机关党员主题活动高度融合。11月30日，在市委党校举办由263名科级干部参加的市直机关第三期新提拔科级干部廉政培训班。持之以恒抓好中央“八项规定”、省委“九项规定”的贯彻落实，强化监督检查，强化整改落实，使反对“四风”（形式主义、官僚主义、享乐主义和奢靡之风）改进作风成为机关党员干部的自觉行动，防止“四风”问题反弹反复，密切注意不正之风新动向新表现。建立健全作风问题线索受理、核实、处置机制，发挥群众监督和舆论监督作用，纵深推进专项整治和作风督查。全年市直纪工委受理审理市纪委监委派驻纪检监察组移送的科级及以下党员违犯党纪的案件42起，审结38起，给予党纪处分37人，涉及科级党员干部19人，其中有4人受到撤销党内职务以上处分。12月，市直纪工委对全年受处分的党员干部开展集中回访教育。

【服务中心】 2018年，永州市

2018年6月27日，永州市直工委举办“七一”表彰暨“不忘初心 牢记使命”演讲比赛。图为获奖选手合影 摄影 黄型科

直工委按照职责分工，带头参与“国家卫生城市”“国家森林城市”“国家交通模范管理城市”等创建工作。坚持把“机关党员开展志愿服务活动”纳入党建目标管理考核体系，明确规定党员志愿服务活动要经常开展，全年开展活动不得少于4次。坚持党建引领与改革深度融合、与中心工作同频共振，做到改革进行到哪里，党的建设就同步推进到哪里。一方面注重靠前指导涉改单位做实机关党员干部的思想政治工作，做到支持改革、参与改革，正确对待个人进退留转；另一方面注重理顺管理机制，加强部门协调及时做好改革期间党员组织关系接转、党费交缴和党组织撤销、新建工作，确保各级党组织运行有规有序。国家税务总局永州市税务局作为第一批涉改单位，市直工委及时指派人员对接服务，商定设计思想政治工作方案、谈心谈话工作方案等，发挥党组织助推改革作用，实现全市税务系统运转顺畅、人心融合、大局稳定，实现机构改革平稳过渡。在充分调研的基础上与市财政局联合下发《永州市市直机关基层党组织党建活动经费管理办法》，做到有章可循；修订考核指标，增加服务中心服务发展考核比分权重；下拨近60万元补交党费，支持12个驻点村的精准扶贫工作并继续率先作为；牵头抓好驻点村的扶贫工作，派出市直属机关工委委员周志成担任市派驻祁阳县三口塘镇满明村扶贫工作队长，明确“党建引领、产业为基、文旅为翼”的发展思路，经过一年的艰苦努力，全村党的建设、基础设施、产业发展全面迈上新台阶，摘帽脱贫整村出列，市直工委被评为扶贫工作先进单位，市直工委委员、工作队长周志成被评为全市优秀工作队长。5月26日，市直工委联合市农开办、市中心医院在祁阳县三口塘镇堡头小学开展“精准扶贫在行动送医送药暖人心”大型义诊主题党日活动，诊疗村民260人次，免费发放药品金额约1.2万元，发放活动宣传手册260份。

【群团工作】 2018年，永州市各级机关党组织贯彻落实中央、省、市委《关于加强和改进新形势下群团工作的意见》，加强对群团组织的政治、思想和组织领导，支持群团组织依照法律和各自的章程开展工作，做到党群工作同谋划、同部署、同检查、同落实，形成“党带群团、一体共建、互促共进”的工作格局。坚持活动在基层、活跃在基层，继续抓好创建“职工之家”“巾帼文明岗”“青年文明号”等活动，开展健康向上、丰富多彩的机关文化活动，发挥好党联系群众的桥梁纽带作用，不断增强自身影响力和感召力。建立健全联系群众的长效机制，推动机关干部下基层活动常态化、制度化，着力解决机关党员干部群众意识、群众观念、群众感情淡化，群众对党建工作的认同感和获得感不强等问题。贯彻落实市委扶贫工作会议精神，组织机关党组织到各单位所联系的扶贫点开展互帮共建活动，助力精准扶贫，拧紧扶贫、党建“一股绳”。进一步深化拓展“机关支部联基层”、“双联”帮扶、“送温暖、献爱心”等形式多样的密切联系群众的活动载体，真心实意帮助困难党员、困难职工和困难群众解决具体问题。3月5日，市直工委参加全市2018年学雷锋志愿服务活动启动仪式，并组织市直工委与市水利局的30名机关党员志愿者，到湘江河畔开展“相聚党旗下 关爱母亲河”机关党员学雷锋主题活动。

【重要会议】 2018年1月23日，“2017年度市直机关基层党组织书记述职评议”大会召开，市委常委、市委秘书长、市直工委第一书记唐能武出席会议并讲话，市直工委书记郑文飞主持，会上对6名机关基层党组织书记进行述职评议。1月26日，“2017年度市直单位党组（党委）书记履行党建工作责任述职评议”大会召开，市委常委、市委秘书长、市直工委第一书记唐能武主持会议，会上对8名市直党组（党委）书记进行述职评议。2月5日，湖南省机关党建思政研究会七届四次理事会暨理论研讨会在长沙召开，会上对机关调研工作进行表彰，其中永州市直工委被表彰为“2017年机关党建和思想政治理论研讨活动优秀组织单位”；永州市直工委2017年撰写上报的《发挥机关党支部教育管理党员主体作用的调查研究》调研课题论文被评为一等奖，永州市直工委委员唐述雷代表工委课题组进行交流发言；宁远县委组织部、县直工委上报的《建立健全党员干部容错纠错机制的问题研究》获二等奖。3月9日，“2018年永州市机关党的工作会议”召开，市委常委、市委秘书长、市直工委第一书记唐能武出席会议并讲话，市直工委书记郑文飞作工作报告。会议总结2017年机关党的工作，部署2018

年的工作任务；表彰2017年市直机关党建工作目标管理先进单位和优秀县区直属机关工委，对2017年市直机关党支部规范化建设考核验收结果进行通报。5月23日，市委常委、市委秘书长唐能武深入祁阳县三口塘镇满明村调研脱贫攻坚工作并召开现场办公会。市直工委书记郑文飞，市直工委委员、驻村工作队队长周志成，祁阳县委、县政府领导和祁阳县直相关部门负责人参加。

（唐述雷）

党校工作

【概况】 永州市委党校始建于1952年4月，原名零陵地委党校，1996年3月地改市后更名为中共永州市委党校。2002年12月，市委决定将市委党校从零陵区整体搬迁至市公安干校，将市委党校、市行政学院、市社会主义学院、市公安干校合并，实行四块牌子、一套班子。2008年12月，省编委批复同意市委党校落实大专体制，机构规格为副厅级。2017年1月，根据《中共永州市委党校（市行政学院、市社会主义学院）主要职责内设机构和人员编制规定》文件精神，市委党校与市公安干校分设。

2018年，该校内设副处级党政管理机构7个、副处级教学教辅机构7个，定编83人，其中参公管理36人，事业人员编制47人。有在职干部职工67人，其中参公管理人员27人，事业人员35人，机关工勤人员5人；副厅干部1人，正处级校领导5人（班子成员），副处级干部12人（处室负责人）；有专兼职教师31人，其中博士3人，教授2人，副教授14人。退休干部职工46人。成立校机关党委，下设5个机关党支部，有党员85人，其中在职党员61人，退休党员24人。冷水滩校区与市公安干校、蓝天实验学校共处一地，公用面积10.07公顷，建筑面积4.6万平方米，零陵老校区（职工宿舍）面积2.53公顷。

坚持党校姓党，注重把党的政治建设摆在首位，突出“理论武装”和“党性锻炼”主业主课地位，把学习贯彻中共十九大精神和习近平新时代中国特色社会主义思想摆在干部教育培训最突出的位置。3月5日—30日，举办全市领导干部学习贯彻中共十九大精神集中轮训班4期，培训学员1464人。举办主体班11期，培训学员529人。结合永州红色文化和培训班次特点，组织学员到陶铸纪念馆、李达故居、陈树湘烈士墓、井冈山等地，开展红色现场教学。统筹市县红色教育基地，打造2条路线的精品党性教育基地，在全市形成“一课堂、两路线”的培训格局。坚持新课试讲制度，严把课程质量关，实行“一课一评”制，推动教师不断提升教学水平。全市11位市委常委以及部分市领导、部门主要负责人到校讲课22人次，为历年之最。

【科研资政】 2018年，中共永州市委党校在省级以上刊物公开发表论文22余篇，在《永州日报》发表服务党委政府中心工作的时效性文章21余篇。结项全省党校行政学院系统社科规划课题8项，立项4项，完成“抓重点、补短板、强弱项”大调研活动课题3项，完成1项市社科基金课题，在全省党校行政学院系统年度理研会优秀论文评比中，获一等奖1项，二等奖4项，三等奖3项，完成决策咨询研究成果3项。

【学员管理】 2018年，中共永州市委党校11个主体班学员平均到课率98.08%，手机入袋率99.95%，就餐率99.53%，住宿率97.29%，“四率”均为100%

2018年7月25日—30日，中央党校课题组到永州调研“乡村振兴”

的170人，占32.14%。学员的学风和作风进一步好转，在校未发生违纪行为。学员在校学习成果转化较多，公开发表理论文章及调研报告等20篇，其中，在省级刊物发表3篇，《对照先进找差距 砥砺奋进谋发展》一文，得到市委常委、市委组织部部长吴志雄批示，并在《永州日报》全文刊发。

【人才队伍建设】 2018年4月26日，永州市编办同意从市级编制为中共永州市委党校调剂增加教学科研全额拨款事业编制10人。新招录公务员2人，遴选公务员转任1人。6月，该校参与到永州市“潇湘人才计划”，11月配合市委组织部、市人社局和市教育局做好2019年“潇湘人才”的外地引智、宣传工作，有23人报名该校3个教师岗位，13人通过初步资格审核，其他工作正在有序进行。11月，选派一名女性副教授到市妇联挂职代副主席。全年安排19名教师参与主体班异地教学，选送22名教师参加湖南省委党校、上海交通大学、浙江大学等地学习培训。

（吕黎）

老干部工作

【概况】 2018年，中共永州市委老干部局坚持精准服务工作理念和求真务实的工作作风，进一步加强离退休干部政治建设、思想建设和党组织建设，做好离退休干部服务工作，引导离退休干部为党和人民事业增添正能量，不断提高老干部工作质量和水平，助推永州高质量发展。获评“2017年全省老干部工作先进单位”“2017年党建目标管理考核先进单位”“2017年度绩效考核良好单位”，成功创建为市级文明标兵单位。加强社区离退休干部党建工作经验在全省老干部局长会议上发言推介。获得全省离退休干部“走进新时代 共筑中国梦”广场舞比赛二等奖1个、三等奖3个和优秀组织奖、最佳创意奖、最具活力奖等奖项，是全省参赛人数最多、入围总决赛队伍最多、获得奖项最多的市州。市关工委连续5年开展的“最美孝心少年”评选表彰活动，指导开展和推介的零陵区“红色文化进校园”活动，得到国家关工委主任顾秀莲和省关工委主任杨泰波的高度肯定，并给予批示。市老科协获评“2017年中国老科学技术工作者协会先进集体奖”。2月，市委召开老干部座谈会，就开好2017年度市委常委班子民主生活会征求老干部意见和建议。召开老干部迎新春工作情况通报会，向老干部通报全年工作情况，共贺新春佳节。3月，局领导带队分组深入县区开展“抓重点、补短板、强弱项”大调研活动。5月，召开市委离退休干部工委第一次全体会议安排部署工委工作，县区离退休干部工委书记列席会议。组织厅级离退休干部参观园区项目建设和中心城区学位建设。7月，召开市委离退休干部工委第二次全体会议，审议通过《关于推进离退休干部党支部“五化”建设的实施意见》，安排部署工委委员“七个一”工作任务。8月，市关工委、市委离退休干部工委、市教育局、市党史办、市文明办、市文体广新局联合举办全市“好好学习——传承红色基因，争做时代新人”电视展演选拔赛，选拔优秀节目参加全省电视展演获得三等奖。全市老干系统顺利接入大组工网，实现老干部工作与组织工作数据共享、融合发展。9月，全市关心下一代工作现场会在蓝山县召开。11月，全市离退休干部党建工作现场会在东安县召开，会议对26个2018年全市示范离退休干部党支部进行授牌，举办离退休干部党支部书记轮训班。12月，召开全市关心下一代工作暨“最美孝心少年”表彰会，表彰永州市第六届“最美孝心少年”12名。开展“抓重点、补短板、强弱项”大调研活动。局领导带队分组对11个县区采取全面与重点相结合、听取汇报、走访座谈等方式进行调研，形成《老干部看病难、用车难的思考与对策》和《新时期加强离退休干部党建工作的思考》调研报告。

全市有离退休干部党组织720个，占全市基层党组织的6.1%；离退休干部党员3.56万人，占全市党员总数的13.2%。永州市下发《关于推进离退休干部党支部“五化”建设的实施意见》，按照“八有”标准（有好班子、有好支书、有学习活动阵地、有学习资料文件、有活动主题或支部主题党日活动、有规章制度、有经费保障、有安全服务措施）创建示范支部。各离退休干部党支部突出政治建设，落实“五化”要求，突出“五好”标准（支部班子好、党员队伍好、组织设置好、活动开展好、群众反映好），开展争创示范支部活动。市委办、冷水滩区人民检察院离退休干部党支部成功创建省示范离退休干部党支部；市政协、市委党校、市税务局等26家单位离退休干部党支部创建为市级示范党支部。截至2018年年末，全市有56家单位离退休干部党支部创建为全市示范离退休干部党支部，其中有5家单位创建为全省示范离退休干部党支部。加强社区离退休干部党建工作，创建21个社区离退休干部党支部示范点，通过开展“五个一”银发映照党旗红主题活动，为离退休干部党员在居住地发挥正能量探索新路径。以市委离退休干部工委主抓、冷水滩区委离退休干部工委配合、区街道社区党委协力、社区承办的方式整合60余万元，打造保障足、功能全、场地大、实用性强、群众认可度高的华源府第社区离退休干部党支部“社区党群服务中心”。东安县创建的红色社区“夕阳红”与“党旗红”交相辉映的“双红”党建新模式，被中国共产党新闻网刊载，并被选入全国城市基层党建创新案例。加强社区离退休干部党建工作经验在全省老干部局长会议上发言推介。9月，市委离退休干部工委组织全市离退休党员干部开展“向姜开斌同志学习”主题党日活动，通过采取收听收看新闻、开展专题讨论、撰写心得体会等形式学习姜开斌先进事迹，对年老体弱、行动不便党员和流动党员通过QQ群、微信、视频，印发学习资料等形式送学上门。11月，在东安举办的全市离退休干部党支部书记轮训班上，开展向姜开斌、黄超富等人学习活动。

组织离退休干部学习贯彻习近平新时代中国特色社会主义思想和中共十九大精神，举办通报会、报告会、培训班、知识竞赛、座谈交流、主题征文以及撰写心得体会、开设学习专栏等学习活动2300余场次，开展“庆祝中国共产党成立97周年”“我看改革开放新成就”“传承红色基因 争做时代新人”“向姜开斌同志学习”等专题活动。发动离退休干部参加湖南老干部（老年）开放大学永州专题班学习，有533人参加线上学习，并开展丰富多彩的线下交流活动。举办全市关工委系统学习贯彻中共十九大精神培训班，利用涉老报刊、电视广播、老干部工作微信QQ群、老干工作部门网站等信息平台，发动全市8000多名离退休干部网宣员，学习宣传习近平新时代中国特色社会主义思想和中共十九大精神。各县区、市直单位纷纷举办中共十九大精神学习宣传活动，为离退休干部购买中共十九大精神学习资料万余册。5月24日，组织厅级离退休干部参观考察园区项目建设和中心城区学位建设。老干部们先后参观永州八中分校、映山小学、永州静脉产业园、长丰猎豹总装车间。

坚持“五必访”，经常保持与离退休干部的日常联系，随时了解掌握老干部的思想动态、生活状态及相关情况。全年看望住院离退休干部41人次。坚持重大节日走访慰问，把春节、重阳等节日作为老干部走访慰问的重点，普遍开展一次走访慰问活动。春节、重阳节走访慰问离退休干部395人次，发放慰问金36万多元。进一步完善服务方式，优化服务内容，加强人文关怀和精神慰藉，加大对高龄、独居、多病老同志的关爱，让老干部享受亲情化、个性化、多样化服务，提升老干部的幸福感。全年走访陪护老干部1007次，陪护时间累计1812个小时，为老干部祝寿27人次，到医院探视老干部33人次，参与服务的干部和义工多达2600人次。建立市直单位特困离退休干部帮扶机制。出台《永州市直单位特困离退休干部帮扶资金管理使用暂行办法》和《关于认真做好生活困难离退休干部调查摸底工作的通知》，对市直单位离退休干部困难情况及困难程度进行全面的调查摸底，建立生活困难离退休干部信息库。全年帮扶救助对象122人，发放帮扶资金30万元。

【“走进新时代·共筑中国梦”广场舞比赛】 2018年4月起，中共永州市委老干部局、市教育局、永州电大按照全省离退休干部“走进新时代·共筑中国梦”广场舞比赛的统一部署，组织全市广大离退休干部参赛。全市有24支团队、670多名老干部参加永州选拔赛，其中有10支队伍进入全省决赛。10月15日，在冷水滩举行全市离退休干部“走进新时代·共筑中国梦”广场舞比赛展演活动暨“全民终身学习活动周”启动仪式。市委常委、市委组织部部长吴志雄宣布“全民终身学习活动周”启动，市政协副主席彭爱华出席并讲话。市委组织部副部长（兼）、市委老干部局局长、市委离退休干部工委书记秦远林主持。县区委老干部局局长、离退休干部工委书记和参赛广场舞团队领队参加活动。在全省“走进新时代、共筑中国梦”广场舞决赛中，永州市代表队获得二等奖1个、三等奖3个、优秀组织奖、最佳人气奖、最佳创意奖、最佳活力奖等多个奖项，是全省参赛人数最多、入围总决赛队伍最多、获得奖项最多的市州。

【离退休干部工委全会】 2018年5月22日，中共永州市离退休干部工作委员会召开2018年第一次全体会议。市委常委、市委组织部部长吴志雄出席会议并讲话。市委组织部副部长（兼）、市委老干部局局长、市委离退休干部工委书记秦远林主持会议并作工作报告。会议传达省委组织部副部长、老干部局局长、省委离退休干部工委书记崔永平在永州调研时的讲话精神，回顾总结2017年以来市委离退休干部工委工作，并对下段如何抓好政治建设、开展主题教育、加强组织建设、开展增添正能量活动、加大党内关怀帮扶及加强自身建设等方面作全面安排部署。市委离退休干部工委全体委员参加会议，市委老干部局局务会成员、市委离退休干部工委办公室成员、县区委离退休干部工委书记和市委老干部局副科级以上干部列席会议。

7月26日，中共永州市离退休干部工作委员会召开2018年第二次全体会议。市委离退休干部工委委员参加会议，市委老干部局班子成员、市委离退休干部工委办公室成员列席会议。市委组织部副部长（兼）、市委老干部局局长、市委离退休干部工委书记秦远林主持会议并讲话。会议学习贯彻省委离退休干部工委近期有关文件精神，审议并通过市委离退休干部工委《关于推进离退休干部党支部“五化”建设的实施意见》；研究转发省委离退休干部工委有关文件，安排部署下阶段工委重点工作和工委委员“七个一”工作任务。

【全市离退休干部党建工作现场会】 2018年11月28日上午，永州市离退休干部党建工作现场会在东安县召开。会议总结2018年全市离退休干部党建工作，交流经验，安排部署下阶段工作任务，并对2018年全市示范离退休干部党支部进行授牌。市委常委、市委组织部部长吴志雄出席并讲话。东安县委书记冯德校致欢迎辞。市委组织部副部长（兼）、市委老干部局局长、市委离退休干部工委书记秦远林作工作报告。市委离退休干部工委委员，各县区（管理区、经开区）党委组织部长，县区委离退休干部工委书记、专职副书记，省、市示范离退休干部党支部书记，部分市直单位离退休干部党支部书记参加会议。下午，举办全市离退休干部党支部书记轮训班。

【纪念改革开放40周年活动】 2018年，以纪念改革开放40周年为契机，永州市广大离退休干部党员参与点赞、建言活动，组织座谈、征文、演讲、书画展、“我看改革开放新成就”专题调研等各类活动300多场次。11月7日—8日，由市委老干部局主办的市直（中央、省驻永州）单位离退休干部“喜看新成就 共筑中国梦”门球赛在市老干部活动中心门球场开赛，有52家单位离退休干部代表队参赛。组织参加省委老干部局、省老干部书法家协会等部门联合举办的“点赞改革开放四十周年，喜看湖南新变化”全省书画作品展，选送的11件作品全部入展。

对台工作

【概况】 2018年，中共永州市委台湾工作办公室（永州市人民政府台湾事务办公室）全面贯彻落实习近平对台系列重要讲话精神和中央、省委对台工作会议有关要求，围绕市委、市政府中心工作，情系台胞、服务台企，促进永（永州）台（台湾）交往交流，为建设品质活力永州、促进永州经济社会发展做出应有贡献。5月21日，全市对台工作会议在冷水滩召开。会议传达中央、省委对台工作会议精神，总结2017年对台工作并安排部署2018年对台工作。6月，邀请40余位台商

2018年，永州市台办学习贯彻《若干措施》座谈会

和客商走进江永，江永县委、县人民政府做专题招商推介会。9月、10月，台商林富祥、张家鸿对江华、江永农业企业进行考察。全市新增台资企业3家，引进台资762.9万美元。

【交往交流】 2018年7月，永州市成功举办永台青少年“品读永州”文化之旅活动和东安籍台胞故乡行活动；9月，成功举办“和美阳明月正圆中秋联谊”活动，对台交流基础进一步夯实，多层次、多方位、多年龄段的永台大交流格局基本形成。全市各级台办利用春节、清明、端午等节日开展台胞台属联谊交流活动、座谈会，接待到永州投资考察、探亲、寻亲、旅游观光、交流的台胞、台商约200人次。6月，组织永州文化参访团；10月，组织零陵文化旅游考察团入岛参访，加强永台文化交流。

【对台宣传】 2018年，中共永州市委台湾工作办公室被中央、省委台办采用信息90多篇。开展台海形势宣传进学校、进机关活动。走进市委党校、湖南科技学院、市人社局以及蓝山县委中心组，为2000多名党内外干部、大学新生、退伍军人讲课，筑牢“反独”防线，织密“反独”网。在蓝山职业中专创建全市第一家涉台教育基地。编撰出版《台胞台商在永风采录》。

【惠台政策】 2018年3月6日，中共永州市委台湾工作办公室召开专门会议，在全省率先组织台胞台商台属、县区委台办和市直相关部门座谈，学习宣传中央台办31条。8月，在江华瑶族自治县召开全市台办系统贯彻落实《港澳台居民居住证申领发放办法》工作会，安排部署办理居民证，70多人申领居住证。

（孙吉春）

讲师团工作

【概况】 2018年，中共永州市委讲师团围绕永州改革发展实际，致力市委中心组理论学习服务和全市在职干部理论学习、理论宣讲、理论研究工作，取得突出成绩，被评为全市宣传系统先进单位。12月底，全市机构改革动员会宣布撤销市委讲师团，并入市委宣传部，讲师团主任周勇任市委宣传部副部长，副主任李国仲调市委网信办任副主任，调研员吴秋香任市委宣传部调研员，其他人员全部转隶市委宣传部。

【市委理论中心组学习】 2018年，中共永州市委讲师团制定出台《永州市委理论学习中心组2018年理论学习安排意见》，确立重点学习专题6个和备学知识讲座9个，落实“自学、听课、发言、讨论、总结、通报”6个环节，采取专题辅导与集体讨论相结合的形式（从5月开始，按省委要求每个月集中学习1次，并以视频会议的形式组织14个县区、管理区、经开区党委理论学习中心组共同参与辅导听课），组织市委理论学习中心组集中学习14次32天，策划举办大型专题报告会25场，其中省委宣讲团到永州宣讲2场，外请报告23场，组织集体讨论8次，为市委中心组成员购买学习资料5种200余册。大型专题辅导报告会扩大到县区、管理区、开发区党政主要负责人，市直及中央、省驻永州副处以上单位领导干部，市委、市政府两大院副科以上干部近1000人。邀请的国家级专家有国家发改委PPP专家、中国政法大学PPP研究中心专家委员会委员张宇，农业部农村经济研究中心主任宋洪远，中国国际法学会常务副会长、中国国际关系学会副会长、中国原驻外大使、外交学院原党委书记袁南生，原铁

2018年，永州市委讲师团开展“学习廉政文化　弘扬廉洁精神”主题党日活动

道部宣传部部长、新闻发言人王勇平 5 人；省级专家有黄跃进、吴传毅、邓清柯、张思京、潘碧灵、徐湘平、李丙力、彭雁冰、曹跃斌、李大剑、黎仁寅、戴军、周有颖、李钦、何永志 15 人；高校专家有郑仓元、韩锋、杨遴杰 3 人；大型企业专家有周国平 1 人。集体讨论 2 次扩大到县区委书记、县区长、市直各部办委局主要负责人近 100 人，市委常委年人均 2 次作中心发言，形成高质量的学习心得体会文章 56 篇，其中市委理论学习中心组成员 18 篇，结集出版《2018 年市委理论学习中心组学习心得体会文集》500 册，供全市各部门学习参考。

【理论宣讲】 2018 年，中共永州市委讲师团围绕中共十九大精神和习近平新时代中国特色社会主义思想，为全市各级党委（党组）中心组学习提供理论备课和专题讲座。其中周勇受邀宣讲 40 多场，并为全市处级干部学习中共十九大精神轮训班讲课 4 场；组建中共永州市委宣讲团，分 7 个小组奔赴全市各县区、管理区、永州经济技术开发区、市直各部门开展宪法巡回宣讲 100 多场；参与中共永州市委宣传部组织 4 个宣讲小分队在全市范围内开展“新思想进基层”巡回宣讲 36 场，推动习近平新时代中国特色社会主义思想“天天见、天天新、天天深”；与中共永州市委宣传部联合举办“学而习讲坛：奋斗新时代 · 书写新永州——党的十九大精神进基层”微宣讲比赛，2 万多名网民同步收看，推荐前 3 名选手到省里参赛，取得较好名次；与中共永州市委宣传部联合举办全市学习“习近平新时代中国特色社会主义思想”大型知识竞赛，14 支代表队参加决赛，电视、网络同时直播，盛况空前；周勇带领蒋理深入江永县兰溪瑶族乡勾蓝瑶村宣讲中共十九大精神和全国“两会”精神，并录制成网络微课程《牢牢牵住乡村振兴的“牛鼻子”》，在全省“党的十九大精神进网络”微课程比赛中获一等奖第一名。

【理论研究】 2018 年，中共永州市委讲师团围绕思想理论领域的新情况新问题、围绕干部理论教育面临的新任务新要求，开展教学研究和工作研究，主要成果有：周勇撰写的《新时代党委（党组）必须高度重视理论建设和理论指导》在 2018 年《学习导刊》第一期重要位置发表，《新时代马克思主义伟大文献和坚定宣示》作为市委理论学习中心组 2018 年第四次集中学习中心发言稿，《实践探索 理论升华 改革开放 40 年永州巨变腾飞》在《永州日报》刊出，《全力推进永州供给侧结构性改革——六论深入学习习近平总书记对湖南工作的重要讲话指示精神》作为评论员文章在《永州日报》头版刊发。

【驻村扶贫】 2018 年，中共永州市委讲师团主动承担牵头单位驻村扶贫任务，派出李国仲、陈一凡进驻新田县三井镇三合村开展驻村扶贫工作，其他人员每人联系 5 户贫困户，开展结对帮扶。帮助三合村筹集资金 150 多万元，用于空心村道路建设改造项目，向贫困户发放慰问金近 5 万余元，为 46 个贫困户落实产业奖扶资金 4 万余元，为 30 个贫困户落实教育扶贫政策，为 52 个贫困户落实外出就业交通补贴 6.5 万余元，为 11 个贫困户获得政策贴息贷款，为全村 56 个贫困户全部落实健康扶贫政策，还帮助 24 个贫困户入股专业合作社。年底，在县、市两级贫困退出预检中，三合村实现贫困户和非贫困户两个 100% 满意的目标，市委讲师团扶贫经验入选《永州组织工作动态（驻村帮扶专刊第一期）》。

（吴秋香）

永州市人民代表大会

综 述

【概况】 2018 年，永州市人大常委会依法依程序通过人事任免 121 人次。召开常委会会议 8 次，就有关重大事项作出决议决定 7 次。先后开展“十三五”规划纲要中期评估和计划审查监督，就市本级决算、一般公共预算和政府性基金预算调整等问题作出决议决定，为推进经济社会持续稳定发展起到积极作用；修订完善《永州市人民代表大会常务委员会讨论决定重大事项的规定》，健全讨论决定重大事项协调程序机制，建立市人民政府向市人大常委会报告国有资产管理情况制度，出台全市预算联网监督工作方案，并监督贯彻执行。听取和审议市人民政府《关于永州市公园广场条例实施情况的报告》，督促有关部门整治公园广场环境噪声污染，拆除冷水滩区滨江公园商业娱乐设施，为城市群众安居休闲创造新环境。督促政府部门加强基层卫生医疗机构标准化建设，两年建成标准化乡镇卫生院 79 个、社区卫生服务中心 15 个、村卫生室 1908 个，为改善基层医疗卫生条件、提高群众健康水平提供新保障。继续做好小区整治和闲置土地清理后续工作，为加强中心城市建设管理、整合利用土地资源拓展新空间。高质量承办全省“三湘农产品质量安全行”现场会，在提高全市农业现代化水平、保障农产品质量安全等方面树立新形象。依法接待和处理人民群众来电来信来访 502 人次，包案处理中央、省委巡视组交办案件 5 批、49 件，在化解社会矛盾、维护群众利益方面展现新作为。

【重点课题调研】 2018 年，永州市人大常委会围绕市委重大决策部署和全市经济社会发展重点课题，加强调查研究，形成有见地、有深度的调研报告 67 篇。其中，关于养老服务体系建设、信访法制化建设、不动产登记改革、工业高质量发展、现代农业产业园建设、义务教育学位建设、法官监督与管理等方面调研成果，为市委、市政府“抓重点、补短板、强弱项”，加快经济社会发展，贡献出人大智慧和力量。

【参与“六大战役”各项工作】 2018 年，永州市人大常委会主任会议成员带领专门委员会和工作机构，采取集中视察、执法检查等多种形式，发挥人大推动作用，促进工作落实和项目建设，完成目标任务。特别是“交通提速”各大项目建设顺利推进，全年完成投资超出预期，零（零陵）道（道县）高速、永（永州）郴（郴州）高速列入全省中长期规划，衡（衡阳）永（永州）高速进入招标程序。永（永州）清（清远）广（广州）高铁项目形成“5+4+1”联席推动合力，有望纳入《粤港澳大湾区发展规划》；争取永清广高铁项目列入国家“十三五”规划中期调整的相关工作，有序有力推进。

【助推脱贫攻坚】 2018 年，永州市人大常委会坚持点上抓好示范，面上依法监督，点面结合助推打好脱贫攻坚战。常委会各位副主任驻点联系 8 个贫困村，机关处级及以上干部分别对口联系 3 户~5 户贫困家庭。常委会对蓝山县湘江源乡联村实施驻点帮扶，通过建基地、扶产业、改设施，助力联村改变贫困面貌。帮助村里争取和筹集资金 300 多万元，巩固发展黄桃基地 14.67 公顷、光伏发电 60 千瓦，发展种养合作社 4 个；修建灌溉水渠 1300 米，改建学校和村级活动场所 2000 多平方米。25 户、114 名贫困人口全部顺利脱贫，全村达到整村退出标准。配合省人大常委会开展《湖南省农村扶贫开发条例》执法检查审议整改意见落实情况的调查，从面上持续推进脱贫攻坚进程；400 多名市人大代表在不同的岗位，以不同的方式投身脱贫攻坚主战场，助推全市脱贫 13.5 万人，贫困村出列 267 个。

【内部管理】 2018 年，永州市人大常委会督促指导市人大机关严格遵守政治纪律和政治规矩，全面落实从严治党要求，坚持以制度管人管事。结合省委巡视反馈意见整改，完善常委会机关政务、事务、财务等各项管理制度，保证机关各项工作有序运转。开展文明单位创建活动，加强机关党建，主动参与社区共建，并在其中真抓实干，善作善成，多项工作在全市获评先进。传播人大声音，办好《永州人大》杂志、永州人大网站，组建市人大常委会新闻舆论与信息中心，着力讲好人大故事，扩大人大宣传。注重加强常委会工作资料收集整理，完成《永州市人民代表大会志（1996—2016）》编纂工作。

监督工作

【监督和审查财政预算】 2018 年，永州市人大常委会加强“四本预算”（一般公共预算、政府性基金预算、国有资本经营预算、社会保险基金预算）以及财政专户资金、新增债务收入监督，实现政府收入和支出预算监督全口径、全过程、全覆盖。加强预算审查监督，推动落实中央改革部署和预算法、监督法等法律规定以及省委、市委要求，进一步增强预算编制的科学性、民主性和完整性。加强重点支出调整、财税政策改革、财政体制调整、财政转移支付、调入预算稳定调节基金等重大事项监督，推动预算监督由程序性向实质性、实效性转变。加强审计查出问题整改情况监督，促进被审计单位财政管理升级提质。加强预算绩效监督，对社会高度关注的支出规模、结构和绩效情况，及时作出回应。市人大常委会对 9 个政府组成部门的审计查出问题整改情况从 4 个方面进行工作测评，进一步促进和支持政府更好地管理人民“钱袋子”，集中财力办大事。

【工业发展专题询问】 2018 年

8月，永州市人大常委会开展“加大投入力度，促进市级工业高质量发展”专题询问。询问会上，市人大常委会组成人员和参会的人大代表，根据前期调研掌握的情况，较真过硬，连续发问各项瓶颈性问题。询问会议之后，市人大常委会针对部门的答复和常委会的审议意见，及时制定督办方案，支持和督促政府出台鼓励投入、引才引智、招商引资等一系列措施，落实国家减税降费政策，增加工业科技研发投入，加强园区基础设施建设，帮扶企业解决融资、用工、用地等方面的具体问题。全年全市规模工业增加值增长7.2%，园区规模工业增加值增长7.5%。

【助推政府债务风险防控】 2018年，永州市人大常委会针对政府隐性债务实际情况和阶段特性，监督、支持政府严格落实中央、省里规范地方政府举债融资行为的政策要求，执行实施PPP和政府购买服务负面清单规定，推进市级融资平台公司市场化转型，助推政府提升科学防范和化解债务风险的能力和水平。

【助推污染防治】 2018年，永州市人大常委会围绕打好环境污染攻坚战，加强环保监督。先后开展执法检查和环保世纪行采访等系列活动，听取和审议《2017年全市环境状况和环境保护目标完成情况报告》，指出部分水源保护区存在污染威胁、城区PM2.5浓度上升、土壤防治与修复进度缓慢、环保基础设施建设滞后等方面的突出问题，提出强化法律实施、完善基础设施、加强扬尘治理、加大饮用水源点和主要河流的污染治理力度等工作建议，并督促政府部门办理落实，推动提升市域环境总体质量。全年，中心城区空气质量优良率84.3%，县级以上集中式饮用水源地水质全部达到Ⅱ类以上标准，全市江河湖库水质按水环境区划要求达标率97%。

【司法监督】 2018年，永州市人大常委会健全完善常态化监督司法工作机制，先后听取审议“两院”工作情况报告、《关于司法体制改革工作情况专项报告》，监督并支持司法机关进一步落实司法公开各项措施。围绕司法改革后加强法官监督与管理开展调查研究，提出一系列加强员额法官监督与管理的建议，促进相关问题和困难的解决。开展法院执行工作审议意见落实情况、检察院“除虫护花”工作审议意见落实情况的跟踪督办，推动市县两级法院自觉担当主体责任、强化各方联动、加强普法宣传，不断提高执行工作成效；推动市县两级检察院落实审议意见，逐项抓好整改落实，提高公正司法水平。

立法工作

【概况】 2018年，永州市人大常委会坚持民主立法、科学立法，有针对性地推进立法工作，致力运用法律解决改革发展中的掣肘问题。坚持正确的立法方向，突出问题导向，做实调查研究，遵循立法程序，增强立法透明度。广泛征求意见，围绕审议修改立法计划和《永州市历史文化名城名镇名村保护条例》，市人大常委会通过《永州日报》、永州人大网、“永州发布”微信公众号等发布公告，向各有关单位和人大代表寄发信函，召开立法听证会、论证会、座谈会，公开征集立法意见和建议580条。《永州市人民代表大会及其常务委员会立法条例》《永州市历史文化名城名镇名村保护条例》均获得省人大常委会高票通过。

代表工作

【概况】 2018年，永州市人大常委会适应新时代人大工作发展要求，牢固树立尊重代表、依靠代表、服务代表的理念，不断加强和改进代表工作，引导和支持代表更好地投身服务大局的“主战场”，当好人民群的“代言人”。高质量开展代表履职培训。组织开展各种形式的学习培训7批次，累计培训766人次。特别是6月，精心筹划组织一次参与人员多、知识覆盖面广、授课专家层级高的集中培训活动。落实“双联制度”，确定每年9月为集中走访代表活动月。全面启用代表建议及履职软件系统，为代表高效履职提供信息化新平台。联系、邀请、推荐、安排市人大代表600余人次参加常委会和专委会的履职活动，邀请国、省、市人大代表100余人次参加省、市两级组织的视察调研、座谈会、新闻发布会和公开庭审等工作，进一步丰富代表职权内涵，拓展代表履职平台。强化履职保障，高度重视并认真解决代表履职过程中的实际问题。年内，将代表活动经费由750元/人提高到1500元/人，将市人大代表培训经费列入专项预算。建立代表激励制度，通报表彰履职优秀代表47人。推动《关于加强县乡人大工作和建设的实施意见》的落实，支持和指导县区人大在乡镇（街道）、村（社区）加强代表联络室建设，建成县乡代表工作室155个、村（社区）基层代表工作室514个。探索人大代表向所在选区选民述职制度，进一步加强代表与人民群众的密切联系。落实人大机构改革工作部署，市县机构改革顺利推进。

代表建议督办

【概况】 2018年，永州市人大常委会坚持把办好代表建议作为保障代表民主权利的有效途径，推动代表建议落实。市五届人大代表提出议案建议360件，政府及其相关部门办理的349件代表建议，办复率100%，满意率98.28%。召开专题会议，集中向政府部门交办建议。各专委会分别给对口部门交办建议。常委会还印发《市人大代表建议办理工作规定》，对代表建议的接收、交办、调整、承办、联系沟通、审核、答复、落实、总结等工作流程和时限作出明确规定，对承办单位提出严格要求。全年建议交办无缝隙，件件有落实、有成效。常委会确定重点代表建议由主任会议成员牵头督办，其他代表建议交由各委室督办。同时，推动工作理念由督办文件向督办实事转变，工作方式由远程督办向现场督办转变，工作手段由线下督办向线上线下并行督办转变，工作内容由督进度为主向督进度与重质量并举转变，工作机制由一次督办向全程多次督办转变。常委会主任会议成员牵头，多次到政府相关部门督办重点代表建议。各专门委员会采取“一听二查三问”等多种形式，有针对性地抓督办。全年代表建议督办有力、办理有效。

代表议案督办

【概况】 2018年，永州市人大常委会高位推动“学位建设”议案办理。督促和支持各县区（管理区）将学位建设列为一号民生工程紧抓不放。督办过程中，既注重逐步缓解学位紧张状况，又注重提升学位建设项目学校工程质量和师资配套水平；既推动解决当前问题，又及时提醒防控项目融资风险，推动全市新增学位18.38万个。推进“乡村振兴”议案办理。支持和推动部门落实市委、市政府乡村振兴工作部署，加快推进全市“十百千万工程”，壮大农业农村经济。全市完成农林牧渔业总产值633.42亿元，增长3.5%；农民人均可支配收入达到13980元，增长9.3%。农产品质量安全水平不断提升，“永州之野”成功推介，农业公用品牌建设迈上新台阶。持续督办“宋家洲环境综合治理”议案，常委会继续督促市、区两级政府深入摸清底子，开展集体土地上房屋合法性认定，落实中央环保督查整改意见，对房屋征收拆迁和安置小区建设同时发力、同步推进，对宋家洲及附近水域实行常态化管理，促进相关历史遗留问题更进一步化解。

重要会议

【王少峰看望出席十三届人大一次会议的永州代表】 2018年月23日上午，中共湖南省委常委、省委组织部部长王少峰，省人大常委会副主任王柯敏，省人民政府副省长吴桂英到华雅国际大酒店看望出席省十三届人大一次会议的永州代表团全体人员。省人大代表、中共永州市委书记、市人大常委会主任李晖，市委副书记、市人民政府市长赵应云等参加会见。

【永州市第五届人大常委会第十一次会议第一次全体会议】 2018年3月6日—7日，永州市五届人大常委会第十一次会议第一次全体会议召开。中共永州市委书记、市人大常委会主任李晖主持会议，副主任杨海河、周小驹、袁火林、魏湘江、李农妹，秘书长蒋千红出席。市委常委、市人民政府常务副市长张贺文，市委常委、副市长周荣峰，副市长、市公安局局长刘新良，市中级人民法院院长罗重海列席会议。会议听取和审议市政府32个工作部门2017年度工作情况的报告，并对各部门工作进行评价。

会议回顾肯定2017年工作，指出仍然存在着一些不容忽视的问题，在今后的工作中认真研究、切实解决。

会议强调，要突出理论武装，深入学习贯彻习近平新时代中国特色社会主义思想和中共十九大精神，不断提高政治觉悟、政治站位、政治能力。要突出尽职尽责，全力打好“防范化解重大风险、精准脱贫、污染防治”三大攻坚战，深入推进“产业项目建设年”活动，推进教育、就业、社会保障、医疗卫生等各项社会事业发展。要突出攻坚克难，转变作风，狠抓落实，弘扬“永州公安精神”，向“江华速度”看齐，确保全市各项工作在全省全国创先争优。要突出法治导向，不断强化人大意识，依法接受人大监督。要突出党建引领，增强执政本领，对标习近平提出的“八大本领”要求，抓紧扛实管党治党责任。

【永州市第五届人大常委会第十二次会议】 2018年4月26日，永州市五届人大常委会第十二次会议召开，市人民政府副市长严兴德列席会议。会议听取和集中审议市人民政府关于2017年度永州市环境状况和环境保护目标完成情况以及2018年度环境保护目标计划安排情况的报告；审议并表决《永州市第五届人民代表大会常务委员会组成人员2018年度联系市人大代表工作方案（草案）》；会议集中审议、表决有关人事事项。会议还对其他事项进行研究。

【永州市第五届人大常委会第十三次会议】 2018年6月28日—29日，永州市第五届人大常委会第十三次会议召开。市人民政府副市长、市公安局局长刘新良作表态发言。

会议听取和集中审议市人民政府《关于2017年度中心城区城乡规划实施情况的报告》以及市人大常委会代表资格审查委员会《关于个别代表的代表资格的报告》，集中审议、表决有关人事事项；听取市人大法制委员会关于《永州市历史文化名城保护条例（草案）》修改情况的汇报，分组审议《永州市历史文化名城保护条例（草案·二审稿）》；听取市人民政府《关于“加大投入力度，促进市级工业高质量发展”总体情况的报告》，并就此开展专题询问。

会议指出，工业经济是高质量发展的基石，是永州发展的短板和希望所在。推动工业经济实现高质量发展要聚焦转型升级，激发工业高质量发展；要聚焦项目建设，夯实工业高质量发展强支撑；要聚焦优质服务，营造工业高质量发展优环境；要聚焦园区建设，打造工业高质量发展大平台。

【永州市第五届人大常委会第十四次会议】 2018年8月29日，永州市第五届人大常委会第十四次会议召开。中共市委书记、市人大常委会主任李晖出席会议。

会议审议通过会议议程（草案）；听取并集中审议永州市人民政府《关于2018年上半年全市国民经济和社会发展计划执行情况的报告》《关于2017年度市本级预算执行以及其他财政收支的审计工作报告》《关于2017年市本级决算（草案）》和《2018年上半年全市和市本级预算执行情况的报告》；审查和批准市人大常委会《关于2017年市本级财政决算草案的决议（草案）》；听取和审议市人民政府《关于基层医疗卫生机构标准化建设情况的报告》。

会议还听取和审议市人大常委会代表资格审查委员会《关于部分代表的代表资格的报告》，集中审议、表决有关人事事项。

【永州市第五届人大常委会第十五次会议第一次全体会议】 2018年10月31日，永州市第五届人大常委会第十五次会议第一次全体会议召开。市人大常委会副主任杨海河、周益志、李农妹、胡先荣，市人大常委会秘书长蒋千红出席。市人民政府副市长欧阳元初、市中级人民法院院长罗重海列席会议。会议审议通过该次会议议程；市人大常委会组成人员集体学习《关于健全人大讨论决定重大事项制度　各级政府重大决策出台前向本级人大报告的实施意见》《中共永州市委关于建立市人民政府向市人大常委会报告国有资产管理情况制度的意见》《永州市人大预算联网监督工作实施方案》；听取并集中审议市人大法制委关于《永州市历史文化名城名镇名村保护条例（草案·三审稿）》。

【永州市第五届人大常委会第十六次会议第一次全体会议】 2018年11月27日，永州市第五届人大常委会第十六次会议第一次全体会议召开，副主任杨海河、周小驹、魏湘江、周益志、李农妹、胡先荣，秘书长蒋千红出席，市人民政府副市长谢景林、市中级人民法院院长罗重海列席会议。

会议通过市五届人大常委会第十六次会议议程；听取市人民政府关于市五届人大二次会议《关于以发展壮大农村经济为核心　推进乡村振兴战略的议案》办理情况的报告；听取市人大农业委关于市五届人大二次会议《关于以发展壮大农村经济为核心　推进乡村振兴战略的议案》办理情况审议结果的报告；听取市人民政府关于市五届人大二次会议《关于在全市城区推进学位建设三年（2017—2019）攻坚行动的议案》办理情况的报告；听取市人大教科文卫委关于市五届人大二次会议《关于在全市城区推进学位建设三年（2017—

2019）攻坚行动的议案》办理情况审议结果的报告；集中审议以上四个报告。

【永州市第五届人大常委会第十七次会议第一次全体会议】 2018年12月28日，永州市第五届人大常委会第十七次会议第一次全体会议召开。副主任杨海河、周小驹、袁火林、魏湘江、周益志、李农妹、胡先荣，秘书长蒋千红出席会议。中共永州市委常委、市人民政府副市长周荣峰列席会议。

会议审议通过会议议程（草案）；听取市人民政府《关于2017年度审计工作报告指出问题纠正情况和处理结果的报告》、相关部门《关于审计查出问题整改情况的报告》；听取市人民政府《关于市级工业发展专题询问落实情况的报告》；听取市人民政府关于《永州市公园广场管理条例》实施情况的报告；集中审议以上审查报告。

（朱振华）

永州市人民政府

综　　述

【概况】 2018年，永州市人民政府贯彻党中央、国务院和省委、省政府各项决策部署，加快推进开放兴市、产业强市，较好地完成年度各项目标任务。

严守政治纪律和政治规矩。学习贯彻习近平新时代中国特色社会主义思想以及中共十九大和十九届二中、三中全会精神，树牢“四个意识”，坚定“四个自信”。市政府班子成员全程参与14次市委理论学习中心组集中学习，市政府常务会、党组会12次组织专题学习和集中学习，并将学习成果运用到推动永州发展的具体工作中去。严守党的政治纪律和政治规矩，坚决维护以习近平为核心的党中央权威和集中统一领导，自觉在思想上政治上行动上同以习近平为核心的党中央保持高度一致，自觉在市委的统一领导下推动政府各项工作。严格执行新形势下党内政治生活若干准则，自觉恪守党章、《中国共产党廉洁自律准则》和《中国共产党纪律处分条例》，落实“三会一课”、民主生活会、组织生活会制度，严格执行重大问题请示报告制度，规范政府权力运行制约和监督机制，修订《永州市人民政府工作规则》。2月召开的年度专题民主生活会查摆出来的6个方面18项问题以及9月召开的抓好巡视整改净化政治生态专题民主生活会查摆出来的9个方面问题，逐一制定整改措施，基本按规定时间整改到位。

推动永州高质量发展。经济运行总体平稳。有效应对经济下行压力和各种不利因素影响，全市经济呈现出稳中有进、稳中有升、稳中有序的良好态势。地区生产总值增长8.2%，规模工业增加值增长7.2%，固定资产投资增长10.7%，社会消费品零售总额增长10.3%，财政总收入增长8.3%，城乡居民人均可支配收入分别增长8.5%、9.3%。产业强市步履坚实。坚持把产业和园区建设摆在更加突出位置，推进产业项目建设年活动，“5个10”工程实施重大产业项目57个、重大科技创新项目33个、重大产品创新项目31个，引进500强企业32家、重大科技创新人才45名，500强企业引进数量排全省第二位。推进园区升级战役，园区完成基础设施投入102亿元，新建标准厂房106万平方米，新入园投资5000万元以上工业项目128个、竣工投产65个，新入统规模工业企业144家，百亿园区增至9个。新创市级农业标准化示范基地（场）65个，新认证“三品一标”农产品138个。省级以上龙头企业发展到52家，农产品加工业销售收入660亿元。全省首个市级全品类农业公用品牌“永州之野”成功发布，并跻身全国农业公用品牌影响力“十强”。实施重点旅游项目39个，全市新增国家AAA级旅游景区11个、星级乡村旅游区（点）47个，游客接待量增长12%，旅游综合收入增长13.5%。文化产业快速发展，增加值增长28.6%，新增规模以上文化企业52家，均排全省第一位。金融保险稳健运行，新增表内外贷款211亿元。出台科技服务产业发展“十条措施”，财政科技支出、企业研发投入分别增长26.73%、69.23%，申请发明专利1224件，新认定高新技术企业78家，实施省以上科技计划项目75项、国家科技重大专项1项。设立人才发展专项资金5000万元，引进高学历人才837人、创新创业人才团队32个，创建省级以上科研平台6个。国家焊剂产品质量监督检验中心通过验收。获评“中国质量魅力城市”。改革开放纵深推进。“放管服”改革不断深化，市本级行政权力精简力度排全省第二位。“互联网+政务服务”改革在全省推介，申请类事项网上可办率

98%，省政务云异地灾备中心项目落户永州。推行项目建设联动机制、并联审批和行政审批归口管理制度改革，强化“五集中”审批服务，实行部门“一把手”到政务中心窗口坐班制度，项目审批时限大幅缩短，营商环境持续改善。新一轮机构改革稳步实施，商事制度、农村集体产权制度、国资监管、行政执法体制等改革迈出新步伐。全面实施“五大开放行动”，成功获批湘南湘西承接产业转移示范区，获评全省发展开放型经济优秀市。实际利用外资 12.1 亿美元、增长 12%，内联引资 314.8 亿元、增长 17.5%；完成外贸进出口总额 17.5 亿美元、增长 29%，新增 25 家进出口实绩企业、62 家进出口“破零”企业。湖南农副产品集中验放场（叠加永州公路口岸）启动运营，全市获批国家级水果蔬菜外贸转型升级基地。城乡发展加速融合。着力补齐基础设施短板，湘桂铁路永州地区扩能工程、永州火车站提质改造工程加速推动，呼南高铁永邵客专进入开工前期阶段，衡永高速进入招商招标程序，完成干线公路建设 98 千米、各类农村公路建设改造 5099 千米。农田、水利、电力、信息建设加速推进。加快城镇提质扩容步伐，中心城区实施重点城建项目 58 个，完成投资 93 亿元，征地拆迁“百日攻坚”行动成效显著，县城扩容提质和特色小镇建设持续推进。实施乡村振兴战略，扩建 66.67 公顷以上特色产业基地 34 个，新创市级以上农业园区 54 个，新解决 17.71 万贫困人口饮水安全问题，完成 120 个省、市美丽乡村和 1000 个环境治理重点村建设任务。

存在的主要问题和困难：应对经济下行压力的办法不多、思路不广，部分经济指标增速与年初预期目标存在差距，高质量发展的成效还不明显；解决民生问题的系统性还不够，民生短板仍然较多，离人民群众对美好生活向往的需求还有较大差距；抓执行、转作风的力度还不够强、效果不够明显，形式主义、官僚主义依然严重，发展环境有待进一步优化。

【“三大攻坚战”】 2018 年，永州市坚决打好防范化解重大风险、精准脱贫、污染防治“三大攻坚战”。风险防范积极有力。把防范化解政府性债务风险和涉众型金融风险作为重点，摸清政府债务底数，严格按照要求清理规范 PPP 和政府购买服务项目，加快推动平台公司市场化转型，严厉打击和妥善处置非法集资案件，确保金融债务风险总体可控和重点项目建设资金需求。脱贫攻坚大局初定。以集中攻克深度贫困为重点，高质量推动脱贫攻坚。脱贫 13.5 万人，贫困村出列 267 个，江华瑶族自治县“国扶县”摘帽，全市贫困发生率下降至 1.3%，区域性整体贫困基本解决。易地扶贫搬迁“十三五”计划全面完成。教育、健康、住房等扶贫政策全面落实，“四扶四建”扶贫模式得到推广，774 个贫困村村村建立主导产业，700 余家扶贫车间吸纳 1.2 万余名贫困劳动力在家门口就业。污染防治成效明显。抓好中央、省环保督察、审计署和中央、省委巡视交办环境问题整改，开展国家生态文明建设示范市创建活动，打好蓝天、碧水、净土保卫战，推行“双河长制”，湘江保护和治理第二个“三年行动计划”全面完成，一批环保历史遗留问题和老大难问题得到有效解决。中心城区空气质量优良率 84.3%、黑臭水体基本消除，县级以上集中式饮用水水源地水质全部达到Ⅱ类以上标准，境内江河湖库水质按水环境区划要求达标率 97%，森林覆盖率 65.33%。

【办好民生实事】 2018 年，永州市把城区学位建设作为“一号民生工程”，完成投资 34.2 亿元，通过“五个一批”（发展生产脱贫一批、易地扶贫搬迁脱贫一批、生态补偿脱贫一批、生态补偿脱贫一批、发展教育脱贫一批、社会保障兜底一批）方式新增城乡学位 18.38 万个，全市 3451 个超大班额全部消除。社会保障不断加强。新增城镇就业 6.63 万人、农村劳动力转移就业 4.28 万人、市场主体 5.2 万户，城镇登记失业率 2.32%。五项社会保险参保基本实现全覆盖，社会保障卡持卡人 528 万人。企业退休人员、机关事业单位退休人员人平养老金和城乡居民基础养老金分别提标到每月 2269.43 元、3863.07 元、103 元。城乡低保标准和特困人员供养标准分别提高到每月 430 元、272 元、375 元。城乡居民医保各级财政补助达到每人 490 元。救治救助无责任主体农民工尘肺病患者 948 名。每千名老年人口养老床位数 36.5 张。困难残疾人生活补贴和重度残疾人护理补贴每人每月提高到 55 元。完成 240 名 0~6 岁脑瘫儿童抢救性康复。对 1400 名智力、精神和重度肢体残疾人开展托养服务。完成各类棚户区改造 27206 套、农村危房改造13798户。新建主城区特别是老城区地下排水排污管网110千米、改造48.4千米。新增城镇日供水能力18万吨。健康永州建设成效明显。中心城区医疗卫生“四个中心”建设有序推进，新完成38所乡镇卫生院、7所社区卫生服务中心和996所村卫生室标准化建设。农村适龄妇女“两癌”（乳腺癌和宫颈癌）筛查、孕产妇免费产前筛查和农村65岁以上老人免费体检全面完成。新创学校标准化食堂200家，群众食品安全满意度排全省第一位。文化体育及各项事业全面发展。

【法治建设和社会治安综合治理】 2018年，永州市贯彻中央依法治国基本方略，自觉把政府工作全面纳入法治化轨道，统筹推进科学立法、严格执法、公正司法、全民守法。执行民主集中制，严格履行重大行政决策法定程序，依法决策、科学决策、民主决策能力得到增强。全面执行市人大及其常委会的决议决定，自觉接受市人大及其常委会的法律监督、工作监督，自觉接受市政协的民主监督和社会舆论监督。办理人大议案2件、建议349件，政协提案286件、大会发言14件。推进“双百会战”，重拳开展“扫黑除恶”“集打斗争”，稳妥处置群体性事件，不断深化基层平安创建和城乡网格化服务管理，全面加强法治信访和安全生产，社会大局保持和谐稳定。扫黑除恶、集打斗争、社会治安综合治理、信访工作综治考核排全省第一位，安全生产获评全省优秀单位，禁毒工作跻身全国先进。

【永州获评2018年“质量之光”质量魅力城市】 2018年12月23日，由国家市场监管总局、中国质量报刊社主办的2018“质量之光”公众评选活动和质量盛典在北京举行。经过网友投票，2018年“质量之光”所有奖项揭晓。永州市被评为2018年质量魅力城市全国十强，自2012年以来，质量之光评选活动已开展6届，永州市是湖南唯一入选城市。

“质量之光”公众评选活动是全国质量领域互动性强、参与面广、社会关注度高的专业活动品牌。2018年“质量之光”公众评选活动经过征集质量记忆、公众投票、专家委员会审查等环节，评选出年度质量事件、年度质量人物、质量魅力城市、年度魅力品牌、质量标杆企业、卓越技术机构等质量节点和质量榜样。

【永州发布全省首个市级农业公用品牌“永州之野”】 2018年11月2日上午，永州市在第十六届中国国际农产品交易会暨第二十届中国中部（湖南）国际农业博览会召开之际，在长沙国际会展中心举行“永州之野”市级农业公用品牌发布推介会。发布推介会以“湘江源头、绿色味道”为品牌口号，推介永州市农业公用品牌“永州之野”优质农产品100多个。中共永州市委副书记、市人民政府市长赵应云，中交第三公路工程局公司党委书记、董事长黄腊泉，市委副书记、市委政法委书记何录春，中交第三公路工程局公司副总经理、总会计师潘文学等和媒体记者300余人参加。发布会由永州市政协副主席宋可福主持。

此次发布的“永州之野”品牌有江永五香、道县脐橙、道州灰鹅、九嶷山兔、九嶷素米、瑶山雪梨、江华苦茶、百叠岭茶、陶岭辣椒、新田大豆、回龙圩柑橘、双牌虎爪姜、东安鸡、舜皇山土猪、祁阳油茶、永州异蛇、果秀等100多个名特优农产品。发布推介会还举办“永州之野”农产品的购销签约和招商引资项目签约仪式，有4家大型商超企业与永州市3家企业（商会）签订25.2亿元的购销协议，签约项目15个，签约总金额151.8亿元。

2018年11月2日，“永州之野”市级农业公用品牌发布推介会

重要政务

【《永州市人民政府提升执行力十条规定（试行）》出台】 2018年2月，为切实加强政府执行力建设，有效推动各项工作落地落实，永州市人民政府决定在市政府工作部门开展以“优化政务环境，提高工作效率，打造高效政府”为主题的“执行力提升年”活动，出台《永州市人民政府提升执行力十条规定（试行）》（以下简称《十条规定》）。《十条规定》明确：一、严明政令规矩；二、严肃会议纪律；三、严治空文旅行；四、严防签批划圈；五、严查推诿扯皮；六、严管办事拖拉；七、严把审批流程；八、严禁傲慢服务；九、严惩索拿卡要；十、严控考核评比。

【《永州市人民政府提升执行力十项改革（暂行）》出台】 2018年2月，为推动全市政府系统“执行力提升年”活动顺利开展，确保《永州市人民政府提升执行力十条规定（试行）》有效落实，永州市人民政府出台《永州市人民政府提升执行力十项改革（暂行）》（以下简称《十项改革》），全面构建提高政府执行力的配套制度。《十项改革》明确：一、推动行政审批归口管理改革；二、推动“互联网+政务服务”改革；三、推动政务服务公开方式改革；四、推动项目建设联动机制改革；五、推动“并联审批”工作机制改革；六、推动“放管服”深化改革；七、推动工作精细化管理改革；八、推动政府系统无纸化办公改革；九、推动重点工作督查机制改革；十、推动量化考核改革。

【《关于深入实施农业“十百千”工程促进产业兴旺三年行动计划（2018—2020年）的意见》出台】 2018年，永州根据《湖南省人民政府关于深入推进农业“百千万”工程促进产业兴旺的意见》和《中共永州市委永州市人民政府关于全面落实乡村振兴战略加快推进“三农”工作的实施意见》精神，制定出台《关于深入实施农业“十百千”工程促进产业兴旺三年行动计划（2018—2020年）的意见》（以下简称《意见》）。意见提出总体目标：（一）开展农业公用品牌战略行动。到2020年，以市级农业公用品牌“永州之野”为引领的农产品品牌体系基本形成，实现农产品品牌对农业经济的贡献率达到60%以上，品牌产品年销售额300亿元以上，重点培育推广的30家品牌企业销售收入100亿元以上。（二）实施“十企百社千户”现代农业发展工程。到2020年，推动10家以上涉农企业在省区域性股权交易市场挂牌或股改；培育100个县级以上农民专业合作社示范社；发展1000户县级以上家庭农（林）场示范场。（三）实施“十片百园千名”现代农业科技工程。到2020年，成功创建10片市级以上优质农副产品供应示范基地；推动创建100个现代农业产业园；每年招募科技服务团队带动1000名科技人员服务农业农村和乡村振兴。（四）增强优势主导产业发展实力。全市培育壮大优质稻、柑橘、蔬菜、油茶、茶叶、畜禽水产、中药材、竹木八大产业链。每个县区集中力量发展“一县一特”主导特色产业。到2020年，建立100万亩绿色高产高效高档优质稻基地、100万亩优质绿色柑橘基地、100万亩供粤港澳大湾区优质蔬菜基地、100万亩高产优质油茶基地和35万亩有机茶叶基地，落实500万头绿色生态生猪养殖基地。重点将果蔬、生猪、油茶、竹木家具产业打造成超100亿产业。（五）提升农产品供给质量。到2020年，全市农产品加工业产值达1000亿元，加工转化率达70%，农产品加工业产值与农业原值比达2.5∶1，农业产业化总体水平进入全省先进行列。农业绿色发展取得明显进展，农业面源污染得到有效遏制，农产品质量安全水平进一步提高，农产品优质率达55%以上。全市“三品一标”（无公害农产品、绿色食品、有机农产品和农产品地理标志）农产品有效认证总数达380个以上，社会化服务全程覆盖粮食播种面积达70%以上，农村一二三产业深度融合。《意见》提出“六大”行动，即推进品牌强农行动、推进特色强农行动、推进质量强农行动、推进产业融合强农行动、推进科技强农行动、推进开放强农行动；着力“六大”体系，即构建金融支持体系、农业社会化服务体系、农村创业服务体系、农业农村智慧产业体系、农业公共服务体系。

重要会议

【专题研究防范和打击非法集资工作】 2018年5月31日，中共永州市委副书记、市人民政府市长赵应云在市政府六楼会议室主持召开会议，专题研究防范和打击非法集资工作。市委常委、常务副市长张贺文，市直有关单位负责人参加会议。会议听取市打非办、冷水滩区政府、零陵区政府等单位的有关情况汇报，并进行认真讨论研究。

会议认为，全市非法集资风险虽总体可控，但发案数、涉案金额和参与人数仍处高位，工作中还存在认识不到位、目标不明确、机制不完善等问题，非法集资防控形势比较严峻。

会议要求，全市各级各部门要充分认识防范和打击非法集资工作的重要性和紧迫性，进一步增强大局意识和责任意识，牢固树立全市一盘棋的思想，以坚定的决心、有效的措施，做好防范和化解非法集资工作。

【“互联网+政务服务”专题调度会】 2018 年 8 月 14 日，中共永州市委副书记、市人民政府市长赵应云主持召开“互联网+政务服务”专题调度会。会议传达全省“互联网+政务服务”培训工作会议精神，听取市编办、市发改委及市政务中心有关工作情况汇报，并就相关问题进行研究讨论。

会议认为，前段时间，各级各部门高度重视“互联网+政务服务”工作，做了大量工作，取得一定进展，但总体推进不理想、进展仍然较慢，主要原因在于一些单位和干部的思想观念存在偏差，大局意识和责任意识不强，没有打破部门利益的壁垒，在政策执行上打折扣。

会议强调，“互联网+政务服务”是一项系统工程，全市各级各部门务必要进一步解放思想，形成责任共同体。要做改革的破冰者，以提出问题为导向、解决问题为目的，牢固树立大局意识、全局意识，强化部门联动，形成工作合力，确保“互联网+政务服务”平台尽快建立起来，在本地立得起、在外面推得开、在县里落得地，将永州打造成为全省“互联网+政务服务”工作的亮点。

【“三路一桥”项目建设调度会议】 2018 年 9 月 25 日，中共永州市委副书记、市人民政府市长赵应云现场调研翠竹大道、永州大道、潇湘大道和城南大桥项目后，在市政府二楼一会议室主持召开“三路一桥”（翠竹大道、潇湘大道、永州大道、城南大桥）项目建设调度会议。市委常委、市政府副市长周荣峰，市政府副市长、市公安局局长刘新良，市政府副市长欧阳元初，市直有关部门及相关项目施工单位负责人参加会议。会议听取市城投集团、市经投集团、永州经济技术开发区关于“三路一桥”项目建设情况汇报，并就具体问题进行认真研究。会议指出，执行力主要体现在重要决策落实上、重大项目推进上、重大难题的破解上。当前，“三路一桥”项目建设并未达到预期，各相关单位要进一步明确责任，树立大局意识，提高执行力，推动项目建设进度，确保如期完成项目建设任务。

【专题研究平台公司债务化解有关工作会议】 2018 年 11 月 5 日，中共永州市委副书记、市人民政府市长赵应云在市政府六楼会议室主持召开会议，专题研究平台公司债务化解有关工作。市直有关单位负责人参加会议。会议听取市财政局、市城投集团、市经投集团、市开建投公司等单位关于债务化解工作的情况汇报，并就相关问题进行认真讨论和研究，形成一致意见。

会议要求，全市各级各有关部门要认真领会 11 月 3 日省委常委、常务副省长陈向群及债务督导组到永州督导意见，高度重视债务化解方案的优化工作，按照偿债主体清晰、偿债资金来源清晰、偿债年度计划清晰的方向优化化债方案，确保化债方案科学合理，具有较强的可操作性。化解债务关键要压缩债务规模，从源头控制债务总量；要进一步分清市本级偿债责任主体，区别对待；细化化债措施；加快平台整合及转型发展。市本级债务化解方案由“1+3”方案体系构成，即市本级总体方案和三个平台公司的具体方案，市本级总体化债方案由市财政局牵头负责，三个平台公司的具体化债方案由平台公司各自负责。有关单位要尽快修改完善好化债方案体系，提交市政府研究。

政务公开与服务、电子政务

【概况】 2018 年，永州市政务中心坚持优质服务主题，各项工作取得较好成绩。永州市“放管服”改革和“互联网+政务服务”工作被列为省政府 2018 年度真抓实干工作先进市州激励表彰项目；“1357”（“1”，即“一个中心”：始终坚持“以人民为中心”的发展理念和改革的价值取向；“3”，即“三大目标”：政务服务便捷化、产业服务便利化、政府工作高效化；“5”即“五大原则”：全覆盖、全领域、全时段、全流程、全方位；“7”即“七大路径”：一门进、一窗办、一网通、一表填、一证交、一线询、一键点）改革思路和工作经验受到省政府肯定，并向国务院办公厅推荐；省政务云异地灾备中心项目落户永州；永州市被评为“2013—2017年全省政务公开工作先进单位”；创建“国家级政务服务标准化”示范项目通过国家标准委中期验收；政协云微建议联动办理经验在全省政协工作交流会上推介；市政府网站“政务公开栏目”被授予“2018年全国政府网站信息公开精品栏目奖”。

【“互联网+政务服务”】 2018年，永州市按照“入口、网络、构架、事项库标准、电子监察”“五统一”要求，搭建覆盖全市的“互联网+政务服务”一体化平台体系，并与省平台对接。截至2018年年末，永州市本级、冷水滩、零陵、东安、双牌、宁远、蓝山、新田、江华、江永、经开区、回龙圩一体化平台均已上线，全市一体化平台办理业务846989件，办结率99%，提速50%。梳理编制政务服务事项目录实施清单43917项，录入率和发布率均达100%，依申请类事项网上可办率99%。系统对接有序推进。配合市发改委完成24个市本级系统接入市数据共享交换平台，实现住建、房产、公积金等11个部门业务系统与市一体化平台有效对接。实体大厅改造升级。全面部署智能排号机和综合自助服务终端，推进人脸识别、远程申报协助等应用，实现事项办理、信息查询、自助打印，实现“不排长队、不输密码”。推进新市民中心建设，牵头组织中心大厅功能布局、进驻方案、内部装修设计平面图和三维动态效果图编制。

【优化政务服务】 2018年，永州市政务中心通过探索改革创新，不断优化服务。深化“一窗受理”改革。组织协调民宗、司法、残联、气象、旅游、教育、畜牧水产、烟草、事业单位登记管理、地震等部门，将10个部门51项事项集中到一个窗口无差别受理，做到“前台统一受理、后台分类审批、窗口统一出件”。下半年，办理业务1668件，按期办结率95%。推行“5+1”服务。聚焦上班族办事需求，创新管理方式，协调不动产、税务、房产、财政等部门，实施不动产登记“5+1”服务制，即周六继续为群众个人办理不动产登记业务，有效解决上班族周末办证烦恼。推进五级服务全覆盖。推进一体化平台与城乡网格化系统对接，将审批服务向镇村两级延伸，实现省、市、县、乡、村五级全覆盖。推动审批服务下沉，将与基层群众联系密切的182事项全面下沉到镇、村两级便民中心办理，纳入网上办理。

【规范政务服务管理】 2018年，永州市政务中心进一步加强规范化建设。落实“三集中三到位”改革。年内，27个职能部门行政审批科均进驻市政务中心，34个部门的434项事项、176名工作人员常驻窗口工作。落实部门“一把手”（主要负责人）窗口坐班。8月—12月，34个部门“一把手”到窗口坐班161次，分管领导到窗口坐班397次。推进窗口标准化建设。实施“社会管理和公共服务”国家标准化试点，聘请专业技术公司担任咨询顾问，全面实施窗口标准化建设，编制窗口建设管理与服务标准604个。开展作风纪律专项整治。强化窗口作风建设，开展“严管办事拖拉、严把审批流程、严禁傲慢服务、严格工作纪律”专项整治，全年印发通报25期，发送整改函近百份，约谈42人次，对20余名新进人员进行作风纪律强化培训。

【政务公开】 2018年，永州市政务中心推进市政府网站改造升级，实现市直54个部门和冷水滩、零陵两区网站向市政府网站集约迁移。强化网站日常监测，印发监测通报四期，下发整改函20余次，纠正网站错链死链700多条次，全年辖区内政府网站合格率99%。市政府网站及其移动客户端同步发布信息63037条，发布政府公文84件，发布重要会议78条，图解市政府常务会议12期。强化政民互动，完成在线访谈等政民互动活动33期，开展政策解读336次，处置市长信箱266封、咨询投诉173条。推进“互联网+监督”。配合市纪委履行“互联网+监督”办公室职责，强化组织协调和技术指导。“互联网+监督”平台录入民生项目2752项、资金77.57亿元，公开村级票据12.26万张、32.99亿元，村级财务票据上传率100%，公众号关注人数超过20万人，位居全省前列。

【电子政务】 2018年，永州云计算中心、政务数据中心和智慧永州指挥中心建设得到完善，人口、法人等六大基础数据库入库数据数十亿条2000G。依托智慧永州和华为永州云计算中心，推进“互联网+政务服务”一体化平台、政务联动处置平台、视频共享平台等“三平台”建设，打通平台边界，实现融合共享、功能延伸和全域组团式服务。在“三中心”“三平台”的基础上，有序叠加“3+3+W”应用，建成城乡网格化信息系统、智慧党建、“互联网+监督”等33个部门近50个智慧应用项目。推进政务网络建设和项目监管。强化网络建设，完成省到市4条骨干线路及网络设备安装调试，新增对接应急、民政等15个市直部门及省厅网络。强化安全保障，成功应对国庆期间勒索病毒、木马植入、病毒侵袭及黑客攻击。强化项目监管，1月—11月，审查项目10个，避免重复建设，节约财政资金1000多万元。截至2018年年末，永州市政务外网上联省、国家外网平台，下联14个县区（管理区、经开区）及11个县区所有乡镇，横向专线接入137家市直部门，VPN接入所有大中专院校。

【政务联动处置】 2018年，永州市政务中心全面升级联动处置平台，实现省、市、县三级“12345”热线对接。完成整合城管、公安非警务、交通、安监、残联、妇联、工会、质监、文化市场、食药、环保、工商12条部门热线。加强与政府网站、市长信箱、网络问政平台、基层网格、数字城管等投诉平台对接，加快实施与党建云、政协云等平台对接，为“两代表一委员”知情参政和民主监督提供新途径。全年市联动处置平台办理事件267612件，有效办结264904件，有效办结率98.9%；政协云微建议办理2281件，办结率99%。永州市政协委员“微建议+联动办”做法受到省市领导和广大政协委员肯定，并在全省推广。

【“互联网+政务服务”改革】 2018年10月，永州市在全省“互联网+政务服务”工作会议上作典型发言，该市被评为“2013年至2017年全省政务公开工作先进单位”，市政府网站“政务公开栏目”被授予“2018年全国政府网站信息公开精品栏目奖”；市政协委员“微建议+联动办”做法在全省推广。

2017年，永州被湖南省政府授予“互联网+政务服务”唯一试点地市。2018年年初，中共永州市委、市人民政府将深化“互联网+政务服务”和政务公开方式改革纳入市委经济工作会议报告和市政府工作报告重要内容。市委提出“要深化互联网+政务服务改革，推进一张表、一个窗、一次办等工作，各县区要优化服务流程，提高办事效率，缩短办事时间”的工作要求；市人民政府制定《关于深入推进“互联网+政务服务”改革实施方案》，提出永州市互联网+政务服务“1357”的改革理念。“1”，即“一个中心”，始终坚持“以人民为中心”的发展理念和改革的价值取向。“3”即“三大目标”：政务服务便捷化、产业服务便利化、政府工作高效化。“5”即“五大原则”：全覆盖、全领域、全时段、全流程、全方位。“7”即“七大路径”：一门进、一窗办、一网通、一表填、一证交、一线询、一键点。

永州着力搭建覆盖全市的一体化平台体系，并与省平台对接。市本级、蓝山、宁远、新田、双牌、江华、江永、经开区、回龙圩等地平台上线。9月底至12月底，全市一体化平台办理业务27352件，办结率97.3%，提速50%。全市梳理编制政务服务事项目录实施清单43343项，录入率和发布率均达100%，依申请类事项网上可办率98%。24个市本级系统接入市数据共享交换平台，实现住建、房产、公积金等11个部门业务系统与市一体化平台有效对接。实体大厅改造升级，部署智能排号机和综合自助服务终端，推进人脸识别、远程申报协助等应用，实现事项办理、信息查询、自助打印，实现“不排长队、不输密码”。推进一体化平台与城乡网格化系统对接，将审批服务向镇、村两级延伸，实现省、市、县、乡、村五级全覆盖。推动审批服务下沉，将与基层群众联系密切的182件事项全面下沉到镇、村两级便民中心办理，纳入网上办理。

依托智慧永州和华为永州云计算中心，推进“互联网+政务服务”一体化平台、政务联动处置平台、视频共享平台“三平台”建设，叠加“3+3+W”应用，建成城乡网格化信息系统、智慧党建、“互联网+监督”等33个部门近50个智慧应用项目。升级联动处置平台，实现省、市、县三级“12345”热线对接。加强与政府网站、市长信箱、网络问政平台、基层网格、数字城管等投诉平台对接，加快实施与党建云、政协云等平台对接，为“两代表一委员”知情参政和民主监督提供新途径。全年受理各类事项 267612 件，有效办结 264904 件，办结率 98.9%；政协云微建议办理 2281 件，办结率 99%。

【永州行政服务进入“刷脸”时代】 2018 年 10 月，永州市政务中心推出“升级版”智能化自助申报一体机，实现 24 小时智慧审批。一体机新增人脸识别系统、迷你键盘等智能化设施功能，同时新增公共服务模块和部分政务服务项目。“升级版”智能化自助申报一体机设置证明打印、政务服务和公共服务三大类模块的服务界面，公积金查询、无房证明、学历证明等多项证明均可在一体机的证明打印模块界面上快速操作完成；政务服务模块提供 424 项办事指南、310 项自助申报等五大类服务；新增的公共服务模块提供长途汽车票查询、空气质量查询、快递查询等多类实用信息查询服务。相应打印服务通过放身份证、“刷脸”、点击相应打印 3 个步骤即可完成。该一体机通过“刷脸”步骤，实现人证比对和活体检测，防止办事群众身份证遗失后被他人随意使用、泄露个人信息等问题。一体机还提供远程视频协助，后台客服人员通过“面对面”视屏、“口对口”音频、“手把手”操作的方式与申请人进行互动、指导，甚至代为申报。

（丁华文）

优化经济发展环境

【概况】 2018 年，永州市按照“能放尽放，一放到底”的原则，推进行政权力向县区（经开区、管理区）、乡镇和社区全面下放。全市 39 个部门保留行政权力 2406 项（其中行政许可事项 90 项），行政权力事项精简力度排全省第二位。再次向县区放权 59 项，向管理区放权 56 项，向永州经济技术开发区放权 4 项，指导县区向乡镇和园区分别放权 7 项、42 项，基本实现“园区事情园区办、群众事情就近办”。在全省率先实施“先照后证”“多证合一”“一照一码”改革，将“五证合一”升级为“五十证合一”，整合 27 个部门 50 个涉企证照项目，证件合并数量排全省第三位。

深化政务服务改革，制定《关于深入推进“互联网+政务服务”改革实施方案》《永州市投资项目“并联审批”工作机制改革实施方案（试行）》《永州市推动项目联动机制改革实施方案（试行）》等文件。通过实施以前期手续联办、征地拆迁联动、杆线迁移联调、资金使用联审、施工环境联保和推进实施联查为主要内容的推动项目联动改革，有效地解决企业普遍反映的“部门分头找、办事来回跑、效率还不高”等问题。全市“六大战役”重点项目完成投资 947.6 亿元，占年度计划的 116.1%，超额完成年度投资计划。其中，纳入省重点调度的 20 个项目完成投资 235.98 亿元，占年度计划投资的 116%。

维护企业权益，建立包括微信投诉、电话投诉、邮箱投诉、网上在线投诉监督平台投诉等方式的投诉监督渠道，有效发挥企业和监督员的投诉监督作用。全年受理涉企投诉 84 件（主要集中在基础设施建设、行政执法监管、政务管理服务、政府合同履约等方面），相比 2017 年增长 121%；办结 84 件，办结率 100%。

贯彻落实国务院“1+4+6”系列减税政策，制定《永州市行政事业性收费目录清单》《永州市涉企行政事业性收费目录清单》《永州市中心城区非税收入减免缓管理规定》等文件，及时调整更新非税收入征管系统收费项目和标准，从源头上杜绝乱收

2018 年 6 月 14 日，全省优化发展环境现场推介会在永州市江华瑶族自治县召开

费。全年减免各项税收16.5亿元。不断降低用工成本，对2004家企业实行企业养老保险费阶段性降低缴费费率，单位缴费费率统一由20%降低为19%，为企业节约养老保险成本2750万元；企业失业保险总费率由1.5%降至1%，为永州市参保单位减轻负担3920万元；工伤保险费率由1.35%降至1.11%，为永州市企业减低成本2100万元。

【优化涉企服务】 2018年，永州市按照“四心服务”（即情感上暖心、措施上用心、机制上顺心、政商关上公心）理念，推行一系列服务企业新举措。通过建立“精准帮扶机制”，对300家重点骨干企业和高成长性企业实行“五个一”帮扶，即“一个企业、由一名领导、一个后盾单位、一个帮扶工作小组、一个帮扶方案”。通过《永州市国家公职人员践行“亲”“清”新型政商关系行为规范》《关于建立永州市民营经济发展环境联席会议制度的实施方案》《关于建立非公有制经济发展联席会议制度的实施方案》等政策文件，为政商关系理清边界，提供遵循。同时，建立市级领导与非公有制企业等人士交朋友制度，开辟商政直接建言的“直通车”平台。

【创新监督评价】 2018年，永州市大幅提高优化经济发展环境工作在永州市年终绩效考核中所占的分值，将“政务环境”整治工作作为“环境整治”战役的重要内容进行专项考核和奖励。通过第三方机构电话调查和手机“在线测评”组织政务中心窗口办事群众、优化经济发展环境监督员和企业代表开展优化经济发展环境“精准测评”2次，测评结果实时产生，市级媒体全程跟踪报道，89个被测评单位（市直和中央、省市驻永单位）的负责人现场观看测评结果。湖南卫视新闻联播对全市创新监督测评方式，优化发展环境的做法进行报道。在优化经济发展环境“精准测评”中评选出“先进单位”9个和“黄牌单位”3个。同时，市优化办与市纪委、市监察委建立案件线索移送机制，与永州市电视台等媒体建立优化发展环境暗访曝光机制，对发现的问题进行及时查处、公开曝光和督促整改。

【湖南省优化发展环境现场推进会】 2018年6月14日，湖南省优化发展环境现场推进会在永州市江华瑶族自治县召开。省委书记、省人大常委会主任杜家毫，省委副书记、省人民政府省长许达哲率省直有关部门以及各市州、县市区、高新区、经开区、综保区主要负责人对永州市江华瑶族自治县的部分企业和高新区企业服务中心产业项目建设工作进行现场考察，在肯定其推进“产业项目建设年”、优化发展环境等方面取得明显成效和成功经验的同时，对进一步优化湖南省产业项目建设环境，改善干部作风，提出新思想、新要求。

（杨海平）

信　　访

【概况】 2018年，永州市信访局以开展“信访法治化建设年”活动为主线，以办理中央和省委巡视组交办信访件为抓手，开展“三无”（无进京上访、无到省非访和集体访、无到市非访和重复集体访）创建和“四大攻坚”活动，较好地完成各项工作目标任务，信访形势呈现出“两降两升一好转”（进京访量下降、非访登记量下降，赴省访量上升、到市访量上升，信访总体形势持续好转）的态势，信访工作取得历史以来最好成绩。全市信访工作综治考核排在全省第一位。永州市被省委、省政府表彰为全省信访工作目标管理考核先进单位。永州市信访局被评为“2016—2018年全省信访宣传工作先进单位”。创作的微信作品《三次送鹅的故事》被国家信访局微信公众号采用，点击率突破10万人次。10月10日，全省“信访法治化建设”暨“四大攻坚”现场推进会在永州成功召开，依法治访工作经验在全省推广。

【中央和省委巡视组移交信访件办理】 2018年，中央第八巡视组、省委第六巡视组分别进驻永州市开展巡视工作。永州市成立工作专班，按照“三不限、两见面”的要求，实行“四重新”“三审三签字”等工作机制，办理中央巡视组移交的每一件信访事项。市委书记、市长带头领办信访件，带头采取“四不两直”的方式，下基层、访群众、解难题。中央巡视组交办的327件信访件全部办结，息访息诉61件，息访息诉率18.65%；省委巡视组交办的1085件信访件全部办结，息访息诉221件，息访息诉率20.37%。省委书记、省人大常委会主任杜家毫领办“三大攻坚战”信访事项5件，全部息访息

2018年10月10日，全省“信访法治化建设”暨“四大攻坚”现场推进会在永州召开

诉；省委常委、省委宣传部部长蔡振红领办“三大攻坚战”信访事项4件，息访息诉2件，另2件信访人表示满意。

【“信访法治化建设年”活动】 2018年，永州市、县（区）成立党委专职副书记任组长的信访法治化建设工作领导小组，在全省率先开展“信访法治化建设年”活动。全面规范信访事项办理，强化访诉分离、依法分类处理信访诉求；强化通过司法确认的方式解决群众信访诉求，依法维护群众合法权益。坚持依法治访，依托公安信息化平台实施信访重点人员“大数据”管理，依法处置信访活动中的违法犯罪行为，公开曝光一批涉访违法典型案例，依法处置一批信访活动中的违法行为。

【“三无”创建活动】 2018年，永州市联席会议研究出台《永州市建设“三无”村（社区）实施方案》。推进“党建+信访”。结合党员积分制管理工作，引导无职党员认领信访问题化解岗位，实行党员“一对一”结对帮扶重点信访人制度；开展市县领导与退役军人“结对子、走亲戚、交朋友”活动；在退役军人党员中开展“弘扬部队光荣传统、争做优秀退伍军人”主题活动。推进“网格化+信访”。依托网格化管理，强化基层信访工作。坚持开门接访。每周星期一由一名市级领导到市信访接待中心值班接访，每月安排一天为“四级书记”同步接访（下访）活动日。推进“互联网+信访”。让网上信访成为群众反映诉求的第一选择，全面加强对“市长（县长）信箱”的管理运用，着力减轻群众信访成本。全年受理网上投诉21583件，网信占比74.7%。全省省级“三无”县区创建15个，双牌县、回龙圩管理区获评“三无”县区。

【“四大攻坚”活动】 2018年，永州市所有纳入“四大攻坚”范畴的市级以上信访事项由市委书记、市长交办，市级领导根据联系县区或分管领域原则负责督办。建立健全多元化解矛盾机制，推广“3+X”信访听证模式，完善“三调联动”工作机制，将触角延伸到街巷、小区、楼宇，及时调处矛盾纠纷。年内，国家信访局和省信访局交办的45件“四大攻坚”信访事项全部办结，办结率100%，化解（息访息诉、依法处置）率46.67%。

【全省“信访法治化建设”会议在永州召开】 2018年10月10日，湖南省“信访法治化建设”暨“四大攻坚”现场推进会在永州市召开，会议贯彻落实中共中央总书记习近平重要指示精神和中央信访工作联席会议第一次全体会议精神，分析当前信访形势，研究部署下段工作。中共湖南省委常委、省委政法委书记黄关春出席会议并讲话，副省长、省公安厅厅长许显辉主持会议，中共永州市委书记、市人大常委会主任李晖致辞。省政府副秘书长张银桥，省政府副秘书长、省信访局局长许忠建，永州市领导何录春、刘新良，各市州、重点县市区信访工作联席会议召集人及信访局局长，发言单位分管领导和信访部门负责人，省信访工作联席会议9个专项工作小组牵头单位分管领导及信访工作机构负责人，省信访局相关局领导及处室主要负责人等参加会议。

与会人员首先观看永州市信访工作纪实专题片和现场点连线视频，永州市、长沙市、常德市、省高级人民法院、祁阳县、娄星区6个单位在会上作典型发言。

（周永军）

移民开发

【概况】 永州市移民开发局为

市政府直属正处级事业单位，主管全市水库移民安置、扶持和开发工作。机关内设有办公室、后扶科、搬迁安置科、资金财务科、监察室5个科室，编制20名，现有干部职工20人。主要职责是负责永州市新建大中型水利水电工程的水库移民搬迁安置和后期扶持工作，包括迁入永州市的三峡水库移民相关工作。主要职责：贯彻执行党和国家的移民工作方针、政策。适应社会主义市场经济需要，探索开发性移民的新机制，总结推广典型经验，抓好开发性移民工作。负责新建大型水利水电工程的移民安置规划的初审，协同有关部门制订重点移民区开发的中长期规划；制订并组织实施年度安置、开发计划；指导县区移民开发工程项目，督查验收移民开发工程项目。会同有关部门拟定移民资金管理办法；按有关规定管理移民资金，指导全市移民机构的财务会计工作；会同有关部门对移民资金使用情况进行监督检查；负责移民资金方面的政策和业务指导；负责移民开发有关的统计工作。负责协调处理三峡库区迁入我市的移民有关工作，指导其生活安置、生产和开发工作。负责市直有关部门和各县、区有关移民工作协调；会同市直有关部门做好移民对口帮扶工作。负责移民扶助金的审批工作。负责移民信访接待工作，协调、指导各县、区做好库区、移民安置区的社会稳定工作。指导全市移民培训和移民干部的培训。承办省移民局和市委、市人民政府交办的其他事项。

2018年，涔天河水库扩建工程6个移民安置点建设基本完成；完成移民后期扶持项目投资8524.6万元，发放移民直补资金8771.76万元；完成零陵区、东安县的内部审计工作和零陵区、东安县、新田县、宁远县、双牌县的现场绩效评价工作，配合省移民局对祁阳县开展内审及绩效评价工作。

【水库移民搬迁安置】 2018年，江华县涔天河水库扩建工程6个移民安置点建设基本完成，公用设施基本完善，移民搬迁入住。8月26日—31日，通过湖南省潇水涔天河水库扩建工程正常蓄水位313米蓄水阶段验收。正加快推进扫尾工作，完成库区规划复（改）建机耕道27条路面建设32千米，占任务的72.7%。9座机耕桥完成6座，还有3座正在抓紧施工中。8条等级公路基本建成通车，剩余的省道355线水淹段（1～3）标正在抓紧实施中，完成总投资的94%。面上新建水库移民安置工作。蓝山县毛俊水库移民搬迁安置工作正在展开，毛俊水库工程导（截）流阶段移民安置完成初验。建设征地（包括淹没影响区、城郊安置点、公路复建等）累计征收80.59公顷。移民搬迁（包括枢纽工程建设区、淹没影响区、城郊安置点等）累计签订搬迁协议97户339人，累计拆除房屋30幢40户，10月13日公路复建工程开工建设，10月18日城郊安置点工程开工建设；东安县芦江水库完成房屋拆迁补偿协议签订101户352人，协议拆迁房屋面积7839.32平方米，参与分配宅基地的移民有101户352人，开展建房施工的移民有57户201人，其中38户121人完成建房主体封顶。拆除库区移民原房31户（含共房户）2718.17平米，搬迁入住41户135人；零陵区何仙观水库完成实物指标调查，正在编制移民规划大纲和设计报告；江永县大古源水库通过省移民局实物调查细则审批。

【水库移民后期扶持】 2018年，湖南省移民局下达永州市后期扶持项目资金11154.6万元，历年结转项目资金6443.86万元。截至

涔天河库区

江华瑶族自治县水口移民新镇

2018年年末，完成移民后期扶持项目投资8524.6万元，发放移民直补资金8771.76万元，占任务的100%。移民产业开发完成富硒蔬菜、茶叶、水果、油茶基地提质改造和种植833.33公顷，超额完成目标任务；移民培训工作。计划完成移民培训4497人次，其中实用技术培训3498人次，转移就业培训999人次。实际开展各项培训88期，培训移民5667人次，超额完成培训任务。其中，实用技术培训49期，培训移民4473人次；新型职业农民培训1期，74人；转移就业培训38期，培训移民857人；发放移民中长期职业教育困难补助263人、91.3万元。移民美丽家园建设和整村推进工作。省移民局要求永州市完成重点移民村整村推进23个，完成投资4170万元。截至2018年年末，县区整村推进村的项目计划的审核工作全面完成，正抓紧项目实施，累计完成投资3605.23万元，占任务的86.46%；2019年的19个重点移民村整村确定选址，正在进行编报项目计划。全市计划脱贫移民人数7770人，按照江华、新田2个国家扶贫县摘帽脱贫的要求，实现江华瑶族自治县的贫困移民全部脱贫。计划完成第三批移民避险解困搬迁任务2087人，完成投资4174万元。截至2018年年末，完成避险解困任务数1966人，占任务的94.2%，拨付避险解困专项资金3095.86万元。

【移民项目资金管理】 2018年，永州市移民局制定《2018年永州市移民资金内部审计暨绩效评价工作方案》和《永州市水库移民后期扶持资金绩效评价工作方案》，完成零陵区、东安县的内部审计工作和零陵区、东安县、新田县、宁远县、双牌县的现场绩效评价工作，配合省移民局对祁阳县开展内审及绩效评价工作。6月26日—28日，对存量资金较大的道县、双牌县、江华瑶族自治县、江永县4个县进行督查，加强存量移民资金清理工作。7月4日，传达省移民局关于资金管理会议精神，讲解《湖南省水库移民资金管理办法》，对绩效评价工作的具体操作进行培训。与市财政联合行文下发《关于做好2018年涔天河水库扩建工程移民安置资金交纳工作有关事项的通知》，布置2018年移民安置资金征收工作。联合市财政局对涔天河公司进行调研，对公司提出的从征收的移民安置资金中解决2018年上半年长效实物补偿问题给出答复意见，并报市人民政府批准同意，由市财政局从筹集的移民安置资金先行垫付600万元，涔天河公司缴纳690.54万元，两笔资金均已拨付到位。

（周川）

扶贫开发

【概况】 2018年，永州市把脱贫攻坚作为重要政治任务、头等大事和第一民生工程，摆在“六大战役”之首，全面贯彻落实中央、省委脱贫攻坚“三年行动”计划，聚焦“三个落实”，聚力提升脱贫质量，以决战决胜的姿态全力推进，全市脱贫攻坚工作取得显著成效，全年减贫134885人，全市累计减贫611350人，贫困村出列267个，累计脱贫出列742个，江华瑶族自治县国扶县脱贫摘帽，全市5个重点县全部脱贫摘帽，基本解决区域性整体贫困问题。

存在的主要问题和困难：贫困与非贫困区域和对象统筹推进不平衡的问题突出；政策落实精准度仍然不高；涉贫信访舆情压力较大；扶贫领域腐败和作风问题时有发生；产业扶贫的效果欠佳等。

【学习贯彻习近平关于脱贫攻坚工作重要论述】 2018年，永州市坚持把学深悟透习近平精准扶贫重要论述作为首要任务，市委常委会议、市政府常务会议第一时间传达学习贯彻。将习近平重要论述纳入市县党委理论中心组的必学内容，多次邀请专家学者集中辅导。分级发放《习近平扶贫论述摘编》，组织开展集中学习测试。召开全市扶贫工作暨作风建设年推进大会、深入学习习近平精准扶贫重要论述大会等到村一级的“万人大会”，凝聚思想共识。市委常委会议、市政府常务会议、市扶贫开发领导小组会议多次专题研究全市脱贫攻坚工作，谋划实施“三年行动”计划，协调解决推进过程中的具体问题。调整充实书记、市长“双组长”制的扶贫开发领导小组，成员单位全部成立扶贫办。市、县、乡、村层层签订减贫责任书，细化减贫任务，传导工作压力。启动新一轮驻村帮扶，扩大驻村帮扶覆盖面，市级层面从上一轮的43个工作队充实到100个，帮扶后盾单位从117个扩大到141个，并动员11名省市人大代表、政协委员的企业家参与，实现所有市县领导、市县机关、所有贫困村和贫困人口100人以上非贫困村驻村帮扶全覆盖。

【脱贫攻坚问题整改】 2018年，永州市把问题整改作为全年脱贫攻坚的重中之重，以问题整改的实效提升脱贫质量。制定《全市脱贫攻坚提质增效活动实施方案》《全市扶贫领域问题“全覆盖”“地毯式”核查工作方案》等系列方案，组织开展“大排查、大走访、大调研”活动和“地毯式全覆盖”核查、“回头看、回头查、回头帮”等专项活动，市级领导带头示范，到乡到村、到户到人、到事到项目，通过点对点调研排查，梳理脱贫攻坚10个方面的突出问题和扶贫领域作风建设方面的32个问题，逐一明确整改措施，落实整改责任，拉条挂账、对单销号抓整改。坚持“当下改”和“长久立”相结合，把上级交办问题作为整改主线，多措并举、标本兼治，分门别类制定针对性的整改子方案，逐一明确整改责任、整改措施和整改期限，中央、省委巡视交办的问题以及中央、省考核通报指出的问题在规定的时间节点内全面整改落实到位。针对省常态化联点督查发现的个案问题，按照属地管理原则，由所在县区逐一限期整改到位，市委、市政府定期督查整改落实情况。交办的共性问题由全市统一汇总、集中研究，找准根源，建立完善机制体制，上下联动推进整改落实。省常态化联点督查反馈交办的四大类482个问题全部整改到位。建成脱贫攻坚“三落实”动态管理系统，组建工作专班，实行“日调度交办”制，省动态管理系统交办的问题整改落实率100%。

【落实脱贫攻坚政策】 2018年，永州市坚持一手抓脱贫攻坚一手抓巩固提升，打通政策落实的“最后一米”，着力增强群众获得感。把产业扶贫作为巩固脱贫成果、提升脱贫质量的治本之策，制定出台全市产业扶贫实施意见和产业扶贫实施方案，市级财政安排2000万元产业扶贫专项资金。加大产业扶贫倾斜投入，将65%的中央、省财政扶贫专项资金投入产业扶贫，全年投入5.87亿元。深化“四跟四走”模式，实施“百企帮百村”行动，全市143家龙头企业带动489个贫困村建立扶贫产业基地，774个贫困村村村有主导产业，村集体经济年经营收入达5万元以上的贫困村742个，占比95.9%。依托传统优势产业，建立4个省级优质农副产品供应示范基地，通过保底收购、委托帮扶、股份合作、资产受益、吸纳就业等模式，建立利益联结关系的贫困农户13.35万户，占全市建档立卡人口总户数的72.32%；注册成立种养专业合作社6120家。按照山下“两茶一柑”和山上“菜、豆、菌、猪”的产业模式，因地制宜扶持发展“一人一亩果、一亩茶、一亩菜、一亩鱼（虾）、一箱蜂、一个大棚”到户产业，促进贫困农户持续增收。加快光伏产业发展，建成并网集中式光伏发电站5个和村级光伏电站625个。推进农村电商扶贫产业，扶持贫困户开设网店827家，全市贫困村电商服务站点累计517个，110个贫困户农产品入驻电商平台。发展乡村文化旅游产业，全市18家旅游企业结对帮扶贫困村，辐射带动就业2.46万人，贫困人口人均增收1106元。落实就业扶贫政策，发放就业创业服务补贴、培训补贴、生活费补贴、岗位补贴、社会保险补贴、交通补助4228万元、77745人次。实施劳务协作脱贫，完成325255名贫困劳动力就业信息的采集、核实和录入，建立以蓝思科技为代表的省内外劳务协作对接企业200余家，全市累计转移就业贫困劳动力20.4万余人，转移就业率62.73%。组织开展“春风行动”、爱心岗位、巾帼岗位等专场招聘会，开发护林、保洁、治安协管等公益岗位，落实“311”就业服务，新增贫困劳动力转移就业9027人，完成年度任务的106%。把退耕还林政策优先向建档立卡贫困户倾斜，落实生态公益林补偿政策，全市续聘、新聘建档立卡贫困劳动力868名为生态护林员，人均护林工资每年1万元，完成省下达任务的100%。住房保障方面，实施易地扶贫搬迁建设集中安置项目61个，建设住房5097套、52.8万平方米，安置建档立卡贫困人口21121人，全面完成“十三五”搬迁计划；开工农村“四类重点对象”危房改造14302户，竣工13529户，完成省年度任务的127.63%；完成移民避险解困1702人。落实教育扶贫政策，加大“三帮一”保学控辍力度，全市建档立卡贫困学生无一人失学辍学。完善贫困学生资助体系，不断扩大资助覆盖面，投入专项扶贫助学资金1.38亿元，资助贫困学生47.56万人次，实现贫困学生教育补贴应补尽补，教育资助应助尽助。推进“雨露计划”学历教育培训，全市春季发放补助资金2093.55万元，资助贫困学生13957人；秋季发放补助资金2400.15万元，资助贫困学生16001人。完成农村创业致富带头人培训1737人，报账766.78万元，报账率100%，完成省下达任务的102.48%。推进健康扶贫政策，对建档立卡贫困人口城镇居民参保个人缴费给予资助，资助8000万元，资助覆盖率100%，参保率100%；全面建成健康扶贫“一站式”结算平台，把居民医保、大病保障、扶贫特惠保、医疗救助、医院减免、政府兜底六重保障和43个病种的特殊门诊报销纳入“一站式”系统，全面推行贫困人口县域内住院“先诊疗后付费”政策，医疗费用实际报销比例达91.16%，建档立卡贫困人口“家庭医生签约服务率”100%，县级定点医院大病集中救治率98.05%，终末期肾病等重病县域内就诊率94.37%。落实兜底保障政策，将符合条件的农村低保对象全部纳入建档立卡范围，实现“应纳尽纳”。加快推进“两线合一”，农村低保标准提高到3200元/年以上，月人均救助水平不低于170元，全额兜底保障标准提高到3400元/年，月人均救助水平达到191元。落实残疾人社会保障政策，贫困残疾人“两项补贴”均提高到55元/月，补贴对象77181人。

【补齐脱贫攻坚短板】 2018年，永州市把脱贫攻坚与乡村振兴战略紧密结合起来，加快推进贫困村基础设施建设，提升基本共公服务，为实施乡村振兴战略补齐短板、奠定基础。实施安全饮水巩固提升工程782处，解决17.26万人贫困人口饮水安全问题，完成年度任务的103.4%。774个贫困村全部完成电力农网升级改造，贫困人口用电安全有可靠保障。完成农村公路窄路加宽改造700千米、安保工程建设1376千米，均完成省下达任务的100%；完成自然村通达公路建设2191千米，完成省下达任务的110%；建设农村客运招呼站400个，实现全市所有贫困村通水泥路、通客班车。新建4G通讯基站55个，行政村光纤通达率85.5%，4G覆盖率98.6%。完成“村村响”“中央节目无线覆盖”二期补点工程开播任务，开展送戏下乡166场，为贫困村每月免费放映公益电影1场，全市85%的贫困村村民均可免费收看到中央和省15套以上的地面数字电视节目、收听到3套数字广播节目，农民体育健身设施覆盖率70%。

【防范化解脱贫攻坚风险】 2018年，永州市坚持预警预防、抓早抓小，防范扶贫风险，促进和谐脱贫。组织开展易地扶贫搬迁与危房改造、扶贫资金管理使用、扶贫小额信贷、光伏电站、非贫困村贫困发生率、产业扶贫、扶贫领域涉贫信访舆情、返贫率、深度贫困村攻坚9个方面的专题调研，全面排查梳理问题和风险隐患，找准风险点。开展易地扶贫搬迁“全覆盖”地毯式大核查清理和专项整治，对象不精准、面积超标等突出问题逐一整改落实。建立扶贫小额信贷风险防控长效机制和逐月调度监管机制，全市扶贫小额贷款逾期率为零，所有光伏项目逐一落实运行监管防范措施。建立扶贫项目资金常态化监管机制，将扶贫资金录入“互联网+监督”系统，严格执行扶贫资金“两个一律”要求，实现全市建档立卡贫困户“两卡两折”全覆盖。全面完成2018年脱贫攻坚县级项目库建设，全部按要求录入全国扶贫开发信息系统。组织开展扶贫项目资金专项审计调查和闲置资金清理，发现和纠正扶贫项目资金管理使用中的突出问题。出台《关于完善涉贫信访及舆情处置反馈机制的实施意见》，组建处置工作专班，强化日常调度、实地核查和督查问责，村村设立扶贫监督员，县县开通书记、县（区）长扶贫热线电话，防范涉贫信访及舆情风险。将风险隐患防范工作纳入全市常态化约谈问责范围，针对易地扶贫搬迁、涉贫信访、作风治理、资金管理等重点风险隐患防范，下发专题督查通报、问题整改督办函，督促整改落实，建立常态化约谈机制，全年启动常态化约谈4批次16人次。

【脱贫攻坚基础数据】 2018年，永州市坚持“实事求是”和“分户甄别、分类处理”的工作原则，开展贫困对象动态调整工作，通过动态调整，全市建档立卡贫困人口总数184609户、672332人，因自然减少、清除不符合条件对象等减少贫困人口21788人，贫困人口数据精准度明显提高。组织开展贫困对象手机APP定位信息采集工作，完成全市774个贫困村，184609户贫困户定位信息采集，为入户核实奠定信息基础。组织开展贫困对象问题数据清洗，清洗问题数据152979条。建立行业部门信息数据每月定期比对、协调反馈的常态化机制，全面提升数据质量。

【脱贫攻坚领域作风整治】 2018年，永州市聚焦扶贫领域作风和腐败问题，坚持问题导向，持续深入强化治理，发现问题线索2893个，受理举报4459件，立案审查622件，处理处分1287人，收缴违纪资金1199.64万元，退还群众资金255.42万元，公开通报典型案件237件。出台《永州市扶贫领域作风问题专项治理工作实施方案》《全市2018年至2020年扶贫领域腐败和作风问题专项治理实施意见》，明确时间表、任务书和路线图，形成“党委主抓、部门主责、纪委主推”的“三位一体”专项治理工作机制。聚焦扶贫领域腐败、履责不力、作风不实、涉黑涉恶等四大类12个问题，重点开展农村水利、道路工程项目等4个专项行动，严肃查处基层一线和群众身边的腐败和作风问题，促进扶贫领域干部作风明显好转。强化监督执纪问责，对扶贫领域腐败和作风问题，坚持“三个一律”(一律顶格处理、一律“一案双查”、一律指名道姓通报曝光)严查快办。坚持严管与厚爱相结合，落实“三个区分开来”，出台《关于为敢于担当的干部担当为敢于负责的干部负责的若干意见》，建立容错纠错机制，表彰一批脱贫攻坚先进典型，提拔重用一批敢于担当、改革创新的干部，澄清正名一批举报不实的干部，激发干部干事创业的激情。

【脱贫攻坚队伍培训】 2018年，永州市按照分级分类、注重实效的原则，加强扶贫干部队伍培训，全市举办各类扶贫干部培训班614期、培训67369人次，发放培训教材10万余册。其中，培训市县党政领导5068人次、扶贫系统干部6401人次、行业部门干部5421人次、帮扶干部39844人次、贫困村干部10635人次，实现扶贫干部“应培尽培”。

【“互联网+”社会扶贫新路子】 2018年，永州市抢抓中国社会扶贫网上线机遇，按照“12345”模式，走出一条“互联网+”社会扶贫新路子。全市社会扶贫网爱心人士累计注册40.52万人，贫困户累计注册人20.93万人，累计帮扶受益33.75万人次。发挥非公企业“主力军”作用，组织引导181家非公企业投入8.14亿元，开展项目帮扶260个，与246个贫困村结对，带动5.46万人贫困人口增收。

【“四扶四建”创建活动】 2018年，永州市坚持扶贫与扶志、扶智相结合，推行以“扶志气建讲堂、扶技能建中心、扶产业建基地、扶队伍建堡垒”为主要内容的“四扶四建”创建活动，通过思想发动、产业带动、培训推动、道德促动，全方位多层次激发农村贫困群体内生动力，补齐贫困群众“精神短板”，得到中央电视台等8家媒体的推介报道，在国务院扶贫办举办的全国扶贫日“扶贫扶志”论坛上，祁阳县介绍“四扶四建”做法。

【推行“扶贫车间”进乡村】 2018年，永州市按照“政府搭台、企业主导、村组设点、就近就业”的思路，推进“万企帮万村”，引导制衣、制伞、电子、纺织等劳动密集型小微企业，在群众家门口开设“扶贫车间”，满足贫困户“挣钱顾家两不误”的需求。全市开设“扶贫车间”700余家，吸纳3.2万余名留守劳动力“家门口”就业，其中贫困劳动力1.2万余人，人均年增收2万元以上。

【创新“1+5”扶贫特惠保新方式】 2018年，永州市在全省扶贫特惠保设计的3个险种范围内，增加2个险种，全面推行“1+5”扶贫特惠保，实现基本保险险种加特色保险险种全方位保障。创新资金筹措模式，推行“政府+统保”“政府+个人”“政府+社会”模式，全市贫困人口参保率100%，实现贫困人口全覆盖，理赔14277人次，理赔金额2819.82万元，赔付率70.52%，赔付率居全省前列。

【湖南“三下乡”集中示范活动在永州启动】 2018年1月19

日，2018年湖南省文化科技卫生“三下乡”集中示范活动在双牌县麻江镇廖家村举行。中共湖南省委常委、省委宣传部部长蔡振红出席活动并讲话，国务院扶贫办政策法规司副司长夏长勇到场指导，省文化厅党组书记、厅长禹新荣出席，省委宣传部副部长肖君华主持活动，中共永州市委书记、市人大常委会主任李晖致辞，永州市领导刘尤碧、田洁出席。省直各主办单位现场向麻江镇赠送新农村建设经费和物资，为温暖民心送上“大礼包”。活动现场还举行文艺演出。农业科技、医疗卫生、法律法规、出版广电、春联书写等各项服务活动分头进行。

【“互联网+”社会扶贫工作座谈会在永州召开】 2018年4月8日，“互联网+”社会扶贫工作座谈会在永州市召开，国务院扶贫办信息中心副主任、中国社会扶贫网首席执行官刘翔，湖南省扶贫办副主任黎仁寅，中共永州市委书记、市人大常委会主任李晖，市人民政府副市长贺辉出席座谈会。座谈会上，与会人员围绕中国社会扶贫网的覆盖面、精准度、活跃度和影响力四方面进行研究和讨论。

【永州市易地扶贫搬迁工作推进会】 2018年5月31日上午，永州市易地扶贫搬迁工作推进会在新田县召开。中共永州市委副书记、市人民政府市长赵应云出席会议并讲话，市委常委、常务副市长张贺文主持。各县区、管理区就前段易地扶贫搬迁推进情况、问题整改落实情况及下一步工作安排打算分别汇报。

会议指出，各级各部门要看到在易地扶贫搬迁推进过程中、在严格执行政策上出现的偏差，并引起高度重视。

会议强调，要以问题为导向，以解决问题为目的，统筹考虑易地扶贫搬迁涉及的各方面，避免出现新问题；要强化责任担当，责任细化到人、具体到户，精准落实；要精准吃透政策，深入领会，做到真学、真懂、真用，守住政策底线；要正视存在的问题，再次排查摸清底数，对标政策抓好整改，加快补齐最短底板，以铁的手腕确保整改工作取得实效；要抓好下阶段工作，强化联点包片督查，加快项目建设进度，强化后续产业扶持，推动全市易地扶贫搬迁工作有序进行、“十三五”任务完成。

【中宣部大型扶贫纪录片在勾蓝瑶寨开机】 2018年7月17日，中共中央宣传部、国务院新闻办公室策划的大型扶贫纪录片《承诺》摄制组，走进“全国旅游扶贫示范点”——江永县兰溪瑶族乡勾蓝瑶寨开机拍摄。这是湖南省唯一入选典型。5集大型扶贫题材纪录片《承诺》由中央广播电视总台负责实施，中央新闻纪录电影制片厂（集团）负责摄制。所拍摄典型是从全国近千个精准扶贫典型中进行筛选确定，江永县勾蓝瑶寨入选。兰溪瑶族乡勾蓝瑶寨原是国家级贫困村，全村通过开展环境整治，开发景区景点，举办节会活动，成立民俗表演、农业生产等各类合作社，吸引各地游客，带动268名贫困户实现平均增收1260元，闲置的绿水青山变为致富乡亲的“金山”，走出一条“以旅脱贫、以旅富民”的新路子。“乡村旅游+扶贫”为全国旅游扶贫提供样本。

（邓泉）

政协永州市委员会

综　　述

【概况】 2018年，政协永州市委员会忠实履职、务实履职、创新履职，推动政协工作取得新成效。是年，市政协获全市社会治安综合治理工作先进单位、意识形态责任制工作优秀单位、统战工作优秀单位、党办系统统筹联动工作优秀单位、人口和计划生育工作优秀单位称号，被授予“平安单位”称号，市政协机关党委获全市先进市直行业系统基层党组织、市政协机关成功创建为省级文明单位、市政协办公室和市政协提案委被评为全市绩效评估先进单位称号。市政协党建工作经验被《人民政协报》、人民政协网专题报道，省政协和中共永州市委下发通报予以推介，并在全省政协系统党建工作座谈会上作典型发言。界别活动成为全省典型。“政协云”建设继续领跑全省，永州“政协云”的活跃度、微建议提交量、办结率均居全省前列，在省政协举办的“政协云”应用创新大赛和“政协云能给我们带来什么”讨论活动上，永州政协系统分别获得7个和12个大奖，是获奖数量最多的市州。全省政协工作经验交流会在永州召开。

贯彻习近平新时代中国特色社会主义思想和中共十九大精神，

开展习近平关于加强和改进人民政协工作的重要思想的理论研讨。始终坚持市委对市政协工作的领导，落实向市委请示报告制度，市委想什么，政协谋什么；政府干什么，政协帮什么。对标省政协务实、智慧、开放、和谐政协建设，围绕“推进产业扶贫”和“实施动力变革”课题联动调研，抓实省政协统一部署的“三个一”扶贫行动和“三进三助”聚力行动。按照市委、市政府安排，市政协主席、副主席投身“六大战役”，联系县区、项目和精准扶贫，展现一线作为。做好筹建“永州经济社会发展高端智库”前期工作。市委专门召开高规格的市委政协党建工作座谈会，部署落实中办《关于加强新时代人民政协党的建设工作的若干意见》。市政协实施“党建+”工程，开展政协系统党建联动，党建工作做法得到省政协和市委主要领导的充分肯定，市政协党组在全省政协系统党建工作座谈会上作典型发言，机关党委被评为全市优秀基层党委，并在市直机关党的工作会议上作经验介绍。

【围绕中心议政建言】 2018年，政协永州市委员会聚焦高质量履职，完成七大调研、12项协商、10项民主监督，形成一批有质量的建言成果。围绕“开放兴市、产业强市”战略实施和“六大战役”部署，在对接粤港澳大湾区、养殖业转型升级、生态示范市建设规划、实施文化复兴工程、推进公立医院改革、加强中心城区学位建设和优化经济发展环境等方面加强政治协商。委派民主监督小组对全面实施“河长制”情况、生态市建设规划情况进行专项监督；对医疗改革等进行持续监督；对市民政局履职工作开展民主评议；专题视察市食药局、市农科园、市中级人民法院、永州经济技术开发区和中心城区环保、城管、住建等工作。组织“政协委员走进市纪委”活动，就政协民主监督和纪委专责监督有机结合调研探索。五届二次全会立案的305件提案，问题得到解决的175件，占57.3%；14个大会发言全部办复，满意率100%。大兴调查研究之风，就乡村振兴、产业扶贫、打造实体经济产业链、提升特色农业品牌、“濂溪文化与永州旅游融合发展”、何仙观水库工程建设等调研，提出一批有前瞻性、针对性和可操作性的调研建议。市委、市政府主要领导多次批示调研报告，市政协跟踪落实领导批示，促进建言成果最大化。

【“三创三争三好”主题活动】 2018年，政协永州市委员会通过考核导向，表彰优秀，约谈后进，引导委员认真履责，做好线上线下履职工作，涌现许多服务大局、工作出彩的委员，参加活动、履职出力的委员，建言献策、智慧出囊的委员，服务群众、爱心出众的委员。界别工作更加活跃务实。市政协25个界别建立委员工作室15个，11个县区政协建立29个规范化的界别委员工作室。界别活动丰富有效，界别工作经验在全省政协工作经验交流会推介。各县区政协紧扣“六大战役”建言出力，围绕三项履职创先争优，更加有为有位。

【自身建设】 2018年，政协永州市委员会信息化建设持续领先。永州“政协云”活跃度、微建议提交量、办结率居全省前列；微建议办理形成“五微联动”“六步闭环”的永州办理模式，得到省政协充分肯定并向全省推广。在省政协举办的“政协云”应用创新大赛和“政协云能给我们带来什么”征文活动中，永州政协系统获得19个大奖，在全省领先。全省政协湘南片政协云培训会议在永州市举办，辽宁、上海、

2018年5月9日，永州市首个政协委员工作室在冷水滩翠竹园社区成立

厦门、湖北等政协到永州市学习考察"政协云"20多批次。政协机关"无纸化办公""无纸化会议"进入实质运行。思想宣传工作有声有色。召开全市政协系统宣传工作会议，抓好政协系统意识形态工作，巩固政协大宣传格局。在中央、省以上期刊上稿97篇、在省市"政协云"推出新闻资讯1400多篇；与省政协媒体联合打造"永州故事"，宣传政协委员。通过"政协云"对接红网、"今日永州"融媒体中心，使"政协云"受众扩展至全社会。完成90多万字《永州政协志》送审稿，宣传政协发展历程。创作的《永州政协之歌》在政协系统和社会上引起较好反响。机关文明单位创建成果丰硕。决胜创建省级文明单位，提高政协机关文明形象。市政协机关联系的东安县大塘旺村脱贫攻坚工作成效明显；全市政协老主席文体活动邀请赛在新田县成功举办。道德讲坛、志愿服务、文体竞赛等活动丰富多彩。

【市委、市政府重视政协工作】 2018年，中共永州市委进一步加强和改进对市政协工作的领导，组织召开高规格的市委政协党建工作座谈会，支持政协开展履职工作，将委员提案和大会发言办理情况纳入部门绩效考核和执行力考核。市委、市政府主要领导对市政协五届二次全会的14个大会发言逐一作出批示，领衔督办重点提案和大会发言，针对"关于加强高中学位建设"的大会发言，成立由书记任顾问、市长任组长的学位建设领导小组，全市新增交付使用学位11.6万个，全市义务教育超大班额有序消除。市委书记亲自交办"打造实体经济产业链条"和"打造特色农业品牌"两个调研课题，市长领衔落实市政协《关于加快永州养殖业转型升级的建议案》。

【政协工作创新】 2018年，政协永州市委员会深化大会发言改革，将五届二次全会8个大会口头发言作为界别协商监督的议题，既充分发挥界别的作用，又极大提高协商沟通、督促落实的广度和深度。创新微建议办理方式，形成"社会治理网格化+微建议"永州模式。探索建立政协民主监督与纪委专责监督联动协作机制，开拓人民政协民主监督的新领域。

【永州市政协工商联界别委员工作室揭牌】 2018年11月23日，永州市政协工商联界别委员工作室在市工商联揭牌，市政协主席蒋善生，市政协副主席、市工商联主席吕斌，市政协副主席文绍涛，市政协秘书长王小波出席。成立政协工商联界别委员工作室是永州市发挥界别委员作用，服务非公经济一项创新举措。座谈会上，政协委员、人大代表们就如何建好界别委员工作室、发挥其应有社会作用积极建言献策。座谈会指出，成立界别委员工作室是创新委员履职载体、延伸委员履职触角、拓展委员履职渠道的举措，市政协要继续发挥界别委员工作室根植基层、联系广泛的优势，将其打造为履职为民的政协工作品牌。

【政协云对接"今日永州"】 2018年11月6日，"政协云对接今日永州"启动仪式在永州市融媒体中心举行。永州市政协主席蒋善生，中共永州市委常委、市委宣传部部长贺辉共同启动对接按钮。市政协副主席张建亮致辞，副主席彭爱华、宋可福出席，秘书长王小波主持启动仪式。启动仪式前，蒋善生、贺辉一行调研永州市融媒体中心建设运营情况。

"政协云"是湖南省政协打造的委员履职平台，"今日永州"客户端是深度融合永州全市报、台、网、端等资源打造的新时代

2018年11月6日，政协云对接"今日永州"启动仪式在市融媒体中心举行

永州融媒体移动综合服务平台。"政协云"永州版包括新闻资讯、委员值班、热点关注、民情民意四个功能板块，各级政协可以宣传政协声音，将网络上社情民意客观反映给党委政府，将社会关注的热点话题提炼形成微建议，实施微监督，对接微建设，保障人们广泛持续参与民主的权利，畅通党委政府、政协组织、政协委员与群众密切联系的桥梁和纽带，解决人民群众的微需求、微困难，提升人民群众的获得感和幸福感。

（蒋慧玲　匡梦婕）

重要提案

【《关于推进实施乡村振兴战略的建议》】　2018年，农工党界别委员和刘忠华委员在政协永州市五届二次会议上分别提交《关于推进实施乡村振兴战略的建议》。提案认为永州市地处中西部交界处，农业资源丰富，农业有特色但不强大，资源优势没能转变为经济优势，存在农村各产业融合度不高，产业链条短，附加值偏低，农民专业合作社发展步伐较慢，农村产业发展同质化明显，基层农技推广服务体系不够完善，农村环境基础薄弱，基础设施建设滞后，交通条件差等问题。提案建议：一要改善农村基础设施，补齐短板。通过改善农村用水，改善农村生产生活生态用水条件。通过加大道路建设，推动"四好"农村公路工程向村、院落延伸，畅通交通"最后一公里"。通过加大电、讯建设，实现农村安全高效、稳定可靠的供电服务、宽带和4G网络覆盖。通过改善人居环境，加大农村生活垃圾和污水处理覆盖面，打造乡村生态宜居工程。二要做好乡村人才文章。通过引进、鼓励、培育、扶持等方式，培养造就留住人才。培养新型农民，用好乡村能人，用活市场经济复合人才。三要突破农村产业的培育。围绕特色求突破。发展一批与本地农业紧密相关的新型工业，一批地域文化鲜明的乡村旅游；推进产业集群求突破。咬定农业特色产业、新产业新业态等新增长点，把亮点做成主业。延伸优势产业链条求突破。注重因地制宜发展互联网现代农业、创意休闲农业、外向型农业、体验农业等新产业新业态，通过电商、体育、康养、文化等多方面的融合发展。四要不断释放农村体制改革红利。要深化农村土地制度改革和农村集体产权制度改革。要继续深化农村金融改革和创新。要全面完善农村社会治理机制改革。

【《关于大力推进我市信息产业发展的建议》】　2018年，党外知识分子联谊会、左小衡委员和王小波委员在政协永州市五届二次会议上分别提交《关于大力推进我市信息产业发展的建议》。提案认为，永州市在打造全省信息化支撑中心方面，先后完成省经信委—永州—华为、省网信办—永州—华为、省发展研究中心—永州—华为三个三方战略协议签署，成绩显著，但是仍存在永州（华为）云计算大数据中心建设速度较慢，永州云计算、大数据产业推进较慢，永州云计算、大数据汇聚推进较慢等问题。提案建议：一是制定出台《关于促进永州（华为）云计算数据中心建设的若干政策》，从资金支持、人才引进、环境优化等方面，全方位支持永州（华为）云计算数据中心建设。同时，争取省委、省政府有关政策的支持。二是成立大数据产业招商联合工作领导小组，制定全年工作计划、明确工作目标和工作重点，制定相应的奖惩措施，确保每年有大数据产业落户永州大数据产业园。三是依据永州产业分布情况，分析下一步产业布局重点目标，做到

2018年12月17日，湖南省政协主席李微微一行考察智慧永州指挥中心

有的放矢，重点引入当前结合点及切入点可行性高的企业，提升运作效率，加快产业打造。四是加快推进永州云计算、大数据汇聚工作。与华为成立联合工作小组，确定下一阶段工作重点，共同运作省厅及县区的数据汇聚，向省厅争取相应优惠政策。五是出台文件，明确区县的信息化集约化建设云化要求，财政分摊方式及项目落地流程，推进收编现有老旧机房业务系统迁移上云，并完善建设审核办法等，避免造成重复建设。

【《关于推动我市生态旅游发展的建议》】 2018年，民进永州市委在政协永州市五届二次会议上提交《关于推动我市生态旅游发展的建议》。提案认为，近年来，永州市生态旅游产业有了长足发展，但生态旅游发展仍存在开发理念滞后，基础建设滞后，部门联动滞后和服务水平滞后等问题。提案建议：一要开发旅游精品。以重点生态旅游区为依托，以基本形成的“一带三板块”格局为基础，即潇水湘江带和北线零陵古城、舜皇山、四明山、祁阳浯溪、挂榜山，中线湘江源、阳明山、金洞，南线南岭山脉的格局，对接两广，打造祭祖寻根、森林游憩、户外探险、果园观光、乡村休闲、民族风情采风等生态旅游产品。二要抓好项目建设。建设好零陵古城、九嶷山、阳明山3个引擎龙头项目，统筹发展生态旅游交通建设、景观建设、基础设施、服务升级、标识建设、智慧旅游综合开发等六大支撑项目建设，推进N个核心生态旅游项目，包括“潇湘平湖”建设与四园种植树木花卉水果茶园生态项目，零陵古城开发与周边村的花海建设、花卉区建设、森林公园综合开发、森林旅游小镇等生态旅游项目，九嶷山生态旅游区综合建设与都庞岭、涔天河、“瑶家古风”文化生态旅游等项目，阳明山综合开发项目与周边的生态休闲、生态观光、森林体验基地、森林康养建设等生态旅游项目。三要推进产业融合。即生态旅游与农业融合，与林业融合，与文化融合，与加工业融合。四要加强区域联动。拓展客源市场联动，强化生态保护联动，加强品牌建设和营销合作联动。五要重视教育培训。抓好生态旅游行业重点人才培养，重视生态旅游理论培训教育，加强资源环境保护教育。六要创新管理机制。完善永州生态旅游管理体系，创新生态旅游开发投融资机制，探索旅游景区管理体制改革，做好生态旅游总体规划。

【《关于加强中心城区高中学位建设的提案》】 2018年，齐晓慧委员在政协永州市五届二次会议上提交《关于加强中心城区高中学位建设的提案》。提案认为，越来越多的其他县区学生到冷水滩区就读小学和初中，而永州市中心城区的普通高中这几年发展规模呈缩小态势。提案建议：一是加强中心城区高中学位建设。依托市管永州一中、永州四中的资源，加大人才引进力度，加强师资队伍建设，扩大招生规模，让更多优秀的学生可以到永州第四中学、永州市第一中学就读。加强市管李达中学建设和管理，让更多愿意上普通高中的初中毕业生可以到冷水滩城区就读。二是在经开区规划建设一所市级示范性高中。越来越多的企业落户经开区，越来越多的人在经开区就业务工生活，经开区范围内有小学、初中，但没有一所普通高中。在经开区规划建设一所市级示范性高中，可以缓解中心城区高中学位紧张。三是加强民办教育建设。鼓励良性竞争，引导有条件的民办学校重点发展高中教育，创高中教育品牌。现在冷水滩区的民办学校以初中教学为主，竞争激烈，但没有一所学校从事高中教育，高中教育有很大的发展空间。四是加强宣传教育。通过加强职业教育宣传，改变学生就业观念，引导初中毕业生根据自己的实际情况选择上职业高中。

提案办理

【概况】 2018年，永州市政协委员、政协各参加单位和市政协各专门委员会，围绕全市经济社会发展中的重大问题和涉及群众切身利益的实际问题，运用提案履行职能，提出提案363件，经审查立案305件。其中，委员提案或联名提案278件，各党派、团体、界别和市政协专委会集体提案27件。从提案内容看，经济建设方面114件，政治建设18件，文化建设61件，社会建设80件，生态文明建设32件。从办理情况看，立案提案分别交由61个单位进行办理，10月底全部办复，所提意见和建议被采纳，问题得到解决和基本解决的175件，占立案总数的57.3%；正在解决或列入计划逐步解决的112件，占36.7%；18件提案因条件限制或其他原因未能采纳，承办单位作了说明。从反馈意见看，提案者对提案办理普遍表示满意和理解，对提案者反馈不满意的提案，相关承办单位重新办理。

【提案督办】 2018年，政协永州市委员会探索实践党政领导督办、政协领导督办、政协专委会督办、政协界别督办、承办单位领导督办的多主体、多形式、多方位的提案办理协商有效形式，协商面不断扩展、协商实效持续优化。市委、市政府主要领导、市政协领导领衔督办重点提案成为常态。市委书记、市人大常委会主任李晖阅批和领办关于乡村振兴重点提案，全市以“十百千万”试点工程为突破口，抓好乡村产业振兴、人才振兴、生态振兴、农村改革和脱贫攻坚五项工作，走出一条乡村振兴的永州路径。提案所提意见建议在乡村振兴战略的“1+5”政策文件中得到体现和落实。市委副书记、市人民政府市长赵应云召开提案办理工作调度会，通过查看城区学位建设、黑臭水体治理、一级饮用水源地保护等重点办理现场、听取典型发言和集中汇报的方式，了解办理工作情况，研究解决突出问题，提出“办理一件提案，造福一方百姓”的提案办理要求。蒋善生主席领衔督办关于生态旅游发展提案，全市生态旅游发展成果丰硕，成功创建为“全国森林旅游示范市”，新增9个国家级和省级森林旅游载体。其他各位副主席和秘书长对所领衔督办的提案，采取多种方式进行调研督办。

【提案集中协商办理】 2018年，政协永州市委员会探索提案办理协商各界有序参与的新途径，推行同类提案集中协商办理。把相关91件提案分7个专题进行集中协商督办，提案者、相关政协参加单位、专委会、政协委员、群众代表与主办、会办、分办单位进行面对面协商，扩大协商面，增强提案工作社会影响。其中城市建设与管理、环境整治相关提案督办邀请志愿者代表、网民代表、市民代表参与协商和测评，探索提案办理第三方参与测评方式。下发《关于进一步加强和改进界别工作的意见》，对开展界别工作进行规范、提出要求。将界别提案办理与政协界别协商、专委会对口协商、民主监督工作结合起来，在界别提案的征集、办理、答复上实现新的突破。对12家提案承办单位召开办理协商会现场评议，首次通过提案办理平台对61家提案承办单位进行网上测评，测评结果作为绩效考核依据。通过丰富提案办理协商形式，突出重点提案协商办理，推动整体提案办理质量的提高。年内，委员们关注的“三大攻坚战”，“脱贫攻坚战役”的易地扶贫搬迁，“城镇提质战役”的滨江新城路网、翠竹东路，“交通提速战役”的湘桂铁路扩能、衡道高速前期、冷东一级公路，“环境整治战役”的饮用水水源地整治、黑臭水体治理，“旅游升温战役”的零陵古城以及“园区升级战役”的标准厂房建设、污水处理设施建设等提案办理成效明显，提案提出的意见建议在相关重点项目推进和部门工作中得到体现和转化。

重要会议

【政协永州市五届二次会议】 2017年12月28日至2018年1月1日，中国人民政治协商会议永州市第五届委员会第二次会议在永州会堂召开。会议应到委员399人，实到365人，符合《中国人民政治协商会议章程》规定的有效人数。

蒋善生代表政协永州市第五届委员会常务委员会向大会作工作报告。市委常委、常务副市长张贺文作市政协五届一次会议委员大会发言意见建议办理落实情况的说明；市政协副主席张建亮代表五届市政协常委会作关于提案工作情况的报告；市政协副主席文绍涛作市政协五届一次会议委员大会发言意见建议办理落实情况的点评。义盛章、伍妍、李谋韬、宋晖、汪华明、周云玲、欧阳德群、韩顺华8位委员作大会发言。大会还通报表彰在永州市政协“三创三争三好”主题活动涌现的优秀政协委员、优秀政协界别、优秀政协机关以及一批好提案、好调研、好新闻，在政协云建设中涌现出的一大批先进单位和个人。大会还举办中共十九大精神专题培训。在市政协五届二次会议选举大会上，付康成、唐柳军（按姓氏笔画排列）两人满票当选为政协永州市第五届委员会常务委员。

【市委政协党建工作会议】 2018年11月14日，中共永州市委就政协党的建设工作专门组织召开高规格座谈会，这是市委从加强党对政协工作的全面领导的高度，部署落实中共中央《关于加强新时代人民政协党的建设工作的若干意见》（以下简称《意见》）精神。会议由市委副书记、市委政法委书记何录春主持，全市各县区委、管理区、经开区党委书记，政协主席，市直相关部门负责人和政协党组成员及相关人员共60余人参加会议。

市政协党组书记、主席蒋善生针对当前政协党建工作中存在的“思想认识有偏差、政治引领有短板、工作覆盖有盲区、政协特色不明显”等问题进行全面剖析，结合实际就落实《意见》精神提出意见建议。要求围绕实现党对政协工作的全面领导，进一步推进政治建设；围绕营造海宴河清的政治生态，进一步加强思想引领；围绕“两个全覆盖”，进一步加强组织建设；围绕“四个有利于”，进一步加强探索创新。零陵区政协党组和新田县政协党组分别就政协党建“面对面工作法”和“抓主责、抓保障、抓学习、抓实践”介绍经验做法。

【湖南省省政协工作经验交流会在永州召开】 2018年12月17日—18日，湖南省政协工作经验交流会在永州召开。省政协主席李微微出席并讲话。省政协领导戴道晋、张大方、赖明勇、贺安杰、张健、张灼华、袁新华、卿渐伟参加会议。

会议组织全省各级政协统一收看庆祝改革开放40周年大会直播，传达学习习近平近期关于人民政协工作的重要讲话精神和汪洋在全国政协十三届四次常委会议上的讲话精神。会议宣读《关于政协云应用创新大赛获奖结果的通报》《关于“政协云能给我们带来什么”征文大赛获奖结果的通报》。在政协工作经验交流环节，永州作首个典型发言。除永州主会场外，此次会议在省政协机关和各市州、县市区政协机关等设分会场，采取远程视频会议形式同步进行。与会人员还前往智慧永州指挥中心、翠竹园社区委员工作室、市政协经济界别委员工作室、长丰集团总装车间进行现场调研。

2018年12月17日—18日，全省政协工作经验交流会在永州召开

纪检监察

综　述

【概况】 2018年，永州市纪委监委履行对市委全面从严治党的协助职责，全市全面从严治党取得明显成效，反腐败斗争取得压倒性胜利。协助市委召开党风廉政建设和反腐败工作形势分析会3次。组织县区和市直单位党委（党组）“一把手”集中述责述廉。落实问责条例，对74个党组织和861名党员干部进行党内问责。精准开展政治监督，对各级党组织学习贯彻习近平新时代中国特色社会主义思想、中共十九大精神情况和“抓好巡视整改，净化政治生态”专题民主生活会开展情况进行专项监督，对县区和市直部门党委（党组）负责人进行政治“画像”，开展“严守纪律、严明规矩”专项整治，问责6个党组织，处理处分违反政治纪律问题36人，通报曝光典型案例3起。围绕“三大攻坚战”“六大战役”严格开展监督执纪问责。其中，查处脱贫攻坚违规违纪问题578起，处理处分389人；环保领域督查问责97人；教辅专项整治立案26件39人，给予党纪政务处分28人，追缴违规资金4.6万元；涉矿专项整治立案20件25人，处理处分31人。一体推进巡视巡察，100%办结中央巡视组交办九批次155件信访件、省委巡视组交办六批次信访件中的142件重点件，立案127件183人，群众满意率74%，办理工作经验在全省推广；牵头整

2018年1月4日，市监察委员会正式挂牌成立，中共永州市委书记、市人大常委会主任李晖与市纪委监委班子成员合影

改省委巡视组反馈的8个方面54个问题，立案280件，给予党纪政务处分195人，诫勉谈话114人，免职处理15人，其他问责处理131人，整改督查工作经验在《湖南工作》上推介。市委全年开展四轮巡察，发现重点问题2471个，清理、追缴资金478.76万元。市纪委监委获得全市绩效评估、污染防治、基层党建、安全生产、重点项目建设服务、社会治安综合治理、意识形态责任制、统战工作、党办系统统筹联动、人口和计划生育等工作先进单位。

【反腐败斗争】 2018年，永州市纪检监察机关受理群众信访举报3433件次，增长29.8%；处置问题线索4041件，增长60.5%。深化运用“四种形态”，第一、二种形态占比达85%以上，监督执纪由“惩治极少数”向“管住绝大多数”转变。重拳惩治腐败，立案2243件，结案2146件，给予党纪政务处分2220人，分别增长37.3%、32.8%、29%。县处级干部立案23件，处理处分28人。留置28人，涉嫌犯罪移送司法机关43人，收缴违纪资金5090万元。重点查处唐恒杰、谭平玉、李勇东、蒋汉君、李卫林等一批严重违纪违法案件。开展“天网行动”，继续保持全市党员干部和国家工作人员“零外逃”。坚守安全底线，依法文明安全办案，实现“零事故”。坚决查处黑恶势力背后的腐败问题，严肃惩治充当“保护伞”的党员干部和公职人员，立案41件，留置5人，给予党纪政务处分13人，工作成效居全省第一位。

【作风建设】 2018年，永州市深入纠“四风”，严格执行省委“约法三章”，清理违规公款吃喝问题7.5万个，补缴公款880万元；清理违规配备使用办公用房问题1817个，纠正违规面积1.7万平方米；清理违规收送红包礼金问题4109个，上交红包礼金42万元。开展作风建设“春雷”行动、“飓风”行动，查处违反中央“八项规定”精神问题337个，处理处分461人。开展形式主义、官僚主义问题集中整治，查处典型案件314个，处理处分595人。从严治陋习。坚持以党风带政风促民风，推动移风易俗，破除陋习，查处党员干部违规饮酒、违规操办婚丧喜庆事宜、酒驾醉驾等问题1738个，处理处分1957人。

【扶贫领域腐败和作风问题专项治理】 2018年，永州市突出农村水利道路、集体“三资”、产业扶贫项目资金、村务公开等重点事项，在市、县、乡、村一体推进“1+4”专项行动，发现扶贫领域问题线索7848件，立案审查1055件，处理处分4332人，收缴违纪资金3563万元，“小专项推动大治理”“一体化推进”等工作得到省专项整治充分肯定。推行“乡镇纪委在行动”“纪检组长有话说”“纪委喊你来领钱”等特色工作，乡镇纪委全部消除“零办案”；《永州风纪》专栏播出节目300余期，纪检组长现身说法；集中召开公开退款大会50余场次，退还群众资金1500余万元。扎紧“微权力”笼子，源头遏制“微腐败”，形成南有“廉洁村”，北有“月例会”的基层治理新模式，湖南卫视新闻联播推出《桴江样本》专题报道，《中国反腐倡廉蓝皮书》《半月谈》等刊物向全国推介零陵经验。

【国家监察体制改革】 2018年1月，永州市、县两级监委全部成立，将原检察机关的反贪污贿赂局、反渎职侵权局、职务犯罪预防处职能划入监察机关。全市划转编制187人，转隶149人，落实看护辅警110人。市纪委监委优化设置内设机构19个，实行监督检查和审查调查职能分离，1—5纪检监察室负责监督检查，6—9纪检监察室负责审查调查。精准规范工作流程，细化12项调查措施的内涵和使用程序，统一61种常用文书。政法机关制定《执法机关、司法机关在工作中发现公职人员问题线索移送监察委员会依法调查处置的办法》等12项制度规范，推动法法衔接。5月，对全市派驻纪检监察组全部统一更名。12月，将市纪委监委各派驻纪检监察组人员组织关系、工资关系、福利待遇全部收归市纪委监委统一管理。

【廉政教育】 2018年，永州清风园等一批廉政教育基地建成开放，全市10万余名党员干部接受思想洗礼。督促各级党组织学习宪法、监察法、纪律处分条例。举办领导干部任前廉政培训2期。举办“清廉永州”廉政摄影赛，拍摄《迷失的初心》《利剑惩蝇贪》《护航》等专题片。严格落实“三个区分开来”的要求，坚决贯彻落实实事求是原则，为敢于担当的干部担当，为1368名干部担当正名，通报为敢于担当的干部担当典型案例10起。市委常委、市纪委书记、市监委主任分别到市委党校、冷水滩区、双牌县上廉政党课。

【永州市监察委员会挂牌成立】 2018年1月4日，永州市监察委员会挂牌成立。中共永州市委书记、市人大常委会主任李晖，市委副书记、市人民政府市长赵应云，市政协主席蒋善生，市委常委、市纪委书记、市监察委员会主任杨永出席市监察委员会成立大会。

【市五届纪委三次全会】 2018年2月1日，永州市五届纪委三次全会在冷水滩举行。出席全会的市纪委委员34人，列席390人。中共永州市委书记、市人大常委会主任李晖出席全会并讲话。市委副书记、市人民政府市长赵应云主持会议。市委常委、市纪委书记、市监委主任杨永作《保持定力不松劲 重整行装再出发，奋力开创党风廉政建设和反腐败工作新局面》工作报告。会议确定八项重点工作任务，一是把党的政治建设摆在首位；二是全面深化国家监察体制改革；三是巩固深化专项整治成果；四是持之以恒纠正“四风”；五是发挥巡察利剑作用；六是巩固发展反腐败斗争压倒性态势；七是推动管党治党责任全面落实；八是建设忠诚坚定、担当尽责、遵纪守法、清正廉洁的纪检监察铁军。

2018年2月1日，永州市五届纪委三次全会召开

【永州首例监委移送职务犯罪案件一审宣判】 2018年8月24日，江永县人民法院对永州市首起由监察委员会立案侦查终结移送审查起诉的职务犯罪案件作出一审判决，以贪污罪分别判处被告人宋某保有期徒刑一年二个月，缓刑一年六个月；判处宋某苟有期徒刑一年，缓刑一年二个月；判处宋某幼、宋某军有期徒刑八个月，缓刑一年。同时对4名被告人并处罚金，对犯罪所得赃款予以收缴。

经审理查明，2009年—2013年，被告人宋某保、宋某幼、宋某军和宋某苟在担任粗石江镇宋村村干部期间，采取截留“小五保”存折、已过世村民社保卡的方式，私分“小五保”供养资金16140元、已过世村民社保养老资金12920元。宋某保在2011年—2014年经手“小五保”供养金存折期间，单独截取“小五保”供养金9950元。在危房改造领域，宋某保、宋某苟通过伪造危房改造申报材料的方式，分别骗取国家危房改造补助资金6990元、1.6万元。

（张小军）

巡察工作

【概况】 2018年，永州市始终坚持“发现问题、形成震慑，推动改革、促进发展”的工作方针，推进全市巡察工作向纵深发展，被巡察党组织管党治党宽松软以及党员干部党的观念淡薄、纪律松弛的问题逐步扭转，一批违纪违规问题得到查处和纠正。市委先后13次常委会议专题学习中央、省委关于巡视巡察工作部署要求，研究贯彻落实意见；3次市委书记专题会议研究巡察成果运用。对巡察发现的涉及扶贫领域等全局性工作和常规巡察发现突出问题较多的情况，书记专题会议听取汇报后，继续向市委常委会汇报，以形成共识，夯实责任，推进整改。把握中央重大决策部署的贯彻落实，坚持常规巡察、专项巡察相结合。全年开展3轮巡察，巡察34个党组织，发现重点问题2471个。将扶贫领域作为巡察工作的重点，在部署开展五届市委第四轮常规巡察的同时，在省委第六巡视组的指导下，同步组织开展1轮扶贫领域的提级交叉专项巡察，发现问题812个，清理、追缴资金478.76万元。针对巡察发现的重点问题，全市组织对扶贫资金使用情况开展专项审计，清查出闲置扶贫资金3581.79万元；通过巡察整改，强化产业扶贫措施，受到国务院扶贫办公室的表彰，促进扶贫攻坚工作健康有序发展。11个县区巡察（含延伸巡察）687个党组织，发现重点问题3352个。对巡察发现的普遍性、倾向性问题，注重综合分析，形成专题报告，推动问题解决。向市委、市政府及相关主管部门提交专题报告18份，推动在全市开展8个专项整治，取得良好效果。如在全市开展违规发放津补贴或奖金福利等“四风”突出问题专项整治，全市清理违规发放津补贴或奖金福利6051.04万元、退缴2900.18万元；开展机关事业单位“吃空饷”回头看专项整治，清理“吃空饷”人员179人，追缴“吃空饷”金额964.55万元。

制定《永州市巡察干部学习教育培训工作规划（2018—2021年）》，采取“年初总训、巡前集训、巡中实训”的方式，不断提高巡察干部政治素养和业务素质。组织市县巡察队伍统一培训两次。并在浙江大学开办两期培训班，分两批次将市委巡察机构全体干部进行学习和培训。注重“以干代训”，市委每一轮巡察，每个县区安排一名业务骨干参与接受锻炼；下半年省委巡视期间，市委巡察机构成建制派出一个组参加省委巡视，计划用两年时间全市5个巡察组均参加一次省委巡视工作，“以干代训”，提升工作水平。加强巡察人才库建设，初步建立244人的市委巡察人才库，并实行动态管理。组织开展对扶贫领域的交叉专项巡察，市委授权1名领导经验丰富，并有基层工作经历的正处级干部担任巡察组长，组员从县区成建制选派巡察组进行交叉，有效破解熟人社会的干扰。同时，借省委第六巡视组巡视永州的契机，邀请省委第六巡视组参加市委巡察工作中期汇报会，为市委巡察组指点迷津，确保工作不偏向。聚焦工作重点，专项巡察把工作着力点放在发现扶贫领域的作风问题和腐败问题上来，把各县区扶贫资金、项目的安排及使用情况作为重点；常规巡察按照“六个围绕”深入开展监督检查，对党组织和党员领导干部开展政治体检，盯住“关键少数”，查找政治偏差，推动全市各级党组织在严肃党内政治生活、净化政治生态上下功夫。开展的四轮巡察（含扶贫领域专项巡察），被巡察党组织在巡察期间立行立改有关问题945个，进一步释放巡察的震慑力。

及时修订市委巡察工作规划（2018—2021年），强化被巡察党组织的整改主体责任、纪委和组织部门对巡察整改的日常监督责任。制定出台《推动委机关有关室和派驻机构监督做好巡察发现问题整改落实实施办法（试行）》，进一步落实纪检监察机关的日常监督责任。研究起草《永州市关于做好巡察“后半篇文章”的若干意见》，着力从制度措施上强化巡察整改和成果运用。创新市级领导参与巡察反馈新机制，市委第四轮巡察的意见反馈，全部由分管市委常委或副市长带队出席反馈会，并提出具体整改要求，有效地传导责任和压力。强化成果运用。一方面，将巡察情况纳入被巡察单位党风廉政建设责任制考核、党建考核、意识形态考核、绩效考核以及党组织书记党建述职和党员领导干部述责述廉的重要内容。另一方面，注重对巡察发现问题线索的快查快办。市委巡察移交重点问题线索271条（含扶贫领域专项巡察），给予党纪政务处分135人，其中县处级正职1人，留置1人。同时，强化巡察整改落实，每一轮巡察整改公示公开后，市委定期组织开展巡察整改专项督查，督促巡察整改落实落地。被巡察党组织主动扛起巡察整改主体责任。

市委巡察办制定出台《巡察发现问题线索处理工作的意见》《市委巡察组每轮巡察工作流程图》《市委巡察办每轮巡察工作流程及职责分工》等工作流程和实用制度17项，并编印发至各县区巡察办。明确市县巡察向村居（居委会）延伸按照重点村、面上村两种类型，采取不同方式实现。重点村采取巡察乡镇时统筹延伸巡察，面上村采取“小队伍”“机动式”的巡察，市县巡察向村居（居委会）延伸463个党组织。

【省委第六巡视组向永州市委反馈巡视情况】 2018年7月，根据中国湖南省委巡视工作领导小组部署，省委第六巡视组向永州市委反馈巡视情况。省纪委副书记、省监委副主任张建平主持召开向中共永州市委书记、市人大常委会主任李晖的反馈会议，出席巡视永州市情况反馈会议，对抓好整改工作提出要求。会议传达省委书记、省人大常委会主任杜家毫关于巡视工作的讲话精神。省委第六巡视组组长张泽军代表省委巡视组反馈巡视情况。李晖主持反馈大会并就做好巡视整改工作作表态讲话。省委巡视组副组长皮巨飞、周朗、杨余茂出席会议。

省委第六巡视组有关成员，永州市委、市人大常委会、市人民政府、市政协领导班子成员，市中级人民法院、市人民检察院主要负责人，其他在职副市级以上领导干部出席会议，县区和市直有关单位负责人列席会议。

【巡视整改动员大会】 2018年7月17日，永州市召开落实中共湖南省委第六巡视组巡视反馈意见整改工作动员大会。

会议要求，要以党的政治建设为统领，维护党的集中统一领导；以落实中央“八项规定”精神为抓手，持续推动党风政风全面好转；以工程建设领域为重点，确保项目廉洁高效运行；以转变工作作风为根本，纠治群众身边的腐败问题；以科学选人用人为关键，营造风清气正的政治生态；以人民群众满意为标准，用心办好巡视组交办的信访件。

会议强调，要加强组织领导，以强烈的政治担当向党和人民交出满意的政治答卷；要强化责任传导，形成工作合力；强化督查监督，严格追责问责；要强化源头治理，扎紧制度笼子；要强化成果运用，推动永州发展。

动员会以视频会议形式召开。中共永州市委、市人大常委会、市人民政府、市政协、永州军分区在职市级领导；市中级人民法院、市人民检察院主要负责人，永州职业技术学院、潇湘技师学院党政主要负责人；市直有关单位主要负责人；各县区（管理区、经开区）县区长（主任）参加主会场会议。

【中共永州市委调度推进巡视整改】 2018年8月17日，中共永州市委召开省委第六巡视组反馈意见整改工作调度会议暨中央第八巡视组反馈意见整改工作推进会。

会议要求，全市各级各部门思想认识要再提高，重点突破要再加力，长效机制要再强化，整改责任要再压实，以最坚决的态度、最果断的措施，抓好整改落实。

会议强调，全市各级各部门要把思想和行动统一到中共中央总书记习近平关于巡视工作的重要指示精神上来，统一到中央第八巡视组和省委第六巡视组情况反馈意见上来。要始终以对党绝对忠诚的态度、坚定不移的决心、“等不得”的紧迫感抓整改，在统筹推进、分类整改、专项治理、攻坚克难、正向引导上下大力气，注意举一反三、标本兼治和成果转化。在责任落实上，要加强领导、加强统筹，传导责任、传导压力，全程跟进、全程督办，严格落实中央、省委和巡视组的要求，坚决把巡视反馈问题改彻底、改到位，向省委和全市人民交出一份满意答卷。

会议听取市委巡视整改工作领导小组办公室关于前阶段巡视整改工作综合情况汇报，以及江华瑶族自治县、江永县巡视整改工作落实情况汇报，相关市级责任领导汇报26个问题的具体整改情况。会议还讨论研究进一步学懂弄通做实中共十九大精神、净化政治生态、优化经济发展环境、转变干部作风、夯实基层党建5个重点专项整改方案。

【调度省委第六巡视组反馈意见整改教育工作专题会议】 2018年9月4日，永州市调度省委第六巡视组反馈意见整改教育工作专题会议召开。市领导李晖、何录春、唐能武、李农妹、谢景林、彭爱华出席。

会议肯定永州市化解大班额取得的阶段性成果。会议强调，要坚持简环节、简时间、简流程、简资金拨付手续，实行前期手续并联审批、并联招标、并联监管、并联验收，简化办事程序，提高办事效率，加快学位建设进程。要摸清生源底细，细致做好分流，坚持公平公正，及时公开信息。要科学配置师资，提升管理水平，突出办学特色，创出教学品牌。要及时总结经验，加大正面宣传。要全程严管严督，保证工程质量。要保持高压态势，严查反面典型。要认真排查隐患，妥善处理涉教信访维稳问题，做到“一全六第一”，即全面排查、第一时间接访、第一责任人到访、第一时间处理、第一时间报告、第一时间回应媒体、第一时间打击谣言。要切实加强学校党的基层组织建设工作，健全选人用人机制，严肃党内政治生活，推进师德师风建设，查处违法违纪行为。

会前，参会人员一行前往映山小学、永州六中（新址）调研开学情况，了解校园基础设施建设和师资配备等情况，并与映山小学师生共同参加秋季开学典礼和升旗仪式。

【省委第六巡视组反馈永州工程建设领域整改情况调度会】 2018年9月4日，中共湖南省委第六巡视组反馈永州工程建设领域整改情况调度会召开。中共永州市委书记、市人大常委会主任李晖，市委副书记、市人民政府市长赵应云，市委常委、市委秘书长唐能武出席。

会议对全市前段时间在整改工程建设领域存在问题中取得的工作成效给予肯定。会议强调，要充分认识抓好做好工程建设领域整改工作的紧迫性；要全面梳理问题，清仓见底不落一件，做到件件有着落、事事有回音；要努力做到“六个到位”，即基本情况调查到位，明确解决路径、加快整改到位，线索调查到位，被查处人员处理到位，教育预防、整章建制到位，通报到位，市委巡视整改办和督查办要加强督查；要固化巡视成果，加强舆论宣传。

会前，参会人员还前往永州大道、万商红项目、翠竹路立面改造、世纪滨江小区等现场察看土地开发、招投标、小区整治等情况。

民主党派·工商联

中国国民党革命委员会永州市委员会

【概况】 民革永州市委成立于2008年4月，有9个基层支部。截至2018年12月31日，有在册党员146人，平均年龄45岁，其中本科以上学历的132人，占90%，有博士1人、硕士29人。副高以上职称37人，占25.3%。退休党员4人。有省政协委员1人、市人大常委1人、市政协委员18人（其中常委5人）。机关有编制4人，实有人员4人。

【参政议政】 2018年，民革永州市委制定完善《民革永州市委综合考核奖励办法》，加强日常信息报送、录用的动态统计管理。全年采集报送社情民意和统战信息31条，其中，省政协采用5条，民革湖南省委采用16条，市政协采发15条。民革永州市委获得全省统一战线聚力脱贫攻坚行动成效突出单位、2017年度全市统战调研工作先进单位，《新形势下基层统战工作问题与对策研究》获得全市统战理论政策研究创新成果奖二等奖。市委会开展脱贫攻坚和田园综合体两个重点课题调研，调研报告被编入全市《各民主党派、工商联和无党派人士调研成果汇编》，获得中共永州市委副书记、市人民政府市长赵应云批示。在市政协五届三次会议期间，民革党员中的政协委员们积极履职，向大会提交集

2018年5月9日，永州市政协民革界别委员工作室揭牌成立

体提案 3 件，个人提案 17 件，联名提案 14 件，人大议案 3 件，谭能为代表民革市委做大会口头发言，唐箭代表优秀政协委员做典型发言。在 2018 年市政协“三创三争三好”主题活动中，民革界别连续 2 年被评为“优秀政协界别”，伍重武、谭能为、唐箭、陈世平 4 名党员被评为“优秀政协委员”，1 篇调研报告获得“政协好调研报告”，2 篇提案获得“政协好提案”，1 篇新闻获得“政协好新闻”，1 篇社情民意获得“政协好社情民意”，1 篇统战理论文章获得“政协好理论文章”。

相继成立永州市第一个以个人名字命名的工作室——唐箭委员工作室，第一个省、市、区三级政协委员工作室——市政协民革界别委员工作室，为全市民革党员中的政协委员们联系群众、服务民生、收集社情民意提供新平台。两个工作室接待和走访群众百余人，收集社情民意 40 余条，提出微建议 20 余条，为群众解决实际问题 4 件。唐箭委员工作室先后获得《湘声报》《湖南日报》《新湖南媒体》《文史博览》杂志的采访报道，永州红网对工作室作题为《为群众和政府排忧解难》的专题报道，人民群众自发送去锦旗和感谢信。

多次参与各类座谈、协商活动，建立特约人员信息库，组织特约人员参加对市民政局的民主评议及市优化经济发展环境民主测评，就永州市经济社会发展重大方针、政策、重要事务提出中肯建议。继续协助民革省委对口永州市开展脱贫攻坚民主监督工作，先后 2 次深入宁远、双牌、江永、江华、新田、蓝山等县实地入户调研监督，召开座谈会 5 次，走访贫困户 20 余户，脱贫户 20 余户，一般农户 10 余户。

【社会服务】 2018 年，民革永州市委将蓝山县汇源瑶族乡大源村作为社会服务扶贫点，主委魏秋云牵头落实扶贫项目资金，全年帮助大源村争取项目资金，组织实施光伏发电、农村安全饮水、大源河河背段河堤护砌、村级综合服务平台建设 4 个项目。将市政协民革界别委员工作室所在的翠竹园社区作为民革永州市委“同心社区”，开展大型义诊活动，省政协主席李微微、云管理中心副主任刘志峰、市政协主席蒋善生及市、区各级政协等领导先后视察委员工作室，民革界别的驻站政协委员接受省政协新闻采访团的采访，广西省八步区政协、郴州市临武县政协等先后到委员工作室参观交流。

争取到民革湖南省委、团结出版社、民革上海市委以及爱心企业等到永州开展扶贫系列捐赠活动，捐赠图书 1 万余册、课桌椅 200 余套、运动鞋 4846 双，共计 128 万余元。引进民革党员创办的电商企业——湖南搜农电子商务有限公司，与市商务和粮食局签署永州市农产品整合营销战略合作框架协议，共同推进永州市农产品品牌营销和农特产品上行。组织广大民革党员在端午、中秋、重阳、春节等传统节假日走访慰问幸存老兵，全年慰问老兵 120 余人次，发放慰问金、米油等慰问物资 10 余万元。为道县特困抗战老兵何代桂捐款 1.2 万元改造危房、修建水电等设施。连续 3 年为抗战老兵李石保孙女李水莲送去助学金，共计 3 万元。继续配合民革上海市委为永州市幸存抗战老兵捐赠救助金，先后捐赠救助金 30 万元，救助老兵 50 余人。

【自身建设】 2018 年，民革永州市委学习中共十九大、全国“两会”及民革中央、民革省委全会精神，组织机关干部收看中共十九大开幕式直播，先后选送 3 名党员参加省社会主义学院学习，10 余名党员参加中共永州市委党校学习，3 名机关干部赴上海复旦大学参加民革全省机关干部培训班。组织党员在清明期间赴南岳忠烈祠祭拜抗战英烈，在日本投降纪念日赴云南国殇墓园开展“不忘合作初心　继续携手前进”爱国主义教育活动；举办

2018 年 1 月 6 日，民革永州市第三届委员会委员合影

民革市委纪念中共中央“五一口号”发布70周年朗诵和征文比赛，在民革湖南省委纪念“五一口号”发布70周年朗诵和征文比赛中，民革市委获得“优秀组织奖”，机关干部唐婵宇获得朗诵比赛三等奖，党员魏秋云、樊艳君分别获得征文比赛一等奖、三等奖。以争创“双一流”机关为核心，不断加强机关建设，严格按照中央“八项规定”及省、市相关规定，制定完善各项规章制度，严格执行机关干部日常考核考勤方案，认真执行请示报告制度。对市委会成立以来的所有文书档案进行全面清理和规范化存档。唐翔获得“2017年度永州市绩效考核先进个人”称号。

召开民革永州市第三次代表大会，选举产生民革永州市第三届委员会，魏秋云当选主任委员，唐翔、郑银芳、伍重武、刘旭红当选副主任委员，唐翔兼任秘书长。发展新党员11人，均为大学以上学历，其中研究生4人，中级职称2人。组织民革市委委员及支部正、副主委20人赴云南保山市、腾冲市，开展暑期谈心活动。成立民革市委监督委员会，将贯彻落实国家《中华人民共和国监察法》与加强党派内部监督相结合。制定《民革永州市委关于开展示范支部创建活动的实施方案》，对支部各方面工作提出明确考核标准，实行交叉考核。在民革湖南省委五年一次的“创先评优”表彰评比中，市直一支部被评为先进基层组织，叶春桃被评为优秀党务工作者，郑银芳、刘旭红、杨丽君、桂彬、盘桂英5名党员被评为优秀党员。

落实《民革湖南省委“民革e家”推广使用实施方案》，在全体党员中推广“民革e家”平台，用活民革特色平台。完善专委会工作制度，在“三八”妇女节组织女党员开展茶艺培训活动，在重阳节慰问民革老党员等。将民革市委会网站挂靠在永州市政府门户网站下，规范网站建设和信息发布审核制度，开通民革永州市委微信公众号及全市民革党员、班子成员微信工作群，规范民革党员自媒体使用情况。采用纸质与数字版结合的方式征订2019年《团结报》，征订量比2017年上升6个百分点，征订比例居全省第三位。新闻宣传类稿件在民革中央网站上稿6篇，三湘统战、湖南民革等各类省级平台上稿26篇，各类市级平台上稿70余篇。

【“博爱·牵手”主题活动】 2018年，民革永州市委市直一支部关爱特殊儿童，冷水滩区支部组织“红领巾志愿者”向老兵致敬，零陵区支部开展法律知识进社区并开展法律援助3次以上。中心医院支部开展健康知识、健康生活方式进社区，免费为农民工体检；湖南科技学院支部和第一中学支部开展教育扶贫活动；永州职业技术学院支部开展健康宣教进社区、心理团辅进校园志愿服务活动，结对资助贫困学子4人。

【祖国统一联谊活动】 2018年，民革永州市委学习领会习近平对台工作重要论述和民革中央“三个坚持”的工作思路以及习近平在《告台湾同胞书》发表40周年纪念会上的重要讲话精神，以学促行，推进祖统工作进一步深化。发挥祖统工作委员会作用，加强与全市涉台单位的交流，与市台办建立对口联系制度。选送2名党员参加民革省委赴台经贸交流活动。做好涉台企业服务工作，开展全市外资企业发展环境调研，走访部分重点台资企业，了解企业的生产经营状况，为在永州的台胞、台属、台商、台企提供法律服务，帮助他们解决困难和问题。

【民革湖南省委等民主党派到永州开展扶贫捐赠活动】 2018年11月20日，民革湖南省委、民革上海市委、团结出版社一行到永州市开展扶贫系列捐赠活动，并签署电商合作协议。

在捐赠仪式上，民革上海市委、上海协鑫阳光慈善基金会为宁远县5所中小学图书馆捐赠图书、授“博爱图书　十年百馆”牌；团结出版社为新田县、江华瑶族自治县3所小学图书馆捐赠图书，授“团结书屋”牌；民革长沙市委、中山希望书屋为宁远县、江永县3个“同心美丽乡村”村图书室捐赠图书、授“中山希望书屋”牌；民革湖南省委向宁远县棉花坪瑶族乡捐赠课桌椅；民革株洲市委、361度湖南分公司为全市中小学生捐赠运动鞋。活动捐赠图书9257册、课桌椅200套、运动鞋4846双，折合人民币128.1万元。此外，民革上海市委继续为该市幸存抗战老兵捐赠救助金，5年来累计捐赠救助金30万元、救助老兵50余人。

在签约仪式上，市商务和粮食局与湖南搜农电子商务有限公司签署永州市农产品整合营销战略合作框架协议，共同推进永州市农产品品牌营销和农特产品上行。

（唐婵宇）

中国民主同盟永州市委员会

【概况】　民盟永州市委成立于1996年8月1日，有总支1个，支部18个。截至2018年年末，有盟员421人，新发展盟员22名，发展率5.5%，净增长率5.25%。新发展盟员中博士2人，硕士6人，80后有20人，女性15人，进一步优化盟员人才、年龄结构，为盟组织注入新鲜血液。是年，朱衡宁晋升为调研员，何天平任市经济建设投资发展集团有限责任公司工程部部长，周显玉任京华中学寄宿部校长。

【思想建设】　2018年，民盟永州市委参加中共永州市委理论中心组和所在单位党组中心组学习，聆听专题报告，学习习近平新时代中国特色社会主义思想、习近平关于加强和改进人民政协工作的重要思想和关于加强和改进统一战线工作的重要论述以及习近平在全国“两会”上的重要讲话和关于湖南工作的重要指示精神。3月7日，盟市委机关、市直一支部盟员与民盟衡阳市委专职副主委颜娟华一行在市直一支部“盟员之家”共同学习习近平参加民盟、致公联组讨论时发表重要讲话。市政协民盟界别全体委员两次组织集体学习《习近平总书记关于加强和改进人民政协工作的重要思想专题摘编》。

4月底，盟市委在永州职院组织纪念中共“五一口号”发布七十周年暨改革开放四十周年知识抢答赛和演讲比赛，18个支部都组织代表队，选拔优秀盟员参与竞赛。经过激烈的角逐，职院一支部获得知识抢答赛第一名，市直一支部等5支队伍获得二、三等奖。彭路获得演讲比赛第一名，吕珂等5名盟员获得二、三等奖，展示永州盟员政治坚定、能力素质过硬的风采，进一步增进全市盟员的团结，增强基层组织的凝聚力。盟市委组织盟员参加盟省委组织的“纪念五一口号发布七十周年暨改革开放四十周年”征文活动，获得优秀组织奖，成少华获得征文三等奖。

7月，盟市委主委班子成员参加中共永州市委统战部组织的暑期谈心活动，摊开心扉谈思想、谈问题、谈打算，大家感到收获满满。8月，盟市委组织市委委员和支部主委到昆明接受民盟传统教育，与民盟昆明市委会交流盟务工作。各支部结合自身情况，开展形式多样、丰富多彩的主题活动。3月，市直三支部开展“重走费老路”乡村振兴调研活动。职院一、二支部、市中心医院等支部组织盟员分别赴重庆、芷江开展主题教育。一中、二中等支部在永州烈士陵园、李达纪念馆等地瞻仰缅怀先烈，接受革命传统教育。

【参政议政】　2018年，在永州市政协五届二次全会上，秦琦代表盟市委作《打造优质安全信得过的农产品供应基地》的大会发言，市委、市人民政府主要领导均作出批示。民盟市委提交集体提案5件，提交盟员个人提案34件。多位盟员在联组讨论作主题发言。民盟界全体委员联名社科界、教育界30多名委员提交《关于在潇湘技师学院老校区新办一所高中学校的建议》，受到市委、市人民政府领导高度重视并在当年给予解决，新组建的永州八中于全年秋季考试招生，新增学位近3000个。民盟市委还高度重视参政议政成果的办理实效，组织民盟界别市政协委员深入市农产品质量检验检测中心、东安霞栖农业科技发展有限公司等地视察大会发言办理情况，对农委的办理工作给予高度肯定。袁火林组织市人大代表督办学位议案，先后查看江永、江华两县学位建设项目。民盟界的政协委员参加市政协对民政局的民主评议、公立医院专题调研、学位建设专项视察和重点提案协商会等重要活动，盟员认真调研、积极发声，树立良好形象。

【开展调研】　2018年，民盟永州市委针对扶贫贷款可能出现的金融风险开展调研。在省扶贫办组织的省人大代表、政协委员建议、提案办理工作座谈会上，袁火林就小额扶贫贷款风险作专题汇报，引起省扶贫办的高度重视。中共湖南省委针对小额贷款风险召开专门会议3次，出台小额贷款回收的考核办法。民盟市委还就该问题多次到县、乡镇开展专题调研，到市扶贫办、市金融办、有关银行召开座谈会，形成《小额扶贫贷款风险不容忽视》的调研报告，被省政协和民盟省委采纳。同时，民盟市委还就三大攻坚战的一些具体现象和问题撰写社情民意4篇，被民盟中央、省政协和湖南省委统战部采纳。

【民主监督】　2018年，民盟永州市委秉承“绿水青山就是金山银山”的理念，在环境整治中发挥着参政党的独特作用，持续就湘江流域保护和环境治理开展监督。中央环保专项督查永州后，民盟永州市委开展中央环保督查回头看交办信访案件的民主监督，主委带队到紫金丰泰大酒店、山香香料公司等企业督查整改情况。与民盟湖南省委民主监督小组、长沙盟市委联合开展湘江流域治理保护、河长制落实情况的民主监督，民盟省委对永州盟市委坚持开展“保护湘江母亲河”的民主监督给予肯定。

【反映社情民意】 2018年，民盟永州市委组织调研和反映社情民意工作。开展4个重点课题调研，其中，“不动产登记改革的进展与问题”和“城镇化背景下农村宅基地使用情况”被盟省委评为参政议政优秀调研课题。齐晓慧提出的《关于建设美丽乡村的建议》等7篇被盟省委采用，秦琦提出的《要把防止因赌返贫作为两节期间扶贫工作的重点》等4篇信息被省政协采用。市政协采用盟员提交的社情民意7篇，简报编发3篇。

【参与社会服务】 2018年，民盟永州市委和全市盟员助力脱贫攻坚，民盟市委先后4次到冷水滩区贫困村落刀塘村开展社会服务，为该村赠送蔬菜苗、空调和衣物等价值超过3万元。联合恒瑞集团在该村挑选15名贫困学子，承诺资助他们从小学到大学的学习生活费用，已资助3万余元。走访深度贫困户15户，为他们寻找产业发展路子。联络袁兴中、袁铁锤、黄靓3名省政协委员到江华瑶族自治县跟贫困户结对子，帮助他们解决生产生活中碰到的困难。盟员欧阳曲主动请缨，出任市经信委驻落刀塘村扶贫工作队队长，带领驻村工作队深入一线，精准施策，建章立制，改善基础设施和生产生活条件，落刀塘村通过省里验收，贫困发生率下降到0.1%，被评为“全市优秀驻村工作队员和“全市学雷锋好青年”。盟员吴双庆挂职江永县源口瑶族乡副乡长，分管的工作在全市乡镇排名连续两年保持前十行列，联系村多次获得县、乡表彰，成功创建县级“同心示范村”、党建示范村、党风廉政建设示范村。湖南科技学院支部对接学校扶贫点，开展“以购代捐”扶贫活动，支部成员认购农产品万余元。永州职业技术学院总支多次赴金洞管理区小金洞村开展扶贫活动，捐赠蔬菜苗和教辅资料。二中支部先后6次开展送书送教下乡活动，为农村学生赠送书籍近万册，教授优质课、安全教育课程4次。三中支部全年为困难学生捐款累计超过1.5万元。市中心医院和三医院支部组织4次送医送药下乡义诊活动。

【履职尽责】 2018年，民盟永州市委动员教育广大盟员爱岗敬业，勤奋工作，在各自岗位上履职尽责。盟员孔永红指导学生参加省师范生教师技能大赛获一等奖。盟员张伟主要参与的医学技术省级示范性特色专业群以优秀等级通过省级验收；盟员彭路为学院新开办幼儿发展与健康管理专业做出主要贡献；盟员莫志军被聘为湖南省“三区”人才、湖南省湘西特聘专家，参与扶贫培训1100人次。中心医院支部曾之耀带领团队开展腹腔镜手术占全院同类手术总数的70%以上。盟员成少华主持的省级名师工作室终期评估合格，作为特邀嘉宾参加“人民教育家于漪教育思想研讨会”并接受《中国教师报》访谈；盟员龙路云和刘芳名搭班子担任年级正副部长，各项工作得到领导充分肯定。盟员邓小星指导学生参加机器人大赛获得全省第一名的成绩。盟员陈雅琴指导学生获全国中学生作文大赛一等奖。盟员周显玉担任京华中学寄宿部校长，为中心城区化解大班额作出贡献，人民网进行专访报道。

据不完全统计，湖南科技学院支部盟员全年承担省级课题3个，在国家核心期刊发表论文3篇，在SCI期刊发表文章6篇。盟员张伟立项院级重大课题1项、参与国家规划课题1项，获得湖南省职业教育教学成果奖三等奖和湖南省教师职业技能大赛一等奖。盟员周逢明长期致力于农业科研工作，掌握1000多个特殊的水稻育种材料。盟员吕青山获得省自然科学基金项目资助1项，省卫计委科研项目1项；盟员吕名礼担任永州市医学会全科医生委员会主委、杜满姣和蒋艳梅分别担任永州护理学会手术室专业委员会、伤口专业委员会主委。盟员欧阳慧组织申报国家级、省级、市级课题12项，其中4个课题结题并获省级优秀奖。盟员杨金砖承担《柳宗元研究》的编审任务，相继在《船山学刊》《湖南科技学院学报》等刊物上发表文章12余篇，整理书稿3部。盟员张伟主编《祁剧雅苑》刊物；孔湘华成立“绣舞工作室”，先后在零陵等地举办多场旗袍秀公益活动，多次被红网等媒体报道。

（杨冰洁）

中国民主促进会永州市委员会

【概况】　中国民主促进会湖南委员会于1999年开始在永州发展民进会员，周秀英、曾晓阳两人为在永州最早发展的会员。2000年12月，成立民进永州市小组，有会员5人，至2004年4月，发展民进会员16人。2004年4月8日，民进湖南省委直属永州市支部委员会成立，由周秀英任支部主任，金颖春、曾晓阳任支部委员。2009年11月30日，成立民进永州市委筹备委员会，筹委会由周秀英、王旷生、张树明、万萍、莫顺斌、陈丽萍、桂金玉等7人组成，周秀英任主任委员，王旷生任副主任委员，有会员40人。2010年11月30日，中国民主促进会永州市第一次代表大会召开，成立民进永州市委，选举产生民进永州市第一届委员会，由周秀英、桂金玉、张树明、万萍、莫顺斌、陈丽萍等7名委员组成，周秀英任主任委员，桂金玉（专职）、张树明任副主任委员，秘书长由桂金玉兼任。

2016年6月2日，中国民主促进会永州市第二次代表大会召开，选举产生中国民主促进会永州市第二届委员会，由桂金玉、万萍、陈丽萍、陈彦、邓曙光、莫顺斌、文红艳、刘章胜、何林金、冯小波、毛林艳、唐红星等13人组成。截至2018年年末，民进永州市委有会员78人，有6个支部，会员主要分布在市直单位和零冷两区，文化教育出版界。

2018年，民进永州市委贯彻执行中共中央关于统一战线的路线、方针、政策、决议、决定，按照民进中央、民进湖南省委统一安排部署，不断加强自身建设，履行参政党职能，紧扣全市经济社会发展大局，整合资源、凝聚力量、认真履职，超额完成2018年度各项工作任务，在民进湖南省委对市级组织综合考核中获2018年度会务工作特等奖。

【自身建设】　2018年，民进永州市委以思想政治教育主题年为统领，开展“两学一做”（学习习近平新时代中国特色社会主义思想，学会章会史、做合格有为会员）主题学习活动，不断加强自身建设，努力建设学习型政党。全年组织集中学习4次，重点学习贯彻中共十九大和民进十二大精神，特别是将学习贯彻中共十九大精神和习近平新时代中国特色社会主义思想摆在首要位置，会市委中心组学习成员带头撰写学习心得体会。4月，开展纪念中共中央“五一口号”发布70周年征文比赛和以“盛世民进——纪念改革开放40周年”为主题的征文活动，收到各类征文20余篇，其中民进湖南科技学院支部组织参加“五一口号”征文比赛，上交多篇文稿。原主委周秀英撰写的《身心憔悴终不悔　无私奉献写人生——永州民进会员唐晓林优秀事迹追忆》在《楚帆》上发表，完成《新时代新型政党关系视野下民主党派如何搞好政党协商》和《提高参政议政能力，完善新型政党关系》两个理论研究成果。继续开展“学会章、明使命、强意识”专题教育活动，要求全体会员从按时缴纳会费“关键小事”做起，不断增强会员的参政党意识和对新时代使命的准确把握。8月，组织会市委新老班子和民进永州市委全体委员赴上海开展暑期谈心活动，参观民进成立旧址，并与民进上海市委开展交流学习，通过一对一谈心谈话，提高会市委的凝聚力。支部的主题教育活动日趋常态化。11月，民进永州职业技术学院支部赴重庆开展“不忘初心、牢记使命、重温历史、继往开来”的主题活动；12月，民进零陵区支部赴昆明开展“不忘合作初心　继续携手前行”主题教育活动。

继续推行联系点建设，会市委根据《民进永州市委分工安排》以支部为单位确立工作联系点6个，会市委班子成员每人联系1个支部，班子成员直接参与联系点的学习和工作，通过加强联系、走访座谈、调查研究，了解情况、听取意见，发现问题、总结经验。全年访谈会员40余（人）次，并建立《会市委领导走访制度》。

制定《民进永州市委宣传信息工作管理办法》，并健全信息考核奖励机制，成立民进永州市委宣传信息写作小组，确定7名宣传信息写作小组成员。举办宣传信息专题培训班，通过加强会内信息和宣传报道，提高稿件的质量和采用率。截至2018年11月底，民进永州市委累计向民进各级刊物、网站、地方政府网站、电台等媒体投稿，宣传报道会市委活动开展情况50余篇（次），超额完成会省委宣传工作考核目标，其中《巾帼不让须眉　脱贫一路有你——记民进会员、全国妇女十二大代表张四玲》被民进中央网站会员风采栏目采用并获市政协宣传信息优稿。

坚持“双量并举，质量优

先”的原则，持续推进“优才入会工程”进一步优化组织结构，全年发展高学历、高职称、高素质的会员10人，其中2名为优才。新发展的会员曾春燕补选为本届市人大代表，唐奕为市水利局水利工程质检站负责人、高级工程师，另外蒋玮玮、李胜辉、王瑾为市内行业领军人才。会员培训持续加强。采用请进来和走出去培训形式，全年举办骨干会员和新会员培训50多人次。先后推荐会员杨振国为市城市建设投资开发有限公司子公司永州市城顺项目有限责任公司经理，李胜辉、盘辉担任永州职业技术学院正科级干部实职，宋晖调任市教育局副主任督学。

【参政议政】 2018年，民进永州市委始终把参政议政当作民主党派服务于当地经济社会发展和惠及民生的一项核心工作来抓。全年完成4个重点课题调研，10月向会省委报送《发展乡村文化 助力精准扶贫》《发展乡村教育的对策建议》2篇调研报告，其中《发展乡村文化 助力精准扶贫》被会省委直接采用，作为会市委在会省委专题性常委会的口头发言。11月，向市政协和市委统战部提交重点课题《弘扬中医传统 助推健康永州》和《繁荣乡村文化 激发乡村振兴活力》2个调研报告，编入2018年各民主党派、工商联和无党派人士调研成果，为市委、市政府提供重要的决策参考。在市两会上，市委会和会内市级政协委员、人大代表提交提案、建议18件，其中集体提案、议案和大会发言4件，《繁荣乡村文化 激发乡村振兴活力》被市政协评为优秀调研报告二等奖，《大力发展森林旅游 助力“旅游升温”战役》在市政协大会上作口头发言，获市委书记、市长批示，被相关部门采纳并转化为施政措施。集体提案《大力发展生态旅游的建议》被列为市政协主席重点督办提案，召开专题协商会议；《大力发展乡村文化的建议》和《关于加快工业园区发展的建议》被市政协评为优秀提案。落实会省委《关于加强社情民意工作的意见》精神，社情民意工作取得零的突破，全年采用各类社情民意11篇，专职副主委桂金玉撰写的《脱贫攻坚中应重视“贫与非贫”的问题》被民进中央采用，市直机关单位综合支部主委唐红星个人提交多篇社情民意稿件被省市采用，会员谢文斌提交社情民意6篇。配合民进中央和会省委调研工作。4月，配合民进中央调研组在永州开展“乡村教育和文化治理”的调研；6月，配合民进山东省委企业家联谊会到永州调研；11月，配合民进中央组织经济界会员深入零陵区开展文化旅游产业扶贫活动并配合民进中央进行基层扶贫干部待遇问题专题调研。参与各类协商，根据中共市委制定的政党协商计划，特约人员参与政府职能部门及“一府两院”等工作协商4次，尤其会市委两次与对口联系单位市交通局就“交通提速”开展项目视察、座谈协商等对口联系活动；另外受聘职能部门组织的监督、评议活动2次。

【参与社会服务】 2018年，民进永州市委发挥会内优势资源，传统与创新结合，突出民进界别的社会服务特色和亮点。2月，开展“春联万家”活动，现场向民进永州市委脱贫攻坚民主监督观察窗口祁阳县三家村村民们送去春联200多幅，全年组织会员4次深入观察窗口三家村进行调研，并走访慰问深度贫困户，给他们送去物资和慰问金。继续开展同心法援工程、同心帮扶工程、同心文化惠民工程，全年支持各支部组织法律援助、科技下乡、送医送药、扶弱助困等各种公益活动26次。5月，承接会省委安排民进山东省委企业家联谊会一行开展项目扶贫活动，企业家赵女士为江永县上江圩镇中心小学龙田学校捐资助学5万元；6月，成功承办民进省委在道县举办的“文化惠民、同心共进”系列活动，潘碧灵主委率全体班子成员一行人首先到永州工贸学校，与其签订湖南“一家一”助学就业·同心温暖工程“民进·58农服班”协议书，累计投入40万元，100名贫困生受益，并举办智力扶贫项目“名师同心讲坛”，对200多名骨干教师进行培训。随后分别到道县人民医院、梅花中心小学、敦颐广场，与道县人民医院签定民进湖南省委、马王堆中药制造股份有限公司治疗救助项目协议，筛选以道县为中心的周边区域200名西医治疗疗效不佳或无效、副作用大、不愿意服用西药的艾滋病患者，为其提供一年的中西结合中药为主的“新鸡尾酒”疗法的治疗救助。会省委副主委汤素兰向梅花中心小学捐赠价值5万元2000册图书，授牌“素兰书屋”。在敦颐广场举行湖南大自然制药有限公司免费送医送药糖尿病义诊活动，为近300名患者免费体检，无偿赠送价值4.5万元的药品。会省委领导还看望慰问帮助红军长征时在道县渡河的蔡如燕后人蔡绍华。

【参与脱贫攻坚】 2018年，民进永州市委紧紧围绕全市经济社会发展大局，以脱贫攻坚为重点，开展脱贫攻坚民主监督调研，在参与扶贫、建言履职中取得实效。会员唐湘旗、冯小波、张四玲、廖云剑、李文东、唐凯旋等开展各类扶贫帮困活动12次。会员唐湘旗为永州教育扶贫捐款70万元，会员唐湘旗、刘金华分别为祁阳贫困高中生陈芬捐助学金1万元、4000元，会员张四玲扶贫事迹被多家媒体报道。湖南科技学院支部和冷水滩区支部组织会员深入农村开展一系列的扶贫帮困活动。配合会中央、会省委开展脱贫攻坚民主监督调研。4月初，民进永州市委配合民进中央脱贫攻坚民主监督调研组赴永州市祁阳县开展“乡村教育治理”调研；11月中下旬，两次配合民进中央脱贫攻坚调研。9月，会市委落实会省委“四不两直”精神到三家村开展深度贫困和保底贫困户现状专题调研。全年上报脱贫攻坚类社情民意信息8条，《乡村教育文化发展中的治理问题》湖南预调研报告被民进中央采用，民进永州市委脱贫攻坚民主监督2篇社情民意被民进省委采用。

（邓曙光）

中国农工民主党永州市委员会

【概况】 中国农工民主党永州市委员会（以下简称农工党永州市委会）成立于2003年7月26日，是继中国民主同盟永州市委员会成立后全市第二个民主党派市级组织。截至2018年年末，有农工党员136人，设有7个基层支部委员会。党员平均年龄43岁，主要以医药卫生、人口资源和生态环境领域高中级知识分子为主，具体情况是：博士2人，硕士18人；高级职称63人，占46.4%，中级职称64人，占47.0%；医药卫生、人口资源和生态环境保护界党员105人，占77.2%；科技教育界党员22人，占16.1%；其他界别党员9人，占6.6%。有在职副处级以上干部7人，其中正厅级1人，副厅1人，正处实职1人，副处实职4人；省政府参事1人，省人大代表1人，省政协委员1人，市政协副主席1人，市人大代表2人（常委1人），市政协委员17人（常委4人）。市委会由12名委员组成，有主委1人，副主委4人。市委会机关有专职工作人员3人，含专职副主委1人，设有办公室（参政议政科）。

【思想建设】 2018年，农工党永州市委会（以下简称市委会）开展“学精神、学党章、学党史”学习教育系列活动。4月10日，市委会召开三届六次委员（扩大）会议，组织开展传达学习全国“两会”精神。10月27日—28日，市委会组织部分骨干党员和新党员到怀化市溆浦县开展“三学一讲”主题教育活动，到农工党湖南地方组织革命活动史料陈列馆和向警予同志纪念馆进行参观学习，重温农工党的光辉历史和历任主要领导人的生平，了解农工党地方组织在湖南和平解放中所做出的历史贡献，接受红色教育洗礼。12月6日，市委会2018年党员培训暨“三学一讲”学习教育活动在冷水滩举行，市人大常委、专职副主委熊忠东带领党员学习中国农工民主党章程。把举办纪念中共中央发布“五一口号”70周年和参与省委成立35周年纪念活动作为一项重点工作。4月26日，举办纪念“五一口号”发布70周年演讲比赛，市委常委、市委统战部部长石艳萍出席并讲话，市政协副主席、市委主委田洁致辞并担任评

2018年，农工党永州市委会举办纪念“五一口号”发布70周年演讲比赛

委，14名来自全市各支部的党员参加比赛。在农工党湖南省委纪念省委成立35周年表彰会上，市委会被评为参政议政先进市级组织，冷水滩区二支部和零陵支部被授予先进基层组织，王鸿杰等7名党员被评为优秀党员，张秀文等2名党员被评为优秀党务工作者，阳少辉被评为“身边的榜样”。继续开展“不忘合作初心　继续携手前进”主题教育活动，8月12日—15日，市委会和民盟市委共赴昆明联合开展“不忘合作初心　继续携手前进”主题教育活动，学习统一战线教育基地的建设经验，进一步加强领导班子思想政治建设，继承光荣传统，共建统战文化。

【组织建设】　2018年，农工党永州市委会稳步推进组织建设，严格按照农工党中央关于组织发展工作座谈会纪要精神，做好组织发展工作。全年发展党员8人，平均年龄35岁，其中研究生2人，大学学历6人；高级职称4人，中级职称4人。

【参政议政】　2018年，农工党永州市委会围绕健康教育、乡贤文化、医养结合等4个课题开展调研，完成《加强健康教育促进全民健康》《以乡贤文化为引领助推美丽乡村建设》《推进永州市健康乡村的对策研究》《关于推进我市“医养结合”工作的对策研究》4篇调研报告。全年报送社情民意信息7条，其中，1条社情民意信息被省政协采用，4条被市政协采用，6条被农工党省委采用，1条编发简报报市领导参阅。在市“两会”上，市委和个人提交提案、建议23件，均较好地被各级有关部门采纳。市委会提交的集体提案《关于加强对重症精神病患者管理工作的提案》被市政协评为优秀提案，《让新乡贤文化润泽永州乡村振兴》被列为大会口头发言材料，《传承发展乡贤文化　助力永州乡村振兴》获优秀调研报告三等奖，副主委周云玲撰写的《关于提高提案工作质量的几点思考》被评为优秀理论文章三等奖，农工党界别2017年—2018年连续两年被评为优秀界别。围绕永州经济社会发展大局和中心工作，通过中共永州市委、市人民政府、市政协和其他有关部门召开的政治协商和各类座谈会、协商会、情况通报会等渠道，针对全市重大决策和重要人事安排等提出意见和建议。2月5日，市政协副主席、市委主委田洁出席党外代表人士座谈会，并围绕文化旅游和健康养老两个领域提出具体意见建议。12月21日，全市党风廉政建设和反腐败及法院、检察工作情况通报会召开，市人大常委、专职副主委熊忠东及部分市委委员参加会议并代表农工党发言，对全市党风廉政建设和反腐败及法院、检察工作表示肯定，并提出意见建议。

2018年，农工党永州市委会召开三届六次委员（扩大）会议暨“学精神、学党章、学党史”学习教育活动

【对口联系】　2018年，农工党永州市委会根据市政府部门与各民主党派市委会对口联系工作制度，分别与市农委、市林业局、市卫计委、市环保局、市统计局、市食药局6个部门建立对口联系关系，并按照对口联系工作要求制定工作方案，开展一系列联合行动。7月2日，市人大常委、专职副主委熊忠东和副主委、市妇幼保健院院长周云玲与永州市林业局党组副书记、副局长肖济民一行进行座谈交流，针对全市油茶产业发展存在的困难和问题提出建议。10月15日—16日，与市卫计委开展健康乡村联合调研，先后到零陵区邮亭圩镇卫生院和冷水滩区蔡市镇卫生院，实地深入查看乡村医疗服务体系建设情况，并在两镇卫生院分别召

开调研座谈会，详细了解全市国家基本公共卫生服务项目实施、农村慢性病综合防控、基层医疗卫生服务体系建设以及家庭医生签约工作开展的具体情况，针对乡镇卫生院人才队伍缺乏、医疗设备短缺、医务人员待遇等问题进行探讨交流，提出可操作的建设性意见。

【社会服务】 2018年，农工党永州市委会发挥农工党的界别特色，以医疗卫生服务为主阵地开展社会服务活动。11月1日，到市特殊教育学校开展爱心捐赠活动，为聋哑儿童、智障儿童送去温暖和关爱。爱心企业代表、市直机关支部党员、农工党界别政协委员15人参加活动，为该校学生捐赠价值4万元的棉被及床上用品。发挥农工党员人才智力优势，引导各支部开展捐资助学、救灾防病、医疗义诊咨询、送医送药下乡等一系列社会服务活动。全年各支部开展社会服务活动15次，参加党员人数158次，捐款送药价值3.2万余元，受益群众7000余人。

（王心懿）

永州市工商业联合会

【概况】 2018年，永州市工商业联合会牢固把握“两个毫不动摇”大政方针，践行“两个健康”工作主题，围绕中心，服务大局，引导和激励全市广大非公有制经济人士在新时代展现新作为，开创工作新局面。截至2018年年末，有工商联会员1.25万个，比2017年底增加1023个，增长8.9%；有永州异地商会6个，异地永州商会15个，市直属行业商协会15个。年内，指导新成立永州市特色农业商会、永州市温州商会、重庆永州商会，指导女企业家商会换届。赴武汉、惠州等地考察永州商会筹备工作，加快异地永州商会筹建工作。被省工商联评为2018年度绩效评估优秀单位，被市委、市政府评为2018年度全市绩效评估优秀单位。

2018年，永州市政协工商联界别委员工作室揭牌仪式

【理想信念教育】 2018年，永州市工商业联合会以“不忘创业初心 接力改革伟业”为主题，开展非公有制经济人士理想信念教育，为非公经济人士做《认真贯彻十九大精神 推动民营经济高质量发展》专题辅导报告；召开“全市非公经济人士理想信念教育推进会暨法律培训会”；及时召开民营企业家代表座谈会，学习、讨论习近平“11·1”在民营企业座谈会讲话精神。

【商协会党建】 2018年，永州市工商业联合会组织市直属商会部分党支部书记、党员及入党积极分子举行商会新党员入党宣誓仪式。开展“不忘初心 永远跟党走”主题教育培训，对直属商会入党积极分子进行入党培训。开展“十九大与民营企业发展”征文活动；新成立两个拓展型党支部（永州市特色农业商会党支部、永州市温州商会党支部），实现党建指导全覆盖。开展商会党建工作评选活动，有3个优秀党支部、10名优秀党员和3名支持党建工作的会长受到表彰。

【创优营商环境】 2018年，永州市工商业联合会出台《永州市工商联机关干部践行“亲”“清”新型政商关系行为规范》《关于建立民营经济发展联席会议制度的实施方案》。推动《关于建立市级领导与非公经济代表人士、新的社会阶层代表人士交朋友制度的意见》落细落实，帮助解决融资、用地、法律维权、人才等方面的问题。召开“弘扬企业家精神，服务非公企业发展”企业家座谈会、民营企业优化营商环境座谈会。推动召开由市委主要领导和相关部门参加全市民营企业座谈会，畅通政商沟通渠道，聚焦纾困解困。

2018 年，永州市特色农业商会举办永州市名优特农产品上线仪式

【参与脱贫攻坚】 2018 年春节前后，永州市工商业联合会协助举办以“迎老乡、回故乡、建家乡”为主题的“春风行动”系列专场招聘会 181 场，助力就业扶贫和深入推进产业项目服务。市工商联驻点对结帮扶金洞白沙源村扶贫工作，引导帮扶对象发挥自身优势，发展种、养殖业，推动一批民营企业重大项目落户扶贫村。召开“万企帮万村”精准扶贫工作推进会，支持永州特色农业商会举办永州市名优特农产品上线仪式。截至 2018 年年末，全市工商联系统产业帮扶投入 115881.07 万元，帮扶 65157 人，就业帮扶投入 11807.38 万元，帮扶 10251 人，公益帮扶投入 774.85 万元，帮扶 10045 人；参与帮扶企业 355 家，企业实施项目 709 个。

【招商引资】 2018 年，永州市工商业联合会举办第九届永州乡友清明恳谈会，促成现场签约 6 个项目，总投资 111.2 亿元。组织会员企业参加湖南省长三角经贸合作洽谈周、厦交会，筹备会员企业参加巴基斯坦商品展览交易会等。为特色农产品品牌塑造、国家级农业高新产业园项目、引进 500 强民营企业、五星级酒店等方面做好牵线搭桥工作。与市建设银行、市邮政储蓄银行、光大银行开展小微企业融资贷款活动，搭建银企沟通桥梁。

【参政议政】 2018 年，永州市工商业联合会重点围绕“推进我市产业扶贫”“促进民营经济高质量发展”等主题开展调研。召开“汇智聚力、建设品质活力新永州”座谈会，联络优秀永州籍知名人士、专家学者、行业领军人物等人才，为全市经济社会发展建言献策。在 2018 年的市政协五届二次会议上，市工商联界别委员作《发挥民营企业优势，合力推进精准扶贫》发言，市委主要领导高度重视，作出批示。《永州市民营企业营商环境现状及问题调研报告》获省联调研成果一等奖。

【探索服务新途径】 2018 年，永州市政协工商联界别政协委员工作室成立，打造服务民营企业的政治协商平台，帮助民营企业解决发展难题。成立法律顾问团，有 9 名知名律师为民营企业提供法律服务。重点协调解决会员企业反映的金水湾广场正常经营问题和湖南正鸿投资控股集团有限公司维权请求等问题。

【永州市特色农业商会成立】 2018 年 4 月 18 日，永州市特色农业商会成立大会暨第一次会员大会在冷水滩区召开。永州市副市长贺辉，永州市政协副主席、市工商联主席吕斌出席会议并讲话，中共永州市委常委、市委统战部部长石艳萍出席会议并为商会授牌。大会选举袁玲利当选为商会会长，文贻荣、李运雪当选为执行会长，张四玲等当选为副会长。

【永州市工商联女企业家商会换届大会】 2018 年 5 月 31 日，永州市工商联女企业家商会换届大会暨第二届一次会员大会在冷水滩区召开。中共永州市委常委、市委统战部部长石艳萍出席会议并讲话，永州市政协副主席、市工商联主席吕斌，中共永州市委统战部副部长、市工商联党组书记贺一夫出席大会并授牌。会议选举湖南泰天汽车销售服务有限公司董事长曾小轩为永州市工商联女企业家商会第二届会长、永州市金泽物流有限公司董事长李秋莲为执行会长。

（吕宇清）

人民团体

永州市总工会

【概况】 2018年，永州市总工会下辖11个县（区）总工会、10个产业（系统）工会、1个市直机关工会工委；市总机关设置7个职能部室；下设市工人文化宫、市职工服务中心、市总工会信息中心3个事业单位。年末，全市有基层以上工会6509个，包含独立基层工会6096个，联合基层工会413个，涵盖单位10486个。有职工57.49万人，拥有工会会员51.3万人，其中女性会员19.7万人，农民工会员19.69万人。

年内，全市各级工会围绕中心、服务大局，推动工会深化改革，全面履行工会工作职能，发挥工会组织作用，团结引领全市广大职工为加快建设创新开放新高地、品质活力新永州建功立业，在基础条件相对滞后的情况下保持积极进取、奋勇争先的良好势头。

【思想政治引领】 2018年，永州市总工会突出把学习贯彻中共十九大、中国工会十七大、省工会十六会议精神作为首要政治任务，在全市工会系统通过组织电视看、原文学、专家讲等多种形式，加强宣传贯彻力度，确保习近平系列重要讲话精神和历次会议精神在工会系统落地生根。开展“中国梦·劳动美——永远跟党走”主题教育活动，以“工人阶级宣传月”为抓手，加大宣传力度，推动习近平新时代中国特色社会主义思想进基层、进企业、进车间、进班组。坚决贯彻落实意识形态工作责任制，引导职工践行社会主义核心价值观，培育职工文化，建设职工书屋31家，辐射职工3万人以上。持续加大工会干部教育培训力度，选调各级工会干部参加全总、省总干部调训轮训，举办工会干部培训班2期，培训干部500余人次。

【弘扬劳模精神】 2018年五一前夕，永州市庆祝“五一”国际劳动节暨劳模工匠事迹报告会召开，市委、市政府主要领导出席会议，市委书记发表重要讲话，在全市掀起学习劳模、比做贡献、追赶超越的新热潮。推荐评选“全国五一劳动奖章”1人，“全国工人先锋号”班组1个。加强劳模走访慰问，发放相关资金近300万元。组织33名省部级以上劳模参与全总、省总疗休养。争取市委市政府对市级劳模的关心，财政每年列支60万元用于市劳模免费体检和疗休养。

【服务中心大局】 2018年，永州市总工会围绕市委、市政府“产业强市”部署，在全市深入开展市、县（区）、园区、企业四级及重点工程、工业企业、服务行业和女职工4个领域的“四位一体”劳动竞赛，联合市发改委、市重点办在全市重点工程领域开展以“当好主人翁、建功新永州”为主题的“六比六赛”活动，带动参与竞赛的企事业单位覆盖面87%，职工50多万人次。

【职工技能提升】 2018年，永州市总工会提升职工技能聚焦经济社会高质量发展要求，联合市人社局等有关部门举办永州市第八届职工职业技能大赛、第八轮“芙蓉杯”女职工竞赛以及新时代湖南省农民工“六项全能”素质提升竞赛永州选拔赛，涉及电工、钳工、数控、计算机、育婴员、环境监测、旅游饭店服务等近20个工种。通过竞赛，授予“永州市五一劳动奖章”12人，“芙蓉百岗明星”14人，“芙蓉标兵岗”班组10个。

【维护职工权益】 2018年，永州市总工会依法推进职工民主管理，开展工资协商“要约行动”，全市81%的企事业单位建立职代会，90.2%的企业建立工资集体协商制度。参与专项劳动保障监督视察2次，联动处置工会网络舆情28件，接答“12351”维权热线电话132个，接待职工群众来访61人（次）、来信10件，提供法律援助2人，办结率100%。开展“安康杯”竞赛活动，参与安全生产事故调查处理6起。

【精准服务职工】 2018年，永州市开展“四季送”和医疗互助等惠民活动，全年为400名下岗职工（农民工）提供创业就业培训；对1万余名高温、露天作业人员进行“送清凉”慰问；资助300名困难职工（农民工）子女就学；筹资1000余万元走访慰问困难企业200余家，帮扶困难职工（农民工）3000余人次；组织11万名职工参加医疗互助项目，核发补助9000余人次、1000余万元。同时，持续推进城乡困难家庭“一户一产业工人”培养工程，推动城乡困难职工解困脱困，全年培训城乡劳动力3.2万人，推荐就业2.6万人。"双联"结对帮扶企业320家，困难职工1.51万人次，帮助企业解决基本困难200多个。开展职工心理咨询试点工作，共建心理咨询室示范点5个；持续加强母婴关爱，创建女职工母婴关爱室5个，其中1个被省总工会授予"湖南省母婴关爱室"；依托"芙蓉讲堂"开展女职工婚恋、心理、健康及职业道德讲座，近万人次女职工深受其益；围绕市委园区升温战略，举办全市首届工业园区产业工人运动会，丰富园区职工群众的文化生活。

【工会组织建设】 2018年，永州市工会改革整体推进，市委和各县（区）委均出台改革方案，通过深化改革，较好地实现领导结构和单位机构有效优化、工作方式和服务水平有效提升、工会实力和组织活力有效激发的阶段性目标。推进全市建会入会工作，通过单独组建、区域联建、行业统建等方式，新建基层工会委员会602家，新增工会会员2.4万余人，其中农民工入会1.6万余人，法人单位建会率和职工入会率动态保持在85%以上。推进"五型"职工之家建设，全市各级工会模范职工之家、合格职工之家建家率分别达21.5%、73.8%。推荐东安地税局、湘君面业等4个基层工会获评全国模范职工之家（小家），凯盛鞋业公司、市公安局机关工会等6个基层工会获评省级模范职工之家（小家）。规范工会社团法人办事流程，新办法人登记1075件。完善税务代收、财政代扣、工会自收"三管齐下"工作机制，超额完成经费收缴任务。加强工会机关档案管理，组织编修《永州地方志·工会篇》，充实永州工会史料。对市工人文化宫进行挂牌，结束市级层面没有工人文化宫的局面。

（唐新辉）

共青团永州市委

【概况】 2018年，共青团永州市委按照"政治建团""思想立团""固本兴团""改革强团""从严治团"的要求，各项工作取得一定的成绩，继续保持全省第一方阵。共青团新媒体、青年创新创业、学校共青团等多项工作获全省先进，服务青年返乡创业就业、驻外团建等工作被《中国青年报》《中国共青团》杂志宣传推介。团市委获评市绩效考核优秀等次、社会治安综合治理先进单位、市级文明标兵单位、2018年"挑战杯—彩虹人生"湖南省职业学校创新创效创业大赛优秀组织奖、第九届湖南省少儿才艺大赛最佳组织奖，永州共青团微信获"2018年度湖南省青媒奖十佳公众号"称号。

【青少年思想政治引领】 2018年，共青团永州市委推进"青年大学习"，发挥网络新媒体作用，累计发动各界团员青年60余万人次参学"青年大学习"网络主题团课。开展各类主题宣讲，邀请中共十九大代表、团十八大代表、省青联委员先后走进学校、企事业单位、团属青年社会组织开展主题宣讲20余场，参与青年3000余人次。抓住"五四""六一"等重要时间节点，开展"你好，新时代""争做新时代好少年 集结在星星火炬旗帜下"等主题活动，通过活动让广大青少年在亲身参与中接受教育。

【"青春兴永·何必远方"系列活动】 2018年，共青团永州市委创新开展"青春兴永·何必远方"系列活动。根据市委、市政府产业项目建设年工作安排，团市委将2018年确定为青年返乡创

2018年4月3日下午，"青春兴永·何必远方"——2018年永州市青年返乡创新创业论坛在永州经济技术开发区电商孵化园举行

2018 年 5 月 3 日上午，永州市纪念"五四运动"99 周年表彰大会、"青春兴永何必远方"2018 年永州市青年返乡创业就业"五四"座谈会

业就业服务年。联合相关部门先后开展"青春兴永·何必远方"永州市青年返乡创业就业深圳推介会、永州市青年返乡创新创业高峰论坛、永州市青年返乡创业就业五四座谈会等系列活动，联合市农业委、市经信委等职能部门开展返乡创业青年大走访，牵头推动服务青年返乡创业就业"十百千万"工程，联合市邮政储蓄银行、市农村商业银行开展"青年创享贷"，累计为返乡创业青年授信 3297 万元，实际发放贷款 1122 万元。相关做法被《中国共青团》杂志以"服务返乡青年：这个'娘家人'很实在"为题专题推介。与省农业信用担保有限公司永州分公司、市邮政储蓄银行就支持返乡创业青年贷款和担保工作签订战略协议达成一致，计划在全市青年返乡创业就业推进会上签订。实施第二届"永州青年社会扶贫教育圆梦计划"，广泛动员各界青年踊跃参与，筹集助学资金 375.76 万元，资助贫困学子 1000 余人。联合市扶贫办、市旅游局、市经信委开展行业系统青年文明号和青年岗位能手创评工作，动员广大团员青年踊跃投身脱贫攻坚、旅游升温和园区升级战役。

【服务青年成长成才】 2018 年，共青团永州市委改革共青团新媒体，创办《团团帮你找对象》《团团带你找工作》《永州新青年》等专栏，直接服务青年婚恋交友、创业就业等刚性需求。相关经验做法被省内各团市州委学习借鉴。驻深团工委发起的"青春快线·10 元回家"活动，为 1200 名购票难的在深圳务工老乡提供免费乘车服务，被《中国青年报》宣传推介。选树各类青年典型，卞国民、覃佐东入选 2018 年"湖湘青年英才"支持计划，李星获评全国优秀共青团员，陈文滔、张翔坤获评全国最美中学生，陆婉婷获评全国最美中职生。指导市青年企业家协会和市农村青年致富带头人协会完成换届工作，建立团属青年社会组织行业党委，强化党建引领，团结凝聚青年社会组织共同做好青年群众工作。组织"共青团与人大代表、政协委员面对面"活动，围绕青年创业就业、青年志愿者服务等主题发出青年好声音，为青少年成长成才争取政策、营造环境。组织永州市少儿才艺大赛，吸引 1000 余名少年儿童参与，推选出 274 项个人项目和 16 项集体项目参加全省总决赛，被团省委评为最佳组织奖。

【共青团改革】 2018 年，共青团永州市委主动争取支持，多次向中共永州市委提交加强基层团建工作汇报。市委书记、市人大常委会主任李晖先后 3 次就共青团改革和基层团建工作作出批示，市委副书记何录春召开调度会推进共青团改革工作，较好破解基层"四缺"问题。向市委和市委组织部汇报，将团建工作纳入到党建考核之中。团市委在全省率先配套制定《共青团永州市委"强'三性'、补'四缺'、去'四化'"实施细则》，得到团省委推介。团市委本级在改革中对内设机构进行调整，新设立永州市青年志愿者指导中心和永州市青少年网络文化发展中心，新增全额拨款事业编制 5 个，市本级青少年事业发展专项经费得到较好落实。推动县区团委改革工作，团市委班子成员分片到县区调研共青团改革工作，针对调研发现的问题，以团市委党组名义去函恳请各县区委加强对共青团改革工作的领导，县区共青团工作条件明显改善，工作力量明显增强。

（伍岳）

永州市妇女联合会

【概况】 2018 年，永州市妇女联合会（以下简称永州市妇联）着眼于妇女儿童发展实际需求，聚焦改革重点、协调各方资源、狠抓工作落实，团结带领全市妇

2018 年 7 月 3 日—5 日，永州市妇联承办湖南省巾帼脱贫乡村振兴现场推进会暨扶贫骨干培训班

女忠诚担当、创新实干、奋斗自强，全面推进全市妇女儿童事业发展。市妇联先后被评为 2017 年—2018 年度湖南妇联舆论宣传阵地建设先进单位、全省“两癌”免费检查重点民生实事项目先进集体、市绩效评估优秀单位、市综治工作先进单位、市平安单位创建示范单位、市普法依法治理先进单位、市直机关党建工作目标管理先进党支部及市三年禁毒大行动先进集体等称号。

【妇女思想引领】　2018 年，永州市各级妇联组织始终把学习宣传贯彻习近平新时代中国特色社会主义思想、中共十九大、中国妇女十二大精神作为首要、长期的政治任务，出台《永州市妇联贯彻落实中国妇女十二大会议精神工作路线图》，全市妇联系统举办专题宣讲及“巾帼初心耀三湘”活动 1000 余场。举办“巾帼心向党·建功新永州”颁奖典礼，对市级“三八红旗集体”“三八红旗手”等 84 个先进集体和个人现场颁奖，培树表彰先进典型 800 余个，其中宁远县中医医院糖尿病肾病科被授予“全国三八红旗集体”称号，湖南省康德嘉林业科技有限责任公司被评为“全国巾帼脱贫示范基地”，冷水滩区上岭桥镇古塘村妇联主席龚彩云被追授为省、市“三八红旗手”。组织市直机关“妇女之家”学员登上永州春晚舞台，以国家级非物质文化遗产“零陵渔鼓”这一独特艺术形式展现改革开放以来的永州变化；举办“诵国学经典　传时代家风”儿童诵读经典活动带领全市儿童欢度“六一”；成功举办第五届市直机关女子气排球比赛和第四届市直机关事业单位单身男女联谊活动。

【助力城乡妇女发展】　2018 年，永州市各级妇联组织为 771 名妇女发放小额担保贷款 7644 万元，举办春风行动暨“迎老乡回故乡建家乡”大型系列专场招聘会 20 余场，提供就业岗位 5 万余个，1.5 万余人次达成就业意向，帮助 6000 余名妇女成功就业；培树市级以上“巾帼示范基地”16 个，巾帼文明岗 29 个，巾帼建功先进集体 8 个，巾帼建功标兵 18 人。各级妇联开展“巾帼扶贫车间”建设，扶持建立“巾帼扶贫车间”近 1000 个，惠及农村妇女近 6 万人；先后办手工编织、育婴师、珠绣制作、特色农产品加工等培训班 70 余次，2.1 万余名妇女群众受益；承办全省巾帼脱贫乡村振兴现场推进会暨扶贫骨干培训班。市妇联开展“乡村振兴·巾帼先行”永州市巾帼扶贫公益项目启动暨“永州女性关爱保”培训活动，争取到 4 千万元“两癌”救助公益保险捐赠保额；持续开展“粉·蓝双丝带”行动暨推进女性安康保险竞赛活动，使 3 万余名妇女受益；提前超额完成农村适龄妇女“两癌”免费检查民生项目任务，实际检查 93227 人，完成率 103.59%，并向全国、省妇联争取“两癌”救助金 510.4 万元，帮扶贫困患病母亲 493 人；发动 3500 名巾帼志愿者开展建“巾帼林”助力“乡村振兴巾帼行”植树活动；组织团体会员市旗袍文化促进会及其 9 县区分会，通过近 100 场旗袍秀、文化展演、主题宣传等活动，宣传乡村振兴、助推乡村旅游。

【维护妇女儿童权益】　2018 年，永州市妇女儿童发展规划（2016—2020 年）中期评估主体报告完成，全市城乡社区儿童之家建设步伐加快，全市 3134 个城乡社区建成儿童之家 2341 个，覆盖率 74.7%。各级妇联举办 2018 年“建设法治永州·巾帼在行动”、“三八”维权周、禁毒、防艾等宣教活动 114 场，开展“家庭律师社区行”法律知识讲座 42 场，9.5 万余名妇女受益，接待来信来电来访 922 件，办结率 100%；组织律师、心理咨询师团队参与“巾帼维权行动·公益接访月”活动，进行集中接访，开展法律援助。全市婚调委工作经验交流会在宁远召开，全市11个县区均已建立婚姻家庭纠纷调解委员会，接受咨询948对，受理婚姻家庭纠纷调解437对，其中调解和好的达315件，回访或后续服务206对，当事人的满意度100%；各级妇联举办反家庭暴力、婚姻家庭矛盾纠纷调解、禁毒知识培训班60余场，发出人身安全保护令12份，家暴告诫书25份，新招募禁毒妈妈志愿者400余名。

【家庭文明创建】 2018年，永州市妇联举办“好家风代代传”最美家庭才艺大赛，全市各级妇联把寻找“最美”活动与百场家风家教公益讲座进社区等活动相结合，与各类文明创建相结合，培树各级“最美家庭”192户、“五好家庭”70户，其中双牌县龚松云家庭、新田县邓文娥家庭获得全国“最美家庭”称号，宁远县欧阳霆家庭、江华县邹秋玲家庭获得全国“五好家庭”称号”。市妇联开展“好妈好爸好家风——百场家风家教”公益讲座进社区活动，做到中心城区全覆盖；举办“书香飘万家”——“相伴共读、书香润德”家庭亲子阅读活动和“关注母婴健康，共建和谐家庭”公益讲座，参与省妇联“父母成长计划”家庭教育巡讲活动，在东安县横塘镇金云村新建省级“示范性家庭教育指导中心”；全市创建省级“示范儿童之家”7所，省级“示范性家庭教育指导中心”6所，培育“母亲素质提升工程”基地15所，各级妇联举办家教讲座210余场，为近7万名家长送去科学家教知识。市妇联及部分市妇儿工委成员单位“六一”期间走访慰问机关幼儿园和冷水滩区福利院，送去慰问金和慰问品；市妇联联合市旗袍文化促进会争取到爱心企业家善款5万元对50名贫困学子进行专项助学帮扶，组织永爱妇儿公益开展《爱在周末成长营》留守儿童服务项目，举办第三届“关爱雏鹰·呵护健康”预防儿童意外伤害知识公益讲座，筹集爱心款16余万元购买“智能伴童项目”小恩机器人和“温暖微行动·彩虹行”活动爱心邮包赠送给家庭贫困、品学兼优的留守儿童；各级妇联筹集慰问金及物资60余万元，走访慰问1200余名留守和困境儿童；全市“知心屋”建设不断完善，21所学校成功加入湖南省第二届“温暖微行动·舞蹈公益百校行”项目，800多名留守儿童免费获得专业老师的一年舞蹈培训课程。

2018年12月15日，永州市举行“好家风代代传”最美家庭才艺大赛总决赛

【基层妇联改革】 2018年，永州市委于6月19日、7月26日、11月6日先后3次听取妇联改革情况专题汇报，市妇联改革方案出台并落实到位，配齐市妇联兼职副主席3人、挂职副主席1人，增设市妇女儿童活动中心和市妇联E网中心两个一类全额拨款事业单位，增加全额拨款事业编制6人；全市11个县区妇联“专+兼+挂”多元化队伍全部到位，181个乡镇（街道）妇联全面完成区域化改革任务，2984个村、311个社区全部实现“会改联”；全市选举产生村（社区）妇联主席3295人，兼职副主席6299人，妇联执委49413人，村（社区）妇联主席100%进村（社区）“两委”班子；《中国妇女报》头版以《湖南永州基层妇联干部利用自身特长 履职五大领办项目谱写服务妇女群众协奏曲》《湖南永州三千个特色微家“零距离”服务妇女》为题报道推介全市妇联改革经验。市、县区妇联100%的建立微信公众号12个，各级妇联建立的微信工作群超万个，全市建立起“4+N”市、县、乡、村四级网上妇联和“12+X”网上妇女之家的全领域多覆盖格局，依托网上阵地策划开展“晒晒我们的节日”“巾帼风采”“廉洁家

书”等活动。各级妇联累计举办妇联干部、执委能力提升培训班24期，培训5000余人次，其中，市妇联出台《执委工作制度》《妇女代表联系妇女制度》，指导建立永爱妇儿公益服务中心等4个女性社会组织，吸收市旗袍协会等4个团体会员；举办上海交大·永州市女干部综合素质培训班，86位市妇联执委、县区妇联主席及市直、县区部分优秀女干部到名校学习提升；组织全市74位乡镇（街道）妇联主席代表赴株洲学习观摩区域化妇联组织建设；深入11个县区进行专题授课11场，实现市、县、乡、村四级妇联执委同步参训。

（熊锦星）

永州市科学技术协会

【概况】 2018年，永州市科学技术协会坚持以习近平新时代中国特色社会主义思想为指引，以科协系统深化改革为工作主线，以科学普及和学会治理为工作抓手，以青少年科技创新教育为突破口，紧紧围绕市委、市政府决策部署，团结带领全市广大科技工作者，努力开创科协工作新局面。是年，市科协获得“2018年度全市绩效评估优秀单位”“2018年全国科普日优秀组织单位”“2018年全国农民科学素质网络知识竞答优秀组织单位”“2018年全国科技助力精准扶贫先进单位”称号。

【全市科协系统深化改革】 2018，永州市、县（区）两级全部出台深改方案。县区科协组织建设全覆盖；乡镇（街道）科协组织建设实现有效覆盖；企业（园区）科协、高校（学校）科协、科研院所科协、村（社区）科协、农技协（联合会）等科协基层组织实现有形有效覆盖。《湖南省科协系统深化改革重点难点任务责任落实清单》中涉及的问题全部解决。

【科学普及】 2018年，永州市科学技术协会着力打造重点科普活动平台。打造“全国科普日”“流动科技馆巡展”“科普进校园”“科技下乡”等品牌科普活动平台。9月19日，精心组织“全国科普日”永州主场活动，突出“互联网+科普嘉年华”特色，成功举办永州市2018年全国科普日系列活动启动仪式暨全市首届智能无人机展示大会，全国航空模型锦标赛冠军——湖南省航空模型表演队无人机表演惊艳全场。进一步拓宽科普工作覆盖面。以各类科普竞赛为突破口，不断提高科普工作覆盖面和受众人数。截至2018年年末，全市青少年科普志愿者队伍15万余人；“科普湖南”微信公众号永州受众人数5万余人。在2018年全国农民科学素质网络竞赛中，永州参赛人数达7万余人次，占湖南省参赛人数的四分之三，其中宁远县、江华瑶族自治县和冷水滩区参赛人数居全国第五、第七和第十位。在3月27日第二届湖南科学素质大赛中，永州代表队获得冠军。在11月9日全省科协系统“新时代·新作为，我为湖南添光彩”演讲大赛中，永州市科协代表队获得全省第一名。建设“互联网+科普服务”传播平台。与永州融媒体和永州新闻网签定合作协议，在《今日永州》开设《科普永州》专题专栏，宣传科普信息和科普知识，提高科普工作和科协工作的影响力。继续实施“基层科普行动计划”。蓝山县三蓝社区等5个项目获国家基层科普行动计划专项资金奖励；江华瑶族自治县贝江村科技助力示范项目等8个项目获省级基层科普行动计划专项资金奖励；宁远县养蜂农村专业技术协会等10个协会被评为永州市级先进农村专业技术协会；冷水滩区瓜蒌产业科普示范基地等15个基地被评为市级先进科普示范基地；冷水滩区普利桥镇普利桥社区等10个社区被评为市级先进科普示范社区；冷水滩区普利桥镇朱家洞村阳智科等18人被评为市级先进科普带头人。

【学会治理】 2018年，永州市科学技术协会以党建为统领，推进学会改革发展。在实现全市37家市级学会党的建设和党的工作“两个覆盖”的基础上，为37家市级学会选聘党建指导员，夯实学会基础。打造重点学会工作平台。持续推进永州市特色民居（古村落）调查工作。3月28日—29日，举办“永州市特色民居（古村落）调查论坛”，邀请国内著名古建筑专家柳肃、孙超法等专家学者出席论坛，与各调查团队探讨全市古建筑的保护和传承，从自然环境、地域文化、人文景观和人文精神等方面探求如何提升城市品质和城市魅力。新田县科协、宁远县科协、道县科协被评为2017年度“永州市特色民居（古村落）调查”一等奖，江永县科协、零陵区科协、江华县科协被评为2017年度“永州市特色民居（古村落）调查”二等奖。开展永州市第十一届自然科学优秀学术论文评选工作。重新启动永州市自然科学优秀学术论文评选工作，通过单位推荐申报、组织遴选、专家评审认定，评选优秀论文一等奖18篇，二等奖26篇，优秀论文奖38篇。扶持重点学会发展。市科协领导班子成员分别与全市具有本地特色、学术能力较强的学会结对子，对这些学会进行重点培育，支助它们开展特色学术活动，全年评选出学会能力提升重点支持学会11个。

【青少年科技创新教育】　2018年，永州市科学技术协会建立青少年科技创新辅导员培训机制，探索创新培训形式，以赛代训、赛训结合，结合实地观摩教学，将培训活动贯穿于各大赛事，进行实战演练。在第三十九届湖南省青少年科技创新大赛、第十一届湖南省青少年机器人竞赛、第三十三届全国青少年科技创新大赛和第九届全国影像节期间，举办实地培训班。7月，举办首期永州市青少年科技创新教育辅导员北京培训班，走进中科院力学研究所、国家级物理演示与探索实验室等进行实地教学，全市60余名骨干科技辅导员参加培训。继续组织参与全国、省青少年科技创新大赛。在湖南省第三十九届青少年科技创新大赛上，市科协推荐57项作品参赛，获得一等奖6项、二等奖19项、三等奖24项，永州市科协被评为全省优秀组织单位，3个项目被省赛组委会推荐全国参赛。参加青少年机器人竞赛。全市机器人教育全面铺开，组织参加第十一届湖南省青少年机器人竞赛，获一等奖2项、二等奖4项、三等奖3项。市科协被评为全省优秀组织单位。组织参加全国青少年高校科学营活动。7月，选拔40名品学兼优、热爱科学、综合素质较高的高中生，分别参加为期一周在北京航空航天大学、华中科技大学、南京理工大学、中南大学举办的高校科学营活动（每所学校10人）。选派的胡国柱、陈章书、尹曦、蒋宝莲4位辅导员被评为全省“优秀带队老师”。加强青少年科技创新教育示范基地建设。经推荐，冷水滩区舜德小学、道县一中、永州市蘋洲小学被评为湖南省青少年科技创新教育活动示范学校，永州一中、永州市综合职业中专被评为湖南省青少年科技创新教育活动优秀示范学校。

（张国梁）

永州市归侨侨眷联合会

【概况】　2018年，永州市归侨侨眷联合会（以下简称市侨联）围绕全市工作大局，在引资引智、海外联谊、公益事业、品牌建设、维护侨益等方面取得新成绩。在第十次全国归侨侨眷代表大会上，市侨联获得“全国侨联系统先进组织”殊荣，市侨联原主席、马来西亚归侨李体坚，东安县委宣传部离休干部、印度尼西亚归侨钟挺华被授予“全国归侨侨眷先进个人”称号。

2018年8月24日，永州市侨联获“全国侨联系统先进组织”称号

【海外人才智力援乡工程】　2018年，永州市侨联邀请美洲湖南永州同乡会顾问、原中国驻外大使、外交学院原党委书记袁南生教授到永州，为市委理论学习中心组暨永州大讲堂作《中美贸易战与国际形势》，为湖南科技学院、祁阳四中师生作《外交亲历的回顾、展望与思考》专题报告；邀请美籍华人科学家黄厚斌、全美湖南同乡会顾问于海燕等知名海外华侨华人赴江华、道县、江永、双牌、蓝山等县区进行巡回公益励志演讲，开展智力援助，受益师生6500余人；邀请丹麦3Shape公司李峥杰博士在湖南科技学院电子工程学院举行学术交流会，分享国外在产学研合作、人才培养、成果转化以及与企业合作方面好的做法。

【服务经济发展】　2018年，永州市侨联3次到祁阳铜锣湾杨梅湖新城项目现场调研，协调解决遇到的困难，助推项目如期开盘。邀请香港铜锣湾集团对永州中心城区及宁远等县区进行商业环境考察，推动投资45亿元的宁远铜锣湾广场项目签约，推进永州国际体育森林公园项目前期各项准备工作。11月28日，市委副书记、市人民政府市长赵应云会见香港铜锣湾控股集团董事、市侨联海外顾问叶惊涛一行，研究讨论永州国际体育森林公园概念规划方案相关问题。2次邀请美洲湖南永州同乡会会长聂社春一行到永州考察国际学校建设选址，推动国际学校项目落地。协助湖南省华侨同心产业园（蓝山）获批成为省级同心园区。

【海外联谊】　2018年春节前夕，

永州市侨联联系海外永州籍华侨华人拍摄《天南地北永州人》视频拜年节目，在2018年永州春节联欢晚会上播放。邀请旅居澳大利亚的著名祁剧表演艺术家唐国华到永州参加春节联欢晚会。1月16日，阿联酋永州海外联谊会会长尹海军率团到访市侨联，双方在推动两地合作交流和团结乡亲、增进乡谊等方面举行座谈。2月24日，柬埔寨湖南总商会会长吴光华及夫人率代表团一行9人到访永州侨联，双方在家居制造、农产品走出去以及加强与永州企业的对接进行座谈。7月8日—9日，美洲湖南永州同乡会会长聂社春一行5人到永州考察交流，与湖南科技学院赴美研修学习的优秀英语教师举行座谈。10月13日，美国湖南联谊会总会副会长蒋健君、墨西哥湖南总商会副会长李青及墨西哥国家行政学院Delfino先生到访市侨联，并举行座谈，搭建交流与合作平台。8月，经市侨联牵线，在美洲湖南永州同乡会和新西兰华人邹丽娟女士赞助6.5万美金的支持下，湖南科技学院23位老师组成的暑期赴美交流培训团到美国旧金山州立大学研修，在促成两校建立友好学校，推动永州和美国圣马特奥郡缔结友好城市迈出实际性步伐。

【公益帮扶】 2018年，永州市侨联开展“送温暖，献爱心”和“千侨帮千户”活动，春节期间先后赴11个县区看望慰问困难归侨侨眷、侨界先进代表人士40余户。3月31日，澳门汇才慈善总会162名爱心人士到永州江永县开展“爱心助学之旅”活动，为176名贫困高中生捐款累计52.8万元。市侨联原主席、归国华侨李体坚3次到冷水滩区蔡市镇中心小学、零陵区翊翔侨心小学为20名学生送去助学金。市侨联海外顾问、澳门君天集团董事长叶惊涛为新田县三井镇山下村开发油茶产业扶贫项目捐资100万元，为金洞管理区晒北滩瑶族乡烟竹山村脱贫捐助10万元。墨西哥湖南总商会副会长陈和喜个人爱心捐赠5万元，用于金洞管理区晒北滩瑶族乡烟竹山村改善基础设施建设。

2018年4月1日，“绿色湘江　保护母亲河”永州第四届鱼人节暨禁渔期启动仪式在冷水滩区滨江公园举行

【侨联参政议政】 2018年，永州市侨联加强与侨界人大代表、政协委员的联系，组织召开座谈会，开展调查研究，围绕热点难点问题提出建议、提案。办理“两会”期间市人大代表建议1件。8月8日，组织市政协侨联界别组委员、墨西哥湖南总商会深入道县白芒铺镇马垒村、金洞管理区晒北滩瑶族乡烟竹山村开展脱贫攻坚调研，为贫困村脱贫“把脉问诊”，并形成调研报告。

【“鱼人节”品牌活动】 2018年4月1日上午，“绿色湘江　保护母亲河”永州第四届鱼人节暨禁渔期启动仪式在湘江河畔永州滨江公园举行。永州“鱼人节”是由永州市人民政府主导，市侨联联合侨资企业中南口腔医院发起，是永州市全面推行“河长制”，倡导社会公众积极参与的大型环保公益文化活动。永州市政协主席蒋善生宣布该活动启动。市委常委、市委统战部部长石艳萍主持活动，副市长贺辉等领导出席。启动仪式上，贺辉为“市级河长制（民间）示范单位”进行授牌，同时，聘请中南口腔医院董事长陈宗华为“民间河长”并颁发证书。活动吸引近3000多名群众参与，投放40万尾鱼苗到湘江。

【湖南省侨商会2018年年会在永州召开】 2018年4月26日，湖南省侨商联合会2018年年会在永州举行。市委常委、市委统战部部长石艳萍，双牌县委书记苏小康分别致欢迎辞。其间，在第十二届湖南·阳明山“和”文化旅游节暨侨商侨智永州行活动中，11个国家和地区的120多名侨商中的部分企业与双牌县达成战略合作。

（邓辉军）

法　　治

政法委及综治

【概况】　2018年，永州实现“无重大政治事件，无暴力恐怖事件和个人极端事件，无重特大群体性事件，无重大刑事治安案件，无重特大公共安全事故”的目标，确保社会大局稳定，人民群众的安全感和满意度不断增强。综治考评排位逐年攀升，是年，历史性地跃居全省第一位，在全省公众安全感测评中，全市11个县区有10个县区进入全省前60位，2015年—2018年连续4年获评全省综治工作先进市。永州市先后在省委政法工作会议和全省“一村一辅警”建设现场推进会上作典型经验发言，被推荐为全国“2020年公共安全视频监控建设联网应用重点支持城市”和全国首批“禁毒示范城市创建单位”。

【维护国家安全和社会稳定】2018年，永州市坚持把维护政治安全摆在首位，开展反间谍、反邪教、反恐怖专项斗争，全市没有发生暴恐案件、事件。坚持“变被动维稳为主动创稳”，建立健全四级联排、领导包案、风险评估等预防化解矛盾纠纷工作机制，开展市、县、乡、村四级书记同步接访活动，推行“村为主”工作法，推动维稳工作网络和机制关口前置、重心下移、向基层延伸，妥善处置敬老山庄非法集资案等一批具有重大社会影响的涉众型案件。开展大巡防、大管控、大整治维稳安保“百日会战”，建立各级党委、政府、人大、政协及人武部门与退役人员“结对子、交朋友、认亲戚”的结对帮扶制度。永州市防范重大风险工作经验在省委政法工作会议上作典型发言。

【扫黑除恶斗争】　2018年1月起，永州市坚决贯彻落实习近平讲话精神和中央、省委决策部署，向黑恶势力发起强大攻势，对涉黑涉恶势力犯罪“零容忍、处立决”，全市扫黑除恶专项斗争进展顺利。截至2018年年末，全市打掉黑社会性质组织5个，恶势力犯罪团伙65个，其中“1·8”专案是省公安厅向市州唯一一个发贺电的涉黑专案；破获刑事案件293起，刑事拘留528人，查封冻结涉案资产3430余万元；受理涉黑涉恶腐败和“保护伞”线索216条，查处54起，处理39人。打击质量、打保打伞排全省第一位。省扫黑除恶专项斗争第六督导组对永州市的扫黑除恶工作给予充分肯定，全市扫黑除恶工作年度考评名列全省第三位。

【社会治理创新】　2018年，永州市涌现出“1+N”组团式服务、政协系统“网格化+政协云”等一批网格化管理好经验好做法，农村网格化建设深入推进，零陵区获评“2018全国社会治理创新示范区”。建成全国最大的市、县、所三级联动人脸识别技术应用基地。推进“农村辅警”“城区快警”建设，建成“城区快警”平台28个，实现城区处警“最快一分钟”，全市2952个行政村全部建成农村辅警工作站，配备辅警3197人、义警9690人，村级辅警工作得到省委领导充分肯定和中央、省主流媒体推介。统筹推进市、县、乡（镇）、村

2018年9月6日，中共永州市委政法委员会2018年第一次全体会议召开，市委副书记、市委政法委书记何录春出席会议并讲话

2018 年 2 月 28 日，永州市扫黑除恶专项斗争会议召开，标志着永州市扫黑除恶专项斗争拉开序幕

四级综治中心建设，建成标准化市级综治中心 1 个，县级综治中心 11 个，乡级综治中心 181 个，村级综治中心 3015 个。全市农村综合服务平台建设项目完成投资 19.3 亿元，建成使用 3091 个。突出抓好“十六大平安创建”活动，全市家庭、干部职工参与率 100%，双牌县、道县濂溪街道、祁阳县长虹街道明德小学、市第三人民医院、湖南贵德科技有限公司、勾蓝瑶寨景区、蓝山县公路局、江华高新技术产业开发区 8 个单位获评全省“十大平安”系列创建示范单位。永州市护路护线联防专项工作连续 6 年获评省先进。

【司法体制改革】 2018 年，永州市、县区两级法院、检察院员额法官、检察官全部回归审判一线。推进以审判为中心的刑事诉讼制度改革，建立检警协作机制，构建起“大控方”诉讼格局；在全省首先推行人民陪审制度改革。开展“决胜执行难战役”专项活动，全市 21 起涉诉执行案件，执行 20 起，件件做到案结事了，永州作为“基本解决执行难”第三方评估全省首发站，获得由中国社科院专家组成的评估小组的充分肯定。在全省第一个建成执法监管中心和新型智能统一受立案工作机制，有效解决群众报警难、监督难的问题。突出抓好执法监督和案件评查，纠正瑕疵案件 18 起，对 10 名干警进行追责。全省国家工作人员学法考法试点工作在永州市成功启动，宁远、江华、双牌三县获评第四批“全国法治县（市、区）创建活动”先进单位。永州市连续两年获得“中部崛起法治论坛”组织工作奖。

【服务经济发展】 2018 年，永州市刑事案件发案同比下降 12.16%，破案率同比上升 10.7%，有重大影响的刑事案件全部侦破。缉毒执法工作排全省第一名，禁毒工作得到国家禁毒委督导组的充分肯定。成功侦办审理“善心汇”组织传销案。妥善审理全市高度关注的城市综合体房屋征收补偿、涔天河水库库区移民安置及湘江西岸棚户区改造等案件；慎重审理企业融资、民间借贷案件 10238 件；依法受理企业破产案件 13 件，办结 6 件，处置不良资产 28.5 亿元。全面推行巡回审判，实现立案大厅、诉讼服务网、“12368”热线等工作平台无缝对接。全面推行“一村（社区）一法律顾问”工作，市、县、乡、村四级公共法律服务实体平台基本建成。

【政法队伍建设】 2018 年，永州市出台《关于加强新形势下政法干部队伍建设的决定》，建立政治轮训制度，举办政法培训班 193 期，培训干警 16120 人次，树立“得罪坏人就是保护好人”的理念，全市政法系统查处并给予党纪处分 41 人、行政处分 33 人，刑事处罚 2 人。培育推介先进典型，涌现出习近平作出重要批示的“时代楷模”黄超富等一大批英雄模范和先进人物，全市政法战线获得中央级荣誉集体 13 个、个人 26 人，获得省级荣誉集体 104 个、个人 102 人。

（李俊雄）

法治政府建设

【概况】 2018 年，永州市以推动落实《法治政府建设实施纲要（2015—2020）》和省、市《实施方案》为重点，进一步履行好组织协调、督促指导等职能作用，为建设创新开放新高地、品质活力新永州提供强有力的法治保障。

【法治政府保障】 2018 年 2 月，永州市向省人民政府报送《永州市人民政府 2017 年度法治政府建设工作情况报告》，并通过网站向社会公开。市人民政府调整“永州市推进法治政府建设工作领导小组”，研究部署2018年永州市法治政府建设工作要点。组织开展政府常务会会前学法，集体学习《国务院办公厅关于加强和改进行政应诉工作的意见》《中华人民共和国宪法修正案》和《中华人民共和国审计法》等内容，进一步增强行政机关工作人员特别是领导干部运用法治思维和法治方式推动工作的能力。

【行政决策制度体系】 2018年，永州市人民政府法制办审核市政府规范性文件草案39件，非规范性文件86件，合同、协议49件，涉及领域招商引资、城市基础设施建设、教育等方面，涉及金额约18亿元。审查登记县区备案规范性文件192件；报省人民政府、市人大备案市政府规范性文件均为21件。收到市直部门报送“三统一”登记的部门规范性文件31件。收到并处理公民对市直部门规范性文件提出异议，申请合法性审查1件。组织召开永州市中心城区城镇基准地价更新、《永州市集体土地及房屋征收补偿安置办法》和互联网电动车、助力摩托车防盗系统建设工作等3次重大行政决策听证会。

【政府立法】 2018年，永州市人民政府法制办组织起草《永州市人民政府拟定地方性法规和制定政府规章程序规定（草案）》，市人大法工委草拟《2018年立法工作计划》以及开展对《永州市历史文化名城保护条例》审议工作，市住建局开展《永州市农村住房建设管理条例》起草工作。

【规范公正文明执法】 2018年，永州市组织开展全市行政执法案卷评查工作。对市直29个行政执法单位2017年1月1日至2017年12月31日期间部分办结的83卷行政处罚和行政许可案卷进行评查，评查情况以市推进法治政府建设领导小组办公室名义予以通报。6月、11月，组织全市行政执法人员资格考试，有4661名报名参考，考试合格1838人。其中市直有325人报名，考试合格210人，全年累计发放市直机关行政执法证199件。同时，市法制办会同市工商局、市城管局赴衡阳学习“三项制度”改革经验，并深入道县、祁阳、零陵3个县区开展调研。

【证明事项清理】 2018年，永州市人民政府法制办提请下发《永州市人民政府办公室关于做好证明事项清理工作的通知》，按照“谁设定、谁清理，谁主管、谁负责”的原则，组织各县区人民政府、管理区、永州经济技术开发区和市政府相应责任部门对全市地方性法规、规章和规范性文件设定的证明事项进行全面清理。市法制办重点对出台的2部地方性法规和市人民政府印发的现行有效的236件规范性文件进行清理。经统计，全市取消规范性文件设定的证明事项22项，其中，市本级15项，县区7项。

【行政复议应诉】 2018年，永州市各级行政复议机关收到行政复议申请355件，受理308件，办结303件。其中，市本级收到行政复议案137件，受理97件，办结94件。全市因公民、法人和其他组织不服政府行政行为，提起行政诉讼案件396件，一审结案366件。全市行政机关负责人出庭应诉案件114件，出庭率31.1%，较2017年上升5个百分点。如湖南华湘财富实业有限公司诉永州市人民政府、永州市国土资源局国有建设用地使用权挂牌出让及行政赔偿上诉一案在湖南省高级人民法院公开开庭审理，10月26日和12月19日市政府分管城建工作的副市长欧阳元初，市委常委、市政府常务副市长张贺文，分别代表市政府出庭参加应诉工作，为全市行政机关负责人出庭应诉工作起到示范带头作用。

（张力立）

公　安

【概况】 2018年，永州市公安工作主要指标继续在全省领先领跑，绩效评估排全省第一位，公安民调排全省第二位。市公安局第三次揽获全省公安局长会议表彰全部大奖，是全省唯一一个连续3年获得大满贯奖项的市州公安局。在市人大常委会对市政府工作部门2018年度工作审议评价中，市公安局以96.57分排第一位，连续4年以超过96分的高分实现四连冠。

【维稳安保】 2018年，永州市公安局严密防范、严厉打击境内外敌对势力、敌对分子渗透破坏活动，确保国家政治安全和政权安全。加强反邪教工作，反邪专案侦查排全省第一位。防范、有效应对群体性事件，稳妥处置规模群体性事件。加强反恐防恐工作，全市没有发生打响、炸响暴

2018 年 1 月 17 日，“自助报案 自助查询”新型智能统一受立案工作机制新闻发布会

恐案事件，反恐怖工作受到公安部肯定。加强重大活动和敏感节点安保维稳工作，完成省长公祭舜帝大典等 59 批重大安保任务。开展大巡防、大管控、大整治安保维稳“百日会战”，市公安局获评全省先进单位。坚持依法治访，推进轻刑快判，信访维稳考核排全省第一位。加强道路交通安全管理，全市道路交通安全事故和死亡人数大幅下降，连续两年实现省人民政府规定的道路交通事故死亡人数下降 15%的工作目标。严格监所管理，连续 5 年没有发生在押人员非正常死亡、脱逃等安全事故。

【严打整治】 2018 年，永州市公安局坚持严打方针不动摇，对严重刑事犯罪出重拳、下重手、用重典。全市立刑事案件 10261 起，下降 11.26%；破案 6263 起，破案率 61.04%，远高于全省 42%的平均水平，连续 4 年排全省第一位。全市命案等有重大影响的刑事案件全部侦破。推进扫黑除恶专项斗争，破获黑社会性质组织案 5 起，打掉恶势力团伙 61 个，刑拘团伙成员 481 人，打掉“保护伞”5 个，打击质量、打保打伞排全省第一位。成功侦破公安部挂牌督办的刘某、肖某黑社会性质组织案，刑拘 128 人，被省公安厅称为 2018 年“三湘扫黑第一案”。纵深推进集打斗争，综合考核排全省第一名。严厉打击非法集资涉众型经济犯罪，破案率 91.67%，排全省第一名。严厉打击假币犯罪，缴获假币 1588 万元，占全省缴获总量的 96%。重拳整治黄赌，全市没有出现公开化、半公开化的黄赌问题。开展三年禁毒大行动，缉毒执法、禁毒工作满意度调查连续 3 年排全省第一名。永州入围全国首批 109 个、全省 5 个全国禁毒示范创建城市，创建工作排全省第一名。永州作为全国 3 个、全省唯一一个市州在全国禁毒工作会议上作经验介绍。

【公安工作基础建设】 2018 年，永州市公安局实施派出所建设行动计划，新建派出所 13 个，提质改造 22 个。按照“村民自治”原则和“本村人管本村人”思路，全市 2952 个行政村全部建成农村辅警工作站，配备 1 名联村民警、1 名辅警站长和 3 名~8 名义警，解决多年来想解决而没有解决的农村治安无人管的问题。按照“屯警街面、动中备勤、快速反应、有效应对”要求，在市、县中心城区建设城区快警平台 26 个，全部接入公安网、互联网、视频网和公安大数据平台、人脸识别系统，构筑“1、3、5 分钟”快速反应圈，实现城区处警“最快一分钟”。把衡东“9·12”案件血的教训当作教材，全面提升校园和公共场所安防等级，在全市中小学、幼儿园门前道路加装减速带，设置安全提示牌，设立护学岗；在全市 57 个广场、17 个开放式公园，加装水泥墩等硬质隔离设施，严防发生个人极端案事件。

【警务改革】 2018 年，永州市公安局深化公安大数据警务战略，永州警务云由单云向多云、一朵云向一片云转变，市公安局大数据实战平台归集数据 545 类 203 亿余条，为全警提供警务千度、蛛网关系、话单分析、实时布控等智能应用服务，形成“无处不在、无所不知、无中生有、无限关联”的大数据实战体系。全市建设人脸识别系统点位 5000 路，建成全国最大的市、县、所三级联动人脸识别技术应用基地，实现对目标对象“一键定格、一秒识别、一览无遗、一网打尽”。在全省第一个建立新型智能统一受立案工作机制，在全市城乡广布案件自动报警、自动查询终端机，有效解决群众报警难、监督难问题。创新吸毒人员检测手段，建设毛发毒品检测实验室33个，有效解决以往检测手段单一、窗口期短、隐性吸毒人员排查发现难的问题。深化“放管服”改革，推进“互联网+公安政务服务”，推出便民利民举措20条，实现群众办事“最多跑一趟”。宣传推广“湖南公安服务平台”，永州成为全省5个推广应用试点市之一，推广关注、注册总数均排全省第一名。

【湖南推介永州公安执法规范化建设经验】 2018年4月27日，湖南省深化公安执法规范化建设推进会在邵阳市召开。永州市公安局获评“全省公安机关执法监管中心建设成绩突出单位”和“全省公安机关执法信息化建设成绩突出单位”，大会对永州公安执法规范化建设工作经验进行推介。

永州市公安局于2017年5月在全省率先建成“市、县、所三级联动，人、案、物、场所四位一体”的执法监管中心，在全省率先开发应用全警共享共用的执法监管中心平台，在全省率先创新受立案工作机制。永州公安执法监管中心建设，在机制上做到中心化、信息化、标准化，打造公安执法活动的“质检中心”。公安部法制局专题听取永州公安法制监督管理机制建设情况汇报。省公安厅法制总队将永州公安执法监管中心建设列为全省公安法制改革示范，在全省公安机关强力推广永州公安执法监管中心建设模式。永州公安新型智能统一受立案工作机制，从受立案执法源头抓起，以执法监管平台为载体，实现对接报案、警情处置和受立案工作的全要素网上记载、全流程网上运转、全过程网上管理、全方位网上监督。2018年1月17日，省公安厅在永州市召开新闻发布会，向媒体和社会首推市公安局新型智能统一受立案工作机制。

【人像识别应用高峰论坛召开】 2018年7月31日，永州市人像识别应用高峰论坛在冷水滩召开。公安部刑侦局、物证鉴定中心、中国人民公安大学、中国刑警学院、省公安厅、湖南警察学院相关领导及专家以及国内人工智能顶尖专家学者，湖南长沙、株洲，广西桂林、钦州、贺州等市州公安局代表参加论坛交流。中共永州市委常委、市委秘书长唐能武，市人民政府副市长、市公安局局长刘新良出席论坛。

此次高峰论坛由市公安局主办，上海依图网络科技有限公司承办，主题是分享永州公安人像识别建设应用经验，探索人工智能时代智慧公安新态势、新路径。唐能武代表市委市政府致欢迎辞，全国业内专家先后发言。市公安局与依图科技签署战略合作协议，刘新良和依图科技联合创始人林晨曦为市公安局、依图科技联合实验室揭牌。

【永州市公安局召开新闻发布会推介“湖南公安服务平台”】 2018年12月29日，永州市公安局召开新闻发布会推介“湖南公安服务平台”应用，让数据“跑路”代替群众“跑腿”。“湖南公安服务平台”是一个功能模块化、流程标准化、操作智能化、服务人性化的服务平台。该平台将公安机关负责的366项办事项目“打包上网”，市民通过微信公众号、手机APP、电脑客户端登录“湖南公安服务平台”，完成注册、实人认证后即可在网上办理业务。永州市公安局为“湖南公安服务平台”第二批试点应用单位。平台已开通网上办事、受理预约、查询咨询、评价投诉、公益宣传、公共服务“六项功能”，可以实现违章查缴、出入境证照再次签注、身份证补换领等68项业务网上全流程办理服务，市民可在线预约办事时间、地点，用户可享受预约优先受理、制证网点优先发证等便捷服务。公安机关入境大厅、交警大厅开设预约专用窗口，明确专人负责引导分流。平台还提供办事指南、智能客服等信息查询服务，24小时接受群众咨询，并开设群众办事满意度评价、“12389”投诉等栏目，对接警务评价系统，受理意见建议。

平台还开设警情播报、警方提示等栏目，开展防诈骗、防盗抢、自我防卫等公益宣传；推出电子证照、同名查询等在线业务，其中电子驾驶证可视同于纸质驾驶证用于交警查验，电子身份证可视同于实体身份证用于办理酒店入住。

永州市公安局成立工作专班，出台《推行“湖南公安服务平台”试点运行工作“七条铁规”》，制定配套工作机制，坚持信息流与业务流有机融合，做到线上服务与线下工作紧密衔接，最大限度实现网上“全流程”办理，确保第一时间处理网上申办、咨询、投诉等工作，为市民提供便捷服务。截至2018年12月28日，“湖南公安服务平台”永州注册用户28.7万户，处理群众咨询意见12483条。

【公安交通管理】 2018年，永州市发生道路交通事故175起，死亡55人，受伤169人，与2017年相比分别下降40.68%、16%、52.53%。开展道路集中整治，查处各类道路交通违法行为832763起，其中超速75850起，超员1425起，超载5393起，闯红灯57465起，涉牌涉证35521起，违法停车150222起，逆向行驶12437起，其他457420起，尤其是查处酒驾2062起，醉驾1366起，分别占湖南省的14.6%、31.2%，醉驾刑拘1366人，刑拘量高居湖南省第一位，永州市因酒醉驾引发的交通事故发生率再次下降81.53%。严打涉毒驾驶，核查吸毒人员3298人，有驾驶资质的896人，注销驾驶资格281人，现场查获毒驾42起。推进摩托车戴帽工程，查处驾驶摩托车不戴头盔26539起，对“鬼火”摩托车非法改拼装、非法飙车出重拳、下重手，主动靠前，查扣嫌疑车辆578台，行政拘留92人，“鬼火”扰民现象从根本上得到遏制。

推进环境整治战役，淘汰高能耗城市公交车365辆，淘汰注销黄标车8260辆，继2017年，再次在湖南省14个地州市中第一个完成工作任务。严厉开展渣土车、工程车、无牌无证工程作业车整治，查处各类违法行为63711起，工程类机动车交通乱象基本遏制。农村道路交通秩序“百日集中”整治查处不戴头盔28898起，人货混装查处数5532起，涉牌涉证查处数10559起，违法载人查处数7554起，并列湖南省第一位。“冬春攻势”现场纠违17942起，查处四类重点车辆重点交通违法639起，查处“三驾”（酒驾、醉驾、毒驾）、“三乱”（乱停车、乱变道、乱插队）、“两牌”（假牌、套牌）、“两闯”（闯红灯、闯禁行）、“三车”（电动自行车、低速电动车、工程运输车）重点违法车辆76110起，机动车不礼让斑马线4127起，行政拘留612人，危险驾驶462起，机动车缉查布控现场处罚1613起，执法站应用缉查布控系统现场处罚1497起，排名市局机关二类单位第一名。“夏秋攻势”刑拘936人，起诉692人，起诉率73.93%，排名市局机关二类单位第一名。城市交通秩序集中攻坚专项行动整治“三车”（工程运输车、公交车、出租车）闯禁区、强超强会、逆向行驶、违法掉头70995起，“三驾”（酒驾、醉驾、毒驾）443起，“三乱”（乱停车、乱变道、乱插队）71506起，“三牌”（无牌、假牌、套牌）827起，机动车不礼让斑马线4626起，“行人、非机动车”2364起。

推进平安县区创建，零陵、双牌、江华三县区达到省级平安县区创建标准，零陵区已经挂牌。各县区均印发推进“路长制”文件，确定路长，明确工作责任，制定巡查工作机制。农村道路交通安全管理信息系统全面铺开，由各县区政府办副主任牵头，乡镇和各职能部门为系统运用主体，公安交警提供技术支持，分别在宁远县和冷水滩区开展两期集中培训，录入驾驶人、机动车、交通事故等基础数据34万余条。在永州市评选道路交通安全社会化管理示范镇、村，每个县区评选2个示范乡镇，每个示范乡镇评选1个示范村。完善较大以上道路交通事故联合调查机制，联合安监、公路、交通等部门分别对宁远“3·5”、祁阳“9·27”、江永“11·23”三起较大道路交

2018年1月24日，因永州成为全省第一个100%完成黄标车淘汰任务的市州，永州市公安局送奖上门，授予交警支队集体三等功一次。图为永州市公安局交警支队支队长杨运吉领奖
摄影 唐晓勇

通安全事故开展联合调查，严格问责。

继续推进“三临”道路、严重隐患路段、较大事故路段提请市人民政府发整改函至县区人民政府和县区长，政府一把手为第一责任人，全年下发整改函8份，督促整改隐患路段215处，完成148处，省道安委交办的2起安全隐患整改到位。严格重点车辆、驾驶人管理，实行周通报、月催办工作机制，重点车辆注销率100%，驾驶人审验率、换证率排名稳居湖南省前列。严格机动车检测，每月定期分析和通报，八类重点车辆检验率排湖南省第一名，先后对13家在车辆检验过程中降低检验标准、弄虚作假的机动车社会检测机构予以关停、停办业务，严防不合格机动车上路。受理小型汽车以上驾驶人考试451400人次（未含满分学习考试和军队换地方驾照人员）、考试合格316753人次，合格率70.36%，达到湖南省平均值，为新驾驶人核发机动车驾驶证60526本。

中心城区智能交通管理系统基本建成，交通视频监控、交通信号控制数据接入95%，更换和新建信号灯78套，新增电子警察68套、29套交通事故绘图仪、50套车载台、71台专用警务通，主干道全部实现绿波带功能，城区道路实现人车通行优化指导、交通信号精细化管理。创立“铁骑”巡逻队，开展无缝隙巡逻防控，对中心城区道路交通安全快速出警、有效疏导、精准指挥，缓解交通拥堵。凤凰路、零陵路、梅湾路、湘江东路沿线交通难点乱点得到深入治理，主干道高峰值机动车通行平均时速由12.4千米上升至30千米。交通标志标线改造率、规范设置率均达99.8%，群众出行更加快捷。

在湖南省第一个建立邮政·公安交管互联网服务中心，实现网络办理车驾管业务，足不出户接收牌证。进行道路交通事故快处快赔改革试点，实行轻微道路交通事故快处快赔公安交警、保险集中办公，快速定责定损、自主自愿修车，解决轻微道路交通事故理赔难、维修慢、乱收费和指定修车情况。推进公安交管“放管服”20项改革措施，全市开设电子化缴费窗口76个，建立13个县区社会服务网络4S服务站，设立邮政服务网点43个，32个检测站全部开通预约检车，实行小型非营运载客汽车“先签后审”，减免机动车业务申请材料33.6万份，一证办理车驾管业务7.8万余份，网上办理业务39.8万余份，自助服务终端处理交通违法2684起，完成在线快处快赔事故378起，市公安局专门召开新闻发布会为公安交警点赞。

【市公安局专题推介交管“放管服”改革新举措】 2018年12月25日，永州市公安局召开新闻发布会，向媒体专题推介永州公安交管“放管服”20项改革新举措。《湖南日报》、红网、《永州日报》、永州电视台、永州电台、融媒体等10余家媒体记者参加新闻发布会。发布会由市公安局交警支队支队长杨运吉主持，市公安局党委委员、副局长龙刚向媒体通报永州公安交管“放管服”20项改革新举措所取得的成效。永州市公安局成立高规格领导小组，组建工作专班，实行看图说话、挂图作战，倒排工期、全速推进。简捷快办、网上通办、就近可办等20项交通管理“放管服”改革新措施基本完成，可实现“马上办、网上办、就近办、一次办”。全市开设电子化缴费窗口76个，建立13个县区社会服务网络4S服务站，设立43个邮政服务网点，全市32个检测站全部开通预约检车，实行小型非营运载客汽车“先签后审”，减免机动车业务申请材料33.6万份，一证办理车驾管业务7.8万余份，网上办理业务39.8万余份，自助服务终端处理交通违法1684起，完成在线快处快赔事故326起，公安交管改革红利惠及千家万户。改革举措：一是改革公安交管窗口服务，实现“一次办、马上办”。实现申请材料“四个减免”；实现补换领驾驶证等18类驾管务业务凭本人身份证明一证即办，普通业务一窗通办；实现个性服务自助快办。推行“互联网+交管服务”，实现“网上办、掌上办”。二是实现交管服务网上办理；实现政务信息网上互通，简化互联网平台面签程序；实现安全教育网上学习，试点驾驶人审验教育网上申请、网上认证、网上学习；实现交通事故网上处理，现车损事故网上定损、理赔。三是延伸下放公安交管业务，实现“就近办、便捷办”。实现社会服务网点代办；实现邮政服务网点代办；实现交通事故快处快赔，建立“警保联动”机制；实行车辆全国“通检”；便利车辆异地转籍；便利驾驶证省内异地申领。四是加强公安交管业务监管，保证“依法办、规范办”。坚持放管并重、放管结合，加强事中事后监管，加强信息系统安全保障，确保放而不乱，保证严格规范公正文明执法。

市公安局交警支队车管科科长刘发贵就“交管服务如何向社会延伸”“车辆异地转籍程序避繁就简举措”“农村地区交管服务举措”等媒体记者关心的问题，现场接受采访提问。会上，还介绍百日安全行动战果，落实冬季道路交通安全事故预防重点工作措施，严防重特大交通事故，维护道路交通安全形势持续平稳。

【永州市“警保联动”启动】 2018年12月18日上午10点，永州市“警保联动”启动仪式在中心城区滨江广场举行，市人民政府副市长、市公安局局长刘新良在仪式上宣布“永州市警保联动正式启动”。市公安局交警支队、人保公司、公交集团公司、湘运公司的人员和社会各界群众近千人参加启动仪式。该次活动由永州市公安局交通警察支队、中国人保财险永州分公司共同主办，湖南省高速公路交通警察局永州支队、金汇通航湖南分公司协办。“警保联动”是永州公安交管部门全面深化“放管服”改革，落实公安交管20项改革措施，公安交警和保险两方跨界协作、共同推行的一项惠民、利民工作。10月，市公安局交警支队联合市人保财险等多家保险公司，在中心城区率先进行道路交通事故快处快赔改革试点，实行公安交警、保险集中办公，快速定责定损、修车自主自愿，经过一个多月的运行，从根本上解决理赔难、维修慢、乱收费和指定修车的情况。创新开展“警保联动”路巡，全市各县区成立由公安交警和保险理赔员为主力军的“警保联动”专门队伍，有逾44台查勘车、5台电动车、47名查勘员、3名在线理赔团队人员参与。创新改进网上交管服务，借助全国道路交通事故互联网在线快速处理系统、湖南轻微财损道路交通事故快撤直赔系统，形成远程定责、线上理赔为一体的新型联动服务模式；并拓展为车辆注册、补换领机动车牌证、申领临时牌、申领免检标识、申请抵押（解除抵押）登记、补换领驾驶证、自助处理交通违法等“一站式”代办服务。

仪式上，市公安局交警支队长杨运吉与中国人保财险永州市分公司党委书记、总经理姚惠明交换警保联动合作框架协议。在仪式主席台上的市领导、市公安局、市政府金融办、市公安局交警支队、市保险行业协会、人保财险永州分公司、省高速交警局永州支队、金汇通航湖南分公司负责人共同触摸启动球，启动“警保联动”。交警支队和人保公司车辆方阵、人保公司应急救援直升飞机集体开拔，奔赴“警保联动”一线岗位。

【永州发放首块新能源汽车专用号牌】 2018年5月16日，永州市公安局交警支队车管科首次发放新能源汽车专用号牌，市民从永州市公安局交警支队副支队长杨育波手中接过第一块新能源汽车专用号牌湘MF12668。湘MF12668新能源汽车专用号牌底色采用渐变绿色，式样体现“绿色、环保、科技”寓意，与普通汽车号牌相比，新能源汽车专用号牌号码增加一位，由5位升为6位，可以满足“少使用字母、多使用数字”的编排需要。新号牌长度比普通号牌增加40厘米，其中大型新能源汽车后号牌宽度减少80厘米，增加专用标识，采用新式样、新材料、新工艺以及新的防伪技术，彰显新能源特色、技术创新。

为方便群众申领、换领新能源汽车专用号牌，对办理新能源汽车注册登记、转移登记的，全部核发新号牌。群众可通过计算

2018年5月16日，永州市公安局交警支队车管科首次发放新能源汽车专用号牌湘MF12668　　摄影　唐晓勇

机随机选号、网上自编自选方式选号，其中，计算机随机选号实行“50选1”。对已登记的新能源汽车，按照“自愿换领”原则，由车主自主选择是否换领新号牌。申领新能源汽车专用号牌的条件、程序和要求与普通汽车号牌相同，专用号牌工本费不变，仍执行现行国家规定的普通汽车号牌收费标准，每副号牌100元。

（翟翊翔）

【消防】 2018年，根据党中央、国务院关于《组建国家综合性消防救援队伍框架方案》公安消防部队、武警森林部队转制，组建国家综合性消防救援队伍。12月29日上午，中共永州市委副书记、市委政法委书记何录春到永州公安消防支队迎旗、授衔和换装仪式并做重要讲话，标志着永州市消防支队正式转到地方，成为一支政府领导下的综合性常备应急骨干力量。年内，永州市公安消防支队被市人民政府记集体二等功，并被评选为全市文明单位和综治工作先进单位，1人被评为全国消防队伍优秀党务工作者，2个大队获得市级青年文明号，14人次立个人三等功，137人次记个人嘉奖。

各级指战员主动对标应急救援国家队、主力军的全新定位，开展全员实战化练兵，全面提升应对各类灾害事故的处置能力。瞄准训练短板，打造基础坚实的实战训练机制。紧扣训练大纲，科学组训，采取全员普训、尖子集训、脱产补训等方式，全面提升全市指战员体能和技能水平。找准作战方向，健全贴近实战的熟悉演练制度。紧扣永州地区灭火和应急救援任务特点，立足人员和装备，围绕高、低、大、化等场所每月组织5个以上中队开展跨区域实战演练，有效提升队伍技战术水平，全年联合多部门开展大型跨区域实战演练15次。接警出动3947起，出动车辆6505辆，出动警力44398人，抢救被困人员746人，疏散被困人员5057人，抢救财产价值1.9亿元。

根据《永州市消防支队“十三五”灭火救援装备建设规划》，科学配备装备器材，全年投入装备建设经费3800万元并纳入总队集中采购，新购置消防车辆7台、防护装备9000余件（套）、抢险救援器材2900余件（套），实现装备建设提质增量目标。营房基础建设整体推进，零陵萍洲站驻兵投入使用，长丰保障二合一站、支队训练基地暨宁远县第二消防站完成室内装修，车站消防站完成公开招标，祁阳二站正在建设中。

2018年12月29日，永州消防救援支队举行迎旗、授衔和换装仪式

依托冬防、夏防两大专项行动，围绕“两节两会”等重要节点安保，紧盯人员密集、易燃易爆、“三合一”、群租房、老旧住宅和少数民族村寨六类场所单位，全面加强火灾隐患排查整治，有效净化社会消防安全环境。突出重点领域防范治理，挂牌督办4处省级、12处市级重大火灾隐患，均按照“一单四制”的要求，全部整改销案。推进“放管服”工作改革，压缩审批时限，推行“容缺受理”，实施限时办结，推行“互联网+”受理，全面提升执行力，最大限度提供便民利民服务。持续开展系列消防宣传活动。永州主流新闻媒体和官方双微平台，开办《直通119》等专题专栏。举办“全民参与、防治火灾”“119”消防宣传月启动仪式暨“平安家庭总动员”消防知识抢答赛，利用双微平台开展特色化宣传，双微影响力排名全省消防系统前列。

（周泽湘）

检　　察

【概况】 2018年，永州市生态环境检察、检察公益诉讼等半数以上检察业务工作步入全省先进行列；5个集体、63名个人受到市级以上表彰，其中，祁阳县检察院被最高人民检察院记集体一等功；7项工作的经验做法被中共中央办公厅、最高人民检察院、省检察院转发；“善心汇”特大传销案的成功办理得到国务委员王勇、最高人民检察院检察长张军等领导批示肯定。在3月1日召开的全省检察长会议上，永州市检察院作为4个先进市州检察院之一作典型发言，并首次在全省检察长会上获年度表彰大满贯奖：3件案件入选全省检察机关优秀案件（共12件）；祁阳县检察院、新田县检察院获全省先进县区检察院（共21个）；市检察院获全省公益诉讼检察工作先进市州检察院（共3个），道县检察院获全省公益诉讼检察工作先进县区检察院（共12个）。

【检察参与中心工作】 2018年，永州市人民检察院与公安、法院密切配合，成功办理震动全国的注册会员598万人、涉案金额1046亿元的“善心汇”特大传销案，及时化解金融风险，维护社会稳定，中共中央办公厅、最高人民检察院向全国转发永州市检察机关的经验做法，王勇、张军等领导作批示。市、县两级检察院分别对口帮扶一个贫困村，每名干警结对帮扶一至五户贫困户，先后统筹扶持资金200多万元完善基础设施，培育特色产业，加快整体脱贫步伐。以办理中央环保督察组交办信访件为契机，发挥检察机关公益诉讼职能作用，用“检察蓝”守护“永州绿”的经验做法，得到省检察院、市委主要领导的批示肯定。对涉黑案件和重大涉恶案件提前介入，引导侦查取证，从重从快批捕起诉，成功办理省检察院、省公安厅挂牌督办的“6·23”专案、“1·8”专案等一批典型案件，得到省检察院主要领导肯定。开展“走进企业、走近企业家”活动，构建“亲清”新型检商关系。严格执行办理涉企案件经济影响评估制度，坚决防止将经济纠纷当作犯罪处理，坚决防止将民事责任变为刑事责任，慎重采取强制措施，既铁腕“除虫”又柔情“护花”的经验做法被省检察院推介。

【检察履职履能】 2018年，永州市人民检察院以生态环保、食品药品、国有资产领域为重点，立案490件，发出诉前检察建议督促行政机关履职472份，向法院提起公益诉讼9件。蓝山县检察院对跨省倾倒垃圾的黄某某等7人以污染环境罪提起刑事附带民事公益诉讼，中央电视台对此专题报道。成立职务犯罪专业办案团队，实行职务犯罪案件办理捕诉职能一体。与市监察委共同研究出台办理职务犯罪案件工作机制，实现刑事诉讼与监察调查无缝对接。受理监察委移送起诉职务犯罪案件27件42人，起诉10件17人。根据指定管辖，受理原厅级领导干部特大职务犯罪案件2件，依法起诉省公安厅禁毒总队原总队长唐某栋受贿、巨额财产来源不明案。会同公安机关出台《关于建立检警协作机制提高刑事案件办理质量和效率的意见》《关于在重大侦查监督事项案件化办理过程中加强配合与监督的实施办法》等文件，解决公检办案信息互联互通问题，经验做法在全省推介。对永州市公安机关侦办宾某来、宾某国涉嫌非法种植毒品原植物案侦查活动违法的监督案被评为全省检察机关优秀案件。

（唐洪辉）

法　　院

【概况】 2018年，永州市中级人民法院把握“司法为民、公正

2018年，永州市中级人民法院院领导协调执行案件

司法”工作主线，紧贴经济社会发展大局，忠诚履职、奋发进取，各项工作呈现良好态势。审判效率、执行工作、民调测评排全省第一位；信访考核、信息宣传、司法调研、警务安保位列全省前茅；善心汇特大网络传销案件的审理受到省委书记、省人大常委会主任杜家毫批示表彰；司法责任制改革和审判专业化团队建设被《人民法院报》、省委深改委《改革简报》专题报道和推介，具有永州特色的司法品牌正在形成。全年受理各类案件7104件，结案率98.6%，居全省三级法院第一位，案件平均审理天数35.8天，居全省各中级法院第一位。全市法院群众满意度测评90.96分，自2015年以来连续4年居全省第一位。被评为全国法院思想政治工作、司法宣传工作先进单位，全省法院执行工作先进单位。黄卫红被评为全国“两会”期间舆论引导工作先进个人；在执行攻坚工作中，执行局龙建辉被省高院授予三等功，吕涛、滕敏艳、刘姣丽被给予嘉奖；刑三庭被省禁毒委授予全省三年禁毒大行动先进单位，卢勇被授予先进个人称号。

【刑事审判】 2018年，永州市中级人民法院审结刑事案件2141件。严厉打击严重危害社会的治安犯罪。审结故意杀人、绑架、强奸等危害群众安全感的犯罪197件，判处故意杀人犯邓亚兵等一批罪大恶极犯罪分子死刑。突出从严从快打击，将斗争锋芒直指威胁政治安全、把持基层政权、为害为祸一方的村霸、行霸等黑恶势力、宗族势力及其保护伞，受理涉黑涉恶一审、二审案件62件324人，案件审理数和判处罪犯人数均全省第二位，欧阳某勇、欧阳某均被判处有期徒刑二十年。开展打击毒品犯罪专项活动，审结涉毒案件93件，公开宣判周某华、王某辉特大贩毒案，判处两名主犯死刑。严厉打击经济犯罪。审结集资诈骗、非法吸收公众存款等涉众型经济犯罪11件，指导冷水滩、祁阳、双牌成功审理全国高度关注、公安部挂牌督办的涉及598万名会员、犯罪金额1046亿元的“善心汇”特大网络传销案。严厉打击职务犯罪。审结贪污、贿赂、挪用公款等案件33件，省广播电视台原副台长罗某、省公安厅禁毒总队原总队长唐某栋分别被判处五年和十二年有期徒刑。

【民事审判】 2018年，永州市中级人民法院审结民事案件3490件。服务产业结构调整，依法对永州市吉发房地产开发有限公司实施执行转破产，执行到位金额355.9万元；完成湖南敬和堂制药有限公司破产重整，引入重组资金8000万元，助推企业结构转型、产业升级。调解处理湖南华城置业开发有限公司与145户购房者商品房销售合同纠纷案，保障房地产企业健康发展。审结生命健康权、相邻纠纷等权属案件471件，审结投资合伙、征地补偿、承揽加工等合同案件457件，审结民间借款、企业融资等案件395件，审结建设施工合同及物权纠纷304件，审结知识产权和涉外案件170件，维护诚实守信交易秩序，保护平等有序竞争市场环境。

【行政审判】 2018年，永州市中级人民法院审结行政案件391件，办理行政立案审查案件249件。坚持监督与支持并重，维持合法合理行政行为274件，支持行政机关依法履行管理职能；撤销、确认行政行为违法108件，保护人民群众正当权益。加强行政争议实质化解，调处行政纠纷12件，推动官民关系良性发展。受理土地房屋征收类行政案件115件，稳妥处理宋家洲综合整治、京华中学、湘江西岸棚户区改造等项目出现的诉讼纠纷，无一引发不稳定事件。加强行政负责人出庭应诉，全市行政负责人出庭83件，出庭应诉率49.7%，增长20%。坚持每季度向市人民政府通报行政机关败诉情况，发出司法建议10余份，实现司法与行政良性互动，促进依法行政水平不断提升。

【扫黑除恶】 2018年，永州市中级人民法院突出从严从快打击。全年受理涉黑涉恶一审、二审案件62件324人，审结57件223人，判处41名犯罪分子五年以上有期徒刑，案件审理数和判处罪犯人数均居全省第二位。突出严格依法审判。实行对基层重大黑恶案件提前介入指导，统一裁判标准和政策尺度，确保审理的每一起案件经得起法律和历史检验。指导成功审结零陵区刘某、宁远欧阳某某特大涉黑涉恶案件，省委政法委挂牌督办的黄某某涉黑、唐某某涉恶案件的审理受到省扫黑办高度评价并作为典型案例发布。有计划、分批次做好重大典型案件、重要工作部署宣传报道，着力构建全方位、多角度、高密度的舆论攻势，通过集中宣判和新闻发布会等形式，形成有黑必扫、有恶必除的强大威慑。

【执行攻坚】 2018年，永州市中级人民法院严格落实中央“基本解决执行难”重大部署，开展执行决战决胜行动。率先以市委名义下发《关于进一步解决人民法院执行难的意见》，推动形成“党委领导、法院为主、部门配合、社会参与”工作格局，凝聚强大的执行攻坚内外合力。率先推行执行工作第三方监督，邀请人大代表、政协委员、新闻媒体参与见证重大案件执行1783件，有效杜绝消极执行、选择性执行和乱执行。率先与公安、检察联合下发《关于敦促被执行人自觉履行裁判义务的通告》，着力打击拒执犯罪，惩治失信行为。判处拒执犯罪38人，居全省第一位。率先推行与基层法院联点督导、责任同担，市中级人民法院选任5名审判长挂职担任基层法院副院长分管执行工作并派出4个执行团队参与基层法院一线执行，打造“一盘棋”工作局面。全市法院执结案件14161件，执结率94.1%，居全省第一位，市中级人民法院执结率98.2%，居各中、基层法院第一位；执行完毕率、法定期限内结案率、涉执行案件信访化解率等核心指标均列全省前茅。中国社会科学院主持的第三方评估永州市各项指标均为优异，执行攻坚工作被最高人民法院督导组称为创造富有特色、富有成效的“永州模式”。

【司法改革】 2018年，永州市中级人民法院推进司法责任制改革。落实人员分类管理，完成两批法官遴选。组建专业审判团队18个和执行团队4个，出台《司法人员职责和权限清单》，全面推行扁平化管理，促进审判工作向专业化、职业化、规范化发展。强化领导办案常态化，全市法院院领导办理案件5960件，人均结案75.4件，增长91%。推进审判机制改革。探索庭审实质化，全面落实疑罪从无、证据裁判规则，刑事一审案件开庭率100%，重大刑事案件发改率为零。实行繁简分流机制，力求简案快审、难案精审。全市适用轻刑快审方式，审结危险驾驶、被告人认罪认罚等案件972件，平均审理周期仅9.1天。推进陪审制度改革，实行3名法官+4名人民陪审员组成合议庭审理重大刑事案件模式。推进监管方式改革。组建刑事、民事、行政、执行4个法官专业会议，发挥其统一司法理念和裁判标准的咨询、研讨作用，明确审判委员会讨论案件范围仅限于重大、疑难、复杂案件的法律适用问题，最大限度还权于合议庭、还权于法官。加强审判权力监管。重新组建监察室，抽调5人开展经常性的审务督察、明查暗访，既查行为违纪又查办案责任。在每个审判团队设置1名廉政监察员，着力防范司法不公和不廉行为。

【司法公开】 2018年，永州市中级人民法院开展“千场庭审直播暨院庭长开庭月活动”，通过中国庭审公开网进行庭审公开直播107场，累计观看量10万余人次。推进裁判文书公开，实现裁判文书上网常态化，全市法院上网裁判文书44663份，公开信息15045份。严格执行向人大及其常委会报告工作制度，专题报告执行攻坚、司法改革等，配合开展加强审判权监管等调研，主动听取意见建议。做好代表沟通联络工作，组织“千名代表委员走进法院零距离监督”活动，邀请代表参与旁听庭审、见证执行、调研座谈等562人次。办理代表建议4件，回复率、满意率均达100%。严格执行向各民主党派和统战部门通报工作制度，接受市政协主席会议全体成员视察，主动向政协委员寄送工作简报2000

2018年，善心汇案宣判现场

余份，增进理解与支持。拓宽民主监督方式，聘请12名委员担任执法执纪监督员，征求工作建议，办理提案4件，有效促进司法审判与民主监督的良性互动。

【永州首例7人合议庭审理案件开庭】 2018年6月5日，永州市中级人民法院首次采用七人合议庭模式公开审理一起抢劫杀人案。这是《中华人民共和国人民陪审员法》发布后，永州首例七人合议庭审理的案件。公诉机关指控：2004年，被告人唐某以非法占有为目的，伙同彭某（已判刑）使用暴力手段将被害人杀死，抢得被害人财物。而后，畏罪潜逃，直至2017年12月被检察机关批准逮捕归案。此次合议庭由3名法官与4名人民陪审员组成，该案符合《中华人民共和国人民陪审员法》第十六条规定中的第一种情形，“可能判处十年以上有期徒刑、无期徒刑、死刑，社会影响重大的刑事案件”，适用七人制合议庭审理。

【永州首例“当事人协商定价”网络拍卖开拍】 2018年6月12日，零陵区人民法院在京东司法拍卖平台以当事人协商价为起拍价，推送拍卖价值约3500万元的房产1幢。这是该院在司法拍卖中起拍价最高的案件，也是《关于规范网络司法拍卖起拍价确定工作的指导意见（试行）》下发以来，在永州市首次以当事人协商价作为网拍价的案件。本案被执行人杨某此前有2800万余元债务未偿还。法院依法对杨某的银行、房产、工商等财产情况进行查询后，发现其名下仅有1幢房产可供执行。2018年5月26日，15名申请执行人和被执行人杨某在法院达成一致，同意以3500万元为拍卖标的房产的司法拍卖起拍价。

【田立文调研永州法院工作】 2018年9月6日，湖南省高级人民法院党组书记、院长田立文率队到永州市中级人民法院和零陵区人民法院等地调研法院工作，并召开座谈会。中共永州市委书记、市人大常委会主任李晖，市中级人民法院院长罗重海陪同。

（刘姣丽）

司法行政

【概况】 2018年，永州市司法局在市人大常委会对市政府32个工作部门审议中排第五名；全市优化经济环境测评排第十名；综治考评保持全省先进；综治民调稳居全省第一方阵，司法行政工作公众评价得分90.94分，比全省平均分88.76分高出2.18分，比全市政法队伍平均分90.33分高出0.61分；在2018年度全市市直单位绩效评估考核中，被评为绩效评估工作良好等次，获得社会治安综合治理工作先进单位、落实党风廉政建设责任制优秀单位、人口和计划生育工作先进单位、机关党建工作先进单位、信访工作先进单位、普法依法治理工作先进单位、政务公开工作先进单位、保持“平安单位”等称号。

【法治宣传】 2018年，永州市“七五”普法宣传经费得到有效保障，各县区“三个一”法治文化阵地普遍建成。宣传形式更加丰富多彩，在全市开展声势浩大的宪法学习宣传“十个一”活动，时任市委书记李晖参加学习宣传和贯彻实施宪法座谈会，并做重要部署。推进“谁执法谁普法”责任制落到实处，在全省率先将普法依法治理纳入市委市政府年度表彰范畴。成功承办全省国家工作人员分行业分部门学法考法机制和领导干部集中考法机制试点。宁远县、江华瑶族自治县、双牌县、零陵区获评全国全

2018年，全市司法行政系统举办先进典型事迹报告会

省“法治县（市、区）创建活动先进单位”，全市获评数量居全省第一位。组织全市44位在职厅级干部参加全省2018年度学法考试，考试通过率100%。参与纪念改革开放四十周年活动，策划开展“2017—2018年永州市最具影响力法治人物和法治事件”评选。永州市入围“全国‘七五’普法中期先进城市”公示名单，祁阳县入围全国“七五”普法中期先进县公示名单，江华、双牌、宁远入围全省“七五”普法中期先进县公示名单，全市入围数量居全省第一位。

【法律服务】 2018年，永州市司法局法律服务网络初具规模。以打造城乡公共法律服务“半小时服务圈”为目标，建成市县（区）两级公共法律服务中心12个，乡镇工作站181个，村（社区）工作点3134个，基本实现公共法律服务实体平台市、县、乡、村全覆盖。加强律师行业党建工作和执业管理，成立律师行业党委，全市有37名优秀律师担任各级人大代表和政协委员，当选比例全省最高。律师参与涉法涉诉信访接待机制，成效明显。9家公证机构改革任务全面完成，公证职能作用日益彰显。人民监督员参与检务活动，人民陪审员选任全面启动。首次“法考”实现“四零”安全目标，永州考区报名参考750人，通过83人，通过率11.1%。全市法律服务机构办理诉讼案件5139件，非诉讼法律事务2003件，公证事项8800余件，司法鉴定2769件，受理法律援助案件2718件。“12348”公共法律服务热线回访满意率92.05%，位居全省第二位。蓝山县成功承办省律协“区域品牌建设与知识产权法律服务”研讨会，宁远县成功承办省法学会第二届“九嶷山法治论坛”。

【法律保障】 2018年，永州市司法局以扫黑除恶和社区矫正为己任，始终把司法行政扫黑除恶“六项职责”牢牢扛在肩上。将扫黑除恶法律政策、工作动态、典型案例纳入法治宣传重要内容，营造家家知晓、户户支持、人人参与的社会环境。建立健全律师办理涉黑涉恶案件的接案审查和请示报告制度，指导律师参与代理“7·13”善心汇等涉黑涉恶案件47件，办结12件。着力抓好特殊人群的教育管控。组织开展“社区矫正规范化建设年”活动，加强社区矫正信息化建设，社区矫正工作日益规范，全市4121名社区服刑人员无一脱管失控、无一重新违法犯罪。推进过渡性安置帮教基地建设，“3+8”项目建设初见成效，为全市“三无”刑满释放人员提供融入社会的平台。在市强戒所持续开展“三打击一整治”专项活动，摸排有效线索16条，转由公安机关刑拘9人，顺利实现整体搬迁，戒毒人员收治规模从原来的464人扩大至1200人，并连续18年实现场所安全稳定“六无”目标。

【人民调解】 2018年，永州市行业性专业性调解组织建设不断加强，人民调解组织网络体系不断健全。先后探索并在全市推行冷水滩区花桥街镇敏村“五老”调解模式、双牌县“二次调解”工作机制、“三省四市”省际边界纠纷人民调解协作机制、宁远县政府购买调解服务等成功经验，组织开展“四查四防化纠纷　千乡万村创四无”专项调解活动。全市各级人民调解组织成功化解矛盾纠纷30415件，没有发生一起“小转大”“民转刑”“个转群”案件。

【队伍建设】 2018年，永州市司法局坚持坚持以党建统筹司法行政工作全局，做到旗帜复明讲政治，勇立潮头善作为，有效服务市委市政府工作大局。将习近平新时代中国特色社会主义思想列入党组理论中心组学习、“三会一课”和各类培训的必修内容，促进党员干部牢固树立“四个意识”，坚定“四个自信”，做到“两个维护”。开展争创市级文明标兵单位活动，开展“抓重点、补短板、强弱项”大调研活动，组织编纂《永州市司法行政志（1980—2015）》和《永州市政务志（市政府法制篇）》。举办全市司法行政系统先进典型事迹巡回宣讲。选派2名党员干部到宁远县九嶷山乡和平村驻村帮扶，全市脱贫攻坚巩固提升工作会在宁远县和平村召开，永州电视台专题推介和平村扶贫经验。

（林利军）

军　　事

永州军分区

【概况】 2018年，永州军分区牢牢把握部队建设方向，集中精力抓大事谋发展，完成各项任务。坚持把学习贯彻习近平新时代中国特色社会主义思想特别是习近平强军思想，作为头等大事、核

2018 年 6 月下旬，永州军分区组织机关和 11 个县区人武部参加"湘江 2018"演习

心任务抓紧抓实。开展"传承红色基因　担当强军重任"主题教育，组织 4 个专题党委中心组理论学习、4 个专题军事理论学习和 1 个主题教育活动，16 次同步参加省军区组织的大讲堂。开展"学习贯彻强军思想　跟习主席学讲故事"活动，全区干部轮流上台交流学习心得、畅谈体会感悟，汇编《微讲坛》系列丛书。推进民兵"学习宣讲习近平新时代中国特色社会主义思想"活动，指导道县、东安县进行试点并全区推广，编写配发《追寻习总书记的初心》《红色永州》等书籍资料，在全市民兵中掀起学习系列讲话精神的热潮。持续浓厚强军兴军文化氛围，更新各类宣传阵地，新建民兵训练基地户外宣传牌，打造融"红色文化、廉政文化、传统文化、修身文化"于一体的强军文化园。

持续抓好主席训令的学习贯彻，领悟习近平备战打仗的战略考量，在全区掀起大抓军事训练的热潮，较好地完成各项训练任务。年终训练软件检查位居省军区第一名，信息服务工作位居省军区第四名。参加省军区组织的年终军事训练考核，全区 92%的参训人员成绩达到优秀水平，考核成绩位居省军区前列。组织习近平开训动员令的专题学习、讨论交流、任务部署，开展群众性练兵比武活动，持续推进备战打仗。清明、"五一"等节日期间，针对维稳处突、抢险救灾等现实任务需要，先后组织营区防卫、抗洪抢险等拉动演练近 30 次。3 月下旬，采取理论导学、示范观摩、研讨练习、以考促训等方式，组织民兵教练员、人防系统骨干进行为期 15 天的封闭式集训。7 月，组织"湘江—2018"演练，修订完善各类行动预案，重点突出抢险救灾、保交护路、人民防空等行动，达到预期效果。组织民兵应急分队全员全装拉动，演练收拢集结、部队机动、展开行动等环节，提高部队快反能力。指导人防系统加快重点项目建设步伐，加大人防工程质量监管，先后组织机动指挥通信系统训练、跨区支援行动和防空警报试鸣，组织指挥能力不断提升。12 月，联合国防科技大学、市人防办在双牌县举办"重要经济目标防护演练"，重点演练六大类 17 个科目，磨砺专业队伍，探讨新战法，展示新装备，检验新成果，提升应急应战能力。组织 39 期 2547 名民兵集训，完成 4 期首长机关在职训练，两级首长机关动员能力明显增强，完成年度民兵训练任务。贯彻落实学生军训教学大纲和学生军事训练工作有关规定，会同市教育局联合督查各高校、高级中学学生军训工作，完成 1.23 万名高校新生和 45080 名高级中学新生军训任务，实现"任务完成好、安全不出事"的目标。

开展"三走遍、三签字"活动和征兵宣传进校园活动，每周对各县区兵役登记情况进行拉榜通报，并采取召开推进会、开展专项督查、约谈单位领导等措施推动征兵工作开展。指导湖南科技学院建立退役军人之家，成立由院校辅导员、班主任和退役大学生组成的宣传队，邀请优秀现役军人、退役军人担任形象代言人，持续掀起征兵宣传热潮。开展新兵役前训练，有效推动择优定兵，首次实现退兵数量个位数。坚持廉洁征兵高压态势，聘请廉洁征兵监督员全程巡查暗访和问卷调查，不跨县区调整兵员去向，没有发现不廉洁问题。年度征兵体检政考"双合格"人数达到征集任务数的 1.31 倍，具有择优选好兵、送精兵的良好条件，完成省征兵办赋予的征集任务。

组织市县领导、现役干部、基层武装部长约 260 人在宁远县召开民兵调整改革示范观摩会，为民兵组织整顿提供基本遵循。

先后到各县区、对口保障军兵种部队和企业组织调研座谈，进行政策解读，研究方案计划，共商整组举措，较好地解决兵员来源、专业设置、器材配备等重难点问题。以迎接中央军委国防动员部专项检查为契机，深入11个县区进行拉网式检查，逐条自查自纠，提升全市民兵组织建设质量。10月底，省军区工作组抽查部分县区民兵调整改革落实情况，给予高度评价。

组织军分区本级、11个县区人武部和驻永州部队继续驻村帮扶23个贫困村、对口帮助1200多户贫困家庭，带动一大批贫困户实现脱贫。联合民政部门继续开展“双带双促”活动，鼓励优秀退伍军人创业，涌现出一大批带领贫困群众致富的优秀退伍军人，《解放军报》介绍相关做法。先后出动部队官兵和民兵预备役人员56批5000余人次，遂行森林扑火、抗洪抢险等急难险重任务。组织驻永州部队和民兵投身社会综合治理等工作，完成宁远祭舜大典、道县龙舟赛等重要活动安保任务，为“品质活力新永州”建设添砖加瓦。开展“军地平安创建”工作，配合地方相关部门做好涉军群体稳定工作，先后处理涉军维权纠纷26起、涉军信访12起、烈士善后事宜2起，依法维护军人军属合法权益和社会大局稳定。

【军分区党委十届十一次全会】 2018年1月18日，永州军分区党委召开十届十一次全体（扩大）会议，传达学习南部战区、军委国防动员部和湖南省军区党委全会精神，总结回顾军分区2017年度工作，部署安排2018年度工作。中共永州市委书记、市人大常委会主任、军分区党委第一书记李晖出席会议并讲话。她要求要全面贯彻习近平强军思想，坚定不移举旗铸魂，坚持强军目标引领，牢固树立军民融合发展理念，奋力开创军分区和全市后备力量建设新局面。市委常委、军分区司令员王守海主持会议并作工作报告，市委常委、江华县委书记罗建华，军分区政委冯紫英、副司令员陆鸿等领导出席会议。各县区委书记、人武部主官、军分区机关各处负责人参加会议。

【民兵调整改革现场观摩会】 2018年2月6日，永州军分区在宁远县组织召开全市民兵调整改革现场观摩会。省军区战备建设局副局长汪立生到会指导，军分区司令员王守海、政委冯紫英、副司令员陆鸿等军地领导出席活动，各县区、乡镇（街道）、企业人武部主要负责人参加会议。与会人员观看《民兵组织整顿实施规范》教学片，观摩民兵应急排集合点验示范和民兵安保队伍技能演练，参观湾井镇武装部阵地和下灌社区民兵营（连）、应急班建设。此次活动探讨推进民兵调整改革的时代课题，规范新形势下民兵整组的方法路子，统一抓建基层的样板标准。

【军分区第十一次党代会】 2018年3月15日—16日，永州军分区第十一次党代会在冷水滩区召开，军分区党委书记、政委冯紫英代表军分区第十届党委作工作报告，军分区党委副书记、司令员王守海主持会议。陆鸿、张玉龙、严兴荣、唐柳军等军分区领导出席会议。会议全面回顾军分区部队第十次党代会以来各项工作的基本情况，研究确定今后五年工作的指导思想、目标要求和主要任务，选举产生军分区第十一届党委和纪委。

【毕毅指导军分区党委民主生活会】 2018年6月25日—29日，

2018年6月29日，省军区司令员毕毅少将到永州军分区和部分人武部指导调研

省军区司令员毕毅到永州军分区指导党委民主生活会，并到各县区人武部检查指导。王守海、冯紫英、陆鸿、张玉龙、严兴荣等领导参加民主生活会并分别进行检查剖析。

【冯毅宣布中央军委国防动员部命令】 2018年9月26日，省委常委、省军区政委冯毅到永州军分区宣布中央军委国防动员部命令，任命国防科技大学安全管理处原副处长熊壮为永州军分区司令员，军分区原司令员王守海退休。中共永州市委书记、市人大常委会主任、军分区党委第一书记李晖出席宣布命令大会并讲话。

【第二届“以史为鉴　强我国防”主题演讲比赛】 2018年10月24日下午，永州市第二届“以史为鉴　强我国防”主题演讲比赛决赛在冷水滩举行，何录春、贺辉、熊壮、陆鸿、黄冰等市军地领导出席活动。决赛首次实行网络直播，王鑫泽、彭超、王梅荣获前3名。从4月开始，军分区政治工作处、市国教办联合市委宣传部、市教育局等单位，组织全市高等中学、大学开展主题演讲比赛。

【2018年永州市委议军会】 2018年12月11日，中共永州市委书记、市人大常委会主任、永州军分区党委第一书记李晖主持召开市委议军会。市委副书记、市人民政府市长、市国防动员委员会主任赵应云出席会议并讲话。何录春、石艳萍、唐能武、杨永、张贺文、吴志雄、冯紫英、熊壮、陆鸿等党政军领导出席。

会议传达学习中共中央总书记、中共中央军事委员会主席、中华人民共和国主席、中华人民共和国中央军事委员会主席习近平在中央军委政策制度改革会议上的重要讲话精神，通报2018年永州军分区部队和全市国防后备力量建设情况、2017年议军会议定事项落实情况及工作打算。

会议肯定永州军分区各项建设成绩和军分区官兵、民兵预备役人员为永州经济社会发展作出的贡献。会议指出，要坚持政治建军，坚持用习近平新时代中国特色社会主义思想和习近平强军思想武装头脑、凝心聚力，不断强化核心意识、打牢精神底色、筑牢绝对忠诚的思想根基。会议要求，要聚焦备战打仗，提高全市国防后备力量建设的质量水平；要树牢“真打”的思想，提升“能打”的素质，打造一支素质全面、本领过硬的“善打”队伍；要强化组织领导，把党管武装摆到重要位置，切实肩负党管武装的政治责任；要持续抓好“十项实事”贯彻落实和跟踪问效；要发挥军地优势，推动军民融合深度发展；要形成融合机制，推动形成党委统一领导、党政军齐抓共管、社会各级密切协同、广大军民积极参与的军民融合格局。

议军会后，与会人员观看《红色永州》系列展览，听取永州市红色文化资源介绍。部分市领导到市民兵训练基地集体开展“军事日”活动。

2018年12月11日，中共永州市委在军分区召开常委议军会，并过“军事日”

中国人民武装警察部队湖南省总队永州支队

【概况】 2018年1月1日起，根据党中央、中央军委命令，调整中国人民武装警察部队领导指挥体制，中国人民武装警察部队湖南省总队永州市支队改称为中国人民武装警察部队湖南省总队永州支队（以下简称武警永州支队）。是年，武警永州支队各级学习践行习近平训词训令、忠实履行“两个维护”使命任务，围绕“争创全面过硬一流支队”目标，按照“强首位铸军魂、强精兵担使命、强基层厚底蕴、强管理建安全、强作风正风气”工作思路，推进各项工作落实，部队全面建设呈现出稳中有升、向上向好发展态势。支队参加总队新条令知识竞赛获团体第二名，被武警部队表彰为“暑期百日安全竞赛优胜单位”“安全工作先进单位”，获评“总队基层建设先进支队”“五无单位”称号，被总队评为“新闻舆论工作先进单位”，参谋部、保障处被总队表彰为“先进参谋部”和“先进保障处”；执勤二大队、勤务保障大队被总队评为“基层建设先进大队”；祁阳中队被总队表彰为“基层建设标兵中队”；永州中队、机动中队、新田中队、双牌中队、警勤中队、教导队被总队评为“基层建设先进中队（单位）”。

【理想信念教育】 2018年，武警永州支队牢固确立习近平强军思想根本指导地位，学习贯彻中共十九大精神，严密组织“学训词、铸军魂、开新篇”专题教育活动。坚定不移贯彻落实军委主席负责制，开展“推门听课”“交叉授课”“四会政治教员评比”等活动，编印下发《锦绣潇湘 红色永州》，“传承红色基因、担当强军重任”主题教育不断走深走实。支队军事体育运动会、篮球足球赛、“八一”文艺会演等系列强军文化活动精彩纷呈，参加总队“强军杯”足球赛获“道德风尚奖”。机动中队特战排班长王喜作为全军“精武先锋人物”被主流媒体广泛宣扬，3人分别获评总队“践行强军目标十佳标兵”“十大标兵士官”“拥护强军十佳军嫂”，典型培树实现新突破。

【维护地方稳定】 2018年，武警永州支队始终牢记习近平“全力干好维稳这件大事”的政治嘱托，严格落实“十六字”执勤思路，开展执勤安全教育整顿，深化执勤隐患整治，对执勤隐患逐一挂账销号，看押、看守目标连续14年实现安全无事故。深化“八落实”“六种组训模式”运行，建立和保持正规的训练秩序，将后装训练全面融入军事训练体系，狠抓教练员队伍建设，持续掀起群众性练兵比武热潮，加强指挥、战术和专业分队训练，推进训练场地达标建设。10余人（次）在总队各类集训比武中名列前茅或受到表彰，支队在总队年终军事训练考核中获第二名。承办总队片区预备特战队员集训、毕业学员岗前培训和新训五大队承训，5月，教导队被武警部队评为“一级教导队”。完成武装押解、联勤武装巡逻、重大活动安保、重要目标警戒等临时勤务，特别是高效稳妥处置“8·2”火车站打架斗殴事件、道县“12·17”持刀抢劫事件，为维护社会稳定发挥重要作用。

【综合保障】 2018年，武警永州支队紧盯实战实备，优化后勤应急保障力量编成。开展岗位练兵活动，支队参加总队“战盾—2018”保障力量大比武获团体第四名。协调解决4名家属随调、5名子女入学，组织19名优秀官兵带家属到张家界疗养，组织2期适龄未婚官兵参加军地联谊会，官兵幸福感、获得感进一步增强。

【春运执勤】 2018年2月19日至3月7日，武警永州支队担负永州火车站春运执勤任务。安全输送旅客46万余人，开展便民为民服务500余起。

【永州支队第一次党代会】 2018年5月27日—29日，永州支队第一次党代会召开，会上，党委书记刘小龙代表支队党委作题为《坚定贯彻习近平强军思想，奋力谱写新时代崭新篇章，在忠实履行使命任务新征程中努力建设全面过硬一流支队》的工

2018年5月27日，武警永州支队第一届党代表大会召开

作报告。

【应急班比武】 2018年5月31日至6月1日，武警永州支队严密组织应急班比武竞赛。比武共设五公里武装越野、自动步枪射击、反劫持战斗等十余个课目。通过紧张激烈的角逐，新田中队、祁阳中队、宁远中队分获前三名。

【王喜先进事迹新闻宣传媒体见面会】 2018年8月2日，“王喜先进事迹新闻宣传媒体见面会”在武警永州支队举行。总队司令员李明辉、政治委员蒋建宇、武警部队政治工作部宣传局新闻出版处处长赵彬出席并讲话，永州市委常委、市委秘书长唐能武出席会议，总队政治工作部副主任温常青主持会议。《人民日报》《新华社》、中央人民广播电台、《法制日报》《光明日报》《经济日报》《中国青年报》《解放军报》《人民武警报》等26家中央新闻单位，《湖南日报》、湖南广播、《三湘都市报》《潇湘晨报》等省级主要媒体以及永州市级媒体组成的采访团50余人，对王喜先进事迹新闻宣传进行集中采访。

（彭彧廷）

2018年，永州市举行王喜同志先进事迹新闻宣传媒体记者见面会

永州市人民防空办公室

【概况】 2018年，永州市贯彻落实全省人防工作会议精神，围绕全省人防工作部署和市委、市政府确定的“六大战役”“三大攻坚战”工作大局，紧贴“产业项目建设年”主线，以省人防办“质量提升年”活动和市政府“执行力提升年”活动为抓手，较好地完成既定的目标任务。

【战备建设】 2018年，永州市基本指挥所指挥信息系统建成并通过验收，完成投资额1700余万元。“15168”新型人防疏散基地项目：主体工程完成第四层主体结构施工，园林景观工程完成山体B、C区的绿化和道路建设，进出大门外道路工程和水景区滑坡治理工程开工，完成投资额4500余万元。安装自主选频军用短波电台远端遥控设备，更新防空警报控制频率，完成卫星视频会议系统参数配置，人防“三所”指挥信息系统基本建成并实现互联互通。建立健全《永州市人防机动指挥通信系统管理规定》，定期对地面指挥所、机动指挥所、基本指挥所信息系统和城区预警报知系统进行维护和管理，确保信息系统处于战备状态，保证警报鸣响率100%。重要经济目标防护开始试点。5月22日，市人民政府组织召开重要经济目标防护试点工作部署会，确定2个试点单位及工作任务，完成1个重要经济目标试点研究。向省人防网站投稿51篇，上稿23篇。协办市委宣传部组织的知识竞赛，将人防知识纳入竞赛内容。翠竹园小学人防宣教馆升级改造工程完成预算和财政评审，人防疏散基地宣教场所完成招标、开始动工。

【备战人防训练演练】 2018年，永州市常态化高质量保持与省人防办短波、超短波、空情、卫星视频会议系统等日常联络训练，保持全勤参训，保证联络畅通。结合“湘江—2018”演习开展人防指挥部研究性训练，参加片区机动指挥通信系统训练，开展为期5天的市带县机动指挥通信系统训练。6月11日—12日，组建20人的人防工程抢险抢修专业队和6人通信专业队，完成“湘防—2018”跨区支援行动任务；9月下旬，参加省人防办在邵阳市组织的片区训练，取得“实操团体第一名，理论考试团体第一名，个人理论考试第一名”的好成绩；11月1日，在全市范围内进行防空警报试鸣，继续保持城区覆盖率和鸣响率100%。

（蒋艳纯）

经济建设

Economic Construction

农　　业

综　　述

【概况】　2018年，永州市以实施乡村振兴战略为抓手，突出抓好农业供给侧结构性改革，打好“六大战役”，现代农业发展、美丽乡村建设、农业农村改革呈现新亮点，全市农业农村经济继续保持稳中有进的发展态势，实现农林牧渔业总产值552亿元，增长3.6%；农民人均可支配收入13910元，增长9.5%。粮食播种56.49万公顷，与2017年基本持平；水果种植10.76万公顷，比2017年增加0.27万公顷；蔬菜累计播种18.55万公顷，增加0.08万公顷；茶叶1.09万公顷，增加0.1万公顷。全市猪、牛、羊、家禽、水产出栏（出笼、起水）996.3万头、53.6万头、82.9万只、9566.2万羽、水产品19.87万吨，比2017年分别增长0.28%、0.52%、0.75%、0.92%、0.97%。

【农村改革】　2018年，永州市全面完成农村土地确权登记颁证工作，发放土地承包经营权证书109.15万户，颁证率100%。完成农垦国有土地使用权确权发证和国有农场办社会职能改革年度工作任务。全市8个农垦单位的国有土地确权690宗，面积1.24万公顷。农垦农场办社会职能改革基本完成，通过全部移交的方式基本完成农场办社会职能改革到位的农场2个（零陵区园艺场、冷水滩区园艺场），通过设立政府或派出机构基本改革到位的农场1个（永州市回龙圩管理农场）、通过政府购买服务基本改革到位的农场5个（国营道县大坪铺农场、国有江永县铜山岭农场、蓝山县黄茅岭茶场、祁阳县畜牧场、祁阳县河埠塘农场），农场社区正在组建中。农村集体产权制度改革平稳推进，完成28个村的试点任务，有17个乡镇、3229个村、41495个村民小组清产核资主体任务全部完成。全市累计流转耕地18.17万公顷，占耕地总面积的56.4%。在系列改革成果的助推下，全市农村土地经营权抵押贷款总金额2.35亿元。

2018年9月21日，首届永州“中国农民丰收节”举行

【产业扶贫】　2018年，永州市推进农业产业精准扶贫，因地制宜规划项目、选好产业，发展特色种植、健康养殖、乡村旅游等富民产业。争取市本级财政新增产业扶贫专项资金2000万元，扶持105个贫困村发展产业，成功申报省级特色农业产业园9个。实施“百企帮百村”行动，全市有102家龙头企业与139个贫困村签订帮扶协议，774个贫困村村村有主导产业。

【农业综合开发】　2018年，永州市争取农业综合开发财政资金26009万元。其中：一是省办批复项目。高标准农田项目17349万元；地方项目220万元；部门项目840万元。二是参与全省竞争立项项目。争取冷水滩区现代示范园项目1个，安排财政资金5000万元；竞争立项特色农业产业园项目2个：祁阳县油茶和蓝山县水果二个特色农业产业园项目，安排财政资金2000万元。三是争取省委书记特批项目。蓝山县水果特色农业产业园（舜水玻璃大棚）项目，安排财政资金600万元。争取到的农业综合开发财政资金较2017年的21157万元超出23.6%。其中，竞争立项项目在全省排第一名（全省特色农业产业园项目9个，永州市争取到2个）。完成2017年度高标准农田建设0.37万公顷。7月—9月，组织考评组对6个非贫困县区项目建设情况进行年度检查考评。从考评结果看，完成工程进度最快和质量上升幅度最大的是零陵区，工程质量标准最好的是祁阳县，蓝山县开展涉农资金整合建设雷家岭田园综合体项目特色鲜明。蓝山县从2016年起到2018年基本结束，对大洞项目区开展涉农资金整合，将田园综合体建设与乡村旅游统一规划，既为农民筑起旱涝保收的“高标准农田”，又为群众打造旅游休闲的“度假圣地”。该项目被评为全市创新样板工程项目。省委书记、省人大常委会主任杜家豪考察后，高度赞赏，当即批示奖励一个项目，即2018年的蓝山县舜水田园综合体项目。重点开展现代农业示范园和特色农业产业园建设。冷水滩区现代农业示范园项目、祁阳县1万亩油茶种植、蓝山县优质水果种植两个特色农业产业园项目落户，正在建设之中。蓝山县舜水农业综合开发田园综合体项目正在抓紧实施。

【市委农村工作会议】 2018年3月29日，中共永州市委农村工作会议召开，贯彻落实中央、省委农村工作会议和市委经济工作会议精神，部署实施乡村振兴战略在永州落地落实。市委书记、市人大常委会主任李晖出席并讲话，市委副书记、市人民政府市长赵应云作工作报告。

为响应2018年全国农业农村工作实施乡村振兴战略的主题，永州市将统筹谋划，突出重点，特别是围绕“十百千万”工程，以产业振兴为核心，推动乡村全面振兴；以品牌战略为抓手，提升永州农业形象；以新型农民为主体，培育兴农主导力量；以优化供给为导向，推进农业质量变革；以脱贫攻坚为关键，补齐全面小康短板。

2018年，宁远县新塘村特色产业基地助力脱贫攻坚

【乡村振兴之永州实践——“党建+新型职业农民培育”研讨会暨2018全国新型职业农民培育发展高峰论坛】 2018年11月17日，乡村振兴之永州实践——“党建+新型职业农民培育”研讨会暨2018全国新型职业农民培育发展高峰论坛在北京召开。会议以助推脱贫攻坚、实现乡村振兴为主题，就“党建+新型职业农民培育”永州地方样本进行总结研讨。

中共永州市委书记、市人大常委会主任李晖在研讨会上推介永州“党建+新型职业农民培育”经验，并在高峰论坛上发表主旨演讲。全国人大财经委副主任委员、九三学社中央副主席贺铿，国务院参事、农业农村部农村经济研究中心研究员刘志仁，中国工程院院士、国际欧亚科学院院士李文华，中国社会科学院农村发展研究所党委书记杜志雄，国家发改委农村经济司原司长高俊才，国家发改委重大项目稽查办原主任孙秀春，中央农广校党委书记杭大鹏，国务院发展研究中心农村经济部副部长张云华，中国人民大学学术委员会副主任、北京大学乡村振兴中心主任温铁军，中国人民大学农业与农村发展学院院长唐忠等出席会议发言或发表主旨演讲。全国工商联、财政部等中央、国家机关有关领导和清华大学等著名高校的“三农”专家，全国20多个省市的民营企业及社会团体负责人、新闻媒体300余人出席会议。中共永州市委常委、市委组织部部长吴志雄出席。会议由中国社会科学院农村发展研究所、中国人民大学农业与农村发展学院、全国工商联人才交流服务中心等单位主办。

与会专家认为，永州“党建+新型职业农民培育”是践行中共中央总书记习近平关于精准扶贫和乡村振兴战略系列重要论述的创新之举，是落实《“十三五”全国新型职业农民培育发展规划》和中央农村工作会议精神的地方实践，为全国提供可借鉴、可复制、可推广的地方样本。

全国工商联人才交流服务中心与中共永州市委组织部签订《关于进一步开展新型职业农民培训合作的框架协议》，并就加快创建“永州职业农民学院”提供人才和技术支撑达成一致意见。由中国人民大学农业与农村经济发展学院教授王西琴和中国社会科学院农村发展研究所副研究员陈秋红撰写的《红色火种——湖南省永州市“党建+产业技术扶贫”实践》《新型职业农民论——源自湖南省永州市的实践》出版发行。

种植业

【概况】 2018年，永州市开展“六个强农”行动，以“两茶一柑”（油茶、茶叶、柑橘）为重点，突出以产业基地、产业园区、产业龙头、产业品牌为主抓手，加快推进农业高质量发展，促进产业兴旺。出台《关于深入推进农业“十百千”工程促进产业兴旺三年实施方案（2018—2020年）》，指导全市产业兴旺工作。推进品牌强农。聘请专业机构，打造覆盖全区域、全品类、全产业链的区域公用品牌“永州之野”，11月2日在长沙举办的第十六届中国农交会上发布，与四家商超企业签订品牌产品购销金额25.2亿元。制定《永州之野公用品牌创建（2019—2021年）工作实施方案》和《永州之野公用品牌管理暂行办法》，与中央电视台七套、湖南广播电视台交通频道、广东省农产品流通协会等达成初步宣传推介营销协议，与广州市农业局签订战略合作框架协议。推进特色强农。粮食、水果、蔬菜稳面提质。全市确定实施重点配套提质升级的14个农业产业园，完成投资4.39亿元，新扩园区面积0.16万公顷。成功创建冷水滩现代林业产业示范园、新田林产工业示范园区2个国家林业产业示范园区，成功创建冷水滩区市农科园现代农业示范园、祁阳县油茶优势特色产业园、蓝山县水果优势特色产业园3个农业产业示范园，获批省级现代农业特色产业园7个。推进质量强农。组织开展“农业质量年”活动，具体实施生产标准化推进、农产品质量安全监测、农产品质量安全执法、农产品质量安全县创建、产地环境净化、农业品牌提升、质量兴农科技支撑、生产经营主体能力提升、农产品质量安全监管能力提升、质量兴农宣传十大行动。全市创建国家级农产品质量安全县1个（道县）、省级2个（祁阳、冷水滩）、在创5个，全市和11县区都被列入全省农业标准化示范区创建单位，创建市级农业标准化示范基地（场）65个。11月19日，全省“三湘农产品质量安全行”现场会在永州市召开。全市申请“三品一标”认证119个，获证66个。推进产业融合强农。省级以上龙头企业发展到52家，新增6家，市级龙头企业230家；全市农产品加工业完成销售收入660亿元，增长13.9%。休闲度假、旅游观光、森林康养、创意农业、农耕体验等新业态蓬勃发展。全市休闲农业企业发展到668个，比2017年增加63个，接待游客438.6万人次，实现营业收入7.5亿万元，同比分别增长8.26%、15.2%。成功举办首届永州市农民丰收节和第二届永州柑橘节。乡村旅游接待游客1677.53万人次，实现旅游综合收入70.15亿元，较2017年分别增长17%和18.6%。全市141家企业入驻农产品防伪溯源监管云平台，对接赋码量超过7500万枚。推进一二三产业融合试点，祁阳县茅竹镇和道县梅花镇成功入选国家示范农业产业强镇，每个镇获批资

蓝山县舜水田园综合体

金1000万元。推进科技强农。搭建培训平台。依托新型职业农民培育工程，培育一批有文化、善经营、懂管理的现代农业带头人、青年致富带头人、返乡创业带头人。全市纳入新型职业农民培育对象信息库人数5.24万人，累计认定新型职业农民4420人。搭建服务平台。以科技下乡、万名工程为载体，选派1000名农业科技人员到农村一线开展对口服务、定点服务，形成“产业+团队+项目+基地”服务模式，帮助农业新型经营主体解决技术难题。搭建合作平台。以院市合作为平台，实现农业科研项目与中国农科院、湖南省农科院专家学者无缝对接。与中国农科院合作开展科技攻关项目24项，与湖南省农科院合作开展科技联盟项目10个。如江永香米经过提纯复壮正在申报国家地理标志产品，新田三味辣椒试验地仁岗村成功获得2018年“一村一品”示范村称号。推进开放强农。开展招商引资，参加2018年“长三角洽谈周”湘沪精准扶贫产业对接暨“湘品入沪”——湖南名优商品展销活动，包装开发项目31个，在首届永州中国农民丰收节和“永州之野”品牌发布会上开展招商。全市引进签约项目27个，签约引资额244.28亿元，在谈项目17个，投资额23.25亿元，农业项目引资创历史新高，引进温氏公司、五矿集团、中交公司、华侨城、中农、隆平高科、中农城批等上市公司落户永州。

【红壤富硒有机茶产业化项目落户永州】 2018年12月10日上午，永州2.33万公顷红壤富硒有机茶产业化项目在冷水滩、零陵两区落地签约。冷水滩、零陵两区与中交集团第三公路工程局有限公司、湖南自然韵农旅文化有限公司达成合作。中共永州市委副书记、市人民政府市长赵应云出席并致辞，何录春、谢景林、伍军等出席。

永州2.33万公顷红壤富硒有机茶产业化项目计划总投资150亿元，致力于打造国内一流的集有机茶种植、加工、智慧农业、文化交流、休闲康养旅游等为一体的，一、二、三产业高度融合的高标准现代农业示范基地。

【“永州之野”市级农业公用品牌发布】 2018年11月2日，永州在第十六届中国国际农产品交易会暨第二十届中国中部（湖南）国际农业博览会现场发布湖南省首个市级农业公用品牌“永州之野”。

“永州之野”一词出自“唐宋八大家”之一柳宗元《捕蛇者说》中的名句：“永州之野，产异蛇。”昔日“永州之野”是苛捐杂税的代名词，如今的“永州之野”是永州生态、优质农产品的代言词，主要表达永州农业的生态、自然之道和返璞归真的乡土味。

【“三湘农产品质量安全行”现场会】 2018年11月19日，“三湘农产品质量安全行”现场会在永州召开，副省长隋忠诚出席会议并讲话，中共永州市委书记、市人大常委会主任李晖致辞，市领导何录春、张贺文、周益志出席会议或参加现场观摩。

现场会上，湖南省农业农村厅及永州市、长沙市等单位和市州作典型发言。会前，与会人员参观“永州之野”农产品展示中心、湖南果秀食品有限公司等3个现代农业企业。生产规模基地794个，2017年永州成为长江以南首个、全国第四个国家级出口食品质量安全示范市，2018年又被认定为国家级水果蔬菜外贸转型升级基地，11月首次发布“永州之野”市级农业公用品牌。

【全省党员致富带头人培训示范班】 2018年9月3日，“全省党员致富带头人培训示范班”在永州市农村党员和青年农民培训中心（永州工贸学校）开班，全省14个市州的147名学员分别参加现代种养、农村电商、乡村旅游三个专业为期5天的培训。

全省党员致富带头人专题培训示范班的参训学员，由省委组织部直接调训。该班参训学员既有村干部、农村党员，又有农村合作社负责人、种养大户、农业龙头企业负责人，每个市州委组织部安排1名~2名相关科室负责人跟班学习，省委组织部安排2名工作人员全程观摩指导。培训在安排公共课、专业课、实践操作、分组讨论、结业测试的基础上，重点组织学员到脱贫攻坚示范点、种养加基地、新农村建设示范点等实践教学基地现场观摩学习。授课老师除聘请省农业委、湖南农大等专家教授授课外，还安排本地党员致富带头人、参加过“永州市农村党员和青年农民培训”的优秀学员“现身说法”。

（陈娟）

畜 牧 业

【概况】 2018年，永州市猪、

2018年，永州举行第四届“鱼人节”人工放流活动

牛、羊、家禽主要畜牧产品出栏（出笼）996.3万头、53.6万头、82.9万只、9566.2万羽，分别居全省三、一、四、五位。有种猪场19个，年出栏万头以上的生猪养殖场37家，年出栏生猪500头以上的规模场1810家，生猪规模化养殖比重达55%，高出全省平均水平10个百分点，重点企业有温氏、鑫广安、佳和、恒惠、天顺、唐人神、地大等；年出栏牛50头以上的规模场38家，年出栏羊300只以上的规模场44家，草食牧业规模化养殖比重达30%，高出全省平均水平5个百分点，重点企业有温氏江华乳业、舜天恒禾等；有年存笼家禽1万羽以上的规模场249家、蛋鸡场135家，规模化养殖比重达41.28%，重点企业有掌望集团、双牌云浩、万家鹅业、鑫隆鸭业、东安森源等。有国家级畜禽标准化示范场14家，省级畜禽标准化示范场39家；A类生猪定点屠宰及加工企业12家；规模饲料加工企业10家；养殖行业省级龙头企业7家。新增农业农村部无公害标识认证产品9家，无公害认证产品52个。

【温氏在永州养猪项目】 2018年，温氏在永州项目签约总金额50.6亿元，投资3.9亿元，累计完成投资17.64亿元。成立冷水滩、江永、江华、零陵、宁远、新田、蓝山、道县、祁阳、东安10家生猪一体化养殖分公司，祁阳三口塘、新田金盆、道县柑子园、宁远保安4个种猪场在年内实现投产，蓝山总部项目暨年产20万吨饲料厂、冷水滩总部及20万吨饲料加工厂、道县总部及饲料厂、道县万家庄种猪场、零陵富家桥猪场、新田总部一期、新田枧头种苗场、宁远天堂种猪场、东安白沙猪场正在开工建设。全市温氏养猪项目建成种猪场生产产能136.6万头；累计发展合作养户达1025家，出栏生猪106.2万头，销售额20.91亿元，实现养户总获利2.98亿元，合作养户头均获利281元。

【养殖产业园区建设】 2018年，永州市与广东温氏集团签订《肉品深加工项目投资战略合作框架协议》，温氏集团计划投资7.5亿元在永州建设两家集家畜屠宰、冷库仓储及食品加工为一体产业园。一期工程总投资4.5亿元，选址确定在冷水滩区，已启动项目前期规划和征地工作；二期工程总投资3亿元，项目用地规划在永州市南部县区选址。东安县梦成东安鸡特色养殖产业园、宁远县九疑兔业公司的九疑山兔养殖深加工产业园、东安县尚荣金易德东安鸡特色产业园被评选为省级现代农业特色产业园；舜皇山土猪特色养殖园完成省级现代农业特色产业园升级改造项目，年出栏舜皇山土猪1.2万头，产值5亿元。

【第八届中国兔业发展大会】 2018年11月3日—4日，第八届中国兔业发展大会在宁远县召开，这是永州市第一次举办全国性的特色养殖专题交流研讨大会。该次大会主题为健康养殖，精准扶贫，助推产业升级，会议分为有专题报告会、互动论坛、专家委员会议、兔肉美食品尝、兔产品博览会、参观考察六大板块进行，邀请到32位国内兔行业领域有影响力或经验丰富的专家、教授、企业代表作专题报告，全国各地畜牧主管部门、事业单位、科研院校，企业家等业界人士300余人出席。

【非洲猪瘟防控】 2018年8月初，沈阳市爆发全国首例非洲猪瘟疫情后，永州市先后组织10次全市性非洲猪瘟防控工作专题会议，安排调度相关防控工作。市防治重大动物疫病指挥部制定出台《永州市防控非洲猪瘟疫情Ⅰ级应急响应实施方案》，为全市防控、控制和扑灭非洲猪瘟疫情提供技术指导。是年，全市设置非洲猪瘟临时检查站62个，对生猪调运进行监管；发放各类宣传资料8万余份，开展防控业务知识培训47场；加强问题猪肉、泔水餐厨剩余物喂猪、私屠滥宰等重点、难点领域的整治力度，组织开展“地毯式”排查专项行动和联合执法141次；建立起非洲猪瘟疫病四级排查工作责任制，即市级开展重点抽查，县级对重点场实行包场排查，乡村两级分片包户全面排查，全市排查养殖场近22万个次、生猪2400多万头次，屠宰场1500余个次、待屠宰生猪约35万头次，查处猪肉等动物产品案件21起，对查扣的3400多千克违法猪肉进行无害化处理；开展疫病疫情监测，检测样品22批2800余份。

【病死畜禽无害化处理体系】2018年，永州市分南北两片，建立起覆盖全市的病死畜禽无害化处理体系。通过引进朗坤环保、恩泉环保两家公司，在零陵区、道县布置建成2个区域性病死畜禽无害化处理中心，完成投资1.01亿元，年处理产能2.52万吨，并配套建设祁阳、江永、江华、回龙圩、冷水滩等10个县区的收储转运中心及一批暂存点。零陵、道县两个无害化处理中心是全省首批通过验收的区域性病死畜禽无害化处理中心。11个县区动物卫生监督部门建立起监管信息平台，可远程监控病死畜禽无害化处理的收集、运输、暂存、回收、处理的全过程。

【畜禽养殖污染防治】 2018年，永州市办理省环保督察组交办的涉养信访件85件，中央环保督察“回头看”交办涉养信访件80件，完成省定的146家畜禽规模养殖场标准化改造等夏季攻势任务和禁养区77家排放不达标的养殖大户的退养工作，全年退养规模养殖场166家、升级改造197家。全市2437家畜禽规模养殖场中有1950家配套建设粪便污水贮存、处理、利用设施，并经县级有关部门验收合格，全市畜禽规模养殖场粪污处理设施配套率82%。出台《永州市加快推进畜禽养殖废弃物资源化利用实施方案》；道县畜禽粪污资源化利用整县推进试点项目完工并通过验收；祁阳县、蓝山县向农业农村部申报获批畜禽粪污资源化利用整县推进试点项目，争取到项目资金8600万元；江华瑶族自治县引进湖南恩泉环保科技有限公司投资3亿元建设江华瑶族自治县畜禽养殖废弃物资源化利用项目，项目一期完工后可将50万头生猪产生的粪污加工成有机肥；全市畜禽养殖业废弃物资源化利用率78%。

（唐泽刚）

永州南部病死畜禽无害化处理中心

水　产　业

【概况】 2018年，永州市水产品总产量18.77万吨，总产值38.36亿元，内陆水产养殖3.76万公顷，稻田综合种养面积0.5万公顷。受自然保护水域全面禁捕和小（2）型以上水库全面实行禁止投肥养鱼等因素影响，全市四大家鱼产量有所下降，但克氏原螯虾、蛙类和蟹（河蟹）受益于市场需求旺盛和稻田综合种养的面积增加，产量有了大幅提升。全市水产生态养殖模式得到进一步推广，累计发展生态养鱼2.42万公顷，蟹、虾、鳖、蛙等名优特色产品0.37万公顷，新发展6.67公顷以上稻渔综合种养场117家，增长25%。新增国家级水产健康养殖示范场3家、省级稻田综合种养示范基地9家，全市国家级水产健康养殖示范场34家、省级稻田综合种养示范基地59家。

2018 年，永州市渔政执法人员查扣非法捕捞船只

【水生资源保护】 2018 年，永州市继续开展水生生物增殖放流。4 月 1 日，举办全市第四届“鱼人节”鱼类人工增殖放流活动，放流各种大规格鱼苗鱼种 40 万尾。6 月 6 日“全国放鱼日”，市本级与 13 个县区（含金洞、回龙圩管理区）举行同步人工放流活动，当天放流各类鱼苗鱼种 3000 万尾，全年全市放流各类鱼苗鱼种 14130 万尾（含银鱼卵 10000 万粒）。全面禁止天然水域投肥养鱼。对全市 1272 个小（2）型以上水库等天然水域养鱼实施常态化监管，并拆除饮用水源保护区内养鱼网箱 487 口，总面积 1.22 公顷。在全省率先开展以增殖放流补偿非法捕捞的生态修复补偿机制，祁阳、冷水滩、零陵、东安、双牌等县区 29 名非法捕捞人员被要求自己购买鱼苗放流，放流鱼苗 110 万尾，价值 82.5 万元。出台《永州市养殖水域滩涂规划（2018—2030 年）》，划定水域滩涂养殖的禁养区、限养区、适养区“三区”规划。

【渔政执法监管】 2018 年，永州市为进一步打击涉渔违法行为，保护水域生态环境，在全市范围内先后组织开展“利剑”“春雷”等专项整治行动，严厉打击“电、毒、炸”鱼等违法捕捞行为。制定“五个一律”的行政处罚措施，即发现渔船上装载有超规格大功率发动机一律拆卸收缴；禁渔期禁渔区进行“电、毒、炸”鱼行为的一经查获一律移送司法机关立案；非禁渔期禁渔区进行“电、毒、炸”鱼行为的一经查获一律给予顶格处罚；在田间地头小河小溪电鱼的一律收缴电机并进行批评教育；公职人员进行“电、毒、炸”鱼的一律报送纪检部门。通过开展重点水域夜巡和县区交叉执法，检查渔船 5700 多艘次，查缴和销毁违禁、违规渔具 800 余套，行政处罚非法捕捞案件 59 起，移交司法机关 11 起，刑事立案 5 起。

（唐泽刚）

林　　业

【概况】 2018 年，永州市有 13 个县区（管理区）林业局，基层林业站 149 个、木材检查站 32 个、森林公安机构 54 个、国有林场 30 个、国家级自然保护区管理局 6 个、森林公园管理局 12 个，湿地公园管理局 7 个，国有林场管理机构 30 个。有在职干部职工 15648 人，其中专业技术人员 1112 人。市林业局机关有编制总数 96 人，其中行政编制 28 人，事业编制 48 人，市森林公安局政法专项编制 20 人。市林业局机关有在职干部职工 86 人，其中副处级以上干部 12 人。离退休人员 70 人。内设 16 个职能部门，下设都庞岭国家级自然保护区管理局、市森林公安局（市公安局森林支队）、市森林资源监测中心（市森林调查规划设计院、森林资源资产评估中心）、市林业科学研究所（孟公山林场、市森林植物园、市林业博览园管理处）等 4 个直属管理单位。加挂市森林防火指挥部、市绿化委员会两块牌子，并承担其职能。

年内，完成营造林 13.5 万公顷，林地面积 155.26 万公顷，森林蓄积量 6548.39 万立方米，森林覆盖率 65.33%，分别居全省二、三、五位。成功创建国家级石漠公园 2 个、省级湿地公园 3 个和省级森林公园 2 个，有 10 个国家级、5 个省级森林公园，4 个国家级、2 个省级自然保护区，1 个国家湿地公园，7 个国家级、4 个省级湿地公园试点，30 个国有林场。其中，国家级自然保护区、国家级湿地公园、国家森林公园数量均居全省第一位，国有林场数量居全省第二位、规模居全省第一位。湿地保护面积 34348.07 公顷，湿地保护率 74.6%。成功创建国家级现代林业产业园 2 个、6 个现代林业产业特色产业园省级示范园，有国家级现代林业产业区2个、油茶综合产业园区3个、现代林业特色产业省级示范园22个、国家级林产龙头企业3家、省级龙头企业66家、中国驰名商标4个、湖南省著名品牌（商标）17个，林业总产值430.65亿元，规模和产值均居全省第一位。在2018年度省人民政府对市人民政府“湘林杯”林业建设目标管理考核中，永州市被评为“优胜单位”。

【国土绿化】 2018年，永州市在乡村突出“五边”（城边、路边、水边、村边、宅边）造林、重点工程造林和“裸露山地”绿化。完成人工造林2万公顷，封山育林1.87万公顷，退化林修复2.33万公顷，林木育苗216.45公顷，其中“五边”造林0.62万公顷，主要交通沿线裸露山地造林0.2万公顷。完成义务植树1386万株，尽责率93.6%。在城区，实施“六个绿色”（绿色社区、绿色机关、绿色学校、绿色企业、绿色医院和绿色家庭）创建和省级森林城市创建，推动城区绿化向生态化、森林化、色彩化、景观化发展。完成市公安局、市人防办等20个“六个绿色”示范单位建设。宁远、双牌、江华、东安、蓝山、祁阳、道县7个县申报省级森林城市获省林业局批复备案，两年后迎接验收。在林区，突出森林质量精准提升，落实冷水滩伊园科技、道县长健油茶等9个省级森林经营示范基地建设和市孟公山、祁阳大江等5个国有林场实施精准提升项目。衡柳高铁东安段、国道207江华段获“湖南省最美绿色通道”称号，全省共27个。有10个村获批省2018年度“秀美村庄”示范项目，获补助资金100万元。双牌县桐子坳村成功获批全国生态文化村，此次全省4家。

【林业资源保护】 2018年，永州市林业、环保、农业、水利、畜牧等部门开展“绿盾2018”自然保护区监督检查专项行动，问责党政领导干部4人，行政处罚5人，罚款近2万元。推进环保督查问题整改，4个国家级自然保护区的58个问题整改工作进展顺利。强化“三减”，即减火、减虫、减采伐。全年发生森林火灾35起，受损森林面积37.24公顷，受害率0.075‰，远低于省控指标0.9‰以内，未发生重特大森林火灾和人员伤亡事故。林业有害生物发生面积2.24万公顷，防治面积1.36万公顷，成灾面积0.32万公顷，成灾率2.4‰，低于4‰的目标。推进森林禁伐减伐三年行动，全年林木采伐指标控制在40.8万立方米以内，比2017年减少10.9万立方米，减幅21.1%。进一步开展规范树木移植管理和严禁移植天然大树进城督查工作，对全市29798株古树名木全部进行建档挂牌保护。开展“世界湿地日”“爱鸟周”等系列生态保护宣传活动。以办案为抓手，先后开展“春季严打攻势行动”“春雷2018”“森林火案侦破月”“2018湖南护鸟飞行动”等专项行动，查处各类涉林案件2000余起，在零陵区查获两起永州市近年来最大的非法运输野生动物案件，有国家一级野生保护动物蟒蛇8条、国家二级保护动物穿山甲19只，“春雷2018”专项行动被中央电视台特别报道。中南林业科技大学专家通过红外相机，在湖南都庞岭国家级自然保护区内发现湖南省新纪录种绿翅金鸠。

【湿地修复】 2018年，永州启动第二期退耕还林还湿试点工程，在冷水滩、零陵、祁阳、东安、双牌、道县、宁远、蓝山8个县区各开展一处试点，每个试点面积不少于20公顷，总面积346.11公顷，全部通过省林业局

2018年7月，永州市潘炎水口山工区和护林站

验收，其中，退耕还林面积46.31公顷，退耕还湿面积299.8公顷，试点总投资4171万元，年处理农业面源污染水总量11455万立方米，污染控制面积1.52万公顷。6月，全省退耕还林还湿试点工作现场会在祁阳召开，对永州和祁阳县的经验进行推介。申报省级湿地公园，成功创建冷水滩湘江、新田县新田河、回龙圩高尚湖3个省级湿地公园试点。江华涔天河湿地公园试点顺利通过国家验收，全省仅7家。年内，全市有国家级湿地公园1家、国家级湿地公园试点7家，省级湿地公园试点3家，数量居全省第一位。

【林业产业】　2018年，永州市推动园区升级，成功创建冷水滩现代林业产业园和新田县现代家具产业园2个国家级现代林业产业园，全国15个，永州市占2个。新增现代林业产业特色产业园省级示范园6家和省级林业产业龙头企业11家，分别占全省的10%、9.1%，总数分别达18家、66家。加快“永品出境”和“永企出海”，实现家具、油茶出口国外零突破，其中，吉星家具软体家具出口到欧洲，林之神的油茶出口到新加坡，栋梁木业首次出口杉木产品到美国。打造“永州油茶”品牌，完成新造0.34万公顷、抚育0.57万公顷、垦复低改0.5万公顷。制定《永州油茶品牌建设工作实施方案》，在祁阳县成功举办中国茶籽油品牌集群成立大会暨首届中国茶籽油集群品牌高峰论坛。服务企业发展，为全市林业企业和个人申报国家林业贷款4.7亿多元，贴息金额880万元，同时争取其他专项项目扶持资金50万元。在全市优化经济发展环境“满意不满意”测评中，排公共执法类第一名。抓好招商引资工作，成功引进“永州森林植物园花海暨珍稀花卉苗木培育基地”“永州市龙景湖生态休闲康养”和“阳明竹咏户外产品”项目。争取林业项目资金7.5亿元，占全省总额的12%。全市林业总产值430.65亿元，比2017年高出10.5%。

2018年8月21日，宁远石漠化治理

【森林旅游】　2018年，永州新增东安万里冲国有林场，全市有国有林场30家，数量居全省第二位，面积居全省第一位。新增冷水滩腾云岭国家森林公园和零陵何仙姑、祁阳大江省级森林公园2个，国家森林公园和省级森林公园数量分别达10家、5家，均居全省第一位。新增东安独秀峰和新田大观堡国家级石漠公园2个，此次全国仅17家，为永州市首批2家国家级石漠公园。新增郊区型森林公园14个，数量居全省第一位。金洞林场被纳入全国第一批50个森林特色小镇试点，全省仅3家。舜皇山成功创建为全国森林康养基地，全省仅4个，全国45个。阳明山、金洞、高泽源3个国有林场森林康养总体规划完成，金洞和高泽源动工建设。成功创建祁阳大江、双牌五星岭、东安黄泥洞3个省级秀美林场，全省共20个。市林科所成功创建为国家AAA级旅游景区，成为中心城区首家国家AAA级旅游景区，同时成功创建水土保持省级科技示范园区。全年15个森林公园接待游客260万人次，实现旅游收入5.72亿元，分别比2017年增长12.3%和18.5%。

水　　利

【概况】　2018年，永州市坚持“节水优先、空间均衡、系统治理、两手发力”的新时期治水方针，全面落实习近平“守护好一江清水”总要求，推进农田水利、民生水利、生态水利，切实治理水环境、保护水资源、修复水生态、保障水安全，水利工作取得长足发展。涔天河水库扩建枢纽工程、灌区工程和毛俊水库工程列入国务院确定的172项国家重大水利项目，全部超额完成投资任务，超过90%的省定目标。涔天河水库扩建枢纽工程基本完工，正常蓄水位蓄水阶段验收顺利通过，移民安置和移民专项验收全部完成，所有发电机组全部并网发电，全年完成投资1.63亿元，占年计划的163%。涔天河灌区工程的灌区干渠、支渠和老灌区改造加紧推进，全年计划投入5亿元，完成5.1亿元，占计划的102%。毛俊水库工程的枢纽上坝公路、枢纽大坝、灌区梅梅岭隧洞开工，枢纽大坝一期导流围堰合垅，全年计划投入4亿元，完成4.29亿元，占计划的107.3%。

2018年，水利部发展研究中心到永州调研

【水利建设】 2018年，永州市围绕高质量发展和乡村振兴战略，把高标准农田水利建设作为主战场，加快补齐水利设施短板，农田灌溉有效利用系数提升至0.513。水库（水闸）除险加固方面，东安芦江水库枢纽工程基本完工，向阳水闸除险加固超额完成，26座小型病险水库除险加固项目全部完工。小农水项目、高效节水工程、水土流失治理全部完工，新增高效节水节水灌溉面积2000公顷，治理水土面积47.21平方千米。灌区续建配套改造、中小河流治理、水电增效扩容等水利水电项目加紧推进。同时，实施水利行业扶贫，推进农村饮水安全工程，完成投资3.3亿元，解决17万贫困人口的饮水问题，超额完成年度任务。

【河长制工作】 2018年，永州市全面落实省总河长令，层层压实河长责任，“双河长制”被评为全省第三批生态文明改革创新案例。市委常委会、市政府常务会专题研究部署，市委书记、市长先后4次到湘江干流、潇水巡河巡查，多次对河长制工作进行批示和部署，市、县、乡、村河长巡河履责，推动河长制各项工作落地生根。坚持守河担责、巡河尽责，开展“僵尸船”、入河排污口、非法采砂、岸线利用、非法捕捞等专项整治，全面推进农业污染防治、不达标水体治理、饮用水环境安全保障等重点任务。冷水滩区成立河库管护联合执法大队，祁阳县将河长制工作纳入“村规民约”，蓝山县、江华瑶族自治县、道县成立检察院驻河长办联络室，在全省率先推行“记者河长”。坚持像管理街道一样管理河道，县级以上城市地表水集中式饮用水水源保护区内的环境问题整治到位，325艘“僵尸船”全部处置，省定146家畜禽规模养殖场标准化升级改造全部完成，祁阳县三家村河段、双牌县麻江河段、零陵区贤水河段、江永县粗石江河段等样板河流建设初具成效。

【防汛抗灾】 2018年，永州市牢固树立“两个坚持、三个转变”防灾减灾理念，立足早安排、早部署、早行动，紧扣薄弱环节，整治安全隐患，修订防汛预案，组建抢险队伍，储备应急物资，做到“有人员、有经费、有预案、有演练”。突出以防为主，防、抗、救相结合的工作原则，一手抓防汛，一手抓抗旱，强化应急处置，突出群防群治，组织开展抢险救灾，成功迎战史上最强台风“山竹”，防汛抗灾取得决定性胜利，全市没有发生人员伤亡。

【水生态环境】 2018年，永州市持续推进湘江保护和治理“三年行动计划”，落实最严格水资源管理制度，中央环保督查组交办的问题全部整改到位，永州市省级重要饮用水水源地水质达标率100%，境内3个国家考核断面水质达标率100%，省考核的水功能区水质达标率99.59%，金洞白水河水利风景区跻身国家水利风景区。严格规范河道确权划界，开展河道采砂专项整治，实施河道

源口水库开闸泄洪

管理“四大专项整治行动”，全面清理“乱占、乱采、乱建、乱堆”，全市取缔非法堆砂场39处，复原复绿堆砂场10处，取缔非法采砂船8艘，清理尾砂堆108.7万立方米。坚持铁腕抓质量，守底线，水利工程质量、水利安全生产连续多年保持全省先进。

【市水利局获省“芙蓉杯”水利建设考核第一名】 2018年2月1日，湖南省水利厅下发《关于2017年度“芙蓉杯”水利建设考核情况的通报》，永州市水利局被评为全省2017年度“芙蓉杯”水利建设考核第一名。2017年，市水利局面对特大洪涝灾害，实现“三个确保”，取得抗洪救灾全面胜利；投入水利建设资金35亿元，全市水利建设投资、进度、质量均居全省前列；涔天河水库扩建枢纽工程完成投资6.56亿元，占年度计划的160%；毛俊水库工程完成投资4.59亿元，占年度计划的131%；东安县芦江水库、江华瑶族自治县清江水库枢纽工程基本完工，15座小型病险水库除险加固完成主体工程，新增和改善受益人口43万人，解决13.74万名贫困人口饮水不安全问题；在全省率先推行政府河长与民间河长“双河长制”，民间河长典型做法被水利部提名为“十大基层治水经验”之一；坚持水利工程质量问题“零容忍”，实行质量终身负责制，全年没有出现安全生产事故。

【永州市防汛抗旱暨第一次河长会议】 2018年4月11日，永州市防汛抗旱暨第一次河长会议在道县召开。会议贯彻落实湖南省防汛抗旱工作电视电话会议和省总河长令精神，全面总结2017年工作，安排部署2018年全市防汛抗旱和推行河长制工作。中共永州市委书记、市人大常委会主任李晖出席并讲话，市委副书记、市人民政府市长赵应云主持会议，会上宣读《关于全市2017年度河长制工作考核结果的通报》。

会议要求，抓好防汛抗旱和河长制工作，解决好水情引起的安全问题，保护好水生态环境，是共同职责和使命，全市各级各部门要提高政治站位，增强责任感和使命感，深刻认识到做好防汛抗旱和河长制工作，是打好三大攻坚战的重要任务、是满足人民美好生活需要的重要抓手、是推进高质量发展的重要保障；要把握工作主动，防灾上要落脚于“实”，减灾上要着眼于“全”，救灾上要立足于“早”，齐心协力打赢防汛抗旱这场硬仗；要践行绿色理念，抓源头防护，保障水安全，抓水域洁净，改善水环境，抓岸线治理，修复水生态，坚定不移推动河长制落地见效；要加强党的领导，进一步压实领导责任，进一步形成强大合力，进一步强化督查督办，全力确保各项工作取得实效，坚决打赢防汛抗旱和水环境治理这场硬战，刻不容缓推进河长制工作开展。

会议指出，各级各相关部门要贯彻落实好本次会议精神，做好会议精神传达，迅速行动抓落实、领会要求抓落实、强化督察抓落实，要加强雨情水情汛情灾情的预警研判，积极主动迎战洪涝干旱灾害，加强各项安全隐患排查，落实属地管理原则，细化责任，做到各项监管全覆盖。

会议期间，与会人员还开展市级河长巡河，观摩防汛抗灾应急演练。

（左建平）

烤 烟 业

【概况】 2018年，永州市按照国家、省烟草局提出“控规模、守红线”的总要求，严格计划生产，严格过程调控，严格压实责任，积极应对干旱、病害等不利情况，组织抗灾救灾，最大限度减少损失。在灾害之年保持烤烟产业平稳发展态势。实际种植1.47万公顷，完成计划任务的100%，收购烟叶53.45万担，烟农总收入8.28亿元，烟叶税收（烟叶税、增值税、所得税）4.1亿元，位居全省第二位。

【烟叶生产】 2018年，永州市以高端卷烟原料定制化开发为抓手，推进精益生产，推进绿色发展，推进先进适用技术的落实，全市烟叶生产水平进一步提高。春节前完成翻耕起垄任务。育苗及时，苗床管理到位，烟苗生长整齐、健壮，没有出现病虫危害，做到粗茎壮苗。根据往年情况，考虑到前期气温偏低，调整育苗和移栽时间，截至2018年3月20日，全市完成移栽任务。按照省里下达计划要求，严格按照计划组织种植收购。针对烤烟生产前期的特性，促早生快发，4月16日—17日，组织全市市县乡镇烤烟办主任、副主任开展烤烟大田管理和烘烤技术培训。大田水肥管理得当，病虫害防治有效。

【烟叶收购】 2018年，永州市烟叶收购均价每担1380元，比2017年每担增加74元，其中上等烟比例66%，比2017年增加10个百分点；国家烟草局工商交接检查等级合格率68.76%，名列全省第一位。贫困地区依托主业，拓展辅业，推进精准扶贫，烟叶收购均价每担1550.48元（含收购补贴），比2017年增加97.69元，实现烟农主业收入8.29亿元，户均9.1万元，比2017年增加0.33万元；辅业收入1.28亿元，户均1.4万元，比2017年增加0.38万元。有311户贫困烟农实现脱贫。

【烟业基础设施建设】 2018年，永州市持续开展烟业基础设施建设，投入建设资金5760万元，完成江华、宁远、道县、蓝山的在建基本烟土地整理项目建设的省级验收。完成烤房改造和设备更换以及大棚改造工作。推进烟草援建水源项目建设，完成新田县金陵水库连通工程竣工验收、宁远县金钩挂水库下闸蓄水验收和江华瑶族自治县清江水库项目法人验收，推进道县营乐源水库、蓝山县毛江水库建设。职业烟农队伍建设不断加强，有针对性地实行差异化扶持服务。加大烟农合作社整合建设力度，整合人才、技术、设施资源，提升专业化服务水平。

【评审专家肯定永州烟草两项科研成果】 2018年8月27日，湖南省农学会组织省烟草公司、省植保植检站、省农科院等有关专家，对永州市烟草专卖局（公司）承担的“烟叶烘烤清洁能源供热设备及配套技术研究”和“烟草主要根茎病害生物防控技术研究与应用”2个项目进行成果评价。专家组听取项目承担单位的汇报，审阅相关资料，讨论后认为：“烟叶烘烤清洁能源供热设备及配套技术研究”项目实现生物质颗粒供热设备自动供料、控温、除渣及空气源供热设备的余热利用，提高烘烤过程干温控制精度，提升烟叶烘烤质量。“烟草主要根茎病害生物防控技术研究与应用”项目，从健康烟草植株中筛分离出对烟草黑胫病和烟草青枯病均具有抑菌活性的内生拮抗菌，具有较好的田间防治效果并形成田间应用技术体系。

（杨平安）

【湖南中烟工业有限责任公司零陵卷烟厂】 2018年，湖南中烟工业有限责任公司零陵卷烟厂实现产值39.63亿元，增长7.08%。

年末，固定资产原值15.91亿元，净值5.55亿元（卷接包设

2018年2月10日，零陵卷烟厂与永州市供电公司签订协议，将其家属区供电移交，该厂“三供一业”改造走向深入 摄影 王家能

备42.53亿元、制丝设备1.65亿元，房屋建筑物6.2亿元），固定资产数量6263项，年内新增固定资产4台（套），价值4746.18万元。

制丝生产设备主要由秦皇岛烟草机械有限责任公司制造，制丝线设备包括：FT534A型全自动机器人解包系统、FT6311型烟片垂直切片机、WQ3113F/WQ3114F型滚筒式叶片回潮机、HELIUS1200D型异物剔除装置、SJ17D/SJ18D型叶片加料机、SQ37A型曲刃水平滚刀式切丝机、WQ712A/WQ711A型隧道式叶丝回潮机、SH35E/SH36E型滚筒管板式烘丝机、SJ291型烟丝加香机、GPT25H10型贮叶丝柜、GPT35H10型贮丝柜、GDT30H9A型贮叶柜、GDT20H10型预配柜、TG80除尘压棒机、糖香料厨房及加香加料系统、成品烟丝外运装封箱系统、白沙系列、芙蓉（软红）2500千克/时梗丝掺兑线等。年生产能力30万箱。

卷接包设备有PT70卷接设备13台（套）、GDX1包装设备5台（套）、GDX2包装设备8台（套）、ZL26A滤棒成型设备4台（套）、YF27A嘴棒发射装置4台（套）、YP11自动装箱机5台（套）。

主要动能设备有燃油锅炉（20吨）2台（套）、全自动离子交换器4台（套）、热力除氧器（40吨）1台（套）、制冷机5台（套），空压机4台（套）、负压机2台（套）、空调箱22台（套）、变压器16台（套）、电梯14台（套）。

2018年零陵卷烟厂主要生产设备统计表

表8

设备名称	型号	数量	单位	备注
全自动机器人解包系统	FT534A	1	套	3000千克/时制丝线2条
烟片垂直切片机	FT6311	2	台	
滚筒式叶片回潮机	WQ3113F/WQ3114F	2	台	
异物剔除装置	HELIUS1200D	2	台	
叶片加料机	SJ17D/SJ18D	2	台	
曲刃水平滚刀式切丝机	SQ37A	4	台	
隧道式叶丝回潮机	WQ712A/WQ711A	2	台	
滚筒管板式烘丝机	SH35E/SH36E	2	台	
烟丝加香机	SJ291	1	台	
贮叶丝柜	GPT25H10	3	台	
预配柜	GDT20H10	4	台	
贮叶柜	GDT30H9A	8	台	
贮丝柜	GPT35H10	16	台	3000千克/时制丝线2条
除尘压棒机	TG80	1	台	
卷烟机组	PROTOS70（ZJ17）	13	台	
包装机（软）	GDX1（ZB25）	5	台	
包装机（硬）	GDX2（ZB45）	8	台	
成型机组	ZL26	4	台	
成型机组	YF27A	4	台	

续表8

设备名称	型号	数量	单位	备注
装箱机	YP11	5	台	
空压机	阿特拉斯空压机 ZR160-7.5	4	台	
制冷机	2 台特灵、3 台约克	5	台	
锅炉	SZS20-1.27-YQ	2	台	
空调箱	MZU15、MZU60、MZU40	22	台	
电梯	ZFTH5000/0.5-JX、NeXWay-S 等	14	台	
水环式真空泵	2BE1-303-0BY	2	台	

卷烟生产。完成内销烟生产计划 26 万箱（130 亿支），完成工业现价产值 39.63 亿元，比 2017 年 37.01 亿元增加 2.62 亿元，增长 7.08%。

2018 年零陵卷烟厂各牌号产量完成情况表

表 9

卷烟牌号	计量单位	2018 年完成	2017 年完成	同比增减%
卷烟入库产量合计	万箱	26.6	26	-2.26
其中：芙蓉王系列	万箱	7.9	8.11148	2.68
白沙系列	万箱	12.035	13.01802	8.16
芙蓉系列	万箱	6.665	4.87	-26.93
芙蓉王（硬）	万箱	7.9	8.11148	2.68
一类烟小计	万箱	7.9	8.11148	2.68
白沙精品	万箱	3.165	5.91802	86.98
三类烟小计	万箱	3.165	5.91802	86.98
白沙硬	万箱	0	1	100
白沙软	万箱	8.87	6.10	-31.23
四类烟小计	万箱	8.87	7.10	-19.95
芙蓉软红	万箱	6.665	4.87	-26.93
五类烟小计	万箱	6.665	4.87	-26.93
福样促试小计	万箱	0	0.0005	100

产品质量。实现白沙（精品）滤棒、中压棒（小）滤棒自制，在自制滤棒的过程中逐步完善相关标准，制定比较适宜的质量管控方法，实施全方位的工艺质量控制，过程质量控制处于受控状态。落实公司质量年各项活动要求：围绕公司质量年“清单管理、拒绝差错”活动主题，制定工厂《2018 年精益质量管理暨“质量年”活动推进方案》。通过实施清单管理，强化标准执行，开展群体性的质量预防与质量改进活动，开展质量匠心员工评选活动以及质量改进龙虎榜评选活动，预防岗位质量风险，确保每个岗位不接受缺陷、不产生缺陷、不交付缺陷，以工匠精神为顾客提供更好的产品、服务和体验。开展重点工作项目“构建卷烟工厂虫害防治管控模式”，根据烟

2018 年，零陵卷烟厂全景

草虫害生命周期、生活习性，结合工厂实际情况（没有真空回潮工序），依据烟草虫害发生高峰期的时间，采用在烟草加工、储存过程中以“预防为主，综合防治”作为整体控制方针，控制烟虫源，切断传播途径，创造不适宜烟草甲虫、粉螟生长、发育、繁殖的环境，化学防治、生物防治、物理防治等多种治理手段相结合的方法来控制虫情。通过防、治、管、固的具体措施来构建卷烟工厂虫害防治管控式。按《工艺管理规定》的要求开展分级、分层的工艺检查，其中对其他品牌切换生产芙蓉王（硬）的检查进行细化和分工。

各类消耗。实现万元产值综合能耗 12.98 千克标准煤/万元，万支卷烟综合能耗 4.23 千克标准煤/万支，25 毫米烟叶单耗 6.98 千克/万支，20 毫米烟叶单耗 7.05 千克/万支，25 毫米盘纸单耗 591.608 米/万支，20 毫米盘纸单耗 641.212 米/万支，100 毫米滤棒单耗 2512.23 支/万支，120 毫米滤棒单耗 1671.83 支/万支，水：0.21 吨/万支，电：11.656 千瓦时/万支。

节能减排。各项能源消耗指标控制良好，单箱卷烟燃料动力直接费用（剔除价格因素）114.93 元/箱，单箱卷烟燃料管理费用（剔除价格因素）98.29 万元，单箱综合能耗 20.85 千克标煤/箱，均在厂部年初下达目标指标范围内。动力车间以能耗管理先进企业为标杆，展开全面管理诊断与能耗分析，搭建一个供需分明的蒸汽使用模型。蒸汽模型的搭建主要以现场数据采集、数据集中处理以及人机交互界面三个方面为工作要点。数据采集主要将全厂各蒸汽支路流量、温度等参数通过变送器进行采集，采集好的数据通过人机交互界面进行实时查看，并通过集中处理单元可进行集中控制调节，实现蒸汽能耗“一站式”管理。全年持续开展节能降耗活动，完成 11 项“琅琊榜”课题项目，从设备技改、课题攻关、优化运行模式等多维度、全方位进行节能降耗，节约 160 余万元。

（王家能　廖国仕）

【湖南烟叶复烤有限公司永州复烤厂】　2018 年，湖南烟叶复烤有限公司永州复烤厂（以下简称永州复烤厂）围绕行业高质量发展目标和湖南烟叶复烤有限公司“3456”发展战略总体要求，坚持稳中求进工作总基调，以重点品牌加工需求为核心，以提高质量和效益为中心，突出为工业企业服务、为中式卷烟品牌发展服务、为产区公司服务的导向，全面提高企业核心竞争能力。全年完成打叶复烤加工 91.13 万担，产出成品 59.2 万担，完成烟叶挑选 48.88 万担，其中精片选 3.5 万担。采取三班 24 小时连续生产，日均产量在 10 月突破 5000 担。铺叶线延长至 30 米，铺叶工位按“一用一备”重新规划，根据生产产量及配方比例按日进行备料，以预混柜容量为基本配方单元，按轮次过磅配方，严格按每框 3 轮、每轮 600 秒的速度铺叶，按照“横进竖出”的原则进行掺比混配，配合生产线 6 组储叶柜的混配功能，满足均质化生产要求。是年，永州复烤厂被中国烟草总公司列为“利群”“南京”“泰山”等重点品牌的原料均质化复烤加工基地。

自编自导拍摄《我是复烤安全员》MV，获邀参加永州市人民政府在滨江广场举办的“安全月”大型公益演出，并被湖南省烟草专卖局（公司）作为安全宣教先进经验在行业内播放推广。6 月 25 日，组织参加湖南烟叶复烤有限公司第二届消防比武大练兵活动，获得手提4千克干粉灭火器60米超越障碍灭油火、200米提水带接力赛、两盘水袋连接室外消防栓三个项目的第一名。开展企业安全文化创建活动，11月被永州市安监局推荐为永州市安全文化标杆企业。

组织开展安全综合大检查11次，查处各类安全隐患95条，开展有限空间识别22项，下达隐患整改通知书13份，隐患整改率100%，企业经营管理安定有序，在永州市2018年度全市市直单位绩效评估中被评为安全生产优秀重点企业。

（张铁映）

2018年，永州复烤厂厂景一角

农业机械化管理

【概况】 永州市农业机械化管理局是市农业委员会所属副处级参照公务员管理的事业单位，设办公室、产业指导和培训科、技术服务中心、农机安全监理所4个内设机构，归口管理市农业机械化成人中等专业学校（加挂市农业机械化技术推广服务站）、市农业机械研究所、市农机总公司3个下属单位，核定编制12名，有干部职工12人。

2018年年末，全市农业机械装备总量106.34万台（套）/633.71万千瓦，比2017年年底增加3.57万台（套）/15.83万千瓦，分别增长3.47%和2.56%。全市各级农机管理部门成立农机技术服务小分队139个深入基层开展农机春耕备耕、双抢、秋冬种服务，完成检修农机具15.9万台次，投入生产农机具28.7万台（套）；完成机械耕整地面积48.06万公顷，其中深松面积0.46万公顷。

2018年，江永县农机局组织收割机在夏层铺产业园进行水稻收割作业

2018 年，宁远县农机三减量示范基地插秧机作业

【农机补贴】 2018 年，永州市争取农机购置补贴资金 4310 万元，2017 年结转资金 512.6 万元，实际可用资金 4822.6 万元，通过农机购置补贴系统查询，全年使用补贴资金 3573.45 万元，补贴各类农机具 11319 台，受益农户 9803 户，其中新推广水稻插秧机 86 台，耕整地机械 5206 台，谷物收获机械 381 台，谷物烘干机 120 台，拖拉机 491 台，农产品初加工机械 4576 台，固液分离机 20 台等。冷水滩区、零陵区、江华瑶族自治县、宁远县等县区争取累加补贴资金 230 万元，对先进适用农机具和农机作业进行累加补贴。

【农机技能培训】 2018 年，永州市农业机械化管理局牵头举办“教会农民用农机　我是党员我带头”为主题的农机教用活动 5 期。4 月 13 日，在祁阳县举办以“推进农机‘三减量’　我是党员我带头”为主题的全市农机“三减量”现场推进会。5 月 5 日，在零陵区桐子坪农机专业合作社举办以“开展农机精施减肥　我是党员我带头”为主题的水稻机插同步精量施肥技术对比试验试点活动。7 月 17 日，在冷水滩区牛角坝镇举办以“实施乡村振兴　农机勇当先锋”为主题的全市现代农机合作社助推农机“三减量”现场演示暨座谈会。组织具有中共党员身份的农机技术人员深入联系的江华瑶族自治县大锡乡栗安村开展“教会农民用农机　我是党员我带头”党建加扶贫主题活动 2 期，对村干部、农机合作社代表、机手、广大农民开展农机技术培训，传授水稻育秧、机械化操作、机具维修保养等技术和技巧。各县区农机管理部门以“教会农民用农机　我是党员我带头”为主题组织各类农机技术培训班 50 余期，培训农机管理、农机技术和农机驾驶操作人员 5764 人次，其中争取新型职业农民培训指标 938 人次。组织全市农机系统管理人员、技术人员、教师、农机合作社理事长代表等 200 余人次，参加省农业机械化管理局组织的各类培训班。

【农机专业合作社】 2018 年，永州市培育和发展省级财政扶持建设的现代农机合作社 31 家，其中以经作林果为主业（烤烟）的现代农机合作社 1 家，创建省级现代农机合作社示范社 8 家。截至 2018 年年末，全市资金投入 100 万元以上的农机合作社 298 家，纳入省级财政和地方财政扶持建设的现代农机合作社 185 家；资金投入 20 万元以上的农机专业大户 1985 户。农机合作社和大户承租田地 2.12 万公顷，为周边农户开展机械作业服务面积 12.53 万公顷，解决农民转岗再就业 2.1 万人。通过全省农机购置补贴系统查询，全市 200 多家各类合作组织投入 4846.94 万元，购置 836 台套各类农业机械，补贴资金 1377.35 万元。

【农机“三减量”】 2018 年，永州市组织开展规模较大的农机“三减量”示范演示活动 2 次，新推广植保飞机 38 台、受益农户 35 户，新推广化肥同步深施机 38 台、受益农户 25 户；完成化肥同步深施面积 1.07 万公顷，植保飞机作业面积 5.51 万公顷，农机“三减量”行动取得实效并朝着大面积推广应用转变。通过各县区开展农机“三减量”对比试验反馈的情况，植保飞机作业每亩可减少农药用量 30%左右，化肥同步深施每亩可减少化肥用量 25%左右、一次性减氮肥 30%最高增产可达 13%。

【农机安全监理】 2018 年，永州市创建“平安农机”示范乡镇 15 个。严格按照拖拉机、联合收割机等牌证管理要求，进行检验、注册入户，严格按标准对驾驶操作人员进行培训考试。年末，全市新注册拖拉机 264 台，新考驾驶证 566 人。抓实灭失、报废和长期脱检上道路运输拖拉机专项清查与号牌注销工作，全市摸排拖拉机 19364 台，实施报废拖拉机 1137 台，灭失 2439 台，三年以上脱检拖拉机 12539 台，发公告拟注销拖拉机 4929 台。实施好“农村交通安全集中整治”专项行动，活动期间下乡检查 65 人次，出动车辆 102 台次、执法人员 3230 人次，检查拖拉机 5000 余台。教育提醒机手 9500 人次，消除农机安全事故隐患 154 起。

（刘鑫）

农业综合开发

【概况】 2018 年，永州市争取农业综合开发项目，落实到位财政资金 26009 万元。其中，2018 年国家项目县安排土地治理财政资金 17349 万元，地方立项项目财政资金 220 万元，部门项目财政资金 840 万元；参与全省竞争，争取冷水滩区现代示范园项目 1 个，财政资金 5000 万元；竞争立项优势特色产业园项目 2 个，祁阳县油茶优势特色产业园项目和蓝山县水果优势特色产业园项目财政资金 2000 万元；争取蓝山县水果优势特色产业园（玻璃大棚）项目财政资金 600 万元。

【农业综合开发项目建设】 2018 年，永州市完成 2017 年度高标准农田建设 0.37 万公顷的建设任务，完成财政资金投资 8039 万元。除蓝山县（全省 13 个整合试点县之一，项目实施较晚）外，全部在省办规定时间内检查考评。9 月，市农业综合开发办公室对全市非贫困县区农业综合开发竣工项目进行全面检查考评，并针对检查考评发现存在的问题，下发检查考评情况通报，提出相关整改要求。

抓好 2018 年度高标准农田项目和现代农业示范园项目建设。根据《认真做好 2018 年土地治理项目管理工作的意见》的文件要求，组织专家对 2018 年 0.3 万公顷非贫困县的 8 个高标准农田建设项目和 0.17 万公顷现代农业示范项目可行性研究报告进行评审，督查参与项目招投标、工程质量、工程监理管理，12 月底完成项目主体工程的 60%，确保项目实施发挥效益。

完成 2017 年度产业化项目的督查及检查考评工作。组成督查小组，对全市 16 个产业化发展项目建设情况进行全面督查并下发督查通报，重点指出项目建设存在的问题和不足，并提出整改意见。9 月，以总结经验，发现问题，堵塞漏洞，加强管理，提高效益为目标，市农业综合开发办组成检查考评小组，对全市非贫困县区 2017 年的产业化项目开展检查考评工作，总体情况良好。

以产业发展为主线，确保产业园建设项目顺利实施。全年实施产业园建设项目 3 个，即祁阳县油茶优势特色产业园项目、蓝山县水果优势特色产业园项目和蓝山县水果优势特色产业园（玻璃大棚）项目。其中蓝山县水果优势特色产业园项目根据普惠扶持政策正在进行项目公示。祁阳县油茶优势特色产业园项目引进广垦集团等 7 家企业在园区内开展油茶种植。蓝山县水果优势特色产业园（玻璃大棚）项目蓝山县发改委立项批复，初步设计方案财政评审进行造价核准，已经城建小组会讨论通过，10 月 31 日由蓝山县组织项目建设管理相关单位，召开项目招标文件审定会，审议通过招标文件，准备挂网公开招标。

督促指导各县区依规依程序妥善处理 2017 年以前的产业化发展项目遗留问题。全市 11 个县区 2015 年—2016 年争取省办批复的产业化发展项目 71 个，财政专项资金 6217 万元，但由于各种原因，项目竣工验收出现问题。2017 年年底至 2018 年年初，省办对永州市农业综合开发 2017 年以前的产业化发展项目问题高度关注，多次过问并给予政策，要求尽快解决遗留问题。根据省办的意见，督促和指导各县（区）依规依程序解决产业化发展项目的遗留问题：各县（区）依规依程序开展对 2015 年—2016 年产业化发展项目的全面清理和验收工作，完成对 71 个产业化发展项目的验收，验收合格的项目 50 个、不合格的项目 13 个、终止的项目 8 个。对不合格项目和终止项目的 1642.96 万元财政专项资金，按照省办《农业综合开发结余资金管理办法》进行处理。冷水滩、零陵两区还对 2014 年产业化发展项目遗留问题依法依规做出处理。

【助推乡村振兴战略实施】 2018 年，永州市农业综合开发办公室以冷水滩区伊塘镇现代农业示范园项目为依托，在茶花村、长木塘村实施高标准农田建设 400 公顷；在茶花村、孟公山村实施美丽乡村建设；产业化龙头企业建设实施特色产业基地建设 5 个。注重结构调整，整合资金搞开发，效果明显有亮点。蓝山县2016年大洞项目结合乡村旅游，工程用材等方面有创新。4月，全市项目现场会在蓝山县和零陵区召开，该项目被评为全市的样板工程项目。蓝山县水果优势特色产业园（玻璃大棚）项目，争取省级财政资金600万元。项目的实施能在推动蓝山县农业充分发挥自身基础条件和湘江源头生态品牌优势的前提下，主动适应经济发展新常态，加快整合新一代信息技术，形成农业产业发展新功能。

（张跃军）

农业产业扶贫

【概况】 2018年，永州市制定《2018年永州市农业产业扶贫工作方案》《永州市农业委员会支持深度贫困地区脱贫攻坚的工作方案》，出台《永州市2018—2020年产业扶贫项目建设实施方案》《永州市进一步加强产业扶贫的实施方案》及《永州市产业扶贫考核办法》等文件。市本级新增产业扶贫专项资金2000万元，财政专项扶贫资金的60%用于产业扶贫。全市扶贫专项资金6.89亿元，其中产业扶贫投入5.04亿元，占比73.13%。年末，全市774个贫困村都有扶贫产业，全部建立运行正常、带动贫困户发展产业的种养合作社；有143家市级以上龙头企业在498个贫困村建有基地，基地面积3.77万公顷；全市“百企帮百村”行动中有102家龙头企业与139个贫困村结对帮扶；贫困村村集体经济年经营性收入5万元及以上的村有742个，占贫困村总数的95.9%。探索建立贫困地区三产融合发展带动贫困人口同步增收脱贫的新模式，指导县区发展一批贫困人口参与度高的区域特色产业，创建省级优质农副产品供应示范基地4个，成立专业合作社6120家，其中有种养专业合作社2950个，通过发展产业带动6.33万（累计42.66万人）贫困人口增收脱贫；依托“百企千社万户”现代农业发展工程、“百片千园万名”科技兴农工程，组织开展“百企帮百村”活动，引导新型经营主体主动参与产业扶贫。全市与新型经营主体建立持续稳定的利益联结关系的贫困户13.35万户，占建档立卡贫困户总户数的72.32%。

【产业扶贫工作机制】 2018年3月，永州市建立产业扶贫联席会议制度，联席会议制度成员单位包括：市农委、市扶贫办、市发改委、市经信委、市财政局、市旅游局、市商粮局、市林业局、市金融办、市移民局、市人民银行、市工商联。建立每季度调度、汇总、报告的工作制度。4月起，安排部署县区设计2018年重点产业扶贫项目，出台《永州市2018—2020年产业扶贫项目建设实施方案》并就市本级产业扶贫资金拟支持项目进行审核，制定市本级产业扶贫资金分配方案，建立市本级重点产业扶贫项目会商监管制度。

【产业扶贫专项调研】 2018年，永州市开展产业扶贫专项调研4次，针对调研发现的产业扶贫工作覆盖率不高、组织化程度不够、服务水平较低的问题，提出整改意见进行交办。9月7日，中共永州市委书记、市人大常委会主任李晖对产业扶贫等问题开展专题调研作出指示，要求市直有关部门近期抓好落实。市农委牵头组织市林业局、市畜牧水产局等相关单位成立3个专项调研小组，对全市部分深度贫困村、拟出列贫困村和100人以上贫困人口的非贫困村就产业扶贫持续发展问题进行专项调研，共开展两批次，覆盖11个县区、2个管理区和永州经济技术开发区，第一批对新田、江华、宁远、江永、双牌、蓝山等县的部分深度贫困村、拟出列贫困村和100人以上贫困人口的非贫困村，委托道县农委对全县53个贫困村就产业扶贫持续发展问题进行专项调研，提交《产业扶贫持续发展问题专项调研报告（第一阶段）》，供省农业厅和市领导参考。

【扶贫领域专项治理】 2018年，永州市农业委员会牵头组织市发改委、市旅游局、市商粮局、市林业局等部门召开产业扶贫资金项目专项清理市直部门联席会。5月27日，召开全市农村“三资”专项治理和产业扶贫资金项目专项清理推进会。市纪委监委驻市农委纪检监察组会同市农委、市水利局先后派出联合督查组分片对全市农村水利项目、农村集体三资和产业扶贫资金项目清理专项工作展开督查，自查自纠产业扶贫项目741个，涉及产业扶贫资金4.9亿元，清查问题项目91个，涉及项目资金3572.21万元。清查中发现的主要问题有产业扶贫项目建设进度缓慢、资金拨付不及时；滞留项目资金，未按规定用途使用产业扶贫资金，没有充分发挥产业扶贫资金使用效益，帮扶成效不明显和项目申报弄虚作假、挪用、套取和骗取专项资金等，对自查中发现的工作偏差性的问题及时进行整改。冷水滩、零陵、祁阳、双牌、江华等县区统计发现问题线索58条，受理举报数25起，立案22件，处理40人，其中组织处理17，党纪处理和政务处理23人，追缴资金30.8万元。

【农业产业化龙头企业“百企帮百村”行动】 2018年，永州市农业委员会印发《永州市农业产业化龙头企业“百企帮百村”行动方案》，明确目标，健全工作机制，建立考核制度。7月起，在调查摸底的基础上，组织贫困村与有合作意向的龙头企业开展洽谈，并安排企业到贫困村进行实地考察，促成合作。各农业产业化龙头企业围绕柑橘、油茶、茶叶以及优质稻、蔬菜、禽畜、中药材、林产品等特色优势产业，采取“一企帮一村、一企帮多村、多企帮一村”的模式，通过产业帮扶、就业帮扶、公益帮扶等多种形式助推扶贫。全市有102家龙头企业与139个贫困村签订帮扶协议。江永特色农副产品有限公司采取垫种子、垫农资、送技术指导、保底收购等措施，在江永县3个镇、6个行政村，建立香姜、香芋、豆角等种植基地666.67公顷，与1000多贫困农户签订购销农产品合同，帮助贫困户年均增收5000余元。

【户户有产业帮扶】 2018年，永州市按照有劳动能力的贫困户（普通劳动力和技能劳动力）、半劳动能力贫困户（弱劳动力和半劳动力）、无劳动能力（无劳动力和丧失劳动力）贫困户三种类型，抓好产业扶贫到户这个关键环节，详细了解贫困户的产业发展意愿，按照“一户一策”的原则，采取个性化、针对性强的帮扶措施：对有产业发展能力的贫困户，可帮扶贫困户直接参与区域性特色产业开发增收，支持发展特色种养、特色林果、乡村旅游、家庭手工业和电子商务等特色产业；鼓励缺少生产资料、劳动力的贫困户，将“户贷自用”小额贷款、财政扶贫资金委托给龙头企业、扶贫专业合作社，实行项目统一开发、统一管理、统一经营、统一核算，项目收益按比例分成；对没有劳动能力的贫困户以济困为主，同时通过流转承包地经营权、宅基地使用权等措施实现稳定收入。通过这些精准到户的帮扶方式，使贫困户能够依靠发展产业实现增收脱贫。

（永州市农业委员会行业扶贫办公室）

农业科技研究

【概况】 永州市农业科学研究所（以下简称市农科所）是全市唯一的从事农业科学研究的正处级公益一类农业科研事业单位，承担全市的农业基础科技研究、创新、引进、示范、推广重任。1962年建所以来，该所承担国家、省、市和自选科研项目（课题）570多个，获得科研成果284项（其中国家级科研成果2项），培育出杂交水稻和优质稻新品种12个，油菜新品种1个，烤烟新品种1个。

2018年，完成科研计划任务26项，其中国家级项目3个、省级项目8个、市级项目7个、自选项目8个。水稻方面：完成湖南省水稻产业体系268个品种的品比试验，16个品种的高产展示试验，400多个品种的区域试验。开展各类优质高产水稻新品种选育试验。种植各类优质恢复系亲本材料3600余份、不育系材料300余份。配制出不同熟期的中稻新组合398个。鉴定2017年配制的新组合280个。自选2个一季晚稻与2个晚稻新组合参加湖南省种子协会组织的水稻联合品比试验，其中一季晚稻新组合创两优5198进入2019年湖南省水稻区域试验。12个自选新组合参加2018年湖南省水稻产业体系组织的联合品比试验，有4个新组合达到申报省种子协会组织的省联合品比试验条件。

旱杂粮方面：开展2018年永州市重点科技项目“沪紫黑糯1号秋植丰产高效栽培技术研究与示范”，10月18日通过市科技局组织的测产验收，申报受理2项栽培技术专利，编写成《永州市沪紫黑糯1号秋植丰产高效栽培技术规程》，在祁阳德辉农业公司创建5.33公顷的沪紫黑糯1号丰产高效栽培示范基地。进行湖南省旱粮产业体系甜糯玉米、特色红薯、大豆和青贮饲料玉米46个品种的品比试验，筛选出4个适合永州推广的甜糯玉米良种。进行沪紫黑糯1号、一品红紫红薯的丰产栽培试验，湖南省玉米、大豆、甜糯玉米区域试验以及国家西南普通春玉米22个品种的生产试验。

烤烟方面：主持开展永州市烤烟区域试验、湘烟5号繁种技术研究、烤烟良种繁育技术研究、轻简优质高效施肥技术研究、烤烟南繁加代冬季制种技术研究，配合市烟草公司配制20个杂交组合，选育出4个较好的株系。

茶叶方面：实施湖南省茶叶科技协同创新项目，在江华瑶族自治县创建13.33公顷茶叶基地、2公顷育苗基地，年出圃能力30万株。在所内建设茶叶资源圃0.26公顷，保存茶叶品种资源36个。进行江华苦茶优势单株选育、红茶加工工艺创新等研究。

花生方面：在全市推广单粒播种、增施钙肥、三十烷醇使用等新技术，开展花生高产高效栽培技术示范推广。在江永县与义华公司共同建成13.33公顷花生机械化示范园。

油菜方面：完成2017年—2018年度国家油菜新品种区域试验。

【农业科技服务】 2018年，永州市农科所通过创建科技示范基地、项目示范推广、乡村振兴部门办点，在全市11个县（区）对接重要产区、重点企业、种粮大户，重点推广水稻品种“泰优390”“晶两优华占”，玉米新品种“沪紫黑糯1号”，良种紫红薯“一品红”，花生新品种“江永小籽”等新品种20多个，发放新种子超过3000千克，实用技术资料2万多份，创建“紫红薯秋植丰产栽培示范”“水稻全程机械化高产高效栽培技术示范”“双季稻新品种高产示范”“水稻新技术试验示范”“花生高产栽培技术示范”“醇香醇甜烤烟生产示范”“夏黑葡萄绿色丰产高效技术示范”“茶叶高产高效技术示范”等各类示范基地23个，基地面积超过1000公顷，示范影响周边2万公顷，带动农民2万户，每亩年新增经济效益400元，亩均效益达到1200元。

在祁阳、江永、宁远开展农业新品种新技术示范，安排专业技术员长期驻点对农户进行指导。与永州市德辉农业合作社合作，在祁阳县茅竹镇三家村建立甜糯玉米绿色丰产高效生产示范基地，依托湖南省旱粮产业体系，从全国各地引进主栽品种沪紫黑糯1号、沪五彩花糯1号、水果甜玉米和中糯304等优良甜糯玉米品种，在核心示范区建立13.33公顷示范基地，辐射面积80公顷，鲜玉米亩产达1300千克，亩产值3500余元，相对于传统玉米品种增值50%以上。参与省农科院在江永的柑橘黄龙病防治项目，在夏层铺镇、粗石江镇等乡镇，建立香柚、柑橘标准化生产和病虫害防控技术示范点，研究黄龙病综合防控技术。与长兴水果、台兴农业公司合作，在宁远九嶷山、湾井镇建立66.66公顷的水果标准化生产示范基地。

（谭虹）

涔天河工程建设投资

【概况】 涔天河水库扩建工程包括枢纽、灌区两个项目，是全国172项重大水利工程的2个，是湖南省“十二五”期间水利建设一号工程。湖南涔天河水库扩建工程枢纽位于湘江干流潇水流域上游江华瑶族自治县涔天河镇，设计规模为I等大（1）型水利枢纽，工程任务是灌溉、防洪、下游补水和发电，兼顾航运等综合利用。工程总投资60余亿元，施工总工期46个月，水库正常蓄水位313米，最大坝高114米，正常蓄水位313米，总库容15.1亿立方米，电站装机20万千瓦，年发电量4.58亿千瓦时。涔天河水库扩建工程枢纽建成后，将对永州市和湘江下游沿岸地区产生巨大的社会效益和经济效益。灌区工程是涔天河水库扩建工程（枢纽）的配套工程。工程涉及江华、江永、道县、宁远4县41个乡镇2个农林场242个村，工程建设任务以农业灌溉为主，兼顾改善当地农村生活供水条件。规划新建干渠240.04千米、支渠169.61千米，设计灌溉面积7.43万公顷，工程概算总投资40.18

2018年，水利部对涔天河水库正常蓄水位进行阶段验收　　摄影　蒋筱芊

亿元，施工总工期42个月。

2011年12月15日，永州市成立湖南涔天河工程建设投资有限责任公司（以下简称涔天河公司），为国有独资企业，注册资本金10亿元，负责涔天河水库扩建工程建设投资及国有资产运营。2015年12月，市人民政府下发《关于涔天河灌区工程项目法人治理结构的通知》（以下简称灌区公司），同意由涔天河公司全资组建永州涔天河灌区工程建设有限责任公司，履行灌区项目法人职责，注册资本7亿元。

2018年，在全国172项重大水利工程中，涔天河水库扩建工程继续保持全国最具影响力的十大水利工程之一；枢纽工程被水利部评为“全国文明工地”；被永州市评为2018年度永州市文明单位；涔天河公司、灌区公司连续3年被省政府评为湖南省重点建设项目管理优胜单位；公司档案管理在全省档案工作管理创新优秀案例评比中获得二等奖，为永州市唯一获奖单位；3月，在水利部召开的水利工程建设质量监督项目工作会议上，涔天河公司被指定作典型发言与经验交流。

【工程建设情况】 2011年11月，涔天河水库枢纽工程奠基；2012年8月，前期工程导流洞开工；2014年10月，前期工程完工；2014年12月，通过截流阶段验收。2013年11月，主体工程大坝项目开工；2014年5月，厂房洞群项目开工；2015年11月28日，大坝填筑至EL320.3米高程，比初设批复的工期提前153天完成填筑任务。2016年12月30日下闸蓄水，2017年9月机组并网发电。2018年6月枢纽电站四台机组全部并网发电，8月30日完成正常蓄水位的阶段验收。枢纽工程从工程建设阶段转入管理运营阶段。

2016年11月，灌区工程主体工程开工。2018年年末，公司直管的干渠11个施工标，开工10个标段。灌区四县代建的13条支渠，开工9条。老灌区改造正在进行。

截至2018年年末，枢纽工程累计完成投资62.86亿元，占水利部批复概算60亿元的104.76%，占省人民政府调整后总投资65.78亿元的95.57%；灌区工程全年完成投资6亿元，占水利部批复2018年度投资计划5亿元的120%。开工以来累计完成投资24.1亿元，占总投资40.18亿元的59.98%。

（蒋筱芊）

涔天河水库和工程管理

【概况】 2018年，永州市涔天河水库和工程管理局抓好灌溉、建设、防汛、民生等工作，克服经费不足、雨水较多、改造任务重等多种困难，完成年初制定的工作任务。全年累计完成工作任务206项，争取财政拨款1740万元，经营收入107.5万元，晏家田泵站发电量116.28万千瓦时（含补偿电量），超额完成考核电量50万千瓦时的发电任务。政务公开事项116项，民生项目公开招投标11次、合同金额1572.95万元，政府采购13次，采购物质金额14.2万元。

2018年，永州市涔天河水库和工程管理局公开招聘工作人员10名，有职工519人，其中在职在编职工234人，退休职工287人，专业技术人员121人，具有高、中级职称74人。

【渠道灌溉】 2018年，永州市涔天河水库和工程管理局通过科学调度、合理配水，灌区供水量7724.4万立方米，确保灌区0.76万公顷旱耕、林地、农田等的用水需求。4月22日渠道放水运行，全年调动人力750余人次，疏浚渠道1000多米，排除隐患5

涔天河灌区渠道灌溉——西河渡槽

2018 年 9 月 21 日，中国共产党永州市涔天河水库和工程管理局第一次党员大会召开

处，完成渠段清淤扫障 72 千米，排查整改安全隐患 38 处，修复损毁渠段 160 余米，排查处理溶洞 21 个，完成晏家田什叶洞上水管更新改造，累计投入资金 26 万元，解决道县祥林铺镇 20 公顷农田用水；与涔天河建设公司及有关乡镇密切联系，发送调度指令 40 余条，工作联系函 4 封，渠道运行畅通，满足灌区 0.57 万公顷农田用水。沿渠嵌入永久性警示宣传标语，全年走村串户宣传保护环境、爱渠护渠、政策法规宣传 3400 多人次，发放宣传资料 1200 余份；针对渠道管理过程中发生的问题向沿渠乡镇、单位发送函件 35 份，参与协调矛盾 70 余次。

【度汛抗旱】 2018 年入汛前，永州市涔天河水库和工程管理局组织召开全局安全管理暨防汛抗旱工作会议，及时修编和完善《2018 年涔天河灌区防汛抗旱应急预案》，全年组织学习培训 3 次，要求全局工作人员随时做好防大汛抗大旱思想准备；在资金紧张的情况下，添置和补充防汛物质器材 5 万余元，较 2017 年增加 2 万元；加强民兵应急分队管理和教育，开展防汛抗旱针对性训练，提升应急实战水平。入汛后，实行领导带班和渠道管理所昼夜轮值制度，遇特殊天气或突发事件时，实行 24 小时动态管理。全年无差错发布信息雨情水情 69 次、250 多条，完成雨水情测报移交工作，及时处理设备故障和隐患 11 次，完成安全度汛目标。

【重点项目建设】 2018 年，永州市涔天河水库和工程管理局实施的重点建设项目主要包括湖南省永州市农业综合开发涔天河灌区节水灌溉配套改造工程项目和湖南省潇水涔天河扩建工程老灌区改造工程，总建设资金 6015.25 万元。节水配套改造项目基本完工，一标段完成 95%，完成建设资金 432.40 万元，二标段完工，建设资金 380.86 万元，渡槽防渗膜工程完工，建设资金 173.99 万元，从渠首到西河管理所近 13 千米，做到混凝土三面光；老灌区改造项目有序推进，总投资金额 4615.25 万元，年度计划完成建设资金 1500 万元，实际完成 1610.93 万元，超额完成 7.4%，工程总进度 68%，一标、二标全面开工建设，两标段全长 49.72 千米，完成建设资金 1258.9 万元，渡槽加固完成建设资金 352.03 万元，工程进度 80%。

【民生提质】 2018 年，永州市涔天河水库和工程管理局实现经营性收入 107.5 万元。投入资金 20 余万元，实施完成生活区基础设施改造、绿化亮化工程和生活垃圾处理，开展文明创建工作，小区环境焕然一新，基本实现道路平整、环境美化、基础设施完善、配套基本齐全的目标，职工居住环境与生活质量得到改善和提升。建设资金约 170 万元的苗圃管理所管理用房开工。继续加强综治维稳和安全管理，组织 122 人参加“七五”普法考试，成绩全部合格。化解内部矛盾和社会治安矛盾 6 起，开展安全生产大检查 3 次，发现并整改隐患 49 项。坚持实施温暖工程，精神文明齐头并进，开展“爱心一日捐”“慈善一日捐”活动，筹集“爱心基金”5831 元；春节慰问困难职工 22 人次，探视住院职工 17 人次，开展各类文体活动，拨付活动经费 2.8 万元。

【永州市涔天河水库和工程管理局第一次党员大会】 2018 年 9 月 21 日，中国共产党永州市涔天河水库和工程管理局第一次党员大会召开，大会采取无记名投票方式进行直接差额选举，选举产生中共永州市涔天河水库和工程管理局第一届委员。大会对涔天河水库和工程管理局党委今后五年的工作作出科学的规划部署。未来五年党委工作的指导思想是：以党的十九大精神和习近平新时代中国特色社会主义思想为指导，以党建为引领，以创新为驱动，着力打造“四个一”工程（即一百万亩旱涝保收粮仓、全省一流现代化新型灌区、一个旅游休闲新的支柱产业、一支让党放心人民满意的干部队伍），实现“三大”目标（即完成涔天河水库扩建任务，建成全省最大灌区；巩固省级园林式单位，成功创建市级文明单位；干部职工收入继续处于同类市直单位前列），不忘初心，牢记使命，高举旗帜，加快发展，为建设文明和谐美丽新涔天河而团结奋斗。大会明确未来五年发展目标：到2022年，涔天河灌区工程建设任务全面完成；灌溉农田面积7.43万公顷，旱涝保收面积6.67万公顷，粮食增产1亿千克；旅游产业已具雏形，以旅游为主的第三产业收入2000万元，灌区渠首电站、跌水电站发电收入1000万元。

（张琼）

双牌灌区管理

【概况】 2018年，湖南省双牌水库管理局全面贯彻中共十九大精神和省委、市委农村工作会议精神，完成各项工作任务。制作反映灌区党建工作特色、亮点的专题片《水润潇湘格如松柏》获得全市“不忘初心牢记使命”百部精品课程优秀奖，创作反应双牌灌区人艰苦奋斗、开拓进取精神面貌的《灌区之歌》；推进党支部“五化”建设，4个在职党支部均被评为全市“五化”建设合格党支部。连续16年保持“全国水利文明单位”称号。获得“全市综合治理先进单位”“全市计划生育先进单位”称号，继续保持“全国水利文明单位”称号。双牌灌区干渠自4月13日开闸放水，于10月25日关闸停水，安全运行185天，干渠最大运行流量24立方米/秒，渠首引水量2.8亿立方米，较之往年平均值，增加0.6亿立方米，为2012年以来引水量最多的一年。

【工程管理】 2018年，湖南省双牌水库管理局投入资金103.3万元用于干渠冬修工作，处理和改造抗旱应急水源4处，处理滑坡9处，处理溶洞20处，干渠重点清淤16处，改造斗门30处。实施国家新增量测水设施改造项目，截至2018年12月底，完成量测水设施改造43处，高标准完成大型灌区续建配套建设任务。

【生态灌区建设】 2018年，在永州市旅游重点投资项目“双牌灌区百里花果风光带”的基础上，永州市继续投资3000余万元在干渠木斗岭段新建一条长约3千米、宽约5米的亚洲紫薇龙王，成为全国水利系统享负盛名的水利旅游风景区。“风光带”项目核心景区面积5万平方米。灌区范围内有特色种植业1168公顷，特色养殖业388.73公顷，开办农家乐10余家，流转土地近0.07万公顷。

（吴滢荣）

国家农业科技园

【概况】 永州国家农业科技园区2010年由科技部等六部委批准建设，2011年农业部认定为国家农业产业化示范基地，是全国仅有两个（另一个是陕西杨凌）同时承担两类试验示范任务的园区，也是全市唯一的国家级农业园区。规划面积9.87万公顷，包括冷水滩区的伊塘、上岭桥、岚角山和零陵区的邮亭圩、接里桥、菱角塘6个镇，分层设立核心区、示范区、辐射区，其中核心区主设冷水滩区伊塘镇，面积0.8万公顷，示范区面积9.07万公顷。2018年，市农科园按照“一年打基础、二年上台阶、三年大变样”的阶段任务，推进园区升级工作。

【重点项目推进】 2018年，永州国家农业科技园争取省农开办把伊塘镇列为省现代农业示范园试点，在充分调研的基础上，投资3000万元，完成公开招标，正在实施600公顷高标准农田、600公顷田园化综合体、万亩“油茶公园”、西瓜博览园等产业基地建设，打造农业设施项目精品；完成茶花村、孟公山美丽乡村进行升级版改造，提升乡村旅游品牌；完成国道322线西瓜交易市场至前进路口沿线、孟公山新屋组、茶花村等布局3个党建长廊示范点，新建宣传栏、宣传走廊和展示大厅，成为园区党建亮点。

【特色产业发展】 2018年，永州国家农业科技园针对湘南红壤丘陵地带区域特点，突出“农工结合、农旅结合”的产业融合发展格局，改造提升以优质稻、柑橘、西瓜、油茶为主导的特色产业，培育发展以果蔬加工、天然辛香料萃取为龙头的农副产品精深加工业，提升以永州森林植物园国家AAA级旅游景区为核心的乡村旅游休闲观光业。湖南果秀食品公司计划投资1.5亿元的果秀食品产业园二期杏鲍菇改扩建项目完成投资6000万元，新建厂房面积5.5万平方米，购置80台生产设备用于相关农产品加工、冷藏及冷链物流，全面完成用地范围内6户房屋拆迁工作，规划安置地点；湖南和广生物公司完成5800平方米的信息管理化用房建设，新增超高压500×3超临界生产线。长青藤西瓜产业园完成2000平方米大棚建设，计划投资160万元建设2000平方米温控智能大棚，新增培育西甜瓜优质种苗60万株，新品种西瓜种植666.67公顷，推动伊塘镇打造成为“中国黑美人之乡”，实现“小西瓜、大产业”；永州森林植物园启动林博园二期建设，湖南省美丽乡村示范点茶花村打造以伊人民俗文化为主题的整村特色项目，年游客量30万人次，旅游消费2000万元以上，成为全市特色乡村旅游的一大亮点。

【基础设施建设】 2018年，永州国家农业科技园上大公路项目二级公路段征收协议已签，征地预算已评审，待市人民政府审批，工程已招标。投资1500万元的农科大道全面竣工。伊塘污水处理厂PPP项目完成地质勘探、招标，正在等待入库审批。12月5日起，自来水每天供水8小时，并在改造后实行24小时供水，彻底解决之前园区企业每周只供3次水的问题。12月20日起，园区公交开通（永州火车站至永州植物园），解决园区企业员工上下班、村民出行和市民出游问题。

【园区科技支撑】 2018年，永州国家农业科技园与中国农科院红壤实验站对接，拟在园区26.67公顷试验基地内划块，由中国农科院10个科研所领办示范，打造成中国农科院的科技成果转化基地和科技成果展示平台。与省农科院合作建设333.33公顷西瓜标准化示范基地，与湖南农业大学合作实施柑橘、西瓜、食用菌、植物淬取和生态休闲农业等5个科技项目。与永州职业技术学院对接共建产学研一体化科技平台，由该院提供科研人员、技术及设备等，园区提供组培中心的培养室、接种室、办公室等实验场地和温控大棚、简易大棚、露地炼苗等实验基地。引进人才8人，其中管委会1人、湖南和广生物公司6家、湖南宇秀生物公司1人。全年申请科技专利5项，申报企业标准化4项，引进和推广新技术、新品种、新设施26项（个），西瓜博览园被评为省级西瓜产业科普基地。

【园区规划】 2018年，永州国家农业科技园按照“一园两镇”（农产品加工物流园、舜耕特色小镇和马家口子小镇）的规划布局，完成伊塘镇总体规划（2017—2030年）修编，通过专家评审，报请市人民政府审批。同时，确定以茶花村等7个集中连片的村域作为乡村振兴战略示范区范围，规划“一带一环”，“一带”即以上大公路为主线的现代农林产业示范带，“一环”即以茶花等7个村骑行赛道为主线的农旅休闲观光环，具体划分为“两核”（农产品加工物流园、农科特色小镇）、“三区”（现代农业先行区、特色农业产业集聚区、美丽乡村样板区）。

【园区招商引资】 2018年，永州国家农业科技园建立工作人员驻点项目制度，对已建、续建、待建的项目实行一对一的零距离跟踪服务，优化园区建设环境。全年接待客商50余人次。新引进湖南大则旅游发展有限公司投资13亿元，建设蛮地伊人文旅生态项目，完成一期流转土地113.33公顷。新引进温氏集团生猪产业项目投资5亿元，在园区建设湖南温氏公司总部、饲料生产等，全部完成5.33公顷土地征收及补偿工作。意向引进润民集团现代农业高新技术产业示范区项目，投资301亿元，规划面积800公顷，布局“一城一镇五园七基地”，打造生猪全产业链。

（蒋慧敏）

福田茶场管理

【概况】 2018年，湖南省福田茶场以党的建设为统领，以创建市级文明单位为抓手，坚持社会治安、计划生育综合治理，加强科研平台建设，引进科研技术和人才，实施科研转型发展，各项工作取得丰硕成果。7月，茶场第二党支部获得市直工委第一批“五化”建设示范党支部授牌。年底，被市直工委评为2018年度党建工作目标管理先进单位；成功创建市级文明单位；社会治安综合治理、计划生育工作被市委市政府评为先进单位；茶叶科研2个项目通过市级评审，1个科研产品获得省级金奖。

【项目建设】 2018年，湖南省福田茶场按照国家AAA级旅游景区标准，完成一期130套、总面积1.33万平方米棚改房建设；12月底，二期50套、3234.5平方米棚改房成功封顶，完成棚户区改造投资17403715.49元；改造旧房188套，改造面积15384.51平方米，完成投资2952444.46元；院内亮化、美化工程全部完工，已交付使用。10月，“后湖国际·福田茶文化创意园”开始动工。

【科研平台建设】 2018年7月，湖南省福田茶场与湖南省茶叶研究所达成技术合作协议，组建“湖南省茶叶研究所永州市茶叶研究所茶学研究技术实践工作站”；与湖南科技学院生化工程研究中心达成合作协议，组建“湖南科技学院科技生化工程技术研究中心永州市茶叶研究所茶资源综合利用实验站”。同时，邀请湖南农大到福田茶场开展暑期科技服务“三下乡”活动，引进先进技术和优质资源，开拓视野，培养和锻炼人才，提升知名度。8月，通过理论考试和平时考核择优选拔2名优秀专技人员到湖南农大脱产进修一年，全面系统掌握茶学知识，提高专技人员队伍的整体素质和技能。加大科研资金投入，先后投资100万元，改扩建茶叶加工实验工厂、茶艺室、茶感观审评室、茶理化检测室，添置先进的茶叶加工设备、检测审评仪器及茶艺培训教学设备，为开展茶业研究课题提供平台基础。

【茶叶科研】 2018年7月，湖南省福田茶场的“野生茶红茶加工工艺研究与应用”研究课题完成整合科研队伍、制定工艺设计方案、新建工艺研究试验工厂、原材料采集、加工工艺对照实验、产品检测及感观评价，总投入研制经费80多万元，7月通过永州市科技局组织的课题验收，并获得省科技厅发放的应用成果登记证书（证号94301101￥2018007）。采用该课题成果加工的红茶获得湖南省第三届“潇湘杯”名茶金奖。“茶容器苗扦插技术研究与应用”科研课题于3月从省茶叶研究所引进槠叶齐、碧香早、黄金茶2号、白毫早、福鼎大白6个优良品种，建成采穗圃。6月，新建一个1300平方米钢架结构的育苗大棚，开展容器育苗课题试验，到10月底扦插容器苗20万株，露地苗6万株，年底通过市科技局组织的专家组中期评估。容器育苗首次采用穴盘一次育成法和微膜履盖保湿法，减少管理成本，可以缩短育苗时间半年以上，大幅度提高大田移栽成活率。

【成果推广及示范】 2018年3月，湖南省福田茶场帮助永州市大木源野生茶专业合作社种植茶树新品种，开发高山茶，为合作社联系采购黄金茶1.2号幼苗3万多株，在园地选择、园地规划、垦复、品种搭配、茶苗种植及后期管理等方面加强指导。春茶采摘期间，指导黄江源村村民、道县月岩林场茶农采摘野生茶，传授加工技术，培训村民100余人。指导双牌阳明山茶业有限公司加工野生红茶系列产品。3月26日，该公司委派李志军、何荷花2人到永州市茶叶研究所跟班学习红、绿茶加工新技术，初步掌握各工艺的关键点。4月1日，永州市茶叶研究所指派科研人员到双牌婆婆殿了解单江流域野生茶分布情况，指导当地村民采摘野生茶，指导加工红、绿茶，把握杀青、发酵的关键技术。做好永州地方品种的良种选育和繁殖推广工作。7月，科研人员深入江华、宁远了解江华苦茶、野生茶分布状况及加工成红茶的品质。采集白叶、金叶、青叶、柳叶、牛皮、竹叶、紫叶等17个不同类型的江华苦茶优良株系，为江华苦茶种质资源创建及开发打下基础。重点探索

2018年，湖南省福田茶场场大门

野生茶的适制性，利用野生茶资源加工红茶、乌龙茶、黑茶等几种发酵茶类，利用江华苦茶资源优化优育、开发江华苦茶类良种。配合市委督查室调研全市茶业，向市委编写《茶业概况及发展永州茶产业的建议》的汇报材料，建议举全市之力共同打造“永州”茶公共品牌。

【课题申报】 2018年11月，湖南省福田茶场申报《永州市野生茶野放群体茶资源调查及产业化可行性研究》课题，由湖南省科技厅确定为“湖南省2019年中央引导地方科技发展专项项目”，项目研究经费40万元。

（胡绍金　何哲）

柑桔示范管理

【概况】 2018年，永州市柑桔示范场坚持“科研立所、示范兴场”的理念，围绕目标任务稳步推进科研生产和项目建设工作，推进与中国农业科学院柑桔研究所“院市”合作；规划建设“永州市南方百果观光园”；理顺体制，争取政府支持，市财政单独划拨1298.3万元补交柑桔示范场累计欠交的单位负担部分养老保险金和职业年金，补发应发未发的退休人员养老金416万元，实现全场退休干部职工纳入新的事业单位养老保险结算系统，确保退休人员退休金按政策规定的项目足额实现社会化打卡发放，解决示范场干部、职工的后顾之忧；棚户区改造工程18幢主体全部完工，配套基础设施建设投资960万元；3月5日，动工建设的公租房项目于11月底完成主体封顶。

2018年，永州市柑桔示范场举行场大门落成仪式

【柑桔示范场党委第五届党委换届选举会议】 2018年9月30日，永州市柑桔示范场党委第五届党委换届选举会议在社区二楼会议室召开，会议选举产生党委委员7人，周建志任党委书记、廖家艳任党委副书记，刘程任场纪委书记。

【体制建设】 2018年6月11日，永州市人民政府下发专题会议纪要，同意将市柑桔示范场2018年以前的累计欠缴的单位负担部分养老保险金、职业年金1298.3万元由市财政单独拨付市机关社保处，将干部职工纳入新的事业单位养老保险结算系统并进行结算，补发退休干部职工多年应发未发的退休人员养老金416万元，实现社会化打卡发放，实行养老金发放与单位在职人员缴费分离，按政策规定的项目足额发放退休人员养老金；同意将市柑桔示范场2018年1月至2020年12月期间，在缴养老保险和职业年金暂按全额拨款事业单位对待。市财政局已按全额拨款事业单位标准拨付管理人员经费，纳入财政预算给予保障。

【科研生产】 2018年，永州市柑桔示范场与国家柑桔改良中心（长沙分中心）合作，共同申报芽变品种永柑一号、永柑二号、永柑三号新品种登录，并对果实进行品质分析试验。高接沃柑、无核沃柑、永柑2号、大雅柑1号、爱媛38号、爱媛30号6个品种。2014年3月引进的晚熟杂柑—沃柑，于2018年3月通过市本级科技创新及应用研究项目验收，为永州市大面积推广引种提供理论依据。4月，抢季栽种脱毒枳壳苗木12万株，国庆节前完成嫁接，嫁接成活率92%以上。10月，场党委书记、场长周建志率科研人员到中国柑桔科学研究所洽谈“院市”合作，就合作建立“中国柑桔科学研究所永州协同创新中心”达成合作意向。与中柑所合作开展黄龙病检测、监控和防治研究，建立黄龙病检测和防治示范点。

【重点项目建设】 2018年，"永州市南方百果观光园"作为永州市柑桔示范场和永州市重点发展项目之一，结合传统果园及新型公园的特点分果园体验区、花海观光区、生态养生区3个功能区，规划建设在永州市国家农业科技园区核心区，距离冷水滩区、零陵区、祁阳县均为20千米，距泉南高速永州出入口15千米、二广高速永州东出入口7千米，门临322国道。12月，经永州市发展和改革委员会批复通过。年内，召开"永州市南方百果观光园"招商洽谈会议20余场。

【科技服务】 2018年，永州市柑桔示范场举办柑桔病虫害绿色防控讲座3场，培训果农300多人次。3月，举行黑美人嫁接西瓜育苗技术讲座2场，参加培训400余人次，发放技术资料2000余份，累计繁育西瓜种苗400万株。

（潘丽灵）

工　　业

综　　述

【概况】 2018年，永州市实施"创新引领、开放崛起""开放兴市、产业强市"战略，以"产业项目建设年"活动为抓手，突出打好"园区升级战役"，全市工业经济实现"开局良好，增速放缓、质量趋优，稳中有进"的过程，全市实现规模工业总产值1671.78亿元，增长11.4%，完成规模工业增加值466.94亿元，同比增长7.7%，排全省第四位。新入统规模工业企业144家。市经信委被评为湖南省规范行政执法示范单位、湖南省工业经济运行监测先进单位、中小企业运行监测工作先进单位、中小企业宣传先进单位，获市委、市政府表彰先进12项。

园区规模工业总产值1545.07亿元，增长11.1%；全市工业园区规模工业增加值432.14亿元，增长8%；园区规模工业企业实缴税金20.77亿元，增长14.09%。百亿园区增至9个，永州经济技术开发区获批军民融合产业示范基地，江华经开区、宁远工业园成功转型为省级高新技术产业开发区，祁阳县被评为农副产品深加工（绿色食品）国家新型工业化产业示范基地，冷水滩高科园、新田县工业集中区成功创建为国家林业产业示范园。全市工业园区完成基础设施投入111亿元，新建标准厂房123.9万平方米。全市工业园区的水、电、路、讯、污、医、校、购等基础设施基本到位。

年内，永州市经信委制定下发《2018—2020年永州市重点企业精准帮扶三年行动实施方案》和有关考核办法。在全市筛选333家重点骨干企业，实行"五个一"的帮扶机制，实行对口精准帮扶，为企业排忧解难。年初，组织召开全市30家企业家座谈会，对企业反应的69个问题逐一进行分解和督办。开展"三走遍"走访活动，为企业解决一大批在生产经营和项目建设中存在的实际困难和问题。组织开展多种形式的银企对接工作。永州39家企业入选湖南省首批制造业产融合作"白名单"，2018年度全市银企合作洽谈会暨金融服务实体经济项目对接会中，科力尔电机和熙可食品等7家企业，签约产业项目129个，拟贷金融42.82亿元。

工业园区新增入园5000万元以上工业项目123个，竣工投产78个。长丰猎豹技改项目和江华中科新能源项目等重点项目相继竣工投产。宁远光电、恒伟药业、韬讯无人机人才引进3个项目获评全省"5个100"工程优秀项目，巨米智能、新辉开电子、中明新材料等一批高技术高质量项目实现当年洽谈签约、当年建成投产。31个重大产品创新项目完成投资14.6亿元，占年度计划的121%，其中列入省重大产品创新项目4个，恒伟脑血络通项目获评省优秀项目，受到省里表彰。

创新推行"四皮"招商（即硬着头皮、厚着脸皮、磨破嘴皮、踏破脚皮）。探索开展专业招商、平台招商、以商招商，注重产业链招商。新南方集团、保利集团、北京安天集团、华融集团等一批500强企业陆续到永州市洽谈项目合作，其中，安天集团已经入驻，新南方集团投资设立年产5000万吨植物提取物生产基地和线上线下交易平台、国际检测认证中心项目已经签约；古巴生物技术项目、保利集团共建军民融合特色产业园产业项目推进顺利。市经信委组织申报工信部工业企业技改导向计划、工业转型升级（《中国制造2025》）、绿色制造体系集成、湖南省制造强省、工业转型升级、中小企业发展、移动互联网发展、军民融合、科技创新等各类专项资金扶持项目126个，获得各类专项资金6743万元，比2017年增长10.2%。其中湖南省制造强省专项资金项目

23 个，获得专项资金 3830 万元，较 2017 年增长 135%。

支持和鼓励工业企业实施技术改造，全年兑现奖补资金 312 万元。35 家企业被认定为高新技术企业，14 家企业被认定为湖南省小巨人企业，逐步成为全市制造强省建设和工业新兴优势产业链的重要支撑力量。烈岩科技等 10 个专利转化成果列入省“百项专利转化推进计划项目”，长丰空调和德福隆电子 2 个新产品列入全省“百项重点新产品推进计划项目”计划。湖南熙可食品被评为湖南省工业品牌培育示范企业，进入绿色制造“国家队”，获评第二批国家绿色制造体系建设示范单位。长丰沙发、湖南中科农业、东安湘江焊材等成为全省工业品牌试点企业，工业品牌培育试点企业 10 家。

推进“电信普遍服务”和光纤入户工程，全面提升城乡信息宽带网络覆盖水平，完善信息基础设施建设。全市光缆总长度 11.59 万千米，互联网宽带接入用户 97.7 万户，通信基站 6494 个，全市每平方千米有基站 0.29 个。行政村的光纤通达率、4G 网络城区及乡镇覆盖率均达 100%。支持工业企业在研发设计、生产制造、经营管理、市场营销等核心业务环节运用信息化智能化手段，实现业务模式和管理模式创新，一批智能车间、智能工厂相继建成，引领工业制造业升级提效。大数据产业发展迅速。永州经济技术开发区先后引进深圳奔凯、必爱旅行网、北京安天、一点资讯、易尤特、芒果瑞公司等 15 家重点大数据关联业态企业，围绕数据采集、数据存储、数据安全、数据分析和数据应用，逐步完善永州大数据产业链的布局。推进智慧永州建设。全市有 28 个部门和单位的 33 个信息化项目部署在永州华为云上。永州正致力打造全省大数据的云计算中心。推动企业上云，“上云”企业 5010 家，培育省级“上云”标杆企业 3 家。推动互联网、大数据、人工智能和实体经济深度融合，成功举办 2018“猎豹汽车杯”首届中国青少年人工智能机器人大赛暨第九届亚洲机器人锦标赛 VEX 中国选拔赛，通过“举办一届赛事，搭建一个平台，推动一个产业”，提升科技创新能力和城市核心竞争力。

永州经济技术开发区被省工信厅评为军民融合产业示范基地并获授牌。永州（保利）军民融合产业基地项目于 10 月完成签约，落户永州经济技术开发区，总投资 40 亿元。军民两用技术双向转移取得较好成果。跃进、神斧、建华等三家企业六项技术与产品被列入《湖南省军民两用技术与产品推荐目录》。湖南神斧集团湘南爆破器材有限责任公司成功研发公共客运车辆消防安全防护系统、便携式气溶胶灭火器等五大系列新型产品，并在长沙国际轨博会和新型智能系列消防产品演示推介会上，得到省市各级领导的一致好评和高度赞誉。

（何春华　李小月　郑秦斌）

【湖南时代阳光药业股份有限公司】 2018 年，湖南时代阳光药业股份公司有 6.26 万平方米的药品 GMP 生产厂房和 8 条全自动中成药生产线，可以生产片剂、丸剂、酊剂、煎膏剂、颗粒剂等 8 个不同剂型的产品。企业总资产 19072 万元，有员工 260 人，其中各类专业人才 145 人。公司四大核心品种：喉咽清口服液、小儿扶脾颗粒、藿香正气水、驴胶补血颗粒，其中喉咽清口服液（颗粒）为全国独家品种、国家重点新产品、国家中药保护品种和国家医保目录品种；小儿扶脾颗粒为全国独家品种、儿科专用药；藿香正气水为国家基药和医保目录品种，曾获得全国质量评比第一名；驴胶补血颗粒为国家中药保护品种、湖南省名牌产品。

坚持“真材料，阳光药”的品牌主张，拥有“时代阳光”中国驰名商标。公司相继被工信部确定为工业品牌试点企业、湖南省战略性新兴产业重点企业、湖南省示范性医药企业、湖南省知识产权优势培育示范企业、湖南省质量信用等级 AAA 企业、永州市质量强市示范企业、永州市首届市长质量奖。通过“产学研”合作方式，与中国中医科学院中药研究所、湖南中医药研究院等科研机构结成战略联盟，实施系列新药的开发和中药大品种的培育，公司组建“湖南省级企业技术中心”“湖南省抗感染中药工程技术研究中心”“地方特色中药材高效利用创新平台”等省级研究平台。

发挥内生动力，在技术创新、品牌建设、智能升级、人才培养等方面加大建设和资金投入力度，各项工作取得较好的成效，完成产值 32956 万元，上缴税金 2800 万元，各项经济指标增速均在 40% 以上，其中核心产品喉咽清口服液（颗粒）销售突破 1.77 亿元，产品销售到全国各大医疗机构、零售终端、基层医疗，发展势头良好，各项工作取得较好成效。

坚持“质量第一，效益优

先”，结合公司的发展目标，打造全国独家产品“喉咽清口服液（颗粒）”和“小儿扶脾颗粒”，将产品打入全国各大医院和大零售终端，培育独家中药大品种，喉咽清口服液（颗粒）、小儿扶脾颗粒均入选2018年国家中药大品种科技竞争力排行榜上榜产品，在6万个中成药产品中遴选出“临床价值大、科学价值强、市场价值高”的569个中药大品种，12月26日发布并授牌，喉咽清口服液（颗粒）在全国咽喉类用药科技竞争力排名第一位。公司获评“国家高新技术企业”“国家科技型中小企业”“十三五全国少数民族特需商品定点生产企业”。严格实施产品生产全过程监控，建立健全产品质量追溯体系，确保产品质量，达到国家对产品的“安全有效”的品质要求，12月，公司整体通过五年一次的“国家药品生产新版GMP认证”。

以工程技术研究中心为平台，融合产学研相结合的创新力量，围绕抗感染中药新药研究及上市并形成一定规模的经典名方产品开展创新研究，推进中药新药研发力度和成果转化，在研的国家中药新药便可通片的临床研究2018年列入国家重大新药创制课题，项目的推进将进入国家新药审评的绿色通道；通过与中国中医药科学院中药研究所等科研院所的深度合作，培育已上市的中药大品种，“创新中药‘便可通片’的研制”获得“国家科技重大专项”国家重大新药创制课题立项，得到中央财政经费支持；完成湖南省科技攻关项目儿童专用药“小儿扶脾颗粒”大品种培育关键技术研究，申报发明专利3项。全国独家品种“小儿扶脾颗粒”标准入选《中国药典》2015年版第一增补版。同时与中国中医药科学院中药研究所合作开展“喉咽清”的抗病毒药效实验，结果表明：喉咽清口服液（颗粒）对甲型流感病毒具有治疗作用，取得疗效新突破。

全面实施公司产业发展规划，不断进行产品生产线的自动化、智能化升级改造，打造“时代阳光”大品牌战略。着手新建口服液智能制造生产车间和扩建片剂生产线。投资近1000万元改扩建面积1000平方米、日产能600万片的片剂生产线；5月公司投资4000多万元开工建设口服液智能制造生产车间，新建面积5442平方米，日产能160万支，年底完成主体工程建设，该项目列入省市“5个100工程”。同时公司以“互联网+”思维，导入科技与信息技术，通过信息化与工业化融合引领传统中药生产企业的升级，实现生产计划信息化生成，采购、生产、业务协同效果的最大化，提升智能制造能力。

（李逸韵）

【湖南兵器建华精密仪器有限公司】 2018年，湖南兵器建华精密仪器有限公司实现营业收入3.02亿元，创造利润1773.4万元，获“集团公司先进集体”“先进市直行业系统基层党组织”“安全生产工作市级优秀重点企业”等称号。完善ERP信息系统管理，完成陆军与集团分别组织的技术状态专项检查、质量管理体系换版工作和“两证合一”审查，年度安全质量目标全面达成。

重点推进某系列产品生产线扩能建设项目，新增自动化装配、检测设备20多台（套），完成该产品工房改造、零件检测工房改造及综合楼改造面积5081平方米，使该产品的年生产能力达200余万发，日生产能力最高可以产出2.5万发。投入科研开发1260.72万元，有科研项目43项，其中立项型号项目18项，预研项目25项，涵盖多系列武器平台。此外，在第十二届珠海航展后，与另一公司就某产品研制达成协议，完成方案审查，正进行工程样机鉴定试验。

（周文兰）

【湖南兵器跃进机电有限公司】 2018年，湖南兵器跃进机电有限公司（原湖南省跃进机械厂）占

2018年8月28日，湖南省国资委文明办到建华精密仪器有限公司检查考评湖南省文明标兵单位创建工作

2018 年，湖南兵器永州军民融合创新产业园区选址

地面积近 340 万平方米；有在册员工人数 1442 人，其中专业技术人员 229 人，拥有各种设备数量 1916 台（套），公司资产总额 39939 万元。

推动新产品研发与基础技术研发工作，明确研发职能，梳理新产品试制工作流程，创新与科研院所、大学研究团队、民营高技术公司多方合作模式，以“自带干粮、利益共赢”为原则。通过采取“导师制”，对新招大学生进行点对点培养。推动公司新产品研发，开始向无人机、军/民两用等方向拓展，并以军民融合为手段，逐步向智能化、制导化方向迈进。开展新产品项目 16 个，其中 14 个实现跨阶段研制目标，2 个项目接近预定目标，累计试制样机 500 余套，开展 56 次科研试验（大、中型试验 7 次）。实现 1 个国内型号科研立项，1 个军贸科研立项。

军民融合方面：在 2017 年 10 月湖南兵器永州军民融合创新产业园区公司（筹）项目建设启动会的基础上，开展军民融合工作。4 月，邀请湖南省宏拓测绘有限公司测绘完成拟定永州火工产业园用地 1∶1000 等高地形图（第一版），并将等高地形图上报给兵器集团公司。

推进安全生产管理工作，发生轻伤 3 起，轻伤事故率 2‰；因工死亡率、因工重伤率、重特大火灾、燃烧爆炸事故率、涉枪涉爆案件数均为零；隐患整改率 100%；建设项目安全和职业卫生“三同时”执行率 100%；节能减排达标，环境污染事故率为零。

针对国家安全生产监督核查组对公司 30 人以上危险作业场所的监督核查隐患整改项目，对火工区开展为期两个月的停产整顿，将本次安全生产隐患整改工作落到实处。组织开展并完成 2018 年安全生产事故应急救援演练工作，通过演练，验证公司《事故应急救援预案》的符合性、快速性及有效性，确保安全生产。11 月，通过由省经济和信息化委会组织的安全生产标准化二级达标工作。

致力于工艺技术改造，拓展核心生产能力建设。签订螺装线技术改造升级项目合同，对现有螺装机、挖孔机以及清螺纹机生产线进行自动化安全化升级改造，总投资 154 万元。自动弹体沥青漆喷涂线投产，自动称药设备通过技术方案评审。火工区总装生产线安全技术改造项目建议书通过国家新时代公司的评估，项目总投资 1744 万元。

（黄启红）

【湖南神斧集团湘南爆破器材有限责任公司】 2018 年，湖南神斧集团湘南爆破器材有限责任公司（以下简称“湘器公司”）注册资本 5688 万元，拥有总资产 4.17 亿元，占地面积 100.64 万平方米，有员工 987 人，其中本科学历 35 人，工程师 33 人，高级工程师 4 人。年内，贯彻“立足民爆、壮大消防，走爆破服务一体化”的发展战略，坚持管理提效、创新引领和转型发展，实现销售收入 2.59 亿元，实现利润 1458 万元。贯彻落实“安全第一、预防为主、综合治理”的方针，始终坚守发展决不能以牺牲人的生命为代价的红线，坚持两手抓、两促进，一手抓民爆一体化和消防产业的关联转型，实现产值收入利润 3 个同步增长；一手抓智能制造和安全生产，连续 8 年实现安全生产零事故。连续 4 年被南岭民爆评为“安全生产先进单位”，连续 7 年被永州市委市政府授予“安全生产先进企业”称号。9 月 17 日—19 日，通过淮北爆破技术研究院三年一次的民爆安全管理现状评价。

立足自身品牌优势，在消防产品和爆破业务从无到有、从小到大、由弱到强的发展过程中，形成研产销爆一条龙服务的现代化民爆经营模式，逐步实现跨行业、跨领域的多元化经营格局。研制出一批公共客运交通车辆消防安全防护系统、便携式气溶胶灭火器和缓式型发动机舱灭火器等五大系列产品，受到社会各界的广泛关注和支持。成功开发数码电子雷管产品，争取到工信部批复的300万发数码电子雷管产能。6月，自主生产的数码电子雷管产品在爆破工地上试验成功；8月，通过省经信委的督查考核，获得电子雷管试销许可，已在市场上开始销售。实现民爆一体化经营收入9662万元，增长24%，其中实现爆破收入1654.5万元，增长45.7%。

对接《中国制造2025》和湖南建设制造强省五年行动计划，加大投入，提升装备，实现连续化、信息化、自动化生产。从广州忠文机械设备有限公司引进一条双工位悬挂式干粉灭火器自动灌装生产线，该线年产能达40万具灭火器/年。改进提升导爆管生产一体机的效能，导爆管生产线从手工活到现在基本实现设备自动化生产。改造完成一条延期体生产线，生产线自动化水平大幅上升。成功研制不粉药导爆索，减少危险点和粉药工序，降低生产成本。生产不粉药导爆索700余万米，相比粉药工艺节约太安药约5吨，节约生产成本30余万元。

整体搬迁项目累计完成投资13745万元。完成一期土建工程竣工验收。完成基础雷管装填线的设备安装。完成保卫值班室、大门修建和新厂区总体绿化设计及防护土堤种草。起爆药生产线改选用成熟的贵州久联自动化起爆药生产技术，起爆药生产线设备安装基本完成，正在进行调试。

（刘有为）

【湖南省南岭化工集团有限责任公司】 2018年，湖南省南岭化工集团有限责任公司实现营业收入10046万元，完成年度考核指标的83.7%，同比增加429万元，增长4.5%；实现利润总额-996万元，对比年度考核值-910万元增加亏损86万元。如果剔除关联交易两次降价影响营收和利润532万元，实际完成利润总额-464万元，较2017年减亏444万元，为历年来亏损最少的一年。

推进外销攻坚，通过适当增强销售力量、合理增加费用投入、加强考核奖惩、全面挖掘潜在客户、参加招标投标，产品外销取得突破，尤其是炸药助剂外销增长明显，全年实现外销618吨，增长51%，成功开发湘西西部民爆、江西威源民爆六六一厂等两家新用户，实现批量供货；广东南虹化工等老用户市场得到稳固，销量稳中有增；陕西宏大铜川民爆进行储存试验，为下一步打开宏大销售市场奠定良好基础；广东增城化工、韶关民爆，以及广西威奇化工前期协调工作也正稳步开展。此外，包装产品也已外销到双牌、道县和冷水滩等用户单位，实现外销收入近200万元。卡扣产品成功打开知味食品销售市场，9月开始批量供应，在广东天诺民爆的试用工作正式启动。克服行业形势持续下滑、南岭民爆两次采购压价和生产线技改等困难，通过不断提高产品质量、优化售后服务、全面做好沟通衔接，稳住内销市场，同时，及时跟进和对接南岭民爆各点技改项目，做到民爆技改完工一家，助剂产品跟进一家，全年南岭民爆市场占有率基本保持稳定并略有增长，其中重庆锦泰增销较多，同比上涨近30%。

坚持用足用活扶持政策，助推企业健康发展。用活入园企业养老保险金缴费比例下调的有利政策，与政府社保部门和所在地工业园对接，通过反复沟通协调，公司及所属包装材料公司、线材加工公司被成功纳入园区养老保险缴费费率过渡试点企业范围，全年合计节约养老保险费用106万元。坚持聚沙成塔，用足优惠政策，成功争取到稳岗补贴13万元，转、入岗培训金5万元，免缴残疾人保障金20余万元，落实增值税留抵退税11万余元。落实降本增效实施方案，从技术创新、资产盘活、管理提升等多方面实施降本增效项目10个，全年实现降本增效目标350万元。其中，所属包装材料公司通过无溶剂复合代替干式复合技术改进、肠衣膜PE料回收再利用、根据季节合理调整用纸以及比价采购等途径节约成本近90万元；所属精细化工公司通过低价材料替代、批量预定、回收包装桶等措施节约成本30余万元，通过严格落实预算管理，管理费和制造费比预算节约31万余元；所属线材加工公司通过回收利用废旧材料、合理处置闲置资产等，节约成本和创造效益近20万元。此外，做好理财筹划，合理利用资金浮量持续理财，全年实现理财收益165万元；维护企业权益，抓好老账、呆账清收，成功收回呆账款项21.36万元；继续落实2015年度债权损失抵税事项，通过不懈努力，将债权损失抵税落到实处，避免多缴企业所得税2439万元。

加大炸药助剂产品技术攻关力度，组织成立12个项目攻关小组，集中力量进行技术攻关，开发新品种、新用户。持续优化产品配方，产品研发取得明显成效，新开发出适用于湘西70、江西661和民爆7320的专用油相，实现销售近400吨；新开发出陕西铜川专用油相，试用完成，正进行储存试验，为北方市场开拓奠定基础；改进优化重庆锦泰专用油相配方，油相质量优于其他供应商，显著提高重庆锦泰市场份额；进一步完善邵阳三化专用油相配方，并完成出口专用型油相实验工作。投资新建一条油相产品自动包装冷却生产线，确保炸药助剂产量10余年连续增长。

（张孟春）

【神华国华永州发电有限责任公司】 2018年，神华国华永州发电有限责任公司（以下简称永州发电公司）安全目标整体受控，实现"零事故、零伤害、零火险、零污染、零职业病"的本质安全。对外挖掘项目优势争取资金到位，投资计划顺利批复，汽机房框架结构封顶；汽轮发电机基座完成；煤仓间钢煤斗吊装完；集控楼22.96米层结构完成；主厂房、检修楼、化水中心、烟塔、电除尘等区域桩基施工完成；铁路A标两座特大桥开工建设；厂前区建筑结构及装修完成，值班宿舍、食堂及办公楼相继投入使用。

执行神华集团"1245"清洁能源发展战略，贯彻落实国华公司党的建设暨反腐败工作会部署要求，落实"全面从严治党"，传承"有根有力有效"，坚持"两个导向"，抓牢"三条主线"，注重"四个结合"，把方向、管大局、保落实。参加中共十九大精神轮训班，3人参加党支部书记培训，深入学习宣传贯彻习近平新时代中国特色社会主义思想，让领导干部在精神上"补钙"。同时规范党员发展程序，发展预备党员1人，预备党员转正1人。

开展"两学一做"学习教育活动，全年专题教育参与率、完成率100%。履行全面从严治党监督责任，全年未发生举报投诉、违规违纪事件。组织开展"党建共建"羽毛球赛、"五四"排球比赛；参建单位组织开展环厂"健步走"、征文、摄影作品征集等党建共建系列活动；工会组织开展"欢乐闹元宵""葡萄采摘""掼蛋比赛""钓鱼比赛"和"职工素质拓展活动"等。

（黄日卓）

【湖南省南津渡水力发电有限公司】 2017年12月，湖南省南津渡水电站改制，正式更名为"湖南省南津渡水力发电有限公司"。2018年，全年发电2.93亿千瓦时，售电2.8亿千瓦时，实现利润总额1034.98万元。

完成省国资委和省水利投公司下达的供水、供电、供气、物业管理"三供一业"改革工作任务。启动"三项制度"改革：精减内设机构，公司内设机构由改革前的15个精减到9个；进行人事改革，理清劳动关系，促进人才合理流动，人均劳效有所提高；加强工资总额管理，推行部门和全员综合绩效考核；修订完善党务和行政制度，为公司改革发展提供制度保障；推进检修业务集中管控改革。

建立健全三级安全网络，分解落实安全生产责任，层层签订安全生产责任状，形成公司主要领导全面抓，分管领导和部门主要负责人重点抓，班组长和安全员具体抓，全员参与的安全生产格局。修订安全管理办法，辨识管控安全风险。制定《安全管理办法》，出台部门安全目标管理考核办法，编写全公司各部门每个岗位的安全职责规范。修订应急预案，对全公司范围内的危险源（点）进行再次摸排，对重点场所、要害部位的风险进行辨识与监控。强化安全监督检查，严格查处安全违章。坚持例行月度

湖南省南津渡水力发电有限公司全景

和季度安全会议制度，领导不定期带队督查与季节性安全检查相结合。加强设备专责管理，加大隐患治理排查。实行设备运行、维护和检修专责制，将责任分配到个人，建立设备技术台账和缺陷管理台账。制定防洪度汛方案，确保防汛准备充分。按照“安全第一、预防为主、责任落实、常抓不懈”的防汛工作方针，制定《2018年度防洪度汛方案》，组建抗洪抢险指挥中心和6个抗洪抢险分队。开展“全国安全生产月”活动。成立“安全生产月”活动领导小组，制定安全生产月活动方案，利用网站、简讯、宣传栏、挂图、标语、横幅等方式进行广泛深入地宣传。截至2018年12月31日，公司连续安全生产2481天。

通过“全国文明单位”复审，弘扬南津渡公司“AAAAA”企业文化和水利投公司企业文化宣贯；编排文艺节目《工匠》，分别于7月、9月参加市国资委和省国资委举办的文艺会演并获奖；号召党员职工参加省水利投公司组织的“工匠精神”征文活动。

（欧阳亚晖）

【湖南省双牌水力发电有限公司】 2018年，湖南省双牌水力发电有限公司发电5.95亿千瓦时，创产值1.51亿元，实现利润总额2870万元。严格执行“两票三制”，双票合格率100%；发放《新安规解读》等学习资料600多册，组织观看安全警示教育片4次，开展应急演练6次；全年组织开展安全大检查4次，查出隐患35起，全部整改到位；完成视频监控系统改造等提质改造项目22项，开展安规考试、知识竞赛、安全生产技能培训、学法考法等活动，实现安全生产“零事故”目标，截至2018年12月31日，连续安全运行4099天，公司获湖南省能监办“2018年度安全生产先进单位”。制定改革方案，完成第二轮劳动用工与薪酬分配制度改革。13个职能部门精简为11个，党支部从原来的13个整合为7个，在岗员工由209人精减为153人；全面完成“三供一业”分离移交工作。完成公车改革，进一步精简法人层级，按要求注销下属明珠有限责任公司。新建修改完善规章制度17个；开展库区用电秩序整治，全年抵扣电量650万千瓦时，较2017年下降550万千瓦时。道县基地改造完成，移交电力部门管理，道县机埠改造正有序推进；按照“无争议的土地先确权发证、有争议的土地解决争议后再发证”的工作思路，厂区116.67公顷土地确权工作基本完成，霞灯村20公顷林地的确权工作正有序推进。

（李波）

装备制造产业

【概况】 2018年，永州先进装备制造产业主要有汽车整车及零部件、新能源电动车、农业机械、金属加工机械、矿山机械、工程机械、食药加工机械、电机设备、发电及输配变电设备和智能装备产业。全市先进装备制造产业规模以上企业73家，占全市规模以上工业企业总数的7.09%，主要分布在永州经济技术开发区和11个县区工业园区，实现总产值131.2亿元，同比负增长17%，占全市规模工业总产值比重的8.57%。

受进口汽车和进口零部件关税下降，汽车消费升级、车型换代、汽车市场下行等级多重因素影响，长丰猎豹产能大幅度下降，汽车制造配套企业产能不同程度下滑，导致先进装备制造业负增长。全年长丰猎豹生产整车22241台，实现产值22.09亿元，同比负增长60.8%，实缴税金1.24亿元。

贯彻《中国制造2025》重大战略部署，主动对接《湖南省贯彻〈中国制造2025〉建设制造强省五年行动计划（2016—2020年）》，各相关装备制造企业创建智能制造示范企业和示范车间。通过创建智能化程度比较高的企业主要有长丰猎豹汽车、瑶珍粮油（同丰粮油）、和广生物、道县龙威盛、永州奔腾彩印、贵德集团等企业。湖南潇湘船舶有限公司取得船舶生产许可和设计资格认定，结束永州无资格造船的历史。

组织智能制造企业参展，展示永州形象。11月28日—30日在长沙召开中国（长沙）网络安全·智能制造大会，为展示永州新一代网络安全和智能制造新动态、新成果和新经验。在长沙会展中心布置120平方米的永州综合馆，组织江华高新区的九恒集团、贵德集团等5家智能制造代表企业参展，拟制参展方案，指导企业布展。永州馆布置新颖，充分展示永州智能制造、显示功能材料、先进储能材料方面的产业优势。

市经信委与市发改委编制《永州市中心城区充电基础设施专项规划》，市经信委与市财政局出台《关于支持长丰猎豹新能

2018年10月19日，中共永州市委书记、市人大常委会主任李晖宣布"猎豹汽车杯"首届中国青少年人工智能大赛开幕

源汽车发展的意见》《永州市新能源汽车充（换）电设施奖励操作办法》《长丰猎豹汽车相关财政补贴申请操作规程》等一系列促进新能源产业发展的政策措施。全市推广应用新能源汽车736台，其中大型客车506台，剩用车230台，都是纯电动客车（市公交公司366台，江华公交公司10台，宁远县公交公司90台，道县40台），折算标台，实际完成推广任务6302台（506×12+230=6302），超额完成省新能源汽车推广应用联席会议办公室下达给永州1150标台的推广任务。

【"机器人大赛"在永州举办】 2018年10月18日—20日，成功举办"2018首届中国青少年人工智能大赛暨第九届亚洲机器人锦标赛VEX中国选拔赛活动"（以下简称"机器人大赛"）。在湖南科技学院成功举办。全国21个省、自治区、直辖市的425支参赛队的近2000名青少年选手同台竞技。大赛期间，人民网、新华网、《湖南日报》、湖南卫视、红网、今日头条、腾讯、网易、新浪、香港《大公报》等38家省内外媒体对本届赛事给予极大关注，在不同类型的媒介进行广泛传播。有关大赛的新闻于10月22日在央视新闻13频道播出，"新湖南"网站头部为大赛搭建专区"永州机器人大赛专区"，从多围度为大赛进行报道，稿件发布20篇，点击量7.8万人次。10月19日—21日，"网易湖南平台"发布3篇新闻通稿，开通两场现场直播，其中《全国顶级机器人大赛助力永州产业发展》《湘江源头上演"人工智能+机器人"精彩角逐》《第九届亚洲机器人锦标赛VEX中国选拔赛闭幕》3篇通稿当日点击量分别达到19746万人次、24801万人次、18857万人次。10月19日《第九届亚洲机器人竞标赛中国选拔赛开幕式》和10月20日《2018年首届中国青少年人工智能大赛!》直播室参与人次分别达到93651人次和180938人次。手机百度、腾讯新闻、搜狐新闻、ZKAER、《天天快报》、时刻、网易新闻等新闻客户端近30次推荐节目相关内容，触及人群超2亿人次。

【全国首台猎豹迈途汽车在永州交车】 2018年5月31日，全国首台猎豹Mattu迈途汽车在永州恒丰猎豹汽车4S店交车。5月23日，猎豹汽车旗下全新SUV—Mattu上市，新车推出7款车型，售价区间为11.68万元~15.88万元，该车搭载由宝马的王子系列发动机（连续8年被评为沃德"全球十佳发动机"）升级而来的1.6T发动机，并在长丰猎豹永州基地生产，年产能15万台。

（唐绍金）

轻纺制鞋业

【概况】 2018年，永州市在产业招商和发展总部经济等多措并举下，不断引进制鞋企业转移落户，使制鞋产业发展的后劲不断增强。耐克、阿迪达斯、彪马、匡威等国际知名品牌的生产基地已陆续落户永州。初步形成祁阳制鞋、蓝山毛纺织鞋、宁远服饰制鞋、道县纺织制鞋、新田家纺制鞋5个产业基地。涌现出祁阳凯盛鞋业、道县建溢鞋业、蓝山湘威制鞋、宁远华荣鞋业、祁阳东骏纺织等一批龙头骨干企业。制鞋业形成从鞋底、鞋面、鞋材到整鞋生产制造、销售、研发等完整产业链，全市年产鞋量近3300万双，年出口总额3亿美元，"一双鞋"成为永州开放发展的一张靓丽名片。全年全市生产耐克、彪马等世界名牌运动鞋2200余万双，同比增长10%。

年末，全市轻纺制鞋有规模企业190家，实现总产值275.9亿元，同比增长18.4%，占规模工业总产值的18%。轻纺制鞋业发展较快，成为九大主导产业规模工业总产值排第二的产业。

（蒋芳）

生物医药业

【概况】 2018年，永州市生物医药产业主要布局在冷水滩、零陵、双牌等县区，初步形成以中成药生产和植物提取开发为主，以中药饮片加工和制药机械生产为辅助的产业格局，拥有中药口服液、颗粒剂、酊剂、片剂、胶囊剂、丸剂、水针等现代化生产线，年生产能力可达片剂50亿片、胶囊剂22亿粒、丸剂1200吨、颗粒剂6000吨、中药提取物生产能力1000吨、中药饮片加工能力1.3万吨。此外，永州市已成为中国青蒿种植的最佳区域之一，由永州星辰生物科技生产的青蒿素年产量达50吨以上，占全国总产量的20%以上。经过多年扶持培育，恒伟药业、时代阳光药业、希尔天然药业等中成药生产企业、千山药机等医疗机械生产企业都有较强的业内竞争实力。恒伟药业生产的“血络通胶囊”为全国独家品种，被评定为国家重点新产品，拥有国家发明专利，被列入“国家现代中药高技术产业化示范工程”。

2018年，全市生物医药规模工业企业32家，工业总产值59.4亿元，增长12.6%，占全市规模工业总产的3.9%。

【永州南部生物资源科学处理中心开火烘炉】 2018年10月17日，永州南部生物资源科学处理中心开火烘炉仪式举行。该项目规划建设区域性生物资源科学处理中心1座（道县）和县级中转站5座（宁远县、蓝山县、江永县、新田县、江华县），其中区域性处理中心位于道县白芒铺镇湾田村，占地约2公顷，总投资5274.92万元，日处理量40吨，生产工艺采取间热式高温灭菌脱水技术，对畜禽废弃物进行无害化处理。

（蒋芳）

新能源新材料产业

【概况】 2018年，在风电方面，中电建蓝山新能源有限公司木洞岭大桥、塔峰风电100兆瓦，道县协和风力发电有限公司审章塘风电场100兆瓦，湖南华电永州风电有限公司蓝山半山风电场100兆瓦，相继接入电网发电；在太阳能发电方面，祁阳豪冲光伏发电有限公司文明铺电站63兆瓦，宁远智惠新能源科技有限公司玉屏集中式光伏扶贫项目16兆瓦并网发电。

新材料产业坚持“需求牵引、创新发展”的发展思路，重点发展新型稀土材料、显示功能材料、先进储能材料等，全市新材料产业取得稳步发展。2018年，全市新材料产业完成工业总产值31.5亿元，增长1%。全年新增认定新材料企业3家，累计认定新材料企业26家，其中，上市企业1家，正在筹备国内创业板上市的企业2家，获得高新技术认定企业5家，建有企业技术中心4个，申请专利82个，获得专利授权18个。获批新材料企业首批次项目1个，资金40万元。

全市新材料产业产品涵盖工业和信息化部《新材料产业“十二五”发展规划》及《新材料产业”十二五重点产品目录》中的显示功能材料、稀土材料、能源材料、新型无机非金属材料、信息材料、新型环保建筑材料、生物材料、汽车材料、新型化工材料等领域。技术水平总体不高，但在部分领域已掌握核心技术。如高性能稀土永磁粘结铷铁硼磁体制造技术达到国际领先水平，硫酸钙晶须产品可替代进口产品，技术水平国内领先。产业布局比较分散，集中度不高，龙头企业少。稀土材料主要集中在江华、祁阳、零陵，江华的稀土新材料产业园初具雏形；汽车材料集中在冷水滩、祁阳；信息材料集中在冷水滩、零陵、道县，其他县区略有部分；能源材料主要集中在冷水滩、零陵；化工材料主要集中在双牌。

【永州特种材料与结构技术研发和应用院士工作站成立】 2018年10月23日，永州市特种材料与结构技术研发和应用院士工作站在永州经济技术开发区揭牌。中国共产党第十九届中央候补委员、中国工程院院士欧阳晓平，中共永州市委书记、市人大常委会主任李晖在座谈会上讲话并为工作站揭牌。副市长谢景林，湖南科技学院党委副书记、院长曾宝成参加揭牌仪式。

座谈会强调，各相关部门要及时跟踪科研项目进度，引进科技创新人才和创新团队，提供全方位、保姆式的服务，确保人才留得住、用得上、干得好；全市高新技术企业要积极主动与院士工作站对接，攻克产品研发与应用过程中的技术难题，促进永州高新技术产业快速发展；院士工作站要发挥技术咨询、人才交流的优势，推动永州高质量发展。

市直有关单位、永州经济技术开发区和相关企业负责人在座谈会上发言，就进一步做好院士工作站和人才引进服务工作、推进科技创新应用投产交流意见。

（欧阳萍　柏舟燕）

电子信息产业

【概况】　2018 年，永州市电子信息产业有规模企业 112 家，完成总产值 221.8 亿元，增长 31.32%，占全市规模工业总产值的 13.26%。

年末，全市基本形成以冷水滩区电子信息产业园的以达福鑫集团为代表的平面显示产业链，包含 ITO 导电玻璃、LCD 显示屏、触摸屏背光源等企业；以道县工业园以晶石电子为代表的高端电子元器件生产产业链，包括晶辰电子等企业；以美星光电为代表的 LED 贴片、灯具产业链，包括炬辉光电、健特电子、创辉电子等一批 LED 照明及显示生产企业；首次出现平板电脑、笔记本电脑及智能手机整机成品的高附加值的生产企业，包括宁远裕宁电子、祁阳传佳音科技等。产品由低端的液晶显示生产、电子元器件加工，不断延伸产业链，产品结构不断优化，逐渐生产高端的集成显示电路面板、PC 显示面板、液晶电视、智能手机等产品。部分企业行业领先，如江华贵德集团的液晶显示面板在行业内处于领先水平；道县晶辰电子的 PC 电子集成面板和显示集成面板具有较高的行业地位。湖南德福隆科技有限责任公司、永州市福星电子科技有限公司、湖南贵德科技有限公司三家显示屏技术重点企业联合申报的液晶显示屏及触摸屏技术研究开发与应用项目入选全省 100 个重大科技创新项目。

软件和信息服务业

【概况】　2018 年，永州市移动互联网工作呈现出积极向上的发展态势，全市网络全面铺开，电商支撑体系初步形成，互联网创业创新氛围日益浓厚，人才队伍不断壮大。全市移动互联网产业以发展电子商务和大数据产业为主。

年末，全市有 27 个单位、33 个系统上云，共使用机柜 62 个，500T 存储。8 月，由市经信委、市政务服务中心牵头，组织大数据领域相关专家赴市委组织部等市直部门和部分工业园及企业调研全市大数据产业发展调研，为出台大数据产业发展规划打下基础。出台市级领导联系产业链的制度，10 月，中共永州市委常委、市委组织部部长吴志雄一行深入永州经济技术开发区，调研互联网产业链招商暨招才引智工作。永州市经济技术开发区先后引进深圳奔凯、必爱旅行网、北京安天、一点资讯、易尤特、芒果瑞公司等重点大数据关联业态企业。在大数据产业园暂未投产的情况下，永州经济技术开发区在电子商务产业园投入 2000 平方米办公场地、科技孵化器投入 3000 平方米具备拎包入住条件的办公场地让企业先行入驻开展工作，围绕大数据的数据采集、数据存储、数据安全、数据分析和应用，逐步完善永州大数据产业链的布局。11 月 18 日，在北京举办的“永州（北京）招才引智暨招商引资推介会”，百奕信息、思源政通、中关村文创游戏产业联盟、浪涛科技等 13 家移动互联网企业与永州签署战略合作协议。

在省市项目资金和政策的扶持下，涌现出世杰、杰夫、高格、亿科互联、今日农产等一批优秀的电商服务平台企业。恒惠药业、大德科技、美凯电子等传统工业企业也在尝试移动互联网销售，并取得较好的收益。组织世杰科技、锦络电子两家企业申报 2018 年湖南省移动互联网产业发展专项资金共计 200 万元，同时组织世杰参与湖南省首届信息消费大赛并获评应用创新奖。

信息化基础建设

【概况】　2018 年，永州通信基础设施建设取得良好成效，全市基本实现城乡 4G 信号全覆盖，城市基本实现宽带光纤化。年末，永州市行政村光纤通达率与 4G 覆盖率均达 100%。

连续申报 2016 年—2019 年电信普遍服务试点项目，2016 年湖南电信与市政府签订“普遍服务”建设合同，承担双牌、新田、蓝山和冷水滩 593 个农村行政村通宽带的建设任务。到 2017 年，建设全部完成，省通管局完成初验。按照省通信管理局相关文件要求，组织三大通信公司完成第三批电信普遍服务试点城市的申报工作，上报《2017 年电信普遍服务试点永州市实施方案》。永州申请建设零陵、道县、东安、祁阳、宁远 5 县区 278 个普遍服务宽带建设行政村。该项目最终由联通公司中标，到 2018 年 8 月完成终验。110 个行政村申报建设4G基站，由移动公司中标。

（杨飞）

工业园（开发区）

【概况】 2018年，永州市有工业园区12个，其中省级工业园区11个，过百亿园区9个。全年园区规模工业总产值1545.07亿元，增长11.1%；工业园区规模工业增加值432.14亿元，增长8%；园区规模工业企业实缴税金20.77亿元，增长14.09%，新入园投资5000万元以上工业项目123个，竣工投产78个。永州经济技术开发区获批军民融合产业示范基地，江华经开区、宁远工业园成功转型为省级高新技术产业开发区，祁阳县被评为农副产品深加工（绿色食品）国家新型工业化产业示范基地，冷水滩高科园、新田县工业集中区成功创建为国家林业产业示范园。

【湖南冷水滩高科技工业园】 2018年，冷水滩高科技工业园完成规模工业总产值153.65亿元，实现规模工业增加值37.95亿元，规模工业企业实缴税金完成1.52亿元，签约引进重大项目11个，其中国内500强企业1家，新增竣工投产5000万元以上项目7个，完成入统企业9家，完成高新技术认定13家，引进院士1人，博士3人。新建成厂房面积16.2万平方米，储备土地102.47公顷，基础设施投入13.85亿元。成功创建国家冷水滩林业产业示范园、省级特色农业产业园区。

园区总规划面积27平方千米，其中南片区16平方千米，北片区11平方千米，东到湘江、南到永州大桥、西到省道217线、北到马坪物流园。建成区15平方千米，累计完成投入150亿元，其中项目建设投入100亿元，基础设施投入50亿元，累计实现税收10亿多元。“四纵六横”主干路网基本建成，绿化、亮化、美化及排水、排污、燃气、公交等配套全面跟进，园区有高峰学校、春江小学、龙翔职业技术学校、泓文实验学校、湖塘明德小学、蓝天实验学校、黄岗博才实验学校、京剑实验学校等，有永州国际大酒店及大小饭店、建都超市、菜场、商店等生活配套；有冷水滩中西结合医院、跃进医院、社区卫生室等医疗机构；银行有工商银行、农商银行、邮政银行、建设银行、农业银行共5家网点。新型工业化平台建设的标准和承载产业转移的能力日趋提升。

按照“特色立园、差异发展、专业服务”的要求，着力培育支撑作用大、带动能力强的主导产业，形成以电子信息产业区、生物医药产业区、先进制造产业区、农产品精深加工、现代物流产业区等主导产业的产业发展体系。电子信息产业：以国家级承接产业转移示范区为载体，发展电子信息产业，先后落户新辉开电子、达福鑫显示技术、粤创显示、诺方舟电子、弘电电子、瑞柯机电、炬辉光电等项目，达福鑫电子信息产业园正在完善一个以电子玻璃为核心，涵盖盖板玻璃生产、触摸屏生产、显示器生产、背光源生产一条龙的产业链，着力在永州形成一个产业高度聚集、配套完善、竞争力强的一个光电显示产业群，并成为国内该行业的最大生产基地。生物医药产业：重点落户恒伟医药产业园，扶持恒康药业、希尔制药、大自然制药企业，恒伟生物医药作为一个集药品研发、生产、经营于一体的湖南省高新技术企业，为国家现代中药高技术产业化示范基地、湖南省“龙头”生物医药产业化企业，生产的活络通胶囊申请国家专利，希尔药业的启元胶囊远销全球，在世界糖尿病研究领域占有一席之地。先进制造业：结合永州先进制造传统工业，改造升级先进制造产业，先后落户远大住工、冷线电缆、潇湘源玻璃钢、兴立汽配、永盛泵业等项目。湖南奔腾文创列入湖南省战略性新兴产业，正在申报“国家文化产业示范基地”。农产品加工产业：结合永州农产品资源优势，发展农产品精深加工产业，湖南熙可、湖南都成食品、林之神油茶、恒惠等企业进一步做大做强。现代物流产业：以永州北站物流中心、马坪物流园、钰丹智慧物流园等为龙头的现代物流产业强链工程，先后引进融鑫物流、邦联医药物流、永州金属物流园等重大项目，全面覆盖各行各业。新辉开与经纬电材重组后在主板上市，奔腾文创、恒康大药房在新三板成功上市，希尔药业等一批企业与证券公司签订上市协议。恒伟药业、湖南熙可等一批企业正筹备上市前期工作。

【湖南零陵工业园区】 2018年，湖南零陵工业园区入驻规模以上工业企业72家，总产值117亿元，增长13.62%，规模工业增加值增长8.5%，税收完成1.2亿元，增长53.25%。园区形成生物医药、新能源新材料、电子信息等支柱产业，先后被评为“湖南最具投资潜力园区”“湖南省推进新型工业化示范基地”“湖南省经济技术开发区先进单位”。

园区形成生物医药、新能源新材料、电子信息三大主导产业。生物医药产业方面：依托时代阳光、永靛中药、敬和堂、金翼堂等龙头企业，发展中药产业集群。截至2018年年末，投产生物医药企业10家，其中时代阳光实现税收2800万元，技改升级和新生产线建设正在稳步推进。新能源新材料产业方面：基于零陵区丰富的锰矿资源，依托鑫城锰业、远达新材料、核芯新能源等龙头企业，形成以锰产品为主导、锰系新材料为代表、特色明显的新能源新材料产业体系。投产新材料企业25家，现鑫城锰业完成3条生产线生产达效，年产值3亿元以上，税收1500万元；远达新材料年产值3亿元以上，税收1000万元；核芯新能源装修完成，正进行试生产。电子信息产业方面：引进培育德福隆科技、盛迩威、中航星军民融合产业园等重点项目。园区有电子信息企业20家，其中用地的保银科技全面开工建设，德福隆科技税收500万元；盛迩威超大屏项目正在试生产，是湖南唯一生产纳米银线超大触摸屏幕（85寸~101寸）企业。

邀请社会各界人士做客园区，宣传园区，营造全民招商氛围；完善和更新招商引资资料，制作集政策、成本、环境、项目于一体的投资指南。创新工作方式方法，出台园区招商引资工作流程，将招商引资工作规范化、程序化，提高招商引资工作效率。加强与沿海各级商会、零陵籍在外名人及招商中介组织的联系与沟通，及时了解沿海各地企业的投资计划、发展方向等信息。签约赛菱体育用品、德诺天然食物添加剂、永禾门业、核芯新能源锂电池、元硕电子、保银科技、盛迩威、中设华晋锰硅钙镁、鼎达科技等11个项目，总投资26.3亿元。专业化招商平台方面，时代伯乐产业基金入驻园区办公大楼，提供项目标的6家，成为永州市第一家政府引导的产业基金；天宇吉祥公司入驻园区标准厂房办公，对接企业6家；上海东方龙商务咨询有限公司对接企业5家，新引入两家。招商引资签约的项目和储备项目集中在生物医药、新能源新材料、电子信息，突出产业发展。

园区把营造良好的营商环境作为工作的第一要务，通过制定政策、简便手续、扩展服务等手段进一步优化营商环境。办理集中盖章审批项目21个，并通过全程代办完成赛菱体育用品、雅大二期、核芯新能源锂电池、永禾门业、元硕电子注册、立项等手续的办理，颁发不动产证、规划许可证、施工许可证26本。在做好办证矛盾纠纷协调服务的基础上，进一步拓展服务领域。做好企业用工工作，完善用工信息平台，并建立全区18岁~60岁适龄人员用工库。完善物流运输，成立物流协会，整合物资进园区，快递进园区。组织企业申报高新技术企业、申报湖南名牌产品。搭建“助保贷”平台，为企业贷款2000万元，协调市投融资担保公司为永禾一出具2200万元担保意向函，设立5000万元工业发展专项资金和产业发展引导基金，组织银企对接，全方位保障企业资金需求。出台对企业的帮扶措施，想法设法降低企业的运营成本。鑫城锰业在电价降低0.16元/千瓦时后，三条生产线满负荷运转，年产值3.5亿元，年缴税1500万元。支持远达新材料融入“一带一路”倡议项目，年产值达3亿元，税收首次破2000万元。支持时代阳光药业加大技改力度，独家产品“喉咽清”纳入国家医保目录，是年税收2800万元。强化对企业的人才引进。出台对人才引进的奖励措施，对博士、硕士等高学历人才给予薪资、购房等补贴。时代阳光成立博士后流动工作站，核芯、盛迩威、异蛇科技等引入专家10多人。

园区按照“6+2”建设实施方案，加快推动平台建设。不断加强基础设施建设，九条路网基本完工；河西污水管网和供水管网正在建设中。推进服务平台的建设，园区整体规划沙盘完成制作，于园区党群中心产品展示区内设置；厂品规划展示的客户接待平台、企业服务的一站式窗口与园区党群中心服务功能有效整合，正在有效运营；劳动力服务中心投入运营。大型商贸广场、超市、医院、学校入驻园区，以“城市化”“景区化”标准，促进产城融合。全面完成已建道路的纳污管、排水管50千米。加强电网建设，完成电网改造18.6千米，建设双回路电网。做好通讯网络，铺设通信光缆35千米，移动、联通、电信等宽带网络均进入所有企业。服务平台方面，创新创业大厦封顶，进入装修阶段。

拥有高新技术企业11家，培育省专利示范企业3家，市专利示范（试点）企业6家，雅大科技获批为全国知识产权优势企业。拥有省级以上技术中心或研发机构4个、科技企业孵化等科技创新服务机构20家，其中包括众创空间2家，拥有湖南科技学院、永州职业技术学院等4所院校，拥有大专以上学历3665人。有28家企业与中南大学、湖南中医药大学、湖南理工大学、湖南科技学院等13家高等院校建立长期友好的合作关系，成立锰产业战略联盟、中医药战略联盟等产学研技术联盟，与湖南科技学院、永州职业技术学院合作建立创新创业基地、教学实训基地7个，引进国际国内先进技术10余项，有力支撑新型产业的发展。

申请专利175件，授权专利80件，技术合同成交金额0.62亿元，科技成果24件，获省市科技奖励10余项。时代阳光药业“中成药大品种喉咽清口服液核心技术的现代研究及产业化”获湖南省科技进步三等奖，是“2016年度湖南省制造业技术创新十大标志性成果”“时代阳光现代中药科技创新创业团队”获批“2015年度湖南省企业科技创新创业团队”。异蛇科技的“眼镜蛇的规模化人工养殖技术”获得湖南省科技进步三等奖，异蛇系列产品获得第二届中国国际林业产业博览会金奖。雅大科技专利“一种生料酿酒发酵剂”获得湖南省重点发明专利，入选“湖南省百项专利转化推进计划”等等。

2018年7月26日，祁阳获“国家新型工业化产业示范基地”授牌

【湖南祁阳经济开发区】 2018年，湖南祁阳经济开发区新增规模工业企业12家，实现规模工业总产值268.4亿元、增加值69.5亿元，同比分别增长17.3%、9%；实缴工业税金5.1亿元，增长38.6%；有3家企业产值突破10亿元，园区产业聚集度99%。经济总量、发展增幅均处全市前列，被列为“国家级新型工业化产业示范基地”，获评省双创示范基地、省创新创业带动就业示范基地、省发展开放型经济优秀园区。

推进园区建设运营由“政府建园，干部招商”逐步向“社会建园，企业招商”转型。重点以金荣集团合作为载体，打造好省级、国家级孵化器、众创空间和创业服务中心，引进更多的社会中介和服务平台参与园区建设、招商、运营和管理，通过专业策划和服务，力求在园区招商体系，平台建设，产业定位、规划及指导，园区运营，投资共建等方面创新突破，打造产业链、孵化链、创新链、服务链，构建企业发展生态圈，引领园区步入转型发展的快车道。园企合作重点项目科创产业园、科技企业孵化器、智慧园区、智慧餐厅、双创大厦等项目顺利推进。

完成基础设施投资10亿元，实施和完善“6+2”标准化建设，助推产业升级、功能提升。产业配套方面，科创产业园1.1期36幢10万平方米厂房全面开工建设。1.2、1.3期10万平方米厂房及双创大厦启动设计论证。科技企业孵化器运营，入驻企业32家。智慧园区启动建设，覆盖面积693公顷，全市园区首家智慧餐厅投用。设施配套方面，白竹污水处理厂、白水污水处理厂、新埠头自来水厂建成投用；农贸市场、新建路网工程、安置区建设进展顺利，燃气入户使用；城市综合体、浯溪小学启动建设前期工作。

狠抓产业招商，培育产业集群，壮大产业规模。强化招商选资，严把招商项目源头关口，严格执行“四不准入”：落后产能、过剩产能的项目坚决不准入；不符合环保法律法规的项目坚决不准入；不符合产业发展规划的项目坚决不准入；低效益、低税源的项目坚决不准入。同时，秉持“转型发展、绿色发展”理念，对接“中国制造2025”，瞄准机械制造、电子信息、新型材料等新兴优势产业链，定向推介、集群承接，转换发展新动能。按照项目集聚、产业集群、资源节约的原则，动员一切力量大招工业项目，招大工业项目。重点引进与产业集群关联性大、带动性强的大企业、大集团，切实增强经济发展后劲。推进从招项目向招产业转变，从产业集聚最关键的旗舰型企业入手，引进发展科技含量高、产业关联度高、辐射带动性强的高端企业，推动产业成链、企业成群发展，发挥“招一个、引一串、带一片”的连锁效应，走“大项目—产业链—产业集群—产业基地”的发展之路。

引进5000万元以上工业项目12个，签约总金额35.6亿元；与金荣集团“政企合作、园企共建”取得重大进展，有54个项目入驻科创产业园。有31个产业项目纳入市县考核，总投资112.5亿元，实际完成投资62.6亿元。其中，品颜科技、聚达电子、华励纺织、泰戈服装等10个项目建成投产，凌礼实业、德明农机等3个项目计划投产，凯盛二期、宇晖重工、民生药业等18个项目加快建设。

推动企业研发机构建设。完善科技孵化器发展政策，创建省级孵化器，构建“创业苗圃—孵化器—加速器—创业基地”的全周期孵化育成体系，支持种子期、初创期中小微企业技术创新、商业模式创新活动。引进培育一批质量认证、试验检测、电子商务、信息服务等创业创新服务中介机构，为创客提供各种办公配套、政策咨询、市场营销、法律服务、投融资对接等中介服务。支持企业与高校、科研机构建立产学研合作平台，开展技术研发、推广和产业化合作，共同开发新产品，推动重大科技成果产业化应用。推进“腾笼换鸟”工程。稳妥处置“僵尸企业”，采取托管经营、扶持发展、破产退出等多项措施，逐步让“僵尸企业”退出市场，为优质项目发展腾出空间，有序盘活闲置低效用地。

按照“企业需要什么就提供什么、遇到什么难题就解决什么”的原则，加强要素保障。先后为企业解决办证、用地、用工、水电、住宿、融资、奖补、保险及保障等困难和问题63项，其中，完成重点企业拆迁110余家，完成11家企业用地挂牌，储备土地80公顷；协助企业招工3000余人、对接融资5000万元以上、争取项目资金4000万元、兑现财政奖补资金3496万元；新增养老保险缴费费率过渡试点企业17个（家），企业年节省成本1200万元以上；落实企业公租房198套，推进后勤服务社会化改革。

坚持“所有部门都是服务部门、所有岗位都是服务岗位、所有人员都是服务人员”，开展“实体经济三走遍”“工业企业服务年”、涉企违法行为专项打击等各类优化经济发展活动。全面提升干部队伍执行力，推行“干部驻厂　全域服务”，升华“保姆式”和“母亲式”服务，打造品牌服务和特色服务。对投资项目有关手续实行全程代办制，对重点项目实行“一个项目，一个领导，一个协调服务小组”“三个一”工作制，对生产企业实行“封闭式”管理，规范和控制涉企业检查。不断完善内部管理制度，建立和完善首问责任制、限时办结制、定期走访制、专人联系企业制，为企业提供“零距离、零障碍、零缺陷”服务。

【湖南东安经济开发区】 2018年，东安经济开发区完成规模工业总产值127.2亿元，增长29.8%；完成规模工业增加值36.88亿元，增长8.51%；完成税收1.537亿元，增长64.55%；进出口额完成7000万美元，增长28.5%；建成标准厂房建设面积7.3万平方米，土地储备面积90公顷，基础设施投入7.7亿元，新增入统企业8个。2018年前三季度在市对县园区升级考核排名中，经济指标任务在全市排第三名；重点项目建设任务在全市排第一名。

核心区“三纵三横”6条道路的地下管网、路面“白改黑”及绿化、美化、亮化全面完成，创新创业服务大楼完成主体工程，同时规划建设物流园、工业园学校、医院等一批配套设施，根据企业需求新开通公交线路，园区环卫、绿化管理进一步规范。新签约入园红狮固废余热发电、兴发保温、伟丰服饰、硕威电子、昭日新能源、营纯服装、泰源乐器、星隆无纺布、瑞祥锌材料、上海华维农业水利装备产业园等10家企业，计划总投资17.2亿元，均已开工建设或投产。续扩建项目5个，新扩增投资2.2亿元。园区环评通过省专家评审，园区内各企业、项目环评完成综合整改。主导产业初步明晰，形成以神华火电、红狮水泥、中民筑友、兴发保温等企业为代表的能源建材产业；湘江焊材、黄金集团等为企业代表的矿产品加工产业；品威集团、菲斯特电子等企业为代表的电子制造产业；凯翔鞋业、凯信鞋材、伟丰服饰、毅荃服饰等企业为代表的鞋业/纺织制造产业；林安雅竹业、舜皇峰竹业、歌诺雅乐器制造等企业为代表的竹木产品深加工产业。

整治停破产企业，盘活园区土地存量。通过招商引资“腾笼换鸟”成功处置“僵尸”企业5家，分别是吉祥食品、苗苑木业、华达塑料、华林环保和东安鸡深加工，清理土地27.47公顷，厂房5万平方米。

【湖南双牌工业集中区】 2018年，湖南双牌工业集中区有规模工业企业45家，园区技工贸总收入完成72.41亿元，增长26%，规模工业总产值完成70.3亿元，园区规模工业增加值完成17.89亿元，分别同比增长23%和24.48%；园区规模工业企业实缴税金完成0.8亿元，增长21%；工业集中度88.9%；主导产业占比67.21%；双宏电子、键特电子、晶华电子等电子信息主导产业新增3家配套的小微企业，分别是丰利电线、伟拓电子科技、双大机电。进出口额完成639万美元，增长15.17%。新增入统规模工业企业7家，分别是紫琳服装、湘缘食品、双润竹制品、阳明竹咏、德永玩具、昊利新材料、双宏电子；规模工业企业开工率100%；新增厂房面积4万平方米；新增土地储备66.93公顷。

抓规划修编，明确园区定位。按照建设“工业新城、城市新区”的总体要求，年初启动对园区规划修编工作，得到省住建厅批复，正在进行调区扩区工作，规划修编出成果，并制定园区5年发展规划，进行园区的区域环评和环境跟踪评价工作；抓创新创业园建设，完善功能配套。完成“135”创新创业园区新建标准厂房9幢10.7万平方米室内外消防及4号楼改造建设，兴办“职工之家”食堂，为入园企业员工提供食宿服务；开工建设大门围墙工程；抓基础项目，构建园区框架。多方筹资投入上亿元，实现核心工业园2.5平方千米“七通一平”，先后拉通春风路、平安路、铁东二路北延等园区道路，启动新建园区污水处理厂项目，疏通和完善园区雨污管网，建成火车站广场、小游园景观景点，园区的绿化、美化、亮化基本完成；抓园区共建，增添城市元素。争取和吸引社会资本和各方力量投入到园区建设中来，协调房产局启动新建3幢公租房和2幢高层电梯公租房；开通重点时段园区至县城的企业免费公交车；工业集中区人才服务中心及党群（政务）中心成立，为企业零距离服务；集贸市场正在建设；供电、通讯等设施实现全覆盖。

新增入园5000万元以上的工业项目6家，即昊利新材料、德永玩具、中标键普、尚昇生物、麦克斯新能源、新奥能源。新增5000万元以上的工业项目竣工投产5家，即昊利新材料、德永玩具、尚昇生物、阳明竹咏、德普瑞生物。纳入市重点项目5个，竹产业科技园完成“三通一平”及部分主体工程建设，完成挖填土石方75万立方米，第一期1号~2号厂房完成建设；德普瑞生物项目完成厂房、办公楼主体和装修工程，以及厂区道路硬化，调试生产设备，做生产前准备工作，年底前实现试产；昊利新材料项目完成可研、环评、安评、规划设计、厂房和办公楼维修装修、机械设备采购安装，年底前实现一期工程竣工投产；德永玩具制造投入生产；尚昇生物项目完成厂房装修，购置原材料和设备，11月中旬投入生产。

【湖南道县工业集中区】 2018年，道县工业集中区实现规模工业总产值130.2亿元，增长25.63%；规模工业实缴税金2.07亿元，增长104.5%；规划总面积30平方千米，开发建成8.2平方千米。

完成基础设施投资8亿元，实施和完善“6+2”标准化建设，助推产业升级、功能提升。产业配套方面，宏发创业园完成15万平方米厂房建设，并投入使用。以碧桂园项目龙头，以朝阳学校、六小、示范性公办幼儿园、湘南医院为核心，以样板路建设为牵引，以公交线路为拉动建设城市发展新区；以湖南农副产品集中验放场建设为依托，以宏发、奔腾、永旺等6个创新创业园建设为着力点，推进道县新型工业发展新城；以占地13.4公顷的道州文体公园和占地6.73公顷的绍基公园建设为基础，推进园区文化娱乐设施建设，初步把道县工业集中区建设成产业园区、森林园区、生态园区。

实施市重点项目12个，总投资37.91亿元，占年度计划投资20.8亿元，其中，续建项目1个（湘粤桂综合物流园建设项目）；新建项目12个：美莱珀、广上运动品、嘉盛欣运动品、凯新鞋业二期、宝多宝、广东高科技商会产业集群、纳米氧化镁复合材料等12个项目全部开工建设，广东高科技商会产业集群、嘉盛欣运动器材、凯新鞋业二期、湘粤桂物流园、美莱珀、永神照明等项目完工投产。

出台《进一步扩大开放鼓励投资的若干措施》，围绕资源优势和产业布局，通过夯实招商基础、创新招商思路、转变招商策略等举措，注重商会招商、以商招商和中介招商，加强与沿海多个商会和道县异地商会的深度合作，小分队精准跟进对接。全年对接意向投资项目126个，成功引进签约项目19个，齐力电机、精智电子、嘉盛欣运动品、华佳纳米新材料等18家企业落户道县工业园区，合同引进资金26.56亿元，到位资金18.15亿元。同时，加快建溢、广上、三雨、广弘等项目总部建设进度对接洽谈，促成广上、广弘、三雨、黔龙环保6家项目总部落户道县园区；做好招商引资与盘活存量资产无缝对接，利用园区存量资产落地建设的5个，盘活关停企业5个，盘活闲置厂房6万余平米，盘活闲置土地28公顷。

下放涉企审批权力37项，做到项目审批不出园，从而提高行政工作效率。在信息平台建设方面，启动并建成道县工业云平台，鼓励和推广企业应用ERP（企业资源计划管理系统）以及地理信息管理系统。智慧道州、无线"WiFi"园区基本实现全覆盖，道县农村淘宝总部设在园区，园区大部分企业实现触网销售。

县财政预算每年安排不少于1亿元的开放型经济发展专项资金，并根据开放型经济发展情况适当调整。出台《关于加强工业企业用工服务的工作措施》23条，进一步优化用工政策、进一步优化配套服务、进一步优化招工方式方法、进一步发挥企业主体作用，多方位吸引人才向园区聚集。新增工业土地储备133.33公顷，收回闲置土地28公顷，新建标准厂房16万平方米，确保新引进项目用地、用厂房无忧。

【湖南江永工业集中区】 2018年，江永工业集中区有企业46家，其中规模以上工业企业39家、规模以下企业及其他7家，投产企业43家，在建企业3家。实现技工贸总收入50.06亿元，增长9.41%；规模工业总产值42.08亿元，增长16.38%；规模工业增加值11.21亿元，增长14.79%；新增入统规模企业5家；实缴工业企业税收0.49亿元，增长27.07%；新增工业企业竣工投产数11个；园区工业项目投资强度205万元/亩；园区工业集中度90.06%，比2017年提高0.9个百分点；园区主导产业聚集度67.7%，比2017年提高0.07个百分点；高新技术企业户数占园区规模工业企业数的比重48.57%，比2017年提高0.34个百分点；新建标准厂房面积4.8万平方米，同比增加1.6万平方米；基础设施投入7.803亿元，新入驻园区企业7个；固定资产投资过5000万元以上项目新开工8个；新增过亿元企业2家。利田工业区利田大道、滨河西路南、北段和霞凤路白改黑工程全面竣工投入使用；完成健发产业园厂房装修工程，厂区道路、排水工程的建设，并交付使用；总投资6000万元的园区第二污水处理厂开工建设。

推进省政府下达的"135"工程项目建设，将工程作为打造县域经济新动力、夯实经济发展后劲，促进创新创业的一项重要工作来抓。完成绿色工业创新创业孵化园标准厂房项目建设，全面启动园区公租房建设。完成投资5760万元，完成标准厂房竣工面积4.8万平方米，引进青鹤铝业、鸿南电子、纵点纺织、龙毅科技等企业（项目）6家。

竣工投产的工业项目有永和玻璃、江永县温氏饲料厂、中信家具、江永县香芋加工项目、万家门窗有限公司等企业8家。绿色能源项目办公楼及教研楼，2幢厂房全面建成竣工并交付使用。投资4500万元、占地3.44公顷的健发产业园标准厂房建设项目3幢标准厂房全面装修完成，并交付使用，基本完成厂房外路面硬化、绿化及给排水等附属工程建设。

坚持"四零"原则。做到"让企业办事零距离，建设零干扰，服务零不满，环境零障碍"。为青鹤铝业、鸿南电子、纵点纺织、香芋加工项目、龙毅科技、江永县温氏饲料厂等企业和在建项目提供企业融资、用工服务、土地使用、规划设计和建设等方面的服务，企业对园区服务满意度98%。

【湖南江华高新技术产业开发区】 2018年，江华高新技术产业开发区实现技工贸总收入173亿元，增长16%；实现规模工业总产值158亿元，增长20%，其中高新技术产值占比65%；实现规模工业增加值42亿元，增长10%；缴纳税金7.2亿元，增长21%；实现外贸进出口总额4.1亿美元，增长21%。园区各项主要经济指标保持较高增速，超额完成市级下达的考核目标。先后获评为全省真抓实干成效明显园区、全省发展开放型经济优秀园区、全省平安园区，在全省139个省级以上园区综合评价中排名第十一位，并成功纳入湖南省产业园区体制机制创新试点园区。6月，全省优化发展环境现场推进会在江华召开，"江华现象""江华模式""江华速度""江华精神"获得湖南省委书记、省人大常委会主任杜家毫的肯定和推介。

坚持问题导向，加强项目调度，健全考核机制，倒排项目工期，实施挂图作战，形成项目“集群式”落地，“抱团式”入驻，“链条式”发展的态势。抱团入驻的贵德光电、盛华达电池、邦特尔智能终端、汇高电子、中科能源等13个产业链项目建成投产，年新增产能30亿元，新增进出口1.5亿美元，显示功能材料、先进储能材料、先进硬质材料、人工智能及传感器、文化印刷五大新兴产业链初具规模。推进企业提质升级，新培育飞优特电子、飞信达科技、邦特尔智能设备、金洱电子、盛华达电池、力王新能源等28家企业入统规模工业企业，完成全年目标任务的280%，总量居全市第一位。外贸新增破零企业12家，外贸企业总数达到23家，外贸进出口总量和增速均位居全市第一位。

用好用活“135”工程、IPO绿色通道等优势政策，设立扶持企业挂牌上市专项引导基金，采用股权投资、定向增发、代建厂房、生产设备补贴等方式来扶持项目发展，变“引企业”为“引集群”，加速现有产业的链化延伸、补缺。依托“海联三湘行”“赢在江华”论坛等活动载体，充分发挥上市企业孵化园、深圳渠成资本、东莞证券公司等专业招商平台优势，签约引进新凌嘉电池、贵威生物、运弘达电机、综合性现代物流园、海螺配套堆场、丰采光电、硕江实业、和顺纸品、海螺光伏发电、昌明印刷、弘乐电子、森旺电机、顺合电机、锐森电子、恒创新材料、日佳服饰、优塑科技、德诚新材料、禾迪电机、长锦成电机等20多个项目，合同引资45亿元，增长16%。有明意湖科技、力王高科、运弘达电机、丰辉电机、盛华达锂电池、汇高电子、中科新能源及丰采光电等项目建成投产，丰辉电机二期、综合性现代物流园、菊粉生物科技、力王高科二期、锐森电子、顺合电机、昌明印刷、恒创不干胶等项目开工建设。有驰展科技、华创威新材料、盛波光电等一批科技含量高、成长性好的项目正在洽谈之中，准备签约。

组织申报中小微企业核心服务机构、创业创新基地、双创示范基地等平台，成功创建省级科技孵化器1个。自主申请专利181件，转让发明专利12件、实用新型专利50件。组织园区九恒、明意湖、金蚂蚁等15家企业参加2018中国（长沙）网络安全·智能制造大会，园区高科技产品首次亮相国际舞台。明意湖5G手机膜项目获得湖南省第五届创新创业大赛一等奖，并代表湖南参加全国大赛获优秀奖。加强与中南大学、中国科学院大学等高等院校合作，在县农委、贵德集团设立博士工作站2个。继续发展高科技项目，对成功申报高企的一次性奖励50万元，新培育九恒数码、紫东建材、邦特尔智能设备、威斯特机电、冯河大龙山、泰聚电子、同泰中药、金洱电子、同丰粮油、飞优特电子、飞信达科技、华晶世纪科技、耀辉包装、绿宝石、金蚂蚁等15家高新技术企业，高企数量达到22家，园区逐步成为大湘南地区高新产业聚集地。

完善联席会议制度，成立企业服务中心，推行指挥长负责制、全程代办制、限时办结制，继续提供“母亲式”服务。成立全市第一个县级海关工作站、全市第一个进口保税仓和出口监管仓，设立出口退税资金池，进一步降低企业通关成本。园区累计筹集资金14.02亿元，其中融资到位资金6.24亿元，向上争取资金1000万元，兑现招商引资优惠政策奖励金及企业奖补资金4.95亿元，增长482.35%。投入约8亿元，完善园区“七通一平”基础设施，加强雨污分流管网、供水管网升级改造，开工建设现代综合物流园、九恒家博园，开通江华至义乌、江华至深圳的物流专线，建设学校、医院、酒店、公租房等配套设施，不断完善城市配套功能。加大征地拆迁力度，向上争取用地指标，征收土地27公顷，签订贵威生物科技、滨江风光带等38户房屋征收补偿安置协议。新增储备土地面积60.87公顷，挂牌22宗国有土地70.27公顷，满足贵威生物科技、丰辉电机、顺林模型、力王新能源等项目建设的用地需要。开展就业服务，通过微信公众号、宣传手册、招聘会等宣传平台，举办大型招聘活动38场次，达成就业意向5700余人，基本保证企业用人需求。受理54起园区企业劳动纠纷事件，成功调解31起，依法移交县劳动仲裁院23起。

打造平安园区，投入“集打斗争”，扩充治安巡逻力量，完善考核激励淘汰机制，为园区企业和重点项目保驾护航。全年处理各类警情392起，调处矛盾纠纷176起，办理行政案件37起，行政拘留65人（其中三强7起15人），追回被盗摩托车26台，小车2台及其他物资一批，为园区和企业挽回经济损失近80万元。强化安全监管，推动企业开展安全生产“标准化”创建及社会化服务工作，有13家企业达到标准化三级以上，5家企业签订安全生产社会化服务。围绕“职业卫生执法年”活动，园区27家企业完成作业场所职业病危害申报，689人进行职业健康体检。及时发现安全生产隐患和督促隐患的整改，建立“一企一档”，排查隐患435条，整改435条，整改率100%。做好市政服务，加强渣土和建筑垃圾的规范化管理，查处170起乱倒建筑垃圾和渣土的行为，清理主要道路边的塌方土、乱倒的渣土和建筑垃圾8000多立方米。及时修复280多处园区道路破损雨水井，加强929套出租房屋的管理，开展高新区的烟花禁燃工作，制止违规燃放烟花爆竹5起。

【湖南宁远工业园区】 2018年，湖南宁远工业园区完成规模工业总产值139.6亿元，增长19.32%；规模工业增加值36.3亿元，增长8.6%；规模工业实缴税金2.03亿元，增长58.6%；规模工业用电量4.3亿千瓦时；进出口额超过1.5亿美元；新增入园5000万元以上的工业项目18家，其中竣工投产10家；新增入统规模工业企业10家；新增高新技术企业12家；工业集中度92.8%；完成基础设施投入16.2亿元；新增储备土地面积102.4公顷；新增厂房面积48.6万平方米。污水处理厂建成投入运行；城北自来水厂、园区110千伏变电站正加速推进；智慧园区展厅投入使用；华润燃气项目完工；园区新开工建设道路6条，宝峰路、舜华大道延伸线完工通车，“两横三纵”园区路网建成；连接3个园区的新能源公交车线路全线通车，园区的生产和生活硬件条件日渐完善。成功创建为省级高新技术产业开发区，同时获得“湖南（宁远）台湾工业园”授牌，成为永州市首个台湾工业园。

推行“母亲式”服务，帮助企业解决生产经营困难，开展“工业企业服务年”活动，与园区各企业签订服务承诺书，结合“实体经济三走遍”活动，全体干部职工全员参与，一岗多责地开展一对一服务，对企业和项目反映的问题和困难逐一列出清单，明确责任主体和办理时限，全程跟踪督办，全年交办问题126项，办结率95%。推行全程代办“一站式”服务，企业只需与园区对接，其他工作全部由园区“跑腿”代办，限期7个工作日内办结，倒逼精简审批手续。对影响工业园区和项目建设的行为“零容忍”，净化园区发展环境，营造新型“亲”“清”政商关系。

【湖南新田工业集中区】 2018年，新田工业集中区完成规模工业总产值88.06亿元，增长13.98%；实现规模工业增加值20.25亿元，增长8%；工业企业实缴税金完成3460万元，增长43.87%。新入统规模企业5家（吉洲家居、吉名家居、冠瑜制药、凯威智能科技、百优特生物科技有限公司），完成年度任务的100%；新建标准厂房8.6万平方米，完成年度任务的122.86%；新增投入5000万元以上工业项目8个（吉星家私产业项目、和祥润新材料产业园项目、永联传动项目、凯威集团、科裕电子、恒荣电子、百优特生物科技、新田天宇吉祥产业发展有限公司工业地产项目），完成年度任务的114.29%；新增5000万元以上竣工投产项目5个（冠瑜制药、凯威集团、温氏集团、百优特、科裕电子），完成年度任务的125%；主导产业集聚度79.55%，工业集中度97.51%。

围绕“产业项目建设年”，开展招商工作。县领导带队外出招商10余次、考察企业50余家，接待企业到新田考察和谈判50余批次。与异地新田商会加强合作，成功举办招商项目推介会1次、商会交流活动3次。通过采取中介招商、以商招商、驻点招商等多种方式广泛招商，签约2家中介招商机构（天宇吉祥、广聚服务），引进投资5000万元以上的工业企业8家（吉星家私产业项目、和祥润新材料产业园项目、天宇时代、凯威集团、科裕电子、恒荣电子、百优特、新田天宇吉祥产业发展有限公司工业地产项目），协议投资额21.35亿元。引进的投资5000万元以上的7家企业中，有3家是电子信息企业，入驻电子信息产业园，投资3.2亿元的凯威集团项目投产，自签约落户到试生产仅用72天，创造新田最快的项目建设速度，在《湖南日报》头版头条进行报道。投资2亿元的科裕电子项目和投资0.55亿元的恒荣电子项目完成设备安装。

产业项目建设全面推进。列为园区升级战役的重点项目经过调整有10个，累计完成投资13.5亿元。其中吉星家私产业园完成部分土地平整，6号厂房正在进行主体建设，2号厂房正在进行基础施工。奕豪电子项目完成两幢厂房主体建设，第三幢厂房地面完成硬化。湖南康诺华生物科技项目的三幢厂房1万平方米完成主体建设，正在进行周边基础设施建设。凯威智能终端项目投产，单月产值超过5000万元；科裕电子制造项目所需的电子信息产业园4#装修完成，设备安装基本到位，已于11月23日投产。恒荣电子项目所需的电子信息产业园5#装修全部完成，正在安装设备。顺源生态农业项目和芳特娱乐设备项目正在加快主体建设。园区2017年新建成的广隆食品、吉洲、吉名等企业相继投产，为园区经济增长增添活力；林丰复塑板、闽新二期、龙昶机械新型钢制塔架、吉星智能沙发等大批企业新增生产项目或扩大产能，产值和效益呈现增加趋势。加快园区水电路讯等基础设施及配套工程建设，完成玉麟路升级改造，双碧街和土珠山路收尾工程全部完成。与城区连接公交线路开通，园区污水管网建设实现全覆盖，学校、医院、生活超市、商务酒店、客户接待平台、企业服务一站式窗口等基础配套设施日渐完善，全面夯实园区发展基础。园区成功创建国家林产工业示范园区，成功创建省级企业孵化基地。

环保整改落实到位。对照省、市环保督察反馈问题，召开10余次会议，制定整改方案，研究工作措施，各项整改任务全部完成。园区安全生产工作总体平稳，未发生重大安全责任事故，实现安全生产“零死亡”目标。组织召开企业负责人安全生产知识培训会4次，邀请省、市相关领导到园区授课2次，组织消防应急演练10余次，培训园区企业主、安全生产管理人员及员工约1600余人次。开展安全生产大检查，每月组织人员深入各个企业不低于2次，开展各类专项检查活动6次，发现问题（隐患）100余处，发出整改通知68份，约谈园区企业主要负责人50余人次。鼓励企业创建安全生产三级标准化，采取“433”模式（即政府承担企业创建经费的30%，园区承担企业创建经费的30%，企业自身承担40%的创建经费），成功创建安全生产三级标准化企业12家，通过专家评审企业6家，签订协议正在编制自评报告的企业7家，所有规模企业均申请安全生产标准化创建。参与协调事件60余件、协调次数100余次，涉及600人次，无群体性事件和进京上访事件发生。

【湖南蓝山县经济开发区】
2018年，蓝山县经济开发区规模工业总产值完成135.36亿元，增长21%；规模工业增加值完成32亿元，增长8%；园区工业集中度92%；入统规模企业12家，新增入园5000万元以上的工业项目数9个，新增竣工投产5000万元以上工业项目6个；外贸进出口额完成2.2亿美元，增长29%；税收实现1.2亿元，增长20%。是年，蓝山县被授予“中国毛衫名城”“中国纺织产业集群试点县”称号，蓝山县经济开发区获评2018年度湖南省科技强县先进单位。

成功签约招商引资项目7个，总投资5.5亿元，其中亿元以上项目2个。深化“迎老乡、回家乡、建家乡”活动，创建“流动党组织+皮具产业链”模式，做大做强蓝山的皮革皮具产业。是年，蓝山县委书记秦志军先后5次领队赴粤招商，以“四皮五干”精神（即硬着头皮、厚着脸皮、磨破嘴皮、踏破脚皮，晚上当着白天干、雨天当作晴天干、假日当作平时干、两天事情一天干、两人事情一人干），招商取得成效。9月10日，蓝山成功举办“2018中国蓝山皮革皮具招商推介会暨皮革皮具产业研讨会”，全国200余名皮具行业翘楚及皮具研究专家云集蓝山，现场签约投资项目11亿元。应邀参加温州商会、广州中小企业促进会、2018·中国皮革智慧产业高峰论坛暨第三届全国皮革工业标准化技术委员会换届大会、中国皮革协会箱包皮具专业委员会·2018年会等系列活动并作招商推介，吸引大批行业协会、国内外知名企业50批次到蓝山考察，签约企业11家，投资规模20亿元。截至2018年年末，引进皮革皮具企业72家。创建新模式，发展“皮革皮具生态智慧园区”。以“委托招商+产业基金”方式，与中国皮革协会、众皮联、清控科创携手合作，共同签订《蓝山皮革皮具生态智慧产业园合作共建合同》，出资60亿元打造“蓝山皮革皮具生态智慧产业园”，项目规划用地160公顷，拟引进20家品牌皮具企业总部及400家皮具企业，建设研发设计中心、原材料直购中心（020）、产品展示中心，年产值200亿元，年税收3亿元。出资4.04亿元建立“蓝山皮革皮具产业转型升级发展基金”，助推皮革皮具产业在蓝山转型升级，打造蓝山“中国皮具创新之都”和“全国皮革皮具产业转移示范基地”。

星月玩具三期项目完成基础设施建设，主体工程进度过半。德晟纺织服装工业园项目安装完机器设备，续建四幢厂房加快建设。皮具产业园项目建成标准厂房6幢，园区内主道、装修工程及配套基础设施完工，部分企业入驻，总部大楼完成地勘。舜蓝茶油科技项目主体基建完工，正在室内装修和设备安装调试。标准厂房二期工程项目10公顷土地完成征收和清表、场地平整，主体工程完成招标。万和科技项目建成厂房4幢1万平方米，入驻企业3家，用工150人。龙泉大道金石路项目攻克拆迁难题，进入建设快车道，龙泉大道完成东方大道至学府路路基、地下管道、水稳层施工，路面进行硬化。示范性学校项目1、2、3号教学楼、宿舍楼进入主体施工阶段。

园区基础设施（工业污水处理厂、自来水厂、变电站、客户接待平台、创业孵化中心、企业服务一站式窗口和劳动力服务中心、集中供热和供气）建设稳步推进。建成专家公寓楼2幢，综合性文体休闲中心1个，商务酒店1家，现代商贸物流平台1个，样板路1条，住宅小区1个，生活性超市1家。在建设综合性医院1家、样板路1条，新增1条城区公交线。工业污水处理厂建设项目主体工程完成招标，该项目完成土方平整、施工围挡安装、用水用电设施，氧化沟、污泥提升泵站、沉池基坑开挖等工程完成进度90%。

交通运输业

综　　述

【概况】　2018年，永州市交通建设投资目标任务完成61.9亿元，完成率113%。干线公路目标通车里程124千米，农村公路窄路加宽目标完工里程714千米，自然村通水泥（沥青）路目标完工里程2063千米，均超额完成省、市考核任务。省道356江华沱江至涔天河一级公路、东安芦洪市至小江口公路（二期）、国道207零陵朝阳大道段等一批重点项目建成通车。湘桂铁路永州地区扩能工程、永州火车站提质改造、零陵机场扩能扩容项目进展顺利。呼南高铁邵永客专、兴永郴赣铁路、永贺铁路列入国家《中长期铁路网规划》，永清广高铁纳入《粤港澳大湾区城市群发展规划》。衡道高速永州（冷水滩）至零陵段建设里程在原规划35千米的基础上增至59千米，投资额由原计划的31亿元增至60亿元；衡阳至永州（冷水滩）段、永州（冷水滩）至零陵段列入省“十三五”高速公路招商引资推介项目。湘江永州至衡阳千吨级航道改扩建工程获得突破性进展。实施“打非治违百日行动”“两客一危”整治行动，加强交通工程建设领域监管，全市道路运输安全“隐患清零”工作在省考核中排名靠前，卸载超限率控制在1.5%以内，交通工程优良率位居全省前列，交通安全生产形势稳中向好，是全省唯一一个没有发生交通运输责任事故的市州。推进交通运输“放管服”改革，全市交通服务水平明显提升。全年完成农村公路建设投资16.6亿元，脱贫攻坚自然村通水泥路建设提前超额完成省考核任务，全省重点民生实事农村公路建设考核获全省一等奖。新成立市公交公司，投入2.1亿元资金购置纯电动公交车260台投入运营，公交运营管理和服务水平大幅提升。新开通永州至重庆等3条航线，全市航空航线增至10条；新增高铁4对，全市高铁达23对。

年末，市委、市政府对市直单位绩效评估等十三项工作进行通报表彰，市交通运输局获得12个单项先进单位奖，分别获评市直单位绩效评估优秀、污染防治工作优秀单位；“六大战役”重点建设先进单位、自然村通水泥路优秀重大基础设施项目，湘桂运河项目和衡道高速冷水滩至零陵段项目分别获评重点前期项目先进单位、社会治安综合治理工作先进单位、平安单位、党风廉政建设优秀单位、统战工作优秀单位、党办系统统筹联动工作优秀单位、人口和计划工作优秀单位。同时，另有春运工作受到省春运办表彰，获评先进单位；民生实事农村公路建设目标管理受到省交通运输厅表彰，获评一等奖；平安创建工作受到市委政法委表彰，获评平安创建示范单位称号；生态环境工作受到市环境整治战役指挥部表彰，获评先进单位称号；中共十九大期间，信访维稳工作受到市委通报表彰；治超工作受到市政府通报表彰，获评先进单位称号；行业扶贫工作受到市扶贫开发领导小组表彰，获评先进单位称号。

【自然村通水泥路建设超额完成】2018年，湖南省对永州市重点民生实事自然村通水泥（沥青）路建设目标考核任务是2000千米。永州市组织开展提前实施项目验收，确保全市自然村通水泥路提前实施项目数据真实；开展项目调规，增强自然村通水泥路建设的合理性和最需性，确保符合条件的自然村“应统不漏”；市交通运输局牵头制定《永州市自然村通水泥（沥青）路施工质量和安全操作手册》，确保自然村通水泥路项目质量合格、工程优质；开展自然村通水泥路建设劳动竞赛，在全市掀起建设高潮，实现全市总体进度大赶超；强化督导，坚持深入施工一线进行项目督查，确保自然村通水泥路在省交通运输厅规定时间内全面完成。完成脱贫攻坚自然村通水泥（沥青）路建设2063千米，占目标考核任务2000千米的103%，超额完成目标考核任务。

【交通行业扶贫】 2018年，湖南省对永州市交通行业扶贫考核分为3分，涉及指标为农村公路窄路加宽700千米，安保工程1376千米，自然村通达2000千米。截至2018年12月，全市完成窄路加宽714千米，占目标考核任务700千米的102%；安保工程建设完成1376千米，占目标考核任务1376千米的100%；自然村通达完成2191千米，占目标考核任务2000千米的110%，完成考核任务。年内，全市完成各类农村公路建设5099千米，危桥改造60座，完成投资16.6亿元

【“四好”农村路建设】 2018年，永州市围绕“建好农村路”这一主题，建成各类农村公路5099千米，建成一大批产业路、致富路。推动“四好”农村路建设层面上升，市委、市政府明确将“四好”农村路建设上升到党委、政府层面推进。是年，将冷水滩区作为省级“四好”农村路建设示范县向省交通运输厅进行申报。

【交通改革改制】 2018年，永州市稳妥推进交通改革改制工作，市级交通行政机构改革及行政职能划转顺利完成，零陵区客管办成建制并入市客管办；成功组建市城市公共交通运输有限责任公司，公交体制改革收官；研究制定出台关于全市出租车改革的3个规范性文件，出租车行业改革正在按计划稳妥分步实施；打好永州汽车运输总公司改制“攻坚战”，成功实现近2亿元养老保险全省挂账，基本完成清产核资、资产确权、“两个置换”等工作，改制工作在困境中推进。

【赵应云到交通运输部汇报工作】 2018年3月15日上午，中共永州市委副书记、市人民政府市长赵应云，市委常委、副市长周荣峰，就永清广高铁、永州农村公路建设、衡道高速公路建设到交通运输部作工作汇报。交通运输部部长李小鹏对汇报事项给予明确支持。

【永州启动新能源汽车专用号牌】 2018年5月16日，永州市公安交通管理部门贯彻国务院办公厅《关于加快新能源汽车推广应用的指导意见》，按照对新能源汽车实行分类登记、分类管理的要求和湖南省交管局统一部署，启用新能源汽车专用号牌。新能源汽车专用号牌号码与普通汽车号牌相比，增加1位。新能源汽车专用号牌分为小型新能源汽车专用号牌和大型新能源汽车专用号牌两类，小型新能源汽车专用号牌为渐变绿色，大型新能源汽车专用号牌为黄绿双拼色。新号牌启用后，对新购置的新能源汽车，车主可以直接到公安交通管理部门申领新能源汽车专用号牌，申领新能源汽车专用号牌的条件、程序和要求，与普通汽车号牌相同。新能源汽车主要包括纯电动汽车、插电式混合动力汽车和燃料电池汽车三类。

【永州中心城区“绿色公交”全覆盖】 2018年8月，永州市冷水滩、零陵两个中心城区有公交线路26条。截至8月28日，全市投入纯电动车530台、LNG天然气清洁能源车130台，冷零中心城区基本实现“绿色公交”全覆盖。更换的纯电动车型和天然气清洁能源车具备零排放、零污染、低噪音的特点，其每公里运营费用低于天然气公交车等车型。车外观从之前的8米多增至10米多，车辆内部加装冷、暖风系统，在夏天和冬季也可以保证车厢内冷气和供暖的需求，可为乘客提供更好的公交出行环境。9月底，高排放公交车淘汰、注销工作完成，传统柴油动力公交车告别历史舞台。

（吕定禄）

公路建设与养护

【概况】 2018年，永州市公路工作完成各项目标任务，公路路况稳中有升，依法治路严中有序，公路运转安全顺畅。按时完成中央第八巡视组、省委第六巡视组交办的3件信访件。配合市委巡察组对市公路局的巡察，对巡察发现的5类38个问题，先后10次召开党委会和行政办公会研究整改措施，领导班子成员主动认领整改清单。对问题整改实行销

2018 年 9 月 26 月，永州市公路局第五次党员代表大会召开

号制，9 月底全部整改到位，修订完善《永州市公路局党委议事规则》等 39 项规章制度。永州路桥党支部成功创建全市“五化”示范支部。永州公路综合排名全省第二位，获得“2018 年度全省公路工作红旗单位”称号。驻点扶贫村祁阳双龙桥村被祁阳县委评为“美丽乡村建设先进村”，顺利通过省、市、县脱贫考核验收；驻点扶贫队员宾晓武被评为优秀市派驻村帮扶工作队员。

【“交通提速”】 2018 年，永州市公路局围绕市委、市政府“交通提速”战役目标任务，建机制，抓落实，取得较好成绩。建设干线公路里程 36.66 千米，完成投资 7996 万元，占省交通运输厅计划投资的 106.7%，工程质量合格率 100%，安全生产零事故。参与干线公路建设项目前期工作评审，提出合理化建议 16 条。督查干线公路在建项目 4 次，考核干线公路建设 2 次，下通报 4 期，提出整改意见和建议 14 条。抽调 8 名技术骨干直接参加市交通提速战役。江华、宁远、双牌、东安等县区公路局发挥自身优势，承担公路建设的指导、监管职责，市局连续两年评为“交通提速”战役先进单位。永州路桥公司完成生产产值 4.3 亿元，建设通组公路 1263 千米，超额完成目标任务，获得全省通组公路建设优胜单位，接受人民群众赠送锦旗 62 面。

【公路路况】 2018 年，永州市公路部门投入干线公路日常养护、应急保畅、公路安全生命防护工程和危桥改造经费 3.69 亿元，全市新调整后国省干线公路路况优良率 90.29%。坚持按“六率”标准规范公路日常养护，清理疏通涵洞 2050 道、水沟 636598 米，新建水沟 6525 米，修复波形护栏 4812 米，增设更换标志牌 1528 块、标线 44778 平方米。抓实抓细路面小修工程和预防性养护，全市累计投入养护资金 3000 万元，完成水泥路面局部破损板修复 183520 平方米，断角处治 1071 平方米，补灌缝 549 千米，裂纹处治 25777 米；完成沥青路面坑槽修补 12251 平方米，裂缝处置 4.19 万米。预防性养护实施里程 77.88 千米（沥青混凝土预防性养护 9.8 千米），占在养干线公路总里程 5.1%。永州美丽公路建设步伐加快，建设里程 265 千米。各县区财政投入加大，双牌县借“和”文化节之机投资 85 万元，对国道 207 线、省道 216 线植树种花提质建设美丽公路。道县结合“五城联创”活动，投入 420 万元，在国道 207 线种植乔灌木 6200 余株、草皮 8000 平方米，建设彩色沥青混凝土自行车道 16960 平方米，通车港湾 2 处。江永县借女书、千年古村等旅游文化，投资 40 多万元在省道 325 线建设停车观景区，升级打造旅游公路。农村公路养护里程 19127 千米，PQI 中等路以上 16393.75 千米、中等率 85.71%；新创建县、乡、村道绿化美化线路 167 条，总里程 767.586 千米，全市农村公路绿化率 85%。新创建文明示范乡镇 63 个，新创建县、乡、村道文明示范路 117 条，总里程 825 千米。农村公路列养 19127 千米（县道 2539 千米、乡道 4994 千米，村道 11594 千米），列养率 100%；农村公路县道常养里程 2539 千米，常养率 100%；乡道常养里程 4171.5 千米，常养率 83.53%；村道常养里程 8591 千米，常养率 74.1%。

【依法治路】 2018 年，永州市基本形成“政府主导、部门联动、全民参与”的齐抓共管公路保护机制，“路长制”管理模式逐步推广，全市国省干线路域环境得到有效的管控，路域环境基本实现“八无”目标。各县（区）将路域环境整治统筹到政府“环境整治”战役、“乡村振兴”等重点工作中，开展路域环境治理。冷水滩持续推进“五道五治”常态化制度化，江永县全域全路段实施“路长制”管理，零陵、双牌县分别开展“打非治违百日行动”、占道经营专项整治等行动，收到较好成效。全年清除路障3479处，拆除非公路标志5064块，取缔洗车加水点58处，拆除临时厂棚208处，制止违法建筑329处。累计查处违法案件165起，罚款36.772万元；查处公路赔补偿案件149起，收回公路赔补偿65.77万元。路政查处率99.6%，结案率100%，无行政复议和诉讼案件。对永州市移动公司在国省干线公路埋设、架设通信管线的案件进行专项督查督办，下达《责令整改通知书》和《督查交办通知书》6份，基本处理到位。下放行政审批7项，审批时限提速三分之二，受理行政审批事项110件，办结110件，办结率100%。开展执法人员培训5次，培训200余人次，选派10人参加省交通运输厅路政执法业务骨干培训。

【超限超载车辆治理】 2018年，永州市检测车辆532447辆，查获超限超载车辆1712辆，卸载超限超载货物31912.07吨，国省干线公路和超限检测站货车超限率控制在1.5%以下，治超查处率100%，结案率100%。制定完善治理货运车辆超限超载工作《一超四究制度》《治超责任追究倒查制度》等各项制度，根据交通运输部“十不准”纪律和“八项制度”，不定期开展执法评议检查12次。组建治超稽查队开展明察暗访，对发现的问题建档督办，跟踪整改，纳入绩效考核，稽查28次，交办整改问题17起。建立重点货运源头单位名录，重点货运源头单位向当地政府100%签订《2018年源头治超工作目标责任书》和《货物规范装载协议（承诺书）》，市、县（区）两级治超部门组织召开源头企业治超会议65次。开展流动治超1693次，严肃查处绕行、短途驳载等超限超载运输违法行为。联合执法以来，交警处罚5548分，公路部门处罚173台次，运管处罚源头企业19家。完成永州市治超信息平台和路网监测系统建设，召开非现场执法建设现场会，推广蓝山县非现场执法系统建设试点经验，提升全市科技治超水平。普通干线公路上分布的11个检测站配备静态称重设备和车牌自动识别系统，提升治超工作效率和规范化管理水平。依托治超站向过往司机分发宣传册5万多份，深入货运源头企业、站场宣讲政策法规60余次，在人员密集场所集中宣传200余次。组织局长大走访123人次，送法进企业264家，上门送服务、执法开放日129次，发放宣传材料1.6万余份，接受群众咨询6000余人次。

【畅安公路建设】 2018年，永州市畅安公路建设有序推进，全市公路运转正常，实现“零事故、零死亡”。落实重大隐患整改“一单四制”。省道交委挂牌督办的两起重大事故隐患“冷水滩G322线K132+900”“宁远S323与S326交会处”整改到位。完成零陵分水岭隧道、双牌塔山一号、司仙坳隧道等7座普通公路隧道入口安全防护整改主体工程。实施生命防护工程和危桥改造。完成普通公路生命安全防护工程计划里程1585千米（国省道209千米，县道810千米，村道566千米），总投资24632万元；危桥改造项目74座（完工73座，延期在建1座），总投资金额9062万元。农村公路安保工程完成1376.34千米，完成投资20760万元；农村公路危桥改造完工60座，完成投资4977万元。全系统

2018年8月6日，永州市公路治超现场会在蓝山县召开。图为中共永州市委常委、副市长周荣峰（右三）深入治超一线源头企业检查指导工作

组织公路应急抢险演练5次，培训应急抢险人员300人次。累计投入应急抢险人员6168人次、工业盐920吨、防滑砂8360立方米、警示标志牌1952块、应急抢险机械设备849台班、抢修保通经费3200万元。

【体制改革】 2018年，永州市公路应急抢险救援中心转变为公益一类事业单位，全年抢险作业10次，作业里程达1000多千米。市公路局工程处、市公路机械技术服务站稳中求进，保证职工队伍稳定。永州公路桥梁建设有限公司完成产值6.9亿元，通过国家安全生产标准化一级资质验收。

（蒋梦菲）

交通建设质监管理

【概况】 2018年，永州市交通建设质量安全监督管理处受监干线公路项目12个，大中修项目3个，渡改桥5座，水库道路复建工程1个。在建干线公路项目10个，包括国道207零陵至双牌一级公路零陵段、省道348祁阳黎家坪至冷水滩马坪公路、省道355江华分水岭至白芒营公路、省道356江华涔天河至沱江公路、省道228新田县城至竹林坪公路、国道234新田县城至土桥公路工程、冷水滩珊瑚路至东安井头圩公路东安段、冷水滩珊瑚路至东安井头圩公路经开区段、省道239江永桃川至小水公路、省道238东安芦洪市至小江口公路（二期），建设总里程224.9千米，总投资33亿元。其中省道356江华涔天河至沱江公路、省道238东安芦洪市至小江口公路（二期）、省道239江永桃川至小水公路3个项目完工，未进行交工验收。年内，获得市委、市政府颁发的2018年度永州市社会治安综合治理工作先进单位称号；获市交通运输局颁发的2018年度局直机关党建工作目标管理先进党支部称号；获市直工委颁发的2018年度党支部“五化”建设优秀党支部称号。

【干线公路项目验收检测】 2018年，省道355江华分水岭至白芒营公路是永州市干线公路项目建设中技术难度大、桥梁隧道多、施工环境复杂，省、市、县三级交通主管部门高度重视该项目的建设。市交通建设质量安全监督管理处组织检测单位湖南联智桥隧技术有限公司和相关专家对该项目55座桥梁、9座混凝土搅拌站、12处梁板预制场开展专项检查，确保结构安全。

【交通建设质量安全领域专项整治】 2018年，永州市交通建设质量安全监督管理处开展“强作风、正行风”质量安全大整治专项活动，明确任务分工，分内业和外业组深入各个项目，重点围绕工程建设项目遗留问题、工程质量、施工安全以及从业人员履约监管方面展开全面检查。检查全市干线公路在建项目9个和交工项目2个，监理单位10家和施工单位22家，检测数据224组2532点，抽查原材料样品18个，检测技术指标54项。查出质量安全隐患100余起，检查组针对各项目发现的质量安全隐患，责令项目相关单位限期整改落实到位。

【交通建设质量打非治违】 2018年，永州市交通建设质量安全监督管理处开展各类安全生产大检查和专项整治行动。开展春节后复工全方位安全检查，真正做到“抓早、抓细、抓实”，确保节后复工安全生产持续稳定。继续开展“打非治违百日行动”、安全生产“大排查、大管控、大整治”、安全“隐患清零”等专项行动。开展桥梁、隧道安全专项督查，把山区公路建设项目以及桥隧工程列入监管工作重中之重。推进安全生产“隐患清零”整治行动。开展“强作风促行风”“强执法防事故”专项行动，对重点工程项目省道228、国道234、省道355、省道356进行督查。累计开展各类专项检查6次、综合检查2次、专项整治行动4次。检查施工、监理单位80家，查处安全隐患50处，下达整改通知书15份，下发通报5份，下发“安全隐患”交办函4份，下达行政处罚决定书1份，罚款2.4万元。

6月22日，全市交通系统开展以“生命至上、安全发展”为主题的“安全生产月咨询日”宣传活动暨《交通建设安全知识教育读书》首发仪式在冷水滩滨江中心广场举行。咨询日活动当天向群众发放资料和安全知识丛书，讲解安全生产知识，解答人民群众提问，营造全社会关注安全，参与安全的浓厚氛围。当天向施工单位中交第三航务工程有限公司捐赠《交通建设安全知识教育读书》10册。

【交通建设质量安全教育】 2018年，永州市交通建设质量安全监督管理处将安全培训列入年度工作内容，为全面提升安全生产监督管理水平，准确理解并贯彻落实《公路水运工程平安工地管理办法》，5月在华丰华天酒店举办《公路水运工程平安工地管理办法》宣贯培训班，全市各县区质安所、项目建设单位、施工企业、监理单位分管安全的领导、安全监管人员110余人参加培训。培训班邀请专家授课，专详细解读《公路水运工程平安工地管理办法》。

【编撰出版安全知识读本】 2018年，永州市交通建设质量安全监督管理处为全面深入贯彻落实《中华人民共和国安全生产法》，进一步做好交通质安监管工作，加强交通建设工程质量安全知识教育，减少、杜绝质量安全事故发生。组织专门力量编撰《交通建设安全知识教育读本》，特邀国内交通行业知名专家、教授进行评审把关，从安全法律法规、安全责任、安全心理、安全管理、安全通病、安全措施6个方面，在选题、资料的收集到撰写编排经过初稿到出版发行，九易其稿，于6月26日印刷出版。

【造价管理】 2018年，永州市交通建设质量安全监督管理处出具造价审查报告21份，其中审核新增单价2批；审查变更8批，上报金额5740万元，审核后金额7447万元；审查清单预算及施工图预算项目11个，上报金额429702万元，审核后金额419148万元。按照省交通运输厅造价站的要求从4月1日起要求设计院或项目公司在上报造价文件时，必须提供《主要技术经济指标对比分析表》。举办一期永州市交通系统地方材料价格采集及发布的专项培训，面向各县区交通局分管领导、各县区地材信息员以及各项目建设单位，建立和完善公路工程材料价格信息采集和发布机制。

2018年11月2日，省道216线零陵段大中修工程施工现场

【监理检测管理】 2018年，永州市交通建设质量安全监督管理处把创建“互联网+”智能监管平台工作列入全年重点工作中，打造“永州市交通建设质量安全综合监管平台”，根据省交通运输厅通知要求9月又将“从业人员履约平台监管”工作列入重点工作中，并于8月组织各县区项目建设单位、施工单位、监理机构及工地试验室相关人员对“平台监管”的应用操作进行培训，在全市交通工程建设项目从业人员履约平台监管全面铺开，实现从业人员资料信息录入履约平台监管和人员履约检查考核全覆盖，确保合同人员信息真实、在岗履职。

（黄彩霞）

道路运输

【概况】 2018年，永州市道路运输经营业户3.27万户，从业人员12万人。有客运企业46家，等级客运站场55个，营运客车3249辆，客运线路990条，平均日发班次8000个；完成客运量7613.49万人，旅客周转量465392.96万人千米；有货运企业67家，普通货车1.016万辆，危货车辆0.045万辆，完成货运量6528.28万吨，货物周转量1793696.79万吨千米；有二类以上维修企业125家；驾校101所，教练车3265台，教练员3375人。建成农村招呼站400个。城乡客运一体化进展顺利，行政村班车通客车率100%。完成春运、黄金周、“两会”等重大节假日和防汛、冰冻灾害天气等重要时期运输保障工作，永州市道路运输管理处获得省、市2019年春运工作先进单位和湖南省2018年度道路运输系统安全监管目标考核先进单位称号。

【道路运输安全生产】 2018年，永州市根据湖南省交通运输厅道路运输安全“隐患清零”升级版“1+2”文件精神，层层签订安全责任状，实行目标管理考核，安全监管分级分片包干责任制。运管机构通过“联网联控”动态监控，建立横向到边、纵向到底、责任到人的道路运输安全网格化监管体系，结合道路运输安全“隐患清零”督查、春运交通安全检查、“打非治违”百日行动、道路运输行业“落实企业安全生产主体责任年”活动、道路运输行业安全生产宣传教育“七进”活动、道路运输“安全生产月”和“安全生产三湘行”活动、与高警局永州支队联合开展高速公路营运车辆违法违规行为安全“隐患清零”升级版活动、“强执法防事故”行动、“平安交通百日行动等活动，全面排查全市道路运输安全隐患，对查出的问题以“一单四制”原则，形成闭环管理。全年开展专项行动26次，执法行动1846次，出动执法人员31540人次，检查企业1686家次，检查客运站566次，排查营运车辆49830台次，整改隐患2000多条。

【客货运及站场管理】 2018年，永州市抓好2017年客货运输企业、客货运站场质量信誉考核。考核结果：客运企业AAA级的1家、AA级的44家、B级的1家；危货企业AAA级的1家、AA级的10家；普货运输企业AAA级的1家、AA级的46家、A级的1家、B级的3家，未考核的5家；客运站AAA级13的家、AA级的10家、A级的5家、B级的2家、未考核的24家；货运站AAA级的1家、AA级的1家、B级的1家；需整改的营运客车3台。开展道路危险货物运输专项整治和监管执法；对全市683名道路危险货物运输车辆驾驶人、押运员和装卸管理员等从业人员资质进行核查。完成省交通运输厅下达永州市农村招呼站建设任务400个，至2018年年底，全市建成农村招呼站2137个。抓好道路运输行业节能减排工作，淘汰黄标客车141台、货车445台、教学车辆28台，引导经营者选用节能型车辆。开展车辆运输车经营专项治理工作，核实查清全市营运的47台车辆运输车的基本情况并做好台账，对退出的6台车辆运输车在系统上注销。进一步加强物流（道路货运）安全管理，落实货运物流实名制工作。开展危险废物（含医疗废物）非法转移倾倒道路运输环节专项整治行动。

【维修市场管理】 2018年，永州市机动车维修企业质量信誉考核结果为：AAA级（优良）33家、AA级（合格）67家、A级（基本合格）16家、B级（不合格）1家、新办维修企业8家。推进道路普通货运车辆异地检测、便利货车检验检测服务。全面落实道路货运车辆“三检合一”，27个综检站全部实现道路货运车辆综检、安检、环检“三检合一”改革工作，实现“排一次队、上一次线、收一次费”和“交钥匙”工程。严格按照《营运客车类型划分及等级评定》（JT/T 325-2013）和《营运客车安全技术条件》（JT/T 1094-2016）的有关要求把好新车准入关，杜绝不符合以上两个标准的客车进入道路客运市场。把“货车非法改装”整治工作列入日常监管重点工作。全国汽车维修电子档案建设推进工作取得全省第一名。

【驾培市场管理】 2018年，《永州市推进机动车驾培机构服务模式改革工作方案》深入推进，机动车驾驶计时培训、按学时收费、先培训后付费服务模式驾培机构覆盖率100%，2847辆教学车辆安装车载终端，安装率92.89%。开展全市驾培市场安全集中整治“百日大会战”和“打非治违”专项行动。列入黑名单2人，依法关闭驾校1所，停业整改驾校4所。组织开展全市道路运输驾驶员继续教育培训工作和全市道路运输从业资格考试管理工作，组织考试110场次，参考人数4820人。严格全市道路运输从业资格管理，吊销道路运输从业资格证7人。规范从业人员档案管理，为道路运输市场源头安全提供保障。

【运政管理】 2018年，永州市组织营运车辆年度审验工作，审验营运客车2332辆，审验率69.3%，合格率100%；审验营运货车10862辆，审验率51.3%，合格率100%；审验危货运输车辆346辆，审验率75.7%，合格率100%。开展道路运政管理信息系统数据清理工作，全市三级协同运政管理信息系统基础数据全部清理完毕。规范全市道路货运源头治超工作。

（蒋玉成）

航空运输

【概况】 2018年，永州零陵机场强化管理，创新思路，以品质提升为契机，抓重点、破难点、出亮点，确保全年安全生产平稳有序、航空市场稳步推进、发展品质不断提升、内部管理逐渐规范。年内，开通上海、西安、泉州、重庆等十多个国内航线。完成航班起降 3364 架次，增长 112.1%；旅客吞吐量 25.04 万人次，增长 106.44%。获得集团公司和冷水滩区“2018 年度综治先进单位”称号。

【机场安全生产】 2018 年，永州零陵机场紧扣“安全、发展、品质、党建”工作主题，牢固树立“安全第一”思想，将“严、勤、实、细”工作作风贯穿始终，以问题为导向，以班组建设为契机，落实“以最严的安全管理打造最安全机场”的要求，加强运行管理，严格监督检查，严控跑道重大风险，在“三基”上下功夫，安全工作不断夯实，确保各项保障工作正常开展和机场运行持续安全平稳。全年未发生不安全事件，未发生责任原因造成航班延误和处置不当造成负面影响事件，未发生责任原因造成旅客群体性事件和特别重大投诉事件，服务承诺符合率 100%。

【机场服务品质提升】 2018 年，永州零陵机场更换候机楼共享健康座椅、更换候机楼标志标识牌，完善旅客服务指引功能；在机场公共区域，利用电子显示屏滚动播放民航知识和航班信息；引入语音机器人，不断播报旅客乘机注意事项，方便旅客出行；开通“军人优先”通道；航站楼设置母婴室、充电岛、早到旅客休息室；加强环境卫生整合、绿化品质提升。改善乘机和场区环境，永州市政府投入 200 万元对场区绿化进行提质改造，将候机楼闲置天井变身为旅客休闲绿色走廊，改善员工工作、生活场所环境、就餐环境，改造职工运动场地和健身器材，优化场区交通，新增车辆减速带、防冲撞装置、交通提醒标牌、标志标线，规范大巴车、的士车、社会车辆交通秩序。

【军民航融合】 2018 年，永州零陵机场正确把握和处理好军民关系，建立协调顺畅、资源共享、优势互补的管理模式，形成“平时保障飞行安全，战时满足作战需要”的保障格局，推进军民融合发展形成新局面。全年召开军民关系协调会 7 次，解决运行中存在的实际性问题；组织开展“军为民用、民为军备，军民融合一家亲”主题的军民融合启动会，机场为军方赠送各类割草机 25 台，由军方组织人员完成控制区内草高控制，缓解机场运行保障人员紧张的实际困难；针对机场无医救人员、消防执勤人员不足等实际性困难，准备将军方医疗救护队、消防保障车辆与人员等优势资源进行充分融合。全年未发生军民航飞行空中危险接近和控制区入侵等不安全事件。

【机场应急管理】 2018 年，永州零陵机场根据行业要求和安排部署，制订年度应急演练、航空安保演练计划，先后组织开展道面除冰雪应急演练、灭火处置救援、离岗系统故障处置、模拟油站起火救援演练和冲击 3 号道口处置等应急演练 11 次，修订完善各类应急预案。12 月 12 日，携手中国联合航空开展“永州零陵机场 2018 年航空器突发事件应急救援综合演练”，此次演练由永州零陵机场和永州市人民政府应急办联合举办，航空公司、市直应急救援协议单位、驻场海军部队等共同参加，出动参演人员 130 余人，调用各类救援处置车辆 26 辆。

【航空市场】 2018 年，永州零陵机场争取政府支持，密切与航空公司及旅游业合作，进一步完善现有航线网络布局，在确保安全的基础上，扩展航空旅游市场的开发，旅客吞吐量直线上升。截至 2018 年年末，先后开通厦门、上海、深圳、泉州、重庆、海口、南苑、贵阳、福州、珠海、浦东、昆明、西安、三亚等十多个城市航线，架起永州与全国各

2018 年 12 月 12 日，永州机场开展应急救援综合演练

2018 年 3 月 27 日，在永州机场举行贵州、福州、重庆、三亚航线首航仪式

地的“空中桥梁”，缩短广大旅客的出行时间，打通创新开放、经济腾飞的空中通道，提升永州开放崛起形象，推动永州对外经贸、文化旅游的发展，促进经济社会持续快速发展，旅客吞吐量突破 25 万人次。

【永州机场建设及 2019 年航线发展专题会议】 2018 年 9 月 5 日，中共永州市委副书记、市人民政府市长赵应云主持召开永州机场建设及 2019 年航线发展专题会议，市领导张贺文、周荣峰出席。相关部门汇报关于 2018、2019 年冬春航季永州航线发展计划及航线补贴资金预算的有关情况和机场跑道改造情况，存在的安全隐患及整治维护的措施、建议等。

会议指出，发展民航事业是永州建设开放型城市、发展开放型经济的重要途径，永州的大交通需要民航的支撑。各部门、单位要有大格局思想，协同合作，形成合力，尽快出台整体方案。会议要求，机场建设要因地制宜，实事求是，从实际出发，充分利用现有资源，扩大容量，强化功能，进一步做大规模。计划新增的 5 条航线、8 个通航城市，要有轻重缓急、分步实施的策略，优先争取开通成都—永州—深圳、西安—永州—厦门等航班。要把握时间节点，拓展思路，统筹考虑，在航空管理、机场改造、航线补助、财政预算等方面尽快拿出具体方案，推进永州民航事业发展。

【永州举行“永州—西安、永州—泉州、永州—珠海”航线首航仪式】 2018 年 10 月 28 日下午，“永州—西安、永州—泉州、永州—珠海”航线首航仪式在永州机场举行。中共永州市委副书记、市委政法委书记何录春出席首航仪式并讲话，首航仪式由市委常委、市人民政府副市长周荣峰主持。三条新航线的开通，是永州市继开通直飞昆明、上海、海口、北京、重庆、贵阳、福州等地航线之后的新成果。

（盘少玲）

铁路运输

【概况】 2018 年，永州火车站有正线 3 条、到发线 10 条、5 个站台，每天接发列车 198 列，其中旅客列车 108 列（动车组 46 列）、货车 90 列，分芦洪市、高溪市、东安东、楠木塘、滩头湾、永州东 6 个方向接发列车。车站设有售票窗口 11 个，自动售票机 5 台、自动取票机 4 台，候车室 4 个，其中一候车室为商务候车室（面积 350 平米）；二、三候车室为普速候车室（面积各为 690 平方米）；四候车室为高铁专用候车室（面积 690 平方米）。

【铁路运输安全生产】 2018 年，永州火车站开展“安全大反思”“战暑运保安全增效益”“防溜安全攻关”“拉网式隐患排查”“高铁安全隐患排查”“劳动关键人包保”“三大一保”等 10 余项系列安全的活动，有针对性地制定安全卡控和整改措施。根据活动排查的安全风险隐患，制定或重申多项针对性的卡控措施：编组接送核对，客车发车签认，逻辑检查电路故障处置注意事项，半自动闭塞区段第一轨道电路占用时闭塞操作规定，电报接收规定，三调调车盯控办法，排列进路措施，间休手机管理，货检在列处理要求等。同时通过活动开展和生产需要、在 5 次调图和行规修改过程中，相应地修改站细和文电拔萃、对各类指导书、废止文电进行清理。完善多项卡控措施：防止信号楼重点事项遗漏，完善控制台标注办法；防止客车错接货车股道，完善信号员提前修改客车接车股道；防止调车短进路机车冒进挤岔，完善排列短进路前将前方道岔操至正确位置；根据控制台联锁电路特点，规定半自动闭塞第一区段占用时办理闭塞要求等。

【铁路运输经营】　2018年，永州火车站采取各项措施，利用节假日客流高峰期的契机，增开临时旅客列车，加强宣传、开展任务攻关活动。利用春运、节假日等客流高峰期的契机，抓异地票、复用票和高铁车票发售及出站口堵漏保收等。同时针对客流高峰期，根据实际情况向上级相关部门汇报，增开临时旅客列车等办法，开展任务攻关活动。完成发送人数3510737人，与2017年3250551人同比多发送260186人（高铁多发送429118人，普客少发送80731人）增长12%；完成运输进款36609.3万元，与2017年进款34178.7万元同比多收2430.6万元，增长8%。

【春运工作】　2018年春运，永州火车站坚持“平安春运、有序春运、温馨春运”的春运工作指导思想，以“舜之爱”人性化服务为重点，为旅客提供热诚服务，实现“安全好、服务好、秩序好、形象好、效益好”以及“消灭责任死亡事故、消灭路风事件、消灭影响较大的投诉事件、消灭负面的曝光炒作”的工作目标，完成春运各项任务，春运发送旅客51.4万人，比2017年增加7.4万人，增长16.%；运输进款5541万元，比2017年增加790万，增长14.2%，较好地完成春运各项任务指标。

【职工教育】　2018年，永州火车站根据“以人为本，按需培训”和“质量第一，实用实效”的原则，着力强化一线生产职工岗位培训和适应性培训。重点加强新图实施、暑运、施工管理、防洪工作、人身安全、防寒过冬和春运培训等多项工作，抓住季节性和工作特殊性做好各阶段的职教工作和特殊作业培训，起到较好的保驾护航作用。在衡阳车务段2018年技术比武中，车站值班员彭玉峰、客运员王梦君取得理论、实操、全能第二名；车站客运值班员何春凤取得理论、实操、全能第一名。

（张玲）

列车上水

水路运输

【概况】　2018年，永州市海事系统有11个监控中心，其中市级监控中心1个，县区监控中心10个。辖区有42道重点渡口安装视频监控系统，100艘客船安装3G客船移动视频监控，市、县区监控平台正常运转。春运期间，永州市投入客船9076艘，运输旅客38.432万人，增长4.02%。全市水上安全形势良好，服务质量明显提高，没有出现旅客滞留和投诉现象，并受到市春运领导小组的表彰，被评为全市春运工作先进单位。完成2016年全市油补上报，2016年全市油补对象417条，其中客船245条，客渡船172条，客位15457个。对客运公司化补贴进行统计申报，全市客运公司22家，客船227艘，客位8842个。10月，永州海事工作码头投入使用，34米具有拖带功能的海巡艇、40米趸船，31.98米执法海巡艇，分别于9月6日和10月17日到港完成交付使用，总投资590万元。开展“强执法、防事故、保安全”、“大排查、大整治、大管控”百日行动、内河船涉海运输等专项整治行动，出动执法人员835人次，检查生产经营单位517家，责令停产停业14家，立案调查6起，经济处罚0.7万元，行政拘留2人。

【安全监管】　2018年，永州市根据湖南省总河长2号令要求，

2018 年，永州市冷水滩区水上交通安全应急救援联合演练

排查出僵尸船舶 325 艘，3 月 31 日前完成拆解 869 艘（“僵尸船” 325 艘，无证船舶 544 艘），并通过省检查组的核查验收。船舶防污染：全市 252 艘客船，166 艘渡船，全部配置生活垃圾桶，污油桶（柜），并要求所有船舶垃圾及油污水全部上岸处理；对主机功率超过 22 千瓦的 48 艘客、渡船，9 艘货船，全部加装油水分离设备。全市所有客船原来加装厕所而没有加装处理装置的船舶，已全部将厕所拆除到位；对全市 7 艘 400 总吨以上的出港船舶全部安装防污处理装置，并发放有关证书；对生活污水排放达不到要求的船舶一律停办相关手续。污染物岸上接收：制定下发《永州市船舶污染事故应急预案》《永州市船舶污染物接收、转运、处置设施建设方案》《永州市防治船舶及其有关作业活动污染水域环境应急能力建设规划》等文件；对 2017 年“三无”船舶隐患治理和自用船、农用船非法载客未整治到位的县区继续挂牌督办；对双牌县江村镇访尧村非法汽渡违法行为，进行挂牌督办；对辖区内存在非法汽渡和非法造船违法行为的江华瑶族自治县人民政府、零陵区人民政府分别下发工作建议函。同时，对重大安全隐患治理工作推进缓慢、整治力度不够的零陵区、东安县约谈 2 次。全年走访挂牌督办县区 23 次。截至 2018 年年末，辖区取缔、拆解“三无”采、运砂船舶、“僵尸船”、渔船等 1256 艘，重大事故隐患治理取得明显成效。

【船舶检验】 2018 年，永州对全市的载客船舶进行一次全面的排查。同时，对全市所有船舶的“船、图、证”进行全面清查，船舶无图纸、图纸不全或实船与设计图纸不符的有 286 艘，要求立即重新补图，否则不予营运检验。完成营运检验 421 艘、27736 总吨、19652 千瓦、13544 客位，载货量 17870 吨，所检船舶都有图可查，“船、图、证”信息相符。

【船舶船员管理】 2018 年，永州市建立健全水防污染工作制度，成立水防污染工作领导小组，下发永州市地方海事局《水环境保护及水运绿色发展三年行动计划（2018—2020 年）》的方案，对辖区内 419 艘客渡船舶，按要求应安装油水分离器船舶 169 艘，安装 169 艘；申请检验运砂船舶 52 艘，安装 52 艘；出港船舶 13 艘，应安装防污设备 9 艘，安装 9 艘；未要求安装防污设备的船舶全部配备油污桶或柜，400 总吨以上出港船舶都已安装油污分离器和船舶污水处理装置，22 千瓦以上客渡船舶全部安装油水分离器，22 千瓦以下客渡船舶全部配备油污桶和生活垃圾桶。下发《港口和船舶污染物接收、转运及处置设施建设方案》《船舶污染物接收、转运、处置联单制度》《船舶污染物接收、转运、处置联合监管制度》，上报码头垃圾站点建设及岸上对接方案等。

督促县区海事机构开展船员违法记分工作，实施非法记分 165 分；按照《关于进一步明确船舶安全监督工作有关事项的通知》文件要求，督促县区海事机构开展安全监督检查，安全检查情况录入系统 428 条；协助指导县区开展船员培训工作，辖区内举办 3 期适任培训班，培训驾驶、轮机 339 人；举办 1 期基安培训班，培训船员 58 人；举办客渡船员特殊培训班 7 期，培训船员 434 人；船员、船舶及营运证书清理工作，清理国籍证书过期船舶 1126 艘，过期船员 194 个，营运证书过期船舶 11 艘，清理国籍有效船舶 601 艘，有效船员 932 个，对未办理服务簿签注的船员证书不予换、发证书，办理船员适任证书 431 本；核查水路运输经营者 55 家（户）。水路运输企业（单位）23 家中，通过审核 14 家企业（单位），不符要求限

水上交通安全应急演练

期整改8家企业（单位），企业许可证过期注销1家企业（单位）；个体运输经营者32（家）户通过审核10家，限期整改22家。

（陈家麟）

邮政通信业

邮政管理

【概况】 2018年，永州市继续按照国家邮政局“打通上下游、拓展产业链、画大同心圆、构建生态圈”工作思路，邮政行业实现持续健康快速发展，保持总体平稳、稳中有进的良好态势。完成邮政业务总量7.16亿元，增长19.7%；业务收入7.07亿元（不含邮政储蓄银行直接营业收入），增长16.82%。其中，快递业务量完成1054.62万件，增长28.58%；业务收入完成1.81亿元，增长29.44%。邮政普遍服务和快递服务满意度稳中有升，消费者申诉处理满意率99.12%。永州市邮政管理局在永州市综治考评中连续3年被评为全市优秀单位；在全省范围内开展的2018年市州寄递渠道安全管理综治考评中，取得第一名。

【打好“三大攻坚战”】 2018年，永州市邮政管理局化解各类风险，及时处理快捷快递网络“停摆”事件，化解劳资纠纷矛盾。全年全市全行业未发生一起特人事故及群体性政治性事件；开展联户扶贫，为困难户及贫困村留守儿童送去慰问物资，同时，着力发挥邮政快递在服务精准脱贫方面的作用。在了解到江永县夏橙年产量高达8万吨的情况下，引导邮政、快递企业做好夏橙运输工作，确保江永夏橙从“枝头到舌头”全程保鲜。据统计，为贫困户创造直接就业岗位2000个，带动3500户、10200人脱贫；全面推进绿色邮政、绿色发展。在新出台的《永州市促进邮政和快递业健康发展实施方案》文件中，明确对参与绿色包装试点示范企业，给予10万元的一次性奖励。推动企业执行《快递封装用品》系列国家标准。

【邮政“放管服”改革】 2018年，永州市邮政管理局严格执行快递业务经营许可工作优化方案，落实时限承诺，实施快递末端网点备案管理，备案全市末端网点336家。落实“双随机一公开”监管机制，不断提升事中事后监管效果。办好邮政业贴近民生实事，实现永州市2960个建制村100%直接通邮；推进快递“三进”工程，全面改善末端投递服务，建成标准化的乡镇、社区、校园快递超市200多个，铺设智能包裹柜50组、1850个格口，高效规范收投率100%；加强申诉处理工作，处理申诉617件，用户满意率99.12%，确保邮政业成为“放心消费工程”；继续强化三项制度的落实，打造安全用邮环境；联合团市委开展“快递业从业青年服务”活动。

【邮政行业转型发展】 2018年，永州市邮政管理局督促邮政企业紧跟地方经济做大做强农产品进城项目，全年全市邮政企业收寄农产品包裹90.36万件，实现收入732.28万元。帮助邮政企业争取到政府财政资金221.6万元，试点建成城市综合服务站37个，累计建成综合站点3757个，实现批销额1.15亿元。加快投递网改革创新，城郊、农村投递段道实现“私车公助”全覆盖、行政村邮乐购站点代投100%叠加，1729名邮政企业投递员配备智能手机终端，增强邮政投递网络综合服务能力，提高邮政普遍服务水平。开展警邮合作，全面推行邮政网点代办公安交管业务，拓展税务代理业务，“网上办理+网下寄

2018 年，永州市邮政管理局对中国邮政集团公司永州市分公司、永州市中通速递有限公司等 10 家“双十一”旺季安全服务保障先进单位进行表彰

递”工作加快推进。

【邮政行业安全管理】 2018 年，永州市邮政管理局采取多种方式，对辖区内寄递企业安全开展全面检查；由市邮政管理局牵头、企业援建、协会主管的方式，建成永州市邮政业视频监控中心。开展“3·15”活动；宣贯《快递暂行条例》；年内主场举办衡阳、郴州、永州片区社会监督员培训；召开四次政企联席会议，通报 20 项年度任务清单工作的落实进度与情况。召开寄递渠道安全管理工作领导小组联席会议，建立健全联动工作机制；落实县区寄递渠道安全管理属地责任；各部门间实施信息共享，全年与公安共享寄递渠道线索 27 余条，立案查处 2 起，警告处罚 25 起，罚金 10.7 万元。

（唐宇红）

邮 政 服 务

【概况】 2018 年，永州市邮政分公司有 244 个服务网点、3757 个便民服务站，有 153 个投递机构、827 条邮路，日均邮运里程 8548 千米，总投递里程 29937 千米，年均处理各类邮件量 2916.67 万件。邮政业务收入同比增长 12.5%，经营利润、全员劳动生产率同比增长 12.2%，分别获评“湖南省邮政 2018 年度党的建设和纪检监察先进单位”“湖南省邮政 2018 年绩效考核先进企业”称号。

【优化人力资源配置】 2018 年，永州市邮政完成寄递事业部改革工作，运转良好。开展培训和技能鉴定工作，围绕企业发展加大培训规模，提升队伍素质。大专转化率由 1998 年的 20% 提升至 2018 年的 68.3%，提升 48 个百分点；职业资格持证率由 1998 年的 15%提高至 2018 年的 93%，提高 78 个百分点；银行从业资格证持证率提高 43 个百分点。

【财务管理】 2018 年，永州市邮政分公司持续推进零基预算和财务对标管理工作，省公司重点管控的 11 项财务指标，达标 8 项，达标率 72.7%，排全省第五位，其中用户欠费率指标一直保持全省最优水平。严格收支配比，进一步优化成本结构，营销和管理类成本均实现有效管控，三公经费同比下降 1 个百分点，其中业务招待费同比下降 11.9%。提升税负筹划能力，有效降低税负成本。逐步推进专业损益核算，从专业毛利率指标管控倒逼专业进行成本管控和效益分析，促进企业高质量发展。

【安全管理】 2018 年，永州市邮政分公司实行安全生产责任制，层层签订安全生产责任书，将安全生产纳入绩效考核，对安全工作持续被动、重大隐患得不到及时整改的单位负责人进行约谈和问责，对于发生安全生产重大事故的，按照“四不放过”原则从严追究有关人员责任。通过完善维护制度和规程，落实故障响应机制和安全制度，严格执行主机房 24 小时值班制度，确保信息网运行平稳安全，实现全年零故障。加强金融风控管控，通过不断深入贯彻落实市场乱象整治、风险大排查、岗位轮换、警示教育等工作，以彻查问题、全面整改、严格问责为抓手，重点查处屡查屡犯、屡查不改和违反“十一条禁令”等行为，营造“强内控、促合规、抓整改、防案件”的良好氛围，有效防范资金案件和重大风险事件的发生，确保金融业务健康持续发展。

【增强发展动能】 2018 年，永州市邮政分公司通过邮路拆分或增开直达邮路、优化调整区内网运组织，全市区内二频次邮路提速50分钟~90分钟，有效提升客户用邮体验。通过参与社会公共服务体系和社区服务体系建设，优化投递组网模式和作业组织，整合社会运输资源，有效缓解企业用工压力。通过加大运维能力投入，投入资金301万元，购置邮运车辆15台、投递车辆2台、投递电动三轮车30台、网运PDA70部、投递PDA167部、笼车102辆、转运生产胶带机2套，完成零陵、双牌网运生产场地流水化工艺改造，处理能力不断得到提高，多项重点核心指标居全省前列。组织开展“以上率下奋战30天”活动，机关党员干部带头拓展寄递市场，抓核心业务，抓重点市场，加快资源融合，实现“1+1>2”的效果。实施“政企三联”（联席会议、联合检查、联动整改）工作法，普遍服务实现行政“零”处罚。以提升客户服务水平为目标，实施区域客服工单处理模式，客服工单处理率由80%提升至95%，全市客户满意度86.7分，居全省前列。

【改善员工福祉】 2018年，永州市邮政分公司员工所得较2017年同期增长10.1%，其中合同工增长8.4%，劳务工（劳务承揽）增长20.5%。落实员工关爱工程，为员工购买大病保险和补充医疗保险，将投保前未治愈疾病报销比例提高到70%。慰问困难职工109人、劳模先进26人、受灾职工5人以及基层集体152个，发放慰问金33万元。推动职工小家提质升级。有85个农村支局建成“星级模范职工小家”，16个投递部建成“城市投递员之家”。

【精神文明建设】 2018年，永州市邮政分公司获评2018年度湖南省邮政领导人员读书活动优秀单位，获评2018年度湖南省邮政新闻宣传先进单位；永州市邮政分公司14名党员获评2018年度湖南省邮政领导人员读书活动先进个人；祁阳县邮政分公司获评全国邮政“先进基层党组织”，江永县永明中路储蓄所、零陵河西营业所营业员黄雅兰分别获得市总工会“芙蓉标兵岗”和“芙蓉标兵岗明星”称号。

（刘茜）

2018年，永州首届“邮政杯”羽毛球比赛举行

无线电管理

【概况】 2018年，永州市无线电管理处深入贯彻落实中共十九大精神和习近平新时代中国特色社会主义思想，紧紧围绕《2018年全省无线电管理工作要点》，加强频率台站管理，做好电波秩序维护与无线电安全保障工作，切实提高无线电管理水平，确保永州无线电管理事业的健康发展，为建设品质活力永州贡献无线电力量。2018年度获得全省无线电管理先进单位一等奖。

【深入学习宣贯《条例》】 2018年，永州市无线电管理处学习宣贯丰富多彩。组织干部职工深入学习贯彻《条例》。将《条例》的学习纳入全年的学习计划，组织逐字逐句对《条例》原文进行学习领会，并结合执法实践进行深入讨论。开展现场宣传活动。开展“2·13”世界无线电日、“5·17”世界电信日的专项宣传活动以及9月的宣传月活动。宣传活动中，发送短信100余万条，展出宣传展板8块，发放宣传资料1500份，电子显示屏滚动播出宣传标语20条，悬挂宣传条幅12条，展示技术装备和收缴的“黑广播”“伪基站”、考试作弊设备10台次，接受咨询50余人次。在江华瑶族自治县图腾园广场开展的现场宣传活动得到县委、县政府的高度重视和大力支持，县委常委、常务副县长艾克海到现场指导，县电视台对市无线电管理处主任蒋爱新进行专题采访。强化门户网站功能。加强门户网站的在线办事、便民服务等功能建设，更新法规公文、工作动态、计划规划等内容。向上级媒体投送稿件。向上级业务主管部门主办的刊物和网站投稿，其中被《中国无线电》杂志采用3篇，中国无线电管理网站采用4篇，湖南无线电管理网站、简报、公众号等采用36篇。及时向执法相对人进行宣传。利用每一次行政执法机会，在执法过程中向用频设台单位、干扰投诉人、违法违规者宣讲新版《条例》，向他们发放新版《条例》单行本和其他宣贯资料，扩大宣传效果。行政执法严格规范。全面梳理权力清单，全年按规定梳理十二项无线电管理行政权力清单，并绘制详细的办理流程图。实行行政许可窗口办理。按照推进“互联网+政务服务”要求，落实行政许可政务服务窗口办理和行政执法信息公开，聘请1名人员在市政务服务中心业务办理窗口办理无线电行政审批，并将行政执法的信息实行网上公开。依法开展执法工作。依照法定的权限、范围、条件和程序开展无线电行政许可、行政监督、行政处罚、行政征收工作。全年办结台站设置审批5件（核发电台执照2300个）、行政监督8次、行政处罚1件、征收频占费2.78万元。并按要求对案卷进行规范。继续加强与公安、广电、民航等部门的密切配合，开展打击“黑广播”“伪基站”行动。出动监测车59车次，动用监测定位设备245台次，出动监测人员263人次，工作测试时长315小时，行动中虽然没有查处到“黑广播”和“伪基站”，但对打“黑”除“伪”做到“守土有责、守土尽责”，巩固以前的工作成效。继续配合考务部门，防范和打击利用无线电设备进行考试作弊行为，做好公务员招录、自考、高考、司法考试、成人高考等27场次考试的无线电安全保障，出动移动监测车31台次、技术人员124人次、启用各类监测设备68台（套），共监测到疑似作弊信号1个，及时实行有效阻断，维护考试的公平公正。

【频率台站管理】 2018年，永州市无线电管理处规范频率台站审批。落实《无线电频率使用许可管理办法》和《无线电台执照管理规定》，规范无线电频率、台站审批，行政许可按时办结率100%。加强协调监督管理。与重点设台单位如广电、铁路、机场、人防及三大公众运营商等建立协调机制，加强频率台站的使用管理，规范干扰申诉查处程序。8月，根据省办《电信干扰移动基站协调会议纪要》精神，协调敦促电信公司退出擅自使用的频段，消除干扰现象。按照国家无线电办公室的要求，认真开展了3400兆赫～4200兆赫和4500兆赫～5000兆赫频段卫星地球站等无线电台站的清理核查工作。开展在用无线电发射设备定期自检申报和抽查监督工作，三大运营商自检设备1010台，开展抽查监督31台。加强对业余无线电的管理。组织业余无线电爱好者学习无线电管理法规和无线电科学知识，组织8名新会员参加操作能力验证考试，顺利地办理电台执照。支持恢复停用近2年的阳明山中继台，并加以规范管理。完善频率台站数据库。对清理核查检测的卫星地球站，调频广播、电视发射台，公众蜂窝移动通信基站的频率台站库数据记录进行核实、更新，确保频率台站数据库的数据准确性。

【维护空中电波秩序】 2018年，永州市无线电管理处频谱监测较好完成，全年累计监测9750小时。按月做好频谱监测统计工作，编制《频谱监测统计报告》，并及时抄送市经信委、上报省办。按要求完成频率使用率评价。制订《永州市无线电频率使用率评价工作实施方案》，并认真组织实施。在测试过程中，严格按照相关要求，为保证数据的准确性和代表性，分别安排白天黑夜和阴晴风雨等时间和天气状况进行。9月历时半个多月，出动人员45人次，动用移动监测车15台次，行程3000多千米，采集数据31GHz，完成数据的采集和存储工作。10月，对数据进行统计分析，并形成分析报告，如期完成2018年度频率使用率评价工作。加强监测值班，落实安全保障和应急处置预案，确保元旦、春节、“两会”、国庆等重大节日、重要会议期间的无线电安全。干扰查处及时有效。全年开展3起干扰排查。3月30日至4月4日，在祁阳县的大华山、文富市、文明铺、龚家坪等地开展衡阳南岳机场无线电干扰排查。4月9日—13日，参加省站组织的航空无线电干扰集中排查行动暨机动大队集训演练。排查行动先后赴郴州苏仙区、资兴市、汝城县、桂东县、安仁县以及株洲炎陵县、茶陵县等地，重点对区域内广播电视发射台、高山台站以及“村村响”广播等进行监测排查，并利用高点对区域内申报干扰频点进行监测。集中排查民航部门反映的9起干扰，查明干扰源并消除干扰的有7起，干扰自行消失的有2起。8月27日，排查市移动分公司冷水滩区万紫千红KTV和“七小”两个基站的干扰源——附近住宅上安装的信号放大器。

【无线电基础工作】 2018年，永州市无线电管理处制定《业务学习培训实施方案》（以下简称《方案》），明确学习培训的组织领导、参训人员、培训科目、培训方式，并采取多种形式进行培训。开展集中业务学习。主要学习新版《条例》以及《中国无线电》杂志“依法行政”“考试保障”“监测检测”“干扰查处”等栏目内容，强化理论水平，学习借鉴先进经验。组织业务理论学习6次。7月24日—25日，邀请省站检测科科长吴楷到管理处开展广播电视发射设备检测和机场电磁环境测试技术培训。8月20日—25日，技术人员参加由长沙市发起组织的宁乡沩山7市州无线电技术联合演练。11月14日—16日，技术人员参加由衡阳市组织的衡东县新塘镇无线电技术联合演练。同时还组织人员参加国家局、省办、省站、市委组织部、市经信委等各级组织的各种学习培训20人次。开展设备操作培训5次，让技术人员熟练掌握设备操作规程、参数设置、维护保养等知识。以“赛”促“训”。为提高技术人员的设备操作使用能力，制定《设备操作责任制》，实行设备操作培训包干。每台设备指定使用操作责任人员，要求责任人认真学习钻研、熟练掌握设备的操作使用技术和技巧，在此基础上负责对其他人员进行培训讲解，并组织对设备操作讲解情况进行打分，同时将该考核成绩纳入年终绩效考核。绩效考核办法创新。制定《绩效管理考核暂行办法》，该办法是以职责为依据、以工作目标为导向、以绩效评估为核心、以公认评估为依托进行的综合目标考核评价，并依据考核结果进行奖惩。考核指标内容具体，计分方法科学，可操作性强，为各项工作的顺利开展提供保障。严格执行《永州市无线电频率占用费使用管理实施办法》和《永州市无线电管理处固定资产管理办法》，加强对资金资产的规范有效管理。将资产购置计划列入年度预算，并组织实施，通过政府采购添置升空监测测向系统，配合省无委办对DDF190固定站进行升级改造。对新增资产及时入账，处置资产按程序实施，并在“湖南省行政事业资产动态管理信息系统”及时更新资产基础信息，及时编报资产报表。继续与祁阳、宁远、道县、江华四县签订无线电管理委托协议书，并对协管员进行无线电管理业务知识培训。

（蒋春玲）

电信通信

【概况】 2018年，中国电信股份有限公司永州分公司有公司领导班子成员5人，在职员工1339人，市公司本部分为市场、网运和综合支撑三大类25个部门（中心）。下辖10个县（区）分公司、76个农村支局。

年内，围绕企业发展目标和各项重点工作，在企业内部营造风清气正的良好工作氛围，预算目标全面完成，收入、利润双超产，内外部市场份额稳步提升，

中国电信永州分公司被永州市消费者委员会评选为“诚信倡导单位”和“2017—2018年度消费维权先进单位”

转型创新工作有效承接，员工待遇同步增长，员工队伍和谐稳定，企业呈现健康持续发展的良好局面。4G网络城区及乡镇4G覆盖100%，农村地区4G覆盖率86.5%。在光网建设方面，在全市实现城市、乡镇FTTH100%覆盖，农村光网覆盖2668个行政村，覆盖率88.5%。年末，业绩考核名列全省第六名，综合评估名列全省第一名。业务收入累计完成预算进度的100.96%，排全省第六位，增长12.2%，收入增幅排全省第五位，收入份额提升排全省第六位。所辖的两个县分公司（江华分公司、东安分公司）获得中国电信湖南公司2018年度“天翼先锋双提升奖”。中国电信永州分公司被永州市消费者委员会评选为“诚信倡导单位”和“2017—2018年度消费维权先进单位”。

【深化划小承包工作】 2018年，中国电信永州分公司进一步深化划小承包工作，创新机制、调优划小，进一步促进责权利匹配，激励更多优秀员工到一线建功立业。划小承包专业组织体系划分17个，四级经营单元203个，A、B、D类员工参与划小承包人数777人，占全市在岗员工的63.9%，划小承包小CEO 203人，

与2017年相比，小CEO更换占比21.8%。员工收入增长7.76%，前端划小单元认购目标达成率82.58%，后端划小单元综合评估高于85分的占比91.45%，员工共享发展红利，持续激发企业活力。

【网运保障支撑发展】 2018年，中国电信永州分公司做好光网和移动网双提升、装维服务及随销能力双提升等工作，强力支撑发展。截至2018年年末，移动互联网业务感知优良率95.74%，MR覆盖率95.69%，宽带自助测速合格率99.49%、互联网端到段端业务质量优良评估得分103，天翼高清视频业务感知优良率99.25%，政企客户业务服务履约率、客户服务综合满意度、集约处理投诉良好率、工业和信息化部季度百万用户申诉率等指标均达标。

【法律服务支撑】 2018年，中国电信永州分公司围绕企业发展战略目标，落实依法治企工作。强化依法经营管理、持续优化公司治理，严格执行“三重一大”各项规定，持续完善风险防范机制，进一步维护企业合法权益，重视加强合规管理，严控企业法律风险，并重点强化对工程建设、安全施工等领域的依法治理，取得良好实效。严控合同风险，强化法律服务支撑。重视加强合同管理，严控合同风险、强化法律支撑，合同履约情况良好，未出现任何合同纠纷或缔约过失责任等情形，为公司生产经营等工作提供良好支撑。落实好中国电信湖南公司“划小承包合同进MSS系统”专项工作，3月在全省率先高质量地完成此项工作任务，受到省公司的好评。围绕中心、服务大局，夯实基础、强化培训。围绕企业生产经营等重点工作开展的实际需求，先后组织开展《中华人民共和国保密法》《中华人民共和国网络安全法》《中华人民共和国反不正当竞争法》《中华人民共和国广告法》《湖南省通信条例》和安全施工、安全生产法等学习培训，获得良好实效。12月，在中国电信湖南公司2018年度法律工作会议上，永州分公司总经理王中代表永州分公司作全省法律工作先进典型经验发言，永州分公司的法律工作受到省公司的肯定和表扬。

2018年5月25日，中国电信永州分公司组织召开“中国电信永州分公司首届青年员工及专业人才座谈会”

【青年员工及专业人才座谈会】 2018年5月25日，中国电信永州分公司组织召开“中国电信永州分公司首届青年员工及专业人才座谈会”，市分公司领导，人力资源部党群工作部、工会、市场部、网运部等相关部门负责人，公司B、C、D级人才，近5年新进大学生，30岁以下年轻后备人员，雏鹰培优人员等70人参加座谈会。

【薪酬集约核算系统成功上线】 2018年9月，中国电信永州分公司正式启动薪酬集约核算系统项目上线工作，通过认真筹备，该系统于11月薪酬核算全部通过系统核算，薪酬核发工作更加集约。

【完成BSS 3.0项目建设】 2018年，中国电信永州分公司完成BSS 3.0项目建设，获得中国电信湖南公司总经理嘉奖令嘉奖，获最佳组织奖。BSS 3.0项目于2017年10月启动，永州分公司于2018年3月23日完成受理中心的割接，5月18日完成计费中心等相关模块割接，时间跨度7个月，项目攻坚阶段为3月~5月。在该项目建设中，完成3499个工号的权限和角色的清理和映射、892台终端信息收集及测试联调、9541条在途单的清理，组织多轮面向一线的培训，并与三级经营单元联合成立保障小组，分别在受理中心和计费中心上线一周内，投入包括市场、客服、业支在内的超过60人的保障团队持续支撑，确保割接的平稳过渡。

【“10000”号全语音门户项目在永州成功上线】 2018年12月24日，中国电信永州分公司按时完成“10000”号全语音门户项目顺利上线的工作任务。根据省公司相关工作部署，永州分公司及时成立该项目攻坚团队，强化内部员工培训，确保100%培训到位，并通过向永州市消费者协会等地方监管部门主动报备、微信/易信/QQ等多渠道收集优化建议、内部外部客户同步拨测体验等措施的有效实施，确保12月24日该项目在永州成功上线，进一步深化智慧客服在永州本地的落地承接。

（翟芳）

移动通信

【概况】 2018年，中国移动通信集团湖南有限公司永州分公司完成通信服务收入13.04亿元，较2017年增长2.11%。个人及家庭产品销售呈上升趋势，发展新入网客户127万户，新增通话客户份额53%，净增4G客户23.73万户，净增宽带用户15.79万户，净增宽带份额73.11%，期末宽带用户37.4万户；期末魔百和用户29.8万户；存量客户进一步稳定，不限套餐客户规模100万户，不限速套餐渗透率39.8%，较年初净增74万户，渗透率环比提升27.7%，全年离网率2.96%，较往年同期降低4.48%。

【网络建设】 2018年，中国移动通信集团湖南有限公司永州分公司新增4G基站732个，4G基站总量6572个，升级改造FDD站点654个，开通NB功能站点411个；新增2G基站168个，2G基站总量3084个；完成1603个驻地网小区建设，建设端口总数89.7万个，城区覆盖率超过95%，行政村覆盖率85%；实施骨干南环裂环优化项目，缩小南六县业务路由；完成16个综合业务区整治工作，资源准确性从45%提高到95%以上。

【客户服务】 2018年，中国移动通信集团湖南有限公司永州分公司完善客户服务工作管理体系，建立重点服务问题协同督办机制、星级客户营销服务保有体系和问题源头常态化防控机制，多维度、多层面实施一线人员服务质量监测管理，提升窗口服务能力和客户服务感知，降低客户投诉。根据2018年全省客户满意度调查情况，该公司4G客户满意度87.97%，宽带客户满意度82.87%，百万用户申诉率和不明扣费申诉率同比分别下降51.51%和92.31%。

【综合管理】 2018年，中国移动通信集团湖南有限公司永州分公司进一步提升管理水平，转变预算管理模式，以预算管控为手段，优化资源配置，全方位增强成本效益管控。优化部分组织机构和人员配置，理顺管理流程，强化网络专业指导和对口支撑，落实薪酬效能提升工程，对部分岗位进行薪酬改革，发挥计件薪酬的正向激励作用。创新绩效管理模式，开展员工竞聘双选工作，提升低职级员工对职业发展的满意度。加强安全检查和隐患整治，全年未发生重大责任事故。

【企业文化】 2018年，中国移动通信集团湖南有限公司永州分公司坚持企务公开制度，通过工作会、职代会、“走、听、转”活动等形式公开年度经营计划目标及完成情况、重大项目落实情况、岗位公开招聘情况等重要事项。开展丰富多彩、形式多样的“幸福1+1”系列文体娱乐活动，重视帮困救助工作，全年累计发放日常慰问、扶贫解困等资金超过50万元，受益213人次，“暖心工程”建设投入50万元。

（张怡）

联通通信

【概况】 2018年，中国联通永州分公司以“用户为帝、产品为王、触点为根、能力为本”为方针打造互联网化运营体系。围绕“一切为了客户、一切为了一线、一切为了市场”，切实提升对基层、客户及普通员工的服务水平。申诉率年度控制在60件/百万用户达标；移网NPS四季度14.8，固网NPS四季度48.99均完成目标值；专业线年度综合排全省第七位。

【风险防控】 2018年，中国联通永州分公司坚持党建融入公司动力体系，强化“战斗堡垒作用”，党建融入公司经营，强化“先锋模范作用”，党建融入队伍建设。坚守诚信经营、规范经营，牢固树立规矩意识，规范经营行为。通过制定和完善安全生产、综合治理等相应管理办法，规范各类操作流程，强化安全隐患排查治理工作。狠抓垃圾短信、网站备案等重点业务规范受理，严防通信信息诈骗。加强纪律教育，强化纪律执行，让党员干部知敬畏、存戒惧、守底线，习惯在受监督和约束的环境中工作生活。

【网络保障】 2018年，中国联通永州分公司持续加强信息基础设施建设，统筹规划城乡通信基础设施，推进光纤入户和农村行政村宽带全覆盖工程，推进城市家庭带200兆~1000兆、农村家庭带宽50兆~100兆以上网络覆盖。无线网建设方面，投资1000多万元，规划建设宏站数300多个。全市4G网络达到市区县城良好覆盖，乡镇全覆盖，行政村重点覆盖目标。响应国务院提速降费号召，推进LTE CA载波聚合及5G试点业务，投资1100万元，完成4G站点开通373个，开通率100%，将4G网速提升至300兆，并率先在永州开通第一个5G基站。宽带建设方面，全市宽带达到市区、县城、乡镇全覆盖，行政村重点覆盖，以及偏远地区村庄无线宽带覆盖等目标，投资2678.89万元，新建端口6.15万个，完成普遍服务277个行政村建设并通过管局验收。传输网方面，完成两区三点架构搭建，完成投资2367.06万元，新建传输线路1218千米，主要聚焦在汇聚机房建设、4G接入能力建设、县乡OTN成环保护建设等方面。

（赖薇）

城乡规划业

综　　述

【概况】 2018年，永州市城乡规划由覆盖面上的规划向高品质规划、空间利用规划转型，由中心城区不断向村镇延伸，城乡规划体系更加科学完善，在超前谋划城镇布局，精准指导项目建设，统筹资源配置等诸多方面发挥龙头引领作用。

【完成总体规划局部修改】 2018年，永州市及时完成《永州市城市总体规划（2001—2020）》（2018年修改），获省人民政府批准实施，将城市定位为国家级历史文化名城，湘、粤、桂省际区域性中心城市和现代化生态旅游宜居城市。启动总体规划修编六项前期工作，为下一轮总体规划修编夯实基础。完成潇湘城市群协调发展规划，构建以祁阳—冷水滩—东安为横轴，冷水滩—零陵—双牌为纵轴的“T”字形城市群和半小时经济圈、生活圈。同时，老埠头、蔡市、高溪市等卫星镇总体规划不断深化完善，加快卫星镇与中心城区的联动协调和统筹发展。加快专项规划编制。全年新编9项、续编4项专项规划，其中充电桩、综合管廊专项规划已经市人民政府批准实施，信息基础设施专项规划通过市规委会审议，加油加气、医疗卫生及康养设施等11项专项规划加快推进。完善控制性详细规划。完成中心城区18大片区控规成果汇编工作，作为城市规划管理依据，精准控制中心城市建设用地开发和空间环境的保护利用。启动城市设计编制。完成《城市设计导则》前期工作，启动永州火车站周边区域城市设计、南津路街道提质改造设计编制，为中心城市特色风貌和空间管理谋划新格局。完成近期建设规划编制。结合城市总体规划和外围交通发展需要，完成近期建设规划编制，对中心城区近期建设规模、建设供地计划、重点项目实施计划等方面超前布局，指导建设用地指标报批，市本级超计划获批新增建设用地187公顷。各县（管理区）基本上形成县城、乡镇、村庄规划无缝衔接的规划体系。9县2个管理区城市总体规划修改全部完成报批，其中东安、宁远、江永等县城启动新一版城市总体规划修编前期工作。完成69项专项规划和19项控制性详细规划编制。完成131个乡镇总体规划和2309个村庄规划编制。

【规划审批】 2018年，永州市完善市规委会、市住建局局务会规划审查议事规则等制度，从制度上加大规划审查审批管控力度。对于中心城区开发项目规划，一律按照规划条件审核把关，在规划审批中，做到“两个坚持、两个坚决”：坚持严格控制规划调整，切实维护规划的严肃性和权威性；坚持只许提高绿地率、停车位等指标；坚决不允许提高建筑密度和容积率，坚决不许超越用地红线进行建设，确保建筑退界。组织各类规划审查会议41次，审查和研究项目458个，核发“一书三证”379份。推进“放管服”行政审批改革、优化政务窗口审批服务，将行政服务事项由54项缩减到24项，建设项目报建环节由18个减少到8个，报建资料由150多项精简到50项以内，项目从报建到竣工验收备案办结时限由257天缩减到60天。

【规划执法】 2018年，永州市完善批后管理规程，落实“定岗定责定人”工作制度，强化执行力考核。市规划执法支队、规划分局、质安站和信息中心，以及城管和国土等部门，加强联系、信息共享，联合行动。全年中心城区158个已批房建项目纳入全面监管，监管面积超900万平方米，监管覆盖面100%。改进执法方式，执法队员重心下移到工地一线，常态化、多样化开展法规宣传，变被动管理为主动服务，变末端执法为源头治理，变单一执法为联动执法。全年下发执法文书351份，立案查处项目15个，收缴罚款约590万元。强化部门联动执法，通过市区联动执法，部门密切配合，采取断水断电、查封施工现场、依法强拆、暂停办理预售许可和产权登记手续、及时上报不良行为记录和严厉处罚等“组合拳”措施，有效遏制违法现象。

（张程源）

城乡规划设计

【概况】 2018年，永州市规划设计院围绕生产责任制目标，以项目为中心，以优质服务为基础，推动建设事业高质量的发展。抓党建引领，抓执行力提升，较好完成全年的各项工作目标。完成2004年—2013年市城投公司欠该院的设计费结算。全部交清职工各种保险，解决职工民生问题。组织成立职工工会，激发职工干事创业活力。与市史志办共同帮扶新田县大坪塘镇龙井塘村，派驻一名工作人员驻点帮扶，同时为该村提供产业帮扶资金6万元，并免费为该村编制村庄规划。全年总产值2300余万元。签订合同110个，其中规划项目40项，产值660万元；市政项目48项，产值1250万元；建筑项目22项，产值430万元。工程设计质量合格率100%。回款1600余万元，是历年最多的一年。

【规划、市政、建筑三个板块业务设计】 2018年，永州市规划设计院根据新的形式，迅速拓展道路交叉口的渠化设计、中心城区学位建设设计等，开展装配式建筑设计，拓展设计内容。在规划业务方面，参与总体规划的前期课题研究，在镇规划、村庄规划等方面继续发力。全年业务量虽有所下滑，但也完成全院规定的基准产值。

【业务设计质量把控】 2018年，永州市规划设计院建立健全质量把控体系，从项目前期就狠抓工作落实。配合业主单位出具设计任务书、项目委托书及前期立项工作。在项目设计阶段：定期召开业务例会，项目组进行项目初审。设计作品通过三级校审，在设计质量上严格把关，使全院在设计水平上提升一个台阶。组织一批工作经验丰富、技术水平高、业务能力强的人员从事施工现场处理等服务，严把质量关口，涌现出一批好的作品。如江永黄甲岭传统村落保护规划获批国家第五批传统村落。市政方面与大院合作设计翠竹东路等大型道路项目；建筑方面与大院合作京华中学周边地块棚改项目等。

（蒋彬）

城市管理和综合执法

【概况】 2018年，永州市城市管理和综合执法局围绕“高质量发展”主题和“六大战役”总体

2018年，《永州市城市市容和环境卫生管理条例》颁布实施新闻发布会、城管法律知识竞赛及市人大常委会视察滨江公园游乐场拆除现场

路灯工人维护路灯

部署，倡导“共治共管、共建共享”新理念，坚持开门办城管，主动定期邀请各界人士参与城市管理，各项工作取得新成绩。是年，永州市城市管理和综合执法局获得全市党建、党风廉政建设、安全生产、综治等近20项工作先进单位，被湖南省住建厅评为“黑臭水体整治、污水垃圾治理工作突出单位”。连续两年在永州市人大常委会对32个市政府工作部门的年度测评中，评价为“好”的单位，连续两年获得湖南省反恐怖工作先进基层单位。

【城市品质提升】 2018年，永州市城市管理和综合执法局以打好城镇提质战役为抓手，推项目、抓管理、促创建。聚焦提质项目建设，市城市管理和综合执法局负责的5个重点项目，完成投资3.22亿元，补齐城管领域的一批基础设施短板。着力管理提质，“党建+服务”“党建+执法”等模式搭起党群“连心桥”，党员示范岗、路长制使城市市容和环境卫生显著改善。中心城区开展各类整治活动210余次，劝导整治占道经营、流动摊担8.2万余起，整治规范违章广告2900余处，制止乱栓乱挂2680余起。保持违法建筑治理的高压态势，拆除违建103万平方米，为重点项目建设保驾护航。祁阳县、道县、蓝山县成功创建为国家卫生县城，江华瑶族自治县成功创建为国家园林县城，并继续获得全国文明县城提名，新田县、东安县被授予省级园林城市称号，道县成功创建为省级历史文化名城。

【污染防治攻坚战】 2018年，永州市城市管理和综合执法局打好城市污水垃圾治理攻坚战、蓝天保卫战。污水治理：永州市县以上城镇污水处理率96%。市本级下河线污水处理厂扩建项目完工，提升污水处理能力5万吨/日，双牌、蓝山、江永项目开工建设，8个污水处理厂提标项目基本完工，2个开工在建。完成城市黑臭水体整治14处，实施主城区特别是老城区地下排水排污系统建设攻坚工程，完成新改建排污排污管网160.7千米。垃圾治理：湖南省城镇生活垃圾焚烧处理设施建设推进会在永州召开，湖南省第一个以县为主、区域统筹宁远、新田、蓝山的生活垃圾焚烧项目开工建设。中心城区成功引进小黄狗智能垃圾分类项目，配置智能分类回收机器167台。完成53处非正规垃圾堆放点整治，新建（改造）37处乡镇生活垃圾中转站，收运能力进一步增强，城乡垃圾收运、处理一体化初步形成。蓝天保卫：各县城城区实现禁止燃放烟花爆竹全覆盖，中心城区率先开展规范熏制腊制品专项行动，主动加强餐饮油烟、道路扬尘等治理，在保卫蓝天中彰显城管担当。

【民生保障】 2018年，永州市城市管理和综合执法局努力让群众“放心喝水、安心用气、舒心出行”。保城市供水，主动牵头永州市饮用水安全整治行动，各县区水司按规定开展水质检测，出厂水指标均达标，并定期上网进行公布，水质的管理日渐规范。加快供水设施建设，冷水滩区曲河水厂、祁阳县新埠头水厂、宁远县城北水厂建成通水，新增能力13万吨/日，冷水滩、零陵、道县、宁远等地新改建供水管网108千米，东安县湘江引水工程通水，供水事业取得长足进步。保城市供气，争取燃气长输管道建设取得新进展，中石化新粤浙线广西支线（衡阳—永州）可研、路由完成，上报中石化集团审查决定；中心城区天然气利用开发居民用户1.27万户，燃气普及率94%，克服低温雨雪冰冻等恶劣环境的不利因素，供气大局稳定。保市民出行，中心城区冷水滩完成文昌路、梓塘排水管道及文昌路山体滑坡治理工程。加强人行道、桥梁、市政井盖等管养维护，发现并制止破坏市政设施等违法行为103起。冷水滩城区照明设施维护、节日美化、楼宇亮化及背街小巷路灯改造等工作稳步推进，冷水滩城区路灯亮灯率及设施完好率保持在99%以上。

【城市服务】 2018年，永州市城市管理和综合执法局主动革新观念，牢固树立管理就是服务的理念。推动行政审批改革，所有审批项目进入永州市政务服务中心办理，并大大压缩审批时限，缩短在55%以上，找城管办事“只跑一次路”的“长情告白”基本兑现诺言。推动服务智能化，14个县区中12个完成数字城管平台建设，所有供水供气企业接入市数字城管平台，永州数字城管累计受理案件12万余件，迈出数字城管到智慧城管的“第一步”。加强队伍建设，全面从严治党在城管系统落地落实，坚持严格公正规范文明执法，举办城管月月谈6次，开展城管风采、最美城管人评选等。

（刘武荣）

城市园林

【概况】 2018年，永州市城市园林局围绕市委、市政府“六大战役”的决策部署，履行职责，抓好城市园林绿化建设与管理工作，改善城市生态环境，中心城区园林绿化品质提升显著。截至2018年年末，中心城区建成区绿地面积2358.89公顷，公园绿地面积662公顷，绿地率、绿化覆盖率、人均公园面积分别达35.36%、38.32%、11.52平方米/人。市城市园林局获得全市“社会治安综合治理工作先进单位”“环境整治战役重点项目先进协调单位”表彰。永州市城市园林局机关工会继续保持“模范职工之家”称号。

【园林绿化建设】 2018年，永州市加大公园、小游园、道路绿化建设力度。主要推进珊瑚公园、将军岭公园、张飞公园、湘江西路风光带等公园建设，完成月岩路小游园、铜厂小游园、科技局小游园、翠竹小游园、白竹亭小游园、樟树脚公园、七里店小游园、亲水河小游园等小游园建设，并启动滨江公园、潇湘公园、怀素公园、朝阳公园等多个公园、小游园提质改造项目的前期工作；道路绿化方面，基本完成冷水滩区35条道路提质改造工程和零陵区工业园路网、萍州路网提质改造工程3个综合性工程项目。全面完成珍珠南路、银象北路、南津路、潇水路、日升西路西段等绿化项目建设。另外还有永州大道、凤凰北路、九嶷大道、翠竹大道、阳明大道、迎宾路、李达大道等多个绿化建设和提质改造项目正在抓紧建设。同时，在湘永路、育才路、舜皇路等主要道路设置精美简约的花箱，根据时节摆放各种花灌木和色彩鲜明的花卉，“一街一景致、一路一特色”的城区道路绿色网络正逐步形成。

【公园管理服务】 2018年，永州市投入约840万元用于冷水滩区各公园基础设施的建设、更新、维护。其中滨江公园投入资金65万余元对沿江路行道树230个树池进行扩宽，对市政设施、公共服务设施进行维修，并更新体育健身器材、安装健身驿站，为市民提供安全舒适的休闲健身环境。滨江公园为广场中所有音箱加配时控开关，限时供电有效控制噪音，为周边小区、学校安静舒适环境提供保障。配合城管等执法部门对公园内违法建筑和游乐设施进行依法拆除，并进行游乐场景观恢复，优化公园环境。潇湘公园投入58万元完成4个大门及

2018年2月1日，省园林专家指导永州市创园工作座谈会

部分主园路亮化工程，投入160万元完成全园监控系统的安装，并与公安联网，为游客提供安全保障。根据环保督察组的要求，开展公园旱厕以及王家大塘的治理工作，治理成效明显。虎岩公园先后投入500万元，完成公园南面挡土墙加固工程主体工程。春节期间投入资金54万余元对滨江公园、潇湘公园、虎岩公园3个公园进行景观亮化，为城市夜景增添色彩。零陵区修改完善怀素公园提质改造设计方案，配合零陵古城项目指挥部有序推进朝阳岩公园主题乐园工程建设。

【园林绿化行业监管】　2018年，永州市加大园林绿化行业监管力度，从规划设计源头上把关，坚持“顶层设计”理念，聘请北京林业大学、湖南大学、中南林业科技大学、湖南农业大学等国内知名高校团队参与园林绿化项目的规划设计，并对各绿化项目的设计方案进行评审把关，确保各绿化项目在设计之初就要达到高标准、高品质的要求。在园林绿化项目施工过程中，加强建设监管，针对中心城区的各绿化项目，在各个环节进行跟踪督查，发现问题采取发函整改、提出处罚建议等措施进行监管，使园林绿化项目工程质量得到保障。冷水滩区、零陵区结合网格化管理工作，严格落实目标管理责任制，加强园林绿化养护考核，加大损绿毁绿处罚力度，规范绿化行政审批程序，园林绿化养护管理水平得到进一步提高。

【园林城市创建】　2018年，永州市持续推进园林城市创建工作。推进项目建设，完成月岩路小游园、樟树脚公园等绿化建设28个，推进珊瑚公园、湘江西路风光带、张飞公园、永州大道等绿化建设28个。5月、7月，分别组织专家和技术人员对祁阳、宁远县创建省级园林城市进行初审，并提出详细整改意见和建议。截至2018年年末，永州市江华县获得国家级园林县城称号，东安县、新田县获得省级园林县城称号；宁远县、蓝山县、祁阳县正加速推进创省级园林县城工作。

【园林式单位、小区创建】　2018年，永州市城市园林局开展园林单位、小区创建工作。引导全市各县区改善单位、小区绿化环境，并提供技术支持，通过拆墙透绿、拆违建绿、见缝插绿等措施，进一步拓展单位、小区绿化空间。受理全市园林式单位（小区）申报材料100份，经专家现场评定，授予“市级园林式单位（小区）”55个，推荐到省住建厅，经省住建厅评定并授予“省级园林式单位（小区）”的有湖南科技学院、永州市人民防空办公室等34个。

【市树市花推广应用】　2018年，永州市城市园林局进一步加大对市树市花（香樟、杜鹃）的推广应用力度。主动与新闻媒体合作制作市树市花专题宣传片，并印制万余份宣传手册对市民、游客发放，推介永州市的市树、市花，提升市民知晓度。加大对全市古树名木中香樟的保护力度，定期开展古树名木调查，遵循属地管理原则，建立保护责任制，对每一株古樟书进行挂牌保护，并进行定期检测和复壮。在行道树与花卉的选种上，推广种植香樟与杜鹃。同时，规划新建永州市森林植物园中的杜鹃专类园。

（周戬）

城市建设投资

【概况】　截至2018年年末，永州市城市建设投资发展集团有限责任公司总资产496亿元，资产负债率51.85%，信用评级AA。年内，市城市建设投资发展集团有限责任公司做好巡视巡察、债务化解、国家审计政治任务；应对项目建设、征拆矛盾、转型发

2018年，永州市公共交通调度中心（快速公交首末站冷水滩站）竣工试运行

展多重挑战；统筹推进资产、融资、经营工作。实现融资到位60亿元，年平均综合利率6.29%；实施重点项目30个，完成投资42.5亿元，占全年计划投资的111.65%；新增资产70亿元，土地报批193.3公顷，土地出让收入35031.96万元。是年，该公司获得全市先进市直行业系统基层党组织、安全生产工作先进单位、建议提案办理工作目标管理先进单位、党风廉政建设宣传工作先进单位。建设的将军岭安置小区获全市首个“全国建设工程项目施工安全生产标准化工地”国字号奖牌；文昌阁安置小区被评为“湖南省建筑施工安全生产标准化示范工地”。

存在的主要问题和困难是：融资化债压力大，账面存量债务189.08亿元（不含已完工未结算、在建、市委市政府明确待开工项目所需资金约80亿元）；建设资金缺口大，完工未结算及在建的公益项目以及市委、市政府明确建设的棚改、学位建设、湘桂铁路永州地区扩能工程等项目需资金近80亿元（三年内支付）；项目建设推进慢，征地拆迁攻坚难，前期工作审批久，原PPP项目退库；转型发展实施难，平台公司转型发展方案和公益性项目建设回报机制尚未出台，影响项目推进等。

2018年，冷水滩区珊瑚公园华丽变身

【完成巡视巡察政治任务】 2018年，永州市城市建设投资发展集团有限责任公司把巡视巡察整改作为重要政治任务来抓。完成省委巡视问题整改。针对烟酒接待、办公用房超标准、招投标领域等问题，实行分类施治、明确专人、限时改进，全部在限定期限内整改到位，特别是针对反馈的未经批准随意变更设计问题，公司成立专门工程变更核查小组，对76个项目2083个工程变更进行逐个核查，按照一个项目一本台账，一个变更一个核查表和一个清单的要求，建立核查台账，核对人、复核人分别签字确认核查成果，并将违约单位上报行政主管部门进行问责处理。完成市委巡察问题整改。3月9日至5月20日，市委第三巡察组对该公司党委进行巡察，针对反馈意见，公司党委逐条讨论，剖析根源、反思反省，围绕“立行立改、限期整改、制度促改”的要求，对梳理出来的69项具体问题明确责任领导、责任部门及责任人，明确整改时间、进度安排，确保一件一件落实、一条一条兑现。在抓好整改、解决问题的同时，及时总结经验，研究制定科学、管用、长效的工作机制，巩固好、坚持好整改成果。

【化解政府隐性债务风险】 2018年，永州市城市建设投资发展集团有限责任公司把正确处理城市建设与债务化解的关系作为最大的政治智慧和担当。抓住审计署长沙特派办对公司开展债务审计的机会，摸清政府债务底子。截至2018年年末，市城投政府隐性债务174.23亿元；政府债务32.06亿元（为已拨付市城投的政府债券，已纳入政府债务）。在没有新增贷款、资金十分紧张情况下，刚性兑付62.6亿元，其中偿还债务本金49亿元（含审计违规整改提前偿还14亿元），偿还利息13.6亿元。展期2笔贷款，计0.7亿元；发放存量贷款2笔，计7.9亿元；盘活发放贷款近15亿元。按照省委、省政府债务化解要求及“停、缓、调、撤”的原则，减少建设项目57个，减少投资规模104.63亿元，做到项目建设资金链不断、偿债资金链不断。

【城市建设项目】 2018年，永州市城市建设投资发展集团有限责任公司拉通城市主动脉，畅通城市大交通。通过拉通城市新区交通骨架，进一步完善城市交通网络。翠竹大道在春节前实现主线通车；城南大桥即将合龙、东西贯通。首期快速公交工程及公交调度中心快速公交冷水滩站、零陵站全部建成，智能系统交调度中心指挥系统均准备到位。打通河西路网，完善河西、河东城市交通网络，其中，湖塘路、紫金路、银象路等11条道路提质改造工程正在加速建设；零陵南路、珊瑚公园、站前南路、梧桐东路、潇湘大道、传芳路上跨铁路桥等正在快速推进。将军岭安置小区完成1#、2#、3#、4#、5#楼主体和验收，文昌阁安置小区3#、4#、5#、6#栋完成主体施工，重啤公租房项目完成主体验收。筹措11亿元学位建设资金，其中，拆借专项贷款5亿元，投入土地价值5.8亿元，拆迁、工程前期费用0.2亿元，推进学位建设及配套道路工程，增进民生福祉。

【资产划转和经营】 2018年，永州市城市建设投资发展集团有限责任公司在面临政府债务清理、资产注入极其困难的情况下，千方百计推动资产划转。截至2018年年末，实现新增产权资产约30亿元。主要有：完成国企改制资产划转办证13宗，新增资产价值1.02亿元；完成原市直资产划转办证16宗，新增资产价值14.01亿元；完成自建、购买资产办证2宗，新增资产价值1.6亿元；完成土地资产15宗，面积34.38公顷，新增资产价值13.49亿元。

受“控新增、去存量”政策的影响，新增建设用地指标控制日趋严格，完成土地报批193.3公顷，占全市76%。主要完成土地上报193.3公顷，补充水田30公顷，林地报批14.38公顷，缓缴被征地农民社会养老保险费用4239.84万元。完成网上挂牌土地4宗、共18.5公顷，挂牌起价合计70087.96万元。其中，挂牌成交土地2宗，面积9.08公顷，成交金额35031.96万元。探索经营思路，着重在停车泊位场收费、加油加气站、户外广告经营、房屋租赁经营、资产盘活等方面开展有益的经营探索，实现资产经营性收入5410万元。其中，经营收入1610万元，资产盘活收入2400万元；瑞丰公司完成产值1400万元。

（肖玲）

经济建设投资

【概况】 2018年，永州市经济建设投资发展集团有限责任公司（以下简称市经投集团）围绕市委、市政府深化拓展“六大战役”的决策部署，把零冷联城作为提升中心城市首位度的关键，坚持以产业项目建设年为中心，积极应对政策变化，防范化解债务风险，狠抓项目建设，谋划公司转型发展，推动各项工作取得新成效。年末，集团公司获评建议提案办理工作目标管理先进单位，综治“黄牌警告”成功摘牌，全年综治民调成绩在全市146个市直及中央、省驻永州单位中名列第二十名，获评综治工作“合格单位”，集团公司档案室成功创建为省一级档案室。全年完成项目投资25.52亿元，永州大道综合管廊项目获评“重点项目优秀项目”，永州华侨城卡乐文化旅游项目获评“重点前期项目先进奖”。

【经济建设项目工程】 2018年，永州市经投集团加快项目建设，严格落实重点项目调度制，及时解决征地拆迁、前期工作审批、矛盾调处等制约项目推进的困难和问题，完成项目投资25.52亿元，超预期目标35.7%。滨江新城建成或基本建成一批项目，永州大道地下综合管廊项目基本建成，并如期恢复主道交通；迎宾路、利安路完工，具备通车条件；市民服务中心、市文化艺术中心主体工程完工；永州幼儿师范高等专科学校、永州大道后续配套等项目基本建成；巴洲安置小区、

2018年，永州大道综合管廊建成

万商红安置小区一期完工。永州华侨城卡乐文化旅游项目实现当年签约当年开工建设。

【助力“三大攻坚战”】 2018年，永州市经投集团防范化解重大风险，将防范化解重大风险作为工作的重中之重，根据上级部门防范化解债务风险指导性文件精神，第一时间部署开展隐性债务清查摸底工作，制定切实可行的债务化解方案，确保资金链不断裂、不发生系统性风险。推进精准脱贫。对标落实精准脱贫，多措并举狠抓脱贫攻坚，帮扶的蓝山县坪源村、祁阳县黄泥塘镇兴坪村均整村脱贫出列。持续发力污染防治。结合中央、省环保督察要求，强化项目安全文明施工，项目工地做到“七个100%”。同时，落实中央、省市关于湘江饮用水源地保护的决策部署，完成潇湘平湖码头综合整治工作，保护饮用水源地，改善城市环境。

【经投公司转型发展】 2018年，永州市经投集团谋划公司转型，文化创意、旅游、能源、航线、广告等经营性产业不断拓展，公司转型发展基础进一步得到夯实。按照市委常委会议精神，完成永州市文旅投资公司注册，并坚持以点带面，以永州华侨城卡乐文化旅游项目启动为突破口，推进布局文化旅游产业。传统产业营收稳步增长。发挥城市建设主力军作用，承担市委市政府安排的重大产业开发和市政基础设施项目建设。做大做强保安公司传统武装押运等经营业务，业务领域和经营范围不断拓展，实现经营收入6800万元。永州远大、潇湘农商行等各项投资和经营性收入保持稳步增长。片区综合开发稳步推进。启动“两中心”片区滨江新城文旅综合体项目，完成规划方案，正在完善合作协议。能源产业逐步铺开。与中石化湖南永州分公司签订合作协议，“十三五”加油加气站规划布点中未建加油加气站的商务批文全部办好，正在开展加油加气站专项规划审批和土地挂牌等工作。同时，对接国华永州电厂项目投资入股工作。航空航线产业成效初显。承接永州航线开辟工作，航线补助由市财政拨付。新开通永州—西安、永州—泉州、永州—珠海航班，零陵机场客流量突破25万人次。

（廖盛茂）

建　筑　业

建筑工程事务管理与规划执法

【概况】 2018年，永州市建筑工程事务管理办公室（市规划执法支队）围绕市委、市政府“执行力提升年”活动和市住建局“三化三提升”工作重点，履行工作职责，提升规划建设执法能力和整体水平。在由出版社出版的《新时代新征程新篇章》的文集上发表文章1篇，在《永州日报》、永州文明网等市级以上媒体发表新闻稿14篇，在市局网站发表新闻稿21篇，8月开通“永州规划执法”微信公众号，原创与转发文章41篇，并从4月开始编辑《永州市规划建设执法工作简报》，更新至第四期。支部获得市直工委“优秀基层党组织”称号和市住建局“党风廉政建设先进单位”称号；单位业务工作方面，市住建局获得市控违拆违先进单位、非税收入先进单位称号，相关工作由该单位具体承办；在局属单位2017年度的绩效考核和创先争优工作综合排第一位，并获得局“安全生产先进单位”称号。

【项目执法监察情况】 2018年，永州市建筑工程事务管理办公室（市规划执法支队）根据《批后管理规程》和《执法监察实施细则》规定程序，将中心城区职责范围内已办理“建设工程规划许可证”的在建项目均纳入监管。截至2018年年末，职责范围房屋在建项目149个（冷水滩区74个、零陵区61个、经开区14个），完工项目59个，全年累计对208个房建项目进行严密管控，监管总面积超过900万平方米，监管率100%。配合参与批后管理放线、验线和规划条件核实，并对所有职责范围内在建项目建立每月更新的跟踪监管台账；发出执法文书387份，其中温馨提示单111份、《依法建设告知书》57份、执法工作联系函95份、责令（限期）改正通知书58份、责令停止违法行为通知书66份。对所有房屋在建项目均送达《依法建设告知书》。

【违法建设案件处罚情况】 2018年，永州市建筑工程事务管理办公室（市规划执法支队）立案查处违法建设33起；组织召开湘福花园、绿景美城、大河映山等项目3次听证会；完成2018年第四次局务会、第八次局务会、第十次局务会、第十六次局务会等12次案审会上会工作；依法下发行政处罚事先告知书40份、行政处罚决定书30份；对15个行政处罚案件进行结案；设法收缴罚没款590万元。

【“执法通”移动规划执法系统投入运行】 2018年9月，永州市建筑工程事务管理办公室（市规划执法支队）移动规划执法监督平台的软件开发和基础资料收集工作基本完成，具备运行条件，投入使用，执法信息化建设迈出坚实步伐。移动规划执法系统投入运行，逐步实现现场执法和线上信息共享，互联互通，提高执法效率，保障“阳光执法”。自动化、无纸化办公得到全面落实，发文、收文均实现内网流转。

【档案台账管理】 2018年，永州市建筑工程事务管理办公室（市规划执法支队）的项目管理台账、行政处罚台账、审批信息台账、相关会议纪要和行政处罚落实情况管理台账日趋规范；专门建立督办管理台账，确定专人跟踪落实批件处理办结情况，确保各类批件跟踪督办，按时办结。建立并及时更新市中心城区办理建设工程规划许可证、施工许可证项目台账，将局政务窗口审批的建设工程规划许可证、建筑工程施工许可证等行政审批信息及时发布至内网。每月更新会议纪要、案审会议纪要、行政处罚事先告知书、行政处罚决定书、移送法院强制执行申请书等。

【控违拆违】 2018年，永州市建筑工程事务管理办公室（市规划执法支队）采取联合执法行动4次：冷水滩大队同梅湾城管大队、梅湾街道办事处联合执法3次，对河东商贸街肖健、罗闪星、张云龙商住楼、唐娟住宅楼、邓普林商住楼3个项目进行重点监控；零陵大队与零陵区规划分局、徐家井办事处、区城管执法局等单位组织30多名工作人员依法对李金娥维修加固项目违章建设部分进行拆除。

【落实巡视巡察交办整改意见】 2018年，永州市建筑工程事务管理办公室（市规划执法支队）根据省委第六巡视组整改交办意见和市住建局统一安排，完成涉及103个小区违法行为处罚方面的工作。对市里指定的18个小区进行全面梳理和重点整治，取得明显成效。奥林新城、东晟鑫座1#楼等两个小区通过规划条件核实，整改到位；江南国际数码城在下达催告书后，建设业主补缴罚没款。在全市“清理整顿违反中央八项规定精神”和“抓好巡视整改，净化政治生态”等专项整治活动中，自查整改问题1条，专题教育2次，召开专题民主生活会1次，调整办公用房2间，巡视巡察反馈意见中的问题全部整改完成。

（唐媛媛）

建设工程质量安全

【概况】 2018年，永州市建设工程质量安全监督站（以下简称市质安站）以廉促管强化项目服务，夯实监督责任，落实安全生产工作要求，全市建筑市场安全生产形势平稳趋好，建筑工程质量得到有效整治，工地文明施工明显好转。

截至2018年11月底，市本级办理质安监监督注册93个项目，均签署工程质量终身责任承诺书，覆盖率100%，新开工建筑工程质量监督覆盖率100%。其中市政项目登记办理12个；保障性住房登记办理12个项目；总建筑面积约230万平方米，总造价约482182万元。市本级监督竣工验收建筑工程项目44个（次）、竣工验收建筑总面积1668712平方米；一次性竣工验收合格的建筑工程项目43个（次），总建筑面积1661039平方米；整改到位后同意通过竣工验收评定为合格工程的建筑工程项目1个（次），建筑面积7673平方米。一次性验收合格率（按面积计算）99.54%；市本级监督2018年竣工验收的新建项目永久性标牌覆盖率100%。办理起重机械备案等手续337台次；开展起重机械专项整治排查3次，检查46台次，督促整改设备35个，其中查封停用7台次。开展质量安全专项整治行动6次，开展扬尘治理专项整治行动3次，下发限期整改通知178份，停工整改通知128份，企业和个人不良行为记录告知书72份、不良行为认定书45份，移交执法支队立案查处8起。

【落实质量提升三年行动计划】 2018年1月19日，永州市质安站开展全市精细化施工管理现场观摩推进会，中心城市在建项目的施工、监理、建设业主单位、各县区的质量安全监督机构一线监督员、在永注册登记的一、二级企业、部分有建设项目的三级企业负责人、项目经理、技术负责人参加会议，参会人数500多人。与会人员到公园大地Ⅲ期项目工地进行现场观摩，部分施工企业、建设业主单位作典型发言和经验介绍，部分开发企业和一级企业就创建标准化管理作表态发言，市住建局领导和市质安站领导宣讲质量安全标准化管理的要求、做法及意义。

全面推行质量常见问题治理示范观摩工程、安全生产标准化示范观摩工程的创建。培育和创建将军岭安置小区、两中心Ⅰ期工程、公园大地Ⅲ期、文昌阁安置小区4个省级观摩工地，培育永州大道综合管廊、城南大桥两个市级观摩工地。其中市政项目城南大桥和永州大道综合管廊分别接待邵阳和常德施工等企业组织的观摩活动，接待人数400余人；以将军岭安置小区、公园大地项目三期等项目为示范，推广质量安全示范工地建设，分别接待怀化市质安站和湘西自治州质安站与施工企业等组织的观摩活动，全年接收来自全省建筑行业观摩队伍检阅、学习和借鉴人数3230人。

永州市“两中心”项目一期工程已被评为全国AAA安全生产文明工地，通过省住建厅绿色施工示范工地检查验收，省住建厅2018年公示该项目为湖南省建筑施工绿色示范工地。永州市“两中心”项目二期工程（文化艺术中心）申报2018年湖南省建筑施工安全生产标准化示范观摩工地。“湘江西岸棚户区改造安置小区将军岭”项目，作为全国建设工程施工安全生产标准化工地、省级质量标准化示范观摩工地、省级安全标准化示范观摩工地、全国建筑行业BIM建模大赛创建与应用二等奖及“智慧工地”等。中心城区文昌阁棚户区改造项目被省总站评为省质量、安全标化示范观摩工地；将军岭棚改区和文昌阁棚改区被推荐参评全国安全标准化示范工地。公园大地三期工程、将军岭棚改区项目、永州市“两中心”一期等3个项目被评为“2018年度永州市建设工程质量安全精细化管理示范工地”。

【工程质量安全执纪监督】 2018年，永州市质安站对一些省检、市检、市站开展的日常督查发现的存在重大安全隐患的项目，对监督履职较差的相关责任科室和一线监督员进行主动问责，推进党风廉政建设，强化主动监督、主动服务，首次发现问题要主动告知整改要求、整改时限、整改措施、不能简单采取处罚了之，取得推进效果。3个科室负责人在全体干部大会上作检讨，3人受到通报批评，2人受到行政警告处分。对在站微信和QQ工作群上下发的会议通知要及时回复，因不及时收取会议通知而贻误参会的，视作缺席，对紧急会议，办公室还应电话通知站班子成员及时参会。实行挂牌上岗，亮证服务监督，实行人脸设别加指纹打卡考勤，上班打卡情况一个月通报一次；外出考勤，采取微信定位方式，凡督查、抽查在岗情况，超过三分钟不能到位到岗的为离岗。强化对监督人员的履职检查和考核，实行每月督查通报。科室日常监督巡查2360次，协助季度督查20次，其中下发质量安全隐患整改通知书277余份，停工整改通知书170份，不良行为告知书37份；协助查处“打非治违”等行动，督办项目73个（项），对96个在建项目进行监督检查1320余次，督促各项目责任主体单位及时整改质量问题306（项），督促整改项目78个，约谈项目7个、企业20家。

【质量安全生产专项督查检查行动】 2018年，永州市质安站下发《关于开展“五一”期间建筑施工安全生产大检查的通知》《关于开展建筑起重机械安全专项检查的通知》，组织开展春节后质安大检查、季度安全文明施工专项考核、关键岗位人员到岗履职情况检查、施工现场扬尘控制、施工现场文明施工、住宅工程质量通病专项治理等督查检查77次，检查中下发隐患整改通知42份，停工整改21份，不良行为告知书32份；建立较大危险台账10册，消除安全隐患143处，送达交办函5件，跟踪督查督办6件，消号项目5个。下发《关于加强雨雾冰冻天气安全生产管理的紧急通知》，并组织监管科室全体人员现场排查，排查检查项目50余个，下法整改通知15份，不良行为告知4份。

6月7日，召开落实全省建筑业改革发展推进年暨住建系统“强执法防事故”行动宣贯会。下发《关于开展“高温、汛期季节建筑工地安全生产大排查、大整治”的紧急通知》，同时进行建筑抗震设防技术规范培训。6月17日，在全市开展建筑工地安全生产大排查、大检查、大整治活动，要求各单位全面排查，要建筑工地加大隐患排查，特别是深基坑、高边坡等隐患；项目各关键岗位人员务必到岗履职，抓好排查、抓好整改。

对照《2018年湖南省住房城乡建设系统安全监管“强执法防

事故”行动实施方案》，制定下发《关于在全市开展建筑工地安全生产大排查、大检查、大整治活动的紧急通知》《关于印发永州市建筑工地严防安全生产事故十条措施的通知》和《关于加强中秋国庆假日期间建筑工地安全生产工作的通知》相应的实施方案，监督小组将方案通知及时传达到每个在建工地，由建设单位、施工单位、监理单位项目负责人签收通知并进行自查整改。监督小组结合安全专项治理行动一并开展监督检查工作，仅三季度巡查检查120次，除停工、基本完工项目外目下发隐患通知70份，停工通知46份。

对华为云数据中心、永州江御大厦、度假新村项目专项检查中，组织责任科室和监督人员到项目现场进行调查了解，并对项目进行全面排查和检查，对现场存在的安全隐患，在现场进行逐一交办，对项目立即下发工程停整通知书，要求项目全面停工整改、全面自查自纠，在安全隐患未消除，事故处理未完成，复查未通过，项目必须停工整改。对华为云数据项目下发工程停整通知书，对该项目施工单位、监理单位及其项目负责人下发严重不良行为告知书。对江御大厦项目下发工程停整通知书，对该项目施工单位、监理单位及其项目负责人下发严重不良行为告知书。对度假新村项目施工单位、监理单位及其项目负责人下发严重不良行为认定书，同时计扣项目经理12分，对事故发生时在场人员（项目门卫值班人员），项目建设单位负责人，施工单位项目经理、安全员，监理单位总监理工程师等主要人员进行询问笔录，并形成事故初步调查意见。

开展2018年度安全生产月宣贯活动，组织大家观看安全生产视频，吸取教训，充分认识当前建筑领域安全生产形势的严峻性，对全市建筑领域安全生产工作进行部署。5月下旬在全市范围内开展建筑起重机械安全专项检查行动，重点整治“无、假、套”、虚假报告记录等非法行为，提升使用单位、租赁单位、安装拆卸单位、维保单位及检测单位的履职能力。

对照《危险性较大的分部分项工程安全管理规定》的要求，对81个在建项目安全生产进行地毯式检查，对存在严重安全隐患且整改不及时责任人下发严重不良行为记录13份，责任单位下发严重不良行为记录13份；下发28份停工通知；下发29份隐患通知书；对发现的安全隐患由责任监督科室和人员进行跟踪监督，直至消除隐患。

【投诉息访处理】 2018年，永州市质安站出台房屋建筑投诉处理办法，明确投诉的处理程序、处理要求、处理方法、受理方式和受理范围。对于重大和省质安站、市住建局交办的重要信访件，组织相关责任主体召开协调会议，对整改过程进行回访和监督。特别是奥林新城、江华铜矿投诉户陈连玉、园丁山庄等投诉加大息访处理协调力度。受理房屋质量投诉86起，接待投诉316人次，上级信访交办件处理25起，网络平台投诉回复15起。每起投诉均安排人员到现场查看，作书面回复、责令整改和组织协调等工作。及时安排人员联系投诉人进行现场查看、约谈责任主体单位负责人、组织协调处理会就，并且及时做出书面回复，办结率100%。

【参与城市文明创建】 2018年，永州市质安站全面落实文明施工的具体要求。各建筑工地场地必须硬化、必须围挡、必须建立冲洗平台、喷洒设备、办公生活区域卫生、材料堆放整齐、安全通道畅通、临边防护到位、宣传氛围深厚、扬尘噪音可控，按照“六个不准开工”和“七个100%要求”抓好建筑工地的环境治理工作。“六大战役”“城市文明创建”“扬尘治理”等工作巡查、检查期间，下发整改督办通知21份，停工通知8份。利用“互联网+”，建立智慧工地，利用BIM系统提升施工监控，扬尘智能监控系统，高清视频监控，门禁系统提高安全生产的智能化管控水平。

【建筑领域安全生产“打非治违”】 2018年，永州市质安站按照《2018年建筑施工安全生产“打非治违百日行动”工作方案》要求，检查各地打击安全生产非法违法建设行为情况，对安全生产非法违法建设行为的处罚情况和对相关责任人的责任追究情况，以及企业、项目整改落实情况；检查各市州对所辖县市区的层级监督指导，调度和掌握县市区“打非治违”工作情况，主动收集问题突出且执法难度大的区域（园区、开发区等）。通过“雷霆行动”督促监管人员重心前移，强化对中心城区、城乡结合部等区域小企业、小开发、小项目的监督检查，现场检查记录39家，责令限期整改单位12家。

【建筑工地扬尘综合整治】 2018年，永州市质安站严格按照《湖南省住房和城乡建设厅关于印发〈2018年度建筑工地扬尘防治攻坚战方案〉的通知》要求，制定下发《关于做好建筑工地扬尘治理整治工作的紧急通知》，对扬尘污染治理工作进行全面布置，并通过“大排查、强执法、严管控”行动，及整改回头看和交叉检查，进行一个半月的专项扬尘污染整治行动，对中心城区77个施工扬尘治理重点监控项目，进行全面整改，督办落实，形成项目动态监管台账。

按照《关于在全市建筑工地建立建筑施工环境管理公示制度的通知》文件要求，要求各在建工地建立健全扬尘污染防治公示牌。市政基础设施工程项目，除暂停工、基本完工项目外，在建项目17个，在三季度就巡查检查81次，下发隐患通知12份，停工通知3份，督办函2份。对扬尘污染突出且扬尘污染问题反复出现的项目（如二广高速永州东连接线、湖南三湘电线电缆有限责任公司扩建项目等项目），移交市执法支队立案查处。

【预拌混凝土专项执法检查】 2018年，永州市质安站按照《湖南省住房和城乡建设厅转发住房城乡建设部办公厅关于开展预拌混凝土企业专项监督执法检查的紧急通知》要求，开展预拌混凝土企业专项检查和违规使用海砂的情况。检查零冷两区有资质的预拌混凝土生产企业13家，下发检查整改通知书13份，发现并指出存在的主要问题。

针对检测机构送样试块发现的试块二维码不规范现象，追溯在建工程项目对施单位及项目负责人进行追责（如碧桂园黄金时代、碧桂园永州府二标）。并进一步强化对在建项目桩基检测和结构实体检测的现场监管，检测机构资质、检测人员资格、检测方案、现场实际检测数量及检测方法得到有效规范。落实二维码试块初凝前硬标识制度，二维码平台建设及试件（块）现场见证取样二维码的使用步入规范化管理。

【企业座谈会】 2018年3月29日—30日，永州市质安站分别召开建筑企业、监理企业、开发建设单位和企业3个座谈会。会议邀请市人大城环委、市政协经济科技委、市纪委驻局纪检组、市住建局领导现场指导。就建设工程质量安全标准化推进暨廉政风险防范，组织在永州注册的一、二级、三级企业法人代表、中心城市在建项目施工单位技术负责人或项目经理，市招投标协会和市建筑业协会会长、副会长进行座谈；组织在建项目监理单位法人代表、总监进行座谈；组织在建项目建设单位代表、开发商进行座谈。与会人员围绕推进品质活力永州建设踊跃发言、谏言献策。与会人员现场收到由市纪委驻市住建局纪检组制作的“清廉卡”卡片。

（李华陵　陈祚江）

房地产业

综述

【概况】 2018年，永州市商品房批准预售面积685.63万平方米，增长57.06%。其中住宅批准预售面积545.57万平方米，增长54.13%；非住宅批准预售面积140.06万平方米，增长69.63%。新建商品房销售网签面积607.8万平方米，增长2.28%。其中住宅556.38万平方米，增长1.29%；非住宅51.42万平方米，增长14.43%。新建商品房住宅均价4703元/平方米，同比上涨33.88%，环比上涨0.62%，低于全省新建商品房住宅均价5473元/平方米，在全省排名靠后。全市商品房库存681.26万平方米，较2017年增长12.9%。其中住宅358.2万平方米，下降3.4%；非住宅323.06万平方米，增长38.87%。全市商品房库存去化周期13.45个月，较2017年年底增加1.26个月。其中住宅7.73个月，较2017年底减少0.37个月；非住宅75.39个月，较2017年年底增加13.36个月。房地产开发投资133.68亿元，比2017年增加21.13亿元，增长18.8%。房地产业税收41.34亿元，增长17.62%。其中房地产开发经营税收34.37亿元，较2017年增长19.16%，占房地产总税收的83.14%。全市房地产贷款余额455.47亿元，占全部贷款的33.65%，增长46.53%。

【保障性住房建设】 2018年，永州市城市棚户区改造开工任务为48个，23550套，总改造房屋面积约345.5万平方米，总投资约146.3亿元，改造任务数量居全省第三位，全部开工。完成各类棚户区改造基本建成任务27206套，完成各类棚户区改造基本建成任务的114.33%。公租房分配入住5466套，公租房基本建成4318套，发放租赁补贴10038户。

【中心城区房屋征收与补偿】2018年，永州市坚持依法、依规、阳光征收，签订补偿协议910户，组织审核并拨付的征收补偿及相关资金5.71亿元，拆除房屋面积11万平方米。备案房屋征收补偿评估机构28家、测绘机构2家、房屋拆除机构15家。调整工作机制，下放行政职能，根据市政府《关于进一步完善中心城区土地和房屋征收工作机制的意见（试行）》文件精神，市征收办将征收方案制定、合同审核、征收补偿对象资金拨付、房屋拆除等工作职能移交“三区”负责，主要开展全市国有土地上房屋征收与补偿的政策宣传指导、预决算审核、考核督导方面工作。

【物业小区管理】 2018年，永州市房产局加强对新《物业管理条例》宣传，引导物业服务企业规范有序发展，推进物业管理专项整治工作，狠抓省委巡视组交办的小区集中整治工作任务，居民小区生活水平日益提升，全市物业行业规模持续增大。有物业企业340家，其中一级资质9家，除成功升为一级资质的劲松物业管理公司外，还有碧桂园、中航、鲲鹏等9家国内优秀物业服务企业。物业服务从业人员10900人，在管项目803个，服务面积3230.4万平方米，归集房屋维修资金6.62亿元，中心城区（冷水滩）有395个项目交存维修资金，归集房屋维修资金3.01亿元。全市物业管理覆盖面不断扩大，物业服务涵盖住宅小区、机关办公楼、商场、学校、医院、写字楼、工业园等不同领域。

【购房补贴政策】 2018年，根据永州市人民政府办公室《关于调整购房契税和农民购房补贴政策的通知》精神，调整商品房购房契税补贴和农民购房补贴停止执行时间。自11月30日24时起，停止执行（以商品房买卖网签时间为准），即停止农民进城购买商品房和中心城区棚户区或城中村改造农民接受货币化安置并购买商品房的财政补贴政策和对购买新建商品房的契税财政补贴政策。在11月30日24时前购买商品房符合购房补贴有关政策、申请购房补贴的，应于2019年3月31日前按规定提交申请资料，逾期不再受理。年内，市房产局受理冷水滩区享受购房补贴5464户，受理契税补贴7881户。

2018年，永州市房产局白蚁防治所工作人员向建筑工地施药防白蚁

【不动产登记改革】 2018年，中共永州市委常委会研究同意，市房产局承担的房产交易备案服务职责和房产档案管理服务职责划转至市不动产登记中心，同时撤销下属市房产交易所和市房产档案馆，编制下所有在职人员连人带编划转至市不动产登记中心。6月10日起，市房产局房产测绘、白蚁防治、房屋维修资金缴存与使用申报、房产交易合同网签业务办理等办事窗口全部进驻市政务中心办公。

【信息系统建设】 2018年，永州市房产局推进“互联网+房产管理交易平台”项目建设工作，投入178万元新建安装房屋征收、住房保障、房屋租赁、白蚁防治、维修资金等信息化管理系统和无纸化办公等系统。投入使用122万元用于历史档案扫描录入和数据整理，全面梳理并上报发布72项办理事项及问题清单，确保与全市一体化平台的对接和信息整合工作全面完成。

2018年，永州市房产系统第一届男子篮球赛举行

【房屋安全】 2018年，永州市实施城市危房鉴定11起，签订白蚁实施证明35份，为新建房屋预防施药78.9万平方米，安全施工率100%。接待受蚁害来人来电咨询120人次，查勘处理119宗，回访复查单位及个人78宗，回访面积98.6万平方米。

【房屋测绘】 2018年度，永州市中心城区冷水滩区完成项目预测绘1442932.18平方米，完成实测绘1394199.16平方米。预测绘、实测绘及改扩建测绘收费2246847元。

（周敏）

住房公积金

【概况】 2018年，永州市完成住房公积金归集31.08亿元、提取17.87亿元、发放贷款25.32亿元，归集、提取、贷款等三大主要业务指标分别比2014年增长98%、206%和211%，年均递增率分别为18.65%、32.26%和32.8%，发放"公转商"贴息贷款3.59亿元。截至2018年年末，全市累计实现住房公积金归集182.05亿元，缴存余额100.95亿元；累计提取81.11亿元；累计发放贷款145.12亿元，贷款余额91.97亿元；累计实现增值收益10.43亿元，累计上缴财政廉租住房建设资金3.36亿元。2015年—2018年实现归集100.25亿元、实现提取52.57亿元、发放贷款80.54亿元，分别占累计归集总额、累计提取总额、累计发放贷款总额的55.1%、64.8%和55.5%，主营业务实现超常规发展和快速增长。

【住房公积金政策调整】 2014年—2018年，永州市先后五次调整住房公积金使用政策，具体调整事项30项，实行认贷不认房，释放可贷人群，全面开办异地贷款业务，提高可贷额度，增加贷款计划，从2014年的8亿元调增到2018年的25亿元。坚持探索创新，在省内率先推出"公转商"贴息贷款，创新优化推出"住房公积金+商业银行"组合贷款，有效拓宽购建房信贷支持渠道。调整信贷结构，住房公积金贷款由现房贷款和期房贷款并重向以期房贷款为主、现房贷款补充转变，期房贷款签约楼盘由2014年的111家增加到2018年的289家，当年发放期房贷款所占份额由2014年的40%上升到2018年的75%，单个楼盘支持期房贷款6000万元以上的40家，1亿元以上的22家。提高租房提取标准，放宽家庭亲属大病支取范围，取消强制性担保及收费，不动产抵押登记收费改由中心负担，规范房产评估业务，减轻缴存职工的支出负担。2015年—2018年，为2.63万户缴存职工提供住房公积金贷款、"公转商"贴息贷款和"组合贷款"，占现有贷款职工总户数的30.68%，户均实际贷款额从18万元增加到36万元，购建房和还贷提取38.6亿元，租房和大病提取3650万元，取消和减轻收费4300万元。

【住房公积金规范管理】 2018年，永州市住房公积金管理中心健全制度框架，制定完善住房公积金归集、提取、贷款实施细则和操作规程，编制操作手册和办事指南，严格日清月结，严格业务复核，完善二级审批，确保业务运营依法、规范、真实。探索业务拓展，推行自主归集、财务核算和资金结算大集中，实现住房公积金银企互联和通存、通贷，上线运行新住房公积金业务操作系统，实现归集入账自动匹配、提取结算实时到账，通过住建部"双贯标"验收。集中开展以基本信息、归集挂账、期房保证金和银行账户等四项专项清理，清理、更正、补充、完善缴存职工基本信息11.65万户，清理历史挂账金额 1.96 亿元，每月入账率 90%以上，清理期房保证金 2.46 亿元，修正借款人信息错误 9998 笔，银行账户从原来的 60 余个撤并精减至最基本的 20 个业务账户。开展网上稽核、抽样送审稽核、现场稽核等，对极个别管理部还进行业务整顿和中心主任约谈，保障资金运营安全。

【优化服务】　2018 年，永州市住房公积金管理中心简化业务办理，全面落实“放管服”改革，先后三次推出 38 项便民举措，大幅优化、简化、压缩住房公积金业务办理流程、手续、要件，降低期房楼盘准入条件，实行准入前置，大幅压缩业务办结时限。推进“四办”改革，贯彻落实“互联网+政务服务”工作要求，住房公积金归集、提取业务办理事项全部进驻市政务服务一体化平台，开通住房公积金个人网厅和手机 APP 网上业务办理功能，联合市不动产登记中心推出“公积金+不动产”主题套餐服务，对住房公积金个人住房贷款业务及其涉及的相关不动产登记业务，采取“联合办公、共同受理、共同办理”的模式，实现在住房公积金业务大厅“只进一扇门”“只跑一次”的目标。推行文明服务，从严落实一次性告知制、首问责任制、限时办结制和服务承诺制，推出直属营业部周六上午照常上班制、延迟下班服务制和预约上门服务制，全面推行文明用语和文明礼仪规范，强化网络舆情监控，热情回应和落实群众来电咨询、举报投诉和网上业务答疑，实行党员亮明身份、挂牌上岗，评选推出党员示范岗。

（唐科）

商贸服务业

综　述

【概况】　2018 年，永州市围绕“开放兴市、产业强市”战略，着力克服中美贸易摩擦的负面影响，推进对外经贸发展，加快扩内需、促消费，确保各项工作顺利完成。全市进出口额完成 19.5 亿美元，增长 43.6%，增幅全省第二位，在全省总量占比 4.19%。加工贸易进出口完成 4.57 亿元，增长 3.1%，总量排全省第四位，在全省总量占比 4.04%。实际利用外资完成 12.12 亿美元，增长 12.1%。内联引资完成 314.84 亿元，增长 17.5%。对外承包工程和劳务合作完成 2.9 亿美元，增长 31.17%，总量排全省第七位，增幅排全省第九位；在全省的总量占比 5.47%。社会消费品零售总额完成 719.55 亿元，增长 10.2%，增幅排全省第七位。电子商务交易额完成 283.1 亿元，增长 44.6%。是年，永州市被省发展开放型经济领导小组评为 2017 年—2018 年度全省发展开放型经济优秀市州。在省政府办公厅对 2018 年度真抓实干成效明显地区的表扬激励通报中，永州市商务和粮食局牵头的工作获得落实开放崛起“五大行动方案”等 7 个方面成效明显的市、落实粮食安全责任制工作成效明显 2 项表彰，永州市商务和粮食局参与的工作获得产业项目建设年活动中表现突出 1 项表彰。永州市商务和粮食局被省商务厅评为 2018 年度全省商务工作先进单位，被市优化经济环境领导小组评为全市优化经济发展环境“精准测评”经济社会综合管理类先进单位第三名。

2018 年 10 月 16 日，湖南和意供应链有限公司公用型保税仓库、国内结转型出口监管仓库在江华瑶族自治县正式揭牌

2018年6月29日，举行永州市商务和粮食局驻东盟商务代表处授牌仪式

【对外经贸】　2018年，永州市有进出口实绩的企业197家，较2017年同期（167家）增加26家，新增破零企业64家，倍增企业36家。在外贸形势十分严峻复杂的情况下，农产品出口供货值从2016年的6.53亿元增加到2018年的17.68亿元，年均增长56.9%。湖南省出口的蔬菜中有83.8%是来自永州，共计15.4亿元；湖南省供港蔬菜中有87.3%来自永州。组织企业参加中国—东盟博览会、南亚博览会、亚欧博览会、中国首届进口博览会等6个专业展会，为企业提供经贸交流平台。其中，首届进口博览会上，永州市43家企事业单位、58位采购商与国外参展商进行直接对接，12家企事业单位与德国等10个国家达成采购合作意向，签订采购意向21批次，采购金额314.76万美元，超额完成省团下达的200万美元任务。6月，永州市商务和粮食局在老挝首都万象成立驻东盟商务代表处，为永州对接东盟提供良好平台。支持企业开拓国际市场，筹办首届中国进口博览会永州参展活动，推动“永品出境”和“永企出海”。

【开放平台】　截至2018年年末，永州市有园区外贸服务中心4个。3月，永州水果蔬菜出口基地被认定为国家级外贸转型升级基地；湖南农副产品集中验放场（叠加公路口岸）封关试运行，7月10日开通香港直通车。10月16日，湖南和意供应链有限公司公用型保税仓库、国内结转型出口监管仓库在江华瑶族自治县揭牌，这是永州市第一个“进口保税仓”和“出口监管仓”。原国家质检总局富硒食品检测区域性中心实验室基本竣工并安装部分设备。与省商务厅合作的全市县域开放平台全覆盖工作全面推进。通过国家级出口食品农产品质量安全示范市的创建，推动永州农产品“走出去”。

【招商引资】　2018年11月，湖南湘西承接产业转移示范区正式获批，全市全年承接产业转移项目197个，增长1.55%。全市在重大招商引资平台上签约项目62个，投资额297.5亿元，有59个项目履约，履约率95%。其中省签项目17个，总投资97.7亿元，履约率100%。全市引进500强企业项目29个，总投资315.7亿元（产业项目25个，总投资273.2亿元）。引进项目个数排全省第二位，投资额排全省第六位。省认定的引进重大项目（投资2亿元人民币或者3000万美元以上）89个，总投资727亿元，项目个数增长12.7%，总投资增长5.5%。

【扩内需促消费】　截至2018年年末，永州市有在库限上贸易企业596家，增长23.4%。新建改造标准化农贸市场29个，举办各类促消费活动10余类140余场次，均取得良好成效。5月31日举办永州市名优特农产品与长沙市大型商场超市供需对接洽谈会，8月24日举办永州市名优特农产品与本地大型商场超市（餐饮企业）供需对接洽谈会，签订合作意向协议36份，实现签订购销协议金额约2.2亿元、签订意向购销协议金额约21亿元。与中石化、中石油合作加大永州公共品牌“永州之野”的销售力度，推动“永品出永”，有3类20多个品种的农特产品在中石化、中石油网上商城和各服务站点全面上线销售。

【项目争资】　2018年，永州市商务口跑项争资项目19类，实现金额4289.8万元。其中，内贸流通方面，市场监测资金40万元，限额以上商品流通资金70万元，省级冻肉和活大猪储备资金 65 万元，会展项目补助资金 20 万元。加工贸易方面，承接产业转移发展加工贸易引导资金 740 万元，加工贸易资金 330 万元，稳增长保目标促发展省级切块资金 200 万元。外贸方面，省保目标促发展资金 724 万元，服务贸易资金 60 万元，境外营销网络建设 30 万元，国家外贸转型升级基地资金 100 万元，重点境外展资金 80.09 万元，中小开资金 42.1 万元，园区外贸综合服务中心项目资金 40 万元。电商方面，江华瑶族自治县国家级电子商务进农村综合示范县 1500 万元，电子商务示范体系认定资金 159.42 万元，农村电商及电商扶贫资金 549.19 万元。口岸方面，湘粤港直通快车资金 50 万元，减免查验无问题外贸企业吊装移位仓储费用试点推广 20 万元。

【电子商务】 2018 年，全国电商进农村示范县绩效评价专家组赴祁阳开展电商进农村示范县绩效评价，祁阳县以 98.5 分位居湖南省第一位，被评为优秀。江华瑶族自治县成功获批全国电子商务进农村综合示范县，全市国家级电子商务进农村综合示范县达 4 个。10 月，江永县电商办主任尹玲在全国脱贫攻坚先进事迹巡回报告会就江永电商扶贫工作进行全国巡讲；永州电商扶贫经验《电商扶贫开新路　全面小康加速度》被国务院扶贫办选为全国电商扶贫典型案例。阿里村淘、京东电商等农村电商全面整体推进，农产品上行和电商扶贫生态链逐步形成，电商基础设施逐步完善。年末，全市建成县级电子商务运营中心 19 个，电商服务站 2081 个，其中贫困村电商服务站 657 个；电商网店总数 7975 个，其中贫困户电商网店 3189 个。

（李明）

海　　关

【概况】 长沙海关驻永州办事处的前身为衡阳海关驻永州监管组，2000 年 4 月 1 日成立，主要负责长丰汽车制造股份有限公司进口汽车零配件的查验工作。2008 年 10 月，衡阳海关驻永州监管组扩权，正式办理除减免税、稽查外的海关业务。2011 年 12 月，更名为衡阳海关驻永州办事处（正科级）。2014 年 10 月，设立筹备办。2015 年 12 月 30 日，长沙海关驻永州办事处（正处级）挂牌开关，负责永州市所有海关业务。2018 年 4 月 20 日，公告公布关检机构整合，原永州检验检疫划入海关。10 月 17 日，启动混编双人执法工作机制，有在职关员 17 人，负责永州市关检业务。

2018 年，永州海关进出口报关单 6461 份，同比（下同）增长 223%；监管货运量 14 万吨，下降 94%；监管货值 16 亿美元，增长 867%；备案加工贸易手册 9 份，增长 95%，备案金额 22 亿美元，增长 77%；核销加工贸易电子化手册 107 份，报核结案及时率 100%；加贸易手册实际进出口值 46 亿美元，增长 27%；办理新增企业备案 102 家，企业注销 7 家，企业变更 22 家。办理减免税 17 份，减免两税 946 万元；实际税收入库 26003 万元，增长 83%。

【海关监管】 2018 年，长沙海关驻永州办事处完善道县公路转关车检场监管机制，坚持每天视频巡查和定期现场巡查，并建立健全台账记录。合理调配监管力量，实行分组作业，推进稽核查工作，开展保税核查两起，均有查发，已移交加贸部门处理。加强对“洋垃圾”走私、统计数据和虚假贸易的管控，分析 6 个方面的具体风险，并提出具体管控措施，其中主动作为管控虚假贸易风险收效明显。

【海关综合治税】 2018 年，长沙海关驻永州办事处坚决贯彻总署相关部署要求，树立“税收一盘棋”思想，运用企业分类管理、风险分析等手段，防范税收风险，税收质量持续提升。通过加强政策宣讲、加强与商业银行联系沟通、做好税单取送登记等工作，提高电子支付率。在税基不稳、税源萎缩的情况下，力促税收回流，提高属地申报率。

【推进企业管理】 2018 年，长沙海关驻永州办事处主动引导加工贸易企业适应以企业为单元的监管模式，组织骨干力量第一时间对企业开展政策宣传，让更多加贸企业享受海关业务改革带来红利；推进企业等级认证工作，多次上门进行指导与培训，完成 2 家企业的重新认证，华荣鞋业有限公司申请适用高级认证企业管理的工作进展顺利。

【打击走私】 2018 年，长沙海关驻永州办事处履行海关打击走私职能，参与“国门利剑 2018”联合专项行动、打击“洋垃圾”走私“蓝天 2018”专项行动，落实全省打击走私综合治理领导小组工作会议精神，开展打击走私综合治理工作。加强对永州辖区涉及的“洋垃圾”、农产品、涉枪涉毒涉濒危动植物等违禁物品、出口骗退税骗补、永州籍人员走私犯罪动态等形势的分析，定期向永州市打私工作领导小组通报情况。推动召开市打私领导小组工作会议，分析永州市打私工作形势，并将打私工作纳入综治考评范围，初步形成永州市打私综合治理体系。

【压缩通关时效】 2018年，长沙海关驻永州办事处对症下药、综合平衡，提高驻永州办事处通关时效，把握压缩通关时间与管控固废风险、企业运营、考核指标、通关办法的平衡点。采取五条措施：一是做好“减法”，鼓励引导固废风险高的企业到口岸报关；二是做好“加法”，促进加工贸易进料对口报关单属地报关；三是疏通口岸报关通道并协调环保鉴定；四是加强政策宣传和指导；五是争取上级支持指导，科学列统。提高思想站位，保持政治定力，妥善处理好完成中心工作任务与全面工作任务的关系，着力“内部挖潜”，尽力压缩通关时效。

（石巍巍）

供销合作

【概况】 2018年，永州市本级及11个县区都保留供销合作联社机关，全部实行参公管理。其中，市社机关内设8个职能科室，即办公室、财会统计科、合作指导科、经贸科、监督审计科（加挂“监事会办公室”牌子）、政工科、机关党委办公室和纪检监察室。年内，全市供销合作社推进综合改革，强化为农服务，提升经济实力。全市供销合作社系统累计完成购销总额325.78亿元，增长32.4%；实现利润总额1.89亿元，增长27.77%。永州市供销合作社获2018年度全省供销合作社系统综合业绩一等奖。

【供销合作社综合改革】 2018年，中共永州市委、市政府主要领导、分管领导多次对全市供销合作综合改革、供销合作社重点项目建设作出重要批示，市政府第二十九次常务会议专题研究全市供销改革工作，明确加大对乡镇基层社标杆社、农村综合服务社星级社、“供销惠万家”供销电商平台及物流体系建设的支持。省供销社党组书记、理事会主任曾震亚到永州调研，肯定永州供销改革工作，安排专题调研组到永州推介典型项目，支持推动永州湘合作电商物流产业园项目，明确项目建成后在永州召开全省供销改革现场会。市深化供销合作社综合改革领导小组成员单位各司其责，通力合作。市委办、市政府办为供销改革给予全方位多层面支持和协调；市委改革办把供销改革纳入重点工作督查督办；市委组织部、市编办、市人社局着力解决各级供销社领导班子建设、人员编制困难和干部队伍建设，落实供销社参公人员到社办企业和行业协会兼职政策；市财政局通过“新网工程”项目、综合改革经费等方式给予供销改革资金保障；市国土局、市税务局、市房产局按相关政策帮助解决社有企业资产历史遗留问题。各县区上下联动，试点先行。零陵、冷水滩、双牌、道县加快推进示范县项目建设，宁远、江永成功获评示范县。宁远召开县委常委会议专题研究供销改革；冷水滩先后召开区委常委会议、区政府常务会议研究调度湘合作

2018年，省供销社党组书记、理事会主任曾震亚（右二）到永州市冷水滩区调研供销合作社综合改革

永州供销惠万家市级电商运营中心

项目，通过项目资金“拨改投”方式支持2050万元。“党委政府主导，供销合作社组织实施，有关部门支持配合，基层组织和农民群众共同参与”的全市深化供销合作社综合改革大的工作格局形成。

【经营服务体系】 2018年，永州市供销系统将服务农民群众生产生活作为工作的出发点，坚持“改造自我，服务农民”的理念，突出抓网络覆盖，服务提升，产业带动。巩固农资经营连锁体系，全市供销系统有农资配送中心14家，农资供应网点494个，庄稼医院476个，全年累计销售化肥37.5万吨，市农资总公司、粤永农资公司、祁阳新三湘农资公司等系统农资企业主动作为，发挥本地农资供应“稳定器”作用。打造“供销惠万家”农村电商网络体系，建立标准化的市级电商运营中心，“供销惠万家”电商平台参与全国供销农村电商“一张网”构建，组织县区赴“供销e家”考察，引进“供销e家”股本投入、与深圳厂家网达成合作，为城乡居民提供农产品代售、日用消费品和农资供应等便民服务，全市11个县区都建立“供销惠万家”运营中心，发展城市社区加盟店65家，村级服务网点覆盖率92.4%。加快推进以土地托管为主的农业社会化服务体系建设，组建市级公司2家、县区级公司11家、乡镇级公司（中心）63家，开展土地托管服务2.05万公顷。改造恢复乡村基层社网络，乡镇基层供销社实现全覆盖，村级综合服务社覆盖率50%，领办农民专业合作社158家，农民合作社联合社93家。构建行业协会体系，全市供销系统主管的各类社团组织136个，其中有36个行业协会、1个市农合会、9个县区农合会、90个乡镇农合会分会，入社成员4.08万人，带动农户5.56万人。东安县社充分发挥农合会平台作用，连续十年举办全县农民专业合作社培训班。新田县社牵头成立县富硒杂粮产业发展促进会，有效整合富硒杂粮行业资源。

【重点产业项目】 2018年，永州市供销系统新申报农开项目1个；验收农开项目3个，完成投资1685万元。由省、市、冷水滩区三级共同出资建设的永州市湘合作电商物流产业园项目重新启动，投资1亿元打造永州首家专业电商、仓储、物流双创空间的物流园，三级供销社筹集5000万元资金重启项目建设。推进茶叶扶贫项目，在祁阳、道县打造优质有机茶叶基地，年加工成品茶100余吨，产值300余万元，茶户每年人均增收5000余元；道县在柑子园镇刘家村，采取“县社+村委会+民营资本+扶贫户”模式，新建茶叶基地20公顷。市社在扶贫联系点和谐村打造总投资1000万元的肉牛养殖扶贫项目，年出栏育肥牛500头，牧草3600吨，村集体经济收入每年稳定在30万元以上，和谐村2018年实现脱贫摘帽，相关做法得到新华社、红网等多家媒体宣传报道。在农科园租地2万平方米启动全市茶叶包装与销售项目，正建设含茶叶包装基地、生态旅游和生态农庄、产品展示平台于一体的一期工程。引进北京启迪公司、上海溶嘉公司到永州市投资，打造集再生资源回收、处理、分拣加工利用产业链完整的生态园区，正开展前期工作。

（田诗豪）

贸易促进与会展业

【概况】 中国国际贸易促进委员会永州市支会（以下简称“永州市贸促会”）为参照公务员管

理的群团组织，成立于2003年4月，2010年设立党组，与中国国际商会永州商会（以下简称“永州国际商会”）实行两块牌子一套人马，有事业编制10人，设有综合部（加挂国际商会秘书处牌子）、国际联络展览部、法律会务部3个部室，领导班子配备1正1副，科级干部4人、副科级干部1人。有贸促委员57人，永州国际商会会员企业80家，其中，副会长单位7家。

2018年，获得湖南省贸促系统“2018年度法律服务工作先进单位”和“2018年度永州市社会治安综合治理先进单位”等称号。

【重大经贸活动】 2018年，永州市贸促会先后组织23家企事业单位、60人次，分别参加“2018港湘农产品采购对接会”“第二十一届中国北京国际科技产业博览会”“2018年世界茶业博览会”“第七届广州国际食品食材展览会”“香港创意营商日·湖南活动”“2018香港国际茶叶及美食展”“2018中国（吉林）东北亚中医药暨康养产业博览会”“湖南省第九届农业机械、矿山机械、电子陶瓷产品博览会”“第十二届中国—拉美峰会及中国拉美贸易展”9个境内外经贸展（博）览会。其中，5月17日—20日，组织北京永州商会、南岭民爆、建华精密仪器、湘南爆破、锦络电子等单位参加第二十一届北京科技产业博览会，发布永州军民融合产业园长丰汽车轮毂、变速箱，及长丰汽车产业配套园等重点招商项目10个，东旭蓝天新能源、任运科技、赛伯乐投资、龙巢科技等企业对有关项目表达合作意愿；6月12日—14日，组织自然韵黑茶公司随赴美参加“世界茶业博览会”，吸引80多名来自全世界20个国家的专业访客；8月16日—18日，瑞鑫源生物科技开发有限公司在2018香港茶叶及美食展上与香港方签订产销合作协议。

【经贸法律服务与培训】 2018年，永州市贸促会新增注册企业4家，注册企业62家，办理涉外法律证明文书958份，其中原产地证706份，优惠证93份，代办领事认证及商事证明书159份，签发单证出口创汇累计4463.5万美元。全年发布信息咨询180条，其中预警信息153条，涉及21个国家与地区，线上接受企业的经贸法律咨询100余起，解答100余起。8月，与湖南昌言律师事务所签订法律服务合作协议，免费为会员企业提供专业高效的国际商事法律服务。围绕外贸风险防范、合同签订、贸易摩擦应对等内容，定期开展微信课堂，全年推出微信课堂6期。联合协议律所，对全市30多家外贸企业进行回访调研，现场受理企业纠纷咨询4起，解决3起，现场帮助企业审阅修改合同3份，解答知识产权纠纷案例1起。密切关注中美贸易摩擦的动态，统筹运用各类平台资源，为受影响的企业提供对策和支持，推动果秀公司代表参加美国对华2000亿美元产品征税措施“301调查”听证会，并提交豁免关税申诉，争取关税豁免权。11月12日，永州原产地证业务实务操作及外贸合同风险防范培训班在冷水滩召开，全市30家外贸注册企业派员参加培训，重点对贸促会出证认证业务和外贸合同风险防范等内容进行讲解。

【经贸联络与交流】 2018年，永州市贸促会拓展与境内外商协会的联系，拜会洛杉矶商会，与该会国际贸易和境外投资中心主任卡洛斯先生就推动双边交流与合作进行洽谈，并诚邀率团访湘；拜会洛杉矶总领馆副总领事庄志

2018年6月12日—14日，2018年世界茶业博览会在美国拉斯维加斯举行，永州市贸促会组织湖南自然韵黑茶科技有限公司等企业参展

晳一行，并与在洛湘籍客商举行晚宴座谈，帮助永州茶叶、罐头、植物提取物等优势产品拓展美国市场；与阿联酋湖南商会副会长兼秘书长、沙特阿拉伯华商联合会副会长尹海军，洽谈阿联酋阿布扎比中国展览月和沙特中国城等项目；梳理各商协会、驻境外代表处、境外贸易促进机构及经贸组织名录，更新完善《永州市贸促会境外客商数据库》。重点与香港各方加强联系。1 月 12 日，组织企业参加“2018 港湘农产品采购对接会”，帮助全市农产品走入香港市场；3 月 26 日，会领导参加“永州市外事侨务港澳工作调研座谈会”并建言献策；4 月 27 日，香港特区政府驻湖南联络处主任叶海仑一行到永州考察，会领导围绕“加强港永合作交流的新途径，与香港经贸合作，港资企业在永州的生存发展”等内容进行交流发言；7 月 18 日，组织企业参加“香港创意营商日 · 湖南活动”，与香港企业进行“一对一”洽谈并建立初步合作意向。

【信息调研】 2018 年，永州市贸促会深入开展调研活动。全面摸清湖南省和永州会展基础设施和会展经济发展现状，查找存在的问题和制约瓶颈，制定《全省各市州会展业发展情况表》和《各市州专业展馆情况》，形成《关于永州会展业发展的调研报告》，为全市会展经济发展提供决策参考意见；通过调研永州 50 余家外贸企业，与本市外贸管理部门和其他地方原产地证签证机构互换产地证出证数据和外贸出口信息，形成《关于永州市 2017 年原产地证办证数据的调研分析报告》，为搭建出证认证等国际商事法律平台，做好签发原产地证书、提供法律咨询、防范国际贸易风险等一系列服务工作建言献策；对全市工业园区的贸易投资需求开展调研工作，收集填报《湖南省园区贸易投资需求调研表》及整理相关资料，撰写《永州市园区贸易投资需求情况调研报告》；了解熟悉全市工业园区基本概况，分析贸易投资需求情况，开展永州市企业 2019 年拟参加境内外展会情况的调研统计，获取全市 30 多家企业近 100 个境内外展会意向，制定《永州市企业 2019 年拟参加境内外展会情况统计表》。

2018 年 11 月 12 日，永州市贸促会举办永州原产地证业务实务操作及外贸合同风险防范培训班

【永州国际商会组织企业积极应对中美贸易摩擦】 2018 年 8 月 24 日，湖南果秀食品有限公司代表全国食品罐头行业参加在华盛顿举行的美国对华 2000 亿美元产品征税措施“301 调查”听证会，并提交豁免关税申诉，争取关税豁免权。此前，果秀公司还参加中国贸促会组织的中美经贸摩擦应对企业座谈会，中央财办副主任韩文秀出席会议，并特别询问果秀食品出口美国的情况。此次果秀食品提交豁免关税申诉，是永州市国际商会为会员企业应对中美贸易摩擦提出的短期应对策略之一，对其他涉税企业起到示范作用。

2018 年，美国依据所谓“301 调查”“232 调查”“337 调查”，决定对从中国进口的商品大规模征收关税，并限制中国企业对美投资并购。此次征税清单涉及面广，永州市农副产品、电机、纺织等多行业被波及。湖南果秀食品、永罐食品、科力尔电机、湖南凯盛鞋业、威嘉进出口等公司向永州市贸促会（国际商会）申请帮助。根据美国加征关税涉及全市的出口商品清单及企业情况，该会法律服务平台利用专业涉外法律服务机构力量，对美方政策、法条以及进口商进行研究，建议企业通过合理利用美国税则分类的标准和要求，对产品构造、工艺、规格等方面进行适当修改或调整，使产品归为不加征关税的类目。

（蒋明圆）

烟 草 专 卖

【概况】 2018年，永州市烟草专卖系统有在册员工1412人。拥有资产总额33.46亿元。辖区内有卷烟零售户2.17万户，烟农9000余户。年内，全市销售卷烟18.16万箱，收购烟叶53.45万担，实现销售收入65.2亿元，增长10.71%；实现税利19.04亿元，增长3.68%。全年目标任务和关键绩效指标较好完成，企业改革发展保持良好势头。

【烟叶生产】 2018年，永州市落实烟叶种植面积1.47万公顷，收购烟叶53.54万担，完成收购计划的93.1%，完成控总量守红线任务。质量特色稳步提升，推广精益生产示范9个、0.48万公顷，开发高端卷烟原料1.25万公顷、16.2万担；高质量承办全省高端卷烟原料定制化开发项目推进调度会；国家局、省局收购和工商交接检查合格率均位列全省前茅。改革创新成效明显，育苗市场化、烟叶“采编烤分收包”一体化、烟用物资第三方管理、烟叶包装物采购及农药类物资代购代销等5项管理创新取得实效，其中东安整县推行“采编烤分收”一体化试点，实现“烟农、政府、合作社、工业企业和公司员工”五方满意。现代烟草农业建设深入推进，全年投入烟基项目补贴5760.55万元，建设项目4079个，烟叶基础设施建设配套水平、设施设备管护水平得到有效提升。促农增收取得实效，实现烟农种烟收入8.29亿元，户均收入9.1万元，同比增加0.33万元。

【卷烟营销】 2018年，永州市卷烟销量同比增加600箱，增长0.3%，稳健保持全省7.1%的份额和排第六名的位置。单箱均价2.77万元，同比增加1600元，增长5.8%，增幅排全省第七位。终端建设持续深入，推广“全商品扫码、全店铺管理、多方式结算”为核心的终端信息系统，启用移动办公平台，注册建设“九一云服”微信服务平台，“九一云服”微信服务平台注册用户超过50%，成为零售户订货、经营指导的“掌中宝”。零售户自律互助小组建设步伐加快，全市建成小组1163个、客户总覆率93%，市场价格履约率97%，整条零售价格到位率98%，零售户毛利率保持在11%以上，零售户满意度、获得感明显增强。精益物流再升级，全面启用GIS/GPS系统促降本增效，客户地理位置信息采集率98.06%、刷卡率98.31%，均位居全省第一位；资金安全监管成效明显，货款电子结算率97.34%，居全省第二位；成功举办卷烟库存周转率提升、精益物流现场诊断研讨现场会，经验做法在全省系统引起良好反响。

【专卖管理】 2018年，永州市查获各类涉烟案件1852起，增长7.55%；查获涉案卷烟5285.45万支，增长30.18%；破获国标假烟网络案6起，省标假烟网络案1起，真烟涉刑案件4起，刑拘38人，逮捕24人，判刑17人。成功打掉1个藏匿偏远山村的流动制假窝点，货值逾400万元，抓获涉案人员18人。全面落实“放管服”改革措施和国家局“一口受理、限时办结、规范办理、透明办理、网上办理”工作要求，全面优化许可证办理流程。全市11个县区均实现许可证网上、现场同步申请，8个工作日办理完成，网上申请办证率在全市排第一名，市烟草专卖局（公司）办证窗口获市政务中心“模范窗口”称号。

【公益慈善】 2018年，永州市烟草专卖局（公司）捐赠190.7万元。其中，向患病困难群众捐赠金叶慈善医疗卡65万元，慰问全市烟草系统困难员工36.8万元，慰问市烟草专卖局机关困难党员、老党员4.8万元，向扶贫村集体扶贫捐赠81万元，资助慈善事业捐款2.1万元，资助助残事业捐款1万元。

（刘卅）

盐 业

【概况】 2018年，湖南盐业股份有限公司永州市分公司（以下简称市盐业公司）紧跟“直达终端年、规范经营年、品牌建设年”这一工作思路，在经营管理、结构调整、营销创新、市场管理等方面取得较好成绩。全市系统销售各类盐20660吨，占年计划16300吨的127%，增长10%。其中小包盐销量16427吨，占年计划14300吨的115%；高端盐销量1984吨，占年计划3575吨的56%。实现销售收入4184万元。市场秩序较好，价格体系平稳，“雪天牌”食盐市场占有率95%以上。

【盐业市场营销】 2018年，永州市盐业公司围绕“稳销量、提结构、增效益”主线，深挖消费、终端、品牌、市场机制潜力，实现“三个确保”，确保市场份额不减，确保中高端销售比例高于全省平均水平，确保完成目标任务；达到“三个提升”，中高端盐品的销量比2017年提升，小包盐平均销售价格比2017年提升，平均吨盐毛利比2017年提升。注重营销差异性，根据网点的市场环境、服务人群的差异，采取不同的盐产品投放策略和营销措施；区分城乡、渠道、边界与内部，实施差异化的销售策略，引导网点销售适销对路的中高端盐品。直供网点销售中高端盐的比例60%以上，全系统同比增销高端盐800多吨，增长73.19%。注重营销方式多样性，采取宣传、买赠、组合、特价促销、地推等多种方式加大中高端盐的市场动销。注重营销实效性，做到有的放矢，对准价格低、毛利高、市场接受好的品种，重点促销。率先在全省调整500克特价盐的批发价，同时推出组合营销方案，取消二批商特价盐销量等级优惠措施，确保市场占有，提升经营效益。与市内各类连锁药店等合作，推进功能性中高端盐品的销售，全市新增专售中高端盐网点119个。强化终端直配，加强监管，优化路线，融合盐与非盐，访销与补货相结合，实现挖潜金额44万元。开展劳动竞赛和百日挖潜增效活动，制订考核激励办法，推进经营和管理工作。

【盐业市场监管】 2018年，永州市盐业公司定位为永州盐业“直达终端年、规范经营年、品牌建设年”。推进直达终端战略，从任务指标、价格体系、费用支持、考核分配等方面进行顶层设计。推进外勤365系统的使用。访销系统使用率100%，月均拜访终端客户2000个以上，客户拜访覆盖率70%。推进网点陈列签约活动。对市场上面积大、地段好、销量高、有影响的网点推进签订陈列协议活动，上半年签订陈列协议858家，每个网点确保有2个以上中高端盐品。推进规范化经营，重新梳理业务流程，实施直达终端“一点一票”“三单合一”标准化管理，通过访销单进行食盐专营政策和货款管理提示，强化规范化经营管理。加强储备盐现场管理，出台《仓库盘库管理办法》，滞销盐产品由455.5吨下降至217.7吨，及时促销220多吨滞销产品，降低经营风险。推进品牌建设，投入宣传专项费用80多万元，周密推进“品牌升级、产品换装”工作，印制各类宣传物料5万余份，张贴到全市城区、乡镇各个网点。开展“雪天盐为中国菜提味”主题宣传活动，举办大型路演7场、地推412场次，发放宣传单8000余份，受众5000多家网点、餐饮店。投订制陈列柜、宣传折页、广宣物料，制作“雪天牌”墙体广告400余幅、繁华地段店招广告257家。开设“永州盐业”微信公众号、推送产品宣传短信7000多条。开展“3·15”“5·15”“双百三下乡”活动，创建“我是雷锋，我是党员”志愿者宣传小分队，深入社区开展“三主动、三创新”咨询服务活动，全渠道、全方位、全过程宣传“雪天”品牌。加强终端网点陈列管理，形象展示“雪天”品牌新Logo和产品新包装。

【盐业许可换证】 2018年，永州市盐业公司成立以总经理陈章勇为组长的食盐定点批发企业许可换证工作领导小组，各县分公司成立相应工作机构，确定有关部门和专人负责落实，将换证工作列为生存工程、一把手工程。举行领导小组专题会、中层干部研讨会、县公司经理会、员工大会等进行动员，营造领导挂帅、齐抓共管的良好氛围，并将此将工作列入年度重要考核内容。通过宣传发动、对照检查、及时整改、巩固提高、全面验收5个阶段，取得较好效果。开展食盐批发许可换证培训40多场，自查问题5个，制定整改措施16条。规范标准，建章立制33个，发放“未加碘食盐指定销售点”号牌560户、食盐零售网点销售台账登记表4000本，对直接管理和接触食盐的人员全部办理食品从业人员健康证。不断完善仓储管理，提升标准化管理水平。投入资金122万元，增加、更换、新购有关仓储达标码架、牌匾、换气扇等设施200余件，维护改造仓储面积3000平方米。

【食盐安全管控】 2018年，永州市查处各类涉盐案件116起，其中一般程序11起，简易程序22起，批评教育（责令改正）85起。查处各类盐产品203.2吨，其中：没收盐产品87.2吨，扣押116吨，罚款13.5万元。全市移送公安机关2起，传讯6人。市盐业公司主动与市政府法制办、市食药局衔接，经市政府批复同意，明确市盐务局的食盐市场执法监管主体。2月13日，永州市食药局与永州市盐务局联合下发《关于明确食盐质量安全监管职能调整期间有关事项的通知》，明确由市食药局委托市盐务管理局及其分支机构在调整期间履行全市食盐质量安全管理、盐政执法监督职能。4月28日，全市食药局、盐务局联合召开“永州市食盐质量安全监管工作会议”，并联合下发《关于盐业体制改革过渡期间加强食盐监管有关工作的意见》。搭建“永州市食药盐务食盐监管工作群”，形成联合执法信息平台。开展一系列联合市场检查专项行动，对学校、幼儿园、宾馆、酒店、集体食堂等场所食用盐、全市食盐二批市场、终端零售网点进货渠道、进货台账、销售发票等进行专项检查。开展联合执法办案，查处双牌“众恒商行”、零陵黄某无证批发四川久大古兰真牌食盐；蓝山彭某、祁阳刘某无证批发中盐新干食盐等案件，依法封存、没收74.15吨，罚款1.2万元。查处一批难案。市食药局、盐务局联合查处双牌县“众恒商行”胡某与四川久大签订“阴阳合同”、无证批发食盐案，扣押违法经营小包食盐25.02吨。与市食药局联合印发《食盐专营政策告知书》1.8万份、《食盐专营办法》8000份，从城镇到乡村，从零售网点到终端消费者进行地毯式宣传，效果良好。全年争取市食药局拨付公司行政执法经费支持2次，共计10万元，加强执法财力保障。永州盐业分公司在市场占有绝对主导地位，“雪天牌”小包盐市场占有率95%以上，食盐市场秩序稳定，小包盐价格平稳，食盐安全得到保障。

【盐业整合发展】 2018年，永州市盐业公司强化盐与非盐融合，推进渠道下沉、直达终端，专设非盐经营部、名盐名酒直营店，补齐非盐经营短板。引进粮油调味类产品：福临门油、米、五俏油等，实现盐与非盐产品高度融合、同步直达终端网点，摊薄、降低经营成本。制定新的非盐考核激励措施，让利一线业务员，多劳多得，增强直达终端的动力、活力，实现盐与非盐进终端，形成相辅相成、相互支撑、良性循环。强化线上线下整合。线上客户2552个，线上融合率62.6%，初步实现线上线下同步推广。利用厂商资源支持，举办国窖1573VIP客户答谢会1场，销售国窖1573酒530瓶，实现销售额44.38万元。

（陈海容）

供　　电

【概况】 国网永州供电公司担负着永州市省电网的运行维护、永州市9县2区供电和220千伏及以下输变电工程项目的建设任务。公司下设12个职能部门、8个业务实施机构（包含冷水滩供电支公司）、10个县（区）公司。

2018年，永州辖区35千伏及以上变电站162座，变压器244台，主变总容量10131.6兆伏安，截至2018年年末，35千伏及以上输电线路295条，长度5069.47千米，电网规模位排全省第五位；供电面积覆盖2.24万平千米，排全省第二位；用电客户208万户，排全省第六位。完成售电量76.7亿千瓦时，实现历史突破。

【供电安全生产】 2018年，国网永州供电公司落实“五个五”安全管理措施，系统梳理安全责任清单，提升本质安全水平。狠抓作业现场风险管控，督查作业现场1332个，查处各类违章234起。2个外包施工单位被纳入“黑名单”管理。推进隐患治理，完成11处跨高铁隐患治理，《跨越河流、鱼塘可视围网制作新技术推广应用》成果成功入选国家电网公司外人触电压降专项整治行动精益创新成果展示会。开创护线员协助运维“标准化线路”模式，处置110千伏及以上输电线路火险隐患286起，实现220千伏线路零责任性跳闸。开展整站检修，治理各类问题2000余项，连续7年保持220千伏主变零跳闸记录。开展配网专项整治“百日大行动”，落实频繁停电和高投诉线路领导挂牌督办机制，处置线树矛盾2171处，整改配网线路“两牌”12万余处，治理成效获省供电公司通报表扬。成功应对四轮雨雪冰冻等恶劣天气挑战，出色完成全市优化发展环境现场推进会、祭舜大典、全省政协交流会等重大保电任务，保障全市安全可靠供电，实现连续15个安全年。

【电网发展】 2018年，国网永州供电公司坚持规划引领，统筹各级电网协调发展。完成永州地区“十三五”滚动规划各类报告的编制工作，完成永州市所有省级园区供电框架协议签订工作。建立电网规划工作政企协同机制，完成祁阳县域电网规划编制并在全省推广。获政府批准组建永州市能源（电力）规划研究中心，促成市政府召开2018年全市电力工作会议，并下发《永州市供用电秩序专项整治行动方案》，电网建设内外环境不断优化。完成电网建设投资13.31亿元，投运35千伏及以上输变电工程25个，变电容量59.9万千伏安、线路长度257.4千米，解决单线问题8项，单变问题5项。新建改造10千伏线路989.26千米、低压线路3828.15千米、配变2066台，完成电网小型基建项目投资6950万元。在全省率先完成“三供一业”供电分离移交，完成谷源主变扩容、猎豹输变电工程等重点工程项目。发挥电网支撑保障作用，完成80个重点民生实事项目、178个贫困村电网改造任务和双牌小康示范县项目建设。落实绿色环保发展理念，完成电能替代重点项目49个，替代电量3.36亿千瓦时。建成江永上江圩、道县审章塘、蓝山大桥及四海坪等风电送出工程，祁阳豪冲、宁远玉屏光伏送出工程等项目投产。

【供电经营管理】 2018年，国网永州供电公司强化关键经营指标过程管控，开展经营诊断和提质增效工作，全年累计实现创效1.67亿元。盘活人力资源，清理规范不在岗人员197人，全口径劳动用工减少185人。持续规范业务外包管理，降低企业劳动用工压力与风险，落实高损供电所领导挂点机制，20个挂点供电所线损合格率平均提升56.36个百分点，全市消灭高损台区1758个，实现降损增效2900万元。开展反窃电“大练兵”专项行动，查处窃电及违约用电，追回电费及违约金702万元。开展营销业务问题整改，追回电费及违约金183.62万元。开展电费回收风险评估，狠抓在途电费清理，严格落实电费应收必收。开展特殊电价整治活动，完成1400户的特殊电价整改工作。

【电力优质服务】 2018年，国网永州供电公司优化电力营商环境，助力脱贫攻坚，累计帮扶贫困村脱贫822户共3243人，定点向新田县三水村扶贫捐赠37.2万元。按计划推进光伏扶贫项目，完成并网村级光伏扶贫项目483户、集中式光伏扶贫电站2户，并网总容量18.05万千瓦，结算光伏扶贫补贴342.06万元。加强业扩报装专业化管理和监管力度，高压客户平均接电时长缩减0.3天，低压居民新装实现“一岗制”作业。深化“互联网+营销服务”应用，畅通服务热线，及时响应客户诉求。推进“移动服务窗口”和网格化抢修站点建设，推广政企“1+N+X”“双网”融合运营模式，打通优质服务“最后一千米”。零陵区供电公司获评湖南省文明窗口单位，零陵菱角塘供电所被国网公司评为五星级供电所，实现五星级供电所“零”的突破。引导210家企业参与市场交易，降低用电成本1948.05万元。超额完成“一般工商业电价降价10%”目标，清退临时接电费4364.46万元。帮助用户开展用电安全检查，对23户重要客户、17户跨铁路或高速公路专线客户和103个中心城区小区进行专项排查，得到客户一致好评。

【电力改革发展】 2018年，国网永州供电公司探索县公司机构改革，制定《关于推进县级供电企业改革发展的实施方案》及营销、运检、调控业务集约等10个配套方案，坚持改革、发展、管理协同发力，开展七大专项行动，实施三项业务集约，承办省公司县级供电企业改革发展工作推进会，祁阳县供电公司、零陵区供电公司探索机构改革模式，“永州经验”成效显著。优化资源整合，理顺体制机制，完成项目管理中心组建、培训中心撤销、物资供应机构优化调整以及市、县农服公司和供电服务指挥中心组建，按进度完成“两供一业”分离移交。推进并实现江华、江永“一县两公司”合并，同质化管理有序融合。完成集体企业瘦身健体，推进核心业务重组整合和非核心业务清理处置，“第二梯队”作用有效发挥。抢占增量配电市场，提前开展新建110千伏变电站布点分析论证工作，加快试点区域项目落地，江华海联110千伏输变电工程顺利纳入2019年新开工计划，有效抢占市场先发优势。

中石化石油销售

【概况】 2018年，中国石化永州石油分公司在营加油站113座，在营油库1座，在建油库1座。公司秉承“发展企业、贡献国家、回报股东、服务社会、造福员工”的企业宗旨，以经营为龙头，以安全为保障，发挥永州成品油供应市场主导作用，忠实履行大型国有企业的社会责任，全年供应市场油品销售42万余吨。

【安全管理】 2018年，中国石化永州石油分公司严格落实安全生产责任制，强化“安全责任、教育培训、风险识别和风险防范”四大体系，层层压实安全责任，实现零事故目标。牢固树立“发展不能以牺牲人的生命为代价”的理念，做到四个狠抓，四个“不”，即狠抓“三违”一个不例外，狠抓培训一个不缺课，狠抓隐患整改一个不漏项，狠抓制度执行一点不含糊。严格执行总部各项安全生产禁令，抓实新《中华人民共和国安全生产法》和《中华人民共和国环境保护法》学习，推动安全环保理念入脑入心。开展“我为安全作诊断”和全员HSSE知识学习竞赛活动，收到员工安全诊断建议211条。开展应急预案优化工作，全年组织桌面、现场应急预案演练1000余次，参与人数1300余人，全面提高员工安全意识和应急处置能力。

【优质服务】 2018年，中国石化永州石油分公司坚持“以客户为中心”，不断强化服务管理，完善服务品质，提升服务水平。开展“加油站综合服务提升年”活动，严格油品数质量监控，践行“每一滴油都是承诺”，确保油品质优量足；强化非油品质量管控，保证“易捷万店无假货”。制定规范化服务标准，优化服务流程，靓化服务窗口，营造舒心消费环境。开展“文明加油站”创建活动，在每个加油站设置“便民服务台”，免费提供医药、维修、问询等便民服务。

（李睿璇）

滩头湾油库俯瞰图

中石油销售

【概况】 2018年，中国石油湖南永州销售分公司坚决贯彻上级公司的决策部署，风险防控取得新成效、生产经营创造新业绩、队伍建设展现新活力、网络建设取得新突破、创新发展有新进展、精细管理得到新提升、党建工作呈现新气象。全年累计销售油品13.15万吨。

【石油经营销售】 2018年，面对供需矛盾扩大、市场持续低迷、价格竞争加剧、利润空间收窄、行政管理升级等严峻形势，中国石油湖南永州销售分公司坚持“毛利最大化前提下销量最大”原则，紧盯价格政策变化及市场情况，灵活策略，从容应对，保持量效齐增。同时在萍州、珊瑚西、永成、浯溪等站引进智能无人洗车机，启动多项异业合作，增强客户体验。提炼“10惠”活动“五步”“三比”营销话术，增强促销实效。通过提取加油站系统内分时段销售数据，规范28座站夜间歇性模式，开展夜间全自助、叫醒、歇业服务管理，有效减轻员工劳动强度，提高工作效率。成立稽查服务小组，侧重于服务基层和为一线整改问题，稽查119站次，开展现场帮扶培训47人次。

【安全管理】 2018年，中国石油湖南永州销售分公司面对异常严峻的安全环保形势，牢固树立红线意识，强化问题导向，在体系量化审核、安全监管、环保数质量等方面下硬功夫。坚持以提升安全意识与技能控风险，分批次、分主题开展各类安全培训27期，开展各类实操演练21次，进一步提升员工安全意识与技能。以强化作业现场监管控风险，重点抓住卸油、散装汽油销售两个环节，加强对卸油操作的监督检查，同时加强施工现场监管，规范施工过程管控；开展加油站的隐患排查和治理，开展“十二个”杜绝项整改，推进质量、HSE管理体系量化审核问题整改，始终坚持问题导向，建立问题整改销项台账，定责任部门、责任人，逐一落实整改。

【履行社会责任】 2018年，中国石油湖南永州销售分公司坚持讲政治、讲社会责任。组织开展“助残一日捐”等活动，参加

"交通文明我先行"公益活动，提供加油卡专属折扣、充值卡赞助等；履行扶贫职责，就双马村扶贫基础设施建设及产业发展项目问题，主要针对安全饮水工程建设事宜捐助专项资金；开展移动办卡"五进"活动，到政府、企事业单位、学校推卡，宣传中石油品牌形象及加油卡、电子券政策，提升服务质量；响应市委市政府号召，根据《永州市城市市容和环境卫生管理条例》，制定加油站站容站貌和环境卫生管理方案，提升服务客户的窗口形象，进一步巩固创国卫成果，助力永州市文明城市创建；以非油销售为平台，宣传推广江永香柚、道州脐橙等永州特色农副产品及"锦绣潇湘·美在永州"旅游卡销售，同时帮助果秀外贸企业度过寒冬，在加油站参与"一元换购"活动，推进"中油助农·换购有礼"主题扶贫项目。

（廖香琴）

旅　游　业

综　　述

【概况】　永州市旅游外事侨务局是主管全市旅游、外事、侨务工作的市政府工作部门，加挂市港澳事务办公室牌子，内设办公室（政策法规科）、规划项目科、市场开发科、行业管理科、外事科、侨务科（港澳事务科）6个科室，下辖市旅游质量监督管理所、市旅游服务中心和市国际交流服务中心3个全额拨款事业单位。局机关定行政编18人、工勤编1人，3个事业单位定编15人。局机关与下属事业单位合署办公，在职在编32人。

2018年，永州市旅游外事侨务局持续推进"旅游升温"战役，创建国家全域旅游示范市，围绕抓重点、补短板、强弱项，狠抓项目建设、招商引资、品牌创建、市场营销、行业监管等重点工作，旅游产业发展态势良好。全年接待国内外游客5688.98万人次，增长14.15%；实现旅游综合收入484.64亿元，增长19.16%。其中接待入境游客60193人次，增长41.04%；实现国际旅游收入1638.68万美元，增长51.57%，增幅在全省靠前。

【旅游重点项目建设】　2018年，永州市旅游升温战役实施重点旅游项目39个（新建项目19个，续建项目20个），总投资271.35亿元，年度投资69.39亿元。完成投资77.82亿元，完成全年计划112.1%。其中，永州华侨城卡乐文化旅游项目获得省发改委批准立项，规划用地35.67公顷，总投资14.8亿元，于12月29日开工建设，完成投资1.75亿元，基本完成土地平整工程，相关土建工程和配套道路施工也在按期推进。"零陵古城"文化旅游综合保护开发项目计划投资10亿元，完成投入资金11.9亿元。A地块仿古建筑主体工程全部建成，相关配套设施同步跟进；C地块动工建设，三平一整工程稳步推进，配套路网日趋完善。6月18日，零陵古城举办开街仪式，正式对外开放。3月2日，祁阳杨梅湖智慧文旅生态新城项目开工，完成投资9亿元，祁阳展示馆及杨梅湖新城展示中心的园林绿化、建筑外墙装饰及内装修均已基本完工，10号地块的市政配套生活设施及相关建设加快推进。蓝山云冰山景区项目累计投入3亿元，完成年度投资计划。种植红枫、高山杜鹃等景观植物66.67公顷，完成70座度假小木屋及景区游步道建设，酒店等其他基础设施建设基本完工，于12月25日举办开园仪式，正式对外开放。江华瑶都水街项目、舜皇山提质改造工程、双牌阳明山森林康养度假体验旅游区等其他旅游重点项目均完成年度投资计划。

【旅游景区提质扩容】　2018年，永州市零陵古城、九嶷山、阳明山、江华瑶族文化博览园等重大文旅项目提质扩容有力推进。零陵古城项目在完成A区6.2万平方米建设并成功开街的基础上，完成C区主体2.5万平方米建设，完成B、D地块90%房屋拆迁工作，拉通朝阳大道、桃江路、袁家碣路、旭日路、柳子街路和愚溪路等配套路网，东风大桥匝道停车场接近尾声。九嶷山推进创国家AAAAA级旅游景区工作，完成景区生态停车场、游客服务中心等工程建设和舜帝陵园、舜源峰、黄河至驻龙门公路提升改造。阳明山景区森林康养游步道建设工程竣工验收，三通一平及休闲设施建设、土地征收基本完成，大熊猫繁殖中心完成项目选址。江华瑶族文化博览园展示中心外围装修及内部装修同步进行。永州华侨城卡乐文化旅游项目开工。全市新增国家AAAA级旅游景区1个、AAA级旅游景区8个。江永勾蓝瑶寨景区通过国家AAAA级旅游景区景观质量评审。永州植物园、祁阳陶铸故居、江华桐冲口千年瑶寨、零陵异蛇世界、江永云雾山香柚产业园、金洞楠木主题公园、蓝山百叠岭、宁远大界源等8个景区成功创建国家AAA级旅游景区。新评定一批星级乡村旅游区点，冷水滩区昱恒生态农庄、祁阳县天明山庄、东安县大江源休闲农庄、宁远县状元府山庄、江永县汉江源生态农庄、江华县金叶山庄、新田县惠峰生态园、回龙圩管理区八仙洞休闲农庄等被评为五星级乡村旅游区点。东安大庙口镇、祁阳潘市镇列入第四批湖湘风情文化旅游小镇创建单位。陶铸故居和纪念馆、柳子庙、浯溪碑林、舜帝陵、宁远文庙、市博物馆、李达故居、濂溪故里、阳明山国家森林公园、蒋先云故居10个景区被列为全省研学实践教育基地。

【“旅游+”新业态】 2018年，永州市实施“旅游+”战略，推进旅游与林业、文化、农业等重点产业的融合发展，形成以旅游业为核心、多条产业交叉渗透的新型产业链。培育“旅游+林业”产业，重点推进“全国森林康养基地试点单位”金洞猛江河国家湿地公园建设，以及“湖南省森林康养基地”金洞、阳明山国家森林公园森林康养旅游项目开发。发展“旅游+文化”产业，重点推进女书小镇、柳子小镇、大庙口和潘市文旅小镇等“湖南省湖湘风情文化旅游小镇”创建工作；在2018湖南特色旅游商品大赛中，江华瑶族创意长鼓、江永女书礼见面礼、双牌苦瓜红茶等文创产品斩获银奖；东安丝路悠扬、江华幸福瑶家人、江永瑶家记忆、祁阳龙抢珠摆件、蓝山花果庄园、道县小龙舟摆件、宁远康德佳金丝皇菊茶等获铜奖。推进农旅融合，发挥旅游特色小镇和乡村旅游示范点建设带动作用，新增43个星级乡村旅游景区（点）。实施“旅游+扶贫”工程，投入旅游产业扶贫发展资金23.96亿元，开发旅游项目、发展特色旅游产业、加强旅游基础设施建设，通过旅游扶贫，辐射带动就业2.68万人，促进贫困人口年人均增收2235元。

【特色旅游项目招商、申报和立项】 2018年，永州市持续推进旅游项目招商工作，向外发布推介永州旅游重点招商项目，先后接待北京中青旅资源投资公司、浙江华清集团、中国商业文化研究会湘商文化分会、新华联集团、重庆八戒网络有限公司等多批客商到永州考察投资。双牌阳明山旅游综合开发项目与光大成贤（福建）建设有限公司成功签约，投资50亿元，用于大熊猫基地建设、景区提升改造和旅游特色城镇等建设。湖南弘愿文旅产业投资有限公司与宁远县签约，拟投资30亿元建设包括影视商业街、麻将小镇、民宿客栈，以及禅意养生等项目。争取省级财政旅游发展专项资金4017万元，支持东安、祁阳、江永、零陵、江华成功申报湖南省第三批精品旅游线路重点县。争取到大湘南旅游精品线路建设资金3200万元。争取到乡村旅游发展资金378万元，旅游项目贷款贴息资金（江永县全域旅游提质改造项目）150万元，旅游厕所建设项目资金226万元，旅游宣传促销专项资金63万元。在2018年度永州市政银企合作洽谈会暨金融支持“六大战役”项目对接会上，签订旅游升温项目19个，拟贷款金额26.87亿元。同时，结合乡村振兴战略，推荐申报乡村旅游产业扶贫项目，推荐江永勾蓝瑶寨旅游建设项目申报金融支持旅游扶贫重点项目，推荐九嶷山舜帝陵景区建设等14个项目申报全国旅游扶贫优质项目。

【“旅游厕所革命”】 2018年，湖南省财政厅下达《2018年第二批旅游厕所建设项目补助资金》，

舜陵红枫

永州争取旅游厕所项目资金226亿，其中市本级及所辖区133亿元，宁远县93亿元。全市建设旅游厕所59座，其中新建49座，改扩建10座。按照《旅游厕所质量等级的划分与评定》《旅游厕所质量等级评分细则》等相关标准，评定AA级旅游厕所5座，零陵区东山景区西游客中心旅游厕所、零陵区周家大院子岩府旅游公共厕所、东安舜皇山国家森林公园老山界厕所、东安舜皇山国家森林公园游客中心停车场厕所、九嶷山舜帝陵旅游厕所通过AA级旅游厕所评定。

【乡村旅游扶贫工程】 2018年，永州市开展旅游行业扶贫，涌现出东安南溪村、双牌桐子坳村、江华庙子源村等一批湖南省旅游扶贫经典案例，创新出具有全国示范效应的“旅游扶贫景区带村”“旅游扶贫能人带户”“旅游扶贫合作社+农户”3种扶贫模式。其中，江永勾蓝瑶寨实施“政府引导、集体经营、市场运作、村民参与”的乡村旅游扶贫模式，为当地贫困户创收62万元，人均增收1200元，获得全国旅游扶贫现场会的宣传推广。江华桐冲口村“千年瑶寨”以创建A级旅游景区为抓手，发展乡村旅游经济，实现旅游收入54万元。深度贫困村祁阳县龙凼村则以龙凼瀑布为核心景点，带动乡村民宿、特色美食、乡土手信等旅游项目的发展，吸引大批户外运动爱好者前往旅游观光。全年全市乡村旅游接待游客1677.53万人次，实现旅游综合收入70.15亿元。通过旅游扶贫，辐射带动就业2.68万人，促进贫困人口年人均增收2235元。

【旅游品质形象推广】 2018年，永州市承办2018年湖南省（东安）夏季乡村旅游节，举办零陵首届民俗庙会活动、永州市乡村文化旅游节、省祭舜帝等25场节庆活动。策划推出《北京网络大V飞往心中的永州》实地踩线活动，首次在北京南苑机场、天安门地铁站等推出永州旅游形象宣传广告。发行“锦绣潇湘·美在永州”全域旅游卡。组团参加德国柏林国际旅游节、2018年香港国际旅游展、“探寻香港湖南旅游对接新路径暨湖南文化旅游新商机国际研讨会”，举办“校长带你游中国之永州研学活动”，组织港澳中小学师生到永州进行研学旅游。在珠海举办永州市精品旅游路线推介会。同时结合新航线的开通，在北京、重庆、泉州、西安举行航线旅游招商推介会，全年永州零陵机场接待旅客25.04万人次，增长106%。

【开辟旅游交通新航线】 2018年，永州市先后开通贵阳—永州—福州、重庆—永州—三亚、西安—永州—珠海、西安—永州—泉州航线，确保永州机场实现运行架次和旅客吞吐量双翻翻（其中运行3364架次，较2017年1586架次增长112%；保障服务旅客25.03万人次，较2017年12.12万人次增长106%），完成市委市政府下达的25万人次旅客吞吐量任务。10月28日，在永州机场举行“永州—西安、永州—泉州、永州—珠海航线”首航仪式。

【旅游航线推介会】 2018年，永州市先后在北京、重庆等地举办航线旅游推介会。1月13日，在首都北京举办永州—北京航线旅游推介招商会，除推介永州旅游景区和精品旅游线路，此次推介会重点推介8个有代表性的旅游项目，包括潇湘文化创意产业园综合开发项目、阳明山旅游综合开发项目、涔天河旅游度假区综合开发项目、“水云潇湘·一江十景”水上旅游开发项目、祁阳湘江百里画廊旅游度假区项目、湘江源旅游综合开发项目、伊塘农旅特色小镇项目、宁远县春水河畔美丽乡村旅游项目。北京航班的客座率90%。6月28日，在山城重庆举行永州—重庆航线旅游推介会。此次推介会旨在宣传推广“锦绣潇湘·美在永州”旅游品牌形象，拓展重庆航线客源市场，展示永州经济社会发展成就。重点为重庆游客推荐“寻根祭祖朝圣之旅精品线路、不忘初心红色之旅精品线路、生态休闲之旅精品线路、文化研学之旅精品线路、美食养生之旅精品线路、风情体验之旅精品线路”6条永州旅游精品线路。此次活动促进华夏航空公司与湖南果秀集团的战略合作，华夏航空向湖南果秀集团订购40万杯橘子罐头用于航空机供食品。

【红色旅游】 2018年，永州市以创建省级红色景区和国家等级旅游景区工作为抓手，把开发红色旅游资源作为提高景区知名度，拓展旅游功能，吸引游客的重要手段。成功创建陶铸纪念馆、李达故居、新田红色旅游区（蒋先云故居、红六军团小源会议旧址、郑作民故居）3个省级红色旅游景区。运用声、光、电、像等高科技技术，改造、修缮李达故居、陶铸纪念馆，同时收集补充大量长征史料、革命人物传记，丰富展馆内容。修建阳明山红军长征步游道、停车场、接待配套设施，对道县红军重大活动纪念地“红军墙”旧址和潇水浮桥进行修葺。整修一批红色旅游景区点，括新田县郑作民故居、蒋先云故居，宁远县水市革命烈士陵园、抗日阵亡将士纪念碑，江永三峰山，江华李家大屋（李启汉），零陵桐子坪涧山红军墓，道县宜山会址、陈树湘烈士墓等。规划和包装祁阳石洞源陶铸故居、道县红色旅游基地、道县陈树湘烈士公园等一批有特色的红色旅游项目。各红色景区基础配套设施、进出条件、接待能力得到极大改善。

【旅游市场秩序规范】 2018年，永州市完善旅行社准入退出机制管理，按照有关规定和程序完成1个（江华瑶族自治县天天游旅行社有限公司）设立旅行社的行政许可，办理1家旅行社（永州星科旅行社有限公司）旅行业务经营许可证的注销工作。开展旅游市场执法检查，强化对旅行社的日常监督，引导旅行社行业自律和诚信经营，对黑车、黑导、强迫购物等违法违规行为进行坚决查处。4月和9月配合全省异地交叉执法检查，组织开展两次“利剑行动”专项整治，对检查发现的问题线索全部进行查处和整改，全市旅游投诉结案率100%。高度重视旅游安全生产工作，举办“全国旅游监管服务平台”应用暨永州市旅行社安全员培训班，开展平安景区创建活动，勾蓝瑶寨被评为湖南省“十大平安景区”，全市实现旅游安全零事故。在湖南科技学院成立旅游学院，建立全市旅游人才培养基地，加强校企合作。重视提高行业服务水平，召开全市旅游系统“青年文明号”创评工作暨文明旅游主题宣传动员会议，举办2018年“南华杯”全市旅游饭店服务技能大赛，江永、宁远等县区也先后举行景区、旅游志愿者等涉旅从业人员的礼仪培训，此外，全市星级旅游饭店标准化建设持续推进，星级饭店年度复核合格率100%。

【永州—北京航线旅游推介招商会在北京举行】 2018年1月13日，由永州市人民政府主办的永州—北京航线旅游推介招商会在北京举行。中联航党委书记蒋飞飞、中国工程院院士刘大响、中国联合航空公司执行副总裁吴刚、国家旅游局规划财务司副司长蔡家成，市人民政府副市长李旦梅出席推介会。

永州—北京航线航班每天一班，永州—北京（航班号：KN5808）20：20从永州机场起飞，23：15到达北京南苑机场；北京—永州（航班号：KN5807）16：25从南苑机场起飞，19：35到达永州机场。

会议指出，永州立体化交通体系基本建成，泉南、二广、厦蓉、道贺四条高速在永州交织成网，洛湛、湘桂铁路交汇于此，20对高铁动车始发/经停永州站，开通北京、上海、昆明、海口、重庆航线。永州—北京航线，把两地往来距离缩短至3个小时。希望与北京各界人士合作，将永州—北京旅游线打造成国内旅游的黄金线路、合作样板，实现互利双赢，共同发展。

会上，李旦梅发布永州旅游重点招商项目；中国航空公司作航线信息发布；永州市旅游外事侨务局重点推介寻根祭祖朝圣之旅精品线路、不忘初心红色之旅精品线路、生态休闲之旅精品线路、文化研学之旅精品线路、美食养生之旅精品线路、风情体验之旅精品线路。

【永州—重庆航线旅游推介会在渝举行】 2018年6月28日，永州—重庆航线旅游推介会在重庆市举行。中共永州市委常委、市人民政府副市长周荣峰出席推介会。重庆市委政法委副书记文天平、重庆市旅游发展委员会和华夏航空公司分别致辞。

推介会邀请重庆市民到永州领略自然风光和人文底蕴，欢迎各界人士到永州投资兴业。会议重点推介潇湘文化创意产业园综合开发项目、涔天河旅游度假区综合开发项目、湘江源旅游综合开发项目等6个代表性旅游项目。会议为重庆游客推荐寻根祭祖朝圣之旅精品线路、不忘初心红色之旅精品线路、文化研学之旅精品线路等6条精品旅游线路。华夏航空公司作航线旅游产品推介。

外事侨务

【概况】 2018年，永州市接到侨务信访6件，来电、来访5次，来信来电反映的情况都得到及时处理，办理“三侨”考生加分4人，办理老年归侨生活补助3人，较好地落实国家的侨务政策。开展2018年春节走访，省外侨办拨付走访慰问金1.75万元，永州市配套1.75万元，春节前夕对全市70名困难归侨眷进行走访，每人发放慰问金500元，各县区侨务部门也拿出专门的慰问金，对困难侨眷进行走访，把党对广大归侨侨眷的关心送到他们身边。开展侨法宣传角建设并组织开展侨法公开课，发放宣传资料，同时在新闻媒体发布各类新闻信息140余篇，宣传侨务政策。零陵区在公交车公共报刊点投放宣传资料，并在“5·19”中国旅游日活动发放宣传资料，解答涉侨政策咨询90余次。江华瑶族自治县创建江华侨届人士联谊微信群，利用微信平台宣传侨务政策，加强侨届人士交流。全市放发侨务资料1000余份。

【开展侨爱工程】 2018年，宁远县帮助华侨子女入学24人，冷水滩组织区内菱角山街道个私协会开展“党建带侨建”示范基地创建活动，通过党建带侨建，增强辖区广大侨资企业侨商凝聚力，在帮贫扶困、社会公益、依法纳税、社会管理方面做出积极贡献。该协会侨商上半年开展帮贫扶困活动3次，向困难学生、贫困群众送钱送物3万余元，筹备价值4万元的冬装，在年前送给困难侨眷和贫困户。

【侨务交流合作】 2018年4月，北京市第一六六中学百名师生到江永开展博雅实践课程，共推女书文化；5月，联合国官员唐春林一行访问双牌；6月中旬，南京市第十三中学校长伏新，Me to we外教老师带领国际班的学生一行45人到江永开展研学活动。成功举办“第十二届湖南·阳明山‘和’文化旅游节暨侨商侨智永州行”活动，依靠海内外侨界朋友的力量在招商引资上实现突破。双牌县同时开展“百企联百村”“百侨联百户”活动，向全省侨届人士发出倡议，省内多家侨企和多名侨届人士参与该活动。

【因公临时出国情况】 2018年，永州市审核报批因公出国团组39批70人次，其中，副厅级以上党政干部6人次。中共永州市委副书记、市人民政府市长赵应云参加省文化厅的组团赴美国、古巴进行文化交流。市委常委、常务副市长张贺文参加省委组织部组织的“赴英国金融风险防范专题培训班”。副市长李旦梅率市旅游外事侨务局局长顾晓姣、宁远县九嶷山文旅集团公司董事长何俊一行三人赴德国柏林参加2018年柏林国际旅游交易博览会。市委常委、市委组织部部长吴志雄参加省委组织部组织的“赴德国公务员培训与考核管理研修班”。市人大常委会副主任周小驹参加湖南省人大的组团赴奥地利、冰岛、斯洛文尼亚进行友好交流访问。市政协主席蒋善生参加省政协的组团赴巴西、阿根廷、智利进行项目洽谈。有98本有效公务普通护照在库保管。

（文紫湘）

金　融　业

综　　述

【概况】 2018年，永州市金融总体平稳，呈现各项存款增速趋缓，各项贷款增速回归常态，信贷结构调整释放积极信号，政策红利效应不断加大等特点，但也面临信贷资产质量劣变压力加大等问题。年末，全市金融机构本外币各项存款余额2268.3亿元，较年初新增19.68亿元，增速13.96%，各项存款增速呈持续下滑态势（见图2）。从全省排名看，各项存款余额全省排名第八位、与2017年同期持平，较年初增量排第十一名、较2017年同期下降7位。全市金融机构本外币各项贷款余额1353.53亿元，较年初增加166.06亿元、同比少增55.33亿元，增速13.96%、增速同比已由4月最低点-14.42%收窄至-8.93%（见图3）。从全省排名来看，各项贷款余额在全省排名第九位、较年初增量在全省排第七位，均与2017年同期持平。

【信贷结构调整】 2018年，永州融资主体中平台类公司占比明显下降，金融对制造业转型升级、绿色能源等领域的支撑力度加大，信贷资源在小微、民营企业的配置大幅提升。年末，永州市制造业贷款余额35.44亿元，较年初增加3.07亿元，与2017年同期-4.24亿元形成鲜明反差，而电力、燃气、及水的生产和供应业的信贷投入较年初增幅则高达34.67%。永州市小微、民营企业金融服务质效明显提升，其中，民营企业贷款增速筑底回升，企业贷款新增占比快速反弹，民营企业贷款余额207亿元、较年初增加6.6亿元，增速至6月以来连续6个月快速回升，而企业贷款新增规模中民营企业的占比也一改2015年以来整体下行的颓势，快速逆转上升至10.4%；小微企业（非国有控股）贷款余额161.3亿元，较年初增加11.1亿元，在非国有控股企业新增贷款的比重同比上升34个百分点。

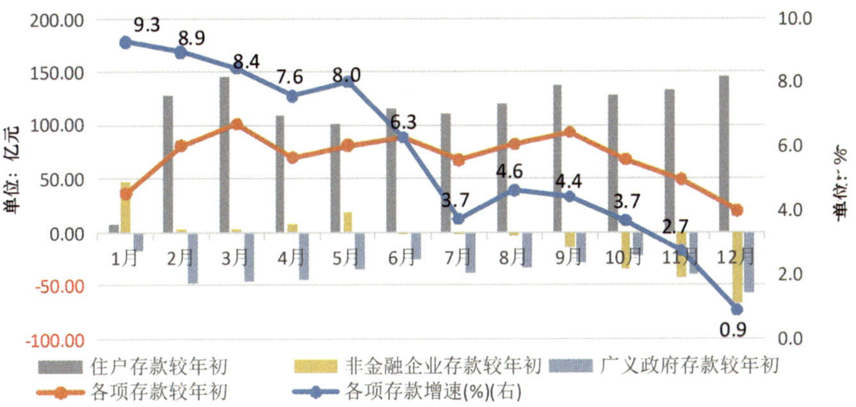

图 2　2018 年 1 月—12 月永州市各项存款变动趋势

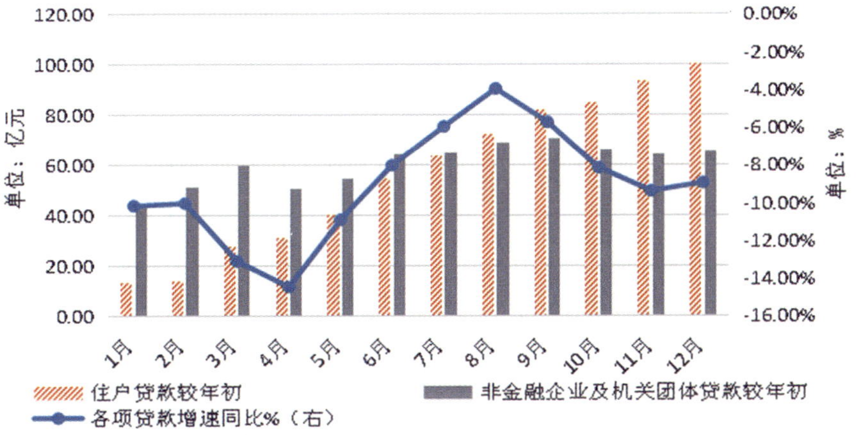

图 3　2018 年 1 月—12 月永州市各项贷款变动趋势

【银行盈利增速放缓】　2018 年，永州市银行业金融机构累计盈利 33.58 亿元，同比略降 1.32 个百分点。盈利增速整体放缓下机构分化明显，国有大型金融机构累计盈利 16.8 亿元，增长 8.7%；地方性金融机构累计盈利 14.18 亿元，同比少增 1.63 亿元。银行业金融机构不良贷款余额 37.96 亿元，较年初增加 11.97 亿元，不良贷款比率 2.8%，较年初上升 0.62 个百分点。全市 26 家金融机构中，17 家金融机构不良贷款率较年初呈上升态势。

【现金投放回笼同比“双降”】
2018 年，永州市投放发行基金 128.15 亿元，同比减少投放 2.05 亿元，下降 1.58%；回笼 170.52 亿元，同比减少 4.90 亿元，下降 2.80%。在支付结算方式多样化的背景下，现金投入回笼量呈现下降趋势，金融机构现金净回笼 42.37 亿元，同比减少净回笼 2.85 亿元。

【跨境收支“双顺差”收窄】
2018 年，永州市跨境收支 69819 万美元，增长 11.02%；外汇收支顺差 44653 万美元，增长 27.49%。银行结售汇合计 50292 万美元，增长 19.06%；结售汇顺差 37616 万美元，增长 26.05%。货物贸易“出”增“进”降，贸易摩擦影响低于预期，出口贸易总额 79319 万美元，增长 6.3%；进口贸易总额 15197 万美元，减少 14.27%。

（杨辉）

【央行监管】　2018 年，中国人民银行永州市中心支行向人民银行上级行争取再贷款、再贴现等人民银行货币政策工具，为辖内金融机构提供低成本流动性支持，降低实体经济融资成本。全市累计发放再贷款 10.65 亿元，其中支农再贷款累计发放 3.9 亿元，扶贫再贷款累计发放 6.75 亿元；再贷款余额 17.25 亿元，比年初增加 6.15 亿元，创历史新高，其中支农再贷款余额 5.5 亿元，扶贫再贷款余额 11.75 亿元。

多层次搭建银企合作桥梁，争取省人民银行的支持，配合地方金融办公室承办“湖南金融服务实体经济市州行 · 2018 年永州市政银企合作洽谈会”，达成签约意向项目 272 个，签约金额 583.59 亿元。年末，履约项目 153 个，占比 80.52%；到位资金 92.3 亿元，到位率 39.88%。在组织召开的信用体系建设推进会上，专门组织建行、交行、长沙银行等 3 家银行对鑫宇变压器等 7 家公司给予 2800 多万元的授信签约，帮助实体经济缓解融资难问题。

多举措确保金融支持民营、小微企业等实体经济政策措施落地。在全省率先召开全市银行业金融机构深化小微企业金融服务工作会议，市委常委、副市长周荣峰出席会议，安排部署工作。出台《中国人民银行永州市中心支行关于加强和改进小微企业金融服务的实施意见》，并要求各银行业金融机构根据各自业务发展情况，制定出台相应的具体工作措施。同时，将银行机构小微企业金融服务工作成效纳入银行机构综合评价、央行评级、信贷政策导向效果评估、综合执法检查和专项检查等工作内容，以此推动工作的开展。组织相关部门和各市级银行机构召开“两进两促”（进园区、进企业、促融资、促发展）协调会，并举行银行机构和小微企业现场对接会。开展市级银行机构贯彻落实小微企业金融服务情况现场督查，将进展较慢的银行机构纳入重点督导对象，推动小微企业金融服务落到实处。创新“库税融+”小微企业融资新模式，帮助祁阳县95家小微企业全年累计获得免抵押、免担保信用贷款1.15亿元，缓解21家企业的融资困难，助推33家重点税源企业增加税收6335万元，增长22.3%。

在全省率先探索开展央行再贷款定向支持乡村振兴新模式，由县人民银行向蓝山农商行提供资金支持，定向支持条件较好、有效信贷需求较多的乡村振兴项目。发放支农再贷款1.5亿元，且首次采取先放后贷、后质押的“绿色”通道模式。制定《永州市金融支持产业扶贫工作实施方案》，向长沙中支推荐宁远作为全省金融支持产业扶贫重点推进县。发挥金融扶贫服务站功效，依托全市774个服务站发放扶贫贷款40925笔、金额19.92亿元。

促进“农地”试点扩面增量。全年3次组织召开现场推进会，督办扩面增量工作。到12月末该项贷款余额1.01亿元，颁发土地流转经营权证356本，耕地流转面积1.23公顷，占耕地总面积的57.5%。

加强金融风险防控。成立金融风险防控领导小组、召开内部金融风险防控专题会议，与市金融办共同组织召开全市金融工作座谈会，专题研究防控政府债务和银行不良贷款风险。针对辖内风险实际情况，制定《永州市重大风险处置预案》等3个风险处置方案。组成2个金融风险摸排组，对辖内金融风险进行全面摸排，基本掌握全市金融风险底数，揭示风险隐患，向人民市政府报送专题材料，提出政策建议。按季开展金融形势分析，按年度撰写全市金融稳定分析报告，并将分析报告及时报送市委、市政府，供领导决策参考。加强地方法人金融机构风险监测，对部分法人金融机构开展压力测试、投保机构现场核查与不良率上升银行数据核查等工作，督促做好风险防范化解工作。重点盯住不良贷款率高的银行机构与风险隐患多的企业，做到持续跟踪监测，并及时向市委、市政府报送风险预警专题报告。对28家企业开展支付风险专项排查，联合市金融办、市工商局对辖内2家企业进行现场核查，继续保持全市互联网金融和第三方支付零案件发生。

2018年5月15日，永州市银行业协会参加打击非法集资宣传

履行经理国库职责，全辖办理国库业务232万笔，增长30%；审核把关不合规业务255笔，金额8.58亿元，确保财政资金全部安全入库。财政总收入183.31亿元，增长8.3%。开展金融知识宣传活动，发送宣传资料15万余份，受众群众30余万人；全面推动普惠金融工作，江永县被评为2018年度湖南省首批普惠金融示范区。率先在双牌县探索县域全面普及金融知识纳入湖南省小学教育体系工作机制，实现该县21所小学金融知识课堂式教学全覆盖，提升永州民众金融素养。

建立流通人民币管理神秘人访查制度，对全辖市区县24个网点进行暗访。通过暗访发现的情况，建立小面额人民币供应主办网点110个和硬币自循环主办网点71个，约谈商业银行业务主管5人。继续加强反假币工作，收缴假币1742.16万元，相关经验在浙闽赣粤湘五省反假工作协作会议上作交流发言。严格外汇监测监管，开展非现场核查162次，现场核查13次，就外汇专项检查发现的问题约谈3家银行主管行领导。举办外汇新政业务培训班，搭建银企合作桥梁，帮助1家涉外企业获得流动资金1000万元；指导1家上市公司办理其首笔远期结汇，获得汇兑收益605万元。对辖内12家地方法人金融机构开展央行金融机构评级，按季进行调整，分别制发评级告知意见和情况说明，并进行风险提示。对10家市级银行机构和61家县级银行机构开展综合评价工作，约谈1家评为C类机构银行。对9家银行开展执法检查，对3家银行作出行政处罚49.5万元，其中对个人行政处罚2万元。

（杨辉）

2018年11月13日，永州银监分局组织召开永州市银行业金融机构“支持小微企业发展 提升服务实体经济质效”推进会

【银行业保险业监管】 2018年，永州银保监分局坚持“守底线、保平安、创亮点、有进步，稳中有为、稳中求进”工作总基调，持续抓好全面从严治党、防控金融风险、服务实体经济、深化银行业改革和规范内部管理等各项工作，取得良好成效。年初，向市委、市政府呈报的《2017年永州银行业监管工作汇报》，得到中共永州市委书记、市人大常委会主任李晖的充分肯定和批示；4月30日，向永州市政府呈报的《关于我市农商银行和村镇银行2017年度监管情况的报告》，得到市委副书记、市人民政府市长赵应云，市委常委、常务副市长张贺文的充分肯定和批示；主办永州市银行业金融机构“支持小微企业发展 提升服务实体经济质效”银企洽谈会，得到市委、市政府主要领导的高度评价和批示肯定；普惠金融工作得到省局通报表扬；监管统计工作获得湖南银监局系统三等奖。连续四届获评“全国文明单位”称号，并获得全市意识形态工作先进单位、永州市支持地方经济发展先进单位、市区两级社会管理综合治理先进单位等称号。

坚持把主要领导精力和监管资源向法人机构监管倾斜，逐家机构进行风险排序，确定监管重点，有针对性地加强监管。督促10家农商银行、祁阳村镇银行将党的领导纳入公司章程、融入公司治理全过程；针对宁远、双牌农商银行未配备独立董事问题下发监管意见书，并于7月底前整改到位；督促法人机构推进合规管理、风险管理与内部审计三大体系建设，辖内10家农商行、6家村镇银行年内全部设置独立的合规、风险和内部审计部门或岗位；督促农商银行按照“公司治理年”工作要求，建立健全各项内控管理制度，引导法人机构审慎开展年度利润分配，责成不良贷款“双升”、主要监管指标下滑的双牌、永州和东安农商银行调整利润分配方案，降低分红比例。对主要监管指标不达标、资产质量恶化的江华农商银行限制其分红；组织开展监管评级、审慎监管会谈、高管履职评价和绩效考核、公司治理评估以及高风险机构调查摸底，及时发现风险点，做到及时提示、提前介入、有效处置。针对非现场监管和现场检查中发现的不良贷款“双升”、贷款垒大户、股东股权乱象、债券投资风险等问题，及时约谈机构主要负责人，先后19次下发监管意见、3次下发风险提示。

持续抓实信用风险、交叉金融风险、操作风险、流动性风险、案件风险等重点领域风险防控。对工商银行永州市分行信用卡汽车专项分期付款业务存在的突出问题和严重风险进行立案调查，对该行违规办理虚假信用卡汽车专项分期付款业务实行涉事机构和责任人“双罚”，给予机构罚款50万元、16名相关责任人警告的行政处罚。加强信用风险排查后续处罚问责，督促农村中小金融机构压缩同业投资规模，落实“穿透式监管”“实质重于形式”两大监管原则。对不良贷款未真实反映、超资质购买信托产品的永州农商行和双牌农商行分别罚款40万元和30万元，并分别给予相关责任人罚款5万元和警告的行政处罚。年末，农商行同业资产同比减少20.73亿元，下降11%。继续保持安防高压态势，加大案件预防与查处力度，成功处置道县农商行员工挪用营业款案件，协助规劝当事人自首，追回全部被挪用资金264.09万元。对全市10家农商行开展2018年度信息科技风险评级工作，提出信息科技风险29条，并督促整改，有效防范信息科技风险。配合开展防范、处置和打击非法集资工作，履行P2P网贷整治办“双牵头”职责。全年辖内未出现网贷风险。

将深化整治市场乱象作为防范系统性金融风险的重要内容和打好防范化解金融风险攻坚战的重要抓手，制定《永州银监分局进一步深化整治银行业市场乱象工作实施方案》。先后两次派出督导组，对辖区26家机构开展市场乱象工作督导，压实机构风险防控主体责任。督促银行业机构对9个方面乱象开展自查，并对自查发现的121个问题及时进行整改，整改到位76个，对1165人次相关责任人员进行内部问责。加强监管检查，先后组织人员对永州农商银行和祁阳村镇银行开展现场检查，累计发现问题29个，问题金额4.32亿元，问题金额占检查金额比例23.77%。对永州农商银行罚款50万元，对14名责任人实施行政处罚。年末，永州市银行业不良贷款余额37.96亿元，不良贷款率2.80%，辖内没有发生“圈、团、链”风险，没有因监管不作为或履职不到位引发重大风险事件。

主办全市银行业“支持小微企业发展·提升服务实体经济质效”银企洽谈会，签约项目555个，签约金额156亿元。年末，全市银行业各项贷款余额1353.53亿元，比年初增加166.06亿元。坚决压缩同业、理财、委托贷款等业务，遏制资金脱实向虚，引导资金回流实体经济。银行业资金运用中信贷占比大幅上升，存贷比59.67%，比年初上升6.86个百分点。坚决退出不符合国家产业政策的产能过剩行业贷款，落实差别化住房信贷政策。督促银行机构主动配合地方政府整顿隐性债务，摸清底数，精准发力，严格控制增量，逐步消化存量，促成永州市政府出台《永州市政府性债务风险应急处置预案》。全市“两高一剩”行业贷款余额2.06亿元，比年初减少0.12亿元。竭力降低实体经济融资成本，进一步规范金融服务收费行为，严格执行“七不准”“四公开”规定、小微企业“两禁两限”等政策要求，减轻企业负担。辖内银行业机构累计取消收费项目178项，精简收费项目53项，降低收费标准35项，为企业减免收费超过3000万元、减免利息2500万元。

制定出台《2018年永州银行业推进普惠金融发展行动方案》，组织银行业机构在9月开展普惠金融政策“进厂区、进园区、进社区、进校园、到农村”和“金融知识进万家”宣讲活动，督导银行业机构不断改善小微企业金融服务，着力实现“两增两控”目标。年末，全市银行业小微企业贷款余额193.78亿元，增长23.86%，比各项贷款同比增速高9.50个百分点。小微企业贷款有余额户数41048户，同比增加4439户。小微企业贷款不良率4.39%，小微企业贷款平均利率6.93%，贷款风险总体可控，银行小微企业贷款平均利率有所下降。不断改善“三农”金融服务，年内涉农贷款余额759.48亿元，同比增加79.84亿元，增长11.75%。不断改善金融扶贫服务，全市贫困地区贷款余额183.86亿元，增长10.49%；建档立卡小额扶贫贷款余额21.50亿元。落实信访投诉“专人专线专门场所”工作机制，加强消费者权益保护，妥善接待来信来访。全年处理群众来信来访21件，接待群众来访17批41人次，接听投诉咨询电话58个。

围绕更好满足永州经济多层次、多渠道银行服务需求，进一步调整优化银行服务供给结构，推进村镇银行县域全覆盖，鼓励支持银行业机构下沉网点，强力推动“乡乡有机构、村村有服务”，提升银行业发展与永州实体经济需求的匹配度和适应性。促成长沙银行江永支行11月17日开业，中国银行新田支行12月26日开业，先后批准辖内10家分理处升格为支行，东安农商银行新设1家农村机构网点，祁阳村镇银行新设1家农村机构网点。督促祁阳村镇银行增资扩股，解决该行遗留10年的非金融机构投资入股超比例问题。就县域发起设立村镇银行事宜加大与新田、双牌、江永县政府、主发起行对接协调力度，将三县相关情况报送至湖南银保监局及主发起行，湖南银保监局于9月底将长沙农商银行作为主发起行在新田、双牌、江永三县发起设立村镇银行的方案上报银保监会备案。

持续完善市场准入，严格执行《市场准入工作实施细则》，从受理、审核、补正、审查、审签、建档和印章使用等方面对行政许可流程进行精细化管理，继续实行高管任职资格考试“上机考”“集中考”，高管任职谈话“集中谈”。办理高管准入事项47人次，办理机构准入退出事项41项。持续完善非现场监管，发挥非现场监管联席会议在机构监管和功能监管间的交流、协作平台作用，定期召开会议，通报讨论新情况、新问题，研究解决“疑难杂症”，提出监管措施和意见。建立和完善“1104报表+客户风险报表+区域特色报表”三位一体数据收集机制，全面覆盖银行业主要业务和重点风险领域。针对非现场监测发现的问题和风险点，及时开展监管会谈45次、约见谈话9次，发出监管意见书42份，提出监管建议387条，整改到位351条，部分整改到位36条。持续完善现场检查，全面推行“自查承诺制、整改认可制、问责报送制”现场检查“三项机制”。着眼发现疑点问题，发挥EAST系统“精确制导”优势。派出检查组8个，检查工作量合计4491人·天，检查机构8个，检查业务涉及金额190.54亿元，检查发现问题175个，发现问题涉及金额29.11亿元。持续加大监管处罚力度，依法依规用好监管处罚利剑。始终坚持“双罚”，并将处罚重点转向责任人，通过“管住人”来管住风险。对10家机构及99名相关责任人开出罚单109张，其中机构罚款350万元，个人罚款15万元，警告93人次，并禁止3名直接责任人员一定期限直至终身从事银行业工作，处罚力度历年之最。

【永州银保监分局挂牌成立】2018年12月26日上午，中国银行保险监督管理委员会永州监管分局在冷水滩区挂牌成立。是日，按照湖南银保监局部署，全省各派出机构统一举行挂牌仪式。永州银保监分局的成立标志着银行保险监管体制改革在永州迈开新的步伐。

（蒋骞）

2018年12月26日，中国银行保险监督管理委员会永州监管分局挂牌成立

银行业

【概况】 2018年，永州市银行业机构有18个网点申报市本级星级网点，其中五星级5个，四星级8个，三星级5个。年内，永州市银行业协会按照《银行业协会工作指引》和《永州市银行业协会2018年度工作要点》的要求，履行“自律、维权、协调、服务”职能，较好地完成各项任务。3月，协会第六届理事会任期届满，根据协会《章程》，协会于4月组织召开第七次会员代表大会，会议审议并通过《协会第六届理事会工作报告》《2017年度协会财务工作报告》《光大银行永州分行入会议案》《2018年度协会工作要点》《2018年度协会财务预算及编制说明》《2018年度协会会费征收标准议案》《协会第七届理事会领导成员建议名单》，并完成协会换届和会长工作交接。召开联络员会议，通报协会第七次会员代表大会有关情况，大家围绕协会2018年度工作提出建议。

【行业自律】 2018年，永州市银行业协会配合市银监分局有关科室就存款市场秩序赴东安县部分网点进行暗访，同时组织人员赴县区调查了解存款自律工作开展情况，并督促各银行业机构自觉遵守行业自律规定。促进网点建设，开展市本级星级网点申报测评及复查工作。9月，协会抽

2018 年 4 月 27 日，永州市银行业协会第七次会员大会

调部分理事单位分管服务工作专业人员 4 人，与协会工作人员共同组成 3 个测评小组。进场前，协会对全体测评人员进行业务培训，并宣读《永州市银行业协会 2018 年度星级网点测评工作纪律》。测评期间，各测评人员严格按照《2018 年度永州市银行业星级网点评选方案》及《中国银行业营业网点文明规范服务评价指标体系和评分标准（T/CBA 201—2018）》开展工作，并严格执行《永州市银行业协会 2018 年度星级网点测评工作纪律》，无不良反映。通过测评，建设银行祁阳支行浯溪分理处等 5 个银行业机构网点达到五星级标准，工商银行祁阳黎家坪支行等 2 个银行业机构网点达到四星级标准，东安农商银行龙溪支行等 4 个银行业机构网点达到三星级标准，1 个银行业机构网点未达标。另有 5 个银行业机构网点由于准备工作不足弃权，1 个银行业机构因 2017 年已授予四星级网点属重复申报未参加测评。此外，协会还组织人员对 2016 年市本级授牌的 51 个银行业机构星级网点（五星级 16 个，四星级 13 个，三星级 22 个）进行复查，其中，50 个银行业机构网点符合原授牌星级网点标准；1 个银行业机构网点不符合原授牌星级网点标准，但在协会提出整改意见后，通过整改再复查，达到原授牌星级网点标准。测评和复查结束后，协会及时将申报 2018 年度市本级星级网点的测评情况及 2016 年度市本级星级网点的复查情况向相关银行业机构进行反馈。参加省协会组织的中国银行业文明规范服务千佳示范单位达标评估培训，并参加对交行邵阳分行营业部、益阳农商行营业部等 7 个网点的测评，同时参加省协会达标评估碰头会。做好全市银行业机构申报中国银行业文明规范服务千佳示范单位测评协调工作。是年，农业银行永州分行营业部申报中国银行业文明规范服务千佳示范单位。测评期间，配合农业银行永州分行做好省协会达标评估小组到永州测评的时间安排及接待工作，并完成测评。农业银行永州分行营业部取得小组测评分值第二名，并被评为 2018 年度银行业文明规范服务千佳单位。

【推动金融知识万里行活动】
2018 年，永州银行业协会印发《2018 年度永州市银行业普及金融知识万里行活动方案》，明确活动目的、组织安排、活动主题、具体内容及活动要求，同时设立活动领导小组，负责此次活动的组织和推动工作，并要求各会员单位分阶段开展专项宣传活动，即 7 月“支付安全宣传月”，8 月“防范电信网络诈骗宣传月”，9 月“青少年金融知识普及教育宣传月”。协会每个月都组织人员赴银行业机构进行督查。活动期间，全市银行业机构通过驻点宣传+流动性宣传的方式，向广大金融消费者普及金融知识。如 9 月开展的“青少年金融知识普及教育宣传月”活动，全市各银行业机构深入校园，分别对潇湘技师学院、东安一中、道县五中等 10 多家学校进行驻点宣传。活动期间，宣讲人员着重宣讲校园网贷风险、校园金融诈骗、社会征信、人民币知识、银行卡知识、网银转账、防范电信网络诈骗等知识。活动期间，全市银行业机构参与网点数 715 个次，累计活动次数 379 次，参与员工 2806 人次，受众客户 11.5 万人次，发放宣传资料 8.5 万份。是年，协会被评为“湖南地区 2018 年度中国银行业普及金融知识万里行活动”先进单位。

【组织专业人员职业资格考试】
2018 年，永州市银行业协会组织两次银行业专业人员职业资格考试（上半年、下半年），做好考前培训和封存、考中巡考、考后通报和汇报工作。考试期间考场秩序良好，没发生突发事件。考试分初级和中级两个级别，设“银行业法律法规与综合能力”“银行业专业实务”两个科目。其中，《银行业专业实务》下设个人理财、公司信贷、风险管理、个人贷款和银行管理5个专业类别。全市考点应考2918人次，实考2188人次，及格593人次，平均及格率27.1%，较2017年提高4个百分点。

【行业服务】 2018年，永州市银行业协会多次赴市中级人民法院执行局和邀请市中级人民法院执行局到协会指导工作，并着重强调加大银行业胜诉案件执行力度。全年全市银行业向法院申请案件734件，金额9.21亿元；判决676件，金额9.04亿元；已执行案件572件，金额1.85亿元。同时将涉银行案件156人录入全国法院失信被执行人名单库，予以信用惩戒。跟踪债权人委员会运作。协会自2016年7月组织组建江华坤昊实业有限公司银行业债权人委员会以来，及时跟踪债权人委员会及企业运作情况，每个季度向省协会及分局报送债权人委员会工作情况统计表，并于3月开展调查研究，写出《关于江华坤昊实业有限公司债权人委员会运作情况报告》。12月26日，企业点火成功。向会员单位印发《信贷失信人信息》和《授信企业贷款情况摸底》通知，收集截至2018年4月30日各会员单位失信信贷客户相关信息497条，金额7.47亿元，并向各会员单位进行通报，提示信贷风险。配合组织召开小微企业推进会，承担小微企业推进会会务和后勤工作，做好会前协调和前期准备工作，确保会议顺利召开。开展“高管论坛”征文活动，印发《关于征集第二届“高管论坛”调研论文的通知》文件，全市银行业高管人员就银行业风险防范、普惠金融等课题进行调研。收到论文14篇。协会将论文提交权威部门评审，评出一等奖1篇、二等奖2篇、三等奖3篇，优秀奖8篇。开展优秀基层支行行长评选活动，印发《关于评选“2018年度永州市银行业优秀基层支行行长”的通知》文件，制定评选方案，评选出优秀基层支行行长12人。印发《2018年永州市银行业羽毛球比赛暨趣味运动会方案》，开展为期两天的比赛活动，全市银行业12支代表队参加。建设银行永州市分行、农业银行永州分行、省联社永州办事处代表队分别获羽毛球比赛团体第一、二、三名；工商银行永州分行、农业银行永州分行、长沙银行永州分行分别获趣味运动会团体第一、二、三名。开展送温暖活动，先后深入工作单位、员工宿舍、医院等场所对19位银行业生活困难员工进行春节前慰问。

（张卫卫）

【中国工商银行永州分行】 截至2018年年末，中国工商银行永州分行各项存款余额187.92亿元，较2017年提升0.06个百分点。储蓄存款余额129.85亿元，比年初新增10.87亿元；对公存款余额58.07亿元，四大行市场余额占比22.29%，较上年度提升0.84个百分点。各项贷款余额（含本外币）99.18亿元，余额同业占比20%。全年实现拨备前利润2.44亿元，实现中间业务收入9275万元，列同业第二位。

突出信贷支持重点项目，深度拓展交通、公共设施管理、电力等行业市场，促进永州分行信贷结构的持续优化。全行各项贷款余额99.18亿元，公司法人客户信贷投放近17亿元，个人贷款余额30.91亿元，消费贷款10817万元，票据贴现额0.12亿元，实现中国银监会“两增两控”和“涉农贷款两个不低于”监管目标。

内控案防实现零案件，服务品质持续改善。客户平均排队时间和等候超时占比分别较2017年下降26.28%、93.97%，排全省第二位、第三位。客户口碑和客户服务效率明显提升，实现全年“服务事件趋零”。3个网点分别创建总行“服务五星级网点”、总行“服务四星级网点”，四星级以上（含四星）网点数11家，占全辖网点的38%。

（陈宇）

【中国建设银行永州市分行】 2018年，中国建设银行永州市分行有员工总数653人，其中在职员工563人、内退人员13人、离退休77人；在职员工中本部94人（含营销中心），基层行469人。全行党员316人，占比48.39%。下辖23个支行，其中县支行9个，城区支行14个；有34个网点，35个离行式自助银行；ATM自助设备326台，智慧柜员机154台；市行内设11个部门。

年末，一般性存款余额362.11亿元，余额占比38.36%，提升0.31个百分点，同业排名第一位。其中，对公存款余额116.05亿元，余额占比44.58%，同业排名第一位。个人存款余额246.07亿元，新增21.37亿元，余额占比36%，同业排名第一位；新增占比39.9%，同业排名第一位。一般性存款日均余额370.73亿元，新增5.42亿元，其中，对公存款日均余额127亿元，个人存款日均余额243.74亿元，新增19.33亿元。

年内，全年贷款投放80.6亿元，其中，对公投放36.16亿元，个贷投放44.44亿元。年末各项贷款余额192.86亿元，新增36.70亿元，余额占比38.88%，同业排第一位。其中，公司贷款余额79.2亿元，新增18.91亿元，新增占比95.11%，同业排第一位；个人贷款余额90亿元，新增14.18亿元，新增占比52.66%，同业排第一位。

实现账面利润首次突破7亿元大关，达到7.5亿元，同比多增0.59亿元，增长8%，同业排第一位。其中：实现中间业务净收入2.97亿元，比2017年同期增加0.35亿元，完成省建行计划2.61亿元的113.79%，四行占比51.36%，中收增速较快，中间业务净收入在全省排第三位。

不良贷款余额1亿元（含信用卡，省行考核口径），完成省行控制计划的143.82%；不良率0.52%，系统内排名第四位，同业排第一位，继续保持资产质量先进行地位。

服务地方经济，连续6年被评为“全市优化经济环境和机关效能建设工作先进单位”。支持招商引资，连续5年被评为“全市优化经济环境、机关效能建设工作先进单位”；对接全市政银企战略，成功签约招商引资项目60个。截至2018年年末，履约项目35个，授信67.35亿元，放贷15.63亿元。不断深化银政合作，与市及各县区工商联搭建合作平台，签订全面战略合作协议，组织“建行惠懂你”APP小微信贷服务产品推介会议23场次，由此新增134户贷款客户，放发贷款1.3亿万元；与市税务局签署战略合作协议，推进与“线上银税互动”系统直连项目，累计营销小微企业“云税贷”客户60户，新增贷款余额2694万元。抢抓市中小企业投融资担保中心改制契机，深入银担合作；与市潇湘融资担保公司签订战略合作协议。截至2018年年末，担保贷款客户18户，余额1.2亿元。精准滴灌金融扶贫，组织党员干部153次走访13个精准扶贫村的扶贫对象232人，举办40场（次）扶贫培训，组织助残及助学一日捐1万元，落实77万元扶贫款到位，驻点保方村扶贫工作队被评为冷水滩区2018年度“不忘初心牢记党恩”优秀扶贫工作队，连续多年被市政府评为义务献血先进单位。

2018年，中国建设银行湖南省分行行长文爱华带队到祁阳金湘通便民服务点调研

推进蓝海项目。以住房租赁平台搭建为基础，成功上线住房租赁监管服务系统、政府公共住房服务系统和企业租赁服务管理系统，上线企业平台2家，企业及中介房源1601套、政府公租房上线房源3.34万套，房源核验1.06万笔，平台用户注册2.76万户，排系统内第五位，较好深化“要租房 找建行”的社会新形象。发展普惠金融。普惠金融贷款余额16亿元，年新增5.57亿元。其中普惠金融个人贷款余额9.52亿元，比年初新增2.7亿元，超额完成省行计划；普惠金融小微企业贷款余额6.48亿元，较年初增长2.87亿元，新增额是2017年全年新增额的700%。做实创新金融科技。运用金融科技力量，平台搭建和营销效果显著，与住房公积金管理中心联合开发的网上营业厅身份认证成功上线；与市政务中心签订“一体化平台合作”协议，成为智慧政务平台全省率先签约的地市行；公益教育平台获客排全省第二位，安心养老平台上线民政部门3个，排

名全省第一位。完成创新移植加权项目42个，完成率140%，排全省第一位；创新综合考核地市行排第三位。坚持零售优先战略，落实“七大行动”，信用卡实现客户新增3.84万户，在全省建行系统排第四位；分期交易额14.87万元，在全省建行系统排第一位；完成率95.93%，在全省建行系统排第二位；手机银行活跃客户新增28.32万户，在全省地市行排第三位，个人网银客户新增10.98万户，在全省地市行排第二位；收单商户慧兜圈装机8572户，在全省建行系统排第一位；商户活动率89.09%，在全省建行系统排第一位；龙商户新增3956户，在全省建行系统排第一位。金融生态圈上线项目立项66个，完成省行计划150%；做深做透项目立项30个，完成省行计划231%；金湘通商户新增1201户，总量突破2400户，完成省行计划133.44%；累计发放金湘通卡9.35万张，建立金湘通便民服务点2340个，开展“金湘通”便民活动67场，优惠商家940个，优惠合计金额11.4万元；悦生活项目拓展63户，交易额突破9000万元。

全年开展91次对公产品推介会及小型沙龙，577场营销主题活动、131场客户主题活动；走访客户1192户，与336户客户建立良好的合作关系；与市公安局合作，实现公安便民卡净增1.51万张，年轻客户新增2.18万户，排系统第三位；有效客户及账户规模持续增长，个人资产客户新增8.06万户，完成省建行计划163.65%；个人客户金融资产总量新增30.45亿元，对公有效客户（折算后）新增2725户，结算账户1.46万户。

2018年，“组合贷款”楼盘座谈会暨签约启动仪式举行

推进渠道转型，完成网点装修7个，3个网点升格为网点型支行，同时完成各支行及中心金库21台现金类自助设备的迁移计划。实现“劳动者港湾”网点全覆盖，成功创建五星级网点15个，占比44%，稳居行业领先地位。对接市县18个平台公司，对22笔48.34亿元存量政府债务，实施一户一策或多策，缓解平台公司偿债压力，让息3649万元、减费1200万元，回收地方政府融资贷款5000万元，无一户逾期欠息。会计营运基础工作再上台阶。零陵路支行通过省建行“会计基础工作等级一级单位”验收，东安龙溪支行、蓝山湘粤路支行、新田新华路分理处、道县爱莲支行升格为会计基础工作二级单位。全行保持2个一级单位、24个二级单位，一、二级单位保有率在全省建行平均水平之上。开展反洗钱大检查，做到检查全覆盖；采取柜面日常宣传与户外集中宣传相结合的方式，发放宣传资料6000余份，接受群众咨询1000多人次；做好日常反洗钱大额和可疑交易的及时报送，上报人行重点可疑报告4份，涉及交易笔数5.74万笔，累计金额3.71亿元。

坚持落实7×24小时舆情监测，及时组织舆情研判；开展12场消保主题宣传活动，举办2次声誉风险培训，成功处置银监局转办投诉4起，化解潜在舆情6起，全年没有发生1起市人行转办的金融消费者投诉，实现“无重大客户投诉和舆情”的目标。“平安建行”创建工作取得成效，实现无重大违规、无重大安全责任事故、无案件的“三无”工作目标，江永支行获得建总行“平安建行”创建工作先进单位。

（唐帆）

【中国银行永州分行】 截至2018年年末，中国银行永州分行辖管5个县支行（新建新田支行）、筹建县支行1个（江华支行），城区支行10个，全辖营业网点19个，本部设职能管理部门7个，有员工347人。本外币存款余额91.9亿元，存款市场份额较年初实现提升。本外币贷款余额52.03亿元，较年初增加6.02亿元，增长13.09%，信贷投放完成省分行年度计划的147%。信贷

2018 年 4 月 12 日，永州中行联合永州市潇湘融资担保公司举办永州市大农业“银担产品”推介会

增长率在中行湖南省分行系统内排第 4 名。本外币净收入 2.7 亿元；拨备前利润 1.83 亿元；净利润 1.03 亿元。

围绕市委、市政府提出的“开放兴市，产业强市”战略，与永州经济社会发展目标同频共振，在大项目建设、大民生工程、大环境治理、大农业发展等领域加大信贷投放。先后为永州市大项目建设投放贷款 4.6 亿元，为省政府重点民生项目批复授信金额 1 亿元，为环保治理项目投放贷款 3000 万元。落实与融资担保公司三亿元专项担保额度，用于推广“惠农担”系列创新产品，支持大农业发展。此外，获得立业通项目一亿元总量批复，助力民营企业“置业”和稳健经营。

发展普惠金融业务，出台一系列制度措施和考核方案，推动全辖全面完成普惠金融任务、支持实体经济发展。在市分行成立专门“普惠金融”事业部（隶属于公司业务部），专职负责普惠金融业务推动和宣传工作；制定全年普惠金融考核以及四季度百日攻坚活动考核方案，给予资源倾斜，加大考核力度。对未完成普惠金融业务的机构和负责人实行评先、评优一票否决；制定尽职免责的配套机制，调动相关人员工作积极性。为促进普惠金融（小微企业）、涉农、扶贫授信业务健康开展，依据监管规定和总行经营管理要求，制定《中国银行普惠金融（小微企业）、涉农、扶贫授信业务责任认定尽职免责操作指引》；参与市金融办、人民银行永州市中心支行、市银监局、零陵区政府共同组织的“支持小微企业发展、提升服务实体经济质效”现场推进会议、普惠金融政策宣讲活动月、永州市金融服务“两进两促”对接会、银企对接洽谈会等。

加大产品创新力度。6 月，联合市潇湘融资担保公司成功举办永州市大农业“银担产品”推荐会，通过对 60 余家企业的宣讲，成功对接农业企业 20 余家，成功批复农业企业授信 8 家，实际投放 1500 余万元。发挥中国银行国际化优势，利用多币种之间的汇率差价，为永州市进出口企业大户叙做中行“汇利达”业务，成功为客户锁定汇率，利用汇率差价降低企业成本，规避相关汇率风险。推出基层医疗贷产品，批量叙做 10 家卫生院授信项目，批复授信总量 2965 万元，推动基层医疗体系升级改造。全面服务外向型经济，支持永州市外向型企业“走出去”，分别举办“外汇业务研讨会”，承办人民银

2018 年 10 月 28 日，在永州电视台举办中国银行永州分行成立三十周年庆典

行长沙中支在永州市举办的“跨境人民币宣传月”活动，与市财政局、市商务局、市国税局、市潇湘融资担保公司共同商讨“湖南省中小微外贸企业出口融资无抵押式担保”业务模式。加强渠道建设，优化网点布局，落实中央普惠金融和精准扶贫的政策导向，成立新田支行，满足当地金融服务需求。强化以手机银行为核心、以智能柜台为枢纽、以场景融入为桥梁、线上线下相结合的服务理念，提高手机银行和智能柜台两个渠道的服务效率，实现网点服务效率和客户体验的双提升。

加快推进全行经营机构的智能化改造升级，以手机银行、智能柜台、移动支付等产品为抓手，推进线上客户拓展及传统业务迁移。逐步转变经营理念和管理模式，坚持以客户为导向，结合线下网点和线上平台，优化客户体验，不断探索新形势下银行业务新的增长点和发展路径。挖掘“大数据”技术在批量“拓客”“获客”以及支持中小微民营企业方面的潜力。发挥商业银行固有优势，主动谋求跨界合作，借助新技术、新方法，完善银行风险防控能力。

（刘慧吉）

【中国农业银行永州分行】 截至2018年年末，中国农业银行永州分行各项存款余额306.31亿元，存款增量四大行市场份额为67.44%，排四大行中第一位。各项贷款余额151.92亿元，比年初净增10.93亿元，贷款增量占四大行市场份额的21.15%，排四大行中第二位。

全行辖内6个支行三农事业部达标，完成计划120%，较2017年增加1个。农户贷款净增1.1亿元，完成计划184%，全省农行排第四位。惠农通服务点互联网化升级完成1389户，较2017年提升271户；民生代理项目市场份额提升，新增民生代理项目12个。

新增对公有效客户1525户，完成全年计划的108%，全省农行排第三位；法人折效客户净增1687户，完成全年计划的272.54%，全省农行排第四位；新开对公人民币结算账户1564户，同比多增307户，且基本账户占比82.42%，完成全年计划的100.97%，全省农行排第三位；私人银行客户较年初净增26户，同比多增17户，计划完成率全省农行排第一位；私人银行潜力客户提升13户，计划完成率全省农行排第四位；个人贵宾客户较年初净增9013户，计划完成率全省农行排第一位；个人贵宾客户产品交叉销售率年增量51.56%，全省农行排第五位；“双智”项目上线76个，交易笔数8.5万笔，交易金额5496.5万元，交易金额全省农行排第四位。

完成营业收入9.59亿元，同比多增7372万元，增长8.32%；实现净利润3.9亿元，同比多增4122万元，增长11.8%；实现拨备前利润6.62亿元，同比多增6911万元，增长11.65%；实现拨备后利润5.23亿元，同比多增5695万元，增长12.23%。同时，全行双基管理加强，“三线一网格”管理新模式进一步有效推广，资产质量稳中向好，未发生责任性刑事案件和重大风险事件。

（雷振华）

【中国农业发展银行永州市分行】 2018年，中国农业发展银行永州市分行累计发放各类贷款33.08亿元，实现中间业务收入58.72万元，实现账面利润2.53亿元，实现国际业务结算量3051万美元。年末各项贷款余额105.1亿元，各项存款余额64.24亿元，各项存款日均余额75.09亿元，农发重点建设基金余额15.51亿元，不良贷款余额4224万元。办

2018年，农发行永州市分行在全省首笔发放旅游扶贫中长期项目贷款1.5亿元，支持双牌县桐子坳（银杏景区）开发和新老院子村建设。图为湖南省美丽乡村示范村双牌县桐子坳村头
摄影 骆海瑛

2018年，农发行永州市分行创新信贷扶贫路子，以教育、扶贫和移民安置为突破口，发放教育扶贫贷款2亿元，支持双牌县教育学位建设。图为双牌县新改扩建学校
摄影 骆海瑛

公室、信贷管理、内控合规、财会等10个专业条线被上级行评为先进。

做好粮油收储信贷工作，支持储备粮增储和轮换，服务国家粮食去库存战略，支持粮食去库存10.64万吨。全年累计发放粮油贷款6.28亿元，支持收购粮食6.7万吨，年末全行粮油贷款余额16.86亿元，发挥收储资金供应主渠道作用，保障粮食安全和农民增收，巩固好粮油收储主办银行地位。

创新政策性金融支持脱贫攻坚模式，立足贫困地区资源禀赋，以支持旅游扶贫、棚户区改造为着力点，累计营销旅游扶贫、人居环境、贫困村提质改造等扶贫项目8个、金额17.2亿元，投放6.6亿元，其中成功获批2018年全省系统首笔旅游扶贫项目贷款1.5亿元，首笔投放0.7亿元，支持桐子坳景区和村落建设。支持产业扶贫，响应“万企帮万村”行动，累计向熙可、金浩茶油、银光粮油等一批国家、省级产业化龙头企业发放扶贫贷款4.3亿元，带动产业发展，解决3000余人建档立卡贫困人口就业问题。全年累放精准扶贫贷款10.92亿元，年末扶贫贷款余额65.31亿元，占全行贷款总额62.14%，占全市金融机构精准扶贫贷款余额的46.42%，带动和服务建档立卡人数40.7万人，信贷支持精准扶贫成效凸显。

支持棚改业务，把支持棚户区改造作为全力服务乡村振兴战略的重要抓手，保障国家重大民生工程实施。全年获批棚改项目11个，金额56.25亿元，审批金额居全省系统第二位，投放棚改贷款23.5亿元，年末棚改贷款余额33.23亿元，较年初净增15.7亿元，增长89.89%，支持棚户区安置项目拆迁居民9289户，涉及人口2.76万人，间接带动项目区土地价值实现有效增值，改善城市形象和人居环境。

精准施策维护信贷客户，把客户维护工作作为工作重心，推进全面风险管理，落实省分行“一报告一清单三台账”工作要求，从严贷前、贷中、贷后管理。有序推进新金浩公司续贷维护，全面开展风险排查，澄清风险底数，合规推进“无还本续贷”流程，全年压贷1150万元，完成1456万元市级储备油贷款实物转储工作。

多点发力清收不良贷款，对不良贷款客户中科、黄泥井和咏农公司坚持“一企一策”原则，实行“户长制”，压实“关键少数”责任。综合运用现金清收、法律诉讼、财产保全等多种手段，全年累计收回不良贷款3108万元、证券化资产341万元，化解风险贷款4148万元，安全稳妥退出民营企业2家。

推进“合规管理标杆行”创建活动，下发全市“合规管理标杆行”创建活动专项考核办法，不定期开展现场督导，举办主题征文比赛，指导全员参与，抓好重要制度学习，并开设“合规管理”辅导周刊和工作动态简报，实时归纳总结全辖在创建过程中的好做法、好经验，加强宣传推介，全行合规管理水平再上新台阶。辖内零陵支行被评为全省“合规管理标杆行”。开展深化整治市场乱象和内控综合治理行动。落实银监部门和上级行要求，按照“自查要实、定性要准、整改要快、问责要严”十六字方针，采取支行自查、市分行逐行现场核查相结合方式全面开展整治工作。对省分行“上对下”检查和自查发现的问题，建立问题监测台账，加强条线工作指导，强化跟踪问效，问题整改率94%，各项治理工作获得省分行和银监部门肯定。全面夯实信贷管理工作基础。深入开展“信贷队伍建设年”活动，建立信贷辅导员制度，重点抓好业务培训和星级服务管理，活动经验做法获得总行宣传推介；全年组织信贷业务专项自查检查6次，整改检查发现问题183个，完成58家客户评级，63家客户授信，有效提升信贷管理水平。推动财会业务规范化管理，全年组织检查6次，整改问题169个。

（蒋薇薇）

【中国邮政储蓄银行永州市分行】截至2018年年末，中国邮政储蓄银行永州市分行下辖县区支行11个，网点36个，在岗总人数603人，平均年龄38岁。实现收入4.92亿元，增收4577万元，增长10.26%；累计完成利润2.62亿元，完成省行进度102.61%，同比增利5982万元，增长29.63%。收入利润率53.32%，较年初提升4个百分点。储蓄存款余额317.08亿元，较年初净增29.68亿元，增长10.33%，储蓄市场占有率20.17%，排全市银行同业第二位。其中：自营储蓄余额78.24亿元，较年初净增4.55亿元，排全省第五位，江永、宁远、祁阳县支行年日均净增量排全市前三位。存款余额24.46亿元，年日均余额28.33亿元，其中，祁阳、江永、道县支行通过现金管理虚拟账簿产品，分别为安监站、房屋维修基金、教育局开立342个、45个、87个子账户，资金余额1.27亿元。

零售信贷余额95.63亿元，较年初净增8.87亿元，其中小额贷款余额9.83亿元，年累计净增1.53亿元，均排全省第一位；精准扶贫贷款余额2.09亿元，年新增扶贫贷款5698万元，其中个人金融精准扶贫1.84亿元，产业扶贫2500万元；新田、江华和江永支行的惠农易贷小额扶贫贷款实现放款，贷款结余1958万元。

贷款余额6.8亿元，全年新增6.8亿元，成功为河西棚户改造第二期伍家院片区、生资公司片区项目投放6.8亿元。信用卡结存客户数7.03万户，排全省第二位；全年信用卡发卡2.44万张，排全省第三位，总交易金额4.9亿元，消费金额3.78亿元，均列全省第一位；全年累计实现净收入2697万元，排全省第一位，增长9.25%。道县、双牌县支行年发卡量超过2017年同期。

保险业务（自营）累计销量5663万元，完成年计划的111.04%，其中，中邮期交新单保费完成1750万元，排全省第二位；人民币理财年日均保有量7.04亿元，本年新增保有量9574万元，年有效销量7.07亿元，排全省第二位；基金年销售量1.11亿元，排全省第六位；贵金属总销量515.4万元，排全省第三位，完成收入79.13万元，排全省第五位。资产质量方面全市零售信贷余额（含信用卡）100.48亿元，逾期额1.06亿元，逾期率1.05%；不良额1.09亿元，不良率1.09%。

发挥风险管控作用，召开风险与内控管理委员会3次、风险管理专题研讨现场会1次，对汽车消费、家庭农场贷款等重要风险点进行分析，并对流动性、操作风险及合规管理等问题逐个分析，提出管理对策及建议，形成全面风险报告3份、信用风险报告11份。开展不良贷款清收百日竞赛活动，综合运用自主、司法、委外清收等方式，坚持以现金清收为导向，重点解决抵押物处置存在的问题。全市通过淘宝网拍卖、与债务人协商处置抵押物等方式成功处置抵押类贷款8笔，收回现金892万元。竞赛活动期间内收回2625万元，完成省分行计划218.8%，排全省第一位，不良率1.14%，低于全省平均水平。年末全市零售信贷余额（含信用卡）100.48亿元，逾期额1.06亿元，逾期率1.05%；不良额1.09亿元，不良率1.09%。

（盘书花）

【交通银行永州分行】　截至2018年年末，交通银行永州分行各项存款余额42.58亿元，较年初下降2.33亿元。受政府隐性债务清理政策的影响，全行对公存款有较大程度的下降，其中对公存款余额30.93亿元，较年初下降4.92亿元；储蓄存款余额11.65亿元，较年初新增2.59亿元。各项贷款余额34.22亿元，较年初下降1.94亿元，贷款不良率为零。实现经营利润14665.84万元。是年，获“交通银行先锋号”“青年文明号”等称号。

通过公私联动，先后对接永州大道拆迁项目、零陵区南津渡及朝阳片区棚改项目、永州市园林局片区拆迁项目以及梧桐东路拆迁项目等，新增储蓄存款逾4亿元。组织开展拆迁资金营销和留存、“奋进五年抢跑2018”储蓄存款竞赛等专项活动。持续强化工商驻点和客户经理的日常管理，按周督促客户经理进行线上产品营销以及无贷户的提升；改进对公有效户的考核，联动营销结算产品，如缴税通、单位结算卡，取得一定成效。拓展对公客户484户，是开业6年以来开户

2018年，交通银行永州分行参加“一法一条例”暨金融消费知识宣传五进活动启动仪式
摄影 骆海瑛

总数的1/3。制定渠道建设专项营销方案，拓展负债源头，通过实行名单管理、团队负责制以及每周调度，成功搭建系统10个，实现低成本负债时点新增6.68亿元，日均新增2.26亿元。进一步加快转型发展，通过搭建六大平台实现拓客，除向医疗卫生行业客户投放贷款8100万元之外，对园区企业投放贷款、贴现或开立银行承兑汇票44665万元。

以问题为导向，强化全流程管控。通过强化考核，不断提升客户经理规范贷（投）后管理的意识和能力；通过召开季度授信业务条线例会，分析问题并提出整改措施，不断强化贷前、贷后管理；通过强化客户经理对贷后管理的第一责任和经营单位对贷后管理的领导责任，掌握风险管理主动权。以自查为抓手，清除风险盲点。开展“明流程　知底线　控风险”专题活动。通过风险识别与讨论相结合、排查与整改相结合、处置与预防相结合，发现各类风险点114个，所有问题均整改到位；开展政府类融资业务风险、保证金业务有关要求执行情况、“以贷谋私”等20余次风险排查。组织推进“深化整治银行业市场乱象”工作，开展相关自查及自查发现问题的整改工作，整改率100%并获得外部监管单位的认可。开展“作风建设年”“纪律教育月”“新五大领域”持续治理、“深化治理银行业市场乱象专项活动”“信用卡套现问题回头看”“长剑2018”案防特别行动等专项行动，筑牢合规经营的基础，消除风险管控的盲区，增强员工风险防范意识，保障业务稳健发展。

（毛莹）

【湖南省农村信用社联合社永州办事处】 截至2018年年末，湖南省农村信用社联合社永州办事处所辖10家农村商业银行法人机构，有营业网点339个，其中支行295个，分理处34个。有在编员工3081人，其中正式员工2988人。所辖10家农商银行净资产798.76亿元，其中各项贷款余额453.25亿元，比年初增加57.58亿元，增长14.55%；不良贷款余额19.97亿元，不良贷款占比4.41%，历年发放当年到期贷款收回率94.59%。固定资产余额11.81亿元，其中房屋7.28亿元；有价证券及投资余额144.4亿元，全年投资收益7.1亿元；存放中央银行款项114.56亿元；全辖各项存款余额658.32亿元，比年初增加21.41亿元，增长3.36%；其中对公存款余额124.06亿元；个人储蓄存款余额515.03亿元，比年初增加48.47亿元；所有者权益46.3亿元，其中实收资本27.03亿元。财务总收入41.54亿元；总支出32.19亿元；实现经营利润19.41亿元，全辖农商银行全年缴纳各项税金5.71亿元，净利润5.55亿元。

开展存款营销，主动与地方政府及相关部门汇报、沟通，强抓对公存款账户开立和涉农资金归集，从服务县域经济、税收贡献、承担社会责任等方面争取政府的支持，增强资金实力。拓展对公存款，以财政性存款市场份额带动存款提升。同时，借鉴省内西部地区和广西同行的经验，立足城区，把营销中心搁在教育、医院等事业单位上，把营销主体设在街道、社区，把营销触角伸到边缘乡村，谋策划、抓信息，领导上阵、人人参与，强力营销。全市农商行系统存款净增21.41亿元，存款存量市场份额29.02%，比年初增加0.7个百分点。

加大有效信贷投放，简化贷款手续，下发《关于便民卡、福民卡客户授信和循环贷款授信工作的指导意见》。简化小额信贷资料，将信贷档案资料内容由30余项精简整合到10项以内，全市

10家农商银行房产抵押贷款全部实现无需中介评估便可到不动产登记部门进行登记，提高信贷投放操作速度，节省客户融资成本。辖内农商银行与政府及各部门衔接，参与“湖南金融服务实体经济，永州市2018年政银企洽谈会暨项目建设年对接会”，与永州市人民政府现场签署《政银战略合作协议》4个，签约金额1.35亿元，非现场签约50个，签约金额26.94亿元。东安县对端桥铺镇、大庙口镇、鹿马桥镇和紫溪市镇四家公司累计发放贷款1.77亿元，发展肉牛养殖1400余头；建设丰产楠竹基地2666.67公顷，新增楠竹精深加工生产线3条；建设反季节商品蔬菜、优质水稻、名特优瓜果等特色基地1466.67公顷，带动和发展乡村旅游产业，覆盖贫困户1105户3720人。使贫困户人均可增收1000元以上。在信贷管理上，完善扶贫小额信贷风险补偿机制和贴息管理办法。采取“到期催收与提前介入相结合，协调与依法起诉相结合，限期清收与申请展期相结合”的工作原则，提高信贷服务与管理水平。实现“两增两控”目标：单户授信1000万元以下小微企业贷款增速25.34%，高于平均贷款增速10.79个百分点；单户授信1000万元以下普惠型涉农小微企业贷款增长42.99%，高于平均贷款增长28.44个百分点，累计为小微企业减费、让利4.55亿元。2月2日，江华农商银行成功发放全省首笔由湖南省农业信贷担保公司担保的涉农企业贷款，金额100万元。各商行推广中间业务。开展与财政、社保、供销、电商等业务合作，拓展代理代销业务范围，代收学费、电费、水费、电视费等代理业务，拓展ETC业务，抢抓区域客户资源。

针对信贷领域突出问题采取措施，坚决反对借名、垒大户贷款。对2017年4月26日以后全市农商银行新放民营500万元以上的大额贷款进行风险评估和贷后跟踪监测，对借名、跨区和垒大户贷款从严查处，从重处罚；对形成大户不良贷款的农商银行高管责任人就地免职，遏制民营贷款借名、垒大户的不正之风，强化不良贷款责任追究。辖内营业网点对表内外暂未进行责任认定的不良贷款，逐户逐笔认定，问责到位。祁阳农商银行依法强制清收关键人员不良贷款、违规违法的大额贷款，把不良贷款清收工作纳入各镇办绩效考核和公、检、法领导班子目标管理责任制，与干部评先评优直接挂钩，严格考核督导。宁远农商银行连续从县人民法院领回两笔标的执行款855万元，其中本金750万元，利息105万元，单笔最大不良贷款550万元。累计收回标的执行款1100万元。各农商银行严格执行省联社信贷业务“十条禁令”，对历年到期贷款收回率不足98%的网点负责人和客户经理实行末位淘汰。各法人行制定垒大户贷款风险化解方案，明确责任人、制定整改措施、规定整改时限，民营垒大户贷款余额只准降不许增。各商业银行与客户、监管部门沟通，运用清收、盘活、置换、政府处置、接收抵债资产等措施，逐步化解垒大户贷款风险。与市公安局联合开展“18清收风暴”活动，打击恶意逃废银行债务和骗贷行为，通过问话、立案、刑拘、网上追逃等措施，半年收回不良贷款27笔，本息3650.78万元，同时，不与新的民营融资性担保公司合作，逐步将原有民营融资性担保公司贷款余额压缩在规定的范围以内。针对案件的案防点，在全辖开展柜员密码操作、查库碰库、员工帐户异常交易、员工与客户过密资金往来、员工参与民间借贷融资、头寸押运、业务授权等10个方面的排查，人员、网点排查面均达到100%。对全市农商银行所有网点负责人、会计主管、包点稽核员及员工在风险、内控、法律、道德、授权等方面进行案防教育培训13期，1560人次，培训面100%。与辖内10家法人行签订《党风廉政建设责任书》，落实“一岗双责”和“两个责任”，各法人行与中层干部签订目标责任状，层层传导压力，将党风廉政建设责任落实到每个基层党组织。同时坚持“分级监督、全部穿透”原则，将各法人行一把手日常的思想、工作、生活状况以及对历史问题、新生问题的处置管理情况纳入监督视野，对履行责任不到位、违章违纪问题进行问责。年内，运用“四种形态”追责，受到党纪处分的33人次，政务处分的126人次，组织处理的350人。

组织各农商银行推广电子银行业务。继续开展“电子银行百千万工程”，营销福民卡、IC卡、健康卡等特色卡，拓展手机银行、电话银行、网上银行，推广云闪付、扫码支付、移动业务终端应用，扩大电子银行业务客户群体。持续优化、拓展电子银行服务功能，丰富电子银行品种，扩大社保IC卡覆盖面，激活率70%。祁阳农商银行626位客户开通福祥e盾，随时随地办理业务，福祥e盾推出后，单笔

200万元、日累计500万元实时到账。推出聚合支付、二代液晶key、蓝牙key等新型产品，为客户提供更多更优的选择。东安县城区公交车辆全面支持东安农村商业银行的借记IC卡、手机银行和银联云闪付乘车。农信银资金清算中心公布的全国农信社、农商银行条码支付业务交易规模、交易增幅、户均笔数、商户增幅四项指标，宁远农商银行获得营销推广奖一等奖。年末，永州辖内农商银行服务扩展到手机银行、电话银行、网上银行、自助银行，开通有福祥—短信通、福祥—缴费通、福祥—支付通、福祥—农信通和银联跨行转账、支付宝快捷支付、银联在线支付、农民工银行卡特色服务以及银行卡助农取款服务。

（李会银）

【华融湘江银行永州分行】 截至2018年年末，华融湘江银行永州分行对公存款时点65.55亿元，较年初减少13.25亿元；对公存款日均余额78.32亿元，较考核基数增加2.52亿元；对公有效户438户，较年初新增137户；累计获取大小资质25个，系统上线18个，其中2018年获得大小资质2个，系统上线及开通2个。拓展产业金融，支持本市“产业项目建设年”活动，参加永州市银企合作洽谈会和金融服务实体经济项目对接会，签订项目11个，签约金额24亿元。推动2018“进园区”活动，累计新增园区企业客户43户，并在“百企带万户”活动中，营销永州市唯一名单客户—长丰猎豹汽车公司，授信1.5亿元，投放流动资金贷款0.8亿元。支持民生项目授信，全年新增学校授信4家，新增医院授信8家。

个人存款时点余额15.09亿元，较年初增长1.78亿元，同时消化近2亿元存单质押；个人存款日均余额14.61亿元，较年初增加1.3亿元；管理资产时点余额21.39亿元，较年初增加2.93亿元；个人有效客户37593户，较年初增加7153户；代发新增4106户，悦心存客户新增731户，信用卡有效卡新增1563张；个人消费贷款余额11.94亿元，较年初增加2.66亿元，贷款增长28.66%；个人消费贷款客户数3822户，较年初新增1024户。“两增两控”目标全面完成，小微贷款余额19.77亿元，较年初新增2.87亿元，贷款增长16.97%；“两增”贷款余额3.97亿元，增加1.10亿元，增长38.33%；小微贷款户数177户，较年初新增45户。

一般性存款余额80.64亿元，较年初减少11.47亿元；各项用信余额127.17亿元，较年初增加10.27亿元，其中表外授信余额57.93亿元，较年初减少3.3亿元，表内各项贷款余额69.24亿元，较年初新增13.57亿元，增长24.38%；总存贷比157.7%，较年初上升30.79个百分点。全年实现税后净利润1.68亿元，上缴税收3847.1万元，税收贡献逐年加大。持续开展“绿色助学行动”，支持永州群众性文体活动，履行社会责任。永州分行获得“2019年度永州市金融机构支持地方经济发展先进单位”荣誉。

强化风险防化责任，出台《风险贷款清收奖惩实施细则》等制度规定，建立全方位、立体式风险化解处置责任制。全年，通过借新还旧、引进投资人、资产转让、以诉促谈等方式，累计化解和处置风险授信6.15亿元，其中现金收回9000余万元。年末，分行不良贷款余额53.99万元，不良贷款率0.008%；拨备覆盖率1104.87%，税后资产利润率

2018年，华融湘江银行永州分行行长廖奇旺（前左一）、副行长余强庚（左二）考察拟授信客户

3.05%，成本收入比16.88%，主要监管指标均符合或优于监管标准，无重大责任事故，无重大案件。

强化授信把关力度，全年否决授信5笔，金额1.04亿元；退回处理7笔，金额2096万元。对政务类授信进行限额管理，至年末，政务类授信业务累计收回10.95亿元；加强政务类授信业务整改，其中，现金回收17笔，金额5.14亿元；追加抵押担保3笔，担保授信金额12.5亿元；调高贷款利率1笔，授信金额7亿元。坚持每月进行全口径逾期授信风险提示，发送“回收预控”提示。全年发出“信用风险预警书”5份，召开“一户一策”推进会议10次，作出“新增逾期处罚通报”7期、“放款工作合规情况通报”10期；开展合规培训4次、法律审查126次、专业意见审核50次。

完成7台轻型低柜、1台轻型高柜的应用，柜面业务综合分流率达53%，持续加强智慧金融建设。加强厅堂服务管理，优化网点柜台和人员配置。重视消费者权益保护，及时妥善处理各类客户投诉。实行首问责任制，持续推进“二线为一线”服务考评，全行服务意识进一步增强。加强财务管理，提升集约化水平，增强计财服务、参谋、指导功能，着力打造“强计财”。投入安防改造费用62万元，新增自助设备防护舱19个。加大安全保卫风险排查力度，每季度开展安保风险排查，每逢节假日组织安全巡查，有效消除安全隐患。强化安全培训演练，安防能力和专业水平明显提升。永州分行获得“2018年度永州市社会治安综合治理工作先进单位”称号。

（王兵华）

【永州农商银行】 2018年，永州农商银行各项存款余额156.65亿元，较年初下降2.93亿元。各项贷款快速增加。各项贷款余额1163780万元，较年初净增158637万元，各项贷款全年累放额858832万元，其中全年累放涉农贷款479001万元。截至2018年11月末，净投放各项贷款15.86亿元，授信68.59亿元。进一步增加小额贷款余额新增个人客户数8682户，完成省联社任务的264%，新增小微企业86户，完成省联社任务的110%。做到经济金融共振发展，实现双赢局面。支持“六大战役”，在严控风险的同时简化贷款流程和资料。开辟信贷绿色通道，支持中心城区的工业园区的中小微企业，例如投放4200万元支持嘉信农副产品批发市场扩建。支持实体经济。通过政府搭建银企交流平台，不定期召开洽谈会、项目推介会、贷款供求对接会，现场洽谈贷款意向，并将金融产品、优惠政策及时向企业传导，为企业免费制定融资计划。参与政府主导的政银企洽谈会6次，与永州市零陵三湘电化有限责任公司、湖南金鸥医药包装有限公司、湖南恒惠农牧有限公司等26家企业签订贷款意向，金额21.5亿元，现场签约24家，并授信11.9亿元，发放贷款6.5亿元，及时向有贷款需求的企业发放贷款。加强扶贫攻坚的金融服务。在进一步完善风险控制体系的基础上，加大对“一村一品、一户一业”扶贫产业的支持力度，做好农户经济建档和评级授信工作，发放小额扶贫贷款，有针对性地实施精准扶贫，增强贫困户的造血功能，促其早日实现脱贫目标。向水口山镇石凡村、邮亭圩俄塘村、大庆坪乡楚粤亭村3个深度贫困村实施政策倾斜，满足符合“四有两好一项目”条件贫困户的金融扶贫需求。建档授信20562户，发放贷款9361户，金额4.37亿元，其中，农户自主创业249户，金额0.12亿元；企业和种养殖产业合作社等农村经济组织帮扶9112户，金额4.25亿元，确保被覆盖的贫困农户收入稳定增加，生活水平明显提高。建立金融扶贫服务站49个。规划专项信贷资金，支持“大众创业、万众创新”，发放的创业贷款8700余万元。持续开展“两扫五进”和“访客户、问需求、优服务”专项活动，强化评级授信，夯实基础客户、拓展潜力客户、争取优质客户，做优做强信贷主业。

加快发展电子银行业务。重点推进福祥便民卡、福民卡、IC卡、健康卡等特色卡业务的开展，推广“天天掌柜”业务，实现便民卡自助放款，探索直销银行，丰富移动支付产品。拓展转型业务，扩大代收代缴工作。加强与财政、社保、电力、供水、供气等行业合作，争取系统客户、行业大户，探索咨询、理财等代销业务，扩大代理代收代缴代付范围，成功开办“房屋维修基金”的代缴业务，承办冷水滩区医疗保险管理服务中心业务。依法合规办理票据等资金业务。在监管部门政策允许的范围内，稳妥开展电子票据业务。

推进客户经理等级管理。重新梳理制定《永州农村商业银行客户经理等级管理办法》，并评定一级客户经理14人，二级客户经理29人，三级客户经理58人，见习客户经理44人，奖罚机制得到落实，客户经理的工作积极性和管理意识有了明显的提高，更好地促进各项业务指标的完成。

加强贷款责任管理，成立永州农商银行贷款责任认定中心，制定《不良贷款责任认定工作方案》，对所有表内、表外不良贷款进行责任认定，对较为突出的主观违规问题启动追责流程进行追责，以加强工作责任，尤其是贷款责任的认定和管理。加大依法清收力度。落实省联社“压不良、控风险”专题工作会议精神要求，出台《永州农村商业银行“压不良、控风险”工作实施方案》，责任人自觉抓好贷款管理，并落实各种化解措施。举办2期“不良贷款清收特训营”，组织支行行长、分理处主任、客户经理、清收队员200多人，现金收回不良贷款本息2320.42万元。加大不良贷款的诉讼和执行力度。向市、区两级三家法院起诉表、内外贷款案件109件，标的33926.17万元，审判案件66件，转入执行案件5件，标的款264万元。全行通过法院收回表内、外贷款1487万元。

加强审计严防案件。完善内控监督机制，防范案件风险，有效遏制各类案件发生，真正做到监督“关口”前移，制定《永州农村商业银行股份有限公司包点稽核员管理办法（暂行）》，连同《永州农村商业银行股份有限公司审计章程》《永州农村商业银行股份有限公司现场审计操作规程》《永州农村商业银行股份有限公司审计回避制度》《永州农村商业银行股份有限公司审计处罚办法》形成系统的审计管理体系和操作流程。牢固树立“安全第一”的思想，建立起全方位的风险防范体系。强化审计队伍建设。定期组织学习，参加审计专业培训，提高审计工作能力。加大审计力度，督促问题整改落实。开展“一次全面审计”“四次常规审计”“七次专项审计”“两次大排查”“一次突击检查”以及专项调查和经济责任审计工作，发现问题265项，处罚91人次，处罚金额3.56万元。

加强网点建设。全面完成营业网点门牌和标识、标牌的改造工作。推进网点“五小”建设，制定“五小”建设规划和目标，完成4个“五小”建设标准化示范点建设，创建市级“五星级”网点1个。

（陈剑波）

【长沙银行永州分行】 长沙银行永州分行成立于2015年10月16日，位于永州市冷水滩区湘江东路568号（滨江一号）。截至2018年年末，有团队人员155人，营业网点12个，其中营业部1个、县域支行6个、社区支行5个；另外，在2018年新增离行式ATM自助网点2个。本外币资产总额79.06亿元，较年初增加14.86亿元，其中各项存款余额79.06亿元，较年初增加14.86亿元，增长23.15%。各项贷款余额114.62亿元，不良贷款率0.27%。实现经营利润3.1亿元。

截至2018年年末，对永州当地的信贷投放累计超过120亿元，重点支持永州的城镇提质、交通提速、园区升级、旅游升温、脱贫攻坚、环境治理“六大战役”等项目，支持零陵旧城改造、宋家洲棚户区改造项目等20余个项目建设。强化服务实体，满足永州产业龙头企业的金融需求，助推湖南长丰猎豹汽车、奔腾文化、恒惠集团、阈星电站、通天旅游等公司的升级和发展，对80余家中小企业授信15亿余元。同时，针对中小微企业设计种类齐全的融资产品，包括政府采购类供应链订单融资、快典贷、快乐e贷、结算贷、POS贷、网商流水贷、水电通、长湘贷等产品，基本覆盖不同类型的企业融资需求。

整合以住房按揭、购车分期、快乐秒贷、心意通卡为代表的资产产品，便捷市民购房、装修等消费需求；整合以快乐智存、随手存、随心取为代表的负债产品，让市民享受“活期的便利、定期的收益”；整合以智慧校园、智慧物业、智慧医疗为代表的智慧项目，便捷市民缴纳学杂费、水电费等日常消费需求；整合以金融生态圈、呼啦支付为代表的移动支付产品，为永州小微商圈及永州市民打造安全便捷的支付环境。

参与永州市文体事业发展，举办“图书漂流角”爱心助学活动、伊塘镇小学爱心助学活动、“517爱心助残晚会”、永州市“爱心助学”教师节晚会、“青春快线，春节我们一起回永州”大型公益活动、贫困村驻点扶贫、定点自助贫困学生上学、“长沙银行杯”工间操比赛、“长沙银行杯”乒乓球比赛、“长沙银行杯”中欧篮球赛、“唱响永州·舞动中国”老年人文艺晚会、永州市少儿春晚活动、永州市少儿才艺大赛、永州市爱国大会、潇湘技师学院校园歌手大赛、“我是竞技达人”英雄联盟电子竞技比赛、协办“第33个教师节文艺晚会”等多项文体及公益活动，树立良好的企业品牌形象。

（唐佩）

保险业

【概况】 2018年，永州市保险行业实现保费收入60.64亿元，增长10.26%，其中，财产险保费收入21.37亿元，增长16.48%，占总保费的35.24%；寿险实现保费收入39.27亿元，增长6.51%，占保费的64.76%。保险理赔（给付）赔款22.45亿元，其中产险赔款11.22亿元，增长16.48%，特别是三农保险，赔款2.45亿元，寿险赔款11.23亿元，增长7.73%。完成“普惠保”“特惠保”扶贫保险计划；种养两业的保险不断拓长，创造近几年来最大的覆盖面，保费增长15.62%。开展扶贫慈善工作，各种慈善捐款和扶贫资金投入140万元，特别是中国人寿和中国人保扶贫资金分别达到55.9万元和46.5万元。市公安局、市交警支队将原来冷水滩城区的7个快处快赔点全部撤销，在零陵大道湘永名邸公寓临街租3个门面作为快处快赔点，11月正式运营。6月9日，协会七届会员大会成功召开，选举产生协会新一届理事会成员、正、副会长和秘书长。

【实施警保联动】 2018年8月，中国人保永州分公司在永州市着手开展“警保联动”工作，协会多次会同人保公司相关人员与交警支队进行协调和行业内部沟通，经过多方面准备于12月18日永州市警保联动工作在滨江广场举行启动仪式。人保财险在行业内率先推出进入此项工作。面向所有在城市主干道发生事故（故障）的车辆、人员提供：协助报案、事故处理、故障排除、救援服务现场调解、咨询服务等多维度专业服务，在满足客户对保险公司主动服务、及时服务需求的同时，配合交警快速处理交通事故，有效缓解城市交通压力，打通保险服务的“最后一公里”。

【保险消费维权】 2018年，永州市保险行业协会接听消费者电话327个。妥善处理消费者保险投诉，对每起消费者投诉都悉心处理、及时回复，全年受理消费者投诉48件。耐心调解消费者保险纠纷，对每一件消费纠纷都尽心调解、化解分歧，调解消费者保险纠纷35件，成功调解件13件，金额83万元。

【保险行业自律】 2018年，永州市保险行业协会以政府重点关注、群众高度关切、竞争异常激烈的车辆保险和寿险业领域消费误导为自律重点，加强保险自律力度，维护保险市场秩序。年初，制定永州《从业人员管理与流动自律公约》并下发到各会员单位。开展车险报行合一自律公约检查，协会从财险会员单位抽调6人，成立检查组2个，采用现场检查、客户调查、随机抽查等方式，开展为期1个多月的自律检查。从7月底到9月底，2个月时间组织召开财险会员单位总经理会议5次，分管副总经理、车险部门经理会议6次，沟通交流车险市场问题，讨论研究车险发展良策。寿险领域从13家会员公司抽调运行部经理13人，成立检查小组3个，按照检查实施细则对13个会员单位进行维持3天的检查。对存在的问题，逐单位下达风险提示函，并限期进行整改。12月中旬，协会对2个存在问题比较突出的单位进行复查。

针对车险市场报行合一出现的问题，协会专门向财险会员公司发送《风险提示函》，特别是针对有个别公司利用假日期间促进行销行为，协会发布“从全局出发自觉维护良性竞争市场秩序”，提示财产险会员公司严格

2018年7月8日，永州市人民政府金融办、市保险行业协会举办“永州市2018年保险公众宣传‘五进’活动启动仪式”

按照《中国银保监委关于整治机动车辆保险市场乱象的通知要求》，遵守保险政策法规和自律公约自觉规范经营行为。

【保险行业协会《章程》完善】 2018年9月12日，永州市保险行业协会第七届二次理事会召开。按照“两新”工委《非公有制经济组织和社会组织基层党组织工作运行规则》的要求，对协会章程进行修改，增加“协会党组织建设”的章节，《章程》明确协会党支部的职责、目标、任务，按照“五化”的要求，对支部建设明确具体工作要求。《章程》特别强调：对没有党员或未成立支部的会员单位，加强党建工作的指导，建立工会和共青团组织等方式，实现党的工作全覆盖。

（蒋晓玲）

【中国人民财产保险股份有限公司永州市分公司】 截至2018年年末，中国人民财产保险股份有限公司永州市分公司累计完成保费收入9.75亿元，增长14.25%。综合成本率91.96%，同比下降1.44个百分点；综合赔付率64.06%。累计实现经营活动现金净流量15694万元，百元保费现金净流量16.1元。未决赔款准备金净额31397万元，较年初新增5998万元，未决占比35.19%。全险种案件处理率、结案率、万元以下案件理赔周期等关键指标均较以往有明显优化，心服务、理赔午夜市等服务举措在全市范围内全面铺开，服务评级达到AAA。推进政企互动合作，社会美誉度更加彰显。连续3年获全国系统城市分公司经营50强，2018年首次进入全国重点城市分

2018年12月18日，人保财险永州市分公司与市公安局交通警察支队在冷水滩滨江广场联合举行“警保联动”启动仪式

公司；2018年度获全省系统理赔技能大赛团体优胜奖；被湖南省地方金融监督管理局授予湖南省保险三年公众宣传活动最佳宣传奖；连续两年被市人民政府评为年度金融机构支持地方经济发展先进单位；被市人民政府评为2018年度烟叶工作先进单位；被人行永州中支评为2017—2018年度永州市反洗钱宣传工作先进单位。

车险方面，面对费率竞争、报行合一考验，提升销售能力，优化服务水平，始终紧盯“2568”目标精准发力，强化县域市场建设，强化渠道布局、优化销售费用差异化配置和精准投放、加强送修管理和考核督导，紧抓新、续、转三大业务重点，稳定推进车险业务有效益发展。商非方面，在全面加强存量业务管控的基础上，紧密政府合作，拓展新渠道和新项目，紧盯项目落实。对接政府需求，在全市系统启动残疾人意外保险、特困保险、精神障碍患者监护人责任险等新民生保险项目。农险方面，坚决服从监管，积极整改、主动完善、健章健制；进一步强化责任担当，做好农险服务。社保方面，对接政府，抢占市场，推动社会医疗保险可持续发展。成功续签永州市北五县区城乡居民大病保险服务项目，签单保费9000多万元；持续拓展城乡居民意外伤害保险覆盖面，推进补充工伤保险落地进程。

理赔管控方面，强化远见平台建设和运用，对大额车损实行专人定损，加大低碳维修考核力度，有效控制台均定损值和换修比；加大理赔稽查与反欺诈工作力度。财务管控方面，强化“算着干”的经营理念，全面加强预算的刚性管控；落实成本管控，有效控制差旅费、会议费、车辆使用费等办公运营开支，办公运营开支费用率同比下降16.79%；确保销售费用精准投放到基层一线，提高市场竞争力；加强增值税专票收取力度，提升进项税抵扣比率。承保管控方面，持续加强业务质量监控，动态优化承保政策，加大对优质业务的资源配置，提升优质业务占比，风险识别能力稳步提升；持续开展出单

"代签名"问题专项检查，出台专项考核方案，从承保源头防控风险；组织开展防灾防损工作，重点加强对涔天河水库、省道355公路、毛俊水库等重点项目的防灾防损巡查，及时整改隐患，防范风险于未然。合规管控方面，年初农险的变局促进全市系统加大合规经营力度。分设监察部/合规部，加强对日常工作的常态化检查。先后多次组织全市系统财务检查、固定资产检查、单证印章检查、业务条线承保、理赔档案清查，增强全体员工尤其是基层员工的合规意识，系统合规水平有明显提升。

着力学习"南京模式"，不断创新理赔和服务举措，优化客户体验，助力业务发展。持续推进微信理赔，加快小额案件快速赔付，开通理赔夜（午）市，开展节假日"心服务"活动，累计服务客户4000余人次；加快案件处理流程，理赔效率明显改善，万元以下全险种案均支付周期7.08天，同比大幅改善；在行业率先启动"警保联动"和"直升机救援"工作，推动诉调对接工作落地；推进差异化服务体系建设，落实"简快优"理赔服务细则，VIP客户服务满意度显著提升；健全和完善投诉处理工作及安抚机制，多部门联动，着力推进客户投诉首站化解，有效化解矛盾；落实客户服务标准化建设，全面启动远程监控，实时监控各营业网点柜台情况，强化问题的整改督导，成效初显。开展以办公室、财务、信息技术、出单为综合服务内容的季度巡查工作，推进基层档案室建设和档案规范化管理，有效提升基层服务水平。

6月18日，人保财险永州市分公司理赔主题活动月（6月18日至7月10日）启动。该公司特推出"线下理赔午/夜市"和"线上理赔夜市"，方便客户在工作休息时间办理保险索赔业务。在该公司指定理赔服务网点，增设中午12：00—14：30的"午间理赔"服务窗口和晚上17：30—21：00的"理赔夜市"服务窗口，受理客户理赔咨询、单证收集、小额案件快赔、人伤调解、预约理赔等理赔服务。周末、节假日安排值班人员接待客户。该公司通过在线理赔服务团队提供线上理赔夜市服务，客户可通过维信、公司APP等方式提交索赔资料。"理赔午/夜市"服务与该公司7×12小时报案、查勘理赔服务对接，形成车险理赔全天候服务模式，提升客户服务体验。该公司还在活动月期间推出"线上/线下心服务站""行车路上有人保"（心服务专员路面巡查随时为过往行车提供服务）、"空地一体救援服务""四海通行服务"等服务项目，打造高质量人保理赔服务。

（匡林垚）

【中国人寿永州分公司】 截至2018年年末，中国人寿永州分公司总保费15.75亿元，达成年度目标的105.42%。其中，标保1.44亿元；新单期交3.09亿元；十年期及以上期交保费1.50亿元；保障型产品保费9337万元，增长35.16%；短险1.15亿元，增长21.75%。赔给付6.04亿元，其中满期给付和年金提取金额4.02亿元，赔款1.61亿元。缴纳各类税款3130.81万元。中国人寿永州分公司经营指标考核全省系统排名第三位，获得AA公司称号。市场份额40.06%，领先第二名25.69个百分点。首年标保、首年期交、十年期业务、保障型业务规模排名全省系统前列，达成率均高于系统均值。大短险业务达成省分目标，同比增长高于全省系统均值。是年，中国人寿永州分公司获得2018年度全省系统价值贡献奖、市场竞争奖和人力发展奖。零陵支公司获得全省系统县域三十强支公司称号。市分公司本部获"先进扶贫工作队"称号；全市系统10家经营机构共有8家单位被评为防范反洗钱工作A级单位，蓝山支公司被评为BBB级单位，县域评分第一名。

个险月均增员率达成年度目标的105.1%，月均持证人力达成年度目标的110%，月均长险举绩率38.96%，季均有效人力、月均举绩人力大幅增长。银保客户经理实动人力，月均举绩率均列全省前列，全市银保渠道人力指标综合考评排全省第一位。团险新增综拓队伍一支，建立培育一支短险联络人队伍，并完成城区团险、零陵、东安、双牌4家单位的队伍清虚工作。个险首年标保、期交、10年期、保障型产品排名均列全省前列，分别为第三、第二、第六和第三位。银保首年期交、标保、保障型业务达成率均排名均列全省第一位，十年期全省排第六位。大短险完成保费1.15亿元，增长21.75%。

推动职场自主经营，出台职场自主经营方案和出勤引导方案，培育职场经理国寿企业家意识。职场绝对参会率稳步提升。职场早会、职场周例会和月度分析会现基本上由职场经理主导召开，逐步向外勤主导、导师辅导、内勤督导转变。全市建立导师队伍536人，导师配比率244.7%。年末考核达标导师362人，达标率165.6%。全市新设培训部8个，培训岗4个，建立17人的专职讲师队伍和15人育成岗队伍，并配合省公司开展个险岗位人员专业技能培训。建立教培为主体的新人育成管理链条，实现新人从签约到晋升的无缝对接。

重点抓好e宝、e店推广、契约、核保、理赔新一代平台上线、微信、e店理赔报案及“电子化出单”工具的推广。全年保全e化率84.34%；无纸化投保替代传统出单模式，从年初替代率仅为9.64%提升至年底70.31%。通过制定降赔拒付方案，强化理赔调查，提升理赔时效，成功挽回公司损失414万元，其中短险拒付拒减256万元，寿险拒付拒减158万元。年内，省公司批复永州分公司装修改良项目18个，完工16个，使用款项364.39万元，较预算金额有所节余。省公司还批复永州分公司办公、职场设备采购202件，金额70.76万元，基本满足全市各办公场所及职场的需求。全市系统均启动特困人群护理保险相关工作；江华、蓝山两家单位新开拓扶贫队员保险业务，为全省首创。低保人群意外保险、城乡居民意外保险、特困妇女湘女关爱保等业务的陆续展开，将成为增量保费的重要来源。继续承办城乡居民南六县区的城乡居民大病保险。承保人数273.34万人，协议保险费1.09亿元，增长30.15%。

（黄禹嘉）

证　券　业

【方正证券永州清桥路证券营业部】　方正证券永州清桥路证券营业部（前身系湖南证券公司永州营业部）创建于1988年，是湖南省永州市成立最早、规模最大、业务最全的专业证券经营机构，2007年11月被方正证券吸收合并。营业部持续扩大交易品种和参与新业务资格，除传统的交易品种外，陆续取得期货IB、融资融券、股票质押、企业私募债和“新三板”等新业务资格。2018年，累计成交269.72亿元，占全国0.34‰，全年新开户7272户。交易品种齐全，融资融券、股票质押、个股期权、期货、港股、沪股通及“新三板”等新业务快速发展，各项业务雄踞永州地区第一位。2018年度获市人民银行“反洗钱先进单位”称号。

4月，方正证券中标市政府金融办主办的永州市企业上市咨询服务项目；5月—6月，方正证券永州清桥路营业部配合投行总部对永州市登记上市后备企业27家进行调研，通过初步信息收集、现场调研、访谈管理层、公开资料收集、研究讨论等环节。11月，召开2018年永州市企业上市培训会，永州市企业上市领导小组成员单位领导、全市金融办系统、全市发改委系统、市龙头企业负责人100多人参加会议。

（唐朝明）

综合经济管理

经济调控与体制改革

【概况】　2018年，永州市发改、粮食和物资储备系统全面完成各项目标任务，取得良好成效。价格认定工作被评为全国先进，疏通群众办事“百项堵点”工作被国家发改委作为先进典型经验向国务院推荐，重点项目建设、产业项目建设年、“放管服”改革、“互联网+政务服务”改革、落实粮食安全责任制等工作得到省政府通报表彰，价格监测、公平竞争审查、农产品成本调查等工作被评为全省先进，全省优化发展环境现场推进会在永州市召开，承接产业转移工作在全省发改工作会议上作典型发言。市发展和改革委员会（以下简称市发改委）继续被评为全市党风廉政建设先进单位、绩效考核优秀单位，成功创建市级文明标兵单位。

【项目投资】　2018年，永州市铺排“六大战役”重点项目433个，完成投资947.6亿元，占年度投资计划的116%。纳入省里考核的20个重点项目完成投资235.98亿元，占计划的116%，全市重点项目建设工作受到省政府表彰。重点项目建设有力地拉动和支撑全市经济社会发展，全年地区生产总值增长7.8%，固定资产投资增长9.5%，高新技术产业投资增长71.5%，民间投资增长24%，投资结构明显优化，质量明显提升。

【产业发展】　2018年，永州市实施产业项目建设年活动，抓好“5个10”工程，实施重点产业项目192个，完成投资410.8亿元，竣工投产109个，竣工率较2017年提高27%，“5个10”工程均超额完成全年目标任务。宁远光电智能、恒伟药业、韬讯无人机葛讯3个项目获评全省“5个100”工程优秀项目，永州市产业项目建设年工作得到省政府表彰。

【体制机制改革创新】 2018年，永州市发改委推进供给侧结构性改革，全面落实减税降费政策，大工业电价下调1.57分/千瓦时，一般工商业用电目录电价下降10.5%，全年为企业降低用能成本1.5亿元，为企业减税15亿元以上。推进“放管服”改革，抓好“互联网+政务服务”改革试点，提前完成信息整合和目录编制工作，基本实现省、市、县、乡、村五级电子政务平台互联互通，申请类事项网上可办率98%，被省里作为先进经验进行推介。推进信用体系建设，构建以信用承诺、联合奖惩、信息公示为核心机制的信用监管体系，“信用永州”平台实现与省级信用平台的互联互通，成功嵌入全市政务服务大厅，省信用体系建设领导小组给永州市发感谢信予以表扬。

【争取政策项目支持】 2018年，永州市争取到一批重大政策。湘南湘西承接产业转移示范区建设获得国家批复。祁阳经开区被列为全省“双创”示范基地。永州经济技术开发区、祁阳经济开发区、江华高新技术产业开发区等园区获批专项改革试点。祁阳、江华获“2018年全国农民工返乡创业试点县”称号。全年通过发改口争取项目资金20.8亿元，增长11.2%，居全省前列。协调推进金融机构发放贷款211亿元，支撑项目建设。争取一批重点项目。全年争取各类项目322个，一批重点项目取得重大进展。永清广高铁得到李克强充分肯定，国家发改委、中铁总公司给予支持，永清广高铁纳入《粤港澳大湾区发展规划纲要》，写入《粤港澳大湾区综合交通规划（草案）》。邵永客专作为全省重点推进的重大前期项目写进省政府工作报告。衡道高速衡阳至永州段进入招投标程序。“气化永州”长输管网项目前期取得突破，新粤浙广西支线衡阳至永州段建设方案获中石化批复通过。永州华侨城卡乐文化旅游项目获得省政府批复并开工建设。

【推进“三大”攻坚战】 2018年，永州市发改委推进脱贫攻坚，实施易地扶贫搬迁项目39个，完成住房建设任务6539套，完成投资13.2亿元，占省里下达年度投资计划的104.1%，提前两年完成“十三五”建设任务，永州市经验做法被《湖南日报》专题报道推介。开展驻村帮扶工作，所联系的零陵区炭木桥村实现高质量的脱贫摘帽。投资9亿元完成762个行政村农网改造升级任务，625个村级光伏电站全部并网发电，争取项目数量和完成投资额均居全省第一位。全面加强风险防范，落实政府投资项目“停缓调撤”的有关规定，对新上项目审批严格把关，对PPP和政府购买服务项目进行全面的清理规范，有效防范政府债务风险。开展污染防治，研究制订生态文明建设目标评价考核办法，参与国家生态文明建设示范市创建。强化节能监管，全年单位GDP能耗下降5.1%，超额完成年度下降3%的节能目标。

【发展环境优化】 2018年，永州市实行“并联审批”改革，项目审批时间比国家法定时限缩短70%以上；实行项目建设“六联”机制改革，为项目建设提供“全链条”服务；开展优化经济发展环境“在线精准测评”，开展暗访督查和评比考核，传导压力，全市营商环境明显优化。全省优化发展环境现场推进会在永州市召开，总结推介经验做法。

【地方粮食安全保障】 2018年，永州市推动由政策性收储为主向政府引导下市场化收购为主转变，贯彻落实国家粮食收购政策，统筹储备粮轮换收购、多元主体市场化收购、最低收购价收购，科学、合理、均衡布局收购网点，向省里推荐13个早稻最低价收购库点、9个中晚稻最低价收购库点；安排16个储备粮轮换收购网点；鼓励多元主体入市收购，有45家粮食企业入市收购商品粮，全市在国有企业轮换收购大幅减少和没有启动早稻、中晚稻最低价收购的情况下，做到应收尽收，没有发生“卖粮难”。加强产销衔接，多措并举去库存，全市粮食储备任务全面完成，完成3.6万吨的代管省级储备粮任务，落实市、县区级储备粮5.8万吨，落实市级食用植物油储备任务1400吨，全市建立应急成品粮储备12665吨，均超额完成目标任务。全年粮食企业完成购销粮食208.34万吨。在省政府办公厅对2018年度真抓实干成效明显地区的表扬激励通报中，永州市获得“落实粮食安全责任制工作成效明显地区”表彰，获奖金400万元。

【供油】 2018年，永州市实施“优质粮油工程”，推动产品结构调整，祁阳县、冷水滩区均获得国家级示范县，分别获得专项补助资金1900万元和1500万元；零陵区、江华瑶族自治县获得粮食产后服务体系建设项目，分别获得专项补助资金300万元和200万元；市粮油质量检测中心获得省级粮食质量安全检验监测体系建设项目，获得专项补助资金300万元。熙可食品等一批企业项目获省“粮油千亿产业”项目。全市粮油加工总产值101.5亿元，粮食物流产值16.9亿元，落实市级食用植物油储备任务1400吨。全行业国家级农业产业化龙头企业3家、省龙头企业13家、市级龙头企业31家。落实粮食安全责任制工作获得省政府表彰。

（周忠华）

工商行政管理

【概况】 2018年，永州市工商行政管理局下辖4个工商分局，管辖18个工商所。市局机关内设办公室、政策法规科、政工科等22个科室，全系统干部职工422人。

【商事制度改革】 2018年，永州市工商行政管理局在全省市州率先实施“最多跑一次”改革，将52项事项纳入“最多跑一次”改革清单。截至2018年年末，全市办理“最多跑一次”业务55748件。累计实有市场主体222392户，注册资本累计2911.23亿元，分别同比增长17.28%和18.13%。市场主体继续保持高速增长良好态势。“最多跑一次”改革受到市委副书记、市人民政府市长赵应云多次点名表扬，市人民政府给予通报表彰。省市场监管局把江华瑶族自治县作为全程网上办“零见面”试点县向国家市场监督管理总局推荐作为全国试点。实施“证照分离”改革。11月10日起，全面推行“证照分离”改革，106项事项纳入“证照分离”改革，实行集成联办。继续实施“多证合一、一照一码”登记改革。在2017年整合20个部门40项备案事项的基础上，又整合7个部门10项改革事项。率先试行划定免予登记经营区域。永州市是省政府唯一指定开展划定免予登记经营区域的试点地区。在冷水滩、宁远、新田和双牌4个县区先行先试。市人民政府在全面总结试点县区经验的基础上，印发《关于推进免予登记经营区域划定工作的通知》，决定全市推行此项工作。压缩企业开办时间，优化营商环境。将市本级和冷水滩、零陵、经开区及江华县企业开办时间压缩至3日内，其他县区压缩至4日内，比国务院和省政府规定的8.5日大幅缩减，创全省之最。永州经济技术开发区分局推出内资公司快速办照服务，两小时内领取执照。推行“互联网+政务”，全面优化政务服务。推行“绿色通道”办事制度和六项服务措施。组建服务突击队，深入重要项目、重点企业和上市公司现场办公、上门服务。延伸登记窗口，与建行、交行、工行等金融机构合作，由银行为企业和群众免费代办营业执照。进一步下放市级登记权限，凡注册资本1000万元以下的，全面下放至区级登记机关。

【服务地方中心工作】 2018年，永州市工商行政管理局支持“产业项目建设年”活动。与各大银行开展“银企洽谈”“诚信企业无抵押贷款”等活动，帮助240户企业贷款43.3亿元，其中为15户诚信企业提供无抵押贷款5000多万元，为中小企业解决资金短缺困难。推进精准扶贫工作。驻村帮扶工作受到省委常委、省委政法委书记黄关春的充分肯定。发挥职能优势开展行业扶贫，帮助贫困地区注册商标162个，引导贫困村发展订单农业923件。实施商事便农工程，新增农民合作社873户；实施流通活农工程，指导培育龙头企业通过电商平台网上销售农副产品；实施商标富农工程，新增农业商标87个，全市涉农商标2748件；实施维权护农工程，建立乡村消费投诉服务站52个。稳步推进非公党建。重点抓好两个样板：湖南恒康医药管理有限公司党的阵地建设和企业文化建设，创建中邦商业广场商圈党总支，成为全市首家商圈党组织，受到市委及市委组织部领导的肯定和好评。

【市场监管】 2018年，永州市工商行政管理局获得2017年度企业年报公示工作全省一等奖，行政处罚信息公示总量稳居全省第一位；举办2期“双随机一公开”培训，开展专项督查，全市实现“双随机一公开”全覆盖；异常名录管理制度得到全面执行，将3308户企业列入经营异常名录，协助法院公示股权冻结72件，“一处违法、处处受限”惩戒效应日益显现。围绕农资、建材等重点领域开展专项整治，立案查处各类违法案740件。立足打小、打早，集中对网络传销行为，坚持露头就打的原则，成功阻止云联惠、大唐天下、麦点商城等网络传销在永州的蔓延，重点查处“联万家”公司网络传销案，罚没2800万元。

【商标品牌管理】 2018年，永州市工商行政管理局指导成功注册商标3686件，申报马德里商标37件，回龙圩“回峰”商标申报成功。截至2018年9月，全市有效商标累计15357件，同比增长38.5%，其中驰名商标10件、地理标志商标6件、马德里商标及国际商标6件。继续扶持广告产业园建设，帮扶广告企业发展。

【消费者权益保护】 2018年，永州市工商行政管理局受理消费投诉举报2034件，为消费者挽回经济损失377.47万元。牵头妥善处理碧桂园公司购房合同纠纷等7个群体性消费纠纷案件，有力维护永州社会稳定。

【个体工商户免于工商登记在永州试点】 2018年2月28日，湖南省查处取缔无照经营联席会议办公室决定，在永州市进行个体工商户免于工商登记试点。此次试点免于工商登记的个体工商户主要有：在县级以上地方人民政府指定的场所和时间销售农副产品、日常生活用品，或个人利用自己的技能从事依法无须取得许可的便民劳务活动等个体工商户。永州市工商局从3月1日起，在冷水滩区、双牌县、宁远县、新田县试行个体工商户免于工商登记工作。

（张凯）

审　　计

【概况】 2018年，永州市审计机关审计单位359个，其中审计343个，专项审计调查16个。查出主要问题金额2535683万元，其中违规金额59748万元，管理不规范金额2475934万元；审计发现非金额计量问题374个；损益（收支）不实金额109886万元；审计发现侵害人民群众利益12万元；出具审计报告和专项审计调查报告413篇，被批示、采用93篇次。审计处理处罚金额545325万元，其中应上交财政51376万元，应减少财政拨款或补贴2794万元，应归还原渠道资金132572万元，应缴纳其他资金158万元，应调账处理金额358423万元；移送司法机关、纪检监察机关和有关部门处理事项31件，移送处理人员13人，移送处理金额4297万元。审计促进整改落实有关问题资金412065万元；审计促进拨付资金到位35355万元；审计后挽回（避免）损失8328万元；核减投资额7907万元；移送处理落实事项1件。审计提出建议835条，被采纳810条；推动被审计单位制定整改措施22项；提交审计信息221篇，被批示、采用128篇次。永州市2016年度本级预算执行和其他财政收支情况审计项目被评为湖南省审计厅优秀审计项目，道县两河口美丽乡村建设项目跟踪审计、祁阳县市政工程公司2015年—2016年度资产负债损益情况审计、宁远县工程质量监督站2015年—2016年度财务收支审计3个项目被评为湖南省审计厅表彰审计项目。

【国家重大政策措施落实情况跟踪审计】 2018年，永州市审计局根据上级审计的统一部署和年度审计项目计划安排，对祁阳县一季度、宁远县二季度、道县三季度、新田县四季度贯彻落实重大政策措施政情况进行跟踪审计。重点审计2017年度重点任务完成、财政收入质量及存量资金统筹使用、地方财政风险防范化解、重点项目实施、精准扶贫政策落实及以前年度发现问题整改等情况，查出重点项目进展缓慢、应缴未缴财政收入、财政往来款未及时清理收回、闲置贷款资金、违规收费、一些产业扶贫项目效益低下等问题，向纪检监察机关移送问题线索1件。

【预算执行审计】 2018年，永州市审计机关围绕市委、市政府“开放兴市产业强市”战略部署，聚焦重大政策措施落实、聚焦资金绩效、聚焦风险防范、聚焦保障和改善民生、聚焦全面从严治党开展预算执行审计，全市审计52个单位，查出主要问题金额2087704万元。市审计局在2017年度市本级预算执行和其他财政收支审计中，将政府性债务（含PPP项目）的规模、结构及存在的问题作为重要审计内容，在摸清债务总量、揭示债务管理存在问题的基础上，从举债主体、债权类型，以及债务形成时间、偿还时间等进行分析，有针对性地提出审计建议，如实向市人民政府报告市本级债务情况，为市人民政府领导掌握情况、科学决策提供有效依据。

【扶贫审计】 2018年，永州市审计局根据省审计厅的安排，组织零陵、祁阳、东安、道县、江华、宁远、新田、蓝山8个县区和金洞管理区审计局，对省建工集团统规统建易地扶贫搬迁项目进行跟踪审计，重点审计政策措施落实、规划和年度计划执行、工程勘察设计、工程建设管理、易地扶贫搬迁资金筹集管理使用，以及环境保护、水土保持等情况。按照市扶贫开发领导小组统一安排，由市审计局牵头、市扶贫办、市财政局参与，组织各县区审计局、扶贫办、财政局对全市扶贫资金管理使用情况开展专项调查，摸清各县区扶贫资金收入、支出、结存情况，以及扶贫资金管理措施，揭露闲置、挪用扶贫资金，扶贫资金财务管理不规范，部分产业扶贫项目收益率低、效益不明显等问题，并针对调查发现问题，从机制制度层面提出建议。同时，组织各县区审计局配合扶贫办对社会扶贫资金进行专项检查。结合政策跟踪审计，对部分扶贫项目、扶贫资金进行抽查，发现并移交扶贫领域严重违纪违规问题线索1起。

【自然资源资产离任（任中）审计】 2018年，永州市审计局首次将开展自然资源资产离任审计列入全市年度审计工作要点，要求每个县区至少对1个乡镇开展自然资源资产离任审计。5月—7月，根据湖南省审计厅的统一安排，从每个县区审计局抽调1人组成审计组，对邵阳市新宁县县委书记、县长进行自然资源资产离任（任中）审计。8月，对各县区审计局开展自然资源资产离任（任）审计情况进行督查。至9月底，各县区审计局全面完成该项审计任务，充分揭示土地管理和耕地保护、水资源保护、森林资源保护、矿山生态环境治理、农村综合环境治理等方面存在的问题。冷水滩区审计局、祁阳县审计局在审计中还关注近年来中央相关督查、国家审计和专项考核检查发现问题的整改情况。

【保障性安居工程跟踪审计】 2018年，永州市审计局继续组织全市审计机关采取“上审下、交叉审”方式，派出15个审计组、127名审计人员，对市本级和11个区县、2个管理区及永州经济技术开发区2017年保障性安居工程进行跟踪审计。重点对政府购买服务和货币化安置、安居工程建设管理和保障性住房分配使用情况进行审计，查出违规改变保障性安居工程建设资金用途、向保障性安居工程项目收取应减免的行政事业性收费、建设程序不到位、违规审批住房保障资格和待遇、骗取住房保障、虚报冒领或重复领取农村危房改造补助资金，以及公租房被政府部门、事业单位占用于办公、经营等问题，向纪检机关移送问题线索2件。全市2017年保障性安居工程跟踪审计要情得到市委主要领导批示。

【建设项目审计】 2018年，永州市审计机关对151个项目进行审计和调查，查出工程结算款不实3816万元，投资概预算编报不实90863万元，超规模超标准1857万元，以及违规分包非法转包、违规招标投标签订合同等问题。按照市人民政府关于“加强重大建设项目审计监督”的要求，市审计局根据年度审计项目计划安排和市人民政府交办，继续对涔天河灌区工程进行跟踪审计，对永州大道综合管廊PPP项目进行专项审计调查，配合市人民政府督查室对虎岩公园提质改造项目结算超预算问题进行调查。其中，对永州大道综合管廊PPP项目的专项审计调查全面摸清该项目立项及建设、概预算编制及超概算等情况，对超概算的原因进行核查分析，就增加投资额对财政的影响进行研判，如实揭示审计查出问题并提出审计建议；对虎岩公园提质改造项目结算超预算问题进行的调查，按照“解剖麻雀”要求，对项目立项、招投标、合同签订、概预算编制、资金筹集使用、施工、监理、结算等进行全面调查，对超预算子项目变更全过程进行调查核实，分别指出各有关部门单位存在的问题，并就有关问题处理和规范工程项目建设提出具体建议。

【经济责任审计】 2018年，永州市审计机关以促进领导干部推动部门（单位）科学发展和守法守规尽责、廉洁用权、干净干事为目标，开展经济责任审计，重点审计重大决策部署和政策措施落实、三大攻坚战推进、履行重大经济决策、财政财务管理、对内部单位监管、贯彻落实中央“八项规定”、省委“九项规定”和市委“十项规定”精神以及本人遵守廉洁从政有关规定等情况。全市审计机关对93个单位97名领导干部进行经济责任审计，其中任中审计37人、离任审计60人。审计查出主要问题金额95770万元，其中违规金额1562万元，管理不规范金额94208万元。

（周波）

统　计

【概况】 2018年，永州市统计局围绕全市发展大局，全面贯彻落实稳中有进、“开放兴市、产业强市”和项目建设年活动各项决策部署，以执行力建设为抓手，面向建立现代化经济调查体系目标，着力强化统计基层基础，推进依法统计，不断提升数据质量，全面服务高质量发展，各项工作取得新的成绩。全市地方生产总值完成1805.65亿元，增长7.8%。其中，第一产业完成295.7亿元，增长3.4%；第二产业完成608.3亿元，增长7.2%；第三产业完成901.65亿元，增长10%。规模工业增加值增长7.7%，排全省第四位；社会消费品零售总额增长10.2%，排全省第七位；城乡居民收入分别增长8.7%、9.3%，排全省第四位、第六位；固定资产投资增长9.5%，排全省第十一位；完成进出口总额19.5亿美元，增长43.6%，排全省第二位；财政总收入增长8.3%。地区生产总值增速比全国高1.2个百分点，与全省持平，全市三次产业比16.4：33.7：49.9，一产占比下降1个百分点，三产占比上升2个百分点，第三产发展贡献地区生产总值59%，产业结构调整实现历史性突破。全市高新技术产业投资、工业投资分别增长71.5%、21.4%，税收占地方财政总收入比重的67.7%，比2017年同期提高2.6个百分点，发展质量明显提升。“六稳”在永州市取得新成效，并呈现稳中有进、稳中有优、稳中提质的良好局面。全面小康实现程度提高到95%，同比提升3个百分点左右，及时客观反映全市稳中有进、稳中有升的运行态势。开展创建国家园林城市、市直单位和县区政府绩效考核、基层党建、综合治理等15次民意调查，进一步畅通民意渠道。加强全市基本单位名录库管理，加强企业入统力度，做大增量。全年新增一套表调查单位490家，新增“四上”企业384家，其中工业144家、建筑业16家、批零住宿134家、房地产50家、服务业40家，新增“四上”企业数量名列全省第二名。

【全国第四次经济普查推进】 2018年，永州市合力推进中共十九大后第一次全国大型普查，市县乡均成立相应的普查机构，从人员、经费等方面给予充分保障，市县区政府领导亲自调度、一线指挥，形成齐抓共管格局。广泛发动，选聘普查“两员”7834人和开展PAD操作等密集培训，规范行业划分、数据录入上报，有序开展道县综合试点，科学划分3311个普查区和4426个普查小区及地图绘制，开展地毯式的单位清查工作，全市清查单位5.6万家、个体户32.04万户，比三经普分别增长86.2%和36.1%，工作完成进度情况排在全省的前列。开通普查专网，在电视台、《永州日报》、广播电台等媒体刊文或播放宣传片，重要地段投放宣传广告，立体式宣传营造良好氛围。实行县区包干联系，先后派出10个工作督导组到县区指导督促，确保工作进度和质量。

【统计改革实施】 2018年，永州市统计局围绕高质量发展、建立现代化经济体系目标，以统计改革为抓手，进一步完善统计体系，推动统计制度、统计指标、统计方法、统计手段、统计产品现代化。严格实施《中国国民经济核算体系（2016）》，推进地区生产总值统一核算，实施“三新”统计调查制度，改进完善“三新”增加值核算方法。推进5000万元以下项目投资统计方法制度改革，总结全市试点经验。全面深化服务业重点领域统计改革，抓好规模以上服务业企业调查。做好旅游、文化等产业统计和互联网经济统计，稳妥推进大服务业统计改革。做好局队交接及规下调查，确保月度劳动力调查和“四下”企业调查平稳有序。新推行的主要经济指标评估办法得到省统计局的充分肯定，多个统计专业迈进全省先进行列。

【统计调研服务】 2018年，永州市统计机关紧扣全市中心工作，及时跟进重大战略部署，以“精准统计、精准服务”服务党政决策。大兴调查研究之风，紧紧围绕“抓重点、补短板、强弱项”“开放兴市　产业强市”“六大战役”、乡村振兴等发展重点、社会热点、领导关注点开展专项调研，以高质量的统计分析报告提供参考建议。市、县区局领导带头选课题、破难题，当好调查研究的“领头雁”。市统计局完成78篇，比2017年增加28篇，《潘市镇龙溪村调研报告之一、二、三》《永州市第三产业发展现状研究》《栉风沐雨四十载　改革开放铸辉煌》《永州市高质量发展路径初探》《永州市与周边地区产业发展成本比较研究》《全市去库存成效明显　商品房销售面积增速下降》等得到领导肯定或批示。

【统计基层基础工作规范】 2018年，永州市统计机关持续推进县乡镇统计工作和基础建设规范化，推动基层统计建设从“四有”（有办公场地、专门人员、办公设备、工作经费和基础资料台帐）向“四专”（专岗、专职、专业、专用）提升，11个县区局通过省统计局规范化建设验收。全市182个乡镇（街道）设立统计站，统计人员354人，大专以上文化程度95%以上，专用电脑217台；县区统计局机构统计人员232人，专职统计人员206人，大专以上文化198人，县级联网专用电脑160台。

【推进依法统计】 2018年，永州市始终把统计执法作为维护《中华人民共和国统计法》权威和提升数据质量的重要手段。推动制定下发永州的贯彻意见，明确乡镇统计站设置和人员配备，规定《中华人民共和国统计法》进党校和“三类人员”全覆盖实施办法等。成立市统计执法支队，配备专门力量，召开全市统计法治工作会议，获得全市普法依法治理工作先进单位。全年统计执法检查行政企事业单位201个，对3个县区开展统计巡查。

（周中辉）

国家统计调查

【概况】 国家统计局永州调查队是国家统计局直属正处级单位，内设办公室、综合与执法监督科、农业农村调查科、价格调查科、住户调查科、专项调查科6个科室。国家统计局永州调查队开展的业务工作主要分三大块，第一块是民生调查项目，包括城乡居民收支调查、劳动力调查、农民工监测、贫困监测、小康监测、农民工市民化进程监测等；第二块是经济调查项目，包括粮食产量调查、畜牧业调查、居民消费价格调查（CPI）、工业生产者价格调查（PPI）、小微企业跟踪调查等；第三块是专项调查项目，其中承担省级专项调查有全省绩效评估民意调查、全省城市文明程度指数测评和全省党风廉政建设民意调查；组织实施的市级专项调查有创建省级文明城市模拟测评和永州市县区文明指数测评。

【统计调查数据】 2018年，国家统计局永州调查队通过夯实基层基础、强化检查回访、严格审核评估等措施，完成各项统计调查工作，为全市7个粮食生产大县和7个生猪调出大县的认定、推进永州小康监测、贫困监测等工作提供真实可信的统计调查数据，其中2018年永州市居民可支配收入增长9.8%，增速在全省排第五位；城镇居民可支配收入增长8.7%，增速在全省排第四位；农村居民可支配收入增长9.3%，增速在全省排第六位。国家统计局永州调查队负责的统计调查数据在全省的绩效考核、小康考核、扶贫考核中均获得满分。同时开展3年的劳动力调查也将成为调查失业率的重要计算依据。

【统计调查服务】 2018年，国家统计局永州调查队撰写完成调查信息58篇，调查分析23篇，被上级主管部门、市政府研究室、永州新闻网、《永州日报》和永州政府网站采用100余篇次，其中撰写的课题“永州市第三产业吸纳劳动力就业研究”被省政府采用，在国家统计局湖南调查总队评比中获得第一名。同时永州调查队还开通“永州调查”微信公众号，内设“数据发布”“统计相关”“调查问卷”三大模块，该公众号成为永州调查队对外发布重要民生数据、统计法律法规、

2018年12月7日，永州调查队与市统计局在工人文化馆广场联合开展“统计法颁布纪念日”宣传活动

调查专业知识的主要平台。

【专项统计调查】 2018 年，国家统计局永州调查队完成市文明委委托的创建国家文明城市模拟测评、永州市县区文明指数测评等专项调查，并配合国家统计局湖南调查总队完成对永州市的党风廉政建设民意调查、绩效考核民意调查和文明城市测评，协助9 个县区成功创建省级文明城市。同时还围绕民生问题开展多次快速调查，撰写一系列专项调查报告，为上级统计部门、地方党委政府了解民情民意提供信息。

【统计法治】 2018 年，国家统计局永州调查队通过组织普法竞赛、在市政府广场悬挂统计法宣传横幅、在办公楼墙体张贴《〈统计法实施条例〉知识问答和解读》大型喷绘海报、联合永州市统计局在市区繁华地段工人体育馆广场联合开展“统计法颁布纪念日”宣传活动等措施加强法治宣传。同时，进一步加强统计执法检查，在 11 月组织执法检查组到部分调查企业开展一次“双随机”执法检查活动，营造依法治统工作氛围。

（杨娟）

食品药品监管

【概况】 2018 年，永州市食品药品监督管理局围绕“打造食品药品安全绿洲，建设品质活力新永州”这个中心，突出重点，严格监管，严控风险，各项工作有序推进。全市食品药品安全生产工作坚持以人民为中心，以保障人民群众的生命财产安全为根本出发点，以遏制重特大食品药品安全事故为核心，以减少人员伤亡为重点，推进食品药品安全生产隐患排查治理，强化食品药品安全生产检查和“打非治违”、进一步落实“两个责任”规定，全市食品药品安全生产形势稳定，没有发生一起重大生产事故、一起群发性食物中毒事件、一起源发性药害事件。是年，永州市在全省“群众食品安全满意度调查”中排名第一位，满意度 84.56%，全市有持证食品生产经营单位 34565 家，其中食品生产企业 362 家、食品生产加工小作坊 289 家、食品经营单位 21840 家、餐饮服务单位 12039 家、保健食品生产经营单位 723 家。药品、医疗器械生产经营使用单位 6993 家。

2018 年，永州市暨冷水滩区食品安全宣传周启动仪式

【食品药品监管执法】 2018 年，永州市食品药品监督管理局提请市委、市人民政府出台《永州市关于落实食品安全党政同责的实施意见》，制定下发《2018 年永州市县区食品安全工作评议考核方案》等文件，严格落实属地管理，压实监管责任。突出专项整治，严惩重处“四品一械”违法行为。开展药品、医疗器械、化妆品领域突出问题专项整治；重点抓好校园及周边食品安全“护苗”行动、保健食品“护老”行动、农村食品安全“护源”行动三大行动整治；聚焦群众关心、社会关注、政府关切的小餐饮、小副食、小作坊、小药店、小诊所等“五小行业”开展集中专项整治；吸取吉林长生长春疫苗事件惨痛教训，开展药品生产领域风险隐患“排雷”百日会战；全面开展“一桌餐”“私房菜”等无证无照餐饮单位专项治理，做好巡视“后半篇文章”。全市检查“四品一械”生产、经营、使用企业（单位）9132 家次，下达责令改正通知书 2012 份。年内，全市食品药品监管系统立案 2138 件，涉案货值金额 606.5 万余元，罚没款 1100 余万元，其中市局办结案件 70 件，入库罚没款 100 万元，位列全省前列，向公安部门移交移送案件及案件线索 28 件。

【食品药品系统改革】 2018年，永州市食品药品监督管理局稳步推进盐业体制改革，深化“放管服”结构改革，优化政务服务窗口建设。1月，成立盐务监管科，选优配齐2名监管人员。4月，牵头市盐务局组织召开全市盐务监管工作会议，安排部署过渡时期食盐安全监管工作。4月，设立行政审批科，集中整合市局所有行政审批事项，依法高效开展“四品一械”许可（审批）工作，推进落实清理政务服务事项、“三集中三到位”、“互联网+政务服务”等工作，有效实现“只进一扇门”。经市人民政府同意，将食品经营许可（酒类批发）行政审批权限下放到县区实施。加强政务服务事项“三化”建设（标准化、信息化、精细化），市局政务服务窗口被评为“红旗窗口”。政务窗口接待现场咨询答疑1640人次，开展预约服务18次、延时服务33次；市本级受理行政审批和备案事项404件，办结404件，平均每件审批时间为4.7个工作日，提速81.8%，办结时限均在法定工作日提速三分之一的基础上再提速三分之一，无一例投诉，无一起纠纷。按时办结率和群众满意率均为100%。

【风险防范】 2018年，永州市食品药品监督管理局严格落实日常检查职责，按照检查职责网格化、检查格式化、管理痕迹化要求，推行以现场核查为主，准入审查、“双随机”抽查、飞行检查、专项检查、有因核查等手段为辅“1+N”监督检查模式，不定时开展“地毯式”监督检查，及时公开公示并检查结果，严防严管严控食品药品安全风险。加大监督监测抽检力度和频次，着力提高抽检监测的针对性和靶向性，稳步推进食品药品抽样监测和不合格核查处置工作。药品、化妆品和医疗器械方面：完成省级药品抽样265批次，市级药品抽样260批次，省级化妆品抽样15批次，省级医疗器械抽样20批次，全面完成省市全年计划任务数。食品抽检方面：完成省级分配任务625批次，完成市本级安排的抽样任务1000批次，完成市本级食用农产品任务273批次，全面完成省市全年计划任务数。核查处置方面：收到药品不合格检验报告书20份，收到食品不合格检验报告书44份，全部依法开展处理工作，核查处置率100%。

【开展全市“食药监管能力提升年”活动】 2018年，永州市食品药品监督管理局全面开展全市“食药监管能力提升年”活动，出台《2018年全面提升全市食品药品安全监管队伍能力工作方案》等文件，联手清华大学举办“食品药品安全监管+综合素质提升”培训班，培训人员53人。加速推进永州市食品检验实验室建设项目，基础工程全面完成，项目进入装饰装修、实验室工艺和检验仪器设备采购阶段，建成后可实现食品综合性检验检测能力达1万批次/年。市药检所如期获得湖南省质量技术监督局颁发的药品和化妆品检验资质证书，获得检测能力范围3大类242个参数，其中药品102个参数、化妆品134个参数，环境监测6个参数。参加并完成中国食品药品检定研究院组织的实验室比对和能力验证项目7个，药品检验能力进一步增强。

【食品药品共治格局构建】 2018年，永州市食品药品监督管理局以示范创建为抓手，以点带面，共建共享共治格局构建有效。推进学校（单位）标准化食堂建设，全市成功创建标准化学校食堂200家，如期完成市政府确定的年度目标任务；成功组织创建省级“放心肉菜”示范超市1家、省级食用农产品批发市场达标管理1个；出台《全市关于提升餐饮业质量安全水平的实施方案》，持续推进餐饮服务单位“明厨亮灶”改造工程。注重科普宣教，企业主体责任意识和公众食品药品安全自我防范意识得到显著提升，社会共治氛围日益浓厚。开展以“尚德守法 食品安全让生活更美好”为主题的2018年永州市暨冷水滩区“食品安全宣传周”启动仪式，发放宣传资料5000余份，接待咨询市民800余人；组织拍摄、制作《永州食事药闻》6期，在《永州新闻联播》栏目播出；与永州电视台联合拍摄制作食品药品安全公益广告宣传片6期，在永州新闻频道和公共频道每天播放6次；在《永州日报》刊发食品药品监管“潇湘巨变 改革开放40周年”专版；在元旦、春节、“五一”、高考、中秋、国庆等节假期间就食品、保健食品消费发布消费警示和风险防范提示手机宣传短信4万余条。

（卿云鸿）

质量技术监督

【国家焊剂产品质量监督检验中心（湖南）通过验收】 2018年，国家焊剂产品质量监督检验中心（湖南）作为全国第二家国字号焊剂产品检验检测中心，通过国家认证委的CNAS资质认证和国家市场监管总局现场验收，成为永州市首家国家级检验中心，被列为全市3家国家级科技研发平台之一，全市人才工作领导小组奖励100万元，新增1项国家科研发明专利，完成焊剂及技术规范3项国家标准和5项地方标准的制修定，全面提高焊剂产品标准的话语权。

【实施品牌战略】 2018年，永州市制定出台《关于品牌发展的实施意见》，明确全市品牌发展的战略规划和具体措施，全市拥有国家地理标志保护产品7个、省长质量奖1个、湖南名牌37个。宁远九嶷山获批创建全国生态旅游知名品牌示范区，培育“伊塘西瓜”“祁阳茶油”“九嶷山兔”等4个国家地理标志保护产品。

【特种设备安全整治】 2018年，永州市开展特种设备“打非治违百日行动”和关键时间节点特种设备安全隐患排查治理专项行动，对学校、医院、车站等公众聚集场所的特种设备实施地毯式排查。组织开展电梯深化整治行动，对全市中心城区103个小区874台电梯排查出来的255个问题全部督促整改到位，得到省委第六巡视组肯定。

【产品质量监管】 2018年，永州市加强对轻工、机电、建材、饲料、化肥等九大类产品的监督抽查，完成工业产品监督抽检1800批次，不合格产品100%处理到位。组织开展“质监利剑”“双打”等各类执法打假行动15次，查办案件385起，大要案件12件，移送公安机关案件4件。是年，永州市质量技术监督局被评为全省2017年—2018年度质监执法打假工作先进单位，在7月、8月、9月连续3个月在全省质监系统安全监管执法评价中排第一名。

【质量服务优化】 2018年，永州市质量技术监督局推进行政审批改革，实现质监行政审批“一站式快捷办理”；服务产业园区，开展“工业园区企业（项目）免费质量技术服务年”活动，赴湖南涔天河水库扩建工程项目建设现场服务；开展计量惠民生。组织对医院、加油站、农贸市场和大型超市等领域使用的强检计量器具进行免费检定。

【永州焊剂产业5项地方标准制定达到国内先进水平】 2018年7月6日，由永州国家焊剂产品质量监督检验中心起草制定的《熔炼焊剂中氧化锰含量测定》等5项湖南省地方检验标准在长沙通过专家审查。据专家一致认定，该标准分析速度快、制样简单、精密度和稳定性好，填补省内空白，达到国内先进水平。3月，永州焊剂国检中心起草制定的焊剂产品检测5项地方标准获得湖南省质量技术监督局批准。此次通过专家审查会并发布实施，标志着该市产品质量检验检测能力跨入新阶段。永州拥有30多年的焊剂产品生产历史，全市先后建立35家民营焊剂产品生产企业。作为全国焊剂产品的主要生产基地之一，永州焊剂年产销量在10万吨以上，年产值约10亿元，占到全国三分之一以上的市场份额。

（周瑛鸿）

安全生产监督

【概况】 2018年，永州市安全生产工作以零死亡为最高目标，以生产经营单位为主体，以监管执法为主抓手，突出安防素养提高、安全责任落实、风险隐患防治、本质安全提升等“四核”工作，推进常态化、规范化、精细化、信息化“四化”建设，安全生产工作继续保持稳中向好的态势。全年全市发生各类生产经营性安全事故37起、死亡42人，同比减少事故13起、少死亡17人，分别下降26%和28.81%，全市没有发生重特大生产安全责任事故，实现事故起数和死亡人数连续11年“双下降”。其中，非煤矿山、烟花爆竹、危险化学品和工贸行业、水上交通等重点行业领域实行“零事故、零死亡”，为建设创新开放新高地、品质活力新永州提供良好安全环境。永州市被评为湖南省安全生产优秀市州，蓝山县被评为省级安全生产示范县。

【“互联网+安全小镇”建设】 2018年，永州市建设“互联网+安全小镇”，重点开展“10+N”建设，即一个安全监控指挥中心、一个隐患风险大数据分析预警管理平台、一套可视化GIS地理地图定位系统、一套安全生产网格化监管系统等和“N”个安全促进项目。各乡镇（街道）结合自身特点，在开展“互联网+安全小镇”建设中，引入安全生产社会化服务机构专业技术力量，委托开展隐患排查治理、安全生产标准化建设、应急救援和演练、安全培训等有偿服务，提升安全生产管理专业化程度。祁阳县白水镇政府投入100万元，建设“互联网+安全监管平台”投入运行60余天，排查出各类隐患和问题700余项；祁阳县羊角塘镇把辖区内25家烟花爆竹生产企业和4家非煤矿山企业全部接入镇“互联网+”安全监管平台，实现线上监管；零陵珠山镇运用“互联网+”安全监管平台建立矿山重点领域扬尘监测系统，为全镇1000多名一线矿工预防尘肺病提供24小时全天候实时在线监测监管。全市14个乡镇（街道）建成“互联网+安全小镇”试点，该项工作得到省应急管理厅厅长李大剑的充分肯定，《全国安全生产简报》第58期、《中国应急管理报》、湖南卫视、《湖南日报》、红网等主流媒体深入永州市试点建设单位，对永州“互联网+安全小镇”建设经验做法进行重点采访，并以《永州率先建设“互联网+安全小镇”》为题，对永州这一典型进行深度报道，引起业内广泛关注，并被《全国安全生产简报》转载。

【“打非治违百日行动”】 2018年，永州市根据省安委会“打非治违百日行动”的统一部署，结合全市打非治违工作实际，从2月开始全面开展打非治违百日行动，进行大排查、大整治、大执法，排查、整治、打击一大批安全生产非法违法行为，初步形成打非治违的常态化高压态势。截至2018年4月1日，全市排查发现问题单位4031家，责令限期整改单位2001家，责令停产停业整顿180家，立案340起，暂扣或吊销有关许可证44家，关闭生产经营单位52家，取缔生产经营单位204家，治安拘留及刑拘80人，没收非法所得及行政处罚51.3万元，警示及约谈监管人员320人，列入黑名单管理企业2家。9月，永州市安监、质监等安全监管执法工作位列全省“安全监管执法排行榜”第一名。

【陈飞在永州调研安全生产工作】 2018年2月26日—28日，副省长陈飞深入永州市宁远、江华、零陵、东安、永州经济技术开发区调研工业经济、交通运输、科技和安全生产等工作，并主持召开调研座谈会。省政府副秘书长易佳良，省经信委党组书记、副主任曹慧泉，省交通运输厅厅长周海滨，省经信委副主任殷林波陪同调研。市领导李晖、赵应云、罗建华、周荣峰、谢景林分别参加部分调研活动。座谈会前，陈飞先后调研宁远的硕宁电子、亿龙自动化、华荣鞋业、汽车总站、工业园展示中心、裕宁电子，江华的沱涔公路、海螺水泥包装、九恒集团、明意湖智能科技、邦特尔智能终端电子、绿宝石智慧储能、贵德光电科技、展承创意项目，衡道高速（零陵区富家桥镇），神华国华东安火电项目，永州经济技术开发区的长丰猎豹公司、华为数据中心、中信重工永州基地等。

零陵珠山镇互联网+安全监管中心

【“安全生产月”十大主题活动】 2018年6月，永州市安委会围绕“生命至上　安全发展”主题，组织开展十大主题活动（安全发展主题宣讲活动、全国安全宣传咨询日活动、新闻宣传和专家宣讲活动、第二届“最美安监人”评选活动、安全应急救援演练活动、安全事故灾害警示教育活动、安全宣传板报创作竞赛活动、安全应急知识答题活动、安全监管“强执法防事故”集中整治行动、“安全生产潇湘行”活动），着力营造全社会关注安全生产的良好氛围。安全生产月期间，全市设置横幅标语3348幅，派发宣传手册185276份，刊发网络媒体文章642篇，播出“安全生产月”活动新闻、安全生产公益宣传标语1536次；组织各类安全宣讲培训班、座谈会411场次，举办各类安全生产知识竞赛63场次，开展应急演练43场次；排查发现问题单位2115家，责令限期整改单位

1345家，责令停产停业整顿112家，立案256起，暂扣或吊销有关许可证103家，关闭生产经营单位18家，取缔生产经营单位346家，治安拘留及刑拘78人，没收非法所得及行政处罚99万元。是年，市安监局被评为全省“安全生产月”和“安全生产三湘行”活动优秀组织单位。道县安监局、宁远县安监局、祁阳县安监局、新田县安监局因活动组织得力，成效明显，被评为2018年全省“安全生产月”和“安全生产三湘行”活动优秀组织单位。

2018年2月，副省长陈飞（前排中）一行在湖南长丰猎豹汽车有限公司总装车间调研安全生产工作

【市委常委会专题研究安全生产行动】 2018年8月28日，中共永州市委常委会专题研究，安排部署全市安全生产“奋战四个月，实现三目标”行动，确保全市安全生产实现“事故起数同比下降15%以上、死亡人数同比下降15%以上、不发生较大及以上安全责任事故”的三大目标。会议要求，一要全面压实各方安全生产责任，坚决做到责任落实不留空档、不留死角，确保看不到的地方看到、想不到的地方想到、管不到的地方管到。围绕“落实企业主体责任年”各项工作任务，落实《湖南省生产经营单位安全生产主体责任规定》。持续保持打非治违常态化高压态势，配强常态化“打非治违”专门队伍，抓细抓实全市打非治违暨强执法防事故暗访督查工作。二要以开展“全省安全监管执法质量排行榜”活动为抓手，对问题和矛盾集中的重点区域、重点行业、重点企业，组织开展联合执法、集中执法，实现监管执法全覆盖。市安委办要组织各县区开展交叉执法专项行动，实行“三比三严”，形成安全监管执法“比、学、赶、超”的良好氛围。三要全面开展安全生产创“三无”活动。生产经营单位要开展“员工无违章、岗位无隐患、班组无事故”的创“三无”活动；乡镇街道和各行业管理部门要组织开展“无明显非法违规生产经营行为、无较大风险隐患、无亡人事故发生”的创“三无”活动。四要深化重点行业领域专项整治。要按照“三个必须”和“谁主管、谁负责”的原则，持续抓好建设、交通、旅游、学校、矿山、危险化学品、烟花爆竹、特种设备、人员密集场所等重要领域、重要环节、重点企业的排查管控和整治，坚决做到不安全不生产、不安全不运营、不安全不建设。会议要求，市安委会成立巡查组，对县区安全生产工作开展巡查，并将巡查结果作为对被巡查县区党委政府领导班子和有关领导干部考核、奖惩和使用的重要参考。对工作不负责任、推进不力的，要按照有关规定给予严处。因工作不力，引发较大及以上安全事故的，要严格责任追究。

【市矿山救护队通过一级质量标准化验收】 2018年10月23日，永州市矿山救护队通过一级质量标准化验收，成为全省13支队伍中唯一一支通过一级标准化的地方救护队。永州市矿山救护队坚持“加强战备、严格训练、主动预防、积极救援”的原则，执行准军事化管理，从难、从严、从细，结合实战锻炼队伍在恶劣环境条件下的战斗能力，增强全体指战员抢险的实战能力，增强指战员的心理素质和技术水平。建队以来，开展事故救援253起，救活遇险矿工127人，抢救出遇难人员295人，连续45年实现安全救护。

【李大剑应邀为市委理论学习作辅导报告】 2018年10月31日上午，省安委办主任、省应急管理厅厅长李大剑应邀为永州市委理论学习中心组作应急管理专题辅导报告。永州市委书记、市人大常委会主任李晖主持报告会。会上，李大剑以“践行应急管理新思想　开启安全发展新征程”为题，介绍全国应急管理面临的新形势、以往应急管理存在的问题，并从领会新思想、构建新机制，锻造新能力、落实新要求，夯实新基础、形成新保障3个方面，就做好新时代应急管理工作的指导思想、机制设置、工作标准、能力要求、保障措施进行深刻阐述。专题辅导后，李大剑一行还深入中信重工开诚智能装备有限公司、湖南易尤特信息科技有限公司调研。他指出，要顺应信息化、“互联网+”趋势，着眼于“大安全”，注重“防、治、救”三位一体，创出“永州模式”，推广永州经验。

（唐辉）

国有资产管理

【机构概况】　永州市国资委成立于2005年1月，委机关设置10个内设机构，包括：办公室、国有资产经营科、产权科、规划发展和改革改制科、政工科、维稳科、资本合作科、改制企业市管干部管理科、党建科、国有企业监事会工作办公室。归口管理市国有产权管理交易中心、市医药产业发展中心、铜山岭社区服务中心事业单位3个。核定委机关总编制20人，其中，行政编制17人，机关后勤服务人员3人。有干部21人，机关后勤服务人员2人。国资委机关退休7人。市国资委党委归口管理的单位有52家，有基层支部459个，党员10172人，其中在职党员5047人，离退休党员5125人。2005年度市人民政府明确首批监管企业13家，完成第一批改制7家（即零陵化工集团、零陵塑料厂、冷水滩耐火材料厂、湘南罐头厂、市轻机厂、潇湘集团、祁阳煤矿），第二批改制企业6家（即潇湘纸业、零陵耐火材料厂、九嶷水泥、药业集团、煤建公司、零陵煤矿）。

【国企改革】　2018年，永州市26家停产的市属国有企业及县区药材公司改制清理工作全面收官，职工身份置换1.2万人，清理处置资产9亿元，改制企业社会职能移交59家，移交人员1.4万人（含2002年第一轮改制后未移交职工2000余人），移交党员2000余人，拨付移交资金280万元，清理进度排全省第一位。省人民政府列入全市考核的12家省企、央企，供水改造移交完成7901户，签订协议8005户；供电改造移交完成8285户，签订协议11177户；物业改造移交完成1153户，签订协议4915户，基本完成供水供电改造移交工作。主动与省市人社部门协商沟通，成功解决多年以来悬而未决的失业保险、工伤保险、养老保险“三大难题”，协调完成养老保险挂账3.9亿元，成功解决改制企业230余名职工的退休问题。

【国资监管】　2018年，永州市陆续出台各类规范性文件。3月，《永州市国有企业监事会管理办法》出台；10月，市委下发《中共永州市委关于建立市人民政府向市人大常委会报告国有资产管理情况制度的意见》；12月，《永州市市属国有企业经营管理人员履职待遇、业务支出管理办法（试行）》市人民政府第三十一次常务会审议通过，并提请市委常务会专题研究。

【国企党建“永州模式”】2018年，永州市在北京清华大学举办市国资系统基层党组织书记和党群部长执行力提升班，邀请李清泉教授等国内知名学者授课，提高党务工作者的业务能力；在永州市广播电视台举办“颂建党伟业　耀国资荣光”2018年市国资系统庆“七一”文艺会演，展示国资国企精神风采。

【地企合作新模式】　2018年，永州市国资委成功对接引入华侨城，总投资10亿元的永州华侨城卡乐文化旅游项目于12月29日开工。对接中国航空工业集团、中国医药集团等世界500强央企。11月16日赴北京进行拜访，11月底中国医药集团、12月中旬中国航空工业集团先后至永州市实地考察，与中国医药集团合作方案初步拟定，与中国航空工业集团就促进中航实体产业落地达成初步共识。支持湘器消防安全防护系统项目，向省国资委汇报衔接，省委常委、省国资委党委书记张剑飞批复同意拨付800万元支持项目建设。

【国企安全维稳】　2018年，永州市国资委开展安全生产大检查14次，排查安全隐患189处；接待来访61批次713人次，交办件按时办结率100%，连续两年实现安全生产零事故、赴省进京零上访。省委第六巡视组交办件分6批次17件，中央第八巡视组交办件3批次5件，受理网上信访29

件。通过压实包案责任、规范办理程序、依法解决问题等举措，办结率100%。

（王斌之）

国土资源管理

【概况】 2018年，永州市国土资源局围绕中心、服务大局，市委经济工作会议和市政府工作报告明确的目标任务及省自然资源厅部署工作全面完成，连续19年实现耕地占补平衡，连续12年实现自然地质灾害“零伤亡”，驻村帮扶工作被湖南经视电视台宣传推介，在全省自然资源系统绩效考核中获得第二名。

【发展保障】 2018年，在国家和省严控新增建设用地、省内其他市州获批土地利用计划较2017年减少20%的形势下，永州市向省争取土地利用计划591公顷，追加计划12.3公顷，共603.3公顷。其中市本级187公顷，较2017年减少8.4%。全市获部、省批准新增建设用地项目141个，总面积1651公顷，是省下达计划的2.8倍，较2017年增长70%，有效保障湘桂铁路改造、毛俊水库、湘江东岸生态治理、学位建设等重大项目、重点工程和民生实事项目的用地需求，全市没有因为土地报批问题影响项目落地。盘活利用空闲土地379宗、面积1608公顷，清理处置闲置土地67宗、面积325公顷。选址核查城乡建设用地增减挂钩项目906公顷，获省自然资源厅批复563公顷。

全市挂牌出让土地成交127亿元，仅次于长沙、岳阳、株洲、常德四市，在全省排名第五位，较2017年增加75.7亿元，增长147%。其中市本级成交23宗，面积63.33公顷，成交金额12.7亿元，土地出让效益得到提高，促进政府债务化解。同时，为贯彻落实市委、市人民政府关于“土地经营要注重引入知名企业，开发带产业的房地产项目，加快城市提质和扩容步伐”的要求，为中建信合、好祥传媒、万达、王府井、铜锣湾、绿地集团等企业考察和储备土地400余公顷。

【耕地保护】 2018年，永州市完成耕地保有量和基本农田保护面积不减少的目标任务，连续19年实现耕地占补平衡。全市实施土地开发项目65个、面积2790公顷，可新增耕地2353公顷。2016年以来争取省自然资源厅投入资金4.6亿元，实施土地整治项目82个，面积10449公顷，在涔天河流域4县实施耕地后备资源开发1858公顷，可新增耕地1232公顷。完成土地开发项目验收确认31个，新增耕地指标1320.85公顷。验收完成2016年度土地整治项目49个，建设总规模5622公顷，总投资11216万元。组织实施2017年度土地整治项目33个，建设总规模4826.62公顷，总投资12024.84万元。申报立项2018年度高标准农田建设项目21个，争取资金3206.05万元。

【征地拆迁】 2018年，永州市创新征地拆迁方式方法，完善征地拆迁工作机制，市人民政府出台《关于进一步完善中心城区土地和房屋征收工作机制的意见》《征地拆迁联动机制实施方案》等4个文件，开展重点项目征地拆迁百日攻坚行动，调动各级各部门工作积极性，征地拆迁实现市县联动、整体推进。全市实施重点项目453个，征收土地2.3万亩，征收房屋2.2万户，面积312万平方米。其中中心城区实施项目83个，征收土地1.1万亩，征收房屋1.1万户，面积166万平方米。无一强拆，为项目建设创造良好条件。

2018年3月16日，永州市国土资源暨党风廉政建设工作会议召开

【矿政管理】 2018年，永州市发证矿山504家，其中省部级发证52家、市级发证34家、县级发证418家。全市504个发证矿山中，有效期内采矿权282个。市本级年内没有出让采矿权。关闭注销矿山4家。全市探矿权77个，其中铅锌矿23个（部发证2个），锰矿9个，铀矿11个（全部为部发证），锑矿5个（部发证2个），锡矿、铜矿各5个，金矿、铁矿各4个，方解石矿3个，地热2个，钼矿、硫铁矿、萤石、重晶石、高岭土矿、水泥灰岩矿各1个。零陵锰矿区生态修复工程入围全国第三批山水林田湖草生态保护修复工程，获批资金55397万元。

【土地矿产执法监察】 2018年，永州市开展土地矿产动态巡查1.5万人次，立案查处土地矿产违法案件140起，结案124起，罚没款700余万元，没收建筑物面积27.02万平方米，拆除违法建筑物面积9.98万平方米。移送司法纪检机关16人，建议并落实党纪政纪处分、追究刑事责任11人，没有被省约谈问责。在“打非治违”中检查矿山和非法开采点191个，责令改正或停止违法行为24起，责令停产停业17家，关闭非法矿山企业11家。全市“大棚房”问题专项清理整治发现问题161个，涉及违法用地87宗，全部整改到位。在“扫黑除恶”工作中向省厅报送涉黑涉恶线索18条。

【地理信息测绘】 2018年，永州市完成数字永州、道县、宁远、祁阳建设，数字东安、新田、蓝山、江永有序开展，数字双牌申报获省厅批准。《数字永州市县一体化时空大数据与云平台建设方案》所需300万元经费已经市人民政府同意。

【地质灾害防治】 2018年，永州市优化矿业结构布局，严格准入制度，共抓大保护，不搞大开发。零陵锰矿区生态修复工程入围全国第三批山水林田湖草生态保护修复工程，获批资金55397万元。配合开展中央环保督察反馈问题整改和“绿盾2018”专项行动，全市334家不合规粘土砖厂、自然保护区和湘江流域内54个采矿权全部按要求整改到位。宁远九嶷山获批省级地质公园。全市自然地质灾害连续12年实现“零伤亡”。

【维护权益】 2018年，永州市国土资源局提请市委常委会、市政府常务会议、市编委会专题研究，将房屋交易备案服务和房屋档案管理职责整合到不动产登记机构，成功组建市国土资源档案馆，解决不动产登记改革中因职能分割导致群众办证不便的问题，不动产登记实现“最多跑一次”，国务院大督查反馈良好。全面实行“互联网+政务服务”、“5+1”工作制、“延时服务”等措施，“数字永州”市县一体化建设成果与“智慧城市”共建共享，国土资源11项行政许可（含其他行政权力）及不动产登记的办结时限，全面压缩到7个工作日内。重新梳理权力清单，将61个依申请类事项、47个无需申请类事项录入“互联网+政务服务”平台，实行政务服务网上信息公开和办理。依法、见面、跟踪办理市五届人大二次会议74名代表单独或联名提出的建议15件，其中主办6件、协办7件、分办2件，含市人大常委会重点督办1件。15件建议按期办理率、代表回复满意率100%，市国土资源局连续11年被评为全市“建议提案办理工作先进单位”。

（市国土资源局办公室）

2018年7月2日，中共永州市委书记、市人大常委会主任李晖，市委副书记、市人民政府市长赵应云率市国土资源局等部门主要负责人，赴省国土资源厅对接工作

【地质矿产勘查】 2018年，湖南省地质矿产勘查开发局409队实现对外经营总收入1.92亿元，完成年度经营目标的152%，较2017年增加5660万元。成为永州市第一家拥有测绘甲级资质的单位，被评为湖南省地勘局年度党风廉政建设先进单位、安全生产先进单位，永州市社会治安综合治理工作先进单位、安全生产工作先进单位，市国资委系统先进党委，队属地环分院获评省级青年文明号。

提交零陵区新宅里矿区，提交碳酸锰矿石资源量238万吨。永州市零陵区野牛冲矿区锰矿普查、永州市零陵区水埠头矿区色背冲矿段矿详查，分别提交碳酸锰矿石总资源量912万吨、973万吨。永州市砂石骨料资源调查评价设计通过省自然资源厅评审，结论为良好。全年累计提交各类技术服务报告39个。科研项目湖南省稀有稀散矿成矿规律及找矿方向研究，进入资料整理和报告编制阶段。

永州地区地灾防治主力军地位得到巩固。双牌何家洞地质灾害勘查等6个省级财政地质环境项目进展顺利。发挥永州地质灾害防治技术支撑单位的优势，为全市地灾、地下水监测等工作提供技术支撑，地灾防治技术服务实现永州11个县区全覆盖，与零陵区、东安县、回龙圩等县区国土局签订战略合作协议。利用4个地灾类甲级资质参与市场竞争，签订地质环境类项目合同112个。

经营总量突破1亿元大关。签订各类勘察、基础施工和测量测绘合同600多个。掌握航空摄影测绘新技术，开展整治测量、道路测量等14个需要航空摄影技术的项目。发挥技术优势，在双牌县、回龙圩管理区开展业务且取得较好成效。双牌县不动产登记项目和冷水滩区地名普查项目分别获得2018年省地理信息产业优秀工程金奖、银奖；宁远、道县、新宁农村土地承包经营权确权项目在全省率先通过野外验收。注册湖南地勘检测中心，为进入农业地质、环保检测等市场打下基础。工程检测产业稳步发展，钻探产业完成2000余米钻探工作量，在生态环境方面寻找新业务。

着力提升产品科技附加值，先后研发RK-3000智能集中式制浆、注浆设备并投放市场。水下钻机在琼海海域成功试钻，获得“液压驱动水下钻机动力头”“液压驱动水下钻机钻头结构”两项实用新型专利。多用途便携式地质钻机的研发与应用在省国土厅成功立项，获批研发资金60万元。

制定和完善《四〇九队经营单位业绩考核办法》《四〇九队环境卫生和个人文明行为考核办法》等一批管理办法，管理工作达到提质增效的目的。机关科室工作实施量化清单式管理，全年制定目标任务309项，追加15项，实际完成301项。纪检监察以干部勤政日志和清单督查为抓手，通报勤政日志上交情况2次，开具督办函8份，提高干部队伍勤政意识和工作效率。安全综治物业管理全面加强，加强“两区三院”警务联勤室建设，领导带队检查安全生产工作12次，开出隐患整改单15份，消除各类重大安全隐患6处。

全年送培各类专业技术、业务培训175人次，选送18人次到清华大学等知名学府参加专题教育培训，投入培训费用职教经费18.27万元。资质资信建设取得新成果，测绘资质晋升甲级，新增无人飞行器航摄、地理信息系统及数据库建设等5项测绘乙级资质；土地规划资质晋升为乙级。地质科技产业园影响力不断提升，省政协副主席胡旭晟、地方党政领导先后深入地质科技产业园调研指导。地质科技馆筹建工作扎实推进，开展一系列矿石标本、历史资料、荣誉资料的收集工作，做好科技馆设计施工工作。

【409队成立省地质勘探院检测中心】 2018年1月，湖南省地质勘探院检测中心成立，标志着湖南省地质矿产勘查开发局409队重点发展工程检测、岩土测试产业。409队在召开研究检测中心的市场开拓和运营情况专题会议时指出，检测行业现在机遇较好，永州工程检测有很大市场空间。为支持检测中心发展，409队将已有计量认证转到勘探院名下，发动全队人员报考工程检测岗位，特别邀请省建设工部学校专家举办工程检测相关专业的培训，助推检测中心队伍的扩大和资质的升级。

（洪俊展）

【煤田地质勘探】 2018年，湖南省煤勘三队实现总收入6015.1万元，其中财政补助收入2767.6万元，对外创收完成产值3965.2万元，财务决算收入3247.5万元，全年交纳税金204万元，经营收益125.2万元，净利润109.8万元；在职职工年人均工资6.33万元，增长11.8%。

完成产值565.4万元，决算收入664.8万元。完成省厅委托

2018 年 5 月 9 日，郑万高铁湖北巴东段神农溪特大桥 1 号主墩桩基项目

的商业性勘查项目《邵东县团山镇光冲煤矿普查报告》编制工作；拓展第三类矿产地质技术服务工作，开创性尝试县级发证的矿山地质环境恢复治理工作，完成产值 296.6 万元，创历史新高；通过 2 个省级财政地灾项目的野外验收，其中宁远县、零陵区等县区山地丘陵区中小学校地质灾害补充调查项目野外验收等级为优秀，并完成该项目成果资料的评审备案；与永州市国土资源局签订地质灾害技术支撑合作协议，承接永州市人民政府重点关注项目——潇湘公园滑坡勘查。“走出去”战略取得新突破。与涟源华润煤业有限公司合作，承担路馆煤矿地质环境综合治理实施方案的编制工作，项目资金 36.88 万元；拓展土地确权领域，实施湖南省福田茶场农垦国有土地使用权确权登记发证项目，经费 12 万元；完成 2018 年度科研项目—“永州市锰矿区露采场矿山地质环境生态修复技术研究”的野外调查工作。

实施工程勘察项目 10 个，完成实物工作量 16905 米，完成产值 759.8 万元，决算收入 634 万元。湖北五峰页岩气项目是继“渝东—湘西地区页岩气地质调查井钻探工程”后的又一个新能源勘查项目，完成钻探进尺 1500 米，产值 126 万元，较好地处理该项目施工过程中出现的岩溶特别发育、漏水、涌水、掉块、缩径等各种复杂孔内情况，完成钻探任务。实施神华永州发电厂一期工程铁路专用线工程 A 标超前钻工程，工作量 1.7 万米，完成 7664 米，产值 175 万元。办理施工时间较长的贵南线定测、补定测和深孔钻探等项目的结算工作。加大工程款催收力度，回收工程款 900 多万元，其中往年工程款 584 万元，2018 年工程款 316 万元，有效缓解资金困境。

施工广东清远清西大桥桩基础、永州市城南大桥钢围堰冲击引槽施工、郑—万高铁巴东段神农溪双线大桥钻孔桩等项目 21 个，完成产值 2640 万元，决算收入 1948.7 万元。在涪秀二线铁路工程乌江特大桥项目施工过程中，安全、质量和进度等工作突出，被中国中铁四局二公司授予“2017 年度优秀作业层队伍”称号，获奖励 10 万元；郑—万高铁巴东段神龙溪双线大桥大口径冲击钻施工项目克服环保要求高、工期紧、场地狭窄、地质情况复杂、施工难度大等困难，在短期内完成平均深度 88 米、桩径 2.8 米、18 个孔的施工任务，完成产值 904.77 万元，实现项目收益 300 余万元；新承接桩基项目 3 个，合同额 500 万元，中标云南怒江州贡山县丙中洛镇秋那桶村委会尼打小组后山崩塌治理工程、云南昭通市永善县团结乡大毛村二环岩滑坡应急治理工程、湖南宁乡市巷子口镇官山村滑坡地质灾害治理等项目 3 个，合同金额 624 万元。

（李美玲）

公共资源交易

【概况】 永州市公共资源交易中心位于永州市冷水滩区逸云路 1 号，2014 年 1 月 6 日揭牌运行，2015 年初升格为正处级公益二类事业单位，2016 年 11 月全市公共资源交易平台整合后调整为公益一类事业单位，为全市各类公共资源交易的唯一有形市场和服务平台。设有主任 1 名，副主任 3 名。内设办公室、政工科、财务科、信息监督科、政府采购交易科、建设工程交易科、国土资源交易科、国有产权及无形资产交易科 8 个科室，核定编制 55 名，正科级领导职数 8 名，副科级领导职数 12 名，有在编在岗人员 48 人，离退休人员 3 人。

2018年，累计成交各类公共资源交易项目1856个，全年交易总额424.5296亿元，在全省排第七位，占全市地区生产总值的24.4%；节约资金10.4亿元，增收金额50.7亿元；收取保证金119.2888亿元；交易服务费6235.41万元，同比增长131.56%。

【制度建设】 2018年，永州市公共资源交易中心始终把制度建设摆在突出位置，贯穿工作始终。坚持一把手牵头抓总、分管领导具体负责，中心党组先后6次专题研究、部署推动，对已有规章制度进行系统梳理，针对存在问题查找制度漏洞，在此基础上做好制度废改立工作，增强各项制度的规范性、专业性、实用性，做到解决一类问题，消除一个病根，完善一套制度，拧紧一颗螺丝，推动制度建设常态化长效化。修订出台《党组议事规则》《主任会议议事规则》《公文处理制度》《办公用品采购、维修、领用管理制度》《固定资产管理制度》《公务接待管理规定》《财务管理制度》《交易项目保证金管理办法》《交易现场管理规定》《加班补休制度》等内控制度19项，确保权力运行不任性、服务行为不逾矩。

【巡察整改】 2017年12月27日至2018年1月30日，中共市委第一巡察组对市公共资源交易中心进行为期一个月的巡察，第一巡察组通过民主测评、个别谈话、查阅台账资料、组织座谈会等形式，完成巡察任务并出具反馈意见。市公共资源交易中心坚持“立即改、彻底改、长效改”的工作取向，层层传达压力，层层压实责任，成立整改领导小组，出台整改方案，统筹协调推进，23项整改任务于2018年11月前全部整改到位。修订完善内控制度19项，追缴迟缴交易服务费241.3万元，退付历年积压保证金4052.5万元。

【公开招标选定保证金合作银行】 2018年11月19日，永州市公共资源交易中心通过公开招标选定交通银行股份有限公司永州分行（主办银行）、中国工商银行股份有限公司永州分行、中国建设银行股份有限公司永州分行、永州农村商业银行股份有限公司、中国银行股份有限公司永州分行5家银行成为保证金合作银行。12月12日、18日分别与5家中标银行签订合作协议。

（全照瑜）

2018年，永州市公共资源交易中心举行党风廉政建设责任书签订仪式

工业企业改制服务

【概况】 2018年，永州市工业企业改制服务办公室突出“三主”（即以深入学习贯彻落实中共十九大精神为主导，以“不忘初心，牢记使命”主题教育为主线，以“两个服务”为主旋律），求真务实，效果明显。党建工作上新台阶，办离退休党支部完成换届选举，办机关党支部成功创建“五化”支部；企业改制稳步推进；离退休人员管理服务日益改善；修志进度快步进入前列；所属服务对象及区域稳定，多年上访的老上访户息访，结对帮扶的9户贫困户，100%实现巩固脱贫。

【服务离退休人员】 2018年，永州市工业企业改制服务办公室做好走访慰问工作，与市老干局、市直工委、市经信委领导分批次慰问离休老党员和新中国成立之前入党的离休党员，送达慰问金2700元。为困难党员排忧解难，对2名在职困难党员发放2000元补助，为5名离退休老党员老干部解决困难资金5000元，陪同上级领导走访发放慰问金1800元。对离退休老党员老干部居住的原煤炭办、机冶办、化工办等小区，进行全面管理服务，投入资金

3.87万元。原市煤炭办宿舍新北栋排污沟及化粪池严重堵塞，导致污物四溢，路面污水横流，院内臭气熏天，严重影响老党员老同志的生活出行。通过协调争取2.3万元，聘请专业队伍施工，用2个多月时间彻底解决这一老大难问题，居住环境得到改善。完成离退休支部的换届选举。组建新的离退休党支部委员会。

【服务改制企业】 2018年，永州市工业企业改制服务办公室派遣5名党员到企业挂钩蹲点，深入一线为改制企业、职工服务，广泛调研。围绕原市轻纺办等6个工业事务办机构改革后续工作、原市二轻办下属2家公司改制工作进程和维稳工作两个课题，深入开展调查研究，形成调查报告，供市委、市人民政府决策。7次组织党员干部进入企业、深入基层调研，了解企业改制情况，掌握职工思想动态，化解矛盾3起。邀请中国银行永州分行、市中级人民法院等单位领导召开协调会议，专门研究市二轻工贸公司债务化解问题，有效推进破产清算和企业改制工作。

（肖良宣）

商业企业改制服务

【概况】 2018年，永州市商业企业改制服务办公室落实市委、市人民政府各项决策部署，加强党风廉政建设和党建工作，继续抓好“两学一做”常态化学习教育，聚力国企改革，聚焦信访维稳，着力安全生产，全力服务企业，真抓实干，完成全年各项工作任务。

【商业企业改制】 2018年，永州金属材料公司、金秋贸易公司改制工作基本完成。两公司的职工身份已置换、资产已移交、社会职能和党组织关系已移交；两公司社会公众股（个人股）确权登记、回购、兑付。截至2018年12月31日，金属材料公司兑付1435人、9254900股，股金12031370元，支付红利43242.5元，完成应回购社会公众股（个人股）总股份的56%；金秋贸易公司兑付929人，4007300股，股金4007300元，支付红利5722.76元，完成应回购社会公众股（个人股）总股份的58%。12月，完成两公司改制终结审计工作。

【改制企业档案移交】 2018年8月，永州市23家已改制商业企业、2593份职工人事档案移交市人社局档案托管中心。包括：2003年改制以来的原商业系统13家改制企业1646份职工人事档案，2004年改制以来的原物资系统10家改制企业947份职工人事档案。并对已改制企业的财务、文书档案全部移交市档案馆。23家已改制企业职工2593人（原商业系统13家1646人，原物资系统10家947人）完成清理造册并在规定时间报市国改办；对历年来的尚未移交的14家改制企业236名党员（原商业系统4家59名，原物资系统10家177人）完成清理造册并在规定时间报市国改办。

（黄国衡）

财政·税务

财　　政

【概况】 2018年，永州市财政总收入183.3亿元，比2017年增长8.3%，收入增幅排全省第六位；财政收入占地区生产总值的10.2%，税收占财政收入的79.2%。地方收入中非税占比32.3%，财政收入质量排全省第六位。其中，地方一般预算收入完成118.1亿元，增长8%；上划中央税收53.2亿元，增长9.2%（增值税29亿元，增长15.5%；消费税6.4亿元，下降8%；企业所得税12.5亿元，增长3.5%；个人所得税5.2亿元，增长22.8%；营业税0.2亿元，下降60%）；上划省级税收12亿元，增长7.6%（增值税7.3亿元，增长15.6%；营业税0.04亿元，下降60.1%；企业所得税2.5亿元，增长3.5%；个人所得税1亿元，增长22.8%；资源税0.2亿元，下降13.6%；城镇土地使用税0.9亿元，下降27.9%）。财政支出460.8亿元，增长6.7%。

【财政收入征管】 2018年，面对全国大规模减税降费、经济下行压力加大、收支矛盾尖锐、各类风险叠加等多种因素带来的严峻挑战，永州市各级财政部门不断厚植财源、加强征管、统筹调度，实现收入总量稳步增长。完成财政总收入183.3亿元，增长8.3%。其中，市本级完成34.8亿元，下降3.2%。县区（含经开区、管理区）完成148.5亿元，增长11.5%。14个县区中，祁阳县、冷水滩区、宁远县、零陵区、道县、江华瑶族自治县和东安县7个县区财政收入均超过10亿元。全市到位转移支付284.8亿元，下降0.4%。其中，一般性转移支付198.6亿元，增长14.5%；各类专项转移支付86.2亿元，下降23.4%。市本级到位转移支付29.1亿元，下降19.6%。其中，一般性转移支付14.5亿元，增长0.7%；各类专项转移支付19.3亿元，下降37.3%。

2018年永州市财政收入完成情况表

表10　　单位：万元、%

分项		完成数	2017年同期数	增减额	增幅
永州市财政总收入		1832947	1692348	140599	8.3%
一、分级次	上划中央收入	532288	487776	44512	9.11%
	上划省级收入	119642	111211	8431	7.6%
	地方收入	1181017	1093361	87656	8%
二、分部门	税务部门	1497239	1349866	147373	10.9%
	财政部门	335708	342482	-6774	-2%
三、分县区	市本级	348396	360050	-11654	-3.2%
	冷水滩区	191173	173293	17880	10.3%
	零陵区	179840	162400	17440	10.7%
	祁阳县	208687	181375	27312	15.1%
	东安县	115553	104599	10954	10.5%
	双牌县	59771	54656	5115	9.4%
	道县	150159	137766	12393	9%
	江华瑶族自治县	127118	114920	12198	10.6%
	江永县	56912	49523	7389	14.9%
	宁远县	182275	164634	17641	10.7%
	新田县	70390	64848	5542	8.5%
	蓝山县	96178	86419	9759	11.3%
	回龙圩管理区	5996	5474	522	9.5%
	金洞管理区	6053	5522	531	9.6%
	永州经开区	34446	26869	7577	28.2%

【财政支出管理】　2018年，永州市各级财政部门通过争取上级支持、优化支出结构、盘活存量资金、加快资金拨付等举措，加强各个领域的资金保障。财政支出460.8亿元，增长6.7%。其中市本级完成61.1亿元，下降4.3%。全市与民生相关的支出363.1亿元，增长6.1%，占财政支出总额的78.8%。与此同时，“三公”经费等一般性支出继续下降，市本级“三公经费”支出4565.5万元，下降12.5%。

2018年永州市一般公共预算支出情况表

表11　　单位：万元、%

预算科目	完成数	2017年同期数	增减额	增幅
一、一般公共服务支出	452794	437610	15184	3.5%
二、国防支出	832	268	564	210.5%
三、公共安全支出	183786	179920	3866	2.2%

续表11

预算科目	完成数	2017 年同期数	增减额	增幅
四、教育支出	840460	764935	75525	9.9%
五、科学技术支出	52193	42140	10053	23.9%
六、文化体育与传媒支出	110316	101836	8480	8.3%
七、社会保障和就业支出	751819	701077	50742	7.2%
八、医疗卫生与计划生育支出	498981	462049	36932	8%
九、节能环保支出	102548	91403	11145	12.2%
十、城乡社区支出	177982	158329	19653	12.4%
十一、农林水支出	788114	760061	28053	3.7%
十二、交通运输支出	148458	149470	-1012	-0.7%
十三、资源勘探信息等支出	70810	58700	12110	20.6%
十四、商业服务业等支出	30609	28687	1922	6.7%
十五、金融支出	1331	605	726	120%
十六、国土海洋气象等支出	56296	56497	-201	-0.4%
十七、住房保障支出	211996	232731	-20735	-8.9%
十八、粮油物资储备支出	12093	9663	2430	25.2%
十九、债务付息支出	88329	56971	31358	55%
二十、其他支出	28329	25833	2496	9.7%
一般公共预算支出合计	4608076	4318785	289291	6.7%

【债务化解】 2018年，永州市财政部门坚持综合施策，组建工作专班，逐笔甄别核实债务底数，锁定全市政府性债务规模，健全项目联审协调机制，从严把关审核建设项目资金来源，全市没有新增政府性债务，牢牢守住风险底线。先后组织开展大清理3次，锁定债务规模。落实“停缓调撤”措施，全市调减政府投资公益性项目380个，清理保留PPP项目22个，清理以政府购买服务名义融资项目61个。争取置换债券48.73亿元、新增债券45.41亿元、再融资债券3.08亿元，改善债务结构，支持项目建设。全市整合撤并平台公司46家，市本级清理整合11家，平台公司市场化转型步伐加快。

【民生建设支出】 2018年，永州市教育支出83.88亿元，各阶段教育保障政策有效落实，“四名工程”深入实施，全市教育质量稳步提升。农林水支出73.99亿元，支持脱贫攻坚取得明显成

2018年12月4日，永州市财政局开展首个“宪法宣传周”系列宣传活动，局调研员郭齐民为永州市翠竹园小学生讲授青少年法治教育课　　摄影　唐兰芳

效，乡村振兴有序推进，全市贫困发生率下降至1.3%，易地扶贫搬迁完成“十三五”计划。社保就业支出76.8亿元，城乡低保及特困供养人员保障水平稳步提高、保障资金及时发放。支持开展就业创业培训5.7万人次，新增城镇就业6.6万人、农村劳动力转移就业4.3万人。医疗卫生与计划生育支出51.37亿元，支持医改工作纵深推进，加快建立“分级诊疗”体系，巩固药品零差率销售改革成果。城乡居民医保人均财政补助达到490元，基本公共卫生服务人均财政补助标准提高到55元。文化体育与传媒支出11.06亿元，支持“文化强市”战略深入实施，国家公共文化服务体系示范区创建深入推进，历史文化名城建设成果得到巩固，全市文化软实力持续提升。

【支持经济建设】 2018年，永州市财政部门整合科技创新、重点项目前期费等八项经济发展类专项资金，设立市级产业发展资金3.8亿元，主要采取“融资贴息、奖励补助”两种方式，集中支持全市重大产业项目建设、重大科技创新和产品创新。发挥市潇湘融资担保有限公司（原市投融资担保公司）作用，抵（质）押范围扩大到知识产权、经营权等8项，开办中小微外贸企业出口无资产抵押担保，担保费率降至全省最低，担保期限最长可达3年，推进中小企业融资需求与金融机构贷款供给对接，引导市内12家银行为全市中小企业直接融资4.4亿元，破解中小企业融资难题，激活微观主体活力。争取上级财政园区新增公共基础设施投资项目融资贴息1.4亿元，

2018年5月8日，永州广播电视台以《推行限时办结 打造廉洁高效财政》为题报道推介永州市财政局

争取“135”工程建设资金0.6亿元，促进全市园区基础配套设施建设。争取外向型经济发展资金0.2亿元，保障招商引资经费，支持海关、检验检疫等通关平台运转，推动引进企业落户园区。支持全市交通基础设施持续改善，航空高铁运营补贴提高到1.2亿元，全市航线增加到10条，始发高铁增加到3对。投入2.9亿元，购置纯电动公交车520台，中心城区实现“绿色公交”全覆盖。

【财政改革】 2018年，永州市推进“互联网+财政服务”建设，坚持履行限时办结承诺，进一步推广移动办公，加快市县财政部门信息化对接，提升财政部门办事效率。推进全国法治财政示范点建设，贯彻落实《中华人民共和国预算法》，推进预算编制过程公开，推行部门预算统管，严格政府采购和政府购买服务预算管理，严格依法执行和调整预算，年初到位率稳步提升，预算约束刚性不断增强。推进财政资金统筹使用，规范政府性基金编制范围，归并整合部门专项资金，发挥资金集约化效益。稳步推进政府会计制度改革，开展会计业务培训，举办培训班30期，培训5793人次。落实各项税收优惠政策，推进非税征管“互联网+一站式”服务，严格行政事业性收费和涉企保证金目录清单管理，持续推进社保费率阶段性降标，全市减税10亿元以上、降费1.2亿元，节约企业社保成本1亿元。

【财政监督管理】 2018年，永州市财政部门开展财务大检查，覆盖所有市直预算单位，推进湘江流域保护治理、公务接待、扶贫等领域财政资金的专项治理。推进“互联网+监督”，加强惠民资金监管。全市民生资金项目公开率、村级财务收入和发票上传率均达到100%。出台市直行政事业单位资产配置标准，完成经管资产和自然资源资产报告试点，规范行政事业单位资产管理。加强预算绩效管理，不断完善绩效

管理机制。

（刘荣俊）

税务

【概况】 2018年，是国税地税征管体制改革的关键之年。永州市税务系统完成税务机构合并等各项改革任务，实现机构改革和税收工作“两不误、两促进”。新成立的国家税务总局永州市税务局先后获得全省税务系统“绩效管理先进单位”，永州市市直绩效评估工作优秀单位、社会治安综合治理工作先进单位、意识形态责任制工作先进单位、党建工作先进单位、外向型经济优质服务单位等10余项荣誉称号，得到湖南省税务局和市委、市人民政府的高度评价和认可，永州税务工作先后得到省税务局主要领导和永州市委、市人民政府主要领导的14次表扬性肯定批示。

【组织收入提质增量】 2018年，永州市税务系统面对宏观经济形势偏紧、结构性减税面广量大、长丰集团和市城建投资公司减收6亿元不利局面，牢固树立收入中心意识，坚持向税政要税源、向征管要收入、向稽查要质效、向考核要进度，着力打好收入分析、数据管税、风险推送、欠税清缴、大企业税收服务和管理实体化等系列组合拳，全年组织各项税费收入157.87亿元，增收15.35亿元，增长10.77%，占全市财政收入比重较2017年提升2.6个百分点，其中全市民营经济税收入库89.15亿元，增长24.9%，占全市税收比重近六成。特别是有力执行《税收收入风险数据管理规程》，严格排查异常数据，严控大额税款，严防突击入库，严禁虚收空转，收入质量为近年来最好的一年。

【税务机构改革】 2018年，永州市税务系统加强党对税收工作的全面领导，在各级税务局设立党委，确保税务系统党的领导更加坚强有力。健全党政总揽的领导机制，市、县区均成立改革专项组。成立市局机构改革工作小组，建立完善“1+15+11”工作机制，指导制定《机构改革工作总台账》，细化14大类43个主要任务177个具体措施的责任清单，实行挂图作战、对表推进、到点验收。高效率抓改革保障。围绕三场主攻战，快速整合公文处理和门户网站、优化税费业务和“金三”信息系统、强化经费保障和资产管理、清理修改相关规章制度、规范干部人事和编制管理、执行改革“六项纪律”，推动改革有力有效开展。按照“三必谈”全覆盖的要求，全系统开展各层次谈心谈话2690人次，化解心结、凝聚共识；合并后组织“四合”大讨论，召开军转退伍军人、退休老干部通报会；各单位实行24小时在岗值班和“零报告”制度，做好信访重点对象的维稳工作。打好新税务机构挂牌、制定落实“三定”规定、社保费和非税收入征管职责划转这三场主攻战。市、县区两级新税务机构分别于7月5日、7月20日挂牌运行；科学编制市、县区局“三定”规定，市局“三定”9月26日全部到位，县区局“三定”10月25日落地，全市系统2512名干部职工迅速转换职责、到岗到位；统筹谋划推进社保费和非税收入征管职责划转情况调研、业务培训、系统搭建、窗口设置、舆情应对等重点工作，开展4批数据清洗、7批信息采集，处理信息22935条，排全省系统第二位。

【依法治税】 2018年，永州市税务部门推进依法行政，通过开展宪法宣誓、党委中心组学法、举办法治培训班等，提高税务干部法治思维和依法行政能力。废止3份税收规范性文件，审核同意54件重大行政处罚决定，依法办理行政复议案件4起、行政诉讼案件3起。同时完善运行内控监督平台，加强税收执法督察，追缴税款、滞纳金1811万元，追责1204人次，促使行政执法更加规范高效；完成基建结算审计14个，审减49.8万元、平均审减率10.47%。加速征管转型。全市系统税费种登记率始终保持在98%以上，“金三”系统国税申报率97.47%、地税申报率85.69%，催报率81.77%，名列全省系统前茅；开展“金三”系统并库数据清理，处理完成数据21262条、完成进度98.4%，清理进度排全省系统第一位。强化税种管理。房屋租赁税收清理、资源税管理、土地增值税清算、农商行和地方融资平台企业所得税团队化管理取得新成效；加强与环保、财政部门的协作，入库环保税1244万元；烟叶税、房产税、城镇土地使用税、耕地占用税等税种管理规范。推进个税改革，狠抓扣缴客户端推广、系统操作辅导、新政策宣传等重点工作，省局下发的9期个税改革周报中有7期对永州个税改革工作进行表扬，改革后的首月申报期，全市工资薪金所得税减幅59.6%，改革红利立马释放；全市有13556户企业参加2017年度汇算清缴申报，增长58%，申报率和数据审核通过率均达100%；做好税收服务“一带一路”建设，非居民税收管理、反避税工作进一步拓展。落实深化增值税改革相关工作，做好政策宣传辅导，强化效应分析；运用异地协作平台进行增值税发票风险管理，完成本地核查发票87份、异地核查发票44份，按期完成率均为100%；优化退税流程，加快退税进度，办理出口退（免）税54703万元，增长30.63%，连续6年被市人民政府评为“外向型经济优质服务单位”；加强与交管等其他部门的联系协调，申报新能源汽车免征车辆购置税504笔，减免金额2258.89万元。发挥稽查“以查促收、以查促管、以查促纳税遵从”的利剑作用，立案检查195户，结案264户，查补入库各项收入20912万元，其中查办100万元以上的大要案件42起，入库收入13482万元。积案清理、打虚打骗、扫黑除恶和影视行业税收专项整治等顺利开展。深化风险管理。以风险管理机构成立为契机，强化大数据分析利用，全市推送风险任务43批次，涉及纳税人906户，采取应对措施859户，风险应对率94.81%，入库税款4.07亿元。

【纳税服务】 2018年，永州市税务部门与永州经济技术开发区联合举行2018年税收宣传月活动启动仪式暨办税事项“最多跑一次”清单发布会，开展税法进校园28场次、政策宣讲会21场，组织600余名纳税人、学生代表参与“体验办税员”活动。个人所得税新政策宣传周活动精彩连连，对1.9万户扣缴义务人进行237场次的全覆盖培训。持续推进“便民办税春风行动”，全市“三新”大走访纳税人15935户，解决涉税问题788个。坚持机构改革、服务先行，推出“最多跑一次”“全程网上办”和新办纳税人套餐式服务等126条“放管服”便民措施；全市22个综合办税服务场所全部实现“一厅办”“一次办”“就近办”，办税时间节省30%以上，纳税申报资料减少30%以上，代开发票时间由原来的25分钟缩短到5分钟以内；升级“税易贷”“税融通”“云税贷”等产品，全市累计发放贷款总额5508.91万元、惠及87户诚信企业。减免小微企业所得税、增值税留抵退税、服务民营实体企业等各项税收13亿元，进一步释放改革红利，助推“双创”发展。

【永州首家“24小时自助办税服务厅”启用】 2018年3月15日，永州市首家“24小时自助办税服务厅”在宁远县启用。“24小时自助办税服务厅”打破税务机关办税服务时间和空间的局限，让纳税人可根据自身需要合理安排办税时间和地点，实现全方位、全天候、更高效、个性化的办税服务。宁远县“24小时自助办税服务厅”设在原县地税局办税大厅，内设有自助办税终端机4台和自助办税电脑4台，可在此办理纳税申报、发票代开、涉税查询、打印税票和个税完税证明等涉税业务。厅内设有自助办税终端操作说明，纳税人可根据操作提示自主办理相关业务。在运营初期，税务部门安排2名工作人员现场为纳税人提供辅导与帮助，解决自助办税过程中出现的问题，确保纳税人能顺畅办理各项业务。这是宁远国地税继联合共建办税服务厅之后推出的又一项便民办税新举措，真正实现24小时办税“不打烊”。

【国家税务总局永州市税务局挂牌成立】 2018年7月5日，国家税务总局永州市税务局挂牌成立，原永州市国家税务局、地方税务局合并。省税务局联合党委委员、总会计师方吉杰，市人民政府副市长欧阳元初出席挂牌仪式。此次合并按照深化党和国家机构改革决策部署科学有序推进，新组建的永州市税务局实现联合党委组建到位、综合部门集中办公到位、一厅通办先行到位、履行职责统一到位，具体承担辖区内各项税收、非税收入征管等职责。

（肖明剑）

文化建设

Culture Advancement Construction

教　　育

综　　述

【概况】　2018年，永州有各级各类学校（含幼儿园）2506所，在校学生116.5万人，教职工6.8万人。其中，高等院校3所，在校学生2.8万人，教职工2399人；普通中小学790所（小学460所，初中296所，高中34所，另有小学教学点1171个），在校学生85.4万人，教职工4.2万人；中职学校37所，在校学生6.3万人，教职工3696人；特殊教育学校8所，在校学生1758人（另有随班就读学生2048人），教职工167人；幼儿园1668所，在园幼儿21.8万人，教职工1.9万人。

【招生考试】　2018年，永州市普通高考报名38041人（其中文科12661人，理科17742人，职高对口5728人），较2017年增加3496人，增长10%。4名考生被录取为空军飞行学员。组织普通高中学业水平考试正考，报考人数29133人，较2017年增加2034人，增长7.5%。全市小语种考生486人。4月和10月组织两次高等教育自学考试全国统考，7184人参考（计算机化考试485人），较2017年增加2340人，增长48.3%。成人高考全市报名13894人（3人为免试生），较2017年增加2022人，增长17%。硕士研究生招生考试，3031人参考，比2017年增加953人，增长46%。3月和9月组织两次全国英语等级考试，8296人次报名参加考试，其中笔试4人（次），口试8292人（次）。

组织美术专业全省统一考试，全市设考点1个，1550名考生参考，较2017年增加561人，增长56.7%。11月，组织中小学教师资格考试（笔试），报考16479人，34696科次，较2017年增加8127人，增长97.3%。组织成人学位英语考试两次，报名920人，较2017年增加290人，增长46%。参与组织完成全国计算机等级考试2次，7918人参加考试；2次大学英语四、六级考试，3.82万人参加考试。

【重点教育项目建设】　2018年，中共永州市委、市人民政府将学位建设和消除大班额工作确立为民生一号工程，中共永州市委书记、市人大常委会主任李晖，市委副书记、市人民政府市长赵应云多次调研、批示，四大家主要领导带头联系一所项目学校，为全市抓学位建设和化解大班额作表率、当标杆；永州市人大常委会将学位建设和消除大班额工作作为一号议案推进。通过改建一批、新建一批、提质扩建一批、租赁一批、托管一批“五个一批”增加学位。开工项目学校113所，新增城乡学位18.38万个。如冷水滩区京华中学托管农村薄弱学校岚角山中学后，吸引近1000名城区学生分流到岚角山中学就读，极大缓解城区初中就学压力；永州市委、市人民政府决定把潇湘技师学院老校区、永州职院农校区、祁阳师范学校和道县师范学校老校区全部用于办学。超大班额分流工作，通过早部署、早行动、早解决，不看面子，不开口子，做到公平分流，阳光分流，全年消除超大班额3579个，超额完成省定的消除2260个超大班额的任务，在全省率先完成超大班额清零，“城区挤”的问题得到根本性缓解。争取省里消除大班额两批奖补资金4.306亿元，占全省资金总量的四分之一。4月，全省消除义务教育大班额工作推进会在永州成功召开，副省长吴桂英充分肯定永州经验做法，省委副书记乌兰专题批示要求在全省总结推广永州经验；11月，在全省消除义务教育大班额工作座谈会上，永州市作先进典型发言；12月，在全省教育大会上永州市作经验交流，国务院官方网站两次推介永州消除大班额成功经验。

投入1.53亿元，建设学校标准化食堂200个，建成义务教育标准化教学点160所，建设公办幼儿园18所。总投入9.5亿元建设永州高等师范专科学校，学校主体工程基本完工。投入2.57亿元新建新田县芙蓉学校和江华县芙蓉学校，新田县芙蓉学校教学楼基本完工。中央省级专项资金2.1亿元用于全面改善义务教育薄弱学校基本办学条件。

【教育综合改革】　2018年，永州市深化教师队伍建设和管理体制改革，科学分配教职工编制，于3月底将省核定全市的51346名中小学教职工编制重新分配下达到市属中小学校和各县区；研究出台《永州市中小学教职工编制动态管理暂行办法》，实现“教师跟着学生走，编制跟着教师走”；制定出台《永州市加强教育人才队伍建设实施办法》，在县区实行“县管校聘”，市直教育系统实行“局管校用”，对市内外地市级骨干教师、学科带头人、名师、名校长以及副高及以上职称教师、优秀中青年教师的交流调动。深化学前教育改革发展，研究制定《学前教育三期三年行动计划》，督促和指导各地结合本地实际制定起草本地学前教育三期三年行动计划。深化集团化办学，7月2日市人民政府办公室印发《永州市推进集团化办学促进城乡义务教育均衡发展实施方案（试行）》的通知，稳妥推进集团化办学工作。深化职业教育改革发展，10月16日成立职教集团，制定《永州职业教育集团章程》《永州职业教育集团组建工作实施方案》《永州职业教育集团挂牌活动工作方案》，起草永州职业教育集团与各理事单位、各学校、行业、企业等相关单位的合作框架协议，明确合作思路、合作领域，建立合作运作机制。深化民办教育改革发展，开展校外培训机构专项整治工作，市教育局与市民政局、市人社局、市工商局、市城管局、市公安局等相关部门和各县区（管理区）人民政府建立校外培训机构专项治理工作联席会议机制，联合制定《关于印发〈永州市校外培训机构专项治理工作方案〉的通知》《永州市中心城区校外培训机构专项督查方案》《永州市中心城区校外培训机构联合执法方案》和《中心城区校外培训机构专项治理公告书》。建立长效机制，印发《永州市校外培训机构管理办法》，进一步规范校外培训机构的设置标准、变更终止、办学行为。

【教育扶贫】 2018年，永州市加强扶贫政策宣传，做到教育扶贫惠民政策应知尽知。做好控辍保学工作，保证所有建档立卡贫困学生全部接受义务教育。进一步提高识贫精准度，全市建档立卡等四类贫困学生全部建立扶贫台账。全市家庭经济困难学生受助78.37万人次，助学总额5.88亿元；为18383名大学贫困生贷款1.48亿元，生源地信用助学贷款人数和额度连续第六年排全省第一名。开展特困生叠加资助，在全省率先创建“永州教育扶贫社会资助网”平台，争取爱心企业、爱心人士助学款1327万余元，专项资助特困生5100人次，确保没有一个孩子因贫失学。

【教育质量提升】 2018年，永州市高中教育质量大幅提升，成功挤进全省第一方阵，全市高考取得历史性突破，学考优秀率、及格率增幅明显，群众满意度和获得感大大增强。学生综合素质明显提升，在全省中小学电脑创作和机器人竞赛中，永州市获奖数量居全省第二位；76所学校成功申报全国青少年校园足球特色学校；5所学校成功申报全国青少年篮球特色学校。2018年湖南省职业院校技能竞赛成绩再创新高，获得团体三等奖，斩获国家二等奖2名，省一等奖14人。全市中职学校毕业生数17614人，其中17313人就业，就业率98%。全市中小学深入开展理想信念教育、爱国主义教育、道德教育、养成教育。组织开展“新时代好少年”“学习和争做美德少年”“我的中国梦·童心向党”等主题教育活动，红色文化进校园工作获《人民日报》推介。实施“向日葵工程”，集中优质师资，为青少年系好人生第一粒扣子，打牢思想之基、价值观之基。

【教师队伍建设】 2018年，永州市选送初中起点定向培养公费师范生988人，高中起点公费师范生180人。录用588名特岗教师。中小学教师高级职称通过1213人（公示阶段有3人被取消参评资格），正高级职称通过11名，比2017年增长83%，通过率68.75%（正高平均通过率40%）。印发《永州市中小学骨干教师评选与管理暂行办法》《永州市中小学学科带头人评选与管理暂行办法》等文件。教师资格认定通过1156人，教师资格注册2981人。市教育局组织开展普通话测试，测试715人；指导各测试点组织开展普通话测试，测试人数7233人。6月，引进全日制硕士研究生及以上、副教授（副高）及以上职称人才20人。12月30日，在潇湘技师学院举行2019年教育类高学历人才引进面试，市教育局直属单位引进高学历人才73名。江华瑶族自治县、江永县、双牌县接受湘潭市教育局派出教师36人，指导三县做好三区支教教师的跟踪服务和工作保障。指导各县区实施中央银龄讲学计划，招募银龄讲学教师6人。选派12名教师到吐鲁番市托克逊县第一中学支教。完成国培项目188个，培训11067人，省培项目24个，培训人数1322人，市级培训项目20个，培训3021人，市级培训远超过年初计划的15项1600人次。

【教育综合治理】 2018年，永州市下发《永州市学生防溺水工作实施方案》，全市学生溺水死亡人数比2017年大幅减少，降幅列全省第一位。《中国教育报》专题报道江华瑶族自治县“乡镇组织、村委主持、教师主讲”的防溺水综合防控模式。开展校车安全领域“打非治违百日行动”，年内没有发生一起校车安全责任事故，全市实现校车监管平台全覆盖。选聘831名公安干警担任学校兼职法制副校长。编印并免费发放《中小学生安全知识读本》10万册。市教育局和市公安局联合下发《关于进一步加强校园安全保卫工作的通知》，明确规定各县区必须将校园安保经费列入财政预算。全面统筹推进中小学违规征订教辅材料、食堂问题和违规收费办班补课等三大专项整治，人民群众的经济负担和学生的课业负担进一步减轻。

【教育党建】 2018年，永州市教育局机关党委辖基层党组织14个，其中党委1个、党总支5个、党支部8个，党员435人。按要求做好党组织设置工作，督促各党总支、党支部按时配齐班子成员，进一步规范党组织设置工作。加强党员教育管理，发展党员5人，开展党员档案专项审查、优秀党员表彰、党内帮扶关怀工作，对9名困难党员进行慰问。抓好党建专项经费落实，做好党务公开工作，加强机关党建文化宣传工作，建好用好党代表工作室。永州市教育局被评为2018年度市直机关党建工作目标管理先进单位。发动永州市教育局机关及直属单位干部职工为江华县水口镇洋涓村贫困户募捐6万余元。

【教育宣传】 2018年，永州教育新闻宣传工作围绕教育改革发展中心工作，加强舆论引导，创新宣传方式方法，为推动全市教育强市升级版建设提供有力的思想保证、舆论引导、精神动力和文化支持。全市教育系统在省级以上媒体发稿2500余篇，其中在《中国教育报》《湖南日报》等主流权威媒体发稿400余篇，省级以上重要稿件发稿24篇，列全省第二位，省级以上一般发稿列全省第一位。抓住开学、毕业、教师节、高考以及出台重要政策的时间节点，通过微信、电视、报纸、网站等媒体打出宣传“组合拳”，以“发布+解读+引导”等方式进行政策解读，消除社会杂音，为政策落地执行营造有利的舆论氛围。市教育局被湖南红网新媒体集团评为2018年度红网网民留言工作先进单位。将教育宣传经费纳入机关年度预算，宣传经费从制度上得到充分有效保障。全年教育宣传经费开支64.62万元。

【教育科学研究】 2018年1月，永州市教育科学研究院制定《永州市教育科学研究院管理制度》《县区教研室年度工作考核方案》《永州市教科院教研员年度考核方案》，创建永州市教科院网站(www.yzsjky.com)。开展省教育厅教育体制改革试点项目“推进中小学教师县管校聘管理制度改革试点”、“十三五”规划课题、“高中教学班与行政班并存下的教学与管理制度的构建研究”“学生生涯规划和选科指导研究”等6个课题的研究。开展2018年高考二轮复习教学视导。组织高考研究团队研发2018届高考二轮专题复习讲义、课件。建设13个教育科研示范基地校。在省级、国家级技能大赛中，获奖再创新高。

【教学仪器和电化教育】 2018年，永州市乡镇中心小学以上学校“校校通”100%，“班班通”配备率90.12%，教师个人空间开通率95.76%，教学点网络接入率85.18%。建成永州市教师和学生信息管理系统，结合市“名课”建设，建设市、县、校三级管理应用的资源管理、赛事管理系统。永州市教育局湖南省中小学电脑制作活动和机器人竞赛获得省教育厅颁发的最佳组织奖。全面开展“一师一优课　一课一名师”活动，全市教师晒课3万余节，获省级优课80节（全省排名第二位）。在全省教育教学信息化大奖赛中，永州市获“优秀组织单位”。加强教育信息化创新应用工程建设，马坪学校成为“京湘两地网络联校”试点。双牌县“探索均衡路径，践行教育公平”信息化发展道路、蘋洲小学“创客教育”被省教育厅选送参加全国基础教育信息化应用典型展示活动。

【李晖专题调研城区学位建设】 2018年1月18日，中共永州市委书记、市人大常委会主任李晖专题调研中心城区学位建设。她强调，要切实提高政治站位，落实以人民为中心的发展理念，将学位建设作为2018年民生实事第一号工程来抓，集中突破大班额、大校额及学位缺口问题。李晖一行专题调研潇湘技师学院原校区、冷水滩区梅湾小学、冷水滩区在建项目春江小学、永州职院农校校区、奔腾公司一期厂房、冷水滩区珍珠小学、永州四中。

【湖南省消除义务教育大班额工作推进会在永州召开】 2018年4月3日，全省消除义务教育大班额工作推进会在永州召开。湖南省人民政府副省长吴桂英出席会议并讲话。会议由省人民政府副秘书长彭翔主持，省教育厅党组书记、厅长、省委教育工委书记蒋昌忠，中共永州市委副书记、市人民政府市长赵应云，副市长谢景林出席。各市州、省直有关部门作汇报发言，各市州向省人民政府递交《基本消除义务教育大班额工作责任书》。

会议强调，全省各市州要把握机遇，认真谋划，压实责任，狠抓落实，按照“五结合”原则贯彻落实省委、省人民政府关于消除大班额工作的决策部署，用新发展理念推动教育高质量发展，坚持目标导向、问题导向、效果导向，按照“控增与消额相结合、新扩建和存量资源整合相结合、优质发展与均衡发展相结合、硬件建设与软件建设相结合、短期目标与长期目标相结合”的原则精准施策，加强领导，落实责任，督查检查，统筹调度，确保全省消除大班额工作目标任务如期完成。

会前，与会人员现场考察冷水滩区新建的竹塘小学和改建的永州八中分校，学习永州加强城区学位建设、消除大班额工作经验。

学前教育

【概况】 2018年，永州市有各类幼儿园1668所，在园幼儿217546人，全市普惠性幼儿园1019所，公办幼儿园和普惠性民办幼儿园占比75.38%，学前三年毛入园率88.48%，提前两年完成湖南省教育厅等4部门关于印发《湖南省实施第三期学前教育三年行动计划（2018—2020年）》的通知提出的2020年学前教育三年毛入园率达到85%的工作目标，入园难和入园贵的问题得到基本解决。

【公办幼儿园建设】 2018年，永州市投入5181万元，建成农村公办幼儿园18所，并全部通过2018年12月底市教育局组织的评估验收，通过省教育厅组织的抽查验收。与此同时，宁远县、东安县、道县等县区结合本地实际，组织开展自建项目园的建设，学前教育资源特别是农村公办幼儿园教育资源总量进一步扩大。9月17日，经市编办批准，永州市委市政府机关幼儿园更名为永州市第一幼儿园，并增加27个编制。争取上级领导和各部门的支持，安排拆迁资金1500万元，对永州市第一幼儿园二期工程建设用地进行扩建，增加学位150个。

【普惠性幼儿园认定】 2018年，永州市按照省教育厅的要求，组织各地开展2018年度普惠性幼儿园认定工作。在县区认定上报的基础上，市教育局组织抽查复核，全市全年认定普惠性幼儿园88所，在永州教育信息网公示并报省教育厅认可，同时不断完善普惠性幼儿园进入和退出机制，有33所民办幼儿园退出普惠性幼儿园，基本实现动态管理。

【办园水平分类定级管理】 2018年，永州市继续稳步推进幼儿园水平分类定级管理工作，进一步提高幼儿园管理水平。按照《市本级公办学前教育发展奖补办法》要求，将学前教育发展专项资金350万元科学公平分配到中心城区和回龙圩管理区，带动和促进中心城区学前教育的发展。在县区推荐、市教育局组织专家评审和湖南省教育厅核准后，永州市第一幼儿园、零陵区机关幼儿园和江华县机关幼儿园等3所幼儿园成功创建为湖南省首批省级保育教育规范园。

【学前教育培训竞赛】 2018年，永州市安排56万元专项培训经费，依托永州市教科院和永州市第一幼儿园，邀请省内外专家，先后开展全市幼儿园资源能力建设研讨、全市幼儿园优秀班级主题环境创设比赛、全市幼儿教育优秀游戏活动、全市幼儿园教师教学能手比赛、全市幼儿课程设计大赛暨园长论坛、全市幼儿园卫生保健专题活动、全市幼儿园园长培训园长技能大赛、卫生保健知识专题培训等各种培训竞赛活动，参训人数超过3000人，带动和促进全市学前教育发展不断规范和办园水平的提升。

义务教育

【概况】 2018年，永州市有义务教育学校756所，在校学生757031人，教职工37159人。坚持以提高质量和保障公平为抓手，以促进县域内城乡义务教育一体化改革发展为载体，稳步推进集团化办学，不断加快城区学位建设，大班额化解取得明显进展，学校办学条件进一步改善，教育教学质量进一步提高。

【德育工作】 2018年，零陵区

“童心向党工程”得到中央党史和文献研究室的充分肯定，并在中央电视台推介。推进的德育工作品牌“向日葵工程”力创全国典型。蓝山楠市学校《美心教育》被评为全国中小学德育工作典型经验。永州市蘋洲小学等8所学校德育工作案例被评为全省典型，永州市教育局在禁毒教育宣传中被评为全省三年禁毒大行动先进集体。零陵区徐家井小学创建“全国文明校园”，柳子中学、道县五中、东安县明德学校创建湖南省生态文明示范校，江华县创新实验学校创建省心理健康教育特色学校并在全省德育工作会议上做典型发言。组织开展“新时代好少年”“学习和争做美德少年”“优秀童谣征集推广”“童心向党”“清明祭英烈”、传统文化进校园、国学经典诵读、研学旅行等主题教育活动。永州代表队在“小先生·十五志于学”第二届湖南省青少年国学大赛全省总决赛中获得亚军。

【初中学业水平考试和普通高中招生制度改革】 2018年，永州市印发《永州市教育局关于进一步推进全市高中阶段学校考试招生制度改革实施方案》的通知，对中考考试科目、分值、优惠加分、招生录取方式和保密室管理等方面进行改革。全市中考命题及组考阅卷、招生均平稳有序。

【县域内城乡义务教育一体化发展】 2018年，永州市总结东安县集团化办学、新田县教育联盟和江华县专递课堂等办学模式改革，市人民政府办公室印发《永州市推进集团化办学推进城乡义务教育均衡发展实施方案（试行）》，在全市范围内稳步推进集团化办学工作。冷水滩区京华中学托管岚角山中学，在校学生规模从300多人增加到1106人。投入1亿多元，完成160所标准化学点的建设工作。抓好“全面改薄”工作，争取中央省第一批全面改薄专项资金14395万元，永州市“全面改薄项目”覆盖全市775所义务教育学校，全市全面改薄在资金投入、校舍建设、设施设备添置3个指标在全省排第五名，江华瑶族自治县在6月27日召开的全省“全面改薄”工作视频会议上做典型发言。制定历史上最严的招生政策，服务消除大班额工作，大班额化解平稳有序，得到省委、省人民政府的充分肯定。

【规范办学行为】 2018年，永州市深入开展中小学违规征订教辅材料问题专项整治。办理和答复省委巡视组交办件3件，做到了件件有答复、件件满意。同时，在高中和初三年级实行统一检测和分析的基础上，组织开展对小学和初中的质量抽查，进一步完善全市基础教育阶段质量监测体系。

【名校评选和管理】 2018年，永州市教育局按照市委、市人民政府“三名工程”建设要求，继续推进名校建设。在加强对第一批、第二批市级24所名校进行评估考核的同时，启动第三批名校的评选工作，新田县思源实验学校等5所学校被评选为市级名校，并以市人民政府的名义下发通报。

【素质教育成果】 2018年，永州市电脑制作成绩再创新高。全市获得省一等奖18人，获省二等奖34件，一等奖在全省排第四位，9件作品获得国家级奖励，国家级获奖在全省排第四位；全市30支队伍参加省机器人季赛，7支队伍获省一等奖，在全省排第二位，10支队伍获省二等奖，机器人竞赛获奖数与长沙市并列第二位。配合组织在永州承办第九届亚洲机器人大赛，全市有10所学校参加比赛并获奖。永州市蘋洲小学一大批学校成效显著，被评为“全国校园篮球特色学校”钱奕贝的科技绘画作品《我是神厨小能手》获得全国一等奖。

普通高中教育

【概况】 2018年，永州市有普通高中学校34所，较2017年增加2所。江华一中和江永一中通过省教育厅组织的复牌，全市省市示范性高中达到11所。永州市高中教育在加快普及高中阶段教育的同时，坚持以提高教育教学质量为中心开展工作，完善“三会三考三分析三视导”备考模式，全面推进高一、高二年级建立联考机制。组建高考研究团队，加强复习备考研讨和视导。

【学生综合素质评价改革】 2018年，永州市教育局对接新高考，指导祁阳一中等3所学校开展高中生综合素质评价改革试点，同时督促和指导各地各校特别是高中学校对标新高考改革的要求，全面做好学生综合素质评价改革工作。永州市第一中学被省委宣传部命名为湖南省首批社会主义核心价值观建设示范点。永州市第四中学投入近100万元建设全省领先的心理学辅导室，配备4名专职心理辅导老师，开设两周1节的心理健康教育课，师生瑜伽、每日放松冥想等特色课堂和一系列心理健康教育讲座。11月，15名香港特别行政区的校长及部分专家学者到永州四中进行研学旅行学习交流。

【普及高中阶段教育】 2018年，永州市进一步科学规划高中阶段学校布局，将在同一校址办学的永州八中（高中部）与李达中学（初中部）分开办学，李达中学仍在原址办学，永州八中搬到原潇湘技师学院老校区办学，增加普通高中学位3000个，基本满足中心城区特别是冷水滩区高中教育的需求。冷水滩区雅思学校、宁远县明德湘南中学、新田县德恒实验学校等高中学校都投入使用。

【永州一中】 2018年，永州市一中贯彻实施市委市政府教育强市战略，坚持“以人为本，自强不息”的办学理念，全面贯彻落实党的教育方针，办人民满意的教育，全面实施素质教育，不断优化各项工作，提高工作质量，提高课堂效益和管理效益。学校高考再创佳绩，高二学业水平考试，学校全科合格率97.79%。学校基础设施进一步完善，投资400多万元改造老田径运动场，投资500多万元建设教师公租房，生态停车场、教工食堂等工程正在建设中。师资队伍建设成效显著，引进、选聘市名师、骨干教师、研究生24人。学校有正高级教师2人，特级教师6人，市名师12人，市学科带头人29人，市骨干教师65人，研究生61人，3位教师在2018年“一师一优课，一课一名师”活动获评部级优课，59位教师获评省级、市级优课。素质教育全面推进，参加2018年全国数理化联赛，获全国二等奖14人次，三等奖15人次；参加全国中小学电脑制作活动和机器人竞赛，获全国三等奖1项，省一等奖2项，省二等奖3项，省三等奖3项；参加2018年全国青少年科技创新大赛，3件作品获省二等奖，2件作品获省三等奖。学校被湖南省委宣传部评选为“湖南省首批社会主义核心价值观建设示范点”，先后获评全国青少年篮球特色学校、2018年度湖南省青少年科技活动优秀示范学校、创客教育作品优秀组织单位、永州市创客教育人才培训基地学校和“永州市中小学电脑制作活动和机器人竞赛最佳组织奖”等20余项荣誉。

【永州四中】 2018年，永州四中秉承“对社会负责，为学生终身发展奠基”的办学理念，贯彻落实市委、市政府教育优先发展的战略决策，不忘初心，继续前进，续写全省一流示范性高中建设新篇章。学校坚持德育为首，实行午休静校，尝试推行晚修静思，探索班级管理新举措，改革集体备课，强化学科组建设，推动校园出入登记、行政领导和班主任值班、教学常规管理检查等制度的落实，校园文化活动丰富多彩，建成全省领先的心理学辅导室并配备4名专职心理辅导老师，开设两周1节的心理健康教育课，带动学校教育教学质量的大幅度提升。2018年高考再创佳绩，招飞（招空军飞行员）工作渐成特色，2018年招飞再录取2人。学校基础设施建设再上新台阶，信息化项目逐一落实，教学楼和学生宿舍楼立面改造、体育场看台、校园消防设施、校园安防监控系统更新等已经完工，艺术楼及人工景观湖基本建成，教师公租房有计划地分配使用。

中等职业教育

【概况】 2018年，永州市有中职学校37所，中职教师3696人，在校学生6.3万人。全国中等职业教育改革发展示范校3所，省级卓越中等职业学校3所，省级示范性中等职业学校10所。

【参加全国职业院校技能竞赛】 2018年，永州市在全国职业院校技能大赛上，获国家二等奖2人次，获国家三等奖8人，获省一等奖14人，获省二等奖32人，获省三等奖61人。在全国第十四届和湖南省2017—2018中职学校文明风采竞赛活动中，永州市获团体奖第二名。

【举行全省中职攻坚现场推进会】 2018年1月25日，湖南省农村中职攻坚现场推进会在永州市工商职业中等专业学校举行。湖南省教育厅、湖南省教科院职成所相关负责人，湖南省14个市州教育（体）局分管职业教育副局长、职成科（处）长，36所有重点攻坚任务的中职学校校长，永州市中职学校校长，100余人参加会议。会上，永州市教育局、零陵区人民政府就农村中等职业教育攻坚作典型发言。

【全市中职学生专业技能抽查】 2018年4月，永州市组织全市中职学生技能抽查。湖南省教育厅职成处从永州市学籍管理系统中抽查 13 所学校，随机抽查学生 248 人，成绩合格 246 人，合格率 99%；优秀 191 人，优秀率 77%。

【成立永州职业教育集团】 2018 年 10 月 16 日，永州职业教育集团成立大会和第一届理事大会在永州职业技术学院举行。永州职业教育集团是在湖南省教育厅和永州市人民政府的指导下，由永州职业技术学院、湖南九疑职业技术学院（潇湘技师学院）、永州市工商职业中等专业学校牵头，联合市内外具有独立法人资格的职业教育机构、企事业单位、科研院所和政府有关职能部门共同组成的具有联合性、互利性、非独立法人、非营利性职业教育联合体。集团成员原单位性质和隶属关系不变，管理体制不变，经济独立核算不变，人事关系和职工身份不变。集团首届理事单位有 45 个，包含 11 个行政单位、27 个职业院校、1 所科研院所、3 家企业和 3 家医院。

【永州职业技术学院】 2018 年，永州职业技术学院有在职教职工 941 人，其中，正高职称 69 人、副高职称 259 人；有博士、硕士学位 316 人，专任教师中“双师”素质教师比例 82%。开设 35 个高职专业，专业设置涵盖医学、农学、机械、经贸、信息、建筑、教育等门类，面向全国 27 个省市区招生，全日制在校学生 1.7 万人。有国家级教学团队 1 个，省级教学团队 3 个，国家级教改试点专业 2 个，国家重点建设专业 6 个；省级精品专业和教改试点专业 8 个，省级示范性特色专业 2 个，省级特色专业 2 个，省级示范性特色专业群 1 个，省级一流特色专业群 2 个；国家职业教育实训基地 3 个，省级生产实习实训基地 2 个，省级教师培训认证基地 2 个。拥有附属医院、生态养殖场、畅通驾校等三大校内生产性实习实训基地。

医学技术省级示范性特色专业群通过省教育厅验收，验收结果为优秀，健康服务和现代农业技术 2 个一流特色专业群成功入围省级建设项目。《健康评估》获省级高等职业教育省级精品在线开放课程认定，《老年护理》《儿科护理》《生物化学检验》3 门课程被确定为省级在线开放课程建设项目。新增 6 名省级青年骨干教师培养对象、5 名国内访问学者；遴选校级教学名师 11 人，成立名师工作室 3 个。学校成功入选“湖南省教学资源 20 强”。组织学生参加各类教学竞赛和专业技能竞赛，获得国家级团体三等奖 1 个，省级二等奖 10 个，三等奖 19 个。组织学生参加各类创新创业大赛，获得国赛二等奖 1 个，三等奖 2 个；省级一等奖 1 个，三等奖 8 个。

成立第一届永州职业技术学院学术委员会。严格按照《永州职业技术学院科研经费管理暂行办法》，加强科研经费监管，提高科研经费使用效益。市级以上课题立项 63 项；教职员工发表论文 354 篇，出版专著和教材 18 部，申请专利 4 项，实用新型专利和软件著作权授权 12 项；获得湖南省职业教育教学成果奖 1 项，湖南省教育发展战略研究优秀论文奖 1 项。《永州职业技术学院学报》复刊并基本完成第一期的出刊工作。成立特种经济植物研究所等 9 个研究所（中心）。

完成人才引进计划 41 人，其中全日制研究生及以上学历 27 人，公开招聘 14 人。5 名青年骨干教师入选湖南省普通高等学校中青年骨干教师国内访问学者。6 名教师成为省级青年骨干教师培养对象。

开展对外交流与校企合作。1 月，与北京启程沃德教育科技有

2018 年 4 月 16 日，永州职业技术学院学术委员会成立

2018 年 10 月 23 日，永州职业技术学院与马来西亚城市大学合作签约

限公司共同签署校企合作“订单式”人才培养项目协议书。5 月，与沧州医学高等专科学校联合在河北沧州召开医学检验技术专业国家教学资源库建设工作会议。7 月，与长沙市湖南天人安装建设有限公司以及湘潭天人中等职业技术学校召开校企合作、校校合作座谈会。8 月，与湖南克劳斯文化教育交流有限公司签订关于《中德职业教育国际交流项目框架性合作协议书》。10 月，与日本一般社团法人国际教育文化医疗支援交流机构签订合作协议；与马来西亚城市大学签订合作协议，拓宽学院专业人才出国深造和就业的渠道。11 月，与远大住宅工业集团有限公司签订校企合作协议。

全年招录各类新生 5512 人，毕业生初次就业率 94%，学院获得湖南省普通高校就业创业工作“一把手工程”督查优秀单位。

（秦永亮）

【湖南潇湘技师学院】 2018 年，湖南潇湘技师学院（湖南九嶷职业技术学院）有教职工 301 余人，其中高级职称 50 人，中级职称 56 人，初级职称 41 人；博士研究生 2 人，硕士研究生 45 人；注册中国烹饪大师 2 人。该院被评为“湖南省文明高等学校”。在湖南省第一届技工院校教师职业能力大赛中，获得省级一等奖 8 个、省级二等奖 8 个、省级三等奖 2 个，获得市州团体一等奖、参赛单位团体一等奖。在永州市职业技能大赛中，取得 4 个一等奖。在行业类比赛方面，有 31 支队伍参加 14 项行业类比赛，获得特等奖 1 项，一等奖 6 项，二等奖 11 项，三等奖 7 项。管理系教师唐建波获得资深级注册中国烹饪大师称号、永州市教学能手称号，胡先雨获得注册中国烹饪大师称号。学生团队获 2018 年湖南黄炎培职业教育奖创业规划大赛专项赛团体二等奖。

狠抓教学质量和学科建设，对重点学科专业进行改造，对一些就业状况不好、没有发展前景的专业，坚决进行调整，专业优势更为突出，办学特色更加明显，下学期的毕业设计抽查及专业技能抽查一次性过关。12 月，构建的智能制造专业群成功申报湖南省高等职业教育一流特色专业群培育项目，该专业群由机电一体化技术为核心专业，由机电一体化技术、数控技术、模具设计与制造、新能源汽车技术、汽车检测与维修技术 5 个专业构成。

强化学生管理工作，建立学生教育管理工作网络体系，建设一支队伍扩大、素质较高、相对稳定的专职辅导员和班主任队伍；设立警务室、医务室、心理咨询室；建立学院领导带队进行夜间巡查制度；加强对学生思想动态的跟踪掌握和心理辅导，强化学生管理工作；狠抓学生常规化管理，坚持查到课率、晚自习率和就寝率，全年零安全事故。

注重加强教师队伍建设，引进人才 32 人，其中全日制硕士研究生 24 人，原 211 工程、985 工程大学的全日制本科生 8 人；招聘入编 54 人。职称晋级正高 1 人、副高 4 人，使得学院具备高级职称的专业技术人员达到 50 人，全院在编高级职称专业技术人员比例达 21%，师资队伍结构与质量得到大幅优化与提升。同时加强师资培养工作，鼓励教师赴企事业单位挂职、锻炼，提高实践能力，双师型教师占 81.6%。

超额完成招生任务，计划招生 1200 人，实际招生 1381 人。应毕业人数 721 人，实际就业人数 695 人，就业率 95.7%。12 月 3 日，成功承办“2018 年全国人力资源市场高校毕业生就业服务周湖南省启动仪式暨 2019 届高校毕业生专场招聘会”，260 余家企业参加，提供就业岗位 4000 余个。

重视科研工作，派出科研部门相关人员参加省教育厅、省人

2018 年 12 月 3 日，潇湘技师学院成功承办“2018 年全国人力资源市场高校毕业生就业服务周湖南省启动仪式暨 2019 届高校毕业生专场招聘会”

社厅、省教育科学研究工作者协会及有关科研相关的培训工作。申报省级科研课题 8 项，获立项 5 项。出版著作 3 部，其中主编 1 部，参编 2 部。参编教材 4 本。新增专利 3 项。发表论文 63 篇，其中获奖论文 9 篇。

（刘雅文）

【祁阳师范学校】 2018 年，中共永州市委对学校领导班子进行调整，汪华明任校长、党委副书记，邓海云任党委书记，李胜任纪委书记，陈宗华、贺红山、赵文玲任副校长。是年，该校被评为永州市文明单位、永州市教育系统宣传先进单位、永州市教育系统计划生育先进单位，获得湖南省中职文明风采优秀组织奖、全国规范汉字书写团体一等奖；女子排球队第四次蝉联永州市中职女子排球赛冠军、第二次摘取湖南省中职女子排球赛第四名、同时获得湖南省体育精神文明奖；学校团委获永州市“五四”红旗团委。7 个市级课题立项，2 个省级课题结题，有 21 篇论文获省市级奖励。应届毕业生中有 86 人考上永州市公办教师。

【道县师范学校】 2018 年，道县师范学校落实立德树人根本任务，坚持“办好学创高师”总体工作思路，抓实“强党建、创高师、稳规模、提质量、创品牌、抓管理”六项重点工作。学校招收新生 753 人，引进与培养高职称、高学历人才 16 人，全年开展庆祝建校 60 周年“光荣与梦想”“不忘初心　牢记使命”等主题校园文化系列活动 20 多场次，获得第二届全国青少年学生法治知识网络大赛高中组杰出组织奖、第四届湖南省青年文化艺术节优秀组织奖、永州市文明校园、永州市市直机关先进基层党组织等国家和省市级荣誉 20 项，师生在国家、省市比赛中获奖 600 多人次。《“学教一体化”教学模式改革与实践》获得湖南省职业院校教学改革成果奖三等奖，学生连续第三年获评全国“最美中职生”。

【永州市工业贸易中等专业学校】 2018 年，永州市工业贸易中等专业学校被评为全国新型职业农民培育示范基地、全国工商联人才交流中心职业农民培训基地、湖南省科普基地、湖南省毒品预防教育示范校；获得湖南省“文明风采”优秀组织奖、湖南省黄炎培创业规划大赛二等奖、“湖南省中职学生实习管理强校”称号。在全省技能大赛中，获省级以上奖 18 个，获省“文明风采”大赛奖 21 个。6 个省、市级课题获批立项，9 个省、市级课题和 1 门学科名师空间课堂通过验收。举办“党建+新型职业农民”培训班 24 期，培训学员 11672 人；建成黑木耳、特种果蔬苗木、高效生猪养殖 3 个实践教研基地；设立博士工作站，完成《红色火种》和《新型职业农民论》两本专著；培训经验在“党建+新型职业农民培育”研讨会暨 2018 全国新型职业农民培育发展高峰论坛上向全国推广。

高等教育

【湖南科技学院】 2018 年，湖南科技学院建有 15 个教学学院，46 个普通本科专业，面向全国 27 个省（市、区）招生。有普通本科在校学生 14856 人，成人教育在校学生 2436 人。有教职员工 1161 人，具有博士、硕士学位 878 人，入选国务院政府特殊津贴、湖南省政府特殊津贴、“湖湘青年英才”支持计划、湖南省“121 人才”工程人选、省级学科带头人、省级青年骨干教师 72 人。第十九届中央候补委员、中国工程院欧阳晓平院士为荣誉校长。年内，学校完成年初明确的九大任务、42 项重点工作，开创新时代学校事业发展新局面。学校获得湖南省文明校园、湖南省园林式单位、湖南省高校先进党校、湖南省教育考试招生工作先进单位、2018 湖南省高校百优社团（共 6 个）、湖南省普通高校教师课堂教学竞赛优秀组织奖、2018 年湖南省高校辅导员工作研究与实践先进单位、湖南省省直非税执收工作先进单位、2018 年度全省档案宣传工作先进单位、2017—2018 年度湖南省高校心理健康教育先进单位、全省高校落实党风廉政建设党委主体责任先进单位等多项荣誉。

开展课程思政，立项“课程思政”20 门，制定《关于加强本科教育全面提高人才培养质量的实施方案》，出台加强本科教育 40 项举措，推进“四个回归”。注重以赛促教、以赛促提高，4 名教师获得湖南省普通高校课堂教学竞赛一等奖和“湖南省普通高校教学能手”称号，高居全省高校榜首。推进信息化教学，获得湖南省信息化教学竞赛一等奖 1 项、二等奖 1 项，学校获优秀组织奖。探索混合所有制二级学院的建设模式，与慧科教育集团签订框架协议，共建“华为大数据学院”；实施工程教育人才培养模式改革，启动新工科建设，新工科项目“‘政校企’多方协同育人模式下的大数据学院共建与实践研究”获得教育部立项。对接社会发展需求，调整优化专业结构，停招统计学和建筑学专业，减少财务管理、金融工程、广播电视编导等专业招生计划，申报大数据管理与技术、旅游文化管理、国学专业。推动创新创业就业指导课程“翻转课堂”教学改革，注重理论研究，“校地企共建永州创新创业学院，地方高校创新创业教育生态系统优化探索”获教育部 2018 年第一批产学合作协同育人项目立项。

优化学科布局，突出学科建设重点，其中马克思主义理论和中国语言文学两个学科被立项为湖南省高等学校“双一流”特色应用学科建设项目。标志性科研项目持续增长：获国家基金项目 6 项、教育部科研项目 3 项、省重点项目 3 项、自科基金 21 项、社科基金 26 项、省社科评审委项目 20 项、教育规划 5 项、教育厅重点青年 14 项。学术成果日渐丰硕：高层次人次相继在国内外权威刊物发表高水平学术论文，高被引论文首次出现（2 篇论文进入全球高被引论文）；高层次人才成功入选“湖南省杰出青年人才计划”“湖南省优秀青年人才计划”和“湖湘青年英才”。学术平台实现突破：新增星创天地国家级科研平台和“湖南省李达与马克思主义三化研究基地”“土传病害绿色防控湖南省工程研究中心”“湖南省科技创新创业团队”“中国瑶族文化传承研究中心湖南科技学院研究基地”“湖南省瑶族文化研究中心湖南科技学院研究中心”等省级研究平台。成果获奖取得新进步，两名博士获得 2018 年度湖南省科学技术奖。

2018 年 4 月 3 日，省教育厅厅长蒋昌忠（左一）在湖南科技学院考察调研

与永州市经济技术开发区、零陵区工业园区、零陵区人民政府、新田县人民政府、永州市经信委、恒伟药业等签订系列合作框架协议；完成横向项目 151 项，合同经费超过 2100 万元，完成年初目标任务；成立永州市生化工程技术研究院，选派科技特派员和三区人才 20 人深入各县区开展科技服务，新增“永州市湘南优势植物科普基地”“永州市瑶药现代化工程技术中心”“永州市乡村数字化建造工程技术中心”等市级科研平台，服务地方成效显著。

制定《加强新时代教师队伍建设实施方案》，出台 22 项举措，着力建设师德高尚、业务精湛的教师队伍。加强高层次人才队伍建设，引进教授、博士等高层次人才 61 人，完成年初目标任务。加大人才培养力度，全年选送 12

2018 年 12 月 9 日，新时代高校思政工作文化育人高端论坛在湖南科技学院举行

名青年教师赴国（境）外大学攻读博士学位，选派 500 人次参加国内外访学、课程进修、出国外语培训，选拔校内“英才支持计划”6 人、“青苗支持计划”10 人。构建“双师双能型”教师队伍，制定《“双师双能型”教师队伍建设暂行办法》，认定“双师双能型”人才 117 人。发挥兼职教师队伍作用，签约特聘教授、讲座教授 3 人。

学生在创新创业、专业技能、演讲大赛等各级各类赛事中捷报频传，获得教育行政部门主办的学科竞赛国家级二等奖 1 项、三等奖 2 项，省级一等奖 24 项、省级二等奖 36 项、省级三等奖 48 项。其中获得 2018 年“创青春”全国大学生创业大赛银奖、湖南省第五届大学生旅游专业综合技能大赛团体总分第一名、湖南省高校第四届师范生教学技能竞赛一等奖、湖南省大学生“立德修身 诚信为本”主题教育演讲比赛一等奖，6 个学生社团获得全省“百优学生社团”称号。

选派 60 名教师赴美国、英国、新加坡等 10 个国家或地区交流与研修；遴选 17 名学生赴日本、马来西亚、美国等高校留学和实践。紧密对接“一带一路”战略，招收乌兹别克斯坦、塔吉克斯坦、哈萨克斯坦、泰国等 9 个国家国际学生 43 人。与美国圣约翰大学、泰国宣素那他皇家大学、马来西亚城市大学等 3 所国外高校签订合作办学协议，对外合作高校达到 31 所。丰富人文交流，与菲律宾莱西姆大学联合举办“中菲高校国际文化周”活动，两校 43 名学生成功互访。美国芳邦大学、马来西亚城市大学、日本福冈学院等 10 个国外高校代表团到访。

制定《二级单位机构、岗位编制设置方案》，严格实行定岗、定员、定责，盘活事业编制存量、优化编制结构。科学设置岗位，适度提高专业技术岗位比例，降低管理岗位和工勤岗位比例。采取编外聘用、人事代理、劳务派遣形式创新用人方式。完善绩效工资分配办法，对引进的部分高层次人才实行年薪制，实现收入分配向高层次人才、重点岗位倾斜。构建教师分类管理和分类评价体系，制定《高校教师系列专业技术职称评审工作实施方案》，提高职称申报门槛，实现职称评审从单一评价向分类评价转变、从重科研向重教书育人和重科研并重转变、从重数量向重质量转变、从重评审向重服务出成果转变。落实《湖南省人民政府关于进一步落实和扩大高校办学自主权的实施意见》，制定推进学校综合改革实施方案，加大权力下放力度，深化校院两级管理体制改革，构建“学院办大学”制度体系。修订完善《目标考核管理办法》，推行以目标任务为导向、以绩效考核为杠杆的二级单位管理和运行机制。

（鲁智）

成人教育

【概况】 2018 年，永州市不断推进社区教育网络体系向下延伸，依托永州电大永州社区大学，挂牌两个社区教育学校，一个学习中心。永州电大社区大学全年开设广场舞班、形体班、渔鼓传习班 3 个线下学习班，招收学员 725 人，累计上课约 2 万人次；开设 13 个线上诗词、摄影、书法等专题培训班，536 人参加学习，其中诗词专题培训班出版《小荷尖尖角》诗集一本；多次开展“送课下乡”“送课进社区”活动，优化学习支持服务体系，把社区教育送进每一个需要的地方。永州干部在线学习实现由“少数学”向“全体学”、由“笼统学”向“针对学”、由“驱动学”向“自主学”的转变。干部在线学习实现参学对象全覆盖，注册 1.5 万余人；每天同时在线学习人数保持在 3000 人以上。截至 2018 年 12 月 31 日，学员学时任务完成率 99.99%，学员发帖

2500余条，干部在线学习蔚然成风。

【开展农民大学生培养计划】 2018年5月，永州市组织召开全市“农民大学生培养计划”东安现场会，总结和推介“农民大学生培养计划”工作。湖南广播电视大学永州分校邀请组织、财政、教育、人社四部门领导，召开“农民大学生培养计划”座谈会。出台《关于进一步加强“农民大学生培养计划”工作的实施意见》。将农民大学生实践性教学环节与永州市委组织部的新型职业农民培训基地合作，深挖本地特色农民学习教育资源，开发适合当地特色的精品课程，丰富线上线下教学资源。由永州电大领头带队到各县区教学点巡回开展入学教育和集中面授讲座10余次，各县区总计组织实践教学活动25次；聘请“农民讲师”为农民大学生讲课，推行自教互学。新田县枧头村获得湖南广播电视大学示范实践教育基地称号。

【社区教育】 2018年，永州电大社区大学开拓社会教育资源，吸纳汉服协会、义工协会、地方戏曲协会、广场舞协会、京剧协会、太极拳协会，形成以永州电大社区大学为核心的协调共享机制，扩大社区教育资源供给。新挂牌成立1个省级老年教育体验基地、2个市级社区教育学校、1个社区学习中心，增强社区成员的参与度，提升社区教育的影响力。永州电大社区大学“风韵旗袍秀”节目被湖南省教育厅评为“湖南省终身学习品牌项目”。永州电大社区大学的广场舞节目“唱起来跳起来”在“走进新时代·共筑中国梦”广场舞大赛中获得永州赛区一等奖、全省表演三等奖和最佳活力奖，代表永州市参加全国广场舞展演活动湖南省集中展演，被湖南省文化厅评为“优秀广场舞团队”。

【学习型社会建设】 2018年，湖南广播电视大学永州分校深入富家桥高贤村组织开展“荷塘月色”春夏两季大型宣传活动；深入江华洋涓村开展科技脱贫、送教下乡活动；走进零陵古城，宣传旅游文明；走上乡村校园舞台，为贫困学子募集资金；与市老干局、市教育局通力协作，成功举办“走进新时代·共筑中国梦”广场舞大赛，全市近千名离退休干部大展银发风采。年内，评选出15位学员为终身教育优秀学员，10人被评为永州市百姓学习之星。

【湖南广播电视大学永州分校】 2018年，湖南广播电视大学永州分校（以下简称永州电大）有在职教职工42人，全市在籍学员8000多人。学校设有办公室、行政科、教务科、教学科、学生科、督导监察室、信息技术中心、终身教育办公室、继续教育培训科、招生办、工会等科室，有宁远、蓝山、东安、江永、道县、祁阳、新田等县级教学点和工作站。全年招生3626人，增长16%。学校获2018年永州市社会治安综合治理工作先进单位、2018年零陵区社会治安综合治理工作先进单位、2018年永州市绩效考核良好单位。获得省电大授予的“2018年度‘农民大学生培养计划’项目实施先进分校”“2018年招生先进单位” “2018年优秀考点”“2018年教学支持服务和资源配置先进单位”称号；永州电大永州社区大学“风韵旗袍秀”节目被湖南省教育厅评为“湖南省终身学习品牌项目”。永州电大永州社区大学的广场舞节目“唱起来跳起来”在“走进新时代·共筑中国梦”广场舞大赛中获得永州赛区一等奖、全省表演三等奖和最佳活力奖，代表永州地区参加全国广场舞展演活动湖南省集中展演，被湖南省文化厅评为“优秀广场舞团队”。永州电大还被授予“湖南省老年教育学习体验基地”，实现“湖南老干部（老年）开放大学”挂牌。

重视教师队伍建设，尤其注重青年教师的培养和使用。选拔任用一名青年骨干教师进入学校党委班子，选派一名青年教师赴加拿大参观学习，选送四名教师参加市本级各类培训班学习，临聘三名优秀青年充实教师队队伍。1名副教授职级得到晋升，1名青年教师从讲师晋升为副教授，2名青年教师从助教晋升为讲师，2名教师被聘用为政工师，1名青年骨干转为中共正式党员，1名青年教师被吸纳为中共预备党员。学校获得国家开放大学科研项目立项1项，省级科研项目立项3项，发表学术论文7篇，2名青年教师获得省校系统优秀论文评比优胜奖；1位青年教师获得省校系统“优秀科研个人”称号。

以“农民大学生培养计划”为抓手，促进教育教学工作。5月，组织召开全市“农民大学生培养计划”东安现场会，邀请省电大及永州市委领导出席会议，总结和推介“农民大学生培养计划”工作，扩大农民大学生培养工作的影响；邀请组织、财政、教育、人社四部门领导，召开“农民大学生培养计划”座谈会，会议出台《关于进一步加强“农民大学生培养计划”工作的实施意见》，为该项目的持续推进提供政策保障。12月，永州市委组织部下发《关于做好2019年度全市农村党员和青年农民“党建+新型职业农民培育”工作的通知》。开发适合本地特色的精品课程，下发《关于开展“农民大学生培养计划”精品课程建设的通知》，丰富线上线下教学资源。涌现出一大批优秀农民大学生典型，如，破除农村“猪婆精魔咒”的养殖大户唐华民；农村纠纷“调解高手”周长友；回乡创业“傻支书”陈长青；敢想敢拼新女性龙艳萍等等。学校对评选出的15名最美农民大学生予以通报表彰，与红网永州站、永组在线等新闻媒体联合推出“农民大学生风采录”系列报道，全市各县区关于“农民大学生培养计划”实施情况的各类新闻报道总计70余篇次、各级电视台专题报道6次。

电大社区大学全年开设广场舞班、形体班、渔鼓传习班等3个线下学习班，招收学员725人，累计上课约2万人次；开设13个线上诗词、摄影、书法等专题培训班，536人参加学习，其中诗词专题培训班出版《小荷尖尖角》诗集一本；多次开展“送课下乡”“送课进社区”活动，优化学习支持服务体系，把社区教育送进每一个需要的地方。开拓社会教育资源，吸纳汉服协会、义工协会、地方戏曲协会、广场舞协会、京剧协会、太极拳协会，形成以永州电大社区大学为核心的协调共享机制，扩大社区教育资源供给。全年，新挂牌成立省级老年教育体验基地1个、市级社区教育学校2个、社区学习中心1个。

干部在线学习实现由“少数学”向“全体学”、由“笼统学”向“针对学”、由“驱动学”向“自主学”的转变。组织全市（含各县区）联络员841人开展联络服务工作；提供QQ、微信在线远程指导1.55万多次，接听并回访电话18740次，主动向单位发送点对点短信督学通知8600条，回复邮件1297封。实现参学对象全覆盖，注册人数从2013年400余人扩展至2018年的1.5万多人，参学规模扩大近40倍；每天同时在线学习人数保持在3000人以上，最高峰时达到近6000人；年度参与的2个省级专题培训班的合格率，均排在全省前列。截至2018年12月31日，学员学时任务完成率99.99%，学员发帖2500余条，干部在线学习蔚然成风。完成2018年永州市优秀学员、优秀联络员、优秀学习单位的评优评先工作，树立起一大批勤学、好学典型。

（王莹）

民办教育

【概况】 2018年，永州市有各类民办教育机构1987所，其中幼儿园1468所、中小学81所、中职8所、民办非学历教育机构430所，教职工2.4万人，在校学生31.69万人，其中幼儿159261人，中小学生80102人，中职学生6629人，民办非学历教育机构学生70913人。

【民办教育党建工作】 2018年，永州市有民办教育行业党委1个、直辖7个支部。全市有10个县区民办教育行业党委、3个党总支、125个党支部。委派3名党建工作指导员督促、指导永州督导与评价协会和永州市民办教育协会成立党支部。以“庆祝党的97岁生日”为主题，围绕中共十九大会议精神，开展民办行业党委书记上党课活动；先后推介冷水滩区黄冈博才学校、冷水滩区育才科技学校、零陵区华阳学校等先进典型做为示范点。

【调整永州市民办学校设置评议委员会成员】 2018年，永州市教育局主要领导和分管领导，局相关行政科室负责人，市教科院基教和职成工作负责人，市直属高中校长和市三所省示范性职业中专学校校长等5个方面人员组成永州市民办学校设置评议委员会。

【行政审批】 2018年，永州市教育局优化民办学校的审批流程，将民办学校的审批工作纳入到“互联网+政务服务”平台，压缩审批时限，项目审批时间按行政许可相关规定大幅缩短。受理新田德恒高级中学有限公司、永州雅思高级中学、宁远县明德湘南中学有限公司、永州市海嘉职业技术学校、宁远九峰职业中专学校、文博楚才培训学校等7所学校的设立审批；受理永州德宇众诚培训学校变更办学名称的资料审批。

【民办教育投入】 2018年，永州市民办学校（幼儿园）投入发展项目建设资金8.2亿元。市本级财政安排民办教育发展建设专项资金450万元，获得省级民办教育发展专项资金128万元。10

月22日签订永州市人民政府、湖南师范大学、湖南高阳文化产业开发有限公司三方合作办学协议。引进湖南潇湘源教育管理有限公司在黄田铺镇建设永州优正高级中学、永州星程足球学校、永州市中小学生示范性综合实践地及国际游学基地。

【办学水平评估】 2018年11月，永州市教育局下发《关于开展2018年度民办学校办学水平评估的通知》和《2018年度民办高中阶段学校和非学历高等教育培训机构办学水平评估实施方案》。按照属地管理原则，实行“分级管理、分工负责、统一标准、加强协调”的办法，由市、县区教育局民办教育管理部门牵头成立评估组，实施评估工作。市教育局负责组织评估20所民办高中阶段学校和民办非学历高等教育培训机构。

特殊教育

【概况】 2018年，永州市有永州市特殊教育学校、祁阳特殊教育学校、东安特殊教育学校、道县特殊教育学校、宁远特殊教育学校、蓝山特殊教育学校、江华特殊教育学校、冷水滩新希望特殊学校等8所特殊教育学校，有在校学生1758人（另有随班就读学生2048人）、教职工167人。年内，市委、市人民政府为永州市特殊教育学校增加30个教师编制，三类残疾儿童入学率94.8%。全市有9家特殊教育康复服务机构，基本满足全市适龄残疾儿童的入学需求。

【摸清特殊教育底子】 2018年，永州市将残疾儿童入学情况纳入开学工作检查的重要内容。市教育局将残疾儿童入学纳入开学工作、校园安全督查、城区学位建设等检查的内容，督促和指导各地各校建立完善动态化的残疾儿童入学台账，分门别类针对残疾儿童的实际通过特殊教育学校就读、随班就读和送教上门等方式予以安排。根据市委、市人民政府主要领导的要求，联合市残联对全市残疾儿童特别是智障、听障、自闭症、脑瘫等四类残疾儿童青少年接受康复服务及受教育情况进行全面调查摸底。结合教育精准扶贫脱贫工作，开展“三帮一”特别是残疾儿童和困难学生劝返复学行动进行摸底，对没有按期入学的学生特别是残疾儿童等特殊群体要及时通过入户劝返、下发通知书等方式积极劝返，得到省教育厅的充分肯定。

【基础设施建设】 2018年，永州市投入1252万元用于特殊教育学校建设，投入628万元用于特殊教育资源教室建设，投入482万元建设8个特殊教育资源中心。各地结合实际将特殊教育学校建设和随班就读资源教室建设纳入合格学校建设的范畴来抓，新田县特殊教育学校正在建设当中。永州市特殊教育学校做好艺体综合楼续建、标准化食堂和学校信息化建设工作，完成年初预算校舍提质改造100万元项目的结算工作，打造省中心特殊教育学校。

【残疾儿童教育】 2018年，永州市对于轻、中度的能够适应、接受普通教育的适龄自闭症残疾儿童少年和经教育、康复训练能接受普通教育的适龄自闭症儿童由市县两级教育行政部门统筹安排进入普通学校随班就读，全市在普通学校随班就读的残疾儿童2048人。对重度或极重度需要专人护理，不能到学校就读的的适龄自闭症残疾儿童少年，通过采取送教上门或者远程教育等方式实施义务教育。全市通过送教上门的重度残疾儿童有240余人，其中永州市特殊教育学校送教上门的达到45人。对于有康复需求的学生在康复机构接受康复训练。全市现有市级定点康复机构有9家，为有需求的残疾少年儿童康复服务提供和创造条件，基本能满足0~6周岁残疾儿童康复服务的需要，市妇幼保健院、永州职业技术学院附属医院、祁阳县妇幼保健计划生育服务中心、江华县人民医院康复治疗中心4家市、县级公立医院为低视力、脑瘫提供专业适配和康复服务，永州新希望、永州星旺、冷水滩星星语、零陵爱慧、新田心语5家民办从事听障、智障、自闭症（孤独症）服务的残疾儿童康复机构日益规范提质。

（李正华　凌铭　胡南南）

科　　技

综　　述

【概况】 2018年，永州市科技工作全面落实科技创新助推高质量发展总要求，重点突出科技集中服务园区产业发展和产业项目建设年工作。全社会研发经费投入增幅排全省第四位，创新创业大赛获奖项目总数排全省第二位，高新技术企业总数排全省同类市州第二位，增速排全省第二位，技术合同交易额增幅排全省第二位，授权专利质押融资额增幅排全省第二位，总量排全省第三位。永州“年度全社会研发经费投入”“落实知识产权强省建设”和“产业项目建设年”三项工作获省人民政府办公厅真抓实干表扬激励，落实知识产权强省建设更是连续两年获得真抓实干表扬激励，永州市科技局连续两年被省知识产权局评为先进单位。

【科技创新环境优化】 2018年，永州市人民政府出台《关于科技服务产业发展的十条措施》《永州市加大全社会研发经费投入行动计划（2018—2020年）》政策性文件，在永州电视台开设科技新时代栏目，普及科技创新知识，宣传科技创新典型做法，营造科技创新政策环境。市本级财政科技投入由原来的650万元增加到1500万元，财政科技支出55917万元，较2017年增长26.73%。专利行政执法办理专利行政执法案件441件，结案率100%，全省排第五位。“双打”工作省综合治理考核连续两年得满分。

【科技支撑园区升级】 2018年，永州市经济技术开发区启动永州科技要素市场建设，江华县工业园、宁远县工业园转型升级获批为省级高新区，祁阳县农科园升级为省级农业科技园区。新认定高新技术企业78家，认定数再创历史新高。全市有高新技术企业129家，增长87%，完成高新技术产业增加值356.59亿元，占地方生产总值比重的19.75%，增长39.28%。永州市工贸学校的“湘南（永州）农业实用技术科普基地”和永州国家农业科技园区的“湖南（永州）伊塘西瓜产业科普基地”被认定为省级科普基地。湖南零陵恒远发电设备有限公司的“水轮发电装备工程技术研究中心”被认定为省级工程技术研究中心；湖南宁远创业孵化基地和海天创翼众创空间被认定为省级众创空间，江华高新技术产业开发区科技企业孵化器被认定为省级科技孵化器，省级孵化器实现零的突破。

【科技服务产业发展】 2018年，永州市争取省以上科技项目75项，经费2602万元。其中，3个项目5个企业被列入省100个重大科技创新项目。湖南时代阳光药业公司的“创新中药‘便可通片’的研制”项目获得国家科技重大专项支持，实现永州争取该专项零的突破。33个市重大科技创新项目按年初制定的目标推进。创新创业大赛永州再创佳绩，企业组15个项目、团队组11个项目在省第五届创新创业大赛上获奖，4个项目入选国家创新创业大赛，1个项目在全国总决赛上获奖。研发经费投入大幅增加，经省统计局核定数为22.63亿元，增长72.75%，占地方生产总值比重的1.25%，超出省定1.06%占比的目标任务。

【科技成果加速转化】 2018年，永州经济技术开发区组建永州特种材料与结构技术研发和应用院士工作站，欧阳晓平院士签约为永州市经济技术开发区的3家企业提供技术咨询服务。湖南农业大学同湖南果秀食品有限公司新组建市级工程技术研究中心，湖南中医药大学同湖南时代阳光股份有限公司合作组建博士后科研流动站协作研发中心，湖南科技学院同湖南恒伟药业公司共同研发“银杏系列产品开发与应用”项目，同湖南异蛇生物有限公司合作制订异蛇酒标准化，与市经济技术开发区共建研发平台。通过产学研合作，科技成果转化明显加速，完成技术合同认定交易1.66亿元，获省科技奖5项。

【知识产权快速推进】 2018年，永州市获得2018年度省专利三等奖2项，排全省同类市州第一位。祁阳县一中获批为第二批省中小学知识产权教育试点学校。湖南零陵恒远发电设备有限公司获批为国家知识产权示范企业，湖南和广生物科技有限公司、湖南龙昶机械工程有限公司获批为国家知识产权优势企业，永州国家知识产权优势企业创建工作获得突破，总量排全省前五位。支持12家企业贯彻执行知识产权管理规范国家标准工作，实现永州市贯标工作零的突破。申请发明专利1224件，增长18.6%。累计授权专利1330件，增长6.74%。有效发明专利拥有量630件，每万人口有效发明专利拥有量1.13件。完成专利质押融资2.55亿元，增长183.9%。

【科技助力精准扶贫】 2018年，永州市科技局推动科技人员服务贫困村，争取87名省级科技“三区”人才到永州服务，开展技术支持。配合永州市委组织部选派33名市级科技特派员深入重度贫困地区开展科技服务。指导县区科技管理部门推动当地技术人才入村服务，科技人员服务贫困村覆盖率100%。推动贫困地区创新平台建设，在新田等5个县区及农科园建设农村信息化基层站点10个。新认定省级星创天地3个，国家级星创天地2个。与湖南农业大学联合组织开展种植、养殖业培训班2次。

【永州首家省知识产权保护创新示范企业诞生】 2018年1月17日，湖南省知识产权局下发《关于确定第一批湖南省知识产权保护创新示范企业创建单位名单的通知》，湖南和广生物科技有限公司获批成为第一批省知识产权保护创新示范企业，是永州市唯一获评企业。湖南和广生物科技有限公司成立于2011年11月10日，注册资金4090万元，总投资8000余万元。公司为国家高新技术企业、省农业产业化龙头企业、省战略性新兴产业企业，建有湖南省企业技术中心，永州市现代辛香料与油脂工程技术研究中心，拥有湖南省企业科技创新创业团队和广生物现代萃取分离与应用科技创新创业团队。公司是以超临界二氧化碳萃取技术为先导并融合其他多种现代先进萃取分离纯化技术生产高端天然活性产品领域内的领导者。2017年获批为市专利试点企业，获得专利授权3项，其中发明专利1项、实用新型专利2项；获得“健康姜来 姜湖儿女”“姜湖儿女”商标授权4项。

【2018“猎豹汽车杯”首届中国青少年人工智能大赛在永州举办】 2018年10月19日，由亚洲机器人联盟、湖南广播电视台、永州市人民政府共同主办的2018“猎豹汽车杯”首届中国青少年人工智能机器人大赛暨第九届亚洲机器人锦标赛VEX中国选拔赛在永州市开幕，这是该项赛事首次在湖南举办。中共永州市委书记、市人大常委会主任李晖宣布赛事开幕。中国民办教育协会副会长郑增仪，全国智能机器人创新联盟常务副理事长、中国人工智能产品与产业工作委员会主任韩力群，亚洲机器人联盟主席梁钟铭，湖南省经济和信息化委员会副巡视员廖廷球，市委副书记、市人民政府市长赵应云，市政协主席蒋善生，市委常委、市委秘书长唐能武，市委常委、常务副市长张贺文，市人大常委会副主任袁火林，湖南科技学院院长曾宝成等出席开幕式。开幕式上，赵应云、梁钟铭分别致辞。亚洲机器人锦标赛中国选拔赛作为内地最高级别的VEX机器人赛事，包括机器人大赛、论坛以及机器人嘉年华游戏互动等板块，主要设有大学组ARL大学生车模/CHR机器人搬运创新挑战赛、高中组VEX-EDR工程挑战赛、中小学组VEX-EDR工程挑战赛/VEX-IQ机器人竞赛/无人机竞技赛等比赛项目。本届大赛以“智涌潇湘 创见未来”为主题，持续3天，全国21个省、自治区、直辖市的425支代表队、近2000名师生参赛。开幕式上还进行机器人、无人机等专题表演。赛事期间，永州近三十余家智能制造、食品加工知名企业集中参加展览，长丰猎豹汽车、中信重工开诚（永州）机器人、韬讯航空科技、果秀食品、异蛇科技等公司的最新成果及产品集中亮相。经过角逐，上海睿冠机器人活动中心和北京工业大学附属中学获得VEX-EDR机器人工程挑战赛高中组冠军，上海市静安区少年宫和衢州市兴华中学获得初中组冠军，北京市第八十中学、北京交通大学附属中学、北京市西城区青少年科学技术馆分别夺得高中组、初中组、小学组Excellence Award项目全能奖。获得VEX-EDR机器人工程挑战赛、VEX-IQ挑战赛全能奖及冠军的赛队获得晋级参加2018—2019赛季美国VEX机器人世界锦标赛的资格。活动期间，大赛组委会设置科技体验区，书法机器人、足球机器人、篮球机器人、刺客机器人、机械鱼、VR游戏、90VR体验、DIY拼装机器人等分别进入展区，让观众体验人工智能。市经信委与市教育局联合组织中小学生参观体验。乐迪创客空间十支队伍代表永州市参加此次大赛，获得机器人篮球比赛冠亚季军，遥控轮型机器人擂台赛冠军，取得两个Vex总决赛资格。在总决赛中，永州两支决赛队伍分获VEX-IQ小学组第五名、初中组第四名。

【永州在全省电脑制作与机器人竞赛中获得多项奖项】 2018年9月27日，第十九届湖南省中小学电脑制作活动、第十五届湖南省中小学机器人竞赛结果揭晓，永州市电脑作品获奖总数创历史新高，机器人竞赛获奖数位于全省前列，电脑制作活动和机器人竞赛活动获省教育厅颁发的最佳组织奖。全市推荐的100件电脑作品中，88件作品获得省级奖励，其中18件作品获省一等奖、34件作品获省二等奖，一、二等奖总数在全省排第四位，获奖作品数是2017年的127.53%。推荐到中央电教馆参赛的作品中，有9件作品获得国家级奖励，国家级获奖数在全省排第四位。蘋洲小学获得省教育厅颁发的中小学校最佳组织奖。永州市推荐到省参赛的30支机器人竞赛队伍中，24支队伍榜上有名，其中有7支队伍获省一等奖、10支队伍获省二等奖，省一等奖获奖数排全省第二位，机器人竞赛获奖总数与长沙市并列全省第二位。永州九中机器人代表队在省赛中获得所在项目冠军，代表湖南省参加国赛，获得全国三等奖，实现该市在国家级机器人竞赛中“零”的突破。

（邹凯）

气 象 服 务

【概况】 永州市气象局成立于1950年，实行湖南省气象局和永州市人民政府双重领导。设管理科室4个（办公室、业务科、人事科、法规与减灾科）、直属单位5个（气象台、财务核算中心、气象科技服务中心、防雷中心、后勤保障装备中心），市政府挂靠机构1个（永州市气象防灾减灾指挥部办公室），辖11个县区气象局。主要职责是：依法履行国家赋予的气象行业管理、气象业务和服务、气象灾害防御、人工影响天气等工作，为国家安全及地方防灾减灾、社会经济发展、人民生产生活提供气象保障，完成地方党委政府部署的工作。

2018年，市气象局落实全省气象局长会议、市委市政府系列重要会议精神和工作部署，全面推进气象防灾减灾，提升气象监测、预报、服务和科技能力与水平取得新成效，经湖南省社会科学院评定：永州2018年基本实现气象现代化。获2018年度湖南省气象部门目标管理考评第二名，获“2018年湖南技能大赛·第十三届全省气象行业职业技能竞赛”团体第一名和个人全能第一名。获全市市直单位（中央、省驻永有关单位）绩效评估优秀。省级文明标兵单位复查验收顺利通过。市气象局机关二支部获评“湖南省气象部门基层党组织建设示范点”。1人当选“湖南省气象局第二批科技业务骨干”，1人当选“湖南省气象局第二批青年英才”。

2018年9月5日—7日，湖南技能大赛第十三届全省气象行业职业技能竞赛举行，永州市气象局代表队获团体和个人第一名

【气象防灾减灾】 2018年，永州出现冬春干旱、3次低温雨雪冰冻、15次强对流或暴雨天气、1次有影响的台风（9月16日台风“山竹”）天气。全市气象部门做好决策和公众气象服务，及时更新防汛责任人号码6895人次、将3557名扶贫工作人员手机号码纳入预警信息库，多方式多渠道发布天气预报预警信息，基本做到气象信息广覆盖，全年没有发生因灾人员伤亡和塘坝垮塌，为全市的经济社会发展提供牢固保障。5月9日，市委常委、市委宣传部部长贺辉到市气象局调研，高度肯定气象服务工作。7月23日，在市委第二十一次常委会议上，市委书记、市人大常委会主任李晖对气象防灾减灾工作充分肯定。开展重大社会活动、关键时间节点气象保障服务，完成江华“盘王节”、双牌“和”文化节、湖南省公祭舜帝大典等气象保障服务工作，受到中共永州市委副书记何录春，市人民政府副市长、宁远县委书记刘卫华的肯定。加强气象灾害防御示范乡镇建设，蓝山县浆洞瑶族乡和塔峰镇、零陵区朝阳街道获评湖南省气象局和湖南省农业农村厅联合授予的“2018年标准化气象灾害防御乡（镇）”称号。

【气象现代化】 2018年，经湖南省气象局委托的湖南省社会科学院评价，永州市被认定为基本实现气象现代化。气象重点工作被写入市委一号文件，防汛抗旱、突发事件预警信息发布平台建设、

2018年9月26日，“中国天然氧吧”创建活动在北京钓鱼台宾馆揭晓评选结果，江华瑶族自治县、宁远县获此殊荣

台站建设等工作被列入市委、市人民政府重点督查内容。市级突发事件预警信息发布系统启动建设，部分县区局完成建设任务。永州国家基本气象站、宁远、江永、东安国家气象观测站获中国气象局首批五十年站认定。3月21日，市人民政府下发《永州市道路交通安全“道安监管云”气象监测设施建设实施细则》，推进项目建设。台站建设取得新进展，冷水滩区、江永县搬迁工程基本完成，双牌县搬迁项目附属工程正在施工，祁阳局启动新站对比观测。蓝山局搬迁施工图已经在线图审，道县局完成院内环境升级改造。

【气象生态文明建设】 2018年清明节前后，永州市实施人工增雨作业减少和扑灭森林火灾作业，保护清明期间的安全；3月—6月，开展人工消雹作业、增雨抗旱降温作业，保障烟叶的正常生长，全市烟叶喜获丰收；5月、7月—8月晴热高温少雨，全市开展大范围的人工增雨作业，为降温、增加水库蓄水、缓解旱情发挥作用。“中国天然氧吧”创建工作成功摘牌。“中国天然氧吧”创建活动在北京钓鱼台宾馆揭晓评选结果，江华瑶族自治县、宁远县获此殊荣，属湖南省第一批成功创建的地区（全省仅3家、平江县）。《人民日报》、新华网、光明网、《中国日报》、中央电视台、中央人民广播电等30多家国内主流媒体进行现场和后续报道，促进全市旅游持续升温。开展大气污染环境治理。及时发布永州市空气质量预报，配合完成源清单编制工作，协助完成中心城区大气环境质量限期达标规划。

【气象改革】 2018年，永州市气象局推进简政放权，贯彻落实行政审批制度，开展“互联网+政务服务”网上办理，全年办结行政审批事项30件，办件率100%，无投诉。联合安监、教育等部门组织开展防雷安全专项调研及检查，开展“打非治违”防雷专项活动和加强施放气球管理。

【气象扶贫】 2018年，永州市气象局把扶贫工作当作最大的政治任务和民心工程，从人力、财力、物力等方面加大对贫困村的投入，将2018—2020年全市驻村扶贫干部电话纳入到气象信息发布系统，送气象防灾减灾科普知识、气象与农业技术到扶贫村，指导贫困户做好农业产业区划、合理开展生产和防灾避灾。9月19日，中共永州市委书记、市人大常委会主任李晖在该局报送的《永州市农业气象服务技术集》上批示：“市气象局主动服务农村，编印专门资料，体现了务实的工作作风，予以表扬！”全市气象部门获得11次扶贫工作表彰。

（周丽珍）

水文服务

【概况】 永州市水文局为副处级参公管理事业单位，实行湖南省水文水资源勘测局和永州市人民政府双重领导，有在编人数80人。2018年，该局服务全市防汛抗旱减灾、水资源管理、水环境监测，为全市防汛抗旱减灾、农村安全饮水、生态文明建设和河长制工作提供技术支撑。

【防汛抗旱】 2018年，永州市降雨偏少，未发生较大洪水过程，水文测报工作井然有序。据统计，全年全市累计面平均降水量1512.1毫米，较历年同期均值1501.7毫米，偏多0.69%。汛期先后发生12次较强的降雨过程。全年发布洪水预警8站次，编写《水情分析与预报》10期、《水情预测》25期。全面推行县级洪水预警预报工作，县域局发《水情分析与预报》63期、《水情预测》216期、《水情预警》8站次，不断提升对外服务能力。规范工作流程，37个预报断面严格按照预警预报发布工作细则开展工作。不断强化应急监测能力，开展石期河应急监测演练，各项水文要素资料收集齐全，推进水文测验方式改革，完成涔天河、道县、大路铺等站点的分析比测工作，以及全局所有站点的统一高程接测工作，完成全年监测任务。

【服务水资源管理】 2018年，永州市水文局水环境监测实验室通过水利部七项制度检查，实现市级水功能区监测全覆盖，水质监测断面104个。加强农村饮用水检测，完成永州市直辖区日供水规模20吨及以上及其他各县日供水规模1000吨及以上规模农村饮水安全工程的定期水质检测工作。完成永州市上规模的57个入河排污口的核查和排污量核定、水质监测，定期编制《永州水资源质量状况通报》，编制完成2017年《永州市水资源公报》，协助水行政主管部门做好水资源管理与保护的服务工作。强化水质应急检测工作，应对水污染事件。11月11日，东安县发生水污染事件，永州水文局水质应急检测队接到指令，第一时间赶赴现场进行采样分析，为市委、市人民政府控制污染做出快速反应提供科学依据。坚持对该污染断面每日一取样、一分析、一汇报，编制《关于东安县饮用水水源地水质锑监测情况的报告》，上报省水文局和水利厅水资源处。

【水文业务“四化”工作】 2018年，永州市水文局争取专项资金，完成11处雨水情站点设备的升级改造工作；加强设施设备的维修保养，维护自动测报系统站点60余站次，检修故障站点200余站次，保障全局自动测报系统通畅率在99%以上，山洪运行通畅率在95%以上。推广新仪器新设备，在大江大河道县站、冷水滩站开展水平式ADCP试验比测工作，以涔天河水文站为试点，对中小河流站点的缆道在线测流系统进行升级改造。

2018年7月，城区水文正在进行水质取样

【水文行业管理】 2018年，永州市水文局严格按照中央“八项规定”精神和省局“十个严禁”要求，坚决杜绝超标接待、同城接待等不规范现象，严肃接待纪律。截至2018年11月19日，公务接待费支出3.38万元，较2017年同期下降41.82%。规范综治阵地建设，增设机关门禁，升级监控系统，视频信号接入公安天网系统。参与地方平安创建、综治民调、扫黑除恶专项斗争。抓实全员教育培训，联合组织湘南片区专业技术培训，全年培训100多人次，组织综合技能考核2次，全年主办和参与各类业务培训15次，做到以考促学、以学促用。加强宣传舆论引导，在地市级以上媒体发表稿件27篇，在省局自媒体发表稿件52篇；制作永州水文专题宣传片，组织改革开放40周年系列宣传活动。永州水文局在全省水文系统庆祝改革开放40周年演讲比赛中获得组织奖，1人获得二等奖，2人获得三等奖。组织暖冬行动、无偿献血、“一张废纸献爱心”、义务植树、童心向党、大手拉小手等13次志愿服务活动。评选2017年永州水文系统文明家庭。永州水文局水资源科成功创建市级“青年文明号”。

（陈彬）

防震减灾

【概况】 2018年，永州市地震局持续推进地震监测预报、震灾预防、应急救援三大工作体系建设，获得2018年度全省市州防震减灾工作综合考核优秀单位，东安县地震办分别获得全省2018年度防震减灾工作综合考核先进单位称号。全市新建成地震监测台1个和水库地震监测台网1个。

【监测预报】 2018年，永州地震台、永州地震监测台网中心安全运行无故障。分别完成2018年年中、2019年度永州地震趋势研究会商报告两个，参与全省地震趋势会商。3月，市地震局派员到省地震局参加原地震台站模拟记录仪历史资料的抢救和搜集工作，对原零陵地震台所有模拟观测的历史图纸进行归档和建档。10月下旬，江华地震台项目完成建设，监测项目为测震，10月25日投入运行。9月20日，涔天河水库扩建工程水库地震监测台网完成建设，投入试运行。涔天河水库扩建工程水库地震监测台网由1个测震台网（包括5个测震台站）、1个强震系统（包括5个结构强震测点和1个自由场）和1个台网中心组成，由中国电建集团贵阳勘测设计研究院承建。地震群测群防工作有序开展，各县区“三网一员”网络基本形成。

【震灾预防】 2018年，永州市地震局开展建设工程抗震设防要求监管，继续推进《中国地震动参数区划图》（GB 18306—2015）的贯彻落实。全市中心城区所有新建、改建、扩建的建设工程项目均已按照新的地震烈度区划图的要求进行抗震设防。开展永州市防震减灾科普教育示范学校创建活动，创建市级防震减灾科普示范学校4所，分别是双牌县一小、江华县一中、江永县一小、宁远湾井完小。开展永州市农村

2018年4月20日，东安一中、双牌一中代表永州市在衡阳参加全省中学生防震减灾知识大赛

民居防震保安工程示范点创建活动，宁远县鲤溪镇东春移民新村被列入永州市永州市农村民居防震保安工程示范村，安置移民98户435人。蓝山县毛俊水库移民安置新村农村民居防震保安安全示范点正在建设中。该移民新村位于县城旁边，拟安置移民801户、2875人。开展地震安全示范社区创建活动。11月下旬，经过湖南省地震局领导和专家现场验收，永州市申报的双牌县青峰社区和冷水滩区白竹亭社区被评为湖南省地震安全示范社区。

4月，组织永州市省级防震减灾科普教育示范学校师生代表参加湖南省中学生防震减灾科普知识大赛（东部赛区），双牌县一中、东安县一中分别参加初中组和高中组的竞赛，获得初中组和高中组的优胜奖。“5·12”全国防灾减灾日在冷水滩区政府广场开展主题为“行动起来，减轻身边的灾害风险”的全国防灾减灾日集中宣传活动，发放宣传资料1500余份和宣传伞100余把；开展防震减灾知识进机关、进学校、进企业、进社区、进农村、进家庭的“六进”活动，全面提升全民防震减灾知识的普及率。向防震减灾科普教育示范学校和地震安全示范小区送去1000余本（册）科普书籍和读物。

【地震应急】 2018年10月下旬，永州市地震局地震应急现场工作队开展地震应急演练活动1次，演练装备操作、地震现场应急处置活动等；参与省地震局组织的地震应急工作和地震分析预报业务培训班3人次。

【永州第二个地震台投入使用】 2018年10月25日，永州市第二个地震台——江华地震台与省地震局实现联网，投入使用。江华地震台经省地震局专家多次勘察，选定在沱江镇双洞村廖家塘组建设，用地375平方米，总投资60余万元。可为国家地震预测和震后趋势判定提供及时、准确、可靠的观测资料。该地震台对人畜无辐射毒害作用，地震监测仪器安放在基岩上，接收并通过光缆

传送地层深处的震动波，数据汇入全省地震观测数据中心、全省地震应急指挥技术系统中枢省地震台网中心。永州市有零陵、江华两个地震台投入使用。

（刘文军）

文化事业

综　　述

【概况】　2018年，永州市有文化单位301个（含县、区和乡镇文化站），其中文化行政单位14个，事业单位287个。有在编职工1820人，其中市直文化系统人员163人，专业技术人员69人。

全市有公共图书馆12家，其中市属馆1家，县（区）馆11家；中心城区24小时自助图书馆16个。市级群众艺术馆1座，乡镇文化站221个，村级公共服务中心3932个。美术馆2个，博物馆4个。文物保护单位613个，其中，国家级文物保护单位26个，省级文物保护单位56个，市级文物保护单位212个，县级文物保护单位319个。

全市有文化生产和服务单位8696家，其中规模以上文化企业146家，艺术类表演团体117家，娱乐场所188家，网吧742家，报刊图书音像经营企业198家。

【文体惠民工程】　2018年，永州市举办“送戏曲进万村、送书画进万家”活动，送戏下乡852场（次）；开展“十九大光辉照潇湘——永州市新时代文艺村村演”活动，完成演出3000多场（次）。开展“我是雷锋家乡人湖湘文化送春风”文化志愿服务月活动，各县区按照9个系列文化志愿活动组织开展文博大队学雷锋文化志愿进校园宣传文博知识，担当讲解员、参与文博档案的整理工作等；图书大队文化志愿者走进特殊学校、进军营送图书，配合做好导读员，为读者借阅及图书整理等工作；群文大队文化志愿者送演出进乡镇村、养老院、社区、厂矿，配合文化馆、文化站做好基层文化队伍的培训及业务指导、辅导等工作；美术馆文化志愿大队组织文化志愿者开展送春联、为观众普及美术书法赏阅常识等，全市有组织的开展文化志愿服务活动300余次。开展高雅艺术进基层活动，联系湖南省交响乐团在元旦、春节期间到永州演出迎新年交响音乐会，国家话剧院在祁阳县演出话剧《向上走　向下走》，省话剧院到永州演出大型现实题材话剧《沧浪之水》、儿童剧《这个世界谁最忙》，让永州广大群众在家门口就能观赏到高水平的文艺节目。市城市建设投资集团公司在冷水滩区河东新建两座24小时自助图书馆，为广大市民朋友们提供休闲、阅读的好去处。组织开展摄影、舞蹈、戏曲艺术等各类免费培训班，培训艺术人才。市群艺馆举办舞蹈、戏曲艺术培训班和全市非遗专干培训班，市艺术创作中心举办首期戏曲演员培训班，江永县文化馆举办“思考，比按下快门更重要”主题摄影讲座，培训艺术和非遗专业人才200余人次。市群众艺术馆还分三期举办成人舞蹈班2个，公益性戏曲班1个，瑜伽班1个，少儿美术、书法、音乐班7个，免费培训青少年文艺爱好者、各社区的舞蹈、戏曲爱好者1000余人。文化体育场馆实行免费、低收费开放。14个高山台站无线数字覆盖工程和补点工程都完成工程建设，90%以上的农村地区群众能免费收到中央和省15套以上的地面数字电视节目和3套数字广播节目。实现贫困村广播“村村响”及电视“户户通”。全民阅读指数连续三年排名全省前三位，“书香永州”成为永州重要品牌，农家书屋行政村全覆盖全面完成，全市3个家庭获全国“书香之家”称号，24个家庭获湖南省“书香之家”称号。为200个贫困村开展送戏下乡200场，为774个贫困村每村每月免费放映公益电影一场，全市85%的贫困村村民均可免费收看中央和省15套以上地面数字电视节目，免费收听3套数字广播节目，为一批扶贫村配置室外健身器材。

【群众文化活动】　2018年，永州市举办春节联欢晚会、永州市少儿春晚、永州市2017年“雅韵三湘文化惠民”新春音乐会和永州市元宵广场系列文化活动，4万余名市民参与。举办“欢乐潇湘·品质活力新永州”群众美术书法摄影活动，收到美术作品574幅、书法作品1152幅、摄影作品2928幅，合计4654幅，参赛人数4400人。举办永州市第九届少儿音乐、舞蹈大赛，活动规模、参赛人数、节目质量都超往届，整个活动现场由永州市广播电视台现场直播。举办庆祝改革开放40周年全国广场舞展演活动——“走进新时代　我们舞起来”永州市基层广场舞展演，全市11个县区精选11支广场舞蹈代表队在市体育中心参加展演，选出的一支队伍在全国广场舞展演活动湖南省集中展演中获得全省“优秀广场舞团队”。组织参加第六届湖南艺术节“三湘群星”奖表演类、项目类、“群文之星”评奖活动，选送7个节目参加省展演，并获得2金3银2优秀的成绩，其中永州市新田县文体广新局选送的《瑶山追梦》获音乐类金奖、宁远县文体广新局选送的《枯树的倾诉》获舞蹈类金奖，江华县文体广新局选送的《寨上号子》获音乐类银奖、江华县文体广新局选送的《咔嚓梭》、蓝山县文体广新局选送的《挑盐古道》获舞蹈类银奖，祁阳县文体广新局选送的《拔穷根》获戏剧类优秀奖、江永县文体广新局选送的《女书习》获少儿舞蹈类优秀奖。宁远县文体广新局选送的文化项目《宁远县农民艺术节》获项目类“三湘群星奖”。江华县文体广新局副局长邹福桥、江永县文化馆馆长蒋映杰获得“三湘群文之星”称号。市群众艺术馆承办2018“麒麟公馆杯”第三届华南五省（区）国际标准舞锦标赛暨第十五届湖南省国际标准舞锦标赛、CIDA第九届莎莎舞全国公开赛三大舞蹈赛事，俄罗斯、韩国和中国香港、澳门、北京、上海、深圳、广东、广西、海南、湖北、重庆、湖南省等地的国内外评审、专家、选手参加开幕式并参赛，数千名观众现场观摩比赛。市群众艺术馆组织潇湘艺术团承办“十九大光辉照潇湘——永州市新时代文艺村村演”演出任务，赴全市60个乡村开展演出。开展“阳光娱乐节暨文化消费日”主题活动，免费向市民赠送各类优惠券5万余张。

【全民健身活动】　2018年，永州市开展各类健身活动25次，承办省、市培训班3期，参与人数10万余人次。其中，举办省级健身赛事活动3次，即2018年“麒麟公馆杯”第三届华南五省（区）国际标准舞锦标赛暨CIDA第九届莎莎舞全国公开赛，首届“健康湖南”全民运动会羽毛球、拔河总决赛，2018年湖南省社会体育指导员综合素质大赛等。举办市级健身赛事活动22次，包括2018年永州市“体彩杯”羽毛球比赛、2018年全民健身“经投杯”市直单位篮球赛、2018年永州市“全民健身日”活动启动仪式首届“健康湖南”全民运动会永州赛区选拔赛等。举办省级社会体育指导员培训班1期——2018年湖南省民族健身操一级社会体育指导员培训班。举办市级社会体育指导员培训2次——2018年永州市广场舞二级社会体育指导员培训班、2018年全市太极拳培训班。成功打造集全民健身、文化传统、旅游推介于一体的全民健身品牌赛事　“大美永州”大穿越系列活动，该项活动计划在每县区各举办一站，每年举办3~5站，在3年内完成对全市各县区的穿越，2018年成功举办5站活动，参与群众10万人次。在宁远县九嶷山成功举办中国山地户外健身休闲大会（宁远站）活动、2018环中国公路自行车赛等国家级品牌赛事活动，吸引全国的1万余名户外运动爱好者参加。端午前夕，在道县举办的2018道县端午龙舟赛，群众自发组织100余条龙船参赛，观赛群众10余万人，此活动连续举办10余年。2018“湘粤赣”协作区（赣州）门球赛，选派市门球协会队员组队代表永州市代表队出省作战，在赛区35个代表队中脱颖而出，获得大赛金奖。首届“健康湖南”全民运动会中，永州市通过层层选拔的运动达人参加23个项目的省总决赛，获得6个团体一等奖（健康跑、健步走、围棋、大力士、踢毽子等）和20余个单项一等奖。全市全运动会直接参赛人数10余万人次，总参与人数近100万人次。组队参加2018年省运会成人组5个项目的比赛：男、女气排球，武术项目，网球和自行车项目，获得男、女山地自行车2枚金牌，网球1枚银牌，创成人组历史最好成绩。

【文艺精品创作】　2018年，永州市一级编剧王青伟创作电影剧本5部，其中《周恩来回延安》为文化部约写，正式开拍；《半床棉被》被列为国家电影局全国二十部重点剧本孵化计划；《1949香山之春》是受北京市委宣传部为庆祝建国七十周年约写的重点题材影片。市艺术创作中心组织创作的大型现代祁剧《向阳书记》获田汉新剧目奖，同时获得田汉剧作奖、田汉导演奖、田汉音乐奖等单项奖，表演者桂青松、刘玉雄、郑太平分别获得田汉表演奖，该剧获得2018年度湖南省文化综合发展专项资金并入选湖南第六届艺术节新创大型舞台剧目，在长沙市实验剧场演出。由蔡爱军创作、零陵花鼓戏剧团排演的小戏剧本《打赌》，获得2018年度湖南省文化综合发展专项资金支持，参加湖南第六届艺术节新创现代小戏剧目展演。由冷水滩祁剧团排演的《爱心熊猫》入选湖南第六届艺术节基层院团新创小戏，在浏阳展演。由罗雪叶创作的小戏曲《山歌情》获湖南省文化厅文化综合发展专项资金支持。经各县区推荐与市级专家遴选，选送94件作品（书法作品32件、美术作品32件、摄影作品30件）参加省级评选，其中唐濛濛的国画作品《月是故乡明》获得美术类“齐白石艺术奖”，欧亮的书法作品“李斯《谏逐客书》”获得书法类“齐白石艺术奖”，另有25件美术、书法、摄影作品选入省展（美术类7件、书法类6件、摄影类12件）。

【文化市场管理】 2018年，永州市探索文化市场监管新模式、新手段，不断提升市场监管水平。推行网格化管理，将中心城区划分若干大网格，各分局划出分网格，明确负责人和网格长，每家文化市场经营场所为一个网格点，每个网格点交叉安排2名执法人员担任网格员，专门负责日常巡查与监管。推行技术监管措施，建立技术监管平台全天候巡查、日常实地检查、重点区域专门抽查“三位一体”监管体系，利用文化市场技术监管与服务平台、“文网卫士”监管平台视频监控等技术监管手段，加强对文化市场经营行为的适时监控，落实日常巡查监管责任，突出重点领域的管控，消除市场监管盲区和死角，增强市场监管的针对性和有效性，实现“人防”与“技防”的有机结合，进一步提升市场监管水平。有针对性的对重大节庆、重要时段、重点行业开展演出、娱乐市场专项整治、文化市场无证照经营专项整治、校园周边及城乡结合部文化市场经营秩序专项整治、文化市场消防安全专项整治、高危体育项目游泳场所专项整治、暑期互联网上网经营场所专项整治等13次专项整治行动。全年查处娱乐场所案件30件、营业性演出案件32件、网络文化案件5件、广电体育类案件18件、艺术品违规案件6起、艺术等级考试案件3件。举办全市文化市场综合执法人员业务培训班2次，举行全市综合执法技能练兵比武活动1次，举办“以案施训”培训活动2次。选派5名选手参加全省第二届文化市场综合执法技能比武活动，在省14个市州参赛队伍中综合成绩排第五名，首获“团体三等奖”“执法程序规范竞赛团体单项第三名”的良好成绩。在省“扫黄打非”办举办的全省第二届出版物鉴定知识大赛中获得“团体三等奖”。

【非物质文化遗产】 2018年，永州市财政拨付非遗保护中心的工作经费50万元，用于非遗保护的工作经费、活动宣传、市级项目保护等方面，非遗工作成效明显。组织对2位国家级、7位省级非遗传承人进行考核评估，江华瑶族自治县赵庚妹被列为第五批国家级非物质文化遗产项目盘王大歌传承人，祁阳县袁祁利被列为祁剧传承人。组织召开第六批市级非物质文化遗产名录项目暨代表性传承人（增补）评审会，19个项目列为第六批市级非物质文化遗产名录项目，并增补26位市级非遗项目代表性传承人，5位非遗项目传承人获得省级非遗传承人称号。举办“湘水同源　文化同根”永州、湘潭、郴州、张家界四市州非遗摄影作品展，分别在市图书馆、湖南科技学院、徐家井小学、蘋洲小学等单位展出，观众20余万人次。在湖南科技学院文化广场开展永州非遗项目成果展览活动，展出文化遗产名录项目图片100余幅，邀请部分非遗传承人做现场表演，观众10万人次。开展非遗进校园活动，市非遗中心与祁阳小调、零陵花鼓戏项目保护单位、零陵渔鼓项目保护单位联合，在永州市蘋洲小学、零陵区神仙岭小学开设祁阳小调、零陵花鼓戏、零陵渔鼓3个特长班，由项目单位选派优秀传承人授课，参与培训人数500余人。承办非物质文化遗产传承人培训班及非遗工作专干两个培训班，邀请省非遗产保护工作著名专家陈剑和胡敏分别作《非物质文化遗产资源的发掘与整理》和《新时代非遗保护的新理念与新要求》两个专题讲座。

【文化产业发展】 2018年，永州市人民政府设立1000万元文化产业发展引导资金。全市文化生产和服务单位发展到8696家，比2017年增加2696家，其中规模以上文化企业146家，比2017年增加52家；全年全市文化产业增加值约为94.5亿元，增长36.8%；全市有规划在建文化产业园区5个，包括异蛇生态文化产业园、冷水滩区菜市镇邓家铺潇湘文化园、道县濂溪故里文旅产业园、神州瑶族文化博览园、蓝山县文化创意园，5个项目2018年总投资6.3亿元。零陵古城、永州华侨城、潇湘风情街、江华瑶族文化博览园等重点项目建设进度加快，全市文旅融合产业一号项目“零陵古城”开街营业，永州华侨城完成投资1.36亿元，完成可研、环评、土地征收，江华瑶族文化博览园完成投资1.58亿元。市文化艺术中心、祁阳县文体中心、宁远县全民健身公园、冷水滩区河西文化艺术中心和河西全民健身中心、蓝山县“四馆六中心”、零陵区文体艺术中心等项目建设顺利进行。有14个项目入选2018—2019年度全省文化系统重点文化产业项目名录，3个项目入选特色文化产业项目名录，7家企业入选特色文化企业名录。奔腾彩印和九恒条码两家公司通过湖南省服务业重大建设和储备项目筛选，奔腾文创公司的创意产品印刷产业化智能制造项目入选国家印刷智能制造示范和试点项目名单。2018—2019年度文化产业数据库建设工作正式开建。永州文化创意产业园项目纳入全市“六大战役”重大前期项目库。全市体彩累计销售突破3亿元，增长49%。

【陈列与展览】 2018年，永州市美术馆收藏何绍基及其家系墨迹10件。全年举办展览9个，其中包括2个名家展，即李水成水彩画展和刘双全国画精品展；5个主题特色展，即永州市美术馆世界名画（翻拍）赏评展、永州市第一届少儿创意绘画展、永州市实施“开放兴市产业强市”战略推进“六大战役”书画摄影展、永州市“国土测绘杯”书画展；2个交流展，与市书协、市美协交流展各1个。市博物馆全年参观观众30.4万人次，其中青少年观众17.1万人次，占全部观众的56.3%，提供讲解2400余次；新增基本陈列《舜文化展》开展；举办临时展览2个，其中禁毒教育展社会影响较大。组织举办永州市元宵节非遗展。开展非遗项目成果展览，展出永州市国家级、省级非物质文化遗产名录项目及零陵区市级以上非物质文化遗产名录项目100余项，观众4万余人。

【文物宣传】 2018年，永州市结合“5·18国际博物馆日”“湖南省社科普及主题活动周”以及“文化遗产日”主题，开展“送展览进学校进社区进企业”“文化遗产日宣传”等活动，重点宣传全市26处全国重点文物保护单位和一些馆藏珍贵文物，宣讲文物保护知识和相关法律法规，介绍和宣传永州的文化遗产，近万群众观看展览，进一步宣传永州历史文化，促进群众文保意识的提高。市文物处与永州电视台、湖南经视、湖南美术出版社等宣传媒体合作拍摄文物宣传展示节目，宣传永州深厚的文化底蕴。编制《文物保护在永州宣传册》，加大文物法律法规与文物保护工作宣传力度，进一步增强全市人民的文物保护意识。制定印发《全市文物系统信息考核工作方案》，鼓励全市文博工作者投稿，市文物处向《国家文物报》《中国文化报》、湖南文化遗产、湖南文物、湖南文化遗产网、《永州日报》、永州市文体广新局等纸媒、网站投稿70篇，其中50余篇被采纳刊登。

【文物维修与保护】 2018年，永州市向国家文物局申报重点文物保护工程23项，争取项目经费4761万元，居全省第二位；向省文物局申报省级文物保护工程6项，争取项目经费610万元，居全省第六位。争取馆藏文物修复设备一套，共计70万元，建成文物修复室1个。开展实施文物保护项目31个，12个完工，其中8个通过初步验收，2个完成验收，其他项目均按进度进行。湘桂古道永州段修缮工程（一期）和馆藏青铜、陶瓷文物保护修复项目开工，基本完成湘桂永州段修缮工程（一期）海龙庙和惠风亭修缮工程，完成馆藏青铜文物修复64件、陶瓷文物修复20件。开展实施文物保护项目17个，“三防”工程项目14个，其中涧岩头周家大院红门楼、黑门楼、老院子二期、新院子保护修缮工程、舜帝庙遗址保护展示工程、上甘棠村古建筑群二期修缮扫尾工程、抢救性修缮工程、环境整治工程、树德山庄修缮工程、小源会议旧址环境整治工程8个项目竣工通过初步验收。香零山观音阁、蓝山土市新村红六军团长征旧址修缮工程竣工完成验收。新田文庙消防工程、宁远文庙安防工程完工。完成上甘棠村古建筑群修缮工程（第五期）、淡岩石刻、何绍基故里古建筑群、桐口村古建筑群、舜庙、兰溪瑶寨古建筑群总管庙、文昌塔等文物保护单位文物保护工程设计方案的审批。初审上报首家大院修缮工程、上甘棠村环境整治工程、李达故居修缮工程、涧岩头周家大院展示利用工程、下八井古建筑群一期修缮工程、广利桥修缮工程等文物保护工程设计方案。组织完成江永镇景塔、郑作民故居（昭心祠）、白果市红六军团司令部旧址等市保单位修缮工程设计方案的评审工作，审核批复虎溪古建群深化施工图纸和预算。为储备文物保护项目库，向国家文物局申报2019年度项目计划书21项，其中文物保护工程项目 11 项、“三防”工程项目 10 项，有 6 个项目获国家文物局批复。向市财政申请 80 万元专项经费，对建成于 1998 年的博物馆开展包括消防自动报警系统、气体灭火系统、应急照明系统、灭火器材、整栋大楼电气设施全面改造。组织开展 2 次联合检查，检查文物点 45 处。先后破获道县盗墓案、蓝山县盗墓案、江永县上甘棠古建筑群寿萱亭文物盗窃案等文物案件，逮捕犯罪分子 11 人，其中 6 人被判刑，5 人被起诉，追回被盗文物 27 件。开展文物保护单位执法巡查近 1400 次，安全巡查检查 1800 余次，并按季度上报文物安全信息。完成第八批国保、第十批省保申报工作，全市申报国保 22 处，省保 48 处。由国家文物局主办，国家文化遗产研究院承办，永州市文物管理处协办的 2018 年度青铜器文物保护技术培训班在永州市博物馆举办，全国 22 个省、市、自治区的学员参加培训，邀请 23 位全国顶级专家授课。市文物处组织全市文物工作业务骨干参加国家、省文物局举办的全国壁画保护修复培训班、第八批国保申报专题培训班、湖南省文博学会研讨会、全省文物安全培训等文物保护、文物执法培训。组织全市 50 多名文物安全工作人员集中开展文物安全及文物行政执法培训暨辖区内异地文物执法活动。

【2018 永州祁剧文化艺术节暨冬季乡村旅游节】 2018 年 12 月 8 日上午，2018 永州首届祁剧文化艺术节暨冬季乡村旅游节在祁阳县开幕。湖南省人大常委会原副主任、省文化艺术基金会会长肖雅瑜宣布活动开幕，中共湖南省委宣传部部务会成员、省文资委专职副主任刘尤碧，省文化和旅游厅副巡视员刘振平，永州市委副书记、市委政法委书记何录春，市领导唐能武、贺辉、李旦梅出席活动。开幕式用全景式方式展示祁剧优秀曲目，以情景还原的艺术形式回顾祁剧近千年发展历史，引来群众驻足观看。活动持续到 12 月 9 日，包括祁剧寻根、祁剧祖师拜谒仪式、“潇湘明珠·醉美祁阳”精品旅游线路采线、永州文化旅游产品博览会暨第二届祁阳“文博古玩”“祁阳石”交流大会、优秀祁剧交流展演及祁剧嘉年华、“祁剧·浯溪”文化旅游座谈会等系列特色活动。

【2018“健康中国湖南行·走红军走过的路·徒步穿越大湘南”活动江华站启幕】 2018 年 11 月 23 日上午，“健康中国湖南行·走红军走过的路·徒步穿越大湘南”暨“瑶族古镇杯”大美永州大穿越活动（江华站）在江华火车站广场启幕。2000 余名来自全国各地的选手以及徒步爱好者参加。国家体育总局登山运动管理中心副主任、中国登山协会秘书长张志坚出席开幕式，湖南省体育局党组书记、局长李舜出席并宣布活动启动，中共永州市委书记、市人大常委会主任李晖致辞。永州市领导蒋善生、唐能武、罗建华、贺辉、李农妹、李旦梅出席。

2018“健康中国湖南行·走红军走过的路·徒步穿越大湘南”活动由省体育局、省卫健委联合当地政府主办，至 2018 年已举办五届。本届赛事活动于 11 月 23 日—25 日进行，活动内容包含登山、徒步、露营、特色民俗活动表演等。设徒步穿越组、24 小时挑战组、群众体验组三个组别。徒步穿越组，总路程 67 千米，途经涔天河沿线、骆驼山、秦岩等主要游览线；24 小时挑战组，线路 61 千米，途经大风车、九十九顶等游览线；群众体验组，线路 5 千米，徒步线路横跨金牛大道。

【2018 环中国国际公路自行车赛（宁远赛段）落幕】 2018 年 9 月 18 日，环中国国际公路自行车赛结束序幕赛之后，迎来第二阶段的第二个比赛日——永州宁远点对点赛段争夺。本赛段围绕九嶷山国家森林公园展开，全长 99.4 千米，途中设有两个 4 级爬坡点，并在 48.9 千米处设 1 个冲刺点。湖南省政协副主席张大方，省体育局局长李舜，中体产业副总裁、环中国组委会秘书长杨力，湖南省体育总会副主席谭鸥，永州市人民政府副市长、中共宁远县委书记刘卫华等出席活动。

哥伦比亚马赞那车队的莫拉诺以 2 小时 18 分 26 秒拿的成绩获得冠军，意大利威廉洲际职业队的马尔凯蒂和安德罗尼车队的本法托分列二、三位。来自恒翔洲际队的中国车手柳建鹏第 14 个冲过终点。荣誉衫方面，在序幕赛中穿上黄衫的澳大利亚 BSC 洲际队的安东尼·贾科波顺利保持，哥伦比亚马赞那车队的莫拉诺凭借本赛段冠军穿上冲刺王蓝衫，意大利威廉洲际职业队的莫斯卡拿下爬坡王圆点衫，象征大中华地区最佳车手白衫则继续属于中国米其顿单车交易队的姜治慧。

（文紫湘）

文化市场综合执法

【概况】　2018年，永州市文化市场综合执法局以建设平安文化市场为抓手，以优化社会文化环境为重点，主动适应文化市场发展新形势，推动文化体制改革。全年开展市场巡查13284人次，检查文化市场经营场所4817家次，立案查办文化市场违法违规案件202件，结案202件，立案和结案数同比2017年增长5.2%，超额完成文化和旅游部规定的人均办案数量不少于3件的规定。市文化市场综合执法局首次获得2018年湖南省文化市场综合执法技能比武活动团体三等奖、执法程序规范竞赛团体单项第三名，湖南省第二届出版物鉴定知识大赛团体三等奖、2017届市级文明单位、1人获评“2018年度全市青年岗位能手”等称号。

【文化市场综合执法改革】　2018年，永州市文化市场综合执法局按照市委、市人民政府出台的《关于进一步深化文化市场综合执法改革的实施意见》要求，全面落实改革涉及的职能职责、管理体制、机构设置、执法机制、信用体系、信息化建设、队伍建设、经费保障和人才装备8个方面重点工作，推动全市文化市场综合执法改革工作取得新成效。

【文化市场监管】　2018年，永州市文化市场综合执法局全面落实巡视反馈意见整改工作，维护国家文化安全和意识形态安全。根据市文化和旅游广电体育局印发的《关于落实省委第六巡视组对永州市委落实意识形态工作责任制开展专项检查反馈意见的整改工作方案》要求，坚持问题导向，紧密结合中心城区实际，有针对性的制定《中心城区印刷业专项整治行动实施方案》等6个子方案，做到逐个问题跟进解决，各个环节推进。整改期间，排查相关文化经营单位250余家，查处违法违规案件19起，关闭无证经营户3家，责令整改16家，依法没收非法卫星电视地面接收设施62套，收缴非法出版物320册，取缔游商地摊点11个（次），移送公安机关查处1件。突出网吧整治，全方位多层次监管网吧市场。把维护青少年合法权益作为首要任务，通过开展专项整治、部门联动执法、完善行业自律、健全监管机制等方式，实行网吧市场节假日常态化监管模式，采取错时检查、突击执法、适时整治等方法，从严从重打击违规接纳未成年人上网行为。查处网吧违规接纳未成年人案件30件，同比2017年下降43.4%，取缔“黑网吧”1家，纳入“黑名单”管理2家。中心城区网吧违规接纳未成年人上网行为得到有效遏制，网吧市场秩序持续好转，为促进青少年健康成长营造良好的社会文化环境。

2018年，8月28日—29日，永州市文化市场综合执法技能比武法律法规知识竞赛举行

【文化市场执法办案】　2018年，永州市文化市场综合执法局规范执法办案程序，健全执法办案规范化系列制度和流程，制定重大案件审查制度、行政执法案件审核审批管理制度、文化市场日常检查制度以及文化市场执法工作制度，让执法办案有规可依，为规范办案打下坚实基础。提高案卷制作质量。将提高案卷质量作为贯穿案件办理过程的重要工作来抓，在执法文书应用、书写、制作、归卷归档等方面严格规范要求，严把案件制作质量关，多次开展案卷抽查、评查工作，案卷质量大幅提高。推进市场执法工作。在加强日常监管的基础上，进一步加大执法办案力度，持续发力，重拳出击，多领域执法，严厉查处文化市场违法违规经营行为，形成强大的震慑力量。全年查处娱乐场所案件30件，增长7%；营业性演出案件32件，增长100.2%；网络文化案件5件，

增长60%；广电体育类案件18件，增长38%；艺术品违规案件6起，增长83.3%；艺术等级考试案件3件。

【“扫黄打非”】 2018年，永州市文化市场综合执法局组织开展“清源”“净网”“护苗”“秋风”“固边”等一系列“扫黄打非”专项整治行动，集中对中心城区印刷行业、出版物市场、网络文化、网络出版等领域进行清查。检查印刷出版物等文化市场经营单位240家次，立案29件，结案29件，增长20%，取缔出版物游商地摊36处，强制下线网络游戏6个。立案查处某信息技术有限公司传播淫秽色情网络文学获利案，并将案件依法移送公安机关处理。

（高明奇）

报　　业

【概况】 永州日报社系市委直属正处级公益类事业单位，实行财政差额拨款、定额补贴、企业化管理。有人员90人，其中班子成员8人（党组书记、社长1人，党组副书记、总编辑1人，党组成员、副总编辑4人，党组成员、纪检组长1人，党组成员、副社长1人），五级职员1人，六级职员2人。有正高职称的1人，副高职称的11人。内设有编辑中心、采访中心、行政中心、广告中心和纪检监察室、产业技术部、工会、群工发行部等8个中心部室。《永州日报》为对开八版、周六刊彩报，实际发行量4.3万份左右，年定价360元/份。下属永州日报社印刷厂系国有企业，基本完成改制工作。

2018年，永州日报社承担起“举旗帜、聚民心、育新人、兴文化、展形象”的使命任务，围绕中心，服务大局，讲好永州故事，凝聚永州力量，展现永州风采，为建设“创新开放新高地、品质活力新永州”营造良好舆论氛围。全没有发生一起见报重大政治差错。

2018年6月7日，湖南省委常委、省委宣传部部长蔡振红（中）到永州日报社调研

【新闻策划】 2018年，永州日报社高度重视新闻报道的策划，年初就对全年的宣传报道工作做预安排，确保全年宣传报道工作有的放矢，有节奏、有力度、有影响力。按照年初宣传报道总体安排，根据市委宣传部每个月、每一阶段的部署，强化新闻策划，出色完成全省优化发展环境现场推进会、市人大政协两会、市委经济工作会议等重大会议活动报道，做好庆祝改革开放40周年系列报道、打好“三大攻坚战”、产业项目建设年、乡村振兴战略等主题宣传报道，为推动高质量发展汇聚永州力量。

【新闻栏目】 2018年，永州日报社围绕市委、市政府的中心工作，适时推出《在习近平新时代中国特色社会主义思想指引下——新时代新气象新作为》，宣传报道广大干部群众用党的创新理论武装头脑、指导实践、推动工作的生动场景；推出《永州正能量》，弘扬社会主义核心价值观；开设《抓重点补短板强弱项》《守护“蓝天、碧水、净土——坚决打好污染防治攻坚战》《脱贫攻坚——永州力量》《优化发展环境　推进项目建设》《新时代热点话题谈心录·2018》等新栏目，确保报道的持续性、力度感，增强主题宣传报道效果。

【报业质量管理】 2018年，永州日报社确定为报纸质量建设年，严抓报纸质量关。进一步完善制度，从采编校各个环节严格把关，严格稿件“三审制”，有效规避减少差错。在湖南省记协市州报分会和湖南省新闻出版广电局检测中心联合开展的2018年度湖南省市州党报编校质量抽查评比活动中，《永州日报》位列全省14家市州报第五位。把创先争优作为培养队伍整体素质和提升报纸质量的有效手段，鼓励创精品、创优稿，在2018年的优稿评选中有3件作品分获2017年度湖南新闻奖一、二、三奖，23件获湖南新闻奖市州报好新闻奖，其中6件获一等奖。

【报业经营】 2018年，永州日报社牢固树立“产业强报”的发展思路，发挥党报的优势，不断创新机制，对广告经营实行目标管理和承包经营相结合的方式，促进广告收入稳步增长，全年广告收入突破1300万元。《永州日报》发行量保持在4.3万份左右。永州日报社印刷厂的国企改革工作基本完成。

【“新湖南”永州频道集中上线】 2018年9月6日，“新湖南”永州11个县区频道集中上线仪式在冷水滩举行。中共永州市委书记、市人大常委会主任李晖，湖南日报社党组书记、社长孔和平，市领导唐能武、贺辉为11个上线单位授牌，并见证湖南日报社与零陵、江永、蓝山3县区签订县区融媒体中心建设框架合作协议。

（江波）

文学艺术

【概况】 永州市文学艺术界联合会前身为零陵地区文学艺术界联合会，成立于1978年8月。1989年5月，零陵地区文学艺术界联合会第一次代表大会召开。此后，相应的各专业文艺家协会成立。1995年，零陵地区文学艺术界联合会更名为永州市文学艺术界联合会（以下简称“市文联”）。市文联是中共永州市委领导的，由各文学艺术家协会，各县区文联所组成的文艺界人民团体，是市委、市政府联系全市文艺工作者的桥梁和纽带，繁荣发展社会主义文艺、建设文化强市的重要力量，属正处级群众团体组织（为参照公务员法管理单位）。主要职能：贯彻党和国家及上级业务主管部门关于发展文艺工作的方针、政策、法规；编辑出版《潇湘》杂志；组织文艺创作、举办文艺活动、管理各专业文艺家协会；开展对文艺工作者和文艺人才的培训；指导各县区文联工作。内设机构设置：办公室（《潇湘》编辑部）、组织联络科（加挂网络文艺科牌子）、权益保护与行业建设科，市文体广电新闻出版局下设市书法院成建制划归市文联管理，下辖全市32个专业文艺家协会（市作家协会、市舞蹈家协会、市戏剧家协会、市曲艺家协会、市音乐家协会、市美术家协会、市摄影家协会、市民间文艺家协会、市国际标准舞协会、市老年书画协会、二胡协会、永州诗社、市硬笔书法家协会、市女书法家协会、市女书书法家协会、市女书说唱艺术协会、市交谊舞协会、市文艺评论家协会、市直书画家协会、市楹联协会、市演艺协会、市京剧协会、怀素书画院、永州潇湘文化艺术馆、市企业书法协会、楹联协会、九嶷山书画院、观赏石协会、潇湘国学院、市油画协会、市网络作家协会、市艺术收藏家协会）。2018年，市文联编制有17个，其中参照公务员法管理全额拨款事业编12个，市书法院全额拨款事业编5个。

【文联机构改革】 2018年，永州市文联编制数从原来的7人增加到17人，其中参公管理事业编12人、全额拨款事业编5人，一次性增加编制10个。内设科室从1个综合科增加到3个内设科室（办公室、组织联络科、权益保护与行业建设科）；原属市文体广新局的正科级全额事业单位永州市书法院划转归口永州市文联管理，5个事业编制一并划转。文联的团结引导、联络协调、服务管理、自律维权等职能得到落实，文联机构编制和人员配备得到优化。永州市文联深化改革工作得到省文联的高度评价。

【文艺专题培训】 2018年11月23日—25日，永州市文联组织第三届“永州市文艺奖”获奖人员、新加入中国文艺家协会艺术家、市文联各文艺家协会党支部支委、领导班子成员和文艺家代表、各县区文联负责人、新文艺群体代表220余人参加“习近平新时代中国特色社会主义思想”培训学习，通过专题辅导、主题现场教学等形式，为学员们打开多维视角、净化灵魂、锤炼党性、丰富知识起到有效作用。会上，还表彰2017年度先进县区文联、先进文艺家协会、社会组织行业党委优秀集体和个人。新湖南、红网、永州电视台等多家媒体和网站对培训进行报道。

【“深入生活、扎根人民”文艺实践活动】 2018年，永州市文联围绕重大主题开展“深入生活、扎根人民”文艺实践活动，推进文艺精品创作。4月—5月，集中开展大讨论活动，艺术家们围绕主题提出出台创作扶持机制、创作激励机制、文艺家采风接待等机制；紧扣重要时间节点，组织开展系列文艺活动，为文艺工作者提供展示成果的平台；立足本土深厚文化底蕴，创建书法名城等建议。其间，组织推出市评论家协会主席郑山明作品《乡愁的滋味》研讨会和永州知名画家刘双全国画精作展览研讨，得到省内相关专家学者的好评。

【开展系列文艺志愿服务活动】 2018年5月29日晚，周卫星、熊壮、刁子等知名艺人在内的演职人员和祁阳当地演员共80余人，在祁阳县白竹湖广场举行“笑满三湘——到人民中去”省文艺志愿者走进永州（祁阳）专场演出，大雨中为千余名热情观众奉上一场精彩晚会；指导各县区文联，组织文艺家和志愿者走进基层、走进群众，广泛开展文艺惠民活动，提升群众幸福感。

【承办湖南省‘中国梦·文学梦·湖南篇章’文学活动】 2018年10月14日—20日，省委宣传部、省林业厅、省作协主办，市委宣传部、市文联、市林业局承办的“湖南省‘中国梦·文学梦·湖南篇章’之‘作家行走潇湘源’”文学活动完成，40余名省内外作家以文学的方式助力推动永州市湘江保护和生态文明建设工作。

【长篇报告文学《梦圆大瑶山》出版】 2018年10月，记录国家重点建设项目湖南涔天河水库扩建工程建设的长篇报告文学《梦圆大瑶山——湖南涔天河水库扩建工程大纪实》由人民日报出版社出版发行。该书由永州市涔天河水库扩建工程协调领导小组办公室策划组织编写出版，永州市作家陈茂智、田人采写创作。

涔天河水库扩建工程是湖南“十二五”水利“一号工程”，被国务院列为全国172个重大节水工程之一。该工程在原涔天河水库的基础上新修扩建，具有灌溉、防洪、发电、下游补水、旅游开发等多种效益，总投资130亿元。工程从1980年动议申报，2010年开始实施，2016年大坝下闸蓄水。

【承办湖南省大型交响音画《三湘四水》创作组采风活动】 2018年12月15日—18日，由省委宣传部领导，省文联牵头组织，《三湘四水》创作组赴永州蓝山、江永等地采风，创作、推出的大型交响音画作品纳入2019年省委宣传部重要活动计划。

【“欢乐潇湘”群众美术、书法、摄影活动】 2018年，中共永州市委、市人民政府主办，市委宣传部、市文广新局、市文联承办的2018年“欢乐潇湘·品质活力新永州”群众美术、书法、摄影活动举行，活动以讴歌改革开放40周年为主题，组织开展群众美术、书法、摄影创作评奖。评选出获奖作品205件，其中美术68件，书法67件，摄影70件。全市20人在全省“欢乐潇湘”群众美术书法摄影活动决赛中获奖，进入全省第一方阵，省委宣传部、省文联委托红网就“欢乐潇湘”活动对永州市文联主席进行专访。

（周日帆）

广播电视

【概况】 2018年，永州市广播电视台职工总数468人，其中管理人员59人，编辑记者78人、播音主持12人、工程技术人员45人、广告人员58人，离退休人员163人。全台有正、副高职称的15人，中级职称55人。台内设办公室、人力资源部、联合工会、节目统筹部、专题活动部、技术播控部、广播新报部、财务管理部、产业发展与合作交流部等9个部室；台直属事业单位有新闻采编中心、市微波总站、羊毛岭调频转播台、铜山岭调频转播台、大华山调频转播台5个单位；合资的股份制公司有湖南有线永州网络有限公司、永州广电无线数字电视公司。全台下辖2个电视频道和1个广播频率，即新闻频道、公共频道和永州人民广播电台94.8频率。全台自办2套电视节目和1套广播节目，每天总播54小时。其中新闻频道主要办有《永州新闻联播》《永州城事》《平安永州》《健康是福》《永州人社》等栏目。公共频道主要办有《零陵新闻》《冷水滩新闻》《翻牌大开奖》等栏目。永州人民广播电台94.8频率主要办有《永州新闻》《948实时路况》《永州警事》《新闻速递》等栏目。自办节目通过有线、无线无缝隙传输覆盖全市11个县（区）、两个管理区及周边地区。实现经营创收3355.48万元，其中：广告收入2676.5万元，其他创收678.98万元，增长15%。新闻外宣上稿成绩突出，获得全省先进通联集体，连续4年湖南卫视上稿排全省第一名。

【新闻宣传】 2018年，永州广播电视台继续推进新闻提质，讲好永州故事、传播好永州声音。围绕市委市政府中心工作，突出抓好“开放兴市 产业强市”“三大攻坚战”、“乡村振兴”战略和“六大战役”等重点工作的宣传报道。用新闻大片的思维，重点策划推出《十九大时光——新高地 新永州》《脱贫攻坚看永州》《项目建设进行时》《潇湘春早》《新时代新作为新篇章》《民生新时代》《脱贫攻坚看永州》《乡村振兴》《守护好一江碧水》等一大批内容丰富、形式多元、凝聚人心的系列报道。围绕改革开放四十周年，按照中央和省、市委的部署，做好讴歌改革开放伟大成就，呈现永州改革开放人物群像，书写改革开放时代新篇的宣传报道。从年初开始，新闻采编中心就拿出特别策划《巡航新地标——庆祝改革开放四十年》，7月开始拍摄，10月初正式推出，报道分为县区系列、市本级系列、城市建设系列。整组主题策划实行新闻大片模式，内容由“航拍地标+出镜主持+巨变故事+决策者说+短评”构成。每篇10分钟~12分钟。整个报道持续3个月，至12月底结束。结合台高清制作网的改造升级，《永州新闻联播》从7月1日起进行全新改版升级。注重扩大媒体影响力，开展各类活动直播行动。永州人民广播电台对全市重大产业项目现场观摩会、2018年湖南省文化科技卫生“三下乡”集中示范活动、全省优化发展环境现场推进会等大型会议的广播随行直播。加强与中央和省级媒体的联系，取得外宣突破。全年在中央电视台上稿32条，《新闻联播》发稿3条。在湖南卫视发稿472分53秒、1018条，发稿时长和发稿条数总量在全省排名均居第一位，实现永州全年在卫视发稿“五连冠”。尤其是通过实施头条、单稿战略，反映市本级层面的单稿、重稿比2017年增长49%。全年25件广播电视作品获得国家、省级大奖，其中湖南新闻奖4件，湖南广播电视奖9件，其中《300家“生产车间”建在贫困村》获得一等奖。微电影作品《满姑》获得“第六届亚洲微电影艺术节金海棠奖”和“湖南省第三届网络原创视听节目大赛”二等奖，导演孙健获得最佳导演奖；《向着美好新生活前进》获得“人文中国第七届电视纪录片、专题片”好作品奖；《奔波四千里 做顿年夜饭》获得中广联“第十一届全国微视频评优”三等奖；永州市广播电视台获得湖南省2018年广播电视公益广告大赛优秀传播机构奖，《大人是孩子的榜样》《生命无法重启 开车放下手机》分别获得电视类、广播类三等奖。

【经营创收】 2018年，永州广播电视台狠抓广告创收经营的规范管理，在内容植入、活动营销、服务合作、产业发展上求新求变，经营收入实现总量、质量、均量“三量”齐升的经营目标。夯实广告经营基本面。一方面以“永州品牌榜”为宣传平台，培育本土品牌广告，撬动新的广告版块。另一方面与外地购物频道合作，引进外地广告客户，拓展新的广告领域。坚持平台、价格、服务“三位一体”推进。策划主办或承办“少儿春晚”“永州市春节联欢晚会”、庆“七一”系列纪念活动、“永州首届中国农民丰收节”“永州首届旗袍文化大赛”等大型活动，宣传“创新开放新高地、品质活力新永州”建设的生动实践，提升永州广电品牌形象，实现社会效益和经济效益的“双效合一”。创新经济新常态下的广告品类和服务形态，把平台优势转化为广告优势。在《永州城事》《平安永州》《永州人社》《健康是福》等栏目的基础上，进一步加强与相关部门深度合作与市场开发，在每个栏目运营中力求延伸一个活动或者一个增收项目，实现“栏目+”的效应。加强策划，变“坐等上门”为“主动服务”，加强与县区、市直各部门的合作，通过拍摄新闻大片、制作专题片、汇报片、栏目冠名拓展创收经营渠道和方式，拉长创收的短板。依托媒体资源和节目优势，做强做大永州广电艺术中心少儿培训品牌。将新传媒部和产业开发部合并，全面谋划产业经营新格局，组建永州广播电视艺术中心，启动“少儿播音主持培训项目”，截至2018年年末，开设8个班。同时将“永州广电”APP新闻资讯、醉美永州、社区、趣味等板块提质、更新，结合运用PC端网页、永州广电APP、微博、微信，利用与新华云合作的机会，参与永州各种重大事件的网络直播，成功打造永州少儿视频综合集成平台。

【广播电视事业项目改造】 2018年，永州广播电视台争取财政投入1000余万元，先后完成高清演播室和高清制作网改造项目；推进将军岭中央、省广播电视节目无线数字化覆盖工程二期工作；实施中央广播融合数字化工程，实现中央人民广播电台、中国之声、娱乐广播、对农广播四套节目对南六县的覆盖；争取财政支持，投入100万元对广播电台进行技术改造，扩大广播节目的有效覆盖；4个高山台站通过完善制度，强化值守，全年安全播出平稳有序，实现自办节目、转播中央台节目安全、优质、零误差的目标。引进战略投资商投资2100万元，抓好无线网络数字电视高清化改造，节目实现标清向高清的转换，实现无线网络提质增效。

【2018永州市春节联欢晚会在永州体育馆上演】 2018年2月8日，永州市广播电视台承办的2018永州市春节联欢晚会在永州体育馆上演，并在宁远下灌设立春晚分会场。永州广播电视台新闻综合频道、“永州广电”APP和“今日永州”手机客户端同步现场直播。中共永州市委书记、市人大常委会主任李晖，市委副书记、市人民政府市长赵应云等市领导与现场3000余名群众，数十万余名电视、手机直播观众，共同庆祝新春佳节。

【全市广播电视通联暨创新创优培训工作会议】 2018年8月3日，永州市广播电视通联暨创新创优培训工作会议在零陵区召开。会议表彰先进个人和优秀通联稿件。湖南广播电视台新闻中心副主任王丽辉，湖南广播电视台《午间新闻》制片人刘学波，分别以《新闻的跟随与引领》和《策划报道案例浅析》为主题，结合优秀新闻作品，就如何做好做真新闻，把新闻事业与新闻工作者自身职业素养相结合，为与会人员授课。

（伍时华）

党史地方志编纂

【概况】 2018年，永州市党史与地方志征集编纂办公室（以下简称市史志办），服务全市中心工作，紧扣史志“存史、资政、育人”功能，较好地完成全年工作目标任务。年内，市史志办获评全省党史工作目标管理考核先进单位、全市脱贫攻坚先进后盾单位和先进工作队、全市党办系统统筹联动优秀单位、市级文明标兵单位称号。

【党史征研】 2018年，永州党史三卷本资料搜集工作有序开展，形成档案基础资料约30万余字；全面启动《永州红色基因丛书》编修工作，召开编纂推进会；《几届班子接力　打造“治安绿洲”——双牌县推进“治安绿洲”历程》《医改新政惠三蓝——蓝山县医疗改革的探索实践》被《湖南改革开放实录（2018卷）》收录；参与陈树湘生平事迹陈列室建设工作，撰写《红军长征在永州》《永远的后卫师》《永州与湘江战役》《陈树湘——革命的烈火岂能扑灭》先后在永州主流媒体上发表；零陵出版初中生党史读物《少年心向党》。

【地方志编纂】 2018年，《永州市志》部门志取得阶段性成效，召开部门志评议会18部，其中出版发行5部，完成部门志初稿10余部；湖南省特色志《舜帝陵志》出版发行；地方特色志《湖南乡镇简志·永州卷》形成省级评审稿；引入社会力量开展村志编修，签约村志近100部，编纂村志初稿23部，出版发行10部；《影像志》稳步推进，完成河路口盘王节视频剪辑初稿，完成《影像志民俗节庆篇——中秋节记录》拍摄制作。

【年鉴编纂出版】 2018年，《永州年鉴》继续开展年鉴编纂升级改造工程。《永州年鉴（2018）》编纂于2月启动，8月形成送审稿，11月由方志出版社出版，1/16开本，1038千字。全书按照分类编辑法，分为特载、专文、大事记、永州概貌、“六大战役”、政治建设、经济建设、文化建设、社会建设、生态文明建设、县区概况、人物·荣誉、附录13个部类，下设类目、分目、条目三个层次。专题策划“六大战役”特色版面，重点征集记述“六大战役”文字和图片，更好地服务于市委、市政府中心工作。突出反映“重点工程（项目）”“开放协作”“友好往来”“数字永州”“精神文明建设”等条目信息，体现出永州年度特点和地域特色。拔高、细化重要类目，重点反映工业、农业、文化、教育等产业发展、现状条目，信息资料服务现实强。11个县区综合年鉴继续巩固全覆盖成果，年末印刷出版或形成送审稿。《永州年鉴（2017）》获湖南省第五届年鉴奖市州类一等奖，《东安年鉴（2017）》，《祁阳年鉴（2017）》《祁阳年鉴（2016）》，《新田年鉴（2016）》分别获得县区类一等、二等、三等奖。

【史志宣传联络】 2018年，永州市史志系统开展“党史故事进校园活动”，面向全市各高、初中学校开展“讲好红色故事　喜迎党的十九大”专题巡回宣讲活动；配合开展“好好学习——传承红色基因，争做时代新人”电视展演活动。组织干部职工到延安、一大会址等红色革命圣地开展“改革开放40周年　走好新时代长征路”学习体验活动。联合团市委开展纪念“五四”运动一百周年图片展活动。与市融媒体中心合作，对“今日永州”APP的“您早，永州”专题的“永史”板块进行常态化更新，每天更新一篇200余字的资料。向省委党史研究室官方网站百年湘潮网发表经验材料、各类简讯20余条，发表全市史志工作简讯50余条。印刷出版回忆录《潇湘潮》（第五辑），完成省委党史研究室、省党史联络组组稿任务，永州3篇文章被《回忆录》24辑（《湖南农业发展专辑（1949—1978）》）收录。宁远县出版《疑山赤子》。

【《舜帝陵志》评审会在永州召开】　2018年3月22日，湖南省特色志《舜帝陵志》评审会在冷水滩召开，省地方志编纂委员会党组成员、副主任邓建平出席会议并讲话，市委常委、市委秘书长唐能武致辞，九嶷山舜帝陵基金会常务副理事长陈金荣、《永州市志》总纂蒋政平出席。

《舜帝陵志》是关于舜帝陵的第一部专门志，全书共十章，包括《舜带陵庙》《舜帝祭祀》《考古发现》《咏舜诗文选辑》《舜帝传略》《舜裔宗亲》《舜文化研究》《舜帝陵基金会》《九嶷风物》《陵区管理与保护》。

【永州首部《舜帝陵志》出版发行】　2018年10月，永州市史志办组织编写的《舜帝陵志》由方志出版社出版。《舜帝陵志》为正16开精装本，分为上下两册。2015年3月，湖南省地方志编纂委员会将湖南省志八部特色志之一的《舜帝陵志》编纂任务下达给永州市人民政府。该部志书由20余名国内外专家学者历时三年时间编撰而成。

2018年，永州市红色文化进校园活动

【红色文化简明读本《少年心向党》在零陵首发】　2018年11月26日，零陵区中学生红色文化简明读本《少年心向党》首发仪式在永州九中举行。中共湖南省委党史研究室室务会成员、副主任谢承新，永州市委常委、市委秘书长唐能武出席仪式并讲话，市人大常委会原主任、市关工委常务副主任谢朝月出席仪式。零陵区各中小学把红色教育作为德育教育载体，探索开展以“弘扬红色文化　传承红色基因”为主题的“红色文化进校园”活动，出版小学生红色文化读本《童心向党》6册5.2万本，创建一批“红色文化进校园”示范学校。

（黄斌）

档　案

【档案资源建设】　2018年，永州市档案局加强档案资源源头管理，就贯彻国家档案局《归档文件整理规则（修订）》问题，制定永州市《永州市档案工作监督与指导服务登记表》，印发《关于做好2017年度归档文件材料整理工作的通知》，对全市各单位贯彻《归档文件整理规则》提出要求，并就贯彻国家档案局第八号令及修改和报送本单位文件材料归档范围和档案保管期限表做出规定，确保档案齐全完整、规范有序，并及时整理、鉴定、数字化加工和接收入馆。加大档案收集、征集力度。做好到期档案接收工作。接收市创交模办、市民政局、市老龄委、零陵煤矿、祁冷公路、零陵造纸厂、市药业集团、祁阳师范、永州日报社印刷厂、市煤建总公司等单位档案资料累计8501卷（件、盘、张）

1335件，市房产局移动硬盘1个。开展珍贵档案资料的征集。收集市委办2009年—2015年资料29盒145卷。接收个人捐赠的档案196卷册。祁阳县接收县纪委、县委组织部、县民政局、县财政局等单位档案5.3万余卷。冷水滩区接收区委办、区政府办等20多个单位档案5万多卷，30多个临时机构的1.2万余卷档案。

【档案资源开发利用】　2018年，永州市档案馆接待查阅档案资料及现行文件利用者6592人次，提供各类档案资料59227卷次，为利用者复印档案资料近万页。其中节假日接待及预约查档、函查、电话查询等利用档案63卷（册、本、件）次；接待因撰写《永州市志》部门志的市林业局、市委统战部、市公安干校、市食药监局、市经信委等市直单位25家；配合市史志办编写《中国共产党永州历史（1978—2002年）》查阅档案资料。档案编研工作有效加强。利用馆藏档案编研有新突破。以编纂《永州市志》为契机，组织力量完成《永州市档案志》编撰，总结永州档案事业近20年发展的客观规律，展现档案工作“记录历史、传承文明、服务社会、造福人民”的特殊作用。零陵区档案局发挥与湖南科技学院校地合作优势，承接省级档案课题《加强县区档案供给侧结构性改革，提高县区档案管理公共服务水平》，与湖南科技学院合作研究的“零陵非遗的保护与传承”“零陵古城区的历史印迹”“潇湘古镇的历史探研”3个子课题历时一年于12月率先完成。发现零陵天神观山歌、零陵采莲船、大西门凉拌粉等一批可以申报非遗名录的新项目；收集、整理一批零陵特色历史文化新档案；挖掘江西会馆田地产界碑、楚粤孔道等一批新古迹；绘制《潇湘古镇电子地图》《湘江水路图》等地图；编研出版《永州府志》《零陵县志》《零陵非遗》等书籍。祁阳县编辑出版《祁阳县民间抗日武装档案汇编》、蓝山县编辑出版《蓝山瑶族历史文化档案汇编》。馆藏档案数字化加快推进。东安县下拨170万元专项资金用于县档案馆馆藏县委、县政府、民国档案、人口普查等14个重点全宗1万多卷档案的全部数字化，完成192.7万页全文扫描。蓝山县财政投入136.5万元建立档案信息化平台，完成150万页数字化扫描；祁阳县完成50万页数字化扫描；零陵区拟定档案数字化工作招投标方案。

【档案业务指导】　2018年，永州市档案局加强机关档案工作监督指导，对市人大、市政协、中级人民法院、市编委、市公安局、市商务和粮食局、市地税局、市农业委、市畜牧水产局、市疾控中心、市卫生执法监督局、市无线电管理委员会、市城市建设投资公司、市国土测绘院、福田茶场、市环境检测中心、永州职业技术学院、市高级技校等单位，按照档案工作规范化管理的要求，在档案行政管理、业务建设、保管保护等方面加强业务指导，促进单位档案工作发展。加强经济科技领域和民生档案工作。加强对经济科技领域档案工作的业务指导，通过及时跟进、主动服务，突出企业档案作为一项无形资产在企业管理中彰显其重要的地位和作用，奔腾印刷厂、熙可罐头厂、零陵卷烟厂、涔天河水库扩建工程、长丰猎豹等企业档案的潜在价值，在企业科研生产、经营管理过程中发挥出越来越重要的作用。履行承包地确权档案工作的指导职责，推进确权颁证档案工作，实现确权档案管理与确权登记工作同步推进、协调开展，确保确权登记工作全过程档案完整、准确、规范和有效利用。指导各县区档案局做好辖区内承包地确权档案的业务工作，深入全市14个县区（管理区、开发区）检查、调研土地确权档案工作。分级抓好档案收集和归档，建立县、乡镇、村三级档案资源体系，明确在土地确权档案管理工作中的职责和任务，明确全市农村土地确权档案工作业务专干的做法得到省档案局肯定和推广。11月，道县和宁远率先在全省通过农村土地确权工作项目验收。全市农村土地承包经营权确权率先在全省实现数据检测汇缴，实体档案整理走在全省最前列。做好机构改革档案工作业务指导。做好机构改革中的档案处置工作，维护档案完整与安全，制定《永州市机构改革档案处置工作实施方案》，要求各涉改单位，进行全面调查、清理，彻底摸清全市范围内涉改单位档案工作的基本情况，并分门别类逐全宗登记造册。对经核实确认为移交、接管、分置的档案，区别不同情况，严格按照《机构改革档案归属与流向》作出处置。贯彻落实国家档案局《关于进一步筑牢安全防线确保档案安全的通知》，进一步建立健全各项安全管理制度和安全责任体系，牢固树立干部职工“档案安全重于泰山”的责任意识，从人防、物防和技防上抓好落实，梳理完善《永州市档案局（馆）事故及自然灾害应急处置预案》。开展档案安全风险防控与治理，市档案局转发《关于进一步加强档案安全工作的通知》，要求各县区、市直各单位进行一次全面档案安全风险排查。联合市委机关事务管理处对市档案馆存在的档案安全隐患进行及时排查，确保档案实体和档案信息绝对安全。市档案局办公楼安装门禁系统，对办公楼电梯、监控系统、消防系统更换安装提出专题报告，得到市领导的肯定批示，正在组织实施中。

【档案学会工作】 2018年，永州市档案学会组织市烟草公司、市复烤厂、湖南建华精密仪器有限责任公司等单位，参与国家档案局开展的全国企业档案工作管理创新优秀案例评选工作；组织零陵耐火材料厂、湖南零陵恒远发电设备有限公司、湖南科力尔电机有限公司等三家企业单位报送工业档案文献资料，参加国家档案局与工业和信息化部举办的“工业档案文献巡展”活动，展示全市工业发展的辉煌历程。完成省道345祁阳县城至冷水滩公路档案工作专项验收。组织市直单位、各县区档案局参加湖南省档案学会第二十六次档案学术论文评选活动，报送参评论文33篇，有15篇论文获奖，其中一等奖2篇，二等奖6篇，三等奖7篇，其中市档案局蒋刚生、唐久海撰写的《建立健全“四个体系” 推进档案供给侧结构性改革》获得一等奖，蒋国新的《弘扬老子档案学思想 增强民族文化自信》，贺旺喜、欧阳之顺的《创建公共档案馆之对策研究》获得二等奖。市档案局获得湖南省档案学会第二十六次档案学术论文评选优秀组织奖。实施“人才强档”工程，开展全市档案工作专家选拔工作，选拔永州市档案工作专家32名。

【档案法治教育】 2018年，永州市档案局对照《湖南省权力清单通用目录》，重新审核上报该局权力清单，规范权力事项名称和内容。在全市统一的“互联网+政务服务”平台上录入永州市档案局5项权力事项和5项政务服务事项的规范目录和实施清单，理顺工作流程、办事指南、办结期限等服务内容。同时，安排专人负责市政务服务网提交的咨询、投诉。全年政务服务事项均已实行网上办，网上可办率100%。开展档案法治宣传。起草下发《永州市档案局关于开展2018年国际档案日系列宣传活动的通知》，对市、县（区）档案部门开展宣传活动进行集中部署。冷水滩、零陵、祁阳、东安、双牌、宁远、道县、蓝山等县区在各自辖区的广场内组织多种形式的“档案见证改革开放”、“6·9”国际档案日宣传活动。

【档案业务培训班】 2018年5月28日—30日，永州市档案局在市国土资源局三楼会议室组织举办归档文件整理培训班一期，市直机关，企、事业单位，档案中介公司的档案员233人参加此次培训，主要学习机关文件材料归档范围和新修订的《归档文件整理规则》（DA/T 22—2015），电子文件归档和管理，档案的保管保护工作，《档案管理违法违纪行为处分规定》等档案法律法规知识，全市档案从业人员档案业务水平得以进一步提升。零陵、祁阳、东安、双牌、宁远、江华、蓝山等县区或独立组织、或利用县委县政府办公室统一培训的机会，开展档案管理及相关业务培训工作。

【永州市“档案见证改革开放”成果展】 2018年6月14日，永州市档案局紧扣“档案见证改革开发”主题，联合市委办、市史志办等26家市直单位及零陵区档案局，在冷水滩区滨江广场举办永州市“档案见证改革开放”成果展。活动现场展示展板147块，展览内容分为经济发展、农业农村、工业改革、交通道路、城乡建设、文化旅游、医疗卫生、科技教育、财税改革、社会管理、党的建设、档案事业、其他行业发展等篇章。此次展览用生动翔实的史料图片，全方位多角度展示改革开放以来永州各项事业的辉煌成就。永州市、零陵区档案局全体干部职工及永州市直部分单位档案人员参加此次宣传活动。现场设立4个宣传咨询台，现场发放档案文化折扇、《中国的世界记忆遗产》和《小红兰台奇遇记》宣传漫画等宣传资料1076余份，接待群众业务咨询203人次。该次宣传首次采用无人机对现场活动进行航拍，市档案局制作出时长为10分钟的宣传短片在永州市广播电视台的黄金时段进行播出。宣传活动邀请永州市电视台和永州日报社进行采访报道，《永州日报》开辟专栏进行集中报道。

（蒋文飚）

全民健身服务

【概况】 永州市全民健身服务中心批准成立于2015年，为市文体广电新闻出版局所属的副处级公益一类事业单位，主要承担原市体育局和市体育中心的公益性职责。核定事业编19名，其中主任1人（副处级），副主任3人（正科级），副科级领导职数4人。内设机构设“三科一室”，即健身指导科、场馆管理科、体育彩票发行科、办公室。2018年，以打造“一流窗口、一流环境、一流形象、一流服务”为总体工作目标，围绕2018年工作计划，坚持创品牌、创特色、创先进的发展思路，中心工作步入制度化、规范化、程序化、精细化、法治化的良性运转状态，取得创造性成果。

【全民健身活动】 2018年，永州市全民健身服务中心贯彻落实《全民健身条列》，组织开展各类健身活动和体育赛事，推动全民健身事业蓬勃发展，营造“人人参与、人人运动、全民健身、全民健康”的良好氛围。全年开展各类健身活动25次，承办省、市培训班3期，参与人数10万余人次。其中举办省级健身赛事活动3次，如2018年“麒麟公馆杯”第三届华南五省（区）国际标准舞锦标赛暨CIDA第九届莎莎舞全国公开赛、首届“健康湖南”全民运动会羽毛球、拔河总决赛，2018年湖南省社会体育指导员综合素质大赛等；举办省级社会体育指导员培训班1期，如2018年湖南省民族健身操一级社会体育指导员培训班；举办市级健身赛事活动22次，如2018年永州市“体彩杯”羽毛球比赛、2018年全民健身“经投杯”市直单位篮球赛、2018年永州市“全民健身日”活动启动仪式首届“健康湖南”全民运动会永州赛区选拔赛等；举办市级社会体育指导员培训2次，即2018年永州市广场舞二级社会体育指导员培训班、2018年全市太极拳培训班。

【开展未成年人思想道德建设】 2018年，永州市全民健身服务中心协助永州市篮球协会、永州市宗元文教公司举行2018育童第一届幼儿篮球操比赛，参与永州爱国教育联盟在永州市体育馆举办的以“远离手机游戏　做中华好少年”为主题的永州首届爱国教育大会。近1000余名家长及孩子们，市妇联、教育局等相关部门领导参加，共同体验一次激发爱国情怀与励志感恩的心灵之约。

2018年9月1日—2日，首届“健康湖南”全民运动会永州赛区气排球选拔赛

【全民健身项目建设】 2018年，永州市全民健身服务中心坚持把争资跑项工作作为全民健身事业发展的重要工作任务，坚持以“项目建设”促进全民健身事业又快又稳的健康发展理念，扩宽争资跑项渠道。全年争取各类资金252.5万元。其中向省局争取体育馆维修改造资金40万元；争取国家文化传媒资金用于改造游泳馆提质改造50万元；争取国家体育场馆免费、低收费开放资金112.5万元，奖励资金50万元。严格按照财政部《大型体育场馆免费低收费补助资金管理办法》等相关政策要求，主要用于体育馆、游泳馆正常运营和基本维修等方面。

【全民健身信息宣传】 2018年，永州市全民健身服务中心制定中心2018年信息宣传工作方案，及时准确地将中心各项工作的典型、特色及亮点第一时间进行广泛宣传，提升中心形象。全年完成宣传信息29篇，其中发稿刊物4篇（市级3篇《永州日报》）；发稿网站25篇（湖南体育网、《湖南日报华声在线》4篇），市级21篇（文化永州、永州红网、永州机关党建、今日永州等网站）。

【体育场馆建设】 2018年，永

州市全民健身服务中心运用商务EPC模式，成功引进社会资金建成全框钢架结构占地面积3000平米、拥有20片羽毛球场地的多功能羽毛球馆，实现招商引资投资500多万元。争取公共文化传媒资金120万元全部投入改造，彻底解决体育馆声场系统混乱、声音不清晰、混浊、嘈杂、刺耳等问题，提升体育馆室内环境品质。

（苏书科）

李达故居管理

李达故居

【概况】 李达故居管理处成立于2004年9月，为冷水滩区文化局下属的正股级全额拨款事业单位。2011年8月15日，冷水滩区编委批准升格其为正科级全额拨款事业单位，定编制20人。2012年4月12日，省编办批准，同意李达故居管理处主要负责人1人，其职务高配为副处级。2013年12月29日，李达故居管理处由冷水滩区成建制移交市委办管理。2015年12月，省编办批准，明确李达故居管理处为副处级全额拨款事业单位。2016年4月18日，市机构编制委员会下文，核定李达故居管理处人员编制16人，其中主任1人（副处），副主任2人（正科）、纪检员1人（正科），内设办公室（安保后勤科）、旅游开发科、宣教科、文物管理科，科室负责人为副科级。2010年12月，中宣部确定李达同志故居为全国爱国主义教育示范基地；2013年5月，公布李达同志故居为第七批全国重点文物保护单位。李达故居占地面积1260平方米，建筑面积1150平方米。李达故居管理处承担着李达故居的保护管理和利用工作，其中主要职责包括故居的维护、李达生平事迹展陈、李达生平思想研究宣传、红色景区开发建设、游客讲解接待服务等。

2018年年末，李达故居管理处有干部职工15人，其中主任1人，副主任2人，科室负责人4人。李达故居管理处充分发挥全国爱国主义教育示范基地和红色旅游景区的示范功能，全面推进文物保护、宣传教育与免费开放接待，各项工作取得新发展。是年，李达故居管理处被评为全市文物工作先进单位、全市综治工作先进单位、中共永州市委办系统学习型党支部等称号。

【宣传教育】 2018年，李达故居管理处组织开展李达生平思想暨初心讲堂宣讲报告会。到永州一中、岚角山部队、菱角塘镇学校、市委党校等地做《李达与红船精神》《李达与中国共产党的创建》《李达所理解的社会主义及其对我们的现实启示》《李达的马克思主义中国化思想及其现实启示》等专题宣讲报告，受教育对象4000余人次。参加筹建湖南省李达与马克思主义三化研究基地并开展研究工作。参与挂靠湖南科技学院的“湖南省李达与马克思主义三化研究基地”的组织筹建工作，桑亚平、陈汝财2人被列为基地的重要成员之一，参与基地开设的“鹤鸣讲坛”讲学活动。组织向省社科基金项目规划办公室申报“李达与王会悟精神共性与相互影响研究”课题，向市社科联申报“‘零陵出马克思主义’偶然性与必然性研究”课题。

【文物征集管理】 2018年，李达故居管理处征集雕花床、杂柜、油灯、桌椅等文物，对故居部分地方进行复原陈列。同时，对现有文物进行整理、分类。联系文保规划甲级资质单位，学习了解文保规划编制工作开展方向，以及需要注意的工作事项，同时搜集李达故居保护规划所需资料。采取措施对辅仁小学旧址基脚进行保护，避免梅雨季节雨水造成更大的损毁。联系专业公司，对李达故居进行白蚁防治，加强对李达故居的安全防范和管理。

【文保和“三防”项目建设】 2018年4月，李达故居管理处完成辅仁小学考古发掘及土方回填。6月，完成李达展览厅翻修工程的预算、预算评审、施工及展陈内容修改，如期对外免费开馆。12月，完成李达故居消防工程。

（贺俊华）

新华书店

【概况】 2018年，湖南省新华书店有限责任公司永州市分公司（以下简称永州市新华书店）按照“牢牢把握从严治党这一根本要求、牢牢把握结构调整这一战略基点、牢牢把握融合发展这一鲜明主题、牢牢把握安全运营这一管理底线、牢牢把握以人为本这一文化导向”的工作思路，破解发展难题，加速转型升级，各项工作协调推进，取得进展。

【第二届湖南省青少年国学大赛永州赛区复赛】 2018年5月，永州市新华书店、湖南省教育出版社、湖南教育电视传媒有限公司联合承办第二届湖南省青少年国学大赛永州赛区复赛。比赛包括“国文”和“国艺”两大部分，采用特色文化展示、现场知识竞赛、线上线下传播的形式，为全市青少年国学知识竞技、才艺展示和文化交流提供平台。全市有近200所学校4.6万名初中学生报名参赛。经各校推荐、县区初赛、市区晋级赛共三轮选拔，吕经等5名学生代表永州参加全省总决赛并夺得亚军。

【每周荐读】 2018年，永州市新华书店携手“永州发布”微信公众号、“今日永州”APP推出“每周荐读”栏目，以时政类图书为主，每周面向广大党员干部和市民群众重点推荐。

【“阅达教育”服务平台】 2018年，永州市新华书店在各县区分别选择两所城区学校试点推广“阅达教育”服务平台。中小学生和家长可自主、自愿通过该平台的APP或门户网站，实现对教材和“一科一辅”教辅材料的线上征订、付款、退货等一系列操作，平台还提供与教材配套的音、视频学科教程、中小学生课外电子读物等。

【区域负责制】 2018年，永州市新华书店严格落实全省中小学违规征订教辅专项整治活动要求，并在整治过程中发挥主渠道作用，针对“一科一辅”外市场类教辅材料学习使用需求仍然存在的状况，以门店展销、流动供应、线上销售、电话订购等多种服务举措满足学生、家长购书需求的同时，全面推行区域负责制，采取城乡结合、城乡分设区域与业务板块相结合等方式合理划分区域，通过专职与兼职结合、竞聘上岗与公司指定结合的方式配置区域负责人，通过专业发行队伍，做好全区域覆盖、全时段响应的点对点跟踪服务，及时响应并满足学生家长购书需求。

【中小学生研学旅行】 2018年，永州市新华书店立足本土旅游资源，根据区域文化特色、学生年龄特点、各学科教学需要及教育部门、学校、学生及家长意愿，开发研学旅行项目11个，并设计相应研学课程。先后两次试点组织“北京寻味国学之旅”、祁阳浯溪碑林“学写中华‘大写的字’，学做中国‘大写的人’”两次研学旅行活动，吸引全市1100多名学生报名参加。

（永州市新华书店综合部）

社会建设

Social Construction

民　　政

综　　述

【概况】　2018年，永州民政系统围绕市委、市政府推进“六大战役”、实现“四个提升”的决策部署，以“五化”民政建设为总体要求，强化“党建、执行力、政务信息化”三大建设，推进“民生保障、专项行动、工作创新”三大重点，夯实“基础设施建设、基层治理能力、基层队伍建设”三大基础，各项工作展现新成效、呈现新进步。全年争取各类民政资金15.78亿元，连续3年排全省第三位，占全省的8.71%。永州市民政局被省民政厅推荐上报为“全国民政工作先进集体”，成为全省民政系统获此殊荣的四个市州之一，市救助管理站副站长陈拥民被推荐为“全国民政工作先进个人”；市区划地名办被推荐入选“全国地名普查工作先进单位”，湘桂两省六市边界联检总结会在永州召开；市政协民主评议市民政局工作取得全票通过；在全国成功首发本土彩票——“女书”。市民政局驻村扶贫点——宁远九嶷山瑶族乡紫荆村驻村扶贫事迹受到中央、省主流媒体推介，扶贫队长曹春晖被中共中央组织部表彰。市社会福利中心老年养护楼和康复楼公建民营改革完成，永州常青树老年公寓于12月29日开业运营；全市养联体建设探索试点经验被《中国社会报》推介，双牌、宁远两县成功申报全省养老服务体系建设试点县。

【社会救助】　2018年，永州市城乡低保、特困人员供养全面提标，城市低保标准430元/月，农村低保标准270元/月，全年累计保障城乡低保对象174.71万人次，发放保障金4.19亿元，月人均补助分别达324元、193元；集中供养特困人员保障标准7200元/人/年，分散供养农村特困人员保障标准4500元/人/年，全年累计为保障城乡特困人员48.68万人次，发放基本生活费799.68万元，月人均保障标准分别达681元、419元。持续推进城乡低保突出问题专项治理，组织开展农村低保清理整顿“回头看”，全市清退条件好转或不符合条件的农村低保对象1.07万人，新增纳入符合条件的对象3.07万人，全市农村低保对象5.88万户、10.77万人，保障率由原来的1.6%增加至2.3%，达到全省平均水平。认定兜底保障对象7.59万人，其中1.6万名一类兜底保障对象按不低于3400元/年的保障标准全额发放，1.5万名未脱贫建档立卡贫困户靠家庭供养且无法单独立户的重度残疾人、重病患者纳入农村低保范围。对全市4.1万名特困供养人员进行清理认定与生活自理能力评估，清理认定后保障人数减少至4.04万人。其中生活全自理人员3.41万人，生活半自理和生活不能自理人员6216人。

2018年6月19日，永州市救助管理机构开放日宣传活动　　摄影　黄泳锦

【社会福利】　2018年，永州市社会散居和集中供养孤儿基本生活费分别提高到800元/月和1200元/月，为3894名孤儿发放孤儿基本生活费4431万元。残疾人“两项补贴”发放标准从每人每月50元提高到55元，为11.27万名补贴对象（重度残疾人护理补贴对象5.41万人，困难残疾人生活补贴对象5.86万人）发放补贴资金6761万元。全年救助救治流浪乞讨人员1.25万人次，支出救助救治经费1500万元，帮助31名受助人员成功寻亲返家。开展农村留守儿童关爱保护工作，

推进农村留守儿童之家建设，解决农村留守儿童无人监护、无户口、失学辍学等突出问题。全市增加养老床位数量至36810张，每千名老人拥有床位37.04张，为12.96万名农村留守老年人建立信息台账。全年为1.3万名90周岁~99周岁高龄老人发放高龄生活补贴132.9万元，为273名百岁老人发放长寿健康补助金113.3万元。全市福利彩票销量连续6年实现正增长，年销售总额5.3亿元，同比增加325万元，增长0.6%，总销量居全省第六位。募集慈善款1786万元，发放慈善救助资金470万元，捐赠物资折价30万余元，救助困难群众2600余人次。

【社会治理】 2018年，永州市深化拓展村务公开“亮栏行动”，新建村务公开栏2430个，改造520个，总投资5160.5万元，2950个行政村“亮栏工程”全面完成。全市181个乡镇（街道）建成社工站189个，招聘专职社工人员317名。12家社会组织孵化基地全部运营，新增社会组织191个（社团67家，民非124家），社会组织登记备案数3072个，比2017年增长19%；市本级第二届社会组织公益创投项目投入资金139万元。引导社会组织参与脱贫攻坚，全市286家社会组织与500余户贫困户结对帮扶，开展助学、助医、助行、助业、助老等帮扶活动，参与帮扶活动3000人次，筹措帮扶资金230余万元。成立“社区党群服务中心”一站式服务平台，运用“社区+社工” “项目+社会组织” “常态+动态”的服务模式，为社区失能老人、空巢老人、失独老人、重病老人、孤儿、困境儿童、留守儿童和特困等三类群体提供专业化的民政服务，全年开展活动60余次，服务对象2000余人次。

2018年9月28日，永州本土彩票——“女书”全国首发仪式现场

【五化民政】 2018年，永州市民政局根据市人民政府提升执行力“双十条”要求制定、出台《永州市民政局贯彻落实〈永州市人民政府提升执行力十条规定〉实施细则（试行）》，完成民政内部管理和业务工作精细化改革、行政许可归口管理改革，优化行政许可工作流程，行政许可办结时限比原来缩短70%以上。市、县区民政驻政务服务中心的服务窗口行政许可与公共服务事项全部接入“互联网+政务服务”一体化大平台，实现29项服务事项“网上办”。祁阳县被省民政厅评为“五化民政示范创建进步县”，江华瑶族自治县自主研发“民政社会救助查询系统”APP，实现民政多项业务数据以及与扶贫数据的信息共享。完成民政广域网升级改造，市民政局机关实现无纸化办公。全市民政系统执行法律顾问制度，规范法律咨询服务，厘清权利清单、责任清单，坚持依法行政。

（肖淑兵）

残疾人事业管理与服务

【概况】 2018年，永州市残疾人工作围绕实现“全面建成小康社会，残疾人一个也不能少”目标，以强“三性”去“四化”为主线，以推进残疾人精准扶贫精准脱贫为统揽，加强残疾康复服务，促进残疾人就业增收，提升残疾人公共服务，增进残疾人民生福祉，全市残疾人工作取得显著成绩，残疾人事业得到长足发展。

【残疾事业民生实事项目】 2018年，永州市残联系统承担的民生实事项目，主要是帮助240名0~6岁脑瘫儿童实施抢救性康复和为1400名智力、精神和重度肢体残疾人开展托养服务。市残联党组及时召开专门会议进行研究部署，制定实施方案，细化任务指标，明确责任分工，强化监督检查，完成为286名0~6岁脑瘫残疾儿童实施抢救性康复和为1400名智力、精神和重度肢体残疾人开展托养服务两项民生实事项目。

【精准康复服务】 2018年，永州市完成为有需求的残疾人提供康复训练辅具适配、矫正手术等康复服务140390人次，基本康复服务率82.9%，其中残疾儿童和低视力患者753名，白内障手术复明550例，“天使助行”计划130例，实施人工耳蜗项目38名。同时，首次组织开展全市7岁~12岁残疾人康复自训项目，将120名智障、听障、自闭症儿童纳入康复训练范围。协调相关部门，继续抓好29项医疗康复项目纳入基本医疗保障支付范围政策落实，争取将更多的医疗康复项目纳入基本医疗保障。

【残疾人就业创业扶持】 2018年，永州市残联与人社部门联合举办残疾人就业招聘会20场，1536名残疾人达成就业意向；完成职业技能培训469人，创业培训151人，完成农村残疾人阳光增收1380人，组织30名视力残疾人到株洲盛康职业技术培训学校进行盲人按摩培训，实现100%就业。在湖南省第六届残疾人职业技能大赛中，永州市代表团获“优秀组织奖”，蒋桐万、宋建文、唐国强三名选手分获刺绣、竹编、木雕项目三等奖，唐国强、刘武被省人事厅授予国家手工木工职业资格二级（技师）称号。市残联陈海涛在河南郑州举行的全国残疾人就业服务机构工作人员职业指导竞赛中获得第一名，被评为“职业指导模范”称号；全市全年新增残疾人就业岗位1160个，安排残疾人就业1320人，扶持176名残疾人创业，扶持资金200万元。残疾人何少平、蒋星益等7人被省残联、省扶贫办评为阳光致富带头人和示范户；全年市本级年检年审137家单位，全市征收残保金1722万元，其中市本级802万元。申报2019年度残联系统教育资助对象1160名，为683名残疾人大学生和贫困家庭残疾人子女高中生发放助学补贴资金114.79万元，为50名3岁~6岁学龄前儿童争取补贴资金15万元，为100名成年盲人免费开展扫盲服务；完成残疾人基本服务状况和需求信息数据动态更新141791人。截至2018年年末，数据动态更新后持证残疾人136280人。

2018年4月9日，永州市残联工作会议在冷水滩区召开　　摄影　曾渊

【残疾人宣传文体】 2018年，永州市残联系统发表各类新闻350篇，组织人员参加第九届全省残疾人文艺会演，选送的三个节目分别获一、二、三等奖。6月，在天津举行的全国残疾人田径锦标赛，永州市运动员彭湘云以1分14秒47的成绩获得女子T20组400米银牌，唐千以5分27秒88的成绩夺得全国残疾人游泳锦标赛男子S6组400米金牌。9月17日—22日，在衡阳举行的省第十届残疾人运动会上，永州市组织30名残疾人运动员代表团参加本届运动会九大项中的田径、游泳、举重、乒乓球四大项目的角逐，夺得37枚金牌、19枚银牌、6枚铜牌，取得金牌总数排全省第五位、获得团体总分和奖牌总数全省第七名，永州市代表团被大赛组委会授予“体育道德风尚奖”，有7名残疾人运动员被评为“优秀运动员”称号，取得全市在同类赛事上的历史最好成绩。10月，在印度尼西亚亚残会上，永州市残疾人运动员蒋芬芬取得2金1银的好成绩。

【残疾人信访维权】 2018年，

2018年10月11日，在印度尼西亚残运会赛场，永州的运动健儿蒋芬芬（中）在女子t37级400米中，以1分04秒53的成绩夺得金牌，这是蒋芬芬在本届运动会上获得的第二枚金牌、第三枚奖牌　　摄影　吕春水

永州市残联系统接待残疾人来信来电来访1200件次（市本级102件次），其中来电360个，来访700人次，来信140件，市联席办交办的案件1件，省委巡视组交办的案件1件。所有信访件全部办结并及时给予回复，办结率100%。全年完成346户贫困残疾人家庭无障碍改造任务。开展“爱心助残一日捐”活动，收到178个单位和个人的爱心捐款94.9万元，争取到省残疾人福利基金会对永州市的支持，累计捐赠财物总价值3万元。

【残疾事业项目建设】　2018年，永州市残联党组针对项目建设中与周边群众土地的矛盾等许多困难和问题，对项目建设情况不断进行阶段性总结，认真分析，及时调整工作重点。8月，市残疾人康复中心建设项目主体工程建设封顶，内部装饰以及附属工程建设的前期准备工作顺利进行。道县残疾人康复和托养中心以及新田残疾人托养中心主体工程完工，江华县完成康复托养中心前期准备工作。

（市残联办公室）

军队离退休干部管理

【概况】　2018年，永州市军队离退休干部休养所（以下简称市军休所）围绕“一核五化”“德孝军休　和美家园”创建目标，不断改善服务环境，强化服务意识，创新服务机制，保障军休干部职工各项待遇落实，为实现军休干部职工“六个老有”创造有利条件，构筑起服务设施现代化、休养环境园林化、管理服务亲情化、文化养老多元化、工作队伍优质化的军休工作新格局。

【军休项目建设】　2018年，永州市军休所冷水滩片区生活服务配套设施室内装修工程扫尾工作全部完成，完善配备空调、厨具、餐桌椅等设施设备，通过第三方公司公开招投标，最终确定军休所医疗服务和生活服务定向合作单位。定向合作单位正式运营。零陵片区庭院老旧，住房条件差、设施落后，为让军休老同志更好地颐养天年，对院内设施进行改造，截至2018年年末，庭院亮化美化，旧房外墙翻新、雨棚安装、下水道改造，以及军休干部服务中心建设项目主体工程、外墙装饰，室内墙面粉刷、地板砖铺设等室内装修等工程均已完工。

【军休服务管理】　2018年，永州市军休所进一步落实军休干部阅读文件、过党组织生活、参加政治活动、享受社会优待、定期慰问、担任荣誉职务等政治待遇。以支部为单位，每月定期组织军休党员学习各级各类文件，通报军休所工作进展情况；坚持为军休干部订阅多种报刊杂志，补充完善阅览室书籍；为行动不便的党员干部实行送学上门，确保每一位党员都能接受组织的教育管理。组织春节、“八一”重大节日走访慰问活动，组织军休干部代表参加烈士公祭大典仪式、参观考察重点项目，开展退役军人信息采集等工作。

严格按照国家政策规定，落实军休干部、军休职工各项生活待遇，足额发放工资津贴，及时调整定期增资等工资标准，实现工作零差错。继续加强军休干部、军休职工医疗保障，开展健康体检，建立健康档案。出台《永州市军休所医疗扶助暂行办法》，解决军休干部自付医疗费过多及大病救助问题。出台《永州市军休所突发事件应急救援预案》，明确各类紧急突发事件的应对方法和救援措施。

推进精准服务管理，出台

《永州市军休所军休干部活动奖励标准》，鼓励军休干部投稿征文、参与各类文体活动，有序推进军休文化建设；继续坚持结对联络服务制度，及时调整结对服务对象，重点关注“三高”、空巢、独居军休老同志，做到一日一问候或一天一电话，随时掌握其动态，解决其实际困难；推进“五勤五访”制度常规化，做到勤问候、勤走动、勤慰问、勤回访、勤联络；军休干部有病必访、生日必访、重大节日必访、长居外地必访、有困难必访。

【军休文化建设】 2018年，永州市军休所全面打造特色军休文化。与市电信公司反复协商对接，确定军休信息门户网站、微信公众号的版面和模块设计，集政策宣传、新闻发布、工作办公、军休服务等功能于一体的军休信息门户网站和微信公众号全面上线。创办“德孝军休”专栏，刊发军休人员各类散文、诗歌、书画作品。为庆祝建军91周年和改革开放40周年，编辑出版《水墨情，军休赋——军休干部书画作品宣传邮册》，集中展示和弘扬永州军休文化，鼓励更多的军休人参与军休文化实践。

将军休业务工作与军休文化活动以及文明创建工作有机结合、同步推进。围绕省级文明单位创建目标，制定实施方案、工作要点及任务分工，形成人人参与文明创建的良好氛围，先后组织开展元旦游艺会、门球邀请赛、新春团拜会、书画培训、太极拳培训、参观新农村建设、党员主题党日、道德讲堂、学雷锋志愿服务活动、环保宣传、文明劝导、社区夜间巡逻、助学一日捐、慈善一日捐等社会公益事业；组织开展贫困党员、贫困家庭、留守儿童走访慰问活动，为他们送去关怀与温暖。

【湖南省军休人员门球赛】 2018年7月18日—21日，湖南省军休人员门球赛在永州举行，永州市军休所承办此次比赛。湖南省民政厅党组成员、副厅长孙中喜，永州市人民政府副秘书长齐爱社，湖南省门协副主席、永州市门协主席赵荣，湖南省民政厅军休办主任许勇才，永州市民政局党组书记、局长吴剑林等领导出席此次活动。全省14个市州16支队伍参赛。

（左宁静）

2018年11月26日，永州市军休所组织军休人员到冷水滩区茶花村参观新农村建设

人力资源和社会保障

综　　述

【概况】 2018年，永州市人社系统按照“一二三四五十”的总体思路，即坚持全面贯彻落实中共十九大精神这一总揽，紧扣全面从严治党和“民生为本、人才优先”两条主线，强化为民服务、创先争优、廉洁从政“三种意识”，坚守基金安全、考试安全、数据安全、廉洁安全“四条底线”，开展学习型、创新型、服务型、效能型、廉洁型“五型机关”创建，抓实党的建设、产业项目服务、精准脱贫、就业创业、社会保障、人事人才、劳动关系、公共服务、队伍建设、绩效评估“十大板块”重点工作，完成省市各项目标任务。

年内，市委、市人民政府下达人社部门的五大类12项绩效考核任务，市“两报告”确定由人社部门负责的13项任务，市委、市人民政府相关会议议定事项22项，市领导批示件37件，全部落实到位。省人社厅下达的四大类21项主要指标全部超额完成，一些指标在省里排位靠前。实现城镇新增就业6.63万人、农村劳动力转移就业4.28万人；社会保障体系不断完善，群众的获得感、幸福感、安全感大幅提升，全市五大社会保险参保总人数1040万人次，收支总规模281亿元，其中基金总收入159.7亿元（含上级财政补助48.15亿元），基金总支出121.3亿元，保障待遇发放。基金监管力度不断加大，社保基金运行安全平稳，与株洲市人社局进行市本级社保基金交叉检查模式得到省人社厅领导肯定。落实稳岗、社保补贴政策，市本级为企业发放稳岗补贴510万元、社保补贴130万元。落实工伤保险、失业保险以及企业养老保险缴费费率过渡试点等降费政策，为全市企业降低用工成本1.2亿元。

解决一批重点难点问题，打造一些在全省乃至全国有影响的亮点工作，获得一些荣誉：市人社局被评为全省人社系统绩效评估优秀单位、人力资源社会保障部信息直报工作先进单位、《中国劳动保障报》新闻宣传工作优秀单位、全省信访基础业务“百佳业务规范单位”，被市委、市人民政府评为2018年度市直单位绩效评估优秀等次、产业项目建设年活动市直先进服务单位、社会治安综合治理先进单位和平安单位、党风廉政建设责任制工作优秀市直单位、意识形态责任制工作优秀市直单位以及人口和计划生育优秀单位等十余项表彰。开创人社扶贫“永州模式”，就业扶贫工作得到《人民日报》《省委内参》《人社部工作信息》等国内主流媒体刊载推介，全省就业扶贫工作经验交流现场会在新田召开，在全省社保扶贫工作经验交流会上作为唯一市州代表

2018年3月8日，永州市人社工作会议现场

作典型发言。

【就业服务管理】　2018年，永州市新增城镇就业6.63万人，其中失业人员再就业2.6万人，就业困难人员再就业0.71万人；新增农村劳动力转移就业4.28万人，新增农村贫困劳动力转移就业9139人，全市转移就业153万人；开展离校未就业高校毕业生实名制就业服务工作，实名登记率、跟踪回访率、就业服务率均达100%，帮助79户新出现的零就业家庭至少1人实现就业，零就业家庭动态就业援助率100%，城镇登记失业率2.32%；服务企业用工，举办“春风行动”“精准扶贫”“民营企业服务周”等系列招聘会300余场次，达成就业意向5.6万余人，其中市本级1.9万人，有力缓解用工难问题。推进创新创业，全市发放创业担保贷款3.27亿元，新增创业主体4.15万个，带动城乡就业9.35万人；入选创新创业带动就业省级典型27家，培育省级创业孵化基地7家、市级创业孵化基地18家。在第三届“中国创翼”创新创业大赛中，全省7个选送参加国赛的项目中，永州占2个，分别获评“全国优秀创业创新项目”“金翼奖”，宁远创业孵化基地被授予“全国优秀创业服务机构”称号。

【人力资源服务】　2018年“两节”期间，永州市人社局陪同市级领导走访慰问30名专家；受省专家服务中心的委托，走访慰问正高职称专家4人，同时核准发放18名享受国务院特殊津贴专家的津贴。推进人事制度改革，公务员公开考录、考核奖励、教育培训工作全面加强，事业单位公开招聘、聘用及岗位设置工作更加规范。完善人才分类评价机制，完成年度职称评审和申报工作。调整机关事业单位基本工资、艰苦边远地区津补贴标准，扩大公立医院薪酬制度改革试点范围。按照“公开招募、自愿报名、组织选拔、统一派遣”的方式，全市招募高校毕业生“三支一扶”计划人员45人。妥善安置军转干部45名、随调家属5名，实现军转干部、接收单位、党委政府

"三满意"。推进流动人员人事档案一体化平台建设，实现流动人员档案管理工作由纸质台账向电子台账转变，市本级托管的4万余份流动人员档案材料全部录入系统，免费接收档案托管5852份。开展"互联网+政务服务"工作，依申请类"档案的接收和转递""为相关单位提供政审（考察）服务""为符合相关规定的单位提供档案查（借）阅服务"业务实现"网上办、马上办、就近办、一次办"。市人力资源服务中心被省人社厅表彰为"湖南省人力资源服务示范单位"。

【人才引智】 2018年，永州市实施"潇湘人才行动计划"，配合出台"1+8"系列人才新政，引进高学历人才837人，人才集聚效应日益凸显。创新"产才融合"的引才模式，全市新增博士及博士后工作站3家，引进创新创业人才团队32个、科技创新人才45人，其中2人入选"湖湘人才聚集工程"，填补全市省级人才工程的空白，1人获评"全省优秀引进科创人才项目"。参加"沪洽周"招才引智对接会，现场签约科创人才团队项目9个，人才项目总价值12亿元。11月，首次市县区联动，拿出1646个企业事业单位人才岗位，面向国内外引进人才。申报引智项目，全市申报引智项目19个，有10家省级引智单位获批，获得引智资金53万元。截至2018年年末，全市人才总量32万人，其中党政人才2.7万人、专业技术人才14.3万人、企业经营管理人才3.3万人、农村实用人才及各类技能人才9.1万人、其他人才2.6万人。

【绩效评估】 2018年，永州市完成2017年度绩效评估验收工作，根据2018年省绩效评估实施方案和市"两报告"，科学制定全市绩效考核实施方案和指标体系，出台《永州市市直单位绩效评估改革方案》，印发《2018年永州市重点民生实事项目实施意见》，加大日常调度和督查督办力度，聚焦中心工作，突出考核重点，强化结果运用，发挥绩效考核的导向、激励、约束作用，营造"干与不干大不一样、干好干坏大不一样"的良好干事创业氛围。全市19件重点民生实事22个考核指标全部实施，总体进展顺利；5月，永州市再次被评为全省绩效评估优秀市州，2014年—2017年连续4年获此项殊荣。

【职业技能培训】 2018年，永州市扩大职业技能培训范围，推行终身职业技能培训制度，面向城乡全体劳动者提供普惠性、均等化技能培训。针对不同群体开展专项职业培训，实施农民工技能提升计划，开展企业职工岗位技能提升培训和高校毕业未就业学生技能就业行动，提高劳动者转岗就业能力。完成职业培训61142人，其中创业培训人数7469人，贫困家庭"两后生"技能培训1246人。

【机关事业单位社会保险管理】 2018年，永州市按照省里统一部署，加快推进机关社保新系统上线运行，实现待遇审核、养老金调整、拨付生成等各项业务经办正常化，截至2018年年末，全市改革后退休新制度应计发15239人，已计发14659人，完成任务96.2%，其中市本级应计发1480人，已计发1428人，完成进度96.5%，永州市新制度计发工作进度排全省第一位。全市机关事业单位养老保险在职参保14.5万人，离退休6.7万人，征缴基金26.5亿元，拨付离退休费32.2亿元，其中市本级在职参保人员1.4万人，离退休0.7万人，征缴基金2.9亿元，拨付离退休费3.9亿元。推进电子报盘工作，整改过去机关事业单位养老保险待遇发放数据传输手工报盘可能带来的漏洞和风险隐患，实现机关养老保险基金规范运作和安全完整率100%。

【社会劳动保险管理】 2018年，永州市参加企业养老保险在职职工22.27万人，新增参保2.41万人，累计征缴基金31.72亿元，完成年度任务的199.5%，增加14.96亿元。其中市本级参加企业养老保险在职职工5.54万人，累计征缴6.3亿元，完成年度任务的128%，增加1.31亿元。全市参保企业离退休人员14.12万人，发放基本养老金33.83亿元，发放丧葬抚恤金1.5亿元，其中市本级为3.13万人发放养老金8.9亿元，发放丧葬抚恤金0.36亿元。企业退休人员待遇实现14连调，为全市137317名企业离退休人员调整养老金待遇，人均月增加养老金137元，调整后人平月养老金2269元。严守规范服务，制定《窗口服务"十不准、十做到"规定》，实行每两周一次"早课"制，加强经办人员遵守纪律和优质服务的自觉性，市企业社保处被省文明委评为"省级文明窗口单位"。

【工伤保险基金管理】 2018年，

永州市工伤保险缴费单位5756户，参保人数340692人，缴费人数288687人，缴费率84%，实现基金征缴收入16481万元，基金支出7863万元，基金累计结余41338万元。不断加强工伤预防、工伤补偿和工伤康复三位一体的工伤保险体系建设，推进工伤认定和劳动能力鉴定规范化、标准化、法制化。补充工伤保险试点有序推进，工伤认定工作进一步规范，建筑领域新开工项目工伤保险参保率100%。

2018年6月7日，在永州广播电视台举办全市人社系统"不忘初心 筑梦人社"主题演讲比赛

【城乡居民社会养老保险管理】2018年，永州市城乡居民社会养老保险登记参保人数340.63万人，参保缴费人数188.99万人，实现个人缴费收入28447.66万元，累计支出114988.99万元。推行经办银行代扣代缴新模式，抓好参保对象的自主缴费和续保缴费，全市城乡居民养老保险自主缴费占比98.24%。根据《关于2018年提高全省城乡居民基本养老保险基础养老金最低标准的通知》精神，全市城乡居民养老保险基础养老金从85元每月提高到103元。

【劳动人事争议仲裁】2018年，永州市加强仲裁办案制度建设，完善案件分类处理机制，推进调解仲裁规范化、标准化、专业化、信息化建设。设立永州经济技术开发区的派出仲裁庭，让企业和劳动者就近、就地解决劳动纠纷，满足人民群众对高效快捷法律服务的迫切需要；在市仲裁院挂牌设立法律援助工作站，帮助困难群众依法维权，使劳动者权益维护进入法律援助与劳动人事争议仲裁无缝对接的快速通道。全年受理劳动人事争议仲裁案件983件，结案980件，结案率99.7%，其中调解结案718件，调解率73%，完成省定目标任务。

【劳动保险监察】2018年，永州市加快构建保障农民工工资支付长效机制，强化源头防治和监察执法力度，全年主动监察用人单位1501个，涉及劳动者51641人；收缴农民工工资保障金2.09亿元，其中市本级1.15亿元；接到投诉举报案件277件，结案277件，结案率100%，追回被拖欠劳动者工资等待遇2121万元；针对恶意欠薪案件刑事立案17起，刑事拘留18人，批准逮捕9人，移送起诉20人，移送法院强制执行案件5起，维护劳动者合法权益。

【信息服务与管理】2018年，永州市社会保障卡试点全面推进，制定《2018年永州市社会保障卡发行与应用工作方案》，明确数据采集、持卡人数、业务应用的工作目标任务，全市向省人社厅累计提交社会保障卡制卡数据549.3万人，其中持卡人数530万人，缴费或领取待遇人数450.5万人，激活金融应用人数453.9万人。全市102项社会保障卡应用全部开通，应用目录开通率100%，推广社保卡在养老、生育、工伤、失业等领域的应用，全市三级以上医院均已实现社保卡"就医一卡通"，就医人员凭卡可实现挂号、诊疗、取药、结算等就医全过程应用。人社部门34项"互联网+政务服务"服务事项网上可办率100%。

【人事考试】2018年，永州市坚持人事考试工作制度、操作规程、队伍建设"三统一"，加强人事考试标准化、规范化建设，打造"阳光考试"品牌。全市组织七大类60场考试，参考人数56549人次，公务员考录、事业单位招聘、专业技术资格等人社考试工作未出现重大事故被通报批评或造成严重影响的情况，实现安全、平稳和有序的目标，考试安全率100%。

【职业技能鉴定】2018年，永州市组织鉴定71批7585人次，鉴定合格发证6121人。组织开展

2018—2019年度全市就业技能培训定点机构认定工作，面向全市进行公开招标，招标过程公开透明，相关程序严格按照国家法律法规执行，首批认定44家定点培训机构。承办“湖南省首届技工院校教师职业技能大赛”，获得“市州团体一等奖”；参加“湖南省首届家庭服务业职业技能大赛”，获得“市州团体三等奖”；成功举办永州市职业技能大赛，授予明德胜等10名选手“永州市技术能手”称号。

【人社行业扶贫】 2018年，永州市围绕“识别、对接、稳岗、服务”四个环节，依托“劳务协作企业、扶贫基地、扶贫车间”三大载体，构建起“政府主导、部门支持、社会参与、市场运作、多方联动”的就业扶贫新模式。全市建立以蓝思科技股份有限公司为代表的省内外“劳务协作对接企业”200余家；创建评定市级就业扶贫基地27家，其中成功入选省级就业扶贫基地12家、国家级就业扶贫基地4家；建设各类“就业扶贫车间”700余个，占全省的1/3，吸纳3.2万余名留守劳动力在家门口就业，其中贫困劳动力1.2万余人，人均年增收2万元以上，在全省就业扶贫工作考评中，永州市连续四个季度被评为一类。落实医保扶贫政策，整合健康扶贫各部门资源，建立惠及全市80余万贫困人口的“一站式”就医结算平台，全年贫困人口住院享受“一站式”结算超过9万人次，综合报账比例90%以上。落实困难群体参保资助政策，为10.34万名建档立卡贫困人口、低保对象及特困人员代缴城乡居民养老保险保费943.84万元。

（陈雄杰）

卫生计生

综述

【概况】 2018年，永州市有医疗卫生机构5658个。其中，医院145所，基层医疗卫生机构5404个，专业公共卫生机构109个。医院中，公立医院35所，民营医院110所。基层医疗卫生机构中，社区卫生服务中心/站39个，其中，社区服务中心27个，社区服务站12个；卫生院181所；诊所575个，卫生所、医务室（包括分支机构）91个；村卫生室4508个。专业公共卫生机构中，疾控中心12个，妇幼保健院12个，卫生计生综合监督执法局（卫生监督所）12个，专科疾病防治所2个，采供血机构1个，计划生育技术服务机构70个。

医疗卫生机构编制床位37131张，实有床位数40794个。卫生编制人数29469人，实有在岗职工数42018个，离退休人员5546人，年内退休人员344人。卫生技术人员32165人，其中执业（助理）医师13656人、注册护士12908人。医疗卫生机构有固定资产101.55亿元；房屋建筑面积266.07万平方米，其中业务用房面积175.38万平方米，租房面积34.48万平方米。拥有万元以上医疗设备13079台件，总价值73.32亿元，其中50万元~99万元432台件（较2017年增加24台件），100万元以上411台件（较2017年增加4台件）。全市医疗卫生机构总收入81.39亿元，比2017年增加7.2亿元，增长9.71%；总支出80.47亿元，比2017年增加6.99亿元，增长9.52%。

2017年10月至2018年9月，全市评估总人口651.15万人；已婚育龄妇女人数114.28万人，比2017年度减少6.09万人；出生人数8.18万人，比2017年度减少1.22万人；出生率12.25‰，

2018年2月11日，永州市卫生计生暨无偿献血工作会议

比2017年度下降2.17个千分点；符合政策生育率90.64%，比2017年度下降0.44个百分点；出生人口性别比116.39，比2017年度下降1个比点；自然增长率5.29‰，比2017年度下降1.9个千分点；死亡率6.96‰，比2017年度下降0.27个千分点。截至2018年9月30日，全市流动人口总数168.19万人，占全市人口总数的25.81%，较2017年度同期减少6.09万人。流出人口158.28万人，其中，跨省流出人口147.6万人，省内流出人口10.68万人；女性流出人口75.78万人，流出育龄妇女62.12万人，男性流出人口82.5万人；跨省流出人口中，流向最集中的是广东省，为121.17万人。流入人口9.91万人，省内流入8.18万人；跨省流入1.73万人，女性流入人口0.61万人，其中流入育龄妇女0.53万人；男性流入人口5.67万人（跨省流入男性1.12万人）。

获2017年度市州卫生重点工作目标管理考核中获优秀单位且排第一名；4月，永州异蛇生态文化产业园成功创建为国家中医药健康旅游示范基地；7月，在省卫计委、省扶贫办2017年全省健康扶贫工作考核中排第一名；10月，被国家卫生健康委员会授予“全国无偿献血先进市”称号；12月，江永县获评湖南省2018年计划生育优秀县；东安县紫溪市镇卫生院等5所卫生院获得“湖南省文明卫生单位”称号。

【医疗卫生服务能力】 2018年，永州市中心城区医疗卫生“四个中心”建设进展顺利。继续推进基层医疗卫生机构标准化建设三年（2017年—2019年）行动计划，累计完成乡镇卫生院79所，社区卫生服务中心15所，村卫生室1891所的标准化建设。以“巡查、约谈、通报、点评、处罚”等五大措施为抓手，医疗机构的质量安全核心制度得到落实。市第三人民医院成功创建省级平安医院，全市创建29家市级平安医院。15家医院通过湖南省脑卒中地图评审，成功上线高德地图。中医事业在传承中不断发展，新田县成功创建国家级名老中医工作室，双牌县中医院被中华中医药学会授予“湘南蛇伤救治基地”称号，永州异蛇生态文化产业园成功创建国家中医药健康旅游示范基地。无偿献血工作突出，连续11年确保临床用血100%来源于无偿献血，中心血站血源管理科被国家卫健委等3部门联合表彰为“全国采血先进班组”。

【民生实事项目工程】 2018年，永州市孕产妇死亡率、婴儿死亡率、5岁以下儿童死亡率分别下降到10.12/10万人、3.09‰、5.06‰，均低于全省平均水平。孕产妇免费产前筛查完成51908人，完成率103.82%；农村适龄妇女“两癌”免费检查完成93227人，完成率103.85%；为42.68万名65岁以上农村老人免费体检，完成率106.7%；尘肺病患者救治完成791人，完成率152.1%。

【医药卫生体制改革】 2018年，永州市继续推进“医德医风、医疗、医保、医药”四医联动。公立医院综合改革成效显著，获湖南省人民政府《关于对2018年度真抓实干成效明显地区予以表扬激励的通报》通报表扬。全市公立医院医疗费用增长率7.88%，药占比27.11%，百元医疗收入消耗耗材21.68元，医疗服务占比32.97%。分级诊疗有序推进，建立胸痛、卒中等5个远程诊疗中心。配合推进医保支付方式改革，124个病种实施单病种付费。全面推进基层医疗机构绩效考核，调动基层医疗队伍工作积极性。各县区医改工作亮点纷呈，江华县开展“县域医共体 我们在牵手”行动，推动优质医疗资源下沉和分级诊疗制度落实；蓝山县巩固乡村药品一体化配送模式，有效保障基层医疗机构临床用药；祁阳县公立医院薪酬制度改革试点进展顺利；新田县推进县乡村远程诊疗，不断创新卫生计生综合执法监督体系建设。

【健康扶贫工程】 2018年，永州市全面落实“三提高、两补贴、一减免、一兜底”和先诊疗后付费的健康扶贫核心政策。组建家庭医生团队1039个，对建档立卡贫困人口69.41万人进行家庭医生签约，签约覆盖率100%。全市贫困患者住院实际报销比例91.36%，贫困人口在县级定点医院大病集中救治率94.92%，县域内就诊率95.03%，均排在全省前列。8月1日健康扶贫“一站式”结算系统上线，并率先在全省将43个病种的特殊门诊纳入“一站式”结算系统。打造“永州市健康扶贫社会众筹网”，社会反响良好。红十字人道助力精准扶贫，筹集各类救助资金240万元，惠及贫困人口5000多人。

【计生工作转型发展】 2018年，永州市稳步推进计划生育工作

“三个转变”，全年出生人口8.18万人，出生人口性别比116.39，比2017年降低1个比点；人口出生缺陷发生率108.84/万人，比2017年下降26.54/万人，在全省考核评估排名由2017年的第八位提高到第六位，取得历史最好成绩。奖扶政策全面落实，发放计生利益导向资金3090万元；计生特殊家庭住院护理补贴发放资金比例为全省第一名。市计生协及双牌、道县、宁远、江永、蓝山、新田、江华7个县区计生协获得“全省计生协工作模范单位”称号。东安县打造“四有四助”计生特殊家庭服务平台，宁远县率先设立“独生子女父母年老护理假”，获全省计划生育服务管理创新奖。新田县农村留守儿童服务管理做法获全国推介，零陵区卫计委被国家卫计委评为流动人口动态监测先进单位。

【医疗卫生人才队伍建设】 2018年，永州市出台市委人才工作“1+8”文件之一《永州市加强医疗卫生人才队伍建设实施办法》，是永州市有史以来出台的第一个有关医疗卫生人才队伍建设的纲领性文件。赴国内知名医学院校开展校地集中对接引才活动，人才引进规模和质量实现新突破。选派4人赴美国等国际知名医疗机构研修，选派1098名技术骨干到上级医院进修学习。三级以上医院新进临床岗位医生规范化培训率100%，二级医院84.13%。进一步完善基层卫生高级职称评价机制，在全省首推将乡镇（社区）一年以上工作经历作为申报门槛条件。

【首届“中国医师节”庆祝表彰大会】 2018年8月17日，永州市召开首届“中国医师节”庆祝表彰大会。会议宣读《关于永州市首届“中国医师节”优秀医师的表彰通报》，表彰59名永州市首届“中国医师节”优秀医师。会议指出，永州市的卫生健康事业也获得长足发展，人民健康水平不断提高，全市各地可要结合实际，开展形式多样的主题活动，弘扬卫生健康崇高精神和大医精诚、悬壶济世的优良医学传统。会议号召全社会共同支持参与卫生健康事业，为推进健康中国建设汇聚更多力量。

2018年8月17日，永州市召开首届“中国医师节”座谈会

【首届“中国医师节”优秀医师代表座谈会】 2018年8月19日，永州市举行首届“中国医师节”优秀医师代表座谈会。中共永州市委书记、市人大常委会主任李晖出席并讲话，市人民政府副市长谢景林主持。座谈会上，优秀医师代表围绕构建和谐医患关系、加强内外沟通、医院规范化管理、基础设施建设、干部队伍建设、人文素质培养、医院品牌宣传、医疗技术能力、医疗质量水平等方面开展讨论，并提出意见建议。

会议要求，要争当一位好标兵，践行中共中央总书记习近平重要指示精神，始终把人民健康放在首位，修医德、行仁术，用优质服务增进人民健康福祉；要争做一名好医生，德才兼备，秉承“大医精诚、妙手医心”的精神，做有理想信念、有道德情操、有高超医术、有仁爱之心、不忘初心的好医生，守护好职业荣光；要争办一份好事业，要树立大健康理念，不断优化资源布局、加强对外协作、改善医疗服务，大力创建优质医疗品牌，让人民满意；要争创一个好氛围，要优化执业环境，加强关心关怀，抓好舆论宣传，让广大医务人员在岗位上有幸福感、在事业上有成就感、在社会上有荣誉感，推动全社会形成尊医重卫的良好氛围。

（首永琳）

【永州市中心医院】 2018年，永州市中心医院占地面积35.33公顷，基本医疗点有两处：永州市中心医院冷水滩院区（北院）

和零陵院区（南院）。医院开设临床、医技专科76个。心内科、骨科、肿瘤科、神经外科、神经内科、儿科、护理学是湖南省重点建设专科，心胸外科、麻醉科为永州市重点建设专科，中医科为永州市特色专科。有编制床位2400张，在职职工2902人，其中研究生导师14人，博士7人、硕士265人。高级职称专家342人，中级职称653人。

全年门急诊（体检）97.89万人次（体检6.89万人次，增长31.76%），较2017年（下同）增长10.56%；出院病人10.2万人次，增长4.1%；完成手术2.2万台次，增长6.18%；病床使用率99.3%；平均住院日9.04天；抢救危重病人2820例，增长8.05%。经济收入13.16亿元，较2017年增长8.4%，其中业务收入12.89亿元，财政拨款0.27亿元。获得国家、省、市级奖励29项，如“全国平安医院创建表现突出集体”“全国文明单位”“全国优秀院报院刊”“湖南省十佳平安医院”“湖南省优质护理先进集体”“2015—2017年湖南省改善医疗服务行动示范医院”“2018‘星耀中华——最具成长力中国医TOP10’”“全民健康生活方式行动健康单位”等。

修订《18项医疗核心制度》《医疗安全工作手册》，制定对各临床、医技科室及其负责人的具体考核标准和考核细则，对全院所有医师进行医疗核心制度和医疗安全工作的考核。医院与临床、医技科室签署医疗安全责任状、计划生育综合治理目标管理责任状。每月进行一次全院性医疗质量与医疗安全督查，对医疗行为实施奖惩。组织全院医务人员进行合理用药的培训，并定期进行处方点评。定期召开药事管理委员会全体会议，医院与各临床科室签订抗菌药物、质子泵抑制剂、辅助药物合理使用责任状。每月进行处方和医嘱的点评，对药品使用情况进行动态监测。每季度均召开医疗纠纷与医疗安全点评会议，对当季度发生的医疗纠纷进行归纳、总结、分析。及时排查医疗安全隐患，预防医疗纠纷，对全院医师值班和交接班制度进行重点督查，全年发生医疗纠纷43起，较2017年减少24.56%，医院纠纷赔款大幅度下降。对全院职工及新进人员进行消防安全培训，参训人员2500人次，并举行火灾应急预案演练；投入300万元对监控系统进行增添、更新、维护，有监控点1200余个，全部实行高清化，做到24小时无死角监控；医院获得“2013—2017年度全国创建平安医院活动表现突出集体”称号。

调整学科布局，做强做大外科做精做专内科。冷水滩院区调整骨科病区，建立全省一流的神经外科重症监护室，新增肛肠痴痔瘘科、全科医学科；零陵院区调整神经外科ICU，新增PICU、NICU、CCU，建立高档次的新生儿病房；成功创建“湖南省肿瘤放射治疗临床医疗技术示范基地”，这是湖南省唯一一家肿瘤放射治疗示范基地。引进高端设备，完善病人的医疗辅助支撑手段。投入8700余万元购置高档彩超、3.0T磁共振、三维高清腹腔镜等一大批国内先进的医疗设备，在肿瘤、心血管、神经内外科、肝胆与腹部外科等疑难危重疾病的诊断、治疗方面提供可靠的技术支撑，使医院对疑难疾病的诊治水平再上新台阶。开展新技术，全面提升诊疗水平。开展新技术新项目89项，其中骨科3D打印技术、神经外科脑立体定向诊疗技术、心内科冠脉血管内超声技术、三维标测房颤射频消融技术等多种诊疗手段联合应用取得突破和发展；肩关节镜技术、腹腔镜联合胆道镜技术、附有Hopkins支气管镜技术、超声胃肠镜技术、3D高清腹腔镜+微创外科微创妇科微创产科技术等内镜技术日趋成熟；复杂性室上速射频消融术、恶性肿瘤后程调强超分割放疗技术、同种异体骨及软骨移植技术的开展，填补市内空白。

坚持院科两级护理质量管理体系，专科质量监管平均得分95.5分。对全院护理人员分层、分类理论培训38次，质量改善项目“多元化培训提高规培护士核心制度知晓率和常用查对制度落实合格率”取得明显成效，已在全省推广。以人性化为导向，实施住院直通车“一站式”转诊服务，优化完善危急重症院前急救转诊通道。各病区在人厅走廊配置按摩椅，床旁配置陪护椅，在重症监护病房和危重病人多的科室引进专业陪护，开展一对一或班组服务。在全院各科室开通移动护理及推广使用“延续护理系统”，出院病人电话或微信回访率超过60%，第三方满意度测评对护理工作满意度90%以上。获得“湖南省优质护理服务表现突出单位”称号。组织23次有影响、有内涵的社区健康促进活动，开展科内健康教育讲座400余次；住院患者健康教育覆盖率100%，平均知晓率96.5%。被评为全市卫生宣传与健康教育先进单位。新开展“远离压疮100天”项目，多个参赛案例在省、市护理学会上获得“创新奖”。“手护圈”在2018年湖南省医院感染学术年会品管圈大赛中获得二等奖，“颈静脉临时导管固定方法改良”与“降低非计划拔管发生率”在湖南省护理学会外科护理专业委员会2018年学术年会上分别获得第一、第二名。“多元化培训提高规培护士核心制度知晓率和常用查对制度落实合格率”“颈静脉临时双腔导管固定带”项目在第三届湖南省护理创新大赛中获得护理产品创新优胜奖，“品管圈在提高压疮分期准确率的临床实践与应用”“悬挂式眼液盒的研发与临床应用”两个项目在市科技局成功立项，“预防足下垂护具”获得国家知识产权局颁发的“中国实用新型专利证书”，实现医院护理产品国家级实用创新专利“零”的突破。

制定完善《永州市中心医院控制医疗费用不合理增长实施方案》，加强对医改核心指标的监控力度，建立奖惩机制，有效控制医疗费用不合理增长。严格临床路径及标准控费管理，准确有效地实施农村贫困人口的“一站式结算”。有99个病种实行按病种付费，全年结算的病种56个，医保结算病例1039人。参保患者报账比例提高，负担减轻。发挥医疗资源优势，全年开展省、市级学术活动33项。远程诊疗中心向医联体成员单位提供远程会诊服务81人次、远程影像服务154人次、远程病理服务1578人次，省直医院向该院提供远程会诊服务10人次。优化和完善各项流程，畅通双向转诊绿色通道，先后与祁阳县县级医院、蓝山县中心医院、江永县人民医院、江华县人民医院等29家医联体医院签订双向转诊协议，举行签约授牌仪式，与县区二级以上医院双向转诊病人13396人次，真正把“双向转诊制度”落到实处。调配33名中级以上职称医师、79名高年资住院医师支援基层医院。派出84人次的专家队伍到江华县人民医院进行驻点对口帮扶，派驻挂职副院长帮助提高管理能力和开展技术项目，拨付专项资金50万元，资助购买2台救护车并配置相关抢救设备，通过“点对点”帮扶及对口支援，江华县人民医院新开展肺表面活性药物气管内给药、核磁共振诊疗技术、冠状动脉诊疗技术、脑动脉诊疗技术、髋关节置换术，开展首例无痛分娩技术、“B超引导下腰丛骶丛神经阻滞麻醉应用于老年患者下肢手术研究”获江华县科技局立项。

推动人才强院战略顺利实施。制定《关于永州市中心医院人才引进工作实施方案》，通过层层筛选，引进硕士研究生、副高等高层次人才43人。完善激励机制，通过“优秀医师”“优秀护士”“优秀科主任”“优秀护士长”等评选活动，调动各类人才干事创业的积极性。评选出市级优秀医师4人，院级优秀科主任6人，优秀医师20人，优秀护士100余人。选送2名优秀骨干攻读在职博士研究生；推荐6名优秀医师参与湖南省121创新人才培养工程选拔；5名技术骨干赴美国、德国、西班牙等国际一流的医学中心学习；1名医师入选中国（湖南）第十六批援津巴布韦医疗队，按计划派出75名骨干医师及护理人员到省级以上医院进修培训；有83学科带头人次到全国最好的专科进行考察、学习。

推动教学改革，对医学临床专业的见习带教进行改革，实行师生双育评价，真正做到教学相长。完成2018年湖南省卫计委委派的30名全科医生转岗培训。零陵院区技能操作中心改造顺利完成，技能操作间由四间增至八间。两院区新增模拟训练设备150余万元，改善培训条件。2014级实习生代表队在南华大学第八届临床技能竞赛中取得一等奖。顺利成为吉首大学临床医学研究生培养基地。新招收医学硕士研究生7人，全部纳入住培管理。7名本院培养的同等学力硕士研究生顺利毕业。狠抓就业工作，研究生就业率100%。申报市级科研项目17项，省级科研项目18项，医学公益捐助项目立项1项，科研项目申报的数量、质量实现历史性突破，重要科研指标均较2017年取得大幅度增长。全年在省级以上医学杂志公开发表论文450篇，其中SCI文章3篇。

着力解决群众看病难，零陵院区综合楼全面验收投入使用。投资1.6亿元、建筑面积3.5万平方米的门诊综合楼投入使用，可容纳日门诊量2000余人次，新增病床400余张，拥有30余个布局合理的诊室，改变零陵院区面貌。争取近6公顷的发展预留用地。加强中心城区医疗服务辐射功能，将5.99公顷土地全部划拨给医院作为医疗发展用地。先后投入近1500万元改造和完善基础设施，投入80万元增建主要道路行人通道，做到人车分流，保障院内行人安全；投入1200万元建设生殖中心，投入800万元完成零陵院区的外线双回路供电改造，投资50万元完善院内绿化美化工程。加快智慧医疗建设，信息化运营进一步优化。新增30台现金业务自助机，移动医疗项目、门诊电子病历系统上线，移动护士站在全院开通，移动医生站在两院试点科室开通。

担负全市各项大型活动及会议的应急保障工作及与会代表的医疗急救工作共计38次；承担全市高危孕产妇救治工作，孕产妇死亡率为零；第一时间发现本土首次登革热疫情并做好危急重患者的救治工作，"120"紧急救援中心出车1万余次，救治病人9000余人；全年义诊2.46万余人，发放宣传资料8.2万份，免费发放药物3万余元；无偿献血量达到10万毫升以上；开展医疗众筹、慈善一日捐、助残一日捐等活动，募集善款44.1万元。成功举办"5·12"国际护士节、首届"中国医师节"、包饺子大赛、春季徒步、暑假亲子、重阳节座谈会等活动，代表永州市参加省职工工间操，并获得"全省职工工间操比赛二等奖"，"说唱新永州·奋斗新时代"获优秀组织奖，"不忘初心　牢记使命"演讲比赛获一等奖。自媒体平台总阅读量超50万人次；全年在新闻媒体上刊播正面新闻报道1072篇，其中省级及以上458篇，市级614篇。利用网络舆情监控平台，科学研判，积极处置，实现由"被动应对"到"正确引导"的转变，全年未出现较大的舆情。

【永州市中医医院】　2018年，永州市中医医院占地5.33公顷，业务用房6.8万平米，开设病床800张，设有内、外、妇、儿、针灸、骨伤、中风、肿瘤、肾病（含血透）、治未病、康复、重症医学（ICU）等34个临床和医技科室，有职工600余人，高级职称80余人。

贯彻基本医疗制度，基本诊疗规范和诊疗标准，重点加强基础质量、环境质量和终末质量管理。健全医疗质量管理组合体系，发挥医疗质量管理委员会、质控小组的督导、监管职能。

加强院感管理，采集临床科室病历90%，实时了解感染率，并进一步分析查原因。每季度进行环境卫生学监测，监测对象以重点部门为主，并及时将监测情况反馈科室。继续加强对购入消毒药械的监管、多重耐药菌的监测等。

进一步加强高危产妇管理。设立高危妊娠门诊，严格落实高危孕产妇合记制度和首诊负责制，建立健全医院高危孕产妇管理组织体系。制定有效可行的孕产妇免费产前筛查项目实施方案，年内产筛率105%。

合理用药：完善药品用量动态监测和超常预警制度；加强抗菌药物使用监控，重点检查超范围、超疗程用药情况；加强大处方的审查与监控；实施处方点评、制定合理的药占比、抗菌药物约谈、辅助药品约谈等方式实现合理用药、合理治疗的目标。

持续加强学科建设，骨伤科新开展肘关节置换及肩关节置换术（胫骨Ⅱ髓内钉固定胫骨远近端骨折技术，膜透导成骨术，神经阻滞介入治疗）等4项技术，改良儿童前臂双骨折背靠背移位正骨法，引进氨甲环酸在于人工关节置换术中的运用，攻克小儿近干骺端骨折成角移位之纠正法。心内科新开展冠状动脉造影技术。神经内科创建"省初级卒中中心""省卒中地图医院"。针灸科引进并开展醒脑开窍针刺等疗法治疗中风后遗症。急救中心引进一台移动ICU，院前急救水平、急救装备大幅提高。成功加入航空救援联盟，被定为永州市唯一一家直升机救援定点医院。中医药特色建设方面，全年采用非药物纯中医技术治疗52028人次。

2018年5月18日，中医中药中国行永州站活动在滨江广场举行，永州市中医医院承办

科研活动方面，立项省级项目4个，开展市级科研课题2个。学术交流方面，1月12日，成立永州市中医药学会肿瘤专业委员会；11月23日，举办“湖南省针灸学会永州分会2018年年会暨针灸推拿康复临床应用培训班”；11月17日，成立“市中西医结合学会2018年脑心同治专业委员会”；12月15日，新建成立“市中西医结合学会急诊专业委员会”。名老中医传承方面，以黄瑞群为导师、窦乘华和谷金古为继承人的第六批全国名老中医药专家学术经验继承工作进展顺利。

组织全院护理人员理论培训22次，操作技能培训3次，组织中医三基理论考核4次，选派19名护士长及骨干外出学习交流，组织9名护理人员外出进修专科护理。强调中医护理技术的临床应用，开展中医护理培训、中医特色护理项目。开展中医护理技术38项，治疗52.88万人次。

定期检查考核，提高护理质量。各科室基础护理合格率95%以上，健康教育覆盖率100%，各科室抢救药品及器械都能处于应急备用状态，完好率100%，全年无差错事故发生。护理部获省妇女联合会颁予“湖南省巾帼文明岗”称号。

严格控制医疗费用不合理增长。实行单病种限价。按病种付费工作已落实严格执行按病种收费标准、明确医保支付政策、完善临床路径病种进入和退出机制、强化按病种收付费工作管理等一系列前期准备工作。从源头上控制高价药、高值耗材的使用，建立约谈机制。实施药品采购“两票制”。规范药品购销秩序，压缩中间环节。基药采购金额占比35.2%。落实分级诊疗制度、医联体建设、家庭医生签约服务等方面具体工作。与17家省级医院建立医联体关系，与全市23家二级医院、8个社区卫生服务中心和11家乡镇卫生院签订医联体协议，实现双向转诊。

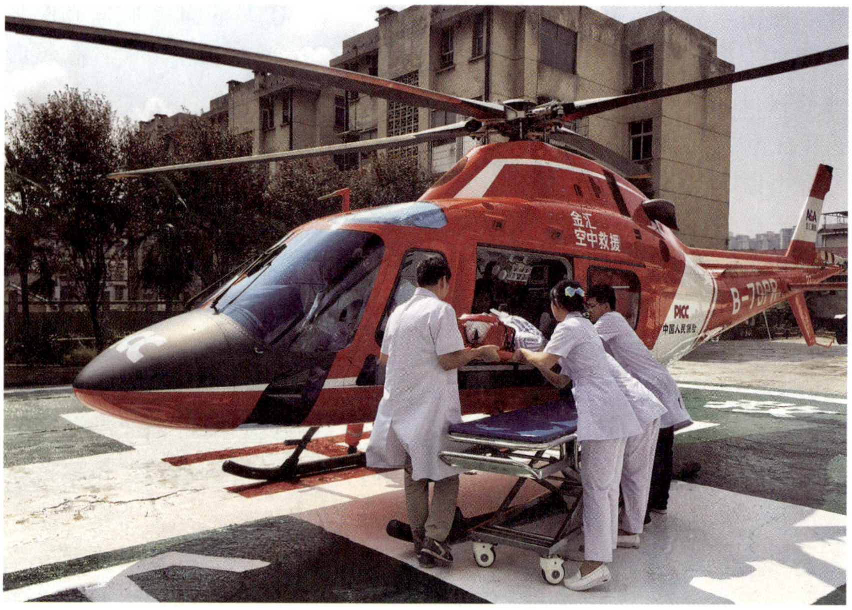

2018年8月2日，“空中120”落户永州市中医医院，成为紧急航空救援定点医院

提交并通过3个方面有关待遇的规定：《永州市中医医院人才引进及待遇规定》《永州市中医医院学科带头人引进及待遇规定》《永州市中医医院未纳入引进计划内的新进人员相关待遇》。落实待遇有制可依，进一步增强相关人员的积极性和主动性。

全年引进高学历人才和专业技术人员20人。派出10名骨干医师到国内知名医院进修骨科、针灸、显微外科等专业，均回院开展新业务新技术。提出聘请国内外知名专家15名为客座教授。

完成市级新闻132篇，省级新闻稿件77篇；与电视台合作，完成电视台《讲医堂》节目录制12期、《中医说》专栏12期、《医者》人物专访6期，宣传信息工作做到电视有影、电台有声、报刊有文。

参与业务竞赛。3月，在市总工会组织的发展成果展示竞赛中获得“优秀组织奖”；9月，在全省首届中医药职业技能永州市选拔竞赛中，市中医医院五名护理选手参赛包揽前三名，并代表永州市参加全省中医药技能大赛，市中医医院代表队获得团体三等奖及个人三等奖；10月，在省中医药管理局、省人力资源厅组织的全省首届中医药职业技能竞赛中获得“推拿赛项团体优胜奖”；11月，在省中医药管理局组织的全省2018年中医药健康文化知识大赛中获得“团队优胜奖”。

（卞红）

【永州市第一人民医院（永州职业技术学院附属医院）】 2018年，永州市第一人民医院（永州职业技术学院附属医院）有编制床位850张，设临床、医技科室50个，其中湖南省市州级重点学科2个，市级重点学科9个，有专业技术人员602人，其中湖南省政府特殊津贴专家和永州市第一批政府特殊津贴专家1人，硕士生导师5人，博士以上学位2人，硕士以上学位18人，主任医师、教授37人，副主任医师、副教授75人，中级职称120人。有GE螺旋CT、联影3.0T核磁共振、TOSHIBA大型C臂数字减影机、菲利浦四维彩色超声诊断仪及大型高压氧舱等大中型设备近500台套。能常规开展准分子激光治疗近视、全喉再造、心脑血管介入、各种内镜（胸腔镜、腹腔镜、宫腔镜、椎间盘镜、关节镜）微创手术、人工髋关节和膝关节置换、脊柱矫形、内窥镜下泪囊鼻腔吻合、ERCP、PS替代技术治疗新生儿透明膜病等特色技术。

年末，医院总收入12424.87万元，其中医疗收入12284.02万元（门诊收入3080.29万元，住院收入9203.73万元），药品收入占业务总收入的31.05%，门诊量111493人次，住院病人11458人次，住院病人手术2815台次，住院病人平均住院床日10.92，危重病人抢救成功率98.36%，抗生素使用强度（DDD值）36.47，完成女兵体检、高考学生体检、永州监狱犯人体检、职工体检15257人次，开展送医送药下乡义诊11次，健康知识讲座7次，免费发放药品5620元、宣传资料1万份，受惠群众1.2万余人。七病区被评为“湖南省优质护理服务表现突出的科室”，医院被评为“永州市医院感染管理先进单位”，获得“永州市消毒供应中心腔镜处理技能操作竞赛第一名”称号，机关党支部被市直工委评为“五化”建设优秀党支部，杨铭获得“湖南省政府特殊津贴专家”称号，秦春丽获得“湖南省优质护理服务表现突出的护士”，赵永旺被推荐为“湖南好医生”，邓超、刘建宏、刘泽军3人被评为“永州市优秀医生”，刘泽军被评为“永州市行风建设先进个人”，欧阳武裙、张林涛被评为“永州市优秀护士”，陈晓育、裴德新、郑会琼、曾艳、唐魏巍、严洁、李红玲7人被市直属工委评为“优秀共产党员”，张京人在永州市卫计委“不忘初心、牢记使命”演讲比赛中获得二等奖。

7月18日和12月28日，两次迎接市卫计委组织的医院巡查，医院从反腐倡廉建设、贯彻落实“九不准”情况、医院管理、经济管理、院前急救、优质护理服务、院感管理、医疗废物处置、消毒供应中心护理质量控制九大内容逐条核查，发现个别科室核心制度（尤其是三级查房制度）落实不到位、病例书写不及时等医疗质量和医院管理问题。分管领导及时召集相关部门召开医院办公会、科主任会议和护士长会议研究并制定相应的整改措施积极整改，管理制度落实不到位的问题要求立即整改到位。加强学科建设，坚持合理检查、合理用药、合理治疗。修订完善《出院病人随访制度》《急诊检查制度》《辅助药品管理制度》《医保病人转诊管理制度》《A型肉毒素制剂管理制度》《易混淆药品管理制度》《合理用药、合理检查、合理治疗制度》7部规章制度；采取环节质控和终末质控并重的方式狠抓病历质量，全年发布4期《质控通讯》通报督查结果，具体指出存在的问题和不足，并限期要求整改落实；开展诊疗新技术，开展肩关节置换、无创血流动力学检测等诊疗新技术21项，组织卫生法律法规、医疗文书书写规范及抗菌药物合理使用等各类学术讲座72次，组织院内三基考试2次，考试合格率98.32%；选派各学科业务骨干到上级医院进修学习和学术交流220人次，委派13名业务骨干参加省卫计委主办的全科医师师资培训班学习深造，12名临床医学本科毕业生参加住院医师规范化培训；医院感染发病率、漏报率均在可控范围内；针对2017年发生的3起医疗纠纷，分步骤召开医院外科系统以及医疗纠纷易发科室质量安全分析会，深入剖析医疗存在的问题，各科存在的医疗风险，查找原因，规避医疗风险；全年发生医疗纠纷争议投诉11起，均通过协调及医疗事故调解委员会成功调解，未发生医疗事故。护理质量管理遵循“持续质量改进”的原则，实行三级质控，提升专科护理质量，强化护理制度管理。修订护理工作规范和质量检查标准2项；落实护理安全管理，落实“5个重点”（重点科室、重点患者、重点环节、重点时段、重点人群）督查，确保护理工作安全有效；落实护士“两岗层级、专科、管理”模式的培训与考核，完成培训24次，举办一期护理管理新进展培训班，培训率98%，考核合格率100%；选送5名护理骨干参加省专科护理质量控制中心组织的重症监护、糖尿病、心脏、ICU、新生儿等专科护士岗位培训并取得专科护士证书，12名护理骨干到省内、外上级医院进修中医、产科等护理，58名护理人员参加省市级护理学术交流会议，外出培训率20%，其中2人取得护理管理干部培训合格证书；“静脉治疗”“管道护理”“糖尿病教育”“造口/伤口”等护理管理小组开展活动，进一步规范专科护理流程。

组织申报省、市科学技术科研课题5项，结题2项，公开发表国家及省级学术论文91篇，举办湖南省继续医学教育项目，2项举办市级学术活动5次。接收湖南中医药大学、永州职业技术学院及其他院校护理、临床医疗、检验、药学、影像技术、康复、助产等专业实习生110人，完成学院临床、影像、药学、护理等专业课程的课堂教学760学时和1276学时见习带教任务，举办3批次不同专业的实习生岗前培训班，并全部按计划进行岗前培训及考试考核，组织实习生专题讲座4次，实习生评教评学活动1次，严格实习纪律与考勤，加强学生管理。严格实习带教，规范小讲课、入科教育、出科考试及考核，定期督查保证实习教学效果。没有出现教学事故，医教互动结合好。加强管理、规范带教，完成2017级30名全科医生转岗培训任务并全部结业，同时在全市择优录取26名学员进行全科医生规范化培训。执行并落实国家及省、市住培工作政策，建立并完善医院住培管理制度，选派4人临床骨干人员参加湖南省住培师资培训取得住培师资证书。

人才队伍逐步完善。晋升高级职称11人，其中正高职称3人、副高职称8人，晋升中级职称37人，初级职称46人；通过市政府人才引进计划引进硕士研究生4人，由市人社局公开招考入编22人，公开招聘临床、护理人员27人。

医院第二住院大楼（包括“全科医师临床培养基地”和“儿童医疗服务体系”两个中央财政投资项目）建设装修工作正在进行，外墙装修基本完成，手术室和内部装修按计划有序推进，完成投资11258.14万元。新购置的联影公司uMR7703.0T超高端超导磁共振投入使用，可对神经系统、腹部脏器、脊柱、全身关节等部位开展形态学及功能学检查。CT和DSA正在按计划进行采购。医院食堂经过改建后投入使用。

（黄明辉）

【永州市妇幼保健院】 2018年，永州市妇幼保健院完成业务收入9137.73万元，增长2.79%。完成门诊服务150667人次；住院服务6199人次，增长6.71%；住院分娩2925人次。

各项群体保健工作指标均达到或超额完成省定目标任务，其中，孕产妇死亡率降至10.12/10万人，5岁以下儿童死亡率降至5.06‰，活产出生缺陷发生率降至121.95/万人，均低于全省平均水平。孕产妇免费产前检查实际完成51908人次，完成率103.82%；农村适龄妇女“两癌”免费筛查实际完成93227人次，完成率103.85%。全市孕前优生健康检查目标人群覆盖率101.82%，孕前与孕早期叶酸增补率98.21%，产前筛查率96.54%，干预诊断率64.82%。新生儿疾病筛查率96.35%、新生儿听力筛查机构率132.57%，活产出生缺陷发生率121.95/万人，较2017年下降27个百分点。

指导各县区加强母婴安全管理办公室、孕产保健门诊和儿童保健门诊规范化建设，落实危重孕产妇、孕产妇死亡和新生儿死亡评审新要求，建立流动孕产妇信息交换制度。指导市县两级加强危重孕产妇和危重新生儿救治中心建设，严格高危孕产妇专案管理、畅通危急重症转诊救治绿色通道，建立健全市县两级危重孕产妇急救协调、救治及转诊等支持体系；通过新闻媒体宣传、网络宣传、义诊咨询、发放宣传资料等方式宣传两项重点民生项目。指导各县区建立健全以妇幼健康服务机构为主体、医疗卫生机构为基础的市、县、乡三级出生缺陷综合防治体系；规范开展预防艾滋病、梅毒和乙肝母婴传播项目，编印并下发《永州市预防艾滋病梅毒乙肝母婴传播项目医务人员应知应会三十条》；统一规范孕期门诊服务、项目检测、感染病例干预、随访管理和住院分娩登记等相关内容，全市基本实现助产医疗保健机构孕产妇首次检测免费；稳步推进儿童营养改善项目，全市5个项目县对27259名儿童发放儿童营养包；全市“出生医学证明”废证率控制在1%以下，仅为0.3%。

参加相关市级科技重点课题《永州市育龄人群地中海贫血流行病学调查和预防的研究》，全年在各类刊物发表学术论文19篇。主办或协办妇幼健康相关培训班16次，邀请专家开展学术讲座23人次，在电视台开展健康知识讲座5次，组织院内学习及技术操作培训22场次。培训1700余人次培训。加大在职人员的培训进修力度，全年外出进修9人次，省内外培训学习354人次。

全年面向社会招聘41名专业

技术人员（中级职称1人、副高职称2人）；人才引进工作取得新进展。通过制定引进人才优惠政策，参加上级主管部门集中组织的引进人才招聘会，确定引进2名副主任医师、1名硕士研究生；鼓励现有人才晋职成长。全年通过初级职称考试21人、中级职称考试13人，7名卫技人员申报高级职称。年末，全院有高级职称36人（其中正高2人），中级职称71人；专业技术总人数313人。

完成公共卫生服务楼、附属用房工程整体验收，6月8日，公卫楼实现整体搬迁并投入使用，实现住院和门诊分区域办公，进一步改善服务环境。二期扩建项目出具规划红线图，完成土地测绘手续，并已申报列入永州市2019年度重点项目前期目录。

（邹湘林）

疾病预防控制

【概况】 2018年，永州市疾病预防控制中心有在职在编职工92人，有卫生、医疗、检验、食品工程等专业技术人员75人，高级职称17人，中级职称33人，中级职称以上技术人员占技术人员总数的66.7%。年内，全市传染病报告质量评价综合率99.98%，位居全省第三位；永州市疾病预防控制中心获2018年度新闻宣传先进单位、2018年度全省艾滋病防治工作先进单位称号；2018年度湖南省艾滋病和梅毒抗体检测实验室质量考评优秀。2018年永州市食源性疾病暴发事件监测质量位居全省第一名，食源性疾病病例监测质量位居全省第四位。

截至2018年12月31日，全市报告法定传染病27种，发病29450例，死亡200例，发病率537.44/10万人。无甲类传染病报告；乙类传染病报告18种14475例，死亡200例，丙类传染病9种14975例，无死亡病例。报告病例数居前五位乙类传染病病种依次为乙肝（5798例）、肺结核（4449例）、梅毒（1826例）、丙肝（775例）、艾滋病（XX例），占报告病例总数的91.59%；丙类传染病病种依次为手足口病（8465例）、流行性感冒（4493例）、其他感染性腹泻病（986例）、流行性腮腺炎（970例）、急性出血性结膜炎（54例）、风疹、麻风病、斑疹伤寒（各2例）、黑热病（1例）。全市总体疫情与2017年同期相比，乙类传染病报告发病率上升19.55%，其中乙肝增加1361例，梅毒增加621例，百日咳增加146例，登革热增加108例；丙类传染病报告发病率下降4.86%，其中手足口病减少2976例，流行性腮腺炎减少539例。

【重点传染病监测、防控】 2018年，永州市中心医院和市三医院2个流感监测哨点医院登记报告流感样病例30284例，占总登记的7.7%；流感病原学监测采集标本2119份，PCR阳性86份，PCR阳性率4.05%，分离培养毒株标本34株；报告流感暴发疫情5起，聚集性疫情3起；采样85份，PCR阳性60份，阳性率70.5%；其中3份B型Victoria流感，6份B型Yamagata流感，51份新甲H1流感。家禽规模养殖场（户）和城乡活禽市场外环境常规监测，采样40份，经核酸检测A型阳性17份；禽流感外环境强化监测，采集463份标本（A型阳性206份，H5阳性4份，H7阳性2份，H9阳性37份）；职业暴露人群人禽流感血清学调查，完成相关人员个案调查55份，采集血样55份，监测结果显示1例阳性。2报告处理狂犬病暴露者65526人，报告狂犬病人21例，发病率0.37/10万人，发病率较2017年有所下降。开展个案调查21例，采集人体标本22份（经检测狂犬病毒阳性3份），疫点犬脑样101份。项目县蓝山采集伤人犬脑组织标本20份。全市未发生霍乱疫情；登记腹泻病人6946例，进行霍乱检索2426人，检索率34.97%；完成霍乱弧菌环境和食品监测样1351份，其中水样768份（占54.85%）、水产品样

2018年4月25日，举办永州市首届“智飞杯”预防接种家长课堂演讲比赛

581份（占43.01%）、食品样2份（占0.14%），经检测，所有样品霍乱弧菌阴性。开展手足口病普通病例监测，采集普通手足病咽拭子样687份，经检测阳性391份，其中EV71阳性5份，占0.73%；COA16阳性128份，占18.63%；其他肠道病毒阳性258份，占37.55%。全市无重症手足口病死亡病例报告。报告48起手足口病聚集性疫情，其中6起为幼儿园聚集性疫情，其余均为家庭式聚集性疫情。报告登革热输入性病例13例，本地病例96例；放置诱蚊灯108盏，捕获各类蚊虫0.8万余只，未捕获到伊蚊；放置诱蚊诱卵器1200个，回收1083个，阳性数121个（捕获伊蚊阳性率11.17%），捕获伊蚊124只。伤寒、副伤寒监测，监测病例26例（含疑似病例10例），3例临床诊断伤寒病例，9例实验室诊断病例（5例伤寒，4例甲副），分离培养出伤寒菌株2株，副伤寒菌株2株。对重点人群开展伤寒、副伤寒沙门氏菌监测481人，未检出带菌者；联合相关单位对分离的伤寒、副伤寒菌株均进行药敏实验，结果显示对庆大霉素耐药50%和妥布霉素耐药50%，未发现对其他检测药品耐药。对肾综合征出血热、钩体病、布病、人感染猪链球菌病开展常规监测，报告出血热病例28例（外地报当地病例19例），钩体病2例，布病30例，人感染猪链球菌病零例。

【传染病疫情处置】 2018年9月13日，永州市祁阳县湖南省历史上首起输入引起本地登革热暴发疫情，报告登革热病例96例，无死亡病例，疫情波及祁阳县的3个街道和两个乡镇。永州市人民政府启动突发公共卫生事件三级响应，全市各级各部门及祁阳县委县政府高度重视，省、市、县三级疾控中心开展现场流行病学调查，通过灭蚊、清除蚊媒孳生地、布雷图指数监测、发热病例监测等一系列防控措施，最终将疫情扑灭。报告流感暴发疫情5起，聚集性疫情3起，所有流感聚集性疫情均得到有效的控制，没有发生二代病例和死亡病例。报告2起流行性腮腺炎和4起水痘传染病疫情，6起传染病疫情均发生在学校，疫情得到有效处置，未发生扩散和蔓延。

【卫生应急】 2018年，永州市传染病报告质量评价综合率99.98%，法定传染病报告及时率99.94%，疾控机构对法定传染病报告卡的审核及时率99.99%，网络正常运行率100%，有效证件号完整率99.96%，无重卡。“传染病预警信息系统”接警1999次，启动对疑似传染病暴发事件提前介入、现场调查353次，确定暴发或流行9次，预警信号阳性率0.45%。报告突发公共卫生事件10起，报告发病368例，死亡1例。按事件分级统计，其中较大事件2起，一般7起，未分级1起，无重大和特别重大事件。按事件分类统计，传染病疫情8起，报告353人（占95.92%），无死亡病例；食物中毒事件1起，报告3人（占0.82%），死亡1例（毒蕈中毒死亡）；水污染1起，报告12人（占3.26%），无死亡病例。9月，开展“登革热疫情应急演练”，省、市、县三级共计75名专业技术人员参加演练。

【结核病防治】 2018年，永州市疾控中心以发现结核病患者为重点，规范疾控中心督导管理、提高定点医院诊疗能力、落实基层结防职能、狠抓学校结核病防控等工作；全市定点医院均开展痰结核分枝杆菌培养，9个县区开展结核分枝杆菌分子生物学检测；永州市中心医院开展耐药结核病诊疗工作、结核分枝杆菌菌种鉴定、抗结核药物传统药物敏感性试验、分子生物学检测等。并从10月23日起对县区上送的培养阳性菌株进行耐药筛查。全市检测菌株97个。全市结核病初诊人数12036人，非结防机构报告转诊病人总体到位率96.91%，活动性肺结核患者4444例，其中病原学阳性患者1802例，病原学阳性率41.47%，病原学阳性患者密切接触者筛查率98.88%，肺结核患者成功治疗率96.02%，肺结核患者病原学阳性率41.47%，新病原学阳性患者耐药筛查率23.51%，高危人群耐药筛查率27.89%，确诊利福平耐药患者36例，纳入治疗率44.83%。组织开展入学新生肺结核筛查，对1842所学校、316553名新生进行筛查，筛查出可疑症状者872人，PPD强阳性者1266人，活动性肺结核患者27例。全市发现学校肺结核患者184例，有7个县区13所学校发现有3例及以上病例，没有发生学校结核病疫情突发公共卫生事件。国家十三五传染病重大专项“肺结核密切接触者潜伏感染干预技术研究”在永州市开展。

【性病、艾滋病、麻风病防治】 2018年12月1日，永州市及各县区防艾办均组织召开防艾委成员单位工作联席会议。开展防治艾滋病知识宣传、自愿咨询检测、高危人群干预、清洁针具交换、公安司法监管场所被羁押人员HIV抗体监测、艾滋病感染者和病人的随访干预及全市“一站式服务工作。全市艾滋病感染途径主要以性接触为主，艾滋病传播由高危人群向一般人群扩散，以中年男性和老年农民为主。发现梅毒病例1870例（Ⅰ期梅毒53例，Ⅱ期梅毒57例，胎传梅毒4例，隐形梅毒1751例），较2017年发病率上升51.2%。新发麻风病例2例（1例为LL型多菌型病例，1例为BB型多菌型病例），发病率较2017年下降33.33%。

2018年，永州市首次开展入学新生结核病筛查。图为入学新生结核病筛查进行中，新生在接受PPD试验皮下注射

【免疫规划】 2018年，永州市报告麻疹病例21例，无死亡病例和暴发疫情报告。发病数和发病率高居全省第一位和第二位。接种免疫规划疫苗120余万剂次，接种率90%以上，连续26年保持无脊灰状态。开展两次全市适龄儿童接种率调查。6月25日—30日，对全市13个县区（管理区）开展免疫规划疫苗接种率调查暗访，暗访调查14个乡镇、27个行政村和13个街道的居委会，调查1岁~7岁儿童398人，其中城区儿童130人，农村儿童268人，其调查结果如下：建卡率96.2%，建证率98.7%，卡证相符率75.1%，登记规范率44.7%；乙肝首针24小时内接种率89.4%、麻风及时接种率60.8%，疫苗接种率以市为单位达到90%以上的有15针次，未达90%的有7针次。10月—11月，开展免疫规划疫苗接种率交叉检查，调查11个街道、24个乡镇和105个行政村（社区），调查儿童1岁~7岁儿童1050人，其中城区儿童330人，农村儿童720人。适龄儿童预防接种建卡、建证率均达100%，卡证相符率90.6%，登记规范率72.6%；乙肝首针24小时内接种率93.1%，麻风及时接种率75.2%；免疫规划疫苗接种率以市为单位，全部达到90%以上，以乡镇为单位，疫苗接种率90%以上的有16针次。

报告麻疹监测病例164例，确诊病例21例，个案录入率98.78%，排除病例报告发病率2.56/10万人，血标本采集率98.78%，标本3日内送达率100%，检测结果4天内上网报告率92.05%，病原学标本采集率25.09%。通过主动监测报告30例AFP病例，报告发病率2.52/10万人，报告后48小时调查率100%，14天内双份便采集率96.67%，标本7天内送达率100%；75天随访表送达率100%。报告乙脑监测病例7例，其中外地报本地4例，报告发病率0.112/10万人。无流脑、白喉、破伤风等疫苗针对性病例报告。通过AEFI监测系统报告AEFI病例621例，其中一般反应601例，异常反应18例，偶合症2例。48小时报告及时率98.23%，48小时及时调查率100%。

开展秋季入学儿童接种证查验与疫苗补种活动。查验小学810所、幼儿园1697所，查验学生231605人，查验率98.66%。发现漏种疫苗的儿童40407人。采取边查边补、集中补种及家长自带儿童到接种点补种等方式，严格按免疫程序对漏种疫苗的儿童进行全面补种，补种39594人，补种率97.99%。

全市乡级接种单位和产科接种点预防接种信息系统覆盖率、产科信息报告率均达100%，疫苗扫码接种率95%以上。利用互联网+“小豆苗”APP，加强接种医生与儿童家长的信息沟通，全市0岁~2岁儿童“小豆苗”APP关联率73.4%。

【地方病、寄生虫、慢性病防治】2018年，永州市完成国家疾控中心安排的碘缺乏病实验室外质控考核，制定并下发《关于做好2018年碘盐监测或碘缺乏病监测工作的通知》，定量检测食盐3300份、尿样2100份，市级总体碘盐合格率97.85%，合格碘盐食用率97.85%。开展永州市2017—2018年度脑卒中高危人群筛查和干预项目流调工作，两个监测点调查4752人，其中冷水滩区梅湾社区调查1887人、东安县井头圩镇调查2865人；通过省级地方病防治“十三五”规划中期评估。通过《死因监测系统》数据分析，永州市上报死亡35674例，报告死亡率651.02/10万人，重大慢性病过早死亡率20.55%，人均期望寿命78.37岁。

【食品安全与环境危害因素控制】 2018年，永州市采集化学污染物监测食品样品1089份（市级165份、县区924份），任务完成率100.1%，检出化学污染物超标样品56份，超标率5.1%。采集食品微生物及其致病因子监测样品381份（市本级161份、县区220份），完成全年任务的100.5%。收集到检测数据1679条；检出致病菌阳性样品7份，致病微生物阳性样品检出率1.8%。全市食源性疾病监测哨点医院由2017年的31家增加到245家，新增食源性病例报告医院监测工作启动率100%。建立永州市县乡一体化食源性疾病报告制度，有207家乡镇卫生院或社区卫生服务中心，均开展食源性疾病监测工作。应报告食源性病例11630例，实报告食源性病例13097例，任务完成率112.61%，采集病例标本196份，检出阳性标本28份，食源性病例病原学阳性样本检出率14.29%。通过“食源性疾病暴发报告系统”报告食源性疾病暴发事件123起，报告暴露人数736人、发病人数451人，死亡1例（为毒蘑菇中毒）。

全市有150个乡镇，实际监测144个乡镇，水质监测乡镇覆盖率96.0%，超过省级要求的85%。设有599个水质监测点。其中城市饮用水实设108个监测点，农村饮用水实设491个监测点。应监测水样1120份，实际监测水样1186份，样品监测完成率105.9%。其中，城市实际监测水样213份，农村实际监测水样973份。检测水样1186份，合格水样794份，水质检测合格率66.9%，与2017年的61.1%相比，提高5.8%。其中城市饮用水检测213份，合格205份，合格率96.2%，比2017年提高5.7%；农村饮用水检测973份，合格589份，合格率60.5%，比2017年提高5.1%；城市饮用检测合格率远远高于农村饮用水。处置东安县城西自来水厂锑超标事件、东安县芦洪市镇砷中毒事件、东安县井头圩镇铁崖村水质投诉事件、祁阳进宝塘镇水质投诉事件。

【职业病防治】 2018年，永州市超额完成农民工尘肺病基本医疗救治救助工作。完成救治尘肺病患者949人（按出院日期），完成任务的187.38%。成立全市职业病防治项目工作办公室及专家组，启动职业病防治项目工作，录入职业健康检查个案1163例。对13家医疗卫生机构的放射诊疗场所进行建设项目职业病危害放射防护预评价，对31家医疗卫生机构的放射诊疗场所进行建设项目职业病危害放射防护控制效果评价，对48家医疗卫生机构的放射诊疗场所进行放射防护检测，检测放射诊疗设备72台，检测1477个点，合格率100%。对439名接触职业病危害因素的劳动者进行职业健康检查，上岗前检查195人，检出职业禁忌症1人；在岗期间检查196人，检出职业禁忌症2人，离岗时检查48人。诊断职业性尘肺病9例。

【检验检测】 2018年，永州市为保证麻疹病毒及风疹病毒IgM抗体检测质量，所有实验室常规设置室内质控，对质控数据绘制麻疹及风疹抗体检测常规质控图；市本级及11个县区均参加国家CDC组织的尿碘盲样考核，检测结果均为满意。组织参加实验室外部质控考核和能力验证活动25项次，其中国家组织的能力验证活动11项次，省CDC组织的盲样考核14项次，考核结果全为优秀。对全市11个县区碘盐、尿碘等样品进行复检；完成220份生活应用水卫生监督的抽检、500余份水质应急检测、76份水果杀菌剂项目检测及154份水生蔬菜元素全分析。对7份疑似砷中毒的生物材料进行检测。完成全年食品安全风险监测、传染病监测检验、应急处置等检测工作。

【质量管理】 2018年，永州市市县两级疾控机构均按照《检验检测机构资质认定评审准则》要求建立较完善的质量管理体系，均已成立质量管理科且配备专职成员。全市疾控机构除宁远、江永、双牌外，9家拥有职业卫生体检资质；市本级及祁阳、蓝山三家疾控拥有职业卫生技术服务机构检测与评价资质。市县区

（不含两个管理区）疾控中心均拥有检验检测机构资质认定证书。

【健康教育】 2018年，永州市疾控中心开展“3·24”结核病防治日、“4·25”预防接种日、4月15日—21日全国肿瘤防治宣传周、“4·26”全国疟疾日、“5·12”防灾减灾宣传日、“7·28”世界肝炎日、“9·20”全国爱牙日、“9·28”狂犬病宣传日、“10·8”全国高血压日、“10·10”世界精神卫生日、“10·29”世界卒中日、“11·14”联合国糖尿病日、“12·1”世界艾滋病宣传日系列宣传；举办永州四中和湖南科技学院的结核病防控和艾滋病防治的健康巡讲。与永州日报社、永州市融媒体签署合作协议，通过网络媒体宣传各类疾病的防控知识。

（郑园园）

卫生计生综合监督执法

【概况】 2016年6月，根据永州市机构编制委员会办公室文件精神，永州市卫生计生综合监督执法局成立，系在原永州市卫生监督所基础上，整合计划生育执法职责组建而成，为参照公务员法管理全额拨款事业单位，编制45人。2018年，有在职干部43人（处级干部1人、正科级干部5人，副科级干部12人，科员20人，工勤人员5人），其中男性25人，女性18人，研究生学历5人，本科学历31人，大专及以下学历7人，本科及以上文化占83.72%。在职党员24人，占55.81%。内设10个科室。

年内，全市各级卫生计生监督机构对辖区内8413家被监督单位进行有效监督检查，办理行政处罚案件382件，其中市本级办理行政处罚案件221件，立案111起，简易处罚110件，处理卫生计生投诉举报30起，办结30起。以重要时间节点、重大活动为契机，开展形式多样的卫生计生知识宣传活动36次，发放卫生法律法规和医学科普知识等宣传资料1.2万余册，悬挂宣传横幅150余条，发送短信1.8万余。市卫生计生综合监督执法局3个执法案例获得《2018年度湖南省卫生计生监督执法优秀案例》。

【医疗卫生监督】 2018年，永州市在全市范围内针对各类医疗机构的医疗秩序、诊疗活动、采供血和医疗广告发布领域进行多批次、大力度、有重点、全覆盖的专项检查整治工作。查处无证行医案件115起，没收违法所得0.33万元，对非法行医者个人处以罚款77余万元，移送公安机关6件；查处医疗机构、计划生育技术服务机构违法违规行为案件144件，警告72户次，责令改正144户次，没收非法所得140多万元，罚款金额60多万元；开展非法采供血专项整治，监督检查采供血机构和临床用血医疗机构25家，全市无非法采供血（浆）行为；开展非法医疗美容专项行动，检查生活美容机构等场所529家，其中对市本级监管的7家机构进行专项检查，3家提出限期整改意见；开展非法医疗广告专项整治行动，出动车辆200台次，出动监督员600人次，检查142家，未发现非法发布医疗广告行为。在永州市电视台、《永州日报》未见任何医疗广告，同时也未接到有关非法医疗广告的投诉举报。

【公共场所与饮用水卫生监督】 2018年，永州市进一步落实公共场所和生活饮用水集中式供水单位卫生监督量化分级管理和公共场所劝烟控烟，开展专项执法检查行动督查，开展对公共场所“五小”行业、各类游泳场所和使用集中空调通风系统等重点公共场所的专项整治，监督覆盖率、

2018年12月3日—6日，永州市卫生监督员培训会议召开

建档率、“五病”调离率、量化分级实施率、从业人员健康证明和卫生知识培训合格持证率、中心城区自来水厂出厂水和管网末梢水的常规指标合格率均达到100%，监督抽检城市设计日供水千吨、农村设计日供水千吨以上集中式供水单位、设计日供水百吨以上小型集中式供水单位、二次供水单位水质合格率分别为100%、96.4%、100%、98%，合格率较2017年分别上升0%、23.1%、85.72%、0%。

【传染病防治监督】 2018年，永州市本级完成对全市138家市直管单位监督检查，开展血液透析室消毒隔离、医院感染控制措施、传染病疫情报告等落实情况的专项监督检查，进一步规范医疗机构血液净化治疗，预防和控制经血液透析导致的医源性感染，保障医疗质量和安全；突出以人感染高致病性禽流感等重点传染病的防控，加强重点传染病防控和医院感染管理工作，全市各医疗卫生机构的传染病疫情报告工作基本规范，未发现迟报、漏报的情况；对全市疫苗接种单位的重点领域、重点环节、重点人员进行有效监督检查，确保疫苗质量和接种安全；开展消毒产品专项监督检查，突出对医用织物洗涤消毒工作进行督查。全年市本级出动执法人员360人次，出动车辆110车次，监督检查各类医疗卫生机构140户次，查处各类违法违规案91件次，下达卫生监督意见书140份，一般程序（听证程序）立案处罚19起，简易程序处罚61起。

【学校卫生监督】 2018年，永州市各级卫生计生监督机构以学校卫生综合评价为抓手，突出学校结核病和高校艾滋病防控监督，学校传染病防控和常见病防控、学校生活饮用水卫生等重点监督项目均处于良好水平，学生学习生活环境得到明显改善。

【职业卫生、放射卫生监督】
2018年，永州市本级完成市直管79家放射诊疗机构、10家职业卫生技术服务机构、3家核医学机构的日常监督检查工作，监督覆盖率100%。通过开展放射诊疗设备防护性能检测与许可专项整治，逐步建立放射诊疗安全防护监管的长效机制。

【计划生育监督】 2018年，永州市本级对全市10家妇幼保健计划生育技术服务机构和民营妇产医院实施监督检查，监督率100%，立案2起，当场处罚1起；对7家县级许可管理的县级妇幼计生技术服务机构抽查3家，抽查率42.84%，发现的问题现场交由县区执法局处理；查办计划生育违法案件5起，梳理对照既往案件8件；未接到计划生育方面的投诉举报，未发现存在开展应用人类辅助生殖技术情况；未发现社会抚养费征收方面的违法违规案件；未发现“两非”的案件线索。

【卫生计生稽查】 2018年，永州市开展卫生计生内部稽查75次，开展卫生计生监督执法文书稽查1105份，发出稽查通报33份，开展市本级卫生行政处罚案件调查终结前的案件稽查，审查行政处罚案件216起，其中市本级审查案件129起，发出稽查意见书137份。市本级组织1次层级稽查和1次内部稽查：对各县区选送的2017年度行政处罚案卷进行评查，评查案卷44份，评选出优秀案卷15份；对市本级22份案卷进行评查，评选出优秀案卷6份，并对案卷评审情况进行通报。推进卫生计生监督协管服务工作，检查指导13个县区监督机构和抽查13家乡镇协管机构，逐级规范卫生计生监督协管工作行为。

【投诉举报案件的查处、反馈、移送】 2018年，永州市查处上级交办及投诉举报案件，畅通举报投诉渠道，对投诉举报案件及时调查处理，一案一查，受理投诉举报案件30起，办结30起，并及时反馈查处情况；加强行政处罚案件移送、强制执行相关工作。移送公安机关非法行医案件6件，市本级2起行政处罚案件申请冷水滩区人民法院强制执行，确保案件顺利执行。

【双随机工作】 2018年，永州市推行“双随机、一公开”工作，实现监督执法模式创新，进一步规范执法行为，促进执法水平的提升。全市国家双随机抽检任务数410家，其中市本级抽检任务数106家，抽检完成106家，完成率100%，行政处罚22家，其中一般程序处罚13家，简易程序处罚9家，同时按国家要求的时间节点在省卫生监督信息系统填报监督检查记录，并将抽检情况和行政处罚信息及时向社会公开；严格按照执法文书在省系统里填报确保填报人、时间跟监督文书一致。

【卫生计生业务培训】 2018年，永州市继续加大对卫生计生监督人员培训力度，培训600余人次，网络培训总学时3910学时，较2017年增长53%，培训提高全体监督员依法执法技能和水平。永州市卫生计生综合监督执法局在冷水滩举办一期全市卫生计生监督员暨协管员师资培训班，140人参加培训。

【卫生监督信息化建设】 2018年，永州市卫生计生综合监督执法局多措施并举强化卫生监督信息化建设。狠抓信息稿件质量及报送工作，向上级单位和各类媒体报送信息稿件265篇，较2017年上升5%，初步形成一个高效、流畅的信息稿件报送体系，信息质量和数量大幅度提高。完成国家卫生计生监督信息系统的数据、机构、人员年度报告，做好年度“双随机一公开”的系统应用工作；做好年度卫生计生监督员学法、普法考试工作，普法考试通过率100%。

（付雅琮）

民族·宗教事务

民　族

【概况】 2018年，永州市民族宗教事务委员会（以下简称市民宗委）全面贯彻落实中央、省委有关民族宗教工作安排部署，加强组织，细化责任，狠抓落实，较好完成全年各项工作目标任务，永州市民族团结和谐、宗教和睦和顺，永州市民族宗教领域在全省综治考评中连续7年得满分。

【民族地区经济社会发展】 2018年，永州市出台《关于加强和改进新形势下民族工作的实施意见》和《来永少数民族流动人口服务管理工作实施方案》，联合市委组织部、市委统战部、市妇联出台《永州市2018—2022年培养选拔年轻干部、少数民族干部、党外干部工作规划》，为促进民族地区经济社会和少数民族事业健康、持续、长效发展提供政策保障、制度保障。完成2018年“两种考生”资格审查，审核享受民族优惠政策考生4315人，比2017年增加200人。依法依规审核民族成份更改67人；认定申报享受税收优惠政策民贸企业4家。全年向省民宗委争取少数民族专项资金413万元，主要用于民族地区基础设施建设、少数民族特色村寨建设。以省级部门对《湖南省“十三五”少数民族事业发展规划》进行中期评估为契机，协调相关部门加大对民族地区政策支持、资金倾斜，加快规划项目实施，不断提升民族地区基础设施和公共服务水平。以乡村振兴战略和旅游升温战役为机遇，加快推进少数民族特色村镇建设。江华县桐冲口村、江永县清溪村、道县大洞田村3个村通过湖南省第四届最美少数民族特色村镇专家评审。江华香草源、井头湾，江永上甘棠、勾蓝瑶寨等最美少数民族特色村镇被列入全省51条旅游扶贫线路的“瑶族古风”线路，少数民族特色村镇建设成为民族地区全域旅游的加速器。以“互联网+”思维为引领，加快推进民族地区脱贫攻坚。江华县通过电商扶贫带动贫困户就业1000余人，销售农产品总额突破1亿元，并成功入选2018年湖南茶叶千亿产业十强县。同时永州市民宗委深入江华县花江社区开展驻村扶贫工作。花江社区电力保障、饮水安全得到全面保障，贫困户新农合参保率100%，“特惠保”和社会兜底保障贫困户457户，没有因贫辍学学生，其他各项扶贫任务正稳步推进。

【少数民族文体事业】 2018年，永州市着重打造民族文化品牌，以“一祭祀·多节点”节庆活动为抓手，统筹谋划永州市盘王节、赶鸟节、洗泥节等民族节庆和湘南三市六县八瑶族乡盘王节暨坐歌堂等民族文化品牌活动。创新推动民族手工艺品发展，江华县选送的瑶家织绵《繁花似锦》斩获湖南省首届少数民族传统手工艺品展示展演大赛一等奖。支持少数民族传统文化“申遗”工作，永州市瑶族长鼓舞赵雄、瑶族织锦黎柳娥、瑶族坐歌堂盘金盛入选第四批省级非物质文化遗产代表性传承人名单。推进民族文化进校园，江华县沱江镇一小组建瑶歌瑶舞艺术团和草龙灯龙艺术团，蓝山汇源瑶族乡中心小学课间操跳起瑶族长鼓舞、瑶族伞舞，江永一中把高脚项目融入孩子们的体育课堂，宁远县开设瑶族长鼓舞暑期培训班。以湖南省第九届少数民族运动会为契机，市财政安排经费80万元，加大民族体育设施建设，做好备战工作。在湖南省第九届民运会上永州市代表团获得全省市州类第五名、江华县代表团获得全省县类第三名。支持江华县争取2022年承办全省第十届少数民族传统运动会，省政府批复同意。

【民族团结进步创建活动】 2018年，永州市深化以“六进六重”为主题的民族团结进步创建活动，分类指导民族团结进步示范单位创建和民族团结进步教育基地申报，江华县涛圩镇被命名为全国民族团结进步创建示范单位，江永县、宁远县九疑山瑶族乡牛亚岭村成功被命名为湖南省第六批民族团结进步创建示范单位，江华瑶族自治县规划展示馆被命名为湖南省民族团结进步教育基地。开展民族团结进校园，联合市教育局、团市委在永州市中小学中举办“建设伟大祖国 建设美丽家乡”民族团结进步主题教育征文活动。联合市人大民侨外委组织市级新闻媒体开展民族团结进步行活动，深入县区举办巡回宣讲，引导广大干部群众珍视维护民族团结，促进各民族间和睦相处。加强民族团结进步及民族政策宣传，举办专题讲座80多次，墙报100多期，印制宣传单10万多份。进一步完善流出地与流入地对接协作机制，协助新疆驻湘工作组推荐6名新疆籍在湘务工经商少数民族遵纪守法、文明经商先进个人；协助开展在永州的新疆籍少数民族学习贯彻中共十九大、全国“两会”精神宣讲活动，引导新疆籍在永州的少数民族自觉树牢“四个意识”。进一步强化服务和管理，为在永州的少数民族子女解决就近上学问题，妥善处理占道经营和经商冲突多起，流动摊贩问题得到有效管理。利用春节、古尔邦节、开斋节等传统节日平台，通过走访慰问、共度节日等形式，不断拉近城市各民族间距离，共同团结奋斗和“三个离不开”思想不断巩固。发挥湘粤桂三省六市民族团结进步联谊活动以及湘南三市六县八瑶族乡盘王节暨坐歌堂活动等平台作用，省内、外民族地区团结友谊不断加深，省际、市际、县际、乡际边界关系协调机制逐步健全。5月，市委常委、江华县委书记罗建华率队赴广西壮族自治区贺州市八步区妥善解决相关边界问题。

【湖南省第九届少数民族传统体育运动会上永州代表团获佳绩】 2018年10月16日—20日，在湘西龙山举行的湖南省第九届少数民族传统体育运动会上，永州市代表团和江华瑶族自治县代表团的各民族体育健儿发扬团结协作、努力拼搏的精神，取得优良成绩。永州市获得竞技项目4金3银11铜，表演项目2个金奖、3个银奖、3个铜奖。其中市代表团取得竞技项目1金1银7铜，表演项目两个银奖、两个铜奖，总分排全省第五名（市州组）；江华瑶族自治县代表团取得竞技项目3金2银4铜，表演项目2个金奖1个银奖1个铜奖，总分排全省第三名（县市组）。同时，永州市代表团、江华瑶族自治县代表团均获得湖南省第九届少数民族传统体育运动会体育道德风尚奖，陀螺、高脚、板鞋等6支运动队和赵兴旺、欧阳斌等28名运动员获得运动队和个人体育道德风尚奖。

宗　　教

【概况】 2018年，永州市宗教事务管理推进“互联网+政务服务”改革，成立行政审批科，全面梳理宗教场所筹建、宗教团体设立、教职人员认定及培训等行政审批和公共服务事项，“三集中三到位”工作基本完成。严把教职人员入口关和备案审核关，全市宗教教职人员认定备案基本完成，宗教活动场所统一社会信用代码申领完成135处，审批宗教活动固定场所重建2处。进一步规范内部管理，指导宗教团体和宗教活动场所建立健全财务管理制度，完善教职人员认定备案、培训制度和述职考评、谈心谈话、

2018年，永州宗教信息数据库建设工作会议召开

日常监管等内部管理制度，市级宗教团体依法依规开通对公账户。新增爱国宗教团体办公经费22万元，每个市级宗教团体办公经费从2018年开始由6万元增加到10万元，解决市级宗教团体班子成员购买医保、社保困难补助经费17万元；安排宗教场所维修补助经费30万元；中秋节走访慰问永州市宗教界代表人士、重点宗教活动场所负责人及生活困难教职人员约110人。指导永州市宗教界对贫困学生开展“金秋助学”活动，筹措善款近14万元，帮助贫困学生近70人。鼓励永州市宗教团体参与永州市脱贫攻坚，争取长沙洗心禅寺基金会、南岳佛教协会捐助扶贫资金14万元结对帮扶江华县花江社区基础设施项目，争取省佛慈基金会捐助粮油、衣服物资折合人民币13.2万元，结对帮扶江华县花江社区贫困户550户。

2018年，永州市宗教界开展国庆升国旗活动

【维护宗教领域和谐稳定】2019年，永州市开展以“学习”为主题的和谐寺观教堂创建活动，不断强化学习培训。6月选派市佛教协会、市道教协会班子成员各1名参加省委统战部组织的中共十九大精神学习培训班；10月10日，联合市委统战部组织举办《宗教事务条例》培训班，永州市各县区（经开区、管理区）统战部分管宗教工作的副部长、民宗局长及宗教专干，市宗教工作领导小组成员单位分管领导、宗教界代表人士100余人参训；10月25日，组织召开永州市宗教界代表人士新修订《宗教事务条例》培训班，培训70余人。全年组织开展学习培训20期，培训人员1000余人次，党政领导干部，统战、民宗干部，宗教教职人员和信教群众政策水平、法治意识不断提升。倡导永州市宗教界开展“五进五好”活动，10月1日组织永州市宗教界在高山寺集中开展“庆国庆·升国旗”活动。贯彻落实中央、省委巡视反馈问题整改以及中央、省委关于宗教工作重大决策部署，推动召开市委常委会、市宗教工作领导小组（扩大）会议、宗教工作领导小组会议及联席会议，研究部署永州市宗教自查整改及宗教领域突出问题治理。联合统战、公安、国安等部门开展基督教私设聚会点整治，依法取缔“株洲七一教会”盘踞在祁阳县的基督教私设聚会点6个，其他私设聚会点均依法依规进行妥善处理。处理违规露天宗教造像2例，督促宁远县及时做好永福寺大型露天造像问题整改。佛教、道教烧香、放生、超度等行为进一步规范，佛道教去商业化工作成效明显。成立由市委副书记任组长的市宗教网络舆情监管领导小组，妥善处置4条敏感微信，网络传教和宗教舆情得到有效监管。

【宗教事务服务】2018年，永州市民宗委深入永州市民族乡（村）、民贸民品企业、宗教活动场所（团体）开展“三走访三调研”活动，摸清工作底情，破解重点难点问题。全面推进“互联网+政务服务”工作，永州市第一批完成政务服务实施清单报送，按程序将“不改变宗教活动场所现有布局和功能的改建、扩建寺院、宫观、清真寺、教堂以外的其他固定宗教活动处所”审批事项下放到县级政府宗教事务部门，同时对“筹备设立（改建、扩建、新建、重建）宗教活动场所”行政许可审批事项进行精简优化，将原承诺办理时限缩短30%，行政审批效率大为提高。精简会议文件成效显著，全年办文办会数量精简30%以上，办文办会质量不断提升。及时高效办理建议提案，做好《关于保护瑶族传统村落、适度旅游开发促进民生改善的建议》重点建议的办理，得到市五届人大常委会的充分肯定。5月，与永州市广播电视台合作开辟《民生新时代》之《民族团结新时代》专栏，宣传永州市民族工作。年内，《民生新时代》之《民族团结新时代》专栏开播7期。10月，配合国家民族团结杂志社对永州市民族团结进步创建、民族地区精准扶贫和少数民族特色村寨建设等工作进行采访调研。

【永州市2018年全市民宗委主任会议】 2018年3月30日，永州市2018年全市民宗委主任（局长）会议在冷水滩区召开。会议由市民宗委副主任赵飞主持，会上江华县、江永县、宁远县、冷水滩区、祁阳县、东安县分别作经验交流发言。会议表彰2017年度信息工作先进集体。市民宗委党组书记、主任蒋季红就永州市民族宗教工作情况作工作报告，市委统战部副部长吕文桂作讲话。市人大民侨外委主任周龙江和市政协三胞联谊委主任魏秋云、各县区（管理区、经开区）民宗局局长、分管副局长和专职干部、市民宗委机关全体在职干部及部分退休领导参加会议。

【永州市宗教界金秋助学活动】 2018年8月31日，永州市宗教界“金秋助学”活动在永州冷水滩区举行，市人大民侨外委主任周龙江、市政协民族宗教法制群团三胞联谊委主任魏秋云、市民宗委调研员刘志刚、民进永州市委副主委桂金玉、市民宗委副主任吴天明出席活动。会上万寿寺负责人慧闻法师代表永州市宗教界、谭志维同学代表受资助学生分别作发言。永州市宗教界代表人士、各县区民族宗教部门负责人和受捐助学生代表80余人参加活动。

（何冰）

社会团体

湖南省九嶷山舜帝陵基金会

【概况】 2018年10月26日，湖南省人民政府公祭舜帝大典取得成功，省委副书记、省人民政府省长许达哲，湖南省政协原主席王克英等领导给予肯定。湖南省九嶷山舜帝陵基金会与宁远县人民政府先后4次赴省人民政府参加筹备工作调度会议。多次向省人民政府请示汇报工作，借鉴炎帝陵基金会的经验，做好筹资工作，省人民政府明确支持舜帝陵建设项目资金3000万元。加强舜帝后裔的宣传与联络工作，引导他们到九嶷山舜帝陵观光祭祖。继续发挥北京、长沙、宁远3个联络处的筹资作用，全年筹措资金100多万元。

【舜文化研究与传播】 2018年，湖南省九嶷山舜帝陵基金会参与策划、组织编纂，并承担第十章写作任务的湖南省八部特色地方志之一的《舜帝陵志》，在10月湖南省公祭舜大典前出版发行。主编的《舜帝陵基金会通讯》（第十四期）也及时出刊。公祭期间，将这些研究成果，赠送给参加公祭大典的领导和嘉宾，对于促进舜文化研究与传播起到推动作用。12月21日—23日，世界姚氏宗亲联谊会第二次大会暨公祭舜帝大典在宁远县举行，美国、泰国等6个国家和地区，以及广东、福建等地宗亲800多人参加。基金会常务副理事长兼秘书长唐松成讲话。

【舜帝陵基金会秘书长交接工作】 2018年1月15日，中共湖南省委组织部发文同意唐松成兼任湖南省九嶷山舜帝陵基金会办公室常务副理事长、秘书长。2月7日，舜帝陵基金会下文任命中共永州市委原副书记、中共湖南省委巡视组组长唐松成为湖南省九嶷山舜帝陵基金会常务副理事长兼秘书长。因唐松成在省委巡视组的工作任务较重，2月7日至10月15日期间，委托基金会常务副理事长陈金荣负责基金会日常工作。

（张伟）

永州市红十字会

【概况】 2018年，永州市红十字系统在广大会员、红十字志愿者、工作者和社会各界的支持下，学习贯彻习近平新时代中国特色社会主义思想和中共十九大精神，坚持人道宗旨，认真履职，求真务实，各项工作均取得突出成绩。永州市获得全国无偿献血先进市；市红十字会在全市年度目标管理绩效考核中获得“优秀等次”。

【“三献”工作】 2018年，永州市无偿献血和造血干细胞捐献稳步推进。通过举办系列纪念活动，宣传无偿献血和造血干细胞捐献知识，发动社会爱心人士加入到捐献志愿者队伍。全市无偿献血2万多人次，献血量7.9吨，保障全市医疗临床用血需要。干细胞完成159人份志愿捐献者血样采集，高分采样12例，体检8例，成功捐献6例，创历史新高。人体器官（组织、遗体）捐献发展良好，实现公民逝世后器官捐献 36 例，遗体捐献 1 例。

【“三救”工作】 2018 年，永州市红十字系统在“世界红十字日”“国家防灾减灾日”之际，通过宣传展板、资料发放、红十字业务咨询、义诊、演练等方式，向广大市民进行防灾减灾和自救互救等知识的宣传，提升急救能力。5 月 12 日上午，市红十字会工作人员在冷水滩区政府广场，参加市防灾减灾委成员单位防灾减灾日“行动起来 减轻身边的灾害风险”大型广场主题宣传活动。通过发放急救知识折页、造血干细胞宣传资料等形式向过往群众宣传红十字会的核心业务。摆放人体模型现场教学、示范心肺复苏以及包扎的操作方法吸引大批市民的围观和学习。推进救护培训工作。将救护培训与传播人道主义精神结合起来，推进救护培训“五进”工作，开展应急救护知识普及和技能培训。市人民政府副市长、市红会会长谢景林应邀参加湖南省公众急救知识技能普及工作推进会，并在会上作经验介绍。市本级举办救护员培训班 10 期，培训红十字救护员 500 多人人，普及应急救护培训培训 4 万多人次，开展群众性应急演练活动 5 场，参加人员 11889 人。9 月 6 日下午，由市红十字会承办，市应急办、市卫计委、市高速交警支队等单位在邵永高速冷水滩服务区路段开展模拟重大交通事故综合演练，着重演练突发事件应急响应、道路疏通、现场急救、伤员转运、“120”出诊及院前急救、交通管制与事故现场勘查等科目，增强各部门各单位应对突发事件的组织协调和配合能力。各县区红会推进应急救护培训。道县为县人武部、工业园区等单位、企业举办救护员培训 5 期，培训 168 人，普及培训 1 万多人次。宁远县举办救护员培训 4 期，培训 140 多人。祁阳县培训乡镇人员 100 多人。江永培训村民、武装民兵 312 人。零陵对消防中队 82 名官兵和柳子小学近 900 名师生进行应急救护知识培训。成功举办 2018 年永州市“世界急救日”主题宣传暨突发事件现场救护演练活动。开展各种救助活动。筹集各类救助资金 190 多万元，救助贫困人员 150 多人。其中救助困难人员 76 人（5000 元/人），救助小儿白血病患儿 52 人（每人 3 万元）、救助器官捐献者困难家属 7 人（5000 元/人），定向救助恒康药业集团困难职工 10 人，发放救助金 1.5 万余元，慰问造血干细胞志愿者 6 人（1000 元/人）等。开展走访慰问活动。与市卫计委、市政协等单位先后联合开展慰问走访活动 5 次，慰问困难群众 100 余人次。参与由省宣传部等部门联合在双牌茶林廖家村开展的文化、科技、卫生“三下乡”活动，争取省红会支持双牌茶林廖家村帮扶资金 10 万元、物资 15 万元。争取北京键和公益基金会支持道县、宁远的扶贫工作，发放困难群众过冬棉服 300 件，价值 13 万多元。

【红十字会舆论宣传】 2018 年，永州市红十字会在“5·8”世界红十字日、“5·12”防灾减灾日、“6·14”无偿献血日、9 月世界急救日 4 个重要纪念日开展集中大型宣传活动，宣传红十字知识、宣传发动无偿献血和造血干细胞采样、爱心义诊、科普图书发放等系列活动，向市民广泛宣传“三献”知识，以扩大市民对“三献”的知晓率和认可度，进而增加市民对“三献”工作的参与度。全年在湖南卫视、《湖南日报》刊发稿件 2 篇次；在华声在线、《大众卫生报》、红网—湖南频道上发稿 8 篇次；在永州电视台、《永州日报》、永州新闻网、红网永州站、市卫计委官网

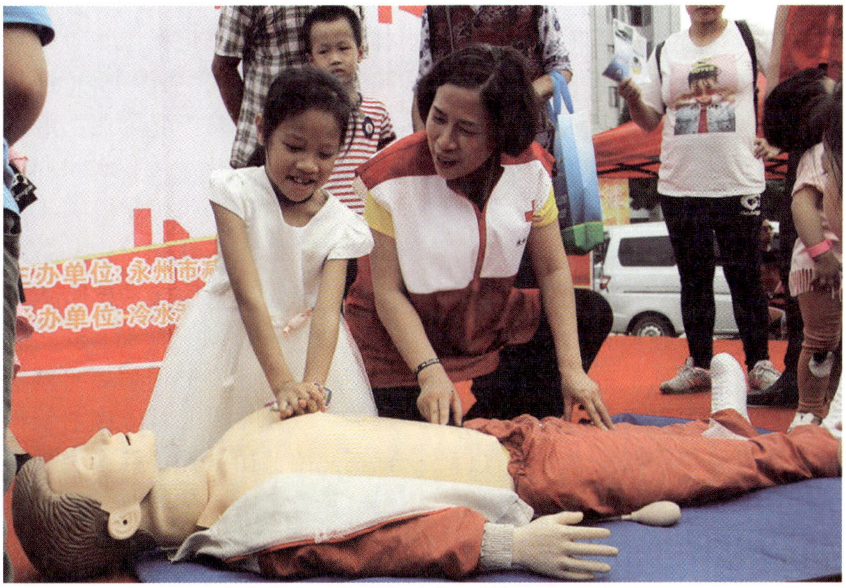

2018 年，永州市红十字会开展防灾减灾日救护知识宣传

等各新闻媒体报道 62 篇次。

（蒋晓群）

永州市关心下一代工作委员会

【概况】　2018 年，永州市关心下一代工作委员会先后到祁阳、江永、宁远、江华、蓝山等县开展调研，深入了解家庭、家风、家教等方面的情况，发现一大批新典型，并充分利用报纸、电视、广播、宣传栏、LED 显示屏、微信、手机客户端等载体，强化宣传教育，营造浓厚的关心下一代工作氛围。深入到边远山区和少数民族地区的 232 名贫困中小学生学校和家中进行走访，资助每人 1000 元。与永州电视台《直播永州》栏目联合开展第四届“寻找永州最美孝心少年”活动，完成采访拍摄 12 名“最美孝心少年”的任务。组织召开永州市关工委关心下一代工作和“最美孝心少年”表彰大会，表彰永州市第六届“最美孝心少年”12 人。市关工委、市委离退休干部工委、市教育局、市党史办、市文明办、市文体广新局联合举办全市“好好学习——传承红色基因，争做时代新人”电视展演选拔赛，选拔优秀节目参加全省电视展演获得三等奖。

【学习贯彻中共十九大精神培训班】　2018 年 9 月 6 日上午，永州市关工委系统学习贯彻中共十九大精神培训班动员大会在市委党校召开。市委常委、市委宣传部部长贺辉出席并作动员讲话，省人民政府参事、省关工委副主任张志初作主题报告。市人大常委会原主任、市关工委常务副主任谢朝月，市委党校常务副校长许洋名，市人大常委会原副主任、市关工委副主任钱荣棠，市人大常委会原副主任、市关工委副主任李续荣，市关工委副主任何新义，市委老干部局副局长、市委离退休干部工委专职副书记、市关工委副主任兼秘书长高红卫出席。市委组织部副部长（兼）、市委老干部局局长、市委离退休干部工委书记、市关工委副主任秦远林主持。各县区及下属乡镇（街道），市直单位，中央、省部属驻永州单位和部分民营企业的关工委负责人、办公室主任 260 余人参加培训。

【全市关心下一代工作现场会】　2018 年 9 月 28 日，永州市关心下一代工作现场会在蓝山县召开。省关工委副主任黄祖示出席会议并讲话。市委常委、市委组织部部长、市关工委主任吴志雄出席会议并讲话。市关工委常务副主任谢朝月，副主任钱荣棠、李续荣，市委组织部副部长（兼）、老干部局局长、市委离退休干部工委书记、市关工委副主任秦远林，蓝山县委书记秦志军等领导和老干部出席，各县区（管理区）、市直机关、市企业、市教育局、湖南科技学院、永州职业技术学院、潇湘技师学院关工委主任、办公室主任和蓝山县各个单位、乡镇、学校（社区）关工委主任或常务副主任等 140 余人参加。蓝山县委书记秦志军致欢迎词，县委常委、常务副县长何江鸿介绍蓝山县经济社会发展情况，县关工委、县教育局、毛俊镇毛俊村、大桥瑶族乡 4 个单位的代表分别作典型发言。谢朝月作《砥砺奋进开拓创新　努力推进全市关心下一代工作更好发展》的工作报告。与会人员观看《浇灌梦想　呵护成长》电视专题片，参观蓝山县楠市镇中心小学、上下村四点半学校、县城青少年教育基地等关心下一代工作现场。

【党史国史教育巡回宣讲活动】　2018 年 4 月，永州市关工委牵头，联合市教育局、市委老干部局、市史志办，组织 4 名“五老”组成宣讲团，在全市三所大学和中小学校青少年中开展“传承红色基因　争做时代新人”党史国史教育巡回宣讲活动。活动分成 3 个组，分别由市关工委老领导带队，到 13 个县区（管理区）和大专院校按高中、初中、小学三个层次及三所大学进行巡回宣讲。每个县区安排一次大课和三堂小课，共作报告 50 场，直接受教育师生 2.9 万余人。

（市关心下一代工作委员会办公室）

永州市计生协会

【概况】　2018 年，永州市各级计生协会围绕全市改革发展稳定大局和卫生计生重点工作任务，各项工作取得较好成效。市计生协会连续 3 年获得“全省计划生育协会工作模范单位”称号。

【春节期间走访慰问活动】　2018 年，永州市各级计生协会开展春节期间困难计生家庭走访慰问活动。春节期间，市计生组织全市各级计生协会组织走访慰问计生特殊家庭、计生困难家庭、农村留守儿童、空巢老人、困难计生工作者。市卫计委、市计生

2018 年 2 月 6 日，在省计生协七届八次理事会暨全省计生协工作会议上，永州市计生协获 2017 年度全省计划生育协会工作模范单位称号

协领导分成 7 个组，走访全市各县区计生特殊家庭，给每个家庭送去 1000 元慰问金、一桶油、一袋米、一床被子。冷水滩计生协会组织社会各界志愿者 200 余人为 34 名计划生育特殊家庭和“五保户”剪头发、修指甲、表演文艺节目、包饺子、做生日蛋糕，陪伴他们度过一个难忘的集体生日。祁阳县计生协会协调相关部门共同参与春节冬日暖心活动、“婚育新风”“关爱女孩”预防性病、艾滋病的宣传教育活动。江华瑶族自治县从生育关怀专项资金里拿出 12 余万元，用于春节走访慰问贫困计生家庭、村计生专干和计生战线上的工作人员。

【“5·29”会员活动日主题宣传活动】 2018 年，永州市各级计生协会开展“5·29”会员活动日主题宣传活动。“5·29”期间，全市各级计生协组织围绕卫生计生中心工作，以会员群众的新需求新期盼为导向，集中组织开展广场综合服务活动、计生特殊家庭帮扶走访、典型宣传等活动。省计生协副会长胡新凡出席市计生协在江永县凤凰广场举行的“会员心向党·建功新时代”主题宣传服务活动及东安县关爱计生特殊家庭募捐暨计生协庆“5·29”会员日活动文艺宣传演出。江华瑶族自治县举办纪念中国计生协成立三十八周年暨“5·12”国际护士节文艺晚会；东安县关爱计生特殊家庭募捐暨计生协庆“5·29”会员日活动文艺宣传演出现场表彰协会明星会员；祁阳、道县、新田等县区邀请省计生协理事、省卫计委药政处处长武昆，省计生协综合处处长蒋建益参加“5·29”大型宣传服务活动。据统计，全市各级计生协组织举办各类宣传服务活动 2234 场次，发放宣传资料 53 余万份，服务人数 78 万人次；开展义诊 250 场，义诊服务对象 10.93 万人；组织基层计生协工作者、会员、志愿者，走访慰问困难计生家庭、计生特殊家庭、流动人口和“三留守”人员等 15929 人，发放慰问金 185.14 万元，发放慰问物资价值 58.13 万元。表彰先进组织 225 个、先进工作人员 530 人、先进会员 1488 人。

【“7·11”世界人口日主题宣传服务活动】 2018 年，永州市各级计生协会开展“7·11”世界人口日主题宣传服务活动。围绕“关心女性幸福　关爱妇幼健康”主题，组织开展内容丰富、形式多样的宣传服务活动。新田县卫计委、计生协会组织卫计系统各医疗卫生单位和计生协会志愿者在县文体中心举办大型“7·11”世界人口日暨健康中国（湖南）行永州站新田县主题宣教活动、计生特殊家庭住院护理补贴发放仪式和健康宣讲达人秀选拔赛，活动现场为特殊计生家庭发放住院护理补贴 1 万元。零陵区计生协在永州商业城全面开展流动人口健康服务活动。活动中对患慢病的 16 位对象介绍家庭签约医生，免费为 100 余名流动人口进行“两癌”筛查，并召开流入人口管理服务座谈会。宁远县计生协会走访慰问工业园区 12 户因病因灾致贫的流动人口，并组织全县近 860 名流入已婚育龄妇女到县妇保院参加“两癌”方面的筛查，给他们带去“市民”化的服务。

【青春健康教育活动】 2018 年，永州市计生协与相关部门密切配合，发挥各自优势，动员社会各方面力量参与，以 10 岁~24 岁青少年性与生殖健康教育为重点，开展形式多样的青春健康教育活动。9 月 26 日，永州市计生协会邀请省第二人民医院妇产科主任医师周训华教授在湖南科技学院该院潇湘大讲堂举办一场别开生面的“青春健康教育”课，800 余名师生现场聆听。永州市计生协组织湖南科技学院大学生编排的舞台剧《到底谁病了》在省计生协组织的大学生青春健康舞台剧大赛中获得二等奖，市计生协获得优秀组织奖。蓝山县计生协会联合县卫生计生委、妇幼保健计生服务中心在县职业中专举办一场以“为青春护航”为主题的青春期健康教育专题讲座，蓝山县职业中专近400名学生参加现场讲座。据统计，全市各级计生协组织开设青春健康知识讲座26场次，服务中学、高校学生1万余人次。

【计生困难家庭帮扶】 2018年，永州市计生协会坚持计生特殊家庭需求导向，以全方位实施扶助关爱为手段，探索出服务机制，提升计生特殊家庭的满意度和获得感，推动和促进新时代新形势下人口计生工作转型发展。9月29日，永州市关爱计生特殊家庭推进计划生育工作转型发展现场会在东安举行。中共永州市委副书记、市委政法委书记何录春，市人大常委会副主任、市计生协会会长李农妹出席会议，会上推介东安县帮扶计生特殊家庭的先进经验。东安县构建一个综合平台，开通“一键拨号”服务功能，建立快速帮扶对接机制，为每户计生特殊家庭赠送一部“爱心”手机，并为其签约一名家庭医生。通过爱心手机不仅能让计划生育特殊家庭联系签约的家庭医生，享受便捷的医疗服务，还能为计生特殊家庭构建爱心交流、亲情互助、志愿服务的平台，实施人文关怀，给予精神慰藉。道县县委、县政府研究制定《关于开展计划生育特殊家庭扶助活动的实施意见》，建立“县级领导领衔”结对帮扶、“爱心家政服务”、志愿者服务、部门联动帮扶、免费健康体检、就医“绿色通道”、赠送安康保险及善后安葬补贴等八项制度，并筹集成立“道县计生特殊家庭扶助关爱基金”，专项用于计生特殊家庭的扶助关爱活动。双牌县将计划生育特殊困难家庭的社会养老保险基础养老金统筹个人缴费部分由财政代缴，实行兜底保障。

注重生育关怀项目与精准扶贫相结合，重点向贫困村、贫困计生家庭倾斜，增强帮扶的有效性。2017年—2018年全市免费为5.3万余户独生子女家庭、农村两女户和计生困难家庭购买计生家庭意外伤害保险，为全市2359位计生特殊家庭对象办理综合保险。5月起为全市2377位计生特殊家庭对象购买健康保险。争取省“三结合”项目11个，项目资金44万元。争取省计生家庭创业贴息贷款项目90户，项目经费59.66万元。争取省人口健康基金福利会在江永县、新田县决胜小康项目各一个，旨在帮助计划生育困难家庭进行精准扶贫，实现脱贫致富奔小康。市卫计委副主任、市计生协常务副会长蒋玲萍带领督导组赴冷水滩区、永州经济技术开发区、祁阳县、零陵区等地开展项目专项督导。

落实计生特殊家庭住院护理补贴。按照《湖南省计划生育特殊家庭重病大病住院护理补贴实施方案》要求，市卫计委、市计生协会联合下发《关于做好计划生育特殊家庭住院护理补贴工作的通知》，并召开专题会议，开展专项工作督导。截至2018年11月15日，全市发放计生特殊家庭住院护理补贴327人，发放补贴金额39.46万元，发放专项资金数占省级下拨资金比例的60.52%。在9月28日全省计生特殊家庭住院护理补贴项目工作推进会上永州市作典型发言。

2018年8月3日，全省计生协会长座谈会在永州召开

【计生基层群众自治】 2018年，永州市人口计生领导小组出台《永州市计划生育基层群众自治指导意见》，全面提升计划生育基层群众自治水平，建立健全群众自觉参与计划生育的长效机制，促进人口长期均衡发展。开展计生基层群众自治示范创建活动，在继续推广江永县基层群众自治先进经验基础上全市在个38乡镇（街道）、186个村（社区）开展示范创建活动。东安县为成功创建2018年省级计生基层群众自治

示范县，在全县范围内培育、建立一批达到“组织建设好、制度规范好、村务公开好、宣传服务好、计生诚信好、文明建设好”的“六好”标准计划生育基层群众自治示范村（社区）。以计生基层群众自治为平台，促进卫计工作融合发展。通过开展计生基层群众自治示范创建活动，推进诚信计生，强化流动人口服务，动员广大会员参与公共卫生服务、精准扶贫、妇幼健康、生殖健康服务、优生优育、出生缺陷干预、避孕节育、艾梅乙项目、母婴安全、“两癌”筛查、出生缺陷防控等民生项目，有效促进各项工作落实，提升计生自治影响。

【计生流动人口服务】 2018年，永州市计生协会把建立健全流动人口计生协组织放在突出位置，推广新田县、蓝山县建立流动人口“党支部+商会+协会”的模式，发挥计生协会在参与流动人口计生服务管理中的积极作用。全市流动人口计生协会186个，全年新增流动人口协会26个。9月15日—17日，市计生协专职副会长李双元赴广东阳江开展流动人口计生协会工作调研。新田县强化对18个流出人口计生协会工作指导，设立财政专户每年单列20万元用于流动人口计生协工作。春节期间，新田县计生协与广州市流动人口计划生育管理办公室组织的“爱在流动 情暖羊城”公益活动中，300名新田籍外出务工人员免费坐6台大巴车回家过年，这一活动在湖南卫视新闻得到报道。宁远县与广州市花都区签订《流动人口服务管理双向协作协议书》，双方建立信息互通、流动人口计生技术服务、生育关怀救助等四项制度，使两地流动人口管理区域协作进入新常态。

（唐浩）

永州市慈善总会

【概况】 2018年，永州市慈善总会办公室围绕年度工作计划，较好地完成各项任务。全年募集善款1786万元，捐赠物资折价30余万元。发放慈善救助资金470万元，救助困难群众2600余人次。

【慈善资金募集】 2018年，永州市慈善总会办公室开展“慈善一日捐”活动，收到139个单位和个人捐款71万元。参与扶贫帮困，策划公益项目并配合财政、住建、教育、卫计委等部门，开展赈灾、助学、危房改造、医疗救助等慈善公益众筹项目，募集资金1580余万元。争取引进市外慈善资源，加强与市外慈善组织和公益机构的联络，引进慈善资金130余万元。协助深圳比苛电池有限公司、统战、侨联等单位和部门在市慈善总会建立冠名基金，新增资金100余万元。

【慈善活动】 2018年，永州市慈善总会办公室抓好金叶慈善医疗卡项目，投入资金62.39万元，为600余名困难群众发放医疗救助卡1242张。对一些家庭困难的大病患者，在其享受国家有关救助政策的基础上，给予适当的医疗救助，救助60人次、17万元。做好“微笑列车”唇腭裂患者救治衔接工作。两节期间，从“慈善一日捐”活动中安排经费20万元，用于“迎新春、送温暖、献爱心”活动，走访慰问困难群众。开展关爱抗战老兵活动，为全市81人抗战老兵每人每月发放800元生活救助金，逢年过节或老兵生日等，慈善志愿者还会组织进行慰问。开展“一张纸、一件衣、献爱心”活动，配合湖南省传递爱心物资回收中心收到旧衣物530多吨，废旧纸张折价6.2万余元。配合市老龄办开展2018年“敬老月”活动。对一些特困对象家庭给予临时救助，救助30人，发放救助金6.1万元。开展“爱心圆梦”助学活动。新远志集团董事长刘群、市水利水电建设有限责任公司爱心人士现场为永州第四中学的31名寒门学子发放助学金6.6万元。开展“牵手困境儿童”救助，组织志愿者开展家访11次，筹措资金14万元，长期一对一资助128名困境儿童。开展“暖阳”助孤工程，配合统战部门做好项目的宣传和资金筹措，入住孤儿的调查核实，组织志愿者一对一给予陪伴和关爱。开展“比苛爱心传递”助学项目。深圳比苛电池有限公司安排18万元，资助寒门学子45人。联合湖南世杰信息技术有限公司新建冷水滩区逸云路社区、湖塘社区、长冲社区三所慈善超市。全市新建8所慈善超市，争取省里资金37万元。根据省慈善总会安排，在中心城区开展“公益小站”自动售货机公益项目的试点，冷水滩、零陵、永州经济技术开发区完成53台安装任务。

【对外联络协调】 2018年，永州市慈善总会办公室对接中国社会福利基金会免费午餐基金管理委员会，帮助零陵、冷水滩6所学校申请到免费午餐项目，受益师生1351人，受助资金107万元。对接中国爱心工作委员会，引进助学资金24.8万元，救助东安、江永贫困大学新生62人，每人4000元。对接东莞华福公益，引进助学资金2.8万元，持续资助东安贫困中学生19人。

【慈善志愿服务】 2018年，永州市慈善志愿者协会队伍建设进一步得到加强，新增注册志愿者232人，累计1043人。组织开展助老、助学、助困、义卖、义诊、文明劝导、保护环境、多种公益宣传现场服务、专题慈善募捐等多种义务服务活动103次；举办市、县慈善志愿者培训16期。组织策划并承担市慈善总会十余个项目的组织实施。

（孙文波）

生态文明建设

Ecological Civilization Construction

综　　述

【概况】　2018年，永州市生态环境局围绕推进生态文明建设、建设品质活力新永州，各项工作取得历史性突破，完成年初市委、市政府确定的各项工作任务。在中央、省环保督察的强力推动下，解决一大批历史遗留的突出环境问题。“水十条”国家考核的3个断面全部达到Ⅱ类水质，达标率100%；34个省级考核断面水质达标率100%；县级以上集中式饮用水水源水质达到Ⅱ类标准以上；全市年均空气质量优良率89.7%，同比提高3.2个百分点。其中中心城区空气质量优良率84.3%，同比提高1.9个百分点，比年初目标高1.3个百分点。

【环境问题整改落实】　2018年，永州市强化中央环保督察交办问题整改落实。2017年中央第六环保督察组交办的182件信访件全部办结。中央环保督察组反馈湖南省意见中涉及永州的9个问题，除东安3个监测断面年均锑浓度超标的问题需持续推进外，其他8个问题均已达到办结销号标准。强化中央环保督察“回头看”问题整改。2018年中央第四生态环境保护督察组交办永州市信访件265件，办结259件，办结率97.74%。强化生态环境部专项督查问题整改。接受国家级专项督查8批次，县级以上饮用水水源地专项整治、长江流域“2018清废行动”“绿盾行动”等督查行动交办问题101个，整改到位86个，获生态环境部通报表扬。强化省环保督察交办问题整改落实。省环保督察组转办永州市信访件268件，全部按时办结。集中反馈的5个方面33个问题，11个问题需要持续整改，其他22个问题办结14个。特别是启动乡镇污水处理厂建设和黑臭水体治理，集中解决历史遗留的淘汰冶炼小高炉、废渣治理、取缔粘土砖等一批涉及面较广的突出问题，得到省里充分肯定。

【污染防治攻坚战】　2018年，湖南省人民政府污染防治攻坚战“2018夏季攻势”清单中交办永州市的黑臭水体治理、入河排污口整治、饮用水水源保护区环保问题整改、危险废物处置、垃圾填埋场问题整治、工业园区污水处理设施建设、规模养殖场污染治理、高排放公交车淘汰、重金属治理项目建设等10项任务至9月底全部按期完成。建立永州市生态环境状况分析联席会议制度，建立大气污染防治联合执法队伍并开展行动。全面淘汰城市建成区10蒸吨及以下燃煤小锅炉，对建筑扬尘、建筑砖厂开展专项整治。制定年度水污染物减排计划并逐项推进落实，全市化学需氧量、氨氮较2017年分别削减2.91%和3.85%。全面完成县级以上饮用水水源地界牌标志、警示标志、宣传牌和隔离护栏建设，取缔关闭饮用水水源地范围内的违规建设项目5个，列入全省为民办实事的16个饮用水水源地环境问题全部整改到位。开展全市土壤环境质量调查，配合完成土壤农用地土壤污染状况详查和重点行业企业污染地块详查。公示全市土壤环境重点监管企业名单并落实监测要求，开展重金属行业企业全口径清单调查，开展历史遗留污染治理，重点防控区域环境环境质量有效改善。

东安县“湘江第一湾”

【生态环境执法监管】 2018年，永州市探索成立中心城区环保联合督查执法队伍，市县区组织开展联合执法检查专项行动，集中查处燃煤锅炉、建筑砖厂、城市扬尘、黑臭水体和农村养殖污染等方面的违法问题，责令限期整改198件，立案查处28件。抽调17批次136人参与生态环境部组织的京津冀大气污染防治专项执法行动，得到生态环境部通报表扬。全市全年查处环境违法案件462件，罚款总额2277.7万元。行政处罚373件，移送刑事拘留4件，移送行政拘留56件，查封扣押23件，停产整治6件。行政拘留54人，刑事拘留11人。

【湖南省城镇生活垃圾焚烧处理设施建设推进会在永州召开】 2018年5月29日，湖南省城镇生活垃圾焚烧处理设施建设推进会在永州召开，省人民政府副省长陈文浩出席会议并讲话。省政府副秘书长黎咸兴，省住建厅厅长鹿山，中共永州市委副书记、市人民政府市长赵应云等出席会议。会议要求，各级各部门要增强紧迫感，抢抓时机，乘势而为，避免被动；要做好区域统筹，充分考虑运距因素、完善收转运体系，化解邻避效应，严格市场准入，确保快速推进；要落实责任主体、加强运营监管、拓宽融资渠道、加强宣传引导，加强推进生活垃圾焚烧处理设施建设工作的保障力度。会前，与会人员现场参观永州市中心城区垃圾焚烧发电项目。永州市、长沙市和湘乡市作典型发言。

【湖南省第六环境保护督察组督察永州工作动员会】 2018年7月26日，湖南省第六环境保护督察组督察永州市工作动员会在永州市召开。湖南省第六环境保护督察组组长刘尧臣讲话，中共永州市委书记、市人大常委会主任李晖主持会议并作动员讲话。湖南省环境保护督察组成员、湖南省环境保护督察办公室有关人员，永州市党政主要领导成员及班子其他领导成员出席会议，市人大和政协主要领导、党委和政府有关部门主要领导，以及城区党政主要领导成员及班子其他领导成员列席会议，其他县区（管理区、经开区）党委和政府主要领导，以及有关部门主要负责人在当地通过视频会议形式列席会议。

【永州市获生态环境部通报表扬】 2018年8月，生态环境部通报全国集中式饮用水水源地环境保护专项行动进展情况，通报表扬湖南省环境问题清理整治工作。通报指出，自5月20日至6月2日生态环境部组织开展水源地环境保护专项督查行动以来，湖南省内包括永州市在内的5个市州完成全部饮用水水源地环境问题清理整治。截至6月底，全国各地完成1234个环境问题的清理整治，占全年任务量的31%。其中，湖南省完成比例最高，全省163个问题完成清理整治135个，完成率83%。长沙市、邵阳市、湘西土家族苗族自治州、永州市、张家界市完成所有排查问题的清理整治。

5月19日，生态环境部饮用水专项督查组对永州市开展为期半个月的饮用水整治情况督查，交办问题13个，该市在5月31日前全部整治到位。截至6月30日，永州市上报省环保厅的39个问题全部整治到位，7月9日—13日，在配合省饮用水水源地环境保护专项督查行动中对全市52个问题逐一核查销号。

2018年，永州市重要饮用水水源地水质达标率、重要河库水功能区达标率、市级行政河流交界断面水质达标率，继续保持100%，全部为Ⅰ、Ⅱ类水，湘江出境水质连续61个月稳定在Ⅱ类水标准以上，全市水环境总体质量排全省前列。

【办理环保督察交办信访件情况初步反馈会召开】 2018年8月9日上午，永州市办理环保督察交办信访件情况初步反馈会在冷水滩召开，省第六环保督察组组长、省人大环资委副主任委员刘尧臣，中共永州市委副书记、市人民政府市长赵应云出席会议并讲话。会上，永州市向省第六环保督察组汇报办理中央、省环保督察交办问题整改工作情况，省级环保督察交办信访件办结81件，责令整改企业103家。

（陈良）

农村人居环境

【概况】 2018年，永州市出台《中共永州市委办公室永州市人民政府办公室关于印发〈永州市农村人居环境整治三年行动实施方案（2018—2020年）〉的通知》。实施1000个村的人居环境整治，在全市开展“一拆二改三种四清洁”（拆除危房空心房，改水、改厕，种树、种花、种果，清洁水源、清洁家园、清洁田园、清洁能源）行动，推动村容村貌大整治大提升。开展农村“一户多宅”专项清理整治，重点对易

零陵区周家大院

地扶贫搬迁、危房改造、地灾避险搬迁、农村自主迁建户的非法“一户多宅”清理整治。加强村庄规划管理，规范村民建房。市住建部门制定《永州市村庄规划编制全覆盖工作实施方案》《关于规范全市乡镇规划委员会工作的指导意见》和《永州市乡村房屋建设管理条例》，对农村建房实行规划审批许可。全市所有乡镇都成立乡镇规划委员会。加强农村房屋风貌管控，引导村民理性建房、科学建房和适度集中居住。鼓励村民利用现有宅基地、村内空闲地和荒山荒坡建房。严格控制宅基地的面积标准，严格执行建新拆旧，严禁“一户多宅”。稳步推进农村污水治理，因地制宜，因户施策，采取多元化的污水处理模式，所有行政村都制定生活污水治理方案、治理技术路线图、项目书和时间表，完成农村污水治理2230个村，生活污水处理率65%以上。推进“厕所革命”。新增卫生厕所22.9万座，其中新增无害化卫生厕所15.4万座，卫生厕所普及率75.8%。按照农户住房“上有屋顶、下有地坪、四面同色、房前屋后种花草、广告标语同张贴、乱搭乱建全拆除”要求，制定出台农村庭院环境标准，开展城边、路边、水边、村边、宅边“五边”绿化。房前屋后种植花果蔬菜，打造家庭园艺景观，推进庭院绿化。全面清理村道两旁、集贸市场、公共场所、公路沿线、沟渠内积存的建筑和生活垃圾。推进城乡垃圾一体化处理，引入公司进行市场化运作，开展农村垃圾治理示范县和省市卫生乡镇创建。有生活垃圾处理设施11处，城区中转站77座，乡镇中转站37座，并有40座乡镇中转站正在推动，乡镇生活垃圾转运车146辆，农村保洁员11168人，城乡环卫一体化初具雏形。实施以清洁生产、清洁生活、清洁庭院为主要内容的农业面源污染防治工程。实施农药、化肥使用减量行动，专业化统防统治服务面积11.6万公顷，农药使用量比2017年减少4%。推广测土配方施肥技术面积46.67万公顷，绿肥翻压面积8.32万公顷。全面落实146家畜禽养殖污染治理任务，淘汰退出83家，正在治理的63家。推进废弃农业投入品包装物回收，全市布置乡镇废弃农业投入品包装物（可回收垃圾）回收站212个，设立村级回收点4266个，覆盖率82.6%。出台《永州市农村水环境治理指导意见》，推进江河湖库综合治理，全面加强农村饮用水源地保护，不断强化水土流失综合治理。以房前屋后河塘沟渠为重点实施清淤疏浚，逐步消除农村黑臭水体。全市出境水监测断面水质保持Ⅱ类水质，国家考核断面水质优良率100%，省级水功能区水质达标率100%。全市小（1）型以上水库全部取缔投肥养鱼，全市12个县区、管理区安装水流域监控设施24个。加快改善农村能源结构和使用方式，引导农户使用电能、太阳能、天然气、液化气、大中型沼气等清洁能源进行炊事和取暖。全市建户用沼气池117520处，沼气工程4887处（大型沼气37处），太阳能热水器9.54万台、路灯47170盏。在全省改善农村人居环境工作会议上，宁远县在大会上作《聚力五化行动打造醉美乡村》典型发言，祁阳县作《整治农村人居环境打造美丽宜居乡村——祁阳县强力开展美丽乡村“一拆二改三种四清洁”行动》书面发言。

【湖南2018秋冬季候鸟护飞行动在双牌启动】 2018年11月6日，由湖南省野生动植物保护协会、湖南省环保志愿服务联合会、双牌县人民政府主办，双牌县林业局、双牌县森林公安局、双牌县日月湖国家湿地公园管理局、双牌县环保志愿者协会、双牌护鸟营协办的“2018秋冬季百队百天护飞行动”志愿服务活动启动仪式在双牌县滨江广场举行。自2012年—2018年，经过连续6年的发展和完善，湖南省护鸟营项目从“游击战”到“阵地战”，以“省护鸟营—县级护鸟营—候鸟守护站/村级护鸟队—候鸟守护者”四级联动平台为体系的湖南“候鸟守护者”行动网络逐步成熟。全省累计建设31个在地护鸟营、11座候鸟守护站、14支村级护鸟队、119名省级候鸟守护者。双牌县志愿者在参与“2018秋冬季百队百天护飞行动”期间，通过自身示范、分发资料等方式宣传野生动物保护知识，宣讲非法捕猎、经营野生鸟类的法律后果，引导群众自觉抵制各种捕杀、买卖、食用野生动物的行为。

美丽乡村建设

【概况】 2018年，永州市启动建设美丽乡村示范创建村120个（省级创建村27个、市级创建村93个）。双牌县麻江镇廖家村、金洞管理区金洞镇小金洞村、冷水滩区上岭桥镇仁山村等6个村被授予“湖南省美丽乡村建设示范村”。江永县沟蓝瑶寨、道县楼田村等10个案例入选全省乡村振兴典型案例，新田县做实“一县一特”助推乡村振兴、双牌县推进乡村振兴战略发展现代农业等经验在全省推介。将120个省市美丽乡村创建任务全部分解到县区、乡镇，落实到村。各县区党政领导分片带队进驻乡村振兴示范片，兴办美丽乡村建设和农村人居环境整治示范点，抽调县区机关干部，组建工作队进驻，每个示范点有后盾单位帮扶，并逐村落实村庄整治规划、具体建设内容、整合到村的项目、帮建单位与帮建措施。探索环境网格化监管体系建设，建立县、镇办、村（社区）三级“网格化”管理，夯实农村环境整治和环境保护工作基础。借鉴城市环卫管理模式，建立乡镇、村两级卫生保洁制度，乡镇设环卫站、村设环卫组，各村按每千人配备3名保洁员的比例建立村环卫队伍，全面负责农村环境卫生的日常管理与保洁。同时建立乡镇、村两级环境卫生评比和定期巡查制度，发现问题及时整改。层层建立健全评比考核机制，实行“一月一调度通报，两月一督查排位，半年一小结评比，年终总考核奖惩”的制度，对乡村振兴示范片内的171个村，开展评选“最佳典范村”“最佳进步村”和“挂牌督办村”活动，对“挂牌督办村”进行通报批评，限期整改。同时，把农村人居环境整治工作纳入市委市政府对县区绩效考核的重要内容，将工作成绩与主管领导、办点干部、村干部年度评先评优和晋升晋级相挂钩，通过“以评促建”“以奖促治”“以罚促改”等手段，有效地推进美丽乡村建设和农村人居环境整治有序开展。

【桐子坳村获评全国生态文化村】 2018年10月30日，由林业部门组织申报，由中国生态文化协会组织专家评选的“2018年度全国生态文化村”评审结果公示，永州市双牌县茶林镇桐子坳村入围。截至2018年10月，永州市有宁远县冷水镇毛家村、零陵区富家桥镇干岩头村、宁远县柏家坪镇北屏村、双牌县茶林镇桐子坳村4个村落获评。

桐子坳村位于阳明山脚，距县城36千米，全村土地面积1691公顷、林业用地1569公顷、森林覆盖率92.1%、活立木蓄积量9.7万立方米。有千年银杏古树300多棵，大小银杏树1万余株。桐子坳村以“千年古银杏树”为依托，引进战略旅游开发企业，相继开发百亩烂漫花海等项目，拥有银杏谷观光区、古村民俗文化区、山岳生态涵养区、农业体验区等景点。其中银杏谷观光区有银杏树1000多株，百年以上树龄的有200多株，20株~30株连片古银杏林有四、五处。通过旅游开发，村年接待国内外

江永县兰溪勾蓝瑶寨风光

游客数十万人，年人均收入7600元。

【勾蓝瑶寨升级国家AAAA级旅游景区】 2018年10月26日，根据《湖南省旅游景区质量等级管理办法》要求，经评审并公示，永州市勾蓝瑶寨景区等湖南省内9家景区升级国家AAAA级旅游景区。江永县兰溪瑶族乡勾蓝瑶寨是一个保存完好的瑶族祖居地，保留明代、清代民居300多栋，包含社坛土地、舞榭歌台、凉亭桥梁等景致和“洗泥节”“勾郎配”等风俗民情。

县区概况

Counties and Districts

冷水滩区

【概况】 冷水滩区地处湖南省西南部，湘江上游，北靠邵阳，南抵郴州，与粤北、桂北相望，为永州市辖区。2018年，冷水滩区下辖8个乡镇（不含伊塘镇、仁湾镇）、9个街道、1个工业园区、1个马坪农业开发区和1个高科技工业园区。土地总面积1217.13平方千米，耕地面积31.79千公顷，森林覆盖率38.51%。年末常住人口53.74万人，其中城镇人口37.13万人。人口出生率15.18‰，自然增长率5.49‰。年气温正常略偏高，降水正常略偏少，日照时数正常略偏多。年内最高气温37.6℃，最低气温-3.3℃，年降水量1215.6毫米。

地区生产总值283.28亿元，增长7.8%。第一产业增加值29.52亿元，增长3.2%；第二产业增加值102.83亿元，增长3.2%；第三产业增加值150.93亿元，增长12.1%。第一、二、三产业对经济增长的贡献率分别为4.3%、15.9%和79.8%。按常住人口计算，人均地区生产总值51941元，增长6.6%。三次产业结构比为10.4：36.3：53.3。一般公共预算收入19.12亿元，增长10.3%，其中，地方财政收入11.85亿元，增长8.4%。财政收入总量和增幅排全市前列，税收占比88.7%，收入质量排全市第一位。

农林牧渔业总产值54.52亿元，增长3.5%。农业龙头企业51家，年内新增2家；农业合作社518家，年内新增29家。发展粮油、果蔬、畜禽、茶叶、油茶等五大特色产业，打造“一县一特”产业格局。星辰中药材特色产业园升级为省级示范园，新创建四季香柑橘和永益农业等省级示范园2个，新创建安普农业白茶基地等市级示范产业园4个。新创建志合滨江、金牛湾、田洞等区级现代农业林业特色产业园15个。仁山村成功创建省级美丽乡村。敏村、仁山村被命名全市社会主义核心价值观建设示范点。果秀食品获中国农交会金奖，恒惠食品、都成食品获中部农博会产品金奖。全区有适度规模经营户1332户、13.33公顷以上种养基地645个、66.67公顷以上种养基地121个。

区域规模工业总产值351.4亿元，区域规模工业增加值同比增长7%。区属规模工业总产值160.5亿元，增长3.1%，区属规模工业增加值增长5.6%。先进制造、电子信息、生物医药、农产品深加工等主导产业产值分别完成67.3亿元、39亿元、10.4亿元、65亿元，规模企业分别发展到20家、42家、7家和45家。推进“园区升级会战”，全年园区征收土地144公顷，报批土地100公顷，新建成标准厂房面积14万平方米。实施项目61个，完成投资98.9亿元，实现园区规模工业总产值152亿元，新开工建设永州粤创等项目15个，竣工投产远大住工等5000万元以上项目8个，新入统明诚建材、润鑫钢构等规模企业9家。

社会消费品零售总额142.6亿元，增长10%。其中城市零售额111.2亿元，增长9.2%，农村零售额31.4亿元，增长11%。外贸进出口企业27家，进出口突破2000万元以上企业3家。外贸进出口总额1.6亿美元。实际到位外资1.14亿美元，增长11.2%；承接产业转移项目16个，实际到位内资33.2亿元，增长18.8%。签约引进深圳粤创open cell液晶显示、永州智能硅谷产业园、广东温氏食品集团现代农业产业化、

冷水滩区委、区政府广场

永州华侨城卡乐文化旅游、永州自然韵茶旅总部经济带等重大项目8个，总投资136.8亿元。旅游区（景点）接待游客809万人次，实现旅游综合收入56亿元。敏村景区、永州森林植物园成功创建为国家AAA级旅游景区，昱恒生态休闲农庄成功创建为五星级乡村旅游示范点，瑶寨山庄、宏源野外综合基地、田洞百花园成功创建为四星级乡村示范点，华丰华天大酒店成功创建为三星级酒店。

全区500万元以上项目完成投资增长3%。其中产业投资增长10%，高新技术产业和技改投资占产业投资比重分别为31%、50.8%。实施500万元以上项目211个。其中投资过亿元项目43个、1000万元以上项目178个，竣工投产项目108个。全年实施"八大会战"重点项目402个，完成投资352.3亿元。其中，列入省"5个100"工程项目6个，列入市"5个10"工程项目14个，列入市"六大战役"重点项目37个。引进华润集团医药物流中心、深圳天虹集团大型商业综合体项目等500强企业项目5家，重大科技创新产品7个、科技创新型人才一批（院士2名、博士10名）、重大科技创新项目4个。

货物周转量34098.38万吨千米，旅客周转量41163.92万人千米，邮电业务总量10.11亿万元（区域内），交通区位优越，交通便捷。全年实施交通建设投资项目34个，完成投资34.1亿元。冷黎、冷东公路路基工程基本完成，省道217线城区段地下综合管廊正在建设，冷杨公路完成大部分土地和房屋征收。完成自然村通水泥（沥青）路37千米、农村公路改造80千米、窄路加宽37千米。衡道高速正在建设，呼南高铁、洛湛铁路扩能改造、湘桂铁路扩能、永州火车站建设先后启动。

全区科技经费支出4999万元，比2017年增加1097万元，增长28.11%。年末认定为高新技术企业29家，新增国家级高新技术企业10家；全年申请专利726件，授权专利224件，增长40%。实现高新技术产业产值194.2亿元，实现高新技术增加值49.7亿元，占地区生产总值的17.5%。企业品牌意识不断提升，果秀等3户为中国驰名商标，恒惠、湘君等26户为知名商标。培育扶持"伊塘西瓜"国家地理标志保护产品、三湘电缆等5个湖南名牌、多喜来等3个永州名牌。

"三大攻坚战"成效明显。打赢"防范化解重大风险"攻坚战，"停缓调撤"项目4个，减少投资14.9亿元，减少财政支出责任26.78亿元。政府隐性债务风险总体在可控范围。开展"精准脱贫"攻坚战，创新"四选准""四保障"举措，实现产业扶贫全覆盖，产业扶贫总产值7.8亿元。全区31个贫困村全部出列，减少贫困人口5085人，贫困发生率下降到1.48%。打赢"污染防治"攻坚战，开展蓝天、碧水、净土保卫战和环保督察整改，实现环保督察交办件办结率、满意率100%。"四权一体"河长制执法改革在全国推介。集中整治5处城市黑臭水体，地表水、饮用水达标率100%，空气质量达标率82.6%。

新获国家义务教育发展基本均衡县区、国家林业产业示范园、"中国好粮油"行动计划国家级示范区3项国家级称号；巩固提升"全国计划生育优质服务示范县区""全国粮食生产大县""全国生猪调出大县"3项国家级牌子；新增全省综治先进县区、安全生产工作优秀县区、创新创业带动就业示范县区、河长制先进县区、水利建设先进县区、养殖业先进县区、粮食生产先进县区、农产品质量安全县区、现代农业特色产业集聚区、湘江省级湿地公园等10余项省级称号；承办全国耕地质量监测技术培训班、全省"三湘农产品质量安全行"、全省"信访法治化建设"暨"四大攻坚"、全省消除义务教育大班额工作等国家和省级现场推进会。

存在的主要困难与不足："首善区"辐射力和带动力不够，支柱产业支撑作用不明显，乡村振兴推进还不平衡，营商环境有待改善，改善民生还有较大差距等。

【获批"全国义务教育发展基本均衡县区"】 2018年2月28日，经国家督导评估检查组评估验收合格，冷水滩区获批为"全国义务教育发展基本均衡县区"。冷水滩区把教育工作放在优先发展战略地位，全年城乡教师轮岗交流320人，完成中小学教师区级培训2726人次，完成义务教育"全面改薄"6所、校舍维修改造14所、村小标准建设5所、教师公租房建设230套、学校食堂标准化建设25所。全区消除大班额286个，超大班额466个，新增学位1.43万个。

【国家冷水滩林业产业示范园认定命名】 2018年7月24日，

国家林业和草原局公布2018年认定命名国家林业产业示范园区名单，冷水滩林业产业示范园认定命名为国家冷水滩林业产业示范园。冷水滩林业产业示范园总规划面积10.56平方千米，分林药、林化、林果3个子园区，园区内落户的林业工业企业有160家，年产值5000万元以上的大型企业有18家，省级龙头企业11家，园区产值过亿元的企业10家。

【获批“中国好粮油”行动计划国家级示范区】 2018年10月9日—10日，省粮食和物资储备局联合省财政厅启动创建“中国好粮油”行动计划县和示范企业竞争性遴选，经项目评审组评审，11月30日，遴选结果公布，冷水滩区获批为“中国好粮油”行动计划国家级示范区，获得中央财政支持资金1500万元。冷水滩区是农业大区、全国粮食生产大县，2018年全区完成粮食播种面积53.72千公顷，粮食总产量34.09万吨，油茶1.43万公顷，油料产量1.28万吨。全区拥有规模粮油加工企业16家，其中，国家级农业产业化龙头企业2家，省级7家。拥有湘君、林之神、金三和、五谷香、掌望、恒惠省级著名商标6个。“掌望”大米成为湖南省湘米入沪行动唯一推荐品牌。

【获评湖南省创新创业带动就业示范区】 2018年10月9日，全国“双创活动周”湖南省分会场启动仪式在株洲市中国动力谷自主创新园举行，湖南省创新创业带动就业示范10个县市区现场接受授牌。冷水滩区是永州市唯一获此殊荣的县区。冷水滩区深入实施创业带动就业战略，规划打造“永州源味创业街”，吸引全市特色餐饮服务创业者160多户落户经营；在冷水滩高科技工业园区内建立中小企业创新创业园，创建“潇湘创客汇”，两大创业孵化基地入驻小微新型企业65家。全年组织6500余人参加创业培训，实现成功创业4500多人，为1200多名创业人员发放创业担保贷款8500余万元。

【冷水滩区首个省级湿地公园获批】 2018年3月5日，湖南省林业厅发文批准建立冷水滩湘江省级湿地公园，冷水滩区省级湿地公园实现“零突破”。冷水滩湘江省级湿地公园内湘江干流总长为54千米，总面积2531.34公顷，湿地面积2331.2公顷，湿地率92.1%。公园有种子植物151科、478属、723种，其中有湿生植物184种，野大豆、狭果秤锤树等国家二级保护植物11种；有脊椎动物28目82科248种，其中有领角鸮、虎纹蛙等国家二级保护动物11种。公园分布有潇湘古镇（老埠头古码头）、李达故居等历史人文古迹，具有较高的保护和旅游观光价值。

（张立林　唐明）

领导名录

中共冷水滩区委员会

书　　记　何冲龙
副 书 记　桂砺锋　施创太
常　　委　彭　峰　蔡富强
　　　　　黄燕玲　艾祥柏
　　　　　陈　雄　许金善
　　　　　齐纲要　李晓勇

区人大常委会

主　　任　徐志华
副 主 任　胡柏艳　孙纲要
　　　　　唐英波　蒋剑青
　　　　　龙国文

区人民政府

区　　长　桂砺锋
常务副区长　蔡富强（2018年10月调出至东安，现空缺）
副 区 长　郑　航　汤丽娟
　　　　　吴春华　蒋建辉
　　　　　张文凤　朱昌锋
　　　　　彭　勇（挂职）

区政协委员会

主　　席　秦少义
副 主 席　刘洪波　熊　健
　　　　　翁天宝　唐基和
　　　　　汤　丽

中共冷水滩区纪律检查委员会、监察委员会

书记/主任　彭　峰

区人民武装部

部　　长　王良锋
政　　委　李晓勇

区人民法院

院　　长　傅芳萍

区人民检察院

检 察 长　胡华清

零陵区

【概况】 零陵区北与冷水滩区、东与祁阳县、南与双牌县、西与东安县、广西全州县接壤。有耕地3.96万公顷，盛产稻谷、红薯、黄豆、油茶等。有林地面积9.53万公顷，森林总储量263.3万立方米，其中杉木57.3万立方米，年产木材13万立方米。可供开发利用的水利资源有13.5万千瓦。

2018年，零陵区辖10个乡镇、6个街道。土地总面积1986平方千米，耕地面积3.96万公顷。年末总人口61.76万人，常住人口57.06万人，其中，城镇人口33.59万人，城镇化率58.87%。全年人口出生率11.36‰、死亡率8.17‰，人口自然增长率3.19‰。年内最高气温37.3℃，最低气温-2.9℃，年降水量1758.9毫米。

完成地方生产总值229.3亿元，增长8.1%，其中，一、二、三次产业分别实现增加值34.2亿元、94.1亿元、101亿元，分别增长3.7%、8.7%和8.9%，三次产业结构比为14.9∶41∶44.1。完成财政总收入17.98亿元，增长10.7%。年均居民收入24698元，增长9.8%，其中，城镇居民人平可支配收入29574元，增长9.4%；农村居民人平可支配收入19160元，增长9.5%。

完成农林牧渔业总产值63.54亿元，增长4.1%，获“全省粮食生产标兵县（区）”称号，保持“全国生猪调出大县（区）”。主要农产品产量：粮食36.7万吨，蔬菜61万吨，出栏猪、牛、羊分别为74.97万头、2.34万头和7.15万只，出栏家禽993.01万羽，水产品1.9万吨。农业产权制度改革稳步推进，新流转土地5.7万亩，新建高标准农田1.2万亩、水果基地2万亩，新增新型主体144家、标准化基地7个、养殖小区3个、“三品一标”10个。农业机械化率提高到64%。推进乡村振兴，“永州之野”“永连公路”沿线以及珠山夏阳片区3个乡村振兴示范片加快推进；潇湘源农庄、大润农牧、雨田实业、零陵古村、夏之阳、移民梦想园等“万千百”园区初具规模，温氏富家桥种猪场主体完工，雨田产业园成功申报现代农业产业园省级示范园，水口山镇大皮口村、邮亭圩镇杉木桥村、石岩头镇杏木元村、大庆坪乡田家湾村、大庆坪乡大庆坪社区、大庆坪乡夫江仔村等6个村入选全国传统古村落名录。加快山、田、林、河（塘）整治，完成造林0.13公顷、通道绿化133.8千米，完成窄改宽及通组公路226千米，完成五小水利253处，启动猫儿岩水库除险加固，何仙观水库列入省水利PPP试点项目，完成农村安全饮水工程155处，受益人口近10万人。

规模以上工业总产值122.3亿元，增长9.3%。规模工业增加值增长8.4%。区属规模工业完成总产值79.4亿元，增长10.6%。烟厂完成产值39.6亿元，增长7.1%。有色金属冶炼和压延加工业完成产值3.7亿元，增长113.4%；医药制造业完成产值6.3亿元，增长33.3%；计算机、通信设备制造业完成产值7.5亿元，增长33.6%；汽车制造业完成产值2.4亿元，增长119.5%；文教、工美、体育和娱乐用品制造业完成产值2亿元，增长64.4%。推进园区扩园提质，创新创业大厦主体完工，新建标准厂房10万平方米，清退“僵尸企业”20家，盘活厂房10万平方米，新入园过亿企业11家，投产7家，新入统规模企业11家，新增高新企业8家。

社会消费品零售总额107.5亿元，增长10.4%。其中城镇82.9亿元，增长10.2%；乡村24.6亿元，增长11%。外贸进出口总额7601万美元，增长43.2%；利用外资1.2亿美元，增长10.9%；内联引资29.4亿美元，增长16.7%。接待游客650万人次，增长17%；实现旅游综合收入43亿元，增长25%。“零陵古城”运营，C地块开工建设。新增星级乡村旅游点10个、特色民宿50家、休闲农庄20家。零陵获批“全省第三批精品旅游线路重点县区”。萍洲书院获评“国家级旅游服务业标准化试点景区”，何仙姑省级森林公园成功获批，异蛇世界成功创建为国家AAA旅游景区。不断推进城乡

零陵区东山景区

建设，朝阳大道、桃江路等5条古城配套路网建成通车，阳明大道加速提质，东风大桥西匝道、南津渡大桥南匝道建成通车，康济大道、烈士公园等一批公交首末站投入使用。潇湘汽车城、碧桂园、珊瑚海等高品质项目加快建设，春天广场、红星美凯龙、维也纳酒店运营。学苑路、荔枝中路（仙域华庭段）全幅贯通，零双一级公路全面建成。黄田铺书香教育小镇、富家桥乡村旅游小镇、接履桥“农业公园”加快推进，特色小镇蓬勃发展。

固定资产投资增长12%。其中，5000万元以上项目投资完成94.3亿元，下降6%；5000万元以下项目投资完成67亿元，增长52.9%；建筑业完成总产值37.4亿元，增长26%（房地产开发投资15亿元，增长12.9%）。在项目投资中，产业投资完成81.2亿元，占总投资的46.1%，产业投资同比增长35.8%。工业技改占产业投资比重的27.24%，比2017年同期高0.8个百分点；高新技术产业投资占产业投资比重的14.46%，比2017年同期高7.3个百分点。重点项目进展顺利。签约重大项目26个，合同引资132亿元，分别增长56%、186%，其中“500强”企业5家。完成重点项目建设投资125.2亿元，重点建设项目开工105个、竣工18个。交通运输、仓储和邮政总产值30.2亿元，增加值12.5亿元，增长2.2%。提质改造图书馆、文化馆，新建村级综合文化服务中心104个、社区书屋6个。

涉及民生支出19.3亿元。实施学位建设，新增学位1.9万个，消除“超大班额”385个。改造学校标准化食堂18个。“四名工程”全力推进，高考成绩取得新进展。支持鼓励民办教育、职业教育，潇湘源国际学校加快推进，君诚、海嘉、新东方建成开学。“红色文化进校园”全面开展。实施“先诊疗后付费”“异地就医联网结算”，中医院扩建、妇保中心新建加快推进，邮亭圩、梳子铺等4个乡镇卫生院标准化建设主体完工，提质改造七里店、南津渡社区卫生服务中心，新增床位528个。创建全国满意卫生院3个、优质服务示范卫生服务中心1个，获得全省“人口和计划生育优秀单位”、全省“儿童保健合格区”。组织开展送戏、送影下乡6000余次，群众自办文化演出400余场次。首部城市宣传片《潇湘从这里开始》大力推介，大型跨界融合舞台剧《潇水长歌》首演成功。新增文化企业25家。机构改革有序推进，“放管服”“最多跑一次”改革落地见效，“互联网+政务服务”成功上线。获得全国2018年“社会治理创新示范城市”，“村务监督月例会”纳入《中国反腐倡廉蓝皮书》，农村综合服务平台和网格化建设入选“第四届全国加强和创新社会治理典范案例”。项目建设“六项联动”机制全面实施。

三大攻坚扎实推进。脱贫攻坚方面，全年脱贫人口11299人，出列贫困村14个，贫困发生率下降到1.46%，42个省定贫困村全部出列。加大产业、就业帮扶力度，整合涉农资金5000万元，其他帮扶资金1.2亿元，小额信贷资金2.9亿元，开办“扶贫工厂”15个，建成光伏电站37个，温氏养殖合作村20个，劳务扶贫1.3万余人，易地扶贫搬迁任务全面完成。教育扶贫获《中国教育报》推介。扶贫领域突出问题全部整改到位。风险防范方面。创新“降、改、化、转”措施，降息延期2亿元，整改减少隐形债务37.5亿元，化解到期本息24亿元，交投、城投、农旅投加快转型。安全生产事故总量、死亡人数、经济损失实现“三下降”。新增高清治安探头1585个。开展“扫黑除恶”专项行动，实施“城市快警”“一村一辅警”，破案率上升5个百分点，发案率下降7个百分点。全省综治民调稳居第一方阵，平安指数全市第一、全省前列，获得全省“综治工作先进县区”称号。污染防治方面。推进污染防治攻坚战“夏季攻势”，“双河长制”常态长效，治理黑臭水体8处，强制拆解“僵尸船”89艘，退出禁养区畜禽养殖130余家、生猪4.3万头，46家非法小高炉、24家粘土砖厂全面拆除，造林绿化0.13万公顷，工业园纳污管网加快建设，永州北部（零陵）生物资源科学处理中心建成运营。

存在的主要困难和问题：高质量发展任重道远，产业基础仍然薄弱，骨干龙头企业和优质民营企业偏少；财政规模不大、质量不高，新兴税源培育不足，财政收支平衡面临压力；创新驱动发展能力不强，研发投入偏少，科技人才和创新平台不足；产业园区承载不强，重大产业项目不多，园区主导产业和产业链尚未形成；城乡品质颜值不高，中心城区的集聚力、辐射力、承载力不强；文化内涵挖掘不够，城乡文明有待提升，国家历史文化名城的保护开发任务艰巨等。

【获评全国“2018 社会治理创新示范城市”】 2018 年 12 月 30 日，零陵区获得“2018 社会治理创新示范城市”，这是零陵区继省委、省政府表彰“全省综治工作先进县区”之后，又一重大荣誉。零陵区按照中央、省、市社会治理机制改革工作要求，加强城乡网格化服务管理，将力量下沉到村（社区），责任到网格，将矛盾纠纷和问题事件发现在网格、化解处置在社区，形成“小事不出网格，大事不出社区”的格局，做到矛盾不上交。全面完成全区 317 个村的农村综合服务平台建设，设置“八室两中心一广场”办公和休闲场地，为群众提供信息化办理、代办服务，方便群众办事。

【“零陵古城”开街运营】 2018 年 6 月 18 日，“零陵古城”开街运营。“零陵古城”是湖南省“十三五”重点工程，该项目以宋代湘南建筑为隐形骨架、明清建筑形态为肌体、潇湘永州文化为灵魂，打造成为体验互动的文化主题乐园；集生态文化休闲、民俗文化体验、市井文化消费、主题乐园互动、养生休闲度假于一体的文化旅游产业示范园区；国家 AAAAA 级旅游景区；民族性、生态性、综合性的国际旅游度假古城。截至 2018 年年末，零陵古城 A 地块已经全部建成，累计完成投资 34.4 亿元，占总投资的 49.1%，建成面积 5 万多平方米，215 家商铺全部入住，入住率 100%。

【创新开展村务监督月例会】 2018 年 9 月 28 日，零陵区的“村务监督月例会”入选中国第八部《反腐倡廉蓝皮书》。零陵区为用刚性制度规范村级权力，将村级“小微权力”细化明晰，实行“清单化”管理，通过编制村级权责清单表和村务办理流程图，依靠群众力量开展村务监督。零陵区 334 个村（社区）实现“村务监督月例会”制度全覆盖，实现村务管理“工作有章法、行为有规范、管理有标准、办事有依据”，有效预防群众身边的“微腐败”问题。

2018 年 6 月 18 日，零陵古城开街

领导名录

中共零陵区委员会

书　　记　唐　烨
副 书 记　吴恢才　盘志元
常　　委　唐建明　龙　军
　　　　　周润润　蒋映群
　　　　　彭江辉　唐清林
　　　　　唐会国

区人大常委会

主　　任　唐荣成
副 主 任　胡乃湘　徐海英
　　　　　邓建国　胡自力
　　　　　金长青

区人民政府

区　　长　吴恢才
副 区 长　龙　军　王小会
　　　　　陈丽萍　汤安权
　　　　　何　锋　彭定国
　　　　　张国材

区政协委员会

主　　席　李祥军
副 主 席　杨时隽　蒋晓娟
　　　　　周军松　柏文生
　　　　　欧阳永衡

中共零陵区纪律检查委员会、监察委员会

书　　记
主　　任　周润润

区人民武装部

部　　长　王建武

区人民法院

院　　长　何小春

区人民检察院

检 察 长　杨建国

祁阳县

【概况】 祁阳县位于湖南省西南部，湘江中上游，永州市东北部。西接零陵、冷水滩，东抵常宁，南临新田、宁远、双牌和桂阳，北连祁东，距永州市 23.68 千米。已探明的矿藏有煤、石灰

石、铁、锰、锑、锌等20多种，享有“有色金属之乡”的美称。湘江流经祁阳100.8千米，占全程的1/9。水资源总量254亿立方米，水能蕴藏量45万千瓦，可开发量35.7万千瓦。森林面积154.5千公顷，活立木总蓄积量576万立方米，森林覆盖率60.41%，素有“湘南亚森”之称，被命名为“中国油茶之乡”。2018年，祁阳县辖19个镇、3个街道，土地总面积2538平方千米，耕地面积53.62千公顷。年末常住人口85.63万人，其中城镇人口42.18万人、农村人口43.45万人，人口出生率9.61‰，人口自然增长率2.82‰。年内最高气温38.6℃，最低气温-2.2℃；年降水量1306.5毫米。

地区生产总值307.7亿元，增长8.2%。其中，第一产业增加值44.04亿元，增长3.2%；第二产业增加值106.37亿元，增长8.5%；第三产业增加值157.29亿元，增长9.5%。三次产业结构比为14.31∶34.57∶51.12。财政总收入20.87亿元，增长15.1%。其中，地方财政收入12.5亿元，增长19.3%。

农林牧渔业总产值79.58亿元，增长3.5%。主要农产品产量：粮食57.15万吨，油料4.23万吨，水果18.33万吨，蔬菜77.91万吨，生猪出栏89.09万头，家禽出笼904.14万羽，水产品产量6.4万吨。粮食、生猪、油茶、果蔬等主导产业标准化、规模化、产业化步伐加快。新增省级龙头加工企业2家、新型农业经营主体332家、“三品一标”农产品14个。年末农业机械总动力86.64万千瓦，实际机耕、机收面积分别达83.3千公顷、49.3千公顷；自然村通水泥路121千米、农村公路窄加宽52千米，设立安防工程200千米；治理病险水库6座，建成农村安全饮水提升工程98处。获评“中国好粮油”行动计划示范县、全国粮食流通执法督查创新示范县和全省落实粮食安全责任制先进县、粮食生产标兵县、农村土地确权颁证工作先进县、农机工作先进县。现代农业示范园获批省级农业科技园区，茅竹镇入列国家首批农业产业强镇。成功举办中国茶籽油品牌集群成立大会暨首届高峰论坛。率先推动养殖业转型升级，紧密防控非洲猪瘟，养殖工作获全省先进。

2018年，湖南永州首届祁剧文化艺术节暨冬季乡村旅游节开幕

规模工业总产值269.2亿元，增长15.8%。规模工业增加值增长8%。新增规模工业企业15家，总数达到135家，实现增加值74.7亿元，增长8%。年产值过亿元企业90家，过5亿元11家，过10亿元3家。工业实缴税金5.15亿元，增长37.3%。主要工业产品产量：大米66.1万吨，精制食用植物油3.8万吨，印染布0.7亿米，服装137万件，鞋1362万双，水泥330万吨，石灰10.9万吨，日用玻璃制品2.1万吨，铝材1.8万吨。落后产能基本退出市场，工业能耗下降6.5%，技改投入增长18.7%。新增高新技术企业5家、全省“小巨人”企业2家、省级企业技术中心1家。全市首家科技企业孵化器建成投用，入驻企业50家。打好“园区升级”战役，祁阳经开区新开发面积1.5平方千米，新建标准厂房22万平方米，获批国家新型工业化农副产品深加工（绿色食品）产业示范基地和全省双创示范基地、创新创业带动就业示范基地，被评为全省发展开放型经济优秀园区。

社会消费品零售总额89.13亿元，增长10.4%。其中，城镇零售额68.02亿元，乡村零售额21.11亿元，分别增长10.3%、10.5%。外贸进出口总额3.91亿美元，其中出口3.71亿美元、进口2016万美元。旅游区（景点）接待游客662万人次，实现旅游综合收入46.74亿元、增长20%。

全域旅游持续升温，被评为全省精品旅游线路建设重点县，陶铸故居创建为国家AAA级旅游景区，黎家坪天明山庄等16个新型主体被评为省三星级以上乡村旅游（区）点。成功举办纪念陶铸同志诞辰110周年、祁剧文化艺术节暨冬季乡村旅游节、农民丰收节、油菜花节等活动。

开展“产业项目建设年”活动，固定资产投资增长11.4%。杨梅湖智慧生态文旅新城、科力尔技改扩能项目进入全省“5个100”产业项目，东骏纺织、鑫利生物等4个项目获评全市“5个10”优秀产业项目。新天地城市商业综合体、盈通达金融物流园建成投用；品颜科技、聚达电子、泰戈服装、凌礼实业、德明农牧等项目竣工达产；贵澳现代高效智慧农文旅一体化产业（油茶）示范园、红星美凯龙家居生活广场等项目进展有序。祁阳“六大战役”重点项目、“5个10”产业项目年终考评均居全市第一位。交通运输、仓储邮政业增加值9.29亿元，增长2.4%。祁阳大道建成通车，东江桥完成扩改，木金公路全线竣工，黎马公路进展顺利，祁冷城际道路全面提质，交通路网更加便捷。年末公路通车里程3020.5千米，公路货运量4526.52万吨、增长5.6%，水运货运量175万吨、增长0.97%，邮政业务量8868.9万元，电信业务量1.13亿元。实施城镇提质项目20个，总投资40亿元。在县城实施“五园五化”战役，加快推进45条背街小巷、99个老旧小区提质改造，新建主题小游园68个、城市公厕128座，创建市级园林单位15个。创建国家卫生县城高分通过验收评

2018年1月16日，陶铸同志诞辰110周年座谈会

估。在乡镇推进小城镇“10+X”工程，新建项目164个，建设小游园78个、建成垃圾中转站8处，完成15所学校、11所卫生院、13所敬老院标准化改造。在农村实施乡村振兴战略，全面推进美丽乡村“一拆二改三种四清洁”行动，累计拆除危房空心房340万平方米，改水4万户，改厕5.2万户。成功创建省级美丽乡村示范村3个，绿化示范村66个，获批国家传统村落9个。农村人居环境整治经验在省委农村工作会上作典型推介，祁阳获评全省美丽乡村建设先进县。

民生事业实现新发展，财政用于民生支出占比79%，城镇居民人均可支配收入、农民人均纯收入分别增长8.8%、9.3%。城乡供水一体化步伐加快，新埠头水厂实现供水。新增城区学位1.71万个，超大班额问题全面消除。建成村卫生室150个。每千名老人养老床位数达37.86张。新实施棚户区改造2558套，完成农村危房改造3031户。科教文卫体事业取得新进步。科技发明专利申请量135件，增长13%，科技项目获奖量、发明专利保有量均居全市第一位。教育名县建设扎实推进，通过国务院义务教育基本均衡县验收；中考“一分两率”全市领先，高考本科上线人数创历史新高。卫生健康事业不断进步，分级诊疗、双向转诊成效明显，疾病防控、妇幼保健、计生服务水平全面提升。文体广电事业繁荣发展，非遗传承、文物保护、文艺创作、文化惠民等工作卓有成效，祁剧、祁阳小调进京演出，祁阳被列为全省民间文化艺术之乡。群众体育有声有色，成功举办“陶铸故里——红军行”等文体活动；竞技体育成效较好，在省十三届全运会上取得2金2银2铜的好成绩。全面深化“放管服”改革，加快推进“互联网+政务服务”“最多跑一次”改革，办结时限压缩40%以上，审批效率提升50%以上；“3850”改革成效明显，“多证合一”“证照联办”全面实施，新增市场主体6331户。有序推进税务征管体制改革，全面落实民企优惠政策，为企业减税降费4.6亿元。

三大攻坚战开局良好，化解政府债务，停、缓、调、撤项目11个，减少投资14.97亿元，调减中长期支出责任9.12亿元，偿还本金4.19亿元；清理融资平台8家，保留2家。从严打击金融领域违法犯罪活动，债务风险安全可控。强力推进“打非治违”“强执法防事故”专项行动，安全生产经营性事故及死亡人数分别下降33%、40%，再次获评全省安全生产先进县。创新社会治理机制，推行“城市快警”“一村一辅警”警务改革。狠抓“集打斗争”、扫黑除恶和禁毒工作，全年发案数下降37.7%，社会治安明显好转，成功摘掉“全国毒品中转集散重点关注地区”帽子。信访法制化建设成效明显，形势稳定向好，经验全省推广。食药安全保障有力，连续16年未发生群体性食品安全事故。精准脱贫决战决胜。全年实现26972人脱贫，44个贫困村出列，贫困发生率降至1.32%。“四扶四建”创新模式成为全国典范，走出非贫困县脱贫攻坚的“祁阳路径”。污染防治有力有效，配合完成中央环保督察“回头看”和省级环保督察工作，“蓝天碧水净土保卫战”首战告捷。关停小高炉企业22家，淘汰粘土砖生产企业25家，城区空气质量优良率提高7.6个百分点。“双河长制”全面落实；县级饮用水源地保护治理工作成为全国典型，水质达标率持续保持100%。三家村退耕还林还湿试点成为省市样板。

存在的主要困难和问题是：产业结构性矛盾仍然存在，重大产业项目不多，科技创新对经济发展的带动力不强，稳定经济增长压力较大；实体经济振兴困难较多，融资难、招工难、用地难的瓶颈问题仍然存在；民生领域存在短板，巩固脱贫成果、提升脱贫质量，解决就学、就医、就业等难题仍需付出艰辛努力；经济发展环境还需改善等。

（李海军）

【获评“中国好粮油”行动计划示范县】 2018年10月10日，祁阳县参加“中国好粮油”行动计划示范县竞争答辩，以全省第二名的成绩通过项目评审，获评“中国好粮油”行动计划示范县。全年完成秋播油菜2.8万公顷，高产油茶新造600公顷，落实粮食作物播种面积11.06万公顷，发展优质稻订单生产4.67万公顷。扶持龙头企业技改扩能和优质粮油营销渠道建设，新金浩建成两条茶籽油生产线，新增门店专柜483个，银光粮油改造精米生产线，新增销售网点500个，永粮公司新建一条米粉生产线。依托龙头企业，建成粮食产后服务中心14个，日烘干能力2400吨。投资250万元建成投用县级粮油质量检验监测站，形成以县粮食质量检验监测站为核心、龙头企业自检为基础的粮油质量检验监测体系，实现从田间到餐桌的全程监控和检测。培育粮油类龙头企业26家，其中国家级2家、省级4家，成功申报“好粮油”品牌8个，将32件大米品牌、16件茶油品牌纳入“好粮油”品牌培育计划。

（陈铁牛）

【“全国义务教育发展基本均衡县”认定】 2018年2月，祁阳县被认定为“全国义务教育发展基本均衡县”。祁阳县始终把教育摆在优先发展的位置，坚定不移地实施“文教兴县”战略，建立健全党委政府定期议教、人大政协定期调研和视察教育、县级领导联系学校、教育督导等制度，明确提出义务教育阶段学校办学条件均衡、师资配置均衡、管理水平均衡、教育质量均衡等“四个均衡”目标，推动教育持续健康协调发展。注重城乡统筹，全面实施城区学位扩容工程、教育“全面改薄”工程、教育设施升级工程等，中小学校面貌焕然一新。突出人才强教，建立健全教师定期补充、校长教师定期交流、城镇优秀教师支教等长效机制，年均培训教师8000人次以上，全面实施“师德测评+出勤+工作量+教学业绩”的绩效工资改革，打造一支稳定而高素质的教师队伍。深化改革创新，在办学机制、育人模式、教育科研、教育督导等方面深入改革，激发教育发展的动力活力。共享均衡教育发展成果，突出抓好阳光招生、规范办学、扶贫助学、成长关爱等工作，让孩子在普惠教育的阳光下茁壮成长。

（李佑君）

【脱贫攻坚“四扶四建”新模式】 2018年，祁阳县创新推行“四扶四建”脱贫攻坚新模式，即扶志气建讲堂、扶技能建中心、扶产业建基地、扶队伍建堡垒，走出一条非贫困县脱贫攻坚新路子。年内，实现26972人脱贫，44个贫困村出列，贫困发生率降至1.32%。“四扶四建”工作得到国务院扶贫办和省委省政府、市委市政府充分肯定，在全省脱贫攻坚工作推进会上作典型发言，被中央电视台等9家中央级媒体集中宣传推介，入选全省《精准扶贫 100 例》和中共中央宣传部、国务院扶贫办编写的《新时代农村思想政治工作创新案例选编》。

（陈铁牛）

【获评全省美丽乡村建设先进县】2018 年，祁阳县被评为全省美丽乡村建设先进县。祁阳县将农村人居环境整治作为乡村振兴的首场硬仗来打，创新开展美丽乡村“一拆二改三种四清洁”行动，出台“1+6”政策文件体系，形成“党委号召、政府主导、人大决议、政协倡议、部门齐抓、全民参与、社会支持”的良好格局。“一拆”，即拆除危房空心房。拆除农村危房、空心房、杂房、旱厕等 340 万平方米。“二改”，即改水、改厕。完成改水 4 万户，规划启动 5 大片区水厂建设，建设日产 10 万吨大村甸水厂；完成改厕 5.2 万户，新建改造公厕、旅游卫生厕所 160 座。“三种”，即种树、种花、种果。完成营造林 1.41 万公顷，新建小游园、小花园 78 个、果园 224.07 公顷，打造一批有林有花有果的特色村。“四清洁”，即清洁家园、清洁水源、清洁田园、清洁能源。实施城乡环卫一体化项目，城乡 70%以上的生活垃圾收集到海螺水泥窑协同生产线处理。建成 4 个镇污水处理厂。全面落实河长制，禁止水库山塘投肥养鱼。加快养殖业转型升级，粪污处理设施装备配套率 86.4%。推广清洁能源，75 个贫困村实现光伏发电项目全覆盖。

（陈铁牛）

【获评全省安全生产先进县】2018 年 12 月 23 日，祁阳县被评为全省安全生产先进县。该县深化安全生产领域改革，践行安全生产“四核四化”新理念，生产经营性事故起数和死亡人数同比分别下降 33.3%、40%，守牢高质量发展的安全底线。改革基层工作体制，在镇（街道）厘清基层站、所和安委会相应成员单位的安全职责；深化安全生产“工作村为主”机制，打通基层监管“最后一公里”。创新安全监管手段，在全省乃至全国先行先试，建设“互联网+安全小镇”，运用“互联网+”技术，对高危企业 24 小时实时监控，破解基层安全监管“没人管”“不会管”“管不好”的困境。探索隐患排查社会化服务，针对园区企业安全监管人员不足、专业技术人员缺乏等难题，委托专业公司对园区企业开展托管服务。建成祁阳县综合应急救援指挥平台，实现省、市、县三级平台互联互通。做好安全“民生工程”，对高危企业、“两客一危”车辆、客运车辆、客船等安装动态监控系统，实时监控安全生产风险。对省、市交办的重大安全隐患实行“一单四制”管理，确保如期销号。

（李佑君）

【经开区获评国家新型工业化产业示范基地】2018 年 2 月 13 日，工业和信息化部公布第八批国家新型工业化产业示范基地名单，祁阳经开区被评为国家新型工业化农副产品深加工（绿色食品）产业示范基地。祁阳县实施“园区升级”战役，推动祁阳经开区在招商引资、产业培育、基础配套、管理服务、要素保障、机制体制六个方面实现全面升级，打造“县域经济新引擎，新型工业增长极，产业转移承接地，山水生态新城区”。年内，实现规模工业总产值 268.4 亿元，增长 17.4%；引进投资 5000 万元以上项目 12 个，竣工投产 10 个工业项目，完成固定资产投资 65.8 亿元。基础设施不断完善，完成 15 幢标准厂房主体工程，建成投用白竹污水处理厂、新埠头自来水厂，并启动以“园区运营服务”为核心的智慧特色产业园建设。

全国文明村——白水镇竹山村

同时，祁阳经开区还获评全省双创示范基地、全省发展开放型经济优秀园区。

（李佑君）

领导名录

中共祁阳县委员会

书　　记　周新辉
副 书 记　金　彪　陈小平
常　　委　郑国荣　廖道南
　　　　　陈　莉　龚红辉
　　　　　张少宣　唐明生
　　　　　陈志标　彭国锋

县人大常委会

主　　任　邓晓阳
副 书 记　刘晓春
副 主 任　刘晓春　谢铁山
　　　　　桂富生　刘双顺
　　　　　唐　江

县人民政府

县　　长　金　彪
副 县 长　陈　莉　陈环玉
　　　　　柏曼红　周贞霖
　　　　　刘　军　蒋明明
　　　　　沈拥政

县政协委员会

主　　席　郑增啟
副 书 记　陈振文
副 主 席　陈振文　于建春
　　　　　文英雄　黄爱蓉
　　　　　桂　湘

中共祁阳县纪律检查委员会、监察委员会

书　　记
主　　任　廖道南

县人民武装部

部　　长　龚红辉
政　　委　卢世强

县人民法院

院　　长　欧阳韶勇

县人民检察院

检 察 长　程　晖

东　安　县

【概况】　东安县位于湖南省西南部、永州市西北边缘、湘江上游，东与冷水滩区接壤，边界181千米，东南与零陵区相连，边界91千米，西南与广西壮族自治区全州县交界，边界96千米，西部与邵阳市新宁县毗邻，边界127.4千米，西北与邵阳市邵阳县相邻，边界74.3千米，东北与衡阳市祁东县相接，边界10千米。县辖15个乡镇，1个经济开发区，1个国家森林公园，1个国营林场，土地总面积2219平方千米，耕地面积4.27万公顷。年末人口总数646512人，其中城镇人口24.35万人，人口出生率9.76‰，自然增长率5.33‰。年内气温最高38.6℃，最低-2.9℃，年降水量1277.4毫米。

地区生产总值1869071万元，增长8.1%。其中，第一产业增加值323579万元，增长3.8%；第二产业增加值658354万元，增长7.9%；第三产业增加值887138万元，增长10.1%。按常住人口计算，人均地区生产总值32449元，增长9.8%。三次产业结构比为17.3∶35.2∶47.5。第一、二、三产业对经济增长的贡献率分别为7.99%、37.76%和54.25%。财政总收入115553万元，增长10.6%。

农林牧渔业总产值完成578701万元，增长3.9%。其中农业产值310360万元，增长4.4%；林业产值52094万元，增长8.6%；牧业产值152263万元，增长0.9%；渔业产值39333万元，增长5%；农林牧渔服务业产值24651万元，增长8%。主要农产品产量：粮食38.38万吨，出栏生猪58.96万头、牛1.33万头、羊6.48万只，出笼家禽666.91万羽，水产品20795吨。农产品加工企业370家，其中省级龙头企业2家、市级龙头企业27家，实现加工产值44亿元，增长13.6%。整治各类水利工程649处，其中治理重点病险库19座。全年落实农机补贴资金378.365万元，累计推广各种农业机械1684台。农业机械总动力15.67万台/71.05万千瓦，增长1.07%、0.75%。新创办人居环境整治重点村100个。完成省定扶贫开发项目村建设4个。

规模工业企业86家，新增规模以上工业企业10家，规模以上工业总产值同比增长14.2%，规模以上工业增加值同比增长8.2%。主要工业品产量：规模工业锑金属含量5364吨，锑品2473吨，锌18473吨，水泥2402119吨，铁合金70593吨，十种有色金属20946吨，大米5364吨，饲料43940吨，服装64万件。工业用电量38225万千瓦时，增长19.1%。规模以上工业企业实现主营业务收入1344889万元，实现利税67429万元，其中利润总额45494万元。经济效益综合指数352.4%，其中，工业产品销售率97.2%，总资产贡献率15.9%，资产保值增值率143.3%，资产负债率46.5%，流动资产周转率15.7%，成本费用利润率3.5%，全员劳动生产率186716元/人。建筑业实现增加值140597万元，增长9.3%。资质内房屋建筑施工面积423.2万平方米，竣工面积345万平方米。

社会消费品零售总额685874.7万元，增长10.1%，其中城镇完成零售额 521707.2 万元，增长 10.9%；乡村完成零售额 164167.5 万元，增长 7.7%。按行业分，批发业 31825.1 万元，增长 8.2%；零售业 590273.1 万元，增长 9.8%；住宿业 2249.3 万元，增长 27.7%；餐饮业 61527.2 万元，增长 14.4%。承接产业转移、招商引资共引进项目 36 个，其中内资项目 32 个，外资项目 4 个。实际到位内资 24.17 亿元，同比增长 16.4%；实际到位外资 10286 万美元，同比增长 11.3%。接待入境游客 527.93 万人次，实现旅游综合收入 43.75 亿元。新创建聚德生态文化园和高岩景区两个国家 AAA 级旅游景区。东安成功入围第三批湖南省精品旅游线路重点县、国家全域旅游示范县补助行列。

固定资产投资同比增长 12.3%。其中，固定资产投资不含农户完成投资额同比增长 12.8%；房地产固定资产投资同比增长 4%。分产业看，第一产业投资同比增长 29.7%；第二产业投资同比增长 22.5%；第三产业投资同比增长 8.7%。货运吞吐量 531.8 万吨，同比增长 1.05%；货物周转量 10571.7 万吨千米，同比增长 0.83%；客运吞吐量 341.5 万人，同比下降 2.82%；客运周转量 13906.8 万人千米，同比下降 1.92%。公路通车总里程（含乡村公路）2081.55 千米，其中：国道 41.86 千米，省道 186.96 千米，县道 301.79 千米，乡道 414.74 千米，村道 1136.2 千米。邮电业务总量 45871 万元，其中：邮政业务总量 5507 万元，电信业务总量 40364 万元。全县移动电话用户 338140 户，宽带网用户

东安县和谐广场

75601 户。

普通中小学校 75 所，其中，小学 35 所，普通中学 34 所，职业中学 6 所。全县在校学生 73565 人，其中普通中学 27685 人，职业中学 2572 人，小学 43308 人。幼儿园 184 所，在园幼儿数 21699 人。普通中小学校有教职工 4673 人，其中专任教师 4442 人。在专任教师中，普通中学 1857 人、职业中学 183 人、小学 2402 人。幼儿园有教职工 1735 人。乡镇农村科技站 16 个，农村科技推广小组 445 个，培养科技示范户 238 户，全年举办科普培训班 220 期，培训人员 2.73 万人，引进推广新优品种、新技术、新产品、新成果 57 项（个），申请国家专利 287 件。县级文化馆 1 个、乡镇文化馆（站）16 个、县级图书馆 1 个、农村图书馆（室）493 个，图书总藏量 32038 册。电视台 1 个、电视差转台 2 座，电视综合人口覆盖率 95%。全县有线电视用户 2.3 万户。卫生机构 31 个，其中：县级医院 14 个，乡镇卫生院 15 个，疾控中心 1 个，妇幼保健院 1 个。拥有病床 2937 张，其中县级医院病床 2258 张。全县卫生技术人员 1976 人，其中：执业医师 542 人，执业助理医师 313 人，注册护士 787 人，药师（士）88 人，检验技师（士）63 人，摄像技师（士）34 人，其他卫生技术人员 58 人。各类体育社会团体发展到 32 个，团体会员 2.6 万人，个人会员 1.2 万人，体育指导站 283 个。举行各项体育比赛 68 次，参赛人数 3.56 万人。成功举办“巅峰湖南”六大名山连登积分联赛暨“大美永州”大穿越活动（东安站）等比赛。成功承办湖南省第六届武术大赛暨湖南省第六届传统武术精英赛等比赛。在国家级体育比赛中，获一等奖 2 个、二等奖 8 个、三等奖 16 个；获集体项目二等奖 1 个。在省级体育比赛中，获金牌 10 枚、银牌 18 枚、铜牌 22 枚。

清理减少融资平台 7 家。“停缓调撤”项目 45 个，压减投资 46 亿元，偿还到期债务 5.55 亿元。财政增收 5 亿元以上。严厉打击非法违规金融活动，禁毒工作满意度测评居全省第八位。安全生产全年零事故零死亡，综治民调工作连续 5 年位居省市先进行列。脱贫 12032 人、23 个贫困村达标出列，贫困发生率下降到 1.42%。5 个易地扶贫搬迁安置点全面建成，安置贫困户 239 户、

858人。完成危房改造803户。南溪花海“能人带户”旅游扶贫经验在全国推介，简家岭电商扶贫入选全省电商扶贫典型案例。完成扬江应急引用水源地取水工程，关停“散乱污”企业26家、粘土砖厂32家，拆除小高炉冶炼企业42家、采石场4家，完成官田河、龙溪河片区和芦洪市镇小拱桥黑臭水体治理。湘江出境断面水质均达到Ⅱ类标准，空气质量优良天数330天，优良率90.4%。获评全省县域生态环境质量考核先进单位。

存在的主要困难和问题：受经济下行压力影响和自身发展水平制约，财源增长乏力，支撑发展的大项目、好项目偏少；因化解政府性债务和投资政策变化等因素叠加影响，部分基础设施项目暂未实施；各类风险隐患还比较多，生态治理、安全生产、信访维稳等压力仍然较大；民生改善任务繁重，财政收支矛盾突出，教育、医疗、交通、就业、养老服务等方面的供给与人民群众期盼仍有较大差距；政府职能转变还不到位，干部改革创新、执行落实、服务群众的本领有待增强。

（文士军）

【南溪花海乡村旅游扶贫入选《美丽战胜贫困——湖南旅游扶贫经典案例》】 2018年，位于东安县大庙口镇新溪村南溪花海项目被称为乡村旅游扶贫的“东安样本”，入选《美丽战胜贫困——湖南旅游扶贫经典案例》并在全国推介。该项目于2016年11月动工建设，种植三百多亩花卉，打造荷花岛、秀球园、玫瑰坡、樱花谷等几十种花卉园区，新建儿童乐园和丛林探险项目；2017年6月，项目开园试营业，南溪花海成为四星级乡村旅游点，每年游客量超过100多万人次。当地农户通过每亩400元的价格租赁土地给景区，村民帮助景区种植花卉苗木按每天100元的工资增加收入。此外，景区拉动周边农家乐、农产品和旅游商品销售等产业链条，让该村村民的收入大幅增长。截至2018年年末，“溪水以南·花境花海”项目安排贫困劳动力289人就业，引领村民开办“农家乐”20余家，人均年增收1.6万元以上。

【列入湖南省农村一二三产业融合试点县】 2018年，东安县被列入湖南省农村一二三产业融合试点县。东安县按照“基在农业、利在农民、惠在农村”思路，主动适应经济发展新常态，以促进农民增收为核心、发展绿色农业为着力点，以延伸农业产业链、完善利益联结机制为切入点，发展东安鸡、蔬菜、柑橘、油茶、茶叶、休闲农业等优势特色产业，扶持产业集群和核心企业发展及农产品种植加工基地建设，支持企业争创名牌和建立技术创新机构，鼓励农村创新创业，支持重点区域、工业园区重点项目建设，以“农业+旅游”“农业+深加工”为特色，以农业多功能融合为方向，挖掘农业的生产、生活、生态、文化等功能，促进农业结构持续优化，培育农村产业融合主体，着力构建农业与二、三产业交叉融合的现代产业体系，进一步促进农业提质增效、农民就业增收和农村繁荣稳定。截至2018年年末，全县各类农业产业化经营组织发展到780家，农产品加工流通企业发展到近百家，其中市级以上重点农业产业化龙头企业30家，其中省级2家，市级28家。30家市级以上龙头企业资产总额15.85亿元；实现销售收入35亿元，实现利税1.56亿元。

【入围湖南省级精品旅游线路重点县】 2018年，东安县入选第三批湖南省精品旅游线路重点县。东安县实施“旅游活县”战略，争当全域旅游排头兵，将旅游产业作为支柱产业来抓，着力把东安打造成张崀桂旅游走廊上的黄金驿站，全县旅游产业发展迅速。该县成立高规格的旅游工作领导小组，由县委书记任组长，县长任第一副组长，县委副书记任常务副组长；定期召开会议研究旅游工作。设立专抓机构，在全省率先设立县级旅游发展委员会；出台最优惠以奖代补兴旅游政策《东安县鼓励微旅游发展的若干意见》，财政预算旅游发展引导资金3.6亿元，每年设立旅游发展基金2000万元，对投资微旅游项目建设给予补贴或奖励，用以奖代补的方式撬动社会资本投资微旅游的热情；加大旅游基础设施建设力度。建设美丽通道、旅游风景道、绿道，配套完善水电、通信、厕所、生态停车场等公共服务设施。全县建成国家AAAA级旅游景区1个、国家AAA级旅游景区1个、国家森林公园和国家级自然保护区各1个、国家湿地公园1个、省级水利风景区1个、省级森林公园1个，打造风景名胜区100个，培育乡村旅游点100个。

【晋升为省级园林县城】 2018年，东安县晋升为省级园林县城。

该县按照“扩容提质，提质为主”的原则，坚持现代生态文化园林休闲宜居都市的城市定位，把城区当景区建，把街道当景点建，把机关当庭院建，定下“休闲园林”“精美县城”“宜居宜业宜游”的规划设计主基调。完成人民公园、新吴公塔、紫水河北岸风光带、明德广场等城市景观和绿色休闲场所建设。紫水河南岸风光带、东安大道提质改造、紫水聚德生态湿地文化公园建设全面启动。实施大树进城4万株，新增城市绿化面积80公顷，县城主干道绿化率95%以上，人均公园绿地面积9平方米，建成区绿地率40%。

【芦洪市镇成功入选中国历史文化名镇】 2018年12月17日，在住房和城乡建设部建筑节能与科技司下发的《关于对拟公布为第七批中国历史文化名镇名村名单的公示》中，东安县芦洪市镇成功入选中国历史文化名镇榜单，这也是永州市唯一入选的乡镇。芦洪市镇具有鲜明的历史内涵、清晰的传统风貌、丰富的古建筑群落、生活气息浓厚的传统街巷以及淳朴的风俗民情：以席家大院、树德山庄为核心的传统院落，彰显明清和民国两大时代的建筑特色，是清末太子少保席宝田、抗日名将唐生智两大名人传奇轶事和人文精神的传承载体。另外以大街、小街为主干的古街巷建筑群，形成独具特色的马帮商贾文化，极具明末清初古建风格。斩龙桥、古应阳县城墙断痕遗址、汉代古窖遗址、汉代古墓葬群、清代魏玉彩故居、大皇庙遗址等古遗存奠定古镇古色古香风情，九龙岩、三门岩更是大自然给予芦洪市的迤逦瑰宝。应水晨曦、狮岭远眺、九龙奇峰、洪林钟声、龙桥洪峰、芦江垂钓、连桥朝霞、大皇雨霁的“芦洪八景”凝炼出芦洪市江南水乡的气息。芦洪市镇根据历史文化名镇保护的需求，按分级保护的原则，将芦洪市历史文化名镇划分为协调建设控制区、建设控制地带、历史文化核心保护区、各级文物保护单位（历史建筑）四级，对范围内所有历史建筑及历史环境要素严禁拆除，并根据其功能调整及风貌要求进行整体性修缮，对内部设施进行应有的保护。

领导名录

中共东安县委员会

书　　记　冯德校
副 书 记　龙向洋　蔡富强
常　　委　李四清　彭俊卿　蒋　华　唐华栋　廖劲松　唐振宇　张一波　金志辉

县人大常委会

主　　任　张　波
副 主 任　唐新柱　胡慧川　蒋永辉　黄　敏　刘　劼

县人民政府

县　　长　龙向洋
副 县 长　蒋　华　何　锋　宋志雄　李瑞霞　张　静　邹礼春　沈中心　唐久梅

县政协委员会

主　　席　陈　军
副 主 席　秦剑元　丁国志　唐月程　周壬秀　蒋裕华

中共东安县纪律检查委员会、监察委员会

书记　主任　廖劲松

县人民武装部

部　　长　金志辉
政　　委　尹　平

县人民法院

院　　长　蒋江陵

县人民检察院

检 察 长　唐小辉

双牌县

【概况】 湖南省双牌县位于潇水中游，北接永州市零陵区，东北接祁阳县，东南靠宁远县，西南连道县，西侧紧邻广西壮族自治区全州县，县城距永州市60千米。县境地处南岭山脉，据初步勘察，已发现的矿种有铅、锌。水资源总量约14亿立方米，水能资源理论蕴藏量27.22万千瓦，可供开发量为19.80万千瓦。林地面积15.26万公顷，活立木蓄积量631.9万立方米，森林覆盖率79.04%。2018年，双牌县辖6个镇、5个乡（一个瑶族自治乡）、3个林场和1个国家级森林公园管理局。土地总面积1751.36平方千米，其中耕地面积9.45千公顷。年末总人口20.08万人，其中城镇人口9.04万人，少数民族人口1万人。人口出生率10.95‰，人口自然增长率3.25‰。年内气温最高37.9℃，最低-3℃，年降水量1607毫米。

完成地方生产总值64.2亿元，增长7.9%。三次产业结构比为22.5∶42.8∶34.7。完成财政总收入5.98亿元，增长9.4%。

完成农林牧渔业总产值29.17亿元，增长5%。主要农产品产量：玉米1.36万吨，红薯5.6万吨，水稻7.62万吨，生姜6.75万吨。新增家庭农场35家、专业合作社25家、省级龙头企业1家。建设各类农田水利工程4252处，新增恢复灌溉面积0.03公顷，改善灌溉面积806.67公顷。观音山农庄获评省休闲农业示范农庄。

完成规模工业总产值77.75元，增长19.5%。规模工业增加值增长8%。引进500强企业2家，新增出口企业3家，新增入统规模工业企业8家，建成投资额在5000万元以上的企业4家，创造德永玩具公司从洽谈签约到投产19天的双牌速度。

完成社会消费品零售总额14.02亿元，城乡集市贸易成交额5896万元。成功举办第十二届阳明山“和”文化旅游节，继续保持阳明山国家AAAA级旅游景区，桐子坳国家AAA级旅游景区，全年接待游客660万人次，实现旅游综合收入40.5亿元。县城彻底整治“摇摇车”非法营运，全面实现禁燃，建成殡仪馆，消灭“断头路”，实现省级文明指数测评达标入围。乡镇改水改厕改厨3195户，新建垃圾处理设施125处，建成12个垃圾压缩转运站，桐子坳村成为“全国生态文化村”和“省级同心美丽乡村”，廖家村跻身全国美丽乡村建设示范村，大河江村、平福头村入选中国传统村落名录。

固定资产投资额增长10.6%。安排重点项目51个，完成投资16.02亿元，建成3号片区和5号片区城市综合体，启动7号片区城市综合体、嘉信国际酒店建设。邮电业务总量完成8662.7万元，实现全社会货物周转量3478.8万吨千米，旅客周转量9587.5万人千米。完成零双一级公路亮化工程，引进大润发超市和鸿宇世纪酒店，开通共享单车，引进出租车公司，完成公交站台改造。

科技事业不断突破，成功举办中国流动科技馆湖南巡展双牌站活动，建成2个科普e站，扶持双牌县森林土鸡繁育基地、双牌县单江高山野生茶科普示范基地荣获永州市先进农村科普示范基地称号。教育事业不断进步，新增学位5969个，全面消除66人以上超大班额，学位建设进度位居全市第一。卫健事业不断发展，完成中医院搬迁，康民精神病医院运营，实现村卫生室标准化建设行政村全覆盖，家庭医生签约重点人群覆盖率83.9%，国家基本药物制度检查居全省前列。开展群众文体活动，完成送电影下乡2347场，送戏下乡117场，成功举办2018“走红军走过的路徒步穿越大湘南”活动暨“大美永州”大穿越活动。

中国银杏第一村——双牌桐子坳

脱贫成效巩固提升。减少贫困人口600人以上，贫困发生率降至0.6%，实现全县村组通路率100%，饮水安全率100%，安全用电覆盖率100%，信号覆盖率100%，易地扶贫搬迁在全省考核中得分最高。重大风险防范有力。化解政府隐性债务5.2亿元，超额完成债务化解计划；完成非法集资存案化解，化解率100%；开展扫黑除恶专项斗争与安全生产专项整治，成为全市唯一的省“平安县（市区）示范单位”。全面完成湘江保护和治理第二个“三年行动计划”，通过“全面推行河长制”中期评估中央核查，县级以上集中市式饮用水水源地水质达标率100%，空气质量优良率90.7%。

取得首个“中国和文化之乡”“湖南省诗词之乡”称号，跻身全国第四批法治县（市、区）创建活动先进单位，在全省综治民调中排第三位，获省教育工作督导评估优秀等次，获评省教育强县，获得全国生育状况调查先进单位称号，成功创建为省儿童保障合格县，获得省生态功能区考核第一名，跻身省中药材种植基地示范县，获得省商务工作先进单位称号。

存在的主要困难和问题：发展不足、质量不优等问题依旧并存，高质量发展任道重远；金融对实体经济支持力度不够，民营企业、小微企业融资难、融资贵等问题仍旧比较突出，投资增长面临较大压力；县城集聚能力不足、辐射能力不强，农村公共服务建设短板明显，城乡统筹有待加强；巩固提升脱贫成果任务重，教育、医疗、就业、文化、交通等供给质量与群众的要求和期望仍有一定差距，惠民生任务仍然艰巨；部分干部思想观念陈旧，本领恐慌、营商环境有待进一步改善，作风建设有待进一步加强。

【获评全国首个“中国和文化之乡”】 2018年10月上旬，中国伦理学会专家组到双牌进行严格的考察认证。11月2日，该县被中国伦理学会命名为全国首个“中国和文化之乡”。双牌古称“泷泊”，历史悠久，和文化底蕴深厚。从2006年开始，该县连续举办12届“和文化”节，创建阳明山海峡两岸交流基地，打造“永和文化长廊”“和字展馆”“永和塔”“万和湖”等一大批“和文化”的传播平台，开展“和文化”进机关、进社区、进校园、进企业、进酒店、进商铺、进农村、进家庭及“最美”系列评选活动，使“和文化”在双牌得到较好的传播和弘扬。

【迈入全省“教育强县”行列】 2018年，湖南省教育督导委员会组织对全省23个县市区开展第三轮县级教育工作“两项督导评估考核”，双牌县获得省优秀，双牌县县委书记苏小康，县委副书记、县人民政府县长肖质彬获得县级党政主要领导教育工作实绩督导考核优秀等次，双牌成功迈入全省“教育强县”行列。该县始终把教育作为最大的民生工程、最大的扶贫工程、最大的发展工程，建立形成每年至少二次县委常务会议、至少三次政府常务会议议教的会议制度，并将教育优先工作纳入全县综合绩效考核的重要内容，推动双牌教育事业快速蓬勃发展。学前教育全面覆盖，公办幼儿园全县乡镇覆盖率100%，学前三年毛入学率从2013年的65.1%提高到80.9%。义务教育均衡发展，全年新增学位5969个，66人以上超大班额全部消除，农村学校形成乡镇集中办学格局，26所义务教育学校全部建成合格学校。普通高中特色发展，县二中成为湖南师大附中结对帮扶学校，学业水平考试正考合格率均高于全省平均水平。职业教育蓬勃兴起，县职业技术学校的办学条件实现从简陋破旧、设施短缺到环境优美、功能齐全的蜕变，在校学生从2013年的320人增加到2018的1033人，毕业学生就业率保持在100%。

【获得生态功能区考核全省第一名】 2018年，双牌县环境空气质量优良天数达331天，空气质量优良率90.7%，两个断面地表水和县城城镇饮用水断面水质常年稳定在Ⅱ类水质以上，达标率100%，获得生态功能区考核全省第一名。双牌县深入学习贯彻习近平新时代生态文明建设思想，抓好中央、省、市环保督察及“回头看”问题整改，完成省市政府污染防治攻坚战“夏季攻势”任务，落实市委、市人民政府关于打赢“污染防治攻坚战”的决策部署，在全县范围内形成县委领导、政府负责、环保牵头、部门联动、全社会共同参与的环境污染防治工作良好新格局。辖内污染防治成效明显，环境质量不断改善。

【跻身省中药材种植基地示范县】 2018年，双牌县被认定为第二批湖南省中药材种植基地示范县。该县适合种植中药材的山地有5.73万公顷，境内有药用价值的植物305科，发展中药材产业得天独厚。该县立足资源禀赋，将药材种植与乡村旅游、精准扶贫深度结合，以调整农业结构为契机，将中药材作为县域经济的特色产业来抓。全县中药材种植基地建设初具规模，形成以黄柏、厚朴、杜仲、银杏、金银花、金槐、显齿蛇葡萄叶等为主要品种、地方特色品种齐头并进的生产格局，出现一批区域化、规模化生产的中药材生产基地和中药材生产大户。

【举办首届永州“中国农民丰收节”】 2018年9月21日，首届永州“中国农民丰收节”活动在双牌县麻江镇廖家村举办。该次活动通过表彰先进，开展农业招商及农产品购销签约仪式，举行现代农业成果展、乡村旅游展及优质农产品展、农民歌手大赛、趣味农事等系列活动，为广大农民共庆丰收、社会各界共谋丰收、全民参与共享丰收。活动现场签约项目18个，其中农业招商项目12个，农产品购销项目6个，签约总金额124.98亿元。

（汤政成　蒋思韬　周志强）

领导名录

中共双牌县委员会

书　　记　苏小康
副 书 记　肖质彬　张跃斌
常　　委　李群辉　周　华
　　　　　周新华　唐　旭
　　　　　雷秀新　王焕全
　　　　　肖　勇　唐　俊

县人大常委会

主　　任　唐冬华
副 主 任　蒋昌智　邓美英
　　　　　吕保和　张云娥
　　　　　刘世春

县人民政府

县　　长　肖质彬
常务副县长　雷秀新
副 县 长　蒋爱先　何彩玲
　　　　　廖卫平　罗　轩
　　　　　唐红星　彭　澎
　　　　　李　雄　陈爱民

县政协委员会

主　　席　唐　彦
副 主 席　蒋建辉　田春玲
　　　　　陶思荣　钟建红

中共双牌县纪委检查委员会、监察委员会

书　　记
主　　任　李群辉

县人民武装部

部　　长　周　华
政　　委　徐云峰

县人民法院

院　　长　黄文德

县人民检察院

检 察 长　周　涛

道　　县

【概况】　道县东邻宁远县，南界江永县和江华瑶族自治县，西接广西全州县、灌阳县，北连双牌县。南北长77千米，东西宽62.6千米。2018年，全县辖11个镇4个乡7个街道和3个国有农林场，土地面积2447.8平方千米，其中耕地面积4.55万公顷。年末全县常住人口61.71万人，其中城镇人口30.04万人，城镇化率48.68%。全年人口出生率11.63‰，死亡率6.83‰，人口自然增长率4.80‰。年末全县户籍人口总户数23.81万户，户籍总人口79.95万人。

实现地区生产总值202.54亿元，增长8.4%。其中，第一产业增加值36.95亿元，增长2.9%；第二产业增加值52.16亿元，增长6.8%；第三产业增加值113.43亿元，增长11.3%。按常住人口计算，全县人均地区生产总值32586元，增长9.2%。全县三次产业结构比为18.2∶25.8∶56。工业增加值占地区生产总值的比重为20%；高新技术产业增加值占地区生产总值的19.7%，比2017年提高1.2个百分点。第一、二、三产业对经济增长的贡献率分别为7%、21.95%和71.05%，分别拉动地区生产总值增长0.59个、1.84个、5.97个百分点。全县非公有制经济增加值122.56亿元，增长8.5%，占地区生产总值的60.5%，比2017年提高0.6个百分点。

完成财政总收入15.02亿元，增长9%，其中一般预算收入9.88亿元，增长2.2%。一般公共预算支出389243万元，增长5.3%。金融机构各项存款余额1825484万元，增长7.2%。其中城乡居民储蓄存款余额149.19亿元，增长10.8%；年末全县金融机构各项贷款余额89.22亿元，增长13.5%。其中中长期贷款余额69.12亿元，增长9.8%。实现保费收入30738万元，增长10.1%。其中：财产险保费收入8090万元，增长5.1%；人身险保费收入22648万元，增长12.1%。年末各项赔款和给付支出8005万元，增长73.3%。其中，财产险赔款支出4487万元，增长16.6%；人身险赔款和给付支出3518万元，增长356.9%。

居民消费价格总指数（CPI）上涨1.4%，其中消费品价格指数持平。居民消费八大类指标中：食品烟酒类下降2.3%，衣着类上涨0.6%，居住类上涨6.8%，生活用品及服务上涨1%，交通和通信类上涨2.6%，教育文化和娱乐类上涨0.9%，医疗保健类上涨2.4%，其他用品和服务上涨0.3%。商品零售价格指数上涨0.7%。农业生产资料价格指数上涨2.5%。

全面建成小康社会取得新进展，实现程度（小康指数）96.2%。其中经济发展实现程度91.3%，提升6.1个百分点；人民生活实现程度95.1%，提升5.7个百分点；社会发展实现程度99.8%，提升1.5个百分点；民主法治实现程度100%；生态文明实现程度100%。

完成农林牧渔业总产值741041万元，增长3.6%；实现农林牧渔业增加值390895万元，增长3.3%。全县粮食种植面积6.22万公顷，增长1.6%；油料种植面积0.87万公顷，增长1.1%；烟叶种植面积0.19万公顷，减少14.8%；蔬菜种植面积3万公顷，增长2.1%。主要农业产品产量：粮食38.33万吨，油料1.56万吨，烤烟3500吨，蔬菜产量89.26万吨，水果产量

18.71万吨，出栏生猪73.1万头、牛6.27万头、羊14.51万只，禽蛋3217吨，水产品3.05万吨。拥有农业机械110401台，增长3.5%；机械总动力561326千瓦，增长3.5%。新推广补贴农机具3733台（套），机械化水平提高3%。新流转土地10.1万亩，新发展农民合作社85个，新认定家庭农场56个。农田水利建设力度加大，涔天河水库扩建道县灌区4条支渠启动建设，营乐源水库完成大坝固结灌浆工程，向阳坝除险加固工程全面完成，永明河流域治理工程基本完工。实施53个村庄安全饮水工程，受惠人口15.4万人。完成寿雁镇贵福片高标准农田建设520公顷，涔开河水库灌区耕地开发260公顷。

完成全部工业总产值178.83亿元，增长19.1%；实现工业增加值40.45亿元，增长7.7%。新增规模以上工业企业12家，规模以上工业企业达到109家。获批国家高新技术企业8家，新增省级高新产业企业14家。完成规模工业总产值132.68亿元，增长24.4%；实现规模工业增加值32.36亿元，增长7.9%。主要工业产品产量：锰矿石成品矿11.8万吨，大米6.9万吨，精制食用植物油5554万吨，鲜、冷藏肉1.4万吨，熟肉制品2209吨，服装883.2万件，手提包（袋）、背包53.5万个，鞋1110.6万双，纸制品0.7万吨，化学试剂0.4万吨，硅酸盐水泥熟料103.7万吨，水泥128.4万吨，商品混凝土93.3万立方米，砖40287万块，生铁0.8万吨，铁合金8万吨，金属紧固件14851吨，模具3.4万套，电力电缆1.7万千米，锂离子电池45万个（自然个），家用房间空气清洁装置2.9万台，电子元件4478万个，印制电路板15万平方米，自来水1570亿立方米。规模工业企业实现主营业务收入130.34亿元，增长21.7%；实现利税总额3.52亿元，增长43.7%，其中利润总额0.9亿元，增长23.9%。实现建筑业增加值11.73亿元，增长9.1%。具有资质等级的总承包和专业承包建筑企业完成产值27.07亿元，增长1%；房屋建筑施工面积160万平方米，增长6.3%；房屋建筑竣工面积111.15万平方米，减少0.5%。

完成固定资产投资147.06亿元，增长11.5%。其中，产业投资完成69.6亿元，增长39.5%，产业投资占固定资产投资比重为47.32%。产业投资中：工业投资完成460716万元，增长82.6%。工业投资中：工业技改投资完成101487万元，工业技改投资占工业投资比重为22.03%，比重提高10.15个百分点；高新技术产业投资完成12.24亿元，高新技术产业投资占工业投资的26.57%，比重提高3.95个百分点分。在建项目364个，其中新开工项目235个，投产项目238个。5000万元以上项目70个，完成投资74.1亿元，减少0.3%。完成房地产开发投资17.21亿元，增长8.5%。房地产业增加值86785万元，增长8.2%。房屋施工面积106.13万平方米，减少22.9%；竣工面积71.3万平方米，增长14.7%。商品房销售面积71.21万平方米，增长20.7%；商品房销售额29.97亿元，增长45.0%。

社会消费品零售总额66.18亿元，增长9.7%。分地域看，城镇消费品零售额56.4亿元，增长10%；乡村消费品零售额9.79亿元，增长8.3%。按行业分，批发和零售业零售额592953元，增长10.1%，住宿和餐饮业零售额68894万元，增长7.2%。

外贸进出口总额15556万美元，增长27.9%。其中出口总额15308万美元，增长28.6%；进口总额248万美元，减少6.4%。新增外贸“破零”企业4家。引进项目18个，其中外资项目1个、内资项目17个。实际到位外资10538美元，增长10.9%；实际到位内资36.37亿元，增长13.9%。成功引进和普新能源、齐力电机等投资过亿元项目5个，步步高集团等500强企业3家，玉衡新能源、湖南天宇环保等总部企业3家。接待国内外旅游者441.04万人次，增长39.2%；实现旅游总收入16.98亿元，增长6.7%。其中接待入境游客1535人次，创汇46.69万美元，分别增长9.5%、3.5%。爱莲小镇品牌初步打响，宝珍故里建设有序推进，获评3个四星级乡村旅游点。

完成客运量850万人，比2017年减少5.5%；完成客运周转量43923万人千米，减少9.1%。完成货运量878万吨，增长1.8%；完成货运周转量205725万吨千米，增长4.2%。年末全县公路通车里程2818.32千米，其中高速公路77千米。完成邮电业务总量58046万元，增长20.3%。年末固定电话用户1.54万户，增长4.8%，其中乡村固定电话用户0.58万户，增长9.4%；年末移动电话用户39.9万户，增长10.6%。年末互联网宽带用户7.49万户，增长21.8%。

全县初中升学率95.1%，高中阶段毛入学率94.3%。有职业中学2所，在校学生6064人；普通中学36所，在校学生44280人；普通小学282所，在校学生65764人；幼儿园（班）213所，在园（班）人数30097人；特殊学校1所，在校学生287人。有教职员工8661人，其中专职教师6967人。新建交付学位18860个，盘活新增8115个。高考创历史最好成绩，全县二本以上上线820人。

完成专利申请量338件，增长23.8%，其中发明专利申请210件，增长26.5%；专利授权量106件，增长35.9%，其中发明专利授权6件，比2017年增加2件。新申报湖南名牌2个、永州名牌3个，“道州酢肉”获评湖南省地方标准产品。

市级以上文物保护单位54处，濂溪故里建成全国第一大濂溪书院，拟申报绍基故里、古城墙和湘江战役遗址群为国保，申报湘江战役遗址群和沙田村古建筑群为省保；3月，湖南省人民政府批准道县为湖南省历史文化名城；以道州龙船赛为主题申报，道县获得湖南民间文化艺术之乡的称号；成功举办首届农民丰收节暨灯光节活动。群众性文艺协会及民间演出团体达278支从业人员3960余人，年均自发演出1100余场次；文化馆1个，1个三级图书馆藏书56.73万册；启动送戏下乡文化惠民演出活动，完成60场，组织开展农村公益电影放映活动，共播放6867余场次。电视发射台1座，卫星电视接收站台56个，电视、电话、网络、广播通村率100%，有线电视用户9.76万户。医疗卫生机构（含诊所）532个。其中医院14所，增加3所，卫生院24所，妇幼保健院、疾病预防控制中心、卫生监督所各1个；有床位总数3458张，增加190张；卫生技术人员3024人，其中执业（助理）医师1506人，注册护士1028人。参加全省第十三届运动会，取得3.5枚金牌的好成绩。组织较大规模的群众体育活动，成功元宵节舞龙舞狮比赛以及“道州调子戏”展演活动、庆“七一”职工拔河比赛、道县“濂溪杯”龙船赛等大型体育赛事，举办2018“走红军走过的路·徒步穿越大湘南”活动暨“大美永州”大穿越活动（道县站）。

道县《龙船竞渡》　　摄影 何上进

居民人均可支配收入20348元，增长10%。按常住地分，城镇居民人均可支配收入27595元，增长9.1%；农村居民人均可支配收入15655元，增长9.2%。新增城镇就业7423人，新增农村劳动力转移就业5300人。基本养老保险参保人数2.65万人，失业保险参保人数1.55万人，城镇职工基本医疗保险参保人数2.93万人，工伤保险参保人数3.01万人。累计保障城乡低保对象18.28万人次，发放低保资金4094万元，城乡低保每月人均救助水平分别达到327元、194元。领取城市最低生活保障1526户、3283人，领取农村最低生活保障4701户、12223人。投入扶贫资金9283万元，整合涉农资金1.2亿元。全年贫困人口出列2833户、11358人，贫困村摘帽32个，贫困发生率降至1.46%。

环境空气质量优良率93.7%，地表水各断面水质各项污染物指标年均值均达到和优于Ⅱ类水，地表水断面水质优良率100%，县区以上饮用水水源地水质达标率100%，水功能区水质达标率100%。城镇污水处理率87%，城市生活垃圾处理率100%；农村生活污水处理率69.9%，农村生活垃圾集中处理率95%以上。森林资源蓄积量增长率5%；城镇建成区绿化覆盖率45.6%。能源消耗总量95.59万吨标准煤，万元地区生产总值能耗为0.472吨标准煤，下降6%。削减化学需氧量减排750.79吨，氨氮减排80.21吨，二氧化硫减排73吨，氮氧化物减排326吨，挥发性有机物减排200吨。发生生产安全事故1起、死亡1人，分别比2017年下降66.7%、80%，没有发生较大及以上生产安全事故。亿元地区生产总值生产安全事故死亡人数为0.0049人/亿元，下降81.4%。

存在的主要困难和问题：实体经济不强，落地项目少，产业链条短，龙头企业缺；新产业、新业态、新模式依然滞后，新不足以补旧、小不足以补大的矛盾突出；骨干税源培育不足，资金调度十分困难，收支矛盾非常尖锐；民生改善不够，受财政收支形势严峻和历史遗留问题的影响，教育、医疗、就业等一些百姓关注的民生问题还没有得到及时有效解决；发展环境不优，营商环境存在政令不畅、办事拖拉、审批繁琐等顽疾，企业和群众办事多头跑、重复跑的现象仍然比较普遍等。

【创建国家卫生县城】 2018年12月12日，道县通过国卫专家组考核验收，成功创建为国家卫生县城。自2016年起，道县启动创建国家卫生县城工作，以提升城市人居环境、改善投资环境、促进社会经济发展为目标，按照爱卫组织管理、健康教育、市容市貌、公共卫生、食品安全、传染病防治和病媒生物防制等各项国卫指标的要求，推进基础设施建设、环境卫生整治、长效机制建立等工作，城区基础设施建设日臻完善，城市综合管理水平不断提高，城市卫生面貌明显改善，市民素质大幅提升。

【创建湖南历史文化名城】
2018年，道县成功创建湖南历史文化名城。道州古城始建于唐天宝元年（742），由道州改为道州江华郡，迁州县治迁于道县县城，营道县附廓。此后，历代道州城均以此为中心向四周扩散，中心城址历1276年未变。在道州古城跨逾千年的历史行程里，凝结成这座古城三大历史地位，一是湘南潇水流域政治、经济、文化中心城市；二是“毗邻两广，襟带三湘”，扼三省咽喉的历史上兵家必争军事重镇；三是“北通云梦，南极潇湘”，通达百粤的商贸边城。道州古城城池格局依然清晰，保存完好，州府衙内有7栋保存完好的中欧合璧苏式建筑，南门、东门两座城门及东门瓮城保存至今，还遗存三段共计1600余米砖石城墙，城市的“三纵四横”街道里巷格局和湾里街、寇公街、次山街三片历史街区集中成片的历史建筑及街道空间肌理得到保留。古城的山水格局保存其历史风貌。东洲、西洲、北门外、水南街四片历史风貌区仍然完整显示其历史旧貌。

【道县通关大平台实现突破】
2018年，道县15台港澳直通车运行，保税区获批。湖南农副产品集中验放场暨永州公路口岸，是由省人民政府审核批准，落户在道县的永州市重点物流通关平台项目。项目总用地面积23.33公顷，总投资4亿元。第一期总投资2.6亿元，项目用地面积12.86万平方米，建成通关服务中心、农副产品分拣场、查验平台、监管仓、熏蒸处理场、集中箱堆场、进境水果监管区、“一进一出”的电子卡口在内的通关功能区和包括综合楼1幢、农产品包装加工厂房3幢、钢构交易场2幢在内的交易区建设，建筑面积约10万平方米，建成电子围网总长903米，围网内面积37172平方米，集装箱车位90个。

（周贤华）

领导名录

中共道县委员会

书　　记　刘勇会
副 书 记　李天明　蒋燕飞
常　　委　何小华　乌进甫
　　　　　易恢节　义　洁
　　　　　李　林　彭德源
　　　　　林志刚

县人大常委会

主　　任　周良英
副 主 任　何雨桂　陈　一
　　　　　王福忠　周小平
　　　　　曹湘华

县人民政府

县　　长　李天明
副 县 长　李　林　李良刚
　　　　　周晓芬　朱云雁
　　　　　杨三信　何智英

县政协委员会

主　　席　蒋新祥
副 主 席　胡昌启　赵明扬
　　　　　黄　敏　丁建华
　　　　　陈新娥

中共道县纪律检查委员会、监察委员会

书　　记
主　　任　易恢节

县人民武装部

部　　长　蒋全安
政　　委　胡洪春
副 部 长　唐克伟

县人民法院

院　　长　杨　斌

县人民检察院

检 察 长 沈 阳

江 永 县

【概况】 江永县东南与江华瑶族自治县接壤，南与广西富川瑶族自治县相连，西南与广西恭城县交界，西北与广西灌阳县毗邻，北部紧靠道县。2018年，江永县辖9个乡镇、1个国有农场、1个省级自然保护区和1个国家森林公园，土地面积1540平方千米，年末全县总人口28.53万人，常住人口24.09万人，其中城镇9.66万人，农村14.43万人，城镇化率40.1%。全年人口出生率7.2‰，人口自然增长率3.87.2‰。全年年平均气温18.8°C，最高气温36.8°C，最低气温-3.2°C。年降水总量1496毫米，年日照总时数1641.2小时，无霜期328天。

完成生产总值70亿元，增长7%。第一产业完成增加值19.6亿元，增长3.4%；第二产业完成增加值20.2亿元，增长6.3%；第三产业完成增加值30.2亿元，增长10.1%。人均生产总值29128元，增长9.4%。三次产业结构为28.03∶28.83∶43.14。三次产业对经济增长的贡献率分别为14.9%、26.3%、58.8%，分别拉动经济增长1.04、1.84、4.12个百分点。财政收入5.69亿元，增长14.92%，一般公共预算收入3.86亿元，增长11.34%。

实现农业总产值36.57亿元，增加值20.52亿元，分别增长3.7%和3.8%。主要农产品产量：粮食12.51万吨，水稻10.15万吨，油料1.52万吨，肉类5.68万吨，禽蛋1926吨，水产品5200吨。优质稻种植面积17.1千公顷，增长2.3%；油料种植面积9.07公顷，增长1.4%；蔬菜种植面积16.75千公顷，增长1.2%。财政农林水事务支出3.87亿元，增长42.84%。推动“三园两场”示范创建，创建标准化示范基地22个，标准化养殖场5个。建成江永香柚标准化示范园200公顷，发展“超级稻+再生稻”示范基地66.67公顷，完成国家标准粮食储备，规划建成云雾山香柚产业园0.1万公顷。举办农业技术讲座45场次，发放季节性生产技术资料2.5万份，为特色水果生产提供技术支撑。实施柑橘黄龙病防控，创新《柑橘黄龙病“三板斧”防控技术》《“5+2”柑橘黄龙病防控集成技术》，完善网棚假植柑橘大苗技术，发展网棚栽培柑橘面积66.67公顷、防虫网墙技术推广6.67公顷。突出“五香”原产地特色品牌塑造，完善“满天星”农产品防伪溯源项目建设，建成江永五香“三品一标”产品面积1.83万公顷。江永香米获“农产品地理标志”，江永香柚获“袁隆平特别奖”，入围首批中央电视台“国家品牌计划—广告精准扶贫”项目。

完成工业产值61亿元，增长7.3%，增加值14.9亿元，增长7.6%；全县规模以上工业企业完成产值46.9亿元，增长17.8%，增加值增长7.5%，销售产值46.9亿元，增长17.8%，工业产品销售率100%。主要产品产量：发电量72120万千瓦时，大米15039吨，水泥136386吨。工业增加值占生产总值的21.3%，比上年提高0.9个百分点。工业对经济增长的贡献率23.2%，拉动经济增长1.6个百分点。

园区企业发展到43家，其中规模以上工业企业39家，新增入统规模工业企业6家，新增开工企业4家，园区工业集中度90.2%。实施“创新型江永”战略，“江永老石头”冲刺全国企业科技创新创业大赛总决赛。园区新建标准厂房4.17万平方米，完成健发产业园收购，新增土地储备66.67公顷。建成工业园党群活动服务中心和党群文化公园，污水处理厂项目开工建设，园区学校、医疗、交通、休闲、供水、网络等基础设施逐步完备。开展园区企业“一帮二促”帮扶行动，解决生产经营困难56个。开展农产品质量安全示范区“提质增效创品牌”活动，重点扶持特色农副、老石头、义华花生、桦仕德、广发蔬菜等农副食品加工企业，进一步扩大物流、出口，促进农副食品加工业转型升级。

实施重点项目69个，完成投资100.5亿元，占全年投资的102.2%。新引进青鹤铝业、纵点纺织、湖南龙毅科技等企业5家，总投资5.7亿元。举办江永长沙招商推介会，成功签约5个项目，总投资5.5亿元。成功申报石漠化综合治理工程、银铅锌矿国有公矿棚户区改造安置小区配套基础设施建设等项目32个，总投资2.1亿元。推进产业项目9个，投资4000万元的温氏集团年产30万吨猪饲料厂竣工生产，投资1.86亿元完成香芋加工项目技术改造，投资7200万元完成湖湘商贸电商产业园仓储物流中心主体建设。千源酒店投入营业，瑶城市场完成回迁。全面完成幸福路、知青路、浦美路、环城南路及东路交汇段“白改黑”工程。永华壹号城市综合体、同创世纪、永明河综合治理、永明河湿地公园等项目有序推进。上江圩风电30台机组并网发电，109个农村综合服务平台建成并投入使用，潇贺古道维修项目完成。知青文化旅游、女书生态博物馆提质改造、粗石江边界口子镇建设项目有序推进。

社会消费品零售总额26.64亿元，其中城镇完成23.25亿元，增长8.88%。农村完成3.39亿元，增长19.65%；住宿业完成2.02亿元，增长10.76%；餐饮业完成1.86亿元，增长9.87%；批发业完成5.28亿元，增长14.05%；零售业完成17.47亿元，增长8.97%。接待游客556.07万人次，实现旅游综合收入45.12亿元，增长分别为17.83%和29.58%。接待入境游客5022人次，实现入境旅游收入119.04万美元，增长分别为15.26和14.14%。加快旅游产业化步伐，成功入选湖南省第三批精品旅游线路重点县，勾蓝瑶寨通过国家AAAA级旅游景区景观质量评价，女书大酒店被评为“三星级旅游饭店”。完成旅游“1+13”规划，打造“瑶家古风”“一园一寨女书探源研学、勾蓝瑶寨明星体验”“江永五香美丽乡村”“生态休闲旅游探险”“辟谷养生+瑶医药膳”5条旅游精品线路，丰富旅游业态。完成香炉山游道、知青食堂、千灌公路、勾蓝瑶公路等景区景点项目建设。知青部落项目、上甘棠至勾蓝瑶微马跑道项目、永明河国家湿地公园“三桥三路”建设。

城乡居民收入14725元，增长9.7%。其中城镇居民人均可支配收入24120元，增长8.4%；

江永县勾蓝瑶寨风光——春满瑶寨

农村居民人均纯收入10312元，增长10.2%。城镇和农村居民消费支出人均分别为18501元和8442元，分别增长15.8%和-4.6%。

脱贫攻坚持续深入。完成422户1331人脱贫，贫困发生率由0.83%下降到0.26%。完成9个乡镇2007户8000贫困人口易地搬迁；10535名建档立卡贫困家庭的在校生享受扶贫助学政策，“雨露计划”惠及1013人；对全县贫困户实行“先诊疗后付费”和“一站式结算”，城乡医保参保率100%，住院费用报销比例90%以上，获得全省“健康扶贫先进县”称号。整合涉农资金5.03亿元，实施财政涉农资金统筹项目570个，完成自然村通水泥路建设200千米、农村公路“窄加宽”工程53千米、五小水利修建146处、安全饮水16处11994人受益。实施农村“照明工程”，安排安装路灯1.54万盏。完成贫困村单户式污水处理工程600个，3000人受益。全年社会扶贫爱心捐赠近600万元，投入电商、休闲农业、旅游等产业发展资金2612万元，实施“一村一品”产业项目246个，带动13809户贫困户参与，户均增收2000元。电商购销总额21.56亿元，其中贫困村贫困户产品上行交易额超过2600万元。扶贫工作先后在北京全国脱贫攻坚表彰大会暨脱贫攻坚先进事迹报告会上、五洲传播中心推介，中央电视台对江永县勾蓝瑶扶贫模式进行专题宣传。

城乡文化繁荣发展。完善10个村的乡村体育健身设施，乡村体育健身设施覆盖率85%。对接精准扶贫、河长制等重点工作，组织开展群众文体活动98场，送戏下乡45场次，下乡放映电影2450场次，开展“落实绿色发展理念　全面推行河长制”专题文艺晚会巡回演出9场，成功举办首届“中国农民丰收节”，“洗泥节”入选“中国农民丰收节100个乡村文化活动”。注重女书文化的传承与保护，创作录制《女书组歌》和史诗剧《八角花开》，举办“女书文化节”暨“香柚文化旅游周”活动。

存在的主要困难和问题：经济增速放缓，开放程度不够，发展后劲不足，要素制约突出，公共服务薄弱，社会环境欠优等。

【获湖南唯一全国脱贫攻坚组织创新奖】 2018年10月17日，全国脱贫攻坚表彰大会暨脱贫攻坚先进事迹报告会在北京召开，江永县获得国务院扶贫开发领导小组颁发的组织创新奖，获得全国唯一“互联网+”社会扶贫突出贡献奖，被评为全省唯一的“中国全面小康扶贫十佳县市”，是湖南唯一获此殊荣的县。2017年，江永县把社会扶贫网与电商扶贫、产业扶贫相结合，形成“拓销路、兴产业、富群众”的良性互动，走出一条“互联网+社会扶贫”的新路子。全县贫困户注册率在全国率先实现100%，注册爱心人士11万余名，贫困需求对接8.9万条，各项指标均居全国第一位。1000余名志愿服务专家队伍，为贫困户提供医疗、教育、法律、农技等方面的帮扶。邀请中国工程院院士袁隆平、奥运举重冠军王明娟、湖南卫视节目主持人汪涵等知名人士担任扶贫专家或形象大使，纷纷为江永脱贫攻坚代言，成为江永的“智囊团”“招商员”“兴业者”。同时，江永县依托“全国电商进农村综合示范县”优势，采取“电商企业+贫困村+贫困户”帮扶方式，搭建一座扶贫产业与市场销路之间的桥梁。全县2万公顷果蔬找到销路，销售贫困户农产品3600余万元，带动3500户贫困户户均增收2000元，果蔬均价提升30%，贫困户“丰产”又“丰收”，全县特色水果扩种0.47万公顷，产业扶贫实现全覆盖。

2018年10月20日，“湖南永州（江永）女书文化旅游节暨香柚节”开幕式

2018年10月20日—23日，“湖南永州（江永）女书文化旅游节暨香柚节”在江永县举行

【永州·江永女书文化旅游节】 2018年10月20日—23日，永州市举办“永州·江永女书文化旅游节暨香柚节”。此次活动由江永县委、县人民政府主办，主要内容包括开幕式、乡村振兴研讨会、女书史诗剧《八角花开》首演、女书旗袍设计大赛、十佳柚园评比等主题活动及“瑶山油茶品尝会”“‘做一回古老的新娘’女书婚俗体验”“女书婚礼晚会暨女书组歌首演晚会”“勾蓝洗泥相亲会暨洗泥节民俗体验”“甘棠送子”“上甘棠古村古桥旗袍秀”“挡不住的娘家柚惑”等系列民俗文化活动。

江永县位于湖南省西南边陲，都庞岭南麓，瑶族故地千家峒、千年古村上甘棠、千古之谜江永女书“三千文化”闻名遐迩，拥有“中国最美的小城”“中国最具文化品位的小城”等美誉，香柚、香芋、香姜、香米、香菇“江永五香”久负盛名，是全国最大的香柚生产基地，先后被国家命名为“中国香柚之乡”和“中国香芋之乡”。近年来，江永县争创国家全域旅游示范县，围绕江永女书的国际性、世界性、唯一性等特征，打造以“惊世女书，香约江永”为核心的特色旅游品牌，成功推出“一园一寨”研学、瑶医药膳养生、美丽乡村、瑶家古风、生态休闲5条精品旅游路线，打造女性主题文化旅游目的地。

【公安工作公众评价全省第一】 2018年，江永公安工作在全省公安机关民意调查结果中，公众评价得分中排全省第一位。抓平安创建，牢固树立“多破案不如少发案”理念，打造“城区快警”“农村辅警”相结合的城乡巡逻防控体系，建成城区快警平台2个，城区快警67人，建设农村辅警站108个，招录农村辅警108名。打好安保维稳“百日会战”，全面推动大巡防、大管控、大整治落实落地，县公安局获评“全省公安机关安保维稳百日会战先进单位”。抓严打整治，开展“集打斗争”“扫黑除恶”等专项行动，重拳打击整治人民群众反映强烈的治安难点热点问题，着力提高群众满意度。摧毁恶势力犯罪团伙6个，侦破重大跨省盗抢骗案2起，重大电诈案1起、公安部督办毒品目标案件1起、省公安厅督办毒品目标案件1起，集打斗争“夏秋攻势”行动排名全市第二位，江永县被授予“全省综治先进县”“全省禁毒工作先进县”。

【江永云雾山香柚产业园入选国家AAA级旅游景区】 2018年12月，经永州市旅游景区质量等级评定委员会组织评定，江永县云雾山香柚产业园入选国家AAA级旅游景区。云雾山香柚产业园园区规划总面积0.1万公顷，辖粗石江镇宋村、城下村、矮寨村和桃川镇周堂村、富隆村等村。核心区面积200公顷，园区新硬化道路、水利基础设施、创意大门、功能广场、科研大楼、瞭望塔等，按功能区划分为云雾山广场、科研科普区、生态休闲区、农事体验区、标准化服务区、生产仓储区和园区生活区。园区发挥自然资源和文化底蕴、地理区位优势，营造“春华、夏荣、秋练、冬媚”特色景致，展示“香约、创意、品牌、富实”特香农业，勾勒“春歌、夏曲、秋韵、冬语”美景胜境，建设成集“生态、生产、休闲、科普”于一体的高标准现代农业示范园的发展目标。

【举办首届“中国农民丰收节”】 2018年9月28日，江永县首届“中国农民丰收节”庆祝活动在千家峒瑶族乡盘王广场举行。庆祝活动以“庆祝丰收、弘扬文化、振兴乡村”为主题，以农民为主体，以庆丰收为主线，设立20多个展位，展示全县农民丰收新成果、产业发展新成就、乡村振兴新面貌。活动现场，在各乡镇、农产品加工企业的展台前，农民代表纷纷推销灵芝、香芋、花生、蜜柚等本地特色农产品，不少市民驻足购买。当天，全县9个乡镇的100多名运动员还举行“庆丰收、迎国庆”趣味运动会，掰玉米、包粽子、夹香柚等一项又一项农民趣味运动项目，吸引众多农民朋友和游客驻足观看。

【微电影《满姑》斩获“亚洲微电影艺术节金海棠奖”】 2018年11月8日，由江永县委组织部拍摄的廉政微电影《满姑》，在云南省临沧市举办的2018第六届亚洲微电影艺术节暨第六届亚洲微电影金海棠奖颁奖活动中斩获“亚洲微电影艺术节金海棠奖”。该片根据中共十九大党代表田满姣的真实事件创作，剧中主演全是原型出演。影片讲述18岁的源口社区大坪岗村5组贫困女孩赵春蕾，天降灾难不幸患上白血病，其父母都是农民，父亲常年患病，奶奶是聋哑人，为了给赵春蕾治病花费20多万元钱，本不富裕的家已是债台高筑。女孩命悬一线时，共产党员、村妇女主任、中共十九大代表田满姣对这个贫病交加的家庭，伸出援助之手，一家一户上门募捐，通过捐献爱心帮她战胜疾病。

【长沙江永商会成立】 2018年11月18日，长沙江永商会成立，省工商联党组成员、副主席吴曙光，中共江永县委书记周立夫，县委副书记、县人民政府县长唐德荣，县领导黄智亮、刘忠华、沈勇强、谭美池、莫鸣、张莲秀等省市县有关领导出席会议，长沙江永商会成员、其他商会代表280余人参加会议。会上，宣读商会领导班子选举结果，商会还现场为10名江永籍在长沙就读的贫困大学生发放3万元助学款。举行江永长沙招商推介会，举行江永县特色水果种植及加工项目、江永女书文化线上线下推广项目、江永县桃川镇乡村振兴共建合作协议、江永县农产品采购协议等5个项目的集中签约仪式，总投资5.5亿元。

【“女书”福利彩票全国首发】 2018年9月28日，湖南省新款本土即开型福利彩票“女书”全国首发仪式在江永县知青文化广场举行，刮刮乐“女书”票是湖南省第六款本土即开票，也是继即开型福利彩票“福”之后，湖南省第二款面向全国发行的本土即开型福利彩票。中国福利彩票发行管理中心党委委员、营销宣传部主任何易，湖南省民政厅副巡视员游劲民，永州市人民政府副市长谢景林出席首发式。即开型福利彩票“女书”的设计理念源于永州市江永县一带使用了上千年的汉语方言音节表音文字——“女书”。该款彩票的票面设计将当地“女书”文化和中华优秀传统文化中的“琴、棋、书、画、诗、歌、茶”进行巧妙编排和融合，配上卡通人物形象，既有时尚的元素，又有古典的魅力，符合各年龄段彩民的喜好，具有良好的市场发展前景。

（李道恒）

领导名录

中共江永县委员会

书　　记　周立夫
副 书 记　唐德荣　王小丽
常　　委　杨　诚　蒋俊善
　　　　　王克贤　吴军臣
　　　　　沈勇强　谭美池
　　　　　唐阳陵　郐双飞

县人大常委会

主　　任　黄智亮
副 主 任　李忠英　何勉才
　　　　　欧阳小泉　欧阳萍
　　　　　陈德义

县人民政府

县　　长　唐德荣
副 县 长　蒋俊善　杨迪松
　　　　　盘成军　何福明
　　　　　何　娟　莫　鸣
　　　　　郑明明　李新建

县政协委员会

主　　席　刘忠华
副 主 席　刘志强　李　红
　　　　　义忠文　张莲秀
　　　　　尹　玲

中共江永县纪律检查委员会、监察委员会

书　　记
主　　任　唐阳陵

县人民武装部

部　　长　王克贤
政　　委　谢军民

县人民法院

院　　长　唐　英

县人民检察院

检 察 长　欧阳旭勇

江华瑶族自治县

【概况】 江华县位于湖南省正南端，南岭北麓，潇水源头，是湘、粤、桂三省（区）结合部的金三角。有大型稀土矿、中型铜铅锌矿、钨锡矿、铀矿和铁矿。水资源总量56.02亿立方米，水能可开发量100万千瓦。全县森林覆盖率78.78%，林区达85%，活立木蓄积量1600多万立方米，有原始森林和原始次生林3.33万公顷，是中国南方重点林业县、湖南省林业十强县。

2018年，江华瑶族自治县辖16个乡镇，295个村委会，17个社区居委会。全县土地面积3248平方千米。年末全县总人53.78口万人，少数民族人口38.74万人，长住城镇人口20.31万人。人口出生率11.38‰，自然增长率4.34‰。年内气温最高36.5℃，最低-1.5℃；年降水量1680.7毫米。

地区生产总值125.39亿元，增长8.5%。其中第一、第二、第三产业增加值分别完成24.22亿元、35.59亿元、65.67亿元，分别增长3.4%、7.6%、11.2%。完成财政总收入12.71亿元，增长10.8%。一般公共预算收入累计完成109607万元。

农林牧渔业总产值43.65亿元，增长1.23%。农林牧渔服务业产值2.2亿元，增长8.7%。全县农作物总播种面积63.38千公顷，增长0.5%。有市级农业产业化龙头企业20家、省级农业产业化龙头企业3家，发展专业合作社404家、家庭农场131家。鸿福华发园瑶香猪养殖特色产业园获评“现代农业特色产业园省级示范园”。栋梁木业、冯河农业、水云农业3家企业在湖南股权交易所农业专版成功挂牌。新增“三品一标”认证品种9个，共112个，注册商标188个，瑶珍粮油公司的“瑶珍”、锦田木业的“江环”、长福香业的“增福”、神州瑶都旅游公司的“神州瑶都”、君贤皮具的“diwei”评为湖南省著名商标。“江华苦茶”获得2018中澳茶博会金奖。瑶珍粮油公司获批全国绿色水稻标准化生产基地创建单位，瑞鑫源生物科技公司创建成为省级龙头企业，宏华绿色产业发展有限公司成为省级林业专业合作社示范社。大路铺兰下村入选2018年第八批全国“一村一品”示范村。

规模工业总产值159.03亿元，增长19.5%；其中，轻工业完成82.72亿元，重工业完成76.30亿元。完成规模工业增加值43亿元，增长7.6%；实现主营业务收入148.9亿元，同比增长17.1%；实现利润4.64亿元，增长35.7%。新增规模工业企业22家。实现园区规模工业总产值158亿元，占规模工业总产值的99%。有高新技术企业21家，实现高新技术产值113亿元，增长19%。引进投资5000万元以上项目20个，其中过亿元项目16个，实际利用外资1.39亿美元，内联引资35.62亿元。实现外贸进出口总额4.09亿美元。外贸破零企业12家，建成全市第一个外贸“进口保税仓”“出口监管仓”。建成全市首家海关报关行。高新区评为全省真抓实干成效明显园区、全省发展开放型经济优秀园区、全省平安园区。

社会消费品零售总额51.29亿元，增长10.6%。其中城镇实现零售额41.02亿元，增长10.7%；农村实现零售额10.25亿元，增长10%。分行业看，批发业实现零售额4.84亿元，增长5.9%；零售业实现零售额41.21亿元，增长11.2%；住宿业实现零售额1.01亿元，增长17.2%；餐饮业实现零售额4.22亿元，增长8.6%。旅游业实现零售额25亿元，增长28%，被评为湖南民间文化艺术之乡、全省第三批精品旅游线路重点县，千年瑶寨桐冲口成功创建国家AAA级旅游景区，被推荐为国家旅游扶贫典型；河路口镇牛路社区入选第五批中国传统村落。

固定资产投资95.28亿元，增长11.9%。全年列入市级重点项目46个，完成投资82.98亿元。

完成新建公路301千米、各类农村公路建设1010千米、危桥改造工程29座。全县各类水利工程382个，投入资金1.56亿元。新增农田有效灌溉面积0.57千公顷，新增节水灌溉面积0.3千公顷。邮政业务总量0.35亿元，下降28.4%；电信业务总量1.34亿元，增长18.9%。

专利申请量275件，其中发明专利90件，当年专利授权量192件。科学技术经费支出0.57亿元，增长45.4%。

“三大攻坚战”脱贫攻坚方面，有建档立卡贫困人口28140户112934人。至2018年年末，脱贫26452户108511人，112个贫困村全部脱贫出列，综合贫困发生率降至0.96%，错退率、漏评率为零，群众满意度97.26%，达到整县脱贫摘帽标准。

“三大攻坚战”污染防治方面，全面实施县城禁燃，关停撤除黏土砖厂33座，整治违规采石场3个，空气质量优良率92.4%。河长巡河常态化制度全面建立，污水处理二厂和水口镇、涔天河镇污水处理厂建成运行，境内河流水质100%优于Ⅱ类，集中式饮用水水质达标率100%，水功能区水质达标率100%。拆除旱厕14620座，完成无害化改造16290座，无害化处理率98.6%。建设乡镇垃圾中转站5座，乡镇垃圾热解炉19个。成功创建为“中国天然氧吧”县。

“三大攻坚战”风险防范化解方面，全县政府性负债总额59.06亿元，其中债券34.06亿元，隐性债务23.51亿元，其他需要关注债务1.5亿元。2015年至2018年置换、偿还债务

江华瑶族自治县瑶族长鼓

173928.01亿元，综合债务率21.29%。15家平台公司撤并整合为2家，财政“三保”正常，风险可控。

存在的主要问题和困难：经济总量不大，主导产业不强；用地、用工、用电、融资的要素保障以及对企业的帮扶力度还需加强；存在部分干部不想担当不敢担当不善担当的情况；非贫困村基础设施投入不足；群众身边“微腐败”时有发生。

【创建“全国电子商务进农村综合示范县”】 2018年9月25日，江华瑶族自治县被评为全国电子商务进农村综合示范县。通过出台《关于加快电子商务发展的实施意见》《县电子商务发展规划（2018—2020）》《县电子商务进农村综合示范工作方案》等文件，制定实施方案。加强农村电商服务及物流体系建设，建成电子商务县级服务中心4个，村级电商服务站205个，实现112个贫困村全覆盖。推进电商产业发展，实施“打造绿色农业基地”战略，推进农业产业化和农业现代化建设。建成一批“万字号”规模农产品基地；获得国家农产品地理标志产品2个（江华苦茶、瑶山雪梨），生态原产地保护产品5个（江华瑶珍牌大米、潇水源江华苦茶、瑶风牌瑶山雪梨、神州瑶都水蜜桃、江华陈子贵牌玫瑰香柑）；发展农产品加工企业343家，全县省级龙头企业3家，市级龙头企业13家；成功申报“中国香业之乡”，被中国香业协会评为“中国十大香品”，制香企业近200家。推行“互联网+电商企业+合作社+贫困户”发展模式，促进外来电商与乡镇合作发展，合作果园面积133.33公顷，带动60余贫困人口就业和增收。开展农村电商人员培训，举办全县电子商务创业培训班，聘请中南大学工商学院、淘宝大学及阿里集团的专业资深讲师开展电商专题讲座，举办各类电商创业及知识培训20多期，参训人员1600余人次。

【创建中国“天然氧吧县”】 2018年9月26日，江华瑶族自治县成功创建为中国天然氧吧县，是湖南省首批成功创建的地区。该县坚决落实习近平生态文明思想和“守护好一江碧水”要求，推进污染防治。以打好“三大战役”为重点：打好“蓝天保卫战”，打好“碧水保卫战”，打好“净土保卫战”，实现环境卫生干净整洁，污染防治扎实有效。主要做法是：县城禁燃全面落实，城区渣土运输管理逐步规范，城区露天烧烤有效整治，关停撤除黏土砖厂33座，整治违规采石场3个；河长制工作全面落实，河长巡河常态化制度全面建立，县城饮用水源地一级保护区非法建筑全部拆除，完成县城污水处理一厂提标改造，县城污水处理二厂和水口镇、涔天河镇污水处理厂建成运行。境内河流水质100%优于Ⅱ类，集中式饮用水水质、水功能区水质100%达标；拆除旱厕16290座，无害化处理率98.6%，新建乡镇垃圾中转站5座；拟定《江华瑶族自治县“十三五”主要污染物减排工作计划表》以及《江华瑶族自治县2018年主要污染物减排工作计划》，确定到2018年年底，全县化学需氧量、氨氮、二氧化硫、氮氧化物排放量分别控制在5855.79吨、767.81吨、1210吨、1639吨。主要污染物总量减排工作成效显著。森林覆盖率78.78%，林区达到85%，活立木蓄积量1600多万立方米，有原始森林和原始次森林3.33万公顷。

【获全国文明城市提名】 2018年4月11日，江华瑶族自治县成为全国文明城市提名城市。该县继成功创建全国文明县城后，江华不断创新管理体制，全面推进全域文明创建，全国文明县城创建成果不断巩固。县城总体规划修编（2013—2020年）获省人民政府批复，海联产业园片区控制性规划编制完成，村庄规划实现全覆盖；县城建成区面积15.5平方千米，绿地率38.89%，绿化覆盖率42.89%，人均公园绿地面积12.51平方米；对滨江公园、四联生态公园等公园绿地进行提质升级，金牛湖公园建成投入使用，成功创建为涔天河国家湿地公园；四联大市场及商业街建成投入使用；城区燃气管道覆盖率85%，新增天然气用户1549户，新能源公交车、共享电动车引进运行，城区主要街道安装太阳能环保型果皮箱；华雅医院、同济专科医院搬迁、妇幼保健院综合楼、社会福利中心、思源学校、博雅学校、城北生态幼儿园等建设顺利推进，文化馆、体育馆提质改造完成，启动图书馆改造工程，沱江镇七小、芙蓉学校开工建设；九恒家博园、现代综合物流园等项目启动建设，爱塞丽雅城市综合体、滨江华府、碧桂园、宏一·珊瑚海等项目顺利实施，汇金国际城市综合体投入运营。双龙幸福城小区物业管理核准为2018年湖南省五星级物业服务项目。“智慧江华”和“数字城管”信息平台全面启用。制定出台《江华瑶族自治县创建全国文明城市奖励考核办法》等系列规章制度，明确部门责任，量化文明创建各项工作指标。对履职不力、不到位的部门和个人进行处罚，有效推进文明创建工作常抓常新，持续发展。

【获评2018—2020年度湖南民间文化艺术之乡】 2018年，江华瑶族自治县获评2018—2020年度湖南民间文化艺术之乡。该县以“神州瑶都”建设为总揽，以文化强县为目标，以旅游升温为重点，推进“瑶族生态旅游胜地”建设，实现江华文化旅游事业繁荣发展。推动民族文化保护与发展，传承和发展长鼓文化，形成羊角短鼓舞、芦笙长鼓舞、锣笙长鼓舞、盘古长鼓舞等艺术形式。建设世界最大的瑶族铜铸长鼓，持续开展“瑶文化进校园”活动形成沱江镇一小做长鼓操、大圩镇中小学跳长鼓舞等特色校园文化，建设江华民族歌舞剧团、江华民族艺校等长鼓传承基地；推广传统舞龙文化，开展龙狮传统文化进机关、进校园活动，帮助机关和学校组建舞龙队，大路铺镇神岗村龙队重点打造为传统文化传承基地和研学旅游基地，举办首届千年传承，神岗古龙——神岗瑶家龙祭百家宴暨龙·武·灯春节联欢晚会；加强瑶族文化对外交流系列活动，参加永州—北京航线旅游推介招商会，2018中国旅游日永州主题活动暨“锦绣潇湘·美在永州”全域旅游卡首发式等演出，内蒙古呼和浩特第三届全国少数民族优秀声乐作品展演、永州公安政治建警文艺宣讲巡回演出、永州市首届农民“丰收节”开幕式演出。协助做好湖南卫视王牌节目《爸爸去哪儿》第六季在江华大圩拍摄的文艺演出活动。组织创作的民族舞蹈《扁担乐》参加参加湖南省第九届少数民族运动会表演项目比赛获金奖，创作的优秀节目小组唱《寨山号子》获2018第六届湖南省艺术节和“三湘群星奖”音乐类银奖。做好2018年神州瑶都（中国·江华）瑶族盘王节的文艺演出活动，做好《盘王之女》在盘王节活动期间的复排演出。

【全省优化发展环境现场推进会】 2018年6月14日，湖南省优化环境现场推进会在江华瑶族自治县召开，湖南省委书记、省人大常委会主任杜家毫，省委副书记、省人民政府省长许达哲，省委常委、常务副省长陈向群，省政协主席李微微出席会议。与会人员考察江华的部分企业和高新企业服务中心。江华将深化放管服改革特别是加快行政审批改革，作为加速经济发展的重要抓手，研究出台江华《投资项目“并联审批”工作机制改革实施细则（试行）》，梳理47项公共服务事项，形成《2018年政务服务事项清单》691项，实现项目审批时间再砍一半，政务服务一网通办。采用“互联网+政务服务”手段，确保企业和群众办事只进一扇门、最多跑一次。县政务服务中心实体大厅的扩建工作正加快推进；强化政府执行力建设，注重增强干部“善为”“会为”的能力，推行标准服务、集成服务、网上服务、主动服务，实现政务服务标准化、智能化、便利化，提升服务质量、服务效率和服务效果。坚持依法依规办事、诚信办事，做到不越底线与红线，构建“亲”“清”新型政商关系；坚持降低实体经济企业成本，在税费、融资、用电、用工、物流等方面实施一批降本减负措施，让企业轻装上阵；营造良好的法治环境和信用环境，依法保护产权，推进政务诚信建设，加强事中事后监管，有效保障市场主体的合法权益。（汪继文）

领导名录

中共江华瑶族自治县委员

书　　记　罗建华
副 书 记　龙飞凤　龙赋云
常　　委　艾克海　唐伟文
　　　　　蒋　剑　伍继承
　　　　　廖树清　张　恒
　　　　　黎　胤

县人大常委会

主　　任　黄志坚
副 主 任　刘江明　廖家益
　　　　　贝小义　蒋　平
　　　　　安　青

县人民政府

县　　长　龙飞凤
副 县 长　艾克海　黎　胤
　　　　　黎　氢　文　嵩
　　　　　黄守平　何永亮
　　　　　胡少波　陈江涛

县政协委员会

主　　席　陈槐权
副 主 席　黄世才　罗　梅
　　　　　李坤胜　吴淑华
　　　　　唐　晖

中共江华瑶族自治县纪律检查委员会、监察委员会

书　　记
主　　任　蒋　剑

县人民武装部

政　　委　赵　峰

县人民法院

院　　长　唐建新

县人民检察院

检 察 长　唐建球

宁　远　县

【概况】　宁远县位于湖南省南部，东连新田、郴州市嘉禾县，南靠江华瑶族自治县，西接道县、双牌县，北界祁阳县。辖16个乡镇（含4个瑶族乡）、4个街道，4个国有林场，406个行政村。土地总面积2500.86平方千米，耕地面积2.72万公顷。有猕猴、娃娃鱼等珍稀动物104种，水杉、红豆杉等珍稀植物52种，铅、锌、铜、锑等矿产资源27种，石枞、香杉、斑竹“九嶷三宝”更是久负盛名。水资源总量19.01亿立方米，水能蕴藏量15.28万千瓦，可开发量11.66万千瓦。森林面积136293.33公顷，活立木总蓄积量528.32万立方米，森林覆盖率60.6%。2018年年末，总人口89.57万人，常住人口71.58万人，城镇人口32.73万人，农村人口38.85万人，自然增长率2.59‰。年内气温最高36.6℃，最低-3.5℃，年降水量1405.5毫米。

地方生产总值166.11亿元，增长8.3%。其中，第一产业增加值27.79亿元，增长3.5%；第二产业增加值51.42亿元，增长8.2%；第三产业增加值86.9亿元，增长10.1%。一、二、三次产业的结构比为16.7∶31∶52.3。完成财政总收入18.23亿元，增长10.7%，其中地方财政收入12.69亿元，增长12.5%。

农林牧渔业总产值50.73亿元，增长3.7%。主要农产品量：粮食30.61万吨，烟叶收购15.31万担，出栏猪肉81.12万头，出笼家禽7.3.76万羽，水产品产量2.19万吨。居民收入稳步提高，城镇居民人均可支配收入26650元，增长9.1%；农村居民人均可支配收入14458元，增长10.2%。

工业总产值187.45亿元，增长8.6%，其中，规模以上工业总产值140.32亿元，增长9.2%；规模以下工业总产值47.13万元，增长7%。规模以上工业增加值增长7.6%。主要工业产品产量：水泥172.6万吨，商品混凝土223.1万立方米，自来水生产量1723.9万立方米，服装234.2万件，大米90500吨，铅15942吨。年末规模以上工业企业113家，其中新增规模工业企业14家。

社会消费品零售总额77.6亿元，增长10.5%，其中，城镇消费品零售总额60.2亿元，增长11.3%；乡村消费品零售总额17.4亿元，增长7.7%。招商引资成效明显，利用外资12262万美元，增长11.2%；内联引资33.84亿元，增长16.2%。接待游客1301.6万人次，增长24.9%；旅游综合收入76亿元，增长24.8%；九嶷山—舜帝陵景区成功跻身全国知名品牌创建示范区、湖南省十大文化地标。

社会固定资产投资增长12.1%。其中，国有投资下降7.3%，非国有投资增长69.6%；房地产投资下降7.3%。从产业来看，第一产业投资增长186.2%；第二产业投资增长3.2%；第三产业投资增长2.2%。财政支出进一步向保障民生倾斜，农林水事务支出6.33亿元，下降16.15%；教育支出10.96亿元，增长11.15%；医疗卫生支出5.91亿元，增长14.98%；社会保障和就业支出8.28亿元，增长12.96%；节能环保支出1.59亿元，增长15.21%；住房保障支出1.69亿元，增长14.18%。

五大社保体系持续完善，“五险”统一征缴、社保“一卡通”、异地就医直接结算、全民参保登记深入推进。实施棚户区改造2071户，完成农村危房改造

2018年10月26日，公祭舜帝大典

1599户。城乡医院床位建设“三年行动计划”全面启动。教育教学质量全面提升，新增城区学位23710个；全县二本上线1076人，首次突破千人大关，中考优秀率进入全市前三。

三大攻坚战扎实有效。风险防范稳控有力。政府债务有序化解，财税质量逐步趋优。财税绩效管理、非税收入征收、预算执行等21项工作获省市先进。县级财政管理绩效综合评价排全国第十八位、全省第一位。政府投融资平台整合转型，城建投、农建投不断壮大，产建投、文旅集团进入实体化、市场化运作。金融生态环境进一步优化，打击恶意逃废银行债务、保险公众宣传工作获省市先进。脱贫攻坚巩固提升。全年减贫1670户4148人，贫困发生率降至0.6%。分色管理精准帮扶全面实施。“三千工程”创新推进，打造就业扶贫基地13个，就业扶贫车间208个，吸纳贫困劳动力就业9384人。筹集扶贫资金10.6亿元，集中投向产业、就业、农村基础设施、基本公共服务和深度贫困对象。易地扶贫搬迁“四引四促”后扶模式全省推介。教育扶贫、健康扶贫、生态扶贫、社会扶贫、兜底保障等政策有效落实。扶贫领域腐败和作风问题整治有力。污染防治卓有成效。中央、省、市环保督查交办问题全部整改到位。蓝天、碧水、净土保卫战深入开展。河长制全面落实，九嶷河、泠江河等河流综合治理扎实有效。湘江保护与治理第二个“三年行动计划”、农村环境综合整治整县推进全面完成。永州东部生活垃圾焚烧发电厂项目开工建设。生活垃圾分类和资源化利用项目被评为全国仅有的2个示范案例。中和、禾亭、柏家坪等污水集中处理设施基本建成，180个村生活污水处理整村推进。城乡黑臭水体治理、畜禽养殖污染治理、污染源普查、环境监测执法扎实有效。城区空气质量优良率89.3%，集中式饮用水水源地水质全部达到Ⅱ类以上标准，土壤环境质量保持稳定、安全可控。完成新造林0.29万公顷，公路绿化280千米，水系绿化118千米，建成秀美村庄示范村100个，湿地公园4个，成为全省首批国家级、省级森林城市同步创建县。国家重点生态功能区建设获全省先进。九嶷山国家森林公园被评为湖南省生态文明教育基地。

先后获得全国法治创建先进县、中国天然氧吧，全省农村人居环境整治示范县、新时代文明建设实践中心试点县、历史文化名城等称号。土地节约集约利用工作获得国家通报表扬激励。脱贫攻坚、就业扶贫、秋冬生产、人才工作、劳动仲裁等市级以上现场会在宁远县召开。易地扶贫搬迁、教育质量评价改革、产业项目建设、农村危房改造、园区升级、城镇提质、学位建设、扫黑除恶等20多项工作在省市作典型发言。

存在的主要问题和困难：增长动能接续转换不足，产业基础仍然薄弱，传统产业实力不强，新兴产业成长缓慢；民营经济、金融经济、开放型经济主体总量仍然偏少；城乡均衡发展、基础设施建设、基本公共服务均等化仍需持续发力；脱贫攻坚、民生改善、社会保障离人民群众期望还有较大差距；营商环境有待进一步改善；有些干部思想观念和能力与高质量发展还不相适应，工作落实和执行没有完全到位。

【九嶷山获得“湖南省生态文明教育基地”称号】 2018年9月，省林业厅、省教育厅、团省委联合发文，授予全省十家单位为“湖南省生态文明教育基地”称号，宁远九嶷山国家森林公园榜上有名，为永州市唯一获此殊荣的单位。九嶷山国家森林公园于1992年7月经原林业部批准建立，规划总面积8454.63公顷。九嶷山国家森林公园管理局坚持绿色发展理念，推进森林生态旅游发展，开展生态文明宣传教育建立科普活动基地，开辟科普宣传长廊，制作科普光碟2000多个，发放科普资料近3万份，引导林区村民走上绿色发展道路，倡导生态环保、文明游览行为，培育生态文明新风尚，园区内森林生态资源得到有效保护，森林覆盖率98%以上。

【成功申报为全国知名品牌创建示范区】 2018年，国家质检总局批准宁远县九嶷山舜帝陵旅游区筹建“全国九嶷山舜文化生态旅游知名品牌创建示范区”。该县不断加大对九嶷山景区的投入和管理，景区的硬件软件建设齐头并进。九嶷山舜帝陵成功跻身全国知名品牌创建示范区旅游区、湖南省十大历史文化地标，九嶷山风景名胜区获得“全国文明单位”称号，九嶷山舜帝陵、舜帝庙考古遗址公园获评湖南省首批“全国旅游价格信得过景区”。

【舜帝陵获评十大文化地标】 2018年，湖南文化地标（2018）推选活动由省委宣传部、省委网

2018年11月3日，第八届中国兔业发展大会在宁远县召开

信办、省文化和旅游厅共同主办，湖南红网承办。活动自2018年1月12日启动，全省有140余家文化地标单位参与申报，85个单位进行网络投票，60家单位参加现场答辩，以候选地标的文化内涵、文化价值和社会影响为依据，最终评选出入选地标。宁远县舜帝陵入选湖南文化十大地标，是永州市唯一获此殊荣的景区。文化地标的评选包括优秀传统文化、革命文化和社会主义先进文化，是湖湘文化的精品代表和时代标杆，有效提升湖湘文化的影响力、传播力。

【2018中国户外健身休闲大会首站在宁远举办】 2018年4月14日，为期3天的以“德孝之源福地九嶷”为主题的2018中国户外健身休闲大会首站在宁远落下帷幕，吸引5000余名户外运动爱好者参与。宁远把全县作为一个全域生态、全域文化、全域旅游的大公园，深入实施生态立县、文化活县、旅游兴县战略，整体推进城区、园区、景区建设，致力打造“锦绣潇湘·伟人故里·九嶷圣地”，跻身全国全域旅游示范区创建县、全国景区带村旅游扶贫示范县。第九届环中国国际公路自行车赛在宁远举行，宁远获得最美风光赛段奖。

【湖南省公祭舜帝大典】 2018年10月26日，由湖南省人民政府主办，永州市人民政府、宁远县人民政府承办的戊戌年湖南省公祭舜帝大典在宁远县九嶷山举行。此次湖南省公祭舜帝大典，是2005年以来湖南省举办的第五次公祭活动，省市县300余个单位负责人及永州市、宁远县各界代表及群众近万人参加此次盛典。该县多措并举，通过自然和人工相结合，利用生态系统的自然规律开展生态建设，实现环境、经济、社会效益的统一发展。

【获评全国2个“生活垃圾分类示范案例”】 2018年11月2日，由住建部主管的中国城市环境卫生协会主办的2018年中国环境卫生博览会暨中国环境卫生行业峰会上，宁远县生活垃圾分类和资源化利用项目获得2018年垃圾分类示范案例，获得此项荣誉的在全国仅有2个。此前，宁远县生活垃圾分类和资源化利用工作在省住房和城乡建设厅主办的“湖南省农村人居环境整治培训”上作典型经验交流。自2017年6月宁远县被列为全国100个第一批农村生活垃圾分类和资源化利用示范县以来，该县创新垃圾分类处理模式，以点带面，逐步推广生活垃圾分类，得到群众普遍认可和广泛参与。

【第八届中国兔业发展大会】 2018年11月3日，由中国畜牧业协会主办，中国畜牧业协会兔业分会、宁远县人民政府承办的第八届中国兔业发展大会在宁远县召开。中国畜牧业协会会长李希荣，国家兔产业技术体系首席专家秦应和、四川省草原科学研究院党委书记刘汉中、河北农业大学教授谷子林、江苏省农业科学研究院兽医研究所研究员薛家宾和湖南永州市宁远县县委书记刘卫华，宁远县人民政府县长唐何，宁远县副县长黄生强及全国各地畜牧主管部门、事业单位、科研院校，企业家等业界同仁300余人出席本次大会。

（陈玲）

领导名录

中共宁远县委员会

书　　记　刘卫华
副 书 记　唐　何　刘军君
常　　委　刘庚旺　曹辉正
　　　　　陈海平　黄永英
　　　　　雷军平　唐　浩
　　　　　郭照国（挂职）
　　　　　曾海波

县人大常委会

主　　任　张明贵
副 主 任　周　方　胡昕若
　　　　　眭晓棠　何为民

谢金花

县人民政府

县　　长　唐　何

副 县 长　黄永英　邓小英

陈云生　邓传文

欧阳国春　胡红灯

黄生强（挂职）

杨友忠

县政协委员会

主　　席　李苏昭

副 主 席　蒋家安　欧桥贵

赵吉永　李春茂

肖红梅

中共宁远县纪律检查委员会、监察委员会

书记
主任　陈海平

县人民武装部

部　　长　文小武

政　　委　向　胜

县人民法院

院　　长　吕新陵

县人民检察院

检 察 长　周　辉

新　田　县

【概况】　新田县位于湖南省南部，永州市东部，东邻郴州桂阳县，南界郴州嘉禾县，西连宁远县，北交祁阳县及衡阳常宁市。辖11个镇、1个民族乡、2个国有林场、1个国有森林公园、230个行政村（居委会）。土地总面积1022.4平方千米，耕地面积2.1万公顷。境内金属矿有铁矿总储量约30万吨、锑矿储量8500吨，非金属矿主要有煤矿总储量3252吨，其他矿种还包括铅、锌、锰、金、银、白钨等。水资源蕴藏总量8.23亿立方米，水能资源蕴藏总量24421千瓦，可开发量1.3万千瓦。森林面积51723公顷，活立木总蓄积量242万立方米，森林覆盖率55.47%。年末总人口45.05万人，常住人口34.55万人，人口出生率12.39‰，自然增长率4.44‰。年内气温最高37℃，最低-3.5℃；年降水量1440.9毫米。

地区生产总值86.1亿元，增长8.0%，其中，第一、二、三产业分别实现增加值17.4亿元、24.0亿元、44.7亿元，分别增长3.7%、8.2%、9.7%。财政总收入完成7亿元，增长8.5%。经济结构不断优化，三次产业结构比调整为20.2：27.8：52。财税结构进一步优化，税收占财政总收入比重的83%。财政总支出28.8亿元。城乡居民人均可支配收入分别达到24549元、9405元，增长8.2%、10.6%。

规模工业总产值实现88.8亿元，增长14.6%，规模工业增加值增长7.7%。新增入统企业7家，年末规模工业企业61家。开展招商引资，成功引进项目15个，其中亿元项目9个。全年实际利用内资15.3亿元、外资4101万美元，完成外贸进出口9152万美元，增长16.9%。推进“最多跑一次”改革，全年新登记市场主体2615户。恒丰粮油、鼎元机械被评为“国家高新技术企业”，普瑞达等3家企业获评“湖南省小巨人企业”。成功创建为国家林产工业示范园，建成电子信息产业园。新建标准厂房8万平方米。完成玉麟路升级改造，环城南路、云梯路、双碧街样板路建设，不断完善园区功能。

固定资产投资增长11.8%。交通设施加快建设。潭田至二广高速宁远互通一级公路项目获省交通厅立项批复，国道234线完成路基工程，省道228线县城至永桂城段建成通车。省道227线大中修工程全面完工，枧新、郛下至山湾脚公路完成工可编制。新（改）建农村公路298千米，改造危桥16座，实施安保工程142千米，自然村基本实现通水泥路。农田水利得到完善。全年开工各类水利工程148处，投入资金8000万元，新增和改善农田有效灌溉面积500公顷。启动毛俊水库新田灌区工程建设，完成两江口水库清淤工程。完成农村

2018年，湖南省就业扶贫现场会在新田召开

安全饮水工程77个，解决农村饮水不安全问题2.7万人，自来水受益村90%。实施陶岭坡耕地水土流失综合治理项目，新增耕地173.33公顷。能源通讯覆盖更广。30个贫困村实施电网改造，103个光伏扶贫电站并网发电。加强通信服务，行政村4G信号覆盖率100%。城乡建设稳步推进。县城总规修编成果获省政府批复，乡镇土地利用总体规划调整全面完成。实施棚户区改造1887户，完成温家路等4条市政道路建设。县城污水处理厂提标项目完成主体工程，农村垃圾收转运体系试运行。以点带面推进乡村振兴，打造陶岭周家等12个示范点，龙家大院成功创建省级美丽乡村示范村。新（改）建农村综合服务平台88个，提升农村公共服务水平。

完成农林牧渔业总产值33.6亿元，增长3.9%。粮食作物种植面积2.86万公顷，增长1.5%，富硒农产品示范基地面积0.91万公顷。主要农产品产量：粮食15.4万吨，烟叶8.3万担，出栏肉猪50万头、牛0.7万头、羊5.7万只，出笼家禽453万羽，水产品7097吨。完成城乡建设用地增减挂钩项目146.67公顷，实施土地开发项目286.67公顷。发展农民专业合作社136家、家庭农场35个，创建市级农业产业园3个。新田被授予“中国富硒大豆之乡”称号，被认定为湖南省中药材种植基地示范县。“新田大豆”被写入《中国大百科全书》，获得中国国际农产品交易会金奖。陶岭镇仁岗村被评为全国“一村一品”示范村。金穗农业、凤神油茶、惠欣源生态、天问科技等4家企业成功申报省级“放心粮油示范企业”。

社会消费品零售总额30.4亿元，增长9.9%。房地产业保持健康发展态势，销售面积增长21.3%。旅游事业蓬勃发展。全县接待游客人次、旅游收入分别增长14.4%、15.2%。完成龙家大院一期修缮工程，花海景区投入运营。陶岭镇惠峰生态农庄被评为五星级乡村旅游示范点，骆铭孙、乐大晚等5个村被列为中国传统村落。成功举办湘南三市六县“盘王节”暨“坐歌堂”活动。举办“富硒之乡·南有新田”湖南中国摩托车场地越野锦标赛等大型赛事。金融市场运行平稳。年末金融机构各项存款余额119.8亿元，增长1%；贷款余额68.3亿元，增长21.2%。新增光大银行、长沙银行、中国银行，金融服务质量稳步提升。电子商务蓬勃发展。建成电子商务产业园，电商交易额突破36亿元，电商扶贫工作进入全省先进行列。

民生事业全面发展，全年财政总支出的四分之三用于民生领域。全面梳理政府投资项目，“停缓调撤”项目47个，从源头杜绝新增政府债务。科学制定隐性债务化解方案，多方筹措资金偿还一批债务，有序推进平台公司改革转型，政府债务风险稳定可控。脱贫攻坚纵深推进。整合财政涉农资金2.9亿元，用于脱贫攻坚，全年减少贫困人口5299户20286人，61个贫困村出列。实施易地扶贫搬迁1016人、农村危房改造2430户，有效改善困难群众居住条件。社会保障持续加强。新增城镇就业5040人、农村劳动力转移就业2300人次。征缴“五大保险”基金2.8亿元，发放待遇5.4亿元。教育事业成绩突出。新（扩）建芙蓉、瑞华等13所学校，新增城区学位16650个，全面消除义务教育超大班额。思源实验学校获评永州名校。医疗卫生水平提升。启动人民医院门诊综合楼建设，完成中医院综合楼主体工程，全市首个中医国医馆落户新田。12个乡镇试点远程诊疗，基层医疗服务迈上新台阶。生态环境持续改善。高质量办结中央环保督察“回头看”交办件14个、省环保督察交办件12个，依法整治采石场等5个领域的环境突出问题。完成植树造林4万亩，建成秀美村庄20个，东升村获评省级秀美村庄。成功创建新田大观堡国家级石漠公园、新田河省级湿地公园。完成第二次全国污染源普查清查建库。综治工作获全省先进，获评省级安全生产先进单位，继续保持“湖南省平安县”称号。

存在主要困难和问题：经济总量较小，财源基础薄弱，财政收支不平衡，化解政府债务压力较大；产业发展乏力，缺少优势产业支撑，龙头企业不多，品牌创建意识不强；交通短板突出，严重制约县域发展；城乡发展不平衡，教育医疗等公共服务资源配置不均；发展环境有待优化，干部队伍的执行力有待提升。

（邓光鹏）

【湖南省就业扶贫工作经验交流现场会】 2018年1月17日，湖南省就业扶贫工作经验交流现场会在新田县召开。该县立足十多万人外出务工的实际，坚持把就业扶贫作为打赢脱贫攻坚战的重要抓手，实施“113工程”，即打造1个“智慧就业”平台，对贫困劳动力每人至少精准参加1

项技能培训，打造3大基地：做强以15家扶贫车间为主的扶贫就业基地，建好东莞、玉林等劳务输出基地，打造俊毅创新创业园等产业孵化基地。万余贫困劳动力借助就业扶贫这把“金钥匙”，开启脱贫致富之门。

【获评“湖南富硒产业推动乡村振兴示范县”】 2018年12月23日上午，“湖南省乡村振兴与富硒产业发展论坛暨省富硒生物产业协会第五次代表大会”在长沙召开，新田县被授予“湖南富硒产业推动乡村振兴示范县”。年内，该县新扩建富硒农产品核心基地规模15500亩，打造“富硒三味辣椒”“富硒鸡蛋”“高硒高钙大豆固体饮料”等富硒产业品牌，新田富硒产品的美誉度、知名度和影响力不断提高。

【创建国家林产工业示范园区】 2018年，新田县围绕“百亿园区”的奋斗目标，开展“产业项目建设年”活动，成功创建为国家林产工业示范园，园区承载能力显著增强。园区有林业加工企业36家（省级林产工业化龙头企业6家），林产工业总产值达到36亿元；林业配套产业及相关服务企业68家，年产值约18亿元。林工产业占园区总产值的比重达到56.4%。

【第九届盘王节】 2018年11月19日，在新田县门楼下瑶族乡两江口村易地扶贫搬迁安置点，成功举行2018年湘南三市六县八瑶族乡“盘王节”暨“坐歌堂”活动。宁远县桐木漯瑶族乡、五龙山瑶族乡，祁阳县八宝镇，金洞管理区晒北滩瑶族乡，衡阳市常

2018年，新田县电子信息产业园、凯威集团开业

宁县塔山瑶族乡，郴州市桂阳县白水瑶族乡、塘市镇的瑶族同胞，新田县门楼下瑶族乡近万名瑶族同胞，穿上自己民族的节日盛装，相聚一堂，载歌载舞，以歌会友，欢度盘王节。此次活动共组成14个坐歌堂队，各队通过以歌会友叙说友情，向人们展现瑶族独特的民族风情。

【大观堡被认定为国家级石漠公园】 2018年12月，新田大观堡国家石漠公园被国家沙漠（石漠）公园专家评审会认定为国家级石漠公园。该县按照“保护优先、科学规划、合理利用、持续发展”的原则，根据地质地貌与岩溶生态系统特征，高标准高质量建设新田大观堡石漠公园。公园由3个位置独立的片区组成，即大观堡片区、谈文溪片区和相思洞片区，位于新田县枧头镇、三井镇和骥村镇境内。公园总面积543.55公顷，其中石漠化土地面积402.13公顷，喀斯特地貌特征显著。公园内有省级文物保护单位大观堡遗迹和谈文溪古村，历史文化底蕴深厚。区域内地表植被较为丰富，有种子植物114科362属519种。

领导名录

中共新田县委员会

书　　记　唐　军
副 书 记　秦山成　易先平
常　　委　王名扬　陈志华
　　　　　李祥佐　汤小兵
　　　　　刘晓燕　吴新波
　　　　　周　平　王四海
　　　　　李乐山

县人大常委会

主　　任　欧阳涛
副 主 任　郑智新　毛群联
　　　　　贺安祥　刘志斌
　　　　　周艳芳

县人民政府

县　　长　秦山成
副 县 长　王名扬　刘大兵
　　　　　唐红林　杨柳青
　　　　　彭晓军　李勖川
　　　　　黄小波　肖方英

县政协委员会

主　　席　王佑生
副 主 席　何三明　龙石佑
　　　　　李咏梅　郑龙杰
　　　　　黄美华

中共新田县纪律检查委员会、监察委员会

书　记
主　任　汤小兵

县人民武装部

部　长　许朝友
政　委　王四海

县人民法院

院　长　胡剑涛

县人民检察院

检察长　朱　诺

蓝　山　县

【概况】　蓝山县东与临武县接壤，南与江华瑶族自治县、广东连州市毗邻，西与宁远县交界，北接郴州嘉禾县。辖14个乡镇（瑶族乡6个）、5个国有农林茶场、1个国家森林公园，总面积1806平方公里，耕地面积21.36千公顷。2018年年末，户籍总人口43.1万人，常住人口34.6万人，城镇化率50.52%，出生率14.32‰，死亡率7.49‰，自然增长率6.83‰。年内气温最高36.8℃，最低值-2.8℃，年降水量1664.2毫米。

地区生产总值121.24亿元，增长7.9%，其中，第一产业增加值15.21亿元，增长3.1%；第二产业增加值44.94亿元，增长7.9%；第三产业增加值61.09亿元，增长9.3%。按常住人口计算，人均生产总值为35090元，增长8.8%。三次产业比为12.5∶37.1∶50.4，二三产业占比提升1.1个百分点。其中，一、二、三产业对经济增长的贡献率分别为3.4%、38.6%和58%，分别拉动地区生产总值增长0.27、3.05个和4.58个百分点。财政总收入96178万元，增长11.3%，其中，地方财政收入70069万元，增长20.3%；财政总支出287906万元，增长6.45%。年末金融机构本外币各项存款余额991717万元、各项贷款余额518622万元，分别增长4.2%、2.2%。保险保费收入25114万元，增长19%。

农林牧渔业实现增加值16.23亿元，增长3.1%。主要农产品产量：粮食12.92万吨，烟叶6605吨，出栏生猪60.1万头、牛1.45万头、羊4.1万只，出笼家禽186.33万羽，水产品1534吨。农业机械总动力35.46万千瓦，增长1.6%，机耕面积2.35万公顷。新增“三品一标”农产品认证8个，“泉塘西瓜”“蓝山黄花梨”获批国家地理标志证明商标。新增农业专业合作社100家，省级农业龙头企业达到5家，蓝山县生态农业科技园被评为省级农业科技优秀园区，雷家岭蔬菜产业园被评为省级现代农业特色产业示范园，成功举办蓝山首届农民丰收节。

规模企业新入统10家，达到84家。实现工业增加值42.3亿元，增长7.6%。其中，规模工业增加值36.34亿元，增长7.7%，高新技术产业完成产值14亿元。规模工业企业主营业务收入142.51亿元，增长14.6%。新建标准厂房13万平方米，省级及以上产业园区规模工业增加值34.13亿元，增长8.1%，占规模工业增加值的93.9%，提高7.9个百分点。新增高新技术企业2家，达到5家。德政南路竣工验收，龙泉路、金石路等园区道路加快建设。湘威三期、承阳二期、舜蓝茶油、万和科技、星月玩具三期、标准厂房二期等项目进展顺利。经开区获得全省科技强县先进单位，华侨产业园获批省级同心示范园区。

社会消费品零售总额45.61亿元，增长10.1%。批发零售业实现增加值37567万元，增长5%；住宿餐饮业实现增加值12821万元，增长7.4%。完成外贸进出口总额2.5亿美元。实际利用外商直接投资9578万美元，

2018年6月29日，中共湖南省委书记、省人大常委会主任杜家毫在湘江源头调研生态保护情况

增长10.9%，实际到位内资26.1亿元，增长15.74%。总投资11亿元的云冰山景区完成一期工程开园营业。百叠岭景区获批国家AAA级旅游景区，湘江源国家森林公园配套设施加快建设，毛俊百姓民俗村成功创建为四星级乡村旅游点，绿色湘江源生态农业旅游疗养基地项目落户蓝山。成功举办乡村文化旅游周、泉塘西瓜节、大洞梨花节等节庆活动，湘江源、云冰山、百叠岭、大洞悠乐园等景区旅游人气持续高涨。接待游客突破214.5万人次，实现旅游总收入10.72亿元。完成乡村振兴试点总体规划和相关专项规划，做到“多规合一”。重点打造“舜水田园”农业走廊、湘江源生态旅游走廊“两大走廊”。实施人居环境整治重点村70个，完成7镇29村立面改造39.6万平方米，拆除空心房4.54万平方米，完成旱厕改造3260座。舜水田园综合体、百叠岭茶园、花果庄园核心区总面积突破3万亩，成为产业融合典范。整合资金1.04亿元，基本完成217个行政村（居委会）农村综合服务平台建设。所城镇、大桥瑶族乡被评为市级卫生乡镇，雷家岭村、大桥村、小泉村成功创建为省级美丽乡村示范村，梅溪村、高阳村、所城村等8个村成功创建市级美丽乡村示范村。

固定资产投资103.28亿元，增长12.8%。工业投资增长0.6%，基础设施投资增长80.8%，技术改造投资增长39.2%。

房地产业实现增加值5.45亿元，增长7.6%，房地产业完成投资41758万元，商品房屋销售面积18万平方米。建筑业增加值36982万元，增长11.3%，占地区生产总值的3.1%。具有资质等级的总承包和专业承包建筑企业房屋建筑施工面积61.71万平方米，房屋建筑竣工面积22.51万平方米，增长7.8%。

2018年4月18日，省委副书记、省人民政府省长许达哲（左三）到蓝山工业园督查调研

108个重点项目完成投资81.45亿元，其中59个产业项目完成投资53.5亿元。实施重大产业项目4个、重大科技创新项目2个、重大产品创新项目1个，引进重大科技创新人才3名、500强企业项目2个。总投资60亿元的蓝山皮革皮具生态智慧产业园项目启动，签约入园企业20家；湘江源皮具皮革产业园建成标准厂房6幢，入驻皮具皮革企业72家。四海坪、大桥、塔峰等风电场实现并网发电。建成高标准农田1500公顷，新解决3.58万人安全饮水问题。引进项目18个，总投资超30亿元。交通运输、仓储和邮政业增加值完成8.16亿元，增长3.1%。民用车辆28546辆。邮电业务总量48075万元，增长3.9%。固定电话用户3.85万户；移动电话用户22.27万户，互联网宽带用户26987户。城区路网提质升级，二广高速连接线竣工，蓝山大道、边贸中路、湘粤北路、新民西路延伸段、东方大道续建工程抓紧施工。“三城同创”强力推进，完成县城黑臭水体治理4处，边贸中路乐堡夜市城竣工运营，水果批发市场搬迁改造项目基本完成，定点屠宰场项目加快推进。两江口水厂建成运营，新增日供水能力5000吨。植物公园项目完成拆迁，建成小游园1个、垃圾中转站1个、无害化公厕3座。

民生支出24.75亿元，占财政支出的85.96%。拥有普通中学12所，其中普通初中9所，高中2所，中等职业学校1所，小学18所，九年一贯制学校18所，小学教学点52个，特殊教育学校1所，2018年特殊教育学校在校学生人数102人。小学适龄儿童毛入学率100%，初中毛入学率103.6%。普通中学在校学生21481人，其中初中在校学生16876人，高中在校学生4605人，中等职业学校在校学生4607人；小学在校学生34558人。有乡镇文化站14个，文化馆1所，文物管理所1所，图书馆1所。文物藏品336件，其中一级1件，二级17件，三级52件，一般文物266件，图书馆藏书5.6万册。有各类医疗卫生机构27个（含基层医疗卫生机构、卫生室），其中医院9个，建制乡镇卫生院15个，疾病预防控制中心、妇幼保健院、卫生监督所各1所，有床位总数2025张。卫生技术人员2564人。开展新型农村合作医疗工作的村209个，参加农村合作医疗的农民306870万人。体育事业有新发展。选派14名运动员参加湖南省第十三届运动会，夺得金牌3枚（按赛会计1.5枚）、银牌7枚、铜牌2枚、第四名2个、第五名1个；在参加永州市中学生运动会上蓝山县运动员获得5枚金牌、7枚银牌、9枚铜牌，乙组团体总分第二名。在参加永州市“健康湖南”跳绳选拔赛中蓝山县运动员获得4枚金牌、1枚银牌。在参加湖南省“健康湖南”跳绳总决赛中获得1枚金牌、1个第六名。有电视台1座，差转台1座。电视人口覆盖率98%。有线电视用户1.1万户。

防范化解重大风险攻坚战。严格按要求清理规范PPP和政府购买服务项目，加快推动平台公司市场化转型，“停缓调撤”项目14个，逐一澄清债务底子，债务风险可控。省级金融安全区有效巩固，“打非”工作名列永州市前茅。神农村镇银行挂牌营业，农商行实现税收超5000万元。

精准脱贫攻坚战。创新推行“2468”干部驻村工作制度，实现脱贫6909人，贫困村出列21个，贫困发生率由3.48%下降至1.47%。贫困村基础设施和基本公共服务有力改善，43个村级光伏扶贫电站全部并网发电，建立贫困村合作社72个，特色种养、光伏、电商、旅游四大扶贫产业联结带动1030户3520人脱贫增收，坪源村、湖叠村等6个全国旅游扶贫村建设步伐加快。完成易地扶贫搬迁241户、危房改造352户，塔峰、浆洞、土市、新圩4个集中安置点已达到基本入住条件。累计发放小额扶贫贷款1.72亿元，补贴“扶贫特惠保”153.5万元，发放教育扶贫资金952.6万元，贫困户住院就医报账比例达90%以上。创建镇村就业扶贫车间37个，星月玩具毛俊车间成为永州市最大扶贫车间。

2018年，蓝山县新政务中心办事大厅投入使用

污染防治攻坚战。全面开展蓝天、碧水、净土三大保卫战和“夏季攻势”十大行动，农村环境综合整治项目有序推进。推进“双河长制”，74条河流、37座水库纳入河长制管理，实施舜水河—俊水河综合治理生态修复，打造“样板河”14条。铁腕治污典型做法在中央新闻联播播出，环保问题“敢追责、严追责”得到中央和省市肯定。抓好中央、省市环保交办问题整改，信访交办件全部办结。

年内，蓝山县获批中国毛衫名城、中国纺织产业集群试点县、国家有机产品认证示范创建县、全国富硒产业推广示范县，“帮您办”入选全国“互联网+政务”优秀案例50强，政务公开标准化管理与社会治理创新融合发展获评“2018年度中国十大民生决策”，成功通过创建国家卫生县城、省级森林城市技术评估，获得全省安全生产示范县、粮食生产先进县、养殖业工作目标管理考核先进县、政务公开工作先进单位、安全生产工作先进单位，不停车超限检测治超模式在全省推广，被评为永州市教育优先优秀县区、无偿献血工作先进县、春运工作先进单位、打击恶意逃废银行债务专项活动先进单位、知识产权工作先进单位、落实粮食安全省长责任制工作优秀单位，永州市农村辅警城区快警建设、治超工作、关心下一代工作、物业管理工作现场会在蓝山召开。

存在的主要问题和困难：经济总量不大，发展质量不高；支撑经济发展的产业项目不多，产业项目带动经济发展能力不强；贫困地区基础薄弱，脱贫攻坚任务繁重；基层基础欠账较多，一些涉及民生的问题有待进一步解决，基本公共服务与人民群众期盼还有差距；干部作风还需进一步改进，投资环境有待进一步优化。

（黄诗翔　黄岚奇　周君）

【政务服务入选全国 50 强】 2018 年，蓝山县“帮您办”平台成功入选“2018 年智慧中国年会”第四届（2018）“互联网+政务服务”优秀实践案例 50 强；蓝山县获得全省“互联网+政务服务”十强县市区之一；该县深化“放管服”改革相关工作成效显著，被省政府通报表彰。该县新政务服务中心以“公开、高效、规范、便民、廉洁”为宗旨，全面推进“互联网+政务服务”和大数据慧治服务，创新实现“帮您办”功能，实现“点单式、一体化”政务服务模式。

【云冰山旅游区】 2018 年 4 月，蓝山县云冰山旅游区开工建设，项目总投资 11.09 亿元，建设期共五年，分三期建设。截至 2018 年年末，完成包括入口形象标识、游客服务中心、1 号生态停车场、云中咖啡屋、60 余栋木屋别墅等在内的一期建设，并于 12 月 24 日开园营业，创造项目建设的“蓝山新速度”。全年接待游客 214.5 万人次，实现旅游总收入 10.72 亿元，同比增长 20.64%和 20.04%。纳入旅游统计范围的宾馆酒店接待过夜游客 82.1 万人次，同比增长 26.53%。

【舜水田园综合体】 2018 年，蓝山县按照“政府引导、市场主导、企业主体、打造品牌”的思路，将南平特色农业产业园定位为“田园综合体”，聘请专业机构编制《南平风情特色小镇建设规划》等相关规划，引导推进“茶园”“菜园”“果园”“公园”“家园”于一体的田园综合体建设，成为农业种植、农产品加工、现代服务“三产”深度融合的典范。舜水田园综合体总面积 1000 公顷，其中核心示范区规划面积 333.33 公顷，由雷家岭生态农业种养殖专业合作社主导经营，并与深圳企业建立长期销售合作关系。同时，合作社采取“合作社+基地+农户”的经营模式，为农民提供“五统一”（即统一技术指导、供种供肥、病虫害防治、品牌建设、回收销售）服务，吸纳当地 45 名村民（贫困户 16 人）长期务工，年人均收入达 3.2 万元。吸收 55 户贫困户的 120 余亩土地入股，帮助贫困户平均实现增收 1000 元。

【不停车超限检测治超模式在全省推广】 2018 年，蓝山县突出科技治超，稳步推进治超非现场执法全省试点工作。借鉴先进经验，制定科技治超方案，投入专项资金 400 多万元安装多功能超限超载货运车辆电子违法抓拍执法系统。省道 216 线长铺路段和 324 线新圩路段 2 套货运车辆超限超载电子抓拍系统于 7 月安装完成并启动运行，这标志着全省非现场执法试点蓝山县治超不停车检测系统率先在永州市运行。9 月 6 日，蓝山不停车超限检测治超模式在《湖南治超工作简报》第 151 期上向全省推广。

（杨盼　廖琼君　肖唯）

领导名录

中共蓝山县委员会

书　　记	秦志军	
副 书 记	魏和胜	李劲涛
常　　委	李　勇	黄　萍
	苏建华	何江鸿
	赵忠辉	魏勇波
	杨　康	黄安平

县人大常委会

主　　任	黄和平	
副 主 任	郭晓武	刘惠明
	梁有余	袁　凤
	彭继学	

县人民政府

县　　长	魏和胜	
常务副县长	何江鸿	
副 县 长	魏秋云	刘素萍
	黄正军	李　鑫
	秦　波	

县政协委员会

主　　席	唐志雄	
副 主 席	盘运贵	黄石保
	李松旺	黄积文
	许旭阳	

中共蓝山县纪律检查委员会、监察委员会

书　　记 主　　任	魏勇波

县人民武装部

部　　长	黄　萍
政　　委	邓海勇

县人民法院

院　　长	吴昭明

县人民检察院

检 察 长	曲　军

回龙圩管理区

【概况】 2018 年，回龙圩坚持以加速乡村振兴为总抓手，协调全区产业加速升级、基建加速完善、党建加速强化、民生加速改

2018年，如诗如画的回龙圩城区

善、改革加速深入。地方生产总值31508万元，增长8.59%；社会固定资产投资8.3亿元，增长13.5%；财政收入6393万元，增长14.98%；社会消费品零售总额10214万元，增长13%；城镇居民人均可支配收入25185元，增长9%；农村居民人均纯收入12469元，增长9.9%。全区安全生产零事故、刑事案件零发生、网络负面零舆情、赴省进京零上访、中央环保督查问题零交办，综治民调满意度稳居全市前列。乡村振兴、精准扶贫、生态环保、债务化解、特色产业等工作成效明显。回龙圩柑橘获得第十六届中国国际农产品交易会“十佳优质农产品”称号。

实施市级重点项目8个，其中产业项目6个，年度计划投资4.94亿元，完成投资5.23亿元，其中回龙圩现代农业柑橘特色产业园采摘基地、高效节水灌溉等工程基本完工。国道538全线提质改造全线开展清表、路基开挖及铺设。回龙圩中学入口至高尚组道路提质扩容项目正在铺设路基、涵洞、实施路面硬化。高尚湖斗牛场及民宿村进入试运营阶段，配套景观工程全面完成。回龙湖水上乐园配套设施建设顺利推进。回龙圩冷链物流园完成综合服务中心、储运加工中心等基础设施建设。

贯彻落实“六个精准”“五个一批”要求，投资近1000万元用于贫困村基础设施和公共服务设施建设；新增转移就业贫困劳动力49人，发放交通补助5.49万元；完成易地扶贫搬迁80户235人（应搬尽搬）；实现家庭医生签约全覆盖；完善小额贷款担保联保机制；推进“雨露计划”，减免、发放各类教育补助资金38万余元。推进产业扶贫，为贫困户送树子、送农资、送技术、送路子，免费提供脱毒柑橘苗木31.68万株、化肥农药19.77万元；引导贫困户发展果禽一体特色生态养殖，成功打造“橘香鸡”等地方品牌；利用互联网为贫困户销售柑橘400万元，全区58户、159人高标准高质量脱贫。

推进万亩低产果园品改和2万亩柑橘黄龙病防治工作，推行果禽生态养殖加工一体化，“迴峰蜜柑”创建为“一县一特”，回龙圩柑橘获第十六届中国国际农产品交易会“十佳优质农产品”称号。推进橘博园、橘观园、采摘园等建设，助力柑橘观光旅游和乡村旅游。与中央电视台合作，成功承办第二届永州柑橘节暨“永州之野橘香世界”柑橘产业高峰论坛，打响回龙圩柑橘和休闲旅游品牌。依托柑橘专业合作社组织、引导果农参加技术培训、学习科技知识、用好新型生产培管技术，培养更多爱农业、懂技术、善经营的新型职业农民，打造本土乡村振兴人才队伍。家家鸡鸭圈养，户户门前种花植草，村村建人工湿地污水处理成为新乡村“标配”。深化人居环境整治，做好“一拆两改”，厕所达标、村容整洁、生态优美的秀美村庄遍地开花。发动群众广泛参与乡村文化建设，各村成立歌舞队，政府牵头开展“十星”文明户、“十佳新农民”等评选，举办“乡村振兴”杯男子篮球赛、“健康湖南”全民运动会、全民广场舞大赛等，浓厚文化氛围。修改完善村规民约，实行村民监督委员会月监督制，加强村干部培训力度，提升村干部素质，形成自治、法治、德治相结合的乡村治理新体系。

坚持党建引领、扛旗前行，深化“支部建在橘园中、能人聚在橘树下、群众富在橘子上”，打造“党建+产业发展”品牌。进一步规范支部管理，加大对行政末梢的监管力度，推动全区党员干部执行力进一步提升。完善农村党员挂牌入户，将基层党员全部联系到项目建设中，全部与贫困群众结成对子。同时，投资600万元，全面完成农村综合服务平台建设任务。

实现民生支出近亿元，6个市级重点民生项目有力推进。300盏农村太阳能路灯亮化工程、700户农村卫生厕所改造项目全面完成；完成14条自然村通水泥（沥青）路23.029千米；新增城镇就业500人，超额完成任务；新增学位590个，超出目标任务505个，在全市率先完成消除大班额任务。同时，全面完成139个视频监控点建设，并在重要区域、部位增加20个高清人脸识别监控摄像头，实现全区治安情况24小时监控。

坚定不移执行好中央、省市化解金融风险的各项政策，严控地方债务总量，累计清偿债务5920.96万元。建立健全政府债务风险预警和应急处置机制并设立偿债风险准备金，制定切实可行的政府债务偿还计划，确保全区债务风险可防可控。完成国有土地使用权确权登记发证工作。同时，以国土整理为契机，引入社会投资，提升耕地开发质量和土地使用效益，扩大区财税收入。利用社会投资开发储备土地117.33公顷，其中挂牌出让28.35公顷，收入4253万元。深化放管服改革，坚决落实“两集中、两到位”，精简审批事项和环节，全面实行集中审批。改造升级政务大厅，分类构建综合服务窗口。投资200余万元完成回龙圩政务网络平台建设，实现联通上下、互通左右；回龙圩政府网站从无到有，正在试运行；“互联网+政务服务”系统平台信息上传持续推进，“12345”热线纳入市级平台。同时，狠抓干部执行力建设，加强干部作风督查，进一步优化干部作风，打造高效廉洁政府。

存在的主要问题和困难：一是人才制约依旧明显。因人手少、水平不高等，回龙圩不少工作做在前面、早出成效，却在经验推广上“慢一步”，工作绩效难显。二是财政收支平衡难。管理区核心骨干财源少，基建、民生刚性支出日增，资金缺口大。

【第二届永州柑橘节】 2018年10月27日—28日，由中共永州市委、市人民政府主办，回龙圩管理区党委、管委承办的永州（回龙圩）第二届柑橘文化旅游节暨柑橘产业高峰论坛在回龙圩管理区举行。此次柑橘文化旅游节以“永州之野、橘香世界”为主题，包括斗牛比赛、文艺晚会、灯光秀、高峰论坛等活动。开幕式表演“柑橘·美”“柑橘·人”“柑橘·情”3个单元节目，用歌舞、沙画、魔术、杂技等展现回龙圩的好山、好水、好风光、好柑橘，展示回龙圩建场60年来翻天覆地的变化和乡村振兴建设成果。柑橘节中，回龙圩首次与中央电视台七套农业频道《每日农经》栏目合作，开展筹备和宣传，展示柑橘科技，搞活柑橘流通，弘扬柑橘文化，进一步促进柑橘产业与乡村生态休闲旅游融合发展。

【柑橘产业建设】 2018年，回龙圩管理区坚持保基本、促多元，优先发展生态农业，实施优势农产品发展战略，全区柑橘产业提质增效。推广应用绿色生产技术，全面铺开柑橘黄龙病、大小食蝇群防群治，推广应用太阳能智能杀虫灯、黄板诱杀技术、以螨治螨等优质高效物理和生物防治技术，促进柑橘产品高产优质高效。推广农旅文融合、种养结合，回龙圩橘香鸡养殖，加工“一条龙”顺利发展，橘园党建公园、橘园观光采摘体验基地开门迎客。“迴峰蜜柑”成功创建“一县一特”，并通过国家农产品地理标志登记省级评审。回龙圩柑橘荣获第十六届中国国家农产品交易会“十佳优质农产品”称号。同时，依托柑橘产业持续推进全域

2018年，八仙洞柑桔园风光

旅游建设，橘博园、橘观园、采摘园等建设有序推进，旅游观光型、品尝体验型、休闲度假型休闲农业持续发展，乡村旅游、生态休闲游品牌建设不断深入。

【全民健身中心】 2018年。回龙圩管理区全民健身中心投入使用。该项目于2017年6月动工，总造价近700万元，采用钢架结构、玻璃幕墙，注重外部形态；建地面积1300平方米，内设乒乓球区、羽毛球区、气排球区、篮球场、工作用房和洗漱间。此全民健身中心是回龙圩建设的首个面向全体群众开放的综合性室内体育场馆。

领导名录

中共永州市回龙圩管理区委员会

书　　记　赵文旺
副 书 记　刘功文
　　　　　成　萍（女）
党委委员　周礼才　王湘文
　　　　　李冬华（女）
　　　　　欧阳群松　何　科
　　　　　朱　琨
　　　　　易俊良（挂职）

永州市回龙圩管理区管理委员会

管委会主任　刘功文
管委会副主任　周礼才　欧阳群松
　　　　　何　科
　　　　　易俊良（挂职）
副调研员　李宋成

中共永州市回龙圩管理区纪律检查委员会

书　　记　王湘文

金洞管理区

【概况】 金洞管理区位于湘江支流白水河上游，与七县区交界。金洞管理区与金洞林场实行“两块牌子，一套人马”管理，行政级别为正县级，全面负责管理区域内的经济社会事务。管理区（林场）辖3个乡、1个镇、45个行政村（居委会）、8个分场，总面积635平方千米，耕地面积2287.5公顷，总人口6.8万人（少数民族人口4103人），城镇人口1.95万人，人口出生率90.44%，人口自然增长率4.16‰；境内有山林面积5.07万公顷，森林蓄积量280万立方米，空气中负氧离子含量高达1.1万个/立方厘米，堪称“天然氧吧”；林区内有木本植物91科600余种，草本植物500余种，中草药材50余种，野生动物50余种。先后获得“中国楠木之乡”“全国绿化模范单位”“全国科技兴林示范林场”“全国森林康养基地试点”等“国字号”生态品牌称号。2018年，金洞白水河成功创建“国家级水利风景区”。“金洞楠木康养特色小镇”成功入选全国首批国家森林小镇建设试点。金洞林场获评全国、全省“十佳林场”。

完成地方生产总值12.98亿元，增长8.5%；财税总收入6052万元，增长9.6%；社会消费品零售总额5.62亿元，增长11.5%；固定资产投资15.76亿元，增长13.5%；规模工业增加值1.38亿元，增长8.5%。城镇、农村居民人均可支配收入分别达到32764元、10543元，增长9.1%、9.8%。

全区减少贫困人口7245人，出列贫困村10个，易地扶贫搬迁650人，贫困发生率下降至1.02%。调度整合资金6397.76万元，实施产业和基础设施扶贫项目120多个。防范重大风险取得明显进展。采取“土地出让收入偿还、平台公司市场化转型偿还、统筹安排财政资金偿还”等方式，化解政府债务6200万元；按照政府投资项目“停、缓、调、撤”的要求，减少财政总投资项目7个、1.33亿元。污染防治得到根本扭转。覆盖4乡（镇）28村的城乡垃圾一体化工程正式运营。全面推行“双河长制”，安排各类河库长99名，关停拆除非法矿场、砂场、红砖厂、养殖场18家。金洞白水河成功创建为“国家级水利风景区”。

成功创建为“楠木主题公园AAA景区”；26千米的楠木大道基本建成，“金洞楠木康养特色小镇”成功入选全国首批国家森林小镇建设试点。《到金洞去漂流吃全素宴》《丛林穿越——攀岩金洞》等旅游节目，得到中央电视台二套、湖南卫视专题报道推介。林业转型步伐加快。年内更新造林666.67公顷，其中珍贵树种近400公顷，获评全国、全省“十佳林场”。组建区园林所，新建高端花卉苗木苗圃28公顷，其中珍贵花卉苗木95%以上。实体产业来势良好。金洞农业大数据、众鑫矿业高岭土等项目即将投产出效。按照“一县一特”主导产业规划，完成33.33公顷观光茶示范园和66.67公顷高山云雾茶规划建设，成功创建浯峰贡茶产业园、浯溪枳壳产业园等省、市级示范园。

“杉木优良无性系选育技术研究”获湖南省科技进步三等奖。金洞林场中学学位建设动工。举办“畅游金洞·骑乐无穷”自行车邀请赛、庆祝改革开放四十周年暨新春文艺晚会等一系列文体活动。基本完成16所乡村卫生院（室）标准化建设。完成农村“五小水利”建设192处，巩固提升农村安全饮水7360人。农网改造升级25个村。“木—牛”二级公路全线试行通车，“金—大”公路基本完成开工前期工作，完成自然村通水泥路45.16千米、安保工程28.74千米、窄路加宽11.5千米、危改、渡改桥10座。完成机关养老保险改革，农村低保、城乡居民养老金、医疗保险持续提标，城乡居民医疗保险参保率100%。

坚持以党的政治建设为统领，不断加强党的各项建设。调整交流和提拔区管干部51人，招录引进人才135人，干部队伍结构持续优化，队伍素质全面提升。新建村级综合服务平台26个、党建小游园22个，成功打造金白河沿线党建示范走廊。坚持党管意识形态工作，践行社会主义核心价值观，开展农村精神文明创建，有效遏制农村陋习；持续加强党风廉政建设和反腐败工作力度，严格落实“两个责任”，开展“雁过拔毛”“纠‘四风’、治陋习”“约法三章”等专项整治。

存在的主要问题与困难：基础设施建设滞后，产业发展相对单一；体制机制障碍没有得到根本消除，优质人才缺乏，干部干事创业条件受限；财政总量有限，招商引资困难。

【“金洞楠木康养特色小镇”入选全国首批国家森林小镇建设试点】 2018年9月，国家林业和草原局公布全国首批50个国家森林小镇建设试点名单，永州市“金洞楠木康养特色小镇”成功入选，全省仅3家。森林小镇由国家林业和草原局于2017年首次提出，2018年首次开展试点建设，是指在森林资源丰富、生态环境良好的国有林场和国有林区林业局的场部、局址、工区等适宜地点，重点利用老旧场址工区、场房民居，通过科学规划设计、合理布局，建设接待设施齐全、基础设施完备、服务功能完善，以提供森林观光游览、休闲度假、运动养生等生态产品与生态服务为主要特色的，融合产业、文化、旅游、社区功能的创新发展平台。根据规定，森林小镇建设试点期限一般为3年，在3年内完成建设任务的，由国家林业和草原局认定为“国家森林小镇”，并统一颁发标识。

【蒋善生深入金洞调研森林康养、生态旅游产业建设】 2018年1月5日，永州市政协主席蒋善生深入金洞，调研指导森林康养、生态旅游产业建设。蒋善生一行到金洞管理区综合医院及森林康养一体化PPP项目建设点，详细听取金洞管理区关于以发展森林康养为核心，打造集医疗、康养、疗养、休闲旅游及运动健康为一体的医养结合产业项目建设推进情况的介绍。随后一行人到以楠木文化为主题，集观光体验、森林康养、运动休闲、民俗娱乐、音乐舞台为一体的特色鲜明大型综合主题楠木公园，听取有关后续开发建设工作。

【金洞楠木主题公园创建AAA旅游景区】 2018年11月7日，市旅游景区质量等级评定委员会陈月全一行5人对金洞楠木主题公园创建国家AAA级旅游景区进行评审验收。评审组通过听取汇报、实地查看等方式，对照星级旅游景区评定标准分别查看楠木文化主题公园、小金洞美丽乡村、牛头山漂流接待中心、宝成农庄等景点。验收组对该区楠木文化主题公园的创建工作及楠木文化的独特性给予肯定。同时对标识标牌、环境卫生、景区LOGO、智慧旅游、景区工作人员的服务水平提出具体要求和意见。专家组希望该区加大旅游产品的开发，深化文化元素的提炼和挖掘，提升楠木品牌知名度，进一步将楠木文化推向市场，加快金洞旅游业的发展。

【永州第三届山地自行车邀请赛】 2018年11月4日，金洞管理区在楠木文化主题公园举办永州“畅游金洞·骑乐无穷”第三届山地自行车邀请赛，活动本着“绿色、环保、低碳、健康”的原则，让骑行爱好者在享受金洞旖旎风光的同时，感受到竞技的乐趣。活动充分展示金洞人民奋进新时代、一心奔小康的坚定信心与精神风貌，也体现金洞青年志愿者的精气神，激发青年志愿者投身金洞“六大战役”生动实践的激情。

（何涛）

领导名录

金洞管理区领导

党委书记	何德波
党委副书记 管委会主任 （场长）	何永明
党委副书记	李耀华
党委委员 管委会副主任 （副场长）	夏铁桥　邓彪
党委委员 政法委书记	肖申华

党委委员 纪委书记	周旺生	
党委委员 管委会 副主任 （副场长）	唐　亚 李　胜（挂职）	
管委会 副主任 金洞公安 分局局长	秦学君	
金洞分局 政委	刘　明	
副处级干部	孙国庆	汪桂林
副处级 职级干部	奉付成 周光卓 邹广贤	邓秋实 张治国

永州经济技术开发区

【概况】 永州经济技术开发区位于永州市中心城区，是湖南省最早成立的9个省级重点开发区之一，下辖长丰工业园、凤凰工业园、冷水滩高科园，管辖1个街道，享有县级人民政府经济社会行政管理权限，园区总规划面积121平方千米，总人口8.5万人。先后被认定为“全国模范劳动关系和谐园区”“湖南省军民融合产业示范基地”“湖南省开放型经济先进园区”“湖南省大众创业万众创新示范基地”“湖南省信息化和工业化融合试验区”“湖南省知识产权工作示范园区”“循环经济试点示范园区”“湖南省服务业示范集聚区”。

2018年，该区在全省133家省级以上园区综合评价中排名省级园区第四名，连续3年排名省级园区前五名。创建国家级经开区工作取得突破性进展，省政府以全省省级经开区排位第一，向商务部等额推荐永州经济技术开发区，提前晋级国家级经开区，并通过商务部、国家发改委、自然资源部、住建部4部委联审，成为即将提前晋级的全国6家经开区之一。

截至2018年年末，园区有规模以上工业企业183家，有国家高新技术企业26家，省级以上研发机构和技术中心11家，有国家驰名商标3个，省级名牌商标8个，形成大制造、大数据、大健康、大商贸物流四大产业集群。“一区三园”实现技工贸总收入785亿元，增长23.52%；工业总产值612亿元，规模以上工业总产值304亿元，区本级规模以上工业总产值和区本级财政收入双双保持30%以上的增幅。其中，区本级财政收入3.45亿元（不包括直接入库市财政的长丰猎豹及其配套企业税收、直接入库市财政的高科园企业税收），增长34.8%，实现税收占比94.7%的高质量；长丰工业园全年新增入统规模企业14家，新增国家高新技术企业4家，新增投资5000万元以上工业项目21个，韬讯航空、巨米智能、迈腾科技、唯特电子等项目当年开工，当年建成，当年投产，当年创税。

长丰猎豹新车型CS10和“迈途”实现量产；与世界500强保利集团共建永州保利军民融合产业基地，与中国500强合力叉车配套企业共建智能装备产业联盟，韬讯航空、巨米科技等相继入驻和投产。与世界500强华为集团合作共建的永州华为云计算数据中心投入使用，并成为“湖南省政府政务云异地备份中心”；北京安天网络安全、易尤特数据中心等项目相继落户大数据产业园。与古巴生物医药集团合作建设的中古国际生物技术中心、与广东新南方集团合作建设的植物提取高技术产业基地相继入驻；与湖南农业大学、湖南科技学院联合筹建“永州生物化学工程技术研究中心”，推进抗菌肽等前沿科技领域研究成果产业化。引进中国500强怡亚通共建供应链基地，现代服务业新城加速推进，电子商务与现代物流融合发展，商贸物流产业强力集聚。

亲水河科技谷按照国际一流的高新技术企业聚集区规划理念建设，配套科学家花园等服务设施，新增落地韬迅航空、巨米智能、东峻科技等项目17个。潇湘科技创新中心建成使用，科技展示馆开馆，院士工作站、中国科技开发院永州创新孵化基地、青年创新创业园等平台建成运营。中古国际生物技术中心项目得到国家发改委大力支持，携手古巴生物医药集团打造古巴在中国境内的第一家新药研发机构，并将抗肺癌肽以及典型猪瘟疫苗的研制作为首批合作项目。智能装备产业基地实现扩能提质，年产15万台整车的长丰扩能项目全面建成，汽车配套产业园一期建成7万平方米标准厂房以及创新研究院和人才公寓；中国500强合力叉车配套企业亿力智能装备等4个项目集中开工建设，将建成中南地区最大的钣金技术中心和研发平台。华为大数据产业基地扩容提质，与世界500强华为集团共建的华为云计算数据中心承载1000个标准服务器机柜，具备48万核计算能力，建成“湖南省政府政务云异地备份中心”，3.5万平方米的大数据产业园将全面建成并投入使用，16家华为生态合作伙伴和互联网企业将入驻。锦络电子、大德科技等企业年产值先后过亿元。保利军民融合产业基地一期新能源新材料产业园完成4万平方米厂房建设，与世界500强保利集团共同整合园区4家军工企业形成消防应急救援产业链，被认定为“湖南省军民融合产业示范基地”。天然植物提取高技术产业基地列入全省“5个100”重点项目，中国南方植物萃取技术中心开工建设，将建成中国南部最大的植物提取基地。

签约引进项目52个，一期总投资125亿元。世界500强保利集团国防科技中心牵头的军民融合产业基地，中国500强蓝思科技合作的高端视窗触控屏产业项目，中国500强怡亚通投资的（永州）供应链整合基地，以及永州市特种材料与结构技术研发和应用院士工作站、中古国际生物技术中心等一批高科技项目相继签约入驻。按照科技成果交易中心推荐、会计事务所尽职调查、基金公司风险评估、党委管委集体研究的程序，推动政府平台公司投资，用股权投资撬动社会和民间资本，先后投资近5000万元引进韬讯航空共轴无人机项目、巨米智能科技项目以及北京安天网络安全项目，加速保利永州军民融合产业基地、永州天然植物提取高技术产业基地等高科技产业项目落地。成立区招才局，设立3000万元人才发展专项资金，坚持招商与招才相结合，凡招商必招才、以招才促招商，在永州（北京）招才引智暨招商引资推介会上，一次性签约16个项目，电子商务交易技术国家级工程实验室、摩迪菲新材料等科技平台先后落户。组建产业联盟，共建核心技术平台、共享产业链优惠政策，整合产业链上下游企业订单，引导中小企业发展，打造产业集群。以保利集团国防科技中心为龙头，联合本地南岭民爆、跃进等军工企业打造军民融合产业基地；以安徽合力、广西柳工、长丰猎豹为龙头建设智能装备产业联盟，打造中南地区最大的钣金技术中心和研发平台；以华为云计算大数据中心为龙头，引进华为云生态伙伴，打造立足湖南、辐射华南华中地区的云湾。

2018年10月23日上午，永州特种材料与结构技术研发和应用院士工作站在永州经济技术开发区揭牌

开展实体经济三走遍活动，全面提供贴心“保姆式”和放心“保安式”服务。围绕高质量发展目标，以潇湘科技谷为核心，中开院科技孵化器、永州市特种材料与结构技术研发和应用院士工作站、永州市科技要素交易市场、南航科技创新基地、电子商务交易技术国家级工程实验室、保利国防科技研究中心湖南分中心、氢燃料电池研发中心等一批新平台相继建成，基础设施配套得到提升；投资4500万元的猎豹变电站提前建成，为长丰扩能和华为云计算数据中心提供充分电力保障；开通美凯电子公交专线和园区免费公交专线；与市人社局成立专门班子，支持园区企业招工及培训等工作，全年累计免费培训企业员工860人次；拨付产业扶持资金1100万元，帮助企业申报省市资金2500万元，帮助8家企业申请到位中小企业担保公司融资1亿元；通过科技人才计划，建成院士工作站1个，引进创新创业人才团队8个，直接引进和柔性引进各类人才102名，新建人才公寓400套，在全市人才工作会议上作经验发言。

脱贫攻坚精准务实，128名贫困人员实现脱贫摘帽。开展行业扶贫，聘请31名贫困人员担任河（库）日常管护巡查员，聘请20名贫困人员担任护林员；开展产业扶贫，在横冲、青草铺建设2个扶贫车间，带动64名贫困人

2018年11月28日上午，中共永州市委书记、市人大常委会主任李晖会见古巴生物医药集团研发总裁罗兰多·皮尔兹博士一行，交流探讨生物医药合作项目

员脱贫；开展就业扶贫，实现农村贫困劳动力转移就业274人，为23名就业困难贫困劳动力特设公益性岗位；开展健康扶贫，财政备用金支持贫困人员住院“一站式”结算。稳妥防范化解重大风险，压减投资项目19个，压减投资26.07亿元；变更4个政府购买服务名义融资项目贷款方式，减少财政支出责任16.94亿元。突出股权投资和工业地产开发，推动平台公司转型，建立融资、投资、建设、管理、偿债一体化的良性循环机制。坚定不移打好污染防治攻坚战，推进中央环保督察信访件办理和“回头看”交办问题整改，9个反馈问题全部整改到位。推动湘江干流饮用水源地保护，取缔非法养鱼网箱13.9万平方米，变迁关闭企业12家，完成退养养殖场50家，3处黑臭水体整治到位。关停小锅炉4台，淘汰小高炉5家。

党风廉政建设“两个责任”、“双河长制”、中心城区禁燃令得到严格落实；安全生产、控违拆违、社会治安、信访维稳等各项工作形势持续向好；城市管理、交通整治、消防检查成效明显；三农发展基础、民政计生保障基础进一步夯实；统战、群团、工会、环卫、园林等各项工作迈上新台阶。投资200万元，建设横冲、青草铺2个扶贫车间；投资3000万元，新建14个农村综合服务平台；在企业设立治安岗，为企业提供安全保障；铺设200毫米供水专管，确保园区企业供水充足。探索园中园党建和产业链党建模式，新增机关党建经费103万元，增长450%，落实党建示范点建设经费60万元，落实村级运转经费318万元，村均超过21万元。向全区65家企业下派12名党建指导员，“两新”党组织数量增加到24家。全面完成“城区快警”平台建设和“一村一辅警”建设；“安全小镇”建设稳步推进，易尤特“安全小镇”建设经验被国家安监总局推介。设立市政协经济界别委员工作室，探索出园区政协工作的新模式。

【中古国际生物技术中心建设】2018年5月28日，永州经济技术开发区与古巴生物医药集团签订中古国际生物技术中心项目合作备忘录，永州市委副书记、市人民政府市长赵应云出席并致辞，永州市委常委、常务副市长张贺文，副市长谢景林，古巴科学院院士、古巴生物医药集团研发总裁罗兰多·皮尔兹博士，古巴科学院院士、古巴基因工程与生物技术中心主任杰拉尔多·吉伦博士出席洽谈会。古巴生物医药集团、技术服务集团分别与永州经济技术开发区达成合作建设生物医药技术中心和国际医院的共识，这是古巴在中国境内的第一家新药研发机构。6月29日，湖南省人民政府副省长何报翔率永州市委常委、常务副市长张贺文一行，到北京拜会古巴驻华大使米格尔·安赫尔·拉米雷斯先生，双方就中古国际生物技术中心落户永州经开区以及古巴与湖南产业合作展开深入交流。11月26日，永州市召开中古国际生物技术中心项目洽谈会，市委常委、常务副市长张贺文，副市长谢景林，古巴生物医药集团北京代表处主任里卡多博士、古巴科学院院士、古巴生物医药集团研发总裁罗兰多·皮尔兹博士，古巴科学院院士、古巴基因工程与生物技术中心主任杰拉尔多·吉伦博士出席。双方进一步细化项目研究方向和合作内容，深入推进中古国际生物技术合作。

（永州经开区党政办）

领导名录

党委书记	周　亮
党委副书记 管委会主任	李　瑛

党委副书记 纪委书记	李月红
党委委员 管委会 常务副主任	张　明
党委委员 管委会 副主任	廖为华
党委委员 管委会 副主任 （挂职）	唐亚辉
管委会 副主任 （挂职）	唐美凤
党委委员 管委会 副主任	郭建胜
副调研员	谢晓青
永州市开发 建设投资 公司 原总经理	黄立华
永州市开发 建设投资 公司董事长	卿铁军

附录

Appendix

一、政策规章选登

永州市人民政府办公室 关于进一步激发民间有效投资活力促进经济持续健康发展的实施意见

永政办发〔2018〕10号

关于进一步激发民间有效投资活力促进经济持续健康发展的实施意见

各县区人民政府，各管理区，永州经济技术开发区，市政府各办委局、各直属机构：

为深入贯彻党的十九大精神，采取切实有效政策措施，进一步激发民间有效投资活力，促进经济社会持续健康发展，根据《湖南省人民政府办公厅关于进一步激发民间有效投资活力促进经济持续健康发展的实施意见》（湘政办发〔2018〕32号）要求，经市人民政府同意，现提出如下实施意见。

一、优化程序，着力提高行政审批效率

1. 持续精简行政审批事项。及时做好国务院、省政府取消、下放和调整行政审批等事项的衔接落实，严格执行并持续优化调整行政权力中介服务清单，最大限度为市场主体松绑，为民间投资破除各种关卡，激发创业创新活力。坚决落实清理规范投资项目审批事项有关要求，适时开展民间投资项目报建审批情况清理核查，精简合并投资项目报建审批事项，不得擅自增加行政审批事项和环节，切实防范权力复归和边减边增。（责任部门：市编办、市审改办、市政府法制办、市优化办、市发改委、市住建局、市环保局、市国土资源局、市交通运输局、市水利局、市安监局、市人防办、市气象局、市地震局、市文物管理处、市消防支队）

2. 优化投资项目审批服务。全面梳理公布“不见面审批（服务）”事项，编制全市统一的政务服务事项目录清单和实施清单，制定政务服务事项实施清单标准规范。依托投资项目在线审批监管平台和政务服务平台，推行投资项目审批“一站式”网上运行和并联审批，除涉密项目外，投资项目审批、核准、备案以及所涉及的各类审批事项全部通过投资项目在线审批监管平台办理，大力推进“一家牵头、提前介入、全程代办、统筹协调、一窗（网）受理、一次告知、多评合一、多图联审、同步审查、分类审批、限时办结”的运行模式。在法律法规及规章许可的基础上，积极推进企业投资项目承诺制改革，在省级以上开发园区、产业集聚区先行试点承诺制，实行无审批管理，推动更多项目事项管理由事前审批向加强事中事后监管服务转变。（责任部门：市政务中心、市发改委、市住建局、市环保局、市国土资源局、市交通运输局、市水利局、市安监局、市人防办、市气象局、市地震局、市文物管理处、市消防支队）

二、强化引导，着力拓宽民间投资领域

3. 支持民间投资创新发展。鼓励民营企业进入集成电路、新能源汽车、“互联网+”、大数据和工业机器人等产业链长、带动效应显著的行业领域。支持民营企业加快研发中心、院士工作站等研究机构建设，支持具备条件的民营企业申报国家和省级企业技术中心等创新平台，承担或参与国家和省级工程技术研究中心、工程实验室等创新平台的建设。支持双创示范基地、众创空间、产业园区公共服务平台建设，提高为民营企业投资新兴产业服务的能力和水平。鼓励民间资本开展多元化农业投资，支持农村新产业新业态发展，推动民间资本与农户建立股份合作等紧密利益联结机制，对带动农户较多的市场主体加大支持力度。拓展民间资本进入社会服务领域路径，建立健全政府向社会力量购买文化体育、健康养老等服务机制，探索开展社会化运营试点。（责任部门：市科技局、市经信委、市财政局、市发改委、市农委、市林业局、市文体广新局、市民政局、市卫计委）

4. 发挥政府投资引导作用。以政府性产业发展基金的支持方向，引领民营企业发展新产业、新业态、新商业模式。发挥财政性资金带动作用，通过投资补助、资本金注入、设立基金等多种方式，广泛吸纳各类社会资本，支持企业加大技术改造力度，加大薄弱环节重点项目投入。各级各类财政专项资金安排和上级建设补助争取，要明确规则、统一标准，对包括民间投资在内的各类投资主体同等对待。采取价格扣除、预留份额、评审优惠等措施，支持民营企业参与政府采购。在社会保障、公共文化和市政公共服务等领域，积极培育和扶持政府购买服务市场主体。（责任部门：市财政局、市发改委，各县区、管理区、经开区）

5. 鼓励民间资本参与政府和社会资本合作。加大基础设施和公共服务领域开放力度，除国家法律法规明确禁止准入的行业和领域外，一律不得有排斥、限制或歧视民间资本的行为，为民营企业创造平等竞争机会。各级政府推进的基础设施和公用事业项目，优先支持民间资本股权占比高的社会资本方参与。针对不同政府和社会资本合作项目投资规模、合作期限、技术要求、运营管理等特点，规范有序推进民间资本采用合理方式参与政府和社会资本合作，充分发挥民营企业创新、运营等方面的优势。在不增加地方政府债务风险的情况下，鼓励民间资本参与城市供水、污水处理、垃圾处理、人防工程等领域项目。（责任部门：市财政局、市发改委、市住建局、市交通运输局、市水利局、市教育局、市卫计委、市城管执法局、市人防办、市城投集团、市经投集团，各县区、管理区、经开区）

三、降低成本，着力增强民间投资动力

6. 努力破解融资难题。落实和完善特许经营权、收费权等权利的确认、登记、抵押、流转等配套制度，发展和丰富循环贷款等金融产品，加快建设普惠金融体系，实施小微企业应收账款融资专项行动，着力解决对企业抽贷、压贷、断贷等融资难题。完善民营企业信用评级制度，优化授信管理和服务流程，严禁金融机构贷款附加不合理条件。完善政策性融资担保体系，融资担保机构、当地人民政府和合作金融机构合理分担中小微企业和“三农”及知识产权融资担保风险。充分发挥各级政府网站与全国信用信息共享平台作用，鼓励各地推进“银税互动”、银行业金融机构和全国信用信息共享平台之间的合作等，化解银企信息不对称问题，促进中小企业融资。（责任部门：市政府金融办、永州银监分局、市财政局、市发改委、市工商联、市税务局）

7. 降低项目建设和运行成本。降低制度性交易成本。全面清理各种行业准入证、生产许可证和职业资格证，持续深化商事制度改革，加快推进企业全程电子化登记注册和电子营业执照的发放和应用，继续推进“多证合一”改革，探索开展“证照分离”改革试点。降低企业生产成本。落实阶段性降低社会保险费率、困难企业缓缴基本养老保险费、稳岗补贴等政策，加大企业养保险缴费费率过渡试点力度。规范和适当降低城镇私营单位在岗职工住房公积金缴存比例，督促落实公积金缓交、降费等政策，缴存基数不超过当地上一年度月平均工资的3倍。扩大大用户直供电规模及范围，降低大工业电价。实行工业用地的使用者可分期缴纳土地出让价款政策，降低工业企业用地成本。开展物流业降本增效专项行动，鼓励冷链物流企业通过参与电力市场化交易降低用电成本。加强涉企收费监管。全面落实政府定价经营服务性收费

目录清单制度。进一步清理规范行政审批中介服务收费，由审批部门委托有关机构开展的服务事项一律不得向企业收费。组织开展银行等金融机构专项收费检查，重点查处继续收取国家明令取消的收费项目的违规行为。（责任单位：市工商局、市人社局、市发改委、市住房公积金管理中心、市国土资源局、国网永州供电公司）

四、守信履约，着力规范政务服务行为

8. 加强政务诚信建设。各县区（管理区、开发区）和市直各部门要依法依规履行职责，建立政府失信纪录，强化政府履约践诺责任。要依法依规向民营企业作出政策承诺并兑现，不得违法违规承诺优惠条件，不得随意改变约定。对造成政府严重失信违约行为的主要责任人和直接责任人要依法依规追究责任。对存在政务失信记录的公务员，年终考核不得评为优秀等次、限制参加评优评先，并通过计入个人信用档案，支持市场主体对其采取差别化服务。（责任单位：市发改委、市人社局，各县区、管理区、经开区）

9. 构建新型政商关系。着力构建“亲”“清”新型政商关系，大力扶持和发展民营经济，切实落实好激发民间投资活力的主体责任，积极主动同民营企业接触，让民营企业充分体会到权利平等、机会平等、规则平等。建立健全政府和民营企业常态化沟通机制，发挥好工商联和协会商会在企业与政府沟通中的桥梁纽带作用。加强各种所有制经济产权和知识产权保护，实现产权有效激励。落实好优化营商环境的各项政策措施，从政务、市场、法制等方面进一步改善全市营商投资环境。（责任单位：市工商联、市科技局、市商务和粮食局、市民政局，各县区、管理区、经开区）

10. 强化政策督促落实。各县区（管理区、经开区）和市直相关部门要全面梳理国家和省、市已出台的鼓励民间投资政策措施，逐项检查政策措施在本地、本领域的落实情况，对尚未有效落实的政策措施，认真分析原因，采取得力措施，确保政策尽快落地。市政府不定期对各地各部门落实国家和省、市促进民间投资政策措施的情况进行督查，解决政策落实“最后一公里”问题。加大激励问责力度，对政策落实成效明显的给予激励支持，对落实不力的视情况予以通报、约谈和问责。（责任单位：市发改委、市政府督查室，各县区、管理区、经开区）

永州市人民政府办公室

2018 年 9 月 10 日

永州市人民政府办公室
关于印发《永州市创建全国社会信用体系建设示范城市实施方案》的通知

永政办发〔2018〕2 号

各县区人民政府，各管理区，永州经济技术开发区，市直各单位：

《永州市创建全国社会信用体系建设示范城市实施方案》已经市人民政府同意，现印发给你们，请认真组织实施。

永州市人民政府办公室

2018 年 2 月 5 日

永州市创建全国社会信用体系建设示范城市实施方案

根据党中央、国务院决策部署和《国务院关于印发〈社会信用体系建设规划纲要（2014—2020年）〉的通知》（国发〔2014〕21号）等有关文件要求，以及国家发展改革委、人民银行工作部署，市委、市人民政府决定开展全国社会信用体系建设示范城市创建工作，现制定本实施方案。

一、指导思想

全市社会信用体系建设工作要以习近平总书记系列重要讲话精神为指引，全面贯彻落实党的十八大及十八届三中、四中、五中、六中全会精神，按照中央、国务院和省委、省政府关于加快推进社会信用体系建设的重大决策部署，围绕市委、市政府建设“创新开放新高地、品质活力新永州”的总体发展战略，以创建全国社会信用体系建设示范城市为目标，以建立健全公共信用信息共享系统为支撑，以完善信用管理制度为保障，以推广信用产品应用为依托，以建立信用奖惩联动机制为手段，全面推进全市政务诚信、商务诚信、社会诚信和司法公信建设，建成覆盖主要信用主体，体现永州特色，具有示范意义的社会信用体系，为加快城市转型升级，建设“品质活力”构建良好的信用环境。

二、建设目标

根据国家确定的社会信用体系建设任务，按照“政府推动与社会共建结合，基础建设与信用应用并举，守信激励与失信惩戒联动，示范创建与文化引领同步”的原则，通过持续深入推进社会信用体系建设，到2018年，基本建立我市社会信用体系建设基础框架，到2020年，形成比较完善的社会信用体系。

——全面推进阶段（2018年2月—2019年6月）。启动全市创建国家社会信用体系建设示范城市工作，建立社会信用体系建设示范城市创建的工作体系和运行机制，建立健全市、县两级社会信用组织体系，实现工作机构、工作人员和工作经费“三到位”；信用制度基本建立；信用信息公共服务平台和重点行业信用信息系统有序运行，“信用永州”、永州市信用信息共享平台实现与国家、省信用平台和政务平台互联互通，常态化、规范化的信用记录归集与信用信息服务机制基本形成；重点领域、重点区域诚信试点示范建设效果明显，政务诚信、商务诚信、社会诚信和司法公信建设取得成效；守信激励和失信惩戒机制切实发挥作用，完善“红黑名单”管理制度，在食品药品、安全生产、环境保护、招投标、项目及资金申报、中介服务、纳税等6个重点领域实行“事前信用承诺、事中信用监管、事后失信惩戒”和守信激励机制；培育发展信用服务市场，信用服务产品广泛运用，在行政审批、招标投标、政府采购、财政性资金使用等领域全面推广使用信用记录和信用产品；诚信宣传教育、诚信文化活动、社会诚信实践广泛开展，社会诚信意识明显提高。“有信可查、守信激励、失信必究、市场规范”的社会信用体系基本形成。

——巩固提升阶段（2019年7月—2020年）。建成分工明确、监管有力、竞争有序、运行安全、功能齐备、服务高效，体现永州特色的社会信用体系框架和运行机制，以信用信息资源共享为基础的覆盖全社会的征信系统基本建成，信用监管体制基本健全，信用服务市场体系比较成熟，政务诚信、商务诚信、社会诚信和司法公信建设取得明显成效，守信激励和失信惩戒机制全面发挥作用，市场和社会诚信满意度大幅提高，全社会诚信意识普遍增强，经济社会发展信用环境明显改善，经济社会秩序显著好转，“信用永州”建设水平全面提升。

三、主要任务

（一）实施统一社会信用代码制度。

1. 积极落实“多证合一”“一照一码”登记改革。建立统一代码资源管理、数据库建设及维护和代码发放、信息反馈等工作机制；建立统一代码重错码核查和信息共享机制，定期通报赋码和信息回传情况；增量统一信用代码一步公示到位，存量机构代码向统一社会信用代码转换2018年底前全部过渡到位；建立健全与市公共信用信息共享服务平台对接机制，实现信息共享交换。（责任单位：市工商局）

2. 加强统一代码推广应用。按照《国务院批转发展改革委等部门法人和其他组织统一社会信用代码制度建设总体方案的通知》（国发〔2015〕33号）文件要求，积极稳妥做好统一代码的推广使用，各部门要加快业务管理系统改造，加速现有代码向统一代码过渡。（责任单位：市工商局）

（二）建立信用信息服务和交换体系。

3. 加强重点领域信用记录建设。加强对金融信贷、税收缴纳、安全生产、产品质量、市场监管、工程建设、食品药品安全、环境保护、医疗卫生、交通运输、教育科研、文化旅游、检验检疫、住房、电子商务、招标投标、劳动保障、司法审判履行等重点行业和领域（人群）信用记录建设，完善信用信息采集记录和公开公示制度。2018年至少建成40个行业（领域）信用查询系统。（责任单位：市人民银行、市地税局、市国税局、市安监局、市质监局、市住建局、市食药监局、市环保局、市卫计委、市交通运输局、市教育局、市文体广新局、市旅游外事侨务局、湖南出入境检验检疫局永州办事处、市商粮局、市公共资源交易中心、市人社局、市中级法院等；各县区人民政府）

4. 建设公共信用信息数据库。依托市、县政务信息数据库，各部门已建信息系统，建设永州市社会法人和其他组织、自然人信用信息数据库。结合“权力清单”和“责任清单”，梳理各单位信用信息的“数据清单”、“行为清单”和“应用清单”，制定永州市公共信用信息目录，建设市、县公共信用信息数据库。（责任单位：市发改委、市编办、市政务中心、市工商局牵头，各相关单位配合；各县区人民政府）

5. 建设公共信用信息共享交换平台。按照国家统一的信用信息数据规范标准，开发建设市、县两级公共信用信息交换共享服务平台，使平台具备信用信息征集、整理、归档、交换、共享等应用功能，统计、分析、检测、预警等管理功能和开展信用评分评级、信用信息核查、异议处理和投诉举报等服务功能。实现国家、省、市、县四级信用信息平台纵向互联互通和部门间信用信息的横向共享交换。（责任单位：市发改委、市政务中心牵头，各相关单位配合；各县区人民政府）

6. 建设“信用永州”网。利用互联网平台和移动门户，向社会公众开通公开类信用信息查询服务；通过政务中心窗口向社会公众开通法人和自然人授权查询和打印服务。完善升级“信用永州”网站，开通“7日双公示”、诚信典型和失信典型、信用应用等板块，开展诚信宣传教育，打造具有永州特色的网上信用服务窗口，实现与“信用中国”、“信用湖南”等网站无缝对接。推动县级信用网站建设，并实现互联互通（责任单位：市发改委、市政务中心牵头，各相关单位配合；各县区人民政府）

7. 完善金融信用信息基础数据库。加快人民银行永州中心支行金融信用信息基础数据库建设，进一步扩大信用信息覆盖面，强化金融业“守信激励、失信惩戒”约束作用。积极推进市公共信用信息共享服务平台与金融部门信用数据库数据交换和共享。（责任单位：市人民银行牵头、市银监局、各金融机构配合）

8、加强保护信用信息安全。制定信用信息安全管理办法，建立信用信息安全监控体系。在信用信息的收集、处理和应用过程中，设置系统安全认证，确保合法合规，加大安全检查力度。（责任单位：市发改委、市政务中心牵头，各相关单位配合；各县区人民政府）

（三）加快推进信用信息应用。

9. 推进诚信政府建设。对全市重大项目合同的履约情况，以及市委常委会议、市政府常务会议纪要落实情况，定期清理，并针对问题进行整改。加大党政机关和公职人员失信行为惩处力度，对不诚信的企业（个人），在“信用永州”网站上定期公示。（责任单位：市发改委、市工商局、市质监局、市商粮局、市人民银行、市中级法院、市国税局、市地税局、市政务中心）

10. 全积极推进企业信用信息在行政和社会管理领域应用。全面推进在行政管理事项中查询并应用信用记录、信用报告，形成在行政管理事项中应用信用记录和信用报告的长效机制。结合深化“放管服”改革，在登记注册、行政许可、资质认定、政府采购、财政支持、项目审批、招投标等社会管理和公共服务的重点环节，带头使用信用评级、评估报告等信用产品。（责任单位：各相关单位；各县区人民政府）

11. 加强个人信用信息建设。建立完善个人在经济社会活动中的信用记录，实现全市范围内自然人信用记录全覆盖。加强重点人群职业信用建设，建立公务员、律师、会计从业人员、审计师、证券基金期货从业人员、医务人员、新闻媒体从业人员等人员信用记录，并在个人考核中加以应用。建立个人征信查询系统，供相关方查询参考。（责任单位：市公安局、市人社局、市司法局、市财政局、市政府金融办、市卫计委、市文体广新局等；各县区人民政府）

12. 建立信用评价制度。在税收缴纳、工程建设、环境保护、交通运输、安全生产、食品药品、旅游等重点领域建立市场主体和从业人员分类监管制度，利用信用管理手段，提升行政管理水平。探索建立以信用信息共享为基础的信用互动机制，推动纳税信用和其他领域信用的有效衔接。（责任单位：市地税局、市国税局、市住建局、市环保局、市交通运输局、市安监局、市食药监局、市旅游外事侨务局等；各县区人民政府）

（四）构建守信激励和失信惩戒联动机制。

13. 建立守信联合激励机制。通过信息交换共享，联合相关部门，在行政事项中共同对诚实守信者施行联合激励，采取政策享受优先、办事“绿色通道”、减少监管频次等方面的激励措施，强化正面激励引导。在教育、就业、创业、社保等领域对诚信个人给予重点支持和优先便利。在行政审批、政策扶持、招标投标、评优评先、资金扶持等方面对诚信企业采取优先选择、优先办理、简化程序。鼓励有关部门和社会组织在监管和服务中推介无不良信用记录者和诚信典型。在支持守信企业健康发展方面，加强“银税互动”，鼓励有关部门和单位开发“税易贷”、“税融通”、“税融贷”、“税 E 融”等守信激励产品。（责任单位：各相关单位；各县区人民政府）

14. 建立失信联合惩戒机制。在税收缴纳、市场监管、招标投标、金融信贷、安全生产、产品（工程）质量、环境保护、工程建设、电子商务、劳动保障等重点领域建立并实施失信行为联合惩戒机制；在重点领域开展失信突出问题专项整治；建立和完善打击假冒伪劣的监督、投诉和处置机制；通过信用信息交换平台依法披露失信主体相关信息，加强对失信主体的约束和惩戒；支持征信机构采集严重失信行为信息，纳入信用记录和信用报告，鼓励行业协会商会与有资质的第三方信用服务机构合作，完善行业内部信用信息采集、共享机制，开展会员企业信用等级评价，将严重失信行为记入会员信用档案并视情节轻重对失信企业实施惩戒。（责任单位：市地税局、市国税局、市工商局、市公共资源交易中心、市人民银行、市安监局、市质监局、市食药监局、市住建局、市环保局、市商粮局、市人社局等；各县区人民政府）

15. 建立完善“红黑名单”管理制度。各级市场监管部门要健全完善定期申报、规范认定、集中公示等工作，根据监管对象的信用记录和信用评价，运用大数据手段，及时准确地将守信者和失信者分别在“诚信红名单”和“失信黑名单”上依法予以公示，形成扬善抑恶的长效工作机制。（责任单位：各相关单位；各县区人民政府）

（五）营造以信用为核心的市场监管体系。

16. 全面推广信用承诺机制。2018 年底前在市级行政管理领域普遍实行市场主体准入前信用承诺制度。市场主体以规范的格式向社会做出公开承诺，违法失信经营后将自愿接受约束和惩戒。信用承诺公开公示，接受社会监督，其守信践诺情况作为事中事后监管的重要内容。（责任单位：各相关单位）

17. 广泛开展信用核查。推动行政管理部门在行政审批、市场准入、招标投标、政府采购、财政性资金使用、日常监管、表彰奖励、荣誉授予、职称评定、绩效评价、资质审核、备案管理等活动中，开展信用核查，对有失信行为记录的行政相对人实施联动惩戒，逐步使信用核查成为各类准入门槛的基本要求，大幅提高失信行为的成本，逐步建立“不敢失信、不能失信、不愿失信”的良好秩序。（责任单位：各相关单位）

18. 加快推行信用报告。在招标投标、财政性资金有偿使用、政府采购、企业融资担保等领域加快推进使用第三方信用报告，鼓励市级各部门结合工作实际，通过应用第三方信用产品，创新管理方式，提高工作效率，改进服务水平。（责任单位：各相关单位）

19. 引导金融机构使用信用产品。推动金融机构在信贷审批、风险防范、证券发行、信用担保、信用工具投放等方面，主动使用第三方信用服务产品。（责任单位：市人民银行）

20. 落实 7 日“双公示”制度。制定具体工作方案，健全数据管理与交换制度，依法实现行政许可和行政处罚等信用信息在 7 个工作日内，在“信用中国”、“信用湖南”网站、政府政务信息公开网

站、“信用永州”网站上公示公开，提高行政管理透明度和政府公信力。（责任单位：各相关单位；各县区人民政府）

（六）增强全社会信用体系建设动力。

21. 加强诚信宣传教育。大力宣传我市社会信用体系建设框架、信用政策，普及信用文化知识，加强诚信典型宣传和失信典型披露。构建诚信教育体系，推进诚信教育进校园、机关、企业、社区，营造良好诚信氛围。（责任单位：市委宣传部、市文明办、市教育局、市民政局、市文体广新局、市工商局等；各县区人民政府）

22. 培育信用服务机构。坚持以市场为导向，培育引进一批具有社会公信力的信用服务机构，依法依规向信用服务机构提供公共信用信息。支持信用服务产品开发和广泛应用，大力发展信用征集、信用咨询、信用评估、信用担保、信用保险等多种业态，壮大信用服务市场。（责任单位：市工商局、市民政局等）

23. 做好信用机构监管。加强对信用服务机构的监管，促进信用服务公平、公正，保护企业商业机密和隐私。加强业务培训工作，努力壮大信用行业市场力量。（责任单位：市发改委、市工商局、市民政局等）

四、保障措施

（一）健全工作机制。各级党委、政府要切实强化对创建工作的领导协调，及时研究解决工作中的重大事项和问题。各部门要按照职责分工抓好工作落实。成立永州市创建全国社会信用体系建设示范城市领导小组，负责组织落实本实施方案，推进示范城市创建工作，领导小组办公室设市发改委，市发改委主要负责人任办公室主任。各县区政府，各管理区、永州经开区管委会，市直和中央、省驻永相关单位主要负责人为成员。各县区、各相关单位也要成立相应的工作机构，加强对创建工作的组织领导。按照创建全国社会信用体系建设示范城市评审指标要求，落实专门工作机构，明确责任部门和人员，为全市社会信用体系建设和创建工作的顺利推进提供保障。

（二）加大要素保障。根据全市社会信用体系建设需要，市财政安排专项经费，支持公共信用信息共享服务平台开发建设维护、重点领域推进、信用应用创新与试点、诚信宣传及信用示范城市创建等相关工作。充分运用大数据、云计算等现代信用技术，打造“互联网+信用”、“大数据+信用”的现代信用服务体系。

（三）强化制度保障。加强工作谋划，完善信用制度，制定出台《永州市公共信用信息归集和使用管理暂行办法》《永州市在行政管理事项中使用信用记录和信用报告等信用产品的实施细则》《关于建立完善守信联合激励和失信联合惩戒制度加快推进社会诚信建设的实施意见》《关于加强政务诚信建设的实施意见》《关于加强个人诚信体系建设的实施意见》等规章制度，督促相关单位出台相应具体实施办法。加强对《永州市社会信用体系建设的实施意见》等已出台政策文件落实情况的督查。

（四）发挥示范作用。多渠道选树推介诚信典型，将有关部门和社会组织实施信用分类监管确定的信用状况良好的行政相对人、诚信道德模范、A级纳税人、优秀青年志愿者，行业协会商会推荐的诚信会员，新闻媒体挖掘的诚信主体等树立为诚信典型，通过“信用永州”网站、政府网站等多种途径公示推介，表彰诚信先进事迹，传播正能量。开展全市诚信建设示范单位（小区）创建，并通过公共媒体予以宣传公示，提高全民共建信用示范城市的参与度和关注度。

（五）做好预评估工作。按照国家、省有关创建全国社会信用体系建设示范城市的阶段进度要求，聘请第三方中介机构对全市社会信用体系建设的年度工作情况提前开展预评估工作，并针对问题及时整改，确保完成各项创建工作目标。

（六）严格督查考核。建立考核机制，将创建全国社会信用体系建设示范城市的工作纳入市政府绩效考核。每年召开全市社会信用体系建设工作会议，每季度召开创建工作讲评调度会，安排工作、分解任务、通报情况。年终对各县区、各相关部门开展社会信用体系建设和创建工作进行督查考核，对任务完成出色的予以表彰；对未按要求完成任务，影响创建工作的要严肃追究有关部门和责任人的责任。

永州市人民政府办公室关于印发《永州市网络预约出租汽车经营服务管理实施细则（暂行）》的通知

永政办发〔2018〕4号

各县区人民政府，各管理区，永州经济技术开发区，市政府各办委局、各直属机构：

《永州市网络预约出租汽车经营服务管理实施细则（暂行）》已经市人民政府同意，现印发给你们，请认真贯彻执行。

永州市人民政府办公室

2018年3月16日

永州市网络预约出租汽车经营服务管理实施细则（暂行）

第一章 总则

第一条 为更好地满足社会公众多样化出行需求，促进我市出租汽车行业和互联网融合发展，规范网络预约出租汽车经营服务行为，保障乘客安全和合法权益，根据《国务院办公厅关于深化改革推进出租汽车行业健康发展的指导意见》（国办发〔2016〕58号）、《网络预约出租汽车经营服务管理暂行办法》（交通运输部等七部委令〔2016〕第60号）、《出租汽车驾驶员从业资格管理规定》（交通运输部令2016第63号）等有关规定，结合本市实际，制定本实施细则。

第二条 在本市行政区域内从事网络预约出租汽车（以下简称网约车）经营服务，应当遵守本实施细则。

第三条 本市网约车数量原则上实行市场调节。市人民政府在必要时可以根据城市公共交通发展水平、城市道路承载能力和市场供求关系等因素实行调控。

第四条 市、县交通运输主管部门在本级人民政府领导下，负责具体实施网约车管理。

市、县出租汽车管理机构受本级交通运输主管部门委托，具体实施网约车日常管理工作。

公安、人力资源社会保障、发展改革、经济和信息化、商务、人民银行、市场监管、税务、质监、网信等相关部门依据法定职责，实施相关监督管理。

第二章 网约车平台公司

第五条 申请从事网约车经营的，应当具备线上线下服务能力，符合下列条件：

（一）具有企业法人资格；

（二）具备开展网约车经营的互联网平台和与拟开展业务相适应的信息数据交互及处理能力，具备供交通、通信、公安、税务、网信等相关监管部门依法调取查询相关网络数据信息的条件，网络服务平台数据库接入出租汽车管理机构监管平台，服务器设置在中国内地，有符合规定的网络安全管理制度和安全保护技术措施；

（三）使用电子支付的，应当与银行、非银行支付机构签订提供支付结算服务的协议；

（四）有健全的经营管理制度、安全生产管理制度和服务质量保障制度；

（五）在本市（县）有相应服务机构及服务能力，服务机构在本市办理工商注册登记；

（六）法律法规规定的其他条件。

外商投资网约车经营的除符合上述条件外，还应当符合外商投资相关法律法规的规定。

第六条 在本市（县）行政区域内申请从事网

约车经营的，应当向当地交通运输行政主管部门提出申请，并提交以下材料：

（一）网络预约出租汽车经营申请表；

（二）投资人、负责人身份、资信证明及其复印件，经办人的身份证明及其复印件和委托书；

（三）企业法人营业执照，属于分支机构的还应当提交分支机构的营业执照，外商投资企业还应当提供外商投资企业批准证书；

（四）在本市办理注册登记的办公场所、负责人员和管理人员等信息；

（五）具备互联网平台和信息数据交互及处理能力的证明材料，具备供交通、通信、公安、税务、网信等相关监管部门依法调取查询相关网络数据信息条件，数据库接入情况说明，服务器设置在中国内地的情况说明，依法建立并落实网络安全管理制度和安全保护技术措施的证明材料；

（六）使用电子支付的，应当提供与银行、非银行支付机构签订的支付结算服务协议；

（七）企业经营管理、安全生产和服务质量等保障制度文本，包括：1、接入车辆技术标准和管理制度；2、驾驶员管理制度；3、网约车调度规则；4、安全生产管理制度、网络安全管理制度和内部安全保卫制度；5、服务质量及投诉管理制度；6、信息安全及乘客隐私保护制度；7、开展私人小客车合乘信息服务的，提交防止非营运车辆利用合乘信息服务平台从事经营活动的相关制度；8、平台数据库接入监管平台的维护保障制度；9、运价制定规则及价格公示制度。

（八）法律法规要求提供的其他材料。

前款规定的申请材料中，第（五）项、第（六）项有关线上服务能力的材料，应当由企业出具企业注册地省级交通运输主管部门商同级通信、公安、税务、网信、人民银行等部门审核认定的结果。

第七条 交通运输行政主管部门应当对网约车经营申请中其他有关线下服务能力材料进行审核，并结合企业注册地省级交通运输行政主管部门出具的线上服务能力认定结果，自受理之日起20日内作出许可或者不予许可的决定。20日内不能作出决定的，经本行政机关负责人批准，可以延长10日，并应当将延长期限的理由告知申请人。

第八条 交通运输行政主管部门对于网约车经营申请作出行政许可决定的，发放《网络预约出租汽车经营许可证》。依法取得网络预约出租汽车经营许可证的平台公司，在许可的行政区域内从事网络预约出租汽车客运服务，经营期限为五年。其中，市级交通运输行政主管部门批准的经营区域为“中心城区”，县级交通运输行政主管部门批准的经营区域为“本级行政区域范围内”。

经营许可有效期届满30日前，被许可人提出延续申请，原许可机关应当在许可有效期满前根据本实施细则规定和服务质量信誉考核结果作出是否准予延续的决定；逾期未作出决定的，视为准予延续。

第九条 交通运输行政主管部门对不符合规定条件的申请作出不予行政许可决定的，应当向申请人出具《不予行政许可决定书》。

第十条 网络车平台公司（分支机构）变更法定代表人（负责人）、名称、地址（经营场所）的，应当到原许可机关办理变更许可手续。

第十一条 网约车平台公司暂停或者终止运营的，应当提前30日向服务所在地出租汽车管理机构书面报告，说明有关情况，通告提供服务的车辆所有人和驾驶员，并向社会公告。终止经营的，应当将相应《网络预约出租汽车经营许可证》交回原许可机关。

第三章 网约车车辆和驾驶员

第十二条 申请《网络预约出租汽车运输证》的车辆，应符合以下条件：

（一）在我市登记注册的湘M籍7座及以下乘用车，使用性质为“预约出租客运”。

（二）统一安装具有行驶记录功能的车辆卫星定位装置、应急报警装置以及可远程实时监控的车辆内外摄像装置，车载定位装置应符合《道路运输车辆卫星定位系统车辆终端技术要求》（JL/T794）及其他有关规定。

（三）不得安装空车待租标志和顶灯装置，外观颜色也不得与本地巡游出租汽车雷同，且不得利用车身内外做商业广告。

（四）个人仅限为其所有的一辆车辆申请从事网约车经营，且其须持有《网络预约出租汽车驾驶员证》。

（五）车辆具体标准应符合本办法第十三条的规定。

第十三条 在本市行政区域内从事网约车经营的车辆的档次应高于本地主流巡游出租汽车，具体标准应当同时符合以下条件：

（一）车辆的购置计税价格应高于10万元；

（二）车辆行驶证初次注册登记之日至申请办理《网络预约出租汽车运输证》之日间隔时间不超过3周年；

（三）纯电动车辆续航里程250公里以上；

（四）车辆轴距不少于2650毫米；

（五）具有营运车辆相关保险，其中承运人责任险保额不低于50万/座、机动车第三者责任险的保额不低于100万元。

第十四条　新车登记使用性质为“预约出租客运”或车辆注册不超过3年的机动车使用性质变更为“预约出租客运”，应当向车籍所在地的交通运输行政主管部门提出申请，并提交以下资料：

（一）网络预约出租汽车运输证申请表；

（二）机动车登记证、行驶证、保险证明的原件及复印件；

（三）机动车综合性能检测报告及合格证明。

（四）安装符合条件的车辆卫星定位装置、应急报警等装置的证明；

（五）车辆彩色照片2张或照片电子文档；

（六）车辆所有人为企业法人的，应当提供企业法人营业执照（属于分支机构的应提交分支机构的营业执照）、经办人身份证原件及复印件；

（七）车辆所有人为个人的，应当提供车辆所有人身份证原件及复印件，个人取得的《网络预约出租汽车驾驶员证》复印件；

（八）车辆所有人委托网约车平台公司代为提交申请的，除以上资料外，还应当提供双方签订的有效委托协议。

第十五条　《网络预约出租汽车运输证》有效期起始日为发证之日，届满日为车辆行驶证载明的初次注册之日顺延8年对应的日期。

第十六条　本市网约车驾驶员的从业资格管理，按照交通运输部《出租汽车驾驶员从业资格管理规定》执行。

第十七条　申请参加网络预约出租汽车驾驶员从业资格考试的，应符合以下条件：

（一）永州市户籍或者在本市取得《居住证》6个月以上；

（二）男性年龄不超过60周岁，女性年龄不超过55周岁，身体健康；

（三）取得相应准驾车型机动车驾驶证并具有3年以上驾驶经历；

（四）无交通肇事犯罪、近三年无重大交通事故记录、危险驾驶犯罪记录，无吸毒记录，最近连续三个记分周期内没有记满12分记录；

（五）无暴力犯罪记录；

（六）自申请考试之日前3年内没有被吊销出租汽车驾驶员从业资格证的记录。

（七）没有纳入城市客运管理机构不良记录管理名单的人员。

第十八条　市交通运输行政主管部门会同市公安机关建立网约车车辆、驾驶员网上联合审核工作机制。

申请办理《网络预约出租汽车运输证》和《网络预约出租汽车驾驶员证》的，申请人应当在指定的信息系统上传相关证明材料。

市交通运输行政主管部门会同市公安机关对申请人提交的证明材料进行审核。其中，市公安机关负责审核驾驶员的犯罪记录情况、驾驶证信息、交通违法记录以及车辆信息；市交通运输行政主管部门根据市公安机关的审核结果，并结合其他条件的审核结果，作出是否准予许可的决定。

第十九条　有下列行形之一的，网约车应当退出网约车经营：

（一）车辆行驶里程达到60万千米的；

（二）车辆行驶里程未达到60万千米但使用年限已达到8年的；

（三）企业车辆所有者的企业法人营运执照被吊销、撤销或者注销的；

（四）个人车辆所有者的网络预约出租汽车驾驶员证被撤销或者注销的。

网约车因前款规定情形退出网约车经营的，交通运输行政主管部门应当注销其网络预约出租汽车运输证，并配合公安交通管理部门做好车辆使用性质的变更工作。

交通运输行政主管部门与公安交通管理部门建立联动机制，实施动态管理。

第二十条　网约车驾驶员完成报备注册后，方可上岗。

网约车平台公司负责驾驶员的注册或者注销，并将注册和注销情况定期向出租汽车管理机构备案。

第二十一条　市交通运输行政主管部门依照驾驶员的申请，按照第十七条规定的条件核查并按规定考核后，为符合条件且考核合格的驾驶员，发放《网络预约出租汽车驾驶员证》，有效期为6年。

具备巡游出租汽车从业资格的驾驶员，诚信考核等级达到 AA 级（含）以上的，经驾驶员本人提出申请，可发放《网络预约出租汽车驾驶员证》。

驾驶员同时取得《网络预约出租汽车驾驶员证》和《巡游出租汽车驾驶员证》的，只能在一个平台或公司注册。

第四章 网约车经营行为

第二十二条 网约车平台公司承担承运人责任，应当保证运营安全，保障乘客合法权益。

第二十三条 网约车平台公司应当保证提供服务车辆具备合法营运资质，技术状况良好，安全性能可靠，具有营运车辆相关保险，保证线上提供服务的车辆与线下实际提供服务的车辆一致，并将车辆相关信息向服务所在地交通行政主管部门报备。

第二十四条 网约车平台公司应当保证提供服务的驾驶员具有合法从业资格，按照有关法律法规规定，根据工作时长、服务频次等特点，与驾驶员签订多种形式的劳动合同或协议，明确双方的权利和义务。网约车平台公司应当维护和保障驾驶员合法权益，开展有关法律法规、职业道德、服务规范、安全运营等方面的岗前培训和日常教育，保证线上提供服务的驾驶员与线下实际提供服务的驾驶员一致，并将驾驶员相关信息向服务所在地交通运输行政主管部门报备。

网约车平台公司应当记录驾驶员、约车人在其服务平台发布的信息内容、用户注册信息、身份认证信息、订单日志、上网日志、网上交易日志、行驶轨迹日志等数据并备份。

第二十五条 网约车平台公司应当公布确定符合国家和本市有关规定的计程计价方式，明确服务项目和质量承诺，建立服务评价体系和乘客投诉处理制度，如实采集和记录驾驶员服务信息。在提供网约车服务时，提供驾驶员姓名、照片、手机号码和服务评价结果，以及车辆牌照等信息。

网约车平台公司应当自觉接受社会监督、公布服务监督电话，指定部门或者人员受理投诉；建立 24 小时服务投诉值班制度，接到乘客投诉后，10 日内处理完毕，并将处理结果告知乘客和交通运输行政主管部门。

第二十六条 本市网约车运价实行市场调节价。

市人民政府为保障公共秩序和群众合法权益，在必要时可以对网约车的数量和价格实行临时管控。

网约车平台公司应当合理确定网约车运价，实行明码标价，并向乘客提供合法的税务发票。

第二十七条 网约车平台公司不得妨碍市场公平竞争，不得侵害乘客合法权益和社会公共利益。

网约车平台公司不得有为了排挤竞争对手或者独占市场，以低于成本的价格运营扰乱正常市场秩序，损害国家利益或者其他经营者合法权益等不正当价格行为，不得有价格违法行为。

第二十八条 网约车应当在许可的经营区域内从事经营活动，确因特殊原因超出许可的经营区域的，起讫点一端应当在许可的经营区域内。

第二十九条 网约车平台公司应当依法纳税，为乘客购买承运人责任险等相关保险，充分保障乘客权益。

第三十条 网约车平台公司应当加强安全管理，落实运营、网络等安全防范措施，严格数据安全保护和管理，提高安全防范和抗风险能力，支持配合有关部门开展相关工作。

第三十一条 网约车驾驶员在提供网约车服务时，应当遵守下列规定：

（一）接入已取得经营许可的网约车服务平台提供网约车服务；

（二）遵守道路交通安全规定，文明驾驶，礼貌服务；

（三）保持车辆容貌和车内整洁卫生；

（四）将车辆卫星定位装置相关数据直接接入本市政府监管平台和网络服务平台；

（五）按照规定使用相关营运设备开展服务，发现设备功能故障、损坏的，应在故障排除后运营；

（六）运营时随车携带驾驶员从业资格、车辆运输等证件；

（七）按照合理路线或者乘客的要求行驶，不得途中甩客或者故意绕道行驶；

（八）不得将车辆交由未取得合法从业资格的人员运营，不得将个人所有的网约车交由他人运营；

（九）不得以网络预约以外的其他方式载客运营，不得巡游揽客，不得进入巡游出租汽车专用候客通道候客、揽客；

（十）在载客状态时不得承接其他预约业务；

（十一）发现乘客遗失物品的，主动提醒和归还，无法归还的，及时自行送交或者通过网约车经营者送交交通运输或公安等部门；

（十二）不得对举报、投诉其服务质量或者对其服务做出不满意评价的乘客实施报复行为；

（十三）按照约定收取费用，不得违规收费；

（十四）未经乘客同意不得搭载其他乘客；

（十五）法律法规规定的其他义务。

第三十二条 网约车平台公司应当通过其服务平台以显著方式将驾驶员、约车人和乘客等个人信息的采集和使用的目的、方式和范围进行告知。未经信息主体明示同意，网约车平台公司不得使用前述个人信息用于开展其他业务。

网约车平台公司采集驾驶员、约车人和乘客的个人信息，不得超越提供网约车业务所必需的范围。

除配合国家机关依法行使监督检查权或者刑事侦查权外，网约车平台公司不得向任何第三方提供驾驶员、约车人和乘客的姓名、联系方式、家庭住址、银行账户或者支付账户、地理位置、出行线路等个人信息，不得泄露地理坐标、地理标志物等涉及国家安全的敏感信息。发生信息泄露后，网约车平台公司应当及时向相关主管部门报告，并采取及时有效的补救措施。

第三十三条 网约车平台公司应当遵守国家网络和信息安全有关规定，所采集的个人信息和生成的业务数据，应当在中国内地存储和使用，保存期限不少于 2 年，除法律法规另有规定外，上述信息和数据不得外流。

网约车平台公司不得利用其服务平台发布法律、法规禁止传播的信息，不得为企业、个人及其他团体、组织发布与网约车平台公司业务无关信息提供便利，并采取有效措施过滤阻断有害信息传播。发现他人利用其网络服务平台传播有害信息的，应当立即停止传输，保存有关记录，并向国家有关机关报告。

网约车平台公司应当依照法律规定，为公安机关依法开展国家安全工作，防范、调查违法犯罪活动提供必要的技术支持与协助。

第三十四条 任何企业和个人不得向未取得合法资质的车辆、驾驶员提供信息对接开展网约车经营服务。不得以私人小客车合乘名义提供网约车经营服务。

网约车车辆和驾驶员不得通过未取得经营许可的网络服务平台提供运营服务。

第三十五条 乘客遇有下列情形之一的，可以拒绝支付车费；已经支付的，网约车平台公司应当退还：

（一）网约车驾驶员不按规定的计程计价方式收取乘客费用的；

（二）不提供合法发票的；

（三）未经乘客同意搭载他人的；

（四）租乘的网约车发生故障，乘客不再租乘的；

（五）由于网约车驾驶员原因中断服务的；

（六）由于网约车平台公司系统故障，造成无法正常计算、支付费用的。

第三十六条 网络预约出租汽车驾驶员遇有下列情形之一的，可以拒绝提供或继续提供服务；已经发生的费用，乘客应当支付：

（一）携带违禁品和易燃、易爆等危险物品的；

（二）夜间到偏僻地区，拒绝驾驶员要求到就近的公安派出所或执勤点进行身份确认的；

（三）醉酒者或精神病患者乘车，未有其他人员监护照顾的；

（四）携带烈性犬只及禁止饲养的动物乘车的；

（五）在服务过程中，乘客有恶意损坏车辆设施、设备，或有影响网约车驾驶员安全驾驶行为的。

第五章 监督检查

第三十七条 交通运输行政主管部门应当建设和完善政府监管平台，实现与网约车平台信息共享。共享信息应当包括车辆和驾驶员基本信息、服务质量以及乘客评价信息等。

出租汽车管理机构应当加强对网约车市场监管，加强对网约车平台公司、车辆和驾驶员的资质审查与证件核发管理。应当定期组织开展网约车服务质量测评，并及时向社会公布本地区网约车平台公司基本信息、服务质量测评结果、乘客投诉处理情况等信息。

县级以上交通运输行政主管部门、公安等部门有权根据管理需要依法调取查阅管辖范围内网约车平台公司的登记、运营和交易等相关数据信息。

第三十八条 出租汽车管理机构应当建立网约车投诉处理制度。

出租汽车管理机构受理投诉后，应当自受理之日起 15 个工作日内处理完毕，并回复投诉人。情况复杂的，应当自受理之日起 30 个工作日内处理完毕，并回复投诉人。

第三十九条 通信主管部门和公安、网信部门应当按照各自职责，对网约车平台公司非法收集、存储、处理和利用有关个人信息、违反互联网信息服务有关规定、危害网络和信息安全、应用网约车服务平台发布有害信息或者为企业、个人及其他团体组织发布有害信息提供便利的行为，依法进行查处，并配合交通运输行政主管部门对认定存在违法违规行为的网约车平台公司进行依法处置。

公安机关、网信部门应当按照各自职责监督检查网络安全管理制度和安全保护技术措施的落实情况，防范、查处有关违法犯罪活动。

第四十条 县级以上公安、人力资源社会保障、发展改革、经济和信息化、商务、人民银行、市场监管、税务、质监、网信等相关部门依据法定职责，实施相关监督管理，并对违法行为依法处理。

第六章 法律责任

第四十一条 对违反《网络预约出租汽车经营服务管理暂行办法》（交通运输部等七部委令〔2016〕第60号）、《出租汽车驾驶员从业资格管理规定》（交通运输部令2016年第63号）等法规、规章的行为，由交通运输行政主管部门依法查处。

对监管中发现的其他违法违规行为，由公安、发改、通信、人社、商务、工商、税务、质监、网信、环保等部门按照各自职责依法查处。

第四十二条 本办法自发布之日起实施。

二、调研成果

守好小空间　维护大民生

——关于全市住宅小区电梯安全管理有关情况的调研报告

市委常委、市委秘书长　唐能武

近年来，伴随着城市建设步伐的加快，城市高层住宅发展迅猛，住宅电梯作为一种垂直运输机械设备，在人民群众的日常生活中得到了广泛使用，并呈快速增长态势，全市每年以20个百分点的增速增长，即将突破万台大关，电梯空间虽小，但用梯安全事关民生，或已成为公共安全的新考验和新挑战，一些小区的业主对电梯的安全运行反映强烈。近期，根据市委常委、市委秘书长唐能武的批示意见，由市委办牵头，组织市质监局、市房产局对全市住宅小区电梯使用管理有关情况进行了专题调研，并形成本调研报告。

一、我市住宅小区电梯的基本情况

截止目前，全市电梯拥有量9289台，在用电梯7539台，住宅小区电梯5738台，其中住宅小区电梯使用10年以上的642台，5—10年的1116台，3—5年的1768台，3年以内的2212台。

从调研了解的情况看，我市电梯特别是老旧住宅电梯安全隐患比较突出，且故障多集中于使用年限在10年左右的老旧电梯。据统计，近三年全市定检不合格电梯数共867台，超期未检电梯数共1589台，检验排查电梯各类安全隐患数55903条，其中，不合格电梯数量、超期未检电梯数和安全隐患数逐年呈递增趋势。而由此引发的各类矛盾与问题逐渐凸显，2016年以来，仅质监部门收到关于电梯方面的举报投诉、信访舆情起数共97件，占总信访数的14.5%；全市电梯发生困人、滑梯等故障导致较严重后果共29起，办理电梯方面案件163件，占总案件数的28.5%。随着时间的推移，越来越多的电梯将迈入老旧电梯行列，电梯定检、维保维修费用跟不上电梯运行维护的要求，困人、滑梯等故障的发生将更加难以避免，长此以往，电梯安全运行状况将难以保障，市民的反应与诉求也将越来越强烈。

二、我市住宅小区电梯存在的主要问题

——节约成本，购置安装“先天不足”。在采购环节，部分开发商为节约成本，配置的电梯多为性能较差、价格便宜、故障率高的电梯，造成先天不足，目前全市在用电梯品牌多达20余个品种。在设计环节，对电梯的配置规格和数量考虑不充分，业主入住时，一梯两户三十余层，两梯多户三十余层已成事实，导致电梯在使用过程中超负荷运行，如冷水滩区帝王广场、远志新外滩、银海花园等高层小区普遍存在此类问题。在安装环节，雇佣安装资质低甚至无资质的队伍施工，由于施工人员技术水平低，安装不规范，造成安全技术参数不合格，从源头上留下了安全隐患，据多家维保单位、物业公司反映，电梯安装是尤为关键的环节，但市内多数住宅小区电梯采取雇佣安装的方式进行。如，银海花园和耀江·文景苑多栋住宅电梯由于安装不规范，自投入使用以来，困人、滑梯等大小故障从未间断，少数电梯井内积水严重，在雨水季节甚至涌入载人电梯厢内，小区业主反响尤为强烈。

——管理不善，主体责任难以履行。一方面，没有成立业主委员或聘请物业公司，管理主体不明确。据统计，全市392个住宅小区，有173个没有成立业主委员会，占比达44.1%，有136个没有聘请物业管理公司，占比达34.7%。以冷水滩区某小区为例，由于该小区未聘请物业公司、也未缴纳物业维修基金，在电梯发生故障时多由聘请的保安处理，2017年曾因盲目施救导致人员受伤。另一方面，

业主委员会和物业公司对电梯安全重视不够，安全用梯知识欠缺，管理制度不完善，多数以维保公司的例行维保代替电梯的全部安全管理。从调研现场查看的情况看，全市住宅小区多数存在《安全检验合格》标志和安全注意事项信息不规范、安全用梯宣传引导不够、专职安全管理人员配备不到位、无“承接查验”相关资料等问题。

——低价竞争，维护保养暗藏隐患。电梯行业流行着这样一句话：“三分产品，七分保养”。从调研中也了解到，电梯的安全隐患多由维保质量不过关造成的，而国内包括我市普遍存在维保市场混乱，甚至会出现“低价者得”恶性竞争。据了解，维保费用由维保公司与物业公司以合同形式约定，正常情况下，一般一台电梯的维保费用为：10层以下每月400元、10层至20层之间为每月500元，20层至30层为每月600元。而我市电梯维保费用普遍低于该标准，如冷水滩区园丁山庄（17-22层）为230元/台/月、西岸春天（16-25层）300元/台/月、银海花园（12-25层）250元/台/月、远志·新外滩（30-32层）500元/台/月、8号大院（12层）250元/台/月，零陵区苏通·国际（33层）300元/台/月、耀江·文景苑（12层）250元/台/月等。由于利润空间的压缩，每半月一次的例行维保维而不保的有之、以次充好的有之、“走走过场”的也有之。

——增长迅猛，“人机矛盾”依然突出。随着电梯数量的日益增多，监管任务日益繁重，而监管人员编制还是10多年前核定的编制数量，有的县区还有减少，力量严重不足，加之专业人才更少，不懂业务的监管执法人员大量存在。如市质监局冷水滩区分局现有特种设备监管人员3人，除监管冷水滩区3000余台电梯外，还要对其他7大类特种设备监管，仅电梯一项，人均监管量在1000台以上。正因为如此，监管过程中难免会出现“疲于奔命”“被动应付”的现象。同时，检验部门同样存在类似的问题。作为全市唯一的检验部门，湖南省特种设备检验检测研究院永州分院不到20人，仅电梯一项人均每年检验量就接近500台，而一台电梯每年一次的全方位检验耗时至少需要2小时，这样一来，难免会造成检验不细致、走过场的情况。

——“带病”运行，老旧电梯矛盾重重。从统计情况看，2008年前投入使用的电梯就有642台，这其中很大一部分由于服役时间长、维保不到位，已经到了“报废”的边缘。但对于电梯的报废年限，国家并没有统一的规定，不到万不得已，一般仅仅是修而不换。在调研座谈中，维修问题是业主和物业公司普遍反映的焦点。一方面，业主认为维修费用不公开、不透明，没有引入市场价格竞争机制，每次动用维修基金均是维保公司“一口价”，甚至个别公司对电梯设置密钥等技术壁垒，其他公司无法修理，如远志·新外滩的蒂森维保公司。另一方面，据市房产局介绍，对电梯进行大修必须使用物业维修基金，且经2/3以上业主同意，但很多老旧小区未缴纳或部分缴纳维修基金，导致使用物业维修基金的必备前置条件不具备。等等。由于这些矛盾的存在，造成维修资金使用难，老旧电梯维修不到位，长时间“带病”运行，存在重大安全隐患。同时，物业公司对进驻小区的通信运营商额外收取费用，致使部分小区老旧电梯内通讯信号难以覆盖，目前全市仍有20%的住宅小区电梯没有通讯信号，从而也引发业主对电梯安全问题的担忧。

三、关于抓好我市住宅小区电梯安全问题的几点建议

——全面推行标准化管理，切实落实安全主体责任。小区物业公司是小区住宅电梯的日常管理单位，对电梯安全负有主要责任。全面推行标准化管理是落实小区物业管理机构的安全主体责任的一种崭新的有效手段。目前物业管理部门对电梯使用环节的管理缺乏统一和可参考的管理标准，小区物业管理部门和监管部门对电梯的管理要求不够协调一致，直接影响到监管有效性。实施住宅电梯安全使用标准化建设，可以帮助和指导小区物业管理机构增强住宅电梯安全管理，改善住宅电梯的管理现状，提高住宅电梯的安全管理水平。为此建议我市电梯监管部门可以考虑创新管理手段，制定我市住宅电梯使用管理要求及评价标准，标准的制定要依据现行电梯相关法规、规章和安全技术规范，并融合现代安全管理理念，对住宅电梯安全使用提出标准化的评价方法。

——全面完善法制体系，加强政府监管力度。《特种设备安全监察条例》等法规对电梯的设计、制造、安装、改造、维修、检验和使用等各个环节做出了相关规定。但这些法规没有考虑住宅电梯的特殊性，甚至没有对住宅电梯进行单独的分类。这给电梯管理工作带来了实际困难。为切实解决该问题，

市委、市政府于2016年出台了《永州市电梯安全管理实施办法》，有效填补了我市电梯安全管理的盲点。结合我市实际，为进一步完善永州电梯管理法制体系，我们建议：一是出台“永州市电梯安全管理条例”。即以城市管理地方立法的方式，将“办法”上升为“条例”，将更具约束性和强制性，如在条例中引用JG/T5010《住宅电梯的配置和选择》规范，保障建设单位在选购电梯时与使用需求相适应；利用条例可以约束电梯乘客的不文明行为；利用条例规定住宅电梯的使用年限，强制报废超年限带病运行的住宅电梯等。二是制定“电梯维修保养内容及要求”和“住宅电梯维修保养定额标准”。电梯监管部门制定维修保养内容及要求，来规范维修保养质量，政府相关部门制定电梯维保价格定额标准，可以有效解决电梯维修养单位间的不公平竞争。三是制定“住宅电梯改造技术要求”。电梯监管部门针对住宅电梯，从技术上规范电梯修理改造行为，提高住宅电梯使用性能。

——全面规范维保市场，加强维保质量监督检查。电梯日常维护保养质量是电梯安全使用的重要保障。相关职能部门可以从以下几方面来督促有关单位提高电梯日常维护保养工作的质量：一是电梯监管部门加强对电梯日常维护保养单位的证后监督检查，督促其按安全技术规范和质量保证体系要求进行维保，并委托电梯检验检测机构每年按总量5%的比例抽查电梯维保质量、委托外地第三方机构每年按总量5%的比例抽查电梯检验检测质量，探索全面放开永州电梯检验检测市场，引入其他有资质的检验检测机构进驻永州，构建合理市场竞争机制，避免“一家独大”；二是电梯监管部门与房产、市物业管理协会等部门以及小区业主委员会通力协作，共同加强对物业公司的监督管理，规范物业公司对维护保养单位的招标选择、日常监督等行为；三是电梯监管部门将电梯维保单位维保质量不落实、救援不及时等情况列入对维保单位的质量信用等级评价；房管部门将物业公司安全管理制度不落实、投诉举报多等情况纳入对物业公司的质量信用评价管理；四是建立电梯维保单位和物业公司质量失信黑名单制度，将发生电梯安全责任事故、有严重违法违规行为等情况的单位列入黑名单，采取重点监控、政策制约、舆论监督、向发证部门建议撤销资质等严厉措施，定期向社会公布，逐步淘汰不良信用单位。

——全面开展隐患排查，加快老旧电梯问题整改。彻底消除老旧电梯安全隐患，需要各级政府、各有关部门以及产权单位、物业管理公司和广大市民共同努力。难点是资金问题和责任人。我们建议从三个方面灵活筹措资金，消除老旧住宅电梯存在的安全隐患。一是对于缴纳公共维修基金的住宅，资金可以从公共维修基金或业主共有的停车场等经营性收入中提取；二是对于公共维修基金严重不足的，在协调和监督开展续筹公共维修基金的同时，可由政府协调原售房单位、原售房单位上级主管部门等相关单位落实资金进行过渡，分阶段、分类型的逐步更新、改造老旧电梯；三是对于没有缴纳公共维修基金的住宅，建议由业主、物业部门、街道协商解决。对于未来的住宅电梯，则可以考虑在开发、出售阶段专设提取电梯更新、改造基金。同时，由于公共维修基金的收取、管理和使用有很多不透明，业主反映普遍较大，国家已出台的《住宅专项维修资金管理办法》，对资金的使用与管理有很大推进做作用，但操作起来问题还很多，对此县、区政府要特别重视，加大力度监督房屋维修基金。

——全面健全保障体系，提高安全应急能力。一是建立健全电梯安全事故应急救援联动机制。利用物联网技术建立统一的指挥平台，把电梯安全运行应急处置，与安监、消防等应急救援工作分专业进行统一管理和指挥，既便民和节约成本，又能达到事半功倍的效果。二是积极推进小区电梯轿厢内手机信号畅通工程。建议由市经信委会同住建、房产、质监等部门，为各通信运营商进驻小区开辟“绿色通道”，加快小区电梯轿厢内通讯信号畅通工程建设进度。三是发挥保险业的风险管理和经济保障功能。推广以使用管理者为参保主体的电梯安全责任保险，鼓励和引导电梯使用者管理者参保，逐步形成保险保障为依托的电梯安全风险救助机制。

——全面加强宣传引导，提高全员用梯安全意识。持续加大电梯安全知识宣传普及力度，提高宣传的广泛性和持续性，充分利用广播、电视、报纸、网络等媒体，通过微博、微信、公众号等渠道，大力开展面向全社会的电梯安全知识宣传活动，促进社会各方共同参与共同监督，创造良好的电梯安全运行环境。

蓄势扬帆正当时

——永州市工业园区及产业发展现状与对策

中共永州市委办公室

党的十九大召开以来，全市上下围绕深入拓展“六大战役”，大力实施“产业项目建设年”活动，永州工业园区的建设也迎来了一个新的良机。为助力全市“园区升级战役”，助推永州工业园区的转型升级，市委办公室立足实际，组织市经信委、市国税局等相关部门赴各县区开展了专题调研，与企业、相关部门开展访谈座谈55场次，发放企业与人才问卷163份，倾听基层声音、了解一线心声，还先后赴湖北荆州、江西赣州、广东惠州考察学习，借鉴他山之石。

现状：喜忧参半

我市工业园区发展大致经历了三个阶段，起步阶段：1988年，我市开始成立第一家工业园区——凤凰园经济开发区；1990年，获批省级重点开发区，是全省第一个重点经济开发区。发展阶段：2002至2011年，我市大力推进新型工业化，突出发展工业，兴建工业园区，11个县区均成立了工业园区，有9个县区发展成为省级工业园区或集中区。提升阶段：从2012年起，市委、市政府高度重视园区建设，进一步理顺园区管理体制，强化园区管理机制和考核；2013年，提出了“工业新城，城市新区”的园区产城融合发展理念；2017年，部署“园区升级战役”三年行动计划，进一步掀起园区建设新一轮发展热潮。但长期以来，因市场、体制、机制、政策等各方面矛盾的叠加，当前全市工业园区及产业发展处于“喜忧参半”的局面：

从“喜”的层面看，一是面临空前发展机遇。永州位于湘粤桂三省边际结合部，地处东盟经济圈、泛珠三角经济圈、中部经济圈、泛北部湾经济圈的交汇叠加之地，是国家建设承接产业转移示范区，处于“一带一部”的重要节点，是对接东盟、珠三角的“桥头堡”。2016年9月，《长江经济带发展规划纲要》正式出台，确立了长江经济带“一轴、两翼、三极、多点”的发展新格局；2017年3月，李克强总理在政府工作报告中提出了建设粤港澳大湾区城市群的发展规划；同年，长江经济带与粤港澳大湾区建设写入党的十九大报告，提升到国家发展战略层面。这两大战略的实施，给永州市带来了前所未有的发展机遇，更有利于我市承接产业转移，最大限度地释放改革红利、加快转型升级，实现工业园区的高质量发展。二是注入强劲发展动力。近年来，市委、市政府积极贯彻落实省委“创新引领、开放崛起”战略，把建设“创新开放新高地，品质活力新永州”作为永州发展的战略定位，充分发挥我市毗邻珠三角前沿阵地和紧靠东盟桥头堡的地缘优势，全力招商引资，突出“项目为王”，发展园区经济。特别是市委、市政府新一届领导班子集体履新以来，把园区发展、项目建设、招商引资等提到了前所未有的高度，全市各级各部门工作精力、政策资金、服务力量都向工业倾斜、向园区集中。先后出台了《永州市“园区升级战役”三年（2017－2019年）行动计划》《贯彻落实省委创新引领开放崛起战略的实施意见》《进一步扩大开放鼓励投资的若干措施》《永州市投资项目“并联审批”工作机制改革实施方案（试行）》等政策文件，为工业园区的高质量发展，注入了强劲的内生动力。三是不断优化发展空间。截止2017年底，全市工业园区规划面积196.59平方公里，已开发面积115.35平方公里，现有工业企业1500余家，规模工业企业937家，共建成标准厂房面积1321万平方米，园区规模工业总产值占全市规模工业总产值比重为87.1%。各园区按照“产城融合、城市新区”的要求，不断增加基础设施投入，对园区进行了美化、绿化、亮化，园区面貌得到较大改善。仅2017年，全市园区完成基础设施投入约108亿元，与去年同期相比增长了近三倍。四是持续巩固发展指标。2017年，全市工业园区规模工业总产值达到1411.09亿元，同比增长18.9%，规模工业增加值增速居全省第3，2018年一季度居全省第1。全市规模工业总产值过百亿园区突破9个（2018年市委经济工作会议报告数据显示为7个），其中祁阳经开区工业总产值达229.54亿。2017年，全市工业园区实缴税金19.37亿元，新增储备土地面积18285.1亩，全市工业用电量425177万千瓦时，同比增长5.94%；全市七大支柱产业总产值占全部规模工业产值比重达96.51%；2017年全市园区新增入园5000万元以上的工业项目100个，新增竣工投产5000万元以上工业项目65个；全市新增入统规模工业企业159家，园区经济发展指标持续得到巩固。五是逐渐明晰发展方向。全市工业园区初步形成了以先进装备制造、电子信息、新材料新能源、农产品加工、矿产品加工、生物医药、轻纺制鞋等为主体的七大支柱产业体系，新落户工业项目95%以上都落户园区。各工业园区因地制宜，突出地方特色，基本形成了2-3个主导性产业（市经信委提供），其中，永州经开区主要发展先进装备制造和农副产品加工，冷水滩高科技工业园主要发展电子信息和生物医药产业，零陵工业园主要发展锰产业和生物医药产业，祁阳经开区主要发展农副产品加工和电子信息，东安经开区主要发展光伏产业和矿产品深加工，新田工业集中区主要发展家私制造和机械制造产业，宁远工业园主要发展有色金属加工和新型建材，蓝山经开区主要发展轻纺制鞋业，江华经开区主要发展新型建材、新型能源和稀土新材料产业，江永工业园主要发展农产品加工。

从“忧”的层面看，一是全市工业园区支撑作用不强、主导产业不突出、大企业不多。2017年，工业园区完成规模以上工业增加值380.46亿元，仅占GDP的21.74%，占第二产业的比重为63%，工业园区对经济的支撑和拉动作用不强，对第二产业的贡献率不高。而周边城市邵阳、郴州园区规模工业占第二产业的比重分别达到85.3%、77.8%。全市虽然形成先进装备制造、电子信息、新材料能源、农产品精深加工、矿产品精深加工、生物医药、轻纺制鞋七大主导产业，但过百亿的产业仅4个，过200亿的仅2个，其中农产品深加工380.1亿元、轻纺制鞋250.1亿元、电子信息173.7亿元、先进装备制造161.4亿元。主导产业增加值占园区规模工业增加值比重为32%，主导产业园区聚集度还不到六成。在产值过百亿的9个工业园区中，零陵、东安、道县、宁远、蓝山5个园区产值略高于100亿元，在产值百亿以下的3个园区中，双牌为57.28亿元、江永为40.04亿元、新田为76.15亿元，离过百亿还存在较大差距。

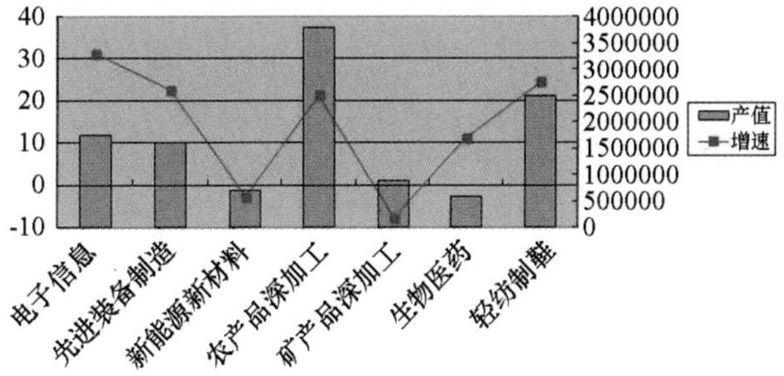

图4　2017年1月—12月主导产业产值情况图

同时，全市工业园区内大企业、好企业不多，2017年，全市年产值过亿元企业401家、过5亿的工业企业仅24家、过10亿的仅7家。而邵阳市过亿元的企业581家，其中过20亿元7家，过10亿元26家，过5亿元企业100家。二是全市工业园区投入与产出比较低。2017年全市工业固定资产投资701.35亿元，工业技改投资33.92亿元，工业实缴税金12.58亿元，增幅仅为1.94%。与省内兄弟市州相比，衡阳市工业固定资产投资934.7亿元，工业技改投资493.19亿元，实缴税金39.95亿元，工业实缴税金增幅达29.34%；郴州市工业固定资产投资914.52亿元，工业技改投资510.02亿元，实缴税金65.85亿元，工业实缴税金增幅达14.6%；与江西赣州市比较，其2017年工业固定资产1043亿元，工业实缴税金增幅达34.19%。以上数据反映，我市园区固定资产与工业技改投资收益增幅不高，若从工业用地角度进行测算，亩均工业税收约为2万元，远远低于国家级经开区、省级经开区的标准线。而工业企业的主要税源也不容乐观，2017全市实缴税金500万元以上1000万元以下的工业企业23家，1000万元以上1亿元以下的工业企业25家，过亿元的工业企业仅有2家，与2015年、2016年相比较，税源结构无明显改观，仍然较为单一，财税收入的增长无上规模、上层次的新增税源，又无多少存量税源可控，工业财税收入抵抗风险能力较差。三是高新技术企业少，高端人才稀缺，产学研结合度乏力。2017年全市园区高新技术企业仅有78家，占全市园区规模工业企业937家的8.3%，其中有9个园区高新技术企业占比低于10%；全市工业企业专利授权量增长率为7.5%，而衡阳、郴州、邵阳的增长率分别为71%、19%、12.5%。与高新技术企业遥相呼应的高端人才方面，受经济欠发达的影响，永州本土人才一直存在“孔雀东南飞”的问题，引进的优秀人才又存在“人往高处走”的情况，目前我市每万人人才数为500，排全省倒数第一，硕士研究生约5700人，占我市全部人才0.018%，博士研究生不足100人，全市建有博士后工作站仅2个，院士工作站为空白，且高学历人才均往党政机关集中，园区内非公企业高学历人才几乎为零；全市建有工业企业国家级重点实验室5个，工业企业省级重点实验室6个。与省内外市州比较，仅院士工作站，衡阳市建有13个，邵阳市建有9个，郴州市建有7个，湖北荆州建有53个，江西赣州建有5个。四是对外开放程度不高，开放平台打造迟缓。永州曾经一度走在全省对外开放的前列，南津渡水电站、南津渡大桥、宋家洲大坝、长丰猎豹等一批大项目是我省最早开放引进和合资合作的重大成果，凤凰园经济开发区是我省成立最早的省级经开区之一。但近年来，我们前进的脚步持续放缓。我市外贸进出口、利用外资、内联引资等主要外向型经济指标在全省总量占比在5%左右，不仅低于全省平均水平，而且与衡阳、郴州相比，差距也在逐渐拉大。比如，外贸进出口方面，2011年我市为1.92亿美元，比郴州、衡阳分别少13.5亿美元和10.6亿美元，2017年我市为13.57亿美元，比郴州、衡阳分别少25.33亿美元和289.16亿美元。在利用外资方面，2011年我市为4.6亿美元，比郴州、衡阳分别少2.2亿美元和0.37亿美元，2017年我市为10.82亿美元，比郴州、衡阳分别少6.28亿美元和2.01亿美元。同时，全市12个工业园区外贸出口主要集中在纺织、服装、制鞋和农产品等科技含量低、附加值低的劳动密集型行业，机电和高新技术产品出口虽有较大幅度的增长，但占比仍然偏低。在抓对外开放平台建设方面，市委、市政府提出了“南有验放场、北有内陆港”的大通关构想，并在2013年6月永州铁路口岸正式获批设立，2017年5月，湖南农副产品集中验放场正式开放运营，但截止目前，集中验放场运营并不顺畅，内陆港的招商也仍然迟迟未能落地。与江西赣州相比较，赣州港从开始申请到行文批复设立口岸只花了6个月时间，整体建成仅用了1年时间。

困境：一言难尽

客观审视永州工业园区发展历程与现状，我们可以认识到，当前全市工业园区及产业的发展是前进性与曲折性的统一，要实现园区高质量的发展，还有诸多困境需要我们正确对待或一一化解，比如国家关于项目和融资政策调整的问题，比如一张蓝图难以绘到底的问题，比如管理者与参与者能力水平跟不上的问题，等等，不一而足。但与省内外同类地市对比，更多的还是思想认识、体制机制的问题，这也是最深层次、最根本的问题。为此，根据此次调研所了解的情况，以及基层的“声音”，梳理为“五大困境”：

困境一：体制机制不够活是影响园区发展的内在障碍。全市12个工业园区管委会，除永州经济技术开发区为正处级单位外，只有3个为参公单位，其他均为事业单位，机构设置多为正科，领导班子成员副职设置有正科、也有副科，而江永、双牌、新田3个园区管委会还未明确“三定”方案。正由于在行政序列中定性不明，大多并不具备相应的法律地位和权限，导致开发区管委会的地位十分尴尬，在实际遇到冲突时，关键的权力往往不能下放给开发区，致使园区在产业规划、土地征用、人才服务等方面受到所在地方的其他有关部门和有关政策条文的制约，即使对管委会已下放的权力，在行使职能很大程度受制于原派出机构，一定程度降低了服务效能。同时，各园区管委会也还不同程度承担着与其工作力量不完全匹配的社会管理职能，比如，永州经开区反映，其编制内人数为70人（其中班子成员10人），内设职能部门13个，平均至每个部门仅2-3人，在承担园区经济管理权限的同时，还承担了城市管理、脱贫攻坚、信访维稳、安全生产等等社会管理职能，难以集中精力履行经济管理权限。而从全市范围看，除永州经开区以外，目前全市其他11个工业园区在职在岗人员平均为34人，最多的园区为冷水滩62人，最少的为江永、双牌仅15人，且据少数县区反映，园区管理机构逐渐成为提拔干部过渡或安排退伍军人的地方，也囿于人员编制与人员专业素养的限制，对下放的社会管理权限或行政许可权限承接不了，如冷水滩区高科技工业园退伍军人57人，占在编人员的85人的67.1%。同时，因工业园区多为事业单位，部分原是公务员身份的干部，调入园区任职后，享受事业单位待遇，导致部分干部思想不稳定，整体服务水平难以提升。

困境二：主导产业不够突出是影响园区集群发展的突出问题。大部分园区缺乏明确的产业定位和功能分区，规划跟着项目走、跟着主要企业走，各园区招商“大企业都要、小企业都全”，或同一产业在各园区“遍地开花”的现象比较普遍，造成园区忽略对产业特色和长期竞争力的培育。比如，多数园区把电子信息、轻纺制鞋、生物医药、机械制造、农副产品、新能源新材料作为主导产业，竞相发展。据统计，在园区提供的主导产业名录表中，7 家园区涉及机械制造、农副产品，6 家园区涉及电子信息、轻纺制鞋、生物医药，5 家园区涉及新能源新材料。这样，一方面各园区产业结构雷同，特色不明显，同质化竞争，难以形成区域核心竞争力。如江永县中信家具在永州境内“一女嫁三夫”，该企业于 2016 年从上海迁至蓝山县，生产两年后，于 2017 年 11 月与江永县达成协议，搬迁至江永县园区内租赁厂房投产，同时近期与江华县达成初步意向，拟在江华以 3.5 万元/亩的价格购买 110 亩土地在江华建厂。另一方面，园区企业与企业之间缺乏产业关联度，“老死不相往来”，导致经营成本高、技术进步慢，无法形成规模化产业链。据随机调查企业问卷反映（共发放 30 份），其中有完善产业链条配套的占 23.3%；大部分可以在园区配套，小部分上下游企业本地区还没有的占 10%；只有小部分在园区有配套，大部分上下游企业在外地的占 40%；完全没有上下游企业配套的占 26.7%。

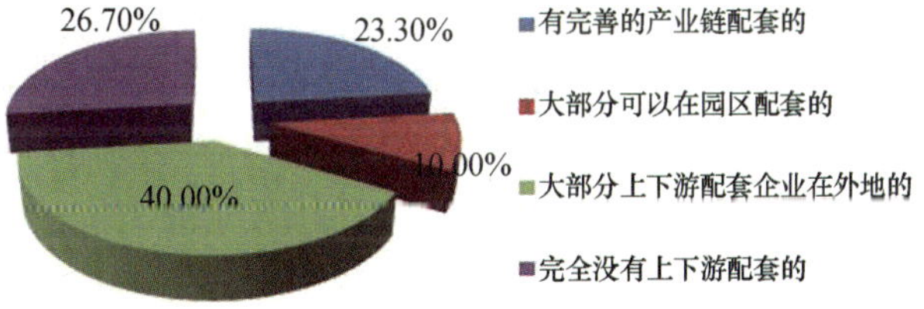

图 5　上下游产业配套调查数据统计图

困境三：求多求快心理是影响园区转型升级的重要原因。由于园区是展示地方形象和政绩的重要标志，在园区产业发展上往往出现“求多求快”、急于求成，片面追求 GDP、财政收入、工业增加值等业绩的现象，缺乏持续发展产业的耐心和定力。因此，在项目选择上，趋向于选择有利于政绩提高的大项目，重数量轻质量，当少数条件不具备或不充分时，导致项目难产，而政府的前期投入往往会“竹篮打水一场空”，对已出让的土地也难以回收，如台湾高科技产业园、湘龙铜业等项目“开工即停工”，如康都药业、神龙药业、金财鞋业、威利电子、乐福地包装材料等企业“投产即停产”。而其根源在于，在招商引资、吸引产业方面存在盲目追求数量和投资总量，“捡到篮子就是菜”，忽视产业项目的质量和效益，以及上下游企业配套、产业链拉长，忽视对产学研平台的打造，以及对拥有高新技术的小企业的孵化。同时，一些民营企业主也缺乏进一步做大做强企业的进取心和事业心，不注重产学研的融合和新技术的创新，满足短期投资回报，没有为自身的长远发展作谋划。所以，近些年来，尽管园区新兴产业发展势头较好，但仍存在总量规模不大、龙头企业少、品牌影响力小的问题。

困境四：要素供给不畅是影响园区长远发展的制约因素。一是用地缺口和用地浪费现象并存。受工业用地指标限制和国土审批程序复杂等因素影响，大多数园区存在较大用地缺口，如永州经开区，每年省下达的用地指标为 450 亩，而每年实际用地需要约 2000 亩，用地缺口达 1500 亩以上。同时，有些园区没有充分发挥土地市场价格机制作用，没有严格筛选供地项目，没有有效促进土地资源节约利用，投资强度不高，导致土地浪费现象不同程度存在，有的甚至出现企业圈地后长期闲置的现象。如祁阳凯盛鞋业占地时考虑了今后二期的发展需要，但一期于 2011 年投产后，二期到目前尚未建成投产，造成部分土地闲置多年。二是企业融资困难，有想法没办法。融资渠道较窄，适合中小企业的金融产品不多，特别是园区内以租赁标准厂房经营的企业和部分在建还未办理国土、房产手续的企业，融资问题尤为突出。如永州金蕊实业持有两个植物提取类饮料的生产许可证和专利，江永县老码头特色农业持有四个农副产品食品加工许可证，但因资金缺口，短期内难以实现投产入市；江华威斯特机电、湖南贵德科技、永州市高信电子等中小企业反映，有大量订单，但因缺少周转资金，造成大量订单流失。据随机调查企业问卷反映，其中需要大量贷款融资的占 23.3%；需要小部分贷款融资的占 46.7%；已有贷款融资并能满足需求的占 6.7%；不需要贷款融资的占 23.3%。

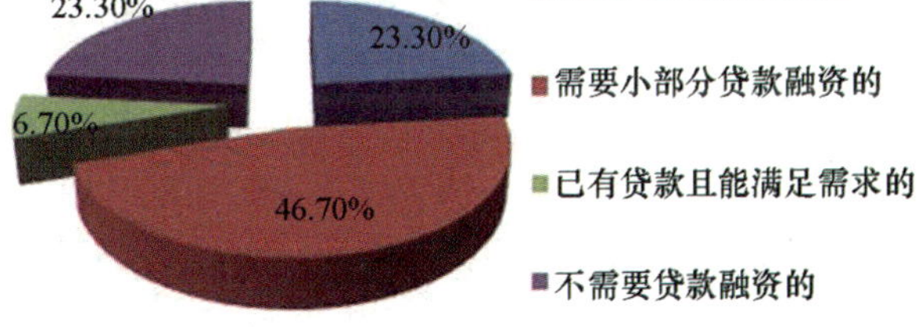

图 6　工业园区贷款融资需要统计图

三是园区生活配套跟不上，招工稳工难。由于我市多数工业园区地处郊区，且尚处于初级开发建设中，各工业园区均存在基础设施配套滞后的问题，很多园区未开通公交车，即使开通公交车的，也存在公交站台少、公交班次少，更谈不上医疗、住房、文化体育、子女入园入学、休闲娱乐等生活配套设施，同时，用工培训没跟进，定向订单培训少，各县区的职业教育作用发挥不够好，加上入园企业多属劳动密集型企业，劳动强度大，而工资待遇不高、“五险一金”未落实，致使企业需要的高技术人才难引进，普通技工严重缺少，有的人才即使引进来了也难留住，熟练员工“老跳槽”。如蓝山高信电子科技，2017 年拥有精密仪器操作的技术人员 27 人，2018 年春节后愿意返回企业的仅 12 人，流失比例在一半以上，造成大量外汇订单不敢承接；如宁远中昇中明新材料的普工月工资在 4000 元以上，技术工种更高，但仍然存在较大用工缺口，不能实现满负荷生产。据随机调查企业问卷反映，其中不存在用工缺口的占 3.3%；用工基本饱和的占 16.7%；存在小部分用工缺口的占 50%；用工缺口较大的占 30%，而随机抽样的 30 个企业，用工缺口总计 2257 人，平均每个企业缺工 75.2 人。据随机调查人才问卷反映，133 个调查对象，本地人 66 人，外地人 67 人，其中，有 48.9%的人认为园区对人才工作不重视或一般重视，有 64.7%的人未缴纳或部分缴纳“五险一金”，认为有良好的人才引进政策的仅占 18.9%，认为园区生活设施十分便捷的仅占 10.5%。

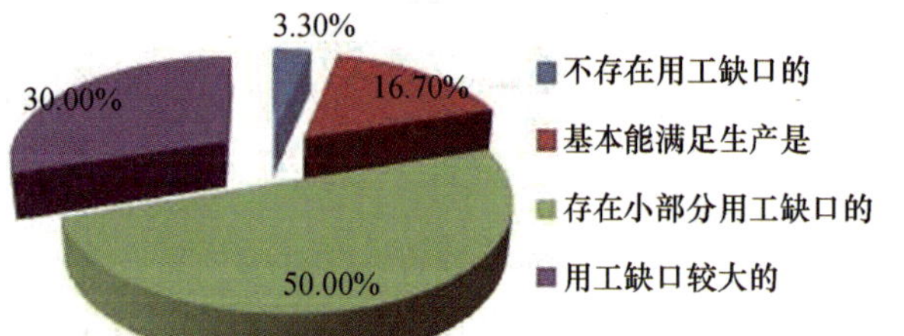

图 7　园区用工缺口情况统计图

四是企业运营成本较高，受政策因素影响较大。我市多数园区产业集聚程度较低、协作配套能力不强，加之围绕企业生产的物流配送、营销网络、检验检测、工业设计、研发、中介等生产性服务业发展较为滞后，增加了企业生产、采购、物流等营商成本。此外，政策因素也增加了企业的运营成本。我省电价、“五险一金”缴费基数比广东省、湖北省、江西省高。电价方面，我市工业用电价格平均为 0.88 元/度，而临近的广东省工业用电价格平均为 0.68 元/度，据宁远裕宁电子、江永县老码头特色农业等企业反映，省内工业用电基本容量费也偏高，每月需固定支出基本容量费在一万元以上。物流成本方面，全市各园区普遍没有专业的物流园区或物流项目，多数物流渠道需在冷水滩区中转，且中心城区的物流通道主要通往沿海地区，西南、西北、华中、东北等内陆地区极少，据零陵区反映，从零陵工业园区-冷水滩区段的中转物流成本约 400 元/柜，如按 10000 柜计算，仅该区段将增加物流成本约 400 万元。据随机调查问卷反映，有 56.7%的企业反映物流成本过高，56%的企业反映用电成本过高，40%的企业反映经常停水、停电对生产生活造成不便。“五险一金”方面，以 2017 年企业养老保险缴费基数为例，广东省最低缴费基数 2408 元/月，而我省最低缴费基数 2695 元/月，各园区普遍反映，实际上大多数劳动力密集型企业人均工资达不到最低缴费基数标准。

困境五：服务质量不优是影响园区发展的外在原因。从当前现状来看，工业园区的管理一定程度上过多地侧重完成考核指标任务、追求外在形象、应付各种检查，存在“园区管理机关化、招商引资和项目建设任务化、园区建设面子化、融资平台行政化”的现象。而各县区工业园区也普遍反映，为了各类考核考评和日常调度填报表格、拼凑数据而疲于应付，“文山会海”也还不同程度存在。与之对应的是，部分企业反映，有些部门为企业主动服务的意识不够；有的部门领导调研会上作了表态，却不抓落实；相关优惠政策出台后，有的部门主动落实不到位；有的部门服务像铁路警察，各人只管一段，牵线搭桥少，企业对很多政策、信息不知情，如东安甜曼科技对获评高新技术企业后，有哪些优惠或鼓励政策不了解；相关部门为本地企业搭建交流平台少，以致有些企业原材料采购舍近求远，企业间缺乏有效合作，如道县捷宝电讯等一些电子信息企业反映，其原材料与产品在永州本地区有大量的关联企业，但由于缺少沟通合作平台，关联企业之间的产品难以相互流通，不利于双方互利共赢、合作发展。

蝶变：势在必行

“求木之长者，必固其根本；欲流之远者，必浚其源泉”。企业是园区工作的主体，是经济社会发展的“主力军”，只有企业发展好了，经济才能有根基、有支撑、有后劲。我市随着随着打响“六大战役”之后，又集中精力发出开展“产业项目建设年”活动的“进军令”，就是要集中时间和力量，想方设法消除影响企业发展和项目建设的制约性因素，为推动经济高质量发展提供坚实支撑。针对此次调研工作中了解的情况，我们特提出以下一管之见。

对策一：改革园区管理体制，提升园区工作精准执行力。为进一步加大园区的建设管理力度，建立“工业园区建设协调委员会”，由政府主要领导任主任，园区“一把手”任常务副主任，各涉工部门主要领导为组成人员，协调委员会定期或不定期召开联系会议或企业现场办公会，研究处理涉及园区开发、建设的重大事项，并将会议决定事项纳入党委、政府督办内容。建立兼职副主任制度，由市经信委副主任兼任永州经开区管委会副主任，县区经信部门主任兼任县区园区管委会副主任，主要负责协调招商引资、工业项目规划、资金项目申报等与市县职能部门有关的工作；对县区企业所在乡镇长兼任园区管委会副主任，主要负责园区项目建设的征地拆迁、矛盾纠纷化解以及涉及乡镇处理的其他事务；参照市城投、市经投等国有平台公司的管理办法，建立针对园区的事业单位编制和人员管理办法、特殊岗位人员薪酬管理办法、岗位设置方案、岗位聘用管理办法、薪酬管理办法等。取消园区行政级别，按园区产业规模和财税贡献享受行政级别待遇，不能简单将园区作为提拔安置干部的地方，与园区发展无关的一般性会议不要求园区参加，对园区领导班子的考核同县市区和市直部门区别对待，把考核的重点放在产业发展、项目建设、财税贡献、技术创新等方面。

对策二：改革招商引资政策，重点突出主导产业培育。以近期的工业园区调区扩区为契机，按照“相邻县区不相近”的原则，以法定的形式明确各园区的主导产业，且最多不超过 2 个。与此同时，按照全市“一盘棋”的工作思路，出台全市统一的招商引资政策或“1+X”系列招商引资文件，在文件中要明确如下内容：一是根据县区的资源禀赋和工作实际，可以给予一定的弹性空间，但不能超出政策范围之内，鼓励大胆招商；二是立足各县区工业园区的主导产业规划，招商引资优惠政策向主导产业倾斜，非主导产业不给予优惠政策或降低优惠政策，避免同质化竞争和产业结构雷同的情况；三是设定投资强度红线，低于以亩为单位投资强度的，不供应土地，以土地租赁和标准厂房供应为主，高于以亩为单位投资强度的，土地供应实行“长期租赁”或“先租后让”的原则，土地出让必须连续三年达到约定税收以上；四是建立全市招商引资联动机制，构建信息共享共建平台，对向其他县区推介适合其主导产业发展的招商项目，前三年按一定比例实行税收分成，前五年在产值、固定资产投资等统计口径上按一定比例共享；五是改革现有招商小分队的招商体制，建立与本职工作脱钩的“专业化”招商队伍和委托第三方机构招商相结合的招商机制。

对策三：改革中心城区产业模式，大力实施“飞地经济”。冷水滩、零陵、永州经开区三区产业发展应坚持错位发展，不能再重复“昨天的故事”，发展同质产业项目。建议由市委、市政府统筹，专题研究三区产业规划布局，在广泛征求三区及现有骨干企业的意见的基础上，抓紧做好园区总体发展规划和产业布局专项规划，突出主导产业、特色产业，并切实按照产业定位及布局规划对项目入园进行引导。同时，强力推行“飞地经济”，由市商粮局、市经信委牵头，借鉴四川南充、江西赣州等外地发展“飞地经济”和“一园一产”的经验做法，拿出详实且具有操作性的方案，并成立专门的议事协调机构，由市政府常务副市长任组长，对三区所有的招商引资项目都进入该“笼子”，统筹管理、合理分配。由市直职能部门牵头，组建三区联动的专业化招商队伍，积极围绕主导产业、龙头企业开展产业链招商、精准招商，加快产业配套，提高产业集聚协同效应。充分发挥市本级财政资金和扶持政策的作用，激励和引导企业向产业链下游发展。

对策四：深化人才引进政策，打造人才流动“洼地”。2017 年 11 月，《永州市人民政府关于进一步扩大开放鼓励投资的若干措施》出台了对高端人才的引进政策，具有较强的吸引力和竞争力，但从调研掌握的情况看，各工业园区企业还普遍存在缺少技术工、缺少普工的情况，而沿海及周边地区也更多是关注高端人才，也同样缺少技术工、普工。我们认为，人才应有更为广泛的定义，当前永州紧缺的产业技术工人、普工也是生产力的重要组成部分，也应是我们重点关注和引进的对象。在下一步工作中，我们建议：一是对市内大专院校和职业学校围绕永州产业发展开设专业、培养人才，给予资金和政策支持，全面建立“政府+企业+学校”定向办学的机制，对农村户籍的本地人口实行学杂费全免，加强永州本地产业工人的培育；二是对选择在永州境内各工业企业内就业的应届毕业生或专业技术人员，在租房购房、子女入学、落户、看病就医、养老保险等方面给予一定优惠政策，如工作满五年的，享受10%-20%的购房补贴；三是对在园区工业企业就业的普通产业工人，优先安排其子女在城区内入学，工作满10年以上且符合退休年龄的，享受一定的附加退休待遇；四是坚持“产城融合、产城互动”的发展思路，以建设城市的标准打造新型园区，为园区产业工业提供优质的生活环境。当务之急是要解决园区员工住房、子女入园入学、医院、公交车等问题。

对策五：改革企业帮扶模式，打造企业生存最大空间。以“对接北上广、优化大环境”活动为契机，以企业需求为导向，以“江华经验”为蓝本，推行企业“首席服务官”制度，由市、县（区）班子成员和市、县（区）直有关部门主要负责人担任，市委书记任001号服务官，市长任002号服务官，制定首席服务官和责任单位、联络员“一对一”服务的服务责任清单，服务内容包括“线上线下”惠企政策推送服务，技术创新对接服务，质量品牌创建服务，金融帮扶对接服务，“企业上市”服务和“企业上规”服务等，帮扶企业树立实现高质量发展的决心和信心。建立银企融合的有效平台，探索建立政府与银行、企业的合作关系，进一步壮大中小企业担保公司实力，建立企业续贷过桥基金、中小微企业创新风险基金，解决园区企业临时性融资、中小微企业融资的困难。利用湘南承接产业转移示范区这块牌子向省里争取在电价、“五险一金”缴费基数、海关商检等比照广东做法，再造永州发展新优势。整合物流企业资源，搭建物流企业与生产企业信息对接平台，降低物流成本，建议市委、市政府每年召开一次园区生产性企业、物流企业、电商企业、政府部门、大中专职业院校、中介机构等参加的信息交流大会，为企业与政府部门、企业与企业、企业与学校开展协作提供平台。

对策六：改革完善考核评价体系，建立常态化督查问责机制。针对永州经开区和县区有别、经开区和工业集中区有别、经开区之间有别的现状，按照分类指导、差异化考核的原则，调整完善现有的目标考核体系，针对不同园区设置针对性、导向性的考核指标，在指标上不“一刀切”。在指标权重上要体现差异化，既松绑又加压，淡化部分经济总量考核指标，突出主导产业和发展质量考核指标，弱化综合排名，强化单项排名，体现各园区发展的重点和成效，如指标设置中，注重考核主导产业增量数、规以上企业绝对增加数、专利申请数、科技成果转化数、科技团队引进数等。同时，建议对近年来国家和省、市出台的涉企政策落实情况进行一次全方位普查和督查，切实摸清政策不能落实的原因和问题，分清政策难以落地的责任，制定政策落实整改的台账和清单，加强督查督办，限期整改。对企业反映的“新衙门作风”“庸懒散浮拖”行为以及对企业合理诉求、合法权益不关心、不回应、不作为、推诿扯皮等现象，设立举报电话，建立举报制度和问责追责机制，对因政府相关工作人员服务企业不及时、不到位、不作为甚至导致企业利益受损等现象，一经查实，严肃追责问责，全力营造情感上暖心、措施上用心、机制上顺心、政商关系上公心的“四心”营商环境。

三、永州市2018年气候要素特点和影响评价

【四季主要气候要素特点】 1. 年平均气温偏高。2018年，永州市平均气温18.9℃，较常年偏高0.6℃，偏高程度1.2σ，较2017年低0.3℃，属偏高年份，为有气象记录以来第十位。各县区年平均气温在18.2℃（双牌）~19.6℃（道县）之间，较常年偏高0.2℃（冷水滩）~1.0℃（蓝山）；其中冷水滩、双牌、宁远、江永正常，零陵、江华偏高1.0σ以上，东安、祁阳、道县、新田显著偏高1.5σ以上，蓝山异常偏高2.0σ。

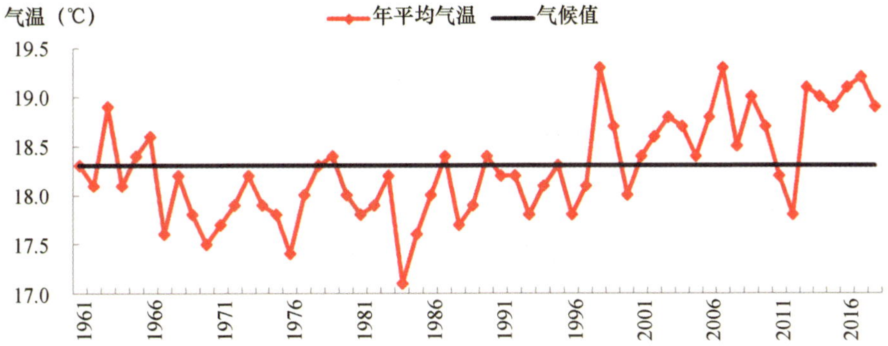

图8 永州逐年平均气温变化图

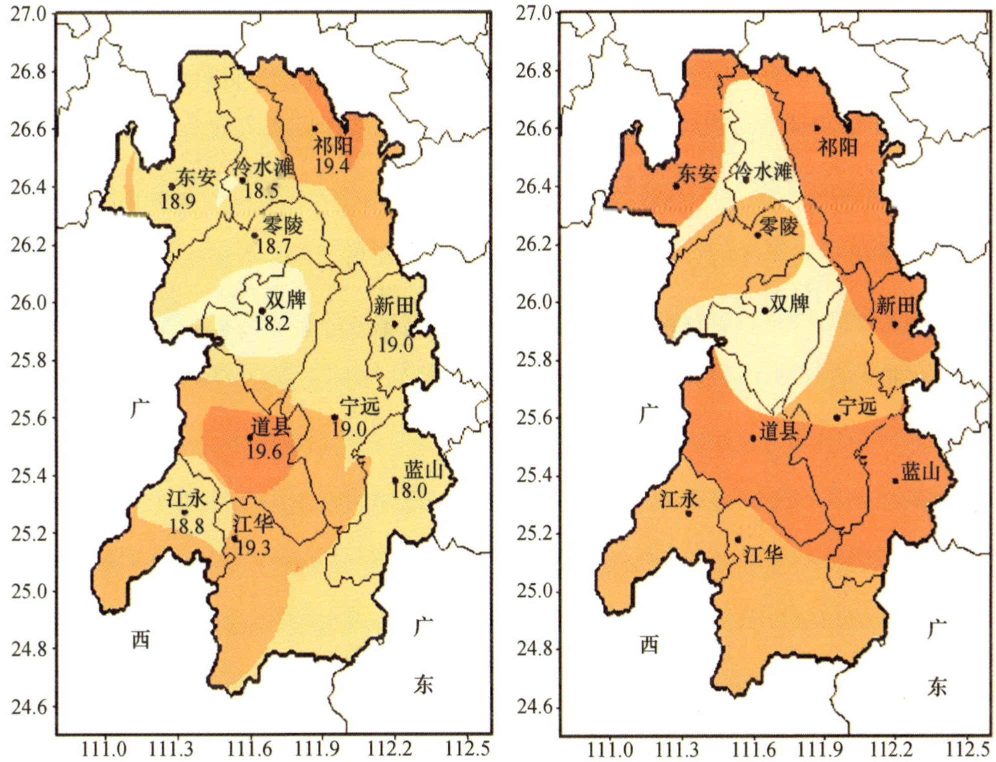

图9 永州2018年平均气温（左:℃）及其距平（右:℃）空间分布图

若以稳定通过10℃初日为入春时间，以稳定通过22℃初日为入夏时间，则2018年入春时间3月9日—10日，偏早一旬；入夏时间在5月11日，偏早半个月；入秋时间在9月下旬后期，基本接近常年；入冬时间在12月4日—5日，偏迟一周。夏季较长，长达四个半月，春季较短，仅为两个月。

日最高气温≥35℃的高温日数20天～61天，高温偏早偏强，多次出现高温热浪天气，极端最高气温在36.5℃（江华）～38.6℃（祁阳、东安）之间，主要出现在7月中下旬。年内日平均气温≤0℃天数为1～8天，双牌在1月26日—31日低温雨雪冰冻期间出现连续5天日平均气温≤0℃的严寒期；极端最低气温在零下3.5（宁远、新田）～零下1.5℃（江华）之间，主要出现在2月6日（霜日）。上半年终霜日在2月上中旬，下半年不见霜日，无霜期在320天以上。

季气温。各季全市平均气温8.6℃（冬）～27.8℃（夏），与常年同期比，除夏秋季平均气温接近常年同期外，冬、春季分别偏高0.5℃、2.6℃，其中春季气温异常偏高，刷新同期气象记录极值。冬有低温雨雪，春季异常偏暖，夏多高温。

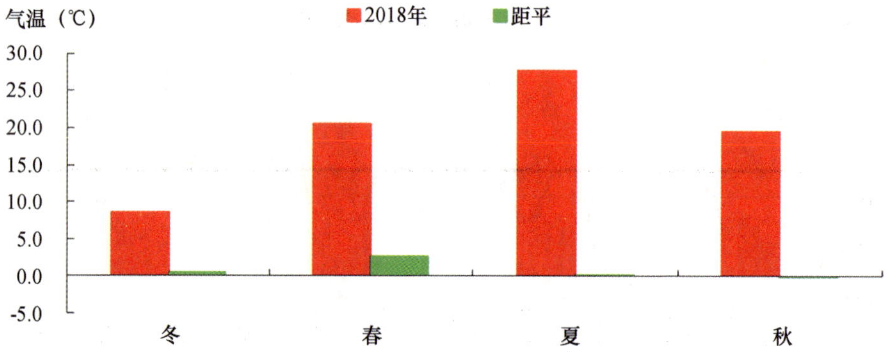

图10　永州2018年四季平均气温及其距平图

冬季全市平均气温8.6℃，较常年同期偏高0.5℃；各县区在7.8℃（双牌）～9.5℃（道县、江华）之间，偏高0.1℃（双牌）～0.8℃（道县）；季极端最低气温在零下3.5℃（宁远、新田）～零下1.5℃（江华）之间；季内最冷时段在元月下旬，出现低温雨雪冰冻。

春季全市平均气温20.6℃，较常年同期异常偏高2.6℃；各县区在20.1℃（双牌）～21.3℃（道县）之间，偏高2.1（江永）～2.9℃（道县），刷新同期气象记录极值；其中3月月均气温处同期气象记录第二高值，5月月均气温刷新同期气象记录第一高值；季极端最低气温在3.2℃（双牌）～5.8℃（江华）之间，季极端最高气温在34.6℃（江永）～37.0℃（祁阳、东安）之间。春季没有出现春寒等低温阴雨天气。

夏季全市平均气温27.8℃，接近常年同期；各县区在26.8℃（江永）～29.0℃（祁阳）之间，接近常年同期；季极端最高气温在36.5℃（江华）～38.6℃（祁阳）之间；季内出现四段高温热害天气。

秋季全市平均气温19.5℃，接近常年同期；各县区在18.4℃（双牌）～20.1℃（道县）之间，接近常年同期；季极端最高气温在35℃（蓝山）～36.8℃（祁阳）之间，季极端最低气温在5.5℃（冷水滩）～8.2℃（蓝山、江华）之间。

月气温。各月全市平均气温在6.2℃（1月）～29.4℃（7月）之间，与常年同期比，10月、12月偏低1℃，其余各月接近常年同期或偏高，其中2月、3月、4月、5月偏高1℃以上，尤其3月、5月分别异常偏高3.4℃、2.9℃，分别处同期气象记录第二、第一高值。

2. 年降水量正常略偏多。全市平均年降水量1504毫米，较常年偏多4%，较2017年多153毫米。各县区年降水量1170毫米（冷水滩）～1759毫米（零陵），与常年比，零陵、双牌、道县、江华偏多1成~2成，冷水滩偏少1成，其余县区接近常年。

雨季开始于3月上旬，结束于7月上中旬；雨季内虽然出现强降水过程，但总体雨量偏少。1月—7月平均总降水较常年同期偏少2成，北部县区偏少3成，冬春夏出现了阶段性干旱；8月中旬受16号台风“贝碧嘉”倒槽影响，部分县区降水强度较大，造成洪涝灾害；但总体上旱涝程度较轻，灾害损失较小。

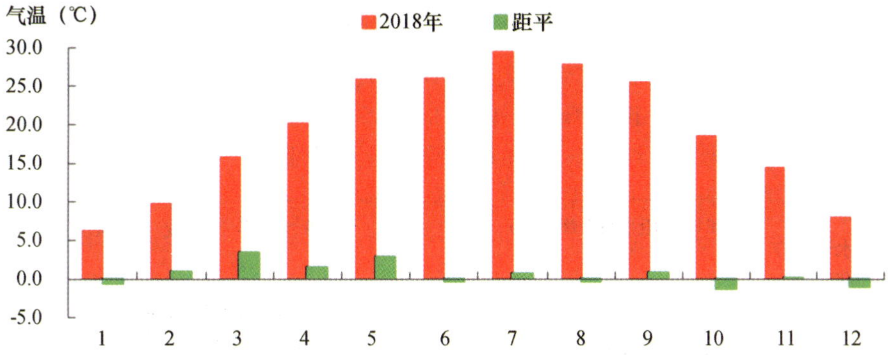

图 11　永州 2018 年各月平均气温及其距平图

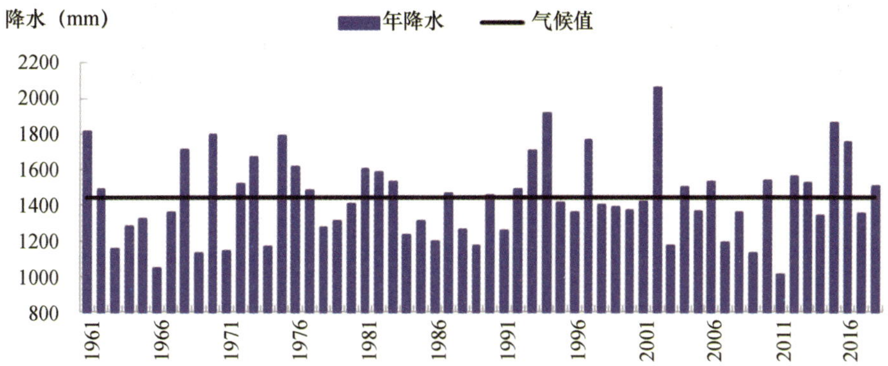

图 12　永州逐年降水量变化图

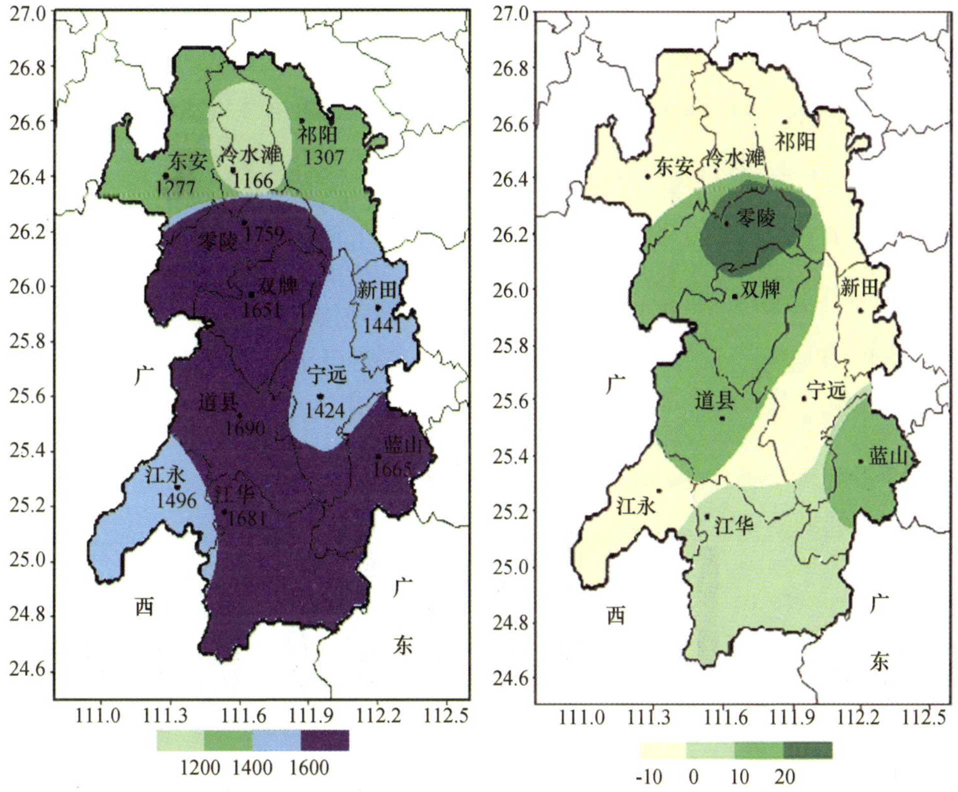

图 13　永州 2018 年降水量（左：毫米）及其距平百分率（右：%）空间分布图

雨日全市平均162天，各县区在152天（新田）~181天（蓝山）之间，接近常年；全年出现暴雨41站次，零陵、双牌、新田均出现6天暴雨；出现大暴雨3站次，日最大降水量在零陵8月16日203.6毫米。

季降水。各季全市平均降水123毫米（冬）~500毫米（春），与常年同期比，冬季偏少近5成，春夏接近常年同期，秋季偏多近8成；春夏两季降水分别占全年降水68%，冬秋两季占32%。冬春夏有阶段性干旱，秋雨明显。

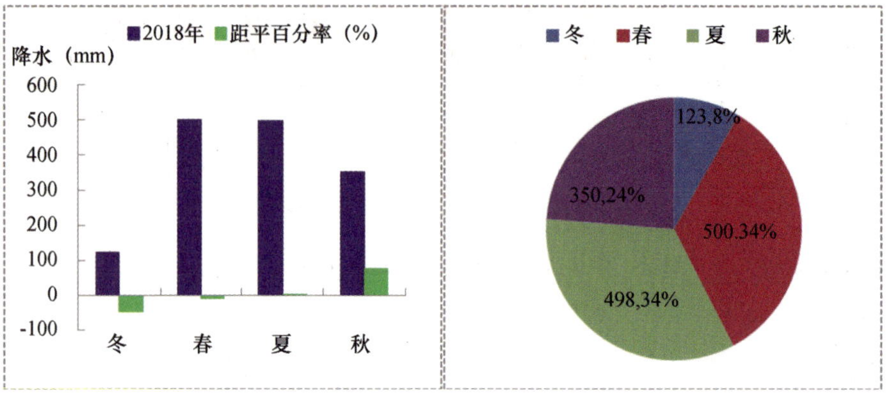

图14　永州2018年四季降水、距平百分率（左）及时段占比（右）分布图

冬季全市平均降水为123毫米，较常年同期偏少5成；各县区在72毫米（冷水滩）~202毫米（江华）之间，除南部的蓝山、江华、江永偏少1成~3成，其余县区偏少4成~7成，达冬旱标准（冬季降水偏少3成以上）。

春季全市平均降水500毫米，较常年同期偏少8%；各县区在339毫米（冷水滩）~734毫米（道县）之间，道县偏多2成，五县区偏少1成~3成，五县区接近常年同期。3月—4月，境内局部出现春旱。

夏季全市平均降水498毫米，接近常年同期，但降水时空分布不均；各县区在364毫米（东安）~678毫米（零陵）之间，东安、道县、宁远、江永偏少1~2成，祁阳、新田接近常年同期，其余县区偏多1成~5成；时段上呈前少后多分布，部分县区前期雨水不足，后期雨水相对集中。

秋季全市平均降水350毫米，较常年同期偏多近8成；各县区在272毫米（冷水滩）~472毫米（零陵）之间，偏多4成以上，半数县区偏多8成至1倍以上。季内降水持续偏多，秋雨明显，局部雨水相对集中，有暴雨。

月降水。各月全市平均降水量在25毫米（2月）~231毫米（8月）之间；5月、8月降水在200毫米以上，3月、6月、7月、10月、11月降水在100毫米~200毫米之间，其余月份降水不到100毫米，其中2月仅为25毫米。单月降水最多在零陵8月462毫米，为该站同期气象记录第二多；单月降水最少在宁远2月17日毫米。与常年同期比，总体上1月—7月降水偏少，8月—12月偏多；1月、5月、7月接近常年同期，2月、4月、6月偏少3成~8成，其余各月偏多3成~1倍以上。

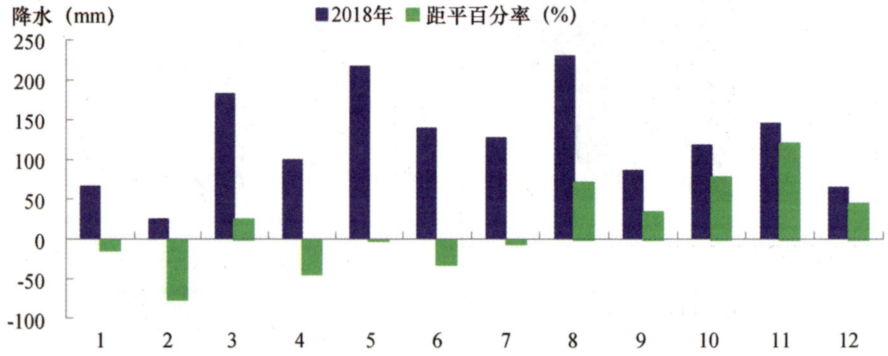

图15　永州2018年逐月降水量及其距平百分率（%）图

3. 年日照时数正常略偏多。全市平均年日照时数 1542 小时，较常年偏多 5%，较 2017 年多 144 小时。各县区年日照时数 1406 小时（道县）~1693 小时（江华），北部县区偏多 1 成，南部县区接近常年。

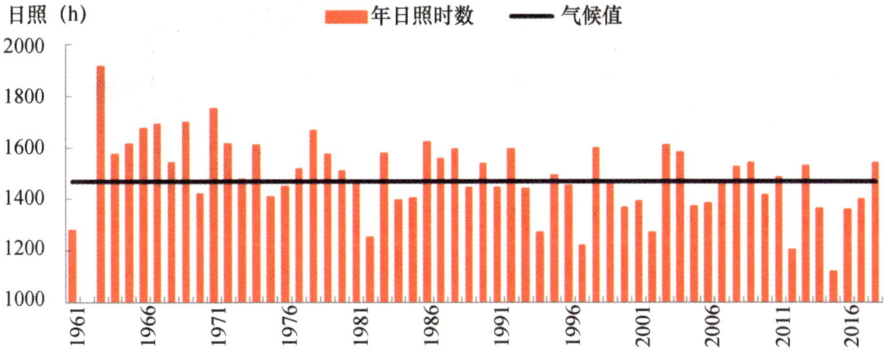

图 16　永州逐年日照时数变化图

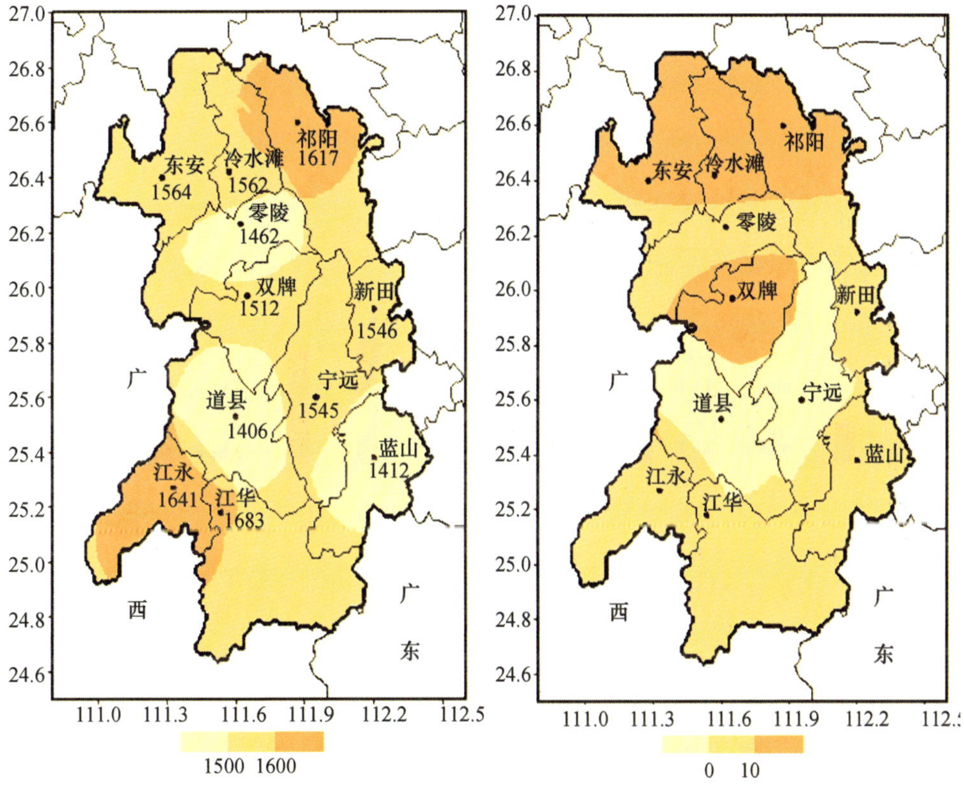

图 17　永州 2018 年日照时数（左：小时）及其距平百分率（右：%）空间分布图

季日照。各季全市平均日照时数 225 小时（冬）~567 小时（夏），常年同期比，春季偏多 5 成，冬、夏、秋三季接近常年同期；夏季日照较多，占全年的 35%，冬季最少，占 14%，春、秋两季接近，季分别占 25%、26%。

冬季全市平均日照时数 225 小时，接近常年同期；各县区在 201 小时（双牌）~267 小时（江华）之间，普遍接近常年同期；季总雨日 26 天~28 天，较常年同期偏少 10 天~15 天；季内霜日数除江华仅为 2 天，其余县区 8 天~15 天。

春季全市平均日照时数 414 小时，较常年同期偏多 5 成；各县区在 371 小时（道县）~464 小时（江华）之间，偏多 3 成~8 成。季雨日 38 天~49 天，偏少 5 天~15 天，季内少连阴雨天气。

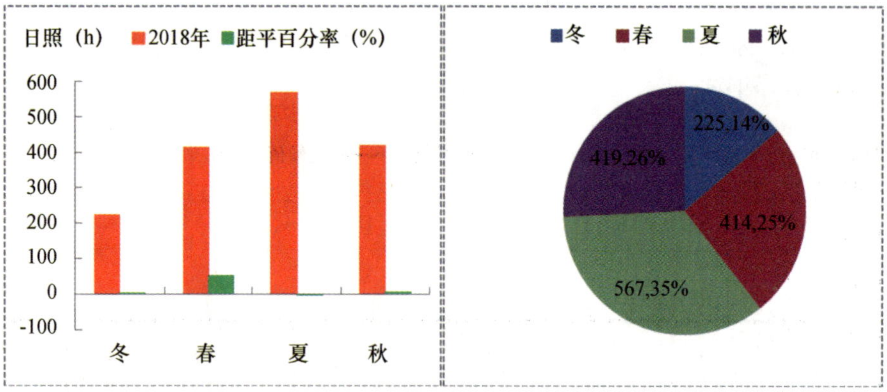

图18　永州2018年四季日照时数、距平百分率（左）及时段占比（右）分布图

夏季全市平均日照时数567小时，接近常年同期；各县区在486小时（蓝山）~625小时（祁阳）之间，接近常年同期。季雨日37天~50天。

秋季全市平均日照时数416小时，较常年同期略多；各县区在388小时（蓝山）~476小时（江永）之间，南部县区正常，北部县区偏多1成；季雨日34天~43天，较常年同期偏多5天~17天，连阴雨明显。

月日照。各月全市平均日照时数在42小时（12月）~240小时（7月）之间，7月在200小时以上，1月、2月、12月在100小时以下，其余个月在100小时~200小时之间。与常年同期比，12月偏少6成，2月、3月、4月、5月偏多3成~1倍以上，其余各月接近常年同期。

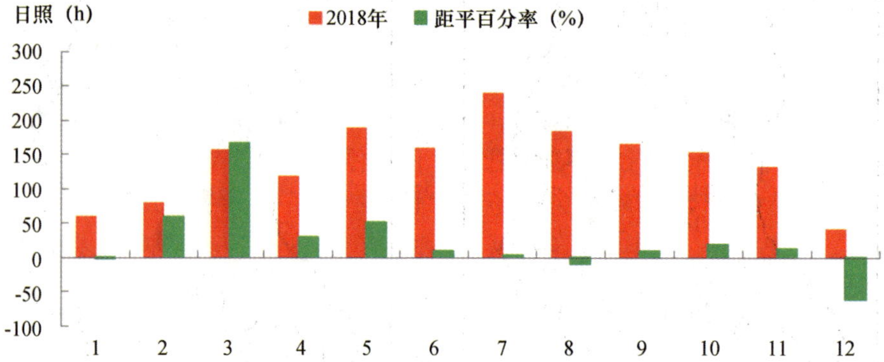

图19　永州2018年逐月日照时数（小时）及其距平百分率（%）图

【主要天气气候事件及其影响】

2018年，永州年初年末低温雨雪冰冻，春季异常偏暖、局地强对流，夏季高温偏早偏强，秋冬连阴雨明显；冬春夏出现阶段性干旱，8月台风暴雨造成洪涝；但总体上旱涝程度较轻，灾害损失较小。

1. 低温雨雪冰冻。2018年1月上旬中期，高寒山区出现雨雪冰冻天气；1月下旬后期，境内出现大范围轻到中度低温雨雪冰冻过程，期间日平均气温≤0℃的严寒天气南部县区1天~3天，北部县区3天~5天，其中双牌出现连续5天日平均气温≤0℃的严寒期；降雪日数2天~4天，最大积雪深度1厘米（蓝山）；连续冰冻天数南部县区在1天~4天，北部县区在3天~6天，其中双牌6天，最大积冰厚度9厘米（零陵29日）；依据冰冻监测标准（DB43/T234－2004）：零陵、东安、双牌、宁远达中等强度冰冻，其余县区为轻度冰冻；依据极端冰冻事件标准（DB43/T838—2013）：除江永、江华外，其余县区均达到极端冰冻事件。

2018 年 1 月 25 日—31 日低温雨雪冰冻过程监测信息表

表 12

县区	冰冻连续天数（天）	过程电线积冰厚度（毫米）	过程日平均气温≤0℃日数（天）	过程最低气温（℃）	县区	冰冻连续天数（天）	过程电线积冰厚度（毫米）	过程日平均气温≤0℃日数（天）	过程最低气温（℃）
冷水滩区	3	8	4	-2.0	宁远县	4		3	-1.5
零陵县	4	9	4	-1.7	江永县	1		1	-1.3
东安县	4	2	3	-1.1	新田县	1	0	2	-1.7
祁阳县	3	2	3	-1.1	蓝山县	2	3	3	-2.0
双牌县	6	3	5	-2.3	江华县	2		1	-1.5
道县县	2	1	0	-1.0					

说明："红"色表示达到该指标极端事件标准；资料来源国家气象观测站

低温雨雪冰冻，给境内各行业及人民群众生产生活等造成诸多影响。据统计，至31日17时，零陵、蓝山、江华、江永6.4万人受灾，紧急转移安置人口99人，需紧急生活救助4152人；因灾倒塌农房5户13间、严重损害农房3户10间、一般损坏农房111户407间；农作物受灾面积6507公顷、成灾面积2526公顷、绝收面积436公顷；因灾造成直接经济损失1.78亿元，其中农业直接经济损失0.49亿元。另外，低温雨雪冰冻对交通运输安全不利，雨雪冰冻先后造成境内国道207、322线，省道216、217等十多条干支线交通阻断，停开班线164条，交通管制路段20多处，停航渡口码头30多处；27日晚~28日早，全市因路面结冰发生道路交通事故13起，其中中心城区6起，但无人员伤亡。低温雨雪冰冻还造成局部电力、通信短时中断，部分旅游景区关闭。

12月上旬后期，境内高寒山区出现雨雪冰冻天气。12月下旬后期至2019年元月初，境内出现大范围轻到中度低温雨雪冰冻过程，冰冻日数1天~5天，降雪日数1天~3天，最大积雪深度1厘米，平均气温降至零下，极端最低气温为零下3.1~零下1.1℃。截至12月31日上午11时，永州境内4条高速公路出现积雪或结冰，邵阳白仓进入永州境内通道封闭，22条省道部分路段实行临时交通管制，102条农村公路实行临时交通管制，停班停运；全市航渡除江华和双牌大坝至江村未停航外，其余县区均全部停航和部分时段停航；对通往双牌阳明山、东安舜皇山、宁远九嶷山、蓝山云冰山等景区道路实行临时交通管制，部分旅游景区关闭。全市停发省际班线99条，客车235台，市际班线58条，客车102台，县际班线60条，客车343台，县内班线102条，客车309台。

2. 春季异常偏暖。春季（3月—5月）全市平均气温20.6℃，较常年同期异常偏高2.6℃，刷新同期气象记录极值；3月月均气温处同期气象记录第二高值；5月月均气温刷新同期气象记录极值，日最高气温≥35℃的高温日总天数47站次，为同期气象记录最多，历史罕见。稳定通过10℃初日为3月9日—10日，偏早一旬；稳定通过22℃初日在5月11日，偏早半个月；春季没有出现春寒等低温阴雨天气。

3. 高温偏早偏强。5月中旬后期至下旬中期，境内各县区（除江永）出现2天~7天日最高气温≥35℃的高温天气，历史罕见；高温日总天数47站次，为同期气象记录最多。月极端最高气温在34.6℃（江永）~37.0℃（祁阳、东安）之间，大部分县区刷新同期气象记录极值。

夏季日最高气温≥35℃的高温日数在16（江华）~48（祁阳）天，蓝山、江华、江永、双牌为16~18天，东安、祁阳、新田超过30天。7月—8月先后出现四段高温热害天气，大部分县区高温持续天数不到10天，为轻度高温热害；但7月中下旬新田、祁阳高温持续天数分别为14天、18天，达中到重度高温热害；期间极端最高气温在36.5℃（江华）~38.6℃（祁阳）之间。

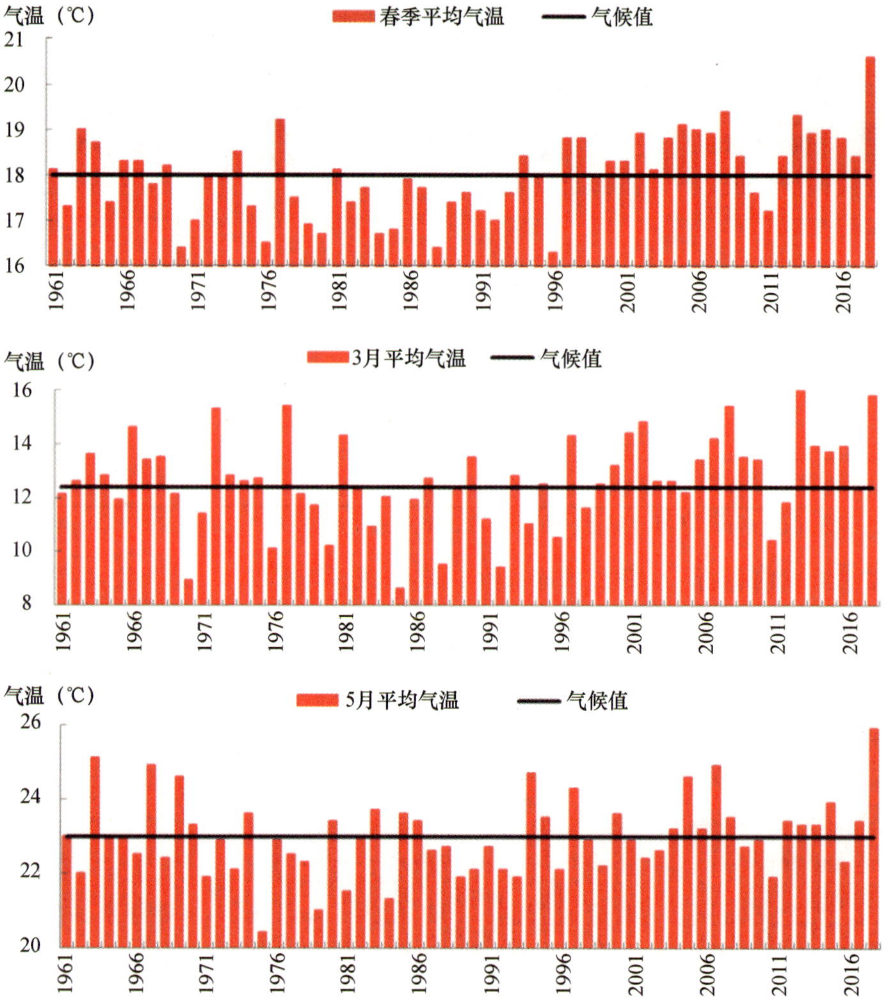

图 20　永州春季（上）、3 月（中）、5 月（下）逐年平均气温图

为表征夏季高温热害强度，引入高温热害强度指数。高温热害强度指数 $\mu=0.1616$，$-0.4300<\mu<0.4300$，高温热害强度评定为中度，较 2017 年（$\mu=0.7127$）轻。

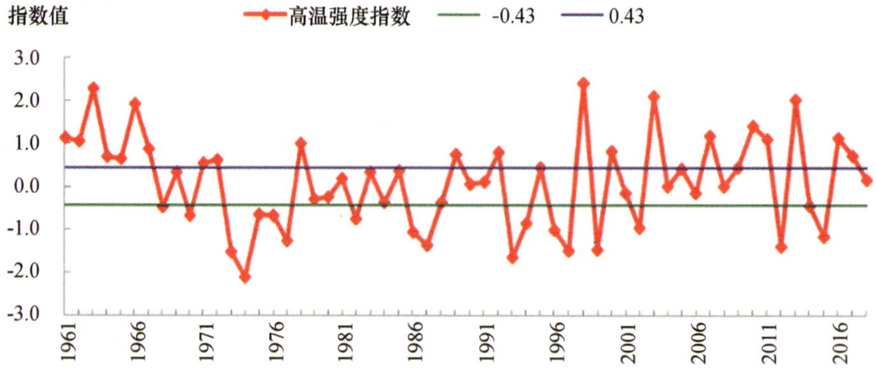

图 21　永州逐年高温热害强度指数变化图

4. 冬春夏阶段性干旱。冬旱：2017 年 12 月至 2018 年 2 月降水持续偏少，全市平均季降水 123 毫米，较常年同期偏少 5 成；各县区在 72 毫米（冷水滩）~202 毫米（江华）之间，除南部的蓝山、江华、江永偏少 1 成~3 成，其余县区偏少 4 成~7 成，达冬旱标准（冬季降水偏少 3 成以上），尤其北部县区降水不足 100 毫米，偏少 6 成以上。

春旱：1 月—4 月全市平均降水 373 毫米，较常年同期偏少 3 成，各县区降水在 210 毫米~503 毫米之间，偏少 1 成~5 成；冷水滩、祁阳分别为 210 毫米、256 毫米，偏少 5 成左右，为同期气象记录第二少。尤其 3 月下旬至 4 月中旬期间，全市平均降水仅 60 毫米，各县区普遍偏少 6 成以上；冷水滩、祁阳不足 30 毫米，偏少 8 成以上。境内江河库塘蓄水不足，水位较低。据 4 月 20 日气象干旱监测，按 GB/T20481 中的综合气象干旱指数 CI 评估：永州境内出现中等强度的气象干旱，其中冷水滩、祁阳较重。自 4 月下旬开始，雨水渐多，气象干旱等级下降；5 月 7 日境内大范围暴雨过程后，气象干旱解除。

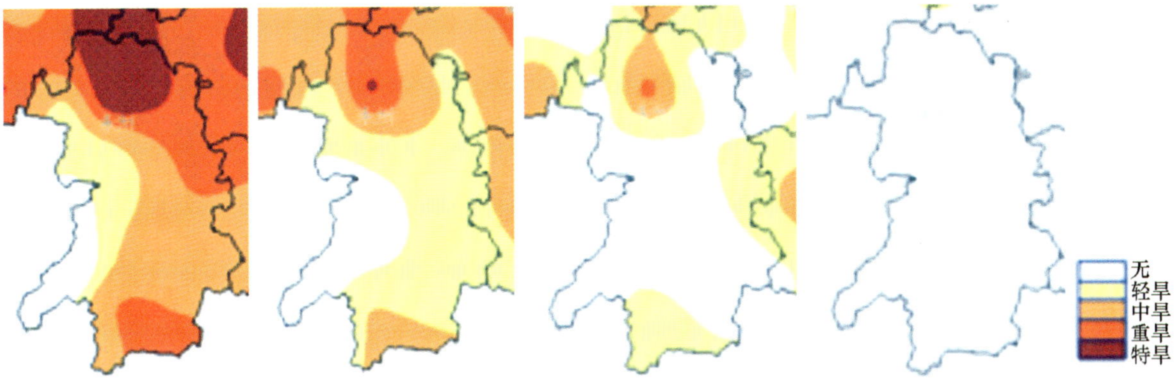

图 22　永州 2018 年（左→右）4 月 19 日、29 日、5 月 6 日、13 日气象干旱等级分布图

夏季局部轻旱：6 月—7 月全市平均降水 268 毫米，较常年同期偏少 2 成，北部县区偏少明显，偏少在 2 成~3 成以上，祁阳、东安偏少 4 成~5 成以上，期间高温少雨，局部虽出现暴雨过程，但雨量总体偏少。至 7 月底全市水利工程总蓄水量 15.7 亿立方米，较前三年同期均值偏少 1.1%。但中型水库蓄水 4.08 亿立方米，较前三年同期均值偏少 23.5%；小型水库及山塘蓄水蓄水 4.7 亿立方米，较前三年同期均值偏少 22.7%。东安、双牌出现旱情，据统计，全市受旱作物面积 0.37 万亩公顷，其中：轻旱作物面积 0.3 万公顷，重旱作物面积 0.07 万公顷。因旱饮水困难人数 20433 人，因旱饮水困难大牲畜 137 头。

5. 台风暴雨洪涝。8 月 14 日—16 日，受 16 号台风“贝碧嘉”倒槽影响，部分县区降水强度较大，出现洪涝灾害；零陵雨量雨强达极端降水事件，3 天降水总量 266.3 毫米，最大日降水 203.9 毫米，突破历史极值，为中度气象洪涝；据统计零陵、祁阳、双牌、道县、蓝山、金洞 6 县区（含管理区）38 个乡镇发生洪涝灾害，受灾农作物 0.35 万公顷，转移人口 0.4 万人，倒塌房屋 34 间，直接经济总损失 1.64 亿元，其中水利设施直接经济损失 5948 万元。

另外，5 月 7 日境内出现大范围暴雨天气过程，8 县区雨量超过 50 毫米，其中祁阳日雨量 81.9 毫米，此次暴雨天气过程解除境内气象干旱。5 月 27 日南部县区出现暴雨天气过程，其中道县日雨量 140.8 毫米，达极端降水事件标准。由于前期降水较少，库塘江河水位较低，强降水没有造成大的洪涝灾害，且有利于水库山塘蓄水增加。零陵于 10 月 21 日、11 月 11 日、11 月 15 日出现暴雨。11 月中旬零陵、双牌雨量分别为 197 毫米、177 毫米，雨水相对集中。

6. 秋冬连阴雨明显。10 月 13 日—26 日，阴雨寡照近半月，期间雨量 80 毫米~150 毫米，几乎不见阳光，连续雨日普遍 7 天~8 天，局部 12 天~14 天，达轻到重度连阴雨标准。11 月 11 日—21 日，阴雨寡照，期间雨量在 100 毫米以上，其中零陵 214 毫米，雨日普遍 8 天~11 天，几乎不见阳光，达轻到中度连阴雨标准。12 月有日照天数仅有 3 天~8 天，日照时数 23 小时~42 小时，雨日 19 天~25 天，多阴雨（雪）天气；月内先后出现两段连阴雨天气，连续天数 7 天~11 天；其中自 2018 年 12 月 19 日起，超过一个月不见阳光，全市平均降水 90 毫米，平均雨日 25 天，为重度连阴雨。

7. 强对流。3 月 4 日，境内出现雷雨风雹等强对流天气；极大风速 26.5 米/秒（10 级狂风）。江华码市镇受冰雹袭击严重，全县 2310 人受灾，紧急转移安置 102 人；严重损坏房屋 25 户 93 间，一般受损 302 户 893 间；少量农作物受灾；直接经济损失 289 万元，其中农业损失 3 万元、公共设施损失 30 万元以及家庭财产损失 256 万元。道县雷雨大风冰雹致全县 15 个乡镇（街道）

遭受不同程度的损失，全县因灾受损民房105户，农业受灾面积773.3公顷，林木损失301棵，学校停课1间，直接造成经济损失2140.4万元。宁远受灾人口247人，紧急转移安置16人；严重损坏房屋间数11间，一般损坏房屋间数63间；农作物受灾面积47公顷，其中农作物绝收面积11公顷；直接经济损失75万元。祁阳5个乡镇，125人受灾，紧急转移安置12人；倒塌房屋2间，损坏房屋86间，直接经济损失34万元。9月16日—17日，受第22号台风“山竹”的影响，境内出现中到大雨，局部暴雨天气，蓝山17日日降水64.7毫米；局部县区出现大风，江永17日极大风速23.8米/秒。

【气候与农业】 2018年，永州依据国家标准（GB/T21986—2008）《农业气候影响评价：农作物气候年型划分方法》，对全市主要粮食作物双季早稻、晚稻进行评定。主要粮食作物双季早稻、晚稻温光水搭配分别评定为高温年、多雨年；主要粮食作物生产期间，低温冷害不明显，旱涝程度较轻，没有其他大的农业气象灾害，灾害损失较小，主要粮食作物气候条件整体评定为偏好年景。

2018年永州主要粮食作物双季早稻、晚稻气候年型评定表

表13

	早稻				晚稻			
要素	平均气温	积温	日照	降水	平均气温	积温	日照	降水
差异度	C	C	C	△R	C	C	C	△R
值	2.7	2.3	2.4	-21	0.2	0.2	0.1	32
评定	高	多	多	偏少	正常	正常	正常	多
综合评定	高温年				多雨年			

据统计部门上半年农村经济形势分析，全市春夏播粮食335274.59公顷，下降1.0%；油料作物18610公顷，下降1.8%；棉花2162公顷，下降4.8%；烤烟17727公顷，下降10.4%；蔬菜85640公顷，增长0.2%。由于全市气温偏高、4月、6月降水偏少，5月降水正常，日照时数偏多，光、温、水条件对农作物生长发育总体上是有利，春播作物丰收。全市春夏收粮食作物面积13944公顷、增长1.3%，产量3769.23万公斤、增长3.1%；油菜籽播种面积73981公顷、下降2.7%，产量11984.06万公斤、下降0.5%；蔬菜播种面积85640公顷、增长0.2%，产量256617.3万公斤、增长0.6%。

1. 双季早稻。早春气温回升早且迅速，气温稳定通过10℃的初日较常年偏早，气温异常偏高，春播天气偏好。3月下旬至4月上旬为双季早稻播种、出苗、三叶期，大范围播种期集中在3月下旬至清明前后，总体上讲，播种、出苗期与历年平均值大致持平。4月气温偏高，光照充足，无春寒等低温阴雨天气，对双季早稻育秧有利，但是降水自冬季以来持续偏少，局地干旱，对双季早稻育秧、移栽带来不利影响。5月气温偏高，光照充足，降水正常、适宜，土壤水分有所增加，无“五月低温”现象出现，有利于双季早稻分蘖的形成，使得分蘖迅速，有效茎数充足，但是局地降水持续偏少，对双季早稻营养生长带来一定不利影响。6月气温适宜，光照充足，没有发生大范围暴雨、洪涝等天气灾害和病虫害，对双季早稻孕穗、抽穗、灌浆有利，使得穗粒数、穗结实粒数明显增加，空秕率降低，单产有所提高，但由于降水持续偏少，局地干旱，对双季早稻孕穗、抽穗、灌浆不利，使得千粒重有所下降。7月上中旬气温偏高，光照充足，天气气候条件总体上有利于双季早稻灌浆、成熟、收割、稻谷翻晒入仓。但是期间雨日较多，特别是中旬雨量偏多，多阵性降水过程，对双季早稻收割、脱粒、晒谷、入仓带来不利影响。整体上双季早稻生产、生长发育期间温光丰富，虽然局地因降水偏少有气象干旱，但土壤墒情尚好，低温阴雨、雷雨风雹、旱涝程度等灾害性天气偏少偏轻，整体来讲早稻气候年景为偏好年景。

2. 双季晚稻。6月下旬气温偏高，降水适宜，光照充足，有利于双季晚稻播种、出苗。7月气温偏高，光照充足，降水适宜，气候条件总体上有利于双季晚稻育苗和移栽、返青、分蘖，使得移栽顺利，移栽面积有所扩大，分蘖的形成速度快，数量多，生长健壮。8月温光适宜，降水偏多，高温热害轻，局地干旱得到缓解和解除，土壤水分增加，各级水库、山塘蓄水有所增多，对双季晚稻的营养生长有利，使得分蘖数量增多，有效茎数偏多，禾苗长势旺盛。降水和雨日偏多，对双季晚稻幼穗分化带来不利影响。9月温光水较为适宜，没有出现寒露风等低温阴雨，天气气候条件总体上有利于双季晚稻幼穗分化、孕穗、抽穗，使得孕穗、抽穗顺利，发育期正常。10月上旬气温正常，光照充足，降水和雨日偏少，天气气候条件有利双季晚稻灌浆、成熟。10月中下旬气温偏低，阴雨天气较多，对双季晚稻灌浆、成熟、收晒入仓不利，使得其成熟期延迟。整体上双季晚稻生产、生长发育期间温光适宜，雨水较多，旱涝不重，年景尚可。

3. 油菜、烤烟、蔬菜、水果。油菜：冬季气温总体偏高，无明显极寒不利天气出现，光照充足，气候条件总体上有利于油菜越冬生长，但是由于降水持续偏少，局地出现冬干，土壤水分不足，对油菜冬季生长发育带来不利影响。春季气温总体上偏高，早春气温回升提早且迅速，光照充足，无明显的暴雨、洪涝、低温阴雨等农业气象灾害和病虫害，天气气候条件总体上有利于油菜春季营养生长、现蕾、开花、结荚、壮籽、成熟、收获，但是由于春季降水持续偏少，局地春旱，土壤水分降低，对油菜春季生长发育、产量形成带来一定不利影响。

烤烟：冬季气温总体偏高，光照充足，总体上对烤烟育苗有利，但1月出现阶段性低温雨雪冰冻天气，且降水量持续偏少，土壤墒情有所下降，对烤烟育苗带来一定不利影响。初春回温快，光照充足，降水适中，没有出现春寒等低温连阴雨天气，对烤烟育苗、移栽、成活、苗期生长发育有利；春季温光丰富，降水偏少，但土壤墒情较好，低温阴雨、渍害及强对流天气偏少，对烤烟苗期生长、团棵、旺长有利，但5月出现南风高温天气对烤烟生长发育带来一定不利影响。夏季温光适宜，阴雨天气偏少，虽然降水偏少，但土壤水分仍较适宜，气候条件总体上有利于有利于烤烟烟叶生长发育、成熟、采摘、烘烤、销售。

蔬菜：冬季气温总体偏高，光照充足，气候条件总体上有利于蔬菜生长发育，但是出现的低温雨雪冰冻、降水持续偏少造成冬旱，不利于冬季蔬菜生长发育。春季总体上气温偏高，光照偏多、充足，没有出现明显的低温阴雨天气、暴雨洪涝灾害、病虫害，无“五月低温”过程，天气气候条件总体上对蔬菜生长发育有利。但是季内降水持续偏少，局地干旱，对蔬菜生产和产量形成不利。夏季前期（6月）总体上气温适宜，光照充足，没有发生严重的大范围的暴雨、洪涝灾害和病虫害，对夏季蔬菜生长发育有利，但是降水量持续偏少，土壤水分较为不足，对夏季蔬菜生长发育、产量形成造成一定的不利影响。夏季中后期（7月、8月）气温较为适宜，降水量偏多，土壤水分大为增加，前期局地干旱得到明显缓解，光照充足，对夏季蔬菜生长发育、产量形成、品质提高有利。但是7月中、下旬出现阶段性高温热害，8月上旬局部地方降水强度偏大，对夏季蔬菜生长发育带来不利影响。秋季中前期（9月到10月上旬）、后期（11月上旬、下旬）气温总体上适宜，入冬晚，初霜冻出现偏迟，气温下降缓慢，降水量和雨日偏少，土壤水分适宜，日照充足，有利于秋季蔬菜播种、育苗、移栽、生长发育、产量形成，但是秋季中后期（9月中旬中后期、10月中、下旬，11月中旬）由于出现连阴雨天气，降水偏多，光照不足，对秋季蔬菜生长发育、产量形成、品质提高带来一定不利影响。

水果：冬季总体上气温偏高，光照充分，无明显极寒不利天气出现，虽然出现阶段性降雪、冰冻、霜冻天气，但不利影响较小，天气气候条件总体上对果树越冬生长有利，而冬季降水量持续偏少，局地冬干，对水果冬季生长造成不利影响。春季气温回升提早，温光丰富，没有出现明显暴雨洪涝天气灾害和病虫害，天气气候条件总体上有利于果树春发春长，对果树萌芽、抽稍、展叶、开花、挂果和果实生长有利。但是由于春季降水量持续偏少，局部地方显著和异常偏少，局地春旱，对果树春季生长带来不利影响。夏季中前期（6月）气温总体上温光丰富，没有发生明显的大范围的暴雨、洪涝灾害和病虫害，有利于夏季水果果实膨大、果品品质提高、成熟、采摘、销售，但是由于期间降水持续性偏少，土壤水分不足，局地干旱，对各类水果果实生长发育和水果生产带来不利影响。夏季中后期

（7月、8月）气温适宜，光照充足，降水偏多，土壤水分大为增加，局地干旱得到缓解和解除，对果实生长发育、成熟、着色、收摘、销售总体上有利。主要不利影响是7月中下旬高温热害较重，中午时段气温过高，8月局部地方降水强度偏大，发生局部性暴雨、内涝，对水果生产造成一定不利影响。秋季中前期（9月—10月上旬）、秋季后期（11月上旬、下旬）气温总体上偏高，降水和雨日偏少，光照充足，有利于水果生产。秋季中期（9月中旬中后期）、秋季中后期（10月中、下旬和11月中旬）气温总体上偏低，降水、雨日偏多，出现较长时段低温阴雨天气，光照不足，对水果成熟、采摘、销售带来一定不利影响。

【气候与林业】　2018年年初，永州出现雨雪冰冻严寒天气，不利于森林害虫越冬，有利于来年森林病虫害基数的降低，但高寒山区林木受冻，越冬不易。冬春多晴好天气，有利于冬春造林工作；初春气温回升较快，春雨来的早，有利于幼林成活；春季气候暖和，温光丰富，林木春发春长、萌芽、抽梢、展叶、开花、结果候期提前；林区旱涝及高温表现不明显，有利于各类林木林产品生长发育和产量、品质提高。全市造林投入5.1亿元，完成人工造林面积2万公顷，为计划的111.3%。其中重要通道两旁裸露山地造林0.22万公顷，为计划的112%，“五边”造林0.58万公顷。封山育林1.87万公顷，为计划的100%；退化林修复2.58万公顷，为计划的110.6%；森林抚育7.29万公顷（中幼林抚育5.94万公顷、油茶垦复0.95万公顷、毛竹垦复0.4万公顷），为计划的120.1%。森林覆盖率65.33%。衡柳高铁东安段、国道207江华段获“湖南省最美绿色通道”称号。

降水及雨日较2017年偏多，森林火险气象等级较2017年要低。依据林业行业标准全国森林火险气象等级标准（LY/T1172—95），引入森林火险天气指数。利用永州气象数据，计算2018年1月—4月、10月—12月森林防火期的森林火险天气指数。总体来说，全年永州森林火险气象等级较2017年要低，主要因为森林防火期内降水及雨日较2017年多。森林防火期内雨量825毫米，较2017年多80毫米，雨日95天，较2017年多6天。森林防火期内四级以上高火险等级日数有26天，较2017年少8天，没有出现五级极高火险等级；其中2月雨水稀少，高火险等级日数最多，有12天；3月雨水较多、12月低温连阴雨，没有出现高火险等级。

2018年永州市双牌林区各级森林火险天气指数的天数一览表

表14　　单位：天

	一级	二级	三级	四级	五级		一级	二级	三级	四级	五级
1月	12	10	8	1	0	11月	15	6	4	5	0
2月	4	6	6	12	0	12月	26	5	0	0	0
3月	9	16	6	0	0	2018年	80	64	42	26	0
4月	2	15	11	2	0	2017年	59	81	38	30	4
10月	12	6	7	6	0						

【气候与水资源、畜牧业】2018年年初，永州出现雨雪冰冻严寒天气，不利于牲畜越冬；春季气温偏高，恶劣天气偏少偏弱，有利于渔业苗种的繁殖；但冬春雨水偏少，渔业养殖场所等山塘水库蓄水不足；汛期旱涝程度较轻，畜牧渔业灾害损失较小；夏季高温热浪天气对畜牧牲畜管理有不利影响；秋季雨水较多，有利于渔业养殖。上半年，全市出栏生猪388.09万头，增长3.8%；出售和自宰的肉用牛15.29万头，增长2.4%；出售和自宰的肉用羊32.65万只，增长2%；出售和自宰的肉用家禽4547.24万羽，增长0.7%；禽蛋产量23652吨，增长1.7%；水产品产量124978吨，增长3%。

作为湘江上游的永州境内流域降水资源的多少，不仅影响境内灌溉、发电、供水、航运等功能，而且也影响湘江下游的水资源供应。在此引入永州境内流域降水资源评估模型。全年永州境内流域降水资源属正常年景，其中3月—8月、10月—11月为丰水时段、1月、2月、9月、12月为枯水时段。

2018年永州市境内流域降水资源丰枯评估一览表

表15

月份	面雨量（毫米）	降水资源（亿立方米）	产水量（亿立方米）	临界值（亿立方米）	评定
1	70.02	15.71	4.33	8	枯水期
2	25.82	5.80	0.59	8	枯水期
3	181.17	40.66	29.02	8	丰水期
4	102.58	23.02	9.30	8	丰水期
5	223.55	50.17	40.13	8	丰水期
6	132.77	29.80	15.59	8	丰水期
7	132.51	29.74	15.52	8	丰水期
8	233.95	52.50	42.00	8	丰水期
9	88.03	19.76	6.85	8	枯水期
10	118.78	26.66	12.47	8	丰水期
11	146.02	32.77	18.85	8	丰水期
12	65.81	14.77	3.83	8	枯水期
2018年	1521.01	341.33	198.49	161.8~218.5	正常年

【气候与电力、能源】　2018年，永州水资源的多少直接关系到境内水电生产能力，全年永州水资源为正常年景，旱涝程度较轻，水电生产能力偏好。随着经济社会的发展和人民生活水平的提高，制冷、取暖与居民生活相关的用电占全社会的用电比例越来越大，且这部分用电量的变幅大，直接影响电网安全的稳定运行。而制冷、取暖与气温、湿度、风等气象要素关系密切，依据气象行业标准用电需求气象条件指数（QX/T97-2008），引入气象敏感用电量条件指数。

全年永州三级以上高峰用电日数71天，由于年内高温偏早偏强，因制冷降温高峰用电日数65天，较2017年多10天；年初年底因严寒天气需取暖而造成高峰用电6天。

2018年永州市各级气象敏感用电量条件指数的天数一览表

表16　　单位：天

	一级	负二级、正二级	负三级、正三级	负四级、正四级		一级	负二级、正二级	负三级、正三级	负四级、正四级
1	5	22、0	4、0	0、0	8	1	0、15	0、15	0、4
2	12	16、0	0、0	0、0	9	17	0、7	0、6	0、0
3	26	5、0	0、0	0、0	10	31	0、0	0、0	0、0
4	28	1、1	0、0	0、0	11	28	2、0	0、0	0、0
5	12	0、12	0、7	0、0	12	8	21、0	2、0	0、0
6	11	0、10	0、9	0、0	2018年	179	67、48	6、61	0、4
7	0	0、3	0、24	0、0	2017年	180	70、60	0、55	0、0

【气候与城市】 2018年，永州诸多坏天气如暴雨、雷电、大风、雾霾等天气影响着城市生活环境，增加城市管理的压力；全年灾害性天气偏少，水利、通信、电力、市政等基础设施损失较少。

为表征永州城区范围内与气象条件关系密切的可燃物可能发生火灾的潜在危险性，引入《国家城市火险气象等级标准》(GB/T20487—2006)定义的城市火险气象指数。全年永州降水和雨日较2017年多，城市火险气象等级较2017年降低，四级以上高火险等级日数98天，较2017年少10天；2月雨水稀少，高火险等级日数最多，为19天，其中五级以上极高火险等级日数4天；12月低温连阴雨较多，高火险等级日数2天。

2018年永州市各级城市火险气象指数的天数一览表

表17 单位：天

等级	一级	二级	三级	四级	五级	等级	一级	二级	三级	四级	五级
1月	10	5	10	6	0	8月	4	10	13	4	0
2月	1	3	5	15	4	9月	2	4	13	11	0
3月	8	3	15	5	0	10月	11	3	5	12	0
4月	2	7	9	12	0	11月	12	7	7	4	0
5月	3	6	12	10	0	12月	17	9	3	2	0
6月	8	5	12	5	0	2018年	79	67	121	94	4
7月	1	5	17	8	0	2017年	82	72	103	98	10

全年热岛强度指数平均1.89，较2017年低0.09，城市热岛强度轻于2017年。虽然三级中等强度热岛效(城郊温差≥1.5℃)以上有128天，较2017年多4天；但四级以上的强热岛效应(城郊温差≥2.5℃)9天，较2017年少22天。

2017年、2018年永州各级城市热岛强度指数的天数一览表

表18 单位：天

等级	平均指数	一级	二级	三级	四级	五级
2017年	1.98	0	29	93	31	0
2018年	1.89	1	24	119	9	0

【气候与人体健康】 2018年，永州影响人体健康的天气有：强冷空气降温、雾和霾、阴雨、高温天气等。

夏季高温日数多，高温热害强度重，容易引起人体中暑，该处引入中暑指数。全年永州四级以上的易中暑的天数9天，较2017年少5天，由于夏季高温热害强度较2017年轻，高温酷暑对人体健康的危害较2017年轻。

2018年永州市各级中暑指数的天数一览表

表19 单位：天

	一级	二级	三级	四级	五级		一级	二级	三级	四级	五级
5月	15	8	8	0	0	9月	21	4	4	1	0
6月	12	13	5	0	0	2018年	57	43	44	9	0
7月	2	6	16	7	0	2017年	61	51	27	14	0
8月	7	12	11	1	0						

用日平均气温、平均相对湿度、平均风速来描述天气舒适程度，引入人体舒适度指数。全年较舒适的天数197天，占全年54%，较2017年少5天。因入春偏早，入冬偏晚，凉或冷不舒适天气98天，占全年26.8%，较2017年少5天；但1月、12月气温较2017年同期低2~3℃以上，气温低，并出现雨雪冰冻严寒天气，冷不舒适天气37天，较2017年多18天。暖或热不舒适天气70天，占全年19.2%，较2017年多10天；虽然夏季高温强度较2017年轻，但入夏时间较早，暖不舒适天气较2017年多9天。

2018年永州市各级人体舒适度指数的天数一览表

表20　　单位：天

月份	负四级	负三级	负二级	负一级	零级	一级	二级	三级	四级
1	0	15	14	2	0	0	0	0	0
2	0	5	16	7	0	0	0	0	0
3	0	1	9	12	9	0	0	0	0
4	0	0	1	10	18	1	0	0	0
5	0	0	0	0	12	13	6	0	0
6	0	0	0	0	10	9	11	0	0
7	0	0	0	0	0	2	28	1	0
8	0	0	0	0	1	13	17	0	0
9	0	0	0	1	16	6	7	0	0
10	0	0	0	18	13	0	0	0	0
11	0	0	10	18	2	0	0	0	0
12	0	16	11	4	0	0	0	0	0
2018年	0	37	61	72	81	44	69	1	0
	98（占比26.8%）	197（占比54%）	70（占比19.2%）						
2017年	0	19	84	72	71	59	60	0	0
	103（占比28.2%）	202（占比55.3%）	60（占比16.4%）						

【气候与交通、旅游、避暑】 2018年，低温雨雪冰冻对交通运输安全不利，造成境内部分干支线交通阻断，班线停开、渡口码头停航、部分路段交通管制，因路面结冰发生道路交通事故，但无人员伤亡。低温雨雪冰冻还造成局部电力、通讯短时中断，部分旅游景区关闭。另外，暴雨、大雾天气也影响交通运输安全。

春运期间，气候暖和，冰雪不见，降水较少，多晴好天气，偶有大雾，恶劣天气较少，有利于交通出行及旅游，加之相关部门的指挥监管协调，整个春运工作平稳有序；发送旅客553.77万人次。其中道路运输旅客455.76万人次，下降15.75%；水路运送旅客44.61万人次，运输量增长12.68%；铁路输送旅客51.42万人次，增长17.07%；民航输送旅客2.11万人次，增长30.74%。春运期间，未发生一起安全生产责任事故，未出现一起旅客滞留现象，未发生一例重大服务质量投诉。

因受超强台风"山竹"影响，永州火车站9月17日有K149、K158、K1803、K1804、K1562、K9128、G6074多趟列车暂时停运。

中秋节假日三天，境内暑热消退，天气凉爽，适宜出游。随着传统佳节外地就业人员返乡团聚、广大市民休闲出游，市内各主要景区和乡村旅游区点游客量大增，迎来旅游小高峰。全市接待游客105.9万人次，实现旅游收入5.6亿元，按可比口径同比分别增长27.65%和46.97%。

国庆长假天气晴好，气候适宜，适合旅游，长假期间全市接待游客223.6万人次，实现旅游收入10.3亿元，分别增长15.5%、16.4%。

全市新增国家AAA级旅游景区11个、星级乡村旅游区（点）47个，1月—8月旅游总人数3443.8万人，增长16.09%，旅游综合收入305.13亿元，增长13.05%，全年游客接待量增长12%，旅游综合收入增长13.5%。永州市森林生态旅游投资14.2亿元，实现森林生态旅游收入25.54亿元，接待游客920万人次。其中15个森林公园森林生态旅游投资5.35亿元，实现森林生态旅游收入8.24亿元，接待游客420.7万人次，分别较2017年同期增长15.9%、12.3%和18.5%。

江华县域地理地形及较高的森林覆盖率是避暑条件优越的自然环境因素；夏季避暑气象条件用避暑舒适气象指数来衡量表现为舒适或较舒适，指数越小，避暑气象条件越好。江华夏季平均避暑舒适气象指数74.1，与2017年接近，避暑条件为较舒适（<75），与永州中心城市比，相对而言，其避暑气象条件优势在于气温低、高温日数少、酷热天气少、湿度低、风速大，使得人体对外界气象环境感觉更为舒适。

2018年零陵、江华夏季（6月—8月）避暑气象条件一览表

表21　　单位：天

区域	平均气温（℃）	平均最高气温（℃）	最高气温≥35℃日数（天）	平均气温≥30℃日数（天）	平均相对湿度（%）	平均风速（米/秒）	平均避暑舒适指数
零陵	27.9	32.6	21	23	80	1.9	74.7
江华	27.5	32.3	16	13	80	2.2	74.1

【气候与环境、生态文明】 2018年，永州中心城市空气质量优良率84.3%，其中4月、5月、7月城市空气质量优良率100%，2月雾霾天气有13天，城市空气质量优良率仅57.1%。县级以上集中式饮用水水源地水质全部达到Ⅱ类以上标准，境内江河湖库水质按水环境区划要求达标率97%。

2018年永州各月城市环境空气质量优良率及霾和雾日数一览表

表22　　单位:%、天

项　目	1月	2月	3月	4月	5月	6月	7月	8月	9月	10月	11月	12月	年
空气优良率	58.1	57.1	93.5	100	100	96.7	100	96.8	83.3	74.2	80	71	84.3
霾日数	4	12	1	4	0	0	0	0	0	1	1	1	24
雾日数	1	1	3	0	0	1	0	2	0	0	2	3	13

宁远人居环境气候舒适度评价的温湿指数及风效指数显示宁远舒适月份（4月—6月，9月—10月）较2017年（4月—6月，9月）多1个月。县城空气质量优良率90.5%，其中9个月超过90%，6个月达100%。除2月份外全县全年有11个月平均负氧离子浓度超过1000个/立方米，有8个月的月平均负氧离子浓度超过1500个/立方米，有4个月的月平均负氧离子浓度超过2000个/立方米，年平均负氧离子浓度达到1686个/立方米；九疑山景区负氧离子含量达到1万个以上。

江华人居环境气候舒适度的温湿指数及风效指数显示舒适月份（4月—6月，9月—10月）较2017年（4月—6月，9月）多1个月。县城全年空气优良天数339天，空气质量优良率

92.9%，比2017年提高2.2%。PM2.5平均浓度29微克每立方米，PM10平均浓度50微克每立方米。全年12个月平均负氧离子浓度均超过1000个/立方米，有10个月的月平均负氧离子浓度超过1500个/立方米，有9个月的月平均负氧离子浓度超过2000个/立方米，年平均负氧离子浓度达到2253个/立方米。

宁远、江华于9月26日被中国气象服务协会授予“中国天然氧吧”称号。

四、经济社会主要统计资料

（一）综合

（2018 年）

表 23

指标名称	单位	总量指标			指标名称	单位	增长速度	
		永州	湖南	占比（%）			永州	湖南
地区生产总值	亿元	1805.65	36425.78	5.0	地区生产总值	%	7.8	7.8
其中：第一产业	亿元	295.7	3083.59	9.6	其中：第一产业	%	3.4	3.5
第二产业	亿元	608.3	14453.54	4.2	第二产业	%	7.2	7.2
工业	亿元	499.92	11916.38	4.2	工业	%	7.6	7.4
第三产业	亿元	901.65	18888.65	4.8	第三产业	%	10	9.2
社会消费品零售总额	亿元	719.55	15638.26	4.6	规模工业增加值	%	7.7	7.4
财政总收入	亿元	183.29	4842.98	3.8	固定资产投资	%	9.5	10
#地方财政收入	亿元	118.1	2860.68	4.1	社会消费品零售总额	%	10.2	10
财政支出	亿元	460.81	7479.21	6.2	财政总收入	%	8.3	6
实际利用外商直接投资	亿美元	12.12	161.91	7.5	#地方财政收入	%	8	3.7
进出口总额	亿美元	19.5	465.3	4.2	财政支出	%	6.7	8.9
#出口	亿美元	18.7	305.74	6.1	实际利用外商直接投资	%	12.1	11.9
#进口	亿美元	0.8	159.56	0.5	进出口总额	%	43.6	29.1
金融机构本外币存款余额	亿元	2268.3	48994.56	4.6	#出口	%	46.4	31.9
金融机构本负币贷款余额	亿元	1353.53	36460.54	3.7	#进口	%	-0.7	24
城镇居民人均可支配收入	元	28470	36698	77.6	金融机构本外币存款余额	%	0.9	4.8
农村居民人均可支配收入	元	13924	14093	98.8	金融机构本外币贷款余额	%	14	14.4
居民消费价格指数	%	101.5	102	99.5	城镇居民人均可支配收入	%	8.7	8.1
					农村居民人均可支配收入	%	9.3	8.9

（二）核算

（2018 年）

表 24

指标名称	计量单位	绝对值（现价）	速度（可比价）（%）	指标名称	计量单位	绝对值（现价）	速度（可比价）（%）
城区生产总值	亿元	1805.65	7.8	第一产业	亿元	295.7	3.4
农村牧渔业	亿元	309.39	3.7	第二产业	亿元	608.3	7.2
工业	亿元	499.92	7.6	第三产业	亿元	901.65	10
建筑业	亿元	109.08	4.8	第一产业对 GDP 增长的贡献率	%		7.8
批发和零售业	亿元	71.59	4.8	第二产业对 GDP 增长的贡献率	%		33.2
交通运输、仓储和邮政业	亿元	77.75	2.1	#工业对 GDP 增长的贡献率	%		29.8
住宿和餐饮业	亿元	22.44	7.2	第三产业对 GPD 增长的贡献率	%		59.0
金融业	亿元	75.58	2	投资对 GDP 增长的贡献率	%		48.9
房地产业	亿元	62.4	5.8	消费对 GDP 增长的贡献率	%		50.4
其他服务业	亿元	577.5	13.7	净出口对 GDP 增长贡献率	%		0.7

说明：本表总量指标按当年价格计算，增长速度按可比价格计算。自 2015 年起，地区生产总值中的三次产业执行新的《国民经济行业分类》和《三次产业划分规定》，即第一产业是指农、林、牧、渔业（不含农、林、牧、渔服务业）；第二产业是指工业（不含开采辅助活动，金属制品、机械和设备修理业）和建筑业；第三产业即服务业，是指除第一产业、第二产业以外的其他行业

（三）人口

（2018 年）

表 25

指标名称	计量单位	绝对值	速度（%）	指标名称	计量单位	绝对值	速度（%）
年末总人口	万人	644.61	0.5	各种比重			
全年常住人口	万人	545.21	-0.5	按城乡分			
按城乡分				城镇人口	%	49.69	1.44
城镇人口	万人	270.91	2.5	乡村人口	%	50.31	-1.44
乡村人口	万人	274.3	-3.3	按性别分			
按性别分				男性人口	%	52.62	0.43
男性人口	万人	286.33	-0.3	女性人口	%	47.48	-0.43
女性人口	万人	258.44	-1.4	出生率	‰	12.56	-1.86
				死亡率	‰	7.49	0.26
				人口自然增长率	‰	5.07	-2.12
				城镇化率	%	49.69	1.44

说明：出生率、死亡率、人口自然增长率数据由市卫计委提供

（四）从业人员和社会保障

（2018年）

表26

指标名称	单位	绝对值	速度（%）	指标名称	单位	绝对值	速度（%）
年末城镇登记失业率	%	2.32	-0.41（增减百分点）	城镇基本养老保险职工人数	万人	57.75	6.2
城镇新增就业人数	万人	6.63	8	#职工	万人	36.92	5.9
基本医疗保险参保人数	万人	560.05	-2.4	离退休人员	万人	20.83	6.7
#城乡基本医疗保险参保人数	万人	519.88	-2.2	参加工伤保险职工人数	万人	34.1	0.02
城镇职工基本医疗保险参保人数	万人	40.17	-5.8	参加失业保险职工人数	万人	31.19	2.3
#职工	万人	26.09	-7.9	新型农村养老保险登记参保人数	万人	348.87	1.3
退休人员	万人	14.08	-2.6				

（五）投资

（2018年）

表27

指标名称	速度（%）	指标名称	速度（%）
固定投资	9.5	第二产业	18.4
按经济类型分		采矿业	-8.3
国有投资	1.1	制造业	36.1
非国有投资	17.3	电力、热力、燃气及水的生产和供应业	-13
民间投资	21.3	建筑业	-61.8
按投资方向分		第三产业	3.6
工业投资	21.4	交通运输、仓储和邮政业	-17.7
民生投资	10.5	信息传输、软件和信息技术服务业	-37.1
生态环境	4.6	批发和零售业	6.6
基础设施	7.2	住宿和餐饮业	-45.1
高新技术产业	71.5	金融业	-63.4
房地产开发	18.8	房地产业	8.5
按产业分		租赁和商务服务业	24.1
第一产业	47.3	科学研究和技术服务业	300.6
		水利、环境和公共设施管理业	21.3
		居民服务、修理和其他服务业	56.8
		教育	23.2
		卫生、社会工作	80
		文化、体育和娱乐业	1.3
		公共管理、社会保障和社会组织	-71.3

（六）财政

（2018 年）

表 28

指标名称	单位	绝对值	速度（%）	指标名称	单位	绝对值	速度（%）
一般公共预算收入	亿元	183.29	8.3	科学技术	亿元	5.22	24
#地方收入	亿元	118.1	8	文化体育与传媒	亿元	11.03	8.3
#税收收入	亿元	79.95	12.3	社会保障和就业	亿元	75.18	7.2
非税收入	亿元	38.15	-0.1	医疗卫生与计划生育	亿元	49.9	8
上划中央“两税”	亿元	35.42	10.4	节能环保	亿元	10.25	12.1
上划中央所得税	亿元	17.64	8.5	城乡社区	亿元	17.8	12.4
一般公共预算支出	亿元	460.81	6.7	农林水	亿元	78.81	3.7
#一般公共服务	亿元	45.28	3.5	住房保障	亿元	21.2	-8.9
教育	亿元	84.05	9.9	#民生支出	亿元	363.07	6.1

（七）保险

（2018 年）

表 29

指标名称	单位	绝对值	速度（%）	指标名称	单位	绝对值	速度（%）
原保险保费收入	亿元	57.69	4.5	原保险赔付支出	亿元	20.29	13.6
#寿险	亿元	38.33	4	#寿险	亿元	10.86	13.2
健康险	亿元	4.7	87.3	健康险	亿元	1.03	-31.8
人身意外伤害险	亿元	0.81	-6.9	人身意外伤害	亿元	0.11	-45
#财产险	亿元	19.36	5.6	#财产险	亿元	9.43	14

（八）金融信贷

（2018 年）

表 30

指标名称	计量单位	绝对值	比上年增长（%）	指标名称	计量单位	绝对值	比上年增长（%）
年末金融机构本外币各项存款余额	亿元	2268.3	0.9	#住户贷款	亿元	737.81	15.2
其中：境内存款	亿元	2266.88	0.8	非金融企业及机关团体贷款	亿元	615.68	12.5
#住户存款	亿元	1572.26	10.3	境外贷款	亿元	0.05	25
非金融企业存款	亿元	348.71	-16.3	#个人住房消费贷款	亿元	348.2	36.3
境外存款	亿元	1.42	121.9	房地产开发贷款	亿元	93.83	84.1
年末金融机构本外币各项贷款余额	亿元	1353.53	14	中小微企业贷款	亿元	530.67	10.6
				#农、林、牧、渔业贷款	亿元	14.79	-13.5
其中：境内贷款	亿元	1353.49	14	制造业贷款	亿元	35.44	9.5

(九) 人民生活

(2018 年)

表 31

指标名称	计量单位	绝对值	速度(%)	指标名称	计量单位	绝对值	速度(%)
城镇居民人均可支配收入	元	28470	8.7	#工资性收入	元	5171	10
#工资性收入	元	14073	9.4	经营净收入	元	4854	7.3
经营净收入	元	5264	9.2	转移净收入	元	3703	11.2
转移净收入	元	6199	7.9	财产净收入	元	196	6.5
财产净收入	元	2934	5.5	农村居民人均消费支出	元	12519	8.4
城镇居民人均消费支出	元	19445	10.8	#食品烟酒	元	4046	6.7
#食品烟酒	元	5983	6.9	衣着	元	476	6.3
衣着	元	1173	11.2	居住	元	2979	12.2
居住	元	3806	11.7	生活用品及服务	元	672	4.5
生活用品及服务	元	957	10.8	交通通信	元	962	15.3
交通通信	元	2105	22.3	教育文化娱乐	元	2350	6
教育文化娱乐	元	4073	9.5	医疗保健	元	889	8.3
医疗保健	元	1180	14.9	其他用品和服务	元	145	-0.7
其他用品和服务	元	168	6.3	农村居民家庭恩格尔系数	%	32.3	1(增减百分点)
城镇居民家庭恩格尔系数	%	30.8	1.1(增减百分点)	农村居民人均住房面积	平方米	64.4	-4.2(增减平米数)
城镇居民人均住房面积	平方米	57.9	-3.2(增减平米数)				
农村居民人均可支配收入	元	13924	9.3				

(十) 能源

(2018 年)

表 32

指标名称	单位	绝对值	速度(%)	指标名称	计量单位	绝对值	速度(%)
发电量	亿千瓦时	87.36	24	有色金属冶炼及压延加工业	万吨标准煤	5.3	11.56
其中:火电	亿千瓦时	4.97	8.96	化学原料及化学制品制造业	万吨标准煤	4.44	4.2
水电	亿千瓦时	71.19	19.05	电力、势力生产和供应业	万吨标准煤	17.65	43.94
规模以上工业综合能源消费量	万吨标准煤	192.42	10.29	全社会用电量	亿千瓦时	92.12	11.11
按行业分				#工业用电量	亿千瓦时	46.52	8.42
非金属矿物制品业	万吨标准煤	130.02	17.77	居民生活用电量	亿千瓦时	29.09	11.26
黑色金属冶炼及压延加工业	万吨标准煤	6.64	-37.19				

（十一）农业

（2018 年）

表 33

指标名称	单位	绝对值	速度（%）	指标名称	单位	绝对值	速度（%）
农林牧业渔业总产值	亿元	552. 93	3. 6	林业	亿元	45. 76	8
#农业	亿元	264. 7	3. 4	畜牧业	亿元	61. 16	0. 7
林业	亿元	78. 34	8	渔业	亿元	24. 74	5
畜牧业	亿元	142. 24	0. 7	农林牧渔服务业	亿元	13. 69	12
渔业	亿元	38. 49	5	粮食	万吨	305. 86	1
农林牧渔服务业	亿元	29. 25	9. 8	油料	万吨	16. 22	2. 6
农林牧渔业增加值	亿元	309. 39	3. 7	蔬菜	万吨	578. 27	5
#农业	亿元	164. 03	3. 1	水产品	万吨	20. 27	3. 9

（十二）工业

（2018 年）

表 34

指标名称	速度（%）	指标名称	单位	绝对值	速度（%）
规模以上工业增加值	7. 7	规模以上工业企业主营业务收入	亿元	1479. 25	8. 8
#非公有制规模以上工业增加值	8. 8	规模以上工业企业实现利润	亿元	60. 23	29
按经济类型分		#国有企业	亿元	4. 42	1
#国有企业	5. 5	集体企业	亿元	0. 02	-56. 3
集体企业	-9. 8	股份制企业	亿元	48. 4003	28. 9
股份制企业	8	外商及港澳台投资企业	亿元	6. 58901	54. 4
外商及港澳台投资企业	7. 2	#大中型企业	亿元	22. 83	21. 8
按行业分		小型企业	亿元	36. 76	35. 7
#农副食品加工业	5. 5	微型企业	亿元	0. 65	-24. 8
非金属矿物制品业	2. 5	规模以上工业企业实现利税	亿元	112. 04	13. 3
烟草制品业	4. 8	#国有企业	亿元	33. 98	1
电力、势力生产和供应业	10. 5	规模以上工业亏损企业亏损额	亿元	2. 21	-22. 8
计算机、通信和其他电子设备制造业	43. 6	规模以上工业企业亏损面	%	3. 2	0. 2（增减百分点）
化学原料和化学制品制造业	8. 3	规模以上工业新产品产值	亿元	—	-29. 7
医药制造业	2. 2	规模以上工业企业产品销售率	%	100. 5	2. 2（增减百分点）
专用设备制造业	25. 1	规模工业出口交货值	亿元	52. 1	18. 4
汽车制造业	-27. 5	卷烟	亿支	130	-2. 3
黑色金属冶炼和压延加工业	-1. 9	生铁	万吨	27. 1	122. 1
有色金属冶炼和压延加工业	-26. 3	十种有色金属	万吨	3. 7	-41. 3
高技术产业增加值	25. 9	水泥	万吨	1242. 5	12. 2
高加工度工业增加值	6. 3	硫酸（折 100%）	万吨	0. 8	-81. 8
省级及以上产业园区工业增加值	8	发电设备	万千瓦	12. 7	-20. 1
		变压器	万千伏安	161. 4	89. 4
		建筑工程用机械	万台	0. 41	24. 9
		汽车	万辆	2. 2	-68. 1
		大米	万吨	137. 9	24. 5
		精制食用植物油	万吨	6. 1	0. 0
		饲料	万吨	65. 6	-2. 2

（十三）交通

（2018 年）

表 35

指标名称	单位	绝对值	速度（%）	指标名称	单位	绝对值	速度（%）
货物周转量	亿吨公里	182.69	3.9	客运量	万人	7914	-7.8
公路	亿吨公里	180.8	3.9	公路	万人	7657	-7.9
水运	亿吨公里	1.89	0.1	水运	万人	257	0.5
货运量	万吨	6889	1.5	民航	万人	25	107
公路	万吨	6467	1.7	公路线路年末里	程万公里	2.3	—
水运	万吨	422	-2.1	#高速公路	公里	492	—
旅客周转量	亿人公里	43.99	-11.9	年末民用汽车保有辆	万辆	42.35	17.5
公路	亿人公里	43.62	-12	#本年新注册汽车	万辆	0.54	
水运	亿人公里	0.37	-1.1	#私人汽车	万辆	39.88	14.8
				#轿车	万辆	19.62	19.6

（十四）邮电

（2018 年）

表 36

指标名称	单位	绝对值	速度（%）	指标名称	单位	绝对值	速度（%）
邮政业务总量（2010 年不变价）	亿元	7.26	19.7	固定电话普及率	户/百人	4	-1.02
电信业务总量（2015 年不变价）	亿元	136.99	172.6	移动电话普及率	户/百人	72.8	7.7
年末固定电话用户	万户	21.68	-20.7	年末互联网宽带用户数	万户	101.44	28.4
年末移动电话用户	万户	397.13	11.2				

（十五）国内贸易

（2018 年）

表 37

指标名称	单位	绝对值	速度（%）	指标名称	单位	绝对值	速度（%）
全社会消费品零售总额	亿元	719.55	10.2	#汽车类	亿元	67	13
城镇	亿元	597.80	10.6	石油及制品类	亿元	55.11	12
乡村	亿元	121.75	8.3	粮油、食品类	亿元	30.99	23.7
按行业分				家用电器和音像器材类	亿元	16.61	17.2
批发业	亿元	86.15	11	中西药品类	亿元	7.22	33.7
零售业	亿元	541.17	10.7	饮料、烟酒类	亿元	6.96	20
住宿业	亿元	26.47	4.4	服装、鞋帽、针编织品类	亿元	6.21	24.3
餐饮业	亿元	65.76	7.6	机电产品及设备类	亿元	5.5	13.3
限额以上批发零售企业商品销售额	亿元	217.9	16.9				

（十六）教育

（2018 年）

表 38

指标名称	单位	绝对值	指标名称	单位	绝对值
中等职业教育			毕业生	万人	6.94
招生数	万人	2.22	普通小学		
在校生	万人	6.24	招生数	万人	8.47
毕业生	万人	1.63	在校生	万人	50.98
普通高中			毕业生	万人	8.76
招生数	万人	3.39	特殊教育		
在校生	万人	9.66	在校生	万人	0.18
毕业生	万人	2.78	幼儿园在园幼儿人数	万人	21.75
初中学校			发放中职国家助学金	亿元	0.19
招生数	万人	8.91	落实中职免学费资金	亿元	1.32
在校生	万人	24.7	发放普通高中国家助学金	亿元	0.4

（十七）文化、出版、广播

（2018 年）

表 39

指标名称	单位	绝对值	指标名称	单位	绝对值
艺术表演团体	个	660	中、短波广播发射台和转播台	座	13
群众艺术馆、文化馆	个	12	广播综合人口覆盖率	%	100
公共图书馆	个	12	电视综合人品覆盖率	%	99.2
博物馆、纪念馆	个	6	有线电视用户	万户	5.7
放映农村公益电影	万场	6.1	国家级非物质文化遗产保护目录	个	7
广播电台	座	2	省级非物质文化遗产保护目录	个	18

（十八）体育

（2018 年）

表 40

指标名称	单位	绝对值	指标名称	单位	绝对值
全市体育场地			各种训练房（综合房及专项训练房）	个	184
体育馆	座	8	全市经常参加体育锻炼人数	万人	305
运动场（体育场、小运动场、田径场）	个	436	全市开展全民健身项目	项次	43
游泳池（游泳跳水场馆）	个	22			

（十九）卫生

（2018 年）

表 41

指标名称	单位	绝对值	速度（%）	指标名称	单位	绝对值	速度（%）
卫生机构	个	5658	-2.5	全市疾病预防控制中心（防疫站）卫生技术人员	人	646	16.2
#医院	个	145	13.3	卫生监督检验机构	个	12	0.0
妇幼保健院（所、站）	个	12	0.0	卫生监督检验机构卫生技术人员	人	310	2.3
卫生技术人员	万人	3.22	8.3	医院床位数	万张	2.86	9.9
#执业医师和执业助理工医师	万人	1.37	9.5	乡镇卫生院	个	180	-0.6
注册护士	万人	1.29	7.3	乡镇卫生院床位数	张	9673	9.2
全市疾病预防控制中心（防疫站）	个	12	0.0	乡镇卫生院卫生技术人员	人	5895	11.4

五、2018年度在省级以上刊物、媒体上稿情况统计

永州市2018年度在省级以上刊物媒体上稿条目表

表42

刊发日期	稿件标题	刊发媒体	上稿单位
1月2日	建设“神州瑶都”　跑出“江华速度”	《中国改革报》	江华
1月3日	湖南蓝山：以外汇交易为幌　一电信诈骗团伙落网	中央电视台	蓝山
1月5日	湖南环卫工被“踹飞”事件了结　踢人者被行拘	中国新闻网	冷水滩
1月8日	湖南省委书记宣讲推动十九大精神落地生根	新华社	市直
1月12日	永州3年减少贫困人口近37万——脱贫路上聚起雁阵效应	《人民日报》	市直
1月14日	永州借力直飞航线　进京推介6大精品路线	中国新闻网	市直
1月14日	湘境奇域·潇湘探秘（2）	中央电视台	双牌
1月15日	湘境奇域·潇湘探秘（3）	中央电视台	双牌
1月16日	共产主义的坚强战士——纪念陶铸同志诞辰110周年	《人民日报》	市直
1月17日	居民楼失火，营救被困儿童	中央电视台	市直
1月18日	九嶷山·三分石	中央电视台	宁远
1月19日	湖南2018年文化科技卫生“三下乡”活动启幕	中国新闻网	双牌
1月21日	湖南启动2018年文明科技卫生“三下乡”集中示范运动	中央人民广播电台	双牌
1月22日	湖南：让“三下乡”常下乡	《农民日报》	双牌
1月23日	湖南：专家来“坐诊”　百姓体验忙	《光明日报》	双牌
1月23日	蔬菜基地采收忙	《农民日报》	道县
1月24日	奋力开创新时代政法工作新局面——习近平总书记对政法工作的重要指示引起热烈反响	新华社	市直
1月26日	湖南省宁远县发展产业带动贫困农民增收	《农民日报》	宁远
1月28日	湖南永州：雪后瑶乡美如画	中国新闻网	道县
1月28日	湖南省生态环保组织达154家　助力“湘水共治”	中国新闻网	市直
1月29日	雨雪冰冻险情频发　救援进行中·湖南蓝山　高速路面结冰　养护人员彻夜融雪	中央电视台	蓝山
1月30日	有一种责任是记挂你的冷暖安危：雨雪冰冻中，他们奋力前行	新华社	市直
2月5日	教育扶贫从“心”开始	《中国教育报》	江华
2月6日	唐家两兄弟守望湘江	《经济日报》	冷水滩
2月6日	湖南江华：政府兜底　助力深度贫困	《中国教育报》	江华
2月10日	两个“国贫县”扶贫观察	新华网	市直

续表42

刊发日期	稿件标题	刊发媒体	上稿单位
2月11日	贫困瑶胞新年住新居　“千年瑶寨”安居又乐业	中国新闻网	市直
2月12日	产业助推“千年瑶寨”脱贫嬗变	《中国改革报》	江华
2月13日	捕蛇者新说（新春走基层·算算一年农家账）	《人民日报》	冷水滩
2月13日	民俗美如画　龙狮舞迎新	中央电视台	宁远
2月14日	让农村成为农民安居乐业的家园——湖南农村加快激活发展新活力	新华社	蓝山
2月17日	90后小伙郭贵友为家乡写春联--尺幅之间藏巨变	《人民日报》	祁阳
2月21日	湖南永州：春运迎来返程客流高峰（图片）	中新社	道县
2月22日	CCTV-7致富经：无力双手　托起财富抓住爱	中央电视台	江永
2月22日	带着团聚的回忆，全身心投入第一个工作日中	新华社	蓝山
2月23日	快开学了，老师在哪？——山区校长的新春心头事	新华网	宁远
2月23日	湖南永州：平野菜花香　人勤春来早（图片）	中新社	道县
2月25日	“校长的寒假作业，由局长批改”	《中国教育报》	江华
2月26日	瑶寨有支留守孩子舞龙队	《中国教育报》	江华
2月26日	旅游业为砥砺奋进的湖南指明了一条脱贫之路	China Daily 《中国日报》	市直
2月27日	湖南道县：校车“体检”迎开学（图片）	中新社	道县
2月28日	湖南道县：企业开足马力赶订单（图片）	中新社	道县
3月1日	湖南永州：平野菜花香　人勤春来早（图）	中新社	道县
3月1日	湖南永州：春运迎来返程客流高峰（图）	中新社	道县
3月1日	湘南田铺“金”　花香伴春耕（图）	中新社	道县
3月1日	湖南江华神岗村举行联欢晚会图片新闻	《中国文化报》	江华
3月1日	永州31个重点产业项目集中开工	新华网	市直
3月3日	世界唯一性别文字“江永女书”出版书法教程	新华网	江永
3月3日	全国人大代表廖仁旺：从“百家姓村”来　带着百姓的呼声	国际在线	蓝山
3月3日	岁月静好福寿多	中央电视台	双牌
3月4日	水韵潇湘春色美（图）	人民网	道县
3月5日	风雹袭击湖南　局地十级大风毁屋伤人	新华网	江永、江华
3月5日	全国人大代表、永州市长赵应云——为永州的“真、善、美”打CALL	《香港商报》	市直
3月8日	湖南永州：签约家庭医生　进村入户服务（图）	中新社	道县
3月8日	蓝山县5400余名贫困生享受教材和教辅免费	《中国社区报》	蓝山
3月10日	湖南代课老师坚守23年　既当老师又当厨子	《中国日报》	江永

续表42

刊发日期	稿件标题	刊发媒体	上稿单位
3月11日	千年古树成了宝——湖南掀起古树保护热	新华网	双牌
3月12日	赵应云代表：永州市以产业为核心推动追赶式发展	中国网	市直
3月12日	赵应云：国家应加大对深度贫困地区生态补偿力度	中国网	市直
3月13日	城乡区域发展如何协调联动	《经济日报》	市直
3月13日	千年古树成了宝——湖南掀起古树保护热	新华社	双牌、祁阳
3月14日	《厉害了我的国》热映　农村教育成就打动人心	中央电视台	宁远
3月15日	湖南永州：梦幻潇湘春色美（图）	中新社	道县
3月15日	江华高山瑶胞“放炮节”喜迎开春	《中国文化报》	江华
3月17日	两会1+1　选举和宣誓	中央电视台	市直
3月18日	永州冷水滩举办首届油菜花节	新华社直播	冷水滩
3月18日	【聚焦三农】两会特别报道　聚焦朋友圈	中央电视台	市直
3月19日	【两会有啥事　我们帮你问】乡村振兴干劲足　农民生活节节高	中央电视台	市直、蓝山
3月20日	湖南省委副书记乌兰到永州调研　要求切实抓好脱贫攻坚	《香港商报网》	市直
3月21日	春分到　农事忙（图）	新华社	道县
3月22日	湖南永州：“雪色”田园如画（图）	中新社	道县
3月22日	湖南永州出台拥军优属措施，军娃入学转学亮绿灯	《中国国防报》	市直
3月23日	水润田野春色美（图）	新华社	道县
3月24日	永州冷水滩举行南方农耕文化展示活动	新华社直播	冷水滩
3月27日	湖南省道县晨雾弥漫（图）	中新社	道县
3月28日	解读教师教育振兴行动计划：对实施不到位的要追责（图）	中国新闻网	道县
3月30日	兜售假名贵中药材　12人落网	中央电视台	蓝山
4月3日	阳明山“和”的故事	《中国文化报》	双牌
4月4日	永远的怀念——黄小兵	中央电视台	蓝山
4月5日	清明农事忙（图）	新华社	道县
4月7日	“五色”杜鹃满山野　花团锦簇似彩霞	中央电视台	道县
4月8日	湖南东安放管服改革推新举　“一次性盖章汇”提速审批效率	中国新闻网	东安
4月8日	他为解救7千多英国军民献出生命　清明祭扫中国远征军烈士张琦	新华社	祁阳
4月8日	清明时节花飘香（图片新闻）	新华社	道县
4月10日	唤醒沉睡的文化资源	《农民日报》	宁远
4月11日	湖南永州举行防汛应急演练　提高防汛处突能力（图）	中新社	道县
4月14日	山村年年评模范	《中国妇女报》	宁远

续表42

刊发日期	稿件标题	刊发媒体	上稿单位
4月15日	湖南“小农”抱团“共享”资源　同做大农业	中国新闻网	宁远
4月17日	观光农业新观察：“赏花经济”如何花好常开？	新华网	新田
4月18日	“赏花经济”开出兴业富民“新花样”	新华网	新田
4月19日	城市看春总未真　花乡引得幸福来——“赏花经济”传递哪些新信号？	新华网	新田
4月20日	湖南道县：谷雨农忙（图）	中新社	道县
4月20日	【每日农经】花开时　树上橘子正热卖	中央电视台	回龙圩
4月20日	出游新变化：体验慢生活，“付费”赏花成潮流	新华社	市直
4月20日	采摘时节　茶园飘香	新华网	江华
4月26日	第12届阳明山“和”文化旅游节启幕	《中国文化报》	双牌
4月28日	暮春农忙（图）	新华社	道县
5月1日	湖南道县：学校挂上励志高考许愿条（图片新闻）	《光明日报》	道县
5月1日	央视邀您来互动：爱长江晒长江　绿水青山里的湘江源	中央电视台	蓝山
5月3日	黄埔奇才——蒋先云	新华网	新田
5月4日	黄埔奇才——蒋先云	《中国青年报》	新田
5月4日	黄埔奇才——蒋先云（为了民族复兴·英雄烈士谱）	《人民日报》	新田
5月4日	黄埔奇才——蒋先云（为了民族复兴·英雄烈士谱）	人民网	新田
5月4日	黄埔奇才——蒋先云	《光明日报》	新田
5月4日	黄埔奇才——蒋先云	《科技日报》	新田
5月5日	奥地利华人蒋洪松的创业扶贫路	中国新闻网	零陵
5月5日	湘南农民运动的先驱——雷晋乾（为了民族复兴·英雄烈士谱）	《人民日报》	祁阳
5月5日	雷晋乾：湘南农民运动的先驱	《光明日报》	祁阳
5月5日	湘南农民运动的先驱——雷晋乾	《农民日报》	祁阳
5月5日	湘南农民运动的先驱——雷晋乾	《经济日报》	祁阳
5月5日	湘南农民运动的先驱——雷晋乾	新华网	祁阳
5月8日	中国户外健身休闲大会开启周末新生活	中央电视台	宁远
5月8日	湖南东安　缔结县域教育“命运共同体”	《中国教育报》	东安
5月9日	游客涌向历史名城永州，助推旅游业蓬勃发展	《中国日报》	市直
5月11日	北京黑鸡　何以成了“中国第一油庄”扶贫攻坚“鸡”先锋	人民网	祁阳
5月12日	周敦颐故里湖南道县用经典诵读传承国学文化	中国新闻网	道县
5月12日	献给妈妈的爱（图片新闻）	新华社	道县
5月12日	走进宁远　在山水中寻找那片让心灵安静的净土	香港每日电讯	宁远

续表42

刊发日期	稿件标题	刊发媒体	上稿单位
5月13日	濂溪故里永州道县传承国学述经典	新华社	道县
5月13日	湖南道县：初夏时节采藕尖供市场（图片新闻）	《光明日报》	道县
5月14日	“扶贫车间”（新华社图片新闻）	《工人日报》	江华
5月14日	“扶贫车间”（新华社图片新闻）	《光明日报》	江华
5月14日	“扶贫车间”（新华社图片新闻）	《农民日报》	江华
5月14日	“汉唐名郡”发力全域旅游	《人民日报》海外版	市直、江华
5月14日	新永州步入开放快车道	《人民日报》海外版	市直、江华
5月14日	蓝山，用虔诚之心守护湘江之源	香港每日电讯	蓝山
5月14日	湘南农民运动的先驱——雷晋乾	《中国青年报》	祁阳
5月15日	以“扶业”激发内生动力：三家村击鼓传花话脱贫	中新网	祁阳
5月16日	“扶贫车间”助瑶乡脱贫（新华社图片新闻）	新华社	江华
5月17日	湖南村民捡到野生“菌王”比手掌还大	中国新闻网	道县
5月17日	归瑶乡记：走近湘南大山里的三位返乡农民工	新华社	江华
5月18日	航拍湖南洑水河畔　阡陌水乡如画——图片报道（图片新闻）	新华网	道县
5月20日	江华等湖南多地办婚姻登记须到县城　当地农民希望能在乡镇办	新华社	江华
5月20日	中国文房四宝6	中央电视台	江永
5月21日	湖南永州：桂花大姐的脱贫故事	中央电视台	祁阳
5月22日	村妇联主席扶贫路上殉职	《中国妇女报》	冷水滩
5月22日	祁阳县浯溪街道打造特色蔬菜基地	《农民日报》	祁阳
5月22日	湖南永州：桂花大姐的脱贫故事	中央电视台	市直
5月24日	歌里听女书　湘籍歌唱家李雨儿创作组歌推广非遗文化	人民网	市直
5月25日	双牌县立足山区实际打造特色生态家园	《农民日报》	双牌
5月25日	湖南永州将实现公平竞争审查制度全市覆盖	中国网	市直
5月26日	湖南祁阳：家族式贩毒团伙24人全部落网	中央电视台	祁阳
5月27日	我国多地迎强降雨天气·湖南道县　暴雨致城区内涝　积水最深达70厘米	中央电视台	道县
5月27日	湖南永州：查获两起非法运输保护动物案件。	中央电视台	零陵
5月29日	湖南省祁阳县以爱育爱，实施教师暖心服务——教育成了“媒人”	《中国教育报》	祁阳
5月29日	《探索发现》栏目《怀素与雁荡山》（上）	中央电视台	市直、零陵
5月30日	《探索发现》栏目《怀素与雁荡山》（下）	中央电视台	市直、零陵
5月31日	“扶贫车间”让他们在家门口就业	《工人日报》	江华
6月2日	祁阳“四扶四建”激发内生动力（画面）	中央电视台	祁阳

续表42

刊发日期	稿件标题	刊发媒体	上稿单位
6月2日	“今天是我们的节日”	《中国教育报》	江华
6月2日	脱贫攻坚　滴水穿石三十年	中央电视台	祁阳
6月2日	湖南永州10座明清古建筑举行“上梁”仪式	新华社	零陵
6月3日	高三学生创意毕业照轻松迎高考（图片新闻）	中国新闻网	道县
6月6日	江永：“互联网+”撬动全域脱贫	《人民日报》民生周刊	江永
6月7日	告别外出务工　产业扶贫项目上“领工资”	《工人日报》	祁阳
6月7日	高考第一天（图片新闻）	新华社	道县
6月8日	高考首日现场直击	《中国教育报》	江华
6月8日	为两名考生启动备用考场	《中国教育报》	江华
6月8日	开到家门口的“扶贫车间”	《中国青年报》	江华
6月9日	仁和镇：提升村监委履职能力	《农民日报》	宁远
6月11日	歌声唱出女书文化	《人民日报》海外版	江永
6月13日	“穷山窝”何以引来沿海企业？——湖南省江华瑶族自治县见闻	新华每日电讯	江华
6月13日	湖南江华：优质均衡新策略	《中国教师报》	江华
6月14日	湖南道县：百龙竞渡迎端午（图片新闻）	中国新闻网	道县
6月14日	龙舟竞渡迎端午（图片新闻）	新华社	道县
6月14日	湖南道县：手工雕刻龙船头迎端午（图片新闻）	新华社	道县
6月14日	湖南道县：雕刻龙船头的民间手艺人（图片新闻）	中国新闻网	道县
6月14日	北京小长假出行好去处！跟着大V玩转永州	中国网	市直
6月15日	双牌县农民依靠特色养殖增收2000多万元	《农民日报》	双牌
6月15日	造龙船头迎端午	《科技日报》	道县
6月15日	湖南道县：百余龙船闹端午	新华社	道县
6月15日	70多岁还在打拼！贫困户现在很忙	《半月谈》	江华
6月17日	周承云：手工艺人的龙船世界	中央电视台	道县
6月17日	五月五　龙船下水打破鼓	中央电视台	道县
6月17日	湖南道县：百舸争流　同江竞渡	中央电视台	道县
6月18日	湖南永州：零陵古城开街迎客	新华网	零陵
6月18日	道县龙舟赛吸引30余万人观战	《中国日报》	道县
6月18日	湖南永州道县龙船赛（直播）	中央电视台	道县
6月18日	湖南道县：百余龙船闹端午	中央电视台	道县
6月19日	双牌县构建绿色低碳发展新格局	《农民日报》	双牌

续表42

刊发日期	稿件标题	刊发媒体	上稿单位
6月19日	道州龙船赛：不一样的民俗文化	中国网	道县
6月20日	练瑜伽　悦身心（图片新闻）	新华社	道县
6月20日	怀素与雁荡山	中央电视台	零陵
6月21日	内生动力：贫困地区脱贫最强动能	中国新闻网	江华
6月23日	零陵古城开街启示录	《中国文化报》	零陵
6月23日	湖南江华：让青年教师接好农村教育的“班”	《中国教育报》	江华
6月24日	穿越古今，零陵古城演绎潇湘文化传奇	《中国旅游报》	零陵
6月24日	湖南永州举办公平竞争审查业务培训班	中国网	市直
6月25日	湖南永州：优化发展环境　打造产业集群	中国网	市直
6月27日	农业开发30年双牌县农民收入增长17倍	《农民日报》	双牌
6月27日	客运安全演练保平安（图片新闻）	新华社	道县
6月27日	湘桂瑶汉同胞湖南江永欢庆“洗泥节”	中国新闻网	江永
6月27日	湖南文艺轻骑队开展"精准扶贫"文艺作品巡演	中国网	江永
6月28日	党旗映紅“湘江源”工地	《香港商报》	蓝山
7月7日	农忙在小暑（图片新闻）	新华社	道县
7月5日	特色小镇，留住文化的“魂”	《人民日报》	零陵
7月7日	透心凉　心飞扬（图片新闻）	新华社	道县
7月8日	湖南：拓展“微旅游”助力乡村振兴	新华网	东安
7月10日	宁远提升农家书屋质量文化教育活动多姿多彩	《农民日报》	宁远
7月11日	湖南江华高新区企业：建设生产同进行　保证工人尽早上岗	《工人日报》	江华
7月13日	四心”服务催生产业大发展	《中国改革报》	江华
7月17日	蓝山：一掌能劈开的西瓜	中央电视台	蓝山
7月18日	中国乡镇农村产业转移促“妈妈回家”	新华社	江华
7月19日	湖南打工年轻人回乡过“五谷节”	《工人日报》	江华
7月23日	祁阳打造美丽家园	《人民日报》海外版	祁阳
7月24日	湖南江华发现一清朝乾隆年间古渡	新华社	江华
7月24日	教育局长劝学记	《中国教育报》	江华
7月24日	《地理中国》聊天说地·九嶷奇峰	中央电视台	宁远
7月24日	对接长三角推进大开放　永州专题推介会在沪举行	人民网	市直
7月26日	【我国多地持续强降雨·湖南祁阳】大风吹掀铁皮棚　砸伤路人	中央电视台	祁阳
7月27日	“三伏”天　晒谷忙（图片新闻）	中新社	道县

续表42

刊发日期	稿件标题	刊发媒体	上稿单位
7月29日	党建有活力　脱贫添动力——湖南将干部、人才资源和发展资源向脱贫攻坚一线倾斜	《人民日报》	市直、双牌、宁远
7月30日	【湖南永州】两岁女童超市内　扶梯卡住手臂	中央电视台	宁远
8月2日	东安县举行“脱贫攻坚·送戏曲进万村”巡演	《中国文化报》	东安
8月2日	非遗传承人教唱盘王大歌（图片新闻）	《中国文化报》	江华
8月3日	永州江华：互联网助力产业扶贫	新华网	江华
8月3日	扎根讲台　精心育人——记坚持在山区从教37年的全国模范教师邓先华	《光明日报》	金洞
8月4日	宁远县：让“铁规”发力禁令生威	《农民日报》	宁远
8月6日	突发山洪两少年被困　消防紧急救援	中央电视台	宁远
8月7日	永州发现保存完好清代院落	《人民日报》海外版	零陵
8月8日	双牌县抽水抗旱保丰收	《农民日报》	双牌
8月9日	唐家两兄弟守望湘江	中国网	冷水滩
8月9日	湖南新田：家门口的“扶贫车间”（图片新闻）	新华网	新田
8月10日	瑶山猕猴桃开园直播　江华产业扶贫插“电”直“飞”	《中国日报》	江华
8月12日	湖南江华：5分钟办完学生助学贷款手续	《中国教育报》	江华
8月13日	李晖：聚焦聚力“五个一”　深化改革添动力	中国改革网	市直
8月16日	强降雨袭击多地　消防营救被困群众·湖南永州　暴雨袭古城　居民被困消防救援	中央电视台	零陵
8月16日	湖南圆黄梨走俏　果园工人采摘忙	《工人日报》	江华
8月16日	培养能留下会干事的带头人——湖南“农民大学生培养计划”	中国新闻网	新田
8月16日	湖南蓝山　强降雨引发山洪致多个乡镇受灾	中央电视台	蓝山
8月16日	到金洞去漂流吃全素宴尽享大山的馈赠	中央电视台	金洞
8月16日	湖南永州：公交形象识别系统基本建立	中国网	市直
8月17日	湖南永州暴雨袭古城　零陵消防官兵勇救76人	《法治日报》	零陵
8月19日	湖南新田：“扶贫车间”铺就乡村致富路	新华社	新田
8月20日	中国夜市全攻略：湖南永州东安鸡	中央电视台	东安
8月20日	湖南永州：“农民大学生”助力乡村振兴	新华社	新田
8月20日	2018中国夜市全攻略：湖南永州	中央电视台	市直
8月20日	回龙圩：斗牛比赛的魅力	中央电视台	回龙圩
8月22日	湖南永州：划龙舟戏水享清凉	中新社通稿	道县
8月22日	湖南江华贫困户就医结算零跑腿	《中国改革报》	江华

续表42

刊发日期	稿件标题	刊发媒体	上稿单位
8月23日	湖南永州：处暑农忙	中新社	道县
8月24日	湖南双牌县九届县委接力治乱治穷　连续30年综治维稳工作实现“四无”	《法制日报》	双牌
8月28日	湖南永州：修缮湘桂古道永州段沿线文物	中新社通稿	道县
8月30日	湖南江华：瑶族自治县红山村的脱贫故事	《中国改革报》	江华
8月30日	湖南江华：村村建起溺水防护网	《中国教育报》	江华
9月1日	为了民族复兴·英雄烈士谱　黄埔楷模蒋先云	中央电视台	新田
9月3日	中国影像方志——新田篇	中央电视台	新田
9月6日	湖南东安塘家梯田金稻层叠美如画（图片新闻）	中新网	东安
9月8日	为了民族复兴·英雄烈士谱　湘南农民运动先驱——雷晋乾	中央电视台（新闻联播）	祁阳
9月8日	白露劳作忙（图片新闻）	新华网	道县
9月8日	宁远县：掀起学习新修订《条例》热潮	《农民日报》	宁远
9月10日	绿水青山怎样成为金山银山	《人民日报》	祁阳
9月10日	英勇坚决，为女党员之杰出者	新华社通稿	市直、道县
9月11日	何宝珍：“英勇坚决，为女党员之杰出者”	《光明日报》	市直、道县
9月11日	何宝珍：女党员之杰出者	《人民日报》	市直、道县
9月13日	湘南晒秋（图片新闻）	中新社通稿	道县
9月15日	时代楷模黄超富	中央电视台	零陵
9月17日	被拐妇女寻亲20年终获团聚：就想在死前见一见家人	中国新闻网	零陵
9月17日	倾力打造大湾区“菜篮子”	《农民日报》	新田
9月18日	乡村振兴，文化、旅游融合发展不可或缺	《中国文化报》	东安
9月18日	环中国永州宁远站　哥伦比亚车手夺冠	中央电视台	宁远
9月19日	环中国自行车：瑶族长鼓舞助兴环中赛	中央电视台	宁远
9月20日	湖南江华县兴起小微企业进村潮	《工人日报》	江华
9月22日	永州农民欢庆首个“丰收节”	新华网	市直
9月22日	首届永州“中国农民丰收节”举行　扬乡土文化兴美丽乡村	中国新闻网	市直
9月22日	花钱就能从纪委“捞人”？退休居委会主任骗取30万被查处	《中国纪检监察报》、中国新闻网	市直、冷水滩
9月25日	谷丰永州农民笑	《农民日报》	祁阳
9月29日	永州四县区融媒体中心统一挂牌	新华网	市直
9月29日	宁远九嶷山紫霞岩举行古琴音乐会	《农民日报》	宁远

续表42

刊发日期	稿件标题	刊发媒体	上稿单位
10月3日	假日出游正当时（图片新闻）	新华网	江永
10月5日	湖南宁远：火热的乡村旅游带动农民致富	中央电视台	宁远
10月8日	一家两代人接力守护书法石刻宝库30余年	新华网	祁阳
10月8日	南沙渚碧礁第一面国旗背后的故事	中央电视台	东安
10月9日	一个家，两代人，守护碑林三十余载	新华社	祁阳
10月11日	亚洲机器人锦标赛VEX中国选拔赛18日将在永州开赛	人民网	市直
10月11日	湖南永州：千年古桥入画来（图片新闻）	新华网	江永
10月11日	祁阳县蜜蜂产业助农增收致富	《农民日报》	祁阳
10月13日	推动组织工作高质量发展	中国组织	市直人事报
10月13日	永州新田精准扶贫　贫困村实现华丽“蜕变”	新华网	新田
10月15日	画面太美！湖南农民着旗袍T台走秀，最年长者70岁	中国新闻网	道县
10月16日	服务瑶乡的县委书记罗建华：躬身奏出脱贫的“瑶族舞曲”	新华网	市直、江华
10月16日	罗建华：变“短板”为“样板”	《中国青年报》	市直、江华
10月16日	执子之手，与子偕老：一对百岁夫妻的爱情佳话	新华网	新田
10月17日	踏遍瑶山村村寨寨——记湖南省永州市委常委、江华瑶族自治县县委书记罗建华	《光明日报》	市直、江华
10月17日	点亮瑶都的发展火焰——记湖南省永州市委常委、江华瑶族自治县县委书记罗建华	中国组织	市直、江华人事报
10月17日	“实体江华”红胜火——记湖南省永州市委常委、江华县委书记罗建华	《经济日报》	市直、江华
10月17日	永州江华发现古凉亭	新华网	江华
10月19日	52年收集近2000首 七旬老汉的瑶歌传承	新华社	蓝山
10月19日	湖南双牌县信息化助推教育均衡发展——一条条光缆串起每一个教学点	《中国教育报》	双牌
10月20日	陈为人：用生命守卫中央文库的安全	新华网	江华
10月21日	Across China：Ethnic minority man helps preserve traditional Yao folk songs	新华社海外版	蓝山
10月21日	“江华速度”＆“福屋样板”	新华网	市直、江华
10月22日	Ethnic minority man helps preserve traditional Yao folk songs	新华社海外版	蓝山
10月22日	罗建华：服务瑶乡的县委书记奏出脱贫“瑶族舞曲”	新华每日电讯	市直、江华
10月25日	Paintings on pomelo add color to Nyushu festival	中国日报网	江永
10月26日	戊戌年公祭舜帝大典在湖南永州举行	新华社	宁远
10月27日	发展乡村旅游的七个着力点	《农民日报》	东安
10月27日	偏远山区产业扶贫的新田样本	《农民日报》	新田

续表42

刊发日期	稿件标题	刊发媒体	上稿单位
10 月 27 日	湖南举行戊戌公祭舜帝大典　三万人共赴九嶷溯源	中国新闻网	宁远
10 月 27 日	湖南九嶷山上演公祭舜帝大典	新华社	宁远
10 月 31 日	湖南公安破获一起“炒股群”诈骗案　87 人被刑拘	新华网	零陵
10 月 31 日	湖南东安：“手绘地图”里的扶贫线路	新华社	东安
10 月 31 日	蓝山瑶歌传承（文字+图片四张）	新华社海外版	蓝山
11 月 2 日	湖南首个市级农业公用品牌“永州之野”亮相中国农博会	新华社	市直
11 月 2 日	湖南首个市级农业公用品牌发布“永州之野”亮相农博会	中国新闻网	市直
11 月 2 日	永州之野”谱新篇　湖南首个市级全品类农业公用品牌亮相农交会	人民网	市直
11 月 2 日	永州发布湖南省首个市级全品类农业公用品牌——“永州之野”	《经济日报》	市直
11 月 3 日	“孩子们有时会叫我妈妈”　乡村特岗女教师的坚守	新华网	祁阳
11 月 3 日	“芙蓉国”里产业兴 山乡巨变气象新	新华社	新田
11 月 5 日	奇居宝地·马蹄形中的村落	中央电视台	宁远
11 月 6 日	湖南东安：“归巢”企业谱就增收曲（图片新闻）	新华网	东安
11 月 9 日	20 余年徒步近 3 万公里　八旬老人的“精准”助学路	新华网	祁阳
11 月 9 日	产业来了，年轻人回了，乡村重现烟火气	新华每日电讯	新田
11 月 9 日	湖南道县：特色种植　助力脱贫（图片新闻）	中国新闻社	道县
11 月 10 日	湖南双牌县大力弘扬“和文化”	《中国妇女报》	双牌
11 月 11 日	摩托车赛场上的追风少儿（文字通稿）	新华社	新田
11 月 12 日	摩托车赛场上的追风少儿（图文通稿）	新华社	新田
11 月 12 日	中国摩托车越野锦标赛湖南新田站落幕（图片新闻）	新华社	新田
11 月 12 日	湖南新田：扶贫日记里的心声	新华网	新田
11 月 12 日	（国内-体育）追风赛场有少年　中国摩托车越野锦标赛湖南新田站落幕	新华社	新田
11 月 12 日	（电视通稿　国内体育）中国摩托车越野锦标赛湖南新田站落幕	新华社	新田
11 月 13 日	中国摩托车越野锦标赛新田站落幕	中央电视台	新田
11 月 13 日	讲好后发赶超的励志故事	《人民日报》	市直、江华
11 月 14 日	湖南祁阳：采砂船船主被埋　紧急营救脱险	中央电视台	祁阳
11 月 14 日	2018 中国摩托车越野锦标赛集锦	新华网	新田
11 月 15 日	湖南　跨省倾倒 300 吨垃圾　八被告人获刑	中央电视台	蓝山
11 月 15 日	“归巢”瑶乡企业的扶贫“爱心车间”	新华网	江华
11 月 16 日	永州零陵：乡贤回归唱响“振兴曲”	新华社客户端	零陵
11 月 16 日	“归巢”瑶乡企业办扶贫“爱心车间”	新华每日电讯	江华

续表42

刊发日期	稿件标题	刊发媒体	上稿单位
11 月 17 日	加油！追风小骑士摩托车赛场冲冲冲！	新华社	新田
11 月 17 日	湖南东安：“归巢”企业谱就增收曲（图片新闻）	新华社	东安
11 月 19 日	永州在京招才引智　1500 余岗位广纳贤才	新华网	市直
11 月 19 日	“归巢”瑶乡企业办扶贫“爱心车间	新华社	江华
11 月 20 日	湖南东安：“归巢”企业助力“大姐们”家门口增收	新华社	东安
11 月 20 日	这 9 棵“千岁古樟树”，受到了什么样的保护？	新华社	东安
11 月 21 日	永州在北京举办招才引智暨招商引资专场推介会	人民网	市直
11 月 21 日	“和文化之乡”湖南双牌擦亮地域文化品牌	《农民日报》	双牌
11 月 21 日	幸福的忙碌者	《中国教育报》	江永
11 月 23 日	【2018 点赞中国】湖南省永州市江永县和兴村基层党员代表：葛小梅	中央电视台	江永
11 月 24 日	永州江华首条一级公路涔天河大道试通车	新华社	江华
11 月 24 日	抢夺方向盘？拘！湖南永州一公交车有惊无险	新华社	冷水滩
11 月 24 日	湖南：铁腕治污　确保饮用水源安全	中央电视台	蓝山
11 月 24 日	湖南江华：荒山“大变身”　水果助脱贫	新华网	江华
11 月 25 日	湖南永州：七旬老太酵素种橙结硕果（图片新闻）	新华网	道县
11 月 27 日	永州零陵区发放初中生红色读本	《人民日报》	零陵
11 月 29 日	湘江唐氏两兄弟：27 年救起 30 余人	新华网	冷水滩
11 月 30 日	从“骗子”到“恩人”　扶贫队长瑶山精准扶贫智“拔穷根”	中国新闻网	道县
11 月 30 日	双牌县被认定为“中国和文化之乡”	《中国文化报》	双牌
12 月 2 日	尽忠报国抗日捐躯的英雄——郑作民	新华网	新田
12 月 3 日	湖南冷水滩：山村“大变身”　乡贤助振兴	新华网	冷水滩
12 月 3 日	郑作民：尽忠报国抗日捐躯的英雄（为了民族复兴·英雄烈士谱）	《人民日报》	新田
12 月 3 日	郑作民：尽忠报国抗日捐躯的英雄	《光明日报》	新田
12 月 4 日	新华 FM丨湖南永州：唐氏兄弟义务巡河 27 年　救助落水者 30 余人	新华社	冷水滩
12 月 4 日	湖南一个教学点只有一名学生　乡村教师在坚守	新华网	冷水滩
12 月 4 日	“乡贤团”来了	新华每日电讯	冷水滩
12 月 5 日	湖南永州黄阳司镇天里坪村小学教学点——哪怕只有一名学生，也要坚守	《中国妇女报》	冷水滩
12 月 6 日	为了一个孩子的坚守	《人民日报》	冷水滩
12 月 6 日	只有一名学习　老师仍在坚守	新华每日电讯	冷水滩
12 月 7 日	乡村振兴从美丽宜居开始	《光明日报》	东安
12 月 8 日	“努力脱贫”这位七旬老太的日记真长志气！	新华社	零陵

续表42

刊发日期	稿件标题	刊发媒体	上稿单位
12月10日	“乡贤团”助力山村“大变身”	新华社	市直
12月10日	湖南永州零陵区：“村务监督月例会”打通服务群众“最后一公里”	新华网	零陵
12月10日	“拳王征战”国际自由搏击争霸赛在湖南东安开打	新华网	东安
12月11日	祁剧助力乡村旅游（图片新闻）	《人民日报》	祁阳
12月11日	首届祁剧文化艺术节亮相湖南祁阳	《光明日报》	祁阳
12月11日	湖南双牌：产业旺　乡村兴（图片新闻）	新华社	双牌
12月11日	农村改革如何接续发力	《经济日报》	东安
12月11日	“如今的老年生活过得有滋有味”	《光明日报》	东安
12月11日	坚持“绿色”承接　刷新“江华速度”	《中国改革报》	市直
12月11日	湖南蓝山：书香引领脱贫路	《人民日报》	蓝山
12月12日	湖南零陵区：筑好巢留人才　首批博士工作站和人才公寓揭牌	新华网	零陵
12月12日	乡村振兴从美丽宜居开始	《光明日报》	东安
12月12日	产业旺促乡村兴	新华每日电讯	双牌
12月13日	尽忠报国抗日捐躯的英雄——郑作民	《中国青年报》	新田
12月14日	“善心汇”传销案一审宣判　主犯张天明获刑17年	新华网	市直、双牌
12月14日	“善心汇”传销案一审宣判　主犯张天明获刑17年	中央电视台	市直、双牌
12月14日	东安县聚德生态文化园开园	《中国文化报》	东安
12月15日	“湘”遇在这里丨阳明山冬日童话仙境	新华社	双牌
12月17日	农村孩子留得住　城市孩子获锻炼——一所农村中学的“变身”记	新华网	市直
12月17日	蓝山干部驻村筑牢干群“鱼水情”	新华社	蓝山
12月18日	直面问题迎难而上	《经济日报》	东安
12月18日	湖南道县：水杉披“金装”景如画（图片新闻）	中新社	道县
12月19日	“湘”遇在这里丨为了一个孩子的坚守	新华社	冷水滩
12月19日	【改革开放40年】湖南文化绽放国际舞台（女书图）	《中国日报》	江永
12月20日	农村孩子留得住　城市孩子获锻炼——一所农村中学的“变身”记	新华网	冷水滩
12月20日	民生改善交出亮丽成绩单	《光明日报》	东安
12月20日	【湖南双牌　斩断“农机骗补黑手”】借证买农机设备　违规骗补数十万	中央电视台	双牌
12月21日	扶贫“菜鸟书记”欧健：村民不脱贫　我就不脱岗	中国新闻网	江华
12月22日	湖南道县：多彩社团助学生快乐成长（图片新闻）	中新社	道县
12月23日	专家学者湖南研讨女书传承与创新	中国新闻社	江永
12月23日	湖南蓝山：瑶族伞舞助推传统文化进校园	新华社	蓝山

续表42

刊发日期	稿件标题	刊发媒体	上稿单位
12月23日	“湘”遇在这里丨冬日云冰山：梦幻云海　冰挂如画	新华社	蓝山
12月24日	永州籍武警战士捐献造血干细胞　传递“生命火种”	中新网	市直
12月24日	祁阳县整治环境美了乡村	《人民日报》	祁阳
12月24日	描绘美丽宜居村居图（图片新闻）	《经济日报》	东安
12月24日	“我只想为乡亲们做一点实实在在的事”	《中国青年报》	江华
12月25日	AI合成主播丨冬日云冰山：云海梦幻　冰挂如画	新华社	蓝山
12月26日	永州零陵：破解基层“微腐败”难题	中国经济时报	零陵
12月26日	“80后”研究生扶贫队长欧健：村民不脱贫，我就不脱岗	新华网	江华
12月26日	湖南省江华县争当创新引领开放崛起排头兵	《中国改革报》	市直、江华
12月28日	湖南省祁剧传承有声有色：活态传承是对传统戏曲最好的保护	《中国文化报》	祁阳
12月28日	乡村振兴，开局之年亮点足	《光明日报》	东安
12月28日	农业提质量　乡村增活力——写在乡村振兴战略实施元年	《经济日报》	东安
12月29日	元旦假期将至　加强人员密集地消防安全排查	中央电视台	零陵
12月30日	湖南零陵：产业发展助推乡村振兴	新华网	零陵
12月31日	湖南永州：政治建警助推公安生态风清气正	新华网	市直、经开区
12月31日	湖南道县：浮桥雪韵（图片新闻）	中新社	道县

索 引

说明：

一、本索引把年鉴的专稿、条目、表格（大事记、附文、企事业单位选介除外）用主题分析的方法，按汉语拼音字母顺序排列。

二、地方文献的条目未作索引。

三、类目、专稿标题和地名用黑体字标明。

四、索引名称后的阿拉伯数字表示内容所在页码，拉丁字母（a、b、c）表示栏别（从左至右分1、2、3栏）。

D

F

G

H

J

T

X

Y